Renate Pürkel
1992

Eine Arbeitsgemeinschaft der Verlage

Birkhäuser Verlag Basel · Boston · Stuttgart
Wilhelm Fink Verlag München
Gustav Fischer Verlag Stuttgart
Francke Verlag München
Harper & Row New York
Paul Haupt Verlag Bern und Stuttgart
Dr. Alfred Hüthig Verlag Heidelberg
Leske Verlag + Budrich GmbH Opladen
J. C. B. Mohr (Paul Siebeck) Tübingen
R. v. Decker & C. F. Müller Verlagsgesellschaft m. b. H. Heidelberg
Quelle & Meyer Heidelberg
Ernst Reinhardt Verlag München und Basel
K. G. Saur München · New York · London · Paris
F. K. Schattauer Verlag Stuttgart · New York
Ferdinand Schöningh Verlag Paderborn · München · Wien · Zürich
Eugen Ulmer Verlag Stuttgart
Vandenhoeck & Ruprecht in Göttingen und Zürich

Walter Muschg

Tragische
Literaturgeschichte

Francke Verlag München

ISBN 3-7720-1712-6

INHALT

Die Weihe

Die Entweihung

Die Armut

Das Leiden

AUS DEM VORWORT ZUR ZWEITEN AUFLAGE

> Das Schicksal der neuern Poesie überhaupt ist ihr litera-
> turgeschichtlich bewußtes Verhältnis zur Poesie aller
> Zeiten und Völker, welcher gegenüber sie als Nach-
> ahmung oder Nachklang erscheint. Was aber die Dich-
> ter betrifft, so dürfte es sich wohl lohnen, der Persön-
> lichkeit des Dichters in der Welt und ihrer enorm ver-
> schiedenen Geltung von Homer bis heute einmal eigens
> nachzugehen.   BURCKHARDT

Von Literaturgeschichte spricht man erst seit dem neunzehnten Jahrhundert. Diese Wissenschaft entstand in der deutschen Romantik, die das geschichtliche Studium der Literatur als ihre patriotische Aufgabe erkannte. Zusammen mit der vaterländischen Geschichtsforschung und als ein Teil von dieser entwickelte sich die Geschichte der «Nationalliteratur», die das Ansehen einer historischen Realwissenschaft erlangte, weil bedeutende Gelehrte die Tugenden des modernen geschichtlichen Denkens – Liebe zur Sache, umfassende Tatsachenkenntnis und nüchterne Kritik – auf die Literaturforschung übertrugen. Die besten Darstellungen der historischen Schule von Gervinus' «Geschichte der poetischen Nationalliteratur der Deutschen» bis zu Wilhelm Scherers «Geschichte der deutschen Literatur» erfreuen heute noch durch Eigenschaften, die sich vom Geist jüngerer Literaturgeschichten vorteilhaft unterscheiden. Welcher Literarhistoriker des zwanzigsten Jahrhunderts hätte die Sätze noch schreiben können, in die Scherer seinen Gesamteindruck von der deutschen Literatur zusammenfaßt: «Maßlosigkeit scheint der Fluch unserer geistigen Entwicklung. Wir fliegen hoch und sinken um so tiefer. Wir gleichen jenem Germanen, der im Würfelspiel all sein Besitztum verloren hat und auf den letzten Wurf seine eigene Freiheit setzt und auch die verliert und sich willig als Sklave verkaufen läßt ... Wohl sind wir unseren Idealen treu, solange sie uns beherrschen; aber zuweilen verspielen wir die Freiheit, und dann bekommen wir einen anderen Herrn.»

Diese ältere Literaturforschung ruhte auf den Pfeilern des nationalen Pathos und der historischen Kritik. Es war ihr Glück und ihre Grenze, daß sie sich vom «Gottesgedanken der Nation» (Ranke) leiten ließ, der ihr den geistigen Rückhalt und die Sicherheit der Methode gab. Da es ihr Ziel war, den Reichtum der einheimischen Überlieferung auszubreiten, leistete sie ihr Bestes in der vollständigen Registrierung des Tatsachenmaterials und in der philologischen Bearbeitung der Texte. Der nationale Stolz vertrug sich allerdings nicht immer mit der kritischen Unbefangenheit, die einem Mann wie Scherer auch das geschichtliche Verhängnis der deutschen Literatur – ihren Mangel an Tradition, die Wirkungslosigkeit ihrer großen Eroberungen – enthüllte. Hegels optimistische Geschichtsphilosophie erzeugte auf allen Gebieten eine weltgeschichtliche Zuversicht und ein Hochgefühl der Zufriedenheit mit dem Gang der Dinge, für das die herausfordernden (in der zweiten Ausgabe gestrichenen) Worte in Gottfried Kellers «Grünem Heinrich» als Beispiel dienen können: «Es handelt sich eben in der Geschichte und Politik um das, was die kurzatmigen Helden und Rhetoren nie einsehen: nicht um ein Trauerspiel, sondern um ein gutes Ziel und Ende, wo die geläuterte unbedingte Einsicht alle versöhnt, um ein großes heiteres Lustspiel, wo niemand mehr blutet und niemand weint. Langsam, aber sicher geht die Welt diesem Ziele entgegen.»

Sie ist langsam, aber sicher einem andern Ziel entgegengegangen. Der gesunde Patriotismus, dem auch der Schmerz über das Vaterland nicht fremd war, erkrankte zum Nationalismus, zum Aberglauben, schließlich zum fanatischen Mystizismus, und mit ihm degenerierte auch die nationale Geschichtschreibung der Literatur. Eine philosophische Betrachtungsweise versuchte den Mangel an Tiefe gutzumachen, indem sie ins Innere der Epochen eindrang. Der Wille zum geistesgeschichtlichen Verstehen stieß aus der nur feststellenden in die erklärende Literaturforschung vor. Noch einmal entstanden zahlreiche Gesamtdarstellungen der deutschen Literatur, die den Tatsachenstoff als bekannt voraussetzen und aus ihm ein geistiges Geschehen ablesen. An diesen philosophisch gefärbten Werken tritt aber die Schwäche aller bisherigen Literaturgeschichtschreibung erst recht hervor: daß sie im Grund gar nicht von der Dichtung handelt. Ihr ordnendes Prinzip ist nicht dem Gegenstand selbst entnommen, sie zeichnen die literarischen Ereignisse nach wie vor in die Kurven der nationalen Geschichte ein. Je philosophischer sie ihren Standpunkt wählen und je glänzender sie ihn durchführen, desto offensichtlicher führen sie nicht zur Dichtung hin, sondern von ihr weg. Über diesem fragwürdigen gedanklichen Unterbau werden viele sakrosankt gewordene Irrtümer weitergeschleppt, weil über der Kunst der Einfühlung nun auch der kritische Sinn mehr und mehr verkümmerte.

Der Titel des vorliegenden Buches bedeutet zunächst, daß es keine Literaturgeschichte der hergebrachten Art sein will. Es ist weder chronologisch aufgebaut noch stofflich vollständig, es ist auch kein Erbauungsbuch zur höheren Ehre einer Nation. Es versucht vorurteilslos die Lebensgesetze der Dichtung aufzudecken, denn es ist auch eine Lehre von der Dichtung auf historisch vergleichender Grundlage. Seine Theorie hängt unmittelbar mit seiner andersartigen geschichtlichen Einstellung zusammen, und diese ergibt sich aus der vergleichenden Betrachtung der dichterischen Dokumente. Theorie und Geschichte sind in ihm zwei verschiedene Seiten derselben Sache, gemäß Goethes Maxime: «Das Höchste wäre: zu begreifen, daß alles Faktische schon Theorie ist. Man suche nur nichts hinter den Phänomenen; sie selbst sind die Lehre.»

Die Wissenschaft von der Dichtung ist nur noch als historische Wissenschaft möglich, und alles hängt davon ab, ob es ihr gelingt, in der Dichtung selbst ihre geschichtlichen Kategorien zu finden. Der erste Schritt dazu ist, daß sie sich von jenem Anblick der literaturgeschichtlichen Tatsachen abwendet, den die pragmatische Geschichtschreibung vorspiegelt. Neben den zufriedenen Chronisten der Literatur hat es schon immer einzelne Außenseiter gegeben, die den Blick für die wahren Zusammenhänge besaßen. Diese Skeptiker waren entweder selbst unglückliche Schriftsteller, sprachen also aus persönlicher Erfahrung, oder lebten in einer unglücklichen Zeit, die ihnen dafür die Augen öffnete. Das älteste mir bekannte Beispiel ist der oberitalienische Humanist Pierio Valeriano, der unter dem Eindruck der Verwüstung Roms im Jahr 1527 und ihrer verheerenden Folgen für die italienische Literatur einen lateinischen Traktat «De infelicitate litteratorum» verfaßte. Er läßt darin einige Freunde gesprächsweise das schlimme Los vieler hochbegabter Autoren der letzten vierzig Jahre beklagen. Sie bringen der Reihe nach Fälle bedrückender Armut und Verkennung, schwerer Krankheit und frühen Hingerafftwerdens durch die Pest, angedrohter und wirklicher Ermordung, jammervollen Umkommens in Gefangenschaft, aber auch gemeiner Verleumdung, heimlich verzehrenden Grams, traurigen Selbstmords nebst vielem andern vor. In kurzen Lebensläufen zählt dieses Büchlein über hundert Zierden der klassischen Studien als solche Opfer auf. Es handelt sich vorwiegend um körperliches oder materielles Unglück, das sich oft ins Zufällige verliert. Einer der Gesprächspartner versteigt sich zwar zum Verdacht, Fortuna sei den Literatoren besonders übel gesinnt; aber der weise Meister Contarini, der an der Unterhaltung teilnimmt, gibt für das Gehörte zuletzt eine Erklärung, die alle beruhigt: diese Übel seien nicht nur über die Gelehrten, sondern über alle Menschen verhängt. Den Musensöhnen werde darüber hinaus etwas zuteil, was sie über alle gewöhnliche Not erhebe: die Unsterblichkeit ihrer Werke oder, wenn diese vernichtet worden seien, der Ruhm ihres Namens. Der Holländer Cornelius Tollius führte diese bedrückende Bilanz hundert Jahre später bis auf seine Zeit fort. In einem Anhang zur Schrift Valerianos stellte er etwa fünfzig weitere traurige Beispiele dieser Art aus Italien und Frankreich zusammen, unter denen neben Valeriano selbst Macchiavelli, Torquato Tasso, Campanella, Cardano figurieren. Ihn scheint die Erklärung Contarinis nicht befriedigt zu haben, denn er legt seiner Liste ausdrücklich das Leitmotiv vom Haß der Fortuna auf die Gelehrten zugrunde.

Spätere Zweifler richteten ihre Anklage nicht mehr gegen diese mythologische Instanz, sondern gegen die aristokratische oder die bürgerliche Gesellschaft. Schopenhauer deckt die Schattenseite der Literaturgeschichte auf, um den Optimismus der nationalen Historiker Lügen zu strafen. Er schließt in den «Parerga und Paralipomena» das Kapitel «Über Lesen und Bücher» – offenbar im Hinblick auf die siegreich vordringende Kathederliteraturgeschichte – mit den Worten: «Wohl aber wünschte ich, daß ein Mal Einer eine *tragische Litterargeschichte* versuchte, worin er darstellte, wie die verschiedenen Nationen, deren ja jede ihren allerhöchsten Stolz in die großen Schriftsteller und Künstler, welche sie aufzuweisen hat, setzt, diese während ihres Lebens behandelt haben; worin er uns also jenen endlosen Kampf vor die Augen brächte, den das Gute und Ächte aller Zeiten und Länder gegen das jedes Mal herrschende Verkehrte und Schlechte zu bestehen hat; das Märtyrertum fast aller wahren Erleuchter der Menschheit, fast aller großen Meister, in jeder Art und Kunst, abschilderte; uns vorführte, wie sie, wenige Ausnahmen abgerechnet, ohne Anerkennung, ohne Anteil, ohne Schüler, in Armut und Elend sich dahingequält haben, während Ruhm, Ehre und Reichtum den Unwürdigen ihres Faches zu Teil wurden, es ihnen also ergangen ist, wie dem *Esau*, dem, während er für den Vater jagte und Wild erlegte, *Jakob*, in seinem Gewande verkleidet, zu Hause den Segen des Vaters stahl;

wie jedoch, bei dem Allen, die Liebe zu ihrer Sache sie aufrecht erhielt, bis denn endlich der schwere Kampf eines solchen Erziehers des Menschengeschlechts vollbracht
war, der unsterbliche Lorbeer ihm winkte und die Stunde schlug, wo es auch für ihn
hieß:

Der schwere Panzer wird zum Flügelkleide,
Kurz ist der Schmerz, unendlich ist die Freude.»

Es ist wohl ein Reflex dieser Sätze, wenn auch der junge Nietzsche die Geschichte
der großen Menschen eine «fortgesetzte Tierquälerei» nennt, und vielleicht überdies
ein Reflex aus Hölderlins «Hyperion», wenn er ihretwegen mit den Deutschen ins
Gericht geht. Die erste «Unzeitgemäße» ereifert sich emphatisch über die schönfär-
bende Verfälschung der deutschen Literaturgeschichte und sagt den Bildungsphili-
stern auf den Kopf zu, daß sie die Tragödie Lessings, Winckelmanns, Schillers und all
der großen Männer auf dem Gewissen hätten, mit deren Kult sie sich jetzt gütlich
täten. «Wahrhaftig, wir brauchen einen Lessing, rief schon Goethe, und wehe allen
eitlen Magistern und dem ganzen ästhetischen Himmelreich, wenn erst der junge
Tiger, dessen unruhige Kraft überall in schwellenden Muskeln und im Blick des Auges sichtbar wird, auf Raub ausgeht!»

Man erlebt als Autor seltsame Dinge. Jene Schopenhauerstelle war mir unbekannt,
als ich mein Buch niederschrieb; ich wurde erst durch zwei Leser und einen Rezensenten auf sie aufmerksam gemacht. Was Schopenhauer die Tragik der Literaturgeschichte nennt, deckt sich auch nur zum Teil mit dem, was ich unter ihr verstehe.
Meine tragische Literaturgeschichte ist keine Fortsetzung dieser Anklagen, die ja
leicht mit einer Aufzählung von Glücksfällen im Leben der Dichter widerlegt werden
können. Als ich vor nunmehr zwanzig Jahren meine ersten Notizen machte und den
Titel formulierte, hätte ich mich am ehesten auf die Äußerungen Nietzsches berufen,
in denen er von der tragischen Geschichte des griechischen Geistes spricht. Er meint,
man sollte sie, statt «wie immer bisher optimistisch», einmal «ironisch und voll
Trauer» schreiben, und möchte am griechischen Beispiel zeigen, «wie die größten
Erzeugnisse des Geistes einen schrecklichen und bösen Hintergrund haben». Man
müsse die griechische Geschichte nach dem Maßstab beurteilen: «Je mehr Geist,
desto mehr Leid.» Er sieht dieses Leid nicht persönlich, sondern als Verhängnis des
ganzen griechischen Volkes. «Aeschylus hat vergebens gelebt und gekämpft: er kam
zu spät. Das ist das Tragische in der griechischen Geschichte: die Größten, wie Demosthenes, kommen zu spät, um das Volk herauszuheben.» Auch diese Worte sind
ein Reflex, wie ich in der Folge erkannte. Aus ihnen spricht der Burckhardt der «Griechischen Kulturgeschichte»; sie stellt die Tragödie des Griechentums dar, die Nietzsche meinte, deren Umrisse ihm aus Burckhardts Hörsaal und aus mündlichem Verkehr vertraut waren. In ihr malt Burckhardt schwarz in schwarz den «schrecklichen
und bösen Hintergrund» der griechischen Kultur: die Geschichte der Polis, die grausame gegenseitige Zerfleischung der griechischen Städte bis zum gemeinsamen jähen
Sturz. Ein Fluch liegt hier über den herrlichsten Erscheinungen des hellenischen Geistes; Größe und Verblendung, Schönheit und Grauen verbinden sich unauflöslich.

Ich bin also nicht als Erster auf den Gedanken einer tragischen Literaturgeschichte gekommen. Er ist mir aber auch nicht bei der Lektüre Burckhardts oder Nietzsches aufgestiegen, sondern beim Studium der deutschen Literatur. Ihr soziales und politisches Verhängnis hat auch in mir zuerst Zweifel an ihrer herkömmlichen Auffassung geweckt. Es gibt wenige deutsche Dichter von Rang, die ihre eigene Lage und die Rolle des Dichters in Deutschland nicht kummervoll betrachteten. Als Motto hätte ich das Wort Hamanns wählen können: «Genie ist eine Dornenkrone, und der Geschmack ein Purpurmantel, der einen zerfleischten Rücken deckt.» Aber auch viele Äußerungen Goethes – in der «Kampagne in Frankreich», in den Gesprächen mit Eckermann –, zahlreiche schwerwiegende Bekenntnisse Lessings, Schillers, Hölderlins, Kleists, Grillparzers, Stifters hätten sich als Leitworte geeignet. In einzelnen Dichterbiographien war deshalb schon immer ab und zu von «Tragik» die Rede, aber stets nur im Hinblick auf den Einzelfall und ohne rechte Begründung, was darunter zu verstehen sei. Ein «schrecklicher und böser» politischer Hintergrund trug auch bei mir dazu bei, daß meine Überlegungen über die Einzelfälle hinaus ins Grundsätzliche übergingen – nicht die griechische Polis und nicht der Übermut des sinkenden neunzehnten Jahrhunderts, sondern die von Burckhardt prophezeite und von Nietzsche mitheraufgeführte Apokalypse unserer Zeit.

Das Wesen des Tragischen kann nur aus der Dichtung erschlossen werden. Denn das Tragische ist eine Anschauung der Dichter, und die Literaturwissenschaft steht auf dem Urgestein des Dichterischen, wenn sie ihren geschichtlichen Standpunkt aus dieser Anschauung zu gewinnen versucht. Eine tragische Literaturgeschichte muß deshalb der tragischen Dichtung besondere Aufmerksamkeit widmen, obschon sie keine Geschichte der tragischen Dichtung ist. Sie stellt fest, das das Tragische im Wesen der Dichtung begründet ist, und erklärt daraus sowohl das über der Literaturgeschichte waltende Schicksal wie das vielgestaltige persönliche Unglück der Dichter. Sie zeigt aber auch, daß das Tragische nichts Einheitliches ist. Es bedeutet bei Aischylos etwas anderes als bei Sophokles oder Euripides, in der griechischen Tragödie überhaupt etwas anderes als bei Shakespeare, bei diesem wieder etwas anderes als bei Schiller oder Hölderlin, bei Kleist oder Grillparzer oder gar bei Baudelaire und Kafka. Bald ist es nackte Verzweiflung, bald heroisches Hinnehmen des Unabänderlichen, bald demütige Anerkennung eines vernichtenden göttlichen Willens. Die scheinbar nihilistische Form findet sich bei Shakespeare, die heroische bei Corneille, die sakrale bei Calderon. Zwischen diesen Grundformen gibt es viele Übergänge, und sie sind nicht auf das Drama beschränkt. Die Ilias, die «Divina Commedia», die «Brüder Karamasow» und Gotthelfs «Schwarze Spinne» sind Beispiele tragischer Epik. Tragische Lyrik hat man in den Sonetten Michelangelos, in manchen Liedern Mörikes und Eichendorffs, in den Späthymnen Hölderlins vor sich.

Allem tragischen Denken ist gemeinsam, daß es das Leiden zum Mittelpunkt des Daseins macht. Es begreift die Welt durch den Schmerz. Der natürliche Grund dieses Denkens ist die Tatsache des Todes. Es versenkt sich in die Qual der Kreatur, die mit der Notwendigkeit des Sterbens gegeben ist. Aber es erschöpft sich nicht im körper-

lichen Schmerz, sondern steigert sich zum geistigen Leiden an den Rätseln des Lebens, das den archaischen Menschen als kosmische Angst beherrscht und noch den
Kulturmenschen unbewußt beunruhigt. In der tragischen Dichtung wird dieser
Schmerz zum Organ der Witterung für das dem Menschen verborgene wahre Größen-
verhältnis der Dinge. Sie erschrickt vor einem Gesetz, vor dem auch die Götter zittern und das immer gerecht ist, selbst wenn es die Erde in ein Trümmerfeld verwandelt. Der tragische Dichter stellt sich dem tiefsten Schmerz, der alle optimistischen
Erklärungen des Daseins entwertet. Er erkennt Dissonanzen und Disharmonien, die
nur auf Kosten des Menschen aufgelöst werden können, und entschleiert die Wahrheit,
deren Anblick niemand aushält: daß der Mensch nicht Herr über sein Schicksal, nicht
unersetzlich, sondern Mächten ausgeliefert ist, die über ihn hinweghandeln. Aber dieser Schmerz entbindet zugleich Kräfte, die sonst nirgends frei werden. Er stellt sich
als ein letzter Wert heraus, der in sich eine Antwort ist. Darin liegt das Geheimnis der
tragischen Kunst. Sie ist die tiefste Bejahung der Welt, weil sie noch im scheinbar
Sinnlosen eine Offenbarung findet. Sie erfährt leidend einen Sinn des Lebens, der nur
so und nicht anders sein darf. Dieser religiöse Sinn des tragischen Unterliegens ging
Hölderlin an Sophokles auf, er faßte ihn in die Verse:

> *Manche versuchten umsonst, das Freudigste freudig zu sagen,*
> *Hier spricht endlich es mir, hier in der Trauer sich aus.*

Überträgt man diese Anschauung auf das Dasein der Dichtung selbst, so öffnet sich
die ihr gemäße geschichtliche Perspektive. Der chronologische Zusammenhang der
Dinge tritt zurück, andere Tatsachen werden wissenswert und nichtwissenswert. Im
einzelnen Dichter, in den literarischen Epochen zeigen sich schmerzhafte, oft furchtbare Spannungen und Risse, in denen sich der Ursprung der Dichtung abzeichnet. Sie
ist fast immer, wenn auch oft verhüllt, eine Form des Leidens. Diese Dissonanzen sind
nicht zufällig, sie sind die notwendige Vorbedingung und Begleiterscheinung alles
Großen, was die Literaturgeschichte aufweist. Aus ihnen sprechen die für das Fortleben der Dichtung ausschlaggebenden Kräfte. Dichter sein ist eine hohe Begnadung,
die sich aber selten zum persönlichen Vorteil ihres Trägers auswirkt. Höher als jeder
Einzelne ist die geistige Macht, die ihn zum Dichter weiht und überzeitlichen Gesetzen unterwirft. Eine strenge geistige Ordnung tritt hervor, wenn die trügerische Harmonie der chronologischen Abfolge zerreißt. Hinter dem Durcheinander der historischen Überlieferung werden typische Phänomene sichtbar, die das Wellenspiel des
historischen Geschehens überdauern. So haben große Dichter immer wieder die Geschichte gesehen: als ein ewiges Einerlei, über dem das Unvergängliche thront. Am
Beginn der «Klassischen Walpurgisnacht» sieht die Hexe Erichtho diesen Spuk der
Totenheere auf dem pharsalischen Schlachtfeld:

> *Wie oft schon wiederholt sichs! wird sichs immerfort*
> *Ins Ewige wiederholen! Keiner gönnt das Reich*
> *Dem andern —*

Auch die Gegner des modernen Historismus betonten das Maskenhafte der Geschichte und sahen ihren tieferen Sinn in den gesetzmäßigen Rhythmen des Geschehens. Schopenhauer nannte die Geschichte in ihrem Wesen lügenhaft, weil sie vorgebe, in ihren einmaligen Individuen und Vorgängen jedesmal etwas anderes zu erzählen, während sie doch stets nur dasselbe wiederhole. «Die wahre Philosophie der Geschichte besteht nämlich in der Einsicht, daß man, bei allen diesen endlosen Veränderungen und ihrem Wirrwarr, doch stets nur das selbe, gleiche und unwandelbare Wesen vor sich hat, welches heute das Selbe treibt, wie gestern und immerdar: sie soll also das Identische in allen Vorgängen, der alten wie der neuen Zeit, des Orients wie des Occidents, erkennen, und, trotz aller Verschiedenheit der speciellen Umstände, des Kostümes und der Sitten, überall die selbe Menschheit erblicken. Dies Identische und unter allem Wechsel Beharrende besteht in den Grundeigenschaften des menschlichen Herzens und Kopfes – vielen schlechten, wenigen guten. Die Devise der Geschichte überhaupt müßte lauten: *Eadem, sed aliter.*» Nietzsche wiederholte das nur, als er der offiziellen Geschichtsforschung mit dem Nein des «überhistorischen Menschen» entgegentrat, für den die Geschichte kein endlos abrollender Prozeß, sondern etwas im tiefern Grund zeitlos Stationäres sei, «nämlich in aller Mannigfaltigkeit typisch gleich und als Allgegenwart unvergänglicher Typen ein stillstehendes Gebilde von unverändertem Werte und ewig gleicher Bedeutung». Den tiefsten Widerhall fand dieser Gedanke bei Burckhardt; er wuchs sich im Laufe seines Lebens zum genialen Entwurf einer typisierenden Geschichtsbetrachtung aus, den wir in den «Weltgeschichtlichen Betrachtungen» bewundern. Auf jenen Seiten, die «Zur geschichtlichen Betrachtung der Poesie» überschrieben sind, verfolgt Burckhardt auch den Gang der Dichtung durch die Jahrtausende aus einer Höhe, die vor ihm nur Herder eingenommen hat.

Typisieren heißt vergleichen, vereinfachen, auf das Wesentliche zurückführen. Wendet man dieses Verfahren auf die Dichtung an, so bedient man sich eines von ihr selbst geforderten Maßstabs, denn es sind vor allem die Dichter, die es immer wieder geübt haben. Jeder Versuch dieser Art weckt die Erinnerung an den Forscher Goethe, der das Wesen des Typus unermüdlich beschrieben und diese Methode auf die Erscheinungen der Natur wie der Kunst angewandt hat. Mit der Typologie der Dichtung beschäftigt sich namentlich der Abschnitt «Naturformen der Dichtung» im Anhang zum «West-östlichen Divan». Was unter einem Typus zu verstehen ist, läßt sich noch immer nicht besser sagen als mit den vorsichtig abwägenden Worten, mit denen Goethes morphologische Schriften diesen Begriff umschreiben. Von Schiller ist in erster Linie die Abhandlung «Über naive und sentimentalische Dichtung» zu nennen, auf die im Grund alle seitherigen Anläufe zu einer Typologie der Kunst zurückgehen, ausgenommen Burckhardts erstaunliche Seitenblicke. Ich führe hier nicht aus, worin die von mir gefundenen Grundformen des Dichtertums denen Schillers gleichen, sondern erwähne nur, daß ich das Bedeutsame seines Versuchs in der Unterscheidung der drei Arten sentimentaler Dichtung sehe. Er ist an der Frage stärker persönlich interessiert als Goethe, aber auch er hält sich an die lebendige Erfahrung, und die Tragweite der Frage hat er wie kein Anderer empfunden. Er wußte wohl, warum. Schiller ist ja einer der Dichter, an denen sich immer wieder die Geister scheiden. Wer Goethe für den Inbegriff des Dichterischen hält – und wie Wenige halten sich von diesem Irrtum frei –, für den ist Schiller verdächtig. Man läßt seine Unterscheidung allenfalls für ihn und Goethe gelten, ohne zu bedenken, daß dieser Fall nur einer der vielen Fälle ist, wo gegensätzliche Formen des Dichtertums aufeinanderstoßen. Daß eine Bachsche Orgelfuge etwas grundsätzlich anderes ist als ein Quartett Schuberts oder gar ein Prélude Debussys, wissen die meisten Musiker mehr oder weniger deutlich. Daß aber ein Gedicht Goethes sich grundsätzlich von einer Hymne Hölderlins oder einer Stanze Wielands unterscheidet und daß Dantes Himmelfahrt auf einem andern Blatt geschrieben steht als die Fausts, scheint niemand mehr zu ahnen. Es ist die verhängnisvollste Fehlerquelle der Literaturwissenschaft, daß sie immerzu Unvergleichbares vergleicht. Was Dichtung ist, kann man nur aus ihrer Geschichte erfahren, und sie lehrt, daß auch dieser Begriff komplexer ist, als die Historiker und Ästhetiker anzunehmen pflegen. Sie halten sich an die unbewiesene Meinung, daß er etwas in sich Einheitliches bezeichne, obschon man darüber schon zu Herders Zeiten besser Bescheid gewußt hat[1].

Die Frage nach den Grundformen des Dichterischen steht im Mittelpunkt meiner tragischen Literaturgeschichte. Sie hat mich weit über die deutsche Literatur hinaus zu den Quellen der abendländischen Dichtung und zu einer typischen Ordnung geführt, die den zeitlichen Ablauf überschattet. Hinter dem, was sich in der Literatur geschichtlich entwickelt, tritt etwas in Erscheinung, was immer und überall ähnlich ist, was sich unter verwandten Bedingungen wiederholt und im Grund denselben geistigen Entscheidungen untersteht. Dichtung ist eine Sache der Tradition. Das Beharrende an ihr ist wesentlicher als das rastlos Wechselnde, das sich mehr in den unteren Regionen des literarischen Geschehens abspielt. Alle echten Dichter betrachten sich als Träger einer Überlieferung. In einem tieferen Sinn sagen sie dasselbe wie die Vorgänger, als deren Erben sie sich fühlen, sprechen sie die gleiche Sprache wie sie. Dieser Zusammenhang trägt sie am sichersten, an ihm halten sie am ausdauerndsten fest; er ist es, der ihnen ihr Tun sinnvoll macht, auch wenn sich alles verschworen hat, es ihnen als sinnlos auszureden. Eine scheinbar längst versunkene Vergangenheit ist für sie noch Gegenwart; diese Verbundenheit mit Vorbildern und Urbildern ist für sie kein sklavischer Zwang, der sie zum «Schaum auf der Welle» erniedrigt, sondern ihr Glück und ihre Freiheit, das Zeichen ihrer überpersönlichen Aufgabe, die jeder Einzelne unvergleichlich erfüllt. Wie einzig er ist, erkennt man erst, wenn man seine Verwandten kennt. Es handelt sich dabei nicht um vage Erinnerungen, sondern um tiefernste sachliche Berührungen. Dreitausend Jahre sind in der Geschichte des dich-

---

[1] «Die Poesie zu Homers Zeiten war bei den Griechen ein andres Ding als zu Longins Zeiten, selbst dem Begriff nach. Ganz ein andres wars, was sich der Römer und der Mönch, der Araber und der Kreuzritter, oder was nach wiedergefundenen Alten der Gelehrte, und in verschiednen Zeitaltern verschiedner Nationen der Dichter und das Volk sich an Poesie denken. Der Name selbst ist ein abgezogner, so vielfassender Begriff, daß wenn ihm nicht einzelne Fälle deutlich unterlegt werden, er wie ein Trugbild in den Wolken verschwindet» (Herder ed. Suphan 18, 135).

terischen Geistes eine geringe Zeitspanne, was sich der Ungläubige von Goethe sagen
lassen möge:

> *Wer nicht von dreitausend Jahren*
> *Sich weiß Rechenschaft zu geben,*
> *Bleib im Dunkeln unerfahren,*
> *Mag von Tag zu Tage leben.*

Der erste Teil des Buches, der die ersten zwei Hauptkapitel umfaßt, enthält eine an
den großen Erscheinungen der europäischen Literatur abgelesene Typologie des
Dichterischen. Die drei Grundformen des Magiers, des Sehers und des Sängers und
ihre Sekundärformen des Gauklers, des Priesters und des Poeten sind nicht spekulativ gewonnen, sie sind geschichtliche Realitäten. Ihre Entwicklung und Vermischung
bedarf im Einzelnen genauer Untersuchung; ich habe sie um der Klarheit willen strenger auseinandergehalten, als sie in Wirklichkeit vorkommen. Der Lücken und Gefahren meines Vorgehens bin ich mir bewußt; das Schlimmste wäre, wenn ich damit der
Sucht des Klassifizierens Vorschub geleistet hätte. Der zweite Teil versucht in einer
Reihe weiterer Längsschnitte das zusammenzusehen, was zusammengehört. Immer
wiederkehrende Tatsachen der Literaturgeschichte, des dichterischen Schaffens und
Gestaltens, der Dichterbiographie – soweit sie über das Wesen der Dichtung Aufschluß gibt – haben sich zu den Überschriften der einzelnen Kapitel verdichtet, die
das Dauernde im geschichtlichen Wechsel, die Wesensverwandtschaft und Wesens-
verschiedenheit der großen Einzelnen zur Anschauung bringen.

Die Darstellung in Längsschnitten bringt es mit sich, daß die einzelnen Autoren
an mehreren Stellen behandelt werden. Das gilt am meisten für Goethe, der in vielen
Kapiteln ausführlich zur Sprache kommt. Weil man gerade ihn zu einfach sieht, dient
mir seine schwer zu fassende Erscheinung als ein Hauptbeispiel und ist mein Buch in
gewissem Sinn ein Buch über Goethe geworden. Aber auch Andere werden unter
wechselnder Beleuchtung betrachtet, wenn sie dazu Anlaß geben. Dafür ist der Kreis
der genauer behandelten Dichter absichtlich begrenzt gehalten. Die Hinweise auf die
Gegenwart sind bewußt fragmentarisch; sie sollen nur die große Linie bis zu einem
typischen heutigen Beispiel weiterziehen. Die Exkurse in die Weltliteratur haben vor
allem den Zweck, die deutsche Dichtung wieder in ihre wahren Zusammenhänge
einzuordnen, ihre wirklichen Ursprünge zu zeigen und die gebührenden Maßstäbe
für sie aufzustellen. Mit wenigen notwendigen Ausnahmen beschränkt sich dieser
weitere Horizont auf die europäische Literatur. Trotz der weiten Rück- und Aus-
blicke ist mein Buch als eine Geschichte der *deutschen* Dichtung gedacht. Noch einmal
muß ich Burckhardt zitieren: «Das wahrste Studium der vaterländischen Geschichte
wird dasjenige sein, welches die Heimat in Parallele und Zusammenhang mit dem
Weltgeschichtlichen und seinen Gesetzen betrachtet, als Teil des großen Weltganzen,
bestrahlt von denselben Gestirnen, die auch anderen Zeiten und Völkern geleuchtet
haben, und bedroht von denselben Abgründen und einst heimfallend derselben ewigen Nacht und demselben Fortleben in der großen allgemeinen Überlieferung.»

Basel, im März 1953   W. M.

ZUR DRITTEN AUFLAGE

Die dritte Auflage unterscheidet sich von der zweiten hauptsächlich darin, daß die
theoretischen Kapitel «Die Phantasie» und «Das Wort» weggelassen sind. Sie hätten
weiter ausgebaut werden müssen und dadurch den Zusammenhang des Ganzen ge-
sprengt, weshalb ich mich entschlossen habe, sie als selbständige Schrift herauszugeben. Der Grundgedanke des Buches – daß die Dichtung mehr ist als ein ästhetisches
Phänomen und daß sie in ihren Themen durch große Überlieferungen bestimmt wird –
tritt auf diese Weise, wie ich hoffe, noch deutlicher hervor. Der Text wurde nochmals durchgesehen und durch Zusätze und Umstellungen verbessert. Eine etwas weitergehende Umarbeitung haben nur die Kapitel über die dichterische Liebe und über
den Ruhm erfahren, ohne daß jedoch ihr Grundriß verändert wurde.

Basel, im Juni 1957   W. M.

Die Weihe

DIE MAGIER

VORZEIT

Die Geschichte der deutschen Literatur beginnt mit den zwei Merseburger Zaubersprüchen, den einzigen heidnischen Gedichten in deutscher Sprache. Sie sind nur scheinbar ein Anfang, in Wirklichkeit zufällig erhaltene Trümmer einer untergegangenen Welt. Der erste diente zur Befreiung von Gefangenen aus der Hand des Feindes, der zweite zur Heilung eines ausgerenkten Pferdefußes. Sie bezeugen wie die zahlreichen Segenssprüche aus christlicher Zeit, daß die Dichtung einst magischen Zwecken diente.

In grauer Vorzeit waren die Worte noch Zauberzeichen, Abbilder der Dinge, in denen ihr Wesen lebte. Wer den «Namen» eines Dinges wußte, besaß das Ding selbst und konnte darüber verfügen. Die Dinge waren veränderlich, sie verwandelten sich auf den Befehl des Zauberkundigen augenblicklich, wie es im Märchen und im Traum geschieht. Am wirksamsten war das Zauberwort, wenn es gesungen oder geschrieben und mit einer Zauberhandlung begleitet wurde. Die Natur konnte auch mit Zahlen oder mit gezeichneten, gemalten, geschnitzten Abbildern beherrscht werden. Der Zaubernde bemächtigte sich eines Menschen oder eines Tieres, einer Wolke oder einer Krankheit, indem er an ihrem Bild eine stellvertretende Handlung ausführte. Verband er diesen Bildzauber mit dem Wortzauber, so zwang er den Dingen am sichersten seinen Willen auf. Auch das Gebet war ursprünglich Beschwörungszauber, mit dem die bösen Dämonen verscheucht, die guten herbeigerufen wurden. Der von Wünschen und Ängsten getriebene Mensch der Frühzeit «besprach» die Dinge auf Schritt und Tritt, um sich sicher zu fühlen. Die Menschenseele ist die älteste und größte Macht der Geschichte.

Die gewöhnliche Zauberei, die nur alltäglichen Bedürfnissen diente, war eine niedrige Abart der Wissenschaft, über welche die hohen Meister, die Erfinder der magischen Formeln, verfügten. Diese standen geheimnisvoll in Verbindung mit den Kräften der Natur. Sie hatten eine Kenntnis von Wirklichkeiten höheren Grades, die den Eingeweihten vorbehalten war. Sie wußten die geheimen Machtworte, die das Reich der Geister öffneten und wieder schlossen. Diese Meister waren zu allem fähig, sie machten das Wetter, regierten das Wachstum und die Gestirne, sogar die Toten kehrten auf ihren Anruf zurück. Sie sprachen ihre Sprüche als unwiderrufliche Befehle, aus einer unwiderstehlichen Kraft des Segnens und Verfluchens. Sie kannten Worte, deren Aussprechen lebensgefährlich war und mit denen sie die Schöpfung aus den Angeln heben konnten. Ihre Gewalt über die Geister verlieh ihnen ein furchtbares Machtbewußtsein, mit dem sie ihre Umwelt in Schach hielten. Denn sie gebrauchten sie nicht immer in guter Absicht. So alt wie die Zauberei ist der Unterschied zwischen weißer und schwarzer Magie. Die Mythen und Märchen aller Völker erzählen von Magiern, die mit guten oder bösen Geistern im Bund stehen. Der aufgeklärte Kulturmensch hält diese Nachrichten für Aberglauben, weil er das Organ für die «Geister», das Wesen der Dinge, verloren hat. Segnende und verfluchende Sprüche versteht er am ehesten noch psychologisch, als Mittel zur Steigerung der seelischen Energie. Wer einen Menschen segnet, stärkt gewiß dessen Kraft, sich mit den Dingen in Harmonie zu fühlen, und er zerstört diese harmonisierende Kraft, wenn er ihn verflucht und die Dinge zur Feindschaft gegen ihn aufruft. Ein echter Ritus, ein echtes Gebet erzeugen im magisch Handelnden den Beistand, um den er den Dämon bittet. Das war auch bei den großen Beschwörern der Vorzeit so, aber es war bei ihnen noch mehr: ein Wissen um verborgene Eigenschaften der Dinge und die Fähigkeit, sie zu benützen.

Die größten Beispiele dafür haben sich aus dem jüdischen Altertum erhalten. Die Patriarchengeschichten des ersten Buches Moses sind mit Anschauungen einer Vorzeit getränkt, die noch Menschenopfer kannte und ganz unter der Herrschaft magischer Bräuche stand. Moses selbst ist eine aus uralten und jüngeren Elementen zusammengesetzte Figur. Er wird als Meister der ägyptischen Zauberkunst, als Volksführer und Gesetzgeber, zuletzt als Dichter geschildert, und er soll auch der größte aller Propheten im Sinne einer viel späteren Zeit gewesen sein. Die Wunder und Zeichen, mit denen er seine Autorität begründet, sind das Altertümlichste an ihm. Moses zaubert im Auftrag Jahwes, der seine Bedenken, daß die Juden ihm den göttlichen Auftrag nicht glauben werden, damit widerlegt, daß er ihn zaubern lehrt. Da zieht Moses mit dem «Stab Gottes» in der Hand nach Ägypten, um diese Wunder zu verrichten. Die erste Audienz beim Pharao hat aber so schlimme Folgen, daß er mit Jahwe in Streit gerät. Dieser muß ihm versprechen, daß er ihn «zum Gott für den Pharao» machen werde, und so tritt er in den Wettkampf mit den königlichen Magiern ein. Einen Teil seiner Zauberwerke tun sie ihm nach, erst vor der Pest, die er über das Land heraufbeschwört, kapitulieren sie, weil sie selber von ihr ergriffen werden. Nun reckt sich Moses zu Taten auf, die allen Widerstand brechen. Mit den Naturkatastrophen, deren Beginn und Ende er mit seinem Stab herbeiführt, erzwingt er die Auswanderung der Juden und ihre Bekehrung zu Jahwe. Auch auf der Wanderung ins verheißene Land legitimiert er sich durch schreckliche Wundertaten. Er spaltet mit seinem Stab das Schilfmeer, in der Wüste macht er das bittere Wasser trinkbar, indem er zum Herrn schreit und auf seinen Rat ein Holz hineinwirft. Er bewahrt das Volk vor Krankheiten und errichtet das Bild einer ehernen Schlange, deren Anblick die Gebissenen rettet. Er zeigt eine Wunderspeise, von der jeder immer so viel findet, wie er braucht, und schlägt mit dem Stab Wasser aus einem Felsen. Beim Herannahen von Feinden stellt er sich mit seinem Gottesstab in der Hand auf einen Hügel, und die Israeliten sind siegreich, solange er die Arme hochhält, werden aber geschlagen, sobald er sie sinken läßt. Man setzt ihn deshalb auf einen Stein, und zwei Männer stützen seine Arme mit dem Stab, bis beim Sonnenuntergang der Kampf gewonnen ist. Trotz diesen Triumphen endet Moses tragisch. Er darf das gelobte Land nur von ferne sehen, zur Strafe dafür, daß er einmal das Vertrauen in seine göttliche Zauberkraft verlor. Jahwe läßt ihn auf dem Berg Nebo nach Kanaan hinüberblicken, aber nicht hineinkommen. Der Wundertäter wird zuletzt geheimnisvoll entrückt.

Am fernsten Horizont der Literaturgeschichte ragen Dichtergestalten auf, denen ähnliche Kräfte nachgesagt werden. Sie stehen außerhalb der nachprüfbaren Überlieferung, tragen aber bei verschiedenen Völkern seltsam verwandte Züge. Diesen sagenhaften Meistern soll die ganze Natur untertan gewesen sein, es werden ihnen große Erfindungen zugeschrieben, auf denen die menschliche Kultur beruht. Sie verstanden die Sprache der Tiere, Pflanzen und Gestirne, sie besaßen als Ärzte Macht über Leben und Tod. Sie konnten Wunder verrichten und leiteten ganze Völker. Sie waren Dichter, denn ihr vornehmstes Werkzeug war der Gesang, das gesungene Wort.

Am bekanntesten sind die Zauberdichter der Griechen. Amphion soll mit seinem Bruder die Stadt Theben befestigt haben, indem er so schön auf der Leier spielte, daß sich die Steinblöcke von selbst zu Mauern fügten. Von Arion aus Lesbos berichtet Herodot das Märchen, daß er, als ihn die Schiffer auf einer Meerfahrt ins Wasser werfen wollten, nach einem Lied, dem die ganze Schöpfung lauschte, ins Meer gesprungen und von einem Delphin ans Land getragen worden sei, wo er die Bösewichter ihrer Strafe auslieferte. Am großartigsten ist die Gestalt des Thrakiers Orpheus, der als das klassische Sinnbild für die Macht des Gesanges weiterlebt. Er soll die Argonauten auf ihrem Kriegszug begleitet, ihnen die Gunst der Götter verschafft und mit der Zauberkraft seines Gesangs ihre Feinde überwunden haben, die mit andern Waffen nicht besiegt werden konnten. Das Gelingen jener Entdeckungsfahrt war hauptsächlich ihm zu verdanken; schon bei der Abfahrt weckte er die Argo, das fest auf dem Strand liegende Schiff, und zwang sie, ins Wasser zu gleiten. Später bewog er sogar die Totengötter, ihm die an einem Schlangenbiß gestorbene Gattin zurückzugeben. Dieser Gang in die Unterwelt war das größte Wunder, das man ihm nachrühmte. Die ihm zugeschriebenen orphischen Hymnen können allerdings seine historische Existenz nicht beweisen, da sie erst aus dem dritten nachchristlichen Jahrhundert, und zwar aus den Händen von Priestern, stammen. Auch die legendären Züge seiner Gestalt sind ohne Zweifel zum Teil panegyrische Übertreibungen, wie sie bei den Sängern aller Zeiten zum Preis ihrer Kunst üblich waren. Trotz dieser verdächtigen Stilisierung muß auch sie – nicht historisch, aber symbolisch – ernst genommen werden. Sie enthält, wenn man sie richtig entziffert, einen tiefen Aufschluß über den Ursprung der Dichtung.

Orpheus wird von der modernen Forschung mit dem Schamanentum in Verbindung gebracht, jenem über die ganze Erde verbreiteten primitiven Zauberpriestertum, dessen heutige sibirische Vertreter am besten bekannt sind[1]. Die Schamanen pflegen eine ekstatische Form der Magie; sie steigern sich durch Musik, Gesang und Tanz in den zaubermächtigen Zustand, der sie den Hirten- und Jägervölkern unentbehrlich macht,

[1] Schon Herder, der eine seltene Einsicht in das archaische Dichtertum besaß, sagte, wenn Arion, Orpheus und Amphion gelebt hätten, so seien sie «edle griechische Schamanen» gewesen (Werke ed. Suphan 9, 534).

weil sie die Verbindung mit der übersinnlichen Welt herstellen. Am unheimlichsten sind jene, die mittels heiliger Gifte und schrecklicher Verwundungen in die heilige Raserei geraten. Sie benützen künstliche Hilfsmittel: betäubende Dämpfe, den Genuß von Hanfsamen, Fliegenpilz und andern berauschenden Stoffen, mit denen sie ihre Verzückungen herbeiführen und sich gewaltsam Zutritt zum Dämonenreich verschaffen. Mit dieser ekstatischen Technik üben sie die niedrigen und höheren Priesterfunktionen aus: die Abwendung von Unglück aller Art und die Herbeiführung des Gelingens, die Erkundung der Vergangenheit und der Zukunft, die Heilung der Kranken und das Geleit der Toten ins Jenseits. Diese ekstatische Form der Zauberei wurde am Beginn der abendländischen Geschichte auch bei den Juden und Griechen bekannt, aus ihr ging ein ältester Typus der Dichtung hervor.

Das Hauptwerk der Schamanen – es gibt auch weibliche – war der Gang ins Jenseits zu den Dämonen, sei es als Begleiter eines Gestorbenen oder zur Erlangung einer Offenbarung, eines wundertätigen Talismans. Mit Amuletten als «Hilfsgeistern» behängt unternahmen sie, wie heute noch in Sibirien, die schaurige Reise, während ihr Körper in der Trance wie leblos dalag. Sie kämpften unterwegs mit feindlichen Geistern und besiegten unzählige Hindernisse; aus diesen phantastischen Gefahren kehrten sie wie aus einem Angsttraum in ihren Leib zurück und erzählten nach dem Erwachen von ihren Erlebnissen. Die Schamanen waren Männer und Frauen von maßlos ausschweifender Phantasie; was sie in ihrer passiven Entrückung erlebten, stand in einem ungeheuren Gegensatz zur diesseitigen Wirklichkeit. Es waren «der Phantasie verworrne Riesenträume», erfüllt von der ungebrochenen Halluzinationskraft der kindlichen Seele. Wenn sie von ihren Erfahrungen erzählten, war es ihnen vor allem um das Wunderbare zu tun. Sie wollten ihre eigene Suggestion auf die Zuhörer übertragen, und man verehrte und fürchtete sie, weil es ihnen gelang, das Unwahrscheinlichste glaubhaft zu machen und die tiefsten Ängste und Wünsche, die gewagtesten Ahnungen der Menschenseele zu offenbaren. Als haltlos erregte, «außer sich» lebende Ekstatiker redeten sie die Sprache des Überschwangs. Sie waren Meister des Träumens – des wachen, schlafenden und künstlichen –, aller Arten von Versunkenheit und Bewußtlosigkeit, die den Menschen für Augenblicke in eine andere Welt entrücken. Im Traum, im Rausch gelangten auch sie vorübergehend zur Herrschaft über die Dinge, sprengten aus eigener Kraft die Grenzen ihrer Person und traten ins Innere der Natur. Die Wand zwischen Diesseits und Jenseits, Außen und Innen fiel für sie dahin. Ihre Person erweiterte sich zum Universum, ihre Kraft floß mit den kosmischen Kräften zusammen und herrschte in dämonischer Überlegenheit über die ganze Natur. Sie bestanden das größte Abenteuer der Seele, den Aufbruch in die Bezirke höchster Lust und tiefsten Grauens – «ins Unbetretene, nicht zu Betretende, ein Weg ans Unerbetene, nicht zu Erbittende». Als Begnadete lebten sie in der strömenden Fülle des Seins, thronten auf dem Gipfel der Schöpfung, waren überall und alles im gleichen Augenblick[1]. Es war die Gottgleichheit, von der im Paradies die Schlange

---

[1] Ein indianischer Magier schildert den Höhepunkt seiner Berufungsvision so: «Dann stand ich auf dem höchsten von allen diesen Bergen und ringsum unter mir in der Tiefe lag der ganze Erdkreis.

zum Menschen, im «Faust» Mephisto zum Übermenschen spricht. Aber sie war etwas anderes als die Sicherheit der großen Zauberer von der Art Moses'. Mit ihr verglichen war sie ein dunkles Ringen der Gnadelosen um die Gnade. Denn es war das eigene Ich des Verzückten, das sich in die Dinge verströmte, von ihnen Besitz ergriff und sie beseelte, so daß ihm in Pflanzen, Tieren und Gestirnen seine eigene Seele entgegentrat und ihn urvertraut ansprach. Dieses magische Wiedersehen lockte ihn als eine ewige Versuchung, weil sie ihn über sich selbst hinaus in das dämonische Naturreich führte, und sie täuschte ihn als ein ewiger Wahn, weil sie doch nur die geträumte Selbsterhöhung des Menschen war. Der Ekstatiker verwandelt sich in alle Dinge, vergrößert sein Ich zum Weltall, aber im Weltall offenbart sich ihm nicht Gott, sondern seine eigene Seele. Dieser Weg führt so weit, wie das Unbewußte im Menschen reicht – das ist unermeßlich weit, aber nicht über diese Grenze hinaus. Er führt ins Reich der Dämonen. Er geht durch unermeßliche Schauder von Glück und Angst und endet im Dunkel des Todes.

Es ist das eherne Gesetz der Ekstase, daß sie nur für Augenblicke im Bewußtsein der göttlichen Allmacht gipfeln kann. Auf jeden Rausch folgt das Erwachen, jede Himmelfahrt wird mit dem Sturz in die Hölle bezahlt, jede Gottesnähe mit der Versuchung durch den Teufel. So ist es bei den christlichen Ekstatikern der thebaischen Wüste und der mittelalterlichen Klöster, so muß es auch bei den Schamanen gewesen sein. Dazu kommt, daß die ekstatischen Erfahrungen wegen ihres subjektiven Charakters nicht nachprüfbar sind und ganz von der Glaubwürdigkeit des Mediums abhängen. Die Trancepriester schillerten in allen Spielarten des Unheimlichen von der Nervosität bis zum Wahnsinn, ihre Erzählungen bewegten sich unkontrollierbar zwischen Offenbarung und Geflunker. Wo der Mensch sich so in die Dinge hineinversetzt und ihnen seine Seele leiht, wo er als bestellter und bezahlter Wundertäter die übersinnlichen Bedürfnisse der Gläubigen befriedigt, blüht notwendig auch der heilige Betrug. Bei den Zauberern fragt es sich stets, ob sie gut oder böse sind, bei den Schamanen, ob sie die Wahrheit sagen oder lügen.

Dämonenglaube und Zauberei übergießen das primitive Leben mit einem Schimmer von großartig naiver Poesie. Afrikanische Neger wecken ihre Boote vor der Ausfahrt mit Liedern und Trommelwirbeln und singen sie nach der Heimkehr wieder in Schlaf. Sie besprechen den Acker vor der Aussaat, die frisch gemolkene Milch, das neugeborene Kind, die aufgehenden Gestirne, die Gewitterwolken und die herannahenden Feinde, wie es vor Zeiten bei allen Völkern geschah. Aber der poetische Schimmer dieses Daseins ist eine sentimentale Illusion. In Wahrheit herrscht in ihm panische Angst vor den allgegenwärtigen Dämonen. Es gibt hier keine Freiheit, keine

Und während ich dort stand, sah ich mehr, als ich sagen kann, und ich verstand mehr, als ich sah; denn ich schaute auf heilige Weise die Gestalten aller Dinge im Geiste, und die Gestalt aller Gestalten, wie sie zusammen leben müssen, gleich wie *ein* Wesen. Da sah ich, daß der heilige Ring meines Volkes einer von vielen Ringen war, die einen Kreis bildeten, weit wie Tageslicht und wie Sternenlicht. In der Mitte aber wuchs ein üppig blühender Baum zum Schutze all der Kinder einer Mutter und eines Vaters. Und ich erkannte all dies als heilig» (Schwarzer Hirsch, Ich rufe mein Volk 50f., deutsch 1955).

Schönheit, keine Kunst im höheren Sinn, nur die Wahngebilde der triebhaften, unerlösten Sinnlichkeit. Auch die Zauberpoesie bleibt in diesen Fesseln gefangen. Sie ist wie der Gesang des Kindes, das im Dunkeln singend seine Angst zu bannen versucht. Beschwörungslieder und apotropäische Sprüche sind archaische Vorstufen der Dichtung, Gebrauchskunst des erdgebundenen, dem Unbewußten verfallenen Menschen. Das Thema der höheren Dichtung, die sich aus dem Schamanismus entwickelte, blieb das magische Eingehen in die Natur, und die panische Angst vor den Dämonen begleitete sie. Das altertümlichste Beispiel dafür ist die Reise des Gilgamesch im babylonischen Epos. Gilgamesch fährt, durch den Tod seines Freundes Engidu erschüttert, durch viele Gefahren über die Wasser des Todes zu seinem Ahn Utnapischtim, um von ihm Aufschluß über das furchtbare Geheimnis des Todes zu erhalten, und dringt zu den Toten hinab. Auch Orpheus' Gang in die Unterwelt zur Erweckung der toten Eurydike ist eine solche Jenseitsfahrt. Heute hält man die Jenseitsreise für das Hauptmotiv aller echten Märchen. Auch der Besuch des Odysseus bei den Toten wird als Rest einer solchen Schamanenfahrt ausgelegt[1].

Im vierten Gesang der Odyssee steigt der Meeresalte Proteus, der Poseidons Robben hütet und des Meeres dunkle Tiefen kennt, um die Mittagsstunde aus der Flut, zählt seine Robben und legt sich mitten unter sie zum Schlaf. Wer ihn fangen will, gegen den wehrt er sich mit furchtbaren Zauberkünsten, indem er sich in alle Dinge der Erde verwandelt; hält man ihn unerschrocken fest, bis er ermüdet, so spricht er einen an und gibt ein Orakel. So bezwingt ihn Menelaos und erfährt von ihm den Aufenthalt des Odysseus bei Kalypso:

> *Erstlich ward er ein Leu mit fürchterlich wallender Mähne,*
> *Drauf ein Pardel, ein bläulicher Drach und ein zürnender Eber,*
> *Floß dann als Wasser dahin und rauscht' als Baum in den Wolken,*
> *Aber wir hielten ihn fest mit unerschrockener Seele[2].*

Das ist die magische Phantasie der Schamanen, die am Anfang der abendländischen Dichtung steht. Proteus verkörpert die ewige Verwandlung aller Dinge, den unendlichen Fluß des Lebens, in den der Mensch innerlich eintauchen kann. Er ist der Dämon des fessellosen, unverantwortlichen Fabulierens und Träumens, des Schwelgens in der Allmacht des Gedankens, zu der die Geheimlehren des Orients hinführen. In der indischen Göttersage verkörpert besonders der tanzende Shiva, der rätselhaft vielge-

---

[1] Ein bedeutendes Dokument des Schamanismus ist auch das «Tibetanische Totenbuch» (deutsch von L. Göpfert-March 1935), das die Reise der Seele ins Totenreich durch alle Stationen beschreibt und genaue Anweisungen für die Abwehr der feindlichen Dämonen und für die sichere Rückkehr in den Schoß der Wiedergeburten gibt.

[2] Mit der Proteusmythe sind die Märchen von Zauberern verwandt, die nacheinander viele Gestalten annehmen, um ihren Verfolgern zu entgehen, aber zuletzt doch überlistet werden. Im Märchen des zweiten Bettelmönchs in «Tausendundeiner Nacht» verwandelt sich ein Dämon im Kampf mit einer Zauberin durch eine Reihe von Körpern und wird von dieser besiegt, weil sie ihm in alle Metamorphosen nachfolgen kann. Eine Erinnerung daran ist der Schluß des Märchens vom «Gestiefelten Kater».

staltige Patron der Dichter und Schauspieler, der Herr der Weltentstehung und des Weltuntergangs, dieses Ideal der magischen Allwissenheit. Im germanischen Mythus sitzt Odin, der Gott der Dichtkunst und des Zauberns, von dem alle Beglückung kommt, auf einem Thron, von dem er alles, was geschieht, überschauen und hören kann. Der große Taliesin, ein legendärer keltischer Magier, rühmt sich in einem ihm zugeschriebenen Gedicht aus dem zwölften Jahrhundert dieser gottgleichen Allgegenwart im Geist: «Ich bin gewesen ein schwarzer Lachs, ich bin gewesen ein Hund, ich bin gewesen ein Hirsch und ein Rehbock auf dem Gebirge und der Stamm eines Baumes» usw. bis zum Korn, das gedroschen und gegessen wird, was man früher als Darstellung der druidischen Seelenwanderungslehre auffaßte. In einem andern Gedicht singt Taliesin orgiastisch von sich: «Ich bin ein Wunder, dessen Ursprung unbekannt ist. Ich bin in der Arche gewesen mit Noah und Alpha; ich habe die Vernichtung von Sodom und Gomorrha gesehen. Ich war in Afrika vor der Gründung Roms und komme jetzt her zu den Überbleibseln Trojas. Ich bin mit meinem Herrn gewesen bei der Krippe des Esels; ich stärkte Moses mit dem Wasser des Jordan. Ich bin gewesen an dem Firmament mit Maria Magdalena; ich habe Hunger gelitten für den Sohn der Jungfrau; ich habe die Muse erlangt aus dem Kessel der Keridwen. Ich war ein Harfenbarde zu Lleon in Llochlyn. Ich bin gewesen am weißen Berge am Hofe des Kynvelyn in Ketten und Banden Jahr und Tag. Ich war der ganzen Welt ein Lehrer und werde bis zum jüngsten Tag im Angesicht der Erde sein...»

Die Sage von Orpheus erzählt, wie dieser Schamane zum Dichter wurde. Es werden von ihm zwar auch noch Zaubertaten berichtet, aber sein größtes Zauberwerk, die Wiedererweckung der toten Eurydike, mißlingt ihm. Das Außerordentliche an ihm ist, daß er tragisch gesehen ist. Wie Gilgamesch das den Tod heilende Kraut, findet er zwar die Tote, verliert sie aber durch eigene Schuld wieder. Der Mensch in ihm ist der Unterwelt nicht gewachsen. Auf dem Gang nach oben wird er unsicher, sei es aus Zweifel an seinem Können oder aus übergroßer Sehnsucht nach der Geliebten, sieht sich nach ihr um und büßt diesen Blick mit ihrem endgültigen Verlust. Er kehrt unverrichteter Dinge auf die Erde zurück, und eben dieses Versagen wird zur Ursache seines Dichterruhms. Das furchtbare «Beinahe» seines Sieges über den Tod, das Bewußtsein seiner Schuld, die Verzweiflung über seinen Mißerfolg machen ihn zu dem, was er für die Griechen bedeutete. Erst jetzt nämlich stellte sich die klassische Szene seiner Legende ein. Der Gesang des schuldig und verzweifelt Umherirrenden bekam etwas Weltbewegendes, wie man es bisher nie vernommen hatte. Er lockte mit dem Klang seiner Leier die Tiere herbei, bewegte die Wälder und Felsen, die herkamen, um seinem Gesang zu lauschen. Das ist die Geburt der Dichtung aus der Magie, genauer: die Geburt der magischen Dichtung. Der vergebliche Gang ins Totenreich ist Orpheus' Dichterweihe. Die Ergriffenheit aller Kreatur durch seinen Gesang drückt sinnbildlich die Macht des gesungenen Wortes aus, in dem noch die bannende Kraft der Zaubersprüche lebt. Der singende Zauberer ist immer noch der Mittelpunkt der Schöpfung und füllt mit seinem Gesang das Weltall aus. Die Wellen des Wohllauts schlagen über ihm zusammen, die Felsen verlieren ihre Schwere, die Tiere ihre Wildheit, die Dinge ihr Anderssein. Alles antwortet ihm auf seinen Schmerz, alles bewegt sich nach seinem Willen, er ist allmächtig wie Gott – aber nicht in Wirklichkeit, nur noch im Gesang. Die Wirklichkeit des Zaubers ist zur Trauer über die Unbesiegbarkeit des Todes geworden. Ein gescheiterter, verzweifelter Magier ist der Held dieser Szene.

Aus allen Schamanen ragt Orpheus – wie Gilgamesch – dadurch hervor, daß er nicht triumphiert, sondern leidet. Das Zauberwesen vergeistigt sich in ihm aus einem dunklen Handwerk zu der Kunst, einen unheilbaren Schmerz in Gesang zu verwandeln. Er liegt nicht in bewußtlosem Krampf, er geht die via regia ins Innere der Natur nicht mehr zu Ende. Das zauberische Mitklingen der Schöpfung, dieses Ineinanderströmen von Himmel und Erde unter der Gewalt seiner Klage, ist nur noch dichterische Erinnerung an die alte Besessenheit. Der seinen Schmerz aussingende Mensch erlebt ein geistiges Glück, das mit tiefster Ohnmacht verbunden ist. Seine Klage spricht die Trauer der ganzen Schöpfung aus und findet darin ihren Trost. Dieser tragische Ton wohnt aller magischen Kunst inne. Zu Gilgamesch sagt der Schatten Engidus: «Künde ich dir das Gesetz der Erde, das ich schaute, so wirst du dich hinsetzen und weinen.»

Alle großen vorzeitlichen Sänger der griechischen Sage sind tragische Gestalten. Über Orpheus liegt das dunkelste Verhängnis, er wird zuletzt von den Mänaden zerrissen, unterliegt also der alten ekstatischen Wut, aus der er sich halbwegs befreit hat. Sein Dichtertum, zweideutig zwischen Zauberei und reinem Gesang schillernd, wird zum Ausgangspunkt eines neuen rauschhaften Kultes. Orpheus war der Heros der dionysischen Mysterienreligion, die ihn als ihren Stifter verehrte. Ihre heiligen Bücher sollten auf seine Offenbarungen zurückgehen, sie umfaßten neben seinen angeblichen Gesängen und einem Argonautenepos die gesammelten Orakelsprüche dieser Sekte. Die orphischen Priester lehrten, das Menschengeschlecht sei aus der Asche der Titanen entstanden, die den Dionysos verschlungen hätten und von Zeus mit dem Blitz erschlagen worden seien. Deshalb sei Göttliches und Titanisches in der menschlichen Natur gemischt; die Seele liege in der Nacht des Körpers gefangen und sehne sich nach ihrem Ursprung, müsse aber viele Geburten durchwandern, bis sie aus ihrer irdischen Haft befreit werde. Die Anhänger der Sekte, meist Frauen, beschleunigten ihre Erlösung durch ein asketisches Leben und durften in orgiastischen Riten, die den Gott in ihnen befreiten, die ewige Seligkeit vorausempfinden. Hinter dem grenzenlos schweifenden Dionysos her schwärmten sie in rasender Lust, tanzend und jauchzend, sich verwundend, ohne Schmerz zu fühlen, durch die nächtliche Landschaft, über einsame Berghöhen, durch Wälder und Schluchten, abseits von den Menschen, in fesselloser Freiheit. Wenn die Mysten mit ihren Zähnen die Opfertiere zerrissen und das rohe Fleisch verschlangen, erlebten sie das Höchste: die Auflösung in die Natur, den Tod als Auferstehung, die Vereinigung mit Dionysos. Diese Exzesse dienten der Reinigung ihrer Sinnlichkeit. Sie wurden von ihren Priestern in die Ekstase geführt und durch eine religiöse Katharsis dem harmonischen Leben zurückgegeben[1].

---

[1] Erwin Rohde sagt über diese Bräuche des Kybele- und Dionysoskultes: «Das Ekstatische soll in diesem Verfahren nicht unterdrückt und ausgerottet werden; es wird nur in eine priesterlich-ärztliche Zucht genommen und wie ein belebender Trieb dem Gottesdienste eingefügt. In gleichem Sinne

Diese Mänadenzüge könnte allerdings ein großer Dichter ersonnen haben. Aber Dichter stiften keine Religionen. Die Zerfleischung des Orpheus durch die rasenden Weiber drückt den ewigen Gegensatz zwischen Dichtung und Taumel, die ewige Verwechslung künstlerischer Begeisterung mit religiöser Schwärmerei aus. Die Orphik war ein letzter Einbruch asiatischen Geistes in die griechische Welt, Orpheus selbst ein Fremdling in ihr. Das klassische griechische Denken konnte die bedingungslose Verherrlichung dieses Zauberdichters nicht gelten lassen, sondern nahm ihn entweder vor seinen Anhängern in Schutz oder verdammte ihn. Aischylos ließ Orpheus in einem verlorenen Drama durch die besessenen Weiber ermorden, weil sie ihn als Diener Apollons gehaßt hätten; er stellte ihn als das Opfer der Mänaden hin, die ihn als ihren Heiland verehrten. Aristoteles hielt seine Gestalt für eine Erfindung. Platon durchschaute seine Zweideutigkeit und sprach schon alles aus, was gegen die orphische Dichtung vorgebracht werden kann. Er läßt im «Gastmahl» den Phaidros sagen: «Orpheus aber, den Sohn des Oiagros, schickten die Götter unverrichteter Dinge aus der Unterwelt zurück; sie zeigten ihm nur die Erscheinung der Frau, um deretwillen er gekommen war, und gaben ihm nicht sie selbst, weil ihnen schien, er sei verweichlicht wie ein Spielmann und habe nicht das Herz, aus Liebe zu sterben wie Alkestis, sondern sei darauf verfallen, lebend in die Unterwelt einzugehen. Deshalb straften sie ihn auch und richteten es so ein, daß er durch Weiber umkommen mußte.» Platon erscheint die Tragik des Zaubersängers als Feigheit, sein Gang ins Totenreich als ein Versuch, den Tod zu betrügen und sich die Ewigkeit zu erschleichen; er stellt ihm den Achilles gegenüber, der Patroklos in Wirklichkeit nachstarb und ohne Zögern den frühen Tod einem leeren langen Leben vorzog.

Orpheus ist der Heiland der Orphiker, nicht der Genius der griechischen Dichtung. Der Abgrund, der zwischen ihr und ihm liegt, der aber doch auch einen Zusammenhang bedeutet, ist im Schluß der Sage dargestellt, der erzählt, sein singendes Haupt mit der Leier sei durch das Meer nach Lesbos, der Heimat Sapphos, geschwemmt worden. Die äolische Lyrik trat sein Erbe an und vollendete, was er begonnen hatte. Sie durchläuft die menschlichen Gefühle von der leuchtenden Lust bis zur tief umschatteten Schwermut, den ganzen Kreislauf der Schöpfung, den die griechische Kunst als heilig verehrt. Die Lieder der Sappho waren zum großen Teil noch rituelle Hochzeitsgesänge, mit denen auf Lesbos die Braut unter magischen Bräuchen in das Haus des Gatten geleitet und Fruchtbarkeit auf ihre Ehe herabgefleht wurde. Aber sie sind nicht rauschhaft, sondern besonnen und vollkommen geformt. Auch das griechische Drama entstand aus magischen Ursprüngen: die Komödie aus bäuerlichen Fruchtbarkeitsriten, die Tragödie aus Totenkult und Heroenbeschwörung. Aber auch sie wurden erst groß, als sie sich bewußt über die kultische Praxis erhoben. Orphische Trauer gehört für die klassischen Griechen dem Naturreich an. Sie verstanden den Gesang

fand in Griechenlands hellster Zeit der dionysische Enthusiasmus Duldung und Pflege. Auch die schwärmerischen Nachtfeiern des thrakischen Gottes, den phrygischen Festen innerlich verwandt und bis zu vielfacher gegenseitiger Vermischung nahestehend, dienten der ,Reinigung' der ekstatisch aufgeregten Seele» («Psyche» 336f., 1894).

der Nachtigall als die maßlose Klage einer Mutter um den von ihr getöteten Sohn, in
der Orestie des Aischylos ruft der Chor der verzweifelten Kassandra zu:

> *Dich hat ein Gott verwirrt,*
> *Dir das Gemüt verstört, daß unselgen Sangs*
> *Du um dich selbst wie die Nachtigall wehklagst,*
> *Die im betrübten Sinn, ach des Rufs nimmer satt,*
> *Itys, o Itys! klagt …*

Allmächtige Magier kannte auch die keltische Literatur, deren Märchenzauber bis
in die mittelalterlichen Ritterromane hinein als eine Hauptquelle orphischer Poesie
weiterlebte. Am berühmtesten ist die Sage von Merlin, aus der ein so unbeschreib-
licher Duft pantheistischer Naturmystik weht. Dieser «keltische Orpheus» soll der
Barde in der Tafelrunde des Königs Arthus gewesen sein, die Hauptfigur jenes Sagenkreises, der zum Lieblingsstoff der mittelalterlichen Ritterepik wurde. Merlin galt als
allwissender Zauberer, als Meister der Dichtung und Musik, der Gestirnkunde und
aller Naturgeheimnisse. Seine angebliche Weissagung über den Untergang der briti-
schen Kelten durch die Angelsachsen ist allerdings nachweislich gefälscht, das Produkt eines keltischen Mönchs aus dem zwölften Jahrhundert. Man hat daraus geschlossen, daß Merlin selbst in diesem Jahrhundert erfunden worden sei, da die
älteste bekannte Grundlage der Merlinromane, die «Vita Merlini», aus derselben Zeit
stammt.

Auch diese Gestalt ist aber in ihren Umrissen viel zu groß, als daß sie von einem
politisierenden Kleriker ausgeheckt sein könnte. Ihr Fortleben in der europäischen
Dichtung zeugt von der genialen inneren Wahrheit, die sie besitzt und die aus vielen
Einzelheiten hervorleuchtet. Ein solcher Zug ist das Lachen, in das Merlin vor jedem
seiner Seherworte ausbricht. Lachend vollbringt er auch seine erstaunlichste Zauber-
tat, die Versetzung des Stonehenge, des großen Menhirkreises, den er auf übernatürliche Weise aus Irland in die Ebene von Salisbury verpflanzt haben soll, wo er heute
steht. Sein Ende wird verschieden erzählt, aber immer als ein rätselhaftes Verschwinden. Die Fahrt ins Unbekannte, die in einer märchenhaften Jenseitslandschaft endet,
ist ein stehendes Motiv der phantastischen altkeltischen Erzählungen und wird in
ihnen mit einem eigenen Ausdruck als «immram» bezeichnet. Merlins Lachen zeigt
an, daß er selbst kein Schamane, sondern wie Moses ein Zauberer von höchster Klarheit des Geistes war. In der «Vita Merlini» hat er eine unbändige Sehnsucht nach den
grünen Wäldern und lebt als Waldmensch und Menschenverächter in Sturm und Regen nach Art der wilden Tiere. Er reitet auf einem Hirsch, das Wild folgt ihm gehorsam in Rudeln. Erst in der bretonischen Sage schläft er, in magischen Schlaf versenkt,
im Wald von Broceliande, wo seine Stimme den Wanderer von allen Seiten unauffind-
bar neckt und ruft. Diese panischen Züge haben auch seiner Gestalt den unsterblichen
Zauber verliehen, sind aber Arabesken eines späteren Denkens. Im Walde von Broceliande liegt Merlin, seiner Macht beraubt, mit dem Haupt im Schoß der geliebten
Viviane, die ihm seine Zauberkünste abgelistet und ihn unter einen Weißdornstrauch

festgebannt hat. Diese Märchenszene im süßen Stil der Troubadours bedeutet etwas
Ähnliches wie Orpheus' Zerfleischung durch die Mänaden. Auch Merlin wird das
Opfer seiner Zauberkunst. Der höchste Zauber, die Liebe, überwindet ihn. Die Neuzeit hat diese romantische Umdeutung weitergetrieben. Merlins Hinschwinden in die
Natur wurde orphisch ausgelegt und zum Sinnbild faustischen Ringens um göttliche
oder teuflische Allgewalt gemacht. Die deutsche Romantik hörte aus seiner Gestalt
nicht das Lachen, sondern die ossianische Schwermut. Eichendorffs Wälderrauschen
erinnert immerzu an ihn, auch ohne daß sein Name genannt wird. Auch in Lenaus
Waldlyrik spukt sein proteisches Wesen, und das fünfte seiner «Waldlieder» ruft ihn
mit Namen an:

> *Wie Merlin*
> *Möcht ich durch die Wälder ziehn;*
> *Was die Stürme wehen,*
> *Was die Donner rollen*
> *Und die Blitze wollen,*
> *Was die Bäume sprechen,*
> *Wenn sie brechen,*
> *Möcht ich wie Merlin verstehen ...*

Schamanenpoesie von ungebrochener Naivität findet sich dagegen im «Kalewala».
Dem finnischen Orpheus Wäinämöinen lauschen alle Tiere und Dämonen, wenn er
auf der Harfe, dem «Werkzeug ewiger Freude», spielt, das er erfunden hat. Er wird
geradezu als Weltschöpfer hingestellt und mit seinem Bruder, dem Schmied Ilmarinen,
als Bringer der Kultur verherrlicht. Wie Orpheus seine höchste Kunst nach dem Gang
in die Unterwelt erlangt, findet Wäinämöinen die «Worte» und die «günstigen Sprüche» im Leib des Riesen Wipunen, einer mythischen Personifikation der Natur. Er
gelangt zu ihm, indem er eine Strecke weit auf den Spitzen der Weibernadeln, eine
Strecke auf den Schneiden der Männerschwerter, eine weitere auf den Schärfen der
Heldenbeile wandert, ohne zu wissen, ob Wipunen überhaupt noch am Leben ist.
Dann findet er sein mit Bäumen bewachsenes Haupt, verschafft sich den Eingang durch
seinen Mund ins Innere und zwingt das Ungetüm, ihm tage- und nächtelang den Gesang vom Ursprung aller Dinge und «nach der Ordnung allen Zauber» vorzusingen,
so daß Sonne und Mond und die Wogen des Meeres darob stille stehen. Die Lieder des
«Kalewala» enthalten Einsprengsel von Zauberpoesie, die sich auf die Bärenjagd, die
Schiffahrt, das Brauen des Biers, die Heilung von Krankheiten und vieles andere beziehen. Wäinämöinens Reise in den Leib des Schöpfungsriesen stellt wie Orpheus'
Gang in die Unterwelt und wie Gilgameschs Fahrt ins Jenseits nach dem «Leben»
den Weg dar, auf dem die magische Kraft gefunden wird[1].

---

[1] Eine humoristische Abwandlung dieses Motivs ist der Gang Rabelais' in den Mund des Riesen
Pantagruel im 32. Kapitel des zweiten Buches von «Gargantua und Pantagruel». Hier ist das ekstatische Dunkel in «tolle» Ausgelassenheit verkehrt, aber der Sinn der Erzählung – das Hinübertreten in
eine höhere Welterkenntnis – ist immer noch derselbe (vgl. Erich Auerbach, «Die Welt in Pantagruels
Mund», in «Mimesis» 250f., 1946).

Welche Rolle die Zauberkunst bei den Germanen spielte, erfährt man nur noch aus den spät aufgezeichneten Liedern der Edda. Aus ihnen geht hervor, daß es einen germanischen Runenzauber gab, der zu einer umfassenden Lehre von den die Dinge beherrschenden heiligen Schriftzeichen entwickelt war, und daß man sich im Norden des Wundertranks Odrörir, des «Erregers der Raserei», bediente, der seine Kraft durch hineingeschabte Runen erhielt. Das «Zweite Odinsbeispiel» der Edda erzählt, wie der lügnerische Odin diesen Zaubertrank dem Riesen Suttung ablistet, indem er sich einen Weg durch die Felsen bahnt und die Riesentochter Gunnlöd verführt, die ihn hütet. In «Odins Runengedicht» spendet dagegen ein weiser Riese dem Göttervater den Zaubermet. In diesem Gesang spricht Odin jene erhabenen Verse, die den magischen Glauben an die Selbsterlösung durch den Tod an der Weltesche zusammenfassen und von Einigen als Zaubererweihe gedeutet werden:

> *Ich weiß, daß ich hing*
> *Am windigen Baum*
> *Neun Nächte lang,*
> *Mit dem Ger verwundet,*
> *Geweiht dem Odin,*
> *Ich selbst mir selbst,*
> *An jenem Baum,*
> *Da jedem fremd,*
> *Aus welcher Wurzel er wächst.*

Als höchster Meister der Zauberkunst wurde Odin von den Skalden zum Oberherrn der Dichtung, Odrörir zum erweckenden Dichtertrank gemacht. Odin verleiht durch diesen Trank die Gabe der Dichtung; sie heißt bei den Skalden Odins Trank oder Odins Gabe. Im Lied von «Balders Träumen» weckt er mit einem Zauberlied eine tote Riesin, die ihm weissagen muß. In «Lokis Zankreden» wirft Loki dem Göttervater vor, er sei schamlos in der Gestalt eines Zauberers unter dem Volk umhergezogen. Kein Wunder daher, daß die Edda großartige Proben alter Zauberdichtung enthält. So vor allem die Zauberszene im «Skirnirlied», wo der für den Gott Freyr werbende Skirnir die ihn abweisende Schöne mit Runenzauber und Fluchversen, in denen die dithyrambisch wilde Maßlosigkeit des Schamanenstils auflodert, zur Liebe zwingt. Dann den «Fluch der Busla», mit dem eine Zauberhexe die Hinrichtung ihres Pflegesohns zu verhindern sucht, und den Fluch der Sigrun gegen ihren Bruder im Helgilied. Der Zusammenhang des Zauberspruchs mit der orphischen Entrückung zeigt sich hier überall sehr schön darin, wie der Fluchende den Dingen befiehlt, sich dem Verfluchten zu entziehen. Der magische Einklang mit der Natur wird bewußt zerstört.

> *Nicht schwimme das Schiff,*
> *Das schwimmt unter dir,*
> *Ob steifer Sturm*
> *In den Segeln steht!*
> *Nicht renne das Roß,*

Das rennt unter dir,
Folgt auch der Feind
Auf den Fersen nach!
Nicht schneide das Schwert,
Geschwungen von dir,
Es sause denn
Dir selbst ums Haupt!

Die orphische Dichtung offenbart die Menschenseele in ihrem kreatürlichen Sein. Auch wo sie vom Jenseits spricht, kann sie nichts anderes offenbaren; die Götter, die sie anruft, sind dämonische Ausgeburten der Seele, ihrer höchsten Lust und ihres tiefsten Wehs. Innen und Außen werden noch nicht unterschieden, die Schöpfung ist das Spiegelbild der Seele, die Seele der Resonanzraum der kosmischen Kräfte. Dieses archaische Fühlen liegt vielem – nicht allem – Größten zugrunde, was bis in die Neuzeit als Dichtung geschaffen wurde. Es wurde eine der ewigen Quellen der Kunst, seitdem sich die primitive Magie vergeistigte. Die abendländische Kunst ist zum Teil verinnerlichte Magie. Magische Dichtung ist die Selbstoffenbarung des Menschen. Sie treibt auf andere Weise das Werk der Schamanen weiter, die dunklen Regungen der Seele auszusprechen und so die Dämonen zu bannen, die sie bedrohen.

In Deutschland war es Herder, der die «wundertätige Kraft» des orphischen Singens wieder erkannte. Sie klingt seither am stärksten in der Naturlyrik weiter: in Goethes «Sturmlied» und «Ganymed», im Schluß von Hölderlins «Hyperion», in Eichendorffs «Irrem Spielmann» und Mörikes «Feuerreiter», in Shelleys «Ode an den Westwind», in Rimbauds «Bateau ivre». Auch die erzählende und dramatische Dichtung hat sich von diesem Ursprung noch nicht gelöst. Der märchenhafte Jenseitswanderer, dieser Held der Schamanenpoesie, ist nicht nur im homerischen Odysseus, sondern auch im Parzival Wolframs von Eschenbach, in Shakespeares Hamlet und Lear, in Goethes Faust, in Grillparzers Jason und mancher andern Gestalt der neuzeitlichen Dichterphantasie wiederzuerkennen.

RENAISSANCE

Orpheus inmitten der lauschenden Tiere und der um ihn versammelten Natur war durch das ganze Mittelalter bei den fahrenden Sängern bis zu den Spielleuten herunter als Schutzpatron der Dichtkunst beliebt. Sie brüsteten sich, indem sie sich auf die übernatürliche Macht des berühmten Heiden beriefen. Daß er eine tragische Figur ist, kam ihnen nicht mehr zum Bewußtsein, und es waren bloß literarische Hyperbeln, wenn sie die Erinnerung an ihn auffrischten. So wird im Kudrunlied der Gesang Horants («Wie suoze Horant sang») mit den Versen beschrieben:

Diu tier in dem walde ir weide liezen stan.
Die würme die da solten in dem grase gan,
die vische die da solten in dem wage vliezen,
die liezen ir geferte ...

Durch den Humanismus wurde das Heidentum wieder eine geistige Macht. Auch die Renaissance ließ sich durch die Orpheuslegende ergreifen, und sie vor allem verklärte nun den Zaubersänger inmitten der Tiere – nicht den erfolglosen Totenbeschwörer – zu der berückenden Idylle, die fortan als bewundertstes Bild den «Zauber der Poesie» veranschaulichte. Der Zerfall des christlichen Glaubens warf den denkenden Menschen auf den elementaren Grund des Daseins zurück, und er begann sich als das Maß aller Dinge zu verstehen. Der geistige Abenteurer und Eroberer wurde zur dominierenden Gestalt. Dante wagte es, dichtend in das Jenseits einzudringen und seine Person zum Mittelpunkt der jenseitigen Bezirke zu machen. Er wagte es auch, den vom Mittelalter zum ordinären Zauberer erniedrigten Vergil zum Führer auf dieser Jenseitsfahrt zu wählen, weil er in ihm den magisch aller Dinge Kundigen verehrte. Nur durch die Hölle und das Fegefeuer, nicht in den Himmel konnte ihn der hohe Heide geleiten, aber das tat seiner Würde keinen Abbruch. Der Gang zu den Verdammten und den sich Läuternden war ohnehin Dantes größte dichterische Leistung.

Das Zeitalter der Renaissance erlebte auch die Wiedergeburt des Zauberwesens. Die neue Wissenschaft von der Natur entwickelte sich aus dem Dickicht der wieder auflebenden antiken Geheimlehren, besonders der Kabbala. In Pico della Mirandolas Rede über den Menschen spricht Gottvater den Adam als wunderbares «Chamäleontier» an, das dem Proteus gleich sei: ohne eigenes Antlitz und feste Wohnung, aber dafür imstande, sich jedes Antlitz, jede Wohnung und jede Fähigkeit anzueignen. Der Humanist Reuchlin vertiefte sich als Kabbalist in das Studium der hebräischen Sprache, mit deren Schriftzeichen er magische Gewalt über die Geisterwelt und über Gott zu erlangen hoffte. In seiner Abhandlung «Vom wundertätigen Wort» legte er das Alte Testament als eine persönliche Offenbarung Gottes an wenige Eingeweihte aus und sprach dem Wort des Wissenden einen magisch-absoluten Wert zu, den erst Luther theologisch einschränkte. Marsilio Ficino, der Lehrer des Lorenzo magnifico, war als ein Haupt der Neuplatoniker und als Arzt gleichzeitig auch in der Magie und Alchemie zuhause. In Gelehrten wie Paracelsus und Doktor Faust traten Männer auf, die im Ruf großer Zauberer standen. Ihnen folgte der Schwarm der Wundertäter, Goldmacher und Geisterbanner; das Jahrhundert der Reformation war von Aberglauben, Teufelsangst und Hexenwahnsinn erfüllt und schien in eine noch ärgere Finsternis der Seelen zu führen, als das Mittelalter sie gekannt hatte.

Auch die Künste standen vielfach mit der weißen und schwarzen Magie im Bund, die Gefahr des Abirrens in den Obskurantismus war zeitweise auch in ihnen groß. Ihre Theoretiker verfaßten eine neue Geheimlehre der Dichtung, die mit den Begriffen der antiken Magie operierte, ohne ihre Realität zu ahnen. Sie feierten den Dichter als Träger der schlechthin höchsten geistigen Potenz, das dichterische Schaffen als eine Wiederholung des kosmischen Schöpfungsaktes. So oder ähnlich äußerten sich die meisten Poetiker, und viele Poeten sprachen es ihnen nach. Scaliger erklärt, *es scheine*, daß der Dichter von den Dingen nicht bloß erzähle, sondern sie wie ein zweiter Gott hervorbringe («videtur sane res ipsas non ut aliae artes quasi histrio narrare, sed velut alter deus condere»). Schon dieses Als-ob, das in den meisten Aussagen auftritt, verrät, wie leichtsinnig da mit der Magie umgegangen wurde. Aber diese Phrasen waren nur ein Abglanz dessen, was der künstlerische Genius der Zeit tatsächlich vollbrachte. Nicht durch die Lehrbücher, sondern dank den Großtaten der Künstler, die den Aufruhr aller Kräfte gestaltend beschworen, setzte sich die Erkenntnis durch, daß die Kunst durch ein eigenes Ziel vom Aberglauben getrennt ist: durch die vollkommene Form. Die Entzauberung der Kunst vollzog sich auf einer neuen Ebene in weiteren großartigen Schritten. Ihr Sinnbild wurde wie im Altertum die Gestalt des Orpheus. Die klassizistischen Denker und Künstler trieben einen wahren Kult mit ihr. Sie kannten sie nur aus den Versen Ovids und Vergils, wo ihre Tragik verwischt und vom Gang zu den Toten nur der scheinbare Triumph über die Natur übriggeblieben ist. In dieser stimmungsvollen Umdeutung wurde sie zum Symbol der Poesie, die aus der gefühlvollen Naturreligion hervorgeht. Die schönste Huldigung an sie ist Monteverdis Vertonung von Polizianos «Orfeo». Die glühenden Melodien dieser Oper sind so wenig antik empfunden wie die andern Orpheusmusiken und -poesien des Klassizismus, sie sprechen den Formwillen eines andern Künstlergeschlechts aus. Aber nicht zufällig ist es der alte Zaubersänger, den sie verherrlichen. Er stieg jetzt als ein ewiges Urbild empor, dem man nachfolgte, als einer jener Leitsterne, nach denen sich ganze Zeitalter richten. Der klassizistische Orpheus war das Sinnbild der an ihren magischen Ursprung erinnerten Kunst, der Genius einer Epoche, die der Kunst bedurfte, um die Natur und Gott nicht zu verlieren.

Im Aufblick zu diesem Ideal verstand die Kunst abermals ihre Herkunft aus der Magie und reinigte sich zugleich von der primitiven Zauberei. Ihre niederen Formen – Beschwörungssprüche, Wahrsagerei, Zauberwerke, magisches Gebet – sanken in das Reich des Aberglaubens zurück; ein Zauberer war fortan kein geistiger Führer mehr. Die hohen Formen – Anrufung der Götter, der Heiligen und Dämonen, Besprechung der Natur, schauende Meditation, Erschaffung von Bildern und Formeln – erhielten einen ganz neuen Sinn. Der magische Ursprung der Künste geriet über der Meisterschaft des Gestaltens in Vergessenheit. Der Übergang aus der bewußtlosen Entrückung in die bewußte Gestaltung, der sich bei den Griechen als Selbstentdeckung des Menschen abgespielt hatte, wiederholte sich mit unvergleichlicher Großartigkeit, durch welche die Kunst zum Inbegriff geistiger Souveränität erhoben wurde. Künstlerische Meisterschaft begann als das schlechthin höchste Gut der Menschheit zu gelten, sie wurde der große neue «Zauber» Europas. Von der reichen Innerlichkeit des Christentums ausgehend, hob sie immer tiefere seelische Regungen ans Licht und fand immer kühnere Wege der Darstellung. Die magischen Bilder lösten sich aus dem Bann der mittelalterlichen Gläubigkeit und läuterten sich zu ästhetischen Symbolen. Als Äußerung des frei gewordenen Menschen blieb diese Kunst in ihrem Wesen magisch. Zauberisch war die Leidenschaft, mit der sie das Innere des Menschen in schöne Bilder umsetzte. Zauberisch war der bewußt sinnbildliche Charakter aller Gestalt, mit der sie sich der Dinge bemächtigte. Zauberisch war und blieb die Fähigkeit des Künstlers, sich in Gestalten seiner Phantasie zu verwandeln. Aber sie diente nicht mehr dem Kontakt mit dem Übersinnlichen, sondern dem Ringen um die Schönheit der vollkommenen Form. Auch der Mythus, der klassische wie der christliche, war jetzt Gegenstand der frei schaffenden Phantasie. Der Künstler bediente sich seiner zur Wiedergabe rein menschlicher, persönlicher Erfahrungen.

Eine Folge dieser wissenden Berührung mit der Magie war die Vorliebe für die Zauberei als stoffliches Motiv. Die geistig überwundene Vergangenheit wurde, wie es immer geschieht, zum Thema der künstlerischen Darstellung. Die Poesie der Renaissance und des Barock schwelgte im Zauberwesen und führte eine Blüte der Magier- und Wundergeschichten herbei, die im Grund eine literarische Fortsetzung des mittelalterlichen Aberglaubens war. Für die Literaten besaßen die Dämonen keine Wirklichkeit mehr, die Mythologie war ihnen nur ein Katalog dekorativer Namen. Aber auch die Dramen Shakespeares, Lope de Vegas und Calderons – nicht nur der «Wundertätige Magus» – spielen mit dem magischen Apparat und treiben die üppigste Bezauberung des Publikums. Die Epen Tassos und Ariosts, der Roman und die Lyrik des siebzehnten Jahrhunderts frönten ihr so ausgiebig, daß die Wortführer der Aufklärung darin einen Beweis für die Absurdität der höfischen Dichtung erblickten. Die Poetiker der Vernunftpoesie mußten bis auf Gottsched und Breitinger gegen den «Geschmack an der Zauberei» Stellung nehmen. Noch die Wiener Zauberpossen Raimunds und Nestroys leben ja von diesem Erbe der Renaissance, das sie noch als harmlose Volksbelustigung kennen. So sah die literarische Ernte aus der Beschwörung des Orpheus aus.

Die echten Nachfahren des Orpheus waren aber jene, die mit der Schönheit der magischen Dichtung auch ihre Tragik erbten. Je tiefer das Genie seine Verwandtschaft mit dem Magier erkannte, desto tiefer erkannte es auch die Grenzen seines Könnens, die Unmöglichkeit des Zauberns in einer nicht mehr primitiven Welt. Die Schönheit des Kunstwerks war von der Trauer überschattet, daß es eine andere Wirklichkeit als die des Lebens enthielt. Sein Schöpfer lebte in einer Einsamkeit, die seit der griechischen Tragödie nicht mehr bekannt gewesen war. Er nahm alles aus sich selbst, seine Gestalten stellten im Grund doch nur ihn, den Menschen, dar. Die Leidenschaft des Gestaltens verzehrte sich in sich selbst und drohte ihren Träger zu zerstören, wie den Orpheus die Wut der Mänaden. Mit dem Glanz der magisch verstandenen Kunst kehrte auch ihre Verzweiflung zurück. Das erfährt man nicht bei den virtuosen Talenten, nur bei jenen, die in der Geschichte des menschlichen Geistes Epoche machten: bei Leonardo, Michelangelo, Shakespeare und Rembrandt. In ihnen erwachte nach der Auflösung des christlichen Glaubens das tragische Denken wieder, und in Shakespeare kehrte, unter gänzlich veränderten Bedingungen, der Genius der Tragödie zurück.

Shakespeare steht an der Schwelle der neuzeitlichen Dichtung. Er fand im London der Königin Elisabeth die von einer weltgeschichtlichen Krise ergriffene christliche Innerlichkeit des Menschen und den unbändigen Stolz des von der Kirche frei gewordenen Individuums vor, aber kein kultisches Theater und keinen nationalen Mythus, wie ihn die griechischen Tragiker gekannt hatten. Es gab nicht mehr diesen Kreis göttlicher, dämonischer und heroischer Gestalten, die einem ganzen Volk als Personifikationen des Übersinnlichen zwingend vor Augen standen und nach Beschwörung riefen. Es gab nur noch die leidenschaftliche Seele des Einzelnen, der im handelnden Ausbruch seines «Charakters», in den Kämpfen mit seinem Gewissen den Aufruhr der Elemente erlebte. Der Kampf mit den Dämonen war ganz nach innen verlegt. Neben Hamlet, dem neuzeitlichen Muttermörder, wirkt Orest als ein Held ohne Antlitz, weil er nicht von persönlichen, sondern von typischen Konflikten umgetrieben wird. Das Maskenhafte ist die Größe der antiken Tragödie, die bewußte Psychologie und Selbstbetrachtung des Menschen die Größe von Shakespeares Kunst. Er kennt das Gute wie das Böse nur als Eigenschaften der einsamen großen Seele. Die Mächte der Hölle und des Himmels brechen aus ihr mit einer Gewalt hervor, unter der die Welt aus den Fugen geht. Darin ist Shakespeare altertümlicher als das griechische Theater; er kennt nur die befreiende Wirkung des Wort- und Bildzaubers, nicht den erlösenden Eingriff der Götter. Weder von kultischer Entsühnung noch von moralischer Erbauung kann bei ihm die Rede sein. Es handelt sich einzig und allein um die dramatische Beschwörung der menschlichen Dämonie[1].

Wer sich Shakespeare nähert, betritt eine durchaus magisch erlebte Welt. So verschieden seine frühen Werke von den mittleren und späten, die Komödien von den Trauerspielen sind, ihr Gemeinsames liegt in der Wucht des seelischen Ausdrucks, der sich in den Tragödien zur sinnlosen Besessenheit durch die Leidenschaft steigert. Die Machtgier, der Ehrgeiz, die Liebe, die Eifersucht, die Menschenverachtung, der Rachedurst, die Verzweiflung, der Wahnsinn sind nie so gestaltet worden wie von diesem Dichter. Der Abgrund der Menschenseele, die Verhaftung des Guten mit dem Bösen, des Gemeinen mit dem Heiligen, der Widerstreit zwischen Caliban und Ariel in der Menschennatur werden von ihm mit einer beispiellosen Seelenmalerei aufgedeckt. Als magisches Genie ist er berauscht vom schillernden Wein des Wortes. Er spielt mit ihm unersättlich wie ein Kind und wird selbst von seiner bannenden Kraft überwältigt. Das Hauptmerkmal seiner Sprache ist der sich überstürzende Bilderreichtum, der seine Besessenheit durch innere Gesichte verrät. Aus dieser von sich selbst berauschten Sprache erschafft Shakespeare seine Figuren, daß sie sogleich aufstehen und leben. Ihre plastische Fülle strömt den tierhaften Geruch des antiken Mimus aus. Die proteische Gabe der Verwandlung ist das zweite Kennzeichen von Shakespeares Kunst. Sie erschien seinen deutschen Wiederentdeckern Herder und Goethe als das eigentlich Ungeheure an ihm. Herder nannte ihn «Dolmetscher der Natur in all ihren Zungen». Der junge Goethe rief aus: «Er wetteiferte mit dem Prometheus, bildete ihm Zug vor Zug seine Menschen nach, nur in kolossalischer Größe – darin liegts, daß wir unsre

---

[1] Diesen grundsätzlichen Unterschied gegenüber dem griechischen Drama stellte schon Herder in seinem Shakespeare-Aufsatz fest: «Sophokles' Drama und Shakespeares Drama sind zwei Dinge, die in gewissem Betracht kaum den Namen gemein haben.» Das Magische von Shakespeares Gestaltungsweise unterstreicht auch Herders bekannter Hinweis auf das rein Innerliche von Zeit und Raum in seinen Stücken: «Dichter! dramatischer Gott! Als solchem schlägt dir keine Uhr auf Turm und Tempel, sondern du hast Raum und Zeitmaße zu schaffen, und wenn du eine Welt hervorbringen kannst und die nicht anders in Zeit und Raum existieret, siehe, so ist da im Innern dein Maß von Frist und Raum, dahin du alle Zuschauer zaubern, das du allen aufdringen mußt» (Werke ed. Suphan 5, 210, 227).

Brüder verkennen – und dann belebte er sie alle mit dem Hauch *seines* Geistes, *er* redete aus allen, und man erkennt ihre Verwandtschaft.» Darin liegt es tatsächlich – dieser Spieler sondergleichen mit Worten, Bildern und Geschöpfen, die wie von selbst aus seiner Hand hervorgehen, gestaltet in allem sich selbst. Er kleidet sich in die edelsten und gemeinsten Personen, ohne selbst je faßbar zu werden. Bei Rembrandt verrät die endlose Reihe der Selbstbildnisse das verborgen Persönliche seiner Kunst, bei Shakespeare täuscht das Fehlen solcher Bekenntnisse über den magischen Grundzug seiner Werke hinweg. Wo stete Verwandlung das Prinzip ist, scheint der Zusammenhang des Ich mit dem Werk zu fehlen, solange man nicht im Gestaltenstrom selbst das Bekenntnis erblickt. Man muß Proteus in einer seiner Metamorphosen packen, um ihn zu durchschauen.

Magisch ist auch das dichterische Grundthema Shakespeares, das man als die Allgegenwart des Dämonischen bezeichnen kann. Seine Dramen stellen lauter Verwandlungen durch die Leidenschaft dar, die den Menschen zum Mittelpunkt einer zauberisch bewegten Welt macht. Die Natur ist bei ihm der riesig vergrößernde Spiegel der aufgewühlten Seele. Sie handelt herrlich oder furchtbar mit wie in den barocken Zauberstücken, wie bei Orpheus. In den Komödien genießt diese Phantasie sich selbst im übermütigen Glück der Märchenwillkür. Der Ardenner Wald in «Wie es euch gefällt» verwandelt alle, die ihn betreten, in heitere Schäfer, Jäger und Verliebte. Im Hain des «Sommernachtstraums» werden die Menschen vom kosmischen Zwang der Liebe befallen, weshalb sie schon im Personenverzeichnis als «Hermia, in Lysander verliebt» oder «Helena, in Demetrius verliebt» erscheinen. Im Augenblick, wo Oberon und Titania, die Herrscher des Geisterreiches, sich entzweien, geht die Schöpfung aus den Fugen. Die Jahreszeiten tauschen ihre Tracht, das Korn verfault, die Herden verderben, der zornbleiche Mond läßt endlosen Regen niedergehen. Der Kobold Puck bringt mit seinem Zauberkraut alle Ordnung durcheinander, so daß die Liebenden sich nicht mehr erkennen und mitten aus ihren Treueschwüren neuen Partnern nachlaufen. Für eine kurze Nacht wird aller Halt der Vernunft aus der Schöpfung weggenommen. Ein gnädiger Gegenzauber stellt ihn wieder her, so daß jeder Hans sein Gretchen wiederfindet. Die Luft widerhallt vom Gelächter Shakespeare-Merlins. Das Spiel der Rüpel, das zur Hochzeitsfeier der wiedervereinigten Paare vonstatten geht, setzt der Phantasmagorie die Krone auf. Es ist ein einziger Hohn auf die Scheinkunst, durch die nichts und niemand verwandelt wird, die Darstellung der Verständnislosigkeit, mit der die Spießer dem Dichterischen gegenüberstehen.

Im «Sommernachtstraum» steht Shakespeares meistzitiertes Wort über den Dichter, das lange falsch verstanden wurde. Es ist nicht bewundernd, sondern ironisch gemeint und spricht in seinem Spott die höchste Selbstsicherheit des jungen Genies aus. Der Herzog Theseus sagt:

> *Ich glaubte nie an diese Feenpossen*
> *Und Fabelein. Verliebte und Verrückte*
> *Sind beide von so brausendem Gehirn,*

So bildungsreicher Phantasie, die wahrnimmt,
Was nie die kühlere Vernunft begreift.
Wahnwitzige Poeten und Verliebte
Bestehn aus Einbildung. Der eine sieht
Mehr Teufel, als die weite Hölle faßt:
Der Tolle nämlich; der Verliebte sieht
Nicht minder irr: die Schönheit Helenas
Auf einer äthiopisch braunen Stirn.
Des Dichters Aug, in schönem Wahnsinn rollend,
Blitzt auf zum Himmel, blitzt zur Erd hinab,
Und wie die schwangre Phantasie Gebilde
Von unbekannten Dingen ausgebiert,
Gestaltet sie des Dichters Kiel, benennt
Das luftge Nichts und gibt ihm festen Wohnsitz.
So gaukelt die gewaltge Einbildung;
Empfindet sie nur irgend eine Freude,
Sie ahnet einen Bringer dieser Freude;
Und in der Nacht, wenn uns ein Gram befällt,
Wie leicht, daß man den Busch für einen Bären hält!

Das ist die Beschreibung der magischen Phantasie, die mit ihren Gebilden das Weltall bevölkert und sich im Einklang mit diesem Weltall weiß. Es ist aber auch die Ironie des Lustspieldichters, der diese Gebilde als Wahngebilde erkennt und mit ihnen wie mit Seifenblasen spielt. In den großen Tragödien wird der Wahn dämonisch wahr, das Geisterreich steht offen und entläßt seine Boten: den Geist von Hamlets Vater, den Wahrsager im «Julius Cäsar», den Geist Banquos und die Hexen im «Macbeth».

Der «Hamlet» liegt auf der Grenze der beiden Welten. Der melancholische, skeptische Dänenprinz ist der Träumer, der sich nicht zwischen Traum und Wirklichkeit entscheiden kann und vor der heroischen Tat in seine endlosen Selbstgespräche zurückflieht. Er lebt in einer andern Welt als der, wo erfolgreich gehandelt, geliebt und gemordet wird. Er ist der Gefangene seiner Innerlichkeit und seiner Ahnungen, brütet über Rache- und Todesgedanken und nimmt phantasierend vorweg, wozu er in Wirklichkeit nicht imstande ist. Dieses Bildnis des Phantasiehelden ist der Schlüssel zu Shakespeares Kunst. Auch der Königsmörder Macbeth ist nichts weniger als ein brutaler Draufgänger, vielmehr das unsicher von Ehrgeiz getriebene, von panischer Angst und einem hysterischen Weib von Tat zu Tat gejagte Opfer seiner Halluzinationen. Für ihn sind «erlebte Greuel schwächer als das Graun der Einbildung». In der Mordnacht erblickt er vor sich einen blutigen Dolch, in dem er ein Blendwerk seines gequälten Hirns erkennt, dem er aber als seinem Führer folgen muß. Er stellt seine ganze Laufbahn auf die Weissagung der Hexen, deren Auftritte der Höhepunkt von Shakespeares Magismus sind, und klammert sich an das Orakel, daß er erst besiegt werde, wenn der Wald von Birnam zum Schloß Dunsinan emporsteige. Nach der Tat muß er Mord auf Mord häufen, zittert vor den Geistern der Weggeräumten und verläßt sich immer verzweifelter auf die Hilfe der Hexen, die ihm den Wahn eingeben, daß er gegen das Schicksal gefeit sei. Aber das Orakel erweist sich als doppelzüngig, dem Rausch folgt das Erwachen:

> *Aus, kleines Licht!*
> *Leben ist nur ein wandelnd Schattenbild;*
> *Ein armer Komödiant, der spreizt und knirscht*
> *Sein Stündchen auf der Bühn und dann nicht mehr*
> *Vernommen wird; ein Märchen ists, erzählt*
> *Von einem Dummkopf, voller Klang und Wut,*
> *Das nichts bedeutet.*

Das ist auch die Erkenntnis des alten Lear, der aus allen Illusionen ins Nichts des Wahnsinns hinabstürzt. Nicht die Furien des Mörders, nicht die Verzweiflung über die Schlechtigkeit der Menschen und der Welt treiben ihn in die Sturmnacht der Heide hinaus; «der große Riß des schwer gekränkten Geistes» wird zur Wunde, an der die Schöpfung blutet. Dieses furchtbare Werk stellt den Sinn der Welt in Frage:

> *Was Fliegen sind*
> *Den müßgen Knaben, das sind wir den Göttern:*
> *Sie töten uns zum Spaß.*

Shakespeares letztes Wort über seine Kunst enthält der «Sturm», mit dem er von der Bühne Abschied nahm. Hier macht er die Gottähnlichkeit des Dichters zum Thema der Handlung. Noch einmal überläßt er sich der Allmacht der Phantasie, um ihr für immer zu entsagen. Er sieht sich in der Gestalt des Zauberers Prospero, der als Herr einer verwunschenen Insel Stürme erregt und Schiffe untergehen läßt, Menschen nach Belieben mit Wahnsinn schlägt und wieder vernünftig macht. Prospero herrscht wie Orpheus über die Natur, der Lichtgeist Ariel und der wüste Caliban dienen ihm. Der Dichter, «verzückt und hingerissen in geheimes Forschen», ist der Herr der Natur und der Schöpfer der Kultur. Aber dieses Gleichnis ist nicht der Ausdruck unbegrenzten Selbstvertrauens, es steht nicht am Anfang, sondern am Ende von Shakespeares Schaffen und endigt im Bekenntnis der Ohnmacht. Prospero schwört das grause Zaubern ab, zerbricht seinen Stab, begräbt ihn klaftertief in die Erde, versenkt das Zauberbuch im Meer und spricht den Epilog, der seine Niederlage eingesteht.

> *Zum Zaubern fehlt mir jetzt die Kunst;*
> *Kein Geist, der mein Gebot erkennt;*
> *Verzweiflung ist mein Lebensend,*
> *Wenn nicht Gebet mir Hilfe bringt,*
> *Welches so zum Himmel dringt,*
> *Daß es Gewalt der Gnade tut*
> *Und macht jedweden Fehltritt gut.*

Auch bei Grimmelshausen findet man diesen Rausch der Phantasie und das Irre-werden an ihr. Das Motiv der Zauberei hat es ihm ebenso angetan wie Shakespeare. Auch sein Geist ist trächtig vom Spuk der Vorzeit, von den herrlichen und grausigen Geheimnissen der Natur. Er glaubt an die Existenz übersinnlicher Wesen, aus den Walpurgisnächten seines Fabulierens glüht noch das Heidentum der Merseburger Zaubersprüche. Die letzte Station des Weges durch alle irdischen Verbrechen und Narrheiten, den er seinen Simplicissimus gehen läßt, erinnert auffallend an den «Sturm». Sein deutscher Gottsucher wird auf eine Südseeinsel verschlagen, wo er als mächtiger Zauberer und Menschenverächter haust, aber ohne Prosperos Schuldgefühl zu kennen. Erst die Fortsetzungen des Romans dringen über diese magische Hybris hinaus; da kehrt Simplicissimus nach Deutschland zurück und treibt sich in unschein-barer Gestalt unter den Menschen herum. In den zwei Romanen vom wunderbarlichen Vogelnest wird dann die Magie ausdrücklich als Weg ins Verderben hingestellt. Der letzte Besitzer des unsichtbar machenden Nestes, das die Allmacht der Phantasie ver-sinnbildlicht, sinkt zum satanischen Verbrecher hinab, wirft aber den Talisman schließ-lich in den Rhein und ergibt sich der Reue und Buße. Denn Grimmelshausen hatte es nicht auf die Verherrlichung der Magie abgesehen. Sie faszinierte ihn, aber der fromme Christ in ihm erkannte sie als Teufelswerk und suchte ihr zu entrinnen.

Das Europa der Aufklärung verlor den Geschmack an diesem Thema. Der Geist der Besten sehnte sich nach Wahrheit und Natur, nach sachlicher Forschung, deren Er-gebnisse dem Tageslicht standhielten, und verlachte die Dämonen als überlebten Firlefanz. Dieses männliche Denken begann mit dem Wunderbaren in gewaltigen Stößen aufzuräumen, und der Spott darüber wurde ebenso selbstverständlich, wie es vorher das Schwelgen darin gewesen war. «Glaubet man in der Tat, daß die Poesie mit der Zauberkunst eine gleiche Grundfeste habe?», fragte Wernicke in der Vorrede zu seinen Epigrammen, und von dem gleißenden Wortprunk der Barockpoeten meinte er: «Vielleicht bilden sich einige ein, daß hierin die poetische Raserei bestehe; denn es kann in der Tat nichts unsinnigers erdacht werden, als wenn man sich trefflicher Worte bloß allein des Klangs halber und ohne einige Bedeutung bedienet.» Gottsched gab eine moralische Wochenschrift «Der Biedermann» heraus, die hauptsächlich dem Kampf gegen das Zauberwesen im Leben wie in den Romanen gewidmet war, und riet in seiner «Critischen Dichtkunst» zu größter Vorsicht im Gebrauch von Götter-erscheinungen. «Sie schicken sich vor unsre aufgeklärten Zeiten nicht mehr, weil sie fast niemand mehr glaubt: Also enthält sich ein Poet mit gutem Grunde solcher Vor-stellungen, die nicht mehr wahrscheinlich sind und nur in der ernsthaftesten Sache ein Gelächter erwecken würden.» Am klügsten sagte es Lichtenberg: «Der dramatische Dichter sowohl als der Romanschreiber müssen keine Wunder tun im kosmologischen Sinn. In der Welt geschehen sie ja nicht mehr.» Aus diesem gesunden Menschenverstand wurde die nüchterne Literatur des bürgerlichen Zeitalters geschaffen. Das Wort hatten jetzt die Vernunftphilosophen, praktischen Weltverbesserer und Volkserzieher. Die Wunder der orphischen Phantasie verblaßten im Licht des cartesianischen Zweifels. Nur in den aufklärerischen Geheimgesellschaften fristeten sie ein kümmerliches Leben.

FRÜHROMANTIK

Aber die Magie war nicht tot, weil sie als literarische Mode abdanken mußte. Europa war noch von so reichen Überlieferungen getragen, daß die Entzauberung durch die Vernunft eine neue Welle der Ekstase auslöste. Als die Zeit reif war, durchbrach ein neuer Glaube an das Wunderbare die dünne Decke des aufklärerischen Literaturbetriebs. Das war die Geburtsstunde der Romantik. Das Wesen dieser Bewegung haben viele Theorien zu erklären versucht, ohne es recht fassen zu können. Die Romantik war von Anfang an eine europäische Erscheinung, die Antwort auf die Vergötterung der reinen Vernunft. Ihr Ursprung und ihr Ziel lagen nicht an der literarischen Oberfläche. Sie war die Wiedergeburt der magischen Phantasie.

Seit der Mitte des achtzehnten Jahrhunderts wurde in Frankreich und England der Dogmatismus des Vernunftglaubens durch ein neues Denken widerlegt, in welchem eine neue Anschauung vom Wesen der Dichtung maßgebend mitspielte. Die Erinnerung an den absoluten Gegensatz des Vernunftliteraten tauchte wieder auf: an den Begnadeten, Berauschten, an den Magier, der die Grenzen der sinnlichen Welt überschreitet. Die Dichter begannen wieder den Sinn für das Außerordentliche anzusprechen, den Zauber der Rhythmen, Klänge und Bilder in der Sprache zu entdecken, mit denen die gesteigerten Gefühle erschlossen werden. Die Darstellung der Leidenschaft verdrängte die Darstellung der gesellschaftlichen Ideale, die Offenbarung der einzelnen Seele wurde wieder zum Inbegriff der Kunst. Inzwischen hatte sich aber die wissenschaftliche Erklärung des Lebens und der Kunst öffentlich durchgesetzt und stand allem Wunderglauben als eine Mauer von Unglauben gegenüber. Dieser Widerspruch gehörte notwendig zur romantischen Bewegung, sie entzündete sich an ihm. Das Leben war jetzt alles andere als ursprünglich, magisch und naiv, und als Ausdruck dieser Zeit stand die Romantik selbst in einem innern Konflikt. Sie war Protest gegen die Entzauberung der Welt, Sehnsucht nach der verlorenen Urwelt; aber der Abstand vom Ursprung war auch für sie unendlich groß geworden.

Die geistige Umwälzung kündigte sich in vielen Vorzeichen an. Eine revolutionäre Wirkung ging zuerst von Rousseau aus, dem ersten tragischen Gefühlsmenschen von europäischer Resonanz. Er begründete den Mythus vom Ursprung, der seither Romantik heißt. Nach den Großtaten des Denkens predigte er die Macht des reinen Gefühls, nach den Kämpfen zwischen orthodoxer und aufgeklärter Theologie des christlichen Vatergottes den Kult einer Muttergottheit über alle Vernunft. Die «Natur», zu der er die verdorbene Menschheit zurückführen wollte, war im Grund ein religiöser Begriff, der sich in sozialer, politischer, pädagogischer Verhüllung präsentierte. Nur dies erklärt die erschütternde Wirkung seiner Lehre. In England sorgte die Erscheinung Shakespeares dafür, daß der Sinn für das Rätsel der Dichtung nicht ganz abstarb. Die literarische Kritik sah in ihm einen «natural genius», der nichts mit gewöhnlicher Schriftstellerei zu tun habe. Der Platoniker Shaftesbury verfaßte ein «Sendschreiben von der Begeisterung» und sprach vom schauend schaffenden Dichter als dem Götterliebling, dessen Produzieren zugleich ein Formen sei, erhaben über den Gegensatz von

Phantasie und Intellekt, weshalb sich in der Schönheit des Kunstwerks die Harmonie der Schöpfung spiegle. Young trieb das Staunen vor dem Genie noch höher. Geniales Schaffen hatte ihm mit Bewußtheit überhaupt nichts gemein, es stieg aus unzugänglichen, barbarischen Gründen der Seele, verschieden von aller modernen Kultur. Nur dieses Wunder verdiente den Namen Dichtung, es trug seine einzig mögliche Erklärung und Rechtfertigung in sich selbst. Youngs überschwengliche «Conjectures on original composition» feierten den Dichter wieder ganz und gar als übermenschlichen Wundertäter. «Die Dichtkunst ist etwas mehr als prosaische Richtigkeit; sie hat Geheimnisse, die man nicht erklären kann, aber bewundern muß, und diese machen den Prosaiker immer zum Ungläubigen an ihrer Göttlichkeit.»

In Deutschland, dem Land der Reformation, der Ketzer, Schwärmer und Propheten, traten Hamann und Klopstock hervor. Beide waren vom Pietismus inspiriert und verkündigten die heilige, mehr als vernünftige, von Gott stammende Kunst. Beide arbeiteten der Romantik vor, weil sie das Magische und das Heilige nicht genau zu trennen vermochten. Der bekehrte Hamann ließ sich den Titel eines «Magus des Nordens» gefallen und nannte die wahre Dichtung zweideutig «eine natürliche Art der Prophetie». Zuerst führte er in den «Sokratischen Denkwürdigkeiten» als Antipoden des kritischen Zweifels Sokrates ins Feld, als den wahrhaft Wissenden gegenüber den sophistischen Literaten, als den sich opfernden Propheten des heiligen Nichtwissens gegenüber den eitlen Heiden der Alleswisserei. «Unser eigen Dasein und die Existenz aller Dinge außer uns muß geglaubt und kann auf keine andere Art ausgemacht werden.» In den «Kreuzzügen des Philologen» schlug er dann die Sprache des sibyllinischen Rhapsoden, den dithyrambischen Ton des Deboraliedes und der griechischen Mysterien an, von dem die deutsche Dichtung bis zu Nietzsches «Zarathustra» und darüber hinaus nicht mehr loskam. «Wodurch sollen wir aber die ausgestorbene Sprache der Natur von den Toten wieder auferwecken? Durch Wallfahrten nach dem glücklichen Arabien, durch Kreuzzüge nach den Morgenländern und durch die Wiederherstellung ihrer Magie.» Das las dieser von der Gnade Gottes ergriffene Christ aus dem Buch der Bücher, dessen himmlischer Verfasser ihm der größte aller Schriftsteller war. Er glaubte an die uranfängliche Einheit göttlicher und menschlicher Sprache, an das Mysterium des weltschöpferischen Wortes, in das der echte Dichter eingeweiht werde, und an die heilige Magie der Bilder, die der vorbabylonischen Ursprache eigentümlich sei. «Wagt euch also nicht in die Metaphysik der schönen Künste, ohne in den Orgien und Eleusinischen Geheimnissen vollendet zu sein. Die Sinne aber sind Ceres, und Bacchus die Leidenschaften – alte Pflegeltern der schönen Natur.»

Von Hamann sprang die Flamme auf Herder über, der sie im jungen Goethe weckte und im Umgang mit diesem zum größten Lehrer des Magischen und Seherischen wurde, den Deutschland hervorgebracht hat. Hamanns Ahnungen vertieften sich in Herder zum genialen Wissen um die geschichtlichen Anfänge der Kunst. Er liebte über alles die Wilden und die Kinder, weil er die Dichtung als spontanen Ausbruch der urtümlichsten Regungen in der Menschenseele verstand. «Auch die Griechen waren einst, wenn wir so wollen, Wilde, und selbst in den Blüten ihrer schönsten Zeit ist weit mehr Natur, als das blinzende Auge der Scholiasten und Klassiker findet.» Er sprach ketzerisch von den «edlen Barbaren» und nannte nur den Dichter groß, der alles aus sich selbst hervorholt, der so schreibt, wie er ist, nicht wie er sein will oder sein soll, und sich in genialer Unbekümmertheit auf die Göttlichkeit seiner Phantasie, auf die ursprüngliche Einheit von Natur und Kunst verläßt. Sogar Homer wurde von Herder in einen lallend Besessenen umgedeutet; er hörte aus ihm den «heiligen Rhythmus, mit welchem nach Theokrits Ausdruck die Bacchantinnen den Pentheus zerstückten». Als glühender Pantheist bekannte er sich zum titanischen «Ich bin Ich» des Übermenschen, der in Shakespeare Tatsache war. Alle große Kunst war ihm Offenbarung der Menschenseele; der Dichter ging in sein Werk ebenso ein wie Gott in die pantheistisch geschaute Natur. Mit dieser Witterung für das Abgründige der Kunst entdeckte er die Kindheit der Völker und ihre Wiederkehr in der Kindheit jedes neugeborenen Menschen. Seine Schrift «Über den Ursprung der Sprache» grub die vorbegriffliche, triebhafte Bildersprache des Kindes und des Primitiven aus, die vom Dichter noch gesprochen werde. Hier wurde in genialem Überschwang das Gesetz gefunden, dem seither die große deutsche Dichtung, im Gegensatz zum französischen Klassizismus, untersteht: nicht Wahrerin einer hohen sprachlichen Konvention, sondern immer neuer Abstieg zu den Quellen der Sprache zu sein. Die Sprache des in Herders Sinn schöpferischen Dichters ist grenzenlos wandelbar wie die Natur, reich an Bildern und arm an Begriffen, niemals ganz in Schrift wiederzugeben. Der Gott in Herder selbst entlud sich in Stößen und riß ihn zu einem Stammeln hin, das mit seinem Übermaß an Rufen, Fragen, Ellipsen, Inversionen und Interjektionen den guten Geschmack beleidigte und von krasser Manier nicht frei, aber das Musterbeispiel einer modernen ekstatischen Sprache war.

Dieses Denken und Reden paarte sich wie bei Hamann mit tragischem Gefühl. In der Vorrede zum Denkmal für Thomas Abbt spricht Herder davon, «daß die Erstgeburt der Söhne Deutschlands, wie durch ein grausames Schicksal, dem Würgengel zur ersten Beute bestimmet zu sein scheinet; daß Genie zu haben ein beinahe tödliches Geschenk oder eine Auszeichnung zum frühen Tode sei». Und in der Nachschrift zu seinem Aufsatz über Shakespeare grüßt er den Dichter des «Götz von Berlichingen», in welchem er den Genius der Naturpoesie wieder erstanden sieht, mit den Worten: «Ich beneide dir den Traum, und dein edles deutsches Wirken laß nicht nach, bis der Kranz oben hange. Und solltest du alsdann auch später sehen, wie unter deinem Gebäude der Boden wankt und der Pöbel umher stillsteht und gafft oder höhnt und die dauernde Pyramide nicht alten ägyptischen Geist wieder aufzuwecken vermag – dein Werk wird bleiben und ein treuer Nachkomme dein Grab suchen und mit andächtiger Hand dir schreiben, was das Leben fast aller Würdigen der Welt gewesen: Voluit! quiescit!» Diese Töne deuteten auf eine Krise, die sich in der Brust des Ursprungssehers vorbereitete. Er hatte Stunden, wo ihm vor den gerufenen Geistern graute und er sich selbst unheimlich wurde. Schon im Tagebuch seiner abenteuerlichen Seefahrt von 1769, mit der er seinen Aufbruch ins Unbekannte begann, wechselt der prophetische Blick in die Zukunft mit Anwandlungen einer hamletischen Selbstverneinung.

«Mein Leben ist ein Gang durch gotische Wölbungen, oder wenigstens durch eine Allee voll grüner Schatten; die Aussicht ist immer ehrwürdig und erhaben; der Eintritt war eine Art Schauder ... Womit habe ichs in meinem vergangenen Zustande verdient, daß ich nur bestimmt bin, *Schatten zu sehen,* statt *würkliche Dinge* mir zu erfühlen? Ich genieße wenig, d.i. zu viel, im Übermaß und also ohne Geschmack; der Sinn des Gefühls und die Welt der Wollüste – ich habe sie nicht genossen; ich sehe, *empfinde in der Ferne,* hindere mir selbst den Genuß durch unzeitige Präsumption, und durch Schwäche und Blödigkeit im Augenblick selbst. In der Freundschaft und Gesellschaft: zum voraus unzeitige Furcht oder übergroße fremde Erwartung, von denen jene mich im Eintritt hindert, diese mich immer trügt und zum Narren macht ... So bei der Lectüre, wie walle ich auf, ein Buch zu lesen, es zu haben; und wie sinke ich nieder, wenn ichs lese, wenn ichs habe. Wie viel auch selbst der besten Autoren habe ich durchgelesen, bloß der Wahrheit ihrer Kenntnisse wegen, in der Illusion ihres Systems, in der Fortreißung ihres Ganzen, bloß des Inhalts wegen, ohne Niedersinken und Ermatten! So lese ich, so entwerfe ich, so arbeite ich, so reise ich, so schreibe ich, so bin ich in Allem!» Die Begegnung mit Goethe trug ihn zur Höhe seiner kühnsten Verkündung empor, wo er die Bibel und Homer, Shakespeare und das Volkslied als die eine Offenbarung der Gottheit begreifen konnte. Aber schon in den späteren Bückeburger Jahren wurde er an seinem Flug irre und sank auf den Fels des Christentums zurück, auf dem sein Lehrer Hamann hauste. Nun begann er sich immer mehr als Gegner Goethes zu empfinden, der doch selbst eben damals vor dem Abgrund zurückwich, an den er mit seinen prometheischen Werken geraten war.

Aber die Botschaft von der Selbstherrlichkeit des Genies war bereits von einer ganzen Jugend angenommen worden. Sie geriet außer sich, von allen Seiten erscholl die Überzeugung, daß der leidenschaftliche Mensch das Maß aller Dinge sei und alle Wahrheit nur auf dem Gang ins Bewußtlose gefunden werde, selbst auf die Gefahr hin, daß man so dem Teufel verfalle. Lenz erklärte in den «Anmerkungen übers Theater» den Menschen als einzigen und höchsten Gegenstand des Dramas, im Gegensatz zu den Griechen: «Oder scheuen Sie sich, meine Herren, einen Menschen zu sehen?» Lavater orakelte in den «Physiognomischen Fragmenten» über das Genie: «Der Charakter des Genies und alle Werke und Wirkungen des Genies – ist meines Erachtens – APPARITION ... Wie Engelserscheinung NICHT KOMMT – sondern DA STEHT; nicht WEGGEHT, sondern weg IST; wie Engelserscheinung ins innerste Mark trifft – unsterblich ins Unsterbliche der Menschheit wirkt – und verschwindet, und fortwirkt nach dem Verschwinden – und süße Schauer, und Schreckentränen, und Freudenblässe zurück läßt – so Werk und Wirkung des Genies. GENIE – propior Deus ... Nenns und beschreibs, wie du willst und kannst – allemal bleibt das gewiß – das UNGELERNTE, UNENTLEHNTE, UNLERNBARE, UNENTLEHNBARE, INNIG EIGENTÜMLICHE, UNNACHAHMLICHE, GÖTTLICHE – ist GENIE – das INSPIRATIONSMÄSSIGE IST GENIE – hieß bei allen Nationen, zu allen Zeiten Genie – und wirds heißen, solange Menschen denken und empfinden und reden. GENIE blitzt; GENIE schafft; VERANSTALTET nicht; SCHAFFT! So wie es selbst nicht VERANSTALTET werden kann, sondern IST! GENIE vereinigt, was niemand vereinigen; trennt, was niemand trennen kann; sieht, hört und fühlt, und gibt und nimmt – auf eine Weise, deren Unnachahmlichkeit jeder andere sogleich innerlich anerkennen muß... UNNACHAHMLICHKEIT ist der Charakter des GENIES und seiner Wirkungen, wie aller Werke und Wirkungen Gottes! UNNACHAHMLICHKEIT; MOMENTANEITÄT; OFFENBARUNG; ERSCHEINUNG; GEGEBENHEIT, wenn ich so sagen darf! was wohl geahndet, aber nicht GEWOLLT, nicht BEGEHRT werden kann – oder was man hat im Augenblicke des WOLLENS und BEGEHRENS – ohne zu wissen WIE? – was gegeben wird – nicht von Menschen; sondern von Gott, oder vom Satan!»

Der Hunger nach dem Übersinnlichen brach jetzt überall offen hervor, wurde in aller Öffentlichkeit befriedigt und verschmähte auch die Marktschreier nicht. Die Skeptiker blickten empört auf das Schauspiel dieses Rückfalls in die Barbarei, Lichtenberg begleitete die Ausschreitungen des neuen Aberglaubens mit höhnischen Notizen. «Die Prätension an Genie, Größe, Stärke, Kühnheit und Freiheit läuft gegenwärtig wie eine große Epidemie durch halb Europa», konstatierte auch Wieland. «Ich gestehe Ihnen, daß mich ein Grauen überfällt, wenn ich mir vorstelle, was daraus werden mag, wenn dieser Geist der sinnlosesten Schwärmerei noch lange dauern sollte, der das Ansehen hat, unsere jungen Kunstrichter und Dichter in lauter Zauberer, Bacchanten, Barden und Skalden zu verwandeln.» Er hatte recht: mit dieser neuen Orphik nahm auch die Zweideutigkeit der Zauberkunst wieder überhand. Sie schwebte als Verhängnis über der ganzen jetzt heraufsteigenden Epoche. Aber auch ein Glanz des magischen Wortes entfaltete sich, der nur um den Preis dieser Gefahr möglich war.

GOETHE

Im Mittelpunkt dieser Erregung stand Goethe, der mit Lavater gemeinsame Sache machte und davon träumte, der deutsche Shakespeare zu werden. In ihm erschien leibhaftig das dämonische Dichtertum, von dem die Vor- und Mitläufer fabelten. Ihn ergriffen die Naturformen der Ekstase mit ganzer Gewalt: der Rausch des Frühlings, der Liebe, der Schönheit, der Rausch der Kraft, des Gewitters, des Untergehens. Tief gefährdet, ein Tänzer am Rand des Selbstmordes, schweifte er wie einst die Mänaden in erotischer Trunkenheit durch die einsame Natur. Sein Dichten spielte sich jenseits der menschlichen Gesellschaft ab und stellte die Sprache des visionären Schauens wieder her. Sie war eine Offenbarung der Natur wie der Gesang der Nachtigall, deren Liebesrufe Ganymeds Himmelfahrt begleiten. Alle vergessenen Tiefen des Lebens begannen in ihr wieder zu reden. In den Ausbrüchen der pantheistischen Liebesglut steigerte sie sich bis auf jenen Gipfel, wo Lust und Schmerz, Leben und Tod eins werden, wo das Einzelwesen in die Schöpfung eingeht. In den «Leiden des jungen Werthers», im «Faust», im «Ewigen Juden», im «Prometheus» umfaßte Goethe das Weltall «vom Himmel durch die Welt zur Hölle». In Hymnen wie «An Schwager Kronos» stieg er hingerissen über die ängstliche Unterscheidung zwischen Seligkeit und Verdammnis hinaus:

Trunknen vom letzten Strahl
Reiß mich, ein Feuermeer
Mir im schäumenden Aug,
Mich Geblendeten, Taumelnden
In der Hölle nächtliches Tor!

Als dämonischer Dichter empfing Goethe seine Eingebungen in Zuständen, über die er keine Gewalt hatte, und betrachtete sich als Gefäß kosmischer Mächte. In «Dichtung und Wahrheit» schildert er, allerdings im ironischen Ton seines Alters, diese «unwillkürlich, ja wider Willen» ausgeübte Dichtergabe. «Auch beim nächtlichen Erwachen trat derselbe Fall ein. Ich war so gewohnt, mir ein Liedchen vorzusagen, ohne es wieder zusammenfinden zu können, daß ich einigemal an den Pult rannte und mir nicht die Zeit nahm, einen quer liegenden Bogen zurechtzurücken, sondern das Gedicht von Anfang bis zu Ende, ohne mich von der Stelle zu rühren, in der Diagonale herunterschrieb. In eben diesem Sinne griff ich weit lieber zu dem Bleistift, welcher williger die Züge hergab: denn es war mir einigemal begegnet, daß das Schnarren und Spritzen der Feder mich aus meinem nachtwandlerischen Dichten aufweckte, mich zerstreute und ein kleines Produkt in der Geburt erstickte. Für solche Poesien hatte ich eine besondere Ehrfurcht, weil ich mich doch ungefähr gegen dieselben verhielt wie die Henne gegen die Küchlein, die sie ausgebrütet um sie her piepsen sieht.»

Mit diesem naturgöttlichen Schaffen trat auch sein magischer Zweck wieder hervor. Goethe war kein Schamane wie die Romantiker, sondern ein «lachender» Zauberer; er wollte nicht die Trance, sondern das titanische Werk. Aber wie jeder dämonische Mensch, dessen Seele ungebrochen strömt, war er abergläubisch und erlebte am Wort die geheimnisvolle Kraft, zu binden und zu lösen. Schon als Knabe war sie ihm aufgegangen, etwa damals im Frankfurter Theater, als er mit einem leicht hingeworfenen Wort eine Mutter erschreckte und den Tod ihres Kindes geweissagt, ja verursacht zu haben schien. Er verbindet die Erzählung davon in «Dichtung und Wahrheit» mit einer Anspielung auf die antike Prophetie. Seitdem er sich selbst verstand, seit seiner Flucht vor der Ehe mit Friederike Brion, war sein Dichten bewußte Zauberei. Er wollte keine Heilsbotschaft verkünden wie Klopstock, nicht Gedanken verbreiten wie Lessing oder Schiller, sondern sich selbst erlösen. Die Dichtung war ihm das Mittel, sein Schicksal zu besprechen. Sie befreite ihn durch Worte und Bilder, die bald als Gebete, bald als magische Akte oder als eigentliche Opferhandlungen gemeint waren, aus den Gefahren, in die ihn sein Dämon führte. Das Neuartige seiner Lieder, Dramen und Erzählungen lag in ihrer Verknüpfung mit «Gelegenheiten», d. h. mit schicksalhaften Anlässen, die er bewältigte, indem er sie dichterisch gestaltete. Er nannte sie später «Bruchstücke einer großen Konfession», weil es ihre einzige Absicht war, das erlebte und erlittene Dasein auszusprechen.

Und wenn der Mensch in seiner Qual verstummt,
Gab mir ein Gott, zu sagen, wie ich leide.

Diese Absicht erschöpfte sich nicht im beichtenden Bekennen Rousseaus. Ihre Heilkraft lag darin, daß sie sich hellsichtig der bannenden Worte und Bilder bediente. Dieses Verfahren übte der junge Goethe mit einer Gewalt, die seine Vertrauten zugleich hinriß und erschreckte. Wieland schilderte den Weimarer Neuankömmling unter dem Eindruck der ersten Bekanntschaft als einen unwiderstehlichen Zauberer:

> *Ein schöner Hexenmeister er war*
> *Mit einem schwarzen Augenpaar,*
> *Zaubernden Augen mit Götterblicken,*
> *Gleich mächtig, zu töten und zu entzücken.*
> *So trat er unter uns, herrlich und hehr,*
> *Ein echter Geisterkönig, daher.*
> *Und niemand fragte, wer ist denn der?*
> *Wir fühlten beim ersten Blick, 's war er!*

Goethes Verhältnis zur Magie ist die Schicksalsfrage seines Lebens, nicht nur des «Faust»[1]. Sie hängt mit seinem Verhältnis zu jener übersinnlichen Macht zusammen, die er das Dämonische nannte. «Ich suchte mich vor diesem furchtbaren Wesen zu retten, indem ich mich nach meiner Gewohnheit hinter ein Bild flüchtete», sagt er über den «Egmont». Es ist eine seiner wichtigsten Äußerungen über den Antrieb seines Schaffens. Dieser Gewohnheit entstammt nicht nur der «Egmont», sondern seine ganze hohe Dichtung, insbesondere die seiner Jugend. Seine großen lyrischen Gedichte haben durchwegs diesen Ursprung, vom Sesenheimer Verlobungslied «Mit einem gemalten Band», das ursprünglich ein Gebet an das Schicksal war, und Wanderers Nachtlied «Über allen Gipfeln», das ein innig beschwichtigender Zauberspruch ist, über die bannenden Schicksalssprüche der «Orphischen Urworte» bis zu den beschwörenden Strophen der «Trilogie der Leidenschaft». Die sprengende Kraft von «Werthers Leiden» rührte daher, daß ihr Held – wie Egmont und Weislingen – wirklich beschworen war. Dieses Buch rettete Goethe das Leben. Bis in den krassen Realismus seines Schlusses hinein, wo der Selbstmörder als porträtgetreues Ebenbild des Dichters auf dem Boden ausgestreckt liegt, ist hier alles durch die rituelle Absicht be-

---

[1] Die Goetheforschung steht noch viel zu sehr im Bann von «Dichtung und Wahrheit» und von Eckermanns «Gesprächen», als daß sie die Tragweite dieser Frage ermessen könnte. Goethe schildert in der Selbstbiographie seine Jugend im Licht der klassischen Metamorphosenlehre als eine organisch sich entfaltende Entwicklung, was zum tragischen Lebensgefühl und zum magischen Dichten seiner Frühzeit in größtem Gegensatz steht. Es hat eine durchgehende Verzeichnung der Tatsachen zur Folge, nicht nur in sachlichen Einzelheiten, sondern im Prinzip der Darstellung selbst. Darauf machen einige neueste Arbeiten aufmerksam, so Barker Fairleys «Study of Goethe» (Oxford 1947) und Hans M. Wolffs «Goethes Weg zur Humanität» (1951). Vgl. dazu Goethes Brief an Zelter vom 15. Februar 1830, wo er den Titel von «Dichtung und Wahrheit» begründet und bemerkt: «Man bedenke, daß mit jedem Atemzug ein ätherischer Lethestrom unser ganzes Wesen durchdringt, so daß wir uns der Freuden nur mäßig, der Leiden kaum erinnern. Diese hohe Gottesgabe habe ich von jeher zu schätzen, zu nützen und zu steigern gewußt.»

dingt, den Doppelgänger als Stellvertreter zu opfern[1]. Werther ist als der ekstatische Gefühlsmensch gezeichnet, der sich zur weltumschlingenden Alliebe steigert, aber an der verzehrenden Gewalt seiner Erschütterungen zugrunde geht, weil er nicht fähig ist, sich durch Gestaltung aus ihnen zu retten. Sein «Herz» ist sein All – «dies Herz, das doch mein einziger Stolz ist, das ganz allein die Quelle von allem ist, aller Kraft, aller Seligkeit und alles Elendes. Ach, was ich weiß, kann jeder wissen – mein Herz habe ich allein.» Aus überströmendem Herzen schafft er eine Welt um sich, aber auf dem Gipfel des Überschwangs, wo ihm die ganze Natur als tausendstimmiger Liebesgesang entgegentönt, faßt ihn das Grauen darüber, daß ihm der Schritt zur wirklichen Vergottung nicht gelingt. «Ach, damals», ruft er wie Faust auf dem Osterspaziergang, «wie oft habe ich mich mit Fittichen eines Kranichs, der über mich hinflog, zu dem Ufer des ungemessenen Meeres gesehnt, aus dem schäumenden Becher des Unendlichen jene schwellende Lebenswonne zu trinken und nur einen Augenblick, in der eingeschränkten Kraft meines Busens, einen Tropfen der Seligkeit des Wesens zu fühlen, das alles in sich und durch sich hervorbringt.» Das ist der göttliche Augenblick, für den Faust sein Seelenheil verpfändet. Aber die Schönheit der pantheistischen Liebesergüsse ist nur eine von vielen Farben im leuchtenden Spektrum dieses Beichtwerkes, das in ruhelosem Stimmungswechsel aus dithyrambischer Inbrunst in graue Enttäuschung, aus nüchterner Sachlichkeit in zynischen Spott übergeht. Im berühmten Brief vom 18. August stürzt der Schwärmer aus dem Himmel seiner Ichseligkeit in das Grauen der Leere hinab und erblickt die Natur plötzlich als das Reich der Vernichtung. «Und so taumle ich beängstigt! Himmel und Erde und ihre webenden Kräfte um mich her: ich sehe nichts, als ein ewig verschlingendes, ewig wiederkäuendes Ungeheuer.» Auch jetzt weiß er, daß sein eigenes Herz die Ursache seiner Gefühle ist; diese Erkenntnis ist es, die ihn dem Selbstmord entgegentreibt. «Ich leide viel, denn ich habe verloren, was meines Lebens einzige Wonne war, die heilige belebende Kraft, mit der ich Welten um mich schuf; sie ist dahin!» Die empfindsamen Gemüter faßten dieses Buch als ein Hohelied der Liebe oder der Verzweiflung am Leben auf, der Vernunftmensch Lessing vermißte umgekehrt am Schluß einige warnende Winke zur

---

[1] Elsie M. Butler zieht in ihrem Rilkebuch («Rilke», Cambridge 1946) das alttestamentliche Ritual des Sündenbocks heran, um die Entstehung von Werken wie «Werthers Leiden» und «Malte Laurids Brigge» zu erklären. «Das sind moderne Beispiele für die Entstehung der Kunst aus dem Ritual, die noch von dessen magischer Funktion befruchtet sind. Zeremonielle Reinigung wurde in ‚Werthers Leiden' zu dichterischer Katharsis, das Sühnopfer wandelte sich zum Helden eines unsterblichen Romans. Denn wenn das gefühlsmäßige Bedürfnis nach einem Sündenbock dasselbe war wie in den Tagen Aarons, mußten Geist und Herz, Sünden und Leiden des Opfers für Goethe zum Brennpunkt des Interesses werden, noch bevor die Selbstreinigung wirksam zu werden begann. Die Beziehung zwischen Kunst und Autobiographie, zwischen Bekenntnis und Schöpfung im ‚Werther' – ein schwieriges Problem der Kritik – ist wirklich die Beziehung zwischen Ritual und Kunst; sicher entstand der Roman ebensosehr aus einem Instinkt der Reinigung wie aus dem schöpferischen Impuls» (204). «Goethe benützte vielleicht deshalb im ‚Werther' wirkliche Briefe und flocht einen ganzen von ihm früher übersetzten Abschnitt aus Ossian ein, weil er instinktiv vom ausschlaggebenden Motiv des Rituals geleitet wurde, seinem literarischen Sündenbock etwas anzuheften, was ihm selbst gehört hatte» (205).

Wiederherstellung der Moral: «Also, lieber Goethe, noch ein Capitelchen zum Schluß; und je cynischer je besser.» Aber sie alle täuschten sich. Werther war weder als Vorbild noch als Warnung gemeint, er war ein magisches Abbild wie Faust und Weislingen, Egmont und Torquato Tasso.

Der junge Goethe kannte Momente des Gipfelglücks, wo er seine Gabe der Gestaltung als den Triumph des Genies verstand. Dann sprach er allerdings Worte und schuf Figuren, die vorbildlich gemeint waren: den patriotischen Ritter Götz mit seinem Sterberuf «Freiheit! Freiheit!», den zum Himmel fahrenden Ganymed, den Titanen Prometheus, der als Ebenbürtiger die Götter herausfordert. Aber das zyklopische Prometheusdrama wurde nicht vollendet, der patriotische «Götz von Berlichingen» blieb eine Ausnahme. Nicht der starke, biedere Ritter, sondern sein Verräter Weislingen wurde das Urbild von Goethes Helden. Von Anfang an schwankte er auffällig zwischen aktiver und passiver Magie, zwischen vermessener Herausforderung der Mächte und träumerischem Versinken in der Meditation, zwischen Prometheus- und Ganymedzauber. Da er den magischen Grund der Dichtung so echt erlebte, wurde ihm auch seine Entfernung von ihm bewußt, die nur das Genie wahrnimmt. So begann sich früh der Zweifel, die Angst, das Erschrecken vor sich selbst zu regen. Schon das «Sturmlied» weist den inneren Bruch des «Werther» auf. Hier wandelt Goethe «göttergleich» durch die Elemente und schwingt sich zur höchsten Lust der Seele auf: zum Rausch der «siegdurchglühten» Jünglinge Pindars, die in ihren Wagen «Rad an Rad rasch ums Ziel weg» in Todesgefahr dahinstürmen. Aber auf dem Scheitelpunkt erlahmt der Flug plötzlich, der rhapsodierende Wanderer wird vom Zweifel gepackt und bringt sich in Sicherheit:

Glüht?
Armes Herz!
Dort auf dem Hügel,
Himmlische Macht!
Nur so viel Glut,
Dort meine Hütte,
Dorthin zu waten!

Das Hochgefühl des Magiers war es, das Goethe zuerst zur Faustsage greifen ließ. Er wollte seine eigene Dichterexistenz in allen Mirakeln und Exzessen des historisch bezeugten, weitbeschreiten Erzzauberers verherrlichen, als dessen Nachkommen er sich betrachtete. Als Geisterkönig tauchte er in die verrufene Finsternis der Geheimwissenschaften hinab und braute in seiner poetischen Hexenküche Verse von nie vernommener sinnlicher Gewalt, die ins Blut gingen und zur größten dichterischen Darstellung der Zauberei wurden. Die ersten Szenen des «Faust» erfüllt der Brodem der heidnischen Naturmagie wie kein anderes Dichtwerk seit Shakespeare, mit einziger Ausnahme Grimmelshausens. Auch Doktor Faust war ursprünglich als Vorbild gedacht, nicht als schwaches Opfer der Dämonen wie Weislingen und Werther, sondern als ihr Herrscher wie Prometheus, aber als tragischer Heros. Seine Tragik lag in seinem Ende, der Höllenfahrt, die aus einer pfäffischen Strafmaßnahme wieder das werden sollte, was sie nach Goethes Überzeugung ursprünglich gewesen war: der Triumphzug des Titanen ins Jenseits. «Eritis sicut deus» – dieses uralte Ziel der Schamanen stieg wieder vor ihm empor, und er sah erschauernd auch seine satanische Kehrseite. Aber schon in der ersten Szene nimmt diese Tragödie eine andere Wendung. Die erste Zauberhandlung, die man Faust vollführen sieht, die Beschwörung des Erdgeists, stellt nicht seinen Triumph, sondern seine Niederlage dar. Er sieht im Zeichen des Makrokosmos die Herrlichkeit der magischen Schöpfungsvision, erkennt aber zugleich seine eigene Ohnmacht: «Welch Schauspiel! Aber ach! ein Schauspiel nur!» Das Weltall kann der Rasende nicht fassen; er begnügt sich mit der Beschwörung des Erdgeistes, aber auch dieser schleudert ihn in das Nichts seines Menschseins zurück. Ein furchtsam weggekrümmter Wurm, will er sich erst wie Werther den Tod geben und nimmt dann verzweifelnd seine Zuflucht zum Teufel. Diese Szene gestaltet die größte Entscheidung im Leben Goethes. Er hatte erkannt, daß er kein Zauberer, sondern ein Dichter war. Fausts Schwanken zwischen Triumph und Niederlage war das Sinnbild dieses Dichtertums. Darum ließ er ihn nicht wie Werther enden, sondern als mit dem Teufel Verbündeten weiterleben und Taten vollbringen, die ein Gleichnis für sein eigenes Schaffen sind.

Schon während der ersten okkultistischen Experimente hatte Goethe an Friederike Öser geschrieben: «O meine Freundin, das Licht ist die Wahrheit, doch die Sonne ist nicht die Wahrheit, von der doch das Licht quillt. Die Nacht ist Unwahrheit. Und was ist Schönheit? Sie ist nicht Licht und nicht Nacht. Dämmerung, eine Geburt von Wahrheit und Unwahrheit, ein Mittelding. In ihrem Reiche liegt ein Scheideweg, so zweideutig, so schielend, ein Herkules unter den Philosophen könnte sich vergreifen»... An diesem Scheideweg stand er jetzt unwiderruflich. Er floh aus der Zauberwelt der magischen Kunst nach Weimar und gab sich als Dichter auf, um am Leben bleiben zu können. Als Mensch, als Künstler sagte er sich auf jede Weise von seiner Vergangenheit los und betrat den Weg einer asketischen Läuterung, der ihn schließlich nach Italien führte. Dort befreite sich der «nordische Flüchtling» von seiner «ungeheuren Leidenschaft und Krankheit». In der «Italienischen Reise» nennt er sein bisheriges Leben und Dichten verfehlt, ein bloßes Vorspiel zu einer ernsthaften Existenz. Es sei alles nur eine dunkle Raserei, ein sinnloses Tasten nach titanischen Ideen und Spukgestalten gewesen. Bisher habe er lauter Fragmente geschaffen und sich und Andere damit unglücklich gemacht. Der Süden gab ihm die Kraft, dieses Wesen von sich abzustreifen. «Ich lebe sehr diät und halte mich ruhig, damit die Gegenstände keine erhöhte Seele finden, sondern die Seele erhöhn.» Aber auch in Italien schien es ihm lange unsicher, ob er mit dem Leben davonkommen könne. «Ich mag nun sterben oder noch eine Weile dauern, in beiden Fällen war es gut.» In der Heilung des wahnsinnigen Orest und andern Sühneszenen stieß er das Taumelwesen von sich ab. Wilhelm Meister, der für das dämonische Dichtertum Shakespeares schwärmt, sank ihm zum Typus des Dilettanten herab. Der Weltschöpfer Prometheus wurde zum Psychopathen Torquato Tasso, und dessen schwer atmende letzte Worte sind der Epilog auf diese größte Krise in Goethes Leben:

So klammert sich der Schiffer endlich noch
Am Felsen fest, an dem er scheitern sollte.

Im Süden fand Goethe das Ziel seiner Mannesjahre: die in sich ruhende vollkommene Gestalt. Sie sollte keine Geburt der Dämmerung, sondern des Sonnenlichts sein und die in allem Sichtbaren ausgeprägten Gesetze adelig darstellen. Das Allgemeine im Besondern, die Form als höchster Sinn alles Lebens, der Typus als wirkende Macht hinter allen Metamorphosen – zu dieser Lust des sinnlichen Betrachtens beruhigte sich nun der von seinen Träumen Genesene. Das Glück des reinen Seins umfließt das nackte Liebespaar der «Römischen Elegien», die Pflanzenformen der Schrift über die Metamorphose, die Taten und Leiden des Lichts in der «Farbenlehre». Die Gestalten, die Goethe jetzt bildete, gleichen den früheren aber darin, daß auch sie nicht der moralischen Belehrung des Lesers dienen wollen, sondern als Abbilder des Lebens nur um ihrer selbst willen existieren. Auch der zum Bildungsroman umgeformte «Wilhelm Meister» will nur insofern sittlich wirken, als er das organische Wachstum aller Geschöpfe als das Gesetz der Natur darstellt. Bildung ist in diesem Roman kein gesellschaftlicher oder pädagogischer, sondern ein naturreligiöser Begriff. Moralisch vorbildlich ist Wilhelm so wenig wie Werther, was schon die Zeitgenossen mit Mißvergnügen feststellten. Sein Weg und sein Ziel unterstehen keinem von außen gefällten Urteil, und eine gedankliche Einheit ist in dem Buche so schwer zu finden wie im «Faust». Auch von ihm gilt Goethes Bemerkung über den «Werther», daß eine «wahre Darstellung» keinen didaktischen Zweck haben müsse. «Sie billigt nicht, sie tadelt nicht, sondern sie entwickelt die Gesinnungen und Handlungen in ihrer Folge, und dadurch erleuchtet und belehrt sie.»

Hat Goethe als Mann wirklich, im Unterschied zu Faust, «Magie von seinem Pfad entfernt»? Seine wissenschaftlichen Arbeiten brachten ihn in einen heftigen Gegensatz zu den Fachleuten, die sein Vorgehen als zu phantasievoll ablehnten. In ihnen setzte sich vergeistigt doch sein jugendlicher Magismus fort. Er nahm die sichtbaren Dinge auch als Forscher nicht voraussetzungslos hin, sondern sah in ihnen eine «geheimnisvoll offenbare» Wahrheit, die er als wunderbar und im Grund unerforschlich verehrte. Sein Sehen transzendierte nach wie vor, seine Ergebnisse beruhten auf einem visionären Schauen, das mehr mit vorsokratischer Weisheit als mit moderner Wissenschaft zu tun hat. Die sichtbare einzelne Pflanze verkörperte ihm einen unsichtbaren Typus, und auch der Typus war nichts fest Ruhendes, sondern ein «Proteus» von unendlicher «Versatilität». Diese Gestaltlehre war in Wahrheit eine Philosophie der Metamorphose, und je tiefer Goethe in sie eindrang, desto mehr hob er dies hervor. «Gestaltung, Umgestaltung des ewigen Sinnes ewige Unterhaltung» wurde ihm schließlich zum höchsten Merkmal der Natur. Diese Vision umfaßte das Weltall bis in die kleinste Muschelschale hinein als eine göttliche Harmonie, und es ist vielleicht ihr tiefster Zug, daß sie den Tod auslöschte und das Tragische ganz in Helligkeit auflöste. So wie Goethe an der Pflanze die Wurzel im dunklen Erdinnern ausdrücklich ignorierte, so wollte er das Furchtbare des Lebens jetzt nicht mehr sehen. Dieses Harmoniesystem war immer noch ein Abbild seiner eigenen Seele. Die herrlich sinnvoll geordnete Natur, die er verehrt, nimmt sich neben den Erkenntnissen der modernen Wissenschaft wie ein Märchen aus.

Der alternde Goethe trägt ein Doppelgesicht. Als Dichter konnte er auch jetzt nicht ohne Ekstase leben. Je freieren Spielraum er ihr gewährte, desto genialer dichtete er, je mehr er sie unterdrückte oder verleugnete, desto künstlicher. Aber das Bedürfnis nach Klarheit, die wachsende Bewußtheit wirkten der seelischen Erschütterung immer stärker entgegen. Er konnte und wollte seine Jugend mit ihrer naiven Hingabe an den Rausch nicht mehr verstehen. In der «Italienischen Reise» spricht er abschätzig von ihr, in «Dichtung und Wahrheit» ironisch, vielfach verfälschend und im Ganzen viel zu beschaulich. Je älter er wurde, desto aufmerksamer lauschte er aber auf die Stimmen aus der Tiefe jener Jugend. Er konnte sich auf die Dauer der Tatsache nicht verschließen, daß seine Erstlingswerke etwas Großes, vielleicht das Größte seien, was er geschaffen hatte. Ihr reinster Abschluß wäre das Ende Orpheus' oder Merlins gewesen. Goethe wußte das und sprach es mehr als einmal aus. Besonders die Erinnerung an den «Werther» weckte in ihm diesen Gedanken. Kurz vor dem Aufbruch nach Italien sagte er über den Roman, er finde, «daß der Verfasser übel getan hat, sich nicht nach geendigter Schrift zu erschießen». Später kannte er Stunden, wo ihm schien, er sei doch nur damals das gewesen, wozu er bestimmt war.

> *Wer mit XXII den Werther schrieb,*
> *Wie will der mit LXXII leben!*

Werthers vielbeweinter Schatten erhebt sich noch in der «Trilogie der Leidenschaft», die den Greis wieder am Rand des Tragischen zeigt:

> *Zum Bleiben ich, zum Scheiden du erkoren,*
> *Gingst du voran – und hast nicht viel verloren.*

Goethes Dichtung verrät schon in ihren stofflichen Motiven, wie sehr er innerlich mit dem magischen Bezirk verbunden blieb. Er lebte als Dichter noch auf lange hinaus von den Eingebungen seiner Jugend. In der ironischen Ballade vom «Zauberlehrling» verspottet er zwar den zur Zauberei unfähigen Stümper, läßt aber neben ihm einen Meister der schwarzen Kunst auftreten, der über jeden Spott erhaben ist. In der «Braut von Korinth» feiert er die griechische Dämonennatur mit einer Spukgeschichte, die dem «Erlkönig» und Bürgers «Lenore» ähnlich sieht. Nach dem Sturz Napoleons stellte er sich in der Gestalt des Magiers Epimenides dar, der in seinem Tempel den Gang des Weltgeschehens verschläft. Noch in der «Novelle» geschieht das Wunder, daß ein Knabe mit seinem Flötenspiel einen Löwen bezaubert, und Makarie in den «Wanderjahren» ist ein Engelwesen, das in magischer Verbundenheit mit dem Weltall lebt. Vor allem stand ja der «Faust» nach wie vor im Mittelpunkt seines Phantasierens. Dieser Stoff war der anrüchigste und drohte seine mühsam erkämpfte Seelenruhe immer wieder zu zerstören, auch wenn er ihn nun aus dem Monströsen ins Ironische und Phantasmagorische verschob. Das verschwiegene Weiterformen an ihm widerspricht am stärksten dem entzauberten Bild Goethes, das noch heute kursiert. Der Held dieser berühmtesten deutschen Dichtung trägt ein Antlitz, dem die Hexenprozedur der Verjüngung zuteil geworden ist – ein Attribut, nicht weniger seltsam als Siegfrieds hörnerne Haut (Goethe pflegte Fausts Rolle beim Vorlesen bis zur Gretchenszene mit Baßstimme, von da an im Tenor zu sprechen). Ihr Höhepunkt sollte ursprünglich der Gang Fausts als eines «zweiten Orpheus» zu den Totengöttern sein, von dem nur die Verse über das Reich der Mütter und die klassische Walpurgisnacht gedichtet wurden. Aber Goethe blieb dem Magischen nicht nur stofflich nahe. Sein Schaffen stand bis zuletzt unter dem Gesetz der Beschwörungskunst. Noch in den «Maximen und Reflexionen» heißt es: «Poesie deutet auf die Geheimnisse der Natur und sucht sie durchs Bild zu lösen.» Dieser Prozeß verlor auch später nichts von seiner Gefährlichkeit, für Goethe selbst wie für die Mitbetroffenen. Die Ottilie der «Wahlverwandtschaften» entstand als ein zauberisches Ebenbild des gelebten Lebens wie einst die Gestalten Gretchens und Klärchens, Werthers und Egmonts, Weislingens und Clavigos. Goethe ließ die Phantasiegestalt an dieser Liebe sterben, um selbst weiterleben zu können. Das dichterische Abbild nährte sich vom Blut einer wirklichen Frau, die durch diese Begegnung zerstört wurde. Auch das Urbild der Suleika erfuhr das Unheimliche dieser Art, zu dichten.

Was diesen deutschen Orpheus groß machte, war immer noch der Gang in die Unterwelt, zu den Müttern. Er schloß die dämonische Schicht der Seele auf, aber er schloß sie auch wieder zu. Dieser Kunst schrieb er eine wunderbare, heilende Wirkung zu; sie heilte ihn von seinen Gefahren und konnte auch Andere heilen. Sie leistete die Katharsis, die in der Vorzeit von den Korybantenzügen geleistet worden war. Der Dichter war immer noch der Arzt der Menschen. Er ließ sie in der Phantasie das Äußerste erleben, das ihnen in der Wirklichkeit verschlossen war; er führte sie wie in einem Mänadenzug über alle Höhen, durch alle Abgründe des Unbewußten und entließ sie beseligt und gereinigt. Der Kanzler von Müller notierte 1822 den Ausspruch: «Ohne Poesie läßt sich nichts in der Welt wirken; Poesie aber ist Märchen.» Märchen aber ist magische Verwandlung. Goethes Thema ist nicht das ruhend ewige Sein, sondern die ewige Verwandlung. Er stellt wie Shakespeare und Rembrandt im Grund immer sich selbst dar, und in der ungeheuren Fülle seiner Metamorphosen kommt der ganze Reichtum des Menschlichen ans Licht. Für alles Menschliche besitzt er eine beispiellose Sprache. Sein Reich ist die Natur, erlebt durch die dämonisch erregte Seele des Individuums. Vom «Wilhelm Meister» sagte er, die Königin von Preußen habe ihn erst im Unglück schätzen gelernt: «Sie mochte wohl finden, daß er tief genug in der Brust und gerade da anklopfte, wo der wahre menschliche Schmerz und die wahre Lust, wo eigentliches Leid und Freude wohnen.» Eckermann gestand er im Vertrauen: *«Meine Sachen können nicht popular werden;* wer daran denkt und dafür strebt, ist in einem Irrtum. Sie sind nicht für die Masse geschrieben, sondern nur für einzelne Menschen, die etwas Ähnliches wollen und suchen und die in ähnlichen Richtungen begriffen sind.» Ganz am Ende seines Lebens, als ein anderes Geschlecht ihn als ästhetischen Egoisten ablehnte, meinte er von seinen Schriften resigniert: «Wer sie und mein Wesen überhaupt verstehen gelernt, wird doch bekennen müssen, daß er eine gewisse innere Freiheit gewonnen.»

Goethe legte den Zauberstab nicht nieder wie Shakespeare. Er war nicht nur der sonnenhafte Gestaltenseher, sondern blieb auch der Vertraute des gestaltlos Ungeheuren, der das «Schaudern» für «der Menschheit bestes Teil» hielt. Er hatte noch im Alter zwei Seelen in sich, und seine Beziehung zur Magie erfuhr durch diesen inneren Widerspruch eine Vergeistigung, die nur bei ihm möglich war. Ihre naive Bejahung wurde ihm undenkbar, aber ebenso wenig konnte er sie verneinen. Er schloß mit seinem Dämon einen Pakt, den Pakt Fausts mit dem Teufel auf der Ebene der Kunst. Seine seelische Erschütterung blieb die Quelle seiner Eingebungen, aber nicht mehr die einzige Quelle seines Schaffens. Sein ungeheures Können, sein vielerfahrener Verstand, seine mephistophelische Freude an Spott und Spiel bemächtigten sich der Bilder, die seine Phantasie ihm lieferte. Er erlangte eine beispiellose Übung in der artistischen Bewältigung und Ausnützung seiner inneren Gesichte. Er hielt an ihnen fest, aber er spielte mit ihnen nach Belieben und löste sie immer freier in Luftgebilde auf. Die absolute Bewußtheit war die letzte Stufe in der Entfaltung dieses nicht entrückten, zum Greis gewordenen Magiers. In dieser hintergründigen, an gewitterhaften Stimmungswechseln reichen Vergeistigung reiften die Werke des alten Goethe: die «Helena», die «Pandora», die «Wahlverwandtschaften» und der zweite Teil des «Faust». In diesem trafen alle Strahlen seines Wesens zusammen; nur wer ihn in diesem Licht sieht, kann ihn verstehen und seine Widersprüche hinnehmen.

Faust war für den jungen Goethe der ins Titanische gesteigerte dämonische Phantasiemensch gewesen, der in grenzenlosen Wunsch- und Angstvorstellungen ausschweift und sich dem Teufel verschreibt, um ihre Erfüllung durchzusetzen, weil er selbst nicht zaubern kann. Seit dem Versagen in der Erdgeistszene war seine überlieferte Gestalt im Kern verändert. Er war ein Zauberlehrling, die Geister gehorchten ihm nicht. Nur im «Urfaust» zaubert er noch selbst, in der Buchausgabe des ersten Teils gibt Mephisto die Kunststücke in Auerbachs Keller zum Besten. Er ist dem Spiel des Teufels überlassen, dem er sich in seiner Hybris ausgeliefert hat. Auch der tragischen Verherrlichung dieses Ebenbildes war Goethe nicht mehr gewachsen, er mußte den Schluß auf sich beruhen lassen. Aber er kam nicht von dieser Gestalt los, weil sie wie keine andere Sinn und Gefahr seiner Kunst verkörperte. Das Schicksal des gescheiterten Zauberers, der nicht imstande ist, von der Magie zu lassen, die Zaubersprüche zu verlernen und nur als Mensch vor der Natur zu stehen, wuchs sich zu Goethes größter Auseinandersetzung mit dem Dämonischen aus. Er zog, als er das Bruchstück nach langer Zeit wieder aufgriff, die Konsequenz aus Fausts Versagen, indem er den Prolog im Himmel voranstellte, in dem Mephisto als untergeordneter Spaßmacher auftritt. Dieses Vorspiel rückt alles auf einen andern Boden. Das Thema des zweiten Teils ist nicht mehr das Ringen um magische Welterkenntnis, sondern die Ironisierung der Magie. Faust ist nicht mehr sein einziger Held, der ironische Teufel steht ihm ebenbürtig zur Seite. Er ist es, der die Wunderwelten des Kaiserhofs, der klassischen Walpurgisnacht, Arkadiens, des dem Meer abgerungenen Neulands hervorzaubert, die wieder in Nichts verfliegen – in all diesen beispiellosen Szenen ist Mephisto die zweite Hauptperson, das andere Ich Goethes, das um das Chimärische der magischen Sehnsucht weiß. Dieses Werk mit zwei Helden und zwei Seelen steht in der Reihe der romantischen Dichtungen, die wie Kleists «Amphitryon» oder Jean Pauls «Flegeljahre» das Welträtsel als unauflösliches Zusammenspiel von Gut und Böse, Glauben und Spott, Himmel und Hölle gestalten. Fausts Verbrechen an Gretchen, sein zweideutiges Treiben beim Kaiser, seine Wanderung durch das Dämonengetümmel der beiden Walpurgisnächte, die Vermählung mit der aus dem Totenreich geholten Helena, die Geburt des phantastischen Sohnes und das Verschwinden der strahlenden Gespenstergattin, die ihm nur ihre Gewänder zurückläßt, Fausts Ausflucht in die Laufbahn des Eroberers und Menschenbeherrschers, seine überraschende Erlösung: dies alles gibt ein nie beruhigtes Drama in Goethes Seele wieder. Er hat dieses Hauptwerk einmal ein «inneres Märchen» genannt[1]. Im Untertitel nennt es sich, trotz des untragischen Schlusses, immer noch «eine Tragödie». Es ist die Tragödie des gescheiterten Magiers. Goethes Phantasie hat sie mit einem undurchdringlichen Arabeskenwerk umwoben und absichtlich rätselhaft gemacht. Wie der im Märchenwald verschollene Merlin spricht er aus diesem Dickicht die Nachwelt aus hundert Richtungen an und hält sie zum besten.

> *Merlin, der Alte, im leuchtenden Grabe,*
> *Wo ich als Jüngling gesprochen ihn habe,*
> *Hat mich mit ähnlicher Antwort belehrt:*
> *Töricht, auf Beßrung der Toren zu harren!*
> *Kinder der Klugheit, o habet die Narren*
> *Eben zum Narren auch, wie sichs gehört!*

Das Mißverständnis des «Werther» als einer Idealdichtung wiederholte sich vergrößert vor dieser Summe seines Lebens. Nirgends hat sich die Ahnungslosigkeit über den Charakter seiner Kunst so gerächt wie hier. Die Irrtümer der Kommentatoren drehen sich darum, daß sie das Scheitern Fausts nicht zugeben wollen, weil sie die Bedeutung dieser Gestalt für Goethe nicht verstehen. Sie fassen sie naiv als ein sittliches Vorbild auf, das sie bewundern oder verwerfen, statt sie als magisch beschworenes Abbild zu begreifen. Goethe sagte 1816 zu Falk über den «Faust»: «Ich wenigstens will niemand raten, ihm allzu nahe zu kommen. Ich fürchte mich selbst davor.» Von dieser Gefährlichkeit des Werkes ist bei seinen Erklärern nichts mehr zu spüren[2].

---

[1] So verstand es auch Gottfried Keller: «Er wollte noch einmal, eh er unter den Rasen hinabginge, schauen den ganzen glänzenden klagenden Zug von Dämonen und Gestalten, den er in seiner Brust beherbergte, lediglich zu seinem eigenen Vergnügen, und er ließ ihn hinaus und führte ihn um sich selbst herum. Es ist keine Frage, der Greis spielte, aber er spielte nicht wie ein Kind, er spielte wie ein Halbgott, immer noch gewaltig genug. Aber die Frage vom rechten Faustende, vom deutschen Geistermannschicksal blieb unbeantwortet; denn das Human-Politische, Oppositionelle, Weltbauende, welches im zweiten Teile vorkommt, kann wegen der spielenden romantischen Form für den nationalen Gebrauch nicht als vorhanden gelten» (Werke ed. Fränkel-Helbling 22, 174).

[2] Die Schrift Wilhelm Böhms «Faust der Nichtfaustische» (1933) hat das Verdienst, der idealistischen «Faust»-Interpretation den Krieg erklärt zu haben. Sie sieht in Faust das Gegenteil eines sitt-

Das Fluidum des Magischen verrät sich noch in der ungeheuren Einsamkeit, die Goethes Alterswerke umgibt. Sie stammen nicht aus der Verbundenheit mit einem Volk, einer Gesellschaft, einer geschichtlichen Wirklichkeit. Hinter ihnen steht einzig Goethes Person, die unabsehbare Weite seines inneren Lebens. Als das Weltreich Napoleons zusammenbrach, wanderte er im Geist in den Osten aus, um sich in Chisers Quell zu verjüngen und die schrankenlose Freiheit seines Ich wiederzufinden. Wie er einst als ossianischer «Wanderer» durch die deutsche Heimat und dann als «nordischer Flüchtling» nach Italien gezogen war, floh er nun als imaginärer Reisender dorthin, wo noch die Patriarchen und Karawanen der Vorzeit zu finden waren. Diese nie mit Augen gesehene Welt wurde ihm zum Schauplatz eines heiter-dämonischen Spiels mit Erdteilen und Jahrtausenden. Alles Morgenländische ist ihm im «West-östlichen Divan» Chiffre für das Westliche, Gleichnis in östlicher Verhüllung, die er spielerisch durchsichtig macht. Er schlägt dieses Phantasiereich wie einen Magiermantel um sich und spielt mit der Bilderpracht der östlichen Poesie, die er in seiner römischen Zeit so abgeschmackt gefunden hatte, mit ihrem metaphorischen, alles mit allem verknüpfenden Stil, mit dem Zauber der Talismane und Amulette.

> *Aber uns ist wonnereich*
> *In den Euphrat greifen*
> *Und im flüß'gen Element*
> *Hin und wider schweifen.*

Selbst Jean Paul, der als «Chinese in Rom» Verhöhnte, erschien ihm nun in anderem Licht, er erkannte in ihm den Abkömmling dieses dichtenden «Übermuts», dem er sich selbst überließ, ohne sich freilich wie die Romantiker im Element zu verlieren. Es war eine Verzauberung, die Hatem-Goethe selbst nicht mehr verstand, als sie von ihm gewichen war. Der Zauber des «Divan» aber heißt: Lust der Verwandlung, Eintauchen in das Fremde, Verjüngung durch das Wunder der Liebe. Islam und Christentum sind Schleier, durch die das hundertnamige, nur in Bildern und Zeichen zu fassende Göttliche durchscheint. Hatem-Goethe glaubt weder an Allah noch an Christus, sondern betritt aus eigener Kraft das Paradies, erlebt die Wonne des von Faust gesuchten göttlichen Augenblicks und verherrlicht sich als Mittler zwischen Gott und Welt. Er erlebt diesen Augenblick im Antlitz und in den Armen Suleikas, wo das Sinnliche übersinnlich, der Augenblick ewig wird. Es ist die orphische Metamorphose,

---

lich vorbildlichen, durch innere Läuterung emporsteigenden Tatriesen, nämlich den in seinem Zauberkreis gefangenen Übermenschen, der sich «auf der Grenze der Verrücktheit und des Verbrechens» im Unendlichen verirrt, weil er nur an sich selbst glaubt. Goethe habe in ihm mit ironischer Distanz den unbelehrbar Maßlosen gezeichnet, der sein Ich zur Welt erweitern will und in der Grenzenlosigkeit seines Ich scheitert, zuletzt aber durch die göttliche Gnade als eine ewige Form des Menschseins doch noch erlöst wird. Diese Auffassung trifft das Wesentliche, irrt jedoch darin, daß sie in Faust nur das «unendlich Negative» verkörpert sieht. Er verkörpert vielmehr den aktiven Willen zur magischen Existenz, der sich nicht sittlich vollenden, sondern sinnlich erfüllen will. Den magischen Grundzug des «Faust» beleuchten zum erstenmal ernsthaft die Bücher E. M. Butlers: «The Myth of the Magus», «Ritual Magic» und «The Fortunes of Faust» (Cambridge 1948–1952).

von der die «Selige Sehnsucht» in esoterischen Versen spricht. Das Irdische erhellt
sich geheimnisvoll und bruchlos zum Überirdischen. Das Schenkenbuch macht daraus
die Lehre von der dionysischen Berauschtheit, die Poesie des geistigen Trinkens und
Liebens. Der mystische Trinker und Liebhaber Hafis wird zum Urbild des sich selbst
vergottenden Poeten, der alle Fülle des Himmels und der Welt in sich selber findet:

> *Nur dies Herz, es ist von Dauer,*
> *Schwillt in jugendlichstem Flor;*
> *Unter Schnee und Nebelschauer*
> *Rast ein Ätna dir hervor.*

Was Goethe hier wagte, ist nur im Zusammenhang seines ganzen Lebens und im
Hinblick auf den «Faust» zu ermessen. Hafis ist ein Selbstbildnis wie Werther und
Faust, Prometheus und Tasso, die Wiederkehr des Glaubens an die Allmacht des
Dichters auf der Höhe des vollendeten künstlerischen Spiels. Als Hafisens Schüler bekennt sich Goethe zur Freiheit des schauenden Geistes im weltgeschichtlichen Trümmerfeld der Reiche und Religionen, der ratlosen Völker und verblendeten Narren, wie
er es schon in den venezianischen «Epigrammen» andeutungsweise getan hatte. Die
Person des Dichters, der mit allen Dingen und Wahrheiten dieser Welt lachend ein
Versteckspiel treibt, wird ihm zum Mittelpunkt. Er spielt mit ihnen, wie Gott mit
der Welt spielt und sich in ihr verborgen hält. Er läßt sich nirgends fassen, weil ihm
alles und er sich selbst ein «offenbares Geheimnis» ist. Auch der historische Hafis mit
seiner echten Mystik ist ihm nur der ferne Brudergeist, der ihn zu dieser magischen
Freiheit der Phantasie ermächtigt. In den «Noten und Abhandlungen» lehnt er die
Mystik unzweideutig als «Torheit» ab. Nirgends außer in den Phantasmagorien der
«Klassischen Walpurgisnacht» und der «Helena» hat sich diese Phantasie im Alter so
offen demaskiert wie im «Divan», wo Goethe die Maske, die Metapher zum höchsten
Sinnbild und Stilmittel der Dichtung macht.

Dichtend, wissend, forschend erweiterte er nun seine Person zum Universum. Er
lebte als Greis gleichzeitig in vielen Gestalten, in vielen Räumen und Zeiten, zwischen
denen er sich frei hin- und herbewegte. Nicht die von den Biographen erdachte Trennung seiner Lebensepochen, sondern ihr gleichzeitiges Zusammenklingen war sein
Element, seitdem er sich sicher fühlte. Er verfügte jetzt beliebig über alle Errungenschaften seines langen Lebens, auch über jene, die ihn einst beinahe zugrunde gerichtet
hatten. Neben dem «Wilhelm Meister» und den «Römischen Elegien» entstanden
bereits Werke wie die «Helena» und die «Braut von Korinth». Er war jetzt gleichzeitig Christ und Heide, Abendländer und Orientale, Gläubiger und Spötter, romantischer Wunderdichter und heiterer Rokokopoet. Er glaubte an die Vielnatur des genialen Menschen. Für diesen proteischen Wechsel seiner Gesichter hatten nur wenige
Augenzeugen ein Organ. Einzig Boisserée und der Kanzler von Müller waren dem unerhörten Schauspiel gewachsen; diese intelligentesten Gesprächspartner heben das
Unvertraute, ständig Wechselnde seines Wesens hervor, und ihre Schilderungen wirken eben deshalb am wahrsten. Der Kanzler schließt einen Eintrag von 1830 mit den

Worten: «Im ganzen war er heut sehr lebhaft, aufgeregt, geistreich, aber mehr ironisch und bizarr als gemütlich, mehr negativ als positiv, mehr humoristisch als heiter. Nicht leicht habe ich seine Proteusnatur, sich in alle Formen zu verwandeln, mit allem zu spielen, die entgegengesetztesten Ansichten aufzufassen und gelten zu lassen, anmutiger hervortreten sehen.» Müller witterte auch im Naturforscher noch etwas vom Hexenmeister: «Hokuspokus Goethens mit dem trüben Glas, worauf eine Schlange. Das ist ein Urphänomen, das muß man nicht weiter erklären wollen, Gott selbst weiß nicht mehr davon als ich.» Der unbestechliche, kluge Kanzler überliefert viele Züge und Aussprüche, in denen sich Goethes magische Ichheit enthüllt. Er zeigt ihn in seiner ganzen Unberechenbarkeit, bald in sich versunken und verschlossen, dann wieder aggressiv und von Einfällen funkelnd, wo er «wie ein Gewitter bei heiterem Himmel sich seiner Kraftfülle durch geistige Blitze und Donnerschläge zu entledigen» sucht. Dieser Goethe sagt: «Ich will keine fremden Gedanken, ich habe an meinen eigenen genug, kann mit diesen nicht fertig werden.» Oder: «Was ein anderer *denkt*, wie kann mich das kümmern? Ich kann doch nicht *wie er* denken, weil ich Ich und nicht Er bin. Wie können sich nur die Leute einbilden, daß mich ihr *Denken* interessieren könnte, z.B. Cousin?» Ihn interessiert keine für alle verbindliche Wahrheit, nur seine Wahrheit, die Offenbarung seines Ich. Er treibt sein Leben, Dichten und Forschen ganz auf eigene Faust. «Ich habe Natur und Kunst eigentlich immer nur egoistisch studiert, nämlich um mich zu unterrichten. Ich schrieb auch nur darüber, um mich weiter zu bilden. Was die Leute daraus machen, ist mir einerlei.» Alle seine Unternehmungen und Urteile kennen keine andere Begründung als diese Selbstherrlichkeit. «Mir ist in allen Geschäften und Lebensverwickelungen das Absolute meines Charakters sehr zustatten gekommen; ich konnte Vierteljahre lang schweigen und dulden wie ein Hund, aber meinen Zweck immer festhalten; trat ich dann mit der Ausführung hervor, so drängte ich unbedingt mit aller Kraft zum Ziele, mochte fallen rechts oder links, was da wollte.» In diesem «Absoluten seines Charakters» lebte er unangreifbar, darin wußte er sich ewig, es war ihm die Gewähr seiner Unsterblichkeit. «Und so war ich stets und werde es bleiben, solange ich lebe, und darüber hinaus hoffe ich auch noch auf die Sterne; ich habe mir so einige ausersehen, auf denen ich meine Späße noch fortzutreiben gedenke.» Man weiß, welches der «Hauptgrund» seines Glaubens an Unsterblichkeit war: «Daß wir sie nicht entbehren können.»

Wer die wenig bekannten «Zahmen Xenien», die große Spruchsammlung in Versen, aufschlägt, findet dieses Bild des alten Goethe aus seinem Mund bestätigt. Er warf diese ironischen, boshaften, verächtlichen Sprüche in Stunden des Verdrusses hin, sie sind nicht als verbindliche Maximen gemeint. Auch sie enthüllen nur eine Seite seines Wesens, aber sie kennzeichnen ihn ebenso wie die Entsagungsweisheit der «Novelle» und der «Wanderjahre». Sein ungeheures Ich verteidigt sich hier gegen eine Welt, die an ihm mäkelt und ihn ablehnt, und zieht sich in die Einsamkeit des Verkanntseins zurück.

> *Sollen dich die Dohlen nicht umschrein,*
> *Mußt nicht Knopf auf dem Kirchturm sein.*

Die Menschen sind ein «Lumpenpack», das der Greis wie lästiges Ungeziefer abwehrt. Er reagiert gereizt und höhnisch auf die Dummheit des großen Haufens mit seinen demokratischen Idealen, ohne an sich selbst irre zu werden, aber ohne je zur prophetischen Kampfgebärde auszuholen.

> *Du trachte, wie du lebst und leibst,*
> *Daß du nur immer derselbe bleibst.*

Was die Menge glaubt, ist leicht zu glauben, aber der «ursprünglich eigne Sinn» wiegt schwerer als alles Geschrei dummer Teufel. Das ist immer noch das prometheische Gipfelgefühl, aber es schillert nun in der Skepsis des Alters. Der Einsame weiß sich in sich selbst geborgen und läßt den absurden Weltspektakel an sich selbst zugrunde gehen:

> *Komm her! wir setzen uns zu Tisch;*
> *Wen möchte solche Narrheit rühren!*
> *Die Welt geht auseinander wie ein fauler Fisch,*
> *Wir wollen sie nicht balsamieren.*

Und wie spricht dieser Unanfechtbare, eine neue Zeit von sich Abwehrende von seiner Dichtung, welchen Namen gibt er ihr?

> *Nehmt nur mein Leben hin in Bausch*
> *Und Bogen, wie ichs führe:*
> *Andre verschlafen ihren Rausch,*
> *Meiner steht auf dem Papiere.*

So spricht das magische Genie. Es strahlt seine Kraft ins Weltall aus und weiß sich wie Makarie mit den kosmischen Kräften verbunden. Jene verklärte Heilige hat nichts von dem diabolischen Besserwissen, das Goethe hier spielen läßt, aber für ihn selbst umschließt das Magische auch das Teuflische.

> *Ich kann mich nicht bereden lassen,*
> *Macht mir den Teufel nur nicht klein:*
> *Ein Kerl, den alle Menschen hassen,*
> *Der muß was sein!*

Die Worte gehen auf Napoleon, aber auch auf den Dichter, den mit dem Teufel Verbündeten. Das Diabolische war es nicht zuletzt, was Goethe an Byron imponierte. Er nahm ihn gegen einen Angriff Hammers mit den Versen in Schutz:

> *Lord Byron ohne Scham und Scheu*
> *Hat sich satanischen Pakts beflissen.*
> *Von Hammer merkt nun wohl, daß, um Poet zu sein,*
> *Er sich dem Teufel hätt ergeben müssen.*

Mit dem Bekenntnis zum Dämonischen beschloß der alte Goethe seine Selbstbiographie, und man hat ihn nur halb verstanden, wenn man darin nicht auch den Dichter des Mephisto sprechen hört. Er nennt hier das Dämonische «dasjenige, was durch Verstand und Vernunft nicht aufzulösen ist», ein furchtbares Wesen, das in der belebten wie der unbelebten Natur gelegen sei und mit keinem zureichenden Wort benannt werden könne – «Name ist Schall und Rauch» –, da es sich nur in Widersprüchen bekunde. Nach seiner Erfahrung sei es «nicht göttlich, denn es schien unvernünftig, nicht menschlich, denn es hatte keinen Verstand, nicht teuflisch, denn es war wohltätig, nicht englisch, denn es ließ oft Schadenfreude merken. Es glich dem Zufall, denn es bewies keine Folge; es ähnelte der Vorsehung, denn es deutete auf Zusammenhang. Alles, was uns begrenzt, schien für dasselbe durchdringbar, es schien mit den notwendigen Elementen unseres Daseins willkürlich zu schalten. Es zog die Zeit zusammen und dehnte den Raum aus. Nur im Unmöglichen schien es sich zu gefallen und das Mögliche mit Verachtung von sich zu stoßen.»

Bedenkt man, daß jede Aussage über das Transzendente den Menschen charakterisiert, der sie ausspricht, so gibt es keine tiefere Selbstdeutung Goethes als diese Worte. Sie umschreiben seine proteische Natur, die abgründige Vielgestaltigkeit seiner Phantasie, die der «Faust» in der Vielgestaltigkeit seiner Formen, in der paradoxen Gegensätzlichkeit seiner Szenen abbildet. Goethe wendet den Begriff des Dämonischen auch auf die Kunst an und denkt dabei natürlich an die seine. «In der Poesie ist durchaus etwas Dämonisches, und zwar vorzüglich in der unbewußten, bei der aller Verstand und Vernunft zu kurz kommt und die daher auch so über alle Begriffe wirkt.» Auch in der Musik sei es im höchsten Grade, weshalb von ihr eine alles beherrschende Wirkung ausgehe, die niemand erklären könne und die sie für den religiösen Kultus unentbehrlich mache. Das sind Aussagen des alten, nicht des jungen Goethe, die zwar gern zitiert, aber nicht ernst genommen werden. Erst der alte Goethe konnte sagen, das Dämonische liege nicht in seiner Natur, aber er sei ihm unterworfen. Diese Einschränkung erlaubte ihm seine vollendete Bewußtheit, die er in der Jugend noch nicht besessen hatte. Aber auch so wiegt sein Bekenntnis schwer. Wie ernst er es meint, zeigt sich darin, daß er das Dämonische nicht nur in der Kunst, sondern auch in großen Begebenheiten und Individuen wirken sieht, denen es eine furchtbare, welterschütternde Kraft verleihe. Das Diabolische schwingt schon deshalb darin mit, weil Goethe immer wieder Napoleon als den Kronzeugen des Dämonischen zitiert. Napoleon war ihm der Dämon der Macht, die er auch als Böses bejahte, wenn sie absolut war. Im Politischen – wie in der Liebe – war die Berufung auf das Dämonische sein letztes Wort. Weniger unbedingt und unverhüllt, aber doch unverkennbar beruht auch sein religiöses Denken auf diesem Urphänomen. Das Dämonische ist das Göttliche, wie der Magier es sieht.

Es ist ein anderes Wort für das Schicksal, und wo von diesem die Rede ist, steht man im Bann des Tragischen. Auch vom Tragischen hätte der alte Goethe sagen können, daß es nicht in seiner Natur liege, daß er ihm aber unterworfen sei. Denn auch das Tragische ist weder gut noch böse. Daß Napoleon tragisch endete, wurde in Goethes Augen seine höchste Glorie, die er auch Molière, Mozart und Byron zusprach. Seit dem Zerschellen des titanischen Eroberers nannte er ihn immer wieder herausfordernd im gleichen Atem mit den von ihm am höchsten verehrten Dichtern und Künstlern, und er bejahte damit die Tragik des Genies, der er entronnen war. Sein bekanntes Wort an Schiller: «Ich kenne mich zwar nicht selbst genug, um zu wissen, ob ich eine wahre Tragödie schreiben könnte, ich erschrecke aber bloß vor dem Unternehmen und bin beinahe überzeugt, daß ich mich durch den bloßen Versuch zerstören könnte», dieses Wort enthält die denkbar stärkste Bejahung des Tragischen. Schiller bestätigte ihm, er finde in allen seinen Dichtungen «die ganze tragische Gewalt und Tiefe, wie sie zu einem vollkommenen Trauerspiel hinreichen würde». Goethes große Expektoration über das Genie, mit der Eckermann den dritten Teil seiner «Gespräche» eröffnet, faßt den großen Menschen rein tragisch auf. «Jeder außerordentliche Mensch hat eine gewisse Sendung, die er zu vollführen berufen ist. Hat er sie vollbracht, so ist er auf Erden in dieser Gestalt nicht weiter vonnöten, und die Vorsehung verwendet ihn wieder zu etwas anderem. Da aber hienieden alles auf natürlichem Wege geschieht, so stellen ihm die Dämonen ein Bein nach dem andern, bis er zuletzt unterliegt. So ging es Napoleon und vielen anderen. Mozart starb in seinem sechsunddreißigsten Jahre. Raphael in fast gleichem Alter. Byron nur um weniges älter. Alle aber hatten ihre Mission auf das vollkommenste erfüllt, und es war wohl Zeit, daß sie gingen, damit auch anderen Leuten in dieser auf eine lange Dauer berechneten Welt noch etwas zu tun übrigbliebe.» Im scheinbar zynischen Ton dieser Sätze identifiziert sich Goethe mit der grausamen, namenlosen Macht, deren Sendlinge die großen Menschen sind. So darf man sich nicht wundern, daß auch die Schlußbetrachtung von «Dichtung und Wahrheit» über das Dämonische in das Bekenntnis zum Tragischen ausmündet, in jenen Ruf Egmonts: «Kind, Kind! nicht weiter! Wie von unsichtbaren Geistern gepeitscht, gehen die Sonnenpferde der Zeit mit unseres Schicksals leichtem Wagen durch; und uns bleibt nichts, als, mutig gefaßt, die Zügel fest zu halten und bald rechts, bald links, vom Steine hier, vom Sturze da, die Räder abzulenken. Wohin es geht, wer weiß es? Erinnert er sich doch kaum, woher er kam!» Diese Worte klingen an die Worte an, die Orestes in der «Orestie» mit bluttriefenden Händen in dem Augenblick spricht, wo die Eumeniden vor ihm auftauchen:

> *Doch daß ihrs wisset — denn das Ziel, ich weiß es nicht —*
> *Wie mit Rossen fahrend komm ich von der Wagen Bahn*
> *Seitab; mich reißen fort die Sinne zügellos*
> *Unwiderstehlich —*

Goethe ist der Dichter des Lichts. Aus seinen Alterswerken leuchtet ein Vertrauen auf das göttliche Geheimnis der Natur, das in der neuzeitlichen Dichtung nicht seinesgleichen hat. Die einen verehren ihn deshalb als den letzten antiken Weisen, die andern werfen ihm Blindheit für das Böse, Finstere, Zerstörende in der Schöpfung vor. Beide Urteile vereinfachen seine Weltvision, die auch die Finsternis des Chaos kennt, aber sie als das Unerforschliche und Tödliche abwehrt. So hoch sie sich ins Kosmische weitet, sie bleibt immer die Schau eines Geistes, der gottgleich die Welt umfaßt und seinen Ewigkeitsanspruch ins Paradies, in die Gottheit selbst hineinträgt. Auch das von den Dämonen überwältigte Genie geht nicht sinnlos unter, sondern wird von Gott für eine andere Sendung aufbewahrt. Das war Goethes Auflösung seiner Lebensgefahr, eine höchste und ewige Möglichkeit des Geistes – aber nicht die einzig mögliche, so wenig wie der Weg seines Faust der einzig mögliche ist. Goethes Selbsterlösung bleibt auch auf ihren sublimsten Stufen im Bannkreis der Magie. Im Mittelpunkt seiner Weltharmonie steht nicht Gott, kein Heros, auch nicht das Volk oder das Vaterland, sondern sein eigenes Ich, das selig-unselig in sich selber kreist und das Weltall um sich kreisen sieht. Absichtslos seiend ist es sich selbst genug. Es empfängt sein Gesetz aus sich selbst und vollendet sich um seiner selbst willen. Goethes Name bedeutet nicht den Sieg eines Gedankens oder die Erfüllung eines nationalen Schicksals, er bedeutet das Wunder seiner Person, in der menschliches Sein und Fühlen einen höchsten Ausdruck fand. Er selbst war überzeugt und sprach es mehrmals aus, daß schließlich nur die Persönlichkeit eines Autors in die Kultur eines Volkes übergehe. Das trifft für ihn zu, aber es ist keine allgemeine Wahrheit.

Im Kern dieses magischen Ich ist wie in aller Natur das Dunkel des Todes. Hinter seinen unersättlichen Verwandlungen steht der Schauer des Vergehens, die Angst vor dem Erlöschen. Das Ich ist sich selber dunkel und findet in sich selbst keine Gewähr der Unvergänglichkeit. Diese Dunkelheit wohnt allen Antworten Goethes auf die Frage nach dem metaphysischen Sinn des Daseins inne. Er stellt diese Frage immer wieder, aber die Berufung auf das Dämonische bleibt auch hier sein letztes Wort. Der Selbstmörder Werther bekennt noch zitternd: «Sterben! Grab! Ich verstehe die Worte nicht!» Im «Ewigen Juden» grüßt sogar Christus die Erde mit den Worten:

> *Du Kettenring von Wonn und Wehe,*
> *Du Mutter, die mich selbst zum Grab gebar,*
> *Die ich, obgleich ich bei der Schöpfung war,*
> *Im ganzen doch nicht sonderlich verstehe.*

Dieses Nichtwissen um das Woher und Wohin erfüllte Goethe zeitlebens, es war der notwendige Schatten im Licht seiner Seele, die sich nur in ihren Metamorphosen kannte. Von diesem Nichtwissen ist Egmont getragen, der strahlend Leichtsinnige im Sonnengefährt des Schicksals, den der Glaube an seinen guten Stern wie ein Zauberschleier einhüllt, so daß ihm noch der Gang aufs Schafott durch eine freudige Illusion verschönt wird. Aber noch der Goethe des «Divans», der «Wanderjahre» und des zweiten «Faust» beruft sich auf dieses dämonische Dunkel am Grund seiner Verwandlungen. Eckermann hörte 1829 von ihm das Wort: «Übrigens aber ist der Mensch ein dunkeles Wesen, er weiß nicht, woher er kommt, noch wohin er geht, er weiß wenig von der Welt und am wenigsten von sich selber. Ich kenne mich auch nicht, und Gott soll mich auch davor behüten.» An Zelter schrieb er 1831: «Je älter ich werde, seh' ich mein Leben immer lückenhafter, indem es andere als ein Ganzes zu behandeln belieben und sich daran ergötzen.» Dasselbe sprechen die gnomischen Gedichte aus.

> *Verweile nicht, und sei dir selbst ein Traum,*
> *Und wie du reisest, danke jedem Raum,*

Bequeme dich dem Heißen wie dem Kalten;
Dir wird die Welt, du wirst ihr nie veralten.

Die zwei Sprüche, die das delphische «Erkenne dich selbst» ironisieren, wenden sich ausdrücklich gegen das Gebot der Selbsterkenntnis. Der zweite erinnert an den Spruch Rumpelstilzchens, das vernichtet ist, wenn sein Name ausgesprochen wird, sich aber sicher fühlt, solange ihn niemand weiß:

Erkenne dich! – Was hab ich da für Lohn?
Erkenn ich mich, so muß ich gleich davon.

Das ist das Credo des Proteus. Es ist auch die Verherrlichung von Fausts Ruhelosigkeit, seines Unvermögens, zum Augenblick das «Verweile doch» zu sagen. Noch in der Marienbader Elegie bekennt sich Goethe zu diesem Unvermögen und überläßt sich der Verzweiflung des aus dem Paradies der Gegenwart Verstoßenen. «Mir ist das All, ich bin mir selbst verloren.» Sein Glaube an ein immer neues «Stirb und werde» trug ihn auch über diesen Verlust hinweg. Die Gedichte der Gruppe «Gott und Welt» verewigen diese Ruhelosigkeit als sein Vermächtnis. «Dauer im Wechsel» zeigt das irdische Geschehen in einen traumhaften Strom der Verwandlung aufgelöst; die Jahreszeiten wechseln wie Stunden, du selbst bist heute nicht, der du gestern warst, die Menschengeschlechter schwinden wie Gras, unvergänglich ist nur «die Form in deinem Geist». Die Strophen «Eins und alles» fordern dazu auf, sich im Grenzenlosen aufzugeben und dafür in der Weltseele zu finden.

Es soll sich regen, schaffend handeln,
Erst sich gestalten, dann verwandeln;
Nur scheinbar stehts Momente still.
Das Ewige regt sich fort in allen:
Denn alles muß in Nichts zerfallen,
Wenn es im Sein beharren will.

Aber diese Verse kamen dem Achtzigjährigen «dumm» vor und er dichtete als Widerruf das «Vermächtnis», das den Gegenpol der Metamorphose, die vollkommen seiende Gestalt, als höchste Offenbarung preist:

Kein Wesen kann zu nichts zerfallen!
Das Ewge regt sich fort in allen,
Am Sein erhalte dich beglückt!

Die Schriften zur Morphologie tragen das Motto aus dem Buch Hiob: «Siehe, er geht vor mir über, ehe ichs gewahr werde, und verwandelt sich, ehe ichs merke.» Dieser Gottesvorstellung entsprechen die herausfordernden Aussagen des Greises über seine ewige Jugend. «Ei, bin ich denn darum achtzig Jahre alt geworden, daß ich immer dasselbe denken soll? Ich strebe vielmehr täglich etwas anderes, *Neues* zu denken, um nicht langweilig zu werden. Man muß sich immerfort verändern, erneuen, verjüngen, um nicht zu verstocken.» Er leugnete jetzt den Tod geradezu, er glaubte

nur noch an den ewigen Fortgang des Lebens, an die Ewigkeit des Ich in der wiederholten Auferstehung, an die ewige Selbstverwandlung Gottes in der Natur.

Im Namen dessen, der sich selbst erschuf!
Von Ewigkeit in schaffendem Beruf...

Mit achtzig Jahren sagte er beim Tod der Großherzogin Luise: «Übrigens imponiert
mir ein Sarg nicht, das könnt ihr doch wohl denken.» Seine Seele versprühte sich bis
zuletzt in ungeheuren Festen der sinnlichen Phantasie wie der «Klassischen Walpurgisnacht». Bis zuletzt unterstand diese Seele dem Wort des Erdgeistes, unter dem
Faust zusammenbricht: «Du gleichst dem Geist, den du begreifst, nicht mir!» Dem
Erdgeist war Goethe jetzt begreifend gewachsen, aber das Zeichen des Makrokosmos
blieb ihm nach wie vor fremd, wie seine abnorme Angst vor allem Blut, allem körperlichen Schmerz verrät. Als unersättlich sich Wandelnder wußte er nichts von der
frommen Ergebung in die Hinfälligkeit alles Fleisches, vom gelassenen Jasagen zum
Tod, von der Erhabenheit der christlichen Unterwerfung unter Gottes Willen. Die
Nähe des eigenen Todes überfiel ihn mit dem Grauen des Endes. Seine magische Sicherheit schlug in das Entsetzen vor dem Nichtmehrsein um, dessen Zeuge sein Arzt
Vogel in den letzten Tagen war. «Fürchterliche Angst und Unruhe trieben den Greis
mit jagender Hast bald ins Bett, bald auf den Lehnstuhl, der Schmerz, der sich mehr und
mehr auf der Brust festsetzte, preßte dem Gefolterten bald Stöhnen, bald lautes Geschrei
aus, die Gesichtszüge waren verzerrt, das Antlitz aschgrau, die Augen tief in ihre lividen
Höhlen gesunken, matt, trübe, der Blick drückte die gräßlichste Todesangst aus.»
Goethes Doppelgesicht – Überwindung der Magie durch magisches Dichten – zeigte
sich auch in seinem Verhältnis zur romantischen Dichterjugend. Diese Jugend bekannte
sich bedingungslos zur Ekstase, während ihm selbst aller naive Rausch nun ein Greuel,
der eigentliche Grundirrtum in der Kunst war. Nichts erregte ihn deshalb so heftig,
aber auch so verdächtig wie der Anblick ekstatischer Menschen. Er reizte ihn, seine
innerste Natur zu verleugnen und den mephistophelischen Spötter, den kalten Virtuosen hervorzukehren, wenn er nicht von einem Starken gezwungen wurde, Farbe
zu bekennen. Orpheus erinnerte ihn jetzt nur an seinen dilettantischen Zauberlehrling, und ein Gemälde Philostrats beschreibend sagte er sogar, der alte Zaubersänger
entsetze sich «vor der Menge von Tieren, die er herangezogen». Er meinte damit wohl
das junge Dichtergeschlecht, das auf seinen Spuren ging und das er wegwerfend als
eine Horde von Stümpern behandelte. In Wahrheit fürchtete er sich vor ihm, weil es
das wagte, wozu er nicht mehr imstande war. «Es hat mich genug gekostet, zu werden
wie ich bin; soll ich mich immer von neuem beschmutzen, um diese Toren aus dem
Schlamm zu ziehen, worein sie sich mutwillig stürzen?» Seine Beziehung zu diesen
Jüngern war genau so schwierig wie die zu seiner eigenen Jugend. Er vergriff sich
ihnen gegenüber erstaunlich im Ton und verwickelte sich in unhaltbare Widersprüche. Seine Beherrschtheit und Bewußtheit machte ihn ungerecht, ja blind gegenüber
den Orphikern, die seine Resignation und Ironie nicht teilten. Er erkannte keine einzige der genialen jungen Begabungen und protegierte unfehlbar die Falschen, wenn er

ihnen entgegenkam. Natürlich gab es unter ihnen Stümper und unreine Geister wie
Zacharias Werner, aber gerade mit diesem glaubte er Kleist widerlegen zu können.
Sein Haß auf Jean Paul, den er einen «Philister» schimpfte, war ebenso subjektiv wie
seine Bewunderung Lord Byrons, die auf einer bedenklichen Täuschung beruhte und
zu seiner Ablehnung der eigenen Landsleute in unbegreiflichem Gegensatz steht. Er
blieb der unerreicht große Magier, und es gab um ihn herum viele Dilettanten der
Entrückung, aber Hölderlin und Kleist, Eichendorff und Mörike waren keine Lehr-
linge, und selbst Brentano und Hoffmann befanden sich nicht so lächerlich in den
Klauen des Teufels, wie er glaubte, weil er sie an seinem Alter statt an seiner Jugend
maß[1].

DEUTSCHE ROMANTIK

Das «erlebte» Dichten wurde durch Goethe zur großen Errungenschaft der deutschen
Literatur. Sie verdrängte als die einzige wahre Dichtung unaufhaltsam das höfische
und kirchliche Epigonentum. Die deutsche Romantik war nicht mehr bloß die Sache
einiger Vorläufer, sondern die einer ganzen Generation. Dazu verhalf ihr die Französische Revolution, in der sich die Dämonie der Welt wieder gewaltig enthüllte. Die
deutsche Jugend, die den Triumph der Göttin Vernunft miterlebte, war in ihrer Gesamtheit zum radikalen geistigen Handeln gegen diesen Aberglauben bereit. Sie nahm
ohne langes Besinnen die Gefahren auf sich, denen Goethe entronnen war, und erweiterte das orphische Reich durch neue Entdeckungen. Sie verschrieb sich der Schwärmerei, dem Unbewußten und Übersinnlichen. Sie tauchte träumend, trunken oder
wahnwitzig in den «farbigen Schlund» der Ekstase hinab und brachte die Klänge und
Bilder dieser Verzückungen ans Licht. Alle Formen des Untergehens wurden jetzt
erprobt und gelebt, und diese Abenteuer setzten sich in eine überwältigende Fülle von
Kunstwerken um. Es war der unerhörte Zauber dieser Kunst, daß sie erschüttern wollte und sich ihrer Herkunft aus der Erschütterung rühmte. Sie war die Kunst der völlig
entzauberten Welt, der Sehnsucht nach dem Ursprung. Dichtung und Musik erblüh-
ten beispiellos. In wenigen wunderbaren Jahren strahlte eine neue Sprache auf, in der
das deutsche Wesen seinen stärksten dichterischen Ausdruck fand und ganz Europa
eine letzte große Tröstung durch die Kunst erhielt.

Aber auch jede Gefahr und Verführung war in dieser Pandorabüchse enthalten. Das
Lied der Sirenen war noch gleich verderblich wie vor Zeiten. Die Starken banden sich

---

[1] Wie Goethe das Genie und den Stümper romantischen Stils in einen Topf warf, bezeugt der Bericht Boisserées über seinen Besuch vom 4. Mai 1811, wo Goethe ihm nach Tisch, während ein Wiener
Kapellmeister Klavier spielte, Runges Allegorien der Tageszeiten zeigte. «Was! kennen Sie das noch
nicht? Da sehen Sie einmal, was das für Zeug ist! Zum Rasendwerden! Schön und toll zugleich! Ich
antwortete: Ja, ganz wie die Beethovensche Musik, die der da spielt; wie unsere ganze Zeit. Freilich,
sagte er, das will alles umfassen und verliert sich darüber immer ins Elementarische, doch noch mit
unendlichen Schönheiten im Einzelnen. Da sehen Sie nur! was für Teufelszeug! und hier wieder, was
da der Kerl für Anmut und Herrlichkeit hervorgebracht! Aber der arme Teufel hat's auch nicht ausgehalten; er ist schon hin. Es ist nicht anders möglich: wer so auf der Kippe steht, muß sterben oder
verrückt werden; da ist keine Gnade» (Gespräche ed. Biedermann 2, 122; 1909).

wie Goethe am Mastbaum fest, bevor sie sich in das Abenteuer begaben. Andere näherten sich ihm ahnungslos und wurden verschlungen. Auch unter diesen Gralsuchern befanden sich Begnadete und genial Unselige, Draufgänger und undurchsichtige Betrüger, das Orphische zeigte sich wie immer von seiner höchsten und seiner niedrigsten Seite; neben dem gläubigen Kindergemüt stand der religiöse Ästhet und der raffinierte oder krankhafte Gaukler, der es nur vom Hörensagen kannte, vielleicht nicht einmal daran glaubte. Sie alle verfügten von vornherein über die von Goethe eroberte seelische Welt und zogen aus ihr in neue Regionen aus. Alle Arten der Entrückung, in denen die Seele allmächtig wird – Traum, Rausch, Wahnsinn –, kamen jetzt zu Ehren, auch die von Goethe verschmähten. Die esoterischen Überlieferungen, Suggestion und Hypnose kamen in Schwang, es fehlte nicht an Mystifikationen und kindischen Spielereien. In diesem Hexensabbat wurde das Feuer entfacht, das in kurzer Zeit alles tote Verstandeswesen in der Kunst beseitigte, aber auch die Bringer des Feuers zu verzehren drohte. Echt und groß war auch diese Bewegung nur dort, wo sie tragischen Tiefgang besaß. Er zeigte sich in Wackenroders und Novalis' frühem Tod, in Hölderlins Umnachtung, in Kleists Selbstmord, in Brentanos Flucht aus der sündigen Dichtung, in Hoffmanns Martyrium, in Jean Pauls, Mörikes und Grillparzers Verstummen. Wo die Tragik zu fehlen scheint, ist sie oft nur verborgen. Es öffnete sich der Riß zwischen Phantasie und Wirklichkeit, in den das Luftkind Euphorion, Goethes Sinnbild der romantischen Dichtung, hinabstürzt:

> Doch du ranntest unaufhaltsam
> Frei ins willenlose Netz,
> So entzweitest du gewaltsam
> Dich mit Sitte, mit Gesetz;
> Doch zuletzt das höchste Sinnen
> Gab dem reinen Mut Gewicht,
> Wolltest Herrliches gewinnen,
> Aber es gelang dir nicht.
> Wem gelingt es? – Trübe Frage,
> Der das Schicksal sich vermummt,
> Wenn am unglückseligsten Tage
> Blutend alles Volk verstummt.

Die romantischen Lehrer der Dichtung nahmen bedenkenlos die Thesen Hamanns und Herders wieder auf. Wilhelm Schlegel nannte die Worte des Dichters «Beschwörungsformeln», Verse die «Göttersprache», Zeichnungen «Hieroglyphen». Sein Bruder Friedrich beleuchtete in seiner griechischen Literaturgeschichte vor allem die primitiven Urformen der Dichtung, ihren Zusammenhang mit der Magie und die Bedeutung der großen antiken Magiergestalten. Im «Gespräch über die Poesie» läßt er jemanden von der Dichtung kurzerhand sagen: «So ist es. Sie ist der edelste Zweig der Magie, und zur Magie kann der isolierte Mensch sich nicht erheben; aber wo irgend Menschentrieb durch Menschengeist verbunden zusammenwirkt, da regt sich magische Kraft. Auf diese Kraft habe ich gerechnet; ich fühle den geistigen Hauch wehen in der Mitte der Freunde» ... Und in der «Lucinde» heißt es: «Der echte Buchstabe ist allmächtig und der eigentliche Zauberstab. Er ist es, mit dem die unwiderstehliche Willkür der hohen Zauberin Phantasie das erhabene Chaos der vollen Natur berührt und das unendliche Wort ans Licht ruft, welches ein Ebenbild und Spiegel des göttlichen Geistes ist und welches die Sterblichen Universum nennen.»

«Zauber» ist auch das Grundwort der romantischen Dichtung. Von Jean Paul und Novalis bis zu den französischen Symbolisten kreist sie um die Allmacht des Gedankens und das Wunder wirkende Wort. Sie kennt die Natur nur als orphischen Resonanzraum der menschlichen Seele, nicht als eigengesetzliche Wirklichkeit. Sie besitzt nicht mehr Goethes Naturverbundenheit, sondern löst sich ganz von der Realität und läßt nur das reine Phantasiespiel des alten Goethe gelten. Die Magie vergeistigt sich vollends zum dichterischen Motiv und wird zur Quelle eines neuen literarischen Stils. So arielhaft unkörperlich wie Novalis schwebte allerdings keiner über der Wirklichkeit, die andern hatten mehr Blut in ihren Schwingen. Aber der magische Glaube trug auch sie wie Euphorion über die Realität der Dinge hinweg und lebte sich nur noch im Kunstwerk aus.

Jean Paul verschaffte sich damit seine Macht über die Seelen. In ihm glühte die entfesselte Phantasie, von der die Theoretiker sprachen, die absolute, herrliche und furchtbare Freiheit des schöpferischen Ich, die nur der Rauschkünstler kennt. Sie ging ihm in jenem Moment auf, wo ihn «als sehr junges Kind» plötzlich wie ein Blitz das innere Gesicht «Ich bin ein Ich» durchfuhr. Die Bestätigung dieser Vision brachte ihm der «wichtigste Abend meines Lebens», wo er den Gedanken des Todes empfand und sich selbst als Leiche sah, «mit der hängenden Totenhand, mit dem eingestürzten Krankengesicht, mit dem Marmorauge, den kämpfenden Phantasien in der letzten Nacht». Jean Pauls Sprache arbeitet mit den Mitteln der orgiastischen Häufung und Steigerung, des Bilderüberreichtums, der alle Wirklichkeit auflöst. Sein Hauptanstoß kommt von der Musik, aber ein tödlich kalter Intellekt durchkreuzt die Sprachmusik der Gefühle immerzu. In dem Aufsatz «Über die natürliche Magie der Phantasie» sagt er, die Dichtung spreche den Sinn des Grenzenlosen im Menschen an, sie sei vorgespiegelte Unendlichkeit und wirke nur durch die Phantasie. Mit diesen Mitteln verzaubert er seine Leser. In jedem seiner Werke verbindet sich beseligende Schwärmerei mit diabolischem Witz, Schwermut schlägt in Grauen um, Verzückung in Verzweiflung. Im «Titan» stellt er alle Formen hybriden Menschen- und Künstlertums als Formen des Untergehens dar; die großartigste Gestalt, der zwischen Spiegelbildern sterbende wahnsinnige Schoppe, ist das Symbol dieses ganzen Dichtergeschlechts. Schon mit 42 Jahren brach Jean Paul die «Flegeljahre» unvollendet ab, und seither war sein Schaffen ein einziges Erlöschen. Er hat schon das typische Gesicht des deutschen Romantikers: die unnatürlich lange Jugend, deren geniale Exaltation nicht zu männlicher Reife führt, sondern sich ohne Entwicklung erschöpft und verwelkt. Seine letzten Bücher stammen wieder aus der «satirischen Essigfabrik» seiner jugendlichen Opposition gegen die Welt. Es gibt für ihn keine Goethesche Einheit von Geist und Sinnen, nur das phantastische Aufundab von Rausch und Ernüchterung, Schwärmerei und

Zynismus, das er im Bild der Zwillingsbrüder Walt und Vult in den «Flegeljahren» darstellt. Dort sagt der sarkastische Flötenvirtuose zu seinem kindlich-einfältigen Bruder: «Du bist der Evangelist, und ich das Vieh dahinter.»

Die Musik war auch der Dämon des jungen Wackenroder. Er umkreist ihr gefährliches Geheimnis in den «Phantasien über die Kunst». Sie ist für ihn ein zugleich erlösender und verderblicher Zaubertrank, ein herrliches Spiel der «tönenden Seele» ohne Sinn, das einzige Wunder in einer trostlos nüchternen Welt. Man muß daraus schließen, daß der frühe Tod dieses Schwärmers ein Schiffbruch auf der orgiastischen Jenseitsfahrt war, als die er die Erschütterung durch die Tonkunst in seiner Beschreibung der symphonischen Musik darstellt. «Wenn ich in finsterer Stille noch lange horchend dasitze, dann ist mir, als hätt' ich ein Traumgesicht gehabt von allen mannigfaltigen menschlichen Affekten, wie sie, gestaltlos, zu eigner Lust einen seltsamen, ja fast wahnsinnigen pantomimischen Tanz zusammen feiern, wie sie mit einer furchtbaren *Willkür*, gleich den unbekannten, rätselhaften Zaubergöttinnen des Schicksals, frech und frevelhaft durcheinandertanzen. Jene wahnsinnige Willkür, womit in der Seele des Menschen Freude und Schmerz, Natur und Erzwungenheit, Unschuld und Wildheit, Scherz und Schauder sich befreunden und oft plötzlich die Hände bieten: welche Kunst führt auf ihrer Bühne jene *Seelenmysterien* mit so dunkler, geheimnisreicher, ergreifender Bedeutsamkeit auf? Ja, jeden Augenblick schwankt unser Herz bei *denselben* Tönen, ob die tönende Seele kühn alle Eitelkeiten der Welt verachtet und mit edlem Stolz zum Himmel hinaufstrebt – oder ob sie alle Himmel und Götter verachtet und mit frechem Streben nur einer einzigen irdischen Seligkeit entgegendringt. Und eben diese *frevelhafte Unschuld*, diese furchtbare, orakelmäßig-zweideutige Dunkelheit macht die Tonkunst recht eigentlich zu einer Gottheit für *menschliche* Herzen.»

Novalis ist diese tragische Unsicherheit fremd. Zwar wurde auch er durch erschütternde Berührungen des Todes – den seiner Braut und den eines geliebten Bruders, dazu die eigene unheilbare Krankheit – zum magischen Begriff der Kunst zurückgeführt. Nichts nährt ja die Vorstellung einer jenseitigen Existenz und das Bedürfnis nach magischen Handlungen so mächtig wie die Trauer um die Toten. Auch er erlebte die Dichterweihe auf dem Grab seiner Geliebten. Aus dem Kult der toten Braut wurde bei ihm der Glaube an das wundertätige Wort wiedergeboren, den er als Erster zu einer verführerischen dichterischen Botschaft ausmalte. Die Leichtigkeit, mit der er dank diesem Glauben denkend und dichtend über die Abgründe des Lebens hinwegflog, ist das Besondere an ihm. Seine Liebe zur kindlichen Sophie von Kühn war der Flügel, der ihn aus der Wirklichkeit davontrug. Als sie erkrankte, glaubte er sie durch die Kraft seiner Liebe am Leben erhalten zu können. Als der Tod stärker war, beschloß er, ihr durch die Kraft seines Schmerzes nachzusterben. Monatelang rang er um die Ausführung dieses Gedankens, der sein Gang ins Totenreich war; auch er kehrte mit leeren Händen, aber als Dichter zu den Menschen zurück[1]. Nun war er zum Adepten

---

[1] Walther Rehms «Orpheus, der Dichter und die Toten» (1950) stellt diesen Vorgang am «christlichen Magier» Novalis, an Hölderlin und Rilke ausführlich dar, ohne allerdings auf seine Tragik einzugehen.

der weißen Magie geweiht. Sophies Tod erschien ihm in dichterischer Verklärung als «himmlischer Zufall», als Schlüssel zum Weltall. «Das verwundende Schwert wird zum beseelenden Zauberstab.» Der selber Todgeweihte ersann seine Philosophie des freudigen Sterbens, jenen «magischen Idealismus», der die Lehren der romantischen Philosophen von der Allmacht des Geistes, Schellings «Weltseele» und Fichtes «intellektuelle Anschauung», aus dem Gedachten ins Lebendige übertragen sollte. Er war nichts anderes als ein Versuch, die erlösende Kraft des Gedankens und des Wortes wieder zu finden. Aus dem Bewußtsein geistiger Verbundenheit mit der toten Geliebten verhieß er das trunkene Zusammenfließen alles Lebens in der Harmonie der Gottesimmanenz, die den Gegensatz von Innen und Außen, Geist und Materie, Verstand und Gefühl aufhebt. Das Leben wurde ihm zur Zauberei, jedes höhere Wissen zur Erkenntnis magischer Vorgänge. «Alle geistige Berührung gleicht der Berührung eines Zauberstabs. Alles kann zum Zauberwerkzeug werden. Wem aber die Wirkungen einer solchen Berührung so fabelhaft, wem die Wirkungen eines Zauberspruchs so wunderbar vorkommen, der erinnre sich doch nur an die erste Berührung der Hand seiner Geliebten, an ihren ersten bedeutenden Blick, wo der Zauberstab der abgebrochne Lichtstrahl ist, an den ersten Kuß, an das erste Wort der Liebe – und frage sich, ob der Bann und Zauber dieser Momente nicht auch fabelhaft und wundersam, unauflöslich und ewig ist.» Er wurde zum Dichter dieser Liebe, die den Menschen aus dem Diesseits ins Reich der Wahrheit führt. «Es liegt nur an der Schwäche unsrer Organe und der Selbstberührung, daß wir uns nicht in einer Feenwelt erblicken. Alle Märchen sind nur Träume von jener heimatlichen Welt, die überall und nirgends ist. Die höhern Mächte in uns, die einst als Genien unsern Willen vollbringen werden, sind jetzt Musen, die uns auf dieser mühseligen Laufbahn mit süßen Erinnerungen erquicken.»

In seinen Fragmenten meditiert Novalis über diese Wiedererweckung der Magie. Sein theoretisches Wissen setzt ihn instand, eine Philosophie des Zauberns zu entwerfen, wie sie kaum ein Dichter vor ihm so genau entworfen hat. «Magie ist = Kunst, die Sinnenwelt willkürlich zu gebrauchen.» «In der Periode der Magie dient der Körper der Seele oder der Geisterwelt (Wahnsinn – Schwärmerei).» Er spekuliert über die bewußte Ausbildung der «magischen Intelligenz», über die Erziehung zu ihrer absoluten Selbstherrlichkeit, die imstande ist, verlorene Sinne wieder zu erlangen, sich einen beliebigen Körper zu geben, alles Gedachte willkürlich zu realisieren und die materielle Welt gottähnlich durch Erkenntnis zu beherrschen. «Je größer der Magus, desto willkürlicher sein Verfahren, sein Spruch, sein Mittel. Jeder tut nach seiner eignen Art Wunder.» Diese Auffassung überträgt er auf die Kunst als die höchste Meisterschaft im magischen Gebrauch der Bilder. «So ist also das Genie dies Vermögen, von eingebildeten Gegenständen wie von wirklichen zu handeln, und sie auch wie diese zu behandeln.» Der Dichter insbesondre, der Meister des weltschöpferischen Wortes, steigt ihm an die Seite Gottes empor. «Denken ist Sprechen. Sprechen und tun oder machen sind eine nur modifizierte Operation. Gott sprach, es werde Licht, und es ward ... jeder Mensch, der jetzt von Gott und durch Gott lebt, soll selbst Gott werden.» Kunst und Religion fließen ihm zusammen, denn religiöser Glaube ist ihm dieselbe souveräne Freiheit des Geistes. «Glaube ist eine solche Willkür, Empfindungen hervorzubringen, verbunden mit dem Bewußtsein der absoluten Realität des Empfundnen.» Der Abgrund, über den dieser Schwärmer hintanzt, tut sich in dem Satz auf: «Gemeinschaftlicher Wahnsinn hört auf, Wahnsinn zu sein und wird Magie, Wahnsinn nach Regeln und mit vollem Bewußtsein.» Nur selten trifft man auf eine Andeutung, daß ihn das Grauen des Nichts berührte. So in der dritten Nachthymne, wo er erzählt, wie er «einsam, wie noch kein Einsamer war, von unsäglicher Angst getrieben», am Grabhügel der Geliebten gestanden habe. Jetzt aber trug ihn seine magische Zuversicht wie im Spiel über die schwarze Tiefe. Er folgte dem «inneren Licht» seines Gefühls, wie in den Lehrlingen zu Sais «gingen die Gestirne in ihm auf, er lernte die ganze Welt fühlen», und als todestrunkener Dichter trat er die Wanderung ins Jenseits an, die ihm in der Wirklichkeit nicht gelungen war.

Die «Hymnen an die Nacht» zeigen ihn auf dem Gang in die Unterwelt. Aber diese Gesänge blieben vereinzelt. Statt singend sein Wissen zu erfüllen, ging er daran, die Geschichte seiner Berufung in Offenbarungsbüchern zu erzählen. In den «Lehrlingen zu Sais» steht: «Was brauchen wir die trübe Welt der sichtbaren Dinge mühsam zu durchwandern? Die reinere Welt liegt ja in uns, in diesem Quell.» Vernünftige Menschen halten dieses innere Sehen für übertrieben, «aber mir scheinen die Dichter noch bei weitem nicht genug zu übertreiben, nur dunkel den Zauber jener Sprache zu ahnden und mit der Phantasie nur so zu spielen, wie ein Kind mit dem Zauberstabe seines Vaters spielt. Sie wissen nicht, welche Kräfte ihnen untertan sind, welche Welten ihnen gehorchen müssen. Ist es denn nicht wahr, daß Steine und Wälder der Musik gehorchen und, von ihr gezähmt, sich jedem Willen wie Haustiere fügen?» Wie nahe man hier der schamanenhaften Weltbeseelung steht, zeigt das Märchen von Hyazinth und Rosenblütchen, das Schellings Lehre vom Ich als der in den Dingen träumenden Weltseele in ein Gleichnis kleidet. Der Wahrheitsucher wandert ruhelos nach Sais, hebt den Schleier und erblickt die Geliebte, die er um der Wahrheit willen verlassen hat. Noch betörender wird im «Heinrich von Ofterdingen» von Weihe und Auftrag des Dichters gesprochen. Der junge Heinrich vernimmt die Geschichten von Arion und andern Zauberpoeten; von Arions Spiel hört er: «Das ganze Schiff tönte mit, die Wellen klangen, die Sonne und die Gestirne erschienen zugleich am Himmel, und aus den grünen Fluten tauchten tanzende Scharen von Fischen und Meerungeheuern.» Zu diesem Können wird nun auch er vom Magier Klingsohr erzogen. Der Tod der Geliebten stößt endgültig das Tor auf, durch das er die Urwelt, die goldene Zeit des begnadeten Schauens betritt. In diesem nicht ausgeführten zweiten Teil sollte die Reise des Helden ins Jenseits zur toten Braut und ans höchste Ziel seiner geistigen Sendung dargestellt werden: die Blumen, Tiere, Toten sollten reden, die Hieroglyphen der Wirklichkeit entziffert werden und die Sonne eines andern Weltverstehens aufsteigen. Am Ende steht in den Notizen die durch Jakob Böhme beeinflußte «Verklärung»: Heinrich geht durch alle Reiche der Natur und findet die blaue Blume, die tote Geliebte. «Er soll die blaue Blume pflücken und herbringen. Er pflückt die blaue Blume und wird ein Stein. Die Morgenländerin opfert sich an seinem Steine, er wird ein klingender Baum. Das Hirtenmädchen haut den Baum um und verbrennt sich mit ihm. Er wird ein goldner Widder. Edda oder Mathilde muß ihn opfern. Er wird ein Mensch. Während dieser Verwandlungen hat er allerlei wunderliche Gespräche.» Es ist die magische Überwindung des Todes, die Zerstörung des diesseitigen Sonnenreiches und seiner Jahreszeiten, die Vereinigung der Natur mit dem Geisterreich. Heinrich vergottet sich aus eigener Kraft, er tritt den Gang durch das Universum an und vollendet sich zum magischen Seher und Welterlöser. Indem er in sich die Entfernung zwischen Geist und Natur, Gott und Mensch überwindet, erlöst er die ganze Natur aus ihrem Zauberschlaf, wie es die Meister der Vorzeit getan haben. «Die Welt wird Traum, der Traum wird Welt.»

Die blaue Blume des Novalis blüht in der Region der Versunkenheit, des Traums. Er ist überzeugt, daß Dichter, Zauberer und Seher ursprünglich eine Person gewesen seien und es wieder werden müssen. Aber diese esoterische Lehre stammt nicht aus dämonischer Erschütterung, sondern aus der Spekulation, der sublimen Liebessehnsucht und der Träumerei. «Der Traum belehrt uns auf eine merkwürdige Weise von der Leichtigkeit unsrer Seele, in jedes Objekt einzudringen – sich in jedes sogleich zu verwandeln», sagt er einmal bezeichnend. Der Traum war ja die große Liebe vieler Romantiker, ihr großer Beweis für das Hineinragen des Übersinnlichen ins Sinnliche, für die Möglichkeit einer höheren geistigen Existenz. Novalis schreibt dem großen Dichter «Kinderunschuld und Einfalt» zu, und sein eigenes Dichten und Denken hat die märchenhafte Leichtigkeit einer Wunschphantasie. «Die Scheidewand zwischen Fabel und Wahrheit ist eingefallen», sagt Tieck vom «Ofterdingen». «Durch die Magie der Phantasie kann er alle Zeitalter und Welten verknüpfen, die Wunder verschwinden und alles verwandelt sich in Wunder.» Dieses Wunschdenken war nur im Zeichen des frühen Todes möglich und wird mißverstanden, wenn man es aus diesem Zusammenhang löst. In der Nähe des eigenen Todes schlug Novalis die orphische Leier wieder an, in der Inbrunst der Abendmahlshymne, in den Strophen «Weinen muß ich, immer weinen» und dann besonders in den Gedichten zum zweiten Teil des «Ofterdingen»: im Lied der Astralis, im Lied der Toten und in jenem Zauberlied:

> *Wenn nicht mehr Zahlen und Figuren*
> *Sind Schlüssel aller Kreaturen,*
> *Wenn die, so singen oder küssen,*
> *Mehr als die Tiefgelehrten wissen,*
> *Wenn sich die Welt ins freie Leben*
> *Und in die Welt wird zurückbegeben,*
> *Wenn dann sich wieder Licht und Schatten*
> *Zu echter Klarheit wieder gatten*
> *Und man in Märchen und Gedichten*
> *Erkennt die wahren Weltgeschichten,*
> *Dann fliegt vor einem geheimen Wort*
> *Das ganze verkehrte Wesen fort.*

Brentano war nicht der Magie des Todes verfallen, sondern der Magie der Lust. Er lebte als erotischer Mensch im rauschhaften Überschwang und schien als faszinierender Improvisator zur Laute und in der Liebe zum Don Juan geboren. Er dichtete wie der junge Goethe in einem freudigen Tanz, zu dessen Glück es gehörte, daß er am Abgrund entlang führte. Als feuriger Tänzer und Sänger, als «vagierender Teufelskomödiant» und «Rattenfänger von Hameln» erlag er allen Versuchungen des Lebens. Seine Lieder sind in Berückungen empfangen und wollen wieder berücken, indem sie die Leidenschaft vergöttern und mit allen Lichtern und Schatten über die Seele hinspielen lassen. In der Rauschmusik seiner Verse fließen Innenwelt und Außenwelt, Ich und Weltall spielend zusammen. Das Hinreißende an ihnen ist, wie das dichtende Herz kindlich-einfältig seine Wonnen und Schmerzen in die Dinge des Weltalls hineinfühlt und diesen Vorgang im magisch gleitenden Fluß der Verse wiedergibt. Sie haben das formlos Strömende, stoßweise Hervorquellende und Fragmentarische des magischen Stils, der zuerst in Hamanns und Herders Ergüssen erschienen war. Die «Nachklänge Beethovenscher Musik» sprechen Sinn und Wesen dieser Berückungspoesie vollkommen aus:

> *Selig, wer ohne Sinne*
> *Schwebt, wie ein Geist auf dem Wasser,*
> *Nicht wie ein Schiff die Flaggen*
> *Wechselnd der Zeit und Segel*
> *Blähend, wie heute der Wind weht.*
> *Nein, ohne Sinne, dem Gott gleich,*
> *Selbst sich nur wissend und dichtend,*
> *Schafft er die Welt, die er selbst ist,*
> *Und es sündigt der Mensch drauf,*
> *Und es war nicht sein Wille!*
> *Aber geteilet ist alles.*
> *Keinem ward alles, denn jedes*
> *Hat einen Herrn, nur der Herr nicht;*
> *Einsam ist er und dient nicht.*
> *So auch der Sänger.*

«Das ist ja eben das Unglück, daß ich mich mit jeder Erscheinung begatte», läßt der junge Brentano seinen Godwi sagen. Der Held dieses Romans sucht die Erweiterung seines grenzenlos schweifenden Ich zur Unendlichkeit und wird ewig zwischen bacchantischer Lust und theatralischem Zynismus hin- und hergeschleudert. Enthusiast und Spötter in einer Person, treibt er ohne Mast und Steuer auf dem Lebensmeer – «schon regen sich die Lüfte von allen Seiten, die Wellen bewegen sich, und ich werde in meinem kleinen Kahne wohl zu Grunde gehen!» Diese Poesie des Untergehens gipfelt in einer Weinlese am Rhein, wo der Gott des Rausches, Dionysos, beschworen wird. «Es war ein herrliches Leben, eine einzelne Liebe war nicht möglich, der Mensch konnte sich nicht zum einzelnen Menschen neigen, es war alles wie in einer goldnen

Zeit, man liebte alles und ward von allem geliebt. Die Berge waren nicht zu hoch und die Täler nicht zu tief und der Rhein nicht zu breit, die Freude und Gesundheit ebnete und einigte alles zu einem mannichfaltigen Tummelplatze glücklicher Menschen.» Das wilde Abenteuer dieser Dichterjugend führte rasch in den Zusammenbruch und endete in der Kammer einer stigmatisierten Nonne. In den «Romanzen vom Rosenkranz» versuchte Brentano die schwarze Magie der Kunst mit der weißen der Religion zu überwinden. Aber nur die Flucht in die Kirche und der Fluch auf die Zauberin Poesie konnten ihn vor seinem Dämon schützen, den er nun als sein «heidnisches Fatum» haßte. Es gab für ihn, wie für alle Romantiker und wie für den jungen Goethe, nur den Sprung in den Abgrund oder die Umkehr. Wer über seine Bekehrung spottet, unterschätzt die Gefahr, in der seine leuchtendsten Verse entstanden. Nun schrieb er an Hoffmann, er habe ein Grauen vor aller Poesie, die sich selbst und nicht Gott spiegle. Aber seine Ruhe war auch nach der Rettung nicht unerschütterlich, und sie kostete ihn allen Glanz seiner Seele. Er war als Geretteter kein großer Dichter mehr.

In Eichendorff erstieg dieser neue lyrische Stil einen Gipfel. Dieser als einfältig Mißverstandene schlug wahrhaft wunderbare Saiten an, die Novalis nur gestreift und Brentano zerrissen hatte. Das Magische des gesungenen Wortes wurde ihm bewußt, er erkannte darin seine «Wünschelrute»:

> Schläft ein Lied in allen Dingen,
> Die da träumen fort und fort,
> Und die Welt hebt an zu singen,
> Triffst du nur das Zauberwort.

Er traf es, und die Welt hob ihm an zu singen von unendlicher Sehnsucht und abgründiger Trauer, rauschenden Wäldern und einem höchsten Glück, das alles Denken übersteigt, weil es von den «alten Göttern» kommt, die nächtlich um verwunschene Mauern die Runde machen («Schöne Fremde»). Die Nacht ist ihm das magische Reich, wo die uralte Einheit der Dinge wiederkehrt:

> O wunderbarer Nachtgesang!
> Von fern im Land der Ströme Gang,
> Leis Schauern in den dunklen Bäumen –
> Wirrst die Gedanken mir,
> Mein irres Singen hier
> Ist wie ein Rufen nur aus Träumen.

Aber auch die helle Mittagswelt löst sich bei diesem Wortzauberer ins traumhaft Gestaltlose auf. So gleich im ersten Wanderlied («Frische Fahrt»), in dem die Lust zum Scheitern, das Scheitern zur Lust wird:

> Und das Wirren bunt und bunter
> Wird ein magisch wilder Fluß,
> In die schöne Welt hinunter
> Lockt dich dieses Stromes Gruß.

Und ich mag mich nicht bewahren!
Weit von euch treibt mich der Wind,
Auf dem Strome will ich fahren,
Von dem Glanze selig blind!

Immer neu überläßt er sich der Sehnsucht, in diese heidnisch lockende Wunderwelt einzugehen, obschon er weiß, daß er sich dadurch um das Heil seiner Seele bringt und dem Wahnsinn zu verfallen droht:

Von üppig blühenden Schmerzen
Rauscht eine Wildnis im Grund,
Da spielt wie in wahnsinnigen Scherzen
Das Herz an dem schwindligen Grund.

Die Verführung ist so groß, daß er ihr nicht widersteht. Er preist den Dichter als «das Herz der Welt» («An die Dichter») und blickt singend, schaudernd in die orphische Einheit von Schönheit und Untergang:

Es wandelt, was wir schauen,
Tag sinkt ins Abendrot,
Die Lust hat eignes Grauen,
Und alles hat den Tod.

Es war Eichendorffs Genialität, daß er in diesem Schwindeln die Besinnung nicht verlor. Er fand wie Goethe immer wieder das Gleichgewicht von Entrückung und Nüchternheit, um das Brentano vergeblich rang. Indem er sich scheinbar besinnungslos der Verführung überließ, vermochte er sich doch zu bewahren. Auch seine Lieder sind Besprechungen einer hohen Gefahr. Es waren, wie in dem gleichnamigen Gedicht, «zwei Gesellen» in ihm, die auf das große Abenteuer der Seele auszogen. Der irre Spielmann in ihm versank in der Versuchung, der nüchterne Künstler in ihm kehrte aus ihr zurück und dankte dem Himmel für seine Rettung.

Was heut müde gehet unter,
Hebt sich morgen neugeboren.
Manches bleibt in Nacht verloren –
Hüte dich, bleib wach und munter!

Die vollendetsten Lieder Eichendorffs bannen die Musik des Untergehens in magische Klänge, Bilder, Farben und Schauer: «Der alte Garten», «Die Lerche», «Todeslust», «Der irre Spielmann». Die ziehenden Ströme und wandernden Wolken, die rauschenden Brunnen und lockenden Zugvögel entführen ihn in ein Jenseits, in das er als Sänger «selig verschollen» eingeht, vor dem er aber auch immer wieder zurückschaudert. Sie wecken zugleich Lust und Grauen, die Sehnsucht nach ihnen ist eine Sünde. Sirenen tauchen aus den nächtlichen Wassern, die Welt funkelt in verwirrendem Glanz, die Wälder rauschen «selig» oder «schaudernd» auf im Einklang mit der Sehnsucht der Seele. Dies alles bildet nicht bloß Eichendorffs schlesische Heimat ab, wie man gemeint hat. Dieser Zauberton ist die Musik des magischen Transzendierens. Wer seine Gedichte und Erzählungen aufmerksam liest, entdeckt in ihnen immer wiederkehrende Bilder – die verschlafen rauschenden Wälder, das glänzende Schloß, das grasende Reh, den verwilderten alten Garten, die alte schöne Zeit, die blitzende Ferne –, aus denen er seine Gebilde wie mit einer Geheimsprache zusammensetzt. Sie sind Symbole der magischen Einheit von Leben und Tod, der «Heimat hinter den Blitzen rot»:

> *Wie bald, wie bald kommt die stille Zeit,*
> *Da ruhe ich auch, und über mir*
> *Rauschet die schöne Waldeinsamkeit,*
> *Und keiner mehr kennt mich auch hier.*

Der singende Eichendorff hört und versteht die Sprache der Natur. «Hör nur, wie der Fluß unten rauscht und die Wälder, als wollten sie auch mit uns sprechen und könnten nur nicht recht», sagt die liebende Gabriele im «Schloß Dürande». Die nächtlichen Ströme und Wälder reden «verworren», weil seit dem Untergang der Heidengötter niemand mehr ihre Sprache versteht und auch der fromme Dichter sie eigentlich nicht hören darf. Aber Eichendorff traut sich dennoch zu, sie nachzusprechen, ohne ihr zu verfallen. «Glaubt mir, ein redlicher Dichter kann viel wagen», sagt er in der Novelle «Das Marmorbild», «denn die Kunst, die ohne Stolz und Frevel, bespricht und bändigt die wilden Erdengeister, die aus der Tiefe nach uns langen.»

Welche Schwankungen zwischen Sichverlieren und Sichfinden er dabei aushielt, erzählt sein Jugendroman «Ahnung und Gegenwart», der verschiedene Formen des Dichterseins gegeneinander ausspielt. Der hellste Glanz liegt auf dem Verführer Leontin, einem Porträt Brentanos. Er lebt abenteuernd in den Wäldern, in der «romantischen, goldenen Zeit des alten, freien Schweifens, wo die ganze schöne Erde unser Lustrevier, der grüne Wald unser Haus und Burg». Freiheit heißt für Leontin Leben auf den Höhen der rauschhaften Freude. «Wo ein Begeisterter steht, ist der Gipfel der Welt.» Die Lieder, die er improvisiert, sollen alle Lust dieser Welt herbeizwingen. Einmal will er, vorn im wild schwankenden Kahn stehend, im Gewitter mit Zauberstrophen ein schönes Schloßfräulein betören:

> *Es schiffen die Gedanken*
> *Fern wie auf weitem Meer,*
> *Wie auch die Wogen schwanken;*
> *Die Segel schwellen mehr.*
>
> *Herr Gott, es wacht dein Wille!*
> *Wie Tag und Lust verwehn,*
> *Mein Herz wird mir so stille*
> *Und wird nicht untergehn.*

Mitten aus der Verzückung steigt eine Angst, die Goethe nicht kennt. Sie erst gibt Eichendorffs Stimme den einzigartigen Klang. Graf Friedrich reißt sich aus den Schlingen dieses dämonischen Künstlertums los und stößt die verführerische Romana von sich: «Es gibt etwas Festeres und Größeres als der kleine Mensch in seinem Hochmute, das der Scharfsinn nicht begreift und die Begeisterung nicht erfindet und macht, die, einmal abtrünnig, in frecher, mutwilliger, verwilderter Willkür wie das Feuer alles ringsum zerstört und verzehrt, bis sie über dem Schutte in sich selber ausbrennt – Sie glauben nicht an Gott!» Vor diesem heiligen Namen versinkt die Magie der Lust als höllisches Blendwerk.

Die magische Lyrik ist die größte Leistung der deutschen Romantik. Auch ihre Romane und Novellen sind fast ausnahmslos lyrisch-orphisch empfunden. Sie versuchte auch das magische Theater wiederherzustellen, aber Tiecks und Arnims Lustspiele, die Schauerstücke der «Schicksalsdramatiker» brachten es nicht über das Experiment hinaus. Die Schicksalstragödien versetzten ihre Personen in eine handgreiflich magisch geladene Angstwelt, indem sie einzelne Dinge – ein Messer, ein Kalenderdatum, eine Landschaft – als verhext annahmen. Die zwei großen romantischen Dramatiker brauchten keine solchen Requisiten. Besonders in Heinrich von Kleist brach die dämonische Tragik Shakespeares so schreckhaft aus, daß alle Theorie verblaßte und niemand erkannte, welche Erfüllung sich hier ereignete. Kleist schuf keine Fragmente wie Novalis, er konnte sich von seinem Schicksal nicht distanzieren wie Brentano und Eichendorff. Für ihn gab es keine Erlösung vom Fluch, aber aus Lust und Grauen seiner Seele stiegen vollkommene Werke wie der «Amphitryon», die «Penthesilea», der «Michael Kohlhaas» und der «Zerbrochne Krug» hervor. Er kostete den Sturz ins Dunkel nicht angstvoll voraus, sondern ging mit sehenden Augen auf ihn zu. Sein Doppelselbstmord am Wannsee und die Todesjubelbriefe, die er in der Nacht vor dem Ende auf das Papier warf, sind der Höhepunkt der romantischen Ekstase. Hier erhebt sich das Gorgonenhaupt der magischen Tragödie. In ihr triumphieren die Untergangslüste, die im orphischen Lied beschworen werden. Sie gebiert Bilder und Gestalten von niederschmetterndem Glanz und schlingt sie samt ihrem Dichter in die Nacht hinab, in der die unlösbaren Rätsel des Daseins ruhen. Sie ist ein Spiel ohne Gut und Böse, ohne nationales Vorzeichen, nur mit dem Vorzeichen der nirgends einzuordnenden Persönlichkeit, die sich den Leidenschaften und der unwiederholbaren Sprache ausliefert, die aus diesem Spiel entsteht.

Auch Grillparzer ist ein Ekstatiker, der in den Zyklen der rauschhaften Steigerung und Ernüchterung lebt. Aber dieser Wiener ließ die seelische Erregung widerstandsloser über sich herrschen als der harte, krampfhaft verschlossene Preuße Kleist. Er hinterließ in seiner Selbstbiographie, in seinen Briefen und Tagebüchern einen Kommentar zu seinen Dichtwerken, der an nackter Wahrhaftigkeit in deutscher Sprache nicht seinesgleichen hat. Sinnliches und Übersinnliches verschlingen sich bei ihm in schamanenhafter Undurchsichtigkeit. Die lustvolle Entblößung des Innersten ist das Grundmotiv seiner Kunst. «Ich bin eine elegische Natur. Vom Augenblick an, da es mir kein Vergnügen mehr macht, vor dem Publikum zu klagen, macht es mir auch keine Freude, für dasselbe zu dichten.» Alle seine Werke sind Selbstdarstellungen und so sehr ichbefangen, daß Grillparzer von sich sagen konnte, er sei sein Leben lang ein Träumender gewesen. Sein einziges Thema ist der Abgrund, den er in sich trägt. Der Epilog auf das «Goldene Vließ» sagt es selbst:

Von wo der Mensch beginnt, womit er endet
Und was für Mächte in der Brust verbirgt,
Und was für Mächte seine Brust ihm bergen,
Das ist der Inhalt unsers ernsten Spiels.

Die Tagebücher geben einen Einblick in die seelischen Zustände, in denen sich Grillparzers Werke kristallisierten. In fieberhafter Erregung, oft in wenigen Tagen oder Wochen, wurden sie wie Erleuchtungen empfangen und fixiert. Das Gedicht «Der Genesene» schildert das rauschhafte Glück, das dann über ihn kam:

Wie ist all mein Innres offen!
Wie verdoppelt jeder Sinn!
Nachbild hat das Bild getroffen,
Jeder Augenblick Gewinn!

Was ich lese, seh ich stehen,
Was ich höre, wird ein Bild;
Was ich spreche, wird geschehen,
Was ich wünsche, wird erfüllt.

Am klarsten spiegelt sich dieses halluzinatorische Schaffen in «Der Traum, ein Leben». Ein ganzes Heldenleben ist hier in einen Wunschtraum zusammengedrängt, der sich jäh zum Angsttraum verfinstert und mit erlösendem Erwachen endet. Als reine Phantasiehandlung ist das Stück der Schlüssel zu Grillparzers Kunst, als Bild einer dämonischen Versuchung der Schlüssel zu seiner Seele.

Die Ekstase der Erfüllung wurde bei ihm von Zeiten der Abspannung unterbrochen, in denen er allen Glauben an sich verlor. Dann graute ihm wie Jean Pauls Schoppe vor seiner Gefangenschaft im Ich, die ihn ewig nur Spiegelbilder erzeugen ließ, und er wich entsetzt vor sich selbst zurück, wie in den Versen auf Paganini:

Du wärst ein Mörder nicht? Selbstmörder du!
Was öffnest du des Busens stilles Haus
Und stößt sie aus, die unverhüllte Seele,
Und stellst sie hin, den Gaffern eine Lust?
Fährst mit dem Dolch nach ihr und triffst;
Und weinst und klagst darob
Und zählst mit Tränen ihre blutgen Tropfen?
Dann aber höhnst du sie und dich,
Aufjubelnd laut in gellendem Gelächter.
Du wärst kein Mörder? Frevler du am Ich!
Des eignen Leibs, der eignen Seele Mörder;
Und auch der meine – doch ich weich dir aus!

Diesen Dolchstoß auf das enthüllte eigene Ich führte Grillparzer in jedem seiner Trauerspiele, wenn er sein Ebenbild zuletzt untergehen ließ. Er konnte keines seiner Stücke auf der Bühne sehen, ohne vor sich selbst zu erschrecken. Bei der Première der «Ahnfrau» war ihm zumut, als sehe er einen bösen Traum verkörpert vor sich, und litt unter einer «unbeschreiblich widerlichen Empfindung», die er sich im Tagebuch so zu erklären versucht: «Ich denke, wenn man mir unvermutet mein eigenes lebensgroßes Bild, in Wachs geformt, nach der Natur bemalt und doch in seiner ganzen toten Starrheit vor die Augen brächte, würde mein Gefühl viel Ähnliches mit jener Empfindung haben ... Die Aufführung meines Stückes hat auch offenbar mein Schamgefühl verletzt. Es ist etwas in mir, das sagt, es sei ebenso unschicklich, das Innere nackt zu zeigen, als das Äußere.» Es ist dasselbe Entsetzen vor sich selbst, wie es Goethe nach dem «Werther» packte. Daß Grillparzer zuletzt ganz mit dem Theater brach, war die Konsequenz daraus, wenn er auch die Schuld den Wienern zuschob. Er kannte nur Gipfel und Abgründe, seine Kunst war ihm das Heilmittel für seine unheilbare Lebenstrauer. Dichtend erhob er sich in die zauberische Allmacht des Selbstgenusses, aber er bezahlte es mit den Qualen der Ernüchterung, dem schrecklichen Leiden an seiner Impotenz, das ihn immer wieder für lange Zeit matt setzte, schließlich mit dem Erlöschen seiner Dichtergabe, das ihn früh beunruhigte. Das Totsein bei lebendigem Leibe hatte ihn schon während seiner glücklichen Jahre in Abständen immer wieder heimgesucht.

> *Ich war ein Dichter,*
> *Jetzt bin ich keiner;*
> *Der Kopf auf meinen Schultern*
> *Ist nicht mehr meiner.*

Die Gestalten, Szenen und Geschehnisse von Grillparzers Dramen geben diesen Kreislauf seiner maßlos erregten Seele wieder. Die Vorliebe für das Zauberische als Motiv erklärt sich auch bei ihm aus dem magischen Ursprung seines Schaffens. Sie hängt äußerlich mit dem Geschmack des Wiener Vorstadttheaters an der barocken Zaubermaschinerie zusammen, der auch ihm selbst noch im Blut lag, weshalb sogar seine ernstesten Stücke einen naiv-theatralischen Zug besitzen. Er bekennt sich mit ihm zur Verwandtschaft der Bühnenkunst mit der Magie. Das «Goldene Vließ» deckt diesen Zusammenhang am tiefsten auf. Seine Medea – auch sie ein Selbstbildnis – ist ein Zauberweib von urzeitlicher Größe, nur mit Kleists Penthesilea zu vergleichen. Wie jene verkörpert sie den tödlichen Zauber der Liebe, und sie schwört der schwarzen Kunst nicht ab wie Goethes «Faust», sondern reißt alles in die Brände ihrer Niederlage mit hinab. Dieselbe dunkelherrliche Gewalt erhebt und stürzt den König Ottokar, die Priesterin Hero, die Seherin Libussa. Noch in der «Jüdin von Toledo» strahlt sie aufreizend und lähmend wie ein Rauschgift auf, alle Lust und Trauer der Sinnlichkeit zur traumhaften Schönheit steigernd.

Alle Romantiker sind Verzauberte. Der von ihnen gefundene Entrückungsstil bereicherte die deutsche Dichtung um unerhörte Ausdrucksmittel und Motive. Sie weckten den Sinn für das Unbewußte, damit auch den Sinn für die magischen Werte der Sprache, für die dämonische Tiefe der Bilder. Das klassische Ideal der monumentalen Gestalt wurde durch das romantische der grenzenlos schweifenden Phantasie, der unendlich spielenden Klänge und Rhythmen abgelöst. Es erschlossen sich die abnormen seelischen Zustände, die Sphären des Traumhaften, Phantastischen, Orgiastischen und Bizarren in einer Weise, von der sich die Rousseauzeit nichts hatte träumen lassen. Diese Kunst war so schwer wie die Goethes mit einer öffentlichen Verantwortung des Dichters in Einklang zu bringen, weil sie nichts als Offenbarung der Seele war. Sie wollte und konnte nichts sein als das bannende Sichaussingen des Menschen im Dunkel der Welt. Die Angst des Alleinseins erzeugte das Schreckgespenst des Doppelgängers, diese Verkörperung alles Gefährlichen der Ekstase, die bei Jean Paul, Kleist, Hoffmann, Mörike, Grillparzer ihr Wesen treibt. Der Bruch zwischen Phantasie und Realität war für sie noch keine Selbstverständlichkeit, sondern eine tödliche Wunde. Auch geniale Künstler zeigten jetzt einen krankhaften Zug, besonders wenn sie künstliche Rauschmittel benutzten, um sich in Trance zu versetzen. Die einen betranken sich in Musik, andere im Mystizismus oder in der Sprachzauberei, wie Brentano in den «Romanzen vom Rosenkranz» mit ihren vielhundertfachen Assonanzen. In der «Penthesilea» tauchte die blutige Liebesraserei auf, bei Hoffmann der Satanismus und der Wahnsinn. Die nazarenischen Maler und Dichter glaubten der Gefahr zu entgehen, indem sie eine strenge Scheidung zwischen gottloser und gottgeweihter Kunst vollzogen. Aber sie gruben sich damit nur die Quelle des romantischen Geistes ab und verurteilten sich zum Epigonentum. Gerade sie trifft das Wort Bachofens: «Der Mysterienkram gehört dem Siechtum der späten Perioden. Die Zeit der großen Schöpfungen in Kunst und Poesie erträgt kein Lustwandeln des menschlichen Geistes in den Zaubergärten des Jenseits.»

Das Zweideutige der Romantik stellte sich in Hoffmann dar. Er träumte von der Berufung zum Musiker und verwirklichte diesen Traum während kurzer Zeit wie in einem verrückten Exzeß, erlitt den Schiffbruch und lebte nun seine Wünsche und Ängste in einem Doppelleben als Beamter und Dichter aus. Dichter war er in den Nächten, wo er seine teils liederlich hingesudelten, teils genialen Erzählungen niederschrieb. Auch er sah in der Kunst «ein Trachten aus dem Innersten heraus, diejenigen Laute anzugeben, die die Natur als ihre eignen in jedem Wesen auf tausendfache Weise widertönen läßt». Aus diesem Elixier trank er wie Grillparzer seine dichterischen Exaltationen. Der Mönch Medardus, der in den «Elixieren des Teufels» vom Wein des höllischen Versuchers kostet, ist er selbst. In Medardus brennt der Trieb der Selbstvergötzung; er macht ihn zum berühmten Kanzelredner, der die Stadt in einen religiösen Taumel versetzt. «Bald war es, als strahle der glühende Funke himmlischer Begeisterung durch mein Inneres – ich dachte nicht mehr an die Handschrift, sondern überließ mich ganz den Eingebungen des Moments. Ich fühlte, wie das Blut in allen Pulsen glühte und sprühte – ich hörte meine Stimme durch das Gewölbe donnern – ich sah mein erhobenes Haupt, meine ausgebreiteten Arme, wie von Strahlenglanz der Begeisterung umflossen.» Der Trunk aus der Flasche in der Reliquienkammer steigert dann seine Worte zum Feuerstrom. Aber die unbestechliche Fürstin sagt zu ihm: «Der stolze Prunk deiner Rede, deine sichtliche Anstrengung, nur recht viel Auffallendes, Glänzendes zu sagen, hat mir bewiesen, daß du, statt die Gemeinde zu belehren und zu frommen Betrachtungen zu entzünden, nur nach dem Beifall, nach der wertlosen Bewunderung der weltlich gesinnten Menge trachtest. Du hast Gefühle geheuchelt, die nicht in deinem Innern waren, ja du hast selbst gewisse sichtlich studierte Mienen und Bewegungen erkünstelt, wie ein eitler Schauspieler, alles nur des schnöden Beifalls wegen. Der Geist des Truges ist in dich gefahren und wird dich verderben, wenn du nicht in dich gehst und der Sünde entsagest.»

Auf diesem Zauber beruht Hoffmanns Kunst. Er weiß aus Erfahrung, daß es einen satanischen Mißbrauch der Ekstase, einen Typus des bösen Künstlers gibt. Auch die von ihm vergötterte Musik stellt er in einem dämonischen Zwielicht des Himmlischen und Höllischen dar. Der bekehrte Brentano schrieb ihm: «Ich kenne diese Lust, aber ich habe die tiefe Überzeugung, daß dem Gaukler, schüttelt er auch die göttlichsten Gaben aus dem Zauberbecher, es dennoch mit dem Geben nicht ganz Ernst ist; es macht ihm Lust, den Hungernden mit Manna totzuschlagen.» Dieser Einwand trifft nur auf die um des Geldes willen geschriebenen Gruselwerke Hoffmanns zu, nicht auf die meisterlichen Stücke, in denen er selbst verzweifelt um einen Ausweg aus seinen Nachtvisionen kämpft. Ernst ist es ihm auch mit seiner magischen Weltansicht, die er aus der Theosophie Jakob Böhmes und der Kabbala schöpfte und nach der er sein ganzes Leben einrichtete. Die Welt ist ihm der Schauplatz eines ewigen Krieges zwischen guten und bösen Dämonen. Er sah sich selbst in diesen Krieg verstrickt und mußte die erlösenden Kräfte der weißen Magie beschwören, um den schwarzen Mächten gewachsen zu sein. Erlösung ist ihm alles, was die Seele befähigt, den Aufflug in den Himmel anzutreten, vor allem die Liebe und die Kunst. Höllischen Zauber dagegen sieht er in allem, was diesen Aufflug behindert: im rechnenden Verstand, im Mißbrauch der Dinge zu alltäglichen Zwecken, in der brutalen Ahnungslosigkeit des realistischen Denkens, dem die Philister und die Naturwissenschafter, die «wahnsinnigen Detailhändler der Natur», verfallen sind. Diese bösartig Bornierten stellen den Erleuchteten alle erdenklichen Fallen, aber strauchelnd folgen diese unbeirrbar der Stimme aus dem Geisterreich, wenn sie seine selige Schönheit einmal gesehen haben. Sie wissen um den Urdarbrunnen, um Atlantis, um Dschinnistan, um den Silberblick des absoluten Seins, der ihnen in der Verzückung zuteil wird. Die Alltagsmenschen halten sie für verrückt, ihnen aber zerreißt der Schleier des Trugs über den Dingen, und sie ziehen magisch verwandelt aus der Welt der Narren davon. Was Novalis spielend und Eichendorff schaudernd ahnt, ist bei Hoffmann phantastische Wirklichkeit und konsequentes poetisches System. Nicht immer entgeht er der Gefahr des bizarren Geflunkers, des magischen Vexierens. Aber seine Meisterwerke sind geniale Gestaltungen echter Ekstasen.

Alle Herrlichkeit und Gefahr der Romantik versammelte sich zuletzt noch in dem stillen Eduard Mörike, der sich jung an den äußersten Rand des Abgrunds vorwagte und erschüttert zurückwich, um sein Leben lang dem dort Geschauten nachzutrauern. Er war ein Genie der träumenden Versunkenheit und kam seit Kindestagen nicht vom Blick in das Reich der hellen und der dunklen Geister los. Im «Maler Nolten» erzählt er: «Jüngere Kinder hörten des Abends gern meine Märchen von dienstbaren Geistern, die mir mit Hülfe und Schrecken jederzeit zu Gebote standen. Sie durften dabei an einer hölzernen Treppenwand zwei Astlöcher sehen, wo jene zarten Gesellen eingesperrt waren; das eine, vor das ich ein dunkles Läppchen genagelt hatte, verwahrte die bösen, ein anderes (oder das vielmehr keines war, denn der runde Knoten stak noch natürlich ins Holz geschlossen) die freundlichen Geister; wenn nun zu gewissen Tageszeiten eben die Sonne dahinter schien, so war der Pfropf vom schönsten Purpur brennendrot erleuchtet; diesen Eingang, solange die Rundung noch so glühend durchsichtig schien, konnten die luftigen Wesen gar leicht aus und ein durchschweben» ... Mörikes schönste Gedichte spielen noch in diesem erträumten Geisterreich. Viele von ihnen – die Peregrinalieder, der «Feuerreiter», der «Besuch in Urach» – sind im scheuen Blick auf die bösen Dämonen empfangen. Die herrlichen späten Verse «Erinna an Sappho» bezeugen, daß sie ihn bis zuletzt verfolgten, obschon er ihnen sein Ebenbild Nolten zum Opfer brachte. Alles Große, was ihm gelang, stammt aus den unvergeßlichen Erschütterungen seiner Kindheit, die er als seinen kostbaren Schatz hütete. Die Spaltung seines Ich in Traum und Wirklichkeit vertiefte sich zum unheilbaren Leiden. Als kränkelnder, zuletzt als kranker und verarmter Mann zog er, «der traurigste aller Landfahrer», von Wohnung zu Wohnung, von Stadt zu Stadt – durch Jahrzehnte einer «Verbannung», die das magische Gegenstück zu Hölderlins vierzigjährigem Seherwahnsinn ist.

Der schamanenhafte Ursprung der Romantik trat in Brentanos Schwester Bettine noch einmal hervor. Unbedingte Hingabe an das Gefühl ist wesentlich weiblich. Bettine wagte unbekümmert das zu sein, woran ihren Bruder das schlechte Gewissen hinderte: ein geniales Lügenkind. Sie kennt kein anderes inneres Gesetz als das zuchtlose Funkeln und Flunkern ihrer in sich selbst verliebten Phantasie. Sie fabuliert vom Hundertsten ins Tausendste und spinnt sich märchenhaft in die endlos quellenden Fäden ihrer Eingebungen ein. Die Gestalten und Ereignisse ihres Lebens sind ihr nur Gegenstände dieses triebhaften Geplauders. Selbst Goethe wurde von ihr, wie Beethoven, in ihrem halb fingierten Briefwechsel mit einer fabelhaften Legende umwoben und als großer Magier verherrlicht. Hier fiel die Romantik in die Naivität zurück, nach der sie sich gesehnt hatte, und es zeigte sich, daß Zauber ohne Tragik keine Dichtung ist. Trotz aller genialischen Fülle wecken Bettines Ergüsse rasch Überdruß. «Wir jedoch in unserer Sprache», sagt Eichendorff über sie, «möchten diese verlockende Naturmusik, diesen Veitstanz des freiheitstrunkenen Subjekts, kurzweg das *Dämonische* nennen, womit eine unerhört verschwenderische Fee beide Geschwister, Bettina wie Klemens, an der Wiege fast völlig gleich bedacht hatte.»

Der Zerfall der Romantik begann in dem Moment, als ihre Zaubergärten den Gauklern zugänglich wurden. Das Schwelgen im schöpferischen Selbstgenuß war für die Größten lebensgefährlich. Schon am Beginn mischten sich aber verspielte Ästheten wie Tieck und Friedrich Schlegel, eitle Schwarzkünstler wie Werner ins Spiel, die das Schauspiel dieses Aufbruchs verfälschten. Lange bevor Heinrich Heine die romantische Zauberei in Spott und Hohn auflöste, saß der Wurm in ihr. Eine Verfälschung war bereits die Wendung ins Politische, die sie unter dem Druck des nationalen Unglücks nahm. Sie sollte das Elixier zur Erweckung der nationalen Kräfte liefern und wurde eine öffentliche Macht, ein allerdings unerschöpflicher Schacht patriotischer Träume. Wie hätte die Allgemeinheit den sublimen, gefährlichen Sinn dieser Zauberei verstehen sollen? Wer sie populär machte, entstellte sie. Es konnte daraus nur Dilettantismus und Obskurantismus entstehen. Das geschah, als Deutschland unter Napoleon zusammenbrach und die neue Literatur zum Vehikel der geistigen und militärischen Aufrüstung wurde. Die Sehnsucht nach dem Wunderbaren richtete sich jetzt auf politische Ziele, und die gutgläubigen Mitläufer erhielten das Wort. Zum politischen Taumel kam der religiöse, ein mystisches und magisches Sektierertum in allen Künsten und Wissenschaften, ein weibisches Getändel mit dem Geheimnisvollen. Selbst die Almanachdichter der Provinz hantierten jetzt mit esoterischen Gegenständen und konnten sich keine andere Kunst mehr denken als die übersinnliche. Schon Eichendorff beklagte es, daß die Romantik an ihrer Quelle getrübt und um ihre Zukunft gebracht worden sei. Es erschienen die Wortführer der nationalen Erhebung, die Apostel eines neuen Mystizismus, die literarischen Verwässerer und Vergröberer der orphischen Visionen, die aus der romantischen Bewegung ein Verhängnis machten[1].

Mit diesem Niedergang vor Augen schrieb Bachofen seine Schilderung der dionysischen Religion. In der verblühenden deutschen Romantik wiederholte sich für ihn die Entartung des Pythagorismus zum dionysischen Sektenwesen der Spätantike. «Bacchus ist vor allem der Frauen Gott. Keiner hat ihr Geschlecht mit so unwiderstehlicher Gewalt fortgerissen, keiner den Orgiasmus, dessen es fähig ist, zu solcher Höhe gesteigert, keiner in ihm einen so begeisterten Anhänger und Verbreiter gefunden als der von üppiger Weichheit doppelter Natur umflossene Befruchter alles Lebens, der sinnentaumelnde Eros der ganzen Schöpfung. Durch die unlösbare Verbindung der beiden größten Mächte, religiöser Erregung und sinnlicher Sehnsucht, erregt er in ihnen eine Mania, deren begeisterter Rausch die Grenzen der Menschlichkeit hinter sich zurückzulassen scheint. Nicht auf der Unterdrückung, sondern auf der Entwicklung des Sensualismus ruht dieses durch und durch aphroditische Frauenleben, das der ganzen antiken Zivilisation seinen Stempel aufgedrückt und den Keim unheilbar fortschreitender Fäulnis mitgeteilt hat ... Nirgends statuarische Ruhe, überall Bewegung, Thiase zu Wasser und Land, Festzüge, Pompen, Triumphe, ein Fliehen und

---

[1] Über die «Novalis-Vergötterung des Dilettantismus» schrieb Grillparzer 1828: «Daß die Deutschen diesem schaukelnden Träumen, dieser bild- und begrifflosen Ahnungsfähigkeit einen so hohen Wert beilegen, ist eben das Unglück dieser Nation. Daher kommt es, daß sie sich so gern jedem Irrtum in die Arme werfen, wenn er nur irgend einen Halt darzubieten scheint, an den sie jenes flatternde, verworrene Gewebe anknüpfen können. Daher kommt es, daß von zehn zu zehn Jahren die ganze Nation mit einem Schlage ihr geistiges Glaubensbekenntnis ändert und die Götzen des gestrigen Tages (Schelling) heute wie Schatten von Verstorbenen umherwandeln. Unmännlich! herabwürdigend! Sie glauben, das sei etwas ihrer Nation Eigentümliches, aber andre Völker kennen diesen Zustand auch, nur werden bei ihnen die Knaben endlich Männer. Ich spreche hier nicht als einer, dem dieser dumpf träumende Zustand fremd ist, denn er ist der meine. Aber ich erkenne wenigstens, daß man sich aus ihm herausarbeiten muß, wenn etwas geleistet werden soll. Mönche und Klausner mögen ‚Hymnen an die Nacht‘ heraustönen, für tätige Menschen ist das *Licht*!»

Verfolgen, ein Necken und Scherzen, Tanzen und Zechen, Spielen und Kämpfen, eine Steigerung der körperlichen Behendigkeit, ein Rausch der Begeisterung, welcher nur selten zu beruhigteren Szenen eines stilleren Genusses sich ernüchtert. Übermaß bildet die Regel des bacchischen Lebens. Das Übermaß der Naturgaben, das Übermaß ihres Genusses, das Übermaß jeder Sinnentätigkeit, die übermenschliche Kraft der Schwelgerei, das ist die Glückseligkeit, durch welche Dionysos die Menschheit über das Gefühl ihrer Schwäche und ihres Elends zu erheben sucht. Ein Gott der Lüge und des Truges, der durch die Wut des Sinnengenusses nur die Wut der Verzweiflung gebiert. Der Gedanke und der Schmerz des Todes hat durch Dionysos dieselbe Steigerung erhalten wie der des Glücks und der Wonne des Daseins.»

EUROPÄISCHE ROMANTIK

Diese Stimmung griff jetzt auf ganz Europa über. Sie war als Reaktion auf die Entzauberung des Daseins überall vorbereitet. Die deutsche Dichtung und Musik hatten für sie eine Sprache gefunden, die in allen Ländern sogleich verstanden und weitergebildet wurde. In England erinnerte man sich jetzt wieder an die neuplatonische Unterscheidung zwischen dem Schöpfertum des Genies und dem lügnerischen Phantasiespiel des Artisten. Unter Berufung auf sie schufen Wordsworth und Coleridge in ihrer Jugend eine abseitige Traumlyrik, die den ekstatischen Einklang von Ich und All suchte. Coleridges «Kubla Khan» ist die fragmentarische Niederschrift eines Opiumtraums, der künstlich erzeugten rauschhaften Ichvergottung mit ihrer magischen Verfremdung der Welt – ein Auftakt zu neuen Formen des literarischen Produzierens. Keats ging in seinem «Endymion» einen Weg der magischen Verinnerlichung und Selbsterlösung, der an Novalis erinnert. Er wurde auf ihm aber von Ängsten des Untergehens in der Transzendenz und von einem Schuldgefühl ergriffen, vor denen der deutsche Träumer bewahrt blieb. In Byron, dem «tollen Lord», erlebte die Welt den ersten Gaukler von europäischem Format, dessen Faszination sogar Goethe erlag. Der junge Carlyle fand in «Werther» und «Faust» die nihilistische Verzweiflung ausgesprochen, an der er selbst zugrunde zu gehen drohte, und erkannte im «Wilhelm Meister» den Rettungsanker für eine ins Bodenlose sinkende Zeit. Aber Rossetti verkündigte wieder das Evangelium der Begnadung in der Ekstase. Ihm war bewußtlose Empfängnis das Ein und Alles der Kunst. Es geschah ihm, daß ihn auf der Treppe von Notre-Dame das Glockengeläute überwältigte und er wie träumend ein Sonett konzipierte, das er wieder vergaß und erst später aufschrieb. Der Sturm seiner Entrückungen drohte ihn zu zerstören und hielt oft wochenlang an, um ihn dann in tödlicher Erschöpfung zurückzulassen. Wie Byron, Shelley, Novalis, Werner spielte er mit dem Gedanken, das magische Führertum des Dichters zu erneuern. Er schwebte ihm auch bei der Gründung der präraffaelitischen Künstlerbrüderschaft vor.

Viel nachhaltiger wurde Frankreich, das andere Mutterland des Rationalismus, von der Romantik ergriffen. Während sie im Norden verspießerte und das Junge Deutschland, in einer Ironie der Geschichte, unter Berufung auf den französischen Realismus aller romantischen Träumerei den Kampf ansagte, wuchs in Frankreich eine Kunst heran, die zum zweiten Gipfel der Bewegung wurde. Im späteren neunzehnten Jahrhundert ist nicht mehr Deutschland, sondern Frankreich die Heimat der magischen Kunst: durch seine Dichter von Hugo bis zu Baudelaire, Verlaine, Mallarmé und Apollinaire, durch seine Musiker von Berlioz bis zu Debussy und Ravel, durch seine Maler von Delacroix bis zu den Impressionisten. Die französische Sinnlichkeit wurde vom Zauber der deutschen Romantik ergriffen, und es entstand eine bisher unbekannte Steigerung des magischen Stils ins Schwelgerische, Diabolische – die romantische Décadence, aus der die französische Kunst bis zum heutigen Tag ihre besten Kräfte zieht.

Schon bei Chateaubriand wirkte sich die französische Romantik als Hang zur orgiastischen Sprache aus. In seinem «Génie du christianisme» warf er wie Novalis und Schleiermacher Dichtung und Religion unbedenklich zusammen. Er pries den Katholizismus als den Gipfel der Poesie und verherrlichte ihn wie Görres in einer hinreißend oratorischen Prosa, die das im Grund Dilettantische seiner Ansicht in einer Flut betörender Metaphern verbarg. Auch Lamartine, Vigny, Musset schöpften alle Möglichkeiten der lustvollen Betäubung durch den Vers aus und glaubten sich damit als Psychagogen ins Reich der Mütter auszuweisen. Diese Ekstatik kennzeichnet alle romantischen Franzosen, Balzac wie Delacroix und Berlioz. Wie still, rein und wahr wirkt neben ihrem Überschwang Goethes orphische Sprache! In Paris sah man auch im Dichter des «Faust» mehr das Opfer als den Bezwinger der Dämonen. Von allen Deutschen bewunderte man hier am meisten den Hexenmeister Hoffmann und den zauberisch gleißenden Heine. In Paris begriff auch Heine das Verführerische, Betäubende der romantischen Kunst und machte sich mit abgefeimten Gauklerkünsten daran, die Welt mit seiner Person zu hypnotisieren. Sie erlag diesem Meisterstück der Blendung vollkommen. Die zuerst von Byron in großem Stil erprobte Mischung von Zynismus und sentimentaler Selbstbespiegelung erfuhr bei Heine neue unwiderstehliche Steigerungen. Die Zeit wollte dieses zweideutige Könnertum; es war die Sensation, die ihre verdorbenen metaphysischen Instinkte am erregendsten befriedigte. Seitdem er in Paris lebte, durchschaute Heine die Romantik als dekadente Illusion, war aber doch Deutscher genug, um sie zu lieben. Daraus entstand der einzigartige Tonfall seiner Sprache. Man hielt und hält ihn für einen begnadeten Dichter, während er ein äußerst raffinierter literarischer Schwarzkünstler war. Die Literatur wurde jetzt der Tummelplatz von Gestalten, die in andern Zeiten als Geisterbanner, Goldmacher oder Wahrsager ihr Wesen getrieben hätten. In der dämonisierten Musik war es dasselbe; sie produzierte mit Paganini, Liszt, Berlioz und Wagner die bestechendste Form der modernen Kunstzauberei, das Geschlecht der vergötterten Dirigenten und Virtuosen. Als die «Fabelkönige» der romantischen Dichtung der Reihe nach abdankten, eroberten die Hexenmeister des Taktstocks, des Journalismus, der Bühne, der reproduzierenden Künste überhaupt den Vorzugsplatz, den sie seither behaupten.

Der junge Victor Hugo vertrat den neuen Geist in der Literatur mit nie erlebter Rhetorik. Um seinen ungeheuren Schwung zu begreifen, muß man sich die in Deutschland undenkbare öffentliche Rolle vor Augen halten, die er als junger Autor antrat und dann sechzig Jahre lang spielte. Ihn befeuerte der Glanz zweier Revolutionen, zweier französischer Imperien und dreier Königreiche, der Auftrieb des modernen Nationalismus und Sozialismus, der Fortschrittsglaube der bürgerlichen Aera, der mit ihm in den Zenit stieg. Diesem Zeitalter predigte Hugo das magische Führertum des Dichters. Er kandidierte 1848 erfolglos als Präsident der Republik, schlug sich auf die Seite Louis Napoléons und ging nach dessen Staatsstreich als freiwillig Verbannter zur Opposition gegen den Diktator über, die zwanzig Jahre später mit seiner triumphalen Rückkehr nach Paris endete: das war der äußere Rahmen, in dem er seine Laufbahn absolvierte. Innerlich wurzelte sein ungeheures Selbstgefühl im Glauben an die Magie des Dichterwortes, der durch eine Erfahrung religiöser Art die höhere Weihe erhielt. Es war der Schmerz über den Tod seiner heißgeliebten Tochter, die wenige Tage nach ihrer Hochzeit in der Seine ertrank. Seither lebte sich Hugo wie Novalis und Hölderlin in einen mystischen Glauben an die unzerstörbare seelische Verbundenheit mit der Toten hinein. Aber der Schritt durch die Wand zwischen Leben und Tod artete ihm in einen gewaltigen Hokuspokus aus. Er ergab sich dem Spiritismus; als Flüchtling auf der Insel Jersey trat er Nacht für Nacht in Kommunikation mit dem Jenseits und legte seine Offenbarungen in den (erst 1923 veröffentlichten) Protokollen über seine Gespräche mit den Toten nieder. Die Heroen der Vorzeit, mit denen sich dieser Geisterseher unterhält, reden alle seine bombastische Sprache, sie sind Ausgeburten seiner maßlos schweifenden Phantasie. Die «communication avec l'infini» gab seiner Dichtung den schwindelnden Auftrieb, der sie zum denkwürdigen Schauspiel macht.

Die großen Werke des Verbannten, vor allem die «Châtiments», die «Légende des siècles» und der Roman «Les misérables», erwuchsen aus diesem allnächtlich wiederholten Gang in die Unterwelt. Als sehender Auserwählter blickt Hugo in diesen Werken durch alle Reiche der Natur und der Weltgeschichte. Die Geheimnisse der Pflanzen-, Stein- und Tierwelt enthüllen sich ihm, die Jahrhunderte ziehen wie Gewölk an ihm vorüber, die großen Menschen der versunkenen Kulturen stehen greifbar vor ihm wie vor dem Barden Taliesin. Er kann nach Belieben über sie verfügen, weil sie im Grund er selber sind. Was er als ekstatischen Gesang preist, ist nur eine Metapher für das Brodeln seines demiurgischen Geistes, der den Göttern zum Trotz ein Universum aus sich hervorschleudert. In der «Légende des siècles» erzählt er einmal («Le satyre»), wie ein Satyr in den Olymp steigt und den erbleichenden Göttern sein anklagendes Lied der Erde singt: unter der Gewalt seines Singens wächst er zu einem ungeheuren Wesen empor, dessen Haare zu Wäldern werden, an dessen Hüften Ströme herabrinnen, zwischen dessen Fingern wandernde Völker herumirren; die von seiner Leier angezogenen Tiere steigen an seinem Körper herum, an dem gleichzeitig alle Jahreszeiten sichtbar sind, Adler kreisen in seinem offenen Mund, in seiner Brust stehen Sterne. Es ist Orpheus, zum Erdgeist gesteigert. Es ist auch ein Selbstbildnis dieses Ekstatikers. In Versen von delirierender Schönheit feiert er den Dichter als den Träger aller Offenbarungen, die der Menschheit zu Leitsternen geworden sind, als den Magier, der seinem Volk als Geweihter voranschreitet. Der Gedichtzyklus «Les mages» in den «Contemplations» entwirft in riesig ausgreifenden Bildern einen ähnlichen

Aspekt der Weltgeschichte wie Schillers «Künstler», aber in esoterischer Beleuchtung: die Genies sind die wahren Priester des träumenden Menschengeschlechts, sie gehen ihm mit der Fackel des Prometheus ekstatisch durch die Nacht der Jahrtausende voran.

> *Le poète s'adosse à l'arche.*
> *David chante et voit Dieu de près;*
> *Hésiode médite et marche,*
> *Grand prêtre fauve des forêts;*
> *Moïse, immense créature,*
> *Etend ses mains sur la nature;*
> *Manès parle au gouffre puni,*
> *Ecoute des astres sans nombre –*
> *Génie! ô tiare de l'hombre!*
> *Pontificat de l'infini!*

Hier spricht die Megalomanie des neunzehnten Jahrhunderts. Dieser uferlose Wort- und Bilderstrom rührt uns nicht mehr, weil er das Zeichen der grandiosen Selbsttäuschung an der Stirne trägt. Er ist die reine Schamanenpoesie. Hugo beschreibt das Schaffen des Genies richtiger, als er selber weiß, immer wieder als einen «magischen Akt». Er ist unfähig, seine Ekstase von göttlicher Inspiration zu unterscheiden, und hält sich als berauschter Magier für einen mystisch Auserwählten. Er schreibt seine Dichtungen einer in ihm wirkenden höheren Macht zu und will nicht für sie verantwortlich sein, weil er sie in seinen okkultistischen Entrückungen empfangen hat. Aber das sind blendende Phrasen eines im Kern rationalistischen, atheistischen Geistes. In seinen das Weltall umschlingenden Rhapsodien rühmt er die biblischen Propheten zusammen mit griechischen Dichtern, asiatischen Religionsstiftern und sagenhaften Zauberern als die Nachtüberwinder, denen es die Menschheit zu verdanken habe, daß in ihren Adern ein Wissen um Gott kreise. Sie sind ihm die Repräsentanten des prometheischen Menschengeistes und ragen als ewige Gipfel in die Unsterblichkeit auf. Aber es ist ihm bei diesem Mythus des Sehertums nicht um die Botschaft der alten Riesen zu tun, er verherrlicht sie als Kämpfer für die Freiheitsidee, als deren größten modernen Verkünder er sich selbst betrachtet. Das Panorama des Prophetismus dient ihm nur als Folie seiner eigenen Person, die er unter Berufung auf jene Vorläufer in das Licht einer mythischen Sendung rückt. Auch das ist etwas Uraltes, aber es ist nicht seherische Weihe. Es ist die List der falschen Propheten, die den «Trug ihres Herzens» als heilige Offenbarung ausgeben.

Nur wer Victor Hugo kennt, kann über Wagner und Nietzsche urteilen. In Richard Wagner erlebte dieser Schamanismus auf deutschem Boden seinen Höhepunkt. Auch seine Kunst trug das Gift der Betäubung, des Selbstbetrugs in sich und zerstörte auf lange hinaus den Sinn für reine Musik. Fontane erkannte sie in ihrem Wesen, als er in «L'adultera» Wagnersche Musik zur Verführung einer Frau benützte. Nietzsche, der Begründer des Wagnerkults, durchschaute seinen Abgott später als einen vom Machtwahn besessenen dämonischen Betrüger. Im «Zarathustra» stellt er ihn in dem alten

Zauberer dar, dem er die Maske vom Gesicht reißt und das Geständnis in den Mund legt: «O Zarathustra, ich bins müde, es ekelt mich meiner Künste, ich bin nicht groß, was verstelle ich mich! Aber, du weißt es wohl – ich suchte nach Größe!» Dank der Begegnung mit Wagner erkannte Nietzsche schließlich in der Romantik ein weltgeschichtliches Verhängnis des deutschen Geistes, das ihn selbst in Frage stellte. Alle seine Angriffe auf den einst Vergötterten sind im Grund Selbstanklagen. Nur weil er selbst ein unheilbarer Romantiker war, konnte er seinen Haß auf Wagner zeitweise auf die Kunst schlechthin erweitern und den Dichter als bösartigen Lügner entlarven. In den Dithyramben auf die spät erlangte Vogelfreiheit seines Geistes gellt die Verzweiflung darüber, daß ihm das Höchste, die Gnade der Dichtung, unerreichbar blieb. Die Dionysos-Dithyrambe «Nur Narr! Nur Dichter!», die den dichterischen Geist bloßstellen will, trifft nur sein Zerrbild, den Schamanen.

Alle großen Dichter der Romantik erlebten ihre Kunst als eine tödliche Gefahr. Sie war ein Weg in den Abgrund, den sie zu Ende gingen oder vor dem sie zurückschreckten. Sie rangen schwer mit dieser Gefahr und konnten dem Fluch, den Nietzsche in Wagner verkörpert sah, nur dadurch entgehen, daß sie die Tragik des orphischen Dichtertums auf sich nahmen. Man muß die Meister dieser Kunst auch verstummen sehen, um die Romantik ganz zu begreifen. Schon in Goethe starb jener Mut, der den Erdgeist beschwor; sein Leben war ein immer wiederholtes Untergehen und Auferstehen. Wie schloß sich dann Kleists, Brentanos, Grillparzers, Mörikes und Anderer Mund, nachdem sie das Äußerste gewagt hatten! Sie verfielen einer rätselhaften Lähmung, die sie wie eine schützende Hülle umgab, als sie den Zauberstab endgültig niedergelegt hatten. Diese Melancholie war nicht die Folge der modernen Gottlosigkeit, wie Kierkegaard behauptet, sie war das alte Erbstück der magischen Religiosität. In diesen Dichtern schwand der letzte Abglanz der Naturmythen dahin. Grillparzer läßt die Medea ihr Zaubergerät vergraben, dann aber zu einem letzten furchtbaren Rachewerk wieder hervorholen; er selbst verzichtete auf diesen gewaltsamen Abgang und zog sich in die Höhle des Schweigens zurück. Mörike sehnte sich als letzter König von Orplid nach Erlösung aus seinem sinnlos gewordenen Dasein; als er endlich die Augen schließen durfte, sagte Gottfried Keller von ihm, er sei gestorben, «wie sich ein stiller Berggeist aus einer Gegend verzieht, ohne daß man es weiß».

Die Dichtung der «alten Götter» entfaltete im französischen Symbolismus ihre letzte große Blüte. Der Symbolismus ist die Erfüllung der französischen Romantik, ihre letztmögliche Steigerung ins Artistische. Die Fäulnis einer ganzen untergehenden Kultur nährte diese Blume, Asien und Afrika bereicherten sie mit ihren exotischen Parfums und Klangmixturen. Ihre Orchideenpracht war der absolute, feenhafte Gegensatz zu allen bürgerlichen Begriffen von Schönheit, Moral und Menschenwürde. Nicht nur der einzelne Dichter, die Dichtung selbst lebte jetzt in der Krise. Das Dichten wurde zur Unmöglichkeit, zum Verbrechen, das Gedicht zur «Blume des Bösen». Baudelaire nannte es das Ziel der Dichtung, «auf den Grund des Unendlichen zu tauchen, um Neues zu finden». Er hat die acherontische Schönheit der modernen Lyrik gefunden. Ihn überspielen die Lichter der Verworfenheit; alles haarsträubend Fremdartige, das bei den Naturvölkern dem Zauberer anhaftet, besitzt jetzt dieser Hexenmeister des Verses. An Verlaine zeichnet es sich noch deutlicher ab. Seine Kunst ist die Stimme der verstümmelten Natur, der singende Mund des im Meer schwimmenden Orpheushauptes. Nur in Frankreich konnte die Trancepoesie in ihrer Süße und Bitterkeit so zu Ende gekostet werden. Sie war von den Zauberkünsten der impressionistischen Malerei und Musik begleitet, vom irisierenden Schmelz der Töne Claude Debussys und den magischen Klanggebilden Maurice Ravels.

Der Verzicht auf die Magie, den Orpheus im Sinnbild verkörpert, dessen Tragik Goethe und Shakespeare aufs neue erlebt und die Romantiker von Wackenroder bis Mörike auf ihre Weise gedichtet hatten, erwies sich noch einmal als unausweichlich. Es macht die Bedeutung Arthur Rimbauds aus, daß er dies erkannte. Als «Shakespeare enfant» trieb er die Halluzinationskunst auf die Spitze und stellte wie Hugo dem Spiel der Artisten eine echt magische Dichtung entgegen, die «action» sein sollte, wie einst die griechische es gewesen sei, und wieder die Verantwortung für die ganze Menschheit übernahm. In genialen Ausbrüchen verwirklichte er diesen Gedanken und erkannte ihn als eine Illusion. Sein größtes Gedicht, die trunkene Litanei des «Bateau ivre», ist Gipfel und Zusammenbruch des orphischen Traums. Es schließt die Reihe der transzendierenden Gesänge, die einst Goethe mit dem «Sturmlied», mit «Ganymed», «Prometheus» und «An Schwager Kronos» begonnen hatte. Der Gesang dieses Schiffes, das sich von der Küste losgerissen hat und herrenlos sinkend dem Scheitern entgegentreibt, ist die letzte große Jenseitsfahrt der romantischen Lyrik. Seine Todesmusik verkündet den Untergang des magischen Dichtertums. Rimbaud warf es kurz darauf als Lügenwerk von sich und ging nach Afrika, zu den Kindern der schwarzen Mutter Erde. Seine Beichte und Absage an die Kunst, ein Gegenstück zu den Bekenntnissen der bekehrten deutschen Romantiker, liegt in «Une saison en enfer» vor. Sie zeigt, wie er aus seiner Ekstase erwacht und nach Erlösung schreit. Hier schildert er, wie er die «alchimie du verbe» erfand: «J'inventai la couleur des voyelles! – A noir, E blanc, I rouge, O bleu, U vert. – Je réglai la forme et le mouvement de chaque consonne, et, avec des rhythmes instinctifs, je me flattai d'inventer un verbe poétique accessible, un jour ou l'autre, à tous les sens.» Er suchte das magische Urwort und übte sich im Erfinden seltener Halluzinationen. Diese «magischen Sophismen» wollte er in seiner zauberischen Sprache wiedergeben, diese Unordnung seines Geistes erschien ihm als heilig, weil er in einem dumpfen Fieber lag und die Tiere um ihr Glück beneidete. «J'ai créé toutes les fêtes, tous les triomphes, tous les drames. J'ai essayé d'inventer de nouvelles fleurs, de nouveaux astres, de nouvelles chairs, de nouvelles langues. J'ai cru acquérir des pouvoirs surnaturels.» Aber diese Allmacht der Seele und des Wortes war ein Blendwerk des Teufels, dieses Künstlertum ein Stück Hölle. Der Verdammte hat es erkannt und fleht wie Brentano de profundis zu Christus um Erbarmen. «Le sang païen revient! L'Esprit est proche, pourquoi Christ ne m'aide-t-il pas, en donnant à mon âme noblesse et liberté. Hélas! l'Evangile a passé! l'Evangile! l'Evangile!»

Aber die Dichtung klammerte sich weiterhin an dieses Erbe. In Frankreich trieb Mallarmé die von Rimbaud verworfene Wortalchemie weiter und rang zuletzt um das geheimnisvolle Buch, das der orphische Schlüssel zur Welt sein sollte; noch Guillaume Apollinaire glaubte an die Kraft des lyrischen Gedichts, «die Welt aus den Angeln zu heben». Um die Jahrhundertwende erzeugte dieser Goldmacherglaube die Treibhausblumenpracht der neuromantischen Décadence, die in ganz Europa ihre betäubenden Düfte verströmte. D'Annunzio und Maeterlinck, das Wunderkind Hofmannsthal und der junge Rainer Maria Rilke schufen eine nervöse Wortkunst, die wie Elmsfeuer vor dem Unwetter leuchtete. Es ist nur scheinbar mystischer Spiritualismus, wenn Rilke im «Stundenbuch» Gott umkreist; gleich an dessen Beginn stehen Verse, die sein wahres Wesen, die lustvolle Gefangenschaft im Ich, aussprechen:

> *Ich lebe mein Leben in wachsenden Ringen,*
> *die sich über die Dinge ziehn.*
> *Ich werde den letzten vielleicht nicht vollbringen,*
> *aber versuchen will ich ihn.*

Und es ist nur scheinbare Abkehr von dieser Egozentrie, wenn Rilke in den Dinggedichten des «Buchs der Bilder» und der «Neuen Gedichte» die Welt zu besprechen versucht. Die erlesenen Gegenstände, die er in suggestiven Versen zitiert – die Fontänen, das Gold, die Papageien, der Panther, die blaue und die rosa Hortensie, Buddha und die Engel, die Irren und Blinden –, stehen diesem vom Leben Ausgeschlossenen, selbst hinter Gittern Lebenden unerreichbar fern. Sie sind Spiegelbilder, in denen er wie Narziß sehnsüchtig sich selbst betrachtet. Er dichtet seine Seele in sie hinein und versucht sie mit Zaubersprüchen an sich heranzuziehen. Er spricht betörend die seelische Vereinsamung des modernen Städters aus – das erklärt seinen Ruhm, der durch die «Sonette an Orpheus» noch überboten wurde. Mit diesen glaubte er endlich hinter den Spiegel der Welt getreten zu sein und sich selbst zu erlösen, indem er wie Orpheus die Pforte des Todes durchschritt und sich in die magische Stimme der Natur verwandelte. Er traute sich nun die Kraft zu, die sichtbaren Dinge ganz in die Innerlichkeit der Seele hereinzunehmen, wie es jener getan habe. Die «Duineser Elegien» feiern dieses Tun als das Werk der Engel. Das Bezeichnende dieser Orpheusmythe ist, daß sie, wie Novalis' Traumpoesie, die Tragik des Orpheus vollkommen übersieht. Sie wiegt sich noch einmal in dem magischen Identitätsglauben, dessen Scheitern so viele große Dichter erlebten, und der Schwarm der Frauen und Propheten, den Rilke hinter sich herzieht, hört nur den Sirenenton dieser Sprache. Wie einst im Orpheuskult wird der Dichtermagier zum Heiland einer Mysterienreligion.

Und wie im späten Altertum stehen an den Grenzen dieser sterbenden romantischen Welt die Barbaren bereit, die höhnisch auf die Agonie eines einst mächtigen Glaubens blicken. Sie halten sie für den Beweis, daß die Zeit der um Gott ringenden Einzelseele vorüber und die Stunde der Massenseele gekommen sei, der eine andere Kunst entspreche. Aber auch das verwüstete Europa kennt noch andere Quellen der Dichtung. Wenn der Glaube an die Magier untergeht, erinnert man sich dieser Quellen, und alle Hoffnung wendet sich ihnen zu.

DIE SEHER

FORMEN DES SEHERTUMS

Das erste Buch Moses enthält reiche Zeugnisse der magischen Naturreligion. Das Leben des Stammvaters Abraham ist eine einzige Zwiesprache mit Gott, der ihn in Menschengestalt besucht und sich ihm in Opfern und Wahrsagungen offenbart. Rebekka, das Weib Isaaks, erhält vor der Geburt ihrer beiden Söhne ein Orakel, Isaak scheidet sterbend mit weissagenden Segenssprüchen von seinen Kindern. Gott offenbart sich auch in Träumen. Der Erzvater Jakob sieht im Traum die Engel auf der Himmelsleiter auf- und niedersteigen, empfängt die große Verheißung über die Zukunft seines Geschlechts und errichtet an der Stätte dieses Traums einen heiligen Stein. Sein nächtlicher Kampf mit Gott – es ist noch nicht Jahwe, sondern ein namenloses Numen der kananäischen Urzeit – ist ein Urbild solcher Offenbarung. Jakob geht unbesiegt, aber gezeichnet aus dieser Begegnung hervor, ohne den Namen seines göttlichen Partners zu erfahren. Auch er stirbt mit wahrsagenden Segensworten für seine zwölf Söhne.

Moses hat es mit einer Gottheit zu tun, die diesen nahen Umgang nicht mehr zuläßt. Sie spricht zwar auch noch aus einem brennenden Dornbusch, aus einer Gewitterwolke zu ihm, und er antwortet ihr sehr selbstbewußt. Aber er ist ihr doch ohnmächtig unterworfen, Jahwes Kommen ist für ihn kein beglückender Traum, sondern eine vernichtende Heimsuchung. Diese schreckliche Macht bricht von außen unvermittelt über ihr Opfer herein und blendet es mit einer Majestät, vor der es besinnungslos zu Boden stürzt. Moses wird von ihr verfolgt und kann ihr nicht entrinnen; es ist alles, daß sie ihn lebend entläßt. In dieser Entrückung offenbart sich nicht der Mensch, sondern eine schlechthin jenseitige Instanz. Die Magier wenden alle Mittel an, um sich den Dämonen zu nähern; die Mystiker zittern vor der tödlichen Gefahr, der sie ausgesetzt sind.

Das Alte Testament zeigt auch unvergleichlich, wie dieses mystische Schauen sich langsam aus dem magischen erhob. Hier kann man den Aufstieg der natureseherischen Erleuchtung zum hohen Prophetismus verfolgen. Es erzählt in großartigen Szenen von der Feindschaft zwischen «falschen» und «wahren» Sehern. Sie ist ebenso erbittert wie die Feindschaft zwischen den wahren Propheten und ihrem ungläubigen Volk. Der Glaube an Jahwe wurde im Judentum immer wieder durch die Kulte der besiegten kananäischen Ureinwohner und durch ausländische Einflüsse untergraben. Besonders üppig blühte der Dienst des syrischen Sonnenbaals mit seinen Sonnensäulen und der Kult der Astarte mit ihren Tempeldirnen, die beide von den Propheten als die ärgste Abgötterei bekämpft werden. Auch fromme Könige duldeten die Höhenheiligtümer, die «Malsteine und Ascheren auf jedem hohen Hügel und unter jedem grünen Baum», wo «das ganze Heer des Himmels» angebetet, Wahrsagerei und Unzucht getrieben wurde. Im Tempel von Jerusalem selbst stand zeitweise eine Astarte, sein Portal zierten dem Sonnengott geweihte Tiere. Unter dem König Jerobeam fiel ganz Nordisrael zu diesen Greueln ab. Zu ihnen gehörten die «Nabis», ekstatische Priester, die als gefürchteter oder verachteter, aber von allem Volk gesuchter Stand einzeln oder scharen-

weise in der Einöde hausten. Sie pflegten eine schaurige Technik der frommen Raserei, durch die sie mit ihrer Gottheit in Verbindung traten. In gemeinsamem Tanz und
Gesang zu orgiastischer Musik versetzten sie sich in einen Rauschzustand, der sie zu
übernatürlichen Taten, zur schmerzlosen Verstümmelung mit Messern und Schwer-
tern befähigte.

Diese Bräuche drangen auch in das Judentum ein und brachten eine neue Form des
Prophetenwesens hervor. Die Knechte Jahwes redeten jetzt die ekstatische Sprache,
und sie zauberten immer noch wie Moses. Unter ihnen ragt Elias aus Thisbe hervor,
der dem abtrünnigen König Ahab erklärt, daß zur Strafe für seine Abgötterei weder
Tau noch Regen fallen werde, «ich sage es denn». Der Zauberspruch, mit dem Elias
die Mahlzeit der Witwe von Sarepta vergilt, ist noch erhalten. Sein Gott ist ein Gott
des Himmelsfeuers wie der des Moses; zweimal läßt er einen vom König geschickten
Hauptmann samt seinen Soldaten durch Feuer vom Himmel verbrennen, bevor er an
den Hof geht. Über die Baalspriester triumphiert er als Wettermacher, indem er Feuer
und Regen vom Himmel fallen läßt; das sind seine Beweise für die Überlegenheit Jahwes, und er krönt sie damit, daß er die vierhundertfünfzig gegnerischen Pfaffen eigenhändig abschlachtet. Was der Stab für Moses, ist für ihn der Mantel. Er wirft ihn im
Vorübergehen auf den pflügenden Elisa, so daß dieser ihm als sein Schüler folgen muß.
Bei seiner Himmelfahrt «im Wetter», im «feurigen Wagen mit den feurigen Rossen»
(Medea fährt im Drachengespann durch die Luft) entfällt ihm der Mantel, wie der ent-
schwindenden Helena Goethes das Gewand, und Elisa verrichtet mit ihm nun die
Wundertaten des Meisters. Die Biographie dieses Schülers ist vollends nur ein Zyklus
naiver Zaubergeschichten wie die Volksbücher von Virgilius oder von Doktor Faust.
In diesen Wundertätern lebte noch ein anderer Geist als in den klassischen Propheten.
Die Christenheit hielt aber auch sie in hohen Ehren, der zum Himmel fahrende Elias
galt ihr als ein archaisches Gegenbild zum auferstandenen Erlöser. Noch der fromme
Protestant Andreas Gryphius machte den im Feuerwagen entrückten Magier in einem
seiner Sonette zum Sinnbild des Dichters:

> Der ganz von Feuer war, muß mit dem Feur hinscheiden.
> Fragt ihr, warum sein Kleid nichts kann von Flammen leiden?
> Mich wundert, daß es nicht, weil er es trug, versengt.

Das klassische Prophetentum der Juden bildete sich in langen Kämpfen als eine Vergeistigung dieser gewalttätigen, noch halbmagischen Mystik heraus, bis es in den
Schriftpropheten zur literarischen Erscheinung wurde. Ihre mystische Botschaft gibt
sich als rein jenseitige Wahrheit aus und verdammt die dämonische Naturreligion der
Wahrsager mit ihren Orakeln und ekstatischen Bräuchen. Zwar werden auch sie gelegentlich «Nabis» genannt, aber die Entwicklung war so einschneidend, daß für die
echten Gottesmänner ein neuer Name nötig wurde. Eine berühmte Stelle des ersten
Buches Samuel (9, 9) hält diese Abkehr vom alten Magismus ausdrücklich fest. «Vor
Zeiten sagte man in Israel, wenn man hinging, Gott zu befragen: Kommt, laßt uns
zum Seher gehen! Denn die man jetzt Propheten heißt, die hieß man vor Zeiten Seher.»

Der jüdische Prophet ist die Form des Sehertums, die zu weltgeschichtlicher Wirkung gelangte und den magischen wie den mythischen Typus verdunkelte. Auch im christlichen Europa bezeichnet der Sehername vor allem den Gesandten Jahwes. Die Schriftpropheten der Juden sind im abendländischen Bereich die größten Zeugen der Mystik, bei denen man maßgebenden Aufschluß über das Wesen des mystischen Geistes findet. Sie werden in der Epiphanie von einer Gottheit angesprochen, die keine andern Götter neben sich duldet und sie zwingt, ihr menschliches Ich an das göttliche zu vertauschen. Jahwe macht sie zu seinem Werkzeug, er nimmt ihnen ihre Freiheit und löscht ihr menschliches Fühlen aus. Der Abstand zwischen Diesseits und Jenseits ist für sie unüberbrückbar. Nur bei den ältesten Schriftpropheten findet sich noch die Sinnlichkeit der magischen Vision, die in einem alltäglichen Ding den Willen Gottes offenbart. Amos sieht Heuschrecken das Heu der Bauern auffressen, er sieht ein Lot, das an eine baufällige Mauer angelehnt ist, oder einen Korb voll Obst und versteht an diesen Zeichen, daß Jahwes Gericht unabwendbar ist. Aber auch an ihn tritt die Wahrheit von außen heran, als ein verborgener Sinn in den Dingen, der ihn mit Schrecken erfüllt. Das ist das Wesen der mystischen Vision: sie fällt plötzlich wie ein Blitz aus heiterem Himmel über den Ahnungslosen. Der Prophet ist der Gefangene Gottes und trägt diesen Dienst zeitlebens als eine übermenschliche Last. Er ist verantwortlich für das, was er gesehen und gehört hat. Sein Gesicht ist ein Auftrag, der ihn aus seinem natürlichen Dasein schleudert und in ein öffentliches Schicksal hineinstößt, wie es kein Magier kennt.

Auch die Griechen nannten ihre Seher Propheten (das Wort ist ja überhaupt griechisch und lautet in der Bibel anders). Sie meinten damit aber die Orakelkünder der mythischen Naturreligion, der sie treu blieben, wie sie ja ihre Götter immer auch Dämonen nannten. Den griechischen Sehern fehlt die ungeheure Stoßkraft, die dem Monotheismus eigentümlich ist, sie sind deshalb nie zu weltgeschichtlicher Wirkung gekommen. Die naturgläubigen Griechen kannten nur Seher, die bei allem tiefen Ernst keine Fanatiker des Todes waren. Nur aus ihren Dichtern erfährt man noch etwas von der Weihe, die auch sie umgab. Ihre Würde ist passiver Art, eine Größe des schweigenden Wissens, das nur auf dringendes Fragen antwortet, oder eine Größe des schreienden Überwältigtseins, das sie verzehrt, ohne daß die Menschen ihren Schmerz begreifen. Zu den ekstatischen Figuren gehört Kassandra, die im «Agamemnon» des Aischylos und in den «Troerinnen» des Euripides auftritt. Bei Aischylos wird sie auf der Bühne von ihrer letzten Untergangsvision befallen, bei Euripides schwingt sie rasend ihre Hochzeitsfackeln und prophezeit untergehend das Ende Agamemnons und der Griechen. Sie streift die Höhe der nationalen Schicksalsdeutung, in deren Luft die jüdischen Propheten und Sibyllen hausen, ist aber ganz die leidende, verzweifelnde Beute ihres Gottes. Zu den Orakelsehern gehört Teiresias, den Sophokles in der «Antigone» und im «König Ödipus» verewigt hat. Im «König Ödipus» ist er der Einzige, der das Geheimnis des Königshauses kennt. Die schreckliche Wahrheit verschließt ihm den Mund; erst die Beleidigungen des Königs, der ihn der Mitschuld am Verbrechen verdächtigt, entreißen ihm das Wort, das den König und die Königin noch tiefer in ihren Irrtum hineintreibt, weil sie zunächst nicht fassen können, was sie vernichtet. Als dann niemand mehr zweifeln kann, daß der blinde Seher wahr gesprochen hat, zerstört der zusammenbrechende Ödipus seine Augen, die nicht gesehen haben, welche Schuld auf ihm liegt.

Über Wert und Unwert dieser Formen des Sehertums – der magischen, der mystischen und der mythischen –, über den Vorrang der einen vor der andern streiten sich die Religionen. Der Streit ist unlösbar und macht die Religionsgeschichte zur Tragödie. Ihr Gegensatz beruht auf dem Unterschied des religiösen Erlebens, dem bei den Asiaten und den Griechen ein immanenter, bei den Juden ein transzendenter Gottesbegriff zugrunde liegt. Was den begeisterten oder betäubten Natursehern Gott ist, das ist für die verzückten Mystiker ein Trugbild der Phantasie; die mystischen Jenseitsvisionen werden umgekehrt von den Magiern und den Mythikern für Schemen gehalten. Dieser Gegensatz durchzieht auch die Geschichte des Sehertums. In seinen Anfängen sind Mystik, Magie und Mythus nicht zu trennen, und auch später berühren sie sich immer wieder. Sie sind so schwer zu unterscheiden wie ein Gott von einem Dämon. Die Geschichte der Mystik weist zahllose Formen des Übergangs ins Magische und Mythische auf, Mystiker höchsten Ranges wie Meister Eckhart mußten sich gegen die Anklage des Magismus verteidigen. Das Göttliche ergriff die Auserwählten auf immer neue Art, auch innerhalb des Christentums. Bei den visionären Dichtern war dies noch ausgesprochener. Die Frage nach der absoluten Wahrheit ist bei ihnen noch weniger zu beantworten als bei den religiösen Sehern. Uns genügt die geschichtliche Tatsache, daß es Seher und Seherdichter gibt. Die magische Offenbarung, die mystische und die mythische Vision haben das eine gemeinsam, daß sie unmittelbares Schauen des Jenseitigen sind. Dieses Schauen erfüllt die Seher, von ihm reden sie, und das unterscheidet sie von allen andern Menschen.

JÜDISCHE PROPHETEN

In den jüdischen Gottesknechten des achten und siebenten vorchristlichen Jahrhunderts steht die visionäre Mystik dem heidnischen Magismus unversöhnlich gegenüber. Ihre Berufungsvisionen sind die weltgeschichtliche Parallele zu den Zauberersagen der «heidnischen» Völker. Diese Gesandten berufen sich auf Moses und predigen seinen Gott in einer neuen Sprache.

Denn schon Moses' Zauberkunst war nicht Selbstzweck, nur Mittel zur Erfüllung des Auftrags, den Jahwe ihm erteilte. Die göttlichen Erscheinungen, durch die er zum Stifter der Jahwe-Religion wurde, sind von einer einzigartigen Wucht. Gleich die erste Vision vom brennenden Dornbusch am Fuß des Gottesberges ist so schreckhaft, daß der Schafhirt sein Haupt verhüllt und sich sträubt, dem an ihn ergangenen Befehl zur Befreiung seines Volkes zu gehorchen. Auf dem Weg nach Ägypten erscheint ihm Jahwe als entsetzlicher Dämon, der ihn töten will und dessen er sich nur mit einem Gegenzauber erwehren kann. Der größte Augenblick seines Wirkens, die Einholung der Gesetzestafeln auf dem Gottesberg, ist der Höhepunkt dieser Erscheinungen.

Jahwe fährt auf den Berg herab, daß alles unter dem Donner seiner Stimme erbebt, und die Juden sagen furchtsam zu Moses: «Rede du mit uns, so wollen wir zuhören; aber Gott soll nicht mit uns reden, sonst müssen wir sterben.» Die Herrlichkeit des Herrn thront als verzehrendes Feuer auf dem Sinai; am siebenten Tag geht Moses, von Jahwe gerufen, mitten in die Wolke hinein auf den Gipfel. Nach vierzig Tagen und Nächten bringt er die beiden Gesetzestafeln herab, «steinerne Tafeln, vom Finger Gottes beschrieben», die Jahwes ewig gültige Gebote enthalten. Moses' Gott ist ein sichtbarer Gott. Er spricht mit ihm «nicht in Gesichten und nicht in Träumen» wie mit Jakob und Abraham, sondern «von Mund zu Mund, und die Gestalt des Herrn schaut er». In der Zeit der Wüstenwanderung wird diese göttliche Person von allem Volk gesehen, am Tag als Wolkensäule, nachts als Feuersäule.

Der hervorragendste Zug an Moses ist sein Machtwille. In der Ausführung von Jahwes Befehlen erweist er sich als eine Herrschernatur, die allen Widerstand niederschlägt. Er zerschmettert die von Jahwe beschriebenen Tafeln in besinnungslosem Zorn, als er, herabsteigend, das Volk in der Anbetung eines Tierbildes begriffen sieht, und läßt durch die ihm ergebenen Leviten ein Blutbad anrichten. «Denn furchtbar ist, was ich für dich tun werde», sagt Jahwe bei der Herstellung der neuen Tafeln zu ihm. Die Vernichtung der Rotte Korah – die blutige Unterdrückung eines religiösen Spaltungsversuchs – ist ein anderes Beispiel seines furchtbaren Regiments. Er betrachtet sich als den Stellvertreter Gottes auf Erden. Das Volk kommt zu ihm, «um Gott zu befragen», und er tut ihm «die Satzungen und Weisungen Gottes kund».

Dieser Machtwille ist das besondere Kennzeichen des jüdischen Sehertums. Er stammt aus dem Bewußtsein des Geweihten, die absolute Wahrheit zu vertreten. Der Prophet steht über den Menschen, weil er überall und immer die Wahrheit spricht. Sein Rang zeigt sich darin, wie er die Menschen zum Glauben an diese Wahrheit zwingt. Seine äußere Tragik liegt darin, daß sie ihm den Glauben verweigern, ihn verhöhnen und verfolgen. Denn es gibt keinen andern Beweis für die Existenz Gottes als den Mut und die Opferbereitschaft seines Knechtes. Vor jedem Gottesboten fragt die Welt: Was ist Wahrheit? Wo ist Gott? Andere Seher verkünden andere Götter, die Auserwählten sind sich selbst die erbittertsten Feinde. Seit Urzeiten gibt es wahre und falsche Propheten, wie es gute und böse Zauberer gibt. Der Gottesknecht steht allein den falschen Propheten gegenüber – das ist seine größte Anfechtung. Schon Moses führt diesen Kampf; seine nächsten Helfer, Mirjam und Aaron, reden wider ihn: «Hat denn der Herr nur mit Mose allein geredet? Hat er nicht auch mit uns geredet?» Die Schriftpropheten sehen ihre Gegner in den Scharen der herkömmlichen einheimischen Wahrsager und in den Pfaffen des fremden Götzendienstes, die «im Namen Baals weissagten». Das Schärfste, was gegen die Seher gesagt werden kann, haben sie gesprochen. Der Prophetenname ist für sie geschändet, es tragen ihn die landläufigen «Lügenpropheten» und Volksverführer, die mit ihren Machenschaften gewerbsmäßig den Mächtigen oder dem großen Haufen schmeicheln, es mit niemandem verderben wollen und ihre schönen Träume als göttliche Offenbarungen ausgeben. In dieser feindseligen Perspektive blickt man bei ihnen noch einmal in das vergehende alte Magierwesen hinein. Micha zieht über die Charlatane los, die Heil verkünden, wenn ihre Zähne etwas zu beißen haben, und aufsässig werden, wenn man ihnen nichts ins Maul steckt. «Die Sonne wird diesen Propheten untergehen, und der Tag wird ihnen schwarz werden. Dann werden die Seher beschämt dastehen und die Wahrsager zuschanden werden, und sie alle werden den Bart verhüllen; denn sie bekommen von Gott keine Antwort.» So tönt es bis zu Jeremia. «Höret nicht auf die Worte der Propheten, die euch weissagen! Sie narren euch nur; das Gesicht des eigenen Herzens verkünden sie, nicht den Auftrag des Herrn ... Ich habe diese Propheten nicht gesandt, und doch laufen sie; ich habe nicht zu ihnen geredet, und doch weissagen sie.»

Die «Gesandten» der neuen Art standen auf, als sich im achten Jahrhundert die assyrische Macht als tödliche Gefahr vor dem israelitischen Staat erhob. Angesichts der Katastrophe, die sie kommen sahen, vergaßen sie alle Rücksicht auf die Regierenden, alle Wahrsagerei und Zauberei alten Stils. Sie sprachen und handelten in einem absoluten Widerspruch zur Welt, wie er vorher und nachher nie gewagt wurde. Sie hatten kein Heil zu verkünden, sondern das Ende mit Schrecken, die Strafe für den Abfall vom Glauben der Väter. So begleiteten sie die letzten Tage ihres Volkes wie drohende Gewitterschwärzen, scheinbar nur auf Zerstörung sinnend. Diese Männer machten einen neuen Gebrauch von der menschlichen Sprache und schufen einen neuen Begriff von geistiger Größe, der aus der Geschichte der Menschheit nicht wegzudenken ist und in vielem Größten weiterwirkte, was das christliche Europa an Dichtung erlebt hat. Ihre Sprache ist vom Reden und Dichten der Magier gänzlich verschieden. Sie dient «wie ein scharfes Schwert» der erbarmungslosen Wahrheit Gottes. Der Prophet ist beauftragt, «blinde Augen aufzutun, Gebundene herauszuführen aus dem Gefängnis, und die in der Finsternis sitzen, aus dem Kerker». Er ist der einzige Sehende unter den mit Blindheit Geschlagenen, er ist der Lebende, die andern sind die Toten. Das Wort des Herrn ergeht an ihn: «Zu allen, zu denen ich dich sende, wirst du gehen, und alles, was ich dir gebiete, wirst du reden. Fürchte dich nicht vor ihnen ... Ich selbst, ich mache dich heute zur festen Burg, zur eisernen Säule und zur ehernen Mauer wider das ganze Land, wider die Könige Judas und seine Fürsten, wider seine Priester und wider das Volk des Landes. Sie werden wider dich streiten, dich aber nicht überwältigen; denn ich bin mit dir, spricht der Herr, dich zu erretten.»

Diese Sicherheit und den fanatischen Kampfwillen verleiht nur die prophetische Berufung. Sie ist wie bei Moses ein direkter Anruf Gottes, eine «Bekehrung», die das Leben des Gerufenen entzweibricht. Die Weihe, die ihm in der Vision zuteil wird, widerspricht allem, was ein Mensch für sich wünscht, deshalb sträubt er sich heftig gegen sie. Er sieht voraus, daß niemand ihn hören, niemand ihn begreifen, daß man ihn höchstens mißverstehen wird. Dieser Widerstand gegen die göttliche Sendung, den Moses bis zum Äußersten treibt, ist das Kennzeichen des echten Auserwählten. Er kennt seine Unwürdigkeit und Ohnmacht; es gehört zu seinem Amt, daß er das Herz der Völker «verstocken» muß wie Moses das Herz des Pharao. Wer sich anmaßt, im Namen Gottes zu sprechen, ist in den Augen der Menschen wahnsinnig und muß bereit sein, für seine Wahrheit zu sterben. Diese Konsequenzen nahmen die jüdischen

Propheten mit beispiellosem Mut auf sich. Sie sind durchaus tragische Gestalten, aber ihre Tragik ist eine andere als die der Magier. Sie behandelten ihr Volk als verloren, und das Furchtbare war, daß sich ihre Verheißung erfüllte. Ihre Drohungen gegen die verblendeten Völker und die ungerechten Könige, gegen die heuchlerischen Frommen und die falschen Priester wirkten weit über die von ihnen verkündete Katastrophe hinaus und haben immer noch nichts von ihrer Größe verloren. Hier ereignete sich das Wunder der Inspiration, die alles weltliche Wissen Lügen straft.

Die Schriftpropheten konnten die Welt nicht mehr durch Wunder überzeugen, nur noch durch ihr Wort. Deshalb wurde jetzt die Schweigsamkeit des Berichts von Moses' Berufung schrittweise verlassen. Nur Amos, Hosea und Micha, die drei ältesten, kennen sie noch. Bei ihnen ist Gottes Wort scharf von ihrem eigenen Wort geschieden. Es ertönt in Versen, als eine plötzlich hervorbrechende visionäre Improvisation. Das «Ich» dieser rhythmischen Sätze ist das göttliche Ich, das sich der inspirierten Menschenlippen bedient. Sie geben nur das «Wort» weiter, das Jahwe «gesprochen hat». Die Ichform der Rede bedeutet nicht, daß der Inspirierte sich wie der Magier vergottet, sondern daß seine Person vollständig in der jenseitigen Stimme aufgeht, die er hört. Jahwe sagt durch den Prophetenmund die Wahrheit, die noch nach Jahrtausenden wahr ist. Das kaum Erträgliche dieser Identifikation zeigt sich in der lapidaren Kürze der inspirierten Sprüche. Sie geben in der Entrückung gehörte Worte oder geschaute Dinge wieder. Kein Schatten einer Gefühlsbeziehung zu Gott haftet ihnen an. Die Nähe Jahwes äußert sich in steinerner Wucht der Diktion. Sein Wort ist rätselhaft, oft für den Propheten selbst. Jesaia sieht im Stammeln das Kennzeichen dessen, der im Namen Jahwes spricht. «Ja wohl, durch Leute mit stammelnder Lippe und in fremder Zunge wird er zu diesem Volke da reden ... So wird das Wort des Herrn an sie ergehen: Satz auf Satz, Satz auf Satz, Spruch auf Spruch, Spruch auf Spruch, da ein wenig, dort ein wenig.»

Aber dieses gestammelte Wort ist immerhin hörbare menschliche Rede und damit der Anfang einer geschichtlichen Entwicklung, die eine genaue Parallele zur Umwandlung der Zauberei in die magische Dichtung darstellt. Es bildet sich allmählich ein prophetischer Stil, der jene urtümliche mystische Wortkargheit abstreift. Die späteren Propheten sind imstande, ihre Gesichte in verständlicherer Sprache wiederzugeben und sie nachträglich in Prosa zu erklären. Schon der Eingang des Buches Micha zeigt ein denkwürdiges Ineinanderfließen des göttlichen und des menschlichen Ich. Die Darstellung von Jesaias Berufung im Tempel bringt für das visionäre Ereignis eine neue Beredsamkeit, Gott und sein Knecht sind hier bereits in einem dichterisch gestalteten Dialog begriffen. «In dem Jahre, da der König Usias starb, sah ich den Herrn auf einem hohen und erhabenen Throne sitzen, und seine Säume füllten den Tempel. Seraphe standen über ihm; ein jeder hatte sechs Flügel: mit zweien bedeckte er sein Angesicht, mit zweien bedeckte er seine Füße, und mit zweien flog er, und einer rief dem andern zu und sprach: Heilig, heilig, heilig ist der Herr der Heerscharen! Die ganze Erde ist seiner Herrlichkeit voll! Da erbebten die Grundlagen der Schwellen von der Stimme des Rufenden und das Haus ward voll von Rauch. Da sprach ich: Wehe mir!

ich bin verloren! denn ich bin ein Mensch mit unreinen Lippen und habe den König, den Herrn der Heerscharen, mit meinen Augen gesehen. Da flog einer der Seraphe zu mir her, einen glühenden Stein in der Hand, den er mit der Zange vom Altar genommen. Und er berührte damit meinen Mund und sprach: Siehe, das hat deine Lippen berührt, und deine Schuld ist gewichen und deine Sünde gesühnt. Da hörte ich die Stimme des Herrn, der sprach: Wen soll ich senden? wer wird uns gehen? Ich sprach: Ich wills, sende mich! Und er sprach: Gehe und sprich zu diesem Volke: Höret immerfort, doch verstehet nicht, und sehet immerfort, doch erkennet nicht! Verstocke das Herz dieses Volkes, mache taub seine Ohren und blind seine Augen, daß es mit seinen Augen nicht sehe und mit seinen Ohren nicht höre, daß nicht sein Herz einsichtig werde und man es wieder heile. Da sprach ich: Wie lange, o Herr? Und er antwortete: Bis daß die Städte öde liegen und ohne Bewohner und die Häuser ohne Menschen und das Fruchtland Wüste ist, und der Herr die Menschen weit hinwegführt und die Verödung groß wird inmitten des Landes. Und ist noch ein Zehntel darin, so wird es wiederum vertilgt wie bei der Terebinthe und der Eiche, von denen beim Fällen noch ein Stumpf bleibt. Ein heiliger Same ist sein Stumpf.»

Hier ist die zweite Ursprungsstelle der Dichtung. Diese Erzählung ist kein bewußtloses Stammeln des göttlich-fremden Wortes mehr, sondern die zusammenhängende, geformte Darstellung eines persönlichen Erlebnisses. Ein menschliches Ich befindet sich in der Zwiesprache mit Gott und enthüllt seinen schweren Kampf mit ihm. Die Majestät der jenseitigen Macht offenbart sich ihm, und diese allein soll durch den Bericht verherrlicht werden, aber die Person des Propheten steht auf neuartige Weise im Vordergrund. Das Göttliche geht nicht einfach durch sie hindurch, es findet Widerstand in ihr und muß sich rechtfertigen, bevor es sich des Prophetenmundes bedienen kann. So großartig es den Menschen überzeugt, es kann ihn nicht mehr einfach überwältigen. Das stumme Hinnehmen des jenseitigen Auftrags wird von menschlichem Zweifeln und Zustimmen abgelöst, das immer noch ganz um die jenseitige Stimme kreist, aber doch etwas anderes ist als die verschwiegenen Heimsuchungen der Patriarchenzeit. Anderthalb Jahrhunderte später, bei Ezechiel, ist aus der Majestät von Jesaias Vision eine noch größere Beredtheit geworden, die sie an Umfang und äußerem Glanz der Bilder noch einmal weit übertrifft, aber innerlich weniger überzeugt. Ezechiels Berufung gipfelt darin, daß eine Hand ihm eine Schriftrolle voller Klagen hinstreckt, die er essen muß und die süß wie Honig schmeckt. Diese allegorische Veranschaulichung der Inspiration kennzeichnet den ehemaligen Tempelpriester. Sein prophetisches Wort kommt nicht mehr von versengten Lippen, sondern von Honig leckenden. Bei Daniel verflacht diese Allegorik zur weitläufigen Novellistik, die ihn zum literarisch «dankbarsten» Propheten gemacht hat. Sein Buch gibt sich als eine versiegelte Botschaft an spätere Jahrhunderte mit genauen Vorhersagen der kommenden Ereignisse. So sinkt die große Prophetie wieder zur politischen Wahrsagerei und zur apokalyptischen Geheimwissenschaft herab, wie sie auch die Offenbarung Johannis betreibt.

Wie in Orpheus die Dichtung aus der Trauer über den Verlust eines geliebten Menschen geboren wird, so wächst sie bei den Schriftpropheten aus der Trauer über den

Verlust Gottes. Denn sie sprechen nicht nur von seiner Gegenwart, sondern auch von seiner Ferne, und sie beweisen diesen Verlust nicht nur mit der Gottlosigkeit ihrer Zeit, sondern – zuerst unbewußt, dann immer bewußter – mit ihrer eigenen Anfechtung. Das ist ihre innere, tiefste Tragik. Der Abstieg aus der visionären Gottesnähe ist auch für die größten unter ihnen eine Notwendigkeit. Sie können nur in seltenen Augenblicken «vor Jahwe stehen». Aus dieser Höhe gehen sie in die Niederungen hinab, wo sie als Menschen mit den Menschen leben müssen. Weil das Wort Gottes, das sie bringen, auch Menschenwort ist, geraten sie in den verborgenen Zwiespalt, der jeden Heiligen beunruhigt. Es ist die Frage, wie sich ihr menschliches Wort zum göttlichen verhalte. Ihr Mund ist zwar geweiht, aber er befleckt sich doch immerzu. Dieses Leiden an der Unreinheit der eigenen Person ist der Konflikt des Sehers, der als Verkünder vor die Menschen tritt. Es kann nicht anders sein, als daß Gott in dieser neuen Lage seine ungeheure Gegenwart einbüßt und die Person seines Dieners an die erste Stelle tritt. Schon mit Amos redet Jahwe nicht mehr als Freund zum Freund wie einst mit Moses, er ist ein unnahbares geistiges Wesen geworden. Bei Jesaia ist das persönliche Drama bereits zu ahnen, und die Späteren empfinden ihre Unzulänglichkeit immer schwerer. Es ist ihnen klar, daß sich in ihrer Verkündigung Göttliches und Menschliches vermischt, und das Menschliche spielt eine immer größere Rolle. Die dichterische Ausgestaltung der Visionen wird immer spürbarer; persönliche Gedanken und Gefühle, das Bedürfnis nach bekenntnishafter Kommentierung, predigender Umschreibung, erzählender Ausmalung und allegorischer Deutung drängen sich vor. Je sicherer die Propheten gegen den Unglauben auftreten, desto kürzer fassen sie sich. Je heftiger sie mit Gott hadern, desto ausführlicher werden ihre Texte, je weitläufiger sie sich mit dem Zweifel auseinandersetzen, desto offensichtlicher schreiben sie sich das eigene Erschrecken über die Absurdität ihrer Sendung von der Seele. Sie decken immer kühner ihr inneres Ringen auf: ihre Sehnsucht nach Gott und die Furcht vor ihm, ihren Willen zur Treue und ihr Leiden an diesem Auftrag. Das menschliche Ich spricht immer lauter und länger dazwischen, das persönliche Erleben verdrängt das göttliche Schweigen, das Sündenbekenntnis den triumphierenden Ausbruch des Glaubens. Nun wird es klar, daß dieses Sehertum eine Frucht der verlorenen Gottesnähe ist. Mir der zunehmenden Vermenschlichung verliert es viel von seiner riesigen Fremdartigkeit. Je mehr dem Auserwählten der Widerspruch zwischen seinem persönlichen Empfinden und seiner übermenschlichen Aufgabe zu schaffen macht, desto näher kommt er der unheiligen menschlichen Ausdrucksweise, desto besser glauben ihn die Menschen zu verstehen. Denn nach weltlichen Begriffen ist Dichtung menschliche, nicht göttliche Sprache, religiöse Dichtung Frucht des Leidens an der Gottesferne. Die Welt kann das Prophetenwort nur so begreifen, wenn sie es überhaupt begreift. Sie sieht im heilig Eifernden nur den heimlichen Kampf mit Gott, mit sich selbst, durch den seine Äußerungen für sie menschlich ergreifend oder doch literarisch interessant werden. Die Einsamkeit des Inspirierten wird immer weniger heroisch und geheimnisvoll. Er selbst empfindet sie zuletzt als einen Fluch und ergeht sich in Klagen über sie.

Am Ende steht die prophetische Schriftstellerei von der Art Ezechiels, wo die Routine überhand nimmt, und schließlich Daniels, wo die Vision nicht selten fiktive Einkleidung ist. Neben den spärlichen Fragmenten Amos', des Schafzüchters in der judäischen Bergwüste, wirkt das Buch Jeremias als einheitliche dichterische Konzeption. Jeremia erlebte ein Jahrhundert nach Jesaia den Untergang Judas mit; er empfing noch echte Visionen und litt unter dem Joch seiner Auserwähltheit, aber im ganzen spricht er doch als besonnener Mann. Seinem Berufungsbericht fehlt aller jenseitige Glanz. Er muß sich Jahwes Willen täglich neu in der Erforschung des eigenen Herzens klar machen. Die Verlassenheit des Dieners Gottes, die auch vom «zweiten» und «dritten Jesaia» kraß betont wird, beschäftigt ihn ununterbrochen und führt ihn in schwere Versuchungen. «Abgründig ist das Herz über alles, und heillos ist es, wer kann es ergründen? ... Werde mir nicht zum Entsetzen, du meine Zuflucht am Tage des Unheils!» Diese grübelnden Selbstgespräche sind nur noch der Erguß eines Leidenden. Er bekennt, daß er seines Auftrags müde und der ewigen Verhöhnung kaum mehr gewachsen ist. «Ich mühe mich ab, es zu tragen, und vermag es nicht.» Einmal wird die Anfechtung zum Verzweiflungsschrei: «Wehe mir, Mutter, daß du mich geboren! einen Mann des Haders und Streites für alle Welt! Ich bin nicht Gläubiger und nicht Schuldner, und doch verfluchen mich alle.» Gott tröstet ihn, und er erwidert: «Nie saß ich fröhlich im Kreise der Scherzenden; von deiner Hand gebeugt saß ich einsam; denn mit Grimm hast du mich erfüllt. Warum ward mein Schmerz denn ewig, ward meine Wunde unheilbar und will nicht gesunden? Wie ein Trugbach wardst du mir, wie ein Wasser, auf das kein Verlaß ist.» Dazwischen stehen aber Ausbrüche des Zornes und der Erlösungshoffnung, denen man nichts von Zweifel anmerkt. Es paßt zur Gebrochenheit dieses Gesandten, daß man so viel von seinem persönlichen Schicksal erfährt und daß er durchwegs als Verfolgter und Verfemter geschildert wird. Er hat seine Schriften einem vertrauten Schüler diktiert, der ihnen biographische Nachrichten über den Meister hinzufügte. Das trug nicht wenig dazu bei, daß er zum Lieblingspropheten der Neuzeit wurde. Die ihm unterschobenen «Klagelieder» setzten das Menschliche seiner Gestalt vollends in eine elegische Lyrik der Gottesferne um.

Die Dichtung der Propheten war aber noch in ihrem Abstieg streng von aller weltlichen Poesie geschieden. Sie verstand sich bis zuletzt als Weitergabe des göttlichen Wortes, und auch als sie ihre ursprüngliche Kraft verlor, bewegte sie sich um diesen Mittelpunkt, von dem sie ihren Sinn, ihre besondere Form, ihren eigenen Stil empfing. Solange sie ihren Namen verdiente, blieb Gott für sie die einzige Wirklichkeit, ihre Sendung unwiderleglich von allem weltlichen Wortgebrauch getrennt. Die Propheten hatten keine Wahl zwischen ihrer Wahrheit und der weltlichen Wahrheit. Wenn sie auch den alten Löwenmut nicht mehr besaßen, so starben sie doch ohne Zögern für ihr höheres Wissen. Diese Weltverächter waren große Dichter, aber sie waren es nicht im profanen Sinn. Ihren Bildern und Gleichnissen wohnte ein geistiger Zwang inne, der niemanden an die Schönheit ihrer Sprache denken ließ. Von ihnen wurde der Gegensatz zwischen heiliger und weltlicher Dichtung geschaffen, der seither die abendländische Literatur durchzieht. Die aus der mystischen Gottesnähe entsprungene Dichtung geht durch die Jahrhunderte neben der weltlichen einher. Die prophetische Dichtung der Juden entstand zur selben Zeit wie der lyrische und epische Gesang der Griechen, und sie ist ein diesem ebenbürtiger Gipfel. Die von Amos und Jesaia Angesprochenen wußten so wenig etwas von Homer und Hesiod wie die Griechen von den hebräischen Sehern, und so ist es im Grund bis auf den heutigen Tag geblieben. Die Propheten leben bei den Kirchengläubigen weiter, die sich um ihr Seelenheil sorgen, denen die heiligen Schriften alle andern Bücher entbehrlich machen. In der Renaissance gab es Momente, wo Propheten, Magier und Poeten der Vorzeit zu einer großen Versammlung der Geister zusammenrückten, aber dieses Panorama löste sich später wieder auf. Seit der Aufklärung kennt das gebildete Europa, das den Homer auswendig lernt, die Bibel nicht mehr, und das fromme Kirchenvolk samt den Theologen blickt mißtrauisch auf die weltlichen Dichter oder weiß nichts von ihnen.

DAS GOTTESREICH

Zur prophetischen Dichtung gehört die staatliche Leidenschaft. Alle Propheten denken politisch, dies ist der mächtigste Hebel ihrer öffentlichen Wirkung und die sichtbarste Ursache ihrer Tragik. Sie kommen aus der Wüste, treten aber vor die Menschen hin. Mit den Magiern teilen sie die Entrückung, mit den Sängern dieser Welt die Teilnahme am öffentlichen Geschehen. Je größer der Prophet, desto kühner tritt er vor die Menge und vor die Könige. Er brennt vor Zorn über den Abstand zwischen Gott und Welt, über den Unverstand der Menschen, und das Herz blutet ihm über die Ungerechtigkeit und das Elend, die aus dem falschen Leben fließen.

Schon in ferner Vorzeit zogen magische Orakelpriester mit ihren Stämmen in den Krieg und berieten im Frieden die Könige. Sie standen in den politischen Kämpfen voran und waren für ihren Ausgang verantwortlich. So lassen sich auch die ältesten jüdischen Propheten seit Moses in gewalttätige Unternehmungen ein, zetteln Aufstände an und nehmen sogar den Königsmord auf sich. Bei der Eroberung Kanaans tut sich Debora hervor, die den heiligen Krieg gegen den Feind ihres Volkes ausruft. «Sie hatte ihren Sitz unter der Deborapalme, zwischen Rama und Bethel, auf dem Gebirge Ephraim, und die Israeliten kamen zu ihr hinauf, sich Recht sprechen zu lassen.» Diese Stammessibylle befiehlt dem Barak, mit zehntausend Mann gegen den Feldherrn Sisera zu ziehen, und singt nach dem Sieg das Lied, in dem sie sich des Beistands der Gestirne rühmt und Jahwe in den schrecklich-herrlichen Bildern der Urzeit preist:

> *O Herr, als du auszogst von Seir,*
> *einherschrittest von Edoms Gefilde,*
> *erbebte die Erde, es troffen die Himmel,*
> *ja, die Wolken troffen von Wasser.*
> *Die Berge wankten vor dem Herrn,*
> *vor dem Herrn, dem Gott Israels.*

Davids Sohn Absalom sichert sich bei seiner Erhebung gegen den Vater den Beistand des Ahitophel von Gilo, dessen Rat gleich viel gilt, «wie wenn man Gott befragte», der aber diesmal auf die falsche Karte setzt. Sobald der Aufruhr fehlschlägt und man nicht mehr auf ihn hört, sattelt er seinen Esel, zieht heim in seine Stadt, bestellt sein Haus und erhängt sich.

Die Gesetze wurden damals für göttliche Offenbarungen, die Könige für Götter oder Göttersöhne gehalten. Die Politik arbeitete mit den Mitteln der Magie, die staatlichen Symbole waren mit magischer Kraft geladen. Die jüdische Bundeslade barg das schreckliche Geheimnis der von Jahwe beschriebenen Gesetzestafeln. Sie wird im Alten Testament vor allen wichtigen Entscheidungen befragt und in die Schlachten mitgetragen; Beschwörungslieder begleiten ihr Aufheben und Niedersetzen, ihre Berührung gilt als tödlich. Die Philister, die sie einmal erbeuten, erleben, daß jede Stadt, wo sie sich befindet, mit der Pest geschlagen wird, und senden das gefährliche Gerät zurück, nachdem sie es feierlich mit sich ausgesöhnt haben. Bei der Eroberung der uneinnehmbaren Stadt Jericho tragen es sieben Priester sechs Tage lang einmal um die Stadt, am siebenten Tag siebenmal; beim siebenten Rundgang stoßen sie in die Posaunen, und die Stadtmauer stürzt zusammen.

Magie ist ein ewiges Element der Politik. Die Herrschenden brauchen sie im Frieden zur Schaustellung ihrer Macht, im Krieg zur Begeisterung der Massen. Auf den Zauber der politischen Sinnbilder, der Fahnen, Kronen, Wappen und Zeremonien, kann keine Staatsgewalt verzichten. Alle Versuche, die Macht dieser Fetische zu brechen, sind vergeblich geblieben und haben nur neue Symbole an die Stelle der alten gesetzt. Die Kriege der Völker werden nicht um die Befreiung von ihnen geführt, sondern zu ihrer Verteidigung oder als Kämpfe zwischen verschiedenen Zeichen. Wer eines von ihnen umwirft, ist ein Held, wer es erfolglos angreift, ein Empörer. Wer aber diese Zeichen insgesamt ein Blendwerk nennt, ist ein Verbrecher, der sich am Heiligsten der Völker vergreift. Deshalb ist auch die politische Sterndeuterei nicht ausgestorben. Jeder Dichter, der einem Machthaber oder Machtgierigen günstige Orakelsprüche liefert, treibt sie im Grund noch, und es wiederholt sich an ihm das Wahrsagerschicksal, mit Macht belohnt oder gehängt zu werden.

Der echte Seher zerreißt den Schleier des Wahns auch in der Politik. Er glaubt nicht an den niederen Zauber der Fetische, der Personen und Parteien. Er sieht die Macht über ihnen, als deren Organe sie allein gutgeheißen werden können, ohne deren Segen sie zum Teufelswerk werden. In einer berühmten Episode der Bhagavadghita stürmt der Kriegsheld Arjuna, die Schlacht eröffnend, auf die feindlichen Kriegerscharen ein und sieht plötzlich, daß er im Begriff ist, eine Torheit und ein Verbrechen zu begehen. Er erblickt im feindlichen Heer lauter Verwandte der Männer, die er selber anführt, setzt sich erschüttert in seinem Streitwagen nieder und läßt Pfeil und Bogen fallen. Da spricht sein Wagenlenker – es ist der Gott Krishna – zu ihm und erteilt ihm göttliche Belehrung, indem er ihm seine wahre Lage enthüllt, die nur ein Gott wahrzunehmen vermag. Arjuna erkennt, daß Tod und Leben nur scheinbar in seine Hand gelegt sind, daß er handelnd nur einen höhern Willen ausführt. Er sieht nur Masken, er kann nur Masken töten, nicht die Seelen, die unberührbar auf ihrer ewigen Wanderung begriffen sind. Krishna setzt ihm ein drittes Auge ein, und er darf damit den Gott in seiner wirklichen Gestalt schauen. Dann greift er siegreich zu den Waffen. Das ist die indische Wendung der politischen Vision. Sie weicht vor der Tragödie in die mystische Unverantwortlichkeit des Täters aus.

Auch die jüdischen Propheten sind politische Visionäre, aber ihre Mystik hat einen andern Sinn. Moses ist so wenig wie Arjuna ein naiver Tatmensch; er weiß zum voraus, daß der Pharao nicht auf ihn hören wird. Er redet eine allen unverständliche Sprache, weil nur er sein Ziel kennt. Aber er ist eine tragische Gestalt, denn er selbst erreicht dieses Ziel nicht, sondern vernimmt auf dem Berg Nebo: «Dies ist das Land, das ich Abraham, Isaak und Jakob zugeschworen habe, indem ich sprach: Deinen Nachkommen will ich es geben. Ich habe es dich mit deinen Augen schauen lassen, aber dort hinüber sollst du nicht kommen.» Arjuna ist ein Seher des Heils; sein magisches Schauen hindert ihn nicht, die Waffen zu ergreifen, sondern gibt ihm erst das höhere Recht dazu. Moses erlebt wenigstens am Ende den Unterschied zwischen Gottes und seiner Macht. Dieser Unterschied hat sich bei den Schriftpropheten schicksalhaft vertieft. Für sie ist die Erfüllung ihrer politischen Hoffnung noch weiter hinausgerückt. Sie sehen nur die Vernichtung vor sich und ein Volk neben sich, das ihre Worte nicht begreift. Jesaia erhält den Befehl: «Verstocke das Herz dieses Volkes, mach taub seine Ohren und blind seine Augen, daß es mit seinen Augen nicht sehe und mit seinen Ohren nicht höre, daß nicht sein Herz einsichtig werde und man es wieder heile.» Von Kassandra erzählten die Griechen dasselbe: daß Apollon sie die Weissagung gelehrt, aber zur Strafe für ihren Widerstand gegen sein Werben ihre Worte unglaubwürdig gemacht habe. Die seherische Politik erscheint den Weltmenschen als Wahnsinn.

Die jüdischen Propheten lassen sich dadurch nicht irre machen. Sie höhnen über alle, die Gottes Ratschluß abwenden zu können glauben. «Ein König, was kann der für uns tun? Worte machen, falsche Eide schwören, Bündnisse schließen – so daß ein Recht aufsproßt wie Giftkraut auf den Furchen des Ackers.» Zwischen diesem visionären und dem realistischen Denken gibt es keine Verständigung, nur tödliche Feindschaft, wie sie Elias, Micha, Jesaia, Jeremia erfahren. Verfolgung, Mißhandlung, Verbannung, die Löwengrube sind ihr selbstverständlicher Lohn. Jesaia ist seiner Sache so sicher, daß er über das Herannahen des Feindes frohlockt und ihn als Vollstrecker von Gottes Gericht willkommen heißt. Gerade ihm schrieben aber die Juden eine politische Leistung ersten Ranges zu, die Rettung der Hauptstadt. Als der Assyrer Sanherib in Juda einfiel und seine Agenten vor den Mauern Jerusalems großmäulig mit der Überlegenheit ihrer Truppen und Götter prahlten, soll der Prophet, aller Vernunft zum Trotz, zum Widerstand aufgefordert und den Untergang des Feindes vorausgesagt haben. Seine angeblichen Antworten sind wie Orakel in Versen gehalten, die für Sanherib bestimmte schließt:

Weil du denn wider mich tobest und dein Übermut mir zu Ohren gekommen,
will ich dir einen Ring in die Nase legen und ein Gebiß ins Maul,
und will dich auf dem Wege zurückführen, den du gekommen bist.

Der König verweigerte die Übergabe, und Sanherib sah sich gezwungen, die Belagerung abzubrechen. Auch als Legende ist das aufschlußreich.

Das Wort des Sehers ist immer als Rettung gemeint. Die Magier peitschen die Völker im Glück zum Übermut auf und treiben sie im Unglück zur Verzweiflung. Die
Propheten handeln umgekehrt: sie malen den Glücklichen das Ende mit Schrecken an
die Wand und trösten die Verzweifelten mit der nahenden Erlösung. Diese Verheißung
des zukünftigen Heils ist das Besondere der prophetischen Politik. Ihre Botschaft ist
doppelt; sie ergeht sich in krassen Bildern des Verderbens, aber ebenso leidenschaftlich
in Bildern einer kommenden Erhöhung, die mit der Katastrophe erkauft werden muß.
Darin durchbrechen auch sie die tragische Botschaft, mit der sie ihr Volk erschrecken.
Ihre Zukunftsvision wiegt die Verdammung der Gegenwart auf und nähert sie doch
den von ihnen verworfenen alten Heilspropheten. Glücks- und Unglücksverheißung
werden in der Untergangsgefahr bis zur äußersten Grenze auseinandergetrieben, aber
sie hängen immer noch zusammen. In diesem Zusammenhang wurzelt die geschichtliche Tragik der jüdischen Prophetie. Jesaia läßt auch in seinen schwärzesten Voraus-
sagen noch eine schwache Hoffnung bestehen. Ein Rest des Volkes, versichert er, wird
im Untergang erhalten bleiben, sich bekehren und zum Stamm einer besseren Zukunft
werden. Als er das Gericht vollstreckt sah, erhob sich sein Geist des Widerspruchs zur
Verheißung des messianischen Reiches, mit der er die geschlagenen Juden aufrichtete
und die als Vision einer vollkommenen Ordnung auf Erden durch die Jahrtausende
fortleuchtete. Er bezeichnete sie nicht mehr als Botschaft Jahwes, sie war sein persönliches Vermächtnis – die größte politische Dichtung der Weltliteratur.

Welches wäre der vollkommene Zustand auf Erden? Daß kein Blut mehr vergossen,
kein Mensch vom Menschen mißhandelt und mißbraucht würde, keiner Hunger litte,
jeder die ihm gemäße Arbeit verrichten dürfte, jeder das werden könnte, wozu die
Natur ihn bestimmt hat – das wäre wahrlich nichts Geringes und höchster Anstrengungen wert. Es ist im Grund nicht unerreichbar, sondern liegt im Bereich des Men-
schenmöglichen, weil es dem vernünftigen Denken entspricht. Deshalb schwebte es
auch den politischen Reformatoren aller Zeiten vor. Als Denkbares ist es aber doch
nur der Werktag einer idealen Ordnung, in den Einzelheiten Gegenstand ewigen Mei-
nungsstreites. Die dichterische Vision geht weit über alles Denkbare hinaus. Sie bringt
über diesen Werktag den Sonnenaufgang des Glücks, das durch keinen noch so klug
erdachten Mechanismus verbürgt wird. Vollkommen glücklich wäre die Erde erst,
wenn über ihr jeder Tag als ein Feiertag des wolkenlosen Friedens aufginge, wenn die
Arbeit eine Freude, das Zusammenleben der Menschen ein Fest wäre, ein Sonntag
ohne Ende, ohne Trauer, ohne das Böse, ohne den Tod. Das wäre der Himmel auf
Erden.

Jesaia verheißt, daß aus dem zerstörten jüdischen Königshaus ein Herrscher hervorgehen werde, der im verwüsteten Land den ewigen Frieden herstelle. Dieses neue
Reich ist keines Menschen Werk, Gott allein kann es stiften. Von seiner politischen
Verfassung wird nicht gesprochen, nur vom göttlichen Geist, der über die Menschen
ausgegossen wird. Vom Messias heißt es: «Auf ihm wird ruhen der Geist des Herrn,

der Geist der Weisheit und der Einsicht, der Geist des Rates und der Stärke, der Geist der Erkenntnis und der Furcht des Herrn. Und sein Wohlgefallen wird er haben an der Furcht des Herrn. Er wird nicht richten nach dem, was seine Augen sehen, noch Recht sprechen nach dem, was seine Ohren hören. Er wird die Armen richten mit Gerechtigkeit und den Elenden im Lande Recht sprechen mit Billigkeit; er wird den Tyrannen schlagen mit dem Stabe seines Mundes und den Gottlosen töten mit dem Hauche seiner Lippen. Gerechtigkeit wird der Gürtel seiner Lenden und Treue der Gurt seiner Hüften sein. Da wird der Wolf zu Gast sein bei dem Lamme und der Panther bei dem Böcklein lagern. Kalb und Jungleu weiden beieinander, und ein kleiner Knabe leitet sie. Kuh und Bärin werden sich befreunden, und ihre Jungen werden zusammen lagern; der Löwe wird Stroh fressen wie das Rind. Der Säugling wird spielen an dem Loch der Otter, und nach der Höhle der Natter streckt das kleine Kind die Hand aus. Nichts Böses und nichts Verderbliches wird man tun auf meinem ganzen heiligen Berge; denn voll ist das Land von Erkenntnis des Herrn wie von Wassern, die das Meer bedecken.» Unter diesem Friedenskönig werden sich die jüdischen Stämme endlich versöhnen, Jerusalem wird die Hauptstadt einer befreiten Welt, Herrscherin durch Gewaltlosigkeit. Die Völker werden in allen Streitfällen bei Jahwe Rat holen. «Und sie werden ihre Schwerter zu Pflugscharen schmieden und ihre Spieße zu Rebmessern. Kein Volk wird wider das andere das Schwert erheben, und sie werden den Krieg nicht mehr lernen.»

Größeres wurde nie verkündigt. Diese Worte liegen fast allen Versuchen zur Herstellung eines dauernden Friedens auf Erden zugrunde. Sie enthalten alles, worauf die guten Menschen hoffen. Die märchenhafte Befriedung aller Kreatur erinnert an die Orpheussage, sie übersteigt alle Menschenvernunft, sie ist ein Traum. Die Weltgeschichte beweist, daß dieser Traum unerfüllbar ist, aber die Mystiker der Politik glauben an ihn. Sie hören im Getöse der Machtkämpfe das Weinen des Kindes im Menschen, das sich an das Paradies erinnert, und versuchen seine Tränen zu stillen. Sie wollen das Unmögliche, die Politiker das Mögliche. Der realen Politik ist es nicht um das Glück der Menschen zu tun, sondern um die Macht. Ihr höchstes Interesse ist die Begründung, Vermehrung und Verteidigung der Herrschaft über die Völker. Sie empfängt ihr Gesetz vom nackten Kräfteverhältnis derjenigen, die miteinander um diese Herrschaft ringen. Die seherische Politik dagegen dreht sich darum, wie aller staatlichen Not ein Ende zu machen wäre. Sie verneint den wirklichen Staat, der ein Gebilde der Not ist, unter Berufung auf eine Utopie. Sie steht in einem ewigen Gegensatz zur Politik der Mächtigen, keine reale Erfüllung wird ihr gerecht.

Orpheus besitzt das vollkommene Dasein nur im Gesang. Jesaia verlegt es in die Zukunft hinaus, und aus ihr fiel ein Schatten auf seine Vision. Alle Zukunft wird einmal Gegenwart, alle Prophetie fordert die tatsächliche Erfüllung heraus, die ohne Gewalt nicht möglich ist. Der Verheißung des Friedensreiches wurde später die Forderung eines letzten heiligen Krieges eingefügt, der die Nachbarvölker dem Messias unterwirft, damit das neue Jerusalem gewaltlos die Erde beherrschen kann. Daraus spricht der Geist des spätjüdischen Messianismus, der das Schwergewicht der Utopie aus der Vision in die Realität verschob. Diese Fanatiker des tausendjährigen Reiches träumten von einem vernichtenden Gottesgericht, dessen Blutzeugen und Werkzeuge sie werden wollten. Selbst der resignierte Jeremia verfällt immer wieder in die Vorstellungen einer schrecklichen Rache an den Feinden Gottes. «Das Schwert wird sich satt fressen und sich berauschen an ihrem Blute; denn ein Schlachtfest hält der Herr, der Gott der Heerscharen, im Lande des Nordens, am Euphratstrom.» Diese Hoffnungen führten zur Tragödie auf Golgatha und zum ewig neu auflebenden Kampf um den Sinn der Botschaft, die der dort Gekreuzigte hinterließ. Man glaubte ihm nicht, daß sein Reich nicht von dieser Welt sei; die verfälschte Verheißung Jesaias blieb über diesen Opfertod hinaus lebendig und lebte in den chiliastischen Lehren des Abendlandes weiter. Daraus entsprangen die Blutströme der Religions- und Ketzerkriege, in denen der Traum vom ewigen Frieden immer wieder unterging. Jeder von ihnen wurde als letzter, heiliger Krieg für das Reich Gottes auf Erden geführt und trug nur dazu bei, den Glauben an sein Kommen zu zerstören. Die messianische Verheißung blieb die Hoffnung großer Dichter und durch sie der Völker. Auf sie stützte sich Augustin, als er vom heiligen Krieg, dem bellum deo auctore, im Dienst des Gottesstaates sprach und damit den kriegerischen Päpsten des Hochmittelalters das ideologische Rüstzeug für die Kreuzzüge lieferte. Auf sie stützten sich aber auch alle politischen Schwärmer und Zauberer, die großen und die lächerlichen Reichsgründer, die in der rechten Hand das Schwert, in der linken ein heiliges Buch hielten. Sie waren die schlimmsten Feinde des Friedens, sie befleckten die Vision der Propheten mit endlosem Mord. Das ändert nichts daran, daß diese Vision das ewig Wünschbare ausspricht. Sie steht wie ein Sternbild über dem Blutmeer der Geschichte.

GRIECHISCHE TRAGÖDIE

Auch die Griechen glaubten, als sie noch fromm waren, an den göttlichen Ursprung der Dichtung. Ihre Sagen erzählen, welche Götter die einzelnen Gattungen der Poesie und die zugehörigen Musikinstrumente erfanden. Hinter den homerischen Anrufungen der Muse standen gewiß einmal echte Gebete um Inspiration. In der Zeit der Wanderungen zogen Zeichendeuter den Stämmen voran, so Kalchas und andere bei der Heimkehr von Troja. Die wandernden Dorer soll Apollon selbst angeführt haben, wie Jahwe die Juden. Noch in historischer Zeit wurden Götterbilder mit einem tragbaren Herd in die Schlachten mitgenommen, wie in Israel die Bundeslade. Wahrsagende Orakelpriester standen in den Lokalheiligtümern dem Volk in allen Nöten des täglichen Lebens zur Verfügung und dienten an den Fürstenhöfen als Ausleger der Opferzeichen, der Träume, des Vogelflugs. Im Krieg war der Mantis als «Auge des Heeres» besonders wichtig. Sagenhafte Darstellungen davon sind Orpheus und Amphiaraos als Begleiter der Argonauten. Die Spartaner waren bekannt dafür, daß sie mit dem Seher der Feinde schlimm verfuhren, wenn sie seiner habhaft wurden. Noch Alexander der Große war auf seinen Zügen von Aristandros begleitet, der zu seinem Herrn, auch wenn er ihn enttäuschen mußte, «doch nicht anders redete, als wie die Gottheit sprach».

Neben diesem altertümlichen Sehertypus bürgerte sich, ähnlich wie bei den Juden, ein ekstatisches Zauberpriestertum ein, das besonders dem aus Thrakien eingedrungenen Kult des Dionysos eigentümlich war. In Delphi lallte die Pythia in den Dämpfen aus dem Erdinnern als vom Orakelgott Apollon Besessene «mit rasendem Mund» ihre Sprüche. Es gab auch frei umherziehende ekstatische Männer und Weiber, die den Hilfesuchenden Auskunft gaben und sie von dämonischen Bedrängnissen befreiten. Zu ihnen gehörten die Sibyllen, die in der Einsamkeit oder im Erdinnern hausten und sich nur für Augenblicke zeigten, um ihre Verheißung auszustoßen. Ein Wundertäter dieser Art war der Kreter Epimenides, der nach einem mehr als fünfzigjährigen Zauberschlaf als ekstatischer Reinigungspriester durch die Länder zog und den Goethe zum Sinnbild seines Dichtertums gemacht hat[1].

Die griechische Literatur enthält den reichen Abglanz dieser Bräuche. Die homerischen Epen, die attischen Tragödien sind voll von Spuren der Wahrsagerei. Die Träume Penelopes und Nausikaas in der Odyssee, Achills weissagendes Pferd in der Ilias bezeugen den Glauben an Traum- und Tierorakel. Der bekannteste literarische Vertreter des Mantis ist der blinde Thebaner Teiresias mit dem goldenen Stab, der in der Odyssee und bei Sophokles auftritt. Die in Entrückung weissagenden Weiber von der Art seiner Tochter Manto und der Priamostochter Kassandra wurden durch die attische Tragödie unsterblich. Aber sie alle sind nur in dichterischer Darstellung bezeugt und können nicht als Belege für das historische Aussehen ihrer Urbilder dienen. Sie sind dichterische Symbole; sie beweisen, daß das griechische Sehertum eine ähnliche Vergeistigung erlebte wie das Magiertum in der Figur des Orpheus[2]. Auch das Sehertum ging bei den Griechen in die weltliche Dichtung über. Sie hatten keinen Moses, der ihre widerspenstigen Stämme unter seinen Gottesstab nahm. Die Prophetenhorden Syriens und Judäas waren ihnen unbekannt, aus ihrem Seherstand gingen keine solchen Führer hervor wie bei den Juden. Seit der sophistischen Aufklärung des fünften Jahrhunderts sank das Ansehen der Seher und Orakel unaufhaltsam, dafür begann die Dichtung eine Rolle zu spielen, die sie noch nirgends gespielt hatte. Am großartigsten ist dieser Übergang in der Tragödie zu verfolgen.

In Athen bildete sich aus dem getanzten ekstatischen Kultgesang des alljährlichen Dionysosfestes – dem Dithyrambos, dessen Kunstform man Arion zuschrieb – die

---

[1] Noch in hellenistischer Zeit wimmelte es in den griechischen Städten, wie in den jüdischen und babylonischen, von Propheten aller Art. Plutarch beklagt sich über das Gelichter, das bei gewissen Tempeln den Sklaven und Weibern in Versen weissage und so die Dichtung in Verruf bringe. In Rom kursierte eine solche Masse griechischer und lateinischer Weissagungsbücher apokrypher Herkunft, daß Augustus sie einsammeln und verbrennen ließ. In der Offenbarung Johannis ist von einer Prophetin die Rede, die mit ihren Anhängern Unzucht treibe, Opferfleisch esse und sie die «Tiefen des Satans» erkennen lehre (2, 18 f.).

[2] Dasselbe gilt für die Nachrichten vom Wirken der nordischen Völva, der umherwandernden Seherin, in einzelnen Szenen der Edda und der isländischen Sagas. Das berühmteste Lied der Edda, die «Völuspa» («Der Seherin Gesicht»), gibt die ekstatische Vision einer solchen Prophetin wieder, die im Auftrag Odins das Schicksal der Götter seit der Weltschöpfung bis zum Weltende verkündet. Auch diese Figur ist nicht authentisch, sondern bereits eine dichterische Gestalt.

szenische Dichtung, die zum höchsten Ausdruck tragischen Denkens wurde. Die
Durchführung der Spiele lag nicht in den Händen der Priester, sondern der Bürgerschaft. Das tragische Drama blühte auf, als der militärische Triumph über Asien in
den Perserkriegen die Griechen innerhalb zweier Menschenalter auf den Gipfel der
Macht hob und in das Elend des peloponnesischen Krieges stürzte. Aischylos, der
erste Meister der tragischen Bühne, sah das von den Persern eroberte Athen in Flammen aufgehen und erlebte den Untergang der persischen Flotte bei Salamis, der Athens
Macht begründete. Euripides sah bereits den jähen Fall dieser Macht. In diesen Ereig-
nissen, die das Abendland von Asien trennten, entstand die Tragödie, eine höchste
Leistung des dichterischen Geistes, die nur in Europa existiert. Sie wurde Auge in
Auge mit den Schrecknissen des Untergangs geschaffen und konnte nur unter diesem
ungeheuren Druck entstehen. Ihre Geburt war wie die der orphischen Dichtung und
wie das Auftreten der jüdischen Schriftpropheten ein in sich selbst tragischer Vorgang. Die Tragödie wurde nicht nur gedichtet, sondern gelebt.

Das Tragische ist die reinste griechische Form des Seherischen. Der tragische Dichter übernahm das mystische Seheramt, das Kassandra bei Aischylos von sich wirft,
und schuf in einer Katastrophenzeit die neue Verkündigung. Auch sie war die Ausgeburt einer riesigen Angst, die beschwörende Abwehr einer furchtbaren Bedrohung.
Auch sie gestaltete eine «theologische» Vision, aber eine andere als die jüdische: die
des großen Menschen im Kampf mit dem Schicksal. Der Tragödiendichter trat nicht
als ein Auserwählter vor Verblendete hin, noch weniger wußte er von einem auserwählten Volk. Er stand aus der Mitte der Stadtbürgerschaft auf, als ein Vorspieler des
allgemeinen Menschenloses, das auch das seine war, und setzte sich, auf seine Wahrheit vertrauend, freimütig dem Urteil der Athener aus. Auch seine Vision kreiste um
den Untergang, es brach in ihr wieder das Dunkel des Dämonischen auf, das Hesiod
und Homer so denkwürdig aufgehellt hatten. Tragische Schwermut ist zwar auch
jenen Sängern nicht fremd, aber im Drama wurde sie so groß und rein gestaltet, wie
es bis auf Dante nicht wieder geschah.

Der Held der Tragödie ist der große Mensch, dem die dämonische Leidenschaft den
Blick trübt und die Besonnenheit verwirrt. Die Natur bricht maßlos aus ihm hervor:
die Gier nach Macht, nach Gold, nach Ruhm, nach dem Weib, nach Rache, die Lust
des Zerstörens und Mordens, «des stolzen Sinnes gottvergessener Übermut», aber
auch die lähmende Angst, das haarsträubende Grauen, der brennende Schmerz, die
gellende Verzweiflung. Die Ursituationen des Daseins erscheinen, riesig vergrößert wie
in einem furchtbaren Traum oder wie im Denken des Kindes: der versteinernde Blick
des Unglücks, das rauchende Blut des Frevels, das Verbrechen wider die Natur, der
Greuel der Strafe, die Ahnung einer entsetzlichen Schuld, die mit dem Leben selbst
gegeben ist. Der Täter steht in der Hand eines furchtbaren Wesens, des Schicksals,
das stärker ist als er. Er wird von ihm geschlagen, damit er leidend und untergehend
die tragische Wahrheit erkennt. Grauenhafte Mächte neben und über den Göttern
erheben ihr Haupt und bringen ihn zu Fall. Die Götter haben hier noch das unheimliche archaische Gesicht; der vom Schicksal Verschonte preist sie als gütige Bewahrer,

der von ihm Geschlagene sieht sie als tückische Dämonen. Man sucht diese unberechenbaren oberen und unteren Mächte mit Opfern zu beschwichtigen, und die Lieder des alles mitanschauenden, vergeblich warnenden Chors bestehen zum großen Teil aus Gebeten. Hier herrscht die heidnische Trauer über das Los des Menschen und aller Kreatur, die episch verhalten aus den homerischen Gesängen und lyrisch überschwenglich aus Orpheus' Leier tönt. In der «Orestie» ruft Aigisthos dem empörten Chor zu:

Du hast von Orpheus' Lippen ganz das Widerspiel,
Der riß mit seiner Stimme Zauber alles fort.

Was ist das «Schicksal»? Es äußert sich in der Tragödie als der Fluch, der über einem ganzen Fürstenhaus liegt. Der Fluch wird von einem Vorfahr als grauser Spruch oder von einem Orakel als rätselhafte Weissagung über ein Geschlecht gesprochen, das nun erlebt, daß sich dieses Wort erfüllt. So wird in der Ilias Meleager von seiner Mutter verflucht, so verflucht Ödipus seine beiden Söhne und «mordet als Toter die Lebendigen», wie von Agamemnon in der Orestie gesagt wird. Anderswo löst eine Übertretung der Ehrfurcht vor den Göttern oder der selbstherrliche Eingriff einer Gottheit das Unheil aus. Die altertümlichste Form ist wohl das unentrinnbare Schicksalswort, also der dramatisch gestaltete Wortzauber. Diese Spiele haben die Größe der echten Primitivität. Sie beruht zu einem guten Teil in der Nähe zum magischen Denken der Vorzeit, in ihrer Ferne vom psychologischen Denken der neuzeitlichen Jahrhunderte. Die furchtbaren Greuel, die sich hier häufen, dürfen nicht realistisch aufgefaßt werden, sie haben eine andere Wirklichkeit als in der modernen psychologischen Tragödie. Sie sind nicht reale Verbrechen, sondern verkörperte innere Schreckbilder wie die dämonischen Fratzen asiatischer Tempel. Ebenso wenig wird man diesem Theater gerecht, wenn man seine Darbietungen als ästhetischen Genuß versteht.

Den Schlüssel zum Verständnis bietet die Tatsache, daß die attische Tragödie Bestandteil einer religiösen Feier war, an der die ganze Bevölkerung Athens teilnahm. Ihr Zweck war die Entsühnung der Stadt im Rahmen eines kultischen Versöhnungsspiels. Magischen Ursprungs war nicht nur ihr Grundmotiv, der Schicksalsfluch, sondern die Institution der tragischen Bühne als solcher. Aber seit Aischylos erhob sie sich aus der magischen Aktion zur Darstellung einer die ganze Polis bindenden göttlichen Wahrheit. Die einzige vollständig erhaltene Trilogie des Aischylos, die Orestie, endet nicht mit dem Untergang des Helden, sondern mit seiner Rettung. Die Abstimmung des Blutgerichts auf dem Areopag ergibt gleich viele Ja und Nein für den Muttermörder Orestes, aber Athena fügt noch ein Ja hinzu. So verfällt er nicht der Henkershand, sondern kehrt ins Leben zurück. Der dämonische Bann des Fluches wird durch eine Gottheit aufgelöst. Für mehrere andere Trilogien des Aischylos läßt sich dieselbe Aussöhnung der kämpfenden Mächte nachweisen. Der «Prometheus», der die Auflehnung und Lästerung gegen Zeus derart steigert, daß Viele ihn für kein Werk dieses frommen Dichters halten wollen, spricht nicht gegen sie. Man hat sich die vollständige Promethie als eine Kapitulation des blasphemischen Rebellen vor Gott vorzustellen, wie sie im Buch Hiob erreicht wird. Erst die Neuzeit las Shakespeares dämonischen Hang zur Katastrophe in diese Spiele hinein. Sie entstammen einem Denken aus höchstem Schmerz, einem Wissen um die Nichtigkeit aller Menschengröße, aber keiner Vision des Nichts. Die Tragödie führt ihre Zuschauer in diesen Schmerz hinein und gereinigt wieder aus ihm hinaus. Auch hier geschieht «stellvertretendes Leiden», aber weder im magischen noch im christlichen, sondern im heidnisch-sakralen Sinn. Diese Reinigungen spendeten den Griechen einen Teil der Kraft, die ihnen den Sieg über die asiatischen Barbaren ermöglichte. Auf ihrer tragischen Bühne erhob sich der Mensch zum Bewußtsein seiner irdischen Lage, zum Mut des schicksalhaften Aufsichgestelltseins, zu der Sicherheit angesichts der Todesgefahr, die zum Inbegriff des abendländischen Menschseins wurde.

Die Tragödien des Aischylos, «geformt wie Ungeheuer» (Goethe), sind noch ganz von kultisch-magischen Bräuchen erfüllt. Das Grab besitzt bei ihm noch die ungebrochene Weihe des archaischen Totenkults. Bestattungsriten, Opfer, rituelle Totenklage, Totenbeschwörungen, Gebete sind Hauptbestandteile seiner Stücke. Die ältesten haben noch ganz oratorienhaften Charakter. Besonders die «Perser» wirken wie eine stehengebliebene Prozession; sie spielen vor dem Grab des Dareios und bestehen zur Hauptsache aus Liedern des Chors, Botenbericht, Frage und Antwort zweier Personen und Totenklage. Die Königin erzählt ihren Unheil verheißenden gottgegebenen Traum, den Höhepunkt bildet die feierliche Zitierung von Dareios' Geist aus dem Grabhügel, den die Königin Atossa, wie Saul in seiner Bedrängnis den Geist Samuels, um seinen Rat im Unglück des Reiches befragt. Der Chor wagt ihn nicht anzublicken und nicht mit ihm zu sprechen, während er der Königin die kommenden Ereignisse prophezeit. Diese urtümliche Szenerie bleibt sich durch alle erhaltenen Dramen gleich. Die Gebete und Opfer sind als kultische Handlungen auf der Bühne gemeint. Ödipus trank im verlorenen ersten Teil der Labdakiden-Trilogie vom Blut des von ihm erschlagenen Vaters und spie es als Zauber gegen die Rache des Ermordeten aus. In der Orestie setzt das Wirken des Atridenfluchs mit einem Menschenopfer ein: Agamemnon schlachtet seine Tochter Iphigenie, um günstigen Wind für die Fahrt nach Troja zu erhalten. Der zweite Teil beginnt vor seinem Grabhügel und gipfelt in der feierlichen Beschwörung seines Schattens durch Orest und Elektra, die zum Gesang des Chors die «dunklen Götter» in der Erde anrufen und betend den Geist des ermordeten Vaters um seinen Beistand bei der Blutrache anflehen. Im dritten Teil, den «Eumeniden», wird der Sinn des Werkes erschütternd klar. Die Göttin Athena besänftigt die Eumeniden, die den Muttermörder von Freistatt zu Freistatt hetzen und ihn mit ihren Bannliedern umgarnen. Sie bietet ihnen eine Wohnung und göttliche Ehren in ihrer Stadt an, worauf sich ihr Toben endlich besänftigt. Die Fluchdämonen stimmen ein Segenslied über Athen an und lassen sich, von der Göttin und singenden Priesterinnen geleitet, in ihr unterirdisches Heiligtum führen, wo ihnen ein ständiger Kult eingerichtet wird. Die Dämonen werden durch fromme Verehrung ungefährlich gemacht. Das ist der sakrale Geist dieser Kunst; sie ringt um das Gleichgewicht zwischen Licht und Nacht.

Wie vertraut Aischylos das magische Sehertum noch war, bezeugen die Sehergestalten, die in seinen Stücken mithandeln. Er zitiert in ihnen die Urbilder seiner visionären Kunst. Die «Eumeniden» eröffnet ein Auftritt der Pythia vor dem delphischen Apollontempel, dessen wilder Graus nur in einem Zeitalter kultischer Frömmigkeit möglich war. Auch sein Prometheus besitzt die Sehergabe. Beide überschattet aber die grandiose Gestalt der Kassandra in der Orestie, die größte Darstellung des Sehertums, die aus der griechischen Dichtung überliefert ist. Agamemnon bringt die Priamostochter als Kriegsbeute aus Troja mit, sie wird von Klytaimestra als seine Buhle mitermordet. Von dem Palast von Argos wittert Kassandra den Blutgeruch voraus und wird von den Krämpfen ihrer letzten Untergangsvision befallen, die ihre eigene Tragik enthüllt. Sie hat Apollon, der sie zur Prophetin gemacht hat, ihre Liebe versprochen und verweigert, er hat sie dafür mit dem Fluch bestraft, daß sie von allen Menschen für eine Lügnerin gehalten wird. Man schenkt ihren Worten, wie denen der jüdischen Propheten, keinen Glauben, sie wird als Geliebte eines Sterblichen fortgeschleppt und in sein blutiges Ende mitgerissen, weil sie die Liebe des Gottes verschmähte. In ihrem letzten Anfall prophetischen Wahnsinns bricht sie als Seherin zusammen. Sie schreit gegen den Schimpf des «Lügenzauberweibs» auf, der sie unter den Menschen verfolgt, und gegen Apollon, der sie betrogen und verlassen hat. Sie zerbricht ihren Stab und wirft die Stirnbinde zur Erde; Apollon entzieht ihr die Seherwürde und verstößt sie in den Jammer eines gewöhnlichen Weibes, dessen Glück im Mißgeschick vergeht. Es ist das prophetische Gegenstück zur Orpheussage, das den Unterschied zwischen mystischem und magischem Sehertum sichtbar macht. Der Magier Orpheus dringt mutwillig, aus eigener Kraft, zu den dunklen Göttern hinab; die Seherin verfolgt der Lichtgott mit seiner Forderung unbedingter Hingabe, an der das schwache Weib zerbricht. Beides sind tragische Niederlagen, die zur Schwelle der großen Dichtung wurden. Eine solche Auflehnung des Sehers gegen Gott war bei den jüdischen Schriftpropheten nicht mehr denkbar.

Bei Sophokles ist die Vergeistigung der Magie zur Kunst noch einen Schritt weiter gediehen. Er war Zeuge, wie Athen der Erschöpfung verfiel, und blickte als Zeitgenosse eines jammervollen Niedergangs in das Auge der Sphinx. Das Athen des Perikles verpöbelte, die Einigkeit der Griechen ging in Gemeinheit unter, ohne daß er an den Göttern irre wurde. Aber aus seinen Dramen hat sich die steinerne Schwere verloren, sein Sehertum äußert sich vor allem in der Hülle von Reflexionen, in die er das grausige Geschehen seiner Spiele kleidet. Dazu kommt jetzt eine absichtsvolle Schönheit auf, die Aischylos fremd ist. Sophokles sagt selbst, was ihm tragisches Sehen heißt: Schauen des Daseins in seiner Ganzheit, die das Fassungsvermögen des Menschen übersteigt. Das Sein als Ganzes ist nicht böse, es ist tödlich, eine das Einzelwesen vernichtende kosmische Harmonie. Er schaut das Dasein als harmonischer Geist, er sieht sein Schreckliches und Herrliches zugleich. Der Chor im «König Ödipus» preist die göttlichen Gesetze, die unantastbar, nicht von Menschen gemacht im reinen Himmelsäther stehen. Je größer und tapferer der Mensch, desto gewaltiger offenbart sich ihm diese olympische Harmonie. Das Schicksal, das ihn gräßlich zerstört, bestätigt sie. Je größer die Kraft und je echter der Mut, desto schwerer das Schicksal, desto tiefer der Schmerz, desto schwärzer die Gefahr und der Tod. Das wissen die starken Seelen, den gemeinen scheint es absurd. Es ist kein Widerspruch, sondern der Schlüssel zu allem, daß in der «Antigone» der Mensch als das Gewaltigste auf Erden gepriesen wird. Zur tragischen Größe gehört die Notwendigkeit des Untergangs. Sie läßt erkennen, wie hoch der Mensch reicht, wo über ihm der Bezirk der Götter und unter ihm das Reich der Dämonen beginnt.

Diese Menschlichkeit tritt bei Euripides am kühnsten hervor. Er dichtete schon mitten im Untergang, erlebte den Sieg des Unverstandes am eigenen Leib und ging, weil er das Schlimmste kommen sah, zuletzt nach Makedonien. Von der sophokleischen Harmonie finden sich bei ihm nur noch Spuren. Er sieht im Schicksal vor allem das Sinnlose, in den Göttern das Launische und Willkürliche, im Dämonischen das Böse, das sich ins Nihilistische verfinstert. Die heilige Einheit von Heros und Schicksal löst sich auf und wird zur gnadenlos mahlenden Mühle des Weltgetriebes, die alles Große erniedrigt und zerreißt. Schon hier, in Athen selbst, begann die Säkularisation des Trauerspiels. Die religiöse Ehrfurcht vor Göttern und Dämonen schlug in das psychologische Interesse am Opfer der feindselig wütenden Mächte und in die politische Betrachtung um. Die Menschen, ob gut oder böse, werden hingemäht wie das Gras auf dem Felde; dies ist die einzige Gewißheit im Weltgeschehen. Zuletzt beschwört Euripides in den «Bacchen» die Gottheit wieder, deren Kult die Wiege des tragischen Theaters gewesen war: Dionysos, den Herrn der beseligenden und vernichtenden Ekstase. Er zeigt, wie die Menschen ihm nachtaumeln, ohne daß es möglich wäre, ihrem Lebensrausch mit der Frage nach Gut und Böse, Sinn und Unsinn entgegenzutreten.

Der Weg, den die Tragödie beschritt, wurde von der griechischen Philosophie zu Ende gegangen. Auch sie erhob sich aus der erdgebundenen Magie. Die vor Sokrates lebenden Weisen waren noch Naturseher gewesen, die in schauendem Denken den Urgrund der Dinge zu erfassen suchten. Dichten und Denken waren ihnen eins, Männer wie Xenophanes und Empedokles lebten als gottgesandte wandernde Propheten. Auch die Bruchstücke von Empedokles' epischer Dichtung über die Natur gehören, wie die etwa gleichzeitigen Reden Zarathustras, zu den großen Zeugnissen der antiken Seherpoesie. Der schrittweise Aufstieg zur Abstraktion führte zur Wende in Sokrates und seinem Schüler Platon, dessen Aussagen über die dichterische Inspiration das christliche Europa übernahm.

Platon stand dem Sehertum noch nahe genug, um es ernst zu nehmen, aber er betrachtete es nicht mehr als naiv Gläubiger, sondern mit den Augen des begrifflichen Denkers. Er wußte um das Übersinnliche, aber er wußte nur darum und wies ihm im System seiner Gedanken eine Stelle an, wo es seine bisherige Bedeutung verlor. Er stellt den Dichter wiederholt, vor allem im «Phaidros», als einen von heiligem Wahnsinn Ergriffenen dar, dem sich in der Schönheit das Göttliche offenbare. Den wahnsinnigen Dichter erfüllt ein begnadetes Schauen, dem mit Recht eine religiöse Scheu entgegengebracht wird. Der Philosoph aber weiß, daß es darüber ein noch reineres Erkennen gibt. Er gelangt über den Bereich der Bilder hinaus in die Betrachtung des reinen Seins, wie es den Göttern vor Augen steht. «Den überhimmlischen Ort hat noch nie einer von den Dichtern hier besungen, noch wird ihn je einer nach Würden besingen ... Das farblose, gestaltlose, stofflose, wahrhaft seiende Wesen betrachtet nur der Führer der Seele, die Vernunft.» So verstehend und liebend Platon über die Vision des Dichters spricht, so kreisen seine Worte doch immer um diese Unterscheidung zwischen Inspiration und Vernunfterkenntnis. Die Inspiration ist ein bewußtloser Rausch, ohne echtes Erkennen, voll Gefahr des Selbstbetrugs und Mißbrauchs, wie die literarischen Zauberkünste der Sophisten beweisen. Die Führung der Menschheit liegt deshalb nicht bei den Dichtern, sondern bei den besonnenen Philosophen, den Meistern der klaren Mitteilung.

Die doppelte Abgrenzung der Inspiration gegen den gemeinen Wahnsinn und gegen die philosophische Erkenntnis ist die schwerwiegende Eigentümlichkeit von Platons Lehre. Diese Unterscheidungen verraten, daß sein Glaube an die göttliche Eingebung erschüttert war. Von einer religiösen Mission des Dichters ist bei ihm gar nicht mehr die Rede. Tatsächlich war seine Verherrlichung der Inspiration nur noch ein literarisches Wunschbild, dem im Zeitalter der spekulierenden Vernunft keine Realität mehr entsprach. Er hatte in der Jugend selbst Tragödien geschrieben und setzte nun seinen unerfüllten Dichtertraum in gefährlich übersteigerte, verführerisch schöne Theoreme um, denen eine unabsehbare, zweideutige Wirkung auf die abendländische Literatur beschieden war. Wie doppelzüngig er spricht, geht daraus hervor, daß man seit Goethes Kritik unsicher geworden ist, ob der «Ion» als gläubiges Bekenntnis zur Inspiration oder als Parodie zu gelten habe. Aber auch die Aussagen des «Phaidros» werden durch ganz anders lautende Thesen Platons entwertet. Sein Preis des dichterischen Wahnsinns rief in ihm selbst Widerspruch hervor. In der «Politeia» ging er zu einer Verdammung des Dichters über, die ebenso denkwürdig ist wie die frühere Verherrlichung. Was er vorher zum übermenschlichen Ideal hinaufgesteigert hatte, sank ihm jetzt zum schlechthin Verdächtigen herab. Er nennt hier die Dichter eine Gefahr für die Bürger und schließt sie aus der idealen staatlichen Gemeinschaft aus. Die epischen Dichter, Homer nicht ausgenommen, haben unwürdige Vorstellungen von den Göttern verbreitet, die dramatischen die Gemüter der Menschen aufgeregt und verführt; einzig die Lyriker dürfen ihre Kunst unter der Aufsicht von Richtern weiter ausüben.

So läutet bei den Griechen die Totenglocke für den Glauben an die Göttlichkeit des Dichters. Dieser Glaube wurde schon im Altertum begraben, bei den Epigonen des jüdischen Prophetismus und in der rationalistischen griechischen Philosophie, wo Aristoteles die vernunftgerechte Lehre von der Dichtung begründete. Seine Ausführungen über die Tragödie in der «Poetik», deren erhaltene Teile zum kanonischen Lehrbuch des Klassizismus wurden, lassen ihre kultische und magische Seite, Grundtatsachen wie das Schicksal und den Mythus (mit welchem Wort er nur die Handlung eines Stückes bezeichnet) außer acht und führen die Entweihung des Dramas, seine bloß moralische und technische Auffassung, zu Ende. Die tragische Dichtung stieg aus der visionären Gottesnähe in die diesseitige Welt hinab.

POETA VATES

Nach dem Untergang der antiken Welt konnte es keine Seher und Propheten der heidnischen Art mehr geben. Für das christliche Abendland hatte sich das Wort der Propheten in Christus erfüllt. Gott war ein für allemal geoffenbart, er thronte unerreichbar im Himmel und sprach ausschließlich durch den Mund der Priester. Das Evangelium von Jesus enthielt allerdings in den Szenen auf Golgatha eine Tragödie, die als eine letzte Erinnerung an das Heidentum in die christliche Zeit hineinragte. Sooft im Kreislauf des Kirchenjahres die schwarze Trauer des Karfreitags heranzog, und wo immer die Marterung des Gottessohns gemalt, besungen und nacherlebt wurde, breitete sich etwas von dem Grauen aus, das einst die Griechen vor den Werken ihrer tragischen Dichter erschüttert hatte. Aber dieses dunkle Stück war fest in den Bau der kirchlichen Heilslehre eingemauert. Auf das Grauen über den Sieg des Bösen folgte der Auferstehungsjubel. Die Angst vor der Vernichtung war noch da, aber sie teilte sich in das Zittern vor dem Jüngsten Gericht und in den Glauben an die Erlösung durch das stellvertretende Opfer des Heilandes. Die irdische Trübsal sank zum Vorspiel der Ewigkeit herab. Der gläubige Christ lebte nur mit dem Leib in dieser Welt, mit der Seele war er im Himmel daheim, und die Kirche reichte ihm alle Tröstungen, die er in der Welt brauchte.

Zwar gab es auch jetzt Heilige und Visionäre, die Gott unmittelbar sahen und hörten. Aber sie konnten nicht mehr so hervortreten wie in der jüdischen Theokratie und in der attischen Tragödie. Wenn sie versuchten, ein neues Gottesreich zu stiften, das aus der Zerstörung der Kirche hervorgehen sollte, wurden sie rasch unschädlich gemacht. Nur als Erneuerer der bestehenden Machtkirche vermochten sie sich durchzusetzen. Die Sprache der biblischen Propheten, die Passion Christi und der Apostel weckten eine Inbrunst der Nachfolge, die sich in großen Ordensgründungen und Ketzerbewegungen auslebte. Seit den großen Krisen, die im Hochmittelalter das Gefüge der Christenheit durchbebten, erschienen als Vorboten kommender Dinge immer wieder Bußprediger, die mit brennender Zunge die höchste Forderung an die Christenheit stellten. Im zwölften Jahrhundert lebte als Äbtissin eines Benediktinerinnenklosters am Rhein Hildegard von Bingen, die besonders durch die Visionen der alten Propheten inspiriert wurde. Sie ringt in ihren Büchern mit übermächtigen Gesichten, deren Niederschrift sie oft selbst nicht mehr verstand, und wurde schon zu Lebzeiten als Prophetin verehrt, weil die göttliche Stimme sie aus dem Kloster hinaus vor das Volk und vor die Großen der Welt trieb. Diesen politischen Drang teilte sie mit Bernhard von Clairvaux, dem Organisator des zweiten Kreuzzugs, in dessen Predigten über das Hohe Lied Salomonis die sinnliche antike Mystik noch einmal üppige Blüten trieb. Der prophetische, die Welt umgestaltende Geist war auch im volkstümlichen Franziskanerorden lebendig. Aus seinen Klöstern kamen immer wieder asketische Volksredner, die wie Berthold von Regensburg oder Bernardino da Siena die Laien mit ihrer gewaltigen Stimme erschütterten. Im Süden brachte auch der gelehrte Dominikanerorden solche Gestalten hervor: die Heilige Katharina von Siena, die den

Papst zur Rückkehr von Avignon nach Rom bewog, den Spanier Vincente Ferrer, der mit seinen Predigten über das bevorstehende Erscheinen des Antichrist-und das Jüngste Gericht die Sektierer scharenweise in die Kirche zurückführte, und schließlich Savonarola, der als Bußprediger im medizäischen Florenz den Feuertod erlitt.

Alle diese Rufer trugen die Kutte und standen im Dienst der Kirche. Erst in der geistigen Erdbebenlandschaft des versinkenden mittelalterlichen Reiches erwachte der seherische Geist außerhalb des Klerus mit neuartiger Macht. Das prophetische Sehertum wurde als eine höchste Möglichkeit menschlichen Redens und Handelns wieder lebendig. Mit ihm erhob sich nach langem Schlaf in einer unkenntlich veränderten Welt auch wieder das tragische Schauen. Dante, Luther, Michelangelo stehen ähnlich in dieser Krise der Christenheit wie die drei attischen Tragiker im Untergang der altgriechischen Religion.

Als die ersten Humanisten Italiens das heidnische Altertum wieder entdeckten, bestaunten sie auch das klassische Sehertum. Sie lernten es zunächst in den abgeleiteten römischen Quellen kennen; aus Vergil und Horaz lasen sie die Gründe zusammen, die den Dichter zur heiligen Person, zum vates erhöhten. Dieser heidnische Gedanke war ihnen im Kampf um die Unabhängigkeit der Literatur von der Kirche höchst willkommen. Als vates wurde der Dichter zum ebenbürtigen Partner der Geistlichen. Die Humanisten ersannen den Begriff des «Dichtertheologen»; er bezeichnete den Poeten, der die kirchlichen Heilswahrheiten in allegorischen Bildern gestaltete, edle Taten und Menschen feierte und die «christliche Philosophie» verkündete. Ein solcher Dichter trat in die Spur der jüdischen und heidnischen Seher, die man jetzt als die eigentlichen Erzväter der Dichtung verehrte. Salomon und Hiob, der Johannes der Apokalypse, der Christus der Gleichnisse wurden als «heilige Dichter» und Ahnen der Wiedergeburt gefeiert.

Diese Vorstellung gab Dante die Kraft, den ausgeleierten Ton des Minnesangs zu durchbrechen. Er beherrschte das ganze scholastische und humanistische Wissen seiner Zeit, aber er schloß sich Vergil nicht nur aus literarischen und philosophischen Überlegungen an, sondern weil er selber eine visionäre Natur war. Er neigte der Einsamkeit und der Nachtseite des Daseins zu, er war ein Mensch von finsterer Strenge und Grausamkeit. Daher kam es in ihm tatsächlich zu einer Wiedergeburt des seherischen Stils und zu einer Wiederholung des öffentlichen Prophetenschicksals. Er trat als Bürger von Florenz jung in das politische Leben seiner Vaterstadt ein, kämpfte für ihre Unabhängigkeit vom Papst und gelangte als Mann zu bedeutendem Einfluß, wurde Mitglied der sechsköpfigen Regierung, hierauf des Rates der Hundert. In seinen Ämtern beschäftigte er sich mit den praktischen Bedürfnissen der Bürgerschaft, sorgte für den Bau der Straßen, nahm Stellung in den heftigen Parteikämpfen. Er war stolz auf das unbändig aufblühende Gemeinwesen, das ihm der Mittelpunkt der Welt war. Aber die Stadt der reichen Krämer fiel den Ränken größerer Potentaten zum Opfer. Sie wurde im Auftrag des Papstes durch Karl von Valois erobert und ihre bisherigen Gewalthaber im Jahr 1302 zu lebenslänglicher Verbannung und in contumaciam zum Feuertod verurteilt. Zweihundert Steinmetzen schleiften auch Dantes Haus bis auf die Grundmauern, und er betrat den Weg des Geächteten, auf dem er zwei Jahrzehnte lang unstet umherzog, bis man ihn in fremder Erde begrub.

Boccaccio stimmt in seinem «Leben Dantes» leidenschaftliche Tiraden gegen Florenz an, das seinen größten Sohn undankbar, wahnsinnig verstoßen habe und immer noch verleugne. Er wollte den Ehrgeiz seiner Mitbürger aufstacheln, indem er Dantes Los als eine einzigartige Schmach hinstellte. Aber dieser Sturz war der Preis, den dieser für seine Größe als Dichter zu zahlen hatte. Erst im langen Elend der Verbannung klärte sich sein heißer Politikerhaß zur genialen Gestaltungskraft der «Göttlichen Komödie». Er ging von der Tat zur Betrachtung über, «wo der Mensch sich wie eine Rose öffnen und den erworbenen Duft von sich geben muß», doch er hing mit allen Fasern an der Heimat und brauchte mehr als zehn Jahre, um sich in sein Schicksal zu finden. Er verschmähte die Amnestie, er wollte «erhobenen Hauptes» zurückkommen, und das hieß: niemals. An den Kämpfen, mit denen seine Gefährten die Rückkehr erzwingen wollten, beteiligte er sich nicht mehr. Sein unbeugsamer Stolz machte die Verstoßung für ihn – für ihn allein – unwiderruflich. Der Schmerz über diese Wunde, das brennende Heimweh, der Groll auf die Gegner brachen immer wieder aus ihm hervor. Seine Schriften enthalten erschütternde Bekenntnisse darüber; noch in den Paradiesesgesängen der «Divina Commedia» spricht er davon, wie salzig fremdes Brot schmecke und wie hart es sei, fremde Treppen zu steigen. Die Hoffnung, sein müdes Haupt doch noch in Florenz zur Ruhe legen zu können, verließ ihn erst in den letzten Jahren.

Als heimatlos wandernder, zum Tod verurteilter Mann schrieb er die «Göttliche Komödie», in der seine enttäuschte politische Hoffnung und sein prophetischer Zorn auf die Zeitgenossen wie auf einer ungeheuren Treppe über das irdische Getriebe emporsteigen, um es aus der jenseitigen Perspektive zu richten. Der Inhalt dieses Gedichts ist jene Vision vom März des Jahres 1300, in der ihm Vergil als Führer in die Reiche des Jenseits erschien. Der allweise heidnische Meister wurde zum Schutzpatron des «poema sacro», das sich vermaß, in nie befahrene Fluten hinauszusteuern und von nie geschauten, nie gesagten, nie geschriebenen Dingen zu reden.

> *Minerva spira, e conducemi Apollo,*
> *e nove Muse mi dimostran l'Orse.*

Alle irdischen Dinge, auch das politische Zeitgeschehen, sind in diesem Werk an ihre Stelle im Universum gerückt und mit der ewigen Ordnung in Einklang gebracht. Diese jenseitige Welt ist das Diesseits, gemessen an der dichterischen Vision. Im Paradies wird Dante Unsterblichkeit verheißen, wenn er den Haß gegen seine Feinde überwinde; sein Unglück und sein Ruhm sei, daß er für sich allein Partei gemacht habe. So rächte er sich an seinem Vaterland. Er gab ihm seine Vision von ihm und verewigte damit auch seine ganze zeitliche Schmach, wie die Propheten die Schande Israels.

> *Ahi, serva Italia, di dolore ostello,*
> *nave senza nocchiere in gran tempesta,*
> *non donna di provincie, ma bordello ...*

Die Szenen in Dantes Hölle und auf den Stufen des Läuterungsberges sind eine einzige tragische Vision. Sie belegen die Opfer der Leidenschaft, der Laster, des Bösen mit dem christlichen Bannfluch und zeichnen das Sinnenleben als die Herrschaft des Teufels. Sie sind das dichterisch Größte an der «Göttlichen Komödie» und in ihrem Urteil über Gut und Böse eine hochpersönliche Kundgebung. Besonders hervorzuheben ist der fünfte Gesang des «Inferno», wo Francesca da Rimini erzählt, wie sie als Adelige durch einen höfischen Roman zur Liebe verführt worden sei, und mit ihrem reuelosen Bekenntnis Dante tödlich erschreckt. Es ist seine Abrechnung mit der weltlichen, durch Leidenschaft regierten Poesie seiner Zeit, der er selbst in seiner Jugend ergeben war. Jetzt erfüllen ihn die Gesichte Ezechiels, Daniels und der Apokalypse und gleichzeitig die Visionen der klassischen Heiden. Die Schilderung des Paradieses eröffnet ein Gebet an Apollon, in welchem er den Griechengott um Kraft zur würdigen Darstellung des im Himmel Geschauten anfleht. Im Paradies wird ihm von seinem Ahnherrn Cacciaguida sein eigenes zukünftiges Los mit dem Elend der Verbannung prophezeit und das Bewußtsein seiner prophetischen Sendung, der Mut zum unversöhnlichen Kampf für Wahrheit und Gerechtigkeit in ihm angezündet. Diese Prophezeiung ex eventu, die Verklärung Vergils, die durchgehende Vermischung antiker und christlicher Motive verraten, daß man hier einer hochliterarischen, bewußt stilisierten Offenbarung gegenübersteht. Die prophetische Reichshoffnung hat sich, statt in das täterische Wort, in ein Kunstwerk niedergeschlagen. So verwirklichte sich seit der Renaissance das Sehertum. Es ergoß sich, wie bei den Griechen, in das Gefäß der Kunst. Nur der fanatische Ernst, die strenge Bindung an eine alles beherrschende Vision und der inspirierte Stil bezeugen noch den mystischen Charakter dieses Dichtwerkes, dessen Einheit nicht mehr im transzendenten göttlichen Ich, sondern im Bewußtsein des Dichters liegt. Hier geschah die Verschmelzung antiken und christlichen Wesens, aus der in der Folge die größten Leistungen des europäischen Geistes hervorgingen. Jene erweckende Vision von 1300 führte Dante in eine dichterische Existenz, die zum Vorbild tragisch-visionären Künstlertums in der Neuzeit wurde. Sein Seherernst zwang ihn, sich zuletzt auch von Vergil zu lösen. Im Himmel konnte ihm der Heide nicht als Schutzgeist dienen, das dort Geschaute überstieg alles literarische Können. Die letzten, höchsten Erscheinungen des Paradieses fahren als blendende Vision auf Dante nieder. Sein Werk endet damit, daß der von Gott berührte Dichter ohnmächtig niederfällt.

Seit Dante beanspruchten die Dichter wieder das Amt des Sehers, des Mittlers zwischen der diesseitigen und jenseitigen Welt. Unter allen Humanisten war aber nur er imstande, solche Konsequenzen zu ziehen. Der Abgrund, der schon Platon von der Inspiration trennte, war für Männer wie Petrarca und Boccaccio unüberbrückbar, weil sie ihr innerlich fremd gegenüberstanden. Sie sahen diesen Abgrund gar nicht mehr, sie überhörten Platons Vorbehalte, und das Zweideutige seiner Aussagen wurde in ihrem Mund zur naiven Bejahung des Seheramtes. Sie gebrauchten es nur als anspruchsvolle Metapher für die literarische Größe, die ihnen vorschwebte; sie verwechselten es fortwährend mit der magischen Ekstase und der heilig-nüchternen Begeisterung des klassischen Sängertums. Dies alles floß nun im Begriff des poeta vates durchein-

ander, und in diesem nebelhaften Sinn wurden jetzt auch Visionen und wahrsagende
Träume, wie das orphische Zaubern, rasch zur belletristischen Mode. Die klassizistischen Poeten schwelgten in schöngeistigem Gerede von der Göttlichkeit des Dichters
und von seiner heiligen Sendung. Die Entdeckung der platonischen Dialoge gab dieser
Lehre einen gewaltigen Auftrieb; am üppigsten blühte sie in den Kreisen der Florentiner Akademie, wo man Platons Philosophie als eine weltliche Religion, als das Bekenntnis zum Enthusiasmus für das Schöne verstand. Diese Platoniker erhoben den Dichter
zum Auserwählten, und die Literaten putzten das Wunschbild in ihren Lehrbüchern
und Epen immer majestätischer auf. Propheten, Seher und Sibyllen wurden in allen
Künsten zu Lieblingsmotiven; sie galten jetzt als Zeugen einer alles Menschenmaß
überragenden Größe, und etwas von ihrer Weihe ging auf alle großen Künstler der
Renaissance über. Das Merkmal des Genies war auch hier, wie beim Bekenntnis zur
orphischen Magie, daß es die Tragik dieser Weihe erlebte. Viele große Werke der Renaissance entstanden aus echtem Glauben an die Heiligkeit der Kunst, und das Bekenntnis zu ihr wurde zu einem hohen Thema. Raffael legte es in der «Heiligen Cäcilie» ab, die den Gegensatz von irdischer und himmlischer Musik veranschaulicht, und
in seiner vielbewunderten Gestalt der Poesie in den Stanzen des Vatikans, die durch
den aus Vergil stammenden Spruch «Numine afflatur» gekennzeichnet ist. Zu dieser
Weihe bekannte sich auch Michelangelo: in seinem Moses und im Zyklus seiner Sibyllen und Propheten, die das beliebte Spiel mit dem Sehertum ähnlich hoch überragen
wie Dantes Epos die Poesie der Sonettendichter. Auch Michelangelo war ein Visionär
von riesigen Kräften, Erleuchtungen und Gefahren. Sein Moses blickt mit demselben
Zorn und Gram in die verwüstete Zeit wie Dante, und die kühne Nebeneinanderstel-
lung seiner einsam thronenden Propheten und Sibyllen bildet die zwei Ströme des
visionären Geistes – den biblischen und den klassischen – ab, die sich in Dante getroffen hatten. Auch Michelangelo war es sichtlich nicht um die dogmatische Bedeutung
dieser Gestalten zu tun. Er sah in ihnen reinste Sinnbilder des Offenbarungswissens,
dem er sich als Künstler unterworfen wußte, und verewigte in ihnen seinen Willen
zur tragischen Geistigkeit. Die Entrückung ist vor allem in der Gestalt Jesaias und der
delphischen Sibylle wiedergegeben. Auch sie, und selbst die nächtig-häßliche Cumaea,
haben in ihrer überweltlichen Größe einen Schimmer von Schönheit, der nicht dem
Altertum angehört, sondern aus der Seele ihres Schöpfers stammt. Vollends die Moses-
figur ist eine ungeheure Selbstdarstellung dieses Künstlers.

Dieses Zeitalter sah aber in Luther einen Ausbruch des mystischen Geistes, der den
Abgrund zwischen prophetischem und künstlerischem Denken in Wirklichkeit wieder
öffnete. Durch Luther wurde auf deutschem Boden der ästhetische Inspirationsglaube
der Humanisten unmöglich gemacht. Als Gegner des Papsttums, als Übersetzer und
Ausleger der Heiligen Schrift, als Verfasser einer neuen Liturgie und neuer Kirchen-
gesänge erhob er noch einmal den tatsächlichen Anspruch, das Werkzeug Gottes zu
sein. Die Erfahrung, die ihn dazu veranlaßte, war die Erleuchtung durch das Wort
Gottes. Sie bestätigte sich darin, wie er in drei Monaten das Neue Testament ver-
deutschte. Denn er berief sich auf das geschriebene, nicht auf das unmittelbar gehörte

Gotteswort; darin verriet sich sein priesterlicher Charakter, der ihn zur Gründung einer neuen Kirche trieb. Aber in den ersten Jahren des von ihm geführten Kampfes erlebte Europa ein Schauspiel, wie es nur das prophetische Genie auslösen kann. Da zeigte dieser aufrührerische Mönch, wozu ein Einzelner imstande ist, der im göttlichen Auftrag gegen die Priester und Herren dieser Welt aufsteht. Er brachte als Täter des Wortes die Christenheit in Aufruhr und faszinierte sie mit seiner Person, obschon er dem Menschen jede Möglichkeit abstritt, sich durch seine Werke ein Verdienst zu erwerben. Er war als Mann so unersetzlich, daß er, der Erneuerer der Kirche, zum Bahnbrecher des persönlichen Empfindens in der Religion wurde. Die ihm selbst widerfahrene göttliche Gnade lag doch allem hinreißend zugrunde, was er tat und schrieb. Er erschreckte sein Jahrhundert nicht nur mit der Macht seiner Predigt, sondern wie die Propheten vor allem mit der Wucht seines Ich. Der innere Zwiespalt des Inspirierten zeigte sich im Ergebnis dieses Kampfes, der Kirchenspaltung, die zum geschichtlichen Verhängnis Deutschlands wurde. Auch Luther war eine tragische Gestalt, das ahnte er selbst zu Zeiten, diese Ahnung verdunkelte seine letzten Tage. Wäre er wie Dante statt als Täter als künstlerischer Gestalter des Wortes aufgestanden, so besäße die deutsche Literatur eine Shakespeare ebenbürtige Erscheinung. So aber steht er diesem größten Dichter der Renaissance als der größte Priester des Wortes gegenüber, der Deutschland zur Heimat des visionären Schrifttums gemacht hat.

Gleichzeitig mit dem reinen Evangelium breitete sich die Renaissance in Europa aus. So kam es zu dem Gegensatz zwischen christlicher und heidnischer Kunst, der den Orgelpunkt der neueren Literaturgeschichte bildet. Nicht nur von den klassischen Autoren, sondern auch von der übersetzten Bibel gingen Lebensströme aus, und nicht nur in der Kirche, sondern auch in der Kunsttheorie entstand binnen kurzem ein Pfaffentum, das für die wiedergeborene Dichtung zur Gefahr wurde. In allen Ländern predigte und glaubte man nun an das Genie des Künstlers. Man pries es abwechselnd als Zauberkraft der Natur und als göttliche Inspiration. In Frankreich berief sich Ronsard auf den fundamentalen Unterschied zwischen dem erleuchteten Dichter und dem gewöhnlichen Verseschmied, und Du Bellay sagte den italienischen Lehrmeistern die Sätze vom göttlichen Wahnsinn des Dichters nach. Da damit aber, wie schon bei den Humanisten, die bedingungslose Verherrlichung der antiken Autoren verbunden wurde, lief diese Ansicht auf das Gegenteil mystischer Improvisation, nämlich auf direkte Nachahmung literarischer Vorlagen hinaus. Wenn dann Boileau und Opitz in ihren Lehrbüchern von den göttlichen Geheimnissen der Dichtkunst und der Gnade der Inspiration sprachen, waren das nur noch Redensarten, mit denen sie den Dichter hoffähig machen und eines Amtes, eines Gnadengehaltes für würdig erklären wollten.

Aber in den Kämpfen der Gegenreformation tat sich der von Luther geöffnete Abgrund zwischen geistlichem und weltlichem Wort erneut in großer Tiefe auf. Für die barocke Dichtung war er wieder vorhanden; Fromme wie Freigeister, Katholiken wie Protestanten nahmen ihn im siebzehnten Jahrhundert als eine unbestreitbare Tatsache hin. Am wenigsten empfand man ihn in Spanien, dessen mittelalterliche Frömmigkeit durch keinen Sieg des Klassizismus gebrochen wurde. Seine Kirchenreligion und seine

Kunst erfüllte eine berauschende Pracht und südliche Lebensglut, wie es nur auf diesem Boden eines herrlich farbigen und naiven Volkslebens sein konnte. Calderons
Lebenswerk ist eine Einheit, obschon es aus den zwei Hälften des weltlichen und des
kirchlichen Theaters besteht. Dagegen existierte selbst in Paris, der Hochburg des
weltlichen Klassizismus, eine starke Spannung zwischen dem kirchlichen und dem
schöngeistigen Lager. Corneille erlebte mitten in den Jahren seines großen Ruhms
eine religiöse Krise. Er wandte sich der Übersetzung mystischer Schriften zu, besonders der «Imitatio Christi» des Thomas a Kempis, deren Übertragung er dem heiligen
Vater in Rom widmete. Nach dem Mißerfolg des «Pertharite» ging er nach Rouen
und beschäftigte sich jahrelang fast ausschließlich mit frommer Schriftstellerei. Racine
stand als abtrünniger Zögling von Port-Royal, der den Lockungen der Bühne und der
großen Welt erlegen war, mitten in dem Konflikt, der sich zwischen jenem Zentrum
asketischer Weltentsagung und den Stätten der heroisch-galanten Hofkultur entwickelte. Sein seelisches Gleichgewicht befand sich schon zur Zeit seiner glänzendsten Erfolge bei der großen Gesellschaft in einer ständigen Erschütterung. Für ihn
wurde der durch Intrigen herbeigeführte Mißerfolg der «Phèdre» zum Wendepunkt.
Er erkannte sein dichterisches Schaffen, das ihn bis zur Darstellung der blutschände-
rischen Liebe geführt hatte, als Sünde und nahm die Buße auf sich. Die «Phèdre» blieb
sein letztes weltliches Werk. In einer tiefen Verzweiflung vernichtete er die fast vollendete «Alceste» und zog sich vom Theater zurück. Nur ein Ketzer wie der Schlesier
Quirinus Kuhlmann konnte es jetzt noch wagen, sich lachend über den Krieg der Dogmen zu stellen und den Dichter als den einzigen wahrhaft von Gott Erleuchteten zu
rühmen: «Ich lache offtmals / wann ich der Weltweisen Schrifften lesen sehe / daß dise
Nachfolger des Pythagoras / dise des Aristoteles / dise des Platons / andere anderer
heißen: Der Poet aber allein erhält keinen Lehrjünger / weil er Gott zu seinem Lehrmeister gehabt: Er verträget keinen Nachfolger, weil er seines gleichen ni hinterlässet.
Denn wi Himmelfeuer mit seinen Lichtstrahlen vergehet / noch etwas nach sich mehr
zeigt; di Flammen hergegen / welche wir schauen / alles mit Rauch umhüllen: Also
haben auch Göttliche Gemütterbewegungen / außer verwundernder Erstaunung /
nichts hinterstellig.»

Aus der religiösen Erregung dieser Zeit ging tatsächlich noch einmal ein solcher
Erleuchteter hervor, der Dantes Spuren folgte. Der englische Bürgerkrieg schuf die
geschichtlichen Voraussetzungen für sein Erscheinen: einen revolutionären Aufruhr
um die Kirche, den fanatischen Eroberungswillen einer theokratischen Partei, die politische Leidenschaft eines hochgesinnten Dichters. Für John Milton wurden in diesen
Kämpfen die Tage Jesaias zur Gegenwart. Der poeta vates, von dem auch er in seiner
Jugend schön zu reden wußte, stieg wie bei Dante aus den Büchern in die Zeit herab.
Mystische Verzückungen lagen diesem Aristokraten fern, dagegen entsprach es seiner
stolzen Natur, daß er schon als junger Barockpoet für die Dichter seiner Zeit Verachtung empfand und ihr «verzuckertes Gift» verdammte, weil er künstlerische Schönheit ohne moralische Größe nicht gelten ließ. Er sprach mit rhetorischem Schwung
von der göttlichen Inspiration des Dichters als einer seltenen, meist mißbrauchten

Offenbarung, deren Aufgabe es sei, neben der Predigt der Kirche den Samen der Sitt-lichkeit auszusäen und die heiligen Lehren in Beispiele und Bilder zu kleiden. Dieses humanistische Ideal erlebte die Feuerprobe, als Milton sich von seinem Ehrgeiz dazu treiben ließ, im Freiheitskampf der Puritaner gegen die Kirche und den Thron mitzu-streiten. Fast zwanzig Jahre lang kämpfte er als ihr geistiges Haupt für das Reich Gottes auf englischem Boden, das den Gegnern als Wahnwitz, ihm aber als die reine Anwendung des Evangeliums erschien. Er glaubte an das Walten eines gerechten, liebenden Vatergottes, der die Menschen zur Freiheit bestimmt habe und ihnen gegen alle Unterdrücker beistehe. Gott selbst führte das Volk, er nahm an den politischen Kämpfen teil, er war der Beschützer der Freiheit. Freiheit war für Milton eine Sache der inneren Ordnung, nicht der äußeren Institutionen. Alle Sklaverei der Völker hielt er für selbstverschuldet, dadurch, daß sie ihre Triebe über die Vernunft obsiegen ließen. Freiheit hieß Nachfolge Christi, ein freies Volk war eine von Christus erleuch-tete, von der Liebe beherrschte Gemeinschaft. Diese heilige Politik schrieb Milton den Puritanern und sich selber zu. Reinheit war alles; der geistig beherrschte, aus eigener sittlicher Kraft erlöste Mensch gewann die paradiesische Unschuld zurück, die ihn in das direkte Verhältnis des Kindes zum göttlichen Vater brachte. Er selbst glaubte sich so bezwungen zu haben, fühlte sich als gottgefälliger Reiner und begrün-dete seinen Übertritt in die Politik mit dem Hinweis auf die alttestamentlichen Pro-pheten. Gott selbst, versicherte er, habe ihn durch seinen «Sekretär», das Gewissen, zum Herold in diesem heiligen Krieg bestellt. Mit glühendem Haß bekämpfte er den Adel und die gottverlassene Staatskirche, die Säulen des moralisch verfaulten Hofes. Er trieb eine brutale messianische Machtpolitik und schreckte zur Verteidigung der Republik vor keinem Gewaltakt zurück.

Als er erkannte, daß die Puritaner ihre Macht nur zu einer neuen unduldsamen Or-thodoxie ausbauten, brach er mit ihnen und trat zu ihrem radikalen Flügel, den von Cromwell geführten Independenten, über. Diese «Heiligen der letzten Tage» waren eine chiliastische Sekte, die an die bevorstehende Wiederkunft Christi und die Grün-dung seines tausendjährigen Friedensreiches vor dem Weltende glaubte. Sie hielten sich für die von Gott beauftragte Vorhut des auserwählten englischen Volkes, die das Regiment des Messias vorzubereiten habe. Milton teilte diesen Glauben an das «neue Israel». Als literarischer Verfechter und Verteidiger der chiliastischen Diktatur ver-faßte er an der Seite Cromwells die großen Kampfschriften, die das Volk mit dem Ter-ror befreunden und ihn vor der feindseligen öffentlichen Meinung Europas rechtferti-gen sollten. Sie zeigen auf jeder Seite, daß er sich, wie Luther und die Propheten, für ein inspiriertes Werkzeug Gottes hält, sogar dann, wenn er die Gegner mit unflätigen Beschimpfungen überschüttet. Er begründet alle seine Ansichten religiös. In der «Areopagitica» stellt er die Zensur als die teuflische Erfindung der Päpste an den Pranger. In der Schrift «Of Reformation» flicht er einmal ein Gebet um Schutz für die heilige Schar der Gottesstreiter ein. Von der Erhebung des Reiterobersten Cromwell zum Lord-Protektor behauptet er, sie sei «by the special direction of the deity» ge-schehen, und er zögert nicht, ihn als «almost instructed by immediate inspiration» zu

bezeichnen. Im Namen dieses Gottesdieners rechtfertigte er schließlich die Hinrichtung des Königs, die Europa erschütterte, und wurde mit dem Amt des Sekretärs für
die auswärtige Korrespondenz der Regierung belohnt.

Aber der Sieg des Diktators war nicht der Sieg des Dichters. Cromwell nahm auf
Miltons radikale Forderungen, die Abschaffung der Priesterbesoldungen und die Trennung von Kirche und Staat, keine Rücksicht. Er gründete ein Reich von dieser Welt,
den Nationalstaat des freien englischen Volkes, der auf Waffengewalt beruhte. In Miltons Augen war damit die reine Idee geopfert. Er begann an der Gottgefälligkeit dieses Werkes zu zweifeln und gegen das ungläubige englische Volk Drohungen auszustoßen. Doch er hatte sich zu tief verstrickt, um den Rückzug antreten zu können. Er
hielt enttäuscht auf seinem Posten aus und verzehrte sich für die heilige Sache bis zur
Katastrophe. Die politische Schriftstellerei hatte seine Sehkraft geschwächt, 1652 erblindete er. Die langen Kämpfe endeten mit dem Zusammenbruch des heiligen Staates.
Die Stuarts kehrten zurück, Miltons Bücher wurden durch den Henker verbrannt, er
selbst war geflohen und mußte sich fast ein Jahr lang verborgen halten. Einflußreiche
Freunde erwirkten ihm Amnestie, aber er war ein gebrochener Mann. Das englische
Volk hatte sich seines Glaubens als nicht würdig erwiesen. Seine eigenen Töchter behandelten ihn schändlich, sein Vermögen und seine Gesundheit, seine besten Jahre
waren dahin. Blind wie Teiresias zog er sich in die Einsamkeit zurück und schrieb das
«Verlorene Paradies».

Auch dieses Epos ist das Werk eines gescheiterten Politikers, sein letzter Kampf für
das Reich Gottes auf Erden. Milton hatte es einst aus Begeisterung für den politischen
Kampf liegen lassen, jetzt wurde daraus statt des erhofften Triumphgesangs seine
Rechtfertigung der Niederlage. Er knüpfte an die höchsten Vorbilder an, um die zer-
störte Heiligkeit der Poesie wieder herzustellen. Sein Dichtwerk will «die Vorsehung
preisen und die Wege Gottes vor den Menschen rechtfertigen». Als ein heiliges Werk
fließt es nicht aus jugendlichem Überschwang, «nicht aus der Anrufung der Göttin
Erinnerung und ihrer Sirenentöchter, sondern aus dem feurigen Gebet zu dem ewigen
Geist, der seinen Auserwählten jegliche Poesie und Wissenschaft verleiht und seinen
Seraph mit dem heiligen Feuer von seinen Altären sendet, damit er die Lippen der von
ihm Erkorenen berühre und rein mache». Dieser «ewige Geist» ist nicht der Gott der
Bibel, sondern der Gott von Miltons glühendem Freiheitswillen. Kein Wunder, daß
in den Eingangsversen nacheinander die «Himmelsmuse» auf dem Horeb oder Sinai,
die Moses entflammt habe, die Muse von Zion und der heilige Geist angerufen werden.
Das Große ist, wie Milton seinem ins Riesige gesteigerten mythologischen Gemälde
persönliches Leben einzuhauchen vermag. Der englische Bürgerkrieg ist darin zum
Krieg der Engels- und Teufelsheere, zum Kampf zwischen Licht und Finsternis geworden. Sein eigentlicher Held ist Luzifer, der Empörer gegen Gott, der die Freiheitsidee zum höllischen Zerrbild macht und unverkennbare Züge Cromwells trägt. So
wie dieser cäsarische Dämon stürzen alle Tyrannen – aber Milton hatte ihm selber
gedient. Er hatte den Sündenfall mitgemacht und stellte in Adam sein eigenes Schicksal dar. Überall dort, wo der leidende Dichter unverhüllt hervortritt, wirkt er ergrei-

fend. So im Eingang des dritten Gesangs, wo der Erblindete das hehre Licht preist, seine Blindheit beklagt und um inwendige Erleuchtung fleht, damit er sehen und sagen könne, was sterblichen Augen unsichtbar sei. Wahrhaft genial wirkt er – im Gegensatz zu Klopstock – eben durch die blasphemische Naivität, mit der er den sakralen Rahmen durchbricht. Wie Dante ist er nichts weniger als ein heiliger Mensch, sondern eine stürmisch und sündig bewegte Seele. Seine Jenseitsvisionen sind mit satirischen Ausfällen und persönlichen Bitterkeiten durchsetzt, und wenn schon Dante die Himmelsbilder weniger glaubhaft gelungen sind als die Höllenszenen, so gilt dies für Milton noch viel mehr. Das Weltkind in ihm nahm wider Willen die Partei des Fürsten aller Dämonie und schwarzen Magie, des Erzfeindes der göttlichen Weltordnung. Er sprach eine menschliche Wahrheit aus, keine göttliche[1].

Miltons letztes Wort war das Drama «Samson Agonistes», das diese innere Tragödie enthüllt. Sein geblendeter, gottverlassener Simson trauert wie er selbst über seine verfehlte Mission. Die Blindheit ist ihm die Strafe für seinen Abfall. Mitten unter den höhnenden, jubelnden Philistern sammelt er die Kraft zum schrecklichen Triumph, mit dem er untergehend seine Treue gegen Gott beweisen will. Er reißt die Säulen der Tyrannei für immer ein und begräbt sich, zur Sühne seines Versagens, mit den Gottlosen[2]. Aus dem unbändigen Stolz dieses Untergangs spricht der Geist, der das englische Imperium schuf. In Milton ist dieser Stolz gebrochen, er stellt dem Reich von dieser Welt noch einmal die Vision der erlösten Erde entgegen.

HEILIGE DICHTUNG DER DEUTSCHEN

Für die Wortführer des profanen Geistes, der in der Aufklärung seinen Siegeslauf begann, hatte die religiöse Kunst ihre Weihe verloren. Sie sahen in ihr nur das willige Instrument des pfäffischen Aberglaubens, einen überwundenen Standpunkt der Dichtung wie des Publikums. Diese höhere Weihe war ihnen von der Schulbank her als eine Redensart bekannt, und sie kannten den feierlichen Schwindel, der mit ihr getrieben worden war. Sie wußten sehr gut, daß der Dichter Züge mit dem Wahnsinnigen gemeinsam hat, aber das reizte sie nicht mehr zur Ehrfurcht, sondern zum Spott. Hel-

---

[1] Goethe erkannte das bei der Lektüre sogleich: «Auch bei diesem Gedichte, wie bei allen modernen Kunstwerken, ist es eigentlich das Individuum, das sich dadurch manifestiert, welches das Interesse hervorbringt. Der Gegenstand ist abscheulich, äußerlich scheinbar und innerlich wurmstichig und hohl. Außer den wenigen natürlichen und energischen Motiven ist eine ganze Partie lahme und falsche, die einem wehe machen. Aber freilich ist es ein interessanter Mann, der spricht, man kann ihm Charakter, Gefühl, Verstand, Kenntnisse, dichterische und rednerische Anlagen und sonst noch mancherlei Gutes nicht absprechen. Ja der seltsame einzige Fall, daß er sich, als verunglückter Revolutionär, besser in die Rolle des Teufels als des Engels zu schicken weiß, hat einen großen Einfluß auf die Zeichnung und Zusammensetzung des Gedichts, sowie der Umstand, daß der Verfasser blind ist, auf die Haltung und das Kolorit desselben» (an Schiller, 31. Juli 1799).

[2] Dieses Drama, das Händels Oratorium anregte, konnte Goethe «nicht genugsam bewundern»: «Ich wüßte kein Werk anzuführen, welches den Sinn und die Weise der alten griechischen Tragödie so annähernd ausdrückte und sowohl in Anlage als Ausführung eine gleiche Anerkennung verdiente» (an Zelter, 31. Dezember 1829).

vetius begann seine Abhandlung über das Genie (in «De l'esprit»): «Beaucoup d'auteurs ont écrit sur le génie: la plupart l'ont considéré comme un feu, une inspiration, un enthousiasme divin, et l'on a pris ces métaphores pour des définitions». Das war genau die Schwäche der antikisierenden Poetiker gewesen. Ihr hatte man es zu verdanken, wenn jetzt ein allgemeiner Abscheu gegen die mythologischen Metaphern überhand nahm. Die Dichtung wurde aus dem Nebel hochtönender Phrasen hervorgezogen und als eine ganz und gar natürliche, diesseitige Sache erklärt. Saint-Evremond witzelte: «La poésie demande un génie particulier, qui ne s'accommode pas trop avec le bonsens. Tantôt c'est le langage des dieux, tantôt c'est le langage des foux, rarement celui d'un honnête-homme.» Der Physikprofessor Lichtenberg parierte den Glauben an die Inspiriertheit der Heiligen Schrift mit dem Satz: «Unsere Theologen wollen mit Gewalt aus der Bibel ein Buch machen, worin kein Menschenverstand ist», und den Glauben an Seher mit dem Wort: «Die Orakel haben nicht sowohl aufgehört zu reden, als vielmehr die Menschen, ihnen zuzuhören.» Lessing traf die Poeten mit dem höhnischen Epigramm:

Es freuet mich, mein Herr, daß ihr ein Dichter seid.
Doch seid ihr sonst nichts mehr, mein Herr? Das ist mir leid.

Aber die Spötter täuschten sich. Der Sieg der Vernunft über den Aberglauben war nur scheinbar. Das mystische Bedürfnis lebte unterirdisch weiter und befriedigte sich an Ersatzprodukten. Im aufgeklärten Europa blühte an allen Ecken und Enden der Weizen der Geheimgesellschaften und Sekten. Freimaurer und Illuminaten, Rosenkreuzer, Geisterseher, Astrologen, Alchimisten, Magnetisten kamen mit ihren esoterischen Riten und Lehren dem Hunger nach Metaphysik entgegen. Was die Religion durch das vernünftige Christentum in den Kirchen verlor, gewann sie außerhalb durch das Überhandnehmen des Pietismus. Als die Säkularisation in vollem Gang war und die fortschrittlichen Geister die Schlacht schon gewonnen glaubten, erwachte auch die Sehnsucht nach einer heiligen, geweihten, von himmlischen Dingen kündenden Dichtkunst wieder. Die Bewegung ging vom protestantischen Norden aus, die Bibel spielte in ihr wie bei Milton eine wichtige Rolle. Begeisterte protestantische Theologen standen im vordersten Glied der englischen Frühromantik, in der Berührung zwischen Theologie und Dichtung leuchtete das Ideal der seherischen Kunst wieder auf. Das Buch des Bischofs Lowth über die heilige Poesie der Juden («De sacra poesi Hebraeorum») würdigte zum erstenmal die dichterische Schönheit des Alten Testaments.

Dem Zürcher Bodmer öffnete die Lektüre Miltons die Augen für die Größe der heiligen Poesie. Seither ließ ihn der Gedanke an ein neues biblisches Epos in deutscher Sprache nicht schlafen. Der Gedanke war größer als der Mann, der ihn aus literarischem Ehrgeiz faßte. Schon an diesem Schrittmacher zeigte sich die Schwäche, die der neuen Sakraldichtung dauernd anhaftete, daß sie – anders als noch Miltons Epos – von vornherein als Dichtung konzipiert wurde. Das erklärt ihr ganzes Schicksal. Die ersten Gesänge des «Messias» überzeugten Bodmer sofort, daß das Wunder geschehen sei, und es gelang ihm, die deutsche Literatur in eine heilige und eine ungläubige Partei zu spalten. Aufgeklärte Geistliche kamen ihm in seiner Bewunderung für Klopstock zu Hilfe, die Orthodoxen wollten von dieser literarischen Ausschlachtung der heiligen Schrift nichts wissen. Daß der geweihte Dichterjüngling ihn persönlich enttäuschte und zu den Feinden abschwenkte, machte ihn nicht irre; er suchte und fand Ersatz. Der junge Wieland schien erbötig, die Nachfolge anzutreten; er ließ sich herbei, in der Vorrede zu den «Empfindungen eines Christen» die anakreontischen Poeten als «Prediger der Wollust und Ruchlosigkeit» zu denunzieren. Die Hauptstütze des Programms war aber Bodmers eigene Feder, die einen «Noah» und andere «Patriarchaden» verfertigte, einen rastlosen Kampf gegen die Windmühlen der Modedichtung aufnahm und rasch auf geschichtliche Themen auswich, als es ihr bei den biblischen nicht mehr ganz geheuer war. Religiöse Ergriffenheit leitete dagegen den jungen Pyra, dessen umfangreiches Lehrgedicht «Der Tempel der wahren Dichtkunst» die Poesie als einen Tempeldienst geweihter Priester feierte und sie hoch über den Dunst der Zeit in die Wolken entrückte. Dieses rührende Machwerk war das Bekenntnis eines frommen Dilettanten, aber es wies in die Richtung, aus welcher die erweckenden Kräfte kamen: auf die pietistischen Zirkel, die Wiege so vieler deutscher Ketzer und Apostel. In ihnen lebten die von der Reformation entbundenen, vom protestantischen Bekenntnis nur teilweise beruhigten mystischen Regungen fort.

Klopstocks «Messias» machte die frommen Wünsche zum geistigen Ereignis. Den Zeitgenossen schien es, als sei in diesem Sänger ein Cherub auf die Gefilde Deutschlands herabgestiegen. Er fiel wie ein Adler in die spiegelglatte Fläche der deutschen Rokokopoesie herab und betrachtete sich selbst als den Erlöser der deutschen Dichtung. Als erster Deutscher wagte er es, nichts als Dichter zu sein, indem er sich auf seine göttliche Inspiration berief. Er sprach verächtlich über allen weltlichen Glanz der Kunst, geißelte die Nichtswürdigkeit der literarischen Kreaturen, die den Tempel der Poesie entweihten, und trat ihnen mit der kryptischen Dunkelheit seines Pathos entgegen. Die Besten glaubten ihm eine Zeitlang seinen riesigen Anspruch, weil die Zeit sich nach dem Erhabenen und Feierlichen sehnte. Man bewunderte nicht nur in ihm, sondern in seinem ganzen salbungsvollen Gefolge die Heroen des «heiligen Gesangs der Deutschen», und es dauerte lange, bis des Meisters Würde verdächtig wurde. In Wahrheit fehlte auch ihm die wichtigste Voraussetzung zur Wiederherstellung des inspirierten Wortes. Er war gar keine religiöse Natur, erst die Lektüre von Bodmers hölzerner Milton-Übersetzung hatte ihn auf den Gedanken eines heiligen Gedichts gebracht. Er versuchte diesen Sachverhalt später zu vertuschen, aber er trübt auch seinen einst berühmten Aufsatz «Von der heiligen Poesie». Was Milton am Ende einer großen politischen Laufbahn als Frucht eines außerordentlichen Schicksals geschaffen hatte, das traute sich Klopstock als Schüler zu, ohne die Existenz Dantes zu ahnen. Er sah in Milton einen fromm entrückten Liebling Gottes und war blind für seine zwischen Himmel und Hölle schwankende Leidenschaft. So kam es zu so hohem Getön wie der Ode «Die Stunden der Weihe», in der er sein Schreiben als prophetischen Auftrag an die Jahrhunderte schildert, und zu solchen Geschmacklosigkeiten wie dem Hymnus «An Gott», in dem er seinen himmlischen Auftraggeber anfleht, ihm seine Fanny zu geben, damit er in ihrem Arm das Lied vom Mittler noch erhabener singen könne.

Von ihr geliebet, will ich dir feuriger
Entgegenjauchzen! will ich mein volles Herz
In heißern Hallelujaliedern,
Ewiger Vater, vor dir ergießen!

Schon Lessing merkte dies ironisch als Blasphemie an. Neben Dante, Milton, Jesaia macht Klopstock mit der Geliebten im Arm keine gute Figur[1]. Auch unter den Deutschen hatte ihm ein Größerer, Händel, das Lied vom Messias schon vorweggenommen, auf unvergängliche Weise und ohne sich als Auserwählter zu fühlen. Trotz aller Sprachgewalt hatte Klopstock nichts zu sagen. Die Aufgabe, die er erkannte, war für ihn zu schwer. Im religiösen Bezirk gilt auch für die Kunst das Wort von den Berufenen und Auserwählten. Nur in dieser Umkehrung konnte der Sänger des «Messias» den Beweis erbringen, daß es eine mystische Weihe gibt.

Das Fragwürdige seiner Berufung kam schließlich in seiner Lyrik zum Vorschein. Hier singt er gleichzeitig in drei Tönen: hymnisch in den christlichen Oden nach dem Vorbild der Psalmen, adelig-gemessen in den nach Horaz und Pindar geformten antikischen Strophen, dithyrambisch dunkel in den von Ossian inspirierten Bardengesängen. Er ließ sich, als die Gesänge Ossians bekannt wurden, sofort von dessen heidnischen Göttern bezaubern. Auch er durchschaute die Mystifikation Macphersons nicht, obschon er als Erster den falschen Propheten hätte erkennen müssen. So schlug er nun als teutonischer Barde die magische Harfe, griff in die apollinische Leier und rauschte in den Saiten von Davids Psalter. Die freien Rhythmen seiner besten geistlichen Hymnen klingen überzeugender als sein teutonischer Bombast, aber auch sie waren nur ein Vorspiel zu Größerem. Denn es war ihm dort wie hier im Grund nur um seine Person zu tun, und leider zwang ihn niemand, Farbe zu bekennen. In der Dithyrambe «Der Hügel und der Hain» schildert er den Wettstreit zwischen dem heilig erleuchteten Barden, aus dem Seele der Natur von den alten Göttern des Vaterlandes singt, und dem lorbeergeschmückten klassischen Poeten, der die Goldleier schlägt. In der «Roßtrappe» tritt er als letzter «Druide» auf, der seinem Volk noch einmal aus der heiligen Quelle weissagt. In allen diesen Verkleidungen bleibt er derselbe sich ohnmächtig zum Sehertum aufreckende Patriot und Theologe. Man sage nicht, die Zeit für die Erfüllung seiner Vision sei noch nicht dagewesen. Das Genie vollbringt das Unmögliche, und gerade der Seher kommt immer zur Unzeit, redet immer «zu früh»[2].

[1] Die umfangreiche Monographie Karl Kindts («Klopstock», 2. Aufl. 1948) versucht ihn trotzdem noch einmal neben Bach und Dante zu stellen und ihn zum größten Epiker des christlichen Abendlandes zu stempeln. Dieser Irrtum hat unter dem Einfluß von Hölderlins neuer Geltung neuerdings Zugkraft gewonnen. Dagegen urteilt Friedrich Sengle: «Das Epos ‚Messias‘ war die erste der großen, tragikomischen Illusionen, welche in Deutschland der historisch-romantische Geist auf literarischem Gebiet, und nicht nur auf diesem, in so großer Zahl und mit so unheimlicher Konsequenz hervorgebracht hat» («Wieland» 560, 1949).

[2] So urteilte schon Zelter über ihn: «Er wäre es wert gewesen zu sein, was er wünschte. Er hat genug getan, so schöne Materialien zu ahnden und zu sammeln; sein Name soll nicht vergehen, wenn auch niemand weiß, was er gewollt hat» (an Goethe, 18. November 1812).

Hätte Klopstock nur etwas von der religiösen Originalität William Blakes besessen, in dem die englische Frühromantik einen echten Visionär hervorbrachte! Dieser Dichtermaler hat, was man an dem Deutschen vermißt: religiöse Erfahrung und Kenntnis der großen prophetischen Tradition. Er war ein wirklicher Geisterseher von ungewöhnlichen medialen Gaben. Schon als Kind sah er den Propheten Ezechiel und schrie vor Entsetzen über Gott, der aus dem Fenster seines Elternhauses blickte. Als Mann sah er täglich große Tote als Gäste bei sich, sprach davon als von etwas Selbstverständlichem und porträtierte sie wie lebende Besucher. Für ihn gab es keinen Unterschied zwischen Kunst und Religion; nur ein Künstler war nach seiner Ansicht überhaupt ein Christ, die Kunst die stehengebliebene Brücke ins Jenseits. Mit der Einfalt eines Kindes sah er seine eigenen Dichtungen und Malereien als Offenbarungen aus dem Jenseits an, für die er die persönliche Verantwortung ablehnte. Im Studium Swedenborgs, Böhmes und der Gnosis erweiterte sich sein Okkultismus zu einer kosmogonischen Theosophie, und auch sein religiöses Fühlen vertiefte sich zu einer Tragik, von der Klopstock nichts ahnte. Das hing wohl auch damit zusammen, daß Dante und Milton, die dieser nur von ferne kannte, ihm in gewaltiger Nähe vor Augen standen.

In Blakes Vision ist das Universum Schauplatz eines ewigen Streits zwischen Geist und Materie. Die Erschaffung der Welt ist Gottes eigener Sündenfall in das Böse. Er hat mit ihr sich selbst betrogen, sein geistiges Sein an die körperliche Existenz, an das Dasein in der wesenlosen Vereinzelung getauscht und damit das Böse hervorgebracht. Dieser sündig gewordene «Gott der Juden», der Urheber der Gesetzestafeln, ist der falsche Gott, den die von Blake verfluchten Priester anbeten, während der wahre immer noch als reiner Geist außerhalb der Schöpfung existiert. Gottes Sündenfall erbt sich in seinen Geschöpfen und besonders im Menschen fort, dessen Seele in «Unschuld» und «Erfahrung» gespalten ist. Unschuldig ist sie noch im Kind und im Künstler, da weiß sie noch um die ursprüngliche, paradiesische Heiligkeit des Seins. Die erfahrenen Menschen dagegen leben in der öden Vereinzelung, in der Eigenmächtigkeit des Verstandes, der nur Vereinzeltes, nur Körperliches in Raum und Zeit erkennt und ihnen dieses «natürliche» Erkennen als das wahre vorlügt. Der Verstand ist das Böse, die Hölle, die Verneinung des wahren Gottes. Die Kunst aber sieht die Welt noch ursprunghaft, als heilige Einheit alles Seins in Gott. Der Dichter widerspricht als «Stimme des Teufels» aller Verstandesklugheit und rüttelt die Menschen aus ihrem Wahnleben auf. In ihm lebt die «imagination», die schauende Kraft, die auch in den alten Propheten war. Der prophetische Geist des Dichters ist das Göttliche im Menschen, das in der ganzen Schöpfung durch die Erfahrung verdunkelt wurde, der ursprüngliche Einklang aller Wesen in Gott.

Diese ketzerische Genielehre stellt Klopstocks farblose Feierlichkeit tief in den Schatten, und auch den seltsamen Dichtwerken, in die sie sich umsetzte, sieht man es an, daß sie einem größeren geistigen Wagnis entstammen. In Blakes «Songs of Innocence» singt wirklich eine reine Seele vor dem Sündenfall, die alles Seiende bis in die Abgründe des wildesten Lebenswillens arglos gutheißt. Aber in den «Songs of Experience» erschüttert diesen Reinen das Böse, dem er im Gedicht auf den Tiger ins Auge sieht. Die großen Visionen, die er in seinen «Prophetischen Büchern» niederlegte, kreisen um das Mysterium dieses ewigen Kampfes zwischen Gutem und Bösem. Sie klagen im Tonfall der Psalmen über den Sturz Gottes und der Welt in den Verstandestod, sie sprechen im Pathos der Propheten vom Untergang und der kommenden Erlösung. Aus der Entrückung in tiefste Trauer und höchste Freude wächst eine ganze Mythologie mit eigenen Göttern, Dämonen und gnostischen Symbolen hervor, die bald an die Bibel, bald an die Barden oder an Böhme erinnern, aber immer aus persönlichem Schauen empfangen sind. Das Milton-Epos, in das sich Blakes Studium des Meisters niederschlug, verherrlicht Milton in einer kosmischen Allegorie als Heros der dichterischen Imagination. Die Versgebäude dieser «Prophetischen Bücher» sind wie die Zeichnungen und Ornamente, die ihren Text durchschlingen, ein Gemisch aus genialer Schau und monotoner Leere: das endlos schweifende, uferlos deklamierende, oft unverständliche Gelall und Geraune eines in seine Gesichte Versunkenen, der nicht mehr sein will als der Mund der sibyllinischen Verzückung. Seine Dichtung mußte in Phantastik und doktrinäre Grübelei zerrinnen, ähnlich wie die Lavaters und wie die allegorischen Zeichnungen seines Freundes Heinrich Füßli. Aber sie steht in ihrer Art hoch über allem, was die gleichgesinnten deutschen Zeitgenossen zu Papier brachten. Eben diese halbbewußte, strömende Eingebung und das demütige Gefühl, nur singender Mund einer höheren Macht zu sein, wirkt echter als Klopstocks autoritäres Selbstbewußtsein. Anderseits täuschte sich Blake, wenn er sich mit solchen Phantasien als Nachfolger der alttestamentlichen Propheten empfand. Er steht auf der Grenze zwischen Vision und Traum, in der Reihe der magischen Seher, die ihre Offenbarungen von der Natur empfangen, und hat nicht grundlos die menschliche Natur die Quelle und das Ziel aller Offenbarung genannt. Als Jesaia und Ezechiel bei ihm zu Tisch waren, fragte er sie, wieso sie zu behaupten wagten, daß Gott zu ihnen gesprochen habe, und ob sie nicht bedacht hätten, daß das übel verstanden werden müsse. Jesaia antwortete ihm: «Ich sah keinen Gott noch hörte ich einen in einer endlichen, organischen Wahrnehmung, aber meine Sinne entdeckten das Unendliche in jedem Ding, und ich war überzeugt und bleibe es, daß die Stimme ehrlicher Entrüstung die Stimme Gottes ist; ich kümmerte mich nicht um Folgen, sondern schrieb.» Das gilt für den Magier Blake, nicht für das Werkzeug Jahwes.

Johann Georg Hamann steht dem Geist dieses Ketzers näher. Er brach in London als verlorener Sünder über der Bibel zusammen und erlebte das Wunder von Gottes Gnade, wie Luther es lehrte. Seither verwarf er alle weltliche Kunst und Wissenschaft als Lüge und machte – wie später der von ihm beeindruckte Kierkegaard – die göttliche Gnade zum Maßstab der literarischen Größe. Er war überzeugt, daß hohe Dichtung nur aus dem Bewußtsein der Gotteskindschaft erwachsen könne. Sie war nichts anderes als das unmittelbare, erschütternde Innewerden der Verbundenheit mit Gott. Daraus war vor Zeiten das weltschöpferische, zeugende und verwandelnde Wort entsprungen. Aber diese «Muttersprache des menschlichen Geschlechts» hatte wie alles Menschenwerk der «Schlangenbetrug» des Sündenfalls verdorben und zum Werkzeug satanischer Verführung erniedrigt. Nur die göttliche Gnade konnte sie aus dem Gespinst von Wahn und schwarzer Magie wieder erlösen, in das sie verstrickt war, und nur ein vom heiligen Wehen der Frühe berührter Geist, nur das Genie konnte diese Wiedergeburt bewerkstelligen, wie Luther es getan hatte. «Laßt uns jetzt die Hauptsumme der neuesten Ästhetik, welche die älteste ist, hören: Fürchtet Gott und gebt Ihm die Ehre, denn die Zeit Seines Gerichts ist kommen, und betet an den, der gemacht hat Himmel und Erden und Meer und die Wasserbrunnen!» So fielen diesem Prediger in der Wüste Poesie und Inspiration in eins zusammen. Es vernahmen ihn Wenige, aber diesen wurde er zum Schicksal. Die Worte, die er gegen die verweltlichte Dichtung sprach, hatten den Tonfall der prophetischen Inspiration und leiteten eine wirkliche Umkehr der Dichtung ein. «Nicht Leier! – noch Pinsel! – eine Wurfschaufel für meine Muse, die Tenne heiliger Literatur zu fegen!» Bei ihm verquickte sich aber die Botschaft seltsam mit paradoxer Gaukelei. Seine Theologie verdunkelte sich zu einer Theosophie voller gnostischer Elemente und umkreiste schließlich das Mysterium der Zeugung, die «Feuerwurzel» des Geschlechts in Phantasien, die Mystizismus und Esoterik zum schwülen Zaubertrank vermischten.

Hinter Klopstock und Hamann traten die Apostel auf den Plan. Sie begannen ein großes Bekehrungswerk an der Dichtung, und es begann sich das Kunstpriestertum zu bilden, das eine Besonderheit der deutschen Literatur ist, ein letzter Abglanz der Reformation. Klopstock hatte die Grenze zwischen Religion und Poesie verwischt und begeisterte die Vielen, deren Sinn nach einer literarisch verwässerten Mystik, einer mystisch verwölkten Literatur stand. Sie jubelten nun Lavater zu, der ihrem Geschmack noch besser entgegenkam. In ihm erschien der Literat mit dem Heiligenschein, der sich anheischig machte, die zur Kunst abgefallenen Weltkinder wieder in die Kirche zurückzuführen. Der Zürcher Pfarrer wurde, besonders von den Frauen, als der beste Christ und der beste Dichter angeschwärmt, obschon er nur ein Doppelgänger von beiden war: ein zweideutiger Wundertäter, der klassische Dilettant. Er hatte wie Cagliostro den schamanistischen Zug, der ihn unwiderstehlich machte. Unberufen, aber äußerst betriebsam vermittelte er zwischen den pietistischen und schöngeistigen Zirkeln. Seine schlechteren Genossen wie Christoph Kaufmann, der «Spürhund Gottes», stellten sich bald als Hochstapler mit literarischen Allüren heraus, in den besseren wurde der Typ des Salonchristen zur charakteristischen Zeiterscheinung. Seit dem Spätmittelalter war der christliche Geist mit dem literarischen Ästhetentum nie mehr eine so verfängliche Verbindung eingegangen wie in Hamann, Lavater, Zinzendorf oder Fritz Jacobi. Da sogar Goethe eine Zeitlang zu diesem Lager hielt, war es kein Wunder, daß die Zungenredner ihre Begeisterung mit mystischer Erleuchtung verwechselten und sich als Gottgesandte in die Brust warfen.

Die starken Geister dieses Kreises wurden in einen Konflikt getrieben, der sie rasch von den naiven Aposteln trennte. Schon in Herder, dem Schüler Hamanns, dem Führer Goethes zu den verlorenen Offenbarungen der Poesie, kam es zur Krise dieses seherischen Wesens. Herder war ein echter Visionär und Kämpfer, bedrängt von prophetischen Gesichten, der größte Kenner und Erklärer des magischen und mystischen Sehertums, der in dieser Zeit auftrat. Als er noch jung war, fühlte auch er sich zu refor-

matorischen Taten berufen. Er wagte es als inspirierter «Redner Gottes», den christlichen Rahmen der Verkündigung zu sprengen, und predigte die Einheit von Religion und Poesie unter Berufung auf Shakespeare und Ossian, Homer und Orpheus, auf
die schottischen Balladen und die hebräischen Propheten. Die ganze moderne Bildung,
aber auch die orthodox-christlichen Begriffe wurden von ihm beiseite geschoben. Im
Anblick seines Schülers Goethe, im Studium der Weltliteratur erkannte er das Unbeschreibliche, Ungeheure, Mysteriöse des genialen Schaffenstriebs. Er nannte ihn «Natur» und faßte ihn immer klarer pantheistisch auf. Das Wunder der Sprache, der
Schönheit, der Künste fand in ihm einen Künder von nie erlebter Gewalt. «Hast Du
Herdern von der Sprache gelesen?» schrieb Lavater an Zimmermann. «Gehe hin,
wenn Du es nicht getan hast, und verkauf alle Bücher und kauf dieses Buch und merke,
daß so was in Deutschland noch nicht gesehen worden, und daß unter uns ein großer
Prophet auferstanden und wahre himmlische Weisheit uns wieder heimsuchen will!»
Der Theologe Herder pries Shakespeare als «dramatischen Gott», stellte die Edward-
Ballade neben die Kainssage und erklärte die Bibel als größtes Dichtwerk der Menschheit. Seine Lehrbücher waren Breviere der ganzen geistlichen und profanen Weltliteratur. Den Gipfel dieses religiös-weltlichen Sehertums erstieg er wohl mit dem rhapso-
dischen Buch über die «Älteste Urkunde des Menschengeschlechts», das die biblische
Schöpfungsgeschichte als ehrwürdigstes Beispiel einer kulturstiftenden, heilig-symbo-
lischen Dichtung auslegt. In einer Ode schildert er, wie er diesen Kommentar in Nächten der Visionen niederschrieb; sie endigt in den Versen:

> *Ich fuhr empor und wachte. Was ich gesehn,*
> *saht ihr es, Dichter, Weise, Propheten? Wer*
> *des Aufgangs Söhne! wessen Blick kam*
> *näher ans heilige Dunkel Gottes!*

Aber die riesigen Bögen, die dieser Schauende von der Gegenwart zur Urzeit hinüber schlug, trugen ihn selbst nicht zum Ziel. Er geriet in einen unlösbaren Widerspruch zwischen seinem geistlichen Amt und seiner schriftstellerischen Tätigkeit.
Seine Existenz fiel immer mehr in zwei unvereinbare Hälften auseinander. Trotzdem
mußte er erleben, daß Goethe sich von ihm lossagte und zur weltlichen Dichtung abfiel, ja ihr Haupt wurde, gegen das der alternde Meister nicht mehr aufzukommen
vermochte. In der Entzweiung dieses Lehrers und dieses Jüngers erneuerte sich die
Spannung zwischen Luthertum und Humanismus, und diesmal wurde sie zugunsten des
profanen Geistes entschieden. Der gealterte Herder schwankte zwischen bitterer Resignation und ohnmächtiger Opposition gegen das Heidentum der Weimarer Klassik.
Je weiter sich Goethe von ihm entfernte, desto bewußter kehrte Herder gegen den
Abtrünnigen den christlichen Theologen heraus, wie es ihm von Seiten Hamanns
widerfahren war. Eine Zeitlang glaubte er den Sieg damit erzwingen zu können, daß
er sich in die Rolle eines neuen Luther in einer gottfernen Zeit zu finden versuchte.
Aber er selbst war schon zu weit vom Christentum abgekommen, um im Gedanken
des Prophetismus Rettung finden zu können. Er hatte mit der Botschaft seiner Jugend

dem Gegner am meisten Vorschub geleistet und konnte die Niederlage der christlichen Poesie nicht rückgängig machen, weil er selbst kein dichterisches Genie im Sinn des neuen Zeitalters war, das er hatte heraufführen helfen. Es waren Andere, die das von ihm geschaute neue Land betraten.

Der junge Goethe teilte den Glauben an die Heiligkeit des Dichterberufs. Er nahm auch die christliche Begründung dieses Glaubens als eine Offenbarung an und verdankte den Aposteln Hamann, Herder und Lavater unschätzbare Belehrung. «Prophete rechts, Prophete links, das Weltkind in der Mitten» zog er mit ihnen einher und liebte es, in ihrem lallenden Ton zu reden. Er verkleidete sich schriftstellernd als erleuchteten Geistlichen und kommentierte in der Maske eines schwäbischen Landpastors im Sendschreiben «Was heißt mit Zungen reden?» das Pfingstwunder. Er verlacht darin die Unfruchtbarkeit der Schriftgelehrten und rühmt sich, an der Ausgießung des heiligen Geistes teil zu haben. Mit dem prometheischen Stolz verlor er dann aber auch die Freude an seinen geistlichen Mitstreitern. Schon in einigen Farcen der «Urfaust»-Zeit («Satyros», «Pater Brey») macht er sich über die falschen Propheten lustig; der «Mahomet», ursprünglich als Verherrlichung des religiösen Genies gedacht, wurde ihm unter der Hand zur Tragödie des Propheten. Die mißtrauisch gewordenen Schwärmer ihrerseits begannen ihm zudringlich am Zeug zu flicken; Lavater richtete in der Vorrede zum «Nathanael» einen Erweckungsruf an ihn, der ihn endgültig ergrimmte. Seither sah er in diesen Sendlingen nur noch Charlatane und höhnte über ihre fadenscheinigen «Aussichten in die Ewigkeit». An Lavater hatte er 1781 noch gutmütig geschrieben: «Glaube mir, das Unterirdische geht so natürlich zu als das Überirdische, und wer bei Tage und unter freiem Himmel nicht Geister bannt, ruft sie um Mitternacht in keinem Gewölbe. Glaube mir, Du bist ein größerer Hexenmeister als je einer, der sich mit Abracadabra gewaffnet hat.» Seit der Rückkehr aus Rom begegnete er allem Geistlichen mit demselben Spott wie dem magischen Aberglauben und warf beides als Pfaffentum in den gleichen Topf. Ein Zeugnis dafür ist die mit Hohn getränkte Rezension von Stolbergs Platon-Übersetzung, in der er mit dem Scharfsinn Mephistos Platons «Ion» als die Persiflage auf einen bloß begeisterten, ahnungslosen, von Sokrates bloßgestellten Rhapsoden erklärt. «Selbst der anerkannte Dichter ist nur in Momenten fähig, sein Talent im höchsten Grade zu zeigen, und es läßt sich dieser Wirkung des menschlichen Geistes psychologisch nachkommen, ohne daß man nötig hätte, zu Wundern und seltsamen Wirkungen seine Zuflucht zu nehmen ... Denn die Zeit ist vorbei, da die Sibyllen unter der Erde weissagten; wir fordern Kritik und wollen urteilen, ehe wir etwas annehmen und auf uns anwenden.»

Die Zeit der Sibyllen war aber auch für Goethe nicht für immer vorbei. Er hatte sich vom christlichen Inspirationsglauben losgesagt und fand die göttliche Wahrheit im Glauben an die Offenbarungen der Natur. Mit der Entdeckung des Zwischenkieferknochens und der Metamorphose der Schädelknochen, mit dem «Versuch, die Metamorphose der Pflanzen zu erklären», den «Beiträgen zur Optik», der «Farbenlehre», den Schriften zur Morphologie betrat er die Bahn des Natursehers, der sich gegen die rationalistisch verblendete Wissenschaft auflehnte. Die erste Entdeckung kündigte er Herder noch im biblischen Ton an: «Nach Anleitung des Evangelii muß ich dich auf das eiligste mit einem Glück bekannt machen, das mir zugestoßen ist. Ich habe gefunden – weder Gold noch Silber, aber was mir eine unsägliche Freude macht – das os intermaxillare am Menschen!» Der Trieb zur Erforschung aller lebendigen Gestalt gab ihm dann immer heidnischer klingende Bekenntnisse ein. «Ich glaube einen Gott! Dies ist ein schönes, löbliches Wort; aber Gott anerkennen, wo und wie er sich offenbare, das ist eigentlich die Seligkeit auf Erden.» Er erlangte diese Seligkeit, eine lange Erfahrung im ruhigen Betrachten, Vergleichen und Verstehen der Dinge, die stolze Sicherheit dessen, der sich im Besitz der Wahrheit weiß. Seine Religion wurde das intuitive Durchschauen alles Lebens, eine Naturfrömmigkeit, die in sich selbst sittlich war, weil sie dazu führte, «vor dem geheimnisvollen Urgrunde aller Dinge uns anbetend niederzuwerfen». Die Natur offenbarte ihm das Göttliche in seinen unzählbaren Gestalten – keinen unausweichlich einen Gott, sondern das Dämonisch-Göttliche in seiner ozeanischen «Gestaltung-Umgestaltung», deren Gesetze er begreifen lernte. Er nannte sich einen «Naturschauer» und ging, von den Fachgelehrten beschwiegen oder belächelt, unbeirrbar seinen eigenen Weg. In dieser Lage, als verkannter dichtender Forscher, griff er zuerst wieder den Prophetenton auf, um seine oppositionellen Spruchgedichte scherzhaft aus der heiligen Maske zu sprechen. So in den «Weissagungen des Bakis», die er 1798 als einen «Einfall, noch toller als die Xenien» zu entwerfen begann. Sie sollten ein witzigdunkles Gegenstück zu den Prophezeiungen des apokryphen griechischen Propheten sein. Aber es blieb nicht bei dieser spöttischen Maskerade.

Als in den Kriegswirren, die zur militärischen Katastrophe Deutschlands führten, auch Goethes Welt zusammenbrach, als Weimar geplündert, er selbst im Schlafzimmer überfallen wurde und Napoleon seine Herrschaft über Europa aufrichtete, wurde das Spiel mit der Sehermaske Ernst. Im Schatten des Welteroberers, als machtloser Zeuge eines alles umwerfenden Sturms blickte Goethe mit einem neuen Antlitz in die veränderte Welt. Es zeigt sich zum erstenmal in der «Pandora», der ersten aus dieser Erschütterung erwachsenen großen Dichtung. In der Gestalt des Epimetheus stellt sich Goethe als den ans Unwirkliche, Unmögliche verlorenen Träumerriesen dar, der im prometheischen Zeitalter der Waffen und der nützlichen Arbeit sein Lebensrecht verloren zu haben scheint. Epimetheus leidet gramvoll an seiner Schwäche, er kennt nur Klage über sein verschwundenes Glück mit Pandora und verzehrende Sehnsucht nach ihrer Wiederkehr, die ihm seine Träume vorgaukeln. Er läßt hilflos die Taten seines titanischen Bruders über sich ergehen und ist nicht einmal imstande, das eigene Kind vor den Nachstellungen eines brutalen Liebhabers zu beschützen. In diesem weltfremden Visionär, für den im jugendlichen «Prometheus»-Torso noch kein Raum gewesen war, stiegen Werther und Tasso wieder aus ihrem Grab hervor. Die politischen Ereignisse hatten Goethe die Ohnmacht des Dichters zum Bewußtsein gebracht und einen Abgrund zwischen Phantasie und Wirklichkeit aufgerissen, der sich für ihn nicht mehr schloß. Sein Denken umkreiste fortan diesen Gegensatz zwischen Phantasiegewalt und realer Macht, und auf der Suche nach einem unangreifbaren Standort im weltgeschichtlichen Drama des Geistes stieß er wieder auf den Propheten, das große Ideal seiner Jugend. Schon in der «Pandora» war es auf die welthistorische Rechtfertigung des visionären Menschen abgesehen. Aber Epimetheus' Triumph über den mächtigen Bruder wurde nicht ausgeführt, und das Schema der Fortsetzung zeigt mit seiner künstlichen Allegorik, daß Goethe damals die Kraft zu diesem Triumph noch nicht besaß. Auch das verunglückte Festspiel zur Berliner Siegesfeier von 1813 «Des Epimenides Erwachen» bestätigt nur seine Niederlage. Epimenides, der in seinem Zauberschlaf das Unglück und die Befreiung seines Volkes verschläft, erwachend an seine Brust schlägt und reuig seinen Segen über das Geschehene spricht, ist eine schwache, wieder maskenhafte Wiederholung der Epimetheusfigur. Das einzig Denkwürdige an ihr ist, daß Goethe sich hier geradezu hinter die Figur eines berühmten antiken Wundertäters flüchtete und kein Gefühl dafür besaß, wie wenig eine so persönliche Beichte dem großen nationalen Anlaß gemäß war. Drohte ihm aufs neue das Schicksal Werthers, oder trieb ihn sein Anderssein in die Rolle des streitbaren Propheten?

Die Antwort gibt der «West-östliche Divan». Weder dies noch jenes geschah, sondern ein Drittes, das nur dem hochbewußten Magier des zweiten «Faust» offenstand. Der wertherische Leidenszug verlor sich aus Goethes Gesicht und machte dem strahlenden Übermut des seiner Sache völlig sicher gewordenen magischen Seherdichters Platz. Er wanderte innerlich in den Osten aus, wo Dichtung und Religion noch in ursprünglicher Einheit lebten, und verbrüderte sich mit dem Mönchsdichter Hafis, der den Gegensatz zwischen weltlicher und geistlicher Poesie überwunden hatte. Im kühnen Außenseitertum des alten persischen Mystikers fand er das Gleichnis für seinen eigenen Widerspruch gegen den Weltlauf und die falschen Wahrheiten einer verblendeten Zeit. Hinter seiner Hedschra in den Orient stand das Bewußtsein seiner eigenen höheren Weihe, die Sehnsucht nach den dichtenden Gottesmännern der Patriarchenzeit. An der Bibel zogen ihn jetzt nicht mehr die Evangelien an, sondern die Erzvätergeschichten und die ringenden Träume der Urzeit, in denen die Größe des magischen Sehertums am reinsten sichtbar ist. Er nahm jetzt auch freudig das Lehrhafte, Formelhafte der prophetischen Rede auf und spendete mit vollen Händen Sprüche und Parabeln, deren Schönheit er wieder entdeckte. Im «Divan» ist alles Gleichnis, Bild und Chiffre, gewagtes Versteckspiel und allegorischer Doppelsinn. In seinen großen seherischen Gedichten – «Talismane», «Selige Sehnsucht», «Wiederfinden», «Vermächtnis altpersischen Glaubens» – erhebt sich herrlich der verkündende Ton der Naturreligion. Aber der Aufschwung dieses Werkes bedeutet nicht Goethes Verwandlung in einen Propheten. Es ist nicht prophetische Poesie, sondern Poesie des Prophetischen, Flucht aus der unerträglich gewordenen Gegenwart in den Frieden eines Phantasiereiches. Goethe, dem nach seinem eigenen Geständnis «die Gabe, auch lehrend wirksam zu sein», im Unterschied zu Schiller «ganz versagt» war, verwendet hier auch die lehrhafte Rede als dichterisches Motiv und erhebt sie in die Sphäre des sublimen Spiels. Das politische «Buch Timur», das ursprünglich als Mittelpunkt gedacht war, blieb eine leere Stelle, das religiöse «Buch des Parsen» ein Fragment. Diese prophetischen Abteilungen wurden vom «Buch Suleika» und den andern hochpersönlichen Bekenntnissen zugedeckt. «Laß den Weltenspiegel Alexandern!» ruft sich Hatem zu und überläßt sich dem Glück seiner hellsichtig scherzenden Liebe. Auch die Weisheitsworte des «Divans» richten sich an keine Gemeinde der Gläubigen, sie sind nur ein kostbar neuartiger Ton im Zwiegespräch von Goethes weltweit gewordener Seele, das wie die Rede der Sibyllen nicht um der Zuhörer willen geführt wird.

Erst der Greis wuchs über dieses Spiel hinaus in ein echtes Sehertum hinein. Seine Naturforschung und das Schicksal, das er mit ihr erlebte, die Einsamkeit seines Alters und die wachsende Neigung zur orphischen Mystik löschten den spielerischen Zug aus und erzeugten die wahre sibyllinische Weihe. Seit den «Wahlverwandtschaften» arbeitete Goethe an der Wiederherstellung der verlorenen Einheit von Dichtung und Wissenschaft, die in den Lehrgedichten der vorsokratischen Naturdeuter Tatsache gewesen war. In den Gedichten der Gruppe «Gott und Welt» erreichte er dieses Ziel. In diesen hohen Verkündigungen braucht er keine Sehermaske mehr, hier spricht er wirklich als Eingeweihter, der sein Wissen in Verse faßt und seine Gesänge mit Wissenschaft beschwert. Als magischer Seher spricht er nicht von Gott, sondern vom Geheimnis des Lebens. Schon die nach Plotin gedichteten Leitverse der «Farbenlehre» sind ganz dieser antiken Immanenz Gottes verschrieben:

> *Wär nicht das Auge sonnenhaft,*
> *Wie könnten wir das Licht erblicken?*
> *Lebt nicht in uns des Gottes eigne Kraft,*
> *Wie könnt uns Göttliches entzücken?*

Das «Prooemion», die «Urworte, Orphisch», die «Parabase», «Epirrhema» und «Antepirrhema» betonen schon in ihren griechischen Überschriften den esoterischen Gehalt, aber auch Titel wie «Eins und alles» (Hen kai pan), «Dauer im Wechsel», «Howards Ehrengedächtnis» und «Vermächtnis» heben das sakral Formelhafte dieser Weisheitslyrik hervor. Es sind feierlich lehrende, unpersönliche Gedichte in der Art von Schillers priesterlicher Lehrlyrik. Sie entstanden wohl im Zeichen der Erinnerung an den hohen Freund, den die Terzinen «Bei Betrachtung von Schillers Schädel» ehren. In diesen Versen, der schönsten Blüte von Goethes anatomischen Studien, entziffert er wie ein antiker Orakelpriester am Inwendigen des Leichnams die Schrift der Gottheit:

> *Geheim Gefäß, Orakelsprüche spendend!*
> *Wie bin ich wert, dich in der Hand zu halten?*

Als dichtender Naturforscher erfüllte Goethe seinen Jugendtraum von einer Wiederkehr des naturvisionären archaischen Dichtertums, in dem ihn Herder einst bestärkt hatte. In dieser einzigartigen Wendung fand seine visionäre Gabe die ihr gemäße Form, und auch sein Hang zur Absonderung lebte sich in ihr aus. Seine priesterliche Distanz war nun nicht mehr wie in der Iphigenienzeit Abschließung von der Welt aus leidender Schwäche, sondern Überlegenheit dessen, der das «alte Wahre» weiß: die Majestät der ewigen Gesetze, das Geheimnis der Metamorphose, das Mysterium von Werden und Vergehen. Das Menschliche dieser Wahrheit tut sich bis zuletzt im Verzicht auf Rhetorik, im Schwanken des Erkennens, in der erhabenen Gleichgültigkeit kund, mit der Goethe seine Weisheitsrede ergehen läßt. Sie tönt wie aus einer absichtslos rauschenden Quelle. In den Versen «Herkömmlich» bespottet er sogar leise seinen Seherton:

> Priester werden Messe singen,
> Und die Pfarrer werden predgen;
> Jeder wird vor allen Dingen
> Seiner Meinung sich entledgen
> Und sich der Gemeine freuen,
> Die sich um ihn her versammelt,
> So im Alten wie im Neuen
> Ohngefähre Worte stammelt.
> Und so lasset auch die Farben
> Mich nach meiner Art verkünden,
> Ohne Wunden, ohne Narben,
> Mit der läßlichsten der Sünden.

Selbst bei der Gestalt der Makarie in den «Wanderjahren» bleibt es ungewiß, wieweit er sich mit ihr identifizierte. Er gab dieser Sibylle erst beim späten Abschluß des Romans, als Achtzigjähriger, die wunderbaren Züge, die sie auszeichnen. Makarie lebt in organischer Verbindung mit den Gestirnen. Ihre Seele bewegt sich seit ihrer Kindheit in einer Spirale um die Sonne und ist im Begriff, aus der Bahn des Jupiter in die des Saturn überzutreten. Diese Greisin hat das Weltall in sich aufgenommen, sie lebt schon im irdischen Leib wie ein Engel und dient den Menschen als Orakel. Das ist nicht Mystik, sondern Magie, nicht Einswerden mit Gott, sondern Einswerden mit der Natur. Wie die Blüte in Goethes Augen die höchste Vergeistigung der Pflanze ist, so verkörpert diese Erleuchtete die höchste natürliche Intuition, die der Mensch erreichen kann: das Aufstreben und Eingehen ins übersinnlich reine Licht des Kosmos.

Der alte Goethe war Seher, ohne als Seher aufzutreten. Nur auf Befragen gab er sein Wissen preis, wie die griechischen Orakelpriester, und da ihn schon zu seinen Lebzeiten Wenige befragten und später lange niemand mehr, geriet sein Sehertum in Vergessenheit. Erst heute entdeckt man, was alles er in seinen Spätwerken über die Zukunft weiß und von ihr vorausgesagt hat. Eckermann hörte ihn in seltenen Momenten von der Zukunft Deutschlands, Europas, der Menschheit reden und mit Worten wie «Ich sehe die Zeit kommen» den Mund zu Verheißungen öffnen. Dann veränderte sich seine Miene, und er blickte über den Wust der Geschichte hinweg auf den unsichtbaren Zusammenhang der Jahrtausende. Auch die Schilderung des Kanzlers Müller vom Zusammentreffen in Dornburg im Frühling 1818 mündet in eine solche Entrückung. «Es war, als ob vor Goethes innerem Auge die großen Umrisse der Weltgeschichte vorübergingen, die sein gewaltiger Geist in ihre einfachsten Elemente aufzulösen bemüht war. Mit jeder neuen Äußerung nahm sein ganzes Wesen etwas Feier-

licheres an, ich möchte sagen, etwas Prophetisches. Dichtung und Wahrheit verschmolzen sich ineinander, und die höhere Ruhe des Weisen leuchtete aus seinen Zügen.» Der kluge Kanzler hütet sich, bei diesem Auftritt die biblischen Propheten zu
zitieren; er gibt ihm die einzig mögliche heidnische Verklärung. «Laßt mich, Kinder,
sprach er, plötzlich vom Sitze aufstehend, laßt mich einsam zu meinen Steinen dort
unten eilen; denn nach solchem Gespräch geziemt dem alten Merlin, sich mit den Ur-
elementen wieder zu befreunden. Wir sahen ihm lange und frohbewegt nach, als er, in
seinen lichtgrauen Mantel gehüllt, feierlich ins Tal hinab stieg, bald bei diesem, bald
bei jenem Gestein, oder auch bei einzelnen Pflanzen verweilend und die ersteren mit
seinem mineralogischen Hammer prüfend. Schon fielen längere Schatten von den
Bergen, in denen er uns wie eine geisterhafte Erscheinung allmählich entschwand.»

Die zweite große Erfüllung des Sehertums ereignete sich in Hölderlin. Er war zu
tief vom Christentum geprägt, um sich so wie Goethe von ihm lösen, und eine zu stark
von prophetischem Willen erfüllte Natur, um in solchem magischem Selbstgespräch
Ruhe finden zu können. Die visionäre Sprache war für ihn die einzig mögliche und das
Bewußtsein seiner Sendung so zwingend, daß er als Dichter scheitern mußte, um die
andere Art seiner Weihe zu beweisen.

Auch Hölderlin war ordinierter Theologe. Das Studium der Bibel lehrte ihn zuerst
an eine heilige Berufung glauben. Klopstocks Gesänge, Schillers Botschaft von der
Weltsendung des Künstlers gaben diesem Glauben die dichterische Bestätigung, doch
er übertraf diese Lehrer durch seine echte Religiosität. Er war ein Visionär von tiefer
Kraft des Schauens. Seine Dichtungen lassen erkennen, daß sie in versunkener Meditation empfangen sind und daß sich seine fromme Seele nur schwer aus der Vision zu-
rückzufinden vermochte. Schon als Knabe suchte er die einsame Entrückung:

> *Ich verstand die Stille des Äthers,*
> *Der Menschen Worte verstand ich nie.*

Goethe verglich deshalb seine Naturlyrik ironisch mit den Gemälden, «wo sich die
Tiere alle um Adam im Paradiese versammeln». Daher war für Hölderlin der Beruf
des Dichters auch schon früh Gegenstand frommer Bekenntnisse. Er grenzt ihn immer, von den ersten bis zu den letzten Gesängen, vom profanen Dichtertum ab. In der
Ode «Dichterberuf» stellt er die Stunde seiner höheren Berufung dar,

> *Wo wunderbar zuerst, als du die*
> *Locken ergriffen, und unvergeßlich*
> *Der unverhoffte Genius über uns,*
> *Der schöpferische, göttliche kam, daß stumm*
> *Der Sinn uns ward und, wie vom*
> *Strahle gerührt, das Gebein erbebte ...*

Am bekanntesten ist die späte Hymne «Wie wenn am Feiertage» geworden, in der er
den Dichter als denjenigen hinstellt, der im Gewitter vom Blitz getroffen, aber nicht
versengt wird, sondern imstande ist, den Strahl mit schuldlosen Händen zu fassen und
ihn «ins Lied gehüllt» dem Volk als himmlische Gabe zu reichen:

Und tieferschüttert, eines Gottes Leiden
Mitleidend, bleibt das ewige Herz doch fest.

Aus dieser Erfahrung ergab sich Hölderlin dem Glauben an die Einheit von Dichtung und Religion. In dem Aufsatz «Über die Religion» erklärt er wie Hamann und Herder, alle Religion sei ihrem Wesen nach poetisch, die Dichtung nichts anderes als die «mythische» Darstellung der religiösen Grundverhältnisse. Damit erhob sich auch für ihn die Schicksalsfrage: welche Religion er als Dichter zu verkünden habe. Es konnte nach allem nur die heidnische Naturreligion sein. Denn seine Entrückung versenkte ihn immer in die mythischen Tiefen der Natur, die er als eine berauschende Liebesharmonie erlebte. Darin lag das Glück und die Not seiner Jugend, darum drehte sich zuerst der äußere, dann der innere Konflikt, der ihn aus der christlichen Religion hinaustrieb. Für das mythische Schauen war nach seiner Überzeugung im Christentum kein Raum mehr. Er brach mit diesem, zum Kummer seiner Mutter, und ließ sich in den Pantheismus der Griechen zurücksinken, denn er legte sich sein Ungenügen an der Gegenwart als antike dionysische Sehnsucht aus und steigerte sich in ein Sehertum hinein, das seltsam zwischen orphischer Ekstase und mythischer Begeisterung schwankte. Das Denkmal dieser Wendung ist der «Hyperion», in dem er seine Berufung zum Seherdichter darstellt. Grenzenlos schwärmend, erfüllt von prophetischer Verachtung der Gegenwart, aber im Grund haltlos bekennt er sich darin zum versunkenen orphischen Ideal. «Der Mensch kanns nicht verleugnen, daß er einst glücklich war wie die Hirsche des Forsts, und nach unzähligen Jahren glimmt noch in uns ein Sehnen nach den Tagen der Urwelt, wo jeder die Erde durchstreifte, wie ein Gott, ehe, ich weiß nicht was? den Menschen zahm gemacht und noch, statt Mauern und totem Holz, die Seele der Welt, die heilige Luft allgegenwärtig ihn umfing.» Diotima fühlt «eine Kraft im Geiste, vor der ich erschrak, ein innres Leben, vor dem das Leben der Erd erblaßt und schwand, wie Nachtlampen im Morgenrot – soll ichs sagen? ich hätte mögen nach Delphi gehn und dem Gott der Begeisterung einen Tempel bauen unter den Felsen des alten Parnaß und, eine neue Pythia, die schlaffen Völker mit Göttersprüchen entzünden, und meine Seele weiß, den Gottverlaßnen allen hätte der jungfräuliche Mund die Augen geöffnet und die dumpfen Stirnen entfaltet, so mächtig war der Geist des Lebens in mir!»

Die Liebe zu Susette Gontard gab Hölderlin für kurze Zeit die Überzeugung, daß er berufen sei, den Deutschen mit seiner Lyrik diese weckenden Göttersprüche zu geben. In den Oden und Elegien der mittleren Zeit fand er tatsächlich eine Sprache, in der das griechische Naturgefühl wieder dazusein scheint. In lyrischer Schwermut ruft und klagt er in die verlorene antike Idealwelt hinein, und es sind mythische Landschaften, wenn hier die Wälder und Hügel vom abendlichen Saitenspiel des Sonnengottes tönen, wenn der Äther aus dem blühenden Baum das Herz des Dichters sänftigt oder die Eichbäume sonnig und mit gewaltigem Arm in den Raum hinausgreifen. Das Naturreich wird mit verzehrender Sehnsucht gesucht, aber Hölderlin kann es nicht betreten. Die göttlichen Naturwesen wecken einen Schauder in ihm und treiben ihn zu den Menschen zurück. Nur im Gedicht kann er sich in die naturgöttliche Harmonie hineinversetzen. Hier leuchtet ihm die goldene Urgestalt herrlich auf, aber sie ist umwittert vom Schauer des Vergehens. Schon die Ode «An die Parzen» verklingt in den Gedanken des Todes, den er nach einem einzigen Göttersommer, nach *einem* heiligen Gedicht willig auf sich nehmen will. In der Ode «Der blinde Sänger» ist aus dieser freudigen Todesnähe die Nähe des Wahnsinns geworden.

> *Ihm nach, ihr meine Saiten! es lebt mit ihm*
> *Mein Lied, und wie die Quelle dem Strome folgt,*
> *Wohin er denkt, so muß ich fort und*
> *Folge dem Sicheren auf der Irrbahn.*
>
> *Wohin? wohin? ich höre dich da und dort,*
> *Du Herrlicher! und rings um die Erde tönts.*
> *Wo endest du? und was, was ist es*
> *Über den Wolken? und o wie wird mir!*
>
> *Tag! Tag! du über stürzenden Wolken! sei*
> *Willkommen mir! es blühet mein Auge dir.*
> *O Jugendlicht! o Glück! das alte*
> *Wieder! Doch geistiger rinnst du nieder,*
>
> *Du goldner Quell aus heiligem Kelch! und du,*
> *Du grüner Boden! Friedliche Wieg! und du,*
> *Haus meiner Väter! und ihr Lieben,*
> *Die mir begegneten einst, o nahet,*
>
> *O kommt, daß euer, euer die Freude sei,*
> *Ihr alle, daß euch segne der Sehende!*
> *O nehmt, daß ichs ertrage, mir das*
> *Leben, das Göttliche mir vom Herzen!*

In dieser Entrückung war eine Gefahr, im Grund dieselbe, die Klopstock und Herder nicht hatten überwinden können. Dieser lyrische Götterdienst war herrliche Dichtung, aber religiös anfechtbar: eine zauberische pantheistische Liebesekstase, doch nicht die Parusie einer Gottheit, mit deren Gegenwart ein neues Weltzeitalter anbrach. Solche Naturschwärmerei war durchaus modern, und auch die von ihr angerufenen Götter lebten nur in Hölderlins Phantasie. Er verrät das selbst, indem er sie als die Götter des Altertums hinstellt. Das religiöse Führertum des Dichters bleibt auch bei ihm Poesie dieses Führertums, wie der «Hyperion» deutlich zeigt. Das Glück der Liebe verdeckt in diesem überschwenglichen Briefroman noch die drohende Katastrophe. Hyperion preist die alten Athener als «die ächten Kinder ewiger Schönheit – vollendeter Menschennatur», er glaubt in Diotima das Göttliche leibhaftig vor sich zu sehen und behauptet trunken: «Der Mensch ist aber ein Gott, so bald er Mensch ist. Und ist er ein Gott, so ist er schön.» Doch diese Trunkenheit, die mehr an den empfindsamen Pietismus als an die Griechen erinnert, hält nicht stand; das Buch der

Berufung wird zur Klage über den Verlust der Göttergegenwart. Die Täuschung, in der Hyperion befangen ist, kommt am klarsten darin zum Ausdruck, daß er die ewigen «Götter» verkünden will. Auch bei den Griechen war ein Seher immer nur mit einem Gott verbunden und nie anders als im Namen dieses Einen aufgetreten. Wie hätte Hölderlin von seinen dichterischen Numina die unerschütterliche Sicherheit des echten Gottesboten erhalten können? Auch von einem Widerstreben gegen einen Auftrag seiner Götter kann keine Rede sein, da er sich ja vielmehr in lyrischer Sehnsucht nach ihnen verzehrt. Das Einzige, was er mit den antiken Sehern gemein hat, ist der Zweifel an seiner Weihe. Schon Hyperion wird in seiner Naturverehrung vom Argwohn einer möglichen furchtbaren Selbsttäuschung beunruhigt. «Es ist, als säh' ich, aber dann erschreck' ich wieder, als wär' es meine eigne Gestalt, was ich gesehn, es ist, als fühlt' ich ihn, den Geist der Welt, aber ich erwache und meine, ich habe meinen eignen Finger gehalten.» Auch diese Unruhe ist christlich gefärbt: «O du wirst in Einem Tage siebzigmal vom Himmel auf die Erde geworfen», oder: «Es ist doch eine fremde Gewalt, die uns herumwirft und in's Grab legt, wie es ihr gefällt, und von der wir nicht wissen, von wannen sie kommt, noch wohin sie geht.» Diese Unsicherheit allein weist Hölderlin als einen wirklich geweihten Dichter aus, sie allein macht ihn zur großen Ausnahme unter den Dichtern seiner Zeit. Sie war nicht künstlerisch begründet, nicht Zweifel am dichterischen Können, sondern Angst um die eigene Reinheit und um die Existenz seiner Götter. Aus dieser doppelten Quelle kam die schreckliche Sorge, die ihn jetzt ergriff. Er war groß genug, unter ihr zusammenzubrechen.

Er sah sich zu schwerwiegenden Änderungen seiner Botschaft gezwungen, die sich von Klopstocks leichtfertigem Götterwechsel und Goethes hohem Phantasiespiel charakteristisch unterscheiden. Erst wies er dem Dichter die bescheidenere Aufgabe zu, in der Nacht der Götterferne, in der sich ohne Ordnung die Orkane zanken und die Toren das Wort haben, den Glauben an das Dasein der Götter und ihre einstige Wiederkehr wach zu halten. Nach Diotimas Tod gingen diese Götter aber auch für ihn unter, und der Glaube an die Kraft des Dichters, durch Gesang die Gegenwart der Götter wieder herzustellen, begann zu zerbrechen. Im «Tod des Empedokles» hat er ihn verloren. Dieses Werk, das auch künstlerisch schon ein Scheitern ist, gestaltet die Selbstüberhebung des Seherdichters und ihre tragische Sühne. Hölderlin hat erkannt, daß die Dichtkunst «niemals die Menschen zu Göttern oder die Götter zu Menschen machen, niemals unlautere Idolatrie begehen, sondern nur die Götter und die Menschen gegenseitig näherbringen» dürfe. Kein Gesang und keine Tat, einzig das Sühnopfer der eigenen Person erscheint ihm jetzt als die mögliche Form des Mittlerdienstes. Der Sprung des Empedokles in den Ätna ist bei ihm keine selige Heimkehr zu den Göttern, sondern ein letzter Versuch, die Menschen von der Wahrheit seiner Worte zu überzeugen. In den großen Elegien weiß er, daß auch dieses Opfer die Götter nicht zurückbringen kann. Der Sänger wartet als einziger Wissender in der Nacht, bis es ihnen gefällt, zurückzukehren. In den letzten Hymnen sieht man, wie mit der antikisierenden Form auch diese Hoffnung untergeht. In diesen einzigartigen Gesängen bricht Hölderlin aus der ästhetischen in die religiöse Sphäre durch. Die Oden und Ele-

gien der mittleren Jahre sind seine vollkommensten Kunstwerke, diese fragmentari-
schen Hymnen aber das größte moderne Beispiel einer auf Inspiration fußenden Lyrik,
mit der Hölderlin seinen Seherberuf untergehend erfüllte. Er wendet sich vom Heidentum ab und Christus zu, doch auch dieser entzieht sich ihm, weil er ihn unchrist-
lich als einen unter vielen Göttern, als letzte der antiken Gottheiten feiert. Auch zum
apostolischen Wirken im christlichen Sinn war ihm also der Weg abgeschnitten. Im
großen «Patmos»-Gedicht sieht er auch das christlich verstandene Göttliche ganz als
vernichtende Macht. Nun stürzte er selbst in die Gottferne hinab, aus deren «Nächten» er den «Unerfahrenen» erschütternd das «warnend ängstige Lied» singt. Seine
langen Wahnsinnsjahre sind die notwendige zweite Hälfte seiner «Irrbahn», die nicht
in einen mystischen Triumph umgedeutet werden darf. Sein Wort, er könne wohl sagen, «daß mich Apollo geschlagen», umschreibt eine Katastrophe – dieselbe, die
Aischylos im Zusammenbruch der Kassandra darstellt. Der junge Mörike hat das gesehen. Ihm war der wahnsinnige Hölderlin kein Heiland, sondern der von seinem Dämon Zerstörte, der «Feuerreiter», vor dessen Ende er, als seiner eigenen Gefahr, zu-
rückbebte. Hölderlin ist eine durchaus tragische Gestalt[1].

Gleiches muß mit Gleichem verglichen werden. Wer Hölderlin vorurteilslos erkennen will, muß ihn an den echten Propheten messen und neben Pestalozzi stellen, in
dem schließlich auch das aufklärerische Christentum des achtzehnten Jahrhunderts
eine durch ihre Tragik geadelte echte Prophetengestalt hervorbrachte. Dieser Apostel
der weltändernden Menschenliebe verkörperte den absoluten Widerspruch gegen das
ästhetische Denken: die Verneinung der Erlösung durch die Kunst, die wirkliche Aufopferung für die verwüstete, leidende Menschheit. Er war der erste moderne Dichter
und Denker der «Krisis». Seine hilflosen, kunstlosen Bücher rührten an die Grundlagen
der bedrohten Kultur und zogen die letzte Konsequenz aus dem Vernunftchristen-
tum. Die Berufung zum öffentlichen Täter des Worts zwang ihn zur Auflehnung gegen alle dichterischen Phantasien. Als wahrhaft genialer Christ brach er mit jeder Konvention, auch mit der kirchlichen, weil er den Mut zum tragischen Handeln besaß.
Es war nicht der Dünkel Jacobis, sondern der uralte Haß des Gottesknechts gegen die

---

[1] Seine heutigen Erklärer sehen über diese Tatsache hinweg und behandeln ihn als einen letzten
antiken Seher, als Erneuerer des Mythus. Mit diesem Irrtum ging Norbert von Hellingrath voran, der
durch ihn zu seiner verdienstvollen Beschäftigung mit dem vergessenen Spätwerk, aber auch zu einer
Vergötterung des wahnsinnigen Dichters angespornt wurde, die nicht ernst genommen werden darf.
In seinem Vortrag «Hölderlins Wahnsinn» verklärt er den Geisteskranken zu einem «ins Gespräch
mit Himmlischen Verlorenen, in seiner Kunst Vollendeten», und verkündet: «Wer so unter Göttern
lebt, dessen Rede verstehen die Menschen nicht mehr.» Leider setzen zahlreiche Kommentatoren
diesen Irrtum immer noch fort. Martin Heidegger spricht von Hölderlins «worthafter Stiftung des
Seins», von seinem «stiftenden Nennen der Götter und des Wesens der Dinge», das «in die Entscheidung stelle» («Hölderlin und das Wesen der Dichtung» 1937). Emil Staiger nennt Hölderlin «einen
der größten prophetischen Dichter aller Zeiten und Völker» und sagt von seinen Dichtungen: «Er
selbst empfand sie als Wort Gottes. Und dieses Wort ist gesprochen für uns. Es geht uns an. Das ist
nicht ein Kapitel Literaturgeschichte zwischen anderen» (Vorwort zu Hölderlins Gedichten 1944).
Darauf erhebt sich die Frage: Wort welches Gottes? Sie kann nicht beantwortet werden, sondern
nur die Größe von Hölderlins Tragödie sichtbar machen.

weltliche Kunst, der schon dem jungen Pestalozzi die leidenschaftliche Anrede Goethes in der «Abendstunde eines Einsiedlers» diktierte: «O Goethe, in deiner Hoheit, ich sehe hinauf von meiner Tiefe, erzittere, schweige und seufze. Deine Kraft ist gleich dem Drang großer Fürsten, die dem Reichsglanz Millionen Volkssegen opfern.» Diese Worte enthalten mehr als das Mißtrauen des Republikaners gegen den zum Hofmann gewordenen Dichter des «Götz von Berlichingen». In einem Brief an Isaak Iselin begründete Pestalozzi sein Urteil religiös. «Die Kraft seines dem Jahrhundert zugeschnittenen Genies wirkt mit Fürsten- und Herrschergewalt – wie Voltaire in seiner Zeit – und seine unbescheidene, ungläubige, alles Heiligtum der Welt nicht schonende Kühnheit ist wahre Schwäche. Wäre Vatersinn, Vateropfer Geistesrichtung des Mannes im Gebrauch seiner Kräfte – er wäre Prophet und Mann Gottes fürs Volk, jetzt Irrlicht zwischen Engel und Satan, und mir insoweit niederer Verführer der Unschuld.» Ähnlich hat sich später Kierkegaard gegen Goethes ästhetisches Dichtertum gewendet. Schon dem nach Stratford zurückgekehrten Shakespeare soll ein puritanischer Wanderprediger ins Gesicht gesagt haben, er diene der babylonischen Hure.

Für Pestalozzi war am Anfang wirklich die Tat. Erst als sein praktischer Versuch, den Armen zu helfen, mißlungen war, schrieb er das Volksbuch «Lienhard und Gertrud». Der literarische Erfolg dieses Romans konnte ihn nicht zur Laufbahn des Dichters verlocken, weil es ihm um reale Verbesserungen zu tun war. Wenn je in der Neuzeit noch ein vom heiligen Geist Getriebener am Werk war, so war er es, und wenn es in dieser Welt noch einen Heiligen hätte geben können, so wäre er dieser Heilige geworden. Er wurde aber nur ein Narr und Bankrotteur, die größte Märtyrergestalt der deutschen Literatur. Er vermaß sich nicht, als Prophet einer alleinseligmachenden Wahrheit aufzutreten, diese haben ihm erst die Pädagogen unterschoben. Seine einzige Gewißheit war, daß die Menschheit in Frage gestellt sei wie noch nie, seine einzige Würde das immer neue Zusammenbrechen unter der Last seiner Aufgabe, das immer neue Aufstehen aus der Kraft seines Glaubens. Er sagte wie Amos: «Ich bin kein Prophet und kein Prophetenjünger, ein Viehhirt bin ich und ziehe Maulbeerfeigen.» Er sah die alte Schweiz in den Bränden der Revolution verschwinden und wurde darüber zum Verkünder einer neuen, besseren Welt. Das Vaterland existierte für ihn nur als Forderung, die politische Vergangenheit war bis auf die Grundmauern abgetragen. «Der Mensch als Masse hat keine Tugend; nur das Individuum hat sie – der Staat als solcher hat keine; er hat nur die Kraft, die Tugend der Individuen zu benutzen.» Pestalozzi wollte den rein menschlichen Staat, für ihn kämpfte er aus dem Bewußtsein bürgerlicher Verantwortung bis zum letzten Atemzug. «Laßt uns Menschen werden, damit wir wieder Bürger, damit wir wieder Staaten werden können.» Seine heilige Überzeugung war, daß dieser bessere Staat nur aus den Kindern und den Armen aufgebaut werden könne. Er erlebte eine Erschütterung Europas, von der er fürchtete, daß sie tödlich sei, und unternahm das Äußerste, um ihrer Herr zu werden, ohne die Rettung abzusehen. Derselbe Mut der Verzweiflung steht hinter seiner Schriftstellerei. Er wollte weder als «Redner Gottes» noch als Dichter gelten. Deshalb haben seine Schriften die ganze Formlosigkeit und gelebte Tiefe der gestammelten Prophetie. Sie sind den Juden ein Ärgernis und den Griechen eine Torheit. Sie haben nichts zu sagen als die nackte Wahrheit, die niemand zu sagen wagt: das Todesurteil über den verbrecherisch gewordenen Staat, der sich immer noch christlich nennt, über die Kirche, die nicht mehr die Botschaft Christi verkündigt, über die korrupte Gesellschaft, die vom Unrecht lebt und lieber sehend in den Abgrund fährt, als daß sie sich ändert, und die Auskunft über den Weg, der aus diesem Dunkel hinausführt. Als absolut Wahrhaftiger und rückhaltlos Fordernder unterlag dieser Einfältige im Kampf gegen die Hydra der Gleichgültigkeit, Dummheit und Bosheit. Dank ihm wurde es offenkundig, in welcher Gefahr sich die Welt befand und daß ihr mit der Kunst nicht mehr zu helfen war.

MODERNE SEHER UND PROPHETEN

Das romantische Geschlecht übernahm auch dieses Erbe des achtzehnten Jahrhunderts. Die mystische Inspiration wurde ihm neben der orphischen Ekstase zu einem höchsten Begriff des Dichterischen. Das Heilige und das Magische blühten nebeneinander als kühnste Ahnungen auf. Die Schriften des Pietismus, die Überlieferung der mittelalterlichen Mystik von Seuse und Tauler bis zu Jakob Böhme und Angelus Silesius gelangten als Zeugnisse des Gottschauens zu neuen Ehren; daneben stand Goethes und Schellings magische Natursicht, die das Reich des Übersinnlichen erschloß. Von Anfang an gingen diese beiden Sphären die seltsamen Verbindungen ein, die sie bei den mittelalterlichen und barocken Ketzern, dann wieder bei Hamann und Herder eingegangen waren. Sie wurden dadurch begünstigt, daß die Romantik mystische Inspiration wie magische Ekstase von vornherein als literarisches Thema empfing, für das eine berauschende Sprache und Gestaltenwelt existierte. Die Meisten entdeckten in ihm nur die Möglichkeit neuartiger künstlerischer Experimente.

Schon in Tiecks und Wackenroders «Herzensergießungen eines kunstliebenden Klosterbruders» wurde ein Spiel mit der Inspiration getrieben. In diesem Büchlein, auf das auch der Geist Hamanns eingewirkt hat, ist voll himmlischen Entzückens von der Kunst als einem Sakrament die Rede. Der kunstschwärmende Mönch, hinter dessen Maske die Verfasser sich verstecken, schildert die großen Künstler der Renaissance – Raffael, Dürer, Leonardo, Michelangelo – als die frömmsten Männer der Christenheit, die er andächtig als Heilige verehrt. Die Quellen ihrer Genialität sollen das Gebet und das Abendmahl gewesen sein. Diese sentimentale Vorstellung wurde von der nazarenischen Malerschule zum Dogma erhoben. Kleist spottete vergeblich über solchen Kunstpietismus, er lag in der Luft und wurde einer der Wege, auf denen die romantische Bewegung degenerierte. Es gab auch einen Literaturkatholizismus, seitdem Brentano, Friedrich Schlegel und Zacharias Werner nach ihrer Bekehrung die unheilige Kunst als Sünde anprangerten. Eichendorff ließ den Helden seines Romans «Ahnung und Gegenwart» den Dichterehrgeiz ablegen und als Mönch die geistige Rüstung des Gottesstreiters anziehen. Selbst Görres, der einstige Jakobiner und naturmagische Wundertäter, verwandelte sich in einen Propheten der christlichen Mystik.

Dazu trat aber nun die von Novalis im «Heinrich von Ofterdingen» erneuerte Legende vom hellsichtigen Dichter, der kraft magischer Weihe in die Geheimnisse der Natur eindringt und als ein Tannhäuser sein Seelenheil um der höchsten Wahrheit willen aufs Spiel setzt. Diese ekstatische Form des Seherischen verherrlichen Hoffmanns Künstlernovellen, die zu Ehren des wahnsinnigen Einsiedlers Serapion, des Schutzheiligen von Hoffmanns Berliner Freundeskreis, gedichtet sind. Gleichzeitig wurden alle Geheimwelten betreten, deren Tore einst der junge Herder aufgestoßen hatte: das Reich des Volkstums, der volkstümlichen Dichtung, der mittelalterlichen Vergangenheit, des magisch geschauten Altertums, der Vorzeitfrühe der Menschheit, der märchenhaften Welt des Kindes. In alle diese Regionen drang man jetzt ein, sie alle fanden ihre erleuchteten Entdecker. Der unscheinbarste, aber für die Dichtung reichste Fund war die Kindheit; die romantischen Dichterforscher machten sie zu jenem unerhörten Zauber, der sie seither in den Augen des seinem Ursprung entfremdeten modernen Menschen umgibt. Die Selbstbiographien Goethes und der Brüder Grimm, Eichendorffs und Brentanos Kindheitslyrik, Mörikes «Maler Nolten» und Kellers «Grüner Heinrich» waren die bahnbrechenden Fahrten in dieses verlorene Paradies.

In dieser Vermischung ging das Ideal einer seherischen Poesie aus der deutschen in die europäische Literatur über. Der junge Shelley war wie Novalis von den okkulten Wissenschaften und der neuen Naturphilosophie ergriffen. Dieser zarte Geist schwärmte für Dante, betete zu Milton als einem Heiligen, versenkte sich in das Alte Testament und in Goethes «Faust», aus dem er den «Prolog im Himmel», die Erdgeistszene, den Osterspaziergang und den Beginn der Walpurgisnacht übersetzte. Seine 1821 geschriebene «Defence of Poetry» ist ein hingerissenes, zwischen Magismus und Mystizismus schillerndes Bekenntnis zur Inspiration; er unterscheidet darin «imagination» und «reason», Einbildungskraft und Vernunft, als die beiden Grundfunktionen des Menschengeistes und weist der Imagination den Vorrang zu. Dichtung ist ihm zeugende göttliche Kraft, ein Urphänomen, das schlechthin jede schöpferische Leistung umfaßt. Die Dichter vermitteln die wesentliche Wahrheit des Seins und der Dinge, sie strahlen einen unsichtbaren Kraftstrom in die Menschheit aus. Ihnen verdankt man die Entstehung und den Fortbestand der Kultur, ein ewiger Geist äußert sich in ihren Werken, alle Dichter sind im Grund eine einzige Person. Solange die dichterische Kraft lebendig ist, befinden sich die Völker auf guten Wegen, alle Entartung beruht auf dem Erlahmen dieser Kraft. Dichterische Berufung ist in Shelleys Augen eine religiöse Gnade, Teilhaben am Göttlichen, Verwirklichung der Schöpfungsharmonie durch das Wort. Die großen Dichter der Menschheit sind ihm Moses, David, Salomon, Jesaia, Christus und die Apostel. Er hält es für die prometheische Aufgabe der Kunst, das Böse aus der Menschennatur, aus der Schöpfung auszutreiben und das Paradies auf Erden zu erschaffen. Der Dichter spricht das schöpferische Urwort, das nicht von Sünde und Tod befleckt ist.

Mit dieser unklaren Begeisterung versuchte Shelley die Zeit aus den Angeln zu heben. Er wußte, daß ein Prophet rein sein und öffentlich handeln muß, und glaubte diesen Forderungen damit zu genügen, daß er sich dem Vegetarismus verschrieb und seine politischen Erweckungsreisen zu den Iren unternahm, die nichts als närrische Extravaganzen waren. Das Dilettantische daran wurde ihm rasch bewußt, und er floh in die Phantasie zurück. Aber die dramatischen Versuche, mit denen er seine Weltsendung erfüllen wollte, bewiesen nur, daß er auch seine dichterische Begabung verkannte. Sie fanden kein Echo und trieben ihn einem unheroischen Trübsinn in die Arme. Auch seine Sehnsucht nach prophetischem Wirken war nur der Wunschtraum eines Ekstatikers, der nie über den Zauberkreis der Selbstvergottung hinausgelangte. Erst als er in der ausweglosen Einsamkeit der orphischen Lyrik gelandet war, fand er die berückende Musik seiner Verse. Als Lyriker beharrte er bis zuletzt auf seinem Traum. Seine Dichtungen kreisen um die Erlösung aus der Enge des körperlichen Daseins, um den Kampf des Geistes mit der Materie, des freien Einzelnen mit der blinden Masse. Die «Ode an den Westwind» ist ein einziger dithyrambischer Klageruf nach dem höchsten Leben, ein Gebet um die Gnade, selbst als weckender Orkan über die Erde fahren zu dürfen, wie es die Auserwählten imstande sind:

> Be through my lips to unawaken'd earth
> The trumpet of a prophecy! O wind,
> If winter comes, can spring be far behind?

Da dies noch immer nicht die Sprache eines von Gott berührten Propheten, sondern das Wunderwerk eines Zauberers war, vermochte Shelley damit keine Gemeinde um sich zu sammeln. Seine erträumte Weltsendung verkehrte sich in ein Versagen, aus dem ihn der Unglücksfall in der Bucht von Spezia gnädig erlöste.

Die ganze europäische Romantik krankte an diesem Widerspruch. Victor Hugo verkündigte mit einer beispiellosen Beredsamkeit in der Maske des Sehers die Religion des mystischen Nationalismus. Als Liberaler lehnte er das historische Christentum vollständig ab, er trug seine Botschaft als einen blasphemischen weltlichen Glauben vor. Seine in der Verbannung geschriebenen geschichtsphilosophischen Epen («La légende des siècles», «La fin de Satan») sind das demokratisch gewandte Hohelied der französischen Weltgeltung. Frankreich wird in ihnen als die Lichtbringerin unter den Völkern gefeiert; nach dem Sturz des Tyrannen wird es der Welt den Frieden geben und die Völker miteinander versöhnen. Die Revolution ist der Mythus der modernen Zeit, die Bastille das neue Golgatha, das französische Volk der neue Christus, die demokratische Freiheit das neue Evangelium. Nicht anders verherrlichte der Pole Mickiewicz in der Verbannung Polen als die auserwählte Nation, wollte der Flüchtling Richard Wagner die Welt mit der deutschen Kunst erlösen.

Das Wort vom Sehertum des Dichters lag nun in der Luft. Es verflüchtigte sich wie das Wort vom Zauber der Poesie zum schönheitsschweren Gemeinplatz. Je weniger es ernst genommen wurde, desto betörendere Worte fand man dafür. Das Lippenbekenntnis zu Gott wurde auch in der Literatur die Regel. Wie in allen Niedergangszeiten konnte man echte und falsche Propheten kaum mehr unterscheiden. Wer sich öffentlich als Geweihter ausgab, war vielleicht nur ein Rattenfänger von Hameln, und auserwählt war vielleicht jener, den man als Sendling des Teufels verfolgte oder als Narren stehen ließ. Die Ästheten flohen in den Anblick der Propheten und benützten sie als Sinnbilder für ihre eigene Machtlosigkeit und Furcht vor der Entscheidung. Aber ihre Stimme tönte dünn aus der riesigen Larve. Vignys «Moïse» ist nur das mythologisch vergrößerte Ebenbild eines modernen Décadent, der auf dem Sinai, seines Führeramts müde, «triste et seul dans ma gloire», Gott anfleht, ihn von seiner Berufung zu erlösen. Musset zeichnete in den «Nuits» vielbewunderte Zwiegespräche mit seiner Muse auf, Nerval gab seinen poetischen Dichterbildnissen den Titel «Les Illuminés», aber auch sie wollten damit kein verbindliches Bekenntnis zur Inspiration ablegen. Ebenso wenig handelte Rossetti in göttlichem Auftrag, als er 1848 in England die Malerbruderschaft der Präraffeliten stiftete, die eine neue Weihe der Kunst begründen sollte. Daraus sprach nur die Nervosität eines modernen Künstlers, der überall den Dämon der Häßlichkeit triumphieren sah. Rossetti empfand sich als Nachfolger Dantes und Blakes, als einen Meister der visionären Kunst, weil er in beängstigender Weise von Launen und Stimmungen abhängig war, die ihn zum willenlosen Opfer seiner Trancezustände machten. War daraus eine neue Heiligkeit der Kunst zu begründen? Grillparzer, eine ähnlich sensible und gefährdete Natur, aber ein viel größerer Künstler, begnügte sich damit, in der «Libussa» den Untergang der hohen Dichtung darzustellen.

Im Schatten Pestalozzis, in einem abgelegenen Winkel der Schweiz trat aber ein Dichter hervor, für den das Prophetenamt nicht dieses romantische Requisit war. Man bewunderte Jeremias Gotthelf wegen der ungeheuren Kraft seines Wortes als realistischen Schilderer der Menschen, und es dauerte wie bei Grimmelshausen lange, bis man erkannte, daß er nicht nach den Begriffen der modernen Kunstkritik beurteilt werden kann, weil er ein christlicher Bekehrungsdichter ist. Als Pfarrer eines reichen Bauerndorfes wußte er sich allerdings mit der Kirche verbunden, und er selbst wurde sich nur schrittweise über seinen prophetischen Auftrag klar. Neben dem missionierenden Eifer war auch die Sicherheit des Kirchenmannes in ihm, die Pestalozzi nicht besaß, und die Vertrautheit mit der christlichen Volksüberlieferung, in der noch viel Heidnisches fortlebte, nährte das mächtige epische Talent, mit dem er seinen Lehrer überragte. Erst zuletzt nahm die Spannung zwischen seinem priesterlichen Beruf und seinem prophetischen Denken gefährliche Formen an. Aber seit dem stürmischen ersten Ausbruch seiner Erzählergabe schrieb er seine Bücher nicht nur aus persönlichem Künstlerehrgeiz, sondern aus einer brennenden religiösen Verantwortung. Sie waren ihm ein Teil seiner Seelsorge, das Mittel, «zu schreien in die Zeit hinein, zu wecken die Schläfer, den Blinden den Star zu stechen». Seine ersten Erzählungen erfüllte die soziale Anklage und Satire, das Erbarmen mit den Unfreien und Mißhandelten, denen er wie Pestalozzi auch als aktiver Reformer helfen wollte. «Uli der Knecht» ist in Verbindung mit seiner Anstalt für arme Verdingkinder entstanden. Aber so leidenschaftlich er gegen die Schäden und Laster kämpfte, so war er doch noch nicht bereit, ihretwegen zum Märtyrer zu werden. Er sah auch die «Sonnseite» der Welt und wurde zum homerischen Verherrlicher des Bauerntums, dessen Männer und Greise, Weiber

und Mädchen er zu Idealgestalten eines christlichen Lebens in der Schöpfung Gottes
verklärte. Denn er hatte nicht nur das materielle Wohl, sondern das Heil der Seelen
im Auge; dieses geistige Ideal ließ ihn den politischen Kampf vorübergehend vergessen und brachte die herrlichen Bauernidyllen hervor, die er der verpöbelnden Zeit, ja
dem vom Zeitgeist angefressenen Bauerntum selbst als dichterische Leitbilder entgegenstellte. Nach wenigen Jahren erkannte er, daß er sein Volk damit nicht rettete.
Der Abstand zwischen seiner dichterischen Vision und der Wirklichkeit war zu groß
und vergrößerte sich täglich mehr. Sein Idealbild des vollkommenen Lebens verdunkelte sich, der eifernde Zorn nahm wieder überhand. Aber nun war es nicht mehr der
Zorn des fortschrittgläubigen Reformers, sondern der des enttäuschten, ins Unrecht
versetzten Gottesmannes. Er begann seiner Zeit insgesamt zu widersprechen und erhob sich von Werk zu Werk zu immer heftigerer Sprache. Der Mut, die Beredsamkeit
und innere Überlegenheit seiner polemischen letzten Bücher haben in der deutschen
Literatur nicht ihresgleichen, weil es, anders als bei Pestalozzi, ein genialer Dichter ist,
der sich hier in der prophetischen Forderung verzehrt.

Dieser späte Gotthelf sieht sein Jahrhundert im Zeichen der letzten Dinge: des siegenden Atheismus, des zurückkehrenden Aberglaubens, des triumphierenden Antichrist. «Es ist eine große Gabe Gottes, mit der er seine Propheten ausstattete, daß sie
die Wahrheit sagen durften, daß sie der Wahrheit treu blieben im Widerreden der
Welt, daß sie ausharrten und fortredeten, wenn alles umsonst, ja wenn selbst Gott sie
zu verlassen schien, doch auf ihn vertrauend», schrieb er im Schlußkapitel der «Ar-
mennot». Mit dieser Prophetengabe hielt er den Reichen ihre Härte, den Armen ihre
Schwäche, den Richtern ihre Ungerechtigkeit, der Regierung ihre Ohnmacht und
Würdelosigkeit, den Gebildeten ihre Geistesarmut vor. Für das Überhandnehmen
dieser Schlechtigkeit machte er den «Zeitgeist» verantwortlich, den Geist der unbe-
ständigen Oberflächlichkeit, der Wurzellosigkeit, der gesetzlosen Sinnlichkeit und
Sucht nach dem ewig Neuen. «Man wundert sich oft, wie die Menschen hin- und her-
gehen, wie Hanfstengel im Hanffelde. Heute lehnen sich diese Stengel aneinander,
morgen sind sie voneinander feindselig abgekehrt, und übermorgen drückt einer den
andern noch feindseliger dem Boden zu. So begegnen sich heute die feindschaftlich,
die morgen verbrüdert scheinen bis in den Tod, und handkehrum kniet wieder einer
auf dem andern und setzt an die Kehle ihm den Dolch. Das geht gerade so wie im wo-
genden See, im wirbelnden Flusse; da tanzen die Wellen auch miteinander, als obs
lauter Herrlichkeit wäre, und ist es ausgetanzt, so verschlingt eine die andere. Und
wenn man meint, jetzt seis aus, so spuckt die eine die andere wieder aus und tanzt
wieder mit ihr, als ob gar nichts geschehen wäre. Das alles geschieht denen, die als
Wellen auf dem Strome treiben und kein Steuerruder haben, die als Spänchen auf den
Wellen wirbeln und keine Wurzeln mehr haben.» Als solche charakterlosen Geschöpfe
des Augenblicks zeichnet Gotthelf alle modernen Naturen. «Hatte was ihr Gemüt bewegt, so zitterte dasselbe die Bewegung fort, bis ein anderer Anstoß eine andere Bewegung hervorbrachte.» Er trifft damit tatsächlich das Wesen der modernen Geistigkeit, ihr Verhängnis und ihre besondere Genialität. Was schon die Größe Shakespeares

und Goethes ausmacht – die Hingabe an die Dämonie der Leidenschaft –, ist in den Augen des Propheten der Inbegriff alles Übels.

Nur der Rückhalt an Gott verleiht die Kraft und den Mut zu den Angriffen, die Gotthelf in seinen letzten Büchern gegen das politische Fieber der modernen Zeit, gegen das Ungeheuer Staat und die andern Götzen eines zum Aberglauben abgefallenen Geschlechts führt. Er lehnt sich gegen seine ganze Zeit auf, die sich Unfreiheit für Freiheit verkaufen läßt, und stellt die Verantwortlichen leidenschaftlich zur Rede. Er tut es nicht als Verzweifelnder wie Nietzsche, sondern als helfender Arzt wie Pestalozzi, mit der Autorität des Richters wie Milton und Dante. Man haßte und verleumdete ihn deshalb; heute fragt man sich, was größer ist an ihm: seine geistige Überlegenheit oder der Schmerz, der mit ihm durchgeht, wenn er prophetisch voraussieht, was für eine Menschheit in den modernen Städten heranwächst: «Menschen, welche eine Krankheit haben wie die Erdäpfelkrankheit, es wird niemand wissen wollen, woher sie kömmt und was sie ist, man wird nichts wissen von ihr, als daß sie da ist, die meisten sie haben und die, welche sie haben, wenig oder nichts taugen, jedenfalls nicht lange währen.» Er ahnte, daß sein Rufen und Tun vergeblich war, und stand dennoch nicht davon ab. Was er für falsch und schlecht hielt, das trug den Sieg davon. Und doch hilft ein Dichter wie er vielleicht ein Volk vor dem Untergang bewahren.

Als Zeitgenosse Gotthelfs rang der Däne Kierkegaard um die Entscheidung zwischen dem Beruf des Dichters und dem des Propheten. Für ihn, den Gebrochenen, war dieser Konflikt unlösbar. Auch Kierkegaard war Theologe, aber innerlich mit der Kirche so zerfallen, daß er den Weg des freien religiösen Schriftstellers einschlug, um seine Botschaft auszurichten. Er suchte die Wahrheit, «die Wahrheit für mich ist, für die ich leben und sterben will», die ihn befähigte, «innerlich zu handeln». Lange glaubte er diese Wahrheit als Dichter ergreifen zu können. Aber das dichterische Talent und die religiöse Anlage lähmten sich in ihm gegenseitig so quälend, daß er darüber zum melancholischen Grübler wurde. Was er als Dichter sagte, mußte er als Christ widerrufen, und was er als Christ forderte, verneinte der Dichter in ihm. Er legte darüber in Beichtschriften Rechenschaft ab, die er nicht zu veröffentlichen wagte, weil er weder die Laufbahn des Dichters noch die des Apostels zu wählen vermochte. «Mohammed protestiert aus aller Macht, daß man ihn für einen Dichter und den Koran für eine Dichtung ansehe – ich protestiere aus aller Macht dagegen, für einen Propheten angesehen zu werden, will nur Dichter sein», schrieb er in sein Tagebuch. Aber diesem Geständnis mußte er sogleich ein noch leidenschaftlicheres zugunsten des Apostels entgegensetzen. Er verfaßte seine vernichtenden Analysen des ästhetischen Daseins, in denen er die Dichterexistenz als die Sünde am Leben durchschaut. Der Prophet in ihm entlarvte die Kunst als Flucht in die Lüge, in ein Spiel mit dem Guten und Bösen, das die sittliche Entscheidung in Gebilde der Schönheit auflöst. Er predigte den Unterschied zwischen dem Apostel und dem Künstler und grenzte schroff die Bezirke des Ästhetischen, Ethischen und Religiösen gegeneinander ab. Das Leugnen dieser Grenzen war ihm die «Krankheit zum Tode», in der Europa dem Ende entgegenlebte. Dieses Europa fiel ins Bodenlose des ästhetischen Nivellierens und philosophischen Spekulierens, es war die Beute eines Nihilismus, der sich noch Christentum zu nennen wagte und deshalb die Höllenstrafen über sich heraufbeschwor. Es gab keine Christen mehr, keine im Glauben an die rettende göttliche Wahrheit gesicherten Menschen. Wer mit dem Christentum ernst machte, mußte zum Märtyrer werden. War er selbst ein solcher Zeuge? In seinem letzten Lebensjahr – es war Gotthelfs Todesjahr – hielt Kierkegaard den Augenblick für den Schritt in das prophetische Handeln gekommen. Er unternahm 1854 mit seiner Zeitschrift «Der Augenblick» in Kopenhagen den öffentlichen Angriff gegen die Kirche, in dem der sokratische Geist seines Lehrers Hamann zur Tat wurde. «Dadurch, daß du nicht an dem öffentlichen Gottesdienst teilnimmst, wie er jetzt ist, dadurch hast du beständig eine große Schuld weniger: du nimmst nicht daran teil, Gott dadurch zum Narren zu halten, daß man für neutestamentliches Christentum ausgibt, was es doch nicht ist.» Nach diesem rasenden Nein schloß ihm der Tod den Mund. Der erste Augenblick war sein letzter. Er hatte kein Heil zu verkünden, weil er selbst von der Todeskrankheit ergriffen war und nur in dieser zweideutigen Form zum Wahrheitsrufer werden konnte.

Von Kierkegaard sprang die Flamme auf Henrik Ibsen über, der die Reinigung des Tempels vom Theater her unternahm. Als Abkömmling des sektiererisch gestimmten norwegischen Protestantismus spielte er schon in seinen romantischen Jugenddramen mit dem Gedanken einer messianischen Sendung in der verdorbenen modernen Gesellschaft. Sein Priester Brand ist ein fanatischer Kämpfer wider den falschen Gott, dem die Menschen dienen. Er zwingt ihnen seinen strengen biblischen Richtergott auf, dem er selbst Weib und Kind zum Opfer bringt, so daß sie ihm begeistert ins Gebirge zum Bau des wahren Tempels folgen, bricht aber unter der Erkenntnis zusammen, daß sein heiliger Eifer nur verhüllte Selbstvergottung ist. Diese Erkenntnis, mitschuldig zu sein am allgemeinen Verderben, und die politische Enttäuschung an der Heimat versetzten dem Sendungsbewußtsein des jungen Ibsen den Todesstoß. Er entschloß sich, die Sünde demütiger zu bekämpfen, und wandte sich dem realistischen Tendenzdrama zu. Seine Gesellschaftsstücke sind wie Gotthelfs Erzählungen Predigten, in denen der alttestamentliche Gott der Vergeltung in der profanen modernen Alltagssprache verkündet wird. Ibsen hält in ihnen Gericht über seine Zeit und über sich selbst. Man bewunderte ihn in Berlin und Paris als Meister einer neuen dramatischen Technik, als erbarmungslos diagnostizierenden Arzt der kranken Gesellschaft, aber man sah nicht, daß er in erster Linie für die christliche Sittlichkeit missionierte. Die Bühne war ihm eine Kanzel, seine atemraubende Kunst ein Zerreißen der moralischen Lüge. Die Leidenschaft, mit der er sein Bekehrungswerk betrieb, erklärt die Wucht und die Schwächen auch seiner Kunst. Der Epilog «Wenn wir Toten erwachen» verrät, daß der Kampf um die Reinheit des Herzens bis zuletzt seine größte Sorge war.

Der messianische Gedanke lebte im Slawentum wie nirgends weiter. Dostojewskij durchlebte ihn mit einer im Westen undenkbaren Ursprünglichkeit. Gleich Tolstoj war er ein Weltmensch von dämonischer Sinnlichkeit, die ihn in die Erschütterungen der tiefsten Sündennot, in den Zusammenbruch eines Damaskus, aus der weltlichen Kunst in den christlichen Prophetismus hineintrieb. Dieser entscheidende Moment,

Dostojewskijs Hinrichtung, ist der Geschichte der modernen Dichtung unauslöschlich eingebrannt: der Achtundzwanzigjährige wegen angeblicher Teilnahme an der
Verschwörung der Dekabristen zum Tod durch Erschießen verurteilt, an den Pfahl
gebunden, fünf Minuten auf das Feuerkommando wartend und im letzten Augenblick
zur Zwangsarbeit in Sibirien begnadigt – und diese Szene eine absichtlich gespielte
Komödie, die bewußte Erniedrigung der revolutionären «Intelligenz» durch den
Staat. Dostojewskijs Charakter offenbarte sich darin, wie er dieses grauenhafte Erlebnis überstand. Auf dem Hinrichtungsplatz durchzuckte ihn blitzartig der Gedanke,
der sein ganzes weiteres Leben erfüllte: daß er als gottloser freier Mensch ein Gefangener gewesen, daß der Kerker für ihn das Tor zur wahren Freiheit sei. Diese seherische
Umkehrung aller Begriffe wurde ihm vor den Gewehrläufen und in den Schrecken
Sibiriens klar. «Es ist mein Kreuz, ich habe es verdient.» In den vier Zuchthausjahren,
wo er als ein «lebendig Begrabener» vegetierte, erhielt sein Antlitz den halb verbre-
cherischen, halb christusähnlichen Ausdruck, durch den es zu einem Sinnbild modernen Dichtertums wurde. Die Katorga lehrte ihn, daß sich der Mensch nur im Aufblick
zu Christus wahrhaft frei fühlen könne. Der sozialistische Gedanke verband sich mit
dieser religiösen Erschütterung zu einer neuen Idee der Erlösung. Nicht mehr die Befreiung des Proletariats, sondern die Wiedergeburt Christi im leidenden Menschen
schwebte ihm jetzt vor. Er wurde religiöser Nationalist, wie es Dante, Milton und die
biblischen Propheten gewesen waren, aber auf russische Art und in modernem Stil.

Als Erleuchteter wurde Dostojewskij hellsichtig für die Lage der Menschheit und
die kommenden Dinge. Die Dämonie der Geschichte offenbarte sich ihm. Er höhnte
über die Berufsdiplomaten, die in ihrer eitlen Betriebsamkeit nicht merkten, daß «der
Anfang vom Ende der ganzen früheren Geschichte Europas, der Anfang der Entscheidung über unsere ganze Zukunft» angebrochen war. Mit genialer Sicherheit erkannte
er, daß es in der Geschichte immer wieder Momente gibt, wo unberechenbare Mächte
plötzlich die Oberfläche der Gegenwart durchbrechen und einen blind rasenden Wir-
bel erzeugen, der alles verändert. Er spürte insbesondere, daß sich hinter der scheinbaren Ruhe Deutschlands etwas Ungeheures vorbereite. «Es scheint mir, daß auch
unser Jahrhundert im alten Europa mit irgend etwas Kolossalem enden wird, das
heißt, vielleicht nicht gerade mit etwas, das buchstäblich dem gleicht, womit das
achtzehnte Jahrhundert endete, aber immerhin mit etwas ebenso Kolossalem, Elemen-
tarem und Furchtbarem und gleichfalls mit einer totalen Veränderung des Antlitzes
dieser Welt – wenigstens im Westen des alten Europa.» Aus dieser Witterung für
katastrophale Möglichkeiten, die seit seiner eigenen großen Katastrophe in ihm war,
schrieb er seine politischen Zeitungsartikel und die dichterischen Szenen, durch die
er zum «Propheten der russischen Revolution» und zu einem letzten Träger der Pro-
phetentragik wurde.

Dostojewskij hatte in der sibirischen Hölle in die Seele des russischen Volkes gesehen, dieses von Lastern entstellten, leidenden, aber innerlich noch reinen «Barbaren,
der das Licht erwartet». Er selbst war ein solcher vom Licht träumender Barbar. Er
übertrug das Erlebnis seiner Bekehrung auf das russische Volk. Der moderne Dichter

mußte sich in den Dienst des Volkes stellen oder verzweifeln, das stand für ihn fest. «Was liegt daran, daß der Eine noch nicht angefangen hat, sich zu beunruhigen, während der Andere schon bei der verschlossenen Tür angelangt ist und sie mit dem Kopf auch bereits einzurennen versucht hat – natürlich vergeblich. Dasselbe erwartet sie alle – jeden zu seiner Zeit, wenn sie nicht den rettenden Weg betreten und sich bescheiden mit dem Volk vereinigen.» Dostojewskij bekannte sich zu dem Glauben, daß der von Europa verratene christliche Gedanke nur im russischen Volk rein erhalten sei. Dieses «neue Wort» werde Rußland der Welt sagen: die nur im Osten noch lebendige Botschaft Christi von der Brüderlichkeit aller Menschen, von der Versöhnung und geistigen Wiedergeburt aller Völker, die bisher vergeblich gepredigt wurde. Wegen seiner verächtlichen Armut sei Rußland ausersehen, die Krippe des wahren Christus zu sein. Dieses arme Land «durchwandert Christus in Bettlergestalt», sagte er 1880 in der Rede auf Puschkin, in der er diesen Dichter als Vorläufer seiner Vision hinstellte. «Ein echter, ein ganzer Russe werden heißt vielleicht nur (d. h. letzten Endes, vergessen Sie das nicht) ein Bruder aller Menschen werden, ein *Allmensch*, wenn Sie wollen.» Nicht durch das Schwert, sondern durch die Macht der Liebe werde die russische Nationalkirche zur Weltkirche werden, das russische Volk zum Welterlöser, der russische Christus zum Weltherrscher. Diese «russische Lösung» werde den marxistischen Aberglauben Westeuropas überwinden, der mit Gewalt eine wissenschaftlich errechnete ideale Gesellschaftsordnung durchsetzen wolle, aber nur die egoistischen Triebe der Massen aufreize und unfehlbar zur Menschheitskatastrophe führen müsse.

Mit dieser Anschauung stand Dostojewskij vollkommen allein. Niemand ahnte die Größe des Widerspruchs gegen die westliche Zivilisation, den er seinem Volk zutraute. Er wurde als blutiger politischer Dilettant verlacht, und der Unglaube der Welt verführte ihn zu Trugschlüssen, mit denen er wie Milton den Sündenfall in das Machtdenken beging. Er glaubte seine Überzeugung mit den alten panslawistischen Lehren in Übereinstimmung bringen zu können, indem er ihnen seinen religiösen Glauben unterschob. Der russische Christus wurde ihm zur russischen Kirche, zum russischen Staat, zum russischen Reich. Rußland, behauptete er nun, werde namentlich als Beschützer der slawischen Völker groß sein; Konstantinopel, die Hauptstadt des einstigen oströmischen Reiches, werde «ganz von selbst» zu Rußland kommen, wodurch seine geistige Weltgeltung bestätigt und gleichzeitig das politische Problem des Balkans gelöst sei. Diese werdende russische Weltmacht nannte er die «dritte Weltidee», die nach dem korrupten Papsttum und dem tragisch versagenden Protestantismus über Europa aufgehe. Er sah sie als eine riesige Theokratie, die alle indogermanischen Völker umfaßte. Das war die Voraussetzung des Irrtums, dem er beim Ausbruch des russisch-türkischen Krieges zum Opfer fiel. Dieser imperialistische Vorstoß war in seinen Augen der erste Schritt zur Errichtung des russischen Christusreiches. Dieses kriegführende Rußland, erklärte er, sei kein Staat wie die andern Staaten, es sei die große Ausnahme unter ihnen. «Wir brauchen Krieg und Siege! Mit Krieg und Siegen wird das neue Wort kommen und wird das lebendige Leben beginnen und nicht das ertötende Geschwätz von früher sich fortsetzen» ... Der Koloß des frommen russischen Volkes sei erwacht, er denke nicht an Eroberung, sondern wolle einzig Christus dienen und den Völkern den ewigen Frieden bringen. Konstantinopel sollte ihm jetzt nicht mehr «von selbst» zufallen, sondern «die einzige Rettung ist, daß Rußland allein und auf eigene Rechnung Konstantinopel nimmt». «Welch eine Tat könnte reiner und heiliger sein als dieser Krieg, den Rußland jetzt unternommen hat?»

Dostojewskijs letzte Prophezeiungen sind ein Gemisch aus chiliastischer Begeisterung und chauvinistischem Wahnwitz. Er endete als zaristischer Heilsprophet, in seiner Schwärmerei hatten krasser Polenhaß, Antisemitismus, glühende Verachtung des Westens und sakraler Eroberungsgeist Raum. Noch immer glaubte er, daß sich Europa «am Vorabend der allergrößten und erschütterndsten Ereignisse und Umwälzungen» befinde. Er nannte den marxistischen Sozialismus ein Ungeheuer, das der römische Katholizismus mit seinem Verrat am Christentum gezeugt habe, und prophezeite, daß sich Rom nach der Zerschmetterung Frankreichs, seines Schwertes, mit dem Sozialismus verbünden werde, indem es ihm einrede, daß der Marxismus im Grund die Lehre Christi sei. Das werde Roms letzter Verrat am Christentum sein, gegen diese satanische Verfälschung werde der russische Christus zum Endkampf antreten. Deutschland sei offenbar berufen, die westliche Welt Europas zu beherrschen, Rußland aber, die östliche Welt zu führen. «Auf jeden Fall muß Rußland diesen günstigen Augenblick benutzen, denn wir wissen nicht, wie lange er noch währen wird. Solange die jetzigen großen Führer Deutschlands noch am Ruder sind, ist die Zeit für uns wahrscheinlich am günstigsten» ...

Die Zeitgenossen übersahen auch in diesem Gottesstreiter den religiösen Ernst über seinen ungewohnten literarischen Eigenschaften. Dostojewskijs Romane brachen mit ihrer maßlosen, formlosen, auf Suggestion erpichten Beredsamkeit als ein Stück uralten asiatischen Schamanentums in den westlichen Literaturbetrieb ein. Auch der Prophet, der jetzt in Deutschland aufstand, wirkte lange nur als literarische Sensation. Er ging wieder aus einem protestantischen Pfarrhaus hervor und mußte zuerst klassischer Philologe werden, um den Weg aus dem Modernismus zu den Ursprüngen zu finden. Das Geheimnis der Inspiration beschäftigte Nietzsche seit seiner Jugend, sein Drang zum Sehertum entfernte ihn unaufhaltsam von der akademischen Laufbahn. Jacob Burckhardts geschichtliches Wissen um die verborgenen Quellen der großen Kunst verwandelte sich im Mund dieses Schülers in das erst verschleierte, dann immer kühner hervorbrechende Bekenntnis zur prophetischen Aktion. Er legte es zuerst, noch verhüllt und verborgen, in seiner Jugendschrift über die «Geburt der Tragödie aus dem Geiste der Musik» ab, die hellsichtig dem Ursprung der griechischen Tragödie nachspürt, sich aber zugleich in den Irrtum verstrickt, dessen Widerruf erst den endgültigen Durchbruch bedeutete. Er bestand darin, daß Nietzsche mit diesem Buche zugleich einen neuen Messias verkündigte: Richard Wagner, den Heiland der abendländischen Wiedergeburt aus dem Geist der deutschen Musik. Der spätere größte Feind Wagners hat den Kult mit dem «Meister» begründet, den er in der Folge als den Inbegriff aller Lüge bekämpfte. Der Widerruf erfolgte, als Wagner kurz darauf mit dem «Parsifal» seinen Bayreuther Operntempel eröffnete und sich als Erneuerer des

sakralen Theaters feiern ließ. Dieser Götzendienst gab dem Abtrünnigen den ersten
Anlaß, «mit dem Hammer zu philosophieren». Er stellte den großen Magier als einen
Betrüger bloß und schmiedete die Aphorismen, in denen er alle Kunst schlechthin als
einen Atavismus entlarvte. Aber er wartete nur auf Wagners Tod, um dessen Prophe-
tenmantel aufzunehmen und selbst als Bringer neuer Tafeln aufzutreten. Der Schatten
Zarathustras, des altpersischen Sehers, ging an ihm vorbei. Er glaubte als Erster die
Wiedergeburt des archaischen Schauens zu erleben, als er die Gesänge von «Also sprach
Zarathustra» niederschrieb. Seine im «Ecce homo» gegebene Schilderung des Zustandes, in dem er 1882 das erste Buch verfaßte, wurde zur Urkunde eines neuen Glaubens an die Inspiration.

«Hat jemand, Ende des neunzehnten Jahrhunderts, einen deutlichen Begriff davon,
was Dichter starker Zeitalter Inspiration nannten? Im andern Falle will ichs beschreiben. – Mit dem geringsten Rest von Aberglauben in sich würde man in der Tat die
Vorstellung, bloß Inkarnation, bloß Mundstück, bloß Medium übermächtiger Gewalten zu sein, kaum abzuweisen wissen. Der Begriff Offenbarung, in dem Sinn, daß
plötzlich, mit unsäglicher Sicherheit und Feinheit, etwas sichtbar, hörbar wird, etwas,
das einen im Tiefsten erschüttert und umwirft, beschreibt einfach den Tatbestand.
Man hört, man sucht nicht; man nimmt, man fragt nicht, wer da gibt; wie ein Blitz
leuchtet ein Gedanke auf, mit Notwendigkeit, in der Form ohne Zögern, – ich habe
nie eine Wahl gehabt. Eine Entzückung, deren ungeheure Spannung sich mitunter in
einen Tränenstrom auslöst, bei der der Schritt unwillkürlich bald stürmt, bald langsam wird; ein vollkommenes Außersichsein mit dem distinktesten Bewußtsein einer
Unzahl feiner Schauder und Überrieselungen bis in die Fußzehen; eine Glückstiefe, in
der das Schmerzlichste und Düsterste nicht als Gegensatz wirkt, sondern als bedingt,
als herausgefordert, als eine notwendige Farbe innerhalb eines solchen Lichtüberflus-
ses; ein Instinkt rhythmischer Verhältnisse, der weite Räume von Formen überspannt
– die Länge, das Bedürfnis nach einem weitgespannten Rhythmus ist beinahe das Maß
für die Gewalt der Inspiration, eine Art Ausgleich gegen deren Druck und Spannung...
Alles geschieht im höchsten Grade unfreiwillig, aber wie in einem Sturme von Frei-
heitsgefühl, von Unbedingtsein, von Macht, von Göttlichkeit ... Dies ist *meine* Erfahrung von Inspiration; ich zweifle nicht, daß man Jahrtausende zurückgehen muß, um
jemand zu finden, der mir sagen darf, ,es ist auch die meine‘.»

Der selbstgefällige Ton dieser Sätze ist so fragwürdig wie das Werk, dessen Eingebung sie beschreiben. Nietzsche hatte bis zum Augenblick seiner «Erleuchtung» den
Aberglauben an die Inspiration als das Erbübel behandelt, von dem er Europa mit seinen skeptischen Aphorismen heilen wollte. Nun begann der heilige Geist aus dem
Mund des luziferischen Widersachers zu reden wie in den alten Apostelgeschichten.
Es war auch jetzt eine unreine Stimme. Ein blendendes Wissen um das Heilige schlug
wie bei Wagner in den Ehrgeiz um, selbst die Rolle des Auserwählten zu spielen. Sie
wurde Nietzsche geglaubt, obschon ihm alle Kennzeichen des wahren Propheten fehlen:
die Bindung an eine Gottheit, das Sichsträuben gegen ihren Befehl, die Sorge um die
eigene Reinheit, die Tragik des Schuldigwerdens vor Gott und den Menschen, die

Bereitschaft zum Opfer. Er spricht wie ein Magier, der das Machwerk seiner Hände als ein Werk Gottes ausgibt. Es war der Irrtum des an seinen Göttern irre Gewordenen, daß er seinen letzten manischen Aufbruch für eine göttliche Weihe hielt. Statt wie Hölderlin diese Täuschung tragisch zu sühnen, steigerte er sie zum phantastischen Versuch, Gott zu ermorden und sich auf seinen Thron zu setzen. Am echten Propheten begriff Nietzsche nur den Willen zur Macht. Er redet nicht von Gott, er verkündet hundertzüngig den eigenen Wunschtraum von Größe: die Afterreligion des Übermenschen und der ewigen Wiederkehr, die das Christentum überflüssig machen soll. Diese «neuen Tafeln» waren selbst ein Stück der Katastrophe, die sie prophezeiten. Die Maske Zarathustras verbirgt einen Décadent, der sich die Pose des Gottmenschen anmaßt. Weder von Wagner noch von der Bibel noch vom Machtrausch des zweiten deutschen Reiches ist Nietzsche innerlich jemals losgekommen. Das hört man auch der Sprache des «Zarathustra» an. Dieses Buch wider das Christentum ist undenkbar ohne die Sprache Luthers und der jüdischen Propheten.

Nietzsches Aufstieg und Absturz, ein nur in theologischer Sicht zu würdigendes Ereignis, leitete die Erneuerung der kosmisch-mythologischen Dichtung ein, die seit der Jahrhundertwende das Gesicht der deutschen Literatur bestimmte. Sie mündete in die literarische Hochkonjunktur des Sehertums im Expressionismus. Als Europa dem Nihilismus verfiel, wurde der Mystizismus zum literarischen Schlagwort. Die Expressionisten beriefen sich auf Nietzsche, Klopstock, Hamann, das Mittelalter und den Orient; sie predigten die Wiedergeburt der religiösen Entrückung und erneuerten die stammelnde visionäre Sprache. In einigen verborgenen Gestalten erfüllte sich dieses Versprechen, aber ihre Stimmen gingen im Getümmel der Literaten unter, die als heulende Derwische das Land durchzogen. Zu ihren ekstatischen Ausschreitungen lieferten ein neuer Okkultismus und Exotismus, die Psychoanalyse und die Religionsarchäologie die Begleitmusik. Dichtung und Religion wurden wieder in einen Topf geworfen, die reine Kunst erschien als ein überlebtes Ideal der Bourgeoisie. Die Kaffeehausgespräche drehten sich um die Rückkehr zum Primitiven, um die Wiederentdeckung der Religion. Die Namen Hölderlin und Nietzsche, Mallarmé und Claudel, George und Rilke wurden dem mondänen Publikum als Beweise mystischer Erleuchtung geläufig. In Paris diskutierte die Boulevardpresse zwischen den Weltkriegen über die Verwandtschaft der Lyrik mit dem Gebet[1].

Vor diesem Hintergrund wird der Ruhm der letzten Dichtungen Rilkes verständlich, die dem Bedürfnis nach ästhetischem Spiel mit der Religion am weitesten ent-

---

[1] Die Ursache war das Buch Henri Bremonds «Prière et poésie» (1926), das Lehrbuch der hermetischen «poésie pure». Es predigt dieselbe Verwechslung des Dichterischen mit dem Religiösen, wie sie im Sturm und Drang an der Tagesordnung war. Nach Bremonds Ansicht versenkt sich der Dichter wie der Betende ganz in die mystische Macht des Wortes und verzichtet auf jegliche Absicht der Mitteilung, der Wirkung auf Verstand oder Gefühl des Lesers. Das dichterische Gebilde soll beziehungslos über aller Wirklichkeit schweben und einzig auf seinen Urheber bezogen sein. Als ästhetische Abwandlung des Gebets ist diese «absolute Lyrik» die mystizistische Parallele zum ästhetischen Magismus Rilkes. Beide sind sich zum Verwechseln ähnlich, da beide im lyrischen Ideal der «Dunkelheit» zusammentreffen.

gegenkommen. Rilke hatte sich schon im «Stundenbuch» und den «Geschichten vom
lieben Gott» dem mystischen Bezirk so wirkungsvoll genähert, daß er zum Liebling
einer ganzen Jugend wurde. Im «Stundenbuch» sprach er als russischer Mönch, diese
Gedichte gaben sich als Gebete aus und übten dank dem slawischen Kolorit eine ähnliche Suggestion wie Dostojewskijs Romane. Auf jene Frühwerke folgten Jahre des
Verstummens, in denen Rilke das Unwahre an ihnen erkannte und einer höheren Begnadung entgegenharrte. Er glaubte ihrer in der Nähe Rodins mit seinen Dinggedichten teilhaftig zu werden, die aber nur eine echtere Form der lyrischen Besprechung
waren und von ihm selbst als Ausdruck seiner Einsamkeit erkannt wurden. In den
«Duineser Elegien» und den «Sonetten an Orpheus» meinte er endlich den Durchbruch in das Wunder der göttlichen Inspiration zu erleben. Seine Beschreibung der
großen Stunde von Duino und des lange ersehnten «Wunders» von Muzot im Februar
1922 gilt seinen Deutern als das große Inspirationsereignis der modernen Zeit. Sie
geht aber nur darin über die Erfahrungen der Romantiker, Rossettis, Coleridges hinaus, daß Rilke seine Erschütterung für einen göttlichen Anruf hält. Er schildert in seinen Briefen die Entstehung dieser letzten Gesänge als einen Ansturm von Offenbarung, in dem er sich als reines Werkzeug eines höheren Diktats verhalten habe. Wie
bei Nietzsche und Victor Hugo fehlt jeder Anhaltspunkt dafür, daß es sich dabei um
etwas anderes gehandelt habe, als was die Romantiker im Rausch des Schaffens erlebten. Diese Kunst ist neben die Träumereien Novalis' und die schwelgerischen Gesichte der spätmittelalterlichen Mystikerinnen – etwa Mechthilds «Fließendes Licht
der Gottheit» – zu stellen, die sich in ihrer Klosterzelle den Sturm ihres Herzens als
Zwiesprache mit Gott auslegen müssen, um ihn zu überstehen, aber allerdings noch
durch schwere Versuchungen des Teufels beunruhigt werden. Es ist dort wie hier dieselbe weiche Süßigkeit der Rede, derselbe Hang zur strömenden Schönheit des Wortes, der nur vor dem Bräutigam Jesus, nicht in der Gegenwart Gottes möglich ist.
Rilkes wollüstig rinnende Formlosigkeit hat ihn zum Abgott aller weiblichen Gemüter gemacht. Seine «Elegien» beklagen den Untergang alles Heiligen und preisen das
reine Sehen der Dinge, wie es den Engeln eigen sei und wie es der Dichter übe. Die
«Sonette an Orpheus» erheben sich zum orphischen Aussingen der Dinge aus der Tiefe
des Seins, das der alte Beruf der magischen Lyrik ist. Auch sie sind immer noch ohne
«Welt», ohne die Allgegenwart des orphischen Schauens, der ergreifende Gesang eines
Einsamen, der von Orpheus nur den betörenden Wohllaut, nicht die Verzweiflung geerbt hat und sich seine Ergriffenheit in eine religiöse Inspiration umdeutet, um seine
Dichterexistenz zu retten. Denn er spürt, daß die Tage des orphischen Singens gezählt sind, und tastet nach einem höheren Halt. Die Rilkekorybanten faseln von Dante, Pindar, ja von einer Religionsstiftung, die alle bisherige Dichtung und Religion
hinfällig mache. Sie finden hier die «numinose Seinsfülle», das wieder «erfahrbar» gewordene Göttliche wie bei Hölderlin – nur das Eine nicht, was der Inhalt der Religion ist
und wovon die Literaten nie etwas wissen werden: Gott. Rilkes Briefe lassen erkennen, daß ihm selbst die religiöse Fragwürdigkeit seines Dichtertums nicht ganz verborgen blieb.

Das endzeitliche Geschehen des zwanzigsten Jahrhunderts sonderte auf der Tenne der Literatur die Spreu vom Weizen, und es zeigte sich, wie es um die Wahrheit des modernen Sehertums bestellt war. Die Spreu wurde in Wolken fortgefegt, und zurück blieben die paar Gerechten, um deretwillen Sodom nicht ganz unterging. Der erste Sturm erhob sich 1914 und stellte die Visionäre auf die Probe. Die Expressionisten begannen in Zungen zu reden und den Weltuntergang zu deklamieren. Nur Wenige lebten ihn wirklich mit und werden heute in ihrer Bedeutung erkennbar. Der Österreicher Georg Trakl war als Salzburger Lutheraner mit einer slawischen Mutter dazu bestimmt, sich in dieser Zeit als Fremdling zu fühlen. Als halbes Bauernkind sang er zuerst Lieder des idyllischen ländlichen Gottesfriedens; sie waren der Goldgrund, der von den Bildern des Schreckens zugedeckt wurde. Als er nach Wien kam, erschien ihm diese Stadt sogleich als eine Stätte des Todes. Er sah ihr an, daß das Ende alles dessen bevorstand, was ihre Menschen für schön und ewig hielten, und starrte als einziger Sehender in das glänzende Chaos. Der Schimmer dieses Daseins zerfiel ihm in sinnlose Fragmente, das Grauen der Verwesung verzerrte ihm alles zu Phantasmen der Verzweiflung und des Wahnsinns. Er wurde zum leidenden Dichter des Todes und verkündete wie Kassandra die Allgegenwart des Zerfalls, das haltlose Hineilen zur Katastrophe. Er schrie und forderte nicht, dazu saß ihm selbst die Angst zu furchtbar in der Kehle. In der hilflosen Erwartung des Endes verwandelten sich ihm alle Dinge in orphische Todesmusik. Der Gesang der Vögel, das Wehen der Bäume und Gärten spricht wie ein Angsttraum den nur vom Dichter verstandenen Sinn des Geschehens aus: die Trauer über eine Welt, die morgen nicht mehr sein wird, die Ahnung des verlorenen Heilswunders, die Gottesverlassenheit, der mit Gesang nicht mehr zu helfen ist. Erst in den letzten Gedichten flammt der glimmende Docht vor dem Erlöschen noch einmal auf und steigert sich zur apokalyptischen Vision. Der Todgeweihte sieht in ihnen das ganze Abendland versinken. Das Ende der Christenheit ist gekommen, es gibt für sie keine Hoffnung, keine Erlösung mehr. Das war seine letzte Vision, «Offenbarung und Untergang» einer orphisch erleuchteten Seele. An dieser Wahrheit, in die er sich nicht finden konnte, ging Trakl zugrunde.

Seine Gedichte haben in ihrem zitternden Leid das Merkmal der echten Prophetie: daß ihre Verheißung sich erfüllte. Sie sind der genaue Ausdruck der Lage, in der sich Europa, insbesondere Deutschland und Österreich vor dem ersten Weltkrieg befanden. Was dieser Mund kaum hörbar sprach, war die furchtbare Wahrheit, und was die Heilswahrsager in Nietzsches Gefolge predigten, erwies sich als tönendes Erz und klingende Schelle. In Deutschland gab es seit dem ersten Zusammenbruch mehr bücherschreibende Seher und Propheten, als Israel einst besessen hatte, aber es erhob sich keine welterschütternde Stimme, als die Knie sich vor Baal zu beugen begannen. Die Kraft zur geistigen Tat hatte sich im expressionistischen Wortrausch, in dem um Rilke aufwuchernden literarischen Feminismus, in dem von Stefan George angeführten hieratischen Gepränge vertan. Die echten Geweihten konnten ihre Wahrheit nur als stumme Blutzeugen beweisen.

Auch Ernst Barlach, der norddeutsche Bildhauer und Dichter, fand seine Gebilde in einer visionären Versunkenheit, die ihn dem modischen Geschmack an der Mystik entrückte. Er berief sich auf keinen göttlichen Auftrag wie Rilke, er rang mit versiegeltem Mund um die Wiedergabe seiner Gesichte. Er war Gott auf der Spur, aber er sah ihn in keiner verführerisch schönen Gestalt, sondern als ein Wesen, das ihm die Haare zu Berge stellte. «Beim Streifen durchs Fuchsholz», sagt er in seiner Selbstbiographie, «fiel mir die Binde von den Augen, und ein Wesensteil des Waldes schlüpfte in einem ahnungslos gekommenen Nu durch die Lichtlöcher zu mir herein, die erste von ähnlichen Überwältigungen in dieser Zeit meines neunten bis zwölften Jahres, das Bewußtwerden eines Dinges, eines Wirklichen ohne Darstellbarkeit – oder wenn ich es hätte sagen müssen, wie das Zwinkern eines wohlbekannten Auges durch den Spalt des maigrünen Buchenblätterhimmels.» Bei dieser schaurigen Andeutung ist es für Barlach geblieben, von den Spukszenen des «Toten Tags» bis zur Bettlergestalt Gottes in der «Sündflut». Wie leicht hätte es geschehen können, daß er als Begründer einer «neuheidnischen» visionären Kunst mißverstanden und auf den Schild erhoben worden wäre. Statt dessen erregte er Anstoß und mußte mißhandelt sterben, um makellos das zu bleiben, was er war: deutscher als alle, die ihn als «artfremd» verschrien, weil sie ihn nicht verstanden. Die nachgelassene Erzählung «Der gestohlene Mond» ist eine Parabel, die im unscheinbaren Gewand einer Kleinstadtidylle den ewigen Kampf zwischen Licht und Finsternis darstellt und in das wesenlose Geschwätz gottferner Menschen hinein die Stimmen Haruts und Maruts, der Engel des Guten und Bösen, ertönen läßt. «Ich habe keinen Gott, aber Gott hat mich», sagt der Held seiner letzten dramatischen Dichtung.

Das Judentum brachte am Vorabend seiner neuen babylonischen Gefangenschaft zwei Gestalten hervor, die priesterlichen und prophetischen Geist verbinden. Der Prager Franz Kafka wird heute wie ein Heiliger geliebt, weil er gnadenlos leidend wie Trakl das Kommende vorauswußte. Er steht als Priester eines zerstörten Heiligtums – des Glaubens an Gott – an einer Klagemauer, die sich heute rings um die Erde zieht. Der Wiener Karl Kraus erscheint mit seinem Wortfanatismus, seinem unerbittlichen öffentlichen Nein gegen die verworfene Zeit und seinem aussichtslosen Kampf gegen die Tagespresse wie ein letzter Abkömmling der alttestamentlichen Richter. Er prophezeite den Untergang der Welt durch schwarze Magie, den er mit der Erfindung des Fliegens beginnen sah. Er erblickte in den Errungenschaften der heutigen Zivilisation die Schändung aller Werte, um deretwillen es sich zu leben lohnt, und schrieb in seinen «Letzten Tagen der Menschheit» das Schauspiel dieser Agonie als authentisches Mysterienspiel auf.

Im schwer bedrohten Frankreich standen einige Dichter auf, die erkannten, daß die Entscheidung für und wider das Christentum gekommen war, und mit brennender Zunge die Sache der Kirche zu retten versuchten. Der innerlich zerrissene, vom Sozialismus zum Katholizismus bekehrte Charles Péguy diente ihr, wie einst Angelus Silesius, mit sakralen Hymnen und mit fanatischen Pamphleten. Dieses Doppelgesicht des missionierenden Dichters ist auch den Kampfschriften und Romanen von Georges Bernanos aufgeprägt, die den heiligen Krieg der Gegenreformation gegen das Böse in moderner Sprache fortsetzen. Sie rennen gegen den Satanismus der Roboterzeit, gegen die höllische Finsternis in der Menschenseele, gegen die in Gewohnheiten erstorbene Kirche an. Seine Bücher sind Werke eines halb verzweifelten Apostels, der den Mut hat, mit Pech und Schwefel den Teufel anzugehen, wo immer er sein Haupt erhebt, auch den Teufel in sich selbst.

Diese ketzerischen Gestalten, die auf das Leiden an der Zeit und auf das geistige Handeln verpflichtet sind, retten heute die Ehre der europäischen Dichtung. Als moralische Potenzen, als Wahrheitszeugen und Gottesstreiter in einer Welt, wo auch die Mächte des Bösen über ihre schreibenden Heerscharen verfügen, beginnen sie den Ruhm der morbiden Zauberer zu verdunkeln, in denen sich die Menschheit von gestern bespiegelte. Wie alle Märtyrer sind sie kein erfreulicher Anblick. Sie winden sich unter der Zerstörung der Menschenwürde. Der Schmerz ist ihre geistige Legitimation, und ihr menschlicher Adel besteht darin, daß sie keine Furcht kennen und bereit sind, für ihren Glauben zu sterben. So wie sie müssen die Dichter des zwanzigsten Jahrhunderts aussehen, wenn es in ihm überhaupt noch Dichter geben soll.

DIE SÄNGER

MYTHISCHES SEHEN

Neben der magischen Entrückung und der mystischen Inspiration fließt seit Urzeiten eine dritte Lebensader der Dichtung. Sie entspringt dem naiven Glück, dazusein und die Schönheit der Erde zu genießen. Aus diesem natürlichen Glücksgefühl ist alles hervorgegangen, was als Lied und Gesang die Freude des Lebens ausspricht, vom selbstvergessenen Singsang des Kindes und dem Lied des einfachen Volkes bis zum festlichen Heldenepos der Fürstengeschlechter, die durch ihre Sänger unsterblich wurden.

Diese Dichtung enthält keine jenseitige Vision, sondern den Glanz der irdischen Welt. Sie liebt das Spiel der Geschöpfe, die sich unschuldig ihres Daseins freuen und in einer Gemeinschaft geborgen wissen. Die Familie, die Sippe, der Stamm, das Fürstenreich halten sie in überlieferter Ordnung zusammen. Sie erfüllen ihr Dasein als Glieder eines Lebensverbandes, der ihrem Handeln die Anmut des Gattungshaften gibt. In diese Harmonie werden sie hineingeboren, solange die natürlichen Gesetze des Zusammenlebens nicht gestört sind. Am reinsten werden sie sich ihrer bewußt, wenn sie in Gruppen singen. Die Naturvölker singen viel und immer schön wie die Vögel im Gebüsch. Aber auch dieser Gesang hat eine lange Geschichte.

Die menschliche Stimme ist das älteste, schönste Instrument der Dichtung wie der Musik. Singen ist eine körperliche Tätigkeit, ein Stück Natur, der reinste Ausdruck des kreatürlichen Glücksgefühls. Der singende Mensch erlebt sinnlich seinen Zusammenhang mit der Schöpfung, von dem sein Körper in allen Fasern widerhallt. Gesang bedeutet ursprünglich dieses Aufgehen in der Natur, das keiner Worte bedarf, aber durch rhythmische Körperbewegungen gesteigert werden kann. Auch die Tiere kennen diese Lust des Singens und rhythmischen Spielens. Als von Tanz begleitete, von bedeutungslosen Lauten getragene Melodie muß der Gesang den Menschen schon immer bekannt gewesen sein, bevor sich große Dichter seiner annahmen. Früh muß man auch entdeckt haben, daß dem hingegebenen Singen eine Kraft innewohnt. Das rhythmisch gesungene Wort befreit und steigert die körperlichen Energien. Die Naturvölker verrichten mit unzulänglichen Werkzeugen scheinbar Unmögliches, indem sie ihre Arbeit rhythmisch ordnen und mit Liedern begleiten. Singend fällen sie riesige Bäume und erlegen gefährliche Tiere. Singend werden im Orient noch heute die Teppiche gewoben. Das ist wohl auch gemeint, wenn Orpheus die Steine und Wälder bewegt und die Tiere um sich versammelt, wenn sich zum Spiel von Amphions Leier die Stadtmauern Thebens von selbst zusammenfügen und die Mauern Trojas von Apollon gebaut worden sein sollen. Es bezeichnet neben der seelischen Erhebung ihr Ergebnis: die Rodung der Wälder, die Zähmung der wilden Tiere, den Bau der Städte, die Heilung der Kranken, die Vernichtung der tierischen und menschlichen Feinde mit Hilfe des Kraft spendenden Gesangs.

Die einst allherrschende magische Denkweise unterstützte diese Wirkung noch gewaltig. Schamanenartige Meister des rhythmischen Sprechens werden die Chöre der urzeitlichen Arbeiter angeführt haben. Da damals alle Dinge und Ereignisse magisch geladen waren, war der Gesang, der das Schwere wie im Spiel bewältigen ließ, eine das ganze Dasein der Menschen begleitende und bestimmende Macht. Aber es dauerte lange, bis sich aus diesem sinnlichen Element eine höhere Kunst erhob. Als körperliches, rassemäßiges Lustgefühl eignete es sich ebenso zu niedrigen magischen Zwecken wir zur geistigen Beglückung. Die moderne Völkerkunde hat rings um den Erdball, von der Arktis bis in die Tropen, die natürlichen Urformen eines Sängerstandes festgestellt, der die alltäglichen Arbeiten und Freuden der Menschen mit seinen Liedern begleitet und nichts anderes als die Unterhaltung der Zuhörenden und Mitsingenden beabsichtigt. Das Bild, das sich da bietet, ist nicht weit von Herders Vorstellung der singenden Naturmenschheit entfernt, nur daß es nicht die Völker, sondern eben die mehr oder weniger berufsmäßigen Sänger sind, deren Lieder da ertönen. Auch diese Urzeit ist in der europäischen Kultur nicht ganz abgestorben, sondern lebt in Resten fort: in den Arbeitsgesängen der Bauernvölker, in den Wander- und Marschliedern, im Spielsang der Kinder. Die niedrige Gebrauchskunst der modernen Zivilisation, von der Militärmusik bis zu den Tanzorgien der heutigen Vergnügungsindustrie, reizt dagegen noch bewußt die Herdeninstinkte und greift, indem sie den geschlechtlichen, religiösen und politischen Massentaumel erzeugt, auf die animalischen Ursprünge des Singens zurück. Dem Europa des zwanzigsten Jahrhunderts sind ja auch die Krieger und Tänzer wieder bekannt geworden, die im orgiastischen Gebrüll der Horde den Höhepunkt ihres Daseins erleben.

Der Eingang von Hesiods «Theogonie» erzählt, wie aus dem rohen Naturgesang die hohe Dichtung geboren wurde. Die Schilderung dieser Dichterweihe ist noch vom ersten Staunen über diese Gabe der Götter erfüllt, obschon sich Hesiod als ausübender Sänger bereits vom einfältigen Anfang des mythischen Gesangs entfernt. Er schildert seine Berufung durch die Musen ähnlich wie der Prophet Amos seine Berufung durch Gott: als ein Innewerden von Dingen, von denen er als grober Hirte zuvor nichts gewußt habe. Aber die Musen tun an ihm ein anderes Wunder als Jahwe an seinem Knecht: sie hauchen ihm eine göttliche Stimme ein, damit er vom Gewesenen und Künftigen, von den ewigen seligen Göttern und von ihnen selber singe. Er erschrickt nicht vor ihnen, er staunt über das ihm zuteil gewordene Glück. Er füllt die einsame Landschaft am Helikon mit seiner Stimme und läßt sich durch ihre wunderbare Macht erschüttern. Das Zeichen seiner Weihe ist der Stab, den er auf Geheiß der helikonischen Musen aus einem Lorbeerzweig schneidet. Er weiht ihnen später den Dreifuß, den er in einem Wettkampf gewinnt, an der Stelle, wo sie ihn zuerst «mit hellem Gesang» begabt und gelehrt haben, «unsagbare Lieder zu singen». Ihr Kuß verpflichtet ihn nicht zur Verkündigung des Untergangs, sondern zur Verherrlichung des Lebens. Sie entlassen ihn nicht als ihren Knecht, als Vernichteten und Gebundenen, ihre Gabe ist ein beseligendes Geschenk. Wer durch Gram verwundet ist und kummervoll dahinsiecht, sagt er einmal, vergißt sein Leid und wird geheilt, wenn er einen der saitenspielenden Männer von den seligen Göttern und den Taten der früheren Gechlechter singen hört.

Diese saitenspielenden musischen Sänger haben die Glanzwelt des Mythus geschaffen, der die Erde zur Wohnung der Götter verklärt. Was man, gestützt auf ihre Kunst, für eine allgemeine Gabe der alten Völker zu halten pflegt, ist in Wahrheit ihr Werk, und nur in ihren Liedern lebt die Schönheit, die seither die Menschen beglückt. Diese Dichter sehen das Universum beseelt, nicht aus panischer Angst, sondern mit einem sonnenhaft hellen Auge. Die irdische Landschaft ist für sie die Heimat heiliger Wesen, die sie in Gestalt der Berge, Felsen, Wälder, Flüsse, Bäume, Fluren, Tiere, Städte, Länder, Meere und Inseln als Gottheiten verehren. Sie müssen mit Opfern, frommen Begehungen und jahreszeitlichen Feiern in Gunst gehalten werden, und gottlos ist der, der sich an ihnen vergreift. Aischylos stellt es in den «Persern» als einen Hauptfrevel des Xerxes hin, daß er eine Brücke über den heiligen Hellespont zu legen wagte, und Hesiod kann noch sagen:

> *Nicht durchwate der ewigen Ströme schönfließendes Wasser,*
> *Ehe du nicht im Anblick der prächtigen Strömung gebetet*
> *Und dir die Hände gewaschen im schimmernden, schönen Gewässer.*
> *Wer einen Strom durchwatet, frech, ohne die Hände zu waschen,*
> *Dem sind gram die Götter und senden ihm Leiden in Zukunft.*

Auch die Sänger verstehen sich als geweihte Seher. Apollon, ihr Gott bei den Griechen, ist zugleich der Gott der Sehergabe. Auch der Sänger kennt eine erschütternde Transzendenz, aber eine andere als der Magier und der Prophet. Er sieht die irdischen Dinge in göttlich vollkommener Gestalt; ihre Umrisse treten ihm zu herrlichen Erscheinungen zusammen, denen er mit religiöser Scheu begegnet. Die Götter wohnen in den sichtbaren Dingen, er lebt in ihrer Gegenwart. Erfüllt von diesem Sehen beginnt er zu singen, hingerissen durch seine eigene Natur, die ein Teil der göttlichen Allgegenwart ist. Er singt von den Dingen der Erde in Bildern, die ihr Leuchten in der göttlichen Harmonie, ihre ewige ruhende Schönheit unter dem Blick der Götter aussprechen. Das ist die Trunkenheit des Sängers, die in der deutschen Sprache Begeisterung, in der griechischen Enthusiasmos, Gotterfülltsein heißt. Sie hat viele Stufen, sie reicht vom Lachen der Freude bis zum höchsten Ausbruch der Lebenslust, durchbricht aber niemals die Besonnenheit, geht nie in Bewußtlosigkeit über. Magische Verzückung und mystische Entrückung sind passive Zustände, die Begeisterung ist eine festliche Steigerung des Lebenswillens bis zur Hingerissenheit. Der junge Schiller nennt sie «feuertrunken», Hölderlin «heilignüchtern». Hölderlin hat auch «Grade der Begeisterung» unterschieden: «Von der Lustigkeit an, die wohl der unterste ist, bis zur Begeisterung des Feldherrn, der mitten in der Schlacht unter Besonnenheit den Genius mächtig erhält, gibt es eine unendliche Stufenleiter. Auf dieser auf und ab zu steigen ist Beruf und Wonne des Dichters.» Und aus eigener Erfahrung sagt er: «Das ist das Maß der Begeisterung, das jedem Einzelnen gegeben ist, daß der eine bei größerem, der andere nur bei schwächerem Feuer die Besinnung noch im nötigen Grade behält. Da, wo die Nüchternheit dich verläßt, da ist die Grenze deiner Begeisterung. Der große Dichter ist niemals von sich selbst verlassen, er mag sich so weit über sich selbst erheben als er will.» Um dieses

«Maß» hat allerdings Hölderlin jederzeit schwer gerungen, es ist das eigentliche Schicksalswort der enthusiastischen Poesie. Der «Hyperion», der ein einziges Bekenntnis zur Begeisterung ist, stellt den Weg zu diesem heiligen Trunkensein dar. «Wie unvermögend ist doch der gutwilligste Fleiß der Menschen gegen die Allmacht der ungeteilten Begeisterung. Sie weilt nicht auf der Oberfläche, faßt nicht da und dort an, braucht keiner Zeit und keines Mittels; Gebot und Zwang und Überredung braucht sie nicht; auf allen Seiten, in allen Tiefen und Höhen ergreift sie im Augenblick uns und wandelt, ehe sie da ist für uns, ehe wir fragen, wie uns geschiehet, durch und durch in ihre Schönheit, ihre Seligkeit uns um. Wohl dem, wem auf diesem Wege ein edler Geist in früher Jugend begegnete!»

Der Sänger ist ein Kind dieser Welt. Er bejaht das Dasein in naiver Lust und sucht die Orte seiner höchsten Schönheit auf. Diese Orte waren vor Zeiten die Fürstenhöfe und die Paläste der Reichen mit ihrer adeligen Pracht und heldischen Kraft. Der weltliche Gesang aller Völker gipfelt zuerst in der Verherrlichung des kriegerischen Heldentums, in dem sich der höchste Glanz des Menschen offenbart: der Schimmer der Waffen, das wilde Glück des Krieges, das Getümmel der Schlacht. In Friedenszeiten tritt dazu der Wettstreit im Waffenspiel, die Hoheit der Frauen, die Schönheit der Kleider, die Freude der Gelage, der Stolz der Jugend, der Adel der Gebräuche, das hohe Männerleben in allen Äußerungen seiner Kraft. Dafür begeistern sich die Sänger in bewunderndem Entzücken, dafür greifen sie zur Harfe. Sie rufen die Götter zum Schutz und Ruhm des strahlenden Helden herbei, der ihnen die höchste Erfüllung des Lebens bedeutet. Sie rühmen, was er vollbracht hat, sie preisen ihn im Schatten seiner Taten als Liebling der Götter, sie vergöttern ihn. Die irdische Macht ist für sie der sichtbare Abglanz des Göttlichen, sie sehen es im Helden gegenwärtig und schmücken ihn mit allen Attributen der Unsterblichkeit: mit den Tugenden der Schönheit und Ruhmgier, der Kraft und Ehre, der Treue und Rache. Der so Ausgezeichnete ist immer ein Fürst, dessen Stammbaum sie auf einen Gott zurückführen; er ist unüberwindlich und tut sich vor allen andern Helden durch seine Kraft und seine Waffen, durch Schönheit, Klugheit oder Schlauheit hervor. Als schlechthin vollkommener Mensch lebt er göttlich sicher aus sich selbst, getragen vom heiteren Bewußtsein seiner Unbesiegbarkeit. Im mythischen Helden dieser aristokratischen Frühkultur wird der schöne, starke Mensch zum Maß aller Dinge, nicht der heilige und nicht der berauschte Mensch, sondern der heroische. Er gleicht den Göttern, die Götter gleichen ihm. Seine Kraft, die mit dem Leben spielt, verneigt sich vor jeder ebenbürtigen Erscheinung; er ehrt alle, die sind und denken wie er, weil er in ihnen sich selbst ehrt. Diese von den Sängern geschaffene heldische Poesie gilt zu allen Zeiten als die klassische, weil sie der reinste Ausdruck weltlichen Geistes ist.

Auch dieser Kunst wohnt eine Tragik inne. Zur naiven Lebensfreude gehört die Trauer über die Vergänglichkeit des Daseins, zum vorbildlichen Helden das Hinnehmen von Schmerzen und Wunden. Er achtet sie für nichts, er kämpft furchtlos Auge in Auge mit dem Tod. Aber je kühner er kämpft, desto klarer ist ihm bewußt, daß er eines Tages fallen wird, und zum größten Helden gehört es, daß er in der Jugendblüte fällt. Das Schicksal, das er in der Todesgefahr herausfordert, schwebt über ihm. Diese Tragik ist die Kehrseite des männlichen Übermuts, der notwendige Schatten des hellsten Lichts. Im vollkommenen Heros lebt der Wunsch, zu sterben, solange er sich auf dem Gipfel seines Könnens fühlt. Er muß im Glanz der Jugend weggerafft werden, um als Vorbild unsterblich zu sein, und entscheidet sich wie Homers Achill für dieses Los. Sein Stolz zahlt als Preis den frühen Sturz in die Nacht. Auch darin bejaht die Sängerpoesie noch das Gesetz der Natur. Tod und Leben, Trauer und Lust sind in aller naiven Poesie unlöslich verbunden. Diese Notwendigkeit ist das Numen, dem sich der heroische Sänger beugt.

Neben dieser natürlichen Tragik gibt es eine geistige. Sie wurzelt im Denken der Sänger, die sich anheischig machen, die Wirklichkeit zur Gegenwart der Götter zu verklären. Auch die Begeisterung ist kein Dauerzustand, sie durchläuft eine Stufenleiter und kann sich nicht immer auf dem Gipfel der Trunkenheit behaupten. Auch sie hat Momente des geringeren Schwungs und der Ernüchterung, in denen Mythus und Wirklichkeit auseinanderfallen. Dann erscheint die mythische Glanzwelt als ein Wunschbild, dem die Gegenwart nicht genügt, das nur in der Vergangenheit zu finden ist. Die Tendenz, das Gewesene auf Kosten des Gegenwärtigen zu verklären, ist allen großen Epen, die bereits einer fortgeschrittenen Stufe angehören, eigentümlich. Sie sind Idyllen nach Schillers Definition, sie «stellen das verlorene Ideal als wirklich vor», «den Menschen im Stand der Unschuld». Schon Homer schildert eine vergangene Welt, er erzählt unter dem Zeichen des märchenhaften «Es war einmal». Hesiod stellt in der «Theogonie» die Geburt der lichten Götter dar, aber die ihm zugeschriebenen «Werke und Tage» enthalten den Mythus der fünf Weltalter, der die goldene Zeit als unwiederbringlich verloren, die Geschichte der Menschheit als einen unaufhaltsamen Niedergang beschreibt. Das erste Zeitalter, sagt Hesiod, war das goldene, wo die Menschen, von den Göttern geliebt, selbst wie Götter lebten, ohne Trübsal und Todesschmerz, wunschlos und in unendlicher Fülle. Es ist längst nicht mehr und wird nie mehr sein, der Gedanke an jenes einst Gewesene weckt im Sänger unendliche Trauer. Auch diese Vision weist über die Gegenwart hinaus, mißt das Sichtbare an etwas Unsichtbarem. Aber sie erzeugt keine überschwengliche Hoffnung und Zerknirschung wie die Botschaft des Propheten, es läßt sich aus ihr keine heilige Machtpolitik ableiten. Jesaia schildert die vollkommene Erde in ähnlichen Bildern wie Hesiod, und der «dritte Jesaia» dichtet in fanatischem Überschwang: «Mache dich auf, werde Licht; denn dein Licht kommt, und die Herrlichkeit des Herrn strahlt auf über dir. Denn siehe, Finsternis bedeckt die Erde und Dunkel die Völker; doch über dir strahlt auf der Herr, und seine Herrlichkeit erscheint über dir, und Völker strömen zu deinem Lichte, und Könige zu dem Glanz, der über dir aufstrahlt ... Die Menge der Kamele wird dich bedecken, die Dromedare von Midian und Epha; die Sabäer werden allzumal kommen und Gold und Weihrauch bringen und die Ruhmestaten des Herrn verkünden ... Und Fremde werden deine Mauern bauen, und ihre Könige werden dir dienen; denn in meinem Zorn habe ich dich geschlagen, doch in meiner Huld mich deiner erbarmt. Deine Tore werden allezeit offen stehen, werden Tag und Nacht nicht geschlossen werden, damit die Schätze der Völker zu dir eingehen unter der Führung ihrer Könige.»

Dem Sänger ist diese messianische Mystik fremd. Er bleibt in seinen leuchtendsten Bildern ein schwermütiges Kind der Natur, ein Sohn dieser Welt. Den Anstoß zu den «Werken und Tagen» gab die Empörung ihres Dichters über den Betrug seines Bruders, der ihn durch Bestechung der Mächtigen um sein Erbteil brachte, und der Entschluß, sich durch Berufung auf die ewigen Gesetze des Lebens sein Recht zu verschaffen. Hesiod greift die ungerechten Könige an und schildert dem Bruder den einzigen Weg, der zu dauerndem Glück führt, seitdem das goldene Zeitalter versunken ist: die schwere Arbeit im Schweiß des Angesichts und nach der frommen Weise der Väter. Auf Erden herrscht das Unrecht, die eiserne Gewalt, sie müssen als das Unabänderliche hingenommen werden. Frommsein heißt glauben, daß der gute Mensch noch etwas vom Segen der besseren Zeiten erlangen kann, wenn er den Willen der Götter befolgt. Das goldene Zeitalter ist der Sängermythus des vollkommenen Lebens. Wer sein Dasein nach diesem Glauben ordnet, findet seinen goldenen Grund, der da und dort noch hervorleuchtet und den die Mächtigen dieser Erde mit Füßen treten.

Der Prophet steht diesem weltfrommen Empfinden verständnislos gegenüber, und vollends der Kult der kriegerischen Heroen weckt als Verherrlichung des Lebens in der Sünde seinen wilden Haß. Diese weltliche Kunst der saitenspielenden Männer ist gemeint, wenn die Propheten des Alten Testaments den Harfen- und Zimbelklang in den Häusern der Gottlosen verfluchen. In ihren Ausfällen wird, leidenschaftlich verzerrt, für Augenblicke der Schauplatz sichtbar, auf dem die Sängerpoesie blühte. Amos spricht erbittert von den Weltkindern, «die ihr auf Elfenbeinbetten liegt, ausgestreckt auf euren Lagern, die ihr Lämmer eßt von der Herde und Kälber aus der Mast; die da leiern zum Klang der Harfe und sich Lieder ersinnen wie David». Auch Jesaia verdammt diese Lüstlinge: «Da halten sie Gelage mit Laute und Harfe, mit Handpauke und Flöte und Wein; aber das Wort des Herrn beachten sie nicht ... Darum öffnet die Unterwelt weit ihren gierigen Schlund und sperrt auf ihren Rachen über die Maßen, und es fährt hinunter Jerusalems Pracht, sein Gelärm und Getümmel und wer darin frohlockt.» Der «dritte Jesaia» ruft dem König von Babylon nach der Zerstörung der Weltstadt triumphierend zu: «Ins Totenreich ist gestürzt deine Hoheit und das Rauschen deiner Harfen; auf Moder bist du gebettet, und Würmer sind deine Decke.»

SÄNGERHERRLICHKEIT

Die Harfen rauschten in den Gemächern der Könige, der Reichen und Mächtigen dieser Welt. Die Sänger erfreuten die Glücklichen, sie dienten den Vornehmen; es war ihr Ehrgeiz, die Pracht des auf Genuß und Eroberung gestellten adeligen Lebens zu teilen. Sie verherrlichten das Machtbewußtsein und den Ahnenstolz der edlen Geschlechter. Es trieb sie zu den Herren, die sie am besten aufnahmen, am hellsten begeisterten, am reichsten belohnten. In den patriarchalischen Verhältnissen hielten sie sich an die Feste und Märkte, wo das Volk zusammenströmte; in der kriegerischen Feudalzeit zogen sie von Burg zu Burg, von Hof zu Hof, um bei einem großen Fürsten auf Lebenszeit unterzukommen. Vielen gelang das nie, sie blieben auf der Wanderschaft und mußten zwischendurch oder lebenslang das niedere Volk unterhalten; andere aber fanden den Weg in die Paläste und wurden Freunde ihrer mächtigen Beschützer. Diese Erfolgreichen schufen die anspruchsvollsten Formen der Heldendichtung. Sie bestärkten die großen Dynastien in ihrem hochfahrenden Lebensstil, indem sie von Kampf und Sieg, Ruhm und Untergang, Liebe und Tod, Glück und Not der Kriegshelden sangen. Ihre Lieder verherrlichten diese leuchtende Welt der Geschichte machenden Fürstenhäuser, die Welt der adeligen Kultur. Sie verherrlichten mit ihr gleichzeitig sich selbst, denn ihre Kunst spiegelte den Glanz, der sie umgab. Selbst zu Halbgöttern erhoben, überblickten sie das Fest des Lebens und rühmten die früheren und jetzigen Taten ihres Hauses.

Die älteste Zeit wußte von diesem Glanz noch nichts, da lebten die Machtdichter selbst noch als Krieger unter Kriegern. Sie mußten als Meister der Waffen berühmt sein, um als Sänger zu gelten, wie Volker im Nibelungenlied oder der Skalde Egil. Am Anfang der Sängerkunst steht die Einheit von Held und Dichter in derselben Person. Sie ist das weltliche Gegenstück zur prophetischen Vision, in der das göttliche Ich mit dem Ich des Dichters verschmilzt, und zur archaischen Einheit von Zauberei und Poesie. Diese Urform des Sängers ist fast überall untergegangen, aber doch nicht spurlos. Sie findet sich noch in den arabischen Muallakâts, den vorislamischen Beduinenliedern, die Goethe entzückten. In diesen Kampfliedern aus schriftloser Vorzeit singen die grausamsten Streithähne der Wüstennomaden selbst von ihren blutigen Händeln und Raubzügen, die sie um der Blutrache, des Herdenraubes, der Ehre ihres Stammes willen unternehmen. Sie prahlen mit der Größe der bestandenen Gefahren, mit ihrem Löwenmut und der Schande ihrer Feinde, mit dem Ruhm ihrer Vorfahren, mit ihren Liebesabenteuern und den Tugenden ihrer Reitkamele. Sie begründen ihr Handeln, warnen die Gegner, erwidern Drohung mit Drohung, alles in wutbebender Sprache. Es gibt hier noch keine höfische Kultur, es gibt nicht einmal Geschichte und Berufung auf mythische Vorbilder, aber der Ursprung der Sängerkunst liegt nackt zutage: das brutale Kämpfertum des Rassemenschen im Rahmen der Stammesgemeinschaft. Alles ist noch erregte Gegenwart und zum eigenen Ruhm des Dichtertäters gesagt, dessen Person wie bei den wikingernden Skalden alles Licht auf sich vereinigt. Auch das schönste und eigenartigste Stück, das «Wüstenlied Schanfaras, des Verbannten», bleibt diesem Typus treu, obschon es kein einzelnes Ereignis, sondern ein Schicksal darstellt. Der mit seinem Stamm verfeindete Dichter, der wölfisch ergrimmt in der Wüste herumräubert und in den Felsen wie ein Steinbock unter den Wildschafen lebt, kommt als Alleingänger nicht vom Gedanken an seinen gehaßten Stamm los, mit dem er innerlich zusammengeschmiedet ist.

Solche kriegerische Gelegenheitspoesie muß durch lange Zeiträume existiert haben, bevor aus ihr eine höhere heldische Dichtung hervorging. Statt des Täters konnten schon früh Augenzeugen der Tat das Lied auf sie anstimmen, wie es damals geschehen sein soll, als der Knabe David mit dem Haupt des Goliath heimkehrte. «Als sie nun heimkamen bei Davids Rückkehr vom Siege über die Philister, zogen aus allen Städten Israels die Frauen unter Gesang und Reigen dem König Saul entgegen mit Handpauken, Jubel und Zimbeln; und die tanzenden Frauen sangen: Saul hat seine Tausende geschlagen, David aber seine Zehntausende.» Als regierender König wurde David unter den Juden das glänzendste Beispiel dieses archaischen Sängerheldentums. Aber es waren ihm andere vorangegangen, wovon noch Legenden berichten. Schon Judith soll selbst das Triumphlied über die Assyrer angestimmt haben, die sie mit ihrer List im Zelt des Holofernes besiegte, und auch das Lied der Debora soll von der Mänade selbst gesungen worden sein, die ihren Stamm zum Krieg gegen Sisera aufhetzte und die man ausdrücklich zwang, zu ihren Worten zu stehen. «Barak sprach zu ihr: Wenn du mit mir gehst, so gehe ich, gehst du aber nicht mit mir, so gehe ich nicht. Sie sprach: Gut, ich gehe mit dir; nur wird dann der Ruhm des Zuges, den du unternimmst, nicht dir zufallen; denn der Herr wird Sisera in die Hand eines Weibes verkaufen.» Bei den Griechen herrschte der Brauch, daß der Sänger als begeisternder Begleiter an der Spitze des Heeres mitzog. Er focht vielleicht nicht immer mit, sondern seine Waffe war eben der Gesang. Aber Tyrtaios, der die verzagten Spartaner im messenischen Krieg zum Widerstand aufrief, war vielleicht ihr Feldherr. Die Dichterin Telesilla soll die Stadt Argos nach einer Niederlage gerettet haben, indem sie die Frauen aufforderte, sich zu bewaffnen, und an ihrer Spitze die Spartaner in die Flucht schlug. Solon begeisterte die Athener mit einer Elegie zur Eroberung von Salamis.

Der Stil dieser ältesten Sängerpoesie atmet den wilden, rohen Geist der Frühkulturen. Er ist von blutig-schrecklicher Unmittelbarkeit, gedrungen-riesig und gefühllos, ohne höher ausgebildeten Sinn für das Seelische, ganz beherrscht von der Wucht des tatsächlichen Geschehens. Alle Aussagen kreisen um Kampf, Sieg und Untergang. Die Motive sind Mord und Betrug, List und Verrat wild hassender und liebender Gewaltnaturen, vor allem immer wieder blinder Haß und Blutrache um jeden Preis: für den erschlagenen Vater, Freund oder Bruder, die geschändete Schwester, die ganze Sippe, dazu der Preis der unbesiegbaren Heldenstärke, des Todesmuts auf verlorenem Posten, unanfechtbarer Ehre und Treue, grausamer Bestrafung des Feindes. Diese Kunst ging spontan aus den kriegerischen Schicksalen der Völker hervor, sie war das Echo der erschütternden Begebenheiten, von denen Wohl und Weh jener Menschheit abhing und die im Lied noch lange nachhallten. Solche urtümlichen Tatenlieder wuchsen auch aus dem blutgetränkten Boden der altschweizerischen Schlachten auf, bei den Serben blühten sie noch im neunzehnten Jahrhundert.

Es kam aber die Zeit, wo der Sänger auf die direkte Teilnahme am Kriegshandwerk verzichtete und sich auf die dichterische Ausschmückung der Ereignisse beschränkte. Er wandte sich der Vergangenheit zu, um diese im Licht der Gegenwart zu verklären und das heutige Geschehen im Aufblick zu den früheren Heroen zu rühmen. Das war der Ausdruck einer andern geschichtlichen Stufe, wo an die Stelle des berserkerhaften Draufgängertums ein Traditionsbewußtsein trat, eine heldische Kultur begründet wurde. Wie der Umgang mit den Dämonen zur Quelle der magischen Dichtung, der Umgang mit Gott zum Ursprung der mystischen Sprache, so wurde der Umgang mit den Heroen zur Quelle der weltlichen, gesellschaftlichen Poesie. Der Sänger brauchte sich nicht mehr mit dem Schwert zu bewähren. Er erwiderte Stolz mit Stolz, er beanspruchte eine andere Art von Größe. Es war sein geistiger Adel, der ihn jetzt den Helden ebenbürtig und als Begleiter ihrer Taten unentbehrlich machte. Die Herren brauchten ihn, ihr Leben war ohne ihn nicht vollkommen, weil erst durch seinen Gesang ihr Tun unsterblich wurde. Sie wurden berühmt, indem sie ihm Gastrecht gewährten; er entrückte ihr Handeln der brutalen Wirklichkeit und ordnete es in den Zusammenhang der hohen Überlieferung ein. Sie ehrten ihn, um von ihm wieder geehrt zu werden. Er lebte von ihren fürstlichen Geschenken und teilte tatenlos ihre Freuden und Leiden, war aber dennoch eine Säule ihrer Macht. Er belehrte sie darüber, was bei den Vorfahren und bei fremden Völkern als groß galt, er konnte seine Beschützer zu idealen Helden und Herrschern erziehen oder sie doch als solche rühmen. Der Anspruch auf diese geistige Ebenbürtigkeit kehrt in aller höheren heroischen Dichtung wieder. Es ist, wie wenn sich die Sänger über die Länder und Jahrhunderte hinweg das Wort gegeben hätten, ihren Beruf mit ihm im höchsten Ansehen zu erhalten. Sie stellen sich stolz neben die Fürsten und rühmen sich im gleichen Atemzug mit ihnen. Sie durften es tun, weil sie wirklich imstande waren, ihnen die Unsterblichkeit zu verschaffen. Es ist das Werk der Sänger, daß die Helden Persiens und des trojanischen Krieges, die Recken um Karl den Großen und am Wormser Hof, die Ritter von der Tafelrunde des Königs Artus in unverwüstlichem Glanz durch die Zeiten leben. Aus Sehnsucht nach diesem Ruhm weinte Alexander der Große am Grab Homers darüber, daß ihm der seiner würdige Sänger fehlte.

Wohin man im Altertum blickt, trifft man auf diese Gesellschafter, die an den Tischen der Könige und Vornehmen heimisch waren. In der Odyssee singt am Hof der Phaiaken der blinde Demodokos beim Königsmahl, in der Bibel der Harfenspieler David vor Saul, im Nibelungenlied der Fiedler Volker im Dienst der Wormser Könige. Diese Männer schufen die älteste weltliche Dichtung, die historisch faßbar ist. Ihre Leistungen sind das hymnische Preislied auf einen Helden und die Ausweitung des Liedes zum Kleinepos in der Art der altfranzösischen «chansons de geste», schließlich das große Heldenepos, das diese ältern Gebilde zum nationalen Mythus verwob und für ein höfisches Publikum gedichtet wurde. Aus diesen literarischen Großepen blickt nur noch stellenweise die lapidare Wucht der ältesten Lieder hervor. Schon die jüngeren Lieder entfernten sich vom schweren Ernst des kriegerischen Stils, und das große Epos führte die Vergeistigung zu Ende. Sein Ton verfeinerte sich, die Seele des Menschen begann im Krieger zu reden. Es bildete sich ein kunstvoller Formenkodex, ein Prachtstil der Verse und der Darstellung, der auf der hohen Verklärung des Gewesenen beruhte. Das war jene späte epische Kunst, deren erste uns bekannte Erfüllung der Name Homer bezeichnet: die ewig überzeugende Beseelung des heroischen Menschen, der als ideale Gestalt einer vergangenen Zeit gesehen ist.

Da die unter dem Adel heimisch gewordenen Hofsänger an einem zeremoniellen Leben teilnahmen und vor verwöhnten Zuhörern standen, dienten sie als Künstler bewußt der aristokratischen Tradition. Sie pflegten die überlieferten vornehmen Formen, mit denen sie sich zur Ehrfurcht vor dem Lebensstil der adeligen Gesellschaft bekannten. Sie idealisierten ihren Helden in der erhabenen Sprache, die ihrem Lied ewige Dauer verbürgte. Da ihnen der Stoff durch die Überlieferung und durch die Rücksicht auf ihre Hörer vorgeschrieben war, mußten sie sich auf die stilvolle Verfeinerung und glänzende Ausschmückung der Ereignisse verlegen. Sie liebten es ohnehin, Schwieriges zu lernen und zu zeigen, und rühmten sich ihrer hochgesteigerten Kunst, die sie unnachahmlich machte. Das Virtuose war bei ihnen noch selbstverständlicher Bestandteil der Genialität. Zusammen mit den großen Meistern der Vergangenheit und den lebenden Meistern in fremden Ländern bildeten sie einen erlauchten Stand, dessen Berufsgeheimnisse sie hüteten und auf den sie sich selbstbewußt beriefen. Sie waren eifersüchtig auf ihre eigenen Neuerungen, hellhörig für die ihrer Rivalen und jeder Kritik unzugänglich. Die größte Gefahr ihrer hochgestimmten Gesänge lag in diesem Selbstbewußtsein, in ihrer Neigung zum Schmuck, zur hohen Form und Tradition. Da sie der überschwenglich verschönernde Spiegel einer Wirklichkeit sein sollten, glitten sie leicht ins Spielerische ab. Die Freude am bunten Abenteuer, am aristokratischen Formentand verdrängte das Monumentale immer mehr. Die Schüler der hohen Meister gefielen sich im wirkungsvollen Zurechtrücken, im Hantieren mit einem glänzenden mythologischen Apparat, in phantastischen Ausschmückungen, die den harmonischen Bau der Lieder störten. Sie schielten nach dem Eindruck, den sie beim Singen machten, und übertrieben die Innerlichkeit zur Empfindsamkeit, die Schönheit der Form zum Effekt. Bei diesen talentierten Epigonen fielen Virtuosität und Genie auseinander, die Könnerschaft wurde Selbstzweck. Dahin verstieg sich die ständische Dichtkunst in allen Zeiten und Ländern. Sie geriet in die Hände der Artisten, die den Adel des Wortes mit halsbrecherischer Künstelei verwechselten. Der «klassische» Hofstil war überall der zur Manier erstarrende, bei den Homeriden wie bei den Skalden. Auf dieser Stufe erreichten es die Sänger, daß das Dichten als das vornehmste weltliche Geschäft angesehen wurde. Die Ritter und Fürsten sahen mit Bewunderung auf sie und ließen sich in ihrer Kunst unterweisen. Erst wenn ein solcher Held des Krieges und der Feste noch Dichterruhm erwarb, besaß er die höchste Vollendung. Er wetteiferte mit dem Dichter, und so kam es zuletzt wieder zur Einheit von Held und Sänger. Alle reich entwickelten, auf die Höhe der Bildung gelangten höfischen Kulturen huldigen dem Wunschbild des dichtenden Fürsten. Es ist die späte, literarische Wiederholung der urtümlichen Einheit von Täter und Sänger, von der die heroische Poesie ausging. In diesen Spätzeiten glänzten königliche Mäzene und aristokratische Gruppen als Beschützer der Dichtung und der Künste. Die Sänger buhlten um ihre Gunst und verschafften ihnen, wie früher den Heroen, oft einen unvergänglichen Namen, wie Hârun al Raschîd, dem Märchenhelden von «Tausendundeiner Nacht».

Vom Volk ist in der klassischen Heldendichtung nichts zu erfahren. Sie atmet den Geist der Herrenwelt, zu deren Ruhm sie verfaßt wurde. Die höfischen Sänger mieden gewöhnlich die Menge, wenn sie den Platz neben den Hochgeborenen erobert hatten. Die ganze Kunstliteratur Altindiens ist das Werk solcher ständischer Rhapsoden, die im Dienst der adeligen Kriegerkaste für Unterhaltung sorgten, sie auf ihren Jagden und Kriegszügen begleiteten, die Heere begeisterten und den Ruhm ihrer Brotherren durch die Länder trugen. Ihre Kunst war schablonenhafte Residenzpoesie, ein erlernbares Virtuosengewerbe. Noch das Nibelungenlied verherrlicht eine Handvoll fürstlicher Krieger, die ins Monumentale gesteigert und in ihrem Beharren auf den heroischen Idealen der Kraft und Ehre, Treue und Rache dargestellt sind.

So blühte der Sängerstand auch bei den Griechen. Ihre wandernden Aoiden zogen schon in vorgeschichtlicher Zeit unter den Stämmen von Ort zu Ort und rezitierten zur Begleitung der Kithara ihre Heldenlieder. Das Erscheinen eines solchen Gastes muß ein herrliches Ereignis gewesen sein, wenn man den Schilderungen bei Homer trauen darf. Der Aoide kannte die Kräfte aller Götter, die Taten aller Helden. Er wußte «aller Dinge Gesetz», «alles von Anbeginn, und was als Erstes entstanden», wie Hesiod sagt. Zur gleichen Zeit wie die hebräischen Schriftpropheten traten dann die hellenischen Sänger hervor, die den Vorrat der Heldenlieder zu den großen Epen zusammenfaßten. Es bildete sich der olympische Mythus, der alle Lokalgottheiten auf dem einen Götterberg, alle Lokalheroen auf dem gleichen Schlachtfeld versammelte. Die Aoiden trugen diese Fabel durch ganz Griechenland. Sie stifteten gleichzeitig eine Einheit der epischen Sprache, die den Unterschied der Mundarten überbrückte, ähnlich wie später das Epos Dantes unter den Italienern, die Ritterpoesie und Luthers Bibel unter den Deutschen. Wie hoch die apollinischen Rhapsoden von ihrer Kunst dachten, zeigen die zahlreichen Fabeln, die vom Neid und Zorn der Götter auf sie erzählen. Ein Gipfel dieser Panegyrik ist die Sage vom Wettgesang der Musen mit den Töchtern des Pieros, bei dem die Gestirne, das Meer und die Flüsse vor Entzücken stillstehen und der Helikon in den Himmel emporsteigt, bis Pegasos auf Poseidons Befehl dem Taumel ein Ende macht, indem er mit dem Huf auf den Berggipfel schlägt und die Ordnung der Natur wieder herstellt. Die Sänger verstiegen sich auch bei den Griechen zu den kühnsten Bildern, um die Würde ihres Standes zu betonen. Linos wird von Apollon umgebracht, weil er die Leier verbessert hat. Thamyris fordert hochmütig die Musen heraus, die ihm zur Strafe das Augenlicht, den Gesang und das Saitenspiel nehmen. Die sagenhaften Meister enden fast immer tragisch wie Orpheus und die großen Propheten, das ist auch bei ihnen das Zeichen der Größe. Aber ihre Tragik wird anders begründet.

Hesiod war noch kein Hofsänger, sondern ein Bauernsohn aus dem armen Dorf Askra in Boiotien. Er hütete dort in seiner Jugend, wie der junge David, in den Waldschluchten des Berges Helikon die Schafe und erlebte als Hirte die Erleuchtung, durch die er zum wandernden Sänger wurde. Mit dieser bäuerlichen Herkunft und seinem seherischen Tiefsinn verkörpert er noch die Frühzeit des musischen Sängerwesens. Er erinnert an den Propheten Amos, der auch ein Hirte in der Bergeinsamkeit war. Seine Frömmigkeit ist die Einfalt der an den Boden gebundenen Bauernkultur. Aus seinem Mund singt wie aus keinem andern im Abendland noch die schwarze Mutter Erde. Die olympischen Lichtgötter werden bei ihm erst geboren, er blickt auf den Uranfang der Dinge und kennt die mysteriösen Gottheiten der Tiefe, die auch in der attischen Tragödie beschworen werden. Die ältesten Göttergeschlechter, deren Schicksal die «Theogonie» erzählt, gleichen noch den chimärischen Scheusalen des vorzeitlichen Dämonenglaubens. Aber das Mittelstück dieses Epos bildet die Schilderung des Titanenkampfes, dessen Gebrüll mit der Einschließung der Ungetüme im Tartaros endet, und seinen Höhepunkt die Geburt der Aphrodite, ein Silberblick. Zeus, der mit seinen Blitzen und Donnerschlägen die Titanen zerschmettert, erinnert von ferne an den Jahwe des Sinai, und die Beschreibung des Tartaros, wo die besiegten Ungeheuer begraben sind, scheint die schwermütige Seele Hesiods abzubilden, der noch mit diesen finstern Mächten zu kämpfen hatte. Die mythischen Fabeln sind ihm noch Wirklichkeit; er macht sich zu ihrem seherischen Verkünder und weist es ausdrücklich von sich, daß sie nur als schöner Trug betrachtet werden wie in den Liedern der Unberufenen. Die Dichtung ist auch ihm etwas Heiliges, mehr als bloße Unterhaltung, sie soll die Menschen zur Frömmigkeit erziehen. Aber trotzdem erklingt hier ein erlösender Ton. Diese Gottheiten sind aus demselben Stoff gemacht wie der Mensch. Sie gleichen ihm vor allem darin, daß sie ein Schicksal haben, geboren werden und untergehen. Dieses Einssein von Göttern, Natur und Menschen ist Hesiods Religion. Das Zeichen dieser Harmonie ist die Schönheit der Schöpfung, von der in der Bibel nirgends die Rede ist. Hesiod schildert die Natur als eine tausendfache Hochzeit der göttlichen Wesen, die den Kosmos bevölkern. Sie ist ihm beseelt, der titanische Aufruhr in ihr ist gebändigt und in einen unendlichen Wohlklang aufgelöst. Die Berggipfel singen, die Kreatur beginnt zu reden mit jener freudigen und klagenden Stimme, die sie nur in der griechischen Dichtung besitzt.

Die etwa gleichzeitig, aber in einer andern Umgebung entstandenen homerischen Epen kennen diese Schwere der bäuerlichen Götterverehrung schon nicht mehr. Die Dämmerung des kultischen und magischen Denkens ist in ihnen dem Sonnenglanz einer hohen Wirklichkeit gewichen. Homer gestaltet das Ideal des ionischen Rittertums, den in Worten und Waffen unüberwindlichen Krieger. Die Götter haben bei ihm die sakrale Majestät abgestreift und sind zu Gefährten der strahlenden sterblichen Helden geworden. Die Schönheit der Schöpfung hat sich auf die Heroen niedergelassen, die das Gesetz ihres Handelns in sich selbst tragen oder von ihrer Gottheit empfangen. Das Merkmal des homerischen Stils ist die künstlerische Distanz, die Abwesenheit der rohen Leidenschaft, die Zurückhaltung in der Äußerung der Gefühle, der Einklang der Worte, Gebärden und Taten – all das, was dem Propheten versagt ist und was an den Höfen am höchsten geschätzt wird. In diesem Ideal geht der Sänger so vollkommen auf, daß er als Person hinter seinen Gestalten verschwindet. Es ist kein Zufall, daß man von ihm wie von seinen Vorgängern und Fortsetzern nichts weiß. Er sieht das Seiende in seiner ewigen Klarheit, die immer wiederkehrenden Situationen und Empfindungen. Deshalb hat ihn Hölderlin einen Seher genannt. Er ist eingeweiht in die heiligen Geheimnisse der Natur, das heißt auch bei ihm: in die Einheit von Leben und Tod. Sein Liebling Achilleus ist eine Manifestation der reinen Natur, die in ihren Ausbrüchen des Zorns, des Leidens, der Klage, der grausam wütenden Rache, des versöhnten Verzeihens und der Todesahnung keiner moralischen Rechtfertigung bedarf. In dieser Menschlichkeit geht Homer über die harte Heroik der Reckenzeit hinaus. Die Innerlichkeit drängt die Kampflust zurück und gibt der heldischen Poesie einen neuen Gehalt, der ihren hergebrachten Sinn in Frage stellt. Die Heroen werden zwar zu göttlichen Wesen verklärt, ihre stehenden Beiworte wirken wie Titulaturen, die Pracht ihrer Erscheinung hat zeremonielles Gepräge. Aber die ganze Ilias ist von der Tragik des Heldenlebens durchdunkelt, und ihr Schluß, die von Zeus befohlene Herausgabe von Hektors geschleiftem Leichnam an seinen Vater und die Totenklage der Seinen, die ihn bestatten dürfen, klingt an die «Antigone» an, die das Recht des Toten auf ein Grab verteidigt. Die Odyssee ist vom Leiden an der Mühsal des Erdenlebens erfüllt, ihr Held ein Dulder, der nicht mehr die Lust, sondern die Schwere und Trauer des Kämpfertums auskostet.

Die Aoiden rezitierten mit Vorliebe diese Gesänge aus dem Kreis des trojanischen Krieges und die Epen Hesiods, weshalb aus der reichen epischen Poesie der Griechen nur diese Werke erhalten sind. Seitdem Solon die alljährlichen feierlichen Vorlesungen aus Homers Gedichten an den Panathenäen eingeführt hatte, wurde dieser zum griechischen Nationaldichter. Das schuf die Voraussetzung für die dramatische Darstellung der Heldensagen, die sie aus einem andern Geist ergriff. Die naive Heroenpoesie starb mit dem alten feudalen Kriegerwesen aus. Homers Menschlichkeit blühte in der äolischen Lyrik weiter, in den Liedern Sapphos und des Tyrannenhassers Alkaios, die wie verwehte erste Amselrufe einer neuen Zeit zu uns herübertönen. Der Genius des Gesangs war nicht an die epische Form gebunden. Der lesbische Ritter Alkaios hing mit allen Fasern an seiner Vaterstadt Mytilene, kämpfte leidenschaftlich für die Vorrechte des Adels, beteiligte sich jung an einer Verschwörung gegen den Tyrannen Myrsilos und beschimpfte die Volksführer in maßlosen Worten. Er mußte fliehen, kehrte über den Tod seines Feindes jauchzend zurück und mußte noch einmal einem Gegner weichen. Er war ein heißblütiges, ehrgeiziges Kind dieser Welt, verstrickt in ihre Kämpfe, verliebt in die Schönheit der wasserschöpfenden Mädchen und in die Anmut der Tänzerinnen. Vor allem liebt er den Wein, der ihn den Sonnenglanz der Welt und das Glück des Jungseins am höchsten empfinden läßt. Trinkend vergißt er Leid und Not der Erde, trinkend findet er den Mut, freudig im Leben aufzugehen. Auch der Gesang ist ihm ein Göttertrank, der ihm den Gedanken an das Schattenreich, an die Trauer des Daseins immer wieder überwinden hilft. Er preist auch den Glanz der Waffen, den Schimmer der Helme mit weißen Pferdemähnen, aber nicht zufällig weiß man durch ihn selbst, daß er in einer Schlacht seine Waffen fortwarf, um besser fliehen zu können. Seine wahre Heimat war der Gesang, durch den er unsterblich wurde.

Auch Sappho, die man die zehnte Muse nannte, liebte ihre Dichtergabe als beseligendes Göttergeschenk. Sie hält sich für den Mund der heiligen Natur, der in freudiger Erschütterung rein und unmittelbar die menschlichen Gefühle aussingt. Die Ehrfurcht vor dem göttlichen Gesetz in den ihr heiligen sichtbaren Dingen schreibt ihr die Sprache ihrer Lieder vor. Für diese Frau ist die Liebe die höchste Offenbarung. In der erotischen Erschütterung löst sich ihre Seele in Wohllaut auf, ohne je ihr Maß zu verlieren. Ihre kunstreichen Lieder hängen mit dem Volkslied zusammen, bleiben immer natürlich und verschmähen auch alltägliche Worte nicht. «In dieser organisch entfalteten Wuchsform erweist sich Sapphos Lied als ein in seinem Wesen griechisches Gewächs. Was sich in dieser ganzen Wuchsform ausspricht, ist der besondere griechische Natursinn, nämlich die visionäre Kraft, Gestalt zu sehen, die, Leben und Form vereinend, aus dem Ganzen immer ins Ganze schafft, das Grundwesen durch alle Verwandlungen hindurch bewahrend» (Schadewaldt).

SÄNGERTRAGIK

Das christliche Urbild des Sängers ist David, der vor Saul die Harfe spielt und selbst König wird. Als Gesalbter des Herrn, Kriegsheros und Psalmist in einer Person verkörpert er das altjüdische Königsideal, ist er im Christentum der Schutzpatron der «heiligen» Sänger geworden. Auch Salomo wird als ein solcher Idealfürst geschildert, der dreitausend Sprüche und über tausend Lieder gedichtet habe. Von diesen Gedichten ist aber nur der große Tempelweihespruch erhalten, so daß er gerade den höchsten Ruhmestitel seines Vaters nicht besitzt. David gilt als der Verfasser der Psalmen, von denen aber keiner mit Sicherheit auf ihn zurückgeht. Die angeblich von ihm stammenden Gesänge zeichnen sich durch die archaische Einheit von Tätertum und Dichtertum aus. Seine Totenklagen um Saul und Jonathan und um seinen Feldherrn Abner sind Belege der Leichenklage, dieser uralten Gattung heroischer Lyrik, und gehören wie das Deboralied zu den kostbarsten Überbleibseln der hebräischen Literatur. In dem großen Siegeslied, das er nach der endgültigen Überwindung aller seiner Feinde angestimmt haben soll, tritt er in der ganzen blutigen Glorie eines vorzeitlichen Heros auf, dessen Stolz durch keinen Zweifel an seiner Gottgefälligkeit angekränkelt ist.

> *Der Herr tat mir nach meiner Gerechtigkeit,*
> *nach der Reinheit meiner Hände vergalt er mir ...*
> *Ich jagte meinen Feinden nach und vernichtete sie,*
> *kehrte nicht wieder, bis ich sie vertilgt.*
> *Ich schmetterte sie nieder, sie standen nicht mehr auf*
> *und fielen unter meine Füße,*
> *und du umgürtetest mich mit Kraft zum Streite,*
> *beugtest, die sich wider mich erhoben, unter mich ...*
> *Sie schrieen um Hilfe – da war kein Helfer –*
> *zum Herrn, doch er erhörte sie nicht.*
> *Und ich zermalmte sie wie Staub der Erde,*
> *wie Kot auf der Gasse zertrat ich sie.*
> *Du rettetest mich aus den Kämpfen meines Volkes,*
> *du setztest mich zum Haupt von Nationen,*
> *und Leute, die ich nicht kannte, wurden mir untertan.*

So sprachen die Herren der Welt zu allen Zeiten, so wollten sie, daß von ihnen gesprochen werde. Der Gott, an den sie glauben, ist der, der sie erhöht und ihre Feinde erniedrigt. Sie beten sich selber an und ruhen nicht, bis sie sich alles unterworfen haben. Bei der «Reinheit meiner Hände», deren David sich hier rühmt, erinnert man sich daran, was über seine Kriegführung in den Kämpfen um den Thron erzählt wird. «Und

wenn David das Land heimsuchte, ließ er weder Mann noch Weib am Leben und nahm
Schafe, Rinder, Esel, Kamele und Kleider weg ... Männer und Frauen aber brachte
David deshalb nicht lebend nach Gath, weil er dachte: Sie könnten gegen uns aussagen
und sprechen: ‚So und so hats David getrieben‘. Und das war sein Verfahren, solange
er im Lande der Philister wohnte. Achis aber traute David, weil er dachte: er hat sich
bei seinem Volke, bei Israel, gründlich verhaßt gemacht; darum wird er für immer mein
Untertan bleiben.»

Den Gipfel dieses Hochmuts bezeichnet das Lied, das sich als «Davids letzte Worte»
ausgibt. Er nennt sich darin den «Liebling der Lieder Israels», aus dem der Geist des
Herrn rede und dessen Haus zur Schande seiner Feinde sichtbar von Gott gesegnet und
mit der Verheißung ewiger Dauer ausgestattet sei. In den gleichen Tönen wurden von
den Sängern Babyloniens, Assyriens, Ägyptens, Indiens die Könige gerühmt. Der Stil,
die Namen der Götter und Menschen wechselten, die Denkweise war überall dieselbe.
Es gab aber auch im Altertum Leute, denen es ein Ärgernis war, daß sich ein König
durch eigenes und fremdes Harfenspiel so beliebt machen wollte. Davids erstes Weib
Michal «verachtete ihn in ihrem Herzen», als sie ihn vom Fenster aus bei der Über-
führung der Bundeslade nach Jerusalem vor allem Volk tanzen und jubilieren sah, und
höhnte: «Wie würdig hat sich heute der König Israels benommen, da er sich vor den
Mägden seiner Knechte entblößt hat, wie nur gemeine Leute sich entblößen!» Die
Szene zeigt, wie mit dem von David begründeten Königtum das Hofsängerwesen in
Jerusalem Einzug hielt und als Ausdruck eines neuen Lebensstils empfunden wurde.
Die Könige sorgten dafür, daß seine Geringschätzung verstummte. Michal wurde zur
Strafe kinderlos gelassen.

In der Vergrößerung des orientalischen Despotismus erscheint die Schattenseite der
Heroenpoesie, die überall vorhanden ist, wo sich der Sänger zu den Königen hält. Die
Glanzwelt der mythischen Natur wird beim Fürstensänger zum üppigen Glanz des
Hofes. Er bewundert die Großen und ist ihnen mit Freuden untertan. Nirgends wurde
je der Dichter so geehrt wie dort, wo er als guter Geist in den Fürstenhäusern daheim
war, und der Ruhm, mit dem er seine Herren überhäufte, war nicht immer Schmeichelei. Er glaubte an die Ideale, die da gelebt wurden, er liebte die Pracht dieses Daseins,
trachtete selbst nach seinen Genüssen und bewunderte alle, die sie sich verschwenderisch verschafften. Auch er war von Ehrgeiz, Ruhmgier und Abenteuerlust getrieben
und tat alles, um sich in dieser Umgebung Respekt zu verschaffen. Aber der Herren-
dienst des Hofsängers war auf seine Art nicht leichter als der Gottesdienst des Propheten.

Seine äußere Schwere lag darin, daß der Hofdichter von der Gunst und Laune seiner
Beschützer abhing. Auch hier kam alles auf die Gnade an, aber es war die Gnade von
Menschen, die leicht einen bitteren Geschmack erhielt. Das ist die uralte Klage der
höfischen Sänger. Die Herrschenden sind ungerecht; sie suchen im Grund doch rück-
sichtslos die eigene Ehre, wenn sie den Dichter an sich ziehen. Sie behandeln das Genie
oft gleich liebenswürdig wie den Hohlkopf oder lassen es darben und überhäufen den
Kriecher mit Gunstbeweisen. Die Macht der Fürsten ist auf grausam berechnende
Klugheit gebaut und erzeugt ein Klima, in dem Großmut und Niedertracht, Anerken-

nung und Kälte jäh miteinander wechseln. Die Paläste waren immer Brutstätten der Intrigen, der Gesinnungstyrannei, des gefallsüchtigen Virtuosentums. Das Kunstverständnis der Großen blieb auch im besten Fall konventionell oder eigensinnig, und ihre Günstlinge mußten sich im Prunk ihrer Werke überbieten, um ihnen zu gefallen. Diese Werke waren immer auch eine Verbeugung vor dem Hofgeschmack, der das reiche Kostüm, die gepflegte Form im herkömmlichen Stil verlangte. Weil die Hofsänger selbst ehrgeizig waren und mit jedem ihrer Werke dem Hunger nach Karriere oder nach Behauptung ihrer Vorrechte frönten, kam für die Besten unter ihnen leicht der Moment, wo sie dieses Treibens überdrüssig wurden. Sie erkannten, daß sie Gefahr liefen, ihre Seele zu verkaufen, ihre Künstlerschaft in den goldenen Ketten der Rücksichtnahme zu erwürgen.

> *Seggendo in piuma,*
> *in fama non si vien, nè sotto coltre –*

auf Federn sitzend und unter weichen Decken erlangt man keinen Ruhm, sagt Vergil zu Dante. Wer das erkannt hatte, begann, wie der Prophet mit Gott, mit dem Fürsten und der vornehmen Welt zu hadern. Neben denen, die unersättlich nach Anerkennung gierten, muß es immer auch solche gegeben haben, die an ihren Fesseln litten. Der aufregende Glanz des Hoflebens rief ihren Protest hervor, das Neinsagen des Geistes zu dieser Welt. Sie zogen die Unabhängigkeit vor, sei es auch in Armut, und nahmen enttäuscht oder verbittert ihren Abschied, wenn es möglich war, um ihr Leben in der Stille zu beschließen. Andere mischten sich wieder unter das fahrende Volk, wo sie zwar verachtet, aber unter ihresgleichen waren und die alte Vogelfreiheit genossen.

Aber auch jene, die in Ehren ergrauten, waren gegen das Unglück nicht gefeit. Solange dem Herrn das Glück hold war, kannte auch sein Günstling keine materiellen Sorgen. Er lebte von den Geschenken, die er entgegennahm wie einer, der im Grund den Geber ehrt, indem er sie empfängt. Auch in dieser Ehre schlief aber der Wurm, daß er auf die Gunst der Reichen angewiesen war. Er stand im Grund doch als Bettler vor ihnen, und es war für ihn nicht immer leicht, sich von den wirklichen Bettlern am Hof zu unterscheiden: den Gauklern, Tänzern und Spaßmachern, aber auch von den Standesgenossen, denen es nur um Lohn und Beifall zu tun war. Im Treiben der großen Welt mußte sich auch der bewunderte Meister den Platz an der Sonne immer neu erkämpfen. «Es neidet der Bettler dem Bettler, der Sänger dem Sänger», heißt es schon bei Hesiod. Der Liebling des Fürsten konnte verleumdet, als Unwürdiger oder Verräter zu Fall gebracht werden, und wenn er dem entging, war er doch mit dem Unbestand aller Macht verbündet. Seine Beschützer konnten durch Krieg oder Mord plötzlich ihre Stellung verlieren. Dann hieß es von neuem wandern und eine andere Heimat suchen, wenn der Günstling nicht ins Unglück seines Herrn mitgerissen wurde.

Der Unbestand der Fürstengunst ist in der Erzählung von Davids Jugend unvergänglich beschrieben. «Also kam David zu Saul und diente vor ihm, und er gewann ihn sehr lieb, und er ward sein Waffenträger. Und Saul sandte zu Isai und ließ ihm sagen: Laß David vor mir bleiben, denn er hat Gnade gefunden vor meinen Augen. Wenn nun der Geist Gottes über Saul kam, so nahm David die Harfe und spielte mit seiner Hand; so erquickte sich Saul, und ward besser mit ihm, und der böse Geist wich von ihm.» Nach Davids Sieg über die Philister schlägt die Freundschaft der beiden in tödliche Feindschaft um, weil der König den schönen Sänger als seinen Rivalen zu fürchten beginnt. «Da kam ein böser Geist vom Herrn über Saul, als er, den Speer in der Hand, in seinem Hause saß, während David die Laute spielte. Und Saul versuchte David mit seinem Speer an die Wand zu spießen; der jedoch wich Saul aus, so daß er den Speer in die Wand stieß. David aber floh und entrann.»

Das klassische Griechenland war von Machtkämpfen zwischen Volk und Adel erfüllt, die das Sängerleben mindestens äußerlich unsicher machten. Schon Alkaios erfuhr in seinem leidenschaftlichen Leben wenig Glück. Er entstammte dem Ritteradel der Insel Mytilene und beteiligte sich an dessen blutigen Händeln bis zum Sturz seiner Kaste, der ihn zwang, als armer Verbannter nach Ägypten zu gehen. Seine Zeitgenossin Sappho floh bei der Verbannung der Aristokratie nach Sizilien. Anakreon zog nach dem Fall des Polykrates von Samos, seines Schutzherrn, nach Griechenland; sein athenischer Gönner wurde aber ermordet, und er mußte sich noch einmal nach einer neuen Heimat umsehen. Theognis aus Megara verlor beim Volksaufstand sein Vermögen und wanderte seither mit heimwehkranken Liedern unstet in der Welt umher.

Die Verbannung, diese uralte Waffe der Tyrannen, machte manchem Sänger das Leben schwer. Wenn sie ihn äußerlich nicht traf, litt er oft innerlich am Bewußtsein, ein Fremdling zu sein. Der große musische Sänger kannte den Abstand zwischen seiner Kunst und der Wirklichkeit, nur sah er ihn anders als der Prophet oder der Magier und fand sich anders mit ihm ab, weil er die Verherrlichung des Bestehenden trieb. In Pindar, dem berühmtesten Meister der öffentlichen Chorlyrik, die den griechischen Festen ihren Glanz gab, ist dieselbe Lebenstrauer wie in Hesiods «Werken und Tagen». Auch er wirkte in der Zeit, wo der hellenische Adel unterging, und in der Gewißheit, der letzte große ständische Sänger zu sein. Als Lobredner der versinkenden adeligen Kultur erlangte er einen Ruhm, der an Vergötterung grenzte. Seine Weihegesänge auf die Sieger in den Kampfspielen, für die Prozessionen und Opferfeste sind mit altersgrauen, grandiosen Bildern beladen und gelten den Söhnen der vornehmen Geschlechter, die er als würdige Träger ihres Namens rühmt. Die großen Kampfspiele der Griechen hatten kultischen Charakter, auch Pindars Heroenkult ist noch religiös begründet. Menschen und Götter stammen für ihn von der gleichen Mutter ab, und die Heroen stellen ihm die sichtbare Verbindung zwischen ihnen her. Seine Begeisterung reißt ihn zu einem Pathos hin, das nur für Anhänger dieses Glaubens verständlich war. Er durchschweift endlos die Helden- und Göttersage, weil die Familien der Sieger ihre Stammbäume auf sie zurückführen, und rühmt ihren jüngsten Sproß als ein Glied in der Kette der heldischen Überlieferungen; oft hält er selbst plötzlich in diesen kühnen Vergleichen inne, um lächelnd in die Gegenwart zurückzukehren. Seine Feierlichkeit hebt ihn aber mit riesigem Fittich rasch wieder in die Höhe und diktiert ihm eine Sprache alles einhüllenden Glanzes. Die herrlichen Namen des Mythus strömen in trunkenem Fluß von seinen Lippen:

Pellana und Sikyon und
Megara, der Aiakiden schön umbegtes
Heiligtum, Eleusis und Marathons Au,
Unter Ätnas luftigem Gipfel die prächtgen
Städte und Euboia: ja, wo in Hellas du
Forschest, mehr findest du, als dein
Blick zu erfassen vermag.

Als ganz auf Verherrlichung gestellter Festsänger erträgt Pindar an den mythischen Fabeln nichts von dem Grauenhaften, das die Tragödie hervorhebt. Er biegt die dämonischen Greuel ins Harmonische um oder weicht ihnen aus, wenn er das Gräßliche nicht beschönigen kann. In der ersten pythischen Ode rechtfertigt er seine Euphrosyne mit dem Gleichnis vom feuerschnaubenden hundertköpfigen Giganten Typhon, der als Urbild aller den Göttern verhaßten Barbarei unter der Insel Sizilien gebändigt liegt, indes im Olymp Apollon zum Gesang der Musen die Leier spielt. In der fünften isthmischen Ode ruft er eine von ihm ersonnene Gottheit Theia, «die Göttliche», an – den Inbegriff alles Glanzes, der das Vollkommene umschimmert, es unantastbar macht, ihn blendet und hinreißt:

Von den Göttern nur Gutes zu ver-
Künden, ziemt dem Menschen; er flieht
Leichter dann die Schuld.

Die Götter zu schmähen scheint ihm Wahnsinn, wie «zur Unzeit laut sich gebärden». Wie Hesiod tadelt er Homer, der dem großen Haufen zuliebe den Odysseus zu einer ehrwürdigen Gestalt gemacht habe. «Die Dichtung lügt, und es verführen uns ihre Mären.» Sein Lobpreis des hohen Heldentums will nicht mit der Verherrlichung eines listigen Betrügers verwechselt werden.

Auch Pindar liebt seine Kunst als ein Göttergeschenk. Das sagt vor allem der Eingang der ersten pythischen Ode, wo er, seine Leier anredend, die Macht des Gesanges über alle Kreatur und über die Götter feiert. Er bekennt sich unverhohlen zu seiner Ruhmbegier, «als Sänger zu leuchten allwärts in der Griechen Landen», und zu seinem Ehrgeiz, Genosse der Mächtigen zu sein:

Ich wünsch mir der Adligen Gunst,
Und sei mir vergönnt nur der Edlen Umgang.

Mit dem Stolz des Machtdichters stellt er sich immer wieder ebenbürtig neben die von ihm besungenen Großen und rühmt sich mit Königen zusammen als Auserwählten. Das Lied des Sängers, versichert auch er, ist ewiger als die Tat des Helden, weil nur der Nachruhm im Gesang das Andenken des Siegers erhält, der noch im Acheron dem ihn preisenden Klang lauscht. Und doch tritt auch an diesem erfolgreichsten griechischen Sänger die soziale Seite des Standesdichtertums als Schatten hervor. Als rühmender Dichter folgte er den Schritten der Vornehmen. Wo etwas Großes geschah, stellte er sich mit seiner Kunst ein, aber er hielt es immer mit den Siegern. Er lebte nicht an

Höfen, sondern war ein um Lohn arbeitender Gelegenheitsdichter. Ein Sieg in den Spielen war nur halb ohne das Preislied von ihm; nicht jeder konnte sich ein solches leisten, und er verstand es meisterhaft, sich in hohem Kurs zu erhalten. Mit der Zeit verfügte er über hohe Verbindungen zu sizilischen Fürstenhöfen und andern einflußreichen Gönnern. Seine Chöre wurden an den größten Festlichkeiten prunkvoll aufgeführt, oft trug er die von ihm verfaßten Oden persönlich im glänzenden Kreis eines Fürstenhauses vor. Aber seine Freundschaft mit dem Hof von Akragas wurde ihm dadurch vergällt, daß man in Sizilien seine Rivalen Bakchylides und Simonides hochschätzte, weshalb er die zweite isthmische Ode mit einem ausführlichen Seitenhieb auf die käuflichen Sänger beginnt, denen es nur um Geld zu tun sei. Er kommt oft auf die Neider, Schmeichler und Verleumder zu sprechen, die ihm im Licht stehen, und sein Stolz hindert ihn nicht, sich gegen sie herauszustreichen, sich für Aufträge anzupreisen und an die Freigebigkeit seiner Auftraggeber zu appellieren. Ja er kann sagen:

> *Der Seher spürt, was für ein Wind dritten Tags*
> *Wehen wird; und er bangt nicht um Gold.*

Um dieses Goldes Willen war er zu mancher Konzession bereit, so daß er wegen seiner politischen Charakterlosigkeit Feinde bekam. Schon die Zeitgenossen bemerkten den Gegensatz zwischen seinem geistigen Anspruch und seiner Fürstendienerei. Er stand überhaupt nur bei der orthodox frommen Adelskaste in dem ragenden Ansehen, auf das er pochte. Ihr durfte er das Äußerste an Selbstbewußtsein zumuten, ohne befürchten zu müssen, daß man ihn nicht ernst nahm, aber im verachteten demokratischen Athen verhöhnte ihn Aristophanes mit den «Vögeln». Dort gab es Spottmäuler, die ihm vorzuwerfen wagten, seine Kunst sei kalt, mehr prächtig als lebendig, mehr schwierig als tief. Er litt schwer unter dem Unglauben, der von Athen aus um sich griff. Schon immer hatte er in seinen Gesängen auch vor der Hybris gewarnt, die den Helden in Gefahr bringe, sich den Göttern gleichzustellen, zum Maßhalten aufgefordert und auf die Vergänglichkeit alles Irdischen hingewiesen. In der letzten Lebenszeit wurde dieser leise Unterton vernehmlicher. Der Schluß der achten pythischen Ode spricht ihn unter dem Eindruck eines politischen Unglücks in den berühmten Versen aus:

> *Wir Flüchtigen! Was wir sind,*
> *Schon sind wirs nicht mehr. Ein Traum*
> *Des Schattens, das ist der Mensch.*

In der historischen Zeit, und besonders im demokratischen Athen, war die mythische Weihe des Sängers zur hohen Erinnerung verblaßt. Man kannte die Aoiden bloß noch in Gestalt der Rhapsoden, die in großer Zahl als bestellte Unterhalter ihr Gewerbe ausübten. Sie traten bei Gelagen und andern gesellschaftlichen Anlässen, außerdem in öffentlichen Wettkämpfen auf; diese Sängerkonkurrenzen bei Festen und Spielen waren jetzt die Höhepunkte ihres öffentlichen Wirkens. In der Spätzeit, als die Epen zu geschriebener Literatur herabsanken und in die Hände der Gelehrten gerieten, haftete den Rhapsoden etwas Obskures an. Sie betrieben den Gesang nur noch als

Broterwerb und verstanden nicht mehr allzuviel von dem, was sie pathetisch schau-
spielernd vortrugen. Wo ein Sokrates lebte, waren die Tage dieser Helden- und Götter-
poesie gezählt. Platon brach den Stab über sie und deckte das im Grund Unsittliche an
ihr auf. Das Epos vom Froschmäusekrieg parodiert die Heldentaten der Ilias. In einer
apokryphen Biographie Homers wird erzählt, der Vater der Sänger habe das Augenlicht deshalb verloren, weil er am Grab Achills darum gebetet habe, seinen Helden im
Waffenschmuck sehen zu dürfen, und vom Glanz der Erscheinung geblendet worden
sei. Man sah darin gern ein Gleichnis seiner Liebe zum schönsten aller Heroen, es kann
aber auch wie in der Sage von Thamyris als Strafe für seinen Heldenkult verstanden
werden.

Das letzte Kapitel des apollinischen Sängerwesens wurde im kaiserlichen Rom geschrieben. Hier erlebte es die Entfaltung, die ihm erst zur weltgeschichtlichen Nachwirkung verhalf. In Rom bewegte sich die Literatur um die Sonne eines Throns, von
dem aus die Welt regiert wurde und der die Macht besaß, auch seine Dichter mit unermeßlichem Ruhm zu begaben. Im cäsarischen Staat war der Machtwille das trei-
bende Rad, die Verstaatlichung der Kunst nahm in ihm monumentale Formen an. Es
bildete sich eine offizielle Dichtkunst, deren Träger als Repräsentanten der Reichs-
idee den Ruhm Homers in den Schatten stellten. Sie trugen den Lorbeer der griechischen Sänger, aber er bedeutete jetzt eine politische Weltgeltung.

Im Zenit dieses Reichsdichtertums glänzte Vergil, der Inbegriff des Römertums in
der Literatur. Er spricht vom Dichter als dem gotterfüllten vates und preist ihn als den
auserwählten Diener der Götter. Aber das ist bei ihm nur noch literarische Dekoration,
so feierliche Stimmungen davon ausgehen. Er begründete die Vergottung des Kaisers,
und damit begann die gänzliche Entfremdung vom visionären Gesang. In der berühmten vierten Ekloge prophezeite er – in Anlehnung an ein Aufsehen erregendes Orakel
der sibyllinischen Bücher, auf das sich auch die um die Macht kämpfenden Politiker
beriefen – die Geburt eines Erlöserkindes, das als Weltherrscher das goldene Zeitalter
zurückbringen werde. Seine Verheißung konnte nur auf den Sohn Octavians bezogen
werden, dessen Gattin aber eine Tochter gebar. In den «Georgica» stieg Vergil aus den
gefährlichen Höhen der Weissagung in die Gegenwart herab, huldigte Octavian, dem
Sieger im großen Krieg, und bekannte sich zu dem glühenden Ehrgeiz, sein erster Dichter und Priester zu sein. Die «Aeneis» wurde dann von vornherein als die große Verherrlichung des Cäsar Augustus gedichtet. Vergil schrieb sie als Angehöriger des eng-
sten Freundeskreises um den Kaiser, der lebhaft an ihrer Entstehung Anteil nahm und
sich auch selbst in der Dichtkunst versuchte. Dieses Epos ist vom Hochgefühl des reinsten irdischen Glücks und dem Bewußtsein einer weltgeschichtlichen Sendung des
Dichters getragen. Aeneas ist das Idealbild des Augustus; im sechsten Buch «prophezeit» die Sibylle dem Helden in der Unterwelt das Erscheinen dieses Herrschers, das die
Wiederkehr des saturnischen Glückszeitalters bedeuten werde. Die Römer werden in
der «Aeneis» als das auserwählte Volk hingestellt, Augustus als der göttliche Herr der
Welt. Zur Begründung dieses Gedankens hat Vergil sein Werk mit kultischem Beiwerk überladen, das jeder Einzelheit die religiöse Weihe geben soll. Die ganze Hand-

lung ist mit einem Apparat göttlicher Interventionen und günstiger Vorzeichen ausgestattet, der dem Geist der römischen Staatsreligion entspricht und alles weit übertrifft, was an der Endfassung der homerischen Epen und bei Pindar in dieser Hinsicht
Bedenken erregt.

Vergil ist das Urbild des mit der Macht verschworenen, triumphierenden Dichters.
Der Schimmer dieser beispiellosen Majestät war es, der die Humanisten an ihm blendete. Wenn irgendeinmal, war in ihm die Poesie eine weltbewegende Macht gewesen.
Die Schattenseite dieses Glanzes blieb den Humanisten verborgen: der ungeheure
Druck, mit dem die Staatsvergottung auf den römischen Dichtern lastete. Vergil
scheint ihn nicht zu spüren, aber neben und nach ihm spürten ihn alle. Schon die
geistige Abhängigkeit von den Griechen erzeugte in ihnen ein Gefühl schicksalhafter
Unterlegenheit. Die ganze römische Literatur zehrte ja von der Substanz der griechischen und empfand sich als ihre geringere Erbin. Die ganze Poesie des augusteischen
Zeitalters war eine erste Form des Klassizismus. Dieser geistigen Situation entsprach
die politische. In Rom mußten sich auch die Berühmtesten dem Willen eines noch Höheren beugen, und nicht jedem war es gegeben, dies mit der Begeisterung Vergils zu
tun. Die Herren der Welt förderten nur den Geist, der ihre Macht bestätigte. Sie
züchteten ein Schrifttum der ästhetischen Genüßlinge und hochmütigen Durch-
schnittsköpfe. Den außerordentlichen Möglichkeiten des Aufstiegs entsprachen
außerordentliche Gefahren des Sturzes. Die meisten Günstlinge gerieten aus dem Son-
nenlicht der höchsten Gnade einmal in ihren Schatten. Deshalb wurde der Gegensatz
zwischen Weltehre und innerem Glück gerade in Rom zum Lieblingsthema der Literatur. Die Begabten suchten den Schutz eines privaten Gönners, der ihnen erlaubte,
abseits vom Getriebe in der Stille zu leben. Horaz, Vergil, Tibull sind auch Dichter der
ländlichen Idylle, deren Glück sie rühmen. Die von Augustus begründete Dynastie
endete in Nero, der es liebte, sich als Sänger und Schauspieler bejubeln zu lassen und
als Rennfahrer im Zirkus aufzutreten. Als Rom brannte, vielleicht von ihm selbst angezündet, schlug er auf dem Dach seines Palastes die Leier und besang den Untergang
Trojas, in der Meinung, er triumphiere damit über Homer. Noch als er sich feig um-
brachte, rief er aus: «Welcher Künstler stirbt mit mir!» Das ist die blutigste Satire auf
das Fürstendichtertum, die unsterbliche Entlarvung des Cäsarentums in der Kunst,
wie sie nur in diesen ungeheuerlichen Verhältnissen entstehen konnte.

Antikes Sängerwesen blühte in den Ländern des Orients weiter. Es erscheint dort in
geschichtlicher Zeit als beispiellos entwickeltes literarisches Hofschranzentum. Besonders üppig wucherte es unter persischer Sonne, wo namentlich die Samaniden als
Mäzene großen Prunk entfalteten. Auch diese neupersische Literatur ist zur Hauptsache erlernbares Kunstgewerbe von Höflingen. Ihre Werke sind sich zum Verwechseln
ähnlich und können oft nur auf Grund äußerlicher Merkmale einem Verfasser zugeschrieben werden. So sehen ja auch die zahllosen Spruchgedichte aus, die in die Erzählungen von «Tausendundeiner Nacht» eingestreut sind. Diese Dichter trieben die
technische Beherrschung der Formen auf einen schwindelnden Gipfel, und ihr Ruhm
erreichte gelegentlich märchenhaftes Ausmaß. Rûdakî soll 1 300 000 Verse geschrieben

und mit den Preisgedichten auf seine fürstlichen Herren Millionen verdient haben. Als Sultan Machmûd das Samanidenreich eroberte, gab es an seiner Residenz Ghazna in Afghanistan vierhundert Hofpoeten, an deren Spitze ein Dichterkönig stand. Der Welteroberer liebte es, in ihrem Kreis, selber dichtend, seine Abende zu verbringen. Man kann sich denken, was für ein Intrigennest das war und welche Zerberusrolle die höchsten Bonzen in ihm spielten. Firdusi, der persische Nationaldichter, konnte ein Lied davon singen und hat es auch wirklich getan.

Firdusi dichtete das «Schâhnâme», die Verherrlichung des sterbenden Perserreiches, für einen persischen Fürsten. Erst nachträglich, als der Samanidenthron gefallen war, bot er sein Werk in veränderter Fassung dem Eroberer Machmûd an. Dieser nahm die Widmung nach elfjähriger Wartezeit gnädig entgegen, weil sie dazu beitragen konnte, ihn als legitimen Erben der persischen Macht erscheinen zu lassen. Es standen darin die überschwenglichsten Lobhudeleien auf seine Person, wie es der Verfasser auch an aufdringlicher Bettelei um gute Bezahlung und bitteren Klagen über seine Armut und seine Vernachlässigung durch die Mächtigen nicht fehlen ließ. Der neue Herr entlöhnte ihn aber so schäbig, daß Firdusi eine Satire auf ihn verfaßte, in der er ihn als geizigen, niedrig denkenden Sklavensohn beschimpfte, sich selber als den wahren Fürsten hinstellte und alle Verse seines Epos, in denen er Machmûd geschmeichelt hatte, widerrief. Er floh in die freiwillige Verbannung. Aber die Fremde machte ihn weich; er fiel vom Parsenglauben ab und verfaßte seinen dem Koran folgenden Josephroman, in dem er das «Schâhnâme» in aller Form verfluchte. Hochbetagt fand er schließlich den Weg in die Heimat zurück. Seine Bekehrung schützte ihn nicht davor, daß ein fanatischer Prediger seine Bestattung auf dem Friedhof der Muslime verhinderte, weshalb er außerhalb seiner Vaterstadt auf seinem Landgut begraben werden mußte.

Auch im Osten war man für eine solche Leidensgeschichte nicht unempfindlich. Sie wurde in eine sentimentale Legende umgefälscht, deren wahren Kern erst die moderne Forschung aufgedeckt hat. Diese populäre Darstellung – Heine hat sie im «Romanzero» wiedererzählt – schreibt das Verdienst an der Entstehung des «Schâhnâme» dem Sultan zu und übertüncht das traurige Los Firdusis mit einem poetischen Schimmer. Darnach gab Machmûd seinem Dichterkönig den Auftrag, die persische Geschichte in einem Epos darzustellen, dieser wollte aber seine Stellung nicht riskieren und schob die Aufgabe auf einen Neuling, der auf Grund seiner ersten Proben eine prächtige Wohnung neben dem Palast erhielt. Der Sultan versprach ihm für jedes Tausend Doppelverse ebenso viele Goldstücke; Firdusi las jeden Gesang des «Schâhnâme» nach der Vollendung am Hofe vor, was jeweils mit glänzenden Festlichkeiten verbunden war. Wegen der Verleumdung eines Wesirs verlor er aber die Gunst seines Herrn und mußte sein Werk in kümmerlichen Verhältnissen vollenden. Als Greis übergab er dem Sultan das «Königsbuch», die Frucht fünfunddreißigjähriger Arbeit, den Stolz der persischen Literatur, und erhielt den vereinbarten Lohn statt in Gold- in Silbermünzen, die er, eben im Bade sitzend, je zur Hälfte an den Bademeister und den Schenkwirt verteilte, indem er dem Überbringer sagen ließ, er habe sein Lied nicht um schnödes Geld geschrieben. Machmûd wollte ihn in der ersten Wut festnehmen lassen, Firdusi schrieb seine Satire und entfloh. Erst wenige Jahre vor seinem Tod kehrte er aus dem Exil zurück, nachdem ihm ein hochgestellter Freund die Verzeihung des Sultans verschafft hatte. Er starb im Jahre 1020, weil er ein Kind in seiner Vaterstadt Tus eine Stelle aus seiner Satire singen hörte, die ihm den Jammer seines Schicksals wieder zum Bewußtsein brachte. Und es soll, als eben seine Leiche durch das eine Stadttor hinausgetragen wurde, durch das andere ein Zug gekommen sein, der ihm im Auftrag des reuigen Sultans ein Ehrenkleid und die versprochene Goldsumme überbrachte.

SKALDEN UND RITTER

Auch an den germanischen Fürstenhöfen der vorchristlichen Zeit gab es vornehme Sänger, die nach dem abendlichen Mahl neben den Spaßmachern die Trinkenden mit der «Wonne der Harfe» ergötzten. Ihr Kunst ist bis auf geringe Spuren untergegangen und kann nur aus den viel jüngeren englischen und skandinavischen Denkmälern erraten werden.

Am frühesten ist der angelsächsische Skop bezeugt, der im «Beowulf» und einigen kleineren Werken als höfischer Sänger auftritt. In der «Klage des Sängers Deor» findet sich gleich ein frühes Zeugnis nordischer Sängertragik. Deor trauert darüber, daß er durch einen andern liederkundigen Mann aus der Gunst seines Herrn verdrängt und ins Elend gestoßen sei, und sucht sich mit dem Gedanken an das Unglück großer Helden zu trösten. Viel besser sind die skandinavischen Skalden bezeugt, die sich vom neunten bis ins dreizehnte Jahrhundert in direkten Quellen verfolgen lassen. Vor allem die isländischen Sagas und das «Königsbuch» des Snorri Sturluson erzählen von ihnen.

Die Skalden Norwegens und Islands waren noch Krieger und Sänger in einer Person. Im abgelegenen Norden erhielt sich diese Urform bis in die Zeit der späten Christianisierung, so daß man hier noch einmal in einen sonst längst verschwundenen Anfang der Dinge hineinsieht. Die Skalden gehörten dem Gefolge eines Fürsten an und standen als Freunde, Erzieher und politische Ratgeber in einem besonders nahen Verhältnis zu ihm. Sie waren seine vornehmsten Beamten, die «zu Füßen des Herrn saßen». Die ältesten norwegischen Könige, besonders Harald Haarschön und Olaf der Heilige, umgaben sich mit einer Schar solcher Sänger und hatten ihre Lieblingsskalden, die ihnen lebenslang innerlich verbunden blieben. Alle werden als Recken, viele als Idealgestalten des unbändigen Wikingertums beschrieben. Eine der vielen Seltsamkeiten ihres Standes ist, daß ihr Hofdichteramt nur vorübergehend war. Nach einigen Jahren Dienst ließen sie sich als Bauern nieder oder gingen auf Wikinger- oder Handelsfahrten. Mancher wurde von ewiger Unrast umhergetrieben; man hört von solchen, die wandernd viele Länder durchzogen und an fremden Höfen Ansehen und Geschenke erwarben. Da meist mehrere Skalden gleichzeitig an einem Hof lebten, ging es unter ihnen nicht immer friedlich zu, auch Spannungen zwischen Herren und Sängern waren nicht unbekannt. Es gab eine besondere Art des Preisliedes, die «Haupteslösung», mit welcher ein in Ungnade gefallener Skalde das Todesurteil von sich abwenden konnte, das an jedem Andern vollstreckt worden wäre.

Die Kunst der Skalden war ein Gipfel höfischer Artistik. Ihre formalen Spielereien erinnern an orientalische Stilkünste und an die spätmittelalterlichen Meistersänger. Unter ihrem Vorrat eigener und fremder Stücke gab es fast keine volkstümlichen Heldenlieder, alles war in monotonen Gattungen festgelegt. In erster Linie wurde das Preisgedicht auf die Fürsten gepflegt und dabei das große (die «Drapa») genau von dem schlichteren kleinen (dem «Flokk») unterschieden. Unter den Kleinformen spielte das Spottgedicht eine Hauptrolle; die Skalden lieferten sich Spottliederkämpfe, die weiterum Aufsehen erregten. Vollends der Stil dieser Gesänge verrät, daß hier eine alte Kunstübung am Verblühen war. Er arbeitet mit gesuchtesten Bildern und Umschreibungen, und man rühmt sich dieser ehrgeizigen Künstelei:

> *Den Lippen entringt sich*
> *Des Loblieds Stoff,*
> *Geziert mit der Sprache*
> *Sprießendem Laub.*

Eine Frau kann «Ringmaid» oder «Halsbands Herrin» heißen, ihre Stirn «Wimpernhimmel», ihr Auge «Brauenmond», ein Lied «hallender Met des Skalden», das Gold «Seefeuer», ein freigebiger Gönner «Seefeuers Verschwender». Der Arm wird «Habichtfels» genannt, weil er auf der Jagd den Falken trägt, ein Held «Wolfszahnfärber», weil er den Wölfen blutigen Fraß verschafft, statt töten heißt es «Wölfe erfreuen» oder «Raben sättigen». Diese «Kenninge» werden durch immer raffiniertere Ableitung, Vertauschung und Häufung bis zur völligen Unverständlichkeit der Gedichte gesteigert. Für ihre virtuosen Kunststücke wurden die Skalden mit Goldreifen, kostbaren Mänteln und Waffen belohnt, und die Fürsten versuchten sich auch selbst in dem schwierigen Ton. Den älteren Zustand dieser heroischen Poesie zeigen die wildgrandiosen Lieder der Edda, dieses staunenswerten Überbleibsels altgermanischer Rhapsodendichtung, das auf Island zufällig erhalten blieb.

Von den isländischen Sagas, diesen merkwürdigen Zeugnissen einer bäuerlich-heroischen Erzählungskunst in Prosa, haben mehrere geradezu einen Skalden zum Helden. Unter diesen ragt die «Egilssaga», die Geschichte vom Skalden Egil, hervor, deren jetzige Gestalt wahrscheinlich auf Snorri Sturluson, den gelehrten Verfasser der Heimskringla und der jüngeren Edda, also ins dreizehnte Jahrhundert zurückgeht. Da er ein Nachkomme Egils und Lobredner der Vergangenheit war, steht man hier vermutlich einem idealisierten Porträt gegenüber. Von Egils später ausgegrabenen Gebeinen wird berichtet, sie seien viel größer gewesen als die anderer Menschen, und keine Axt habe seinen riesigen Schädel zersplittern können. Das ist aber nur die märchenhafte Verklärung eines Bildes, das auch in seinen echten Zügen wie ein Märchen anmutet. Hier öffnet sich ein Blick in die rohe, wilde Schönheit des abenteuerlichen Kriegerlebens, die man hinter der höfischen Tünche der großen Heldenepen nur noch aus zufälligen Spuren erschließen kann. Egil war noch kein Hofskalde, sondern einer der wikingernden Bauern, die von Island Besitz nahmen und dort zu Stammvätern großer Geschlechter wurden. Er machte die große Wikingerschlacht von 937 mit und lebte zuletzt als mächtiger Häuptling und berühmter Skalde auf Island. Sein Leben besteht aus Kämpfen mit den ihm verhaßten norwegischen Königen und um seine neue Heimat, vor allem aber aus Wikingerfahrten, auf denen er sich als Held ohnegleichen bewährt. Er ist ein kriegerischer Gewaltmensch, der vor keiner Bluttat zögert, ein Mörder und Räuber von unersättlicher Gier nach Ruhm, Macht und Besitz, dazu ein unbesiegbarer Trinker und Spötter. In den schwierigsten Lagen weiß er sich mit seiner riesigen Kraft oder mit einer List zu helfen. Einem Gegner beißt er im Zweikampf die Kehle durch, einem andern stößt er mit dem Finger das Auge aus, und es fehlt auch nicht an gemeinen, bösartigen Zügen. Er ist rachsüchtig, jähzornig und von schmutzigem Geiz, von seinem körperlichen Aussehen heißt es: «Egil hatte ein mächtiges Gesicht, eine breite Stirne, gewaltige Brauen, eine nicht lange, aber sehr dicke Nase, starke und lange Lippen, ein sehr breites Kinn und eine ebensolche Kinnlade, einen kräftigen Nacken und Schultern so gewaltig wie kaum ein anderer. Er war von barschem Aussehen und blickte grimmig, wenn er gereizt war. Schön gewachsen war er und überragte alle Männer. Er hatte dichtes wolfsgraues Haar, aber frühzeitig auch schon eine Glatze.»

Dieser Eroberernatur fehlt jede geistige Weihe, jede Innerlichkeit. Zwar ist Egil auch mancher Zauberkunst kundig, aber er treibt sie gleich naiv wie seine Dichtkunst, die nur ein Bestandteil seines Wikingertums ist. Von seiner Ausbildung zum Dichter erfährt man nichts, ebenso wenig davon, daß ihm die Dichtung ein Gegenstand des Nachdenkens gewesen wäre. Wohl aber rühmt er sich, daß er früh die Worte nach den Regeln der Kunst zu fügen gewußt und viele Königshallen als Skalde besucht habe, und auch das Selbstbewußtsein des Sängers ist ihm eigen:

> *Der Ruhmeshügel,*
> *Den ich errichtet,*
> *Wird dauernd stehn*
> *Im Reich der Dichtung.*

Diese konventionelle Art erklärt den ungeheuren Gegensatz zwischen seinem ungebärdigen Charakter und dem Stil seiner Strophen, die ganz in der gespreizten Skaldenmanier gedichtet sind. Es sind lauter Gelegenheitsgedichte, witzige oder ruhmredige Meisterstücke eines jeder Situation gewachsenen Könners. Das glänzendste ist die «Haupteslösung», mit der er bei König Erich Blutaxt in York sein verwirktes Leben davonbringt. Er muß ein Preislied von zwanzig Strophen auf diesen seinen Widersacher verfertigen, dem er übel mitgespielt hat, und wird nach dem Vortrag unter der Bedingung begnadigt, daß er nie mehr einem Glied der Königsfamilie unter die Augen komme. Eine solche Ehrenerklärung war eine reine Formsache, und es paßt dazu, daß Egil es fertigbrachte, ihr noch einen schlauen Hohnvers anzuhängen, bei dem man ihn nicht behaften konnte. Noch bezeichnender ist eine Episode aus der Entstehung dieses vielbewunderten Gedichtes: Egil bringt einen Teil der Nacht, die ihm als Galgenfrist gegeben ist, untätig zu, weil ihn eine am Fenster zwitschernde Schwalbe am Dichten hindert; es ist die ihm besonders feindlich gesinnte zauberkundige Königin, die erst verscheucht werden muß, bevor das Werk gelingen kann. Schöner ist das Äußerliche, Verstandesmäßige der reinen Formkunst vielleicht nie versinnbildlicht worden. Erst wenn die Stimme der persönlichen Gefühle zum Schweigen gebracht ist, kann die skaldische Meisterschaft ihr Spiel beginnen. So überreich ihre Formen sind, so arm ist sie an seelischem Gehalt. Das einzige Gedicht Egils, aus dem eine menschliche Erschütterung spricht, ist sein Lied auf den Tod seines geliebten Sohnes, dessen mythologische Schnörkel noch spürbar die Trauer eines Vaterherzens durchzittert.

Auf dem Festland läßt sich die Sängerkunst bis zur Völkerwanderung zurück verfolgen. In jenen Jahrhunderten dunkler staatlicher Not entstanden Heldenlieder, in denen noch die archaische Einheit von Poesie und Krieg lebendig war. Könige waren als Sänger berühmt und wurden mit ihrer Harfe begraben. Das älteste Rolandslied wurde beim folgenschweren Ereignis selbst, beim Rückzug Karls des Großen aus Spanien und der Niederlage seiner Nachhut in den Pyrenäen, gesungen. Auch die altkastilischen Heldenlieder entstanden jeweils gleich nach den denkwürdigen Schlachten. Die Spielleute dichteten diese Lieder wohl nach einem festen Schema und trugen sie als poetisch verschönte Nachrichten durch das ganze Land; man sang sie vor späteren Treffen wieder, sie feuerten die Kämpfenden zu neuen Heldentaten an. Der Zerfall des karolingischen Reiches, die Wirren unter den Kapetingern, die Irrfahrten und Untergänge ganzer Völkerschaften lieferten ungeheuren Liederstoff, der im gedrungenwilden Stil der Frühzeit gestaltet wurde. Daher stammt der einzigartige Reichtum Frankreichs an volkstümlichen Heldenliedern, den «chansons de geste». Auf germanischem Boden ist er verloren gegangen und kann nur indirekt erschlossen werden. Den Stoff lieferten auch hier die Kämpfe und Katastrophen der Fürstenhäuser, die schon den Inhalt der griechischen Tragödie bildeten. Was dort auf dem Theater zu sehen war, das wurde bei den Germanen aus verwandtem tragischem Denken episch behandelt: im Aufblick zum unabwendbar waltenden grausamen Schicksal, in typischen Gestalten, Situationen und formelhaften Reden der Adelskaste, an denen man noch die alten Strophen des Nibelungenliedes erkennt. Über diesem ältesten Gut bildete sich im Zeitalter der Kreuzzüge, als die Dichtung aus der Hand der Pfaffen in die der Ritter überging, eine neue ständische Sängerpoesie. Der Reckentyp der Völkerwanderung wurde im Frankreich des elften Jahrhunderts durch das Ideal des asketischen christlichen Ritters im Dienst der Kirche abgelöst. Er war auf eine neue Ehre und Treue, auf ein neues, zum Märtyrertod entschlossenes Heldentum verpflichtet. Nach zwei Jahrtausenden trat jene Vergeistigung des Kriegerischen wieder ein, aus der einst die homerische Epik aufgeblüht war. Das aktuelle Ereignislied entwickelte sich abermals zum literarisch konzipierten Kleinepos, und als sich im späteren zwölften Jahrhundert der Kreuzritter zum Minnediener verfeinerte, erstieg auch die Sängerkunst wieder ihren äußerlich glänzendsten Gipfel: den großen Abenteuerroman, den die vornehme Welt als ihre kostbarste Unterhaltung schätzte.

Dieses höfische Ritterideal wurde in der Provence geboren, wo die Troubadours den Frauendienst und den Minnesang erfanden. In dieser glühenden Landschaft entstand

eine phantasiereiche adelige Kunst streitbarer Herren, die als weltfrohe, in die Schönheit des Lebens und der Frauen verliebte Gesellen die Courtoisie begründeten. Sie
mischten sich mit Liedern und Sprüchen auch in die politischen Kämpfe ihrer Zeit,
das dichterische Talent gehörte in ihren Augen zu den unentbehrlichen Rittertugen-
den. So stellte sich in ihnen noch einmal die alte Harmonie von Dichtung und Tat wieder her, aber nicht unter dem Druck tragischer Notwendigkeit, sondern aus freudigem Spiel, aus dem Geist der galanten Chevalerie. Der erste Troubadour, Graf Guillem de Poitiers, galt als der mächtigste Fürst Frankreichs neben dem König. Ihm folgte
eine glänzende Reihe hochadeliger Ritter, unter ihnen Jean de Brienne, der Schwie-
gervater Kaiser Friedrichs II., der als Kaiser von Konstantinopel starb, und Thibaut
IV., König von Novara und Führer des fünften Kreuzzugs, der den Ruhm des besten
fürstlichen Sängers genoß und deshalb «le chansonnier» hieß. Im süßen Stil der Troubadours hielten sich urwüchsige Kraft und zarte Innigkeit, Heldentum und Sängerkunst so wunderbar im Gleichgewicht, daß er auch Hochgestellte bezauberte und die
vornehme Welt vieler Länder für die Dichtung eroberte. Bertan de Born nahm als ein
Muster kriegerischen Sängertums, als ein Meister der politischen Invektive am Kampf
gegen Heinrich II. teil. Der Spielmann Taillefer sang – nach der Schilderung des altfranzösischen Epikers Wace – vor der Schlacht bei Hastings das Rolandslied und erbat
vom König als Lohn für seinen Dienst die Erlaubnis, die große Schlacht eröffnen zu
dürfen:

> Sires, dist Taillefer, merci!
> jo vus ai lunguement servi,
> tut mun servise me devez;
> hui, se vus plaist, le me rendez.
> pur tut guerredun vus requier
> e si vus voil forment preier,
> otreiez mei, que jo n'i faille,
> le premier colp de la bataille.

Für den geistlichen Epiker Wace war dieses Haudegentum aber bereits ein Ideal, in
dem er sich sonnte, und das gilt für die ganze höfische Epik des Hochmittelalters. Den
«chansons de geste» der Spielleute traten jetzt die von Klerikern verfaßten Romane im
höfischen Geschmack gegenüber, wie er an den Höfen der Picardie und der Champagne
kultiviert wurde. Unter der Obhut kunstliebender Fürstinnen entstand dort der
Abenteuerroman für feine adelige Geister, der in allem den Einfluß weiblichen Wunsch-
denkens über Heldengröße und Heldenschönheit verriet. Er übertrug die keltischen
Sagen von Arturs Tafelrunde, dann auch byzantinische und antike Stoffe in die gotische Galanterie, indem er den Frauendienst und das Waffenspiel zur Hauptsache
machte und dieses empfindsame Thema in einen Mantel phantastischer Wunder-
mären kleidete. Am Hof der Gräfin Marie de Champagne lebte Chrétien de Troyes,
der als Erster die hohe Minne als Haupttugend des Ritters, als Hauptmotiv des Aben-
teuerromans behandelte. Von ihm übernahmen die Deutschen ihre schönsten höfischen Stoffe.

Das Ritterleben spielte sich im Schatten der Kreuzzüge ab; das gab ihm den dunklen Unterton, der das alte Lied vom Unglück des fahrenden Sängers wieder aufleben ließ. Die liederfreudigen Könige und hohen Herren machten als Kreuzfahrer die jahrelangen Kämpfe im Morgenland mit, sie fielen vor Akkon oder Konstantinopel oder blieben verschollen. Auch von den Troubadours nahmen viele das Kreuz. Sie trugen ihre Laute bis in den Orient und erlebten als heimatlose Männer Schicksale, von denen sie in ihren Liedern erstaunliche und ergreifende Kunde gaben. Dazu geriet die neue Kunst rasch in die Hände der landfahrenden Spielleute. Der Zauber der Hofsprache vermischte sich mit dem Elend des Bettlerlebens, und die uralten Konflikte aller Sängerkunst kamen wieder zum Vorschein. Unter den Adeligen selbst waren Ritter von geringerer Geburt, die als menestrels in höfische Dienste genommen wurden und dort mit dem Glück des Herrendienstes auch seine Kehrseite kennenlernten. In den Reihen der Bürgerlichen, Geistlichen und Fahrenden gab es Meister, die im Dunkel des Landstraßenlebens blieben. Sie alle schämten sich nicht, in ihren Versen zudringlich um guten Lohn zu betteln. Selbst der berühmte Wace, der seine Romane gegen Honorar für den englischen König schrieb, versichert wiederholt, daß ihn der Geldverdienst am meisten zum Dichten locke.

Diese höfische Poesie französischer Art war es, die sich im zwölften Jahrhundert in den deutschen Ländern einbürgerte. Sie erreichte auch hier rasch einen Wohllaut, dem sich die Fürsten nicht entziehen konnten. Barbarossas Sohn Heinrich VI. tat sich als Dichter hervor – es sind drei deutsche Lieder von ihm erhalten –, und Kaiser Friedrich II. dichtete, im Wettstreit mit den vielen vornehmen Poeten seines sizilianischen Hofes, italienische Minnelieder. Auch die deutsche Ritterpoesie war exklusive ständische Kunst. Selbst ein so innerlicher Dichter wie Wolfram von Eschenbach versicherte: «schildes ambet ist min art.» Diese Kunst, die nicht weniger und nicht mehr als das glänzendste aller Gesellschaftsspiele war, fesselte vor allem die Frauen und reizte zum poetischen Wettbewerb. Besonders die Lyrik erhob sich zu einer im christlichen Deutschland noch nie erlebten Reinheit und Schwierigkeit der Formen. Aber auch die Erzähler spornten sich gegenseitig zu einer Verfeinerung der Verse und Bilder an, die den Einfluß verwöhnter Damen spüren läßt. Die Ritterdichter kehrten sich stolz vom ungebildeten Singsang der Spielleute ab, die das niedere Volk der Schenken, Dorffeste und Jahrmärkte unterhielten. Ihr Ideal einer weltlichen Kultur entfernte sie von jenen anrüchigen Lustbarkeiten, sie hatten den Ehrgeiz, eine geschriebene und gelesene Dichtung für das Ohr der vornehmen Kreise zu schaffen, die sich für französische Bildung interessierten. Die Gestalten Hartmanns von Aue sind keine realistisch gesehenen Menschen, sondern Idealfiguren mit stereotypen Eigenschaften und Gefühlen, die vorbildlich das hohe Leben darstellen. Er wird wie Gottfried von Straßburg nicht müde, ihre erlesenen Sitten und Gebärden, Kleider und Waffen zu beschreiben. Der stark feminine Zug des französischen Ritterideals macht sich auch in Gottfrieds Tristanepos geltend, dessen Held in mancher Beziehung noch an den listenreichen Abenteurer der keltischen Spielmannspoesie erinnert, aus der er herstammt, aber ganz in die dünne Luft der höfischen Idealität gerückt und wie die Recken des Nibe-

lungenliedes nach ihren Wünschen stilisiert ist. Er schlägt hinreißend schön die Harfe,
setzt seine Worte zierlich und verfügt über körperliche Vorzüge und geistige Eigenschaften, die ihn zum Vorbild des galanten Helden machen.

> *Ouch kunde er selbe schone gan.*
> *dar zuo was ime der lip getan,*
> *als ez diu Minne gebot:*
> *sin munt was rehte rosenrot,*
> *sin varwe lieht, sin ougen clar;*
> *brunreideloht was ime daz har,*
> *gecruspet bi dem ende;*
> *sin arme und sine hende*
> *wol gestellet unde blanc;*
> *sin lip ze guoter maze lanc;*
> *sine vüeze und siniu bein,*
> *dar an sin schoene almeistic schein,*
> *diu stuonden so ze prise wol,*
> *als manz an manne prisen sol.*

Das ist nicht ursprüngliche Natur wie bei Homer, es ist die «Moralität» einer späten
Zeit, die «Kunst der schönen Sitten», die Tristan die junge Isot lehrt und die Gottfried den edlen Herzen als den hohen Weg zu Glück und Ehre zeigt. Er verschmäht es
ausdrücklich, zu erzählen, wie Tristans übelriechende Wunde durch Isolde geheilt
wird, weil ein Wort, das «vom Apotheker kommt», feinen Lippen und Ohren nicht
zieme. Einmal klingt auch bei ihm die Tragik dieses seelischen Adels an, wenn König
Marke zu Tristan von der Feindschaft spricht, die jedem Mann von Wert in dieser
Welt zuteil werde:

> *Wirde unde nit diu zwei diu sint*
> *reht alse ein muoter unde ir kint.*
> *diu wirde diu birt alle zit*
> *und vüeret haz unde nit.*
> *wen gevellet ouch hazzes an*
> *dan einen saeligen man?*
> *diu saelde ist arm unde swach,*
> *diu nie dekeinen haz gesach.*
> *wellest aber von boeser diet*
> *ungehazzet sin, so sing ir liet*
> *und wis mit in ein boese wiht,*
> *sone hazzent si dich niht.*

Wolframs Parzival aber wird schuldig, weil er sich in der Gralsburg nach den ange-
lernten Regeln gesellschaftlicher Höflichkeit verhält, statt der Stimme des Herzens zu
folgen. Er muß weite Irrfahrten überstehen, um diesen Fehler zu büßen und die Einheit
weltlicher und geistlicher Ritterschaft zu finden, die der Gralsdienst verlangt. Gott-

fried vertieft den Minnezauber ins Dämonische, Wolfram steigert ihn ins Sakrale. Das Nibelungenlied, das dritte Großwerk der deutschen Ritterepik, durchbricht die höfische Schranke mit der Wucht seiner heroischen Gesinnung. In ihm ragt, empfindsam übermalt, die wilde Tragik der Heroenpoesie im Stil der Völkerwanderung mitten in die zarte gotische Kunst hinein. Die burgundischen Recken reden die blumige Sprache dieser vergeistigten Kultur; aber die preziöse Hülle blättert zusehends von ihnen ab, je tiefer sie in ihr Schicksal hineingeraten. Die Ritterherrlichkeit versinkt in einem Blut- und Feuermeer, die sanfte Kriemhilde verwandelt sich in einen Dämon, der an die ungeheuren Weiber der griechischen Tragödie erinnert. Hier triumphiert noch einmal der Geist des alten Heldenlieds, den das Hildebrandslied repräsentiert. Auch über den Liedern der Edda liegt ja eine tieftragische Stimmung, die in das germanische Altertum zurückweist. Sie war offenbar in Deutschland noch nicht erstorben. Vielleicht hat die Tragik des deutschen Kaisertums den unbekannten Verfasser bei der Darstellung des Nibelungenuntergangs inspiriert.

In deutschen Landen war der ritterliche Idealtraum am weitesten von der Wirklichkeit entfernt. Der Abstand zwischen Dichtung und Realität gähnte gefährlich tief und gab den höfischen Symbolen die eigentümliche Farbe. Zum hochgemuten Sänger und Helden gehörte ohnehin die Bereitschaft zum ewigen Unterwegssein. Er durfte sich nicht «verliegen», sein hoher Mut erhielt sich nur in der Spannung des Abenteuers. Für den dichtenden Ritter aber hatte dieses Abenteuer in Deutschland wenig Märchenhaftes. Er trieb seinen Beruf als umherziehender Rhapsode, und es gab wohl manche Burg, wo er gern empfangen und mit einem Auftrag geehrt wurde. Aber man weiß darüber kaum mehr, als was Walther in seinen unmutigen Sprüchen über das Kommen und Gehen am thüringischen Hof, dem berühmtesten Dichtertreffpunkt, durchblicken läßt. Daß das Leben dieser Sänger nicht leicht war, beweist die Bitte um reichlichen Lohn, die sie als ständigen Refrain vorbringen, nicht selten als aufdringliche Bettelei. Sogar Wolfram von Eschenbach kommt immer wieder auf seine blutige Armut zu sprechen. Der glänzendste Staufenkaiser, der dichtende und schriftstellernde Friedrich II., war als Sohn einer italienischen Mutter im Süden geboren und stand mit seiner sarazenischen Erziehung, seinem Ruhm als freigebigster und gelehrtester Fürst des Abendlandes, mit der halborientalischen Pracht seiner italienischen Hofhaltung allzu hoch und fern über den Poeten seines deutschen Vaterlandes. Über dieser hehren Zeit der deutschen Dichtung lag der Schatten eines staatlichen Unglücks, das immer wieder alle Freude verdunkelte.

Wie klagt Walther von der Vogelweide über seine Heimatlosigkeit im Dienst wechselnder Herren! Er begann als Hofdichter in Wien, verlor seine dortige Stellung in einem schmerzlichen Streit und wurde in das Leben des fahrenden Mannes abgetrieben, des ersten Ritters, der um des Brotes willen dichten mußte. Er trug sich dem eben gewählten Staufenkönig Philipp an und dichtete die drei großen Reichssprüche, in denen er sein Wunschbild eines idealen Reiches darstellt: der adelige Mensch geborgen in der heiligen Ordnung der Natur und eines Staates, in dem ewig Recht und Friede, Ehre und Gotteshuld regieren. Es war wie bei Dante eine majestätische Klage im Augenblick, wo der Mythus des Kaisertums unterging, ein dichterischer Wider-

spruch gegen die verworrene Zeit. Es blieb Walther nichts übrig, als seinen Ton
herabzuschrauben und sich in den verworrenen Fürstenzank einzureihen. Sein Versuch, beim Landgrafen von Thüringen unterzukommen, indem er seine schwankende
Politik unterstützte, mißlang – «ich han gedrungen, unz ich niht me dringen mac» –;
nun bettelte er bei den verfeindeten Königen um Mitleid, daß man ihn bei so reicher
Kunst so darben lasse. Statt sich am eigenen Feuer wärmen zu dürfen, bleibe er ewig
unterwegs: «Sus kume ich spate unde rite fruo: gast, we dir, we!» Er geriet unter die
Spielleute, begann politische Sprüche und Lieder der niederen Minne zu verfassen, in
denen sein Genie erst ganz sich selber fand, und wurde zeitweise zum halben Bettel-
poeten. Seine Sprüche, Denkmal einer in deutscher Sprache seltenen politischen Leidenschaft, umkreisen das große Thema von Kaiser und Reich. Sie spiegeln das Elend
entscheidender Jahrzehnte der deutschen Geschichte, üben bittere Kritik an den deutschen Zuständen, nicht zuletzt der Fürstenhöfe, verraten heftige persönliche Konflikte und verstummen zeitweise ganz. Diese großartigen Kundgebungen machten ihn
weit herum berühmt, brachten ihm aber kein Glück. Anders als Vergil bekam er vom
Reichsdichtertum nur seine Tragik zu kosten. Er setzte seine Hoffnung immer wieder
auf falsche Namen, warb enttäuscht um die Gunst immer anderer Herren. Endlich ging
er freimütig zum Sieger im großen Ringen, zu Friedrich II., über, der ihm seine alte
Bitte um einen eigenen Herd erfüllte. Spät und ergreifend stimmte er sein Danklied
an: «Ich han min lehen; al die werlt, ich han min lehen!» Aber er fand die Kraft nicht
mehr, den großen Reichston wieder aufzunehmen. Sein letztes Wort war nicht der
Jubel über die Erfüllung seines Wunsches, sondern die Resignation jener Elegie vom
Traum des Lebens, die sich mit Pindars letztem Ton berührt.

Hundert Jahre nach diesem deutschen Reichssänger sann der als Verbannter das
Abendland durchwandernde Dante über den Traum des Imperiums nach. Er verfaßte
utopische Schriften, in denen er den Ursachen des Zusammenbruchs nachforschte und
einen Weg zur Wiederaufrichtung der christlichen Hierarchie suchte. Er wurde sich
klar darüber, daß nur die Wiederherstellung der universalen christlichen Liebesge-
meinschaft die Völker vor dem Untergang retten könne, und entwarf im Buch «De
monarchia» angesichts der trostlos verworrenen Lage der Christenheit die Umrisse
einer solchen Staatsordnung. Das Ziel aller Politik ist für ihn wie für Walther und
Hesiod der ewige Friede. Dieser kann nur in einer nach Gottes Willen regierten Welt
aufblühen und besteht in der Herrschaft des Rechts, in der dauernd guten Einrichtung
aller großen und kleinen Verhältnisse, wo der Einzelne und die Gesamtheit ungestört
ihre gottgegebenen Anlagen entwickeln können. Ein Kaiser, der diesen Frieden will,
soll wie früher die ganze Welt regieren, aber seine Vollmacht nicht mehr vom Papst,
sondern von Gott selbst haben. Der Papst ist ihm als Haupt des geistlichen Imperiums
gleichgestellt; in dieser zweithronigen Theokratie wird der Machtkampf zwischen
Staat und Kirche zur Ruhe kommen. Die Kaiserwürde soll dem römischen Volk, als
dem von Gott auserwählten, vorbehalten sein.

Dante schrieb die «Monarchie» noch in der Hoffnung, daß sie ihm die Heimkehr
ermöglichen werde. Sie war eine Parteischrift zugunsten des deutschen Königs, der

nach der römischen Kaiserkrone strebte, und stellte sich rückhaltlos hinter diesen fremden Eroberer, dessen Sieg auch das Unglück des Dichters gewendet hätte. Sie sprühte von Verachtung gegen die Berufspolitiker, die nur ihre Machtstellung im Auge haben, um der Macht willen zu jeder Schändlichkeit bereit sind «und zuletzt keinem Richter unterstehen wollen». Das Buch wurde kurz nach Dantes Tod als kirchenfeindlich verbrannt und steht seit der Drucklegung auf dem Index. Sein visionärer Nationalismus machte es in der Neuzeit zur Bibel der italienischen Patrioten, es wurde im jahrhundertelangen Unglück Italiens zur Stütze des Glaubens an die nationale Einheit. Aber die Vision dieser pax universalis konnte durch keine politische Verfassung verwirklicht werden. Für Dante war sie eine Stufe in die Jenseitswelt der «Göttlichen Komödie», der er sich nach dem Mißerfolg seiner politischen Spekulationen zuwandte. Nach dem plötzlichen Tod Heinrichs VII. stand er selbst als Verräter Italiens da und mußte sich noch eine ganz andere Sprache erschaffen, um sich zu rechtfertigen. In der Abhandlung «De vulgari eloquentia» beschreibt er, wie er zu dieser Sprache kam, warum er als Dichter dem Italienischen den Vorzug vor dem Latein geben mußte. Auch hier beruft er sich auf die verlorene Einheit der Welt, die in der Sprache seit dem Turmbau von Babel zerstört sei. Der Dichter müsse wenigstens die ideale Einheit der Muttersprache wieder herzustellen versuchen, die aus den gesprochenen Mundarten hervorschimmere und «jeder italienischen Stadt und doch keiner anzugehören scheine». Hätte Italien einen Hof, so wäre dies die kaiserliche Sprache, weshalb er sie die höfische («aulica») nennt. Er dichtete also in der Sprache des Kaiserreiches, das nicht mehr existierte. In der Zeit der bittersten Erniedrigung, auf den Straßen Nordeuropas, ging ihm diese Reichssprache der «Divina Commedia» auf, die das in Gott ruhende, von der ewigen Liebe bewegte Weltall schildert.

In Dantes Zeit war die ritterliche Idealwelt bereits in hoffnungsloser Auflösung. Die höfische Poesie geriet in die Hände der seßhaften Bürger, die sie als Feiertagsfreude noch lange weiterbetrieben. In den nordfranzösischen, flandrischen und rheinischen Städten entstanden die Sängerzünfte, von denen die deutsche Meistersängerei ihren Ausgang nahm. Der adelige Traum verflüchtigte sich in den Stuben der dichtenden Handwerker zum Phantom. Fahrende Sänger, wandernde Rhapsoden, dichtende Könige und Helden verblichen zu literarischen Erinnerungen. Als die Romantiker in den verstaubten Büchern des Mittelalters diese Bilder wieder aufstöberten, faszinierten sie die moderne Leserwelt als ein Inbegriff des Dichterischen, als die schönste Gestalt der weltlichen Poesie.

KLASSIZISMUS

Feudalstaat und Fürstenglanz machten im Zeitalter der Bürgerstädte tiefe Wandlungen durch, aber der Adel behielt bis zur Französischen Revolution seine Privilegien. Die Residenzen der Könige, der geistlichen und weltlichen Landesherren blieben nach wie vor der Rahmen, in dem sich die Blüte der Künste abspielte. Die in der Renaissance begründete neue klassische Dichtung war undenkbar ohne ihn.

Im Ideal des poeta vates, das seit Dante der klassizistischen Dichtung vorschwebte, war auch das weltliche Sängerideal enthalten. Je mehr sich sein mystischer und magischer Zug als ein Archaismus erwies, desto klarer trat der musische in den Vordergrund. Schon einzelne Humanisten hatten aus der antikisierenden Poetik die Botschaft der rein weltlichen Kunst herausgehört. Giordano Bruno trug in den ketzerischen Dialogen seiner «Eroici furori» («Heroische Begeisterungen») das Hohelied auf den Künstler als Übermenschen vor und büßte es auf dem Scheiterhaufen. Er gab dem Schöpfermenschen den neuzeitlichen Nimbus des selbstherrlichen Genies, sprach ihn von allen Bedingungen und Rücksichten los, vor allem den kirchlichen, und legte ihm allen Segen und Fluch seines Tuns auf die eigenen starken Schultern. Den verzückten Visionär, der sich als Werkzeug des Göttlichen betrachtet und unbewußt wunderbare Dinge redet, verspottete er als den «Esel, der das Heilige trägt». Höher als jedes blinde Medium stand ihm der enthusiastisch Begeisterte, der aus eigener Kraft in den Lichtkreis des Göttlichen empordringt und Erleuchtung mit Geistesklarheit verbindet. Der Pantheismus dieses Dichterphilosophen wirkte noch auf den «Prometheus» und «Faust» des jungen Goethe ein, wie bei diesem schillerte er bei Bruno gefährlich ins Dämonische hinüber. Aber das verstärkte nur das Hinreißende seiner Lehre, sein vermessenes Selbstvertrauen war ein Grundton in der Genielehre der Renaissance. Es lebte in allen großen Künstlern jener Weltwende und war mit im Spiel, wenn sie sich an den Fürstenhöfen auf den Kampf um Macht und Ruhm einließen. Shakespeare bewundert den Adel und das Königtum rückhaltlos. Besonders in den Jugendwerken erweist er ihnen eine servile Verehrung und verachtet das einfache Volk als Pöbel mit «fetten Mützen» und «stinkendem Atem». Er widmete seinem vornehmen Gönner, dem Earl of Southampton, seine Werke mit derselben Unterwürfigkeit wie irgendein hohler Hofpoet und schildert die adelige Welt als den Schauplatz alles Großen. Die Galerie seiner Könige und Königinnen ist im Ganzen eine Huldigung ohnegleichen an den Thron. Er sieht in ihm weniger ein Heiligtum als einen Sitz der Dämonen. Der Abschied Richards des Zweiten von der Krone ist nur eine unter vielen Szenen, in denen sich seine Versenkung in die Tugenden, Gefahren und Laster des Herrscherseins offenbart.

Im Absolutismus des siebzehnten Jahrhunderts erhielt die Verehrung des Königtums eine neue religiöse Weihe. Im Schatten der Throne entstand ein neues Machtdichtertum, eine Harmonie zwischen Geist und Autorität, die nach außen über jeden Zweifel erhaben war. Die mit dem Hof verbündeten Dichter dieser Epoche sehen im Königtum kein Werden und Vergehen, sie scheinen nur seine Lichtseite zu kennen. Das Reich steht ihnen wie einst Vergil in der geheiligten Person des Monarchen vor Augen, dem sie in frommer Hingabe dienen. Corneille und Racine sprechen von dem Regenten in Worten, die nur gegenüber Gott üblich sind. Er ist ihnen der unantastbare Träger eines göttlichen Auftrags, sie heißen alles gut, was seine sakrosankte Stellung befestigt. Ihre Kunst war ein öffentliches Festamt, sie stellte die «pompeuses merveilles» eines mit Pracht überladenen Staatswesens dar. Taine hat das klassische französische Trauerspiel als das getreue Spiegelbild der Architektur von Versailles gedeutet und diese Parallele bis in Einzelheiten der Form und der Handlung durchgeführt.

In Spanien, wo Calderon jahrzehntelang für Madrid die Fronleichnamsspiele schrieb, repräsentierte der König überdies die sakrale Autorität der Kirche. Calderons Helden- und Königskult hat innerhalb des Katholizismus denselben religiösen Charakter wie Pindars Heroenmythik innerhalb der sterbenden griechischen Aristokratie. Seine Heldengestalten überschattet noch die Todesnähe der antiken Heroen[1]. Lope de Vega nimmt die feudale Staats- und Gesellschaftsordnung als etwas Gegebenes hin, ist aller Gedanken über ihre Berechtigung enthoben und erlaubt sich eben deshalb kühne Ausfälle gegen ihre unwürdigen Beamten, gegen deren Übergriffe man höheren Orts jederzeit Schutz findet.

Für Corneille, den Racine in seiner Totenrede «un personnage véritablement né pour la gloire de son pays» nannte, ist der König die Sonne, die in den Helden seiner Dramen den glühenden Willen zur Größe entzündet. Heldenhafte Vollkommenheit ist bei ihm wie bei Calderon ein Rausch der Ehre, der Tapferkeit, des begeisterten Ein- stehens für das Gute, des Abscheus gegen das Gemeine. Seine höfischen Heldentragö- dien sind Preislieder und versetzte Oden von enthusiastischer Rhetorik, in der die Heroentragik als musische Schönheit der Gebärden aufleuchtet. Ihr Ethos ist gesell- schaftlich, eine zur Andacht gesteigerte Staatsfrömmigkeit. Der junge Corneille stand wie einst Chrétien de Troyes unter dem Einfluß der aristokratischen Damenwelt, als die Berufung zum Heldendichter in ihm erwachte. Das Muster aller adeligen Tugenden stand ihm in der Person Richelieus vor Augen, in ihm sah er zum erstenmal die Glorie der großen politischen Existenz. In der Widmung des «Horace», die an den Allmäch- tigen gerichtet ist, erklärt er unter Anspielung auf die Dichtervorlesungen in seiner Gegenwart: «C'est là que lisant sur son visage ce qui lui plaît et ce qui ne lui plaît pas, nous nous instruisons avec certitude de ce qui est bon et de ce qui est mauvais.»

Wo so «der Sänger mit dem König geht», scheint eine tragische Spannung zum Staat undenkbar. Und doch findet sie sich auch hier, gerade Corneilles Verhältnis zu Richelieu wurde in der Folge durch sie getrübt. Der Kardinal liebte die Dichtung mit einem echten Gefühl, aber er konnte sie doch nur als Instrument der Machtpolitik schätzen. Die Akademie wurde von ihm als eine Bastion gegen die spanische Macht gegründet, er protegierte Corneille wie alle aus Politik. Dieser bemühte sich zweimal vergeblich um die Aufnahme in die Akademie, bevor er Gnade fand. Als Richelieu tot war, umschrieb er seine Stellung zu ihm mit den Versen:

> *Qu'on parle mal ou bien du fameux Cardinal,*
> *Ma prose ni mes vers n'en diront jamais rien:*
> *Il m'a fait trop de bien pour en dire du mal,*
> *Il m'a fait trop de mal pour en dire du bien.*

So urteilte der Meister des bon goût über seinen allmächtigen Herrn. Vollendeter konnte die Enttäuschung über den Widerspruch zwischen Ideal und Wirklichkeit nicht

---

[1] Karl Voßler spricht bei Calderon von der «Bereitschaft und Entschlossenheit des hochstehenden Menschen, des Edelgeborenen, der es verschmäht, am Behagen und am Staub zu kleben, der etwas Höheres kennt als das bloße Lebendigbleiben» («Südliche Romania» 129, 1940).

ausgesprochen werden. Die vornehme Form verhüllte den persönlichen Konflikt. Sie verschleierte auch noch den Bruch, als der Mißerfolg des «Pertharite» Corneilles Einklang mit der Aristokratie zerstörte und er für sieben Jahre nach Rouen verschwand. Als er zurückkehrte, fand er sein Paris nicht mehr vor. Alle Stücke, die er aufführen ließ, wurden abgelehnt; inzwischen war der Stern Racines aufgegangen, der seinem Lehrer kalt begegnete. Nach zwölfjährigem vergeblichem Ringen um den ersten Platz an der Sonne kehrte Corneille der Bühne endgültig den Rücken. Als alter, darbender Mann richtete er an den König ein Bittgedicht, in welchem er von seinen in der Wiege erstickten Dramen spricht und ihn um Hilfe anfleht, indem er ihn daran erinnert, daß er dem Heer zwei Söhne gegeben habe.

Bei Racine, der nervösen Tassonatur, war das Verhältnis zur großen Welt noch schwieriger. Er heimste Triumphe ein, bekam aber auch den Widerstand der konservativen Cornéliens zu spüren, auf den er, wie auf alle Kritik, maßlos empfindlich reagierte. Allen seinen Stücken gab er Vorreden mit, in denen er sich, oft wenig nobel, mit seinen Gegnern herumzankte. Im Vorwort zum «Britannicus» behauptet er: «Il n'y a point de cabale qu'ils n'aient faites, point de critique dont ils ne se soient avisés. Il y en a qui ont pris même le parti de Néron contre moi.» Fast jedes seiner Werke rief die Neider, vor allem die Corneilleclique auf den Plan. Bei der «Phèdre» kam es zu einem Skandal, der die Katastrophe auslöste. Die Herzogin von Bouillon stiftete einen Dichterling an, den gleichen Stoff zu dramatisieren, und mietete für die sechs ersten Aufführungen die Logen beider Theater. Pradons Première war überfüllt, die Racines leer; nun brach er vollständig mit der Welt seiner bisherigen Erfolge. Der König ernannte ihn zum «historiographe du roi», und der Meister des nationalen Trauerspiels widmete sich fortan ausschließlich dem Hofdienst. Um die Taten seines Monarchen mit eigenen Augen zu sehen, mußte er ihn mit Boileau auf seinen Feldzügen begleiten, wo die Offiziere über «les messieurs du sublime» und ihre Hasenherzen spöttelten. Dazwischen tat er regelmäßig Dienst als Vorleser des Königs und vergrub sich in geschichtliche Studien. Er verstieg sich jetzt zu Schmeicheleien, die nicht nur von seinen Freunden getadelt, sondern von Louis XIV. selbst gelegentlich als übertrieben empfunden wurden. In einer Akademierede dieser Zeit sagte er: «Tous les mots de la langue, toutes les syllabes nous paroissent précieuses, parce que nous les regardons comme autant d'instruments qui doivent servir à la gloire de notre auguste protecteur.» Die meisten Geschichtswerke, die er in dieser Selbstverleugnung verfaßte – es ist wie ein Symbol –, gingen bei einem Brand zugrunde.

Racine besaß die allerhöchste Gunst in seltenem Maß. Der König liebte die vertrauliche Unterhaltung mit ihm; er hatte eine Wohnung in Versailles und durfte jederzeit zum Lever erscheinen. Wie es aber um dieses Vertrauen bestellt war, verriet der Dichter selber einmal seinem ältesten Sohn. «Ne croyez pas que ce soient mes pièces, qui m'attirent les caresses des grands. Sans fatiguer les gens du monde du récit de mes ouvrages, dont je ne leur parle jamais, je les entretiens de choses qui leur plaisent. Mon talent avec eux n'est pas de leur faire sentir que j'ai de l'esprit, mais de leur apprendre qu'ils en ont.» Seine Bekehrung, die ihn nach Port-Royal zurück-

führte, verschärfte diesen inneren Gegensatz. Als er nach langer Zeit wieder zu dichten begann, waren es christliche Dramen, die er für die Mädchen eines adeligen Stifts
verfaßte. Diese biblischen Werke wurden in Versailles privat vor Louis XIV. aufgeführt und trugen dazu bei, daß er in Ungnade fiel. Der König war auch wegen eines
Mémoire über die Linderung der Not in den unteren Volksklassen ungehalten, das
Racine auf Bitten der Maintenon geschrieben hatte. Er mußte Worte hören, die seine
Fassung endgültig zerstörten. «Parce qu'il sait faire parfaitement les vers, croit-il
tout savoir? et parce qu'il est grand poète, veut-il être ministre?» Racine soll aus Gram
über dieses Zerwürfnis gestorben sein.

Molière stand als Gesellschaftskritiker in der Opposition, seine Erfahrungen waren
noch eindeutiger. Die «Ecole des femmes» brachte einflußreiche Kreise gegen ihn auf,
der «Tartuffe», der in das Wespennest der Kirchenkämpfe griff, rief einen Entrüstungs-
sturm hervor und wurde vom König verboten. Alles übertraf aber der Skandal des
«Don Juan», mit dem er den Kirchenbann verdient, die Grundlagen der Religion und
Moral unterwühlt haben sollte. Der König nahm ihn gegen die öffentlichen und unterirdischen Angriffe in Schutz, aber die Dunkelmänner behielten die Oberhand.
Molière schloß sein Theater zum zweitenmal und zog sich nach Auteuil zurück.

DEUTSCHE KLASSIK

I

Ein solches Auge in Auge des Dichters mit dem König gab es in Deutschland nie.
Schon im Mittelalter war die deutsche Dichtung erst in der Zeit der großen Kämpfe
zwischen Kaisern und Päpsten aus ihrem langen Schlaf erwacht, Walther von der Vogelweide hatte seinen größten Ton aus dem Schmerz über das politische Chaos gefunden. Dieser Schatten blieb für alle Zeiten auf der deutschen Dichtung liegen, dank dem
dunklen Gang der deutschen Geschichte, die bis in die Neuzeit zwischen europäischen
Herrschaftsträumen und unerhörten Katastrophen hin- und herschwankte. Das alte
Römische Reich Deutscher Nation konnte nicht sterben und erstickte als lebender
Leichnam alle aus dem Volk kommenden politischen Regungen. Die staatliche Entwicklung Deutschlands war selbst eine Tragödie.

Das Jahrhundert Luthers brachte zu diesem staatlichen Unglück neue Brüche. Die
Reformation spaltete die Kirche, der Humanismus die geistige Bildung, der Klassizismus trennte die volkstümliche Kunst vom aristokratischen Schönheitsbegriff. Diese
Risse blieben als Unruheherd bestehen, als die andern großen Völker bereits ihre neue
staatliche Form gefunden hatten. Die deutsche Barockdichtung krankt an ihnen und
erhält nur dadurch einen gewissen eigenen Ton. Man findet ihn nicht bei jenen Poeten,
die sich nach fremdem Vorbild gegenseitig Lorbeer und Weihrauch spenden. Es sind
bloß angelernte Hyperbeln, wenn Fleming einen betriebsamen Bücherschreiber wie
Dietrich von dem Werder als antikischen Dichtertäter rühmt:

> *Ich lobe diese Faust, die Leib und Namen schützt,*
> *Selbst schreibt, was sie selbst tut, auf Kraft und Kunst ihr eigen,*

Auf beiderlei gelehrt, was beider Seiten nützt.
Ihr Römer, tretet auf, ihr Griechen, gebet Zeugen,
Wird Agamemnon nun selbst sein Homerus nicht,
Eneas sein Virgil? Wer ists, ders widerspricht?

Ebensowenig besagen die prunkvollen Widmungen an die großmächtigsten Herrschaften, die auch den deutschen Büchern des siebzehnten Jahrhunderts vorangestellt sind, oder das zeremonielle Treiben unter den Ordensmitgliedern der Sprachgesellschaften. Lohensteins Arminiusroman stellt die Deutschen, dieses kinderreine und riesenstarke Volk, als das Opfer einer ungeheuren Geschichtsfälschung hin, die er dadurch rückgängig machen will, daß er alle großen Taten der Weltgeschichte auf sie als die wahren Urheber zurückführt. Auch aus dieser Geschichtsklitterung spricht nur das Elend des Reiches; das deutsche Selbstbewußtsein mußte sich an chauvinistischen Wahnvorstellungen erbauen, weil die Wirklichkeit so schrecklich war. In Weckherlins, Opitzens, Flemings stolzen Sonetten an die Fürsten und Feldherren des Dreißigjährigen Krieges kann man Ansätze zu einer staatlichen Lyrik erblicken. Aber auch sie täuschen die Harmonie von Geist und Macht nur vor. Hinter der imposanten Fassade lag eine Realität, die solchen Glauben Lügen strafte. Das einzig mögliche, einzig wahre politische Bekenntnis des vom Sängertum träumenden Dichters enthalten die Sonette, in denen das Herz des Andreas Gryphius über das Unglück des Vaterlands blutet, und Grimmelshausens schwere Gesichte von Deutschland.

In derselben Zeit, wo sich Racine unter seinem König beugte und Milton an der Seite Cromwells für das Tausendjährige Reich kämpfte, schrieb Grimmelshausen die Jupiterepisode des «Simplicissimus». Im dritten Buch lauert Simplicissimus als Räuber einem Warenzug auf, und es kommt ein Mann daher, der über dem Untergang Deutschlands und der Lektüre gelehrter Bücher den Verstand verloren hat. Er hält sich für den Gott Jupiter und erklärt den Wegelagerern, er wolle einen teutschen Helden erwecken, der Deutschland ohne Soldaten mit der Schärfe eines Zauberschwerts einigen werde: alle deutschen Fürsten würden abgesetzt, alle verruchten Menschen umgebracht, ganz Deutschland in Stadtstaaten eingeteilt, aus jedem von diesen zwei der besten Bürger ins Parlament berufen. Dieser christliche deutsche Kaiser mache sich die europäischen Länder als Vasallenstaaten untertan und bringe so dem kranken Erdteil den Frieden. «Eine jede große Stadt soll von seiner Gegenwart erzittern und eine jede Vestung, die sonst unüberwindlich ist, wird er in der ersten Viertelstunde in seinem Gehorsam haben und unter sein Joch bringen; zulezt wird er den grösten Potentaten in der Welt befehlen und die Regierung über Meer und Erden so löblich anstellen, daß beydes, Götter und Menschen, ein Wohlgefallen darob haben sollen ... Alsdann wird er eine Stadt mitten in Teutschland bauen, welche viel größer seyn wird als Manoah in America und Goldreicher als Jerusalem zu Salomons Zeiten gewesen, deren Wälle sich dem Tyrolischen Gebürg und ihre Wassergräben der Breite des Meers zwischen Hispania und Africa vergleichen sollen. Er wird einen Tempel hinein bauen von lauter Diamanten, Rubinen, Smaragden und Saphiren; und in der Kunst-Kammer, die er aufrichten wird, werden sich alle Raritäten in der gantzen Welt versamlen von den reichen Geschencken, die ihm die Könige in China, in Persia, der große Magol in den Orientalischen Indien, der große Tartar Cham, Priester Johann in Africa und der große Czar in der Moscau schicken ... und alsdann wird wie zu Augusti Zeiten ein ewiger beständiger Friede zwischen allen Völckern in der gantzen Welt seyn.»

Die Prahlerei nimmt kein Ende, der Tolle antwortet auf jeden Zweifel mit immer phantastischerem Unsinn. Sein großer Held wird nach der Herstellung des Universalfriedens die Vorsteher aller christlichen Kirchen zwingen, sich auf eine Religion zu einigen, die mit einem großen Jubelfest verkündet werden soll. «Alsdann (sagte Jupiter ferner) werde ich offtmals den gantzen Chorum Deorum nehmen und herunter zu den Teutschen steigen, mich unter ihren Weinstöcken und Feigenbäumen zu ergötzen; da werde ich den Helicon mitten in ihre Grentzen setzen und die Musen von neuem darauf pflantzen; die drey Gratien sollen meinen Teutschen viel tausend Lustbarkeiten erwecken. Ich werde Teutschland höher segnen mit allem Überfluß als das glückseelige Arabiam, Mesopotamiam und die Gegend um Damasco. Die Griechische Sprache werde ich alsdann verschwören und nur Teutsch reden, und mit einem Wort mich so gut Teutsch erzeigen, daß ich ihnen auch endlich wie vor diesem den Römern die Beherrschung über die gantze Welt werde ankommen lassen.»

Das ist Jesaias, Dantes, Miltons Vision – als Narrengeflunker. Zuletzt zieht der Gott seine Hosen aus und durchsucht sie nach den Flöhen, die ihm das Leben sauer machen, von denen er aber behauptet, sie hielten sich auf seinen Befehl als eine Deputation in einer Streitsache bei ihm auf, deren endgültige Entscheidung er sich vorbehalten habe. Seine ganze Weltregimentsphantasie ist nur eine Vergrößerung des Krieges, den er mit diesen Plaggeistern führt, der Wunschtraum eines größenwahnsinnigen armen Teufels. Trug und Schmutz ist alles Irdische und ein Narr jeder, der von einem Kriegshelden das ewig Gute erwartet. Man hat in dieser Szene das politische Credo Grimmelshausens, die Darstellung seines Glaubens an eine künftige deutsche Herrlichkeit sehen wollen. Sie ist das Gegenteil davon. Diese Hoffnung ist bei ihm nur noch Gegenstand verzweifelten Gelächters, der Witz eines Verrückten. Sein Jupiter ist das Sinnbild für die Absurdität aller Machtpolitik, der heiligen wie der profanen. Niemals wird geschehen, was dieser armselige Narr verspricht. Es ist nicht die Verheißung, sondern die Travestie der deutschen Weltherrschaft.

Das war das Erbe, das auf den Autoren des achtzehnten Jahrhunderts lastete. Es lähmte alle Unternehmungen, mit denen die aufgeklärten Geister eine bessere Ordnung der Dinge herbeizuführen versuchten. Im Grund schwebte allen bedeutenden deutschen Dichtern dieser Zeit von Günther bis zu Goethe, Schiller und Kleist die Sängerlaufbahn vor: die Dichtung, die im Glanz eines idealen Staates den Glauben an den großen Menschen, an das Glück auf Erden, an die Harmonie der irdischen Welt verkündet. Aber in Deutschland fehlten alle Voraussetzungen für die Verwirklichung dieses Ideals. Seine größten Dichter hatten keinen Rückhalt an einem Imperium; der kulturelle und soziale Tiefstand des deutschen Volkes, die Unzugänglichkeit des Kaisers in Wien, die geistige Rückständigkeit der deutschen Fürsten, der Eigensinn Friedrichs des Großen verurteilten sie dazu, im öffentlichen Leben einflußlos abseits zu stehen. Ihr Bekenntnis zur staatlichen Gemeinschaft blieb theoretisch, weil ihm die Erfahrung fehlte. Wenn trotzdem gelegentlich große politische Dichtungen entstanden, war ihnen die Tragik der deutschen Geschichte an die Stirn geschrieben. Sie atmen anarchischen Geist wie Schillers «Räuber» und Kleists «Michael Kohlhaas» oder utopischen wie der «Wilhelm Tell» oder Hölderlins Hymne «Germanien». Die denkwürdigsten unter ihnen stellen den Staat als Tragödie dar. Sie ringen um eine absolute Gerechtigkeit, die es auf Erden nicht gibt. Ihre politische Verzweiflung ist das Tiefste, was die deutsche Literatur an den modernen Kampf um den Staat beitrug. Das Ausweichen in die prophetische Satire und Utopie kennzeichnet die ganze deutsche Dichtung dieser Epoche. Das Neue und im tiefsten Deutsche an ihr ist ihr visionärer Charakter, den sie auch in ihren staatlich gedachten Werken nicht verleugnet. Sie erschien in einer Zeit nationaler Machtlosigkeit und Zersplitterung; aber mit der fürstlichen Protektion fehlten ihr auch die goldenen Ketten der Staatsfrömmigkeit und die gesellschaftliche Glätte, die den Glanz eines Machtstaates spiegelt. Das Schicksal zwang sie, einen andern Adel zu suchen.

Die Geschichte dieser bürgerlichen deutschen «Klassik» war, wie die der Ritterpoesie auf deutschem Boden, eine politische Leidensgeschichte. Ihre Geschichtschreiber haben alles getan, um diese Tatsache zu verwischen; sie deuteten auch die deutsche Klassik in einen «augusteischen» Einklang von Geist und Macht um, wie er im Frankreich Richelieus und den andern Ländern bestanden hatte, von denen Deutschland in seinem Unglück politisch überflügelt worden war. Diese Auslegung verfälscht gerade das Eigentümlichste der Goethezeit. Die Worte «Klassik» und «klassisch» erhielten in Weimar einen andern Sinn, als er aus dem kaiserlichen Rom auf die Renaissance- und Barockresidenzen übertragen worden war. Diesen klassizistischen Begriff des Klassischen hatten auch die deutschen Rokokopoeten noch als das Maß aller Dinge vor Augen. Sie wußten so wenig wie die Franzosen, daß er nicht der einzig mögliche und nicht der höchste ist. Im antiken Judentum waren die größten staatlichen Dichter angesichts der nationalen Katastrophe aufgestanden, als Repräsentanten eines Volkes, dem die Erfüllung seiner nationalen Existenz versagt blieb. In Athen entfaltete sich die höchste Kunstblüte in den Wirren des Niedergangs und Zusammenbruchs. Die «Antigone» entstammt einem politisch trostlos zerfahrenen Volk, und das größte literarische Dokument griechischer Staatsgesinnung, Platons «Staat», ist nach Burckhardt nichts anderes als «der indirekte Beweis, weshalb Athen verloren sei». Dasselbe wiederholte sich in der spanischen Dichtung und Malerei des siebzehnten Jahrhunderts, die erst nach dem Untergang des spanischen Reiches aus einer weltgeschichtlichen Tragödie ersten Ranges ans Licht traten und von der Trauer um den Verlust der nationalen Größe getragen wurden. In Italien bildete die Kunst jahrhundertelang den Halt und Trost einer politisch zerrissenen Nation[1].

----

[1] Burckhardt erklärt daraus die Überlegenheit der italienischen Renaissance über die deutsche Kunst des sechzehnten Jahrhunderts. «Italien war der Sitz der Kirche: diejenige politische Versumpfung, welche den bildenden Künsten recht zuträglich ist, hatte eigentlich schon begonnen; Deutsch-

Nicht nur der Besitz der Macht und die Übereinstimmung mit den Herrschenden, auch das nationale Elend hat große politische Dichtwerke hervorgebracht. Wo ein starkes Volk seine Niederlage betrauert oder zum Trost für eine verhinderte weltgeschichtliche Rolle ein Phantasiereich aufbaut, entstehen die unsterblichen staatlichen Visionen. Wenn es aber wahr ist, daß Dante und Shakespeare, Milton und Corneille mehr zum Selbstbewußtsein ihrer Nationen beigetragen haben als irgendein König oder Feldherr, so gilt dies erst recht von den Dichtern und Künstlern Deutschlands. Für Goethe lag die staatliche Größe Deutschlands um Jahrhunderte zurück, und sie hatte niemals den Glanz des perikleischen Athen, der spanischen Weltherrschaft besessen. Auch die Popularität der alten Dichter, die den Italienern so viel bedeuteten, war hier unbekannt. «Wie ärmlich sieht es dagegen bei uns Deutschen aus!» sagte Goethe zu Eckermann. «Was lebte denn in meiner Jugend von unsern nicht weniger bedeutenden alten Liedern im eigentlichen Volke? Herder und seine Nachfolger mußten erst anfangen, sie zu sammeln und der Vergessenheit zu entreißen; dann hatte man sie doch wenigstens gedruckt in Bibliotheken ... Mit welchen Empfindungen muß ich der Zeit gedenken, wo italienische Fischer mir Stellen des Tasso sangen!» Die Gedichte Walthers und Wolframs, das Nibelungenlied waren seit Jahrhunderten vergessen, als die Romantiker sie wieder aufstöberten, und es gelang ihnen nicht, sie wieder zum Leben zu erwecken. Sie sind Gegenstände des Schulunterrichts und der Gelehrsamkeit geblieben.

Jede Klassik hat ihre Grenzen – sonst wäre sie keine. Die Grenzen der deutschen liegen in dieser Verbindung von geistiger Größe und staatlicher Bedeutungslosigkeit. Sie hat mit dem, was die Staatsmänner neben und nach ihr aus Deutschland machten, schlechterdings nichts zu schaffen, weder im Guten noch im Bösen. Das haben alle ihre Dichter gesehen und als ihr Schicksal verstanden. Lessing schrieb an Gleim, den Verfasser der «Preußischen Kriegslieder», das Lob eines eifrigen Patrioten sei das allerletzte, wonach er geizen würde, «des Patrioten nemlich, der mich vergessen lehrt, daß ich ein Weltbürger sein sollte». Die «tausend ausschweifenden Reden», die er im Berlin des Siebenjährigen Krieges alle Tage hören mußte, zwangen ihn zu dem Bekenntnis: «Ich habe überhaupt von der Liebe des Vaterlandes (es tut mir leid, daß ich Ihnen vielleicht meine Schande gestehen muß) keinen Begriff, und sie scheinet mir aufs höchste eine heroische Schwachheit, die ich recht gern entbehre. Doch lassen Sie mich davon nichts weiter schreiben.» Herder, Humboldt, Schiller und Goethe wehrten, jeder auf seine Art, stolz die Autorität des Staates über das von ihnen aufgebaute Reich des Geistes ab und beriefen sich auf ihre Unabhängigkeit von jeder Macht. Der Mittelpunkt dieses Reiches war das politisch belanglose Residenzstädtchen Weimar, dessen

land dagegen war trunken von Zukunft, und seine Kunst tritt von da an gegen die Italiens zurück» (Werner Kaegi, «Jacob Burckhardt» 2, 272; 1950). Ähnlich Karl Voßler: «Italien hat den hohen Rang seiner Kunst mit dem Preis der politischen Zerrissenheit und Unfreiheit bezahlt. Die Tiefe und das Ausmaß dieses Unglücks haben italienische Kritiker selbst gesehen. Francesco de Sanctis hat es in seiner Geschichte der italienischen Nationalliteratur wahrhaftiger und strenger dargestellt als alle Nörgler und Spötter des Auslands» («Südliche Romania» 54, 1940).

dürftige Enge auch für Goethe auf die Dauer dem Verzicht auf eine große öffentliche Existenz gleichkam. Er wußte es und zog für seine Person die Konsequenz daraus; man verstand ihn schlecht, als man ihn dennoch in einen staatlichen «Nationaldichter» umdeutete. Seine eigenen Aussagen stehen dem entgegen, sie enthüllen allerdings einen Widerspruch in ihm selbst. Unter dem Eindruck der Pariser Revolution erklärte er in dem Aufsatz «Litterarischer Sanskülottismus», einen klassischen Autor und klassische Werke könne es in Deutschland nicht geben, weil alle Vorbedingungen dazu fehlten: große, glücklich nachwirkende Begebenheiten in der nationalen Geschichte, große Gesinnungen und zielbewußt-starke Handlungen der Landsleute, Sympathie des vom Nationalgeist durchdrungenen Genies mit dem Vergangenen und Gegenwärtigen, ein hoher Grad der Kultur, der die Ausbildung des Dichters erleichtere, zahlreiche Vorgänger, an die er rechtzeitig anknüpfen könne. Das alles sei in Deutschland nicht vorhanden. «Jeder, auch das größte Genie, leidet von seinem Jahrhundert in einigen Stükken, wie er von andern Vorteil zieht, und einen vortrefflichen Nationalschriftsteller kann man nur von der Nation fordern.» Aber den Deutschen dürfe ihre Zerstückelung nicht zum Vorwurf gemacht werden. «Wir wollen die Umwälzungen nicht wünschen, die in Deutschland klassische Werke vorbereiten könnten.» Ganz anders sprach Goethe 1813 in dem vielerörterten Gespräch mit dem Historiker Luden. Hier warf er den Deutschen in heftigen Worten nun doch ihren Mangel an staatlicher Größe vor, weil sie gegen seinen Abgott Napoleon Krieg führten; er konnte nicht einsehen, daß dies der erste Schritt zur nationalen Einheit war, deren Fehlen er beklagte. «Ich habe oft einen bitteren Schmerz empfunden bei dem Gedanken an das deutsche Volk, das so achtbar im Einzelnen und so miserabel im Ganzen ist. Eine Vergleichung des deutschen Volkes mit andern Völkern erregt uns peinliche Gefühle, über welche ich auf jegliche Weise hinwegzukommen suche; und in der Wissenschaft und in der Kunst habe ich die Schwingen gefunden, durch welche man sich darüber hinwegzuheben vermag; denn Wissenschaft und Kunst gehören der Welt an, und vor ihnen verschwinden die Schranken der Nationalität. Aber der Trost, den sie gewähren, ist doch nur ein leidiger Trost und ersetzt das stolze Bewußtsein nicht, einem großen, starken, geachteten und gefürchteten Volke anzugehören.»

Schiller machte sich als tragischer Mensch über die Lage der Dinge keine Illusionen und handelte darnach. «Ich habe diese Woche eine Geschichte des dreißigjährigen Kriegs gelesen», schrieb er 1786, «und mein Kopf ist mir noch ganz warm davon. Daß doch die Epoche des höchsten Nationen-Elends auch zugleich die glänzendste Epoche menschlicher Kraft ist! Wie viele große Männer gingen aus dieser Nacht hervor!» Er ließ es gelassen geschehen, daß das längst überlebte deutsche Reich endlich aus den Fugen ging, und zog die Summe der Vergangenheit schon vor dem Zusammenbruch in dem Gedichtentwurf «Deutsche Größe», in dem er darauf hinwies, daß die Kraft und Einheit Deutschlands nicht in seiner staatlichen, sondern in seiner geistigen Leistung liege. «Die Majestät des Deutschen ruhte nie auf dem Haupt seiner Fürsten. Abgesondert von dem politischen hat der Deutsche sich einen eigenen Wert gegründet, und wenn auch das Imperium unterginge, so bliebe die deutsche Würde unangefochten ... Der Deutsche wohnt in einem alten sturzdrohenden Haus, aber ein strebendes Geschlecht wohnt in dem alten Gebäude» ... In ihrer Machtlosigkeit seien die Deutschen dazu ausersehen, am ewigen Bau der Menschenbildung zu arbeiten und die geistigen Schätze der Jahrhunderte in die Zukunft hinüberzuretten.

> *Kein Augustisch Alter blühte,*
> *Keines Mediceers Güte*
> *Lächelte der deutschen Kunst;*
> *Sie ward nicht gepflegt vom Ruhme,*
> *Sie entfaltete die Blume*
> *Nicht am Strahl der Fürstengunst.*

Die Geschichtschreiber der deutschen Literatur konnten sich solchen Zeugnissen nicht völlig verschließen. Von Treitschke und Gustav Freytag bis zu Wilhelm Scherer und Georg Brandes heben sie das politische Verhängnis der deutschen Klassik hervor, finden sich aber verschieden mit ihm ab. Treitschke ist stolz darauf, daß «niemals in aller Geschichte eine mächtige Literatur so gänzlich jeder Gunst der äußern Lebensverhältnisse entbehrt» habe wie die deutsche, und begründet diese Übertreibung mit einer schonungslosen Schilderung der deutschen Zustände in der Zeit Goethes. «Wohl ist es ein rührender Anblick, dies Heroengeschlecht des Idealismus, das inmitten der schmucklosen Armseligkeit kleinfürstlicher Residenzdörfer um die höchsten Güter der Menschheit warb: unnatürlich weit blieb doch der Abstand zwischen dem Reichtum der Ideen und der Armut des Lebens, zwischen den verwegenen Gedankenflügen der Gebildeten und dem grundprosaischen Treiben der hart arbeitenden Massen. Der Adel einer harmonisch durchgebildeten Gesittung, wie sie die Italiener in den Tagen Leonardos beglückte, blieb den Deutschen noch immer versagt ... Die Handvoll trübseliger Kleinbürger im Parterre des weimarischen Theaterschuppens waren kein Volk, und die vornehmen Schöngeister in den Logen des Hofes zollten den Experimenten geistreich spielender Willkür den gleichen, ja vielleicht noch lebhafteren Beifall wie dem einfach Großen ... Bald genug sollte ein furchtbares Erwachen dem seligen Traume folgen; bald genug sollte der Bildungsstolz erfahren, daß für edle Völker eines noch schrecklicher ist als das Banausentum: die Schande. Dennoch trifft die Heroen der deutschen Dichtung in keiner Weise der Vorwurf, als ob sie irgendeine Mitschuld trügen an der Demütigung ihres Vaterlandes.» Der patriotische Pathetiker verschleiert das von ihm gezeichnete Bild sogleich wieder, und sein Pathos wird hohl, wenn er diesen Schatten für die Literaturgeschichte zu leugnen versucht. «Es war unmöglich, daß ein Geschlecht von solcher Energie des geistigen Schaffens zugleich die kalte Berechnung, den listigen Weltsinn, den entschlossenen Einmut und den harten Nationalhaß hätte besitzen sollen, welche den unerhörten Gefahren der politischen Lage allein Trotz bieten konnten.» Wie verfehlt ist diese Erklärung! Die deutschen Dichter der Goethezeit waren nicht das deutsche Volk, sie lebten vereinsamt in ihm. Listiger Weltsinn war Goethe, dem Dichter des Mephisto, nicht fremd, so wenig wie politische Leidenschaft dem Preußen Kleist. Und neben den Dichtern standen geniale

politische Realisten wie Kant, die eine solche Verallgemeinerung vollends Lügen strafen. So ist es kein Wunder, daß andere Historiker gern von einer Tragik dieser deutschen Klassik sprechen. Aber das war nur eine effektvolle Redensart oder wurde, wenn
es ernst gemeint war, nicht ernst genommen[1]. Heutige marxistische Kritiker werfen
der deutschen Klassik vor, sie habe «geistige und künstlerische Synthesen von äußerst
schwacher Seinsbasis» geschaffen und schwebe über der spießigen Wirklichkeit in der
Wolkenregion der Ideologie. Vom doktrinären Standpunkt aus, sei er patriotisch oder
kommunistisch, sind die großen geistigen Erscheinungen nicht zu begreifen. Die
Wahrheit liegt in Burckhardts Worten: «Große und tragische Erlebnisse reifen den
Geist und geben ihm einen andern Maßstab der Dinge, eine unabhängigere Taxation
des Irdischen. Augustinus' *de civitate dei* wäre ohne den Einsturz des weströmischen
Reiches kein so bedeutendes und unabhängiges Buch geworden, und Dante dichtete
die *divina commedia* im Exil. Auch die großen persischen Dichter der Mongolenzeit,
wenn sie schon dann die letzten waren, gehören hieher; Saadi sagt: ,Die Welt war
kraus wie Negerhaar'.»

Ein Blick auf die klassische Musik des Nordens bestätigt diesen Sachverhalt. Sie besaß eine starke Bindung an die Fürstenhöfe und die Kirche und erlebte Augenblicke
eines hohen Einverständnisses zwischen Kunst und Macht. In der deutschen Literaturgeschichte reicht nichts an den Glanz heran, den Bach als Konzertmeister der Weimarer
Hofkapelle und besonders als Kapellmeister des Köthener Hofes mit seinen Instrumen-
talmusiken entfaltete. Seine Klavier- und Orchesterwerke haben wie die Musiken
Händels, Vivaldis und der andern Meister die strahlende Eleganz der Hofkultur, weil
diesen Großen die Freude an der festlichen Virtuosität selbstverständlich war. Goethe
glaubte beim Anhören der Ouvertüre zu Bachs Orchestersuite in D-dur eine Reihe
geputzter Leute feierlich eine fürstliche Treppe heruntersteigen zu sehen. Eine Szene
wie den Besuch des alten Bach in Potsdam, wo er vom König das Thema zum «Musi-
kalischen Opfer» empfing, sucht man auch im Leben Goethes vergeblich, am ehesten
entspricht ihr seine Unterredung mit Napoleon, dem Eroberer des Reiches. In Wien
leitete Haydn als Kapellmeister des Fürsten Esterhazy den Aufschwung der aristokratischen Gesellschaftsmusik ein, der zur höchsten Vollendung der weltlichen Musik

---

[1] Von den ernst gemeinten Urteilen seien wenigstens zwei zitiert. Wilhelm Scherer: «Wie die deutsche Literatur im achtzehnten Jahrhundert sich aus dem Unvermögen plötzlich zur höchsten Höhe
schwingt, das ist ein Phänomen, welches auf dem geistigen Gebiete kaum seinesgleichen hat, auf dem
politischen nur mit den Taten gewaltiger Eroberer, wie Alexanders des Großen, verglichen werden
kann. Aber das Reich, welches Lessing und Goethe gründeten, war ebenso wenig von Dauer wie das
Reich des Königs der Mazedonier» («Geschichte der deutschen Literatur» 20, 1915). W. H. Bruford:
«Das Deutschland der Dichter, Denker und Musiker war nur eines unter vielen Deutschlanden, ja es
bestand nicht einmal in der Form, in der es sich in ihren Werken zeigt, denn was in diesen erscheint,
ist eine Welt, die von diesen Künstlern erst aufgebaut wurde, eine ,Welt des schönen Scheins'. Sie
selber hörten nie auf, über die Härte der sie umgebenden Welt zu klagen. Es geht also nicht an, dem
wirklichen Deutschland, wenn es seinen Nachbarn auf dem Gebiet der Politik und Wirtschaft unbequem wird, das ältere und bessere Deutschland der Dichter und Denker, das doch nur in der Einbildung besteht, entgegenzuhalten. Dieses Deutschland war nur ein Dichtertraum» («Die gesellschaftlichen Grundlagen der Goethezeit» 331 f., deutsch 1936).

emporführte. Er gipfelte im Erscheinen Mozarts in den Wiener Gesellschaftskonzerten. Auch sein Genius verschmähte es nicht, als musikalischer Kavalier das Glück des brillanten Virtuosen auszugenießen, die adeligen Damen und Herren mit Symphonien, Klavierkonzerten, Kammermusiken und heitern Opern zu erfreuen und sich als ein Kind dieser Welt zu fühlen, bis es ihm genug schien und er jenen visionären Weg betrat, auf dem er den Blicken der Zeitgenossen entschwand. Von der Herrlichkeit dieser Musik hat keine Königskunst alter und neuer Zeit etwas geahnt. Sie empfing ihre Inspiration nicht allein von den Gastgebern, denen sie diente; soweit sie aber Weltkunst war, stand und fiel sie mit dieser Welt. Auch hier fehlte es nicht an Tragik, aber es war die des Sängertums aller Zeiten. Fast die ganze weltliche Musik Bachs ist, wie die Haydns, untergegangen – zugleich mit der Aristokratie, für die sie geschaffen wurde. Die sechs Brandenburgischen Konzerte sind nur durch einen Zufall erhalten geblieben. Sie wurden von dem deutschen Fürsten, der sie bestellt hatte, nie aufgeführt oder auch nur honoriert und nach seinem Tod in einem Massenverkauf verschleudert.

2

Die erste überschwengliche Hoffnung auf ein klassisches Zeitalter Deutschlands erhob sich im Jahr 1740 bei der Thronbesteigung Friedrichs des Großen. Die Person dieses musischen, von den Gedanken der Aufklärung und ihrem Regentenideal erfüllten jungen Monarchen schien die Erfüllung der kühnsten Träume zu verbürgen. Sein Regierungsantritt veränderte das literarische Klima Berlins augenblicklich und zog rasch weite geistige Kreise. Aber welche Ernüchterung stellte sich ein, welche Entfremdung zwischen dem französisch dichtenden Musterkönig und der deutschen Literatur bildete sich heraus! Friedrich bewunderte die Franzosen, vor allem Voltaire, der als sein Gast mit einem Jahresgehalt von zwanzigtausend Livres nebst freier Wohnung, Tafel und Equipage, Kammerherrnschlüssel und Verdienstorden in Berlin residierte. Er hatte kein Ohr für Lessings Werben, keinen Begriff davon, welches politische Geschenk ihm mit der «Minna von Barnhelm» dargebracht wurde, was seinem Ruhm mit Winckelmann entging, wie glühend Klopstock und Hamann ihn haßten. Der von ihm errichtete preußische Staat schloß den deutschen Geist aus. Statt der erhofften Einheit von Geist und Macht entstand ein neues Zerwürfnis zwischen ihnen, das die ganze jetzt anbrechende hohe Zeit der deutschen Dichtung überschattete.

Der erste Deutsche bürgerlichen Standes, der die neue Würde der Dichtung verkörperte, war Klopstock. Er dürstete nach heroischem Gesang, und es glückte ihm, die Gunst eines Fürsten zu finden, die ihn auf die Höhen des weltlichen Ruhms tragen sollte. Es war aber kein deutscher, sondern ein ausländischer Hof, der ihn berief. Klopstock unterstrich es in seiner Mitteilung an die Öffentlichkeit mit Nachdruck, daß der König der Dänen ihn, den Deutschen, auszeichne. Er erhielt in der nordischen Residenz eine königliche Pension mit dem Titel eines Legationsrats und konnte sich nun dem erlauchten Leben widmen, das ihm vorgeschwebt hatte. Aber was ihm und seinen Bewunderern als hellste Gunst des Schicksals erschien, war in Wahrheit das große Unglück seines Lebens. Er sah sich nun gezwungen, den fragwürdigen Riesenplan seiner

«Messiade» auszuführen, da man ihn deswegen eingeladen hatte. Als freier Mann hätte er das Werk vielleicht doch als Torso liegen lassen, weil es ein unreifer Ausdruck dessen war, was er eigentlich wollte. Er strebte im Grund nicht nach dem «heiligen Gedicht», sondern nach dem «Heldengedicht», wie schon der Titel des Messias es sagt. An der Wiege dieses Epos stand kein religiöser, sondern ein patriotischer Gedanke. Der erste Vorsatz, den die Begeisterung für Homer und Vergil im Zögling von Schulpforta geweckt hatte, war ein vaterländisches Epos über Heinrich den Vogler, den sagenumwobenen Helden seiner niedersächsischen Heimat, gewesen. In seiner Abschiedsrede von Pforta pries er die großen Dichter, «die mit ihres Namens Unsterblichkeit alle Folgezeiten erfüllten, und das sind die, welche Heldengedichte gesungen haben». Klopstock war kein Inspirierter, sondern ein enthusiastischer Hymniker. Die «Ehrbegierde» brannte in ihm, und er liebte es stets, sich als «Sänger» zu bezeichnen. Die Unfreiheit Deutschlands trug entscheidend dazu bei, daß er sich vom heldischen Boden in die «höhere Bahn» des heiligen Epos abdrängen ließ.

Dasselbe gilt von seiner Lyrik. In seinem «Kriegslied» von 1749 feierte er Friedrich den Großen im Stil der damals in Schwang kommenden friderizianischen Poesie, schrieb es aber, erbittert über die Franzosenwirtschaft des Königs, in ein Preislied auf jenen heimatlichen Sagenhelden um. Die Ode «Der Lehrling der Griechen», in der er seine Berufung durch das «einweihende Lächeln» des Genius singt, ist ein Zeugnis des unversöhnlichen Hasses, den er seither gegen den Preußenkönig empfand. In Worten von damals unerhörter Schärfe wendet sich der Sänger angeekelt vom blutigen Schlachtensieger ab:

> *Wenn das Schicksal ihn ja Königen zugesellt,*
> *Umgewöhnt zu dem Waffenklang,*
> *Sieht er, von richtendem Ernst schauernd, die Leichname*
> *Stumm und seelenlos ausgestreckt,*
> *Segnet dem fliehenden Geist in die Gefilde nach,*
> *Wo kein tötender Held mehr siegt.*
> *Ihn läßt gütiges Lob oder Unsterblichkeit*
> *Des, der Ehre vergeudet, kalt!*

Die Majestätsbeleidigung wurde noch dadurch verschärft, daß Klopstock dieses Jugendgedicht, das an der Spitze seiner gesammelten Oden steht, in einen Hymnus auf den dänischen König umdichtete («Friedrich der Fünfte»), der diesen als Antipoden des Eroberers rühmt. Nach dessen Tod erlebte aber auch der «Messias»-Dichter den alten Fluch des Sängertums, den jähen Sturz. Sein eigentlicher Gönner, Graf Bernsdorff, wurde aus der Regierung verdrängt, und er mußte den Rückweg in die Heimat antreten, wo er inzwischen ein Fremder geworden war. Seine Annäherungsversuche an deutschen Höfen schlugen fehl. Für den Kaiser, den aufgeklärten Joseph II., von dem er eine imperiale Ordnung und Förderung des deutschen Kulturlebens erhoffte, entwarf er den Plan einer Akademie mit Sitz in Wien, der er selbst vorstehen wollte – die Leitung des Theaterwesens war Lessing zugedacht –, erhielt aber aus Wien eine Ant-

wort, die einer Ohrfeige gleichkam. So mußte er sich damit begnügen, sein Wunschbild einer von den Dichtern geführten deutschen Kultur in Buchform darzustellen.
Er tat es in der «Deutschen Gelehrtenrepublik», deren abstruse Romantik das erwar-
tungsvolle Publikum schwer enttäuschte und die man seither als Marotte verlacht.
Das ganze geistige Leben Deutschlands wird darin nach Bardenweise hierarchisch ge-
ordnet und gipfelt in der ordensähnlichen Kaste der Schriftsteller. Diese urgermanisch
vermummte Meistersängerei war in ihrer Verstiegenheit allerdings nur eine unfrei-
willige Parodie auf die Notlage, der Klopstock abhelfen wollte. Die Erfahrungen mit
Deutschland und seinen Fürsten trieben den Alternden, der sich einst zum poeta vates
der Deutschen geboren geglaubt hatte, in einen Radikalismus hinein, mit dem er vollends den Boden unter den Füßen verlor. Für kurze Zeit wurde er zum fanatischen Par-
teigänger des Pariser Umsturzes. Er haderte mit dem Land Luthers darüber, daß es die
erlösende Freiheitstat den Franzosen überlassen habe, rühmte sich, die Dichtkunst nie
durch höfisches Lob entweiht zu haben, und stieß Worte der Fürstenverachtung aus,
die ihm niemand zugetraut hätte. Sie entsprangen freilich zu sehr seiner persönlichen
Gekränktheit, als daß daraus noch etwas Großes hätte entstehen können, und wurden
von ihm bald feierlich genug widerrufen. Er verrannte sich in den teutonischen
Schwulst der Bardenpoesie, der im Grund nur der Ratlosigkeit seines staatlichen Strebens die Krone aufsetzte. Seine heilige Begeisterung verirrte sich im Nebel bombasti-
scher Phrasen, deren Verfänglichkeit der unheilige Spötter Wieland sogleich durchschaute: «Den kriegerischen, blutdürstenden Geist und die patriotische Wut dieser
alten Barbaren durch die Magie der Dichtkunst verschönern und zu Tugend und Heldentum adeln, heißt einen Gebrauch von dieser edeln Kunst machen, der bei allem,
was er Blendendes hat, nicht weniger gefährlich ist, als wenn sie zum Werkzeug der
Üppigkeit und ausschweifender Lüste mißbraucht wird.»

Auch Wieland hoffte lange auf die deutschen Fürsten. Als er noch sehr jung war,
weckten die großen Schlachten des Siebenjährigen Krieges in ihm den Ehrgeiz, den
«Messias» mit einem weltlichen Heldengedicht auf Friedrich auszustechen. Der Heros
seines «Cyrus» ist ein schmeichlerisches Idealporträt des Preußenkönigs. Der weich-
liche Schwärmer versuchte sich im männlich-eisernen Ton des Schlachtenmalers und
sparte nicht mit Lobhudeleien, ließ es jedoch bei den fünf ersten Gesängen dieser
preußischen Epopöe bewenden, als kein deutscher Fürst Miene machte, die Fortsetzung mit einer Pension zu vergelten. Zwanzig Jahre später schrieb er bei der Uraufführung seiner «Rosemunde» in Mannheim: «All das, was jetzt in Mannheim ist,
sollte ja von Gott und Rechts wegen in Berlin sein – und wie viel mehr und größere
Dinge wollten wir alle getan haben, wenn Friedrich – Perikles für uns und seine Nation
hätte sein wollen! Es ist nun so! Dieser Ruhm bleibt einem andern aufbehalten – der
dafür weder ein Schlesien mit dem Schwert noch ein Westpreußen mit einem Feder-
zuge erobern wird.» In den Jahren, wo Wieland als Stadtschreiber von Biberach häufiger Gast des Grafen Stadion auf Warthausen war, lernte er dann Licht und Schatten
des Umgangs mit der großen Welt kennen. Er erlöste ihn aus bürgerlicher Enge, weckte
aber auch Erbitterung über den Hochmut der Aristokraten und führte zu einem offenen

Konflikt. Wieland wußte nun immerhin, wie man die Marmortreppen ersteigt, und empfahl sich dem Wiener Hof mit dem «Goldenen Spiegel» als staatsmännischer Lehrer, hatte aber dort nicht mehr Glück als Klopstock, Lessing und Mozart. Nur das kleine Weimar engagierte ihn als Prinzenerzieher, und er folgte dieser Einladung mit dem Hintergedanken, sie als Sprungbrett in eine verlockendere Stellung zu benützen. Seine Tätigkeit am Hof enttäuschte und endete mit dem frühen Rückzug in die Stille seiner Arbeitsklause, in der man ihn großzügig gewähren ließ. Er wurde in Weimar nie recht heimisch und hatte im Alter Anwandlungen von Überdruß und Unmut über schlechte Behandlung, in denen er Goethes Stadt ein «germanisches Sibirien» nannte und ohne Erfolg seinen Wegzug betrieb.

Lessing, der Freiheitswille der jungen Literatur in Person, war nicht der Mann, seine Ungebundenheit als Günstling einer Herzoginmutter zu genießen und mit devoten Widmungen seiner Bücher ein Netz einflußreicher Verbindungen zu knüpfen. Er hätte als einziger Deutscher das Zeug besessen, den Geist der Zeit so darzustellen, wie es die Stunde erforderte. Aber die glückliche Wendung, auf die er wartete, trat niemals ein. Vergeblich warb er, der männliche Kämpfer, um die Aufmerksamkeit des preußischen Königs. Der Schatten Friedrichs des Großen ragt im Hintergrund seines Lebens ähnlich schicksalhaft auf wie in dem Lustspiel, in dem er seine Erlebnisse im Siebenjährigen Krieg verewigte. Damals, in den freudigen Breslauer Jahren, näherte er sich den Lebenskreisen des Bewunderten, und die Frucht war dieses schönste Werk. Mit einem Dutzend Stücke wie die «Minna von Barnhelm» wäre Lessing der deutsche Molière geworden, der er werden wollte. Diese Hoffnung wurde im Fiasco des deutschen Nationaltheaters in Hamburg begraben. Friedrich ehrte, als er in Sachsen einmarschierte, den Franzosenfreund Gottsched und nahm von Lessing keine Notiz; er verachtete die deutschen Autoren, obschon sie ihn unermüdlich umharften, und war nicht imstande, den Unterschied zwischen einem Ramler und einem Goethe einzusehen. In denselben Jahren, wo seine Freundschaft mit Voltaire auf der Menschheit Höhen ihren wechselvollen Lauf nahm, ging Lessing nach Hamburg, Wolfenbüttel und in den ganzen Jammer, den diese Orte in seinem Leben bezeichnen. Was konnte Gutes geschehen, wenn die «Minna», dieser geistige Friedensschluß zwischen Preußen und Sachsen, nicht einmal gespielt werden durfte? Die Antwort gab die königliche Schrift «De la littérature allemande», die den deutschen Dichtern zu einer Zeit, als Goethe bereits in Weimar lebte, die verstaubten Lehrsätze der Gottschedzeit ans Herz legte. Man sollte den «Weimarer Musenhof» nie zitieren, ohne des Schlosses von Wolfenbüttel zu gedenken, wo Lessing seine besten Jahre vertrauerte. Er hauste als schlecht besoldeter Bibliothekar allein im dritten Stockwerk über den ungeheuren Sälen, aus deren Schweigen ihm das Verhängnis Deutschlands entgegengähnte. Der Erbprinz war meist abwesend, an den seltenen Festlichkeiten nahm Lessing nicht teil. In diesem Dornröschenschlaf, im Gram über Deutschland schrieb er seine letzten Dramen, nachdem man ihm die Fortführung seines Kampfes gegen die Theologen verboten hatte. Die «Emilia Galotti» verdichtet die Geisterstimmen des herzoglichen Schlosses zur Tragödie, der «Nathan» stellt den Antisemitismus zur Diskussion, wie es keine andere

Dichtung je getan hat. Sein Verfasser starb mit 52 Jahren, ein Opfer beispiellosen, vergeblichen Mutes, so arm, daß er auf Staatskosten beerdigt werden mußte. Über die Trauerfeier, mit der ihn das Hamburger Theater ehren wollte, durfte auf Befehl des Senats nichts in den Zeitungen stehen.

Am härtesten wurde der Schwabe Schiller von diesem Ungeist getroffen. Von allem Anfang an sah er sich in die Auseinandersetzung mit ihm verstrickt. Die Autorität des deutschen Fürstenstaates richtete sich in der Gestalt seines am preußischen Hof erzogenen Herzogs feindselig und unausweichlich vor ihm auf. Er mußte sich vor ihr beugen und wurde unter der Zuchtrute dieses Landesherrn zum revolutionären Freiheitsdichter. Er floh aus der württembergischen Heimat, um dem Schicksal Schubarts, des Gefangenen auf dem Hohenasperg, zu entgehen, und nannte diese Flucht seine «Entschwäbung». Monatelang hielt er sich als gehetztes Wild in Verstecken auf, um den Häschern zu entrinnen. «Die Räuber kosteten mir Familie und Vaterland.» Nie vergaß er, wie er als Flüchtling auf der Mainbrücke in Frankfurt den Menschenstrom an sich vorbeiziehen ließ; seine Frau schrieb später: «Dort möchte ich ihm können ein Denkmal stiften!» In Stuttgart wurde die Aufführung von «Kabale und Liebe» nach der Première auf Betreiben der Noblesse verboten, in Mannheim ließ man Schiller aus politischen Rücksichten als Theaterdichter fallen. Er wußte, was er sagte, als er vom «Don Carlos» schrieb: «Die schönsten Träume von Freiheit werden im Kerker geträumt.»

In den «Räubern», die eine Horde von Mordbrennern als Rächer der beleidigten Menschenwürde auf die Bühne bringen, zielt der revolutionäre Aufruhr noch weit über das Politische hinaus. Er spielt zwischen Himmel und Hölle, zwischen dem absolut Guten und dem absolut Bösen. In diesem sektiererischen Bekenntniswerk erwachte das chiliastische Ketzertum der politischen Schwärmer wieder, die in Deutschland schon immer ihr Wesen trieben. Es steht in der Tradition der messianischen Verheißungen und kann nur in diesem Zusammenhang gewürdigt werden. Der edle Karl Moor kämpft um das Reich Gottes auf Erden, seitdem ihn beim Lesen seines Plutarch die Sehnsucht nach Größe, der Ekel vor dem «tintenklecksenden Säkulum» gepackt hat. Er fühlt sich zum Statthalter der geschändeten göttlichen Gerechtigkeit auf Erden berufen, die er als Racheengel mit Gewalt wieder herstellen will. Aber er besudelt seinen Traum und vergreift sich in den Mitteln wie alle Propheten des heiligen Krieges. In der Szene an der Donau wird ihm beim Anblick der siegreich untergehenden Sonne sein tiefer Fall klar, und er erkennt, daß er als Einziger aus dem Frieden der Schöpfung verstoßen ist. Nun bricht das Gottesgericht über ihn herein, das sein satanischer Bruder im Angsttraum vorauserlebt. Diese Ausgeburt der Finsternis fährt in die Hölle, der in Schuld verstrickte Weltverbesserer aber überliefert sich dem irdischen Gericht, um der göttlichen Gnade nicht verlustig zu gehen. Hätte sich Schiller von den «Räubern» aus in gerader Linie weiterentwickelt, so wäre aus ihm ein deutscher Dante, ein die Welt richtender chiliastischer Visionär geworden.

Aber seine Bahn verlief anders. Sie wurde aus dem Prophetischen ins Priesterliche, aus dem Jenseitigen ins Diesseitige abgebogen. Seit dem «Don Carlos» wandte er sich bewußt vom «Kleinlichen und Barbarischen» der Gegenwart ab und rang um den Gedanken eines geistigen Adels, den Marquis Posa vor Philipp zum erstenmal hinreißend ausspricht: «Stellen Sie der Menschheit verlornen Adel wieder her.» Auch Posa steht im Grund der messianischen Vision noch nahe, er denkt wie Dante an eine freie und glückliche Menschheit unter einem allmächtigen Weltherrscher. Aber er ist sich über das Utopische dieses Traums klar. «Das Jahrhundert ist meinem Ideal nicht reif»; es wird überhaupt nie anders verwirklicht werden als in den Auserwählten, die sich ihm zum Opfer bringen. Die späteren Helden Schillers richten diese Forderung an keinen Herrscher mehr, nur noch an sich selbst. Im Brief an den dänischen Prinzen von Augustenburg vom 13. Juli 1793 begründet Schiller seine Abwendung von aller Realpolitik mit seiner Enttäuschung über den Gang der Revolution, der ebenso verlief wie der Aufruhr Karl Moors. Hätte sie wirklich das Gesetz auf den Thron erhoben und die Freiheit gebracht, versichert er, «so wollte ich auf ewig von den Musen Abschied nehmen und dem herrlichsten aller Kunstwerke, der Monarchie der Vernunft, alle meine Tätigkeit widmen. Aber dieses Faktum ist es eben, was ich zu bezweifeln wage. Ja, ich bin so weit entfernt, an den Anfang einer Regeneration im Politischen zu glauben, daß mir die Ereignisse der Zeit viel mehr alle Hoffnungen dazu auf Jahrhunderte benehmen». Der Visionär in ihm vermochte kein politisches Geschehen als Erfüllung seines Ideals anzuerkennen; er zog sich endgültig auf die Forderung des geistigen Adels zurück, die sein Aufsatz «Über das Erhabene» umschreibt, und begann den Bau des «ästhetischen Staates», in dem seine großen Dramen spielen.

An der Schwelle dieser «klassischen» Wendung steht das Programmgedicht «Die Künstler», das die Dichter als Stifter der Kultur und Führer der Menschheit auf dem Weg aus der Barbarei in die Freiheit feiert. Die großen Gesänge, in denen der reife Schiller die Sendung der Kunst umschreibt, kennen keine staatliche Verantwortung des Dichters mehr. Kassandra steht verlacht und verdüstert abseits, in den «Sängern der Vorwelt» wird das Fehlen einer Gemeinschaft beklagt, die bereit wäre, den Dichter anzuhören:

Ach, noch leben die Sänger, nur fehlen die Taten, die Lyra
Freudig zu wecken, es fehlt, ach! ein empfangendes Ohr.

Als prophetischer Geist wollte Schiller handeln und selbst geistige Macht erlangen; er brauchte Wirklichkeit, um in der Gegenwart wiederholen zu können, was im Altertum Tatsache gewesen war. Aber auch diese Wirklichkeit mußte er sich erst dichterisch erschaffen. Der Schauplatz seiner Dramen wurde seit dem «Don Carlos» die Weltgeschichte, in der er den Mythus des götterlosen Zeitalters entdeckte. «Die Weltgeschichte ist das Weltgericht» – dies ist seine Formel für Napoleons These, daß die Politik das Schicksal sei. Als Reich der sittlichen Entscheidung zwischen Sündenfall und Gericht bot ihm die Geschichte alles, was er in der Gegenwart nicht fand. Er meißelte ihre Figuren und Episoden zu Gleichnissen eines überzeitlichen Geschehens. Sein Begriff von Freiheit und Adel härtete sich in dieser Luft so eisern, daß er jede nationale Zielsetzung der Kunst ausschloß. Nicht einmal nationale Stoffe ließ dieser größte politische Aktivist der deutschen Literatur gelten. «Man hat lange geglaubt, der Dichtkunst unsers Vaterlands einen Dienst zu erweisen, wenn man den Dichtern Nationalgegenstände zur Bearbeitung empfahl ... Nur ein barbarischer Geschmack braucht den Stachel des Privatinteresses, um zu der Schönheit hingelockt zu werden, und nur der Stümper borgt von dem Stoffe eine Kraft, die er in die Form zu legen verzweifelt. Die Poesie soll ihren Weg nicht durch die kalte Region des Gedächtnisses nehmen, soll nie die Gelehrsamkeit zu ihrer Auslegerin, nie den Eigennutz zu ihrem Fürsprecher machen. Sie soll das Herz treffen, weil sie aus dem Herzen floß, und nicht auf den Staatsbürger in dem Menschen, sondern auf den Menschen in dem Staatsbürger zielen.»

Als Goethe seinen Briefwechsel mit Schiller veröffentlichte und dieses Denkmal einer hohen geistigen Gemeinschaft inmitten trauriger Zeitläufte König Ludwig I. von Bayern widmete, konnte er es sich nicht versagen, Betrachtungen darüber anzustellen, was aus dem toten Freund geworden wäre, wenn er in Bayern hätte leben dürfen. Er wollte die Widmung ausdrücklich so verstanden wissen. «Durch allerhöchste Gunst wäre sein Dasein durchaus erleichtert, häusliche Sorgen entfernt, seine Umgebung erweitert, derselbe auch wohl in ein heilsameres besseres Klima versetzt worden, seine Arbeiten hätte man dadurch belebt und beschleunigt gesehen, dem höchsten Gönner selbst zu fortwährender Freude und der Welt zu dauernder Erbauung.» Der König hatte kurz zuvor Schillers Wohnhaus in Weimar besichtigt, über seine engen Räume gewehklagt und geäußert: «Hätte ich nur damals schon freie Hand gehabt, ich hätte ihm Villa di Malta in Rom eingeräumt, und dort, dem Kapitol gegenüber, hätte er die Geschichte des Untergangs von Rom schreiben sollen.» Ein preußischer Minister veröffentlichte nach dem Erscheinen des Briefwechsels eine Erklärung, in der er den König von Preußen gegen Goethes «mittelbaren Vorwurf für die Fürsten Deutschlands» in Schutz nahm und bekannt gab, daß dieser Schillers Wunsch, sich in Berlin niederzulassen, unterstützt und ihm von sich aus ein jährliches Gnadengehalt zugesichert habe. «Nur dessen nachher erfolgte Krankheit und frühzeitiger Tod haben den großmütigen Monarchen und unser engeres Vaterland um den Vorzug gebracht, in Schiller einen ausgezeichneten Preußen mehr zu zählen.» Zelter, dem beim Gedanken an Schiller «das Herz blutete», sandte diese «Berichtigung» an Goethe, der ihm zurückschrieb: «Auf das Publikandum habe nichts zu erwidern. Leider erneuert sich dabei der alte Schmerz, daß man diesen vorzüglichsten Mann bis in sein fünfundvierzigstes Jahr sich selbst, dem Herzog von Weimar und seinem Verleger überließ.»

Solche Fürstengunst wäre das Schicksal Klopstocks gewesen. Statt dessen harrte Schiller in seiner Not aus und erfüllte seine Bestimmung. Von diesem Dramatiker der Weltgeschichte existiert kein patriotisches Drama aus der deutschen Vergangenheit. Der Geschichtsseher in ihm, der priesterliche Verkünder einer ewigen Wahrheit kam dem Politiker und dem Deutschen in die Quere und hinderte ihn, den Zyklus nationaler Staatsdramen zu schaffen, den er wie kein anderer zu schaffen vermocht hätte. Dieses Ziel beschäftigte ihn nie. Das Deutsche an der Geschichte traf nicht sein Herz, es war ihm nicht wesentlich. Selbst der «Wallenstein» ist keine nationale Dichtung, und der «Wilhelm Tell» verherrlicht den Abfall der Schweizer von ihrem Landesfürsten.

Dieses Werk wurde geschrieben, als die Eidgenossenschaft von Frankreich eben blutig überwältigt worden war, als ein Hohelied auf die Gerechtigkeit, die alle Willkür der Machthaber überdauert. Deshalb konnte es von allen Völkern der Erde als die Darstellung ihres Freiheitskampfes verstanden werden. Schiller glaubte, wie Goethe, nicht an eine staatliche Größe der Deutschen, er traute ihnen seine eigene Erhebung über das nationale Denken zu. Dieses Bekenntnis enthalten seine politischen Sentenzen, etwa das Xenion «Deutscher Nationalcharakter», das alles ausspricht, was nach seinem Tod scheinbar widerlegt wurde:

Zur Nation euch zu bilden, ihr hoffet es, Deutsche, vergebens;
Bildet, ihr könnt es, dafür freier zu Menschen euch aus.

3

Nach dem Siebenjährigen Krieg stand eine Dichterjugend da, die immer noch nach einem großen Inhalt ihrer staatlichen Hoffnung suchte. Sie brauchte einen Mythus, wenn sie die hohe weltliche Kunst schaffen wollte, von der sie träumte. Klopstock scheiterte nicht nur am Franzosentum Friedrichs des Großen, sondern am Fehlen einer geglaubten Götter- und Heldenwelt. Nun begann man auf die Stimmen zu horchen, die diese große Frage der Zeit zu beantworten schienen. Die Lehrer dieser Jugend wiesen auf die Psalmen und Propheten, auf Homer und Shakespeare, auf die verschollenen Volkslieder und Volksmärchen hin. Mit der Erinnerung an die alten Seher und Magier erhob sich auch der Schatten des mythischen Sängers wieder. Er ergriff den zu sich selbst kommenden bürgerlichen Geist doch am tiefsten.

Leidenschaftlicher als jede andere Vorzeitgestalt ergriff ihn die des Barden Ossian, die Begeisterung für das heidnische germanische Sängertum. Die Begleitumstände dieser Entdeckung – sie war eine der größten Mystifikationen der neueren Literaturgeschichte – erhellten wie ein Wetterleuchten, was sich vorbereitete. Von den keltischen Barden des Altertums ist jede sichere Spur verloren. Man weiß nicht viel mehr, als daß sie zusammen mit den Druiden die oberste, noch über dem Adel stehende Kaste bildeten und einen Orden mit strengen Rangstufen darstellten. Sie lebten an den Fürstenhöfen und trugen in öffentlichen Wettgesängen zur Harfe Heldenlieder und religiöse Hymnen vor. Sie behandelten aber ihre Kunst als esoterische Wissenschaft und haben es verstanden, das Geheimnis zu wahren. Die schriftlich aufgezeichnete Bardendichtung stammt erst aus dem Hochmittelalter und ist das Produkt eines späten Erneuerungsversuchs. Der Schotte Macpherson verfälschte diese Reste auf doppelte Art, indem er den Iren Ossian zum Sprachrohr des schottischen Patriotismus und zum Herold der modernen Sentimentalität umstilisierte. In seinen Dichtungen beklagt der blinde Sänger auf mondbeschienener oder sturmgepeitschter Heide die Geister der Heldenvorzeit. Die graue Landschaft mit dem weißgischtenden Meer, den schroffen Felsen und Nebelbergen, in der es nur Dunkel und Dämmerung gibt, berauschte durch ihre Unbestimmtheit wie eine Offenbarung. Man fühlte sich vom Ewigkeitston gestreift und bewunderte diesen Gesang als die Sprache eines nordischen Homer, der dem griechischen ebenbürtig war. Die Andacht, mit der die Jugend Ossians monotonen Bildern und Rhythmen lauschte, war das Staunen eines Kindes, das in der Muschel das eigene Blut als Meeresbrandung rauschen hört. Es war im Grund der Weltschmerz des Rokoko, eine ins Riesige vergrößerte Äolsharfenmusik. Die Zeit wurde nicht müde, diese tränenschwere, verstiegene Litanei zu wiederholen, die ihr alle bloß verständige Literatur entwertete. Ganz Europa ließ sich durch den frommen Betrug erregen, weil die Zeit wieder das Grandiose ersehnte. Der Bardenton griff um sich, jenes rhapsodische Pathos, mit dem Blakes «Songs of Experience» anheben:

> *Hear the voice of the bard!*
> *Who present, past and future sees;*
> *Whose ears have heard*
> *The Holy Word*
> *That walk'd among the ancient trees ...*

Unter Berufung auf dieses Wunder verkündete Herder in seinem «Briefwechsel über Ossian und die Lieder alter Völker» seine neue Anschauung vom Wesen des Gesangs, der aus den Tiefen der Natur und der Menschenseele komme. Die innere Stimme sagte ihm, daß diese alten Lieder echt seien, daß vor ihnen die ganze galante Kunstlyrik des Klassizismus zunichte werde. Seine Volksliedersammlung legte in Proben aus allen Völkern den Beweis dafür vor, daß im einfältigen Singen des Volkes und der Kinder der ewige Quell der Dichtung fließe. Mit seinem Entzücken über die «Lieder der Wilden», mit seinen verdeutschten Stücken aus der Edda und aus Ossian ließ er den «dunkeln, einförmigen, nordischen Zauberton» erklingen, aus dem die Altersgenossen Goethes die Verheißung einer neuen deutschen Sängerkunst heraushörten. Dieser noch magisch unbestimmte Ton wurde durch «Werthers Leiden» zur europäischen Sensation. Ossians Gesänge waren die Lieblingslektüre Napoleons und erfüllten noch Byrons und Schuberts Seele, nachdem die Kritik längst ihre Unechtheit nachgewiesen hatte. Diese «Macht des Gesanges» bewegte auch Goethe, Schiller und Hölderlin. Die «Sänger der Vorzeit» waren ihre Lehrmeister, als sie daran gingen, eine hohe deutsche Dichtung zu schaffen.

Gleichzeitig mit dem nordischen Naturgesang erhob sich der ganz andersartige des griechischen Mythus, den Winckelmann aus dem Wust der klassizistischen Gelehrsamkeit zutage förderte. Seit seinen «Gedanken über die Nachahmung der griechischen Werke», vollends seit seiner «Geschichte der Kunst des Altertums» begann die hellenische Welt ein Licht zu verbreiten, vor dem der germanische wie der christliche Bilderkreis verblaßten. Den Schusterssohn aus Stendal zog eine verzehrende Sehnsucht zu den Kunstwerken der Antike, er wurde durch ihren Anblick ein anderer Mensch. Seine Feder schob den Antiquitätenkram der Kunstkenner zur Seite und machte den Blick auf die griechischen Originale frei. Er sah sie in ihrem Zusammenhang mit der südlichen Natur, in ihrer göttlichen Nacktheit, vor dem Horizont des Meeres. «Der erste Anblick schöner Statuen ist wie die erste Aussicht auf das offene Meer, worin sich unser Blick verliert und starr wird.» Das war der Schauder vor der mythischen Schönheit. Dieser platonische Musaget lehrte das Schöne als eine ewige Offenbarung sehen, es machte ihn selbst zum Italiener, zum glühenden Sinnenmenschen, zum großen Glücklichen. Als Cicerone vornehmer Rombesucher wuchs er in den aristokratischen Lebensstil hinein, als wählerischer Mentor der reisenden vornehmen Jugend pflanzte er seinen Enthusiasmus und seine Verachtung akademischer Vielwisserei den Besten der neuen Generation ein. Zum erstenmal leuchtete auch aus seiner Meisterprosa etwas von apollinischem Glanz. «Die Athaumasie oder die Nicht-Verwunderung schätze ich nicht in der Kunst, weil hier die Gleichgiltigkeit schädlich ist», schrieb er. Seine Anschauung des südlichen Altertums wurde der kostbarste geistige Besitz der deutschen Klassik. Sie war nur scheinbar Wissenschaft, in Wahrheit eine Religion, das südliche Gegenstück zur Begeisterung für Ossian. Es ist wenig damit getan, daß die Archäologie das Unstichhaltige seiner Begriffe von griechischer Kunst aufdeckt. Es beweist nur, daß hier noch etwas anderes als gelehrtes Wissen in Erscheinung trat: ein Mythus, eine Vision des irdischen Paradieses, die Hesiods Märchen vom goldenen Zeitalter erneuerte. Auch der Tod dieses Schönheitslehrers von der Hand eines gemeinen Mörders wirft keinen Schatten auf ihn, sondern vollendet sinnvoll seine Erscheinung. Sie gewann durch ihn den reinen tragischen Umriß, wie ihn unter allen Gestalten der deutschen Klassik nur noch die Schillers besitzt. Selbst daß er sich in Triest, auf der Grenzscheide zwischen seinen Vaterländern, in seinem Blut wälzte, auf der Heimkehr aus dem verachteten Norden, wohin ihn eine heimliche Sehnsucht noch einmal getrieben hatte, spricht sinnbildlich das Schicksal dieses adeligen Geistes aus.

Die Entscheidung zwischen «Hügel» und «Hain», zwischen südlichem und nordischem Mythus war nun kein persönlicher Konflikt mehr, wie sie es für Klopstock gewesen war, sondern eine Schicksalsfrage der deutschen Dichtung. Daß sie eine Frage war, deutet auf ein inneres Problem der deutschen Klassik hin, das nicht weniger schwer wiegt als ihre staatliche Schwäche. Nicht nur ihr Sängerideal, auch ihre Religion war dem Altertum entnommen, und es fragte sich, wieweit ein solcher Glaube imstande war, ein großes öffentliches Dichtertum zu tragen. Mit dieser Frage haben die Geister der Goethezeit gerungen. Herder empfand die Fragwürdigkeit des neuen Sängertums besonders bitter, weil der Konflikt bei ihm dadurch verschärft wurde, daß ihm die dichterische Erfüllung versagt war. Seitdem er durch Schiller von der Seite Goethes verdrängt war, nahmen in ihm die Bedenken gegen das klassische Ideal überhand, und er tat alles, um der neuen heidnischen Richtung die Spitze zu bieten. Seine Briefe waren fortan von Haß gegen Goethe erfüllt, dessen «Tasso» ihm als das Monument einer krankhaften Selbstvergötterung erschien und den er immer heftiger als die verkörperte Unverantwortlichkeit des ästhetischen Menschen ablehnte, von Haß gegen Schiller, dessen heroischem Glauben an den Menschen er die Überzeugung vom verwerflichen Niedergang der Zeit entgegenstellte, und von wilder Feindschaft gegen Kant, den Denker ohne Realität, den Verführer der Deutschen zu einer neuen, gottlosen Scholastik. Es war der Christ in ihm, der gegen die Kunstreligion der Häupter revoltierte; aber er hatte sich selbst schon zu weit vom Christentum entfernt, als daß er einen solchen Kampf siegreich bestehen konnte.

Das Grundwort von Herders freiheitlicher Religion ist «Humanität». Es enthielt nach seiner Überzeugung alles, was das Glück der Menschheit und die Größe des Dichters ausmacht. «Was zum Charakter unseres Geschlechts gehört, jede mögliche Ausbildung und Vervollkommnung desselben, dies ist das Objekt, das der humane Mann vor sich hat, wornach er strebet, wozu er wirket. Da unser Geschlecht selbst aus sich machen muß, was aus ihm werden kann und soll: so darf keiner, der zu ihm gehört, dabei müßig bleiben. Er muß am Wohl und Weh des Ganzen Teil nehmen und seinen Teil Vernunft, sein Pensum Tätigkeit mit gutem Willen dem Genius seines Geschlechts opfern.» So politisch diese berühmte Definition klingt, sie ist doch unpolitisch gemeint. Herder lehnte alle nicht natürlich gewachsene, sondern bewußt konstruierte Ordnung ab, er verneinte ausdrücklich die Autorität des Machtstaates. Mit dieser Auffassung geriet er seit dem Ausbruch der Französischen Revolution schwer ins Gedränge. Er sah sich gezwungen, seine humane Lehre von der Dichtung mit der brennenden Gegenwart zu konfrontieren, und sein Ruf nach einer Wiedergeburt des Sängertums stellte sich als ein schönes Phantom heraus. In den «Briefen zu Beförderung der Humanität» fragt er sich, woher es komme, daß die deutsche Literatur so wenig an «öffentlichen Sachen» teilnehme. «Oft beunruhigen mich in meiner Einsamkeit die Schatten jener alten mächtigen Dichter und Weisen. Jesaias, Pindar, Alcäus, Aeschylus stehen als gewaffnete Männer vor mir und fragen: was würden wir in euren Zeiten gedacht, gesagt, getan haben? Luthers edler Schatte schließet sich an sie an, und wenn die Erscheinung vorüber ist, finde ich um mich Öde.» Er meint wie der resignierte alte Goethe: «In vielerlei Rücksicht würden wir diese Zeiten nicht wünschen, und uns dagegen an unserer dichterischen Unteilnehmung begnügen.» Aber er meint es anders als dieser; als erklärter Verächter des Staates schätzt er den Mangel an politischer Einheit Deutschlands nicht hoch ein. «Daß uns eine Hauptstadt fehle, tut zu unserer Sache gewiß nichts.» Statt eines glänzenden Hofes wünscht er den im Verborgenen wirkenden guten Geistern Deutschlands «einen Altar der Biedertreue, an dem sie sich mit Geist und Herzen versammeln. Er kann nur im Geist existieren, d. i. in Schriften; und, o daß ausgezeichnet vor allen eine solche Schrift da wäre! An ihr würden sich Seelen entflammen und Herzen stärken.» Wie schwächlich tönt diese Hoffnung, und wie größelos ist das Bild einer rein humanen Poesie, die Herder den Deutschen nun verheißt: «Milden erquickenden Regen wünschet die keimende Saat der Humanität in Europa, keine Stürme. Die Musen wohnen friedlich auf ihren heiligen Bergen, und wenn sie ins Schlachtfeld, wenn sie in die Ratskammern der Großen treten, entbieten sie Frieden. Eine edle würdige Tat zu loben ist ihnen ein süßeres Geschäft, als alle Flüche Alcäus oder Archilochus auf taube Unmenschen herabzudonnern.» Hier zeigt sich die Grenze von Herders Genie: die Verständnislosigkeit für die elementaren Notwendigkeiten des staatlichen Lebens. Er leugnete sie, statt sie wie Lessing und Schiller ins Dichterische zu erheben. An dieser Grenze versandete seine ganze Geschichtsphilosophie. An ihr erfolgte sein harter Zusammenstoß mit Kant, von dem sich der geniale, in der Seele verletzte Träumer nicht mehr erholte.

4

Den jungen Goethe trieb sein Gestaltungsdrang der Riesenwelt Ossians und Shakespeares in die Arme. Daneben bewegte ihn das christliche Aposteltum Hamanns und Lavaters, dem die Fragmente des «Ewigen Juden»und des «Mahomet» gelten. Aber auch die griechische Sängerkunst, die epische Homers und die lyrische Pindars, rührte ihn im Innersten an. «Dichtung und Wahrheit» spricht ausführlich davon, wie er damals die germanische Götter- und Heldenwelt geliebt, sich als Dichter aber von ihr abgewandt habe; ihre nebelhafte Gestaltlosigkeit, die keine sinnliche Anschauung, nur Berauschung in strömenden Wortklängen erlaubte, entfremdete ihn dieser Richtung und machte ihn zum Lehrling der Griechen. Noch der alte Goethe hielt aber die Ballade für die Urform der Poesie, gleichsam die dichterische Urpflanze. Die Balladenherrlichkeit seiner Jugend, die auch den «Urfaust» durchdringt, ist aus seinem Entzücken über den Naturlaut der alten Gesänge hervorgegangen, dessen er wie Wenige mächtig war. Er blieb lange unsicher, wie er sich entscheiden solle. Schon damals war er gleichzeitig in vielen Welten zuhause.

Der «Götz von Berlichingen», mit dem er die Laufbahn eines deutschen Shakespeare antrat, blieb trotz des rauschenden Erfolgs sein einziges nationales Drama. Die Gründe liegen auf der Hand. Götz ist nur scheinbar ein politischer Freiheitsheld, er handelt auf eigene Faust gegen die korrupten Fürsten und Ritter, die das Reich zuschanden machen, und wehrt sich für einen Kaiser, der nichts von ihm wissen will. Er steht ganz allein, sein Freiheitsbegriff bedeutet im Grund die Anarchie und führt ihn ins Lager der aufständischen Bauern. Der politische Standpunkt dieses Haudegens ist die schwache Stelle des Stücks, die Goethe vergeblich zu verbessern suchte. Das Trauerspiel um Götz wird von der Tragödie Weislingens überschattet, mit der sich Goethes persönliches Erleben in das Werk einzeichnete. Es ist zur Hälfte eine politische, zur Hälfte eine erotische Tragödie. Dieses Verhältnis verschob sich bei den folgenden Werken rasch auf Kosten des Politischen. Am «Werther» tadelte Napoleon das Hereinziehen des gesellschaftskritischen Themas geradezu als störend – bezeichnenderweise, denn es ist hier bereits zur Episode herabgedrückt. Im «Egmont» wird die Politik so kühn bagatellisiert, daß der Streit über den Sinn dieses Dramas kein Ende nimmt. Der alte Goethe gibt es in «Dichtung und Wahrheit» als die Darstellung des Dämonischen aus, unterschiebt ihm aber damit einen Begriff, den er in der Jugend, als er dämonisch lebte, noch nicht besaß. Der «Egmont» war ursprünglich als ein niederländisches Zwillingsstück zum deutschen Freiheitsdrama, sein Schluß als Apotheose der republikanischen Freiheit gedacht. Aber die Zweifel des Verfassers wurden hier schon während der Niederschrift so groß, daß sich das Stück zu einer Verherrlichung des Genies gegen die Politiker auswuchs. Das Genie steht unter dem Schicksal, das höher ist als alle menschliche Macht: dieses Motiv durchzieht alle Szenen. Die grausamen Täter schaffen eine Ordnung, die nur Verblendeten einleuchtet; selbst der hohläugige, verschlagen berechnende Alba hat im entscheidenden Augenblick keine Wahl und erkennt das Zufällige seines Tuns: «Wie in einen Lostopf greifst du in die dunkle Zukunft; was du fassest,

ist noch zugerollt, dir unbewußt, seis Treffer oder Fehler!» Die Witterung für das
Schicksal verunmöglicht es Goethe, im Freiheitskampf Partei zu nehmen, und Egmont,
sich in seiner Unverantwortlichkeit zu entscheiden. Wie Goethe als Dichter, läßt sich
Egmont als Volksliebling nachtwandlerisch treiben; in der großartigsten Szene, mit
Oranien, zieht der Träumer sein fatales Nichthandeln ausdrücklich der politischen
Klugheit vor und bewirkt damit seinen Untergang. Der «Egmont» ist die erste
moderne Schicksalstragödie, ein Drama gegen die Politik, das Vorspiel zum «Torquato
Tasso».

In denselben Jahren, wo der republikanische Freiheitswille seinen welterschüttern-
den Ausbruch erzwang, verwandelte sich der Frankfurter Patrizier Goethe in einen
Minister des ancien régime. Er wurde dem Freiheitsruf seines sterbenden Götz untreu
und vertauschte gegen den Widerspruch seines Vaters das Advokaturbureau mit der
Stellung eines großherzoglichen Günstlings. In Weimar trat er in den Lichtkreis der
Aristokratie, des fürstlich gehobenen und gebundenen Dichtertums. Er näherte sich
der adeligen Gesellschaft und erzog sich nach dem Vorbild des höfischen Poeten, der
in andern Zeiten der Mittelpunkt erlauchter Geselligkeit gewesen war. Es eröffnete
sich ihm die Karriere des Staatsmanns, die ihn unwiderstehlich anzog und schon fast
verschlungen hatte, als er wieder freier um sich zu blicken begann. Er faßte den Hofdienst nicht wie Klopstock als eine Sinekure auf, sondern war glücklich, sich «in alle
Hof- und politische Händel verwickelt» zu sehen, und belud sich in seinem Taten-
drang mit Ämtern und Rücksichten, unter denen sein Schaffen erstickte. Die selbst-
verleugnende Hingabe an praktische Arbeit, das saure Erlernen der nötigen Sachkennt-
nisse erschien ihm als die einzig mögliche radikale Heilung vom «Wahnsinn» seiner
bisherigen Existenz. Das war kein stolzes Sängertum, es war das Grab der Zukunft, die
er vor sich gesehen hatte. In langen Jahren ertötete er seine angeborene Natur und
arbeitete sich im Wust der Amtspflichten ab, bis er sich sagen durfte, daß es genug sei.
«Es war das ewige Wälzen eines Steines, der immer von neuem gehoben sein wollte»,
erzählte er im Alter. «Hätte ich mich mehr vom öffentlichen und geschäftlichen Wirken und Treiben zurückhalten und mehr in der Einsamkeit leben können, ich wäre
glücklicher gewesen und würde als Dichter weit mehr gemacht haben.» Nach dem
Erlahmen des ersten Schwungs begann er schwer unter seiner Bürde zu leiden und
führte bewußt ein Doppelleben. Er sah, daß auch in der Hofluft Dichtung und Wirklichkeit auseinanderfielen, und versuchte sie zu trennen, so gut es ging. «Ich sehe fast
niemand», schrieb er 1782, «außer wer mich in Geschäften zu sprechen hat, ich habe
mein politisches und gesellschaftliches Leben ganz von meinem moralischen und poetischen getrennt (äußerlich versteht sich), und so befinde ich mich am besten ... Wie
ich mir in meinem väterlichen Hause nicht einfallen ließ, die Erscheinungen der Geister und die juristische Praxin zu verbinden, eben so getrennt laß ich jetzt den Ge-
heimderat und mein andres Selbst, ohne das ein Gh. R. sehr gut bestehen kann. Nur
im Innersten meiner Plane und Vorsätze und Unternehmungen bleib ich mir geheimnisvoll selbst getreu und knüpfe so wieder mein gesellschaftliches, politisches, moralisches und poetisches Leben in einen verborgenen Knoten zusammen. Sapienti sat.»

In dieser Lage wurde «Wilhelm Meisters theatralische Sendung», die Absage an das bürgerliche Leben, geschrieben. Den Geist des Bürgertums hat Wilhelm in seinem Schwager Werner vor sich, der ihm die doppelte Buchhaltung als eine der schönsten Erfindungen des menschlichen Geistes rühmt. Der Kaufmann sei der legitime Erbe der einstigen Eroberer, seine Phantasie kühner als die des Dichters, aber sein Gewinn echtes Gold, nicht eingebildet. Wilhelm verachtet diese sparsame Nüchternheit und stellt ihr seinen Glauben an den Genius entgegen. «Sieh die Menschen an, wie sie nach Glück und Vergnügen rennen; ihre Wünsche, ihre Mühe, Geld und Zeit jagen rastlos, und wornach? Nach dem, was der Dichter von der Natur erhalten hat, nach dem Genuß der Welt, nach dem Mitgefühl sein selbst in andern, nach einem harmonischen Zusammensein mit vielen oft unvereinbaren Dingen ... Und so ist der Dichter zugleich Lehrer, Wahrsager, Freund der Götter und der Menschen. Wie! willst du, daß er sich mit einem niedrigen Gewerbe besudle, er, der wie ein Vogel gebaut ist, um die Welt zu überfliegen, in den Lüften zu nisten und seine Nahrung von Knospen und Früchten, einen Zweig mit dem andern leicht wechselnd, zu nehmen, er sollte zugleich wie der Stier am Pfluge ziehen, wie der Hund sich auf eine Fährte gewöhnen oder vielleicht gar, an die Kette geschlossen, einen Meierhof durch sein Bellen sichern?» Er beruft sich also nicht auf die adelige Welt, sondern auf die Natur. Goethe war noch nicht bereit, die vornehme Welt als das Ziel seiner Abenteuer hinzustellen, sondern ließ das Manuskript liegen. Der «Wanderer» lebte noch zu mächtig in ihm, und er wurde ihm aus der Distanz der Entbehrung zur dichterischen Figur. Die zwei schönsten Gestalten des Romans, Mignon und der Harfenspieler, verkörpern das Geheimnis des mythischen Gesangs, das Herder mit seinen Hinweisen auf Homer, Ossian und die Volkslieder verkündet hatte. Wilhelm phantasiert vom freien, naturnahen Leben der Rhapsoden in alten Zeiten. «An der Könige Hofe, an den Tischen der Reichen, vor den Türen der Verliebten horchte man auf sie, indem sich das Ohr und die Seele für alles andre verschloß, wie man sich selig preist und entzückt stille steht, wenn aus den Gebüschen, durch die man wandelt, die Stimme der Nachtigall gewaltig rührend hervorruft! Der Held lauschte ihren Gesängen und der Überwinder der Welt huldigte einem Dichter, weil er fühlte, daß ohne diesen sein ungeheures Dasein nur wie ein Sturmwind vorüberfahren würde; der Liebende wünschte sich sein Verlangen und seinen Genuß so tausendfach und so harmonisch, als die beseelte Lippe ihn schilderte; und selbst der Reiche konnte seine Besitztümer, seine Abgötter nicht mit eignen Augen so kostbar sehen, als sie ihm vom Glanze des allen Wert fühlenden und erhöhenden Geistes beleuchtet erschienen. Ja, wer hat, wenn du willst, Götter gebildet, uns zu ihnen erhoben, sie zu uns herniedergebracht, als der Dichter?» Der singende Vogel ist das vom jungen Goethe geliebte Sinnbild des selbstherrlichen, selbstseligen Dichtens, das niemanden über sich anerkennt als die Natur. Auf ihn beruft sich auch der Harfner, wenn er die Ballade vom «Sänger» vorträgt, der lächelnd die goldene Kette zurückweist und zum König sagt:

Ich singe, wie der Vogel singt,
Der in den Zweigen wohnet;

Das Lied, das aus der Kehle dringt,
Ist Lohn, der reichlich lohnet.
Doch darf ich bitten, bitt ich eins,
Laß mir den besten Becher Weins
In purem Golde reichen.

Es gibt aber auch Nachtigallen, die im goldenen Käfig singen[1]. Das wurde Goethe jetzt bewußt, das war der Schmerz, der in Weimar an ihm nagte. Er brach in dem Werk aus, in dem er mit dem Leiden an seiner Gefangenschaft fertig zu werden suchte. Der «Torquato Tasso» spielt im höfischen Rahmen und ist mit aristokratischem Geist getränkt. Daß Tasso Hofdichter gewesen war, prädestinierte ihn zum Helden dieses Schauspiels, in dem sich der Minister mit dem Dichter Goethe auseinandersetzt. Seine endgültige Fassung wurde auf der stürmischen Überfahrt von Neapel nach Palermo ausgedacht, als Goethe die Seekrankheit, die das ganze Schiff befallen hatte, mit einer Konzentrationsübung bekämpfte. Er wolle, sagte er damals, nur noch so schreiben, daß seine Arbeiten auch für Menschen wichtig seien, «die ein großes und bewegtes Leben führen und geführt haben». Im Drama heißt das:

So bindet der Magnet durch seine Kraft
Das Eisen mit dem Eisen fest zusammen,
Wie gleiches Streben Held und Dichter bindet.

Tasso ist Höfling, er trägt die goldene Kette, die der «Sänger» der Ballade noch zurückweist. Durch seinen Mund unterwirft sich Goethe bewundernd dem Fürsten und verzichtet auf die Freiheit:

Der Mensch ist nicht geboren, frei zu sein,
Und für den Edeln ist kein schöner Glück,
Als einem Fürsten, den er ehrt, zu dienen.

Die Einordnung in die Gesellschaft fällt Tasso so schwer wie Werther und Egmont. Auch von ihm heißt es:

Versteckt im Busche, gleich der Nachtigall,
Füllt er aus seinem liebekranken Busen
Mit seiner Klagen Wohllaut Hain und Luft.

---

[1] Konrad von Würzburgs berühmtes Nachtigallengleichnis im Prolog zum «Trojanerkrieg» (188f.) ist so gemeint. Es spricht den Stolz des Epigonen über seine Zugehörigkeit zur vornehmen Gesellschaft aus:

Ob nieman lepte mer denn ich,
doch seite ich unde sünge,
dur daz mir selben clünge
min rede und miner stimme schal.
Ich taete alsam diu nahtegal,
diu mit ir sanges done
ir selben dicke schone
diu langen stunde kürzet.

Er schildert der Prinzessin seine Liebe als ein dämonisches Glücksverlangen, als Sehnsucht nach dem goldenen Zeitalter, wo die Menschen in freien Herden auf der Erde
schweiften, glücklich wie die Tiere. Aber die Hohe belehrt ihn: die goldene Zeit ist
vorbei, erlaubt ist nur noch, was sich ziemt. Die Gesellschaft und der Staat, nicht die
Natur, sind für den Dichter Gesetz. Den Staat verkörpern Herzog Alfons und sein erfolgreicher Diplomat Antonio, der den Nebenbuhler im Frieden mit höflich unterdrück-
tem Spott, im Streit mit eisigem Hohn anspricht:

> *Es ist wohl angenehm, sich mit sich selbst*
> *Beschäftgen, wenn es nur so nützlich wäre.*
> *Inwendig lernt kein Mensch sein Innerstes*
> *Erkennen; denn er mißt nach eignem Maß*
> *Sich bald zu klein und leider oft zu groß.*
> *Der Mensch erkennt sich nur im Menschen, nur*
> *Das Leben lehret jedem, was er sei.*

Der Herzog seinerseits schätzt Dichter und Künstler als Schmuck seines Hauses, weil
das jetzt zum guten Ton der Fürstenhöfe gehört. Tasso protestiert dagegen:

> *O Leonore, welch Vertraun ist das?*
> *Hat er von seinem Staate je ein Wort,*
> *Ein ernstes Wort mit mir gesprochen?*

Im Ringen Tassos mit diesen staatsmännischen Antipoden wiederholt sich Egmonts
Auseinandersetzung mit Oranien und Margarete von Parma. Die adelige Gesellschaft
wird durch die zwei fürstlichen Frauen verkörpert, die in Tasso das Spielzeug ihres
sublimen Egoismus sehen: freundschaftlicher Gefallsucht bei Leonore, platonischer
Liebe bei der Prinzessin, deren Unnahbarkeit den Dichter am tiefsten verletzt. Dies
alles treibt ihn zu der Raserei, die seine Gemeinschaft mit dem erlauchten Menschenkreis zerstört.

> *So seh ich mich am Ende denn verbannt,*
> *Verstoßen und verbannt als Bettler hier!*
> *So hat man mich bekränzt, um mich geschmückt*
> *Als Opfertier vor den Altar zu führen!*
> *So lockte man mir noch am letzten Tage*
> *Mein einzig Eigentum, mir mein Gedicht*
> *Mit glatten Worten ab und hielt es fest!*
> *Mein einzig Gut ist nun in euren Händen,*
> *Das mich an jedem Ort empfohlen hätte,*
> *Das mir noch blieb, vom Hunger mich zu retten!*

Der Schmerz, der aus diesen Worten spricht, trieb Goethe nach Italien und machte
ihm den Abschied von Rom so schwer, daß er tagelang wie ein Kind weinte, als er sich
endlich wieder nach Norden wenden mußte. Aber der schwelgerische Wohlklang der
Verse, in den er Tassos Leiden versenkte und der noch den Schluß des Werkes so um-

hüllt, daß Schauspieler und Ausleger bis heute darüber streiten, ob es als Tragödie des Dichters oder als Versöhnung der Gegner gemeint sei, beweist klar, daß dieser Kampf für Goethe ausgekämpft war. Der «Tasso» ist nicht der Anfang, sondern das Ende seiner Auflehnung gegen das Hofleben. Mit diesem Porträt des unglücklichen Leidenschaftsdichters nahm er von seiner Jugend Abschied. «Ich bin ein Kind des Friedens und will Frieden halten für und für mit der ganzen Welt, da ich ihn einmal mit mir selbst geschlossen habe», sagt er in der «Italienischen Reise». Er fand im Süden die Sonne Homers, die sichtbare Gegenwart der Götter, den Einklang des Sängers mit der Welt. Im Riesensaal des Rathauses von Padua bewunderte der Dichter des «Faust» das «abgeschlossene Unendliche», das dem Menschen «analoger» sei als der Sternhimmel, weil es ihn gelinde auf sich selbst zurückdränge, statt ihn aus sich selbst hinauszureißen. Die Krabben auf dem Lido von Venedig entzückten ihn durch ihre geschöpfliche Vollkommenheit: «Was ist doch ein Lebendiges für ein köstlich herrliches Ding; wie abgemessen in seinem Zustand, wie wahr, wie seiend!» Er glaubte hier unten geboren zu sein und vom grönländischen Walfischfang in seine Heimat zurückzukehren. Natur und Kunst fielen ihm in eins zusammen, das Gebilde aus der Hand des Dichters mußte ein vollkommener Körper sein wie der, den er in seinen römischen Liebesnächten in den Armen hielt. Goethe wurde zum Heiden und glaubte sich endgültig zum Maler berufen, auch seine dichterischen Versuche schienen dem Körperseligen jetzt zu den nordischen Nebelgespenstern zu gehören. Vor den Tempeln Paestums wurde ihm die tiefste Offenbarung der unzerstörbaren Form zuteil, die reine Typik der monumentalen Gestalt mit ihren erschütternd einfachen und strengen Gesetzen. Dann der letzte Schritt auf griechischen Boden, nach Sizilien hinüber, wo er das veilchenfarbene Meer, die Bergzüge, Tempel und Menschen der Odyssee mit Augen sah. Er las diese hier, trunken vom Licht der Insel, wie zum erstenmal und verstand sie als die «rein aufgefaßte Wirklichkeit». Wie Homer konnte er nun das Göttliche mit Händen berühren. Er sah in den Gärten Palermos die des Alkinoos und glaubte auch die Urpflanze tatsächlich finden zu können. Er versuchte sich im Geist an einer Dichtung, in der dieses mythische Sehen zu einer Lichtgestalt gerinnen sollte. Es war die «Nausikaa», das Wagnis einer Dramatisierung Homers, von deren «weißem Glanz» noch der alte Goethe als von einer seiner höchsten Eingebungen spricht.

Aber sie wurde nicht niedergeschrieben, die Hoffnung auf die Künstlerlaufbahn erfüllte sich nicht, und auch die Urpflanze brachte er nicht zurück. Sie war keine Erfahrung, sie war eine Idee, wie ihn Schiller später belehrte. Goethe kehrte als Dichter zurück, der eine neue Vision der Welt in sich trug. Die antikisierenden Werke, in denen er daheim das Licht der Inseltage festzuhalten suchte, enthielten nur seinen schwachen Widerschein. Noch dieser war so hell, daß er ihn den Deutschen entfremdete und Schiller als ein Wunder erschien. «Ihr beobachtender Blick, der so still und rein auf den Dingen ruht, setzt Sie nie in Gefahr, auf den Abweg zu geraten, in den sowohl die Spekulation als die willkürliche und bloß sich selbst gehorchende Einbildungskraft sich so leicht verirrt», schrieb dieser in dem Brief, der ihm Goethes Freundschaft eintrug. In den Urteilen über den jetzt abgeschlossenen «Wilhelm Meister» hob Schiller bewundernd immer wieder das vollkommen natürliche Ebenmaß dieses Werkes hervor. «Ruhig und tief, klar und doch unbegreiflich wie die Natur, so wirkt es und so steht es da, und alles, auch das kleinste Nebenwerk, zeigt die schöne Gleichheit des Gemüts, aus welchem alles geflossen ist.» Aber dieses Lob war gefährlich. Es verschwieg, was in den «Lehrjahren» vom klassischen Ideal unerfüllt blieb. Mignon wird mit freimaureri- schem Zeremoniell im «Saal der Vergangenheit» beigesetzt, der Harfner ist zum gei- steskranken Verbrecher geworden. Wilhelm läßt den Glauben an seine nationale dich- terische Sendung fahren, weil er Zutritt in die adelige Welt gefunden hat. Er entdeckt eine Kunst, die höher ist, als was das Volk begreift, er lernt wie die schöne Seele «den Unterschied zwischen dem natürlichen vortrefflichen Gesang der Nachtigall und einem vierstimmigen Halleluja aus gefühlvollen Menschenkehlen zu meiner größten Ver- wunderung erst kennen». In Nathalie fällt ihm reiner menschlicher Adel in Gestalt einer idealen Geliebten zu, deren er erst würdig werden muß. Der Turmgesellschaft, in die er aufgenommen wird, liegt der Gedanke zugrunde, daß der Adel im Zeitalter der Re- volution berufen sei, die schöne Menschlichkeit wie in einer Arche durch das Chaos zu retten. Das war Goethes politisches Bekenntnis im Angesicht des drohenden Umsturzes aller Dinge. Er erkannte rasch, daß er eine bessere Lösung suchen müsse. Aber er brauchte dreißig Jahre, um sie zu finden.

Seitdem sich in Paris der Feuerschlund geöffnet hatte, der aller Fürstenkultur ein Ende zu machen schien, sah er sein kleines Weimar mit andern Augen. Die Venezian- ischen Epigramme zeigen, wie er den Boden unter sich wanken fühlte. In ihnen stehen jene Dankverse an seinen Herrn, die den Aufruhr des «Tasso» ungeschehen machen:

> *Klein ist unter den Fürsten Germaniens freilich der meine;*
> *Kurz und schmal ist sein Land, mäßig nur, was er vermag.*
> *Aber so wende nach innen, so wende nach außen die Kräfte*
> *Jeder, da wär es ein Fest, Deutscher mit Deutschen zu sein ...*
> *Denn mir hat er gegeben, was Große selten gewähren,*
> *Neigung, Muße, Vertraun, Felder und Garten und Haus.*
> *Niemand braucht ich zu danken als Ihm, und manches bedurft ich,*
> *Der ich mich auf den Erwerb schlecht, als ein Dichter, verstand.*
> *Hat mich Europa gelobt, was hat mir Europa gegeben?*
> *Nichts! Ich habe, wie schwer! meine Gedichte bezahlt ...*
> *Niemals frug ein Kaiser nach mir, es hat sich kein König*
> *Um mich bekümmert, und Er war mir August und Mäcen.*

Auf den Feldzügen der deutschen Fürsten gegen die französische Hydra, die Goethe an der Seite Carl Augusts mitmachte, kam ihm erst die ganze Größe der Gefahr zum Bewußtsein. Er begriff, daß er im Lager der Unterliegenden stand. Das bekannte Wort nach der Kanonade von Valmy, die das deutsche Heer zum Rückzug zwang, daß von hier und heute eine neue Epoche der Weltgeschichte ausgehe, bezeugt weniger seine Einsicht in den kommenden Sieg der Demokratie als seine pessimistische Resignation. Die Gleichheit aller Menschen war das Ende der Selbstherrlichkeit, zu der er sich seit

Italien bekannte. In den kriegerischen Auftritten, die er während dieser unruhigen Jahre miterlebte, bewies er nun seinen eigenen Adel. Er verteidigte, wo immer er konnte, die Menschenwürde gegen den Fanatismus der erregten Volkshaufen, sah aber auch, daß ihre Tage gezählt waren. Die Tragik seiner Dichterexistenz wurde ihm aufs neue bewußt. In der «Kampagne in Frankreich» stehen die Sätze: «Übrigens läßt sich bemerken, daß in allen wichtigen politischen Fällen immer diejenigen Zuschauer am besten dran sind, welche Partei nehmen: was ihnen wahrhaft günstig ist, ergreifen sie mit Freuden; das Ungünstige ignorieren sie, lehnens ab oder legens wohl gar zu ihrem Vorteil aus. Der Dichter aber, der seiner Natur nach unparteiisch ist und bleiben muß, sucht sich von den Zuständen beider kämpfenden Teile zu durchdringen, wo er denn, wenn Vermittlung unmöglich wird, sich entschließen muß, tragisch zu endigen. Und mit welchem Cyklus von Tragödien sahen wir uns von der tosenden Weltbewegung bedroht!»

Nicht *der* Dichter ist in dem hier gemeinten Sinn unparteiisch, sondern der Sänger des adeligen Lebens, der Goethe geworden war. In dieser Stimmung schrieb er den «Wilhelm Meister» in eine aristokratische Idealdichtung um, trug er immer deutlicher die gelassene Haltung des zeitentrückten Schönheitsdichters zur Schau. So in den mild schimmernden kleinen Elegien, in denen er sein formales Können ausgenoß, wie der «Euphrosyne»:

> *Wen der Dichter aber gerühmt, der wandelt, gestaltet,*
> *Einzeln, gesellet dem Chor aller Heroen sich zu.*

Das ist trotz des heroischen Themas nicht mehr heroisch empfunden. Die musische Harmonie erstarrte zur Maske, der Heide wurde zum Homeriden. Je gefährlicher das Chaos näherrückte, desto dankbarer segnete Goethe das Schicksal, daß es seine Fahrt hinter den Sonnenpferden der Zeit in den Buchtenfrieden des stillen Weimar gelenkt hatte. Er richtete sich in der kleinen Residenz behaglich ein und gab ihr bereitwillig den Tribut, den sie von ihm forderte. Aber er lebte hier im Exil, in einer Welt ohne Glanz und Größe, unter Menschen, die nicht ahnten, was er in Deutschland entbehrte. Er litt an einer Vereinsamung, die nur durch Schillers Nähe eine Zeitlang erträglich wurde. Hinter der Mauer von Schweigen, die er seit der Heimkehr aus Rom um sich zog, um es in Deutschland auszuhalten, verloren die Götter und Helden ihre mythische Wirklichkeit. Er verstummte als Dichter für lange und vergrub sich in die Naturforschung, die ihm die Möglichkeit gab, an einem heiter-tröstlichen Bild der Schöpfung festzuhalten. Die Gedichte, in denen er seine wissenschaftlichen Ergebnisse gelegentlich zusammenfaßte, zeichnen die Natur als idyllische Harmonie und durchaus gesetzliche Ordnung. So die «Metamorphose der Tiere»:

> *Dieser schöne Begriff von Macht und Schranken, von Willkür*
> *Und Gesetz, von Freiheit und Maß, von beweglicher Ordnung,*
> *Vorzug und Mangel erfreue dich hoch: die heilige Muse*
> *Bringt harmonisch ihn dir, mit sanftem Zwange belehrend.*
> *Keinen höhern Begriff erringt der sittliche Denker,*
> *Keinen der tätige Mann, der dichtende Künstler; der Herrscher,*
> *Der verdient, es zu sein, erfreut nur durch ihn sich der Krone.*

Aber das Schicksal nahm auch Goethe beim Wort. Als er sich am weitesten vom Heroischen entfernt hatte, trat es ihm von außen in seiner elementaren Größe entgegen. Politische Macht war für ihn immer eine Sache des genialen, unter tragischem Gesetz handelnden Individuums gewesen. Schon als Jüngling hatte er sich für Friedrich den Großen, nicht für Preußen begeistert, und sein Weimarer Asyl beruhte auf der Freundschaft mit dem Herzog. Der einzige und ewige Grund aller staatlichen Ordnung war ihm die Autorität des außerordentlichen Menschen, auch sie ein «offenbar Geheimnis», ein Urphänomen. Das politische Genie besaß in seinen Augen wie der Künstler die magische Gabe, das Gestaltlose zu formen, das Gesetzlose zu ordnen. Vom Umsturz in Paris sagte er einmal: «Der Wahnsinn des französischen Hofes hat den Talisman zerbrochen, der den Dämon der Revolution gefesselt hielt.» Über die Grundsätze seines eigenen Handelns vertraute er Eckermann: «In dem, was ich selber zu tun und zu treiben hatte, habe ich mich immer als Royalist behauptet. Die andern habe ich schwatzen lassen, und ich habe getan, was ich für gut fand.» Er glaubte nicht daran, daß es für die Masse Freiheit geben könne – nicht weil er ein Mensch des ancien régime, sondern weil er Goethe war. Nun lernte er in Napoleon zum erstenmal eine weltgeschichtliche Herrschernatur kennen, die seine resignierte Idylle umwarf und mit ihren Taten auch den Frieden Weimars zerstörte. Das war für den musischen Poeten erst die große Probe, und Goethe begriff nach kurzem Besinnen, wen er vor sich hatte. Er ließ das deutsche Reich ungerührt untergehen, weil es ja gar nicht existiert habe, und beugte sich vor dem Sieger. Er war auch kein Bonapartist, so wenig wie er ein Preußenfreund gewesen war, ihn überzeugte erst der Kaiser der Franzosen. Dieser war für ihn eine Naturerscheinung «wie Feuer und Wasser». Er sprach ihn ausdrücklich von jeder moralischen Verpflichtung los. Der Haß der Deutschen gegen den Eroberer schien ihm lächerlich, und er reizte sie mit Aussprüchen und Huldigungsversen aufs äußerste. «Ihr Guten, schüttelt nur an euren Ketten; der Mann ist euch zu groß!» Es war die Klimax seines gesellschaftlichen Aufstiegs, als ihn Napoleon in Erfurt empfing und als Repräsentanten des deutschen Geistes behandelte, als er in ihn drang, nach Paris zu kommen und einen «Cäsar» zu schreiben. Goethe stand auf dem Gipfel neben dem Versucher, der ihm das Reich dieser Welt zu seinen Füßen zeigte, und er dachte einen Augenblick daran, der Einladung zu folgen. Dann besann er sich eines Bessern, wohl in der Erkenntnis, daß er als Verfasser des «Faust» nicht das Zeug zum cäsarischen Dichter besitze. Aber er konnte diese Stunde nicht vergessen. Er blieb für immer der gläubige Bewunderer des Kaisers und nannte ihn fortan mit den höchsten Genien der Kunst in einem Atemzug. Das Getöse der europäischen Erhebung und des deutschen Volkskrieges gegen den Tyrannen machte ihn in seiner Verehrung nicht irre. Wie er den Aufruhr der Befreiung überstand und zusah, wie Napoleon sein Reich wieder verlor, das warf den Schatten auf ihn, der auf Pindar und auf allen Machtdichtern liegt. Während die verbündeten Armeen Paris eroberten und seinen Abgott nach Elba verbannten, während der verwundete Adler zurückkehrte und in einem Riesenkampf noch einmal bezwungen werden mußte, floh Goethe in das Studium der orientalischen Literatur und suchte die schlimmen Zeitläufte als ein anderer Hafis im Liebesspiel mit

Suleika zu vergessen. Seine wahre Antwort auf die unabsehbare Erschütterung der Welt durch den Sturz ihres Herrn war nicht das reumütige, laue Bekenntnis zu Deutschland, das er in «Des Epimenides Erwachen» ablegte, sondern die Flucht in das östliche Reich der Phantasie:

> *Nord und West und Süd zersplittern,*
> *Throne bersten, Reiche zittern,*
> *Flüchte du, im reinen Osten*
> *Patriarchenluft zu kosten,*
> *Unter Lieben, Trinken, Singen*
> *Soll dich Chisers Quell verjüngen.*

Im «West-östlichen Divan» tritt zum erstenmal das Antlitz des alten Goethe hervor, für den nach dem Untergang seines Helden auch das Sängertum, wie die Magie und die Prophetie, zum dichterischen Gleichnis geworden ist. Er spielt bewußt mit ihm, in einer Vergeistigung, die alle Wirklichkeit unter sich läßt. Der Traum von der Gegenwart der Götter, den Goethe im Besieger Deutschlands erfüllt gesehen hatte, löste sich von der Wirklichkeit ab und zog sich wieder in die Region der Phantasie zurück. Das «Buch des Sängers» schwelgt in einer Ungebundenheit, die sich bis zum Unverantwortlichen steigert. Sie ist das Gegenteil einer politischen Stellungnahme, die Verwerfung aller Politik in Bausch und Bogen – das königliche Vorrecht des Dichters, das nach Goethes Überzeugung bestehen bleiben muß, wenn die Zukunft lebenswert sein soll.

> *Übers Niederträchtige*
> *Niemand sich beklage;*
> *Denn es ist das Mächtige,*
> *Was man dir auch sage.*

Der ganze «Divan» funkelt von Hohn gegen die Zeitgemäßen, Volkstümlichen, gegen die politischen und frommen Tröpfe, und vom herausfordernden Lob des Seltenen, Verbotenen, Bösen. Das «Buch des Unmuts» wagt sogar das Lob der Tyrannei anzuschlagen:

> *Übermacht, ihr könnt es spüren,*
> *Ist nicht aus der Welt zu bannen;*
> *Mir gefällt zu konversieren*
> *Mit Gescheiten, mit Tyrannen.*

In den «Noten und Abhandlungen» werden die Vor- und Nachteile der Regierungsformen ironisch gegeneinander abgewogen, werden Despotie und Hofdichtertum gerühmt und spöttische Worte gegen die Freiheit gerichtet. «Freiheit ist die leise Parole heimlich Verschworener, das laute Feldgeschrei der öffentlich Umwälzenden, ja das Losungswort der Despotie selbst, wenn sie ihre unterjochte Masse gegen den Feind anführt und ihr von auswärtigem Druck Erlösung auf alle Zeiten verspricht.» Was Goethe zur Erklärung und Rechtfertigung des orientalischen Hofdichtertums vorbringt, ist immer auch im Hinblick auf seine eigene Stellung in Deutschland gemeint. «Hiebei ist so viel zu bemerken, daß der eigentliche Dichter die Herrlichkeit der Welt in sich aufzunehmen berufen ist und deshalb immer eher zu loben als zu tadeln geneigt sein wird. Daraus folgt, daß er den würdigsten Gegenstand aufzufinden sucht und, wenn er alles durchgegangen, endlich sein Talent am liebsten zu Preis und Verherrlichung Gottes anwendet.» Der *eigentliche* Dichter, das ist auch hier der rühmende Sänger.

Mit dieser Flucht in ein Phantasiereich trennte sich Goethe endgültig von der Gegenwart und allem, was sie unter Politik verstand. Seine Einsamkeit in Weimar wurde zum Ausdruck dafür. In seiner Teilnahmlosigkeit während der Freiheitskriege wiederholte sich die Entzweiung zwischen Geist und Macht, die seit dem Mittelalter die deutsche Literatur kennzeichnet. Kein anderer «Klassiker» ist politisch so umstritten wie Goethe. Dieser gefeiertste Träger des deutschen Namens glaubte nicht an einen deutschen Nationalstaat, sondern sah die Sendung seines Volkes in den Kräften, die ihn selbst groß gemacht hatten. Er sagte zum Kanzler Müller: «Deutschland ist *nichts,* aber jeder einzelne Deutsche ist viel, und doch bilden sich letztere gerade das Umgekehrte ein. Verpflanzt und zerstreut wie die Juden in alle Welt müssen die Deutschen werden, um die Masse des Guten ganz und zum Heil aller Nationen zu entwickeln, die in ihnen liegt.» Auch diese Isolierung hat klassischen Rang, aber nur dann, wenn man die deutsche Geschichte als Tragödie versteht. Dann erkennt man, was es bedeutet, daß es Dichter gibt, die im Zusammenbruch aller Ordnung und Gerechtigkeit den Glauben an die Erde, an die eigne Würde und Freiheit nicht verlieren. Für diese Rolle hatte sich Goethe entschieden, als er darauf verzichtete, der Sänger des neuen Cäsar zu sein. Seit der Niederwerfung Napoleons erfuhr er nun reichlich, welches Ärgernis er mit ihr gab. Die deutsche Jugend, die dort mitgekämpft hatte, machte aus ihrer Kritik kein Hehl, und er versuchte sich vergeblich zu verteidigen. «Ich mag nicht sagen, wie ich denke», bricht er noch 1830 gegenüber Eckermann los. «Es versteckt sich hinter jenem Gerede mehr böser Wille gegen mich, als Sie wissen. Ich fühle darin eine neue Form des alten Hasses, mit dem man mich seit Jahren verfolgt und mir im Stillen beizukommen sucht. Ich weiß recht gut, ich bin Vielen ein Dorn im Auge, sie wären mich alle sehr gerne los; und da man nun an meinem Talent nicht rühren kann, so will man an meinen Charakter. Bald soll ich stolz sein, bald egoistisch, bald voller Neid gegen junge Talente, bald in Sinnenlust versunken, bald ohne Christentum, und nun endlich gar ohne Liebe zu meinem Vaterlande und meinen lieben Deutschen. Sie kennen mich nun seit Jahren hinlänglich und fühlen, was an alle dem Gerede ist. Wollen Sie aber wissen, was ich gelitten habe, so lesen Sie meine ,Xenien‘, und es wird Ihnen aus meinen Gegenwirkungen klar werden, womit man mir abwechselnd das Leben zu verbittern gesucht hat. Ein deutscher Schriftsteller, ein deutscher Märtyrer! Ja, mein Guter! Sie werden es nicht anders finden! Und ich selbst kann mich noch kaum beklagen; es ist allen Anderen nicht besser gegangen, den Meisten sogar schlechter, und in England und Frankreich ganz wie bei uns. Was hat nicht Molière zu leiden gehabt! Und was nicht Rousseau und Voltaire! Byron ward durch die bösen Zungen aus England getrieben und würde zuletzt ans Ende der Welt geflohen sein, wenn ein früher Tod ihn nicht den Philistern und ihrem Haß enthoben hätte.»

Ein früher Tod – das ist das heroische Ideal. Die Verehrung des alten Goethe für die jung entrückten Genien ist die letzte Form seines Bekenntnisses zum adeligen Leben. Er war dem frühen Tod entgangen, weil er nicht nur tragischer Sänger war. Der Magier und Seher in ihm verbanden sich mit seiner musischen Natur und brachten zusammen das Schauspiel seiner letzten Werke hervor, in denen die Gegenwart der Götter endgültig erlischt. Die «Lehrjahre», «Hermann und Dorothea», die «Natürliche Tochter» versuchen den Menschen noch in die strahlende Harmonie der Schöpfung einzuordnen, die der Forscher Goethe sah und darstellte. Seit dem Fall Napoleons war er dazu nicht mehr imstande. Er versteifte sich auf das Neinsagen gegenüber der Zeit. Das politische Geschehen der Gegenwart verblaßte ihm zum Schattenspiel, die Weltgeschichte erschien ihm als ein Chaos ohne Sinn und Würde. «Ich bin nicht so alt geworden, um mich um die Weltgeschichte zu bekümmern, die das Absurdeste ist, was es gibt; ob dieser oder jener stirbt, dieses oder jenes Volk untergeht, ist mir einerlei; ich wäre ein Tor, mich darum zu bekümmern.» Er blickte hoch über das Menschentreiben hin und sprach nicht nur in den «Zahmen Xenien», sondern auch zum Kanzler Müller wegwerfend über den großen Haufen, der sein Schicksal jetzt selbst meistern zu können wähnte. «Ach, die Menschen sind gar zu albern, niederträchtig und methodisch absurd; man muß so lange leben als ich, um sie ganz verachten zu lernen», sagte er 1822 zu ihm, und zwei Jahre später: «So sei aber die Menschheit, Gott müsse sie wohl nicht anders haben wollen, sonst hätte er anders mit ihr angefangen.» Das geringschätzige Gewährenlassen der Schlechten war für den ins Unrecht gesetzten Machtgläubigen das einzige Mittel, sie sich vom Leibe zu halten. Als harmonischer Geist ging er dem Kampf aus dem Wege und verbarg sich wieder in der Höhle des Epimenides. «Ich habe nie im Leben mich gegen den übermächtigen Strom der Menge oder des herrschenden Prinzips in feindliche, nutzlose Opposition stellen mögen; lieber habe ich mich in mein eigenes Schneckenhaus zurückgezogen und da nach Belieben gehauset.» Was er nicht ändern konnte, nahm er als Fügung eines unerforschlichen höchsten Willens hin. «Das Absolute steht noch über dem Vernünftigen. Darum handeln Souveräns oft unvernünftig, um sich in der absoluten Freiheit zu erhalten.»

Das bedeutete praktisch, daß Goethe auch nach dem Verschwinden Napoleons entschieden für die Herrschenden gegen die unzufriedenen Völker Partei ergriff. Seine Abwehr jeglichen Widerstands gegen die Mächtigen ging so weit, daß er sogar die vielgeschmähte Selbstherrlichkeit des Premierministers Wellington, des Siegers über den Kaiser, ausdrücklich guthieß: «Wer Indien und Napoleon besiegt habe, möge wohl mit Recht über eine lumpige Insel herrschen. Wer die höchste Gewalt besitze, habe recht; ehrfurchtsvoll müsse man sich vor ihm beugen.» Noch die Aufteilung Polens rechtfertigte er mit Argumenten, die den Kanzler «anwiderten» und von ihm heftig abgelehnt wurden. «Preußens frühere Handlungsweise gegen Polen jetzt wieder aufzudecken und in übles Licht zu stellen, kann nur schaden, nur aufreizen. Ich stelle mich *höher* als die gewöhnlichen platten moralischen Politiker; ich spreche es geradezu aus: kein König hält Wort, kann es nicht halten, muß stets den gebieterischen Umständen nachgeben; die Polen wären doch untergegangen, *mußten* nach ihrer ganzen verwirrten

Sinnesweise untergehen; sollte Preußen mit leeren Händen dabei ausgehen, während
Rußland und Österreich zugriffen? Für uns arme Philister ist die entgegengesetzte
Handlungsweise Pflicht, nicht für die Mächtigen der Erde.» Damit stimmt der Rat-
schlag überein, den er kurz vor seinem Tod dem jungen Melchior Meyr brieflich über-
sandte und für so wichtig hielt, daß er ihn unter dem Titel «Für junge Dichter» in
seine Werke aufnahm und auch in Versen formulierte. Er ist schon im Hinblick auf die
Julirevolution gegeben, er gilt den literarischen Agitatoren des Jungen Deutschland
und spricht das Gegenteil dessen aus, was einst der «Götz» und der «Prometheus»
verkündet hatten: der Dichter ist kein Führer der Völker, kein Auserwählter, er trägt
nicht die Verantwortung für das Weltgeschehen. Er soll bescheiden dem Leben dienen,
nicht sein Ich für den Mittelpunkt des Universums halten, weil er sonst notwendig in
kranke Träumerei und Trauer über die Welt versinkt. Politische Phrasen zerstören
das Talent und hindern den Dichter an seinem wahren Beruf, «fremdes Leid zu lindern,
Freude zu fördern». In Sperrdruck spricht es der Greis als die Summe seiner Erfahrungen aus, «*daß die Muse das Leben zwar gern begleite, aber es keineswegs zu leiten verstehe*». Es
ist die Weisheit des am Bestehenden hängenden Sängers, der wie die Engel im Vorspiel
zum «Faust» am liebsten die ewig herrlichen Werke Gottes preist.

Mit solchen Anschauungen verurteilte sich Goethe in den Augen der vom Freiheitskampf ergriffenen Jugend selbst. Sie schimpfte ihn einen Fürstendiener, der auf dem
Weg des geringsten Widerstandes in sein Weimarer Refugium gelangt sei. Diese
Jugend ahnte nicht, wie sehr für ihn seit Schillers Tod auch Weimar verödet war. Er
hatte Anfälle von Überdruß an dieser Heimat, beneidete Zelter um sein Leben in
Berlin und widersprach nicht, wenn ihn dieser wegen seiner «gar zu einsamen Hocke-
rei» bedauerte. Namentlich wenn er von einer Reise zurückkehrte und die Kleinheit
des Ortes, wo er lebte, mit frischen Augen sah, erwachte vorübergehend die Tasso-
stimmung wieder. Besonders schlimm war es, als er 1823 von Marienbad heimkam.
«Man müßte sich zu Tode ärgern, hätte man nicht längst Raison gemacht und auf das
Unerreichbare verzichtet. Man muß eben alles so hingehen lassen und sich im Sommer
auswärts Heiterkeit und frische Lebenslust holen, den Winter hindurch hier auszuhalten.» Damals sagte er sogar, «daß er sich schäme, aus Weimar zu sein, und gerne weg-
zöge, wenn er nur wisse, wohin». Aber auch hier ergab er sich in das Unvermeidliche.
Er hatte gewählt. Seine Einsamkeit war längst nicht mehr die eines vom Schicksal ver-
schonten Höflings. Er lebte dort als der erste große Unzeitgemäße im Sinn des neuen
Jahrhunderts.

Goethes Ehrfurcht vor den Herrschenden war kein partieller Irrtum, sondern der
politische Ausdruck seines Wesens, die Voraussetzung seiner ganzen nachitalienischen
Kunst. Er paktierte mit der Macht und war ihr gegenüber zu Kompromissen bereit, die
in den Augen der demokratisch Empfindenden als Mangel an Mannesmut erschienen
und immer noch erscheinen. Für die politische Erziehung der Deutschen konnte er
allerdings nichts bedeuten. Sein Magiertum hatte sich ins Musische aufgehellt, aber die
Rolle des begeisterten Führers lag ihm ferner als je. Seinem Wesen entsprach die fromme Verehrung eines «Waltenden» hoch über allem Begreiflichen. So stand er nicht nur

vor den Mächtigen der Welt, sondern auch vor der Natur und vor Gott. Die hellen
Tränen liefen ihm über die Wangen, als Zelter ihm erzählte, was Haydn antwortete,
als man ihn fragte, warum seine Messen so fröhlich seien: «Weil, wenn ich dem lieben
Gott danke, ich immer so unbeschreiblich froh werde.» Der alternde Goethe erblickte
das Merkmal jeder höheren Religion, das Prinzip jeder wahren Wissenschaft und Politik in der «Unterordnung unter einen höheren, die Ereignisse ordnenden Willen, den
wir nicht begreifen, eben weil er höher als unsere Vernunft und unser Verstand ist».
Diese Adoration trug ihn über das Vergängliche zur Schau des Unvergänglichen empor. Nachdem er alle «würdigsten Gegenstände» der Erde «durchgegangen» war,
wandte auch er sein Talent am liebsten «zu Preis und Verherrlichung Gottes» an und
sang wie Firdusi:

> *Die Höh und Tiefe der Welt du bist.*
> *Wer weiß, was du bist? Du bist, was ist.*

Dem Kanzler, von dem er wußte, daß er seine politischen Anschauungen nicht durchwegs teilte, gab er 1827 eine religiöse Begründung seines Standpunktes, die dieser in
sorgfältiger Nachschrift Eckermann zur Verfügung stellte. Sie faßt die Ursache seiner
Frömmigkeit und Unzeitgemäßheit noch einmal zusammen. «Ich will Ihnen etwas
sagen, woran Sie sich im Leben halten mögen. Es gibt in der Natur ein Zugängliches
und ein Unzugängliches. Dieses unterscheide und bedenke man wohl und habe Respekt. Es ist uns schon geholfen, wenn wir es überall nur wissen, wiewohl es immer
sehr schwer bleibt, zu sehen, wo das eine aufhört und das andere beginnt. Wer es nicht
weiß, quält sich vielleicht lebenslänglich am Unzugänglichen ab, ohne je der Wahrheit
nahe zu kommen. Wer es aber weiß und klug ist, wird sich am Zugänglichen halten,
und indem er in dieser Region nach allen Seiten geht und sich befestigt, wird er sogar
auf diesem Wege dem Unzugänglichen etwas abgewinnen können, wiewohl er hier
doch zuletzt gestehen wird, daß manchen Dingen nur bis zu einem gewissen Grade
beizukommen ist und die Natur immer etwas Problematisches hinter sich behalte,
welches zu ergründen die menschlichen Fähigkeiten nicht hinreichen.»

Aber der Sänger der kosmischen Ordnungen konnte nicht vergessen, um welchen
Preis er diesen Frieden mit der Welt geschlossen hatte: das flüsterte ihm der Dichter
des «Faust» und der «Pandora» ein. Er war die Antwort auf Wilhelm Meisters Lebensfrage noch schuldig, und sein Ringen um sie in den «Wanderjahren» gibt einen Begriff von den Zweifeln und Anfechtungen, gegen die er als Greis das Gleichgewicht
seiner Seele behaupten mußte. Die «Sorge» suchte ihn heim und hielt ihm vor Augen,
daß er den Zusammenhang mit dem ewig jungen Leben verloren hatte, das in den Menschen so gottgewollt war wie in der Natur. Die «Wanderjahre» nehmen auf der Ebene
der Utopie das politische Kämpfertum des «Götz von Berlichingen» wieder auf. Sie
halten an der Sendung des Adels im entweihten Jahrhundert der Maschine, der Demokratie, der Masse fest, muten ihm aber eine strikte Anpassung an die modernen Verhältnisse, sogar die Auswanderung nach Amerika zu. Der festliche Glanz ist von seinen
Trägern abgefallen, sie müssen in die prosaische Niederung des gottfernen, schönheits-
losen Zeitalters herabsteigen und sich in ihr als Arbeitende bewähren. Sie wirken nicht

als öffentliche Führer, sondern als Menschen unter Menschen, als Salz der Erde. Aller falsche Stolz wird ihnen als Sünde angerechnet, sie bilden den verborgenen Bund der «Entsagenden». Es sind allerdings kaum mehr lebendige Menschen, nur erdachte Schemen, von derselben Hand geformt, die den «Divan» und die «Klassische Walpurgisnacht» gestaltet hat. Nicht die Schwäche des Greises, sondern die im Alter tief empfundene Vereinsamung Goethes hat ihre Unwirklichkeit verschuldet. Der Glanz der erfüllten Form verließ ihn, als er trotz allem Neinsagen zur Gegenwart die Harmonie seines Innern mit der Disharmonie der Welt in Einklang zu bringen versuchte.

SÄNGER OHNE HELDEN

Die romantische Jugend stand anders zur Freiheit, zur Menschheit als Goethe, auch wenn sie sich enttäuscht vom Pariser Terror abwandte. Seit der Eroberung Deutschlands durch die Revolutionsarmeen konnte sie nicht mehr in ein Phantasiereich fliehen und sich in Chisers Quelle verjüngen. Für sie erwachte im Waffenlärm ein Bewußtsein von Deutschland und ein staatliches Verantwortungsgefühl, das Goethe unbekannt war. Ein Heer nationaler Kriegs- und Freiheitspoeten stimmte die patriotische Leier, die er nicht hören wollte. Darunter waren große Dichter, die dem politischen Ideal mit jener Unbedingtheit ergeben waren, die ihm versagt blieb. Nur sie, nicht die Tagespoeten konnten ihn auf die Dauer widerlegen. Aber sie widerlegten ihn nicht, sondern bestätigten auf ihre Weise die Tragik seines Sängertums.

Hölderlin vertritt unter dieser Jugend die erste Generation. Er erlebte als junger Theologiestudent den Pariser Umsturz, den Lärm der deutschen Kriegsereignisse beachtete er kaum mehr. Als angehender Dichter erbte er die drei großen Impulse der deutschen mythischen Poesie: den religiösen Ernst Klopstocks, den platonischen Griechenglauben Winckelmanns und Schillers politische Gesinnung. Er glaubte an eine Gegenwart der Götter, an die Möglichkeit und Notwendigkeit des streitbaren Handelns für sie. Diese Gewißheit flammte zuerst in seinem Bekenntnis zu den Idealen der Freiheit, Gleichheit und Brüderlichkeit auf. Er ehrte die Heroen der Revolution, besonders Rousseau und Bonaparte, in heilig-ernsten Gesängen. Die Ode «Dichterberuf» feiert den Korsen als den sichtbaren Gott, dessen Anblick ihn zum hohen Dichter erweckt habe:

> *Ihr ruhelosen Taten in weiter Welt!*
> *Ihr Schicksalstag, ihr reißenden, wenn der Gott*
> *Stillsinnend lenkt, wohin zorntrunken*
> *Ihn die gigantischen Rosse bringen,*
>
> *Euch sollten wir verschweigen, und wenn in uns*
> *Vom stetigstillen Jahre der Wohllaut tönt,*
> *So soll es klingen, gleich als hätte*
> *Mutig und müßig ein Kind des Meisters*
>
> *Geweihte, reine Saiten im Scherz gerührt?*
> *Und darum hast du, Dichter, des Orients*

> *Propheten und den Griechensang und*
> *Neulich die Donner gehört...?*

Hölderlin wurde am politischen Umsturz irre, aber seine Hoffnung wurde nicht gebrochen, sondern fand ein höheres Ziel. In der Liebe zu Diotima trat ihm das Göttliche noch reiner entgegen. In ihrer Gegenwart klärte sich der Lichtdunst seiner hymnischen Seele zu den Gesängen, in denen er das Vollkommene schuf. Sie sind die Verwirklichung des Traums, der Goethe in Sizilien verzauberte. Die Hymnen, Oden und Elegien an Diotima verklären die Geliebte zum Götterkind aus Phidias' Zeit, das ihn aus der irdischen Unrast in den Frieden des heiligen Seins zurückgeleitet habe.

> *Götter wandelten einst bei Menschen, die herrlichen Musen*
> *Und der Jüngling Apoll, heilend, begeisternd wie du;*
> *Und du bist mir wie sie, als hätte der Seligen einer*
> *Mich ins Leben gesandt –*

Die pantheistischen Naturgedichte stellen die in Gottheiten personifizierte mythische Landschaft wieder her: das Heiligtum des Baumes in den «Eichbäumen», das Heiligtum der Himmelsbläue im Gesang «An den Äther», das Heiligtum des Stromes in «Heidelberg», das Heiligtum der Sonne in «Sonnenuntergang», das Heiligtum des Regens in «Fluten des Himmels», das Heiligtum der Jahreszeiten in «Mein Eigentum», das Heiligtum des Meeres in «Archipelagus». Antikes Schicksalsgefühl erwacht in der Ode «An die Parzen» und in Hyperions «Schicksalslied». Alles ist von der trunkenen Gewißheit der Göttergegenwart getragen; dieser Glanz des Daseins war einst und wird einst wiederkehren, der seherische Gesang des Dichters ist die Bürgschaft dafür. Dieser mittlere Hölderlin besitzt das Geheimnis des apollinischen Sängers, die gestalthafte Schönheit. In der Ode «Der Neckar» feiert er auf seine Weise die Hochzeit Fausts mit Helena, setzt wie Grimmelshausens närrischer Jupiter den Helikon mitten unter die deutschen Weinberge und umfängt als Deutscher die Inseln Ioniens, wo die Meerluft

> *Die heißen Ufer kühlt und den Lorbeerwald*
> *Durchsäuselt, wenn die Sonne den Weinstock wärmt,*
> *Ach, wo ein goldner Herbst dem armen*
> *Volk in Gesänge die Seufzer wandelt,*
>
> *Wenn sein Granatbaum reift, wenn aus grüner Nacht*
> *Die Pomeranze blinkt und der Mastyxbaum*
> *Von Harze träuft und Pauk und Cymbel*
> *Zum labyrinthischen Tanze klingen.*
>
> *Zu euch, ihr Inseln, bringt mich vielleicht, zu euch*
> *Mein Schutzgott einst; doch weicht mir aus treuem Sinn*
> *Auch da mein Neckar nicht mit seinen*
> *Lieblichen Wiesen und Uferweiden.*

Aber der glänzende Gipfel begann sich rasch mit den Schleiern zu umziehen, hinter denen sein Licht nach kurzer Zeit erlosch. Schon in die Neckarode drängt sich ein

«Vielleicht», die Ode «An die Parzen» spricht die Gewißheit des göttergleichen Dichterlebens nur in der Form einer vermessenen Bitte aus. In «Menons Klagen um Diotima» schlägt die hohe Liebe in Sehnsucht nach den Todesgöttern um; diese Melancholie ermöglichte die leuchtende Steigerung der mythisierenden Sprache, die wir an den elegischen Gesängen bewundern. In ihnen ist alles Gestalt, aus strömender Überfülle des Schauens empfangen. Der «Archipelagus» verherrlicht den Gott des ägäischen Meeres als den Vater der griechischen Inseln, Berge, Ströme und Menschen in einem wunderbaren Feiergesang und beklagt die Blindheit der Heutigen für das Göttliche.

> *Immer, Gewaltiger, lebst du noch und ruhest im Schatten*
> *Deiner Berge, wie sonst; mit Jünglingsarmen umfängst du*
> *Noch dein liebliches Land, und deiner Töchter, o Vater!*
> *Deiner Inseln ist noch, der blühenden, keine verloren.*
> *Kreta steht und Salamis grünt, umdämmert von Lorbeern,*
> *Rings von Strahlen umblüht, erhebt zur Stunde des Aufgangs*
> *Delos ihr begeistertes Haupt, und Tenos und Chios*
> *Haben der purpurnen Früchte genug, von trunkenen Hügeln*
> *Quillt der Cypriertrank, und von Kalauria fallen*
> *Silberne Bäche, wie einst, in die alten Wasser des Vaters.*

In den Elegien «Stuttgart», «Der Wanderer», «Der Gang aufs Land» liegt das Licht des Mythus auf der schwäbischen Heimat. Sie strahlt von innen heraus im heiligen Glanz der großen Idylle. Im «Wanderer» zieht der verklärte Rhein durch das von Gottheiten bewohnte Land.

> *Seliges Tal des Rheins! kein Hügel ist ohne den Weinstock,*
> *Und mit der Traube Laub Mauer und Garten bekränzt.*
> *Und des heiligen Tranks sind voll im Strome die Schiffe,*
> *Städt und Inseln, sie sind trunken von Weinen und Obst.*
> *Aber lächelnd und ernst ruht droben der Alte, der Taunus,*
> *Und mit Eichen bekränzt neiget der Freie das Haupt.*

In «Brot und Wein» ist diese trunkene Vision schon orphisch verdunkelt. Angesichts der Alpen erscheint Hölderlin schließlich noch das Heiligtum der Berge, das er in «Heimkunft» besingt. Er schrieb aus Hauptwil an die Schwester: «Die große Natur in diesen Gegenden erhebt und befriedigt meine Seele wunderbar. Du würdest auch so betroffen wie ich vor diesen glänzenden ewigen Gebirgen stehn, und wenn der Gott der Macht einen Thron hat auf der Erde, so ist es über diesen herrlichen Gipfeln.»

In diesem naturgöttlichen Schauen vergeistigte sich auch Hölderlins politische Hoffnung. Er glaubte nicht mehr an die Lehren der Revolution, sondern an die Wiederkehr der alten Götter, und übertrug seinen Glauben auf ein Deutschland, das noch nicht wirklich war. Dieser Gedanke heilte, wie er in «Stuttgart» sagt, das Leiden seiner Liebe zu Diotima; er beweist die Echtheit seines Sängertums. Es lebte in ihm ein hohes Vaterlandsgefühl, das nur in der vollkommenen Erfüllung Ruhe finden konnte. Aber weil diese Vaterlandsliebe nun einem Mythus galt, wurde sie von der religiösen

Unruhe des späten Hölderlin mitbetroffen. Der seherische Zug steigerte sie immer mehr über alle Wirklichkeit hinaus. Die Deutschen, die er jetzt meinte, waren ein Volk der Zukunft, von dem er durch einen Abgrund getrennt war wie von seinen Göttern. Seine nationale Hoffnung war «tatenarm und gedankenvoll», sie scheiterte hilflos im Unerfüllbaren; ihre gläubigsten Worte über Deutschland verdunkelt der Wahnsinn.

Im «Hyperion» mißt Hölderlin das gegenwärtige deutsche Volk an dieser Vision und bricht im Zorn des Sehers den Stab über ihm. «Barbaren von Alters her, durch Fleiß und Wissenschaft und selbst durch Religion barbarischer geworden, tiefunfähig jedes göttlichen Gefühls, verdorben bis ins Mark zum Glück der heiligen Grazien, in jedem Grad der Übertreibung und der Ärmlichkeit beleidigend für jede gutgeartete Seele, dumpf und harmonienlos wie die Scherben eines weggeworfenen Gefäßes ... Handwerker siehst du, aber keine Menschen, Denker, aber keine Menschen, Priester, aber keine Menschen, Herrn und Knechte, Jungen und gesetzte Leute, aber keine Menschen» ... Diese Worte sind viel mißverstanden worden, weil man auch sie real-politisch auslegte. Hyperion verdammt sein Volk nicht, weil er es mit andern Völkern vergleicht, sondern weil er es seinem heiligen Begriff des Staates unterwirft. Kein Volk hält dieser absoluten Forderung stand; mit ihr hat Milton sein England, Dante sein Italien, Jesaia sein Juda verurteilt. Auch Hölderlin spricht aus beleidigter Liebe und braucht die Verachtung als erweckende Geißel. Im «Tod des Empedokles» dehnte er kurz darauf seinen vernichtenden Spruch auf die Menschheit aus. Damit war seinem Haß gegen das Gemeine die nationale Spitze abgebrochen, seine wahre Absicht wurde erkennbar.

> *Oft zürnt ich weinend, daß du immer*
> *Blöde die eigene Seele leugnest,*

sagt er im «Gesang des Deutschen». Diese Ode ruft das Vaterland in einem ganz andern Sinn auf. Sie rühmt seinen Adel, seine unvergleichlichen Dichter und traut ihm Großes zu:

> *O heilig Herz der Völker, o Vaterland!*
> *Allduldend, gleich der schweigenden Mutter Erd*
> *Und allverkannt, wenn schon aus deiner*
> *Tiefe die Fremden ihr Bestes haben!*

Die Ode «An die Deutschen» bittet in aller Form die «Lästerung» des Volkes ab und zeichnet das Wunschbild einer kommenden nationalen Herrlichkeit. Hölderlins staatlicher Glaube machte sich nun wie der religiöse unaufhaltsam von aller Gegenwart los, aber zugleich trübte er sich, weil dieser Seher so bitter allein stand. Schon der Schluß der Ode «An die Deutschen» sinkt in Verzagtheit zurück. In der Geburtstagsode an die Prinzessin Auguste von Homburg ist die Zuversicht noch stärker gedämpft; aber noch hier nimmt Hölderlin das Amt des Sängers für sich in Anspruch.

> *Geringe dünkt der träumende Sänger sich*
> *Und Kindern gleich am müßigen Saitenspiel,*
> *Wenn ihn der Edeln Glück, wenn ihn die*
> *Tat und der Ernst der Gewaltigen aufweckt.*

> *Doch herrlicht mir dein Name das Lied; dein Fest,*
> *Augusta, durft ich feiern; Beruf ist mirs,*
> *Zu rühmen Höhers, darum gab die*
> *Sprache der Gott und den Dank ins Herz mir.*

Die Verse zeigen, daß Hölderlin wie Klopstock im Grund ein diesseitsgläubiger Sänger war, der durch die Unerfüllbarkeit seiner Vaterlandsliebe aus der Wirklichkeit abgedrängt wurde. Der Jammer über seine Einsamkeit, über die Wirkungslosigkeit seiner Rufe überwältigte ihn. Er war ein Sänger ohne staatliche Gemeinschaft, wie er ein Seher ohne Götter und Tempel war. In «Menons Klagen um Diotima» spricht er dieses Unglück aus.

> *Feiern möcht ich; aber wofür? und singen mit Andern,*
> *Aber so einsam fehlt jegliches Göttliche mir.*
> *Dies ists, dies mein Gebrechen, ich weiß, es lähmet ein Fluch mir*
> *Darum die Sehnen und wirft, wo ich beginne, mich hin,*
> *Daß ich fühllos sitze den Tag und stumm, wie die Kinder,*
> *Nur vom Auge mir kalt öfters die Träne noch schleicht.*

Das letzte Wort dieses patriotischen Dulders ist die Hymne «Germanien», die im feierlichen Pathos Pindars die Deutschen als das auserwählte Volk anruft. Sie sind «ein schweres Glück zu tragen stark geworden», und er verheißt ihnen eine kommende Weltherrschaft.

> *Doch in der Mitte der Zeit*
> *Lebt ruhig mit geweihter*
> *Jungfräulicher Erde der Äther,*
> *Und gerne, zur Erinnerung, sind*
> *Die unbedürftigen, sie*
> *Gastfreundlich bei den unbedürftgen,*
> *Bei deinen Feiertagen,*
> *Germania, wo du Priesterin bist*
> *Und wehrlos Rat gibst rings*
> *Den Königen und den Völkern.*

Diese Prophetie hat wie die frühere Anklage einen zu weltfernen Ton, als daß sie ein Volk hätte aufwühlen können. Er läßt spüren, daß Hölderlin, anders als Dante oder Milton, niemals handelnd an den politischen Kämpfen seiner Zeit beteiligt war. Kein Gegner, seine eigene adelige Seele trieb ihn aus Deutschland fort; das hört man auch den Sätzen an, die er bei der Abreise nach Bordeaux schrieb. «Ich habe lange nicht geweint. Aber es hat mich bittere Tränen gekostet, da ich mich entschloß, mein Vaterland noch jetzt zu verlassen, vielleicht auf immer. Denn was hab ich Lieberes auf der Welt? Aber sie können mich nicht brauchen. Deutsch will und muß ich übrigens bleiben, und wenn mich die Herzens- und die Nahrungsnot nach Otaheiti triebe.» Auch solches Weinen ist groß. Verkleinert wird es erst, wenn man jene dunklen letzten Ruhmesverse über Deutschland falsch auslegt. Germania wird in ihnen «wehrlos» genannt, eine «Priesterin» der Völker, wie das neue Jerusalem Jesaias, doch ohne Verheißung eines heiligen Krieges. Die Nähe des Wahnsinns verbindet sie mit dem prophezeienden Jupiter im «Simplicissimus».

Heinrich von Kleist besitzt, was Hölderlin fehlt: die realistische Kenntnis der Zeit, den glühenden Willen zur Tat. Er nahm als Abkömmling einer alten Offiziersdynastie vor der Invasion Deutschlands seinen Abschied aus der preußischen Armee, um studierend die «Wahrheit» zu finden. Auf Reisen sah er das napoleonische Paris in seinem Glanz und fand ihn hohl, aber der Grund lag offensichtlich in seinem dämonischen Ungenügen an der Welt überhaupt und an sich selbst. «Wohin das Schicksal diese Nation führen wird –? Gott weiß es. Sie ist reifer zum Untergange als irgend eine andere europäische Nation. Zuweilen, wenn ich die Bibliotheken ansehe, wo in prächtigen Sälen und in prächtigen Bänden die Werke Rousseaus, Helvetius, Voltaires stehen, so denke ich, was haben sie genutzt? Hat ein einziges seinen Zweck erreicht? Haben sie das Rad aufhalten können, das unaufhaltsam stürzend seinem Abgrund entgegeneilt? O hätten alle, die gute Werke *geschrieben* haben, die Hälfte von diesem Guten *getan,* es stünde besser um die Welt. Ja selbst dieses Studium der Naturwissenschaft, auf welches der ganze Geist der französischen Nation mit fast vereinten Kräften gefallen ist, wohin wird es führen? Warum verschwendet der Staat Millionen an alle diese Anstalten zur Ausbreitung der Gelehrsamkeit? Ist es ihm um *Wahrheit* zu tun? Dem *Staate?* Ein Staat kennt keinen andern Vorteil, als den er nach Procenten berechnen kann. Er will die Wahrheit *anwenden.*» In diesen Sätzen brennt etwas vom Wissen Nietzsches. Ein ungeheurer Abstand zwischen Wirklichkeit und Vision stand auch bei Kleist am Anfang seines dichterischen Handelns. Seit der Eroberung Deutschlands verwandelte sich diese Spannung in fanatischen Haß gegen die Franzosen. Aber dieser Haß ging wie jenes Pariser Urteil über alle Realität hinaus, er war wie bei Dante und Hölderlin das Gericht des staatlichen Visionärs über die falsche Macht, die den Untergang in sich trägt. Das allein erklärt, weshalb der Verfasser des «Amphitryon» auch die «Hermannsschlacht» schrieb.

Die Biographen pflegen Kleist gutmütig nachzurühmen, daß er mit seinen politischen Ausbrüchen «zu früh» gekommen sei, und nennen es sein Unglück, daß er die patriotische Erhebung von 1813 nicht abgewartet habe. Ihre Meinung ist offenbar, er hätte dort die Erfüllung seiner Gesichte erlebt. «Die Wahrheit ist, daß mir auf Erden nicht zu helfen war», schrieb er selbst am Morgen seines Todes. Wer will es politisch erklären, daß dieser Gegner Napoleons wenige Jahre vor seinen Aufrufen gegen ihn versuchte, in die gegen England aufmarschierende Invasionsarmee einzutreten, und über das «unendlich prächtige Grab» frohlockte, das er mit ihr im Meer zu finden hoffte? Sein Verhältnis zum realen preußischen Staat geht aus seiner Beschreibung der Audienz beim Generaladjutanten des Königs hervor, in der er um die Erlaubnis zum Wiedereintritt ins Heer nachsuchte, nachdem er an seiner dichterischen Zukunft verzweifelt war. Köckeritz fragte ihn, ob er wirklich wieder gesund sei. «‚Ich meine‘, fuhr er, da ich ihn befremdet ansah, mit Heftigkeit fort, ‚ob Sie von allen Ideen und Schwindeln, die vor kurzem im Schwange waren (er gebrauchte diese Wörter), völlig hergestellt sind?‘ – Ich verstünde ihn nicht, antwortete ich mit so vieler Ruhe, als ich zusammenfassen konnte; ich wäre körperlich krank gewesen und fühlte mich, bis auf eine gewisse Schwäche, die das Bad vielleicht heben würde, so ziemlich wieder hergestellt. – Er nahm das Schnupftuch aus der Tasche und schnaubte sich. ‚Wenn er mir die Wahrheit gestehen solle‘, fing er an und zeigte mir jetzt ein weit besseres Gesicht als vorher, ‚so könne er mir nicht verhehlen, daß er sehr ungünstig von mir denke. Ich hätte das Militär verlassen, dem Civil den Rücken gekehrt, das Ausland durchstreift, mich in der Schweiz ankaufen wollen, *Versche* gemacht (o meine teure Ulrike!), die Landung mitmachen wollen etc. etc. etc. Überdies sei des Königs Grundsatz, Männer, die aus dem Militär ins Civil übergingen, nicht besonders zu protegieren. Er könne nichts für mich tun.‘ Mir traten wirklich die Tränen in die Augen.»

Die Empörung des «Michael Kohlhaas», der aus Schmerz über die unzulängliche Rechtsordnung zum Gerichtsengel wird und den Staat aus den Fugen hebt, um Gerechtigkeit zu finden, darf nicht als kranke Maßlosigkeit abgetan werden. Es steht derselbe Ernst hinter ihr wie hinter Schillers «Räubern», hinter Miltons «Samson Agonistes» und hinter Jesaias Vision. Kleist fiel dem üblichen Mißverständnis der visionären Sprache besonders deshalb zum Opfer, weil er zuletzt mit Werken wie der «Hermannsschlacht» und dem «Prinzen von Homburg» scheinbar in die Bahnen des preußischen Militarismus einlenkte. Aber das Preußentum, das sein Hermann und sein Großer Kurfürst verkörpern, ist immer noch seine ureigene Vision. Die «Hermannsschlacht» fordert den Sprung ins politische Nichts. Hermann organisiert den Partisanenkrieg gegen die römischen Legionen, diese Phalanx der Staatsvergötzung; er hält Germanien für verloren und will sich nur noch so teuer als möglich verkaufen. Die Fürsten begreifen seinen Radikalismus nicht, und er sagt zu ihnen:

> *Welch ein wahnsinnger Tor*
> *Müßt ich doch sein, wollt ich mir und der Heerschar,*
> *Die ich ins Feld des Todes führ, erlauben,*
> *Das Aug von dieser finstern Wahrheit ab*
> *Buntfarbgen Siegesbildern zuzuwenden,*
> *Und gleichwohl dann gezwungen sein,*
> *In dem gefährlichen Momente der Entscheidung,*
> *Die ungeheure Wahrheit anzuschaun!*

Die ungeheure Wahrheit ist der Untergang. Hier spricht nicht die berüchtigte deutsche Todesbereitschaft, sondern die des tragischen Dichters. Der «Prinz von Homburg» gestaltet das Thema der Arjuna-Episode; er lehrt die Verachtung aller Herrschergröße, die auf blinder Macht beruht. Der Große Kurfürst spottet über «die delphische Weisheit meiner Offiziere», denen ein Sieg der Beweis dafür ist, daß richtig gehandelt wurde. In der Hauptszene dieses Dramas wird aus dem hochmütigen preußischen Reitergeneral der schuldige Mensch geboren. Die liebende Natalie aber klagt:

> *Zu solchem Elend, glaubt ich, sänke keiner,*
> *Den die Geschicht als ihren Helden preist ...*
> *Ach, was ist Menschengröße, Menschenruhm!*

Kleist selber war Kohlhaas und Hermann. Ein einziges Mal zeichnete er sich so, in dem fingierten «Gebet Zoroasters», mit dem er seine «Berliner Abendblätter» eröffnete. Daß er zur Maske des Religionsstifters griff, um seine Wahrheit auszusprechen, zeigt, in welchen Gegensatz zur Zeit auch er geraten war. Sein Zoroaster spricht von der «wunderlichen Schlafsucht», in der die Menschen befangen liegen, und von den Knechten Gottes, deren Aufgabe es sei, sie mit Pfeilen des Wortes zu wecken. «Auch mich, o Herr, hast du, in deiner Weisheit, mich wenig Würdigen, zu diesem Geschäft erkoren; und ich schicke mich zu meinem Beruf an. Durchdringe mich ganz, vom Scheitel zur Sohle, mit dem Gefühl des Elends, in welchem dies Zeitalter darnieder liegt, und mit der Einsicht in alle Erbärmlichkeiten, Halbheiten, Unwahrhaftigkeiten und Gleisnereien, von denen es die Folge ist. Stähle mich mit Kraft, den Bogen des Urteils rüstig zu spannen, und, in der Wahl der Geschosse, mit Besonnenheit und Klugheit, auf daß ich jedem, wie es ihm zukommt, begegne: den Verderblichen und Unheilbaren, dir zum Ruhm, niederwerfe, den Lasterhaften schrecke, den Irrenden warne, den Toren, mit dem bloßen Geräusch der Spitze über sein Haupt hin, necke. Und einen Kranz auch lehre mich winden, womit ich, auf meine Weise, den, der dir wohlgefällig ist, kröne! Über alles aber, o Herr, möge Liebe wachen zu dir, ohne welche nichts, auch das Geringfügigste nicht, gelingt: auf daß dein Reich verherrlicht und erweitert werde, durch alle Räume und alle Zeiten, Amen!»

Mit diesem prophetischen Ernst der Entscheidung versuchte Kleist die Deutschen aus ihrer politischen Schlafsucht aufzurütteln. Wie hätte ihn jemand begreifen sollen? Die Romantiker predigten den Glauben an den nationalen Geist, an die schöpferische Kraft des Volkes in einer magisch-rhapsodischen Sprache, die als eine Offenbarung vernommen wurde, in der aber ein falscher Ton war. Das Volk wurde da mit einer Kleist ganz fremden schwermütigen Sehnsucht wie eine mystische Mutter, eine Gottheit verherrlicht, und diese ekstatische Ergriffenheit erwies sich als ein politisches Verhängnis. Während sie in Balladen, Dramen und Romanen überbordete, wurde den Hoffnungen auf eine zeitgemäße Staatsordnung das Grab geschaufelt. Die Volksbewegung gegen Napoleon ließ sich von den Fürsten niederschlagen, als die Schwärmerei ihren Dienst getan hatte, und verflüchtigte sich zur Literatur. Kleist dagegen ließ sich zu einer Sprache hinreißen, die wie der Ausbruch eines Verrückten wirkte, weil sie einen absoluten Widerspruch zwischen Realität und Vision enthüllte. Und doch verlor er bis zuletzt den Boden nicht unter den Füßen. In seinem letzten Werk, dem «Prinzen von Homburg», lieferte er die klassische Verherrlichung des preußischen Militärs aus einer Kenntnis und einer Liebe, die sein Heimweh nach dieser verlorenen Welt verrät. In diesem Drama ersann er die Gestalt des Großen Kurfürsten, die mächtigste Herrscherfigur der deutschen Bühne, einen Idealmonarchen, der jeder Katastrophe in der «gebrechlichen Einrichtung» dieser Welt geistig gewachsen ist und mit einer mehr als menschlichen Legitimation das Szepter führt. Die gesamte Generalität wendet sich gegen den scheinbaren Wahnwitz seiner Handlungsweise, weil niemand imstande ist, seinen tragischen Begriff von Gerechtigkeit zu fassen. Nur der Prinz, der falsche Sieger, sieht die höhere Wahrheit ein und entscheidet den Streit um seine Person, indem er sich aus freien Stücken dem scheinbar absurden Urteil des Größeren unterwirft.

Die alte Kaiserresidenz Wien erhielt unter dem Druck der Zeitereignisse einen Dichter des Herrschertums, wie ihn Deutschland trotz Kleist und Schiller nicht besitzt. Grillparzer haßte Preußen, dessen Aufstieg er als Österreicher mit Ingrimm verfolgte. Aber sein Österreich machte ihm diesen Patriotismus schwer. Im Herbst 1826 pilgerte er nach Weimar wie nach einem heiligen Ort und klagte Goethe über seine «vereinzelte Stellung in Wien». Er schaute vergeblich nach einer solchen Freistatt für sich aus, wie Goethe sie gefunden hatte. Er mußte ein «Zöllner» bleiben, eine graue Figur in der Wiener Beamtenhierarchie, weil auch in der Kaiserstadt für einen großen politischen Dichter kein Raum war. Der Undank der Habsburger gegenüber ihren Großen war sprichwörtlich – Mozart hatte ihn erfahren –, im heiteren Wien schrieb sogar Schubert in sein Tagebuch: «Beneidenswerter Nero! Der du so stark warst, bei Saitenspiel und Gesang ekles Volk zu verderben!» In Grillparzers Tagebuch steht: «Ein österreichischer Dichter sollte höher gehalten werden als jeder andere. Wer unter solchen Umständen den Mut nicht ganz verliert, ist wahrlich eine Art Held.» Er atmete die Luft von Metternichs Polizeistaat, und die eigene Hypochondrie trug das Ihre dazu bei, ihm die Beamtenlaufbahn zur Hölle zu machen. Der Philister in ihm lag mit seiner Künstlernatur im Streit, so daß er sich tatenlos niederdrücken ließ, statt den Sprung ins Freie zu wagen. Aber das ändert nichts an der Trostlosigkeit der 43 Jahre, die er in seiner Galeere aushielt. Es waren hauptsächlich die persönlichen Intrigen, die sie ihm verbitterten, so daß sein Arbeitseifer erlahmte und er in den Ruf eines nachlässigen Beamten kam. Ein krankhafter Abscheu erfaßte ihn; die Behörden benützten seine Abhängigkeit, um einen Zermürbungskrieg gegen ihn zu führen. Stück um Stück wurde von der Zensur verboten oder auf die lange Bank geschoben. Bei Beförderungen überging man ihn regelmäßig. Er wurde 1831 zum Archivdirektor der Hofkammer ernannt, weil sich niemand um diesen Posten bewarb, und fand dort feindselige Untergebene und eine stupide Arbeit vor. Seine Bewerbung um die lockende Direktion der Universitätsbibliothek wurde nicht berücksichtigt. «Meine Seele ist betrübt bis in den Tod. Ich fühle mich erlöschen von innen heraus», schrieb er in Berlin, als er sehen mußte, daß auch die Hoffnungen seiner Deutschlandreise in Nichts zerrannen. Nun ergab er sich in das Unabänderliche und suchte nur ab und zu auf einer Reise das Elend des Aktenstaubs zu vergessen. Seine Sehnsucht nach Freiheit fand nur noch in der Dichtung Spielraum. Als er 1856 das Gesuch um seine Pensionierung einreichte und unter Verleihung des Hofratstitels verabschiedet wurde, war aber der Dichter in ihm inzwischen erlegen; er wußte es, es war sein tiefster Schmerz.

> *Was je den Menschen schwer gefallen,*
> *eins ist das Bitterste von allen:*
> *Vermissen, was einst unser war,*
> *den Kranz verlieren aus dem Haar,*
> *nachdem man sterben sich gesehn,*
> *mit seiner eignen Leiche gehn.*

Grillparzer war in jeder Faser Legitimist. Er zweifelte nie an der Verwerflichkeit der demokratischen Grundsätze. Trotzdem stieß er in Wien mit seinen Dramen auf dieselben undurchdringlichen Widerstände wie Kleist in Berlin, so daß er, müde vom «ewigen Kampf mit Dummheit und Schlechtigkeit», den geplanten nationalen Dramenzyklus ungeschrieben sein ließ und sich wieder auf die ungefährlichen mythologischen Stoffe zurückzog. Das Manuskript seines ersten patriotischen Schauspiels, des «König Ottokar», wurde von der Zensur aus purer Langweilerei zwei Jahre lang zurückgehalten. Beim «Treuen Diener seines Herrn» hatte der wegen seiner Beschränktheit berühmte Kaiser Franz außenpolitische Bedenken. Er ließ dem Dichter nach der Aufführung durch den Polizeipräsidenten mitteilen, das Stück habe ihm so gut gefallen, daß er es als seinen Privatbesitz zu erwerben wünsche, und bot ihm jedes beliebige Honorar unter der Bedingung, daß das Manuskript im kaiserlichen Archiv verschlossen werde. Grillparzer verbarg seinen Zorn hinter der bedauernden Erklärung, daß die Handschrift bereits vervielfältigt und ins Ausland gelangt sei. Auch er, der als servil verschriene Monarchist, unterschied schroff zwischen dem wirklichen österreichischen Staat und seinem Herrscherideal, das im Grund mit dem Kleists, Dantes und aller visionären Monarchisten übereinstimmte. Den wirklichen Kaiser, unter dem er leben mußte, haßte und verachtete er mit einer Verbitterung, wie sie nur aus enttäuschter Liebe entsteht. Der magische Schimmer, der seine Königsgestalten umgibt, ist ein Werk seiner Phantasie. Das Gottesgnadentum, das er in ihnen darstellte, richtete sich nicht nur gegen die vulgären Demokraten, sondern auch gegen die Habsburger selbst. Seine Fürsten stehen in einem ewigen Konflikt zwischen ihrem übermenschlichen Auftrag und ihrer unzulänglichen Person. Das Herrschen ist für sie ein tragisches Geschäft, wie es für Grillparzer das Gehorchen und Dienen war. Am vollendetsten ist diese Tragik im Träumerkaiser Rudolf II. verkörpert, dem Freund der Dichtung und der Sterne im «Bruderzwist». Er trägt sein Haupt hoch über dem Dunst des politischen Geschehens in der Klarheit des reinen Schauens, wo die Grenzen aller irdischen Macht sichtbar werden.

Die Begeisterung für den französischen Kaiser hatte der Heldenverehrung in ganz Europa noch einmal einen ungeheuren Auftrieb gegeben. Im Europa der christlichen Allianz, die ihn zu Fall gebracht hatte, verblaßte das Heldenideal zu einem Schemen, das der bürgerliche Nationalismus als einen Popanz der Vorzeit bekriegte. Es entstand ein tödliches Zerwürfnis zwischen Aristokratismus und fortschrittlichem Geist. Nur Einzelne blieben den Idealen der klassischen Epoche treu und zogen es vor, als Unzeitgemäße in ihrem Nachglanz zu leben. Sie krankten an einem unheilbaren Widerspruch gegen die Zeit und konnten ihren Glauben nur in freiwilliger Verbannung aufrecht erhalten. Am liebsten gingen diese Einsiedler auf Goethes Spuren nach Italien, woher das klassische Ideal einst gekommen war. Dort fanden sie noch naive Menschlichkeit, leuchtende Natur und strahlend große Kunst, ein letztes Stück des Paradieses. Aus allen Ländern zogen die schönheitshungrigen Seelen dorthin. Dem Russen Gogol wurde Rom zur zweiten Heimat, der stolze Keats konnte dort nur noch sein Grab finden. Shelley verbarg sich mit seinem Haß gegen England in der Bucht von Spezia, wo Byron, der berühmteste dieser Unsteten, die Leiche des Freundes auf einem Scheiter-

haufen am Meer verbrannte. In Civitavecchia hauste Stendhal als französischer Kon-
sul. Der trostlose Hafenort war für ihn nichts weniger als ein glückliches Asyl, sondern
das Unglücksnest, in dem ihn sein Land bei lebendigem Leib sterben ließ. Dieser
Schüler des aristokratischen Jahrhunderts verachtete die demokratischen Zeitläufte
aus innerster Seele und konnte Frankreich die Schlacht von Waterloo nicht verzeihen.
Er hatte der liberalen Regierung Ergebenheit geheuchelt und büßte das nun, ähnlich
wie Stifter und Grillparzer, als vergessener subalterner Beamter. Die Kleinbürger, die
als Nation spektakelten und sich groß vorkamen, weil sie ein großer Haufe waren, beleidigten seine Nase. Lüge, Feigheit, schäbiger Haß gegen das Edle regierten überall.
Um in dieser schlechten Luft atmen zu können, schrieb Stendhal seine kristallhellen
Bücher, von denen niemand Notiz nahm, für ein künftiges Publikum, an das er in seinen guten Stunden glaubte. Er wollte bei der Cestiuspyramide neben Shelley begraben
sein und gab sich auf seiner Grabschrift als Italiener aus: «ENRICO BEYLE – MILA-
NESE – VISSE SCRISSE AMO – QUEST' ANIMA – ADORAVA – CIMAROSA
MOZART E SHAKESPEARE.»

 Nach dem klassischen Land wandte sich auch der thüringische Graf von Platen-
Hallermünde. Er betrachtete sich als Letzten eines sterbenden Zeitalters wie Hölderlin, Kleist und Grillparzer, aber er trägt das Zeichen des Epigonen. Er fühlte sich als
Adelsmensch, aber das blaue Blut floß dünn in seinen Adern; sein aristokratisches Ge-
haben erinnert vielmehr daran, daß es bürgerliche Dichter waren, die den Glanz der
deutschen Klassik heraufführten. Dieser schönheitskranke Edelmann konnte nur noch
zeigen, daß das alte Spiel des Sängers vorbei war, und die Reihe der mit dem Lorbeer
geschmückten Deutschen beschließen, die so unglücklich begonnen hatte. Schon als
junger Mensch litt er maßlos unter dem Gegensatz zwischen seinem Wollen und seinem
Vollbringen, und die Vollendung stand zeitlebens als unersteiglicher Gipfel vor ihm.
Als Student warf er sich auf das Studium der fremden Sprachen und übte sich in den
schwierigsten ausländischen Formen, aber schon damals seufzte er: «Lektüre und ewig
Lektüre! Es scheint fast, ich lebe nur, um zu lesen, oder ich lebe nicht einmal, sondern
ich lese nur.» Der «West-östliche Divan» begeisterte ihn für die orientalischen Studien,
er verliebte sich in das Gasel und wurde der unerreichte Meister dieser Form, die in
ihrer Kürze wie in ihren anakreontischen Themen im Grund doch nur die Idyllik des
Rokoko wieder aufnahm. Dann ergriff ihn die Begeisterung für das Sonett, das er tech-
nisch wie kein zweiter Deutscher beherrschte und nach dem Vorbild der Italiener zum
schimmernden Gefäß seiner erotischen Leiden machte. An der Spitze stehen die Sonette
aus Venedig, das Denkmal seiner Leidenschaft für diese Stadt, die ihm als Offenbarung
der höchsten Schönheit erscheint, und seiner Liebe zu einem jungen Venezianer, den er
als Inkarnation dieser Schönheit bewundert. Winckelmanns platonische Inbrunst brennt
in ihm und verzehrt ihn, ohne ihn zu beglücken. Er wiegt sich im stolzen Selbstbewußtsein des Aoiden:

> *Mir, der ich bloß ein wandernder Rhapsode,*
> *Genügt ein Freund, ein Becher Wein im Schatten*
> *Und ein berühmter Name nach dem Tode.*

Aber diese Sonette sind doch nur ein Gegenstück zu Goethes Venezianischen Epigrammen. Die Lagunenstadt bezaubert den Décadent, dessen leidvolle Trennung vom Leben die Virtuosengebärde nicht verbergen kann. Er schleppte seinen Schönheitsdurst wie einen Fluch mit sich und mußte erleben, daß er sich unaufhaltsam in ein Siechtum verwandelte. Seit 1826 fristete er sein Wanderleben in Italien von einem kleinen Gnadengehalt Ludwigs I. von Bayern, des ihm wohlgesinnten Erbauers des klassischen München, des dichtenden Künstlerfreundes. Im Umgang mit den Kunstwerken des Altertums und der Renaissance steigerte er sich in den Gedanken einer heroischen Sendung hinein und sah sich als Stifter eines neuen Adels, den er als wandernder Dichter erwecken wollte. Seine Oden berauschen sich am Ideal der herrischen Absonderung, die er den unsichtbaren Jüngern preist, am Glauben an die zeitlose Schönheit, und verraten in ihren hochfliegenden antiken Strophen die heimliche Unsicherheit des apollinischen Lehrers. Er bittet die Sterne:

> *Lehrt mich größere Schritte, lehrt mich*
> *Einen gewaltigen Gang!*

Im Gedanken an die antiken Sänger reckt er sich zur Rolle des wiedergekehrten Dichterführers auf. Der Schützling des reaktionären Bayernkönigs setzt seine Hoffnung auf die Julirevolution und spricht aus seiner Einsamkeit die Großen seiner Tage an: den abgesetzten Franzosenkönig, den Kaiser in Wien, Goethe in Weimar. In den «Polenliedern» läßt er die antikisierende Odenform fahren und geht zu den volkstümlichen Strophen Freiligraths über, aber auch sie können ihn nicht sicher machen. In seinen letzten Hymnen wagt er die steile Erhebung zu mythischen «Festgesängen» in Pindars schwierigem Stil. In rhapsodisch hinrauschenden Rhythmen feiern sie die ewigen Mächte der Geschichte und wälzen historische und mythologische Assoziationen. Der Dichter ist der Herr der Welt, er spricht als Auserwählter zu seinen Freunden, den Königen und Vornehmen der Erde. Im letzten dieser Gesänge, dem «Hymnus aus Sizilien», bekennt sich Platen als Erbe Pindars und Homers und verkündet, daß das antike Sängertum durch ihn auf Deutschland übergegangen sei.

> *Erlauchte Taten begleite stets*
> *Des Sängers Wort, das rühmlichem Beginnen unerschwinglichen Lohn verheißt,*
> *Der der Gemeinheit nicht erreichbar.*
> *Schön erwuchs Deutschland in heroischer Kraft;*
> *Doch schöner, die entwölkte Stirn mit Weisheit*
> *Krönend, stehet es jetzt, und stolz hebts den wahnfreien Blick empor –*

Was ist das anderes als Klopstocks Verstiegenheit? Sie zielt nicht mehr auf Gott oder eine nebelhafte Vorzeit, sondern auf eine mythisch übersteigerte Gegenwart, aber der Bilderprunk ist ebenso maskenhaft, der hymnische Atem ebenso erzwungen wie dort. Auch Platen war dem heroischen Anspruch nicht gewachsen, es sprach aus ihm hörbar die Verzweiflung. Sein Leiden hat bereits etwas von der Hybris, die den ihm folgenden deutschen Sängern und Sehern eigen war. Wie enthüllte der Tod die verborgene

Schwäche dieses in die Leere hinaussingenden Machtpoeten! Er floh vor der nahenden Cholera vom Festland nach Sizilien; aber auch dort glaubte er sich angesteckt
und starb am übermäßigen Gebrauch der Medizinen: auf der Flucht, am äußersten
Rand seines Schönheitsparadieses.

GÖTTERDÄMMERUNG

Im Jahr 1835 begann Gervinus' «Geschichte der poetischen Nationalliteratur der
Deutschen» zu erscheinen, eine erste aus liberalem Geist entworfene Darstellung der
deutschen Literatur von den Anfängen bis zur Gegenwart, die Goethes Tod als den
Abschluß einer jahrhundertelangen Entwicklung erklärte. Gervinus hielt es für seine
Aufgabe, den Deutschen vor Augen zu führen, daß ihre Geschichte in den Werken der
Klassiker an ein welthistorisches Ziel gelangt und der deutsche Geist nunmehr zur
Herrschaft über Europa berufen sei. Diese geschichtliche Stunde dürfe nicht noch einmal so versäumt werden, wie ein böser Dämon es im Jahrhundert Luthers verschuldet
habe. Nur noch der deutsche Staat müsse jetzt erneuert und Deutschland zur Nation
werden, damit das so lange in kindlicher Unmündigkeit gehaltene Volk Goethes endlich in seine Rechte treten könne. Die Zeiten der Dichtung seien für einmal vorbei,
man solle diese ruhig eine Weile brach liegen lassen und den Boden für die politische
Tat zubereiten. «Wir müssen dem Vaterlande große Geschicke wünschen, ja wir müssen, so viel an uns ist, diese herbeiführen, indem wir das ruhesüchtige Volk, dem das
Leben des Buches und der Schrift das einzige geistige Leben, und das geistige Leben
das einzige wertvolle Leben ist, auf das Gebiet der Geschichte hinausführen, ihm Taten
und Handlungen in größerem Werte zeigen und die Ausbildung des Willens zu so heiliger Pflicht machen, als ihm die Ausbildung des Gefühls und Verstandes geworden
ist.» Das Werk endet mit dem Fanfarenstoß: «Der Wettkampf der Kunst ist vollendet,
jetzt sollten wir uns das andere Ziel stecken, das noch kein Schütze bei uns getroffen
hat, ob uns auch da Apollon den Ruhm gewährt, den er uns dort nicht versagte.»
   Dieses Pathos blieb nicht wirkungslos. Als Wilhelm von Humboldt in einem dick-
leibigen Buch «Hermann und Dorothea» auf Grund umständlicher Analysen und
Parallelen als den Anbruch einer neuen Klassik interpretierte, legte Goethe diesen
Kommentar lächelnd beiseite. Jetzt aber, nach seinem Tod, kam der Kult der deutschen Klassiker auf, wie Gervinus ihn meinte: der Kult der toten Dichter als der Sinnbilder nationalen Machtgefühls. Es erschien auch der Mann, den er den Deutschen
nach so vielen Dichtern und Denkern gewünscht hatte, «ein Mann wie Luther war,
der jetzt dies Werk endlich aufnähme, das der große Reformator schon Lust zu beginnen hatte». Bismarck begann die Fundamente des zweiten deutschen Reiches zu legen,
und aller Orten wurden die deutschen Klassiker als Kronzeugen dieser Erfüllung auf
den Sockel gehoben. Ludwig I. von Bayern erbaute die Walhalla bei Regensburg, das
Pantheon aller großen Deutschen in Gestalt eines griechischen Tempels. In München
sonnten sich die Dichtergünstlinge seines romantisch schwärmenden Nachfolgers im
Bewußtsein, die endlich auch in Deutschland erreichte Harmonie von Geist und Macht

zu repräsentieren. Sie sahen nicht, wie erschreckend die deutsche Literatur verarmte, seitdem die Nation unter Preußens Führung im Aufstieg zur Weltmacht begriffen war. Sie wies fast lauter Scheingrößen auf, weil die Dichtung in dieser neuen Atmosphäre die Lebensluft verlor. Die wenigen großen Autoren deutscher Zunge lebten in Österreich und der Schweiz.

Der Österreicher Stifter verabscheute Preußen und machte Bismarck für die geistige Verwüstung Deutschlands verantwortlich. Er verlor in dieser schlechten Luft den Atem; wie Nietzsche entdeckte er das kristallreine Klima des Hochgebirges und floh dort hinauf, um seine Zeit auszuhalten. Im «Nachsommer», im «Witiko» schuf er sich den geistigen Luftkreis, der ihn vor dem Ersticken retten sollte. Der «Witiko» erzählt den Gang einer gottgefälligen, wahrhaft dauernden Reichsgründung in stummem Protest gegen das, was sich jetzt in Wirklichkeit ereignete. Herzog Wladislaw, der Gründer des böhmischen Königreichs, ist ein Urbild adeligen Menschentums. Er bändigt wie Grillparzers Monarchen seine Leidenschaften und unterwirft sich fromm dem göttlichen Gesetz; dank dieser Herrschaft über sich selbst wird er zum gesegneten Herrscher auf dem Thron. Seine Gegner sind die machtgierigen und sittlich verdorbenen Fürsten, die sich um einen Usurpator scharen und aus Egoismus der heiligen Weltordnung entgegenhandeln. In langen Kämpfen stellt sich das Gleichgewicht der Kräfte her, auf dem die wahre Macht beruht. In dieser geschichtlichen Vision versuchte sich Stifter über die Niedrigkeit der Gegenwart zu trösten. «Wenn nicht einzelne edle und bedeutende Menschen wären», schrieb er 1860, «so wäre man versucht, im Angesicht dessen, was sich Europa bieten läßt, dem Geschlecht den Rücken zu kehren und ein rechtschaffner Wolf oder Elephant oder Bär zu werden.» Aber er mußte erleben, was er doch bis zuletzt für undenkbar gehalten hatte: daß Österreich auf dem Weg niedergeworfen wurde, den der eiserne Kanzler bei der Gründung des neuen Reiches beschritt. Der Dichter des «sanften Gesetzes» pries die selig, «die gestorben sind, ehe sie gesehen haben, was geschehen ist» ...

Im Glanz der Bismarckschen Reichsgründung aber strahlte der beispiellose Triumph des Dichtermusikers auf, der jetzt die Stunde einer nie dagewesenen Blüte der deutschen Kunst gekommen sah. Richard Wagner verkörperte als Künstler denselben Willen zur Macht, den Bismarck als Staatsmann und Nietzsche als Denker vertraten. Er hielt sich für berufen, die ganze darniederliegende Welt aus ihrer Dekadenz zu erlösen. Das war das Programm, mit dem er sich in seinen kunstpolitischen Schriften den Weg nach Bayreuth, zur Grundsteinlegung seines Reiches bahnte. In dem Aufsatz «Deutsche Kunst und deutsche Politik» von 1868 schildert er das bisherige Schicksal der großen schöpferischen Geister Deutschlands in krassen Farben, aber in der wohlüberlegten Absicht, den deutschen Fürsten glaubhaft zu machen, daß zur deutschen Weltherrschaft die Anerkennung der deutschen Kunst, vor allem seiner eigenen, gehöre. Die Überlegenheit Frankreichs bestehe darin, daß es die Kunst zum Machtfaktor erhoben habe, und das Fortbestehen dieser französischen Überlegenheit hänge direkt von der Verständnislosigkeit der deutschen Fürsten gegenüber der deutschen Kunst ab. «Es wäre demnach der Triumph der französischen, seit Richelieu auf die europäische Hegemonie zielenden Politik, diese Entfremdung aufrechtzuerhalten und zu vervollständigen.» Zur Hegemonie sei vielmehr Deutschland berufen, folgert dieser Machtmusiker, weil es jetzt den Gipfel seiner Kunst erstiegen habe, und er fährt drohend fort: «Sind die deutschen Fürsten nicht die treuen Träger des deutschen Geistes; helfen sie, bewußt oder unbewußt, der französischen Zivilisation zum Siege über den von ihnen selbst noch so traurig verkannten und unbeachteten deutschen Geist, so sind ihre Tage gezählt, der Schlag komme von dort oder hier.» Tun die Politiker aber ihre Schuldigkeit, so ist daraus «für die europäischen Gesamtvölker das Heil zu erwarten, welches keines von diesen aus seinem eigenen Geiste zu begründen vermag».

Wagner verachtete den «barbarischen» Staat, er wollte sein Lebenswerk als Befreiung zu einer ästhetischen Kultur angesehen wissen. Aber sein Machtinstinkt riet ihm, die Fürsten als Geburtshelfer seines Sieges zu benützen. Im «sommerlichen Königreich der Gnade» entwarf er als Schützling Ludwigs II. von Bayern seine Pläne, und vor einem Parkett von Königen eröffnete er 1876 sein Festspielhaus. Nietzsche war Augenzeuge des «größten Sieges, den je ein Künstler errungen hat», und gab ihm mit der unzeitgemäßen Betrachtung über «Richard Wagner in Bayreuth» seinen Segen. Er verherrlichte Wagner als einen «Gegen-Alexander», einen «Vereinfacher der Welt», und pries seinen Herrscherwillen, der sich die Welt unterworfen habe: «den furchtbaren Ernst um die Sache und die Gewalt des Griffs, so daß er jedesmal die Sache faßt; er schlägt seine Hand darum, im Augenblick, und sie hält fest, als ob sie aus Erz wäre». Er rühmte auch, daß Wagner den zum Kindermärchen erniedrigten Mythus wieder in seine ernste Heiligkeit eingesetzt habe, damit das deutsche Volk in ihm seine Seele wieder gesund baden könne. So trat denn diese Kunst ihren Lauf um den Erdball an, getragen von der neuen deutschen Weltgeltung und sie ihrerseits tragend. In den Gestalten Lohengrins, Wotans, Siegfrieds, Hagens, Tristans, Parsifals stieg der germanische Götter- und Heroenhimmel in die Gegenwart des neuen Reiches herab, ein mythologisches Gleichnis dessen, was jetzt Europa hieß.

In Nietzsche brach angesichts dieses Erfolgs das Grauen über Deutschland aus. Er zog sich in das Engadin zurück, um als Rufer aus den Bergen das Schwindelhafte der neuen Kunst, des neuen Reiches, der ganzen modernen Zivilisation zu entlarven. Aber seine Botschaft vom Übermenschen und vom Willen zur Macht war schlecht geeignet, das neue Deutschland zu unterhöhlen. Er machte sich ein Fest daraus, ihm höhnisch das Ideal des vornehmen Menschen, der vornehmen Kultur entgegenzuhalten. Als Bringer einer neuen Machtkultur formulierte er die aristokratischen Tugenden in Worten, die wie Dolche geschliffen waren und bald darauf die gefährlichsten Waffen gegen die Menschlichkeit wurden. «Vornehm ist z. B. der festgehaltene *frivole* Anschein, mit dem eine stoische Härte und Selbstbezwingung *maskiert* wird. Vornehm ist das Langsamgehen, in allen Stücken, auch das langsame Auge. Wir bewundern schwer. Es gibt nicht zuviel wertvolle Dinge; und diese kommen von selber und *wollen* zu uns. Vornehm ist das Ausweichen vor kleinen Ehren, und Mißtrauen gegen den, welcher leicht lobt. Vornehm ist der Zweifel an der Mitteilbarkeit des Herzens; die Einsamkeit nicht als gewählt, sondern als gegeben. Die Überzeugung, daß man nur gegen seinesgleichen Pflichten hat und gegen die andern nach Gutdünken verfährt; daß man sich immer als einen fühlt, der Ehren zu *vergeben* hat, und selten jemandem zugesteht, daß er Ehren gerade für uns auszuteilen habe; daß man fast immer verkleidet lebt, gleichsam inkognito reist, – um viel Scham zu ersparen; daß man zum otium fähig sei, und nicht nur fleißig wie Hühner» ...

In Berlin, der brausenden Metropole der deutschen Macht, blickte der alte Theodor Fontane ungläubig auf das neue Geschlecht. Er hielt das Gesicht der bramarbasierenden Gründerzeit nicht mit dem Pathos des Propheten, sondern mit dem leisen Spott des resignierenden Skeptikers für die Nachwelt fest. Seine Romane porträtieren die wilhelminische Gesellschaft aus der genauen Lokalkenntnis des echten Berliners und mit der kühlen Distanz des Halbfranzosen. Sie verhüllen ihre Kritik bezaubernd in die Ironie des unbeteiligten, innerlich freien Zuschauers. Fontanes Herz schlägt für die stillen Winkel der Hauptstadt und der Mark Brandenburg, die immer mehr vom Lärm eines blechernen Zeitalters überschwemmt werden. Er durchschaut die aufgedonnerten neureichen Typen vom Schlag der Jenny Treibel, ihre innere Leere und ihre verdrängte Menschlichkeit, und ergreift ketzerisch die Partei des natürlichen Empfindens, das keinen Anwalt mehr findet. In seiner stillen Güte kann und will er den Lauf der Dinge nicht ändern. Weil er aber aller Feierlichkeit auffallend aus dem Wege geht und dem einfach Wahren immer das letzte Wort gibt, auch wenn es die moralische Konvention beleidigt, war er nichts weniger als der Liebling der von ihm geschilderten Gesellschaft. Dieser unheroische Chronist stieß sowohl beim Bürgertum wie bei den obern Zehntausend auf Widerstand und feindselige Ablehnung. Er zog es vor, beide aus der ironischen Distanz des unabhängigen, wenn auch darbenden Privatmannes zu beschreiben. «Ich hab in dem Verkehr mit Hof und Hofleuten ein Haar gefunden», schrieb er einmal. «Sie bezahlen nur mit ‚Ehre‘, und da diese ganze Ehre auch noch nicht den Wert einer altbackenen Semmel für mich hat, so wird es mir nicht schwer, darauf zu verzichten.» Man spürte, daß er das karge Preußentum Friedrichs des Großen gegen die aufgeblähte neue Pracht ausspielte. Der «Stechlin» erzählt von den letzten Tagen eines armen märkischen Landjunkers und läßt in der Herbstklarheit seines gut gelebten Lebens noch einmal die Schönheit des adeligen Seins aufleuchten. Das schmerzlose abendliche Erlöschen dieses Altmodischen, der dem einfachen Volk näher ist als den imposanten Vertretern des modernen Heldentums und das wenige Gute, das noch da ist, dankbar grüßt, wo er es findet – dieses meeresstille Bild des Abschieds ist die letzte Idylle aus klassischem Geist, ein norddeutsches Gegenstück zu Stifters «Nachsommer». Der «Stechlin» allein enthält mehr menschliche Wahrheit als Wagners gesamte Opern. Natürlich muß man diesen Landedelmann auch als ein Selbstbildnis Fontanes verstehen, der als Bürger den sterbenden Adel verklärte.

Nur wahrhaft freie Geister waren imstande, den imperialen Großmächten so unter die Maske zu blicken und gelassen auszusprechen, was sie sahen. Auch der Historiker Jacob Burckhardt hatte den Seherblick und sah das Böse der sich zusammenballenden Macht. Er charakterisierte in den «Weltgeschichtlichen Betrachtungen» das Verhältnis zwischen Staat und Kultur in illusionslosen Sätzen. Als Zeitgenosse Bismarcks und Wagners wies er auf die «polizeiliche Unmöglichkeit alles großartig Spontanen» in der modernen Zeit hin und enthüllte die zweideutige Rolle des Staates in der Geistesgeschichte. «Mächtige Regierungen haben einen Widerwillen gegen das Geniale. Im Staat ist es kaum zu ‚brauchen‘, außer nach den stärksten Akkommodationen: denn dort geht alles nach der ‚Brauchbarkeit‘.» Auch Nietzsche sprach so, als er noch nicht selbst dem Machtrausch verfallen war. In der dritten «Unzeitgemäßen» steht: «Dem Staat ist es nie an der Wahrheit gelegen, sondern immer nur an der ihm nützlichen Wahrheit, noch genauer gesagt, überhaupt an allem ihm Nützlichen, sei dies nun Wahrheit, Halbwahrheit oder Irrtum.» Hebbel deckte in «Gyges und sein Ring» die Nichtigkeit der staatlichen Symbole auf und ließ den König Kandaules am Versuch, ihren Zauber zu brechen, tragisch umkommen:

> *Ich weiß gewiß, die Zeit wird einmal kommen,*
> *Wo alles denkt wie ich; was steckt denn auch*
> *In Schleiern, Kronen oder rostgen Schwertern,*
> *Das ewig wäre? Doch die müde Welt*
> *Ist über diesen Dingen eingeschlafen,*
> *Die sie in ihrem letzten Kampf errang,*
> *Und hält sie fest. Wer sie ihr nehmen will,*
> *Der weckt sie auf —*

Als die materialistische Verpöbelung auch die Literatur ergriff, stellte ihr Stefan George noch einmal die Weihe des Heldischen entgegen. Als unzeitgemäßer Sänger eines neuen Bundes von Geist und Macht sammelte er eine Gefolgschaft, deren Losung die Verachtung alles Öffentlichen, Volkstümlichen, Profanen, Gemeinen war. Er nannte die Zeit unwürdig, hohen Gesang zu vernehmen, und hielt sich lange ganz von ihr fern. Seine Absonderung entsprach aber auch seinem Machtwillen und, wie sich später herausstellte, einem klaren Wissen um die Strategie des Erfolgs. Schon seine Erstlingswerke – etwa der «Algabal», die Glorifizierung des Priesterkaisers – zeigten einen Byzantinismus, der mehr auf die französische Décadence als auf die Antike zurückwies. Die Versbücher dieses verborgenen Führers trieben das blendende Spiel der Parnassiens mit den Motiven des Magier-, Seher- und Sängerwesens weiter; er warf ihnen alle erdenklichen Prachtkleider über, griechische und maurische, altgermanische und mittelalterliche. Im Kreis der Münchner Rauschjünger um Schuler und Klages ließ er sich noch dazu verleiten, den ekstatischen Reigen mitzutreten und sich zum Stifter einer neuen Religion aufzuwerfen, was keinem Rhapsoden je eingefallen ist. Seine Offenbarung ist in dem 1906 erschienenen Gedenkbuch für Maximin niedergelegt, das einen von ihm geliebten, jäh verstorbenen Knaben als Gott einer neuen «Ewe» ausruft. Er bekennt sich darin als Verkünder dieses Gottes, den er leiblich zu umarmen gewürdigt war, und wagt es, diesen Fetisch neben den zwölfjährigen Jesus im Tempel zu stellen. Man braucht nur an Platen zurückzudenken, um die Tragweite dieser Selbsttäuschung zu ermessen. Ein solcher Übergriff auf das Prophetische war nur bei einem

Schüler Wagners und Nietzsches möglich. George rettete sich aus seinem Irrtum in die Unnahbarkeit des Sängers zurück und begründete nun mit ihr eine weltliche Machtstellung. Er trat als Stifter und Gesetzgeber eines neuen Reiches auf und baute im «Siebenten Ring», im «Stern des Bundes» und im «Neuen Reich» die letzten Stufen zu seinem Thron. Auch seine Jünger – so Gundolf in dem Buch «Dichter und Helden» – feierten die Tugenden, auf denen die sichtbare Macht beruht. Mit der stolzen Erhabenheit seiner Lyrik, mit seiner hieratischen Gebärde impfte er einer Elite den Sinn für Größe und apollinische Schönheit ein, und man kann es verzeihlich finden, daß diese von ihm geweihte Jugend oft Adel mit Hochmut, Vollkommenheit mit Pose verwechselte. Weniger verzeihlich ist die Lust an der geistigen Unterwerfung, die er in ihr weckte. Denn als Mittel zur Macht ist seine Dichtung nicht nur ästhetisch zu werten; sie hat, anders als Platens Verse, Geschichte gemacht und erscheint schon jetzt als ein Vorspiel zu dem neronischen Triumph, den sein Kult des «Bündischen» vorbereiten half. Die Botschaft

In jeder ewe
Ist nur ein gott und einer nur sein künder

erwies sich als eine gefährliche Verheißung. Im «Neuen Reich» schaute der Meister des «Kreises» Deutschland als das Herz Europas und prophezeite ein deutsches Imperium von der Nordsee bis Sizilien. Es war das zweitemal, daß er mit dem Feuer spielte, diesmal als politischer Seher, und daß er auch damit Begeisterung entfachte, war kein gutes Zeichen mehr. Verachtung der Masse, Verehrung des Heldischen bis zur Vergottung Cäsars, Kult der Schönheit, sakrale Weihe – mit solchen Parolen glaubte er der Dichter seines Volkes zu sein, kurz bevor dieses Volk der Gewalt des Einen zum Opfer fiel. Dieser innere Widerspruch veranlaßte den Dichter Albert Verwey schon im ersten Weltkrieg, sich von George zu trennen. Er rückte ihm den Führerhochmut als die Grenze seines Dichtertums vor und verließ ihn mit der Begründung, daß der echte Dichter unerkannt «inmitten seines Volkes» sitze, daß er «nicht zu seinem Volk kommen würde als ein Prophet einer neuen Religion, nicht als der bewunderte und bejauchzte Eine, der die Gewalt seines Wortes der Menge auferlegt».

Auch Carl Spitteler, ein anderer Neinsager dieser Zeit, trägt in seinem Rhapsodenstolz ihre unseligen Züge. Er war mit ihr zerfallen wie Nietzsche und George und trat dem demokratischen Zeitalter als letzter um die Gesetze der großen Dichtung Wissender entgegen. Aber der Selbstwiderspruch durchdringt auch ihn in allen Fasern. Der Erneuerer des homerischen Versepos war gleichzeitig ein brillanter Journalist, der Gegner der Naturalisten hielt es für nötig, naturalistische Musternovellen zu verfassen, um seine Überlegenheit zu beweisen, der Verteidiger der mythologischen Poesie besaß keinen andern Glauben als den an sich selbst. Aus den Versen seiner Göttergesänge dringt ein unheiliger Ton, der ihm echte Feierlichkeit verunmöglicht und vielleicht das Beste an ihnen ist. Auch er war ein Sänger ohne Götter, auch er ohne Demut, ohne Liebe zu den Menschen. Sein allzu lautes Leiden an seiner Verkanntheit verrät, daß er sie nicht für eine Auszeichnung hielt, und schlägt immer wieder in persönliche Gekränktheit um.

Das zwanzigste Jahrhundert kennt wieder Despoten, und es sieht zu ihren Füßen Sänger der Gewalt, die sich für Herolde einer neuen Weltära halten, aber nur den Traum dieser bürgerlichen Machtdichter in einer Weise prostituieren, daß er für immer bloßgestellt scheint. Der Amerikaner Ezra Pound wollte in seiner Jugend das Ideal des mit dem Schwert fechtenden Troubadours erneuern und wurde zum Verherrlicher Mussolinis. Im Dritten Reich genoss der Wiener Josef Weinheber, ein Virtuose der antikisierenden Lyrik, den Ruhm des ersten deutschen Rhapsoden. Sein leidenschaftliches Herz glühte für die Schönheit des Lebens in allen seinen Formen: als nackter Liebesgenuß, als Glanz des unvergänglich gemeißelten Wortes, als Kampf, als Tanz über dem Abgrund, als Einheit von «Adel und Untergang». Aber sein Glaube an die hohe Form war doch nur ein Abglanz von Hölderlins Oden und Elegien, seine Mystik des erlösenden Wortes ein verdächtiger Übergriff auf die christliche Lehre, seine Protagonistenrolle in der gleichgeschalteten deutschen Literatur ein Verrat an sich selbst, den er mit seinem Selbstmord zu sühnen versuchte.

Die Entweihung

DIE GAUKLER

SEKUNDÄRE TYPEN

Der Magier, der Seher und der Sänger sind die Urformen des Dichtertums, die sich im Strom der Erscheinungen als ruhende Wesenheiten erkennen lassen. Jede von ihnen enthält Raum für unendliche Abwandlungen, aus denen das Urbild unverkennbar hervorschimmert. Was so lange gedauert hat, kann innerhalb der Literaturgeschichte als unsterblich gelten.

In der historischen Wirklichkeit werden diese Typen nur von den ursprünglichsten Dichtern rein verkörpert. Es gibt Gestalten von hohem Rang, die an mehr als einer Urform teilhaben oder von der einen in die andere hinüberwachsen. Auch war ja bei den Juden nicht nur der Seher, bei den Griechen nicht nur der Sänger bekannt. Dagegen scheint jeder Typus seine Zeit zu haben, wo er herrschend ist, bis er von einem andern abgelöst wird. Der verdrängte geht nicht unter, er rückt nur in den Hintergrund, um später wieder aufzutauchen. Ähnlich ist es mit der örtlichen Verteilung. In einzelnen Völkern scheint für diese Art ein günstigerer Boden zu sein als für die andern, so daß sie immer wieder zu ihr zurückkehren, wenn sie verdeckt worden ist. Auch räumlich durchkreuzt sich alles vielfach, und die reichsten Literaturen zeigen die reichste Mischung.

Die Urformen wurzeln in geschichtlichen Verhältnissen, die in Europa längst ausgestorben sind. Zauberei, Prophetie und Kriegsadel sind in der Neuzeit Erinnerungen, die man nur noch aus den alten Dichtern kennt und die zur Seltenheit im «Genie» noch einmal aktuell werden. Dieses Wort bedeutet im Grunde nichts anderes als die Übereinstimmung mit den ältesten Typen. Wir sagen «groß» und meinen die Wiederkehr des Uralten. Das Geheimnis der dichterischen Größe ist ihr Zusammenhang mit den archaischen Formen des dichterischen Geistes. Er läßt sich nur an den Großen direkt nachweisen, er macht sie zu Ausnahmen unter den geringeren Begabungen. Die Literaturgeschichte wird aber nicht nur von den Großen gemacht; diese stehen als Reinkarnationen im Grund außerhalb der Geschichte. Die Zahl der ewigen Dichtwerke ist klein, die der vergänglichen Schriftwerke unendlich groß. Den eigentlichen Stoff der Literaturgeschichte bildet die Masse der zeitgeborenen Werke; sie stammen von Talenten, die über das ihrer Zeit geläufige literarische Handwerkszeug verfügen. Sie haben keinen direkten Zusammenhang mit den elementaren dichterischen Impulsen, dafür schaffen sie die ihrer Zeit und ihrem Ort gemäße literarische Kultur. Das Genie, die Ausnahme, schafft keine Kultur; diese Aufgabe besorgen andere Geister, die von den genialen Errungenschaften zehren und sie für die Überlieferung fruchtbar machen. In den Zeiträumen, die keine Dichter ersten Ranges besitzen, sind es diese Talente, die das Fortleben der Dichtung verbürgen und die Erinnerung an das Große wachhalten. Die Literaturgeschichte verdankt ihnen beinahe alles. In diesen Zwischenzeiten mit ihrer Unzahl betriebsamer Figuren und ihrer dichtgewobenen Überlieferung verblassen die Urbilder zu wesenlosen Schemen, da zählen nur näherliegende Vorbilder und aktuelle Probleme. Jedes Zeitalter mit literarischer Kultur kennt eine Anzahl bedeutender Autoren, deren «Einfluß» allgemein nachweisbar ist und die der «Gegenwart» angehören, weil die Lebenden bewußt oder unbewußt, bewundernd oder ablehnend zu ihnen Stellung nehmen. Das sind fast nie die Großen der Vergangenheit, sondern die als Verkörperung des Zeitgeistes bewunderten Könner. Sie machen die vordergründliche Wirklichkeit der «niederen» Literaturgeschichte aus, der verborgene Zusammenhang der Großen untereinander bildet die Realität der «höheren». Moses oder Hesiod bedeuten von Boileau oder Bernard Shaw aus nichts, von Dante oder Goethe aus viel.

Die Geschichte des menschlichen Geistes ist aber ein Spiel von Wellenringen, die noch lange weiterwandern und sich überschneiden, wenn das Wissen um die erste Ursache der Bewegung erloschen ist. Der Glaube an Dämonen, an Götter oder Heroen ist dem Menschen eingeboren; er wirkt auch in glaubensarmen oder abergläubischen Zeiten und äußert sich auch in der zeitgebundenen Literatur. Er tritt hier in abgeleiteten Formen des Dichtertums auf, die wir sekundäre Typen nennen. Ihnen fehlt entweder die heilige Weihe der Berufung oder die Gunst der geschichtlichen Stunde. Sie blicken zu den Urbildern auf, ohne sie erreichen zu können, oder werden sich untreu, weil sie den Sinn ihres Tuns aus den Augen verloren haben. Solange aber der dichterische Geist überhaupt zu sprechen vermag, läßt sich auch die Verwandtschaft dieser Nachkommen mit den Vorfahren feststellen. Den Abirrenden fehlt der erschütternde innere Zwang, sie leben nicht mehr in der ursprünglichen Geborgenheit und Gefahr. Aber sie folgen doch noch einer Richtung, die sie von ihrer Umgebung absondert. Der alte Bann läßt sie nicht los, selbst wenn sie ihn selbst nicht mehr recht verstehen oder ihr Anderssein nicht mehr zu leben wagen.

Den sekundären Typen haftet also nicht mehr die schicksalhafte Ausschließlichkeit der primären an. Sie verfärben sich leichter und zeigen alle Spielarten der Zwitterhaftigkeit. Der Magier vergißt in der Verkümmerung seine Heiligkeit am gründlichsten und versteckt sich in die Tracht des unverantwortlichen Gauklers, des sektiererischen Apostels oder des verspielten Poeten. Der Seher in der Wüste wird zum Priester einer mächtigen Kirche, der aber vielleicht doch noch einmal einer unbekannten Gottheit in die Hände fällt, oder zum falschen Propheten. Der mythische Sänger lebt in der Klause des gelehrten Poeten fort, der kunstliebende Privatleute mit literarischen Delikatessen entzückt, als epigonischer Hymniker oder als liederlicher Vagant.

Die innere Kraft des Typus verringert sich, je weiter die Vermischung fortschreitet, aber seine Sprache bereichert sich durch diese Verbindungen. Auf der Grenze liegen, nach Lichtenbergs Wort, die interessantesten Geschöpfe, und die Dichtung erlebt höchste Augenblicke noch dort, wo ein Magier zum Propheten, ein Prophet zum Sänger, ein Sänger zum Magier oder Propheten wird. Aber diese Bereicherung bedeutet auch unweigerlich den Beginn der Degeneration. Je tiefer ihre Möglichkeiten ausgeschöpft werden, desto breiter schwillt die Überlieferung an, desto rascher geht sie in handwerkliches Können über. Auf dieser Stufe wird die Dichtung zur Literatur. Die geschichtliche Tradition wächst zu solcher Übermacht, daß auch hohe Geister mehr aus ihr als aus sich selber schaffen. Ein Heer von Mitläufern zieht die geniale Vision zur kunstfertigen Routine herab. Die typische Farbe der Mischformen wird immer schwerer erkennbar und verschwimmt schließlich ganz, so daß Priester, Poeten und Gaukler die gleichen Worte brauchen und höchstens noch in ihrer Pose verraten, daß sie sich nicht für dasselbe halten. Das ist die Zeit der alexandrinischen Meister, die scheinbar über alle Errungenschaften der Vergangenheit verfügen, aber nichts Erschütterndes mehr zu sagen haben, wo oft im Buch eines Historikers oder Naturforschers mehr dichterische Ursprungsnähe zu finden ist als im Raffinement eines alleskönnenden Versemachers. Aber noch in den Gebärden dieser Literaturgrößen lassen sich oft die letzten Spuren der Anfänge entdecken, von denen alles ausgegangen ist.

DAS REICH DES HERMES

Die Zauberei ist ein dunkles Gewerbe, das der Aufschneiderei und Phantasterei weiten Spielraum läßt. Man kann es schwer vom Betrug unterscheiden. Schon der Schamanenberuf muß ein Tummelplatz für abgefeimte Schwindler und Bösewichter gewesen sein, die mit erlogenen Abenteuern im Jenseits renommierten und das Lachen verbissen, während ihr Publikum hingerissen oder zähneklappernd an ihren Lippen hing. Von der Besessenheit zur Hochstapelei, von der Dämonie zum Verbrechen ist nur ein Schritt. Deshalb geht zu allen Zeiten der Charlatan dem echten Magier zur Seite. Er spielt sich als Unterhalter oder Verführer, als Erlöser oder brutaler Machthaber auf. So oder so ist es ihm nur um seine Person zu tun. Er nützt mit seinen Machenschaften die Leichtgläubigen aus, treibt mit ihnen ein tolles oder teuflisches Spiel. Wie der Rattenfänger von Hameln spiegelt er ihnen die Reise in den Berg der Seligkeiten vor, wenn er sie an der Nase herumführt oder ins Verderben lockt.

Im homerischen Hermeshymnus wird Hermes, der Geleiter der Seelen in die Unterwelt, als Gott der Dichter und der Diebe gerühmt. Dieser Hymnus schildert ihn als ein geniales Lügenkind; er stiehlt schon in der Wiege die heiligen Rinder Apollons, zieht sich aber im Verhör so schlau aus der Schlinge, daß Apollon den «schillernden Planer» in sein Herz schließt und eine besondere Freundschaft mit ihm eingeht. Er läßt ihn als Dichter neben sich gelten, nur die Weissagung behält er unnachgiebig sich selber vor. Hermes schenkt ihm dafür die von ihm hergestellte Leier. Diese, das Instrument Apollons, ist die Erfindung des Diebsgottes, und er übergibt sie Apollon mit Worten, die sie zum frohen Spielzeug und Ergötzen der Menschen bestimmen.

Hermes, der Sohn der Maja, hat viele Gesichter. Er war auch der Gott des Zaubers, der mit seinem Stab Reichtum schenkte und Träume sandte, er war der verschlagene Gott der Herden und des Betrugs, des bereichernden Handels, der Mittler zwischen Ober- und Unterwelt. Alle vorteilhafte Fragwürdigkeit ist in ihm verkörpert und mit der Dichtung, den Jenseitsmysterien in Verbindung gebracht. Schon die Griechen betrachteten offenbar das Gauklertum als eine Form der Dichtung, die sie aber genau von der hohen apollinischen Kunst unterschieden. Es gibt eine Region der Literatur, in der Hermes zu allen Zeiten sein Wesen treibt. In ihr leben Figuren, deren Element die Anarchie und der Betrug ist und auf denen doch eine dichterische Weihe liegt. Hier wimmelt es von merkwürdigen Kreuzungen, in denen der magische Urgrund aller Phantasie durchschlägt. Zeitweise oder dauernd haben sich auch große Dichter hier aufgehalten. Die Hermesmythe spielt mitten in Goethes «Faust» hinein.

In den magischen Gauklern spukt die Witterung der Schamanen für das Übersinnliche weiter. Sie dürfen oder können das rituelle Zaubern nicht mehr üben, aber sie träumen noch von den großen Abenteuern der Seele, ohne sie zur Dichtung zu vergeistigen. Es ist ihr Zauber, daß sie sich noch willig dem Glück und Grauen ihrer Halluzinationen überlassen. Die Einheit von Innen- und Außenwelt ist für sie noch da, wenn auch nur als Wahnidee. Teils sind sie große Kinder, teils krankhafte Narren. Die Kindlichen bleiben ihr Leben lang im Paradies, die Kranken sind eine gequälte Beute ihrer Dämonen. Aber auch Gesundheit und Krankheit, Glück und Fluch gehen hier ineinander über. Scheinbar Glückliche können sich als bösartige Kobolde gebärden, hoffnungslos Kranke etwas Wunderbares vollbringen. Da sie wissen, wie unzeitgemäß und unerwünscht sie sind, greifen sie zu Rauschmitteln, um ihre trostlose Lage zu vergessen. Eines Tages werden sie deren Sklaven und verlieren den letzten Rest ihrer Würde. So ist es oft, aber nicht immer. Der Unterschied zwischen dem Dichter und dem Verkommenen zeigt sich dort, wo es anders ist.

Auch unter den Sehern sind wenige auserwählt. Zu allen Zeiten treten Propheten auf, die als Boten des Teufels gelten, weil sie einen überwundenen oder einen kommenden Gott verkünden. Auch die puren Diener des Teufels halten sich für Auserwählte; sie predigen die Herrlichkeit des Fleisches, der Gewalt, eines menschlichen Abgotts oder eines zum Fetisch gemachten Begriffs. Als Apostel dieses Götzen bringen sie die Masse hinter sich und gründen eine Religion, zu deren Hohepriester sie sich aufwerfen. Der falsche Seher erliegt bei erster Gelegenheit der Versuchung zur Macht und wird zum ehrgeizigen Tyrannen seiner Sekte. Diese heiligen Verbrecher nehmen den Kampf mit den Priestern der herrschenden Kirche auf; darin gleichen sie den echten Propheten, und wie schwer sind sie oft von ihnen zu unterscheiden! Das Urteil über sie bleibt offen, besonders wenn sie ihren Glauben dichterisch verkündet haben. Denn manche von ihnen sind echte Ergriffene, wenn auch nur als Narren ihrer Vision. Sie verrennen sich in pfäffisches Wortgemächte und stiften eine Geheimsprache, die sie aus obskuren Büchern zusammentragen, manchmal auch selbst produzieren. Sie kennen die Wirkung des Wortaberglaubens, des okkultistischen Spiels mit Lauten und Zahlen, auf dem die Wahrsagerei beruht. Ohne das Gaukelspiel mit dem Wort kommt kein Sektenstifter aus. Die Geheimsprache ist ein Lieblingskind nicht nur der mittelalterlichen und neuzeitlichen Mystiker – selbst Hildegard von Bingen hat Glossen in einer von ihr erfundenen Sprache und Schrift geschrieben –, sondern auch der Dichter bis auf Stefan George. Die Freude am Vexierspiel mit Worten war auch Goethe, Hebel, Mörike eigen, die es liebten, Rätsel zu ersinnen, freilich ohne daraus eine Religion zu machen. Nach der Legende soll Homer aus Gram darüber gestorben sein, daß er ein Rätsel nicht lösen konnte. Die delphischen Orakelsprüche, die die Schreie der rasenden Pythia in Versen wiedergaben, waren durch ihre Rätselhaftigkeit berühmt – etwas Gauklerisches haftet auch dem Priesterwort aller Zeiten an. Die im Mittelalter übliche dreifache Auslegung des Bibeltextes – historice, moraliter, mystice – beruhte nicht auf Erleuchtung des Predigers, sondern auf kirchlichen Erlassen und war durch ein festes Schema geregelt; sie verleitete die Kleriker zu Kunststücken, die schon damals verspottet wurden. Sie sind mit den sprachmystischen Gebräuchen verwandt, die in den antiken Geheimkulten blühten. In diesen Bezirken regiert Hermes, nicht Apollon. Der Gott der Diebe und des Zaubers wurde von der Gnosis zum Hermes Trismegistos, dem «dreimalgrößten» Weltgeist, erhoben. Die Schriften dieser Sekte sind eine Hauptquelle des Mystizismus und der Wortalchemie[1].

Der Sänger wird als ein Sohn der Natur geboren, aber durch die Musen nicht immer zum Diener der Mächtigen erzogen. Es kann geschehen, daß ihn seine Natürlichkeit hindert, ein geachtetes Glied der Gesellschaft zu werden. Am Anfang und am Ende der Kulturen gehört er ohnehin zum fahrenden Volk. Aber auch in klassischer Zeit wird sich mancher Rhapsode nicht ohne Rückfälle in die adelige Umgebung gefunden haben, sondern ein unruhiger Gast der Paläste geblieben sein. Der berühmteste Hofdichter Altindiens, Kalidasa, wurde aus einem Ochsentreiber eine der «neun Perlen» am prächtigsten Königshof seiner Zeit, dort soll ihn eine seiner Geliebten umgebracht haben. Der trunkene Li-tai-po gelangte als unsteter Abenteurer an den chinesischen Kaiserhof, beteiligte sich an einem Aufstand, wurde in die Verbannung geschickt, aber rasch wieder begnadigt und soll im Rausch gestorben sein. Das waren die Landstreicher voll unbändiger Kraft und Trunkenheit der Sinne, denen die Ordnung der Natur über alle von Menschen gemachten Gesetze ging. Sie verschmähten jede soziale Bindung und verachteten den Broterwerb als einen Betrug um das Leben, das sie in seiner paradiesischen Fülle auskosten wollten. Solche Weltfreunde pflücken ohne Skrupel alle Früchte, die ihnen gefallen, und begreifen nicht, daß man sie für Verbrecher hält. Die Griechen besaßen in Archilochos, einem ihrer ersten großen lyrischen Sänger, das Vorbild des ungezähmten Naturdichters. Schon seine Abstammung – er war der Bastard eines großen Herrn und einer Sklavin – verurteilte ihn zum Hader mit den Menschen. Seine Armut trieb ihn aus der Heimat fort, dann aus der Fremde wieder nach Paros zurück. Wegen seiner obskuren Herkunft und seines leidenschaftlichen Wesens wurde ihm die Hand seiner Geliebten verweigert, und er rächte sich dafür mit berüchtigten Schmähliedern.

Rauschhafte Lebenslust ist das Vorrecht der Jugend; sie empfindet sie als göttlich und hat ein ewiges Recht dazu. Sie will sich vergeuden und lieber jung untergehen als

---

[1] Zu den mittelalterlichen und antiken kultischen Geheimsprachen bemerkt ein Kenner: «Der Sprachforscher fühlt sich nicht nur an die poetischen Metaphern, die kenningar und heiti der nordischen Skalden und der deutschen Sprachgesellschaften des 17. Jahrhunderts erinnert, sondern geradezu an Ausdrücke der deutschen – Gaunersprache, die ja gleichfalls eine Geheimsprache ist und sein soll» (H. Güntert, «Von der Sprache der Götter und Geister» 125, 1921).

in Ehren ergrauen. Wenn sie aber nicht untergeht, muß sie ihre Unschuld künstlich verlängern, weil sie nicht nüchtern leben mag. Die alternden Wildlinge ergeben sich der Ausschweifung, um sich und den andern ihre Ungebrochenheit zu beweisen. Von diesem Moment an gleichen sie den verunglückten Magiern; sie erliegen der Versuchung, ihr wachsendes Elend im künstlichen Rausch zu vergessen, und toben nun mit schlechtem Gewissen. Sie reiben sich am Widerstand der verhaßten Umwelt wund und entgleisen aus Schwäche, verbluten in einem Versteck oder strecken tödlich verwundet die Waffen. Auch von ihnen ist oft schwer zu sagen, ob sie naive Empörer oder hysterische Feiglinge sind. Die Ungebrochenen, denen es bis zuletzt in ihrer Haut wohl ist, sind seltener, als man glaubt. Die heftigsten Feinde der Ordnung sind oft heimlich Verzweifelte. Es brennt in ihnen das Heimweh nach dem ehrbaren Leben, das sie einmal gekannt haben oder das sie auf falschen Wegen suchen.

Die Dichter haben nicht nur die Kultur geschaffen, sondern sie auch immer wieder verneint, wenn sie ihnen zu lebensarm schien. Sie waren einverstanden mit denen, die sie bekämpften: mit dem unterdrückten Volk, sogar mit dem abenteuerlichen Gesindel, das durch die Maschen der Gesetze schlüpft oder in ihnen hängen bleibt. Die Gesellschaft war ja im Grund auch nie darauf eingerichtet, das dichterische Talent zu fördern. Es blieb häufig genug unverstanden, und so war es kein Wunder, daß es oft eine schlimme Wendung nahm, rebellisch wurde oder elend zugrunde ging. Niemand hat diese Verluste gezählt. Dasselbe wiederholte sich immer wieder, der Krieg zwischen dem Phantasiemenschen und der Gesellschaft nahm kein Ende. Sobald ein Dichter bewußt als Außenseiter auftrat, war Feindschaft zwischen ihm und den Menschen gesetzt, und was er als Künstler leistete, wurde dann nicht einmal mehr als mildernder Umstand anerkannt. Man sah in ihm den Träger aller unkontrollierbaren Kräfte, den geistigen Urheber der Umsturzversuche, wenn nicht ihren Anführer, und zog ihn unerbittlich zur Rechenschaft. War seine künstlerische Leistung nicht zu leugnen, so stellte man sie als das Werk eines Lumpen hin. Dieser Name ist das beliebteste Schimpfwort für das mißliebige Genie, und nicht ohne Grund. Der vogelfrei Erklärte ist imstande, den Menschen seine bürgerliche Ehre vor die Füße zu werfen und sich als ein Freund der Kinder und der Tiere, der Narren und Empörer durch die freie Natur zu schlagen. Andere verzichten auf den offenen Bruch, blicken aber voll Neid auf jene Blutsverwandten. Das ausgelassenste Spiel ist ihnen nicht ohne weiteres lächerlich, die ärgste Untat nicht ohne weiteres böse. Schiller, Balzac, Gotthelf, Dostojewskij gestalteten ihre moralischen Ungeheuer aus einer inneren Verwandtschaft mit ihnen. Sogar der verschlossene C. F. Meyer meinte, er habe wohl in einem früheren Leben Schweres verbrochen und deshalb als ein Meyer wiederkommen müssen. Das frühere Leben war seine Phantasie.

Auch Hermes' Reich gehört zum Reich der Dichtung. Man muß es kennen, um sagen zu können, wo die Dichtung beginnt und aufhört, welche Rangstufen sie hat und wo sie in falschen Zauber übergeht. Was sich da zeigt, scheint oft nur das teuflische oder kranke Zerrbild der Dichtung zu sein und ist oft genug nichts anderes. Wie die Natur im Pflanzen- und Tierreich die seltsamsten Geschöpfe, Nachtschatten und

Giftschlangen erzeugt, um ihre Zwecke zu erreichen, so entsteht auch die Dichtung immer wieder durch Kreaturen, von denen sich der zivilisierte Mensch mit Abscheu oder Entsetzen abwendet. In diesem Dunkel wachsen die Gebilde der Elementarpoesie, aber auch große Kunstwerke wurzeln in ihm. Der Betteldichter kann eine Größe haben, vor der alle Literatur zur Fratze wird. Wenn die Götter untergehen und die Reiche bersten und, nach Gottfried Kellers Wort, die «großen Zauberschlangen, Golddrachen und Kristallgeister des menschlichen Gemütes» aus ihren Ketten fahren, macht sich auch der dichterische Geist als reiner Naturtrieb wieder los und geht in seinen seltsamsten Gestalten um. Dann wird die Dichtung neu erfunden, oder sie zeigt sterbend noch einmal ihr ältestes Gesicht. Anrüchige Gesellen bringen in ihr wieder das gelebte Leben, das zwecklose Spiel zu Ehren, von denen die erstarrte Formkunst der herrschenden Klasse nichts mehr weiß. Gottlose Seher wandern mit abgebrannten Dämonenbeschwörern, brotlose Leiermänner mit Possenreißern, Priester mit kapriolenden Volkspredigern und herabgekommenen Poeten. So war es in der Völkerwanderung, im Spätmittelalter, im Dreißigjährigen Krieg, im Zerfall des modernen Bürgertums.

LITERARISCHE UNTERWELT

Die mittelalterliche Dichtung war nicht nur Sache der Kleriker und der Ritter, sie lag auch in den Händen der Spielleute und ist undenkbar ohne sie. Die Spielleute waren die Nachkommen der Mimen, die alle Teile des römischen Reiches überschwemmt hatten. Schon die Mimen waren die Träger der satirischen, komischen, rebellischen Dichtung gewesen, die immer aus der Tiefe des Volkes aufsteigt, und ihr frondierender Geist lebte in den fahrenden Spielleuten fort. Diese bereiteten die höfische Dichtung des Mittelalters vor und waren an vielen ihrer größten Leistungen beteiligt.

Frankreich verdankt den «joglars» zum guten Teil den Reichtum seiner chansons de geste, der volkstümlichen Lieder aus der Heldensage. Diese Fahrenden – Männer und Weiber – zogen in bunter Tracht den Dörfern und Jahrmärkten nach, wo sie sich als Sänger zur Fiedel oder Drehleier, als Messerwerfer, Bärenführer, Kunstspringer und Spaßmacher produzierten und ihren Lohn mit dem Teller einsammelten. Sie sind schon im neunten Jahrhundert bezeugt und sangen vor Arm und Reich, vor Bauern, Bürgern und Vornehmen von den heidnischen Helden, wie sie es von den germanischen Sängern gelernt hatten. Sie begleiteten die Ritter auf ihren Kriegszügen, erschienen zu Hoffesten und in den reichen Häusern, wo manche zu Ehren und dauerndem Dienst kamen. Man sieht sie auf den Malereien der Zeit und in den Ritterromanen ihre Künste zum besten geben, so bei Chrétien de Troyes in der Beschreibung der Hochzeit von Erec und Enide. Sie waren überall willkommen, nur der Kirche blieben sie ein Dorn im Auge. Ihr Lebenswandel und die bedenklichen Zutaten ihrer Heldengeschichten waren eines der anstößigsten Überbleibsel aus dem Heidentum.

Es war das Großartige der hochmittelalterlichen Kultur, daß sie noch alle Stände berührte und zusammenführte. Darin lag besonders die Fülle und Schönheit der französischen Literatur. Das Genie und der Gaukler, echte Künstler und zweifelhafte

Marktschreier, Apollon und Hermes wanderten einträchtig auf denselben Straßen. Von
Paris aus zog Dante als Verbannter durch alle Länder Europas und verirrte sich so weit,
daß nicht mehr auszumachen ist, wohin überall er seinen Fuß setzte. Noch die Troubadours hatten gern einen Spielmann als ständigen Begleiter bei sich und bedienten sich
seiner als Überbringer ihrer Liebeslieder. Auch der Minnesang war nicht ausschließlich Sache der Vornehmen. Sein Begründer, Graf Guillem de Poitiers, vereinigte in sich
unbändig aristokratisches und vagantisches Wesen; er war als großer Fürst «einer der
größten Frauenbetrüger», zog abenteuernd durch die Welt und liebte es, bei Tafel die
Rolle des Spaßmachers und Spielmanns zu übernehmen. Nach ihm verzweigte sich die
neue Poesie in eine schwärmerische und in eine realistische Richtung, die sich aber gegenseitig im Auge behielten. Der Meister des feinen Stils, Bernart de Ventadorn, war
der Sohn eines Knechts und einer Magd im Schloß Ventadorn und verschwand nach
einem wechselvollen Leben im Kloster. Der geniale Marcabru, ein Frauenfeind und
zynischer Gesellschaftskritiker, stand in der Opposition. Er war ein Findelkind, Spielmann von Beruf und wurde durch mächtige Herren ermordet, die er verhöhnt hatte.

Auch in Deutschland war das volkstümliche Singen und Sagen durch das ganze Mittelalter den Spielleuten überlassen. Sie galten als unehrlich, als rechtlos an Leib und
Gut, und waren von den Heilsgütern der Kirche ausgeschlossen. Sie trieben ihr Gewerbe im Umkreis der kleinen Leute, die nicht lesen und schreiben konnten, auf Märk-
ten, Kirchweihen und im Troß der Kriegsheere. Der Spielmann arbeitete mit rohen,
grellen Mitteln, denn er war ungebildet und ohne künstlerischen Geschmack, ein grober und derber Kumpan, der sich in allem nach den Wünschen des ungelehrten Volkes
richtete. Er stattete seine Geschichten mit den noch im Volk lebenden heidnischen
Sagenmotiven, aber auch mit dick aufgetragenen Heiligenwundern und dem phantastischen Märchenzauber aus, der jetzt aus dem Morgenland bekannt wurde. Besonders gern mischte er das Heldenhafte mit dem Lustigen, weil er wußte, daß seine Zuhörer die anstrengende Feierlichkeit nicht schätzten. Daß auch in Deutschland die altgermanische Heldendichtung nicht ganz in Vergessenheit geriet, ist hauptsächlich sein
Verdienst. Wohl unter dem Einfluß ihrer französischen Genossen kamen diese charakterlosen, je nach ihrer Umgebung unflätigen oder bigotten Volkslieblinge dazu, in
deutscher Sprache als Erste größere Epen wie die vom König Rother, von Orendel,
von Salman und Morolf zu reimen. Ihr strophischer Bau läßt noch erkennen, daß sie
mündlich vorgetragen wurden. Sie haben die plumpe Naivität und den Mutterwitz
der Landstreicherpoesie, als Erzeugnisse ohne höheren Ehrgeiz sind sie anonym. Der
einzige mit Namen bekannte Verfasser nennt sich Heinrich der Gleisner, d.h. der
Schauspieler, der hinter seinen Masken versteckte Mime. Er hat in der deutschen
Muttersprache das Tierepos von Reineke Fuchs nachgedichtet, die vom Geist einer
Umbruchszeit genährte satirische Verherrlichung des siegreichen Bösewichts. Diese
ins Komische verkehrte Odyssee, deren Fabel in die babylonische Urzeit zurückreicht,
ist ein genialstes Gaukelwerk der deutschen Literatur geblieben.

Als unter den Staufenkaisern auch in Deutschland eine vornehme Hofkultur entstand und die Spannung des Kirchenkampfes den Höhepunkt erreichte, kam das fah-

rende Volk wie in Frankreich mit dem dichtenden Adel in Berührung. Es begegnete auf den Straßen, in den Herbergen den Kreuzfahrern und Pilgern, besonders Begabte wurden auf Burgen, an Höfen heimisch. Ein Höhepunkt dieser Begegnungen war das große Reichsfest Barbarossas von 1184 in der Rheinebene bei Mainz, wo die beiden ältesten Kaisersöhne den Ritterschlag erhielten und die Ritter und Spielleute aus ganz Deutschland und Frankreich zusammenströmten. Walther von der Vogelweide fand im Umgang mit den Spielleuten seinen reifsten Ton. Ihre Lebensnähe atmet auch aus den Liedern und Sprüchen des Tannhäusers, jenes durch viele Länder verschlagenen Fahrenden, dem Wein und Weiber die Ruhe nahmen und dessen Person so faszinierte, daß sie als Sage weiterlebt. Dieselbe Kühnheit zeichnet die Goliarden aus. Das waren Kleriker, die zwischen den Hochschulen hin- und herzogen und mit ihrem wilden Leben zeigten, wie sehr auch die Kirche vom weltlichen Geist angesteckt war. Diese Naturburschen dichteten die verwegenen lateinischen Lieder, die wie ein Morgenrot der Humanistenherrlichkeit aussehen. Eine geile Sinnenlust und eine seltene Kenntnis der antiken Poeten erhob in ihnen das Haupt. Sie dichteten ihre Lieder als stolze Standespoesie gegen die Unbildung der Laien und der seßhaften Geistlichkeit. Der König der Goliarden, der «Archipoeta», kennt die antike Lehre von der Seherbegeisterung. Er brüstet sich mit der Fähigkeit des Dichters, sich selbst und die von ihm als würdig erachteten Großen dieser Welt im Lied unsterblich zu machen. Dieser Diener Apolls war ein verschollener Geistlicher aus den Tagen von Barbarossas Römerzügen, vermutlich ein Italiener, der sich als Schützling des kaiserlichen Kanzlers mit der Laute herumtrieb, in den Kneipen mit dem Gesindel zechte, beim Würfeln sein Hemd verspielte und den schönen Weibern des Südens verfallen war. Dank seinen Saufliedern lebt er als klassische Figur weiter; seine religiösen Strophen zeigen aber, daß er ein Geistesbruder François Villons war, fernhin verwandt mit Hafis, der in den Schenken von Schiras die Frommen ärgerte.

Als der Adel verkam und die höfische Lebensart den Glanz verlor, waren es nicht die ehrbaren Meistersänger, sondern die Schelmen vom Schlag Neidharts von Reuental und Heinrich Wittenweilers, auf denen der Geist der deutschen Dichtung ruhte. Neidharts Tanzliedchen versetzten der höfischen Minne den Todesstoß, indem sie ihre ausgeleierten Metaphern mit frechen Witzen und in zündenden Melodien parodierten. Wenn man ihm glauben darf, tauchte «der von Riuwental» als fremder ritterlicher Tänzer, von Mädchen und Burschen bejubelt, in den Dörfern auf und verhexte sie wie der Tannhäuser mit seiner sinnlichen Sprache. Ein Abenteurer von seltener Wildheit war auch Oswald von Wolkenstein. Er lief, zehnjährig, aus der väterlichen Burg in Tirol davon und schlug sich als Knecht und Krieger zu Land und zur See von Rußland bis nach England, von der Türkei bis nach Arabien durch. Nach dem Tod seines Vaters kehrte er einäugig und unkenntlich nach Hause zurück, ließ sich von seiner Angebeteten, die sich unterdessen verheiratet hatte, ins heilige Land schicken, machte Kriegszüge mit und kam im Gefolge des Kaisers nach Frankreich, England, Portugal, Spanien und Italien. Zwischendurch führte er den Streit um sein väterliches Erbe und wurde von seinen Feinden dreimal ins Gefängnis gesetzt. Seine Lieder sind der Nieder-

schlag dieses Lebens, ein toller Zwischenfall wie alle starke Vagantenpoesie. Die erotischen, Frucht zahlreicher Liebschaften, Ausbruch fleischlicher Lust von krasser
Naturalistik, wie die von grobem Humor erfüllten Trinklieder wurden vom Wolkensteiner zu selbsterfundenen Melodien gesungen. Sie stecken voll ungenierter persönlicher Mitteilungen und schlagen oft in die Mundart oder in pure Wortgaukeleien um,
wie in jenem Mailied:

> *Zißli müßli fißli füßli*
> *Henne klüßli kumpt ins hüßli*
> *Werffen ein tüßli susa süßli,*
> *Niena grüßli well wir sicher han —*

In Frankreich schlug François Villon in der Halunkensprache den Ton der genialen
Dichtung an. Er sank als verwahrloster Student zum vielfachen Räuber und Mörder
herab – ein Verbrecher mit kindlich schwacher Seele, der in aller Verworfenheit an
seine Mutter und an Gottes Barmherzigkeit glaubte. Erst tötete er in Notwehr einen
Priester und floh aus Paris, dann erbrach er mit einer Gaunerbande die Kasse der theologischen Fakultät an der Sorbonne, floh aufs neue und irrte fünf Jahre in ganz Frankreich herum. Er tauchte an den Höfen von Orléans und Moulins auf, wo er mit Lob-
gedichten nach Geldgeschenken angelte, und trat der berüchtigten Verbrecherzunft
der Coquillarts bei. Eine Amnestie befreite ihn aus dem Gefängnis, er erhielt sich wieder
in Paris mit Zuhälterei und andern unsauberen Geschäften, bis er 1463 wegen eines
Raufhandels mit Studenten von neuem gepackt, gefoltert und zum Strang verurteilt
wurde. Damals dichtete er die Ballade von den Gehenkten, in der er die Welt vom
Galgen herunter betrachtete. Er wurde zu lebenslänglicher Verbannung aus Paris begnadigt und verschwand für immer: Reineke Fuchs in Menschengestalt.

Diese Gestalt kehrte im norddeutschen Schelmen Till Eulenspiegel wieder, der im
vierzehnten Jahrhundert als ein Verspötter aller Wahrheiten lebte. Er stieg in der Re-
formationszeit zum Helden der volkstümlichen Narrenliteratur auf, sein Blut rollt in
manchem Dichter des sechzehnten Jahrhunderts weiter. Das Jahrhundert Luthers war
bis auf die Fundamente aufgewühlt, die Grundsuppe des Volkes wirbelte an die Oberfläche empor. Schamlose Schwänke, höhnische Facetien und derbe Fasnachtsspiele
wurden zur beliebtesten Gattung der Literatur, Landstörzerei zum Lebensgesetz der
Elite. Eulenspiegel schlüpfte in die Haut des abgebrühten berufsmäßigen Gauners, so
kam er als Held der picarischen Romane aus Spanien. Mateo Aleman, der Verfasser des
«Guzman de Alfarache», machte ihm auch persönlich alle Ehre, da er als ungetreuer
Beamter dreimal im Gefängnis saß und seinen Streichen mit der Flucht nach Amerika
und Mexiko die Krone aufsetzte.

Erasmus von Rotterdam gab dem Narrenthema mit seinem «Encomion moriae»
die klassische Weihe. Auch die Anfänge des Humanismus standen im Zeichen dieses
unbändigen Treibens. Die ersten deutschen «Poeten» antiker Art zogen wie Dante
und der Archipoeta heimatlos durch die Lande. Sie schufen eine vagierende Poesie, in
der viel vom mittelalterlichen Goliardentum weiterrumorte: das anstößige Durcheinander von Frömmigkeit, heidnischer Sinnenlust und frecher Satire, die provozierende

Verschmelzung christlicher und heidnischer Bilder. Von solchem Schlag war Peter Luder, der erste Hochschullehrer der deutschen Humanistenpartei, der als erster Deutscher den klassischen Lorbeerkranz trug. Er dichtete wie der Wolkensteiner, aber lateinisch nach antiken Mustern, in seinen Oden und «Amores» eine lyrische Selbstbiographie von unverschämter Offenheit. Seine endlosen Wanderfahrten waren kein planloses Vagieren, sondern die neue Lebensform des Geistes; sie galten dem Ausbau des abendländischen Bildungsreiches, aber gleichzeitig dem sinnlichen Genuß der Erdenfreuden. Auch Conrad Celtis stellte sich in seinen Oden und Elegien als Erotiker nach antikem Muster vor; die vier Bücher seiner «libri amorum» sind den vier Mädchen gewidmet, deren Gunst er in Krakau, Regensburg, Mainz und Lübeck genoß. Aus Hutten, der das «juvat vivere» jauchzte, machte die politische Leidenschaft einen Desperado. Seinen schwäbischen Landsmann Nikodemus Frischlin, auch er ein von Witz und Lebensfreude sprühender humanistischer Kampfhahn, hetzten vornehme Gegner von Ort zu Ort, bis er bei einem Fluchtversuch am Hohen Urach zu Tode stürzte. Auch die Künstler dieser Zeit waren ja zur Hälfte genial unselige musische Abenteurer. Begabungen vom Rang Niklaus Manuels oder Urs Grafs verschwanden wie Hutten zeitweise im Getümmel des Söldnerkriegs. In Italien revoltierte Caravaggio, der Verherrlicher des Bacchus und des Amor vincitore, mit Bildern voll nackter Leidenschaft und Naturnähe, die auf Rembrandt vorausweisen, gegen den Schönheitsbegriff der Klassizisten, machte sich eines Totschlags schuldig, saß als Raufbold gefangen und starb als Opfer eines Überfalls. Nach ihm tat sich der genialisch vielseitige Benvenuto Cellini – von Goethe als «geistiger Flügelmann» geliebt – durch seine tänzerische Vitalität, sein jähes Temperament hervor, das den unstet Flüchtigen in blutige Händel verstrickte, ins Gefängnis brachte und vorübergehend ins Kloster trieb, wie seine prachtvoll aufschneiderische Selbstbiographie erzählt. In England wurde Marlowe, noch nicht dreißigjährig, in einer Rauferei erstochen, wenn nicht in höherem Auftrag ermordet. Ben Jonson, der Freund Shakespeares und Verfasser urwüchsig-satirischer Komödien, brannte aus dem Elternhaus in den Kriegsdienst durch, tötete als Schauspieler einen Kollegen im Zweikampf, trat im Kerker zum Katholizismus über, von dem er später wieder abfiel, wurde der Günstling des Königs und starb in bitterer Not. Neben den Gelehrten und Künstlern waren die Gestalten von der Art des Paracelsus, Sebastian Frank und Doktor Faust unterwegs, die dem Gauklertum den Nimbus der hohen Magie verschafften. Es erschienen ferner die in Banden herumwandernden ersten Berufsschauspieler, italienische in den katholischen, englische in den protestantischen Ländern. Sie traten wie die mittelalterlichen joglars auch als Fechter, Tänzer, Musiker, Zirkusartisten, Sänger frecher Lieder und schauerlicher Balladen auf. Mit ihnen kehrte der alte Zauber der Spielmannskunst zurück, der Reiz der mit Grauen gemischten Ausgelassenheit. Auf den Brettern dieses Jahrmarkttheaters wurde gesoffen und gehurt, gemordet und gespielt; in den Witzen des Hanswursts, in seiner Verballhornung gelehrter und schwieriger Wörter war das Gaukelspiel mit der Sprache wieder da. Die Buchdruckerkunst rief die Zeitungssinger und Bänkelsänger ins Leben, die bis zur Französischen Revolution überall zu sehen waren.

Der Siegeszug der Hofkunst brachte diese Gestalten nicht zum Verschwinden, er belegte sie nur auf lange hinaus mit Verachtung. Cervantes und Rembrandt, Rabelais und Paracelsus blieben obskure Größen, solange der klassizistische Geschmack maßgebend war. Selbst in Frankreich und Spanien kam es allerdings vor, daß sich hinter der höfischen Maske geschworene Feinde der Konvention verbargen. Im Deutschland der Gegenreformation jagte die Kriegsfurie auch biedere Männer wie Moscherosch auf die Straße, besonders wenn sie auf dem gebrandschatzten offenen Lande wohnten, und zwang ihnen ein unstetes Leben auf. Diesen Leiden entstieg das Beste, was die deutsche Dichtung damals hervorbrachte. Die verliebten, versoffenen Taugenichtse der sächsischen Dichterrunde, die Finckelthaus, Stieler und Greflinger verbrachen Verse, die an Originalität das Meiste aufwiegen, was die geschniegelten Alamode-Poeten verfaßten. Greflinger hütete als Kind bei Regensburg die Schafe, bis bei einem Überfall sein Elternhaus angezündet, die ganze Familie umgebracht und er ins Bettlerleben hinausgeworfen wurde, das ihn zum Dichter machte. In Quirinus Kuhlmann, dem ruhelosen, in Moskau verbrannten Verfasser des «Kühlpsalters» und Stifter des «Kühlmanntums», trat auch der vagabundierende Apostel wieder als literarisches Ärgernis in Erscheinung.

Der größte deutsche Dichter zwischen Luther und Goethe hat diese ganze Unterwelt in sich aufgenommen und verkörpert sie unvergeßlich. Grimmelshausen war wegen seiner geringen sozialen Stellung und seines pöbelhaften Geschmacks nach den Begriffen seiner maßgebenden Zeitgenossen gar kein Dichter. Er brachte sich nacheinander als Soldat, Gutsverwalter und Gastwirt durch und starb als Schultheiß der kleinen Schwarzwaldstadt Renchen. Seine Bücher lassen ahnen, durch welche Tiefen der Ausschweifung und Not ihn sein Stern·führte. Auch als büßender Einsiedler findet sein Simplicissimus keine Ruhe. Der Gott Proteus überredet ihn mit einem Spruch in Geheimsprache, der mit den Worten «Manoha, gilos, timad, isaser, sale, iacob» beginnt und dessen Anfangs- und Endbuchstaben ein Orakel ergeben, wieder in den Ozean des Lebens auszufahren. Nun durchzieht er die Welt als gaukelnder Wallbruder und belehrt die Menschen lachend über ihre Torheit, bis ihn ein Schiffbruch auf eine Südseeinsel verschlägt, wo er verschollen bleibt. Aber dieser größte aller Schelmenromane ist damit nicht zu Ende. In seinen «Continuationen» schlägt sich Simplicissimus als Wunderdoktor, Geisterbanner und Schatzgräber wieder nach Deutschland durch und fristet sein Leben als Zeitungssinger vor der Bude eines Kalendermachers und als Marktschreier eines Doktors, mit dem er noch einmal halb Europa bereist. Er ist jetzt «ein alter Fuchs, der sein Lebtag viel gesehen, viel gehört, viel gelernet, viel gelesen und viel erfahren» hat, und liebt es, «die Wahrheit redlich teutsch, grob zu sagen». In dieser Rübezahlgestalt tritt er in den weiteren simplicianischen Romanen auf, wo man auch das fahrende Gesindel der Gaukler, Bänkelsänger und Harfenweiber noch einmal in seiner Verworfenheit kennenlernt. Es bevölkert den Höllentrichter und Läuterungsberg des simplicianischen Geschichtenzyklus und ist mit den Augen eines großen Dichters gesehen.

Für den alten Grimmelshausen wurde das Gauklertum zum dichterischen Gleichnis, nicht zuletzt seines eigenen Dichtertums. Schon der «Simplicissimus» ist ja ganz auf das Narrenmotiv aufgebaut, und die Art, wie sein Verfasser an ihm weiterdichtete, läßt sich nur aus der Freude an der hermetischen Gaukelei erklären, die ihm wie allen Genies des Komischen im Herzen saß. Im «Springinsfeld» ist der alte, fromm und weise gewordene Simplicissimus im Besitz eines Zauberbuchs, mit dem er auf dem Markt als Tausendkünstler auftritt und einen Haufen Geld verdient. Er läßt die Gaffer der Reihe nach in das Buch blasen; es zeigt immer andere Bilder, die den heimlichen Wünschen jedes Einzelnen entsprechen, und er bläst dann die Blätter wieder weiß, bis zuletzt der wahre Text wieder sichtbar wird. Dieses Zauberbuch ist das Sinnbild von Grimmelshausens Dichtertum. Er steht wie Rabelais, wie der mittelalterliche Gleisner inmitten der ungläubigen Menschenkinder, aber als Gläubiger, als «wie Quecksilber verschwindender und dennoch getreuer Vagant Simplicius Simplicissimus» – der Tor der Toren. Er spielt noch weiter, indem er dieses Buch zuletzt «der Öffentlichkeit» übergibt. Es heißt «Simplicissimi wunderliche Gauckel-Tasche, allen Gaucklern, Marcktschreyern, Spielleuten, in Summa allen denen nötig und nützlich, die auff offenen Märckten gern einen Umbstand herbey brächten, oder sonst eine Gesellschaft lustig zu machen haben». Es ist ein primitives Bilderbuch mit Holzschnitten satirischer Menschentypen und dazugehörigen Versen: das Buch des menschlichen Lebens, mit einer Anweisung zum Gebrauch beim Zaubern versehen. Aber auch die teuflische Kehrseite der Gaukelkunst ist Grimmelshausen noch wohlvertraut. Er schildert sie in der «Landstörzerin Courage». Diese Soldatenhure endet nach ihrem Schandleben nicht wie Simplicissimus in frommer Einkehr, sondern im Kot, und auch dafür erscheint das Gaukelmotiv: sie zieht zuletzt als Weib eines Zigeunerhauptmanns, als Meisterin im Lügen und Hehlen mit geschwärztem Gesicht, wahrsagend und dunkle Künste treibend durch die Welt. Ihr Können ist schwarze Magie, die Hölle reuelosen Verlorenseins.

BÜRGERLICHE VAGANTEN

Gleich am Beginn des achtzehnten Jahrhunderts tauchte in den Leipziger Dichterlumpen Reuter, Günther, Henrici und andern diese Vergangenheit in einer Gestalt auf, die den aufgebrachten Zeitgenossen nicht mehr als Schelmenpoesie, sondern als das Böse schlechthin erschien. Es waren die Erstlinge der literarischen Bohème, des von der bürgerlichen Gesellschaft geächteten Dichtertums. Christian Reuter blieb mit dem «Schelmuffsky» und den Schlampampe-Stücken allerdings nur ein literarischer Radaubruder in den Spuren des älteren Grobianismus. Aber in Christian Günther erhielt Deutschland den ersten persönlichen lyrischen Sänger, den Goethe, der Vollender dieser Kunst, leider mit dem Odium der Zuchtlosigkeit versah. Günthers Untergang war ein echt tragisches Ereignis. In ihm stieß der sprengende aufklärerische Freiheitswille mit dem Widerstand der alten Autoritäten zusammen. Daß er ein Dichter wurde, war in den Augen seines steinern rechtgläubigen Vaters eine Schande, was man beim damaligen Zustand der deutschen Literatur verstehen kann. Daß er aber als Student der Medizin allen Halt verlor, in den Schuldenturm und in brennende Liebesnöte kam, war notwendig, damit dieser erste große Laut aus der Stummheit des deutschen Bürgertums hervorbrechen konnte. Der furchtbare, unversöhnliche Haß des Alten, der immer tiefere Fall des Sohnes in die Verzweiflung bis zum Gebet an den Erlöser Tod – dies alles konnte nicht anders sein, wenn aus der deutschen Sprache ein höherer Ton gekeltert werden sollte. Der Sänger «mit Flammen in der Brust» mußte das Kainszeichen tragen. Er brachte in einer seelisch verkümmerten Welt die Schönheit der Leidenschaft wieder zu Ehren. Ihm war der Dichterberuf zuerst wieder ein alle Vernunft übersteigender Zwang und deshalb auch ein ganz freies Spiel, dem er sich sorglos hingab, ohne zu fragen, was daraus werde. Er fand niegehörte Worte für den Duft des Weins und der Liebe:

> *Werft Blumen, bringt Cachou und Wein*
> *Und schenkt das Glas gestrichen ein*
> *Und führt mich halb berauscht ins Bette.*
> *Wer weiß, wer morgen lebt und trinkt?*
> *Was fehlt mir mehr? Wo bleibt Brunette?*
> *Geht, holt sie, weil der Tag schon sinkt!*

Die Liebe war für Günther ein Wunder, das ihn von Weib zu Weib zog. Er verzehrte sich für die Eine, Unersetzliche, er war aber auch imstande, die Treulosigkeit zu preisen. So in den Strophen «An Mademoiselle H- F-, als er sich den Tag vorher mit der Phillis versprochen hatte»:

> *Himmel, schränkst du auch die Liebe*
> *Durch der Menschen Satzung ein?*
> *Dürften denn die zarten Triebe*
> *Nicht in viel zerteilet sein?*
> *Sehen muß man, auch begehren*
> *Und gleichwohl zurücke stehn;*
> *Pflegst du doch mit Hund und Bären*
> *Viel gelinder umzugehn.*

Die Schönheit des Lebens blüht für ihn vor dem Dunkel des Nichts. Aber auch das Nichts berauscht ihn noch, wie Li-tai-po:

> *Freilich braucht es tapfre Füße, sonder Gram dahin zu gehn,*
> *Wo die Träger unser warten und die Bahren fertig stehn.*
> *Doch da Schickung und Gewalt keinem etwas neues machen*
> *Und das alte Muß erklingt, nehm ich unter Scherz und Lachen*
> *Meinen Abschied von der Erde, wie ein Gast bei später Zeit*
> *Lustig von dem Schmause wandert und noch manchen Jauchzer schreit.*

In denselben «Letzten Gedanken» heißt es dann freilich auch:

> *Sollt auch einer unter euch um mein Grabmal Kräuter lesen,*
> *O so wünsch er mir dabei ein geruhiges Verwesen*
> *Und erinnre seinen Nachbar: Hier schlief unser Bruder ein,*
> *Der uns oftermals ermahnte: Brüder, laßt uns lustig sein!*

Viele von Günthers wildesten Liedern sind dem Elend abgerungen, wo er sich die Narrenkappe aufsetzte und der Welt ihre Verachtung mit wüsten Buhl- und Zechgesängen heimzahlte. Als geborener Freigeist lag er mit seiner Zeit und mit vielen persönlichen Feinden im Streit, die ihn mit ihrer üblen Nachrede verfolgten. Aber er war kein Anarchist, er sehnte sich nach Ruhe und Geborgenheit und gab die Hoffnung auf einen nützlichen Beruf, einen sicheren Hausstand niemals auf. Seine Lieder tönen desto voller, je tiefer sie diesen Kummer aussprechen. Die erotischen und politischen ragen hoch über die ganze Versemacherei seines Zeitalters hinaus. Nach seinem Tod bewunderte man auch seine politischen Gedichte und erkannte, daß in ihm ein echter vaterländischer Sänger, ja ein Prophet dagewesen war, besonders in den gramvollen Strophen «An sein Vaterland», in denen er die friderizianischen Kriege vorhergesagt zu haben schien:

> *Ich fürcht, ich fürcht, es blitzt von Westen,*
> *Und Norden droht schon über dich;*
> *Du pflügst vielleicht nur fremden Gästen,*
> *Ich wünsch es nicht. Gedenk an mich!*
> *Du magst mich jagen und verdammen,*
> *Ich steh wie Bias bei den Flammen*
> *Und geh, wohin die Schickung ruft.*
> *Hier fliegt dein Staub von meinen Füßen;*
> *Ich mag von dir nichts mehr genießen,*
> *Sogar nicht diesen Mund voll Luft!*

Als Verzweifelter glaubte er weder an seinen noch an Deutschlands Ruhm. In der Grabschrift, die er für sich verfaßte, warnt er vor seinem Staub als einer dämonischen Gefahr. So bekennt der Ausgestoßene den Glauben an seinen Adel.

> *Hier starb ein Schlesier, weil Glück und Zeit nicht wollte,*
> *Daß seine Dichterkunst zur Reife kommen sollte;*
> *Mein Pilger, lies geschwind und wandre deine Bahn,*
> *Sonst steckt dich auch sein Staub mit Lieb und Unglück an.*

Solche Außenseiter waren es, die dem freiheitlichen Denken in der Literatur zum Durchbruch verhalfen. In den Pariser und Londoner literarischen Zirkeln machten sie mit vornehmen Freigeistern gemeinsame Sache. In London dienten das komische Theater, der Journalismus, der parlamentarische Betrieb den radikalen Hitzköpfen als Tribüne. Da blühte die gesellschaftliche Satire, die umstürzlerische literarische Kritik; da wurde Defoe als Flüchtling und Sträfling populär, und Gay schrieb seine «Bettleroper», die das Gaunerleben literaturfähig machte. Fielding, von Beruf Friedensrichter, verkehrte als leichtsinniger Lebemann mit den Modellen seiner Romane. Auch Goldsmith war ein unverbesserlicher Bruder Leichtfuß, der sich in keinem bürgerlichen Beruf zurechtfand. Die deutsche Literatur war an solchen Köpfen und Herzen arm, sie war eine Sache der Schulmeister und Pastoren, nicht der selbstsicheren

Spötter und Empörer. Nur einer lehnte sich nach Günther gegen diese brave Mittelmäßigkeit auf, und auch er büßte seinen Übermut. Lessing ließ sich als Student der
Theologie in Leipzig von einem verbummelten Vetter zum fröhlichen Kneipenleben,
zum Umgang mit Schauspielern und Schauspielerinnen, zum Stückeschreiben verführen, machte Schulden, bürgte wie Molière für eine Theatertruppe und floh, als sie in
Konkurs geriet, vor dem Schuldgefängnis nach Wittenberg. Hier wurde er selber
bankrott, kroch aber erst recht nicht zu Kreuz, sondern nahm in bettelhaftem Aufzug
den Weg nach Berlin unter die Füße, um als Schriftsteller zu réussieren. Der Journalismus rettete ihn, er wurde als Kritiker und Dramatiker berühmt. Aber der Zigeuner
in ihm ließ sich nicht zahmfüttern; als im Siebenjährigen Krieg Berlin erobert wurde,
warf er zum Schrecken der Freunde seinen ganzen Autorenruhm weg und tauchte in
Breslau als Sekretär eines preußischen Generals im Soldatenleben unter. Er wurde ein
Trinker und Spieler, zechte nächtelang mit den Offizieren, vergaß sich schwitzend
beim Pharaospiel und warf das gewonnene Geld zum Fenster hinaus. Es war die Hexenküche, in der er wieder jung wurde. In diesen verlorenen Jahren sammelte er sich
innerlich zu seinen Meisterwerken, die «Minna von Barnhelm» ist ihre Frucht. Als
später der Klüngel um Pastor Goeze ausstreute, Lessing habe ein Verhältnis mit seiner
sechzehnjährigen Stieftochter, die ihm nach dem Tod der Mutter in Wolfenbüttel den
Haushalt führte, und er das Kind, das Abbild seiner toten Eva, in fremde Hände geben
mußte, schrieb er in wildem Schmerz: er könnte sich «leicht auf das andere Ende
werfen», um nicht in seine «schreckliche Einsamkeit» zurückzufallen, «so daß ich
mein Leben beschlösse, wie ich es angefangen habe: als ein Landstreicher und als ein
weit ärgerer als ehedem» ...

Die von Rousseau erschütterte Jugend bekannte sich offen zur Anarchie und schuf
eine Literatur der verlorenen Söhne, die das Bürgertum alarmierte. Hamann verkam
in London als faulenzender Trunkenbold, Dirnenknecht und Schuldenmacher, brach
plötzlich über der Bibel zusammen und stand als Prophet des lebendigen Wortes auf,
der den Intellekt den luziferischen Abfall von der Wahrheit nannte. Seine prophetische Schriftstellerei war aber wie Kuhlmanns «Kühlpsalter» ein so vertracktes Gemisch aus echter Erleuchtung, ketzerischer Opposition und Gaukelspiel mit der
Sprache, daß sie nur unterirdisch wirken konnte und noch heute der Entzifferung harrt.
Lavater reiste als Apostel der Begeisterung umher und lockte üble Doppelgänger auf
den Plan. Herder riß sich in Riga brüsk von dem Pflichtenkreis los, in dem er zu er-
starren fürchtete, und verabschiedete sich auf der Kanzel mit dem Hinweis auf einen
«inneren Ruf Gottes». Bürger machte sich mit seiner Buhlpoesie unmöglich, obschon er die großen Erotiker des Altertums als Zeugen zitierte. Er rief die deutsche
Kunstballade ins Leben, indem er bewußt an den verachteten Bänkelsang der Jahrmärkte anknüpfte, und schrieb in den «Wunderbaren Reisen zu Wasser und zu Lande,
Feldzügen und lustigen Abenteuern des Freiherrn von Münchhausen, wie er dieselben bei der Flasche im Zirkel seiner Freunde zu erzählen pflegt» das letzte Volksbuch
im Stil der alten Schelmenromane. Dennoch mußte er erleben, daß Schiller seine
Popularität als etwas Minderwertiges abtat, und wehrte sich vergeblich dagegen.

Denn dieses Urteil war besser begründet als Goethes Wort über Günther. Der Adel,
das Maß, das innere Feuer Günthers gehen Bürger ab. Er floh bereits hinter die Maske
des Naturburschen, um mehr zu scheinen, als er war.

Goethe stand eine Zeitlang ganz auf der Seite der Kraftgenies und wurde als ihr
Rädelsführer geliebt und verunglimpft. Er nannte sich den «Wanderer», ließ sich
überall nur für Stunden halten und begrüßte die aufgehende Sonne mit «Kreistänzen»
auf den gefrorenen Flüssen. «Ich gewöhnte mich, auf der Straße zu leben und wie ein
Bote zwischen dem Gebirg und dem flachen Lande hin und her zu wandern. Oft ging
ich allein oder in Gesellschaft durch meine Vaterstadt, als wenn sie mich nichts an-
ginge, speiste in einem der großen Gasthöfe in der Fahrgasse und zog nach Tische
meines Wegs weiter fort. Mehr als jemals war ich gegen offene Welt und freie Natur
gerichtet. Unterwegs sang ich mir seltsame Hymnen und Dithyramben, wovon noch
eine unter dem Titel ‚Wanderers Sturmlied‘ übrig ist. Ich sang diesen Halbunsinn leidenschaftlich vor mich hin, da mich ein schreckliches Gewitter unterwegs traf, dem
ich entgegengehen mußte.» Der Wanderer sang nicht nur Hymnen und Dithyramben, sondern auch die Balladen, mit denen er Bürgers Bänkelsängerei ins Geniale erhob. Eine von ihnen, übermütig abgebrochen, trägt in der «Claudine von Villa Bella»
der Vagabund Crugantino vor, der sich aus Ekel an der bürgerlichen Welt unter falschem Namen mit Räubern und Spielern herumtreibt, als «Bürschchen wie ein Hirsch-
chen» die Frauen betrügt und in Pfarrhäusern stiehlt, ohne sich erwischen zu lassen:

> *Es war ein Buhle frech genung,*
> *War erst aus Frankreich kommen,*
> *Der hat ein armes Maidel jung*
> *Gar oft in Arm genommen –*

Dieser Taugenichts, der in ein Schloß eindringt und sich der stolzen Geliebten ins
Herz singt, um wie ein Geist zu verschwinden, war ein Selbstbildnis. Der Verzicht
auf die Freiheit fiel Goethe schwer. Er hauste in Weimar noch jahrelang in dem abgelegenen Gartenhaus, das ihm Carl August geschenkt hatte, bevor er sich entschließen
konnte, in der Stadt zu wohnen. Der Zugang zu seiner Klause war mit Vexierhinder-
nissen an Wegen und Brücken versperrt; nach wie vor schweifte er zu allen Tages-
und Nachtzeiten durch das Land, badete winters im Fluß oder empfing die Vertrauten zu einem tollen Fest. Es war der Wanderer in ihm, der sich bei Nacht und Nebel
unter falschem Namen plötzlich nach Italien «fortstahl» und nicht zurückzublicken
wagte, bis er den Brenner hinter sich hatte.

Wie tief der Außenseiter in Goethe saß, verriet sich für einen Moment wieder, als
die Revolution die feudale Weltordnung in Frage stellte. Der Beleg dafür sind die
Venezianischen Epigramme. Hier sieht man, wie er sich, im Tiefsten aufgestört, mit
Bettlern, Dirnen, Knaben, Tänzerinnen in Venedigs Spelunken verbrüdert. Er hält
sein Leben für verfehlt, auch von seiner Kunst denkt er skeptisch wie von dem ganzen bedenklich zerrütteten Europa. Er läßt sich mit einem Gauklermädchen – der
leibhaftigen Mignon – ein, und das Verhältnis mit ihr dient ihm als Hohlspiegel, in

dem er die Fragwürdigkeit der Zeit reflektiert. Dasselbe höhnische Lächeln, nur ohne die persönliche Unsicherheit, zeigt dann noch einmal der «Reineke Fuchs». Auch er spiegelt eine gesetzlose Welt, eine Blütezeit der Aufwiegler und Bösewichter, und ist weniger harmlos, als man meint. Er erneuert nicht nur das nihilistische Gedicht des Gleisners zu einer Satire auf das schlimme Welttreiben nach dem Pariser Umsturz, er stellt in hinterhältiger Umkehrung des «Torquato Tasso» auch Goethes eigenes Leben in der Weimarer Residenz dar. Sein Thema ist Reinekes Verhältnis zum Hof des Königs Nobel, wo er, wie Goethe beim Herzog, als weisester Ratgeber und Mitglied des geheimen Conseils angeschrieben ist. Der Fuchs schwänzt aber die Sitzungen, verbirgt sich in seinem Malepartus und haut die Boten, die ihn herbeischaffen sollen, übers Ohr, während seine Feinde den König mit Anklagen bestürmen und immer neue Hiobsbotschaften über ihn einlaufen. Das ist die Travestie des Hofklatsches, der Goethes Günstlingsstellung in Weimar lange fraglich machte. Der treue, beschränkte Isegrimm sieht wie eine Karikatur des Antonio Montecatino aus, Reinekes Schindluderei mit der Religion wie eine Parodie des Heiligkeitsstrebens in der «Iphigenie». Goethe pflegte sein Haus am Frauenplan gelegentlich seinen «Malepartus», seine «Dachshöhle» zu nennen.

Er ist nicht nur der Dichter Fausts, sondern auch der Dichter Mephistos. Wie die Fabel vom Bösewicht Reineke Fuchs erneuerte er die mittelalterliche Teufelspoesie, die durch ihn für die ganze europäische Kunst wieder lebendig wurde. Der Hexensabbat auf dem Blocksberg und auf den thessalischen Feldern ist ihm nicht ohne Grund unvergleichlich besser gelungen als Fausts Himmelfahrt. Er konnte auch der Faustfabel auf die Dauer nur gauklerisch Herr werden. Der Sohn, den Faust mit Helena zeugt, verkörpert nicht einfach die Poesie. Euphorions Flug und Sturz sind als Requiem für Byron gemeint, aber in diesem Luftkind, das «faunenartig ohne Tierheit» nicht gehen, nur springen kann und fliegen möchte, verherrlicht Goethe zugleich die Ungebundenheit des Dichterischen, die ihm an dem geächteten Lord erregend wieder aufgegangen war. Euphorion, in «blumenstreifigen Gewanden» und mit der goldenen Leier in der Hand, «völlig wie ein kleiner Phöbus», aber zum Schrecken der Eltern «wie ein Ball geschlagen» von Fels zu Fels sich werfend, ist der Genius der «lieblichen Lüge», ist der wiedergekommene Hermes. Als diesen begrüßt ihn der entzückte Chor, der die Taten des göttlichen Lügenkindes erzählt und sich in der arkadischen Landschaft vom schönen Schmetterlingsknaben zu den ausgelassenen Spielen verführen läßt, die mit dessen Sturz aus der Höhe enden. Mephisto hat die Ehe Fausts mit Helena gestiftet, er kündigt die heitere Geburt des Wunderkindes an, sein Werk ist der ganze phantastische Zauber dieser Szene. Sie stellt allegorisch die Freiheit dar, die sich Goethe von Helenas Verschwinden an in der Behandlung des Mythus herausnimmt.

> *Eurer Götter alt Gemenge,*
> *Laßt es hin, es ist vorbei.*

Auch das ruft Mephisto den Mädchen zu, die in Euphorion den Sohn der Maja wiedererkennen. Im Herzen des zweiten «Faust» wird der Gaukelgott beschworen. Am

Ende der Phantasmagorie legt Mephisto seine antike Maske ab, «um, insofern es nötig wäre, im Epilog das Stück zu kommentieren». Nötig wäre es wohl, aber niemand verlangt seinen Kommentar.

Goethes Verjüngungen bestanden immer darin, daß er den Gaukler und Vaganten in sich wieder aufleben ließ. Dann konnte er alle gesellschaftliche Moral verblüffend verneinen und das, was er bisher heiliges Gesetz genannt hatte, lachend widerrufen. Sein Verhalten beim Sturz Napoleons, beim Erscheinen des Teufelslords beweist es. Wie brach er im «Divan» noch einmal in die grenzenlose Freiheit auf, wie schlug er da wieder das Gelächter Euphorions an! Er verwandelte sich in den Vogelfreien, der «sein Sach auf Nichts gestellt» hat. Ein Zug sublimer Gaukelei geht auch durch dieses Werk und spukt in seinem Stil, in der Nachahmung des orientalischen Chiffernspiels, in der Freude am Geheimschriftlichen, am Hermetischen. Hier nennt sich Goethe auch wieder den Wanderer, hier preist er das ewige Recht der Liebe, der Schönheit und der Jugend:

Trunken müssen wir alle sein!
Jugend ist Trunkenheit ohne Wein.

Der Wanderername kam dann im letzten großen Alterswerk, den «Wanderjahren», noch einmal zu hohen Ehren. Nicht nur im Titel, sondern in der Handlung und Geistigkeit bestimmt er diesen letzten Teil des Lebensromans. Daß der mit Nathalie verlobte Wilhelm Meister noch einmal auf Wanderschaft gehen muß, um im ziellosen Unterwegssein «ein Organ aus sich zu machen», ist ein Rückgriff des greisen Goethe auf seine extravagante Jugend, daß sich Wilhelm überall nur drei Tage aufhalten darf, ist nicht nur dichterische Stilisierung jener einstigen Lebensweise, sondern erinnert an den altgermanischen Brauch, daß ein Gast nur drei Tage in einem fremden Haus bleiben durfte, wie es in der Edda und in den Sagas noch erwähnt wird. In Goethes innerster Ruhelosigkeit lebte die Unruhe fort, die seit alters den großen Gestalten der germanischen Dichtung innewohnt. Vielleicht ist sein immer wieder durchbrechendes Verständnis für unstete Naturen samt dem Haß gegen alles, was ihm als Zuchtlosigkeit erschien, auch darin begründet. Er hat das Härteste, aber auch das Schönste über die verlorenen Kinder dieser Welt gesagt. In den «Zahmen Xenien» stehen die Verse:

Erlauchte Bettler hab ich gekannt,
Künstler und Philosophen genannt;
Doch wüßt ich niemand, ungeprahlt,
Der seine Zeche besser bezahlt.

Die Romantik ging auf die Ursprünge zurück und holte mit dem Orphischen auch das Gauklerische wieder herauf. Sie wurde dabei durch die Philosophie und die Geschichtsforschung unterstützt. Schelling erklärte den Dichter als das Organ der Weltseele, als die Krone der sich selber suchenden Schöpfung. Die Historiker entdeckten die mittelalterliche Poesie mit ihren Troubadours und Spielleuten, die sie derart beeindruckte, daß sie einen Abgrund zwischen jener und der heutigen, zwischen volkstümlicher und erlernter Kunst sahen. Für die Brüder Grimm war alle bewußte Kunstdichtung nur ein vergeblicher Versuch, es mit dem unergründlichen Zauber der Volkspoesie aufzunehmen, die nicht von Einzelnen, sondern von Völkern und Zeitaltern geschaffen worden war. Besonders Jacob sprach von der dichtenden Volksseele mit einem schwermütigen Ernst, der Viele ergriff. Diese Herrlichkeit verdunkelte die Sinnbilder des klassischen Sängertums, die in Weimar verehrt wurden. Das Heimweh nach ihr breitete sich aus, und es wurde dadurch noch größer, daß man erkannte, wie unwiederbringlich das mittelalterliche Dichterleben dahin war. Es wurde zur Legende, der romantische Drang ins Unendliche bemächtigte sich dieser Erinnerung und umwob sie mit einem märchenhaften Glanz. Dieser Sehnsucht entsprang die romantische Spielmannspoesie, die Goethe in der Jugend noch gelebt, aber im «Divan» bereits zum dichterischen Motiv gemacht hatte. Das romantische Spielmannsideal sieht anders aus als seine persische Maske. Es verkörpert das Namenlose, Mysteriöse der Naturpoesie, das selig Verführende und unselig Verderbende der Dichtung. Der Spielmann taucht bald erlösend, bald gefährlich auf, aber immer als Bote aus dem Reich der Elemente.

Schon Novalis sah im Dichter den Sohn einer unausdenkbaren Freiheit, zeichnete ihn aber noch ohne diese Dämonie. «Es sind die Dichter, diese seltenen Zugmenschen», heißt es im «Ofterdingen», «die zuweilen durch unsere Wohnsitze wandeln und überall den alten ehrwürdigen Dienst der Menschheit und ihrer ersten Götter, der Gestirne, des Frühlings, der Liebe, des Glücks, der Fruchtbarkeit, der Gesundheit und des Frohsinns erneuern; sie, die schon hier im Besitz der himmlischen Ruhe sind und, von keinen törichten Begierden umhergetrieben, nur den Duft der irdischen Früchte einatmen, ohne sie zu verzehren und dann unwiderruflich an die Unterwelt gekettet zu sein. Freie Gäste sind sie, deren goldener Fuß nur leise auftritt» ... Erst den Halbitaliener Brentano packte die Magie des Spielmännischen, Musikantischen. Er wagte es, sich diesem Zauber zu überliefern, und zog als Sammler altdeutscher Lieder und Mären, als Improvisator neuer Lieder mit der bebänderten Laute den Rhein und Neckar entlang. Er erfand die Sage von der Lorelei, der Zauberin zu Bacharach, die das in den Abgrund Ziehende des freien Singens wiedergibt. Seine tanzende, aber friedlose Seele versuchte sich mit der Volksseele zu verschmelzen, ohne daß es ihr gelang. Brentanos Lieder im Volkston sind durch die alten Weisen befruchtet, aber nichts weniger als naiv empfunden. Sie funkeln von einer bizarren Ironie oder Sentimentalität, die den schlichten Einsatz nach einigen Strophen regelmäßig zerstört. Es ist alles nur Spiel mit der Einfalt des Herzens; zwischen den leuchtenden Wortblüten blickt die Angst eines Besessenen hervor, die im «Frühlingsschrei eines Knechtes aus der Tiefe» unverstellt ausbricht. Nicht Volkslyrik in der Art des «Wunderhorns», sondern fromm verkleidete Hexerei mit Worten war das Beste, was dieser Zauberer mit dem schlechten Gewissen zustande brachte.

> *O wähnend Lieben, Liebeswahn,*
> *Allmächtiger Magnet,*
> *Spann einen Schwan an meinen Kahn,*
> *Der stets nach Süden geht —*

Eichendorff versuchte seine Spielmannslieder nicht zu leben, er dichtete sie nur, und ohne Zweifel sind sie deshalb die schönsten. Der Christ, aber auch der Künstler in ihm ließ sich nicht ganz durch diese Erinnerung berücken; er lauschte ihr tief betroffen, aber als Verzichtender. So wurde ihm der heimatlos wandernde, werbende und unwiderstehlich lockende Spielmann zum Sinnbild des dämonischen Dichters, den er in sich trug. In den Romanen und Novellen stellt er ihm meist den reinen Künstler gegenüber, unter seinen Gedichten aber sind viele, die dem verfluchten Sänger das letzte Wort lassen. In einigen vollendetsten Liedern öffnet sich der «farbige Schlund» der Trunkenheit, die Musikanten schweifen dem Glück in der Ferne bis an den Rand des Verderbens nach, oft verlieren sie sich in ihm. In diesen Romanzen – «Schöne Fremde», «Der irre Spielmann», «Der zaubrische Spielmann», «Waldgespräch» – läßt sich Eichendorff in die Tiefen der Bezauberung sinken, aus denen es kein Wiederkommen zu geben scheint. So im «Irren Spielmann»:

> Ich möcht in den tiefsten Wald wohl hinein,
> Recht aus der Brust den Jammer zu schrein,
> Ich möchte reiten ans Ende der Welt,
> Wo der Mond und die Sonne herunterfällt,
>
> Wo schwindelnd beginnt die Ewigkeit
> Wie ein Meer, so erschrecklich still und weit,
> Da sinken all Ström und Segel hinein,
> Da wird es wohl endlich auch ruhig sein.

Für die Romantiker war der Dichter der letzte ursprüngliche Mensch. Ihre Künstlerromane, -dramen und -romanzen verherrlichen ihn als den, der alle Bindungen verschmäht und lieber in Freiheit untergeht, als daß er sich selbst untreu wird. Er steht in einem ewigen Gegensatz zum seßhaften Bürger, den sie in einem Kreuzzug des Witzes, der Anklage bekämpfen und verspotten. Aber es stellte sich bald heraus, wer in diesem Kampf Sieger blieb, und die Tonart veränderte sich. Das Bekenntnis zur Künstlerfreiheit wurde zum Bekenntnis des Unterliegens. Sie konnte nur noch in tragischen Formen gelebt werden, bestenfalls in einem Doppelleben, wie es Eichendorff führte. Für die Meisten blieb sie ein unlösbares Problem, deshalb wurde der Künstler wie noch nie zuvor zum Thema der Kunst. Das Besondere an Hoffmanns Künstlernovellen ist, daß sie aus der Leidenschaft für die Musik geboren sind. Aber auch seine Musiker, ob erfunden oder historisch, sind Abwandlungen des Spielmannsideals. Er läßt sie dem Dämon Musik rückhaltlos verfallen und an ihm zugrunde gehen, denn Musik ist für ihn Ekstase, verzehrende Glut – mit einer Ausschließlichkeit, die er selbst dunkel als dilettantisch erkennt. Mit Vorliebe stellt er ihre zerstörende Wirkung dar, obschon er sie immer wieder einen Engel des Himmels nennt und die hohe Besonnenheit ihrer Meister rühmt. Seiner «bis zur zerstörenden Flamme aufglühenden Phantasie» war, wie der seines verrückten Kapellmeisters Kreisler, «zu wenig Phlegma beigemischt und so das Gleichgewicht zerstört worden, das dem Künstler durchaus nötig ist, um mit der Welt zu leben». Er liebte Mozart über alles, und doch erlebte er die Musik als einen Rauschtrank, dem er wie dem Alkohol verfallen war, als einen Inkubus, der ihn überwältigte. Er nennt sie das «aufgeschlossene Geisterreich» und spricht viel von ihrer Zauberkraft. «Musik! – mit geheimnisvollem Schauer, ja mit Grausen nenne ich dich! – Dich! in Tönen ausgesprochene Sanskrita der Natur! – Der Ungeweihte lallt sie nach in kindischen Lauten – der nachäffende Frevler geht unter im eigenen Hohn!» Immer wieder weist dieser Besessene auch auf den «dämonischen Mißbrauch» der Himmelsmacht Kunst hin und schildert den Hang des Künstlers zum Irrsinn. Dies alles verrät, daß er selbst ein «in kindischen Lauten nachlallender Ungeweihter» war. Seine Stärke liegt in der Darstellung des scheiternden Künstlers, des Dilettanten und Narren, er ist ein verzückter Gaukler der Rauschphantasie.

Von allem Anfang an war der Romantik auch der Hang zum «negativ Unendlichen» der Parodie, des Humors, des Witzes eingeimpft. Friedrich Schlegel, der Erfinder ihrer programmatischen Schlagworte, schrieb ihr in seinen Athenäums-Fragmenten, in Abhandlungen wie der «Über die Unverständlichkeit» den Freibrief für die Selbstauflösung im verantwortungslosen Spiel. Er definierte die romantische Dichtung nicht nur als «Poesie der Poesie», als «progressive Universalpoesie», sondern auch als «transzendentale Bouffonnerie», als «Paradoxie» und «Ironie». Das Zeichen ihrer Überlegenheit sollte vor allem diese Ironie sein, die er in einer ganzen Skala von Spielarten anpries. Er wußte sich dabei vom Hermetiker Hamann wie von Skaramuz legitimiert, der, «wenn er sich freundlich und ernsthaft mit jemand zu besprechen scheint, nur den Augenblick erwartet, wo er wird mit einer guten Art einen Tritt in den Hintern geben können». Die Ironie, verkündete er, liebt die Chiffernsprache, sie sagt die längst trivial gewordenen höchsten Wahrheiten so, daß sie wieder anstößig wirken. «Noch sind wir nicht weit genug mit dem Anstoßgeben gekommen: aber was nicht ist, kann noch werden.» Die Ironie durchschaut alles, auch sich selbst, dann wird sie zur «Ironie der Ironie». Das Heil der in Begriffe entleerten Welt kann nur noch von ihr kommen. Sie muß und will unverständlich sein, ihre Eulenspiegelei ist die dem modernen Verstand angepaßte Mystik. «Sie enthält und erregt ein Gefühl von dem unauflöslichen Widerstreit des Unbedingten und des Bedingten, der Unmöglichkeit und Notwendigkeit einer vollständigen Mitteilung. Sie ist die freieste aller Licenzen, denn durch sie setzt man sich über sich selbst weg; und doch auch die gesetzlichste, denn sie ist unbedingt notwendig. Es ist ein sehr gutes Zeichen, wenn die harmonisch Platten gar nicht wissen, wie sie diese stete Selbstparodie zu nehmen haben, den Scherz gerade für Ernst und den Ernst für Scherz halten.»

Die Ironie war keine Erfindung Schlegels. Er witterte nur die unvermeidliche Kehrseite des Ekstatischen und mimte komisches Entsetzen über den Siegeszug dieses neuen Prinzips. «Welche Götter werden uns von allen diesen Ironien erretten können?» Er sah die Ironie zur Manier werden, ja zur Götterdämmerung: «Bald wird nicht mehr von einem einzelnen Gewitter die Rede sein, sondern es wird der ganze Himmel in einer Flamme brennen, und dann werden euch alle eure kleinen Blitzableiter nichts mehr helfen.» Er meinte damit die Skandalisierung der Literatur, an der er seine spitzbübische Freude hatte. «Denn wahrlich, die Gestirne deuten auf fantastisch.» Darin hatte er allerdings recht; sein Evangelium der Zweideutigkeit machte Schule bei denen, die es als Ersatz für Genialität brauchen konnten. Es deckte schlechterdings alles, nicht nur den Humor Jean Pauls und die Mystik von Novalis, sondern auch die dichterische Stümperei Werners und Schlegels selbst. Wer kein Geist ersten Ranges war, konnte als Ironiker immer noch groß scheinen. Die Ironie machte Tieck unangreifbar, der in seinen Lustspielen die Späße des Stegreiftheaters aufwärmte, den Leuten mit okkultistischen Sentimentalitäten die Haare zu Berge stellte, aus dem mißverstandenen Minnesang seine «musikalische Lyrik» destillierte und mit alledem scheinbar ein Genie, in Wahrheit nur ein Chamäleon war. Zusammen mit Hoffmanns, Brentanos, Arnims Exzentrik, mit Tiecks Verdeutschung des «Don Quichote», den Taten der Mythologen und Sprachphilosophen und der ganzen obskuren Mitläuferschaft der neuen Schule ergab das eine gauklerische Seite der romantischen Bewegung, die für sie nicht nur charakteristisch, sondern verhängnisvoll war.

Auch die echten Dichter der Romantik haben an dieser Seite teil, und sie ist nur an ihnen erfreulich. Mörike, Stifter, Keller erbten sie auch und machten sie zu einem hohen Reiz ihrer Kunst. Die Anarchie war Mörike schon früh entgegengetreten, aber nicht als Spielerei, sondern erschütternd: in der schönen Landstreicherin, der er als Student verfiel, in seinem durchgebrannten Freund Waiblinger, der in Italien verkam, und im wahnsinnigen Hölderlin, in dem er den Gezeichneten sah. Aus diesen nie verwundenen Erinnerungen formte er die Gestalten des «Maler Nolten»: den verlorenen Schauspieler Larkens, die Zigeunerin Elisabeth, den Feuerreiter, den lustigen Räuberhauptmann Jung-Volker. Dieser, der Sohn des Windes mit einem frechen Weib, der Spielmann ohnegleichen mit Fiedel und Flinte – wie Tristan mit Harfe und Schwert – ist Mörikes Sinnbild für die verlorene Einheit von Leben und Poesie. Im verrückten Barbier Wispel mit seinen hirnverbrannten Gedichten, die in die Vorgeschichte des Surrealismus gehören, schlägt auch seine Spielmannspoesie ins hermetische Gaukelwerk um. Dies alles hegt Mörike als großer Dichter in sich. Bei Keller ist es ähnlich. In ihm resignierte und klärte sich der romantische Witz zum bürgerlichen Humor. Aber das Elmsfeuer der Ironie leuchtete in andern Köpfen weiter und wurde dort zu dem Flammenhimmel, den Schlegel prophezeit hatte.

POÈTES MAUDITS

Die Spielmannsfigur wurde bis zum Überdruß abgewandelt, man empfand sie als die Quintessenz der ganzen romantischen Bewegung. Uhland baute um sie seine biederen literaturgeschichtlichen Balladen, die Gaselendichter in der Nachfolge Goethes kostümierten sie orientalisch. Inzwischen war aber das gesellschaftsfeindliche Genie wieder wirklich, und zwar in einer Gestalt aufgetreten, die diesen Mummenschanz erledigte.

Lord Byron, der schöne Verführer und blasierte Zyniker, hatte den literarischen Satanismus begründet. Er schwelgte in den Gefühlen des Geächteten, in der Opposition gegen die korrupte Gesellschaft, in den Rachewünschen des Verkannten und unge-

recht Verfolgten. Fast niemand sah, daß sein Weltüberdruß, seine Menschenverachtung nur der Deckmantel einer Sucht waren, um jeden Preis Aufsehen zu erregen.

> *Vom schwersten Unrecht bis zum feigsten Hohn,*
> *Litt ich nicht alles? Schmähung laut und leis,*
> *Der schäumenden Verleumdung frechsten Ton,*
> *Das flüsternde Gezisch im engsten Kreis,*
> *Und jener Nattern feinres Giftgeschmeiß,*
> *Das mit bedeutungsvollen Janusblicken*
> *Wahr scheinen möcht und stumm zu lügen weiß –*

Der Décadent trug hier noch die Maske des luziferischen Empörers. Byron erwog die
Auswanderung nach Übersee und träumte von einem Leben als Pionier auf den Anden,
bevor er sich entschloß, seine Irrfahrten durch zwei Erdteile mit einer Hilfsexpedition
zu den um ihre Freiheit kämpfenden Griechen zu krönen. Der Verfemte nahm die Partei der Unterdrückten, das ahasverische Leiden des Dichters an der Welt wurde zur
Sensation der Tagespresse. Mit den Blicken Europas ruhten auch die Goethes wohlgefällig auf diesem seinem Schüler, dem er als dem einzigen ebenbürtigen Zeitgenossen
im «Faust» die Totenfeier zelebrierte. Strophen Goethes begrüßten ihn bei der Ein-
schiffung in Livorno; überall, wo seine Brigg «Herkules» anlegte, bejubelte man ihn,
aber in Missolunghi erwartete den Dichterhelden eine beispiellose Tragikomödie. Er
fand statt des Heldenvolkes eine dilettantische Unordnung vor, die er mit seinem Geld
nur vorübergehend schlichten konnte, und erlebte den kläglichen Bankrott seines
Triumphzuges. Es regnete wochenlang in Strömen, Byron lag nach einem Bad im
Meer fiebernd in dem sumpfigen Fischernest und starb drei Monate nach der Ankunft.
Sein einbalsamierter Leichnam lag in der Hauptkirche aufgebahrt, dann wurde der
große Britenhasser nach England übergeführt, wo der Versuch, ihn in Westminster
oder St. Paul beizusetzen, am Widerstand der Geistlichkeit scheiterte.

Der «Teufelslord» war der erste moderne Dichter, vor dem sich die Kenner nicht
mehr einigen konnten, ob er ein beispielloses Genie oder ein Charlatan sei. Sein Weltschmerz begann wie ein Fieber zu grassieren, es entstand das Bewußtsein, daß ein unheilbarer Riß in die Welt gekommen sei. Ein neuer Typus des Dichters trat auf, der das
Leiden an diesem Riß aussprach, und gleichzeitig sein Kopist, der die Verzweiflung
posierte. Das Gauklertum der Melancholie löste das der Ironie ab. Georg Büchner ließ
neben dem blutig-zynischen Monstrum seines «Danton» die herrlich schillernde Seifenblase seines Lustspiels «Leonce und Lena» aufsteigen, dessen hamletisch zerrissenen
Helden der Rüpel Valerio begleitet. Valerio ist Hermes neben Apoll, ein Abkömmling
der Shakespeareschen Narren und alten Hanswurste, der gesunde Plebejer mit dem
Maul voll ätzender Wortspiele. Grabbes Tragödien waren überhaupt nur noch Gri-
massen der Impotenz, wie er selbst die Karikatur eines Genies. Nur sein nebenher hin-
geworfenes Teufelslustspiel hat einen originalen Zug, aber Grabbe wollte nicht als
Narr, sondern als nationaler Dramatiker in die Geschichte eingehen. Das Kainszeichen
des Problematischen wurde zum Stigma einer ganzen Generation, die vagantische Un-

ruhe in neuen Formen zeitgemäß. Erst bediente sie sich noch der Postkutschen und Segelschiffe, bald der Eisenbahnen und Überseekurse.

Shelley war wie Byron von vornehmer Abkunft und Erbe eines großen Vermögens, ließ sich jedoch, da er das Geld verachtete, mit einer bescheidenen Rente abfinden, um sein Zigeunerleben fortsetzen zu können. Nachdem er sich zwei Entführungen geleistet und mit gottlosen Büchern Staub aufgewirbelt hatte, galt auch er als ein Haupt der diabolischen Schule. Gérard de Nerval wurde von seiner Unrast in den Orient, in die Umnachtung, in den Selbstmord getrieben. Auch Lenau war reisewütig; er ließ sich vom Trugbild des jungfräulichen Amerika verlocken und brach in Goethes Todesjahr in den Urwald auf. Die Ländereien am Missouri, die er erwerben wollte, erwiesen sich aber in der Nähe als ein Phantom; was er davon wirklich kaufte, mußte später versteigert werden, weil er den ganzen Plan längst aufgegeben hatte und die amtlichen Briefe gar nicht mehr beantwortete. Er brachte nichts zurück als seine Indianerpoesien, die im Grund nur seine müden Zigeunerlieder in exotischem Kolorit wiederholen. Auch er war ein Gebrochener, kein Träger heidnischer Sinnlichkeit und Naivität wie Walt Whitman, der bald darauf seinen Gesang auf das nackte Leben in der Prärie anstimmte. Die zivilisierten Literaten der alten Welt sangen das Lied der Ursprünglichkeit aus ohnmächtiger Sehnsucht. Sogar die russische Jugend krankte an dieser Schwäche. Gogol wurde nicht aus Übermut ein unsteter Mann. Er machte sich mit achtzehn Jahren enttäuscht in den Westen davon und schrieb als ewig gehetzter Reisender, der nur in Italien vorübergehend zur Ruhe kam, die «Toten Seelen», diesen Lobgesang auf die russische Erde – das Werk eines Heimatlosen wie fast alle nationalen Epopöen.

Die Romantik ging an der Ironie zugrunde, sie parodierte zuletzt sich selbst. In Heinrich Heine trat der Gaukler aller Gaukler auf, der das Todesurteil an sich und ihr vollstreckte. Er steigerte in jungen Jahren den Spielmannszauber Eichendorffs und Brentanos zu einer Virtuosität, die alle Welt für den Gipfel volkstümlich-einfältigen Singens hielt, ohne das Gift in ihr wahrzunehmen. Als Flüchtling in Paris warf er sich zum ersten deutschen Publizisten von französischem Witz und Charme auf, auch das gelang ihm vollkommen. In den lyrischen Travestien «Atta Troll» und «Deutschland» mischte er Volksliedzauber und Journalismus zu einem Trank, der es erlaubte, Sentimentalität und Zynismus in einem Zug zu genießen. So gekonnt, salopp und frech hatte noch keiner mit dem Magischen gespielt, nur er selbst konnte das Zerstörungswerk mit seinem letzten Gedichtbuch noch überbieten. Der «Romanzero» zauberte noch einmal die «mondbeglänzte Zaubernacht» der Romantik mit dem ganzen Karneval ihrer Lieblingsfiguren herauf, um gellend das Ende, den welthistorischen Sieg des Gemeinen zu verkünden und die verblühte blaue Blume dem Sturm der Zeit zu übergeben. Aber nicht nur die Romantik, die Dichtung selbst erhielt hier den Abschied. Heine prostituierte sie, indem er sie scheinbar vollendete. Es ist naiv, in ihm nur den Juden zu sehen. Die Katastrophe, die er verkörpert, lag in der Luft, und er war nur einer unter Vielen, die sie herbeiführen halfen.

Aus der Feindschaft des Dichters gegen den Bürger wurde bitterer Ernst. Er verlor nacheinander das äußere und innere Heimatrecht in der Gesellschaft und wurde zum

Zaungast, zum Flüchtling, der mit seiner Verurteilung rechnen mußte. Die demokratischen Freiheitssänger jagte man tatsächlich von Land zu Land. Sie nannten sich deshalb gern die modernen Rhapsoden, ihre Presse rühmte sie als die fahrenden Sänger des erwachenden Vaterlandes. Aber ihre Not war nicht die schlimmste. Sie überschritten nur geographische, nicht geistige Grenzen und glaubten an den Sieg über die Reaktion, die sie mundtot machen wollte. Die meisten von ihnen gehörten innerlich dem Bürgertum an und kehrten später reumütig oder triumphierend dahin zurück. Tiefer litten jene Einzelgänger, die über die revolutionären Ideen hinausgewachsen waren und im Geist dennoch der Wildnis die Treue hielten. Sie vermieden den offenen Bruch und flohen innerlich in den Schöpfungsfrieden, der verloren war. Gottfried Keller nahm sich des gestrandeten Heinrich Leuthold wie eines Bruders an; er wußte, wie nahe er selbst daran gewesen war, einer seinesgleichen zu werden, und welches Opfer er mit seiner Seßhaftigkeit brachte. Er stellte es im Gaukelmärchen «Spiegel, das Kätzchen» dar, dem Märchen vom Dasein des Dichters unter den Philistern. Der phantasievolle Kater verkauft sich dem Teufel, schmaust verbotene Leckerbissen, statt Hungers zu sterben, und schwindelt sich zuletzt geistesgegenwärtig mit einer schön erflunkerten Geschichte aus der Schlinge – eine «Haupteslösung» in spießbürgerlicher Szenerie. Hätten Keller, Grillparzer, Lessing die bürgerliche Wohlanständigkeit an den Nagel gehängt und als Landstreicher geendet, so wäre es um ihre bürgerliche Stellung geschehen gewesen, aber der Dichtung hätten sie als arge Genies vielleicht einen Dienst geleistet. Ihre Resignation war groß, aber sie war nicht das einzig Mögliche. Dem Phantasiemenschen steht in der Not immer noch der Ausweg offen, daß er die Schande auf sich nimmt und sie zu seiner Ehre macht.

Solche Ausreißer tauchten nun neben den Resignierenden auf. Sie zogen die Verfemung vor und erfanden die Geheimexistenz in der modernen Großstadt. In ihren Augen war der Fluch der Lächerlichkeit oder des Verbrechertums das Adelszeichen des Dichters in einer untergangsreifen Zeit. Sie stellten sich tot, um es in dieser Menschheit auszuhalten, oder machten mit den Umstürzlern gemeinsame Sache, weil sie nichts mehr zu verlieren hatten. Auch dieser Ausweg lag in der Luft, auch ihn wählte ein Heer von Nachläufern, die sich hinter dem Elend verschanzten, um sich als verhungernde Genies fühlen zu können. Das war die Gaukelei der Parias, von der kein Bewohner der Unterwelt ganz frei blieb. In den Großstädten, vor allem in Paris, dem alten Schongebiet der Künstlerfreiheit, fand sich alles zusammen, was der Entzauberung der Welt nicht weichen wollte. In den Dachkammern und Kaffeehäusern von Montmartre, der Heimat von Heines Dirnengedichten und Mussets «Mimi Pinson», hauste die internationale Bohème. Hier verbrüderte sich der Künstler wieder mit dem Gesindel, mit allen, die vom Banausentum nichts wissen wollten. Opern und Romane verklärten diesen Unterschlupf der Enterbten als das Paradies. Aber seit dem Ende der zweiten Republik bekam sein Gelächter einen schrillen Ton. Vor dem Auge des sterbenden Heine standen nicht mehr tänzelnde Midinetten, sondern die grauen Legionen des Proletariats, das sich anschickte, die Kultur in Trümmer zu schlagen. Das freiwillige Exil wurde zum Tartarus. In dieser Tiefe sprachen

Dichter zuerst die bodenlose Verderbnis Europas aus und gaben das Hoffnungslose ihrer Lage zu.

Baudelaire sank als Stiefsohn eines zum Gesandten avancierten Generals nie ganz in die nackte Not hinab. Er besaß ein Vermögen, dessen Zinsen ihm regelmäßig zugingen. Aber er war als Dreiundzwanzigjähriger bevormundet worden, weil er in kurzer Zeit die Hälfte seiner Erbschaft durchgebracht hatte, nachdem sie ihm zur Besiegelung des Bruches mit seiner Familie ausgehändigt worden war. Seither litt er an ewiger Geldverlegenheit, die ihn gegen Monatsende in die Pfandhäuser trieb und zu demütigenden Bettelbriefen zwang. Alle seine Versuche, die Vormundschaft abzuschütteln, schlugen fehl; es kam so weit, daß er wöchentlich, täglich die Wohnung wechseln mußte, um seinen Gläubigern zu entgehen, oder tagelang im Bett blieb, weil es ihm an Wäsche oder Heizmaterial fehlte. Er lebte als Geächteter, seine Heimat war das Dickicht der Pariser Straßen mit den Hotelmansarden und zweifelhaften Spelunken. Er war so grauenhaft einsam, wie es seit Villon kein französischer Dichter gewesen war: ein schwacher, von Angst geschüttelter Mensch, den die kalte Finsternis der Auflösung umgab. Er hatte sich 1848 am Bürgeraufstand beteiligt und eine blutrünstige Zeitschrift redigiert, die er selbst ausrief, aber seine politische Begeisterung war rasch einer tiefen Verachtung der Demokratie gewichen. Diese Ernüchterung hatte es noch gebraucht, um ihn ganz der Trostlosigkeit des Spleens, dem Ekel am Zeitalter des Pöbels auszuliefern. Es war keine politische Einsicht, sondern sein künstlerischer Instinkt, der ihm die Revolution verleidete. Dieser Geächtete arbeitete fünfzehn Jahre lang an den «Fleurs du mal» und zeigte damit, was den Dichter im Elend vom gewöhnlichen Vagabunden unterscheidet. In diesen Gedichten wurde das Verworfene noch einmal schön, die «alchimie de la douleur» zur großen Poesie. Im schwarzen Spiegel dieser Seele malt sich die Korruption der modernen Großstadt, wie einst der Glanz Versailles in der Seele der Klassiker. Sie erschauert unter dem Furchtbaren, das niemand erkennt als sie. Baudelaire ist nicht frei von snobistischem Spiel mit ihm, sein «goût du néant» wird auch von allem Kranken, Verwesenden angezogen, und er gefällt sich oft in wehleidigem Widerspruch gegen die bürgerliche Scheinheiligkeit. Aber in seinen größten Versen ist ihm schneidend klar, daß er in seiner «angoisse d'exile» das Schicksal der Menschheit vorauslebt, und er nimmt als ein Genosse der gequälten Kreatur das Unabwendbare hin.

Die zeitgenössische Kritik glaubte aus diesem Buche den Teufel selbst reden zu hören und ging sogleich zum Angriff über. Es kam zum Prozeß, der damit endete, daß die Anklage wegen Gotteslästerung fallen gelassen, die der Unsittlichkeit aber gutgeheißen wurde. Seither gab es in Frankreich ein Bewußtsein davon, daß zwischen der Gesellschaft und dem Dichter keine Verständigung mehr möglich war. Es entstand eine außerbürgerliche Kunst, von der in der Presse kaum gesprochen werden durfte, die für die Akademie nicht in Frage kam, aber von einer Elite für die einzige wahre Kunst der Zeit gehalten wurde. Baudelaires überraschende Bewerbung um einen Sitz in der Akademie war ein schlechter Witz, den nur er selber ernst nahm. Der Mißerfolg bestätigte ihm endgültig seine Überzeugung, daß «die Dummheit, die Göttin der Ge-

genwart mit der Stirne des Stiers», unbesieglich sei. Der Ekel übernahm ihn so, daß er
nach Brüssel fuhr und sich nicht mehr in sein Inferno zurückgetraute. Schwerkrank
wurde er heimgeholt und starb im Krankenhaus seinen fürchterlichen Tod. Das Begräbnis wurde von der Presse und dem Schriftstellerverband totgeschwiegen.

In Verlaine fiel die Dichtung noch tiefer. Er tat sich schon in der Jugend als ein Aus-
bund des Faulenzens hervor, machte 1871 im Aufstand der Commune als Leiter der
Pressestelle mit, mußte fliehen und verlor seine kleine Beamtenstellung. Auch seinem
Umstürzlertum lag keine ernsthafte politische Überzeugung zugrunde, nur die triebhafte Empörung des Ausgestoßenen. Sein weiteres Leben war ein unaufhaltsames Ab-
gleiten in die Verkommenheit bis in jene Hölle hinab, in der er während des letzten
Jahrzehnts als «pauvre Lélian» vegetierte. Mit seiner abstoßenden Häßlichkeit sah er
wie ein Verbrecher aus, und auch seine Trunksucht erschien den Zeitgenossen als Beweis, daß er kein Dichter sein könne. Sein Leben und Schaffen waren ein ununterbro-
chener Skandal. Seine Sonette der sapphischen Liebe wurden durch gerichtliche Verfügung eingestampft, der Schuß auf Rimbaud brachte ihn für anderthalb Jahre ins Gefängnis. Hier entstanden die «Romances sans paroles»; er sandte sie mit Briefen, die
er teilweise mit Holzsplittern auf Packpapier kritzeln mußte, an seinen einzigen Vertrauten, der sie drucken ließ, aber nicht das geringste Echo weckte. Gleichzeitig erhob
Verlaines Frau die Scheidungsklage; der Kobold wurde endgültig von ihr getrennt
und brach unter dem Übermaß des Unglücks zusammen. Er floh zu Gott wie ein
schluchzendes Kind zur Mutter; er zog seinen Kinderglauben aus dem Kot hervor und
besang ihn in den Versen der «Sagesse», aus denen seine Zerknirschung, Reue und
Tröstung wie mit Engelszungen sprechen, die aber später als unverkäuflich vernichtet
wurden. Neun Jahre nach der Entlassung mißhandelte der Trunkenbold seine Mutter
und wurde erneut zu einer Gefängnisstrafe verurteilt. Dann sank er immer noch tiefer,
aber ohne daß er aufhörte, seinen Rausch in berauschende Verse zu verwandeln. Mallarmé, der ihm die Grabrede hielt, wagte zu sagen, nicht sein, sondern unser aller Leben
sei eine Schande. Dieser Tote habe als Einziger unter so vielen Ängstlichen den Mut
aufgebracht, nichts zu sein als Sänger und Träumer, und den Kelch der Dichtung ganz
ausgetrunken. Hier war das Genie vom Lumpen nicht mehr zu unterscheiden. Der
morbide Zauber der Auflösung, den Verlaines Verse ausstrahlen, ihre dirnenhafte
Schwäche, ihr schimmerndes Vergehen sind die Antwort eines Verfemten auf den Zustand der Welt, in dem er lebte. Auch sie sind Gaukelwerk; die Grenze zwischen Gut
und Böse, Wahrheit und Lüge ist in ihnen aufgehoben.

Arthur Rimbaud, das von Verlaine entdeckte und gehätschelte Geniekind, wurde
durch den Anblick dieser Selbstaufgabe zur letzten Entscheidung getrieben, die dem
Dichter noch übrig blieb: zum Verzicht auf die Kunst. Er setzte schon als Schuljunge
seinem Ahnherrn Villon mit dem erdichteten Brief von Charles d'Orléans an Louis XI.
ein Denkmal und brannte zweimal aus dem Fabriknest Charleville nach Paris durch,
fiel aber jedesmal der Polizei in die Hände und wurde in die Heimat abgeschoben. Beim
drittenmal gelang ihm das Abenteuer; er stürzte sich als Halbwüchsiger in das Getümmel der Commune und erwachte mit einem Katzenjammer aus ihm. Die Revolution

erschien ihm als ein Affenspiel. Er suchte einen schwereren Aufruhr, den seelischen, und brach mit Gedichten wie der lyrische Genius in Person in das Pariser Literaturtreiben ein. Verlaine nahm ihn mit offenen Armen auf, der Gott und die Dirne nächtigten miteinander auf Kohlenschiffen und unter den Pariser Brücken, während Rimbaud viele seiner größten Verse schrieb. Es war ein hoher Augenblick in der Legende des modernen Künstlertums, vergleichbar dem Sommer 1888, den Gauguin und van Gogh gemeinsam malend in Arles verlebten. Es folgten die Auftritte der Liebesfeindschaft, die wie dort dem Bund des Sehers mit dem Magier ein Ende machten. Der fromm gewordene Verlaine reizte den Freund mit Bekehrungsversuchen und wurde von ihm halb totgeprügelt. Was Verlaine heilig nannte, die lyrische Anbetung des eigenen Ich, war für Rimbaud verächtliche, überlebte Romantik. Er stand im Begriff, einen ganz andern Bruch mit der Welt zu vollziehen. In diesem Europa gab es überhaupt kein Leben mehr, seine Kunst war nur eine andere Form der Feindschaft wider den Geist. Wie Gauguin warf er sich der tropischen Urwelt in die Arme, aber nicht als Künstler. Er ließ auch den Dichterehrgeiz im geschändeten alten Erdteil zurück und enthüllte ihn in seiner Beichtschrift als die große Sünde seines Lebens.

Diese Entscheidung richtete im Bereich der Bohème einen Maßstab auf. Sie macht Rimbaud zum Symbol seiner Epoche und gibt ihm einen Rang, an den nur wenige seiner Zeitgenossen heranreichen. Die polizeilichen Belästigungen, denen sich die Naturalisten aussetzten, sind dagegen belanglos. Sie waren nur als Symptome der allgemeinen Lage bezeichnend, besonders auch dafür, daß das literarisch anspruchsvolle Publikum vom Schriftsteller jetzt den Skandal erwartete. Je mehr er auf dem Kerbholz hatte, desto moderner wirkte er. Der Norweger Knut Hamsun war in der Heimat fahrender Krämer, Schuhmacher, Wanderlehrer, Amtsschreiber und Straßenarbeiter und in Amerika Ladengehilfe, Farmarbeiter, Holzhändler, Straßenbahnschaffner und Journalist gewesen, als er mit seinem Erstling «Hunger» Aufsehen erregte und mit seinen Landstreicherromanen Weltruhm erlangte. Wieder wurde der Wildling, der alle Tabus verletzende Schelm eine Lieblingsfigur der Literatur. Die Abenteuer von Selma Lagerlöfs tollem Pfarrer Gösta Berling, der als Haupt der nichtsnutzigen Kavaliere von Ekeby die Menschen verzaubert und im Wermland ein Reich der Freude gründet, sind ein echt rhapsodisch gestimmter Gesang auf die ungebrochene Schönheit des Lebens. Dieser begnadete Trinker, Verführer, Tänzer, Sänger und Spieler mit dem Körper von Eisen und dem traurigen Herzen hat «die tiefen Augen eines Dichters und das feste, runde Kinn eines Feldherrn», er erlebt als Freund aller Frauen und Beschützer der Verstoßenen «mehr Gedichte, als unsere Dichter geschrieben haben»; er ist der urzeitliche Dichtertäter, der Anführer eines Bacchantenzugs gegen die Langeweile der modernen Welt. Der Widerspruch gegen die öde Großstadt trieb auch Detlev von Liliencron in die weite Welt, nachdem er als Draufgänger in den Kriegen gegen Österreich und Frankreich seine schönsten Tage erlebt und diese Laufbahn schuldenhalber hatte quittieren müssen. Zwei Jahre, während deren er sich als Sprach- und Musiklehrer, Klavierspieler in Kneipen, Flachmaler und Reitknecht durchschlug, blieb er in Amerika verschollen. Er war aber dem überseeischen Abenteuer so wenig gewachsen

wie Lenau; vom Heimweh getrieben kroch er in Hamburg unter und versteckte sich
vor seinen Gläubigern in kleinen Beamtenstellen, die er wegen seiner Zigeunerwirt-
schaft jeweils rasch wieder verlor. Verschuldet, hungernd, als literarisches enfant ter-
rible angestaunt, ließ er sich von der revolutionären Jugend vergöttern, die nicht sah,
daß er ohne innere Größe war: ein launisches, unersättliches Kind mit den geistigen
Sorgen eines Reiteroffiziers.

Echter Schwefelgeruch umgab dagegen Frank Wedekind. Der Skandal, der ihn begleitete, war mehr als eine literarische Sensation, obschon auch er aus der Bohème, vom
Zirkus herkam. Er wollte wie Ibsen und Tolstoj die herrschende Klasse von ihrer Verworfenheit überzeugen, aber nicht im Ton des Priesters, sondern des Attentäters. Er
predigte ihr auch nicht das Christentum, sondern die bestialische Schönheit des Geschlechts, dieser alles beherrschenden Macht, auf deren Verleugnung die bürgerliche
Moral beruhte. Seine Stücke brachten den Abschaum der Gesellschaft auf die Bretter,
in dem sich die gottgewollte nackte Lust noch unverkümmert auslebt, und diese
Hochstapler, Lustmörder, Gauner, Huren, Mädchenhändler und Athleten erschienen
dem Staatsanwalt auch wirklich als Ausgeburten der Hölle. Aber Wedekind wurde
mißverstanden wie einst Grimmelshausen. Diese Figuren waren Puppen in der Hand
eines Wahrheitsfanatikers. Er berief sich vor Gericht auf Christus als seinen «größern
Bruder», der auch die Wiederkehr des Paradieses gepredigt habe. Mit der «Büchse der
Pandora» glaubte er Goethes Bajaderenballade fortzusetzen, den «Erdgeist» versah er
mit einem Motto aus dem «Wallenstein». Auch kam ja oft der Teufel bei ihm vor, an
den dieser Moralist glaubte, und wenn er seinen Glauben feierlich aussprechen wollte,
versuchte er sich in biblischen und klassischen Tragödien wie dem «Herakles». Er litt
schwer darunter, daß man einen Hanswurst statt eines Propheten in ihm sah, und trat
schließlich wie Grimmelshausen in der Narrenkappe auf, um eher Gehör zu finden.
Aber er trug sie nicht freiwillig wie jener, das war der Unterschied. Sie wurde ihm auf-
gedrängt, und nicht nur vom lachenden Publikum, sondern von einer Stimme in ihm
selbst. Daß er unfreiwillig komisch wirkte, lag vor allem an seinem eigenen Zweifel, ob
er ein Clown oder ein gottgesandter Richter sei. Da er ein Dichter war, fürchtete er die
metaphysische Lächerlichkeit der Prophetenrolle, die Nietzsche nicht fühlte, und bot
alles auf, um seine geistige Ehre zu retten. Aber er brachte es auch mit seinem Ruhm
nicht über die Farce hinaus und lieferte im «Marquis von Keith» die alles enthüllende
Selbstparodie, um nichts zu unterlassen, was er sich schuldig war. Als aristophanische
Hanswurstiaden sollte man alle seine Stücke spielen, nur so tritt ihr gauklerischer
Ernst hervor. In Wedekinds Gelächter tönt noch etwas vom Leiden an der Welt, aus
dem die große Komödie gebildet ist. In dieser Brechung steigen bei ihm die Figuren
und der Geruch des Budentheaters wieder auf, das einst die Heimat des klassischen
Lustspiels gewesen war.

Neben diesem denkwürdigsten Spieler besaß die deutsche Literatur am Vorabend
der Katastrophe noch zahlreiche kleinere, vom Wiener Kaffeehausoriginal Peter Alten-
berg bis zum westfälischen Landstreicher Peter Hille. Der Orkan des Zusammenbruchs
hat sie als ein letztes Stück Romantik weggefegt. Ihre Schlupfwinkel sind saniert oder

durch Fliegerbomben zerstört, sie selbst sind vergessen. Jedes Geschlecht hat seine eigenen Spaßmacher, und die heutigen sehen anders aus. In einer Welt der Lüge laufen sie nicht mehr Gefahr, lächerlich zu werden, sondern sehen vollkommen glaubhaft aus. Die Kunst selbst ist heute hermetisch geworden, sie hat sich in ihr Geheimnis zurückgezogen und schützt sich durch Unverständlichkeit vor der Entweihung. Am unverständlichsten aber wirkt sie, wenn sie spielt. Eine Zeit, deren Jammer im Grund daher rührt, daß sie nicht mehr spielen kann, steht davor fassungslos. Der Künstler ist der Letzte, der noch spielt.

Diese Zeit hat Dichter, die in der hermetischen Gaukelei die einzige noch mögliche Form des Geistes sehen. Sie demonstrieren den Widerspruch gegen die verlorene Menschheit nicht mehr feierlich wie Stefan George, sondern frech wie Eulenspiegel, der ihr eine Nase dreht. Sie lachen die Welt aus und spielen ihr undurchsichtige Streiche. Jean Cocteau tritt als Führer der Avantgarde in Lackschuhen auf. Er ist Weltbürger und diktiert seine Werke im Flugzeug, seien es griechische Tragödien oder Reklametexte. Nach seiner Ansicht sind alle Kunstgattungen bis zum Film nur noch dazu da, um eine erledigte Gesellschaft zu bluffen. Er nimmt nichts mehr ernst außer sich selbst, er will mit seiner Melancholie, seinem Lob der Unreinlichkeit, seiner Vorliebe für karikierte Engel und travestierte Mysterien nur die öde Zeit «poetisieren». Verantwortungslos und schadenfroh wie ein ungezogenes Kind gibt er sich selbst seine Seifenblasen zum besten. Aber seine Knabenbosheit ist Theater, er sieht sich selber zu und bildet sich ein, der Einzige zu sein, der seine Tricks durchschaut. Mit alldem bezaubert er die in das Ende einer Kultur Eingeweihten, sie bewundern in ihm die Urform der Kunst[1].

In Deutschland muß sich der Gaukler mit Tiefsinn beladen, um Gehör zu finden. Hans Arps lyrische Eulenspiegeleien wurden kaum beachtet, aber Gottfried Benn erlangte hohen Ruhm, weil er seinen Nihilismus esoterisch verbrämte und als die letzte Form von Nietzsches Botschaft ausgab. «Scharlatan – das ist kein schlimmes Wort, es gibt schlimmere», bekannte auch er, und in seinen Manifesten über die Rolle des modernen Dichters proklamierte er die absolute Verantwortungslosigkeit, die er biologisch begründete. «Der Schwellungscharakter der Schöpfung ist evident, in den Fluten, in den Phallen, in der Ekstase, im Produktiven wird er aufgenommen vom lyrischen Ich.» Das könnte zur Not Wedekind gesagt haben, und es erinnert an Verlaine, daß Benn seine Grundstimmung eine bleierne Müdigkeit nennt, aus der ihn nur seine rauschhaften Aufschwünge für Momente emporreißen. Aber als methodischer Narkotiker leugnet er jeden Zusammenhang des Ich mit der Gesellschaft, mit der Vergangenheit. «Ich blicke nicht über mich hinaus, ich versage mir diese Erleichterung, ich arbeite, ich suche Worte, ich zeichne meine Morphologie, ich drücke mich aus.» Neben dieser

---

[1] E. R. Curtius sagt von ihm: «Spielmann hieß der fahrende Sänger des Mittelalters – joculator; es ist dasselbe Wort wie jongleur. Dichter – Gaukler – Possenreißer: all das lag nah beisammen, konnte in einer Person vereinigt sein. Man kann das kulturgeschichtlich erklären – aber vielleicht hat es auch tiefere Gründe. Vielleicht steht dem Priesterdichter – dem vates – der Spielmanndichter als ein ewiger Typus gegenüber» («Kritische Essays zur europäischen Literatur» 403, 1954).

Bodenlosigkeit erscheint Verlaine als der reine Moralist. Auch das dichtende Ich ist keine Realität mehr, nur der in Halluzinationen für Momente aufleuchtende Punkt in der Finsternis der Sinnlosigkeit. «Ich finde Gebet und Demut arrogant und anspruchsvoll, es setzt ja voraus, daß ich überhaupt etwas bin, aber gerade das bezweifele ich, es geht nur etwas durch mich hindurch.» Aus diesem Existentialismus spricht die Leere einer ausgebrannten Welt.

DIE PRIESTER

PRIESTERLICHER GEIST

Der Seher steht außerhalb der Geschichte, vollkommen allein, niemandem verantwortlich als Gott. Er verkündet das Gottesreich, aber er verheißt es bloß und sieht es wie Moses sterbend in der Ferne. Sein Reich ist nicht von dieser Welt, der Tod entrückt ihn in die jenseitige Glorie, von der er zuletzt durch seinen Opfertod zeugt. Daß er trotzdem auf Erden siegt und das Reich Gottes sich verwirklicht, verdankt man den Priestern. Auch sie sind Gottesmänner, aber nicht im Sinn der unmittelbaren Offenbarung, sondern im Sinn der geschichtlichen Macht.

Die Autorität der Priester beruht auf den geoffenbarten Schriften, die sie aus der Hand der Propheten empfangen. Sie stellen sich als Mittler zwischen die göttliche Wahrheit und die religiösen Bedürfnisse der Menschen. Sie wissen, daß diesen der Anblick Gottes unerträglich ist, daß sie keine Erkenntnis, sondern Schutz vor der Wahrheit wollen. Die Menschen hungern nach heiligen Bildern und Bräuchen, die sie des göttlichen Beistands versichern. Wer eine Ordnung stiften will, muß ihnen Symbole, Riten und Sakramente geben, deren unantastbare Geltung durch die Jahrhunderte die Voraussetzung jeder geistigen Herrschaft ist. Die Priester ersinnen diese Tempelreligion, ein Gebäude geschriebener und ungeschriebener, durch lange Gewohnheit geheiligter Gesetze, Traditionen, Zeichen und Zeremonien, das dem Glaubensbedürfnis der Völker einen nie versagenden Halt gibt. Dabei machen sie auch von der Magie reichen Gebrauch. Alle Riten und Symbole sind magischer Natur, das Neuartige des Kults liegt in ihrer dogmatischen Festlegung. Die älteste Priesterherrschaft geht deshalb direkt aus dem Zauberpriestertum hervor, sie verbindet magische und mystische Erfahrung zum Zweck der geistigen Machtausübung. Diese Priesterkaste setzt sich – am eindeutigsten in den indischen Brahmanen – schließlich an die Stelle der Götter und erhebt den Anspruch, im Opfer und den andern sakralen Handlungen die Gottheit zu repräsentieren, ja sie eigentlich zu erschaffen. Der Bestand der Götter, der Welt hängt vom Tun der Priester ab, die durch ihr sakrales Wissen und Können das Leben des Kosmos in sich fassen und übermenschliche Kräfte zur Verfügung haben. Auch wo die Priestermagie nicht durch solche theologische Spekulation unterbaut war, lief sie doch in der Praxis auf dasselbe hinaus. Alle Völker haben Priesterschaften dieser Art gekannt, die mit rituell geordneter Magie eine mystische Heilswahrheit verkündeten, sich mit ihr die Menschen unterwarfen und so eine höhere Kultur begründeten.

Die Priester glauben an die unbedingte Autorität ihrer theologischen Wahrheit, an den bindenden und lösenden Zauber ihrer rituellen Vorschriften. Ihr Denken kreist um die Kirche als geistiges System und als reale Macht. Ihr beispielloser Einfluß beruht auf der Wirkung der ewig wiederholten Formeln und Gebärden, die in den Gläubigen die Furcht vor den Dämonen, die Angst vor dem Tod, die Trauer über die Hinfälligkeit des Lebens beschwichtigt. Wer ihnen das Allzumenschliche, Magische ihrer Lehren vorhält, dem antworten sie mit dem Hinweis auf die gebrechliche Natur des Menschen und auf die Notwendigkeit, seinen Hunger nach dem Übersinnlichen in geordnete Formen zu lenken. Wer nicht an ihre Dogmen glaubt, muß doch zugeben, daß sie die Natur des Menschen wie niemand sonst erkannt haben.

Auch der Priester ist eine heilige Person. Aber er empfängt seine Weihe nicht von Gott, sondern von seinen Obern, denen die Verwaltung der Sakramente anvertraut ist. Auch er lebt abgesondert, aber er haust nicht in der Wüste, sondern im Tempel. Er ist Glied einer heiligen Körperschaft, die sich von den Ungeweihten durch einen unübertretbaren Bann getrennt weiß. Er kennt die furchtbare Einsamkeit der Seher und Propheten nicht; die Tragik des Ausgesetztseins in der Region, wo die Gottheit jederzeit hervortreten kann, ist für ihn nicht vorhanden. Als Glied einer Körperschaft und Träger einer heiligen Überlieferung ist er wesentlich untragisch. Eine tragische Spannung kann in ihm nur dadurch aufkommen, daß ihm der Gegensatz zwischen Priesterheiligkeit und seherischer Offenbarung bewußt wird, daß er seine Weihe als Lüge empfindet oder ihre Unvereinbarkeit mit der Welt nicht verbergen kann. Im orthodoxen Priester wird diese Spannung durch das theologische Studium, durch die ihm erteilten sichtbaren Zeichen der Weihe und die Befolgung der Gelübde beseitigt, denen er sich unterwirft. Der Gehorsam gegen sie unterscheidet ihn von den Ungeweihten, aber auch von den Propheten, die ihre Befehle aus Gottes Mund, nicht aus einer geschriebenen Regel empfangen. Auch die Forderung der Reinheit wird hier anerkannt, aber aus einer rein innerlichen Notwendigkeit in einen Kodex schwer erfüllbarer äußerlicher Vorschriften verwandelt. Die babylonischen Wahrsagepriester mußten Priestersöhne reinster Abstammung sein und einen makellosen Wuchs ohne die geringsten körperlichen Fehler besitzen. Die Forderung der Reinheit enthält den tiefsten Konflikt auch des Priesters, aber er wendet sich bei ihm mehr nach außen, gegen die unreine Welt oder die befleckte Kirche.

Das priesterliche Antlitz ist vom Bewußtsein geprägt, einer Gemeinschaft der Geweihten anzugehören, eine heilige Ordnung der Geister darzustellen, in der noch der Geringste an seinem Ort die Majestät eines corpus mysticum verkörpert. Der Einzelne gilt nichts vor der Majestät der Hierarchie, aber er empfängt von ihr eine Hoheit, vor der sich auch Könige und Feldherren beugen müssen. Innerhalb dieser Hierarchie ereignet sich etwas, wovon der einsame Seher nichts weiß: die Einwirkung großer menschlicher Vorbilder, die gegenseitige Erziehung der Persönlichkeiten, die Verbundenheit von Meistern und Schülern durch die gemeinsame Aufgabe. Nur wer die Zugehörigkeit zu einer heiligen Kaste und ihren Abstand von den Laien nachfühlt, kann das priesterliche Denken verstehen. Am reinsten leuchtet es dann, wenn es im Gewand der Demut auftritt. Im armen, der Welt entsagenden Diener der Kirche ist das Persönliche am schönsten ausgelöscht, er zeigt den edelsten Zug des sakralen Denkens: die selbstlose Menschenliebe. Er hilft den Bedrängten, unterweist und tröstet sie, bei ihm finden sie den Frieden der Ewigkeit. Seine Genialität ist die grenzenlose Hingabe an Freude und Leid aller Kreatur. Die Ausspendung der Sakramente gibt ihm eine unvergleichliche Erfahrung im Umgang mit Menschen, mit der er den Hort priesterlicher Weisheit vermehrt. In diesen milden, im Frieden mit Gott lebenden Freunden der

Gläubigen verinnerlicht sich der theologische Fanatismus zu den Taten, die den unvergänglichen Ruhm des Priestertums ausmachen. Ihnen stehen aber die Kirchenfürsten gegenüber, in denen der Machtwille der Kaste lebt. Da die Kirche nicht das unmittelbar gehörte Wort Gottes, sondern das heilige Gesetz verkündigt, verkörpern ihre Häupter eine reale Macht und führen das Schwert. Sie begründen die geistliche Herrschaft mit Gewalt und vergießen ihretwegen nicht weniger Blut als die profanen Eroberer. Sie haben Furchtbares über die Menschen gebracht, um ihre Macht zu befestigen oder zu behaupten. Die blutigste Tyrannei entstand immer dort, wo sie mit den Eroberern gemeinsame Sache machten und die körperliche Sklaverei durch die geistige ergänzten.

In den Machtkirchen ist Raum für die ganze Skala menschlicher Eigenschaften. Die geistliche Tracht kann erhabene Heiligkeit, genießerisches Weltmenschentum und heuchlerische Niedertracht bergen. An der Spitze des Kirchenreiches stehen ehrgeizige und skrupellose Politiker, in seinen untern Regionen wirken die Kräfte der liebenden Hingabe und Aufopferung, die das Kirchengebäude beseelen und es den Völkern zur tröstlichen Zuflucht machen. Hier unten vor allem kommt es vor, daß ein Kleriker nicht nur vom Buchstaben, sondern vom Geist ergriffen wird, der weht, wo er will. Diese innerlich Geheiligten beleben das Dogma von innen heraus und sorgen dafür, daß die Grenze zwischen Gesetz und Offenbarung sich nicht hermetisch verschließt. Mit diesen reichgestuften Rängen ist die Priesterschaft die Arche, in der das Wissen um Gott auch durch Zeiten gerettet wird, die keine Seher und Propheten haben.

Erscheint aber ein direkt von Gott Gesandter, dann entbrennt der Krieg, der die Geschichte der Religionen zur Tragödie macht. Der Prophet sieht in den mächtig gewordenen Tempelbezirken Hochburgen der Gottlosigkeit, obschon es sein Gott ist, dem man dort dient. Auch er glaubt an das Reich Gottes auf Erden, aber er kann diese Verwirklichung nicht anerkennen. Die Propheten sind die Urheber des Gedankens, den die Priester mit ihrem Können ausführen. Ihre große Stunde schlägt am Anfang und am Ende der Priesterreligion, wenn dieser Gedanke sich bildet und wenn er so entstellt ist, daß er nur durch ein höchstes Opfer wieder begründet werden kann. Die Zwischenzeiten sind von der tödlichen Feindschaft zwischen Propheten und Priestern ausgefüllt, die notwendig mit der Niederlage des Gottesknechts endet. Die Priester sind diesem durch ihre Organisation und Regierungskunst überlegen. Er kann das Volk vorübergehend verwirren und gegen seine geistigen Beherrscher aufreizen, aber auf die Dauer doch nur mit ihrer Erlaubnis und durch ihre Vermittlung zu ihm sprechen. Er muß sich, lebend oder tot, der Kirche unterwerfen oder an ihr zerschellen. Um den Preis der Unterwerfung wird er in den Verband der Kultreligion aufgenommen und von den Theologen heilig gesprochen. Sein postumer Ruhm wird dann desto größer, je härter sie ihn als Lebenden verworfen haben. Seine Gebeine werden verehrt, seine Kleider in Reliquien aufgeteilt, seine Visionen zum Gegenstand priesterlicher Auslegung gemacht und seine Botschaft als eine neue Bestätigung des Dogmas von den Scharen der Gläubigen nachgebetet. Die Kirchen leben von der Überwindung des seherischen Geistes durch die Priester. Sehertum und Priestertum hängen aber noch in anderer Weise zusammen. Ausnahmsweise kann es geschehen, daß ein Prophet aus den Reihen der Priester hervorgeht. In Zeiten blühender Priestermacht versöhnt sich der Prediger aus der Wüste zuletzt resigniert oder durch Vermittler beruhigt mit den geistlichen Widersachern, weil er vor dem Martyrium zurückschreckt oder der Kirche die schwerste Probe ersparen will.

Als Baumeister der Kirche sind die Priester auch die Väter der Wissenschaft und der Literatur. Die Schreibkunst war durch lange Zeiträume ausschließlich Sache der Theologen, ihr konservierender Geist spielte in der Geschichte des Schrifttums eine ungeheure Rolle. Sie bilden eine geistige Aristokratie, zuerst in der Wildnis der Barbarei, zuletzt noch in den Zerfallszeiten, wo ihre Gebäude am längsten der Zerstörung widerstehen, und die lange Dauer ihrer Werke hängt aufs engste mit ihrem sakralen Gebrauch von Wort und Schrift zusammen. Die Herkunft des geschriebenen Wortes aus dem Kultus ist für den Dichter eine Erinnerung, von der er bis in die Neuzeit hinein zehrt[1]. Die sakrale Schrifttradition ist eine der Säulen, auf denen das Gebäude der Weltliteratur ruht. Als eine uralte Form des höheren Wortgebrauchs überlebte sie allen Wechsel der Religionen, und der priesterliche Typus des Wortgewaltigen ging in immer neue Verkleidungen ein. Als geistlicher Hymniker seines Tempels, seiner Götter und Heiligen setzte er das Amt des Sängers fort, als Bußprediger und Feind der Könige ging er in der Spur der Propheten. Er entfaltete Künste der Massensuggestion, die an Zauberei grenzten, stieg in die Tiefen des Elends hinab, wo er zum schmutzigen Landstreicher wurde, und widmete sich in der Mönchszelle der stillen Pflege der Bücher wie die humanistischen Poeten.

Was Priester sagen und schreiben, ist ein Abbild von alldem. Es spiegeln sich darin alle typischen Züge des priesterlichen Wesens. Das Hauptmerkmal ist wie bei den Propheten die moralisierende Tendenz. Auch die Priester wollen eine sittliche Wahrheit durchsetzen, auch sie stehen im Kampf gegen das Böse, wollen belehren und bekehren, die Menschen besser machen und der Herrschaft Gottes dienen. Aber sie predigen nicht den Umsturz der Dinge, nichts Unerhörtes, sondern die Dogmen ihrer ständig wiederholten Heilslehre. Ihr Wort ist sakramental, es rühmt die unerschütterlich ruhende Schönheit von Gottes Ordnung und verpflichtet die Menschen auf die Riten und Bilder der Kirche. Priesterliche Sänger sind Sänger der Kirche, priesterliche Magier anerkennen nur die kirchlichen Wunder, das neue Jerusalem der Propheten ist ihnen die Hierarchie. Alle Arten der Dichtung werden in sakraler Färbung weitergepflegt. Die prophetische Verneinung der Kunst gilt hier nicht mehr; die Kirche erkennt die Kunst an, sofern sie für kultische und seelsorgerische Zwecke brauchbar ist. Sie wird ein unentbehrliches Mittel zum geistlichen Zweck, zur Darstellung der Heilswahrheit, aber nicht mehr. Wo sie um ihrer selbst willen geliebt wird, verabscheut man sie als Werk des Teufels. Aus dem, was vom niederen Klerus aller Religionen für

---

[1] «Und doch spricht eine Ahnung dafür, daß alles Dichten und aller Geist einst im Dienste des Heiligen gewesen und durch den Tempel hindurchgegangen ist ... die jetzige profane Kunst lebt mit davon, daß es heilige Stile gegeben hat und noch gibt» (Burckhardt, «Weltgeschichtliche Betrachtungen»; Werke 7, 80).

die Zwecke der Volkserziehung gesprochen, geschrieben und fabuliert wurde, leuchtet die Weisheit der Menschenliebe und uneigennützige Weltkenntnis. Diese Werke
sind ohne formalen Ehrgeiz, kapuzinerhaft improvisiert und vulgär, oft von einer unbändigen Sinnlichkeit der Sprache, aus der eine geniale Kenntnis des Volkes, eine naive
Lebensfreude und Herzensgüte sprechen. Die Bettelpriester aller Schattierungen,
indische wie christliche, reden dieses Idiom am schönsten. Die Kirchenfürsten dagegen
sprechen erhaben, salbungsvoll, sie repräsentieren das Allerheiligste vor dem unheiligen Haufen. Die von ihnen gepflegte Kunst ist auf höchste Feierlichkeit gestimmt,
auf monumentale Wirkung und zeitlose Gültigkeit berechnet, mit Formenpracht
überladen wie die Architektur der Tempel und Altäre, mehr Schaustück als Leben,
maniert und unpersönlich. In diesem Prunkstil tut sich das priesterliche Machtbewußtsein kund, das Wissen um die Bedingungen der geistigen Macht. Sowohl das
formlose vulgäre wie das hieratisch-hohepriesterliche Schrifttum stehen aber in einem
absoluten Gegensatz zu aller weltlichen Kunst. Es ist Anweisung zum seligen Leben,
es will nicht nur gelesen, sondern gelebt sein. Die Priester bemessen den Wert aller
Kunst darnach, ob sie Gott dient und zu einem frommen Leben hinführt[1].

Die Priester haben die heiligen Bücher der Menschheit geschaffen, auf denen die
geistigen Reiche dieser Welt beruhen. Auch als Meister des Wortes und der Schrift be-
währten sie auf beispiellose Weise ihren Machtanspruch und ihre Kunst der geistigen
Beherrschung. Was von ihnen verworfen wurde, war verloren, was sie gelten ließen,
erhielt ein einzigartiges Leben. Sie verstanden es immer wieder, das Zeitalter der Inspiration für abgeschlossen zu erklären, das Vorhandene zu sanktionieren und aus ihm
einen Kanon heiliger Schriften zu errichten. In der Geschichte jeder Religion ist der
Zeitpunkt nachzuweisen, wo eine solche Auswahl des Überlieferten festgesetzt, das
Übrige als apokryph oder ketzerisch ausgeschlossen wird. Die anerkannten Texte läßt
die Kirche absichtlich versteinern, um sie möglichst ehrwürdig zu machen. Je altertümlicher und seltener sie sind, desto kostbarer, unersetzlicher erscheinen sie. Diesen Vorgang der Heiligsprechung illustriert die Legende von der Herkunft der sibyllinischen
Bücher, der staatsoffiziellen Orakelsammlung im alten Rom, die von der cumäischen
Sibylle stammen sollten. Diese habe einst, hieß es, dem König Tarquinius neun Bücher
zum Kauf angeboten; als er den geforderten Preis zu hoch fand, verbrannte sie drei
Bücher und verdoppelte den Preis. Das habe sie zweimal getan, bis ihr der König für die
letzten drei Bücher die vierfache Summe bezahlte.

Was priesterlicher Geist vermag, lehren die Trümmer der Bibliothek Assurbanipals,
die in der Mitte des neunzehnten Jahrhunderts in den Ruinen von Ninive ans Licht
kamen. Diese riesige Bücherei enthält das Schrifttum der Assyrer, wie es durch die

---

[1] Diesen Unterschied zur Profankunst veranschaulicht die Legende von der Berufung Caedmons,
des ältesten christlichen Dichters der Angelsachsen, der als Kuhhirt eines northumbrischen Klosters
im 7. Jahrhundert durch ein Wunder zum Dichter erweckt wurde. Beda erzählt, er sei von einem Mahl,
wo jeder Gast ein Lied zur Zither singen mußte, in den Stall geflohen, weil er nicht singen konnte;
dort habe ihm im Traum eine Stimme befohlen, ein Lied über den Ursprung der Schöpfung zu singen,
und er habe seinen berühmten Hymnus gedichtet, um dessen willen er ins Kloster aufgenommen
wurde.

babylonischen Priester gesammelt und verarbeitet wurde, und umfaßt eine Unmasse von Zauberversen, Gebetshymnen, Bußpsalmen, Ritualtexten, Wahrsagungen, Epen und Mythen. Auch den lyrischen Texten, die aus drei Jahrtausenden zusammengetragen sind, fehlt jedes Kennzeichen einer geschichtlichen Entwicklung. Alles liegt unter einem Leichentuch der geheiligten Konvention. Die Erfindung spielt keine Rolle, nur die Beherrschung des überlieferten Sakralstils. Einen ähnlichen Anblick bieten die Veden, die gleichfalls in gewaltigen Zeiträumen zusammengestellt wurden und in Indien heute noch als geoffenbarte Texte gelten. Auch ihre schönsten Bestandteile, die Götterhymnen, sind mit Spielereien überladen und durch die vielfache Überarbeitung in den Schulen zu eintönigen, schemenhaften Gebilden geworden. An die Veden schließt sich eine ungeheure Literatur von Kommentaren, die den einzelnen Priesterschaften als Hilfsbücher dienten. Darunter sind Grundwerke der Grammatik und Lehrbücher der Rezitation, die der orthodoxen Weitergabe der heiligen Texte zugrundegelegt wurden.

Auch die christliche Bibel ist ein Priesterwerk. Im Alten Testament kann man die Bildung einer abgesonderten Priesterkaste genau verfolgen. Sie gipfelt im Bau des großen Tempels von Jerusalem; mit ihm hatte Jahwe «in Jerusalem Wohnung genommen für alle Zeiten». Der Tempeldienst wurde dem Stamm Levi überbunden; bei der Einweihung standen die levitischen Sänger «in Byssus gekleidet mit Zimbeln und Harfen und Zithern östlich vom Altar, und mit ihnen hundertzwanzig Priester, die auf Trompeten bliesen». Das große Halleluja des 150. Psalms gibt noch eine Ahnung von der betäubenden Pracht einer solchen kultischen Festaufführung, wo die Priester um den Altar tanzten und beim Rauch der Opferfeuer die Herrlichkeit des Herrn «den Tempel füllte». Je prunkvoller sich dieser Stil entfaltete, desto rücksichtsloser wurde der Seher aus dem Heiligtum verdrängt. Die großen Propheten von Amos bis Jeremia stehen alle in Opposition zur Priesterschaft. Sie bekämpfen die Opfer und Zeremonien als eine Form der Gottlosigkeit und fordern Gerechtigkeit und Liebe an Stelle der gedankenlosen Bilderpracht. Wie die Reformatoren das päpstliche Rom, greifen sie die jüdische Priesterkaste als die Verderberin des Volkes an. Aber alles, was von den Propheten erhalten ist, stammt aus den Händen dieses Klerus und der pharisäischen Schriftgelehrten, die als Nachfolger der Propheten deren literarisches Vermächtnis hüteten, redigierten, in der Synagoge auslegten und schließlich als ein neuer geistlicher Stand die alte Tempelpriesterschaft überdauerten. Im Jahr 586 zerstörte Nebukadnezar die Stadt Jerusalem, der Tempel und die heilige Lade verbrannten, das auserwählte Volk wurde in die babylonische Gefangenschaft geführt. Nur das heilige Buch hielt die Juden noch als Volk zusammen.

Als Dichtwerke ragen darin besonders das Buch Hiob und die Sammlung der 150 Psalmen hervor. Der Psalter wurde zu liturgischen Zwecken aus der religiösen Lyrik der Juden zusammengestellt. Er ist der Wurzelstock, aus dem zwei Jahrtausende lang alle religiöse Lyrik des Abendlandes aufblühte, noch die ganz persönliche der modernen Zeit. Alle seine Gesänge sind Gebete, alle seine Verfasser heilige Dichter, die in der Zwiesprache mit Gott eine einzigartige Sprache für die Stimmungen des Menschenherzens fanden. Sie ringen um Ehrfurcht und Gehorsam gegenüber dem göttlichen

Gesetz, das im Tempel verkündet wird. Die Lobpsalmen, welche die Wunder der Schöpfung beschreibend preisen, und die historischen Lieder, in denen die göttliche Führung des Volkes in der Vorzeit gerühmt wird, wenden die heroische Sängerpoesie in den Ruhm Jahwes um und dichten am Mythus des auserwählten Volkes weiter. Die messianischen Psalmen und die Fluchpsalmen, die Gott um Rache an den triumphierenden Gottlosen anflehen und sein Gericht ausmalen, nehmen die Themen der Prophetenrede auf. Die aus tiefster Seelennot und Bedrängnis aufsteigenden Buß- und Bittpsalmen setzen die Innerlichkeit der magischen Gesänge, die Angst- und Glücksträume der das Jenseits durchirrenden Einzelseele fort. All dies ist durch den lehrhaft-erbaulichen Grundzug, der sich wie im Buch Hiob bald der lyrischen, bald der epischen oder dramatischen Sprache bedient, zur Einheit der sakralen Kunst verschmolzen.

Im Christentum wurde der Gegensatz zwischen Propheten und Priestern schon innerhalb der ersten Apostelgeneration entschieden. Der heilige Geist blieb die unbekannteste Person der Dreifaltigkeit, Pfingsten das am wenigsten verstandene Kirchenfest. Schon der Apostel Paulus distanziert sich von der persönlichen Inspiration. Er läßt zwar den visionären Ausbruch des Einzelnen gelten, hält aber die Sprache für größer, die der «Gemeinde» verständlich ist. Im 14. Kapitel des ersten Korintherbriefes erörtert er den Unterschied zwischen verzücktem Zungenreden und göttlicher Eingebung in klassischen Sätzen. «Wer in Zungen redet, der redet nicht für Menschen, sondern für Gott; denn niemand versteht ihn, durch den Geist vielmehr redet er Geheimnisse. Wer jedoch aus Eingebung redet, der redet für Menschen Erbauung und Ermahnung und Tröstung. Wer in Zungen redet, erbaut sich selbst; wer aus Eingebung redet, erbaut die Gemeinde. Ich wünsche aber, daß ihr alle in Zungen redet, noch mehr jedoch, daß ihr aus Eingebung redet. Größer aber ist, wer aus Eingebung redet, als wer in Zungen redet, außer wenn er es auslegt, daß die Gemeinde Erbauung empfängt ... Ich sage Gott Dank, mehr als ihr alle rede ich in Zungen. Aber in der Gemeinde will ich lieber fünf Worte mit meinem Verstand reden, damit ich auch andre unterweise, als zehntausend Worte in Zungenrede. Ihr Brüder, werdet nicht Kinder im Denken, sondern in der Bosheit seid unmündig, im Denken aber werdet vollkommen!»

Mit dieser Unterscheidung und Wertung wurde der Kirche der Weg gewiesen. Sie löste sich in jahrhundertelangen Kämpfen aus dem ekstatisch-gnostischen Wesen, das in den Anfängen von allen Seiten in sie einströmte. Das magische Zungenreden wurde zum Zeichen der Ketzer, aber auch die Eingebungen der Mystiker konnten sich im Gottesdienst der Gemeinde nicht behaupten. Das liturgische Schrifttum der römischen Kirche atmet priesterlichen, nicht ekstatischen Geist. Seine lateinischen Texte zeigen noch einmal die hieratische Erhabenheit des Sakralstils, die dem Wort ewige Dauer verleiht.

KIRCHENDICHTUNG

Seit der Ausrottung des germanischen Heidentums war die deutsche Dichtung ein Jahrtausend lang bei den christlichen Geistlichen aufgehoben. Im spät christianisierten Norden konnte sich die Weihe der lateinischen Priestersprache nicht so entfalten wie im Süden. Die gewaltsam bekehrten Völker standen ihr fremder gegenüber, und sie erhielt lange vor Luthers Auftreten manchen schweren Stoß. Was aber an geistlichen Schriftwerken entstand, zeigt auch hier den priesterlichen Stil.

In der Frühzeit der irischen und benediktinischen Klöster werden zum erstenmal die tonsurierten Schreiber bemerkbar, die sich nach Kräften bemühten, die Kirchenkultur nach Deutschland zu verpflanzen. Sie benützten dazu auch die heidnischen Überlieferungen, soweit sie für das Bekehrungswerk brauchbar waren. Die armseligen Reste altgermanischer Poesie sind ausschließlich diesen schreibkundigen Klosterbrüdern zu verdanken. Das altsächsische Epos vom «Heliand» hat ein Literat ohne Leidenschaft verfaßt, dessen Ehrgeiz darauf ging, ein Buchwerk nach fremden Vorbildern zu schreiben. Er wollte vermutlich seinen adeligen Novizen das Leben Christi dadurch nahe bringen, daß er es mit heroischen Floskeln versah; aber sie vertragen sich schlecht mit seinen papierenen Satzperioden und illustrieren nur das Vakuum, in das diese Mönchswerke hineingestellt wurden. Auch Otfried von Weißenburg, der Verfasser des hochdeutschen Epos vom «Krist», ist ein friedliches, trockenes Schulmeistergemüt, das den Stoff der Evangelien mit ängstlicher Anlehnung an lateinische Muster und Regeln in ein Buch für seine Schüler umschrieb. Vier Widmungen, eine Vorrede und weitere Beigaben, worunter eine umständliche Erklärung über das schwierige Unterfangen, in der barbarischen Volkssprache zu dichten, bilden den Rahmen seines Buches, mit dem er die «unanständigen Lieder der Laien» – gemeint sind die alten heidnischen Gesänge – verdrängen wollte. Form und Stil des Werkes sollten nicht deutsch, sondern gelehrt-lateinisch sein; deshalb ersetzte es den Stabreim durch den im Kirchengesang üblichen Endreim und begrub die biblischen Geschichten unter dem Wust der dreifachen – historischen, moralischen und mystischen – Auslegung, wie man sie in den Theologenschulen exerzierte. Es ist ein allegorisierender Kommentar, keine dichterische Leistung, eine künstliche Literatenarbeit wie die andern Schriftwerke dieser Zeit, die in Klöstern und an Hofschulen von Klerikern für Kleriker verfaßt wurden. Eine Ausnahme macht nur das Ludwigslied, das ein deutscher Geistlicher auf Ludwigs III. Sieg über die Normannen bei Saucourt (881) dichtete. Hinter seiner christlichen Tünche glaubt man den Geist der germanischen Kampflieder zu spüren, wie ja das Heer und der König hier singend in die Schlacht ziehen, aus seinen wuchtigen althochdeutschen Versen schlägt hörbar das Herz eines kriegerischen Sängers.

Unter den ottonischen Kaisern des zehnten Jahrhunderts blühte eine Verbindung deutschen und antiken Geistes auf, die aber die Volkssprache vermied. Man pflegte eine lateinische Kunstpoesie, die sich zu dichterischer Höhe erhob und nur für anspruchsvolle Gebildete verständlich war. Im Kloster St. Gallen begann die deutsche Seele zum erstenmal wieder zu singen und schwang sich in der Kirchensprache zum hymnischen Preis Gottes auf, der auch in christlicher Zeit das schönste Vorrecht des Priesters war. Hier gingen für Deutschland, wie in Montecassino für Italien, die weiten Hallen des mittelalterlichen Kirchengesangs mit der Herrlichkeit ihrer sakralen Tonwelt auf. Der hochadelige Notker Balbulus schuf in seinen Sequenzen als Erster eine solche Wortkunst auf deutschem Boden, indem er dem endlos modulierten «Halleluja»

der hohen Messe eigene Texte und Melodien unterlegte. Aus dem wortlos psalmodie-
renden Priestergesang mit seinen Koloraturen wuchs eine geistliche Hymnik hervor,
die zum guten Teil in Notkers Erfindung wurzelt. Neben den Sequenzen wurden auch
die Tropen der feierlichen Messe zu kunstreichen Ziergesängen erweitert, deren erster
Meister der St. Galler Mönch Tutilo war. In demselben St. Gallen schrieb der Kloster-
schüler Ekkehard, eine Schularbeit erweiternd, in lateinischen Versen nach dem Muster Vergils seinen «Waltharius» nieder, der hinter dem Schleier der Hexameter den
weltlichen Geist des Ludwigslieds vor einem neuen Durchbruch zeigt und ein Stück
unbändiger Heldensage gerettet hat. Im niedersächsischen Kloster Gandersheim verfaßte die Nonne Hrotswitha aus streng asketischer Absicht mit dem Blick auf den ab-
scheulichen Terenz einen Zyklus lateinischer Szenen, die den Kampf um die Keusch-
heit mit naiv-schwärmerischem Realismus verherrlichen. Sie sind nur dialogisierte
Legenden und trotz ihrer Form nichts weniger als die «ersten deutschen Dramen»,
sondern ein klösterliches Stubengewächs und nur zufällig erhalten, während Notkers
Hymnen erst mit der Entthronung des Lateins ihre weite Geltung einbüßten. Am
kühnsten durchbricht der Dichter des «Ruodlieb» die kirchliche Konvention. Dieser
in Tegernsee entstandene kleine Versroman verrät in nichts mehr seine geistliche Herkunft, er fällt mit seiner Sinnlichkeit rätselhaft aus der mittelalterlichen Weltflüchtigkeit heraus. Der letzte bedeutende Autor dieser Zeit, der St. Galler Abt Notker der
Deutsche, bewegt sich mit seiner Psalmenverdeutschung und seiner übrigen umfang-
reichen Schriftstellerei wieder ganz auf dem Boden der schulmäßigen Gelehrsamkeit
und priesterlicher Sprachpflege.

Die Weltlichkeit dieser ersten «Renaissance» erstarb, als die geistigen Stürme des
Hochmittelalters über der Christenheit aufzogen. Die Führer der Kirche faßten den
Gedanken des Kreuzzugs gegen die mohammedanischen Heiden, den die imperatori-
schen Reformpäpste, vor allem Gregor VII. und Urban II., zum Sieg führten. Im Bann
dieses Gedankens bildete sich das Ideal des Kreuzritters, der militia Christi im Dienst
der Kirche. Es entstanden die geistlichen Ritterorden, die den drei mönchischen Gelübden die Verpflichtung zum Kampf gegen die Ungläubigen hinzufügten. Dieser
Traum von der Weltherrschaft der Kirche veränderte die ganze geistige Lage des
Abendlandes. Gleichzeitig griff die cluniazensische Reform des Ordenslebens auf die
deutschen Klöster über und wuchs sich zu einer allgemeinen Kirchenreform aus, die
auch den weltlichen Adel ergriff. Der Urheber dieser Umwälzung, der heilige Abt Odo
von Cluny, sah, wie seine Vita erzählt, in einer Vision ein schönes Gefäß voll Schlangen;
das Gefäß war die Dichtung Vergils, die Schlangen waren die Lehren der Poeten.
Schon Boethius hatte die Musen Buhldirnen genannt; dieselbe Verwerfung der weltlichen Poesie als «Lüge» lag der Bekehrungsliteratur zugrunde, die jetzt aus dem Kloster Hirsau und andern Stützpunkten der neuen Askese verbreitet wurde. Zum erstenmal entstand ein umfangreiches geistliches Schrifttum in deutscher Sprache. Die Lage
war anders als in der althochdeutschen Zeit, die Deutschen hatten inzwischen das
Christentum innerlich angenommen; die gotischen Bücherschreiber kämpften um
eine Vertiefung dieser Frömmigkeit und bedienten sich deshalb zunehmend wieder des

Deutschen. Aber lateinisch und deutsch predigten sie nun einen Geist, der keinen freudigen Lobpreis Gottes, keine musische Schilderung des Erdenlebens mehr zuließ. Die Kunst wurde wieder missionierende Predigt, und alle Predigt mündete in die Litanei von der Nichtswürdigkeit des Irdischen. Leidenschaftliche Innerlichkeit und geistige Erregung verdrängten die naive Feierlichkeit der alten Zeit. Auf all dies warf das Ringen zwischen Kaiser und Papst um die Weltherrschaft seinen Schatten.

Unter den geistlichen Autoren dieses Zeitalters sind alle Spielarten des priesterlichen Geistes vertreten· joviale volkstümliche Seelsorger und emphatische Bußredner, ungebildete Polterer und elegant geschliffene Poeten. Aber alle predigen Weltverachtung und Todesangst und beschimpfen die Dichtung als Teufelswerk. Die meisten stehen mit einem Fuß im dicksten Volksaberglauben und wollen lieber als Geisterbanner denn als Künstler gelten. Der Pfaffe Wernher behauptet von seinen Marienliedern, das Weib, das sie mit der rechten Hand umfasse, werde leicht und rasch gebären. Der von hirsauischem Geist erfüllte Ezzoleich stand im Ruf, daß alle, die ihn gehört hätten, ins Kloster eingetreten seien. Die missionierenden Kleriker schrieben sich auch gegenseitig so eifrig ab, daß ihr Idiom jede persönliche und landschaftliche Farbe verlor. Zum erstenmal breitete sich eine Decke von Literatur über die deutschen Länder aus. Nur die wandernden, berühmte Bildungszentren umschwärmenden Pfaffen konnten damals eine solche Entwicklung betreiben, die der mündlich überlieferten Poesie das Grab schaufelte und eine literarische Einheit der deutschsprachigen Länder vorbereitete. Die Erzeugnisse dieser hochgespannten Epoche handeln in Vers und Prosa vom Himmelreich, von den Wundern der Dreifaltigkeit und andern Teilen der Heilslehre, sie verkündigen in Reimpredigten das Memento mori oder bringen auf höheren Befehl die Summe der Theologie in Verse. Auch die Verarbeitung der biblischen Geschichten wurde eifrig betrieben. Vom Rhein her kam die Legende als reizvolle neue Gattung auf, sie gab Gelegenheit zu märchenhafter Ausschmückung. Eine eigene Poesie von ergreifender Schönheit galt der Muttergottes, die jetzt in den Vordergrund der Andacht trat. In der Marienpoesie griff der Schönheitskult des Minnesangs auf die Kirchendichtung über. Wernhers «Marienleben» schüttet über die edelste aller Frauen einen Reichtum kostbarer Bilder aus, der durch moralisierende Verbindungsstücke zusammengehalten wird. Im «Marienleben» des Kartäusers Philipp ist die Muttergottes Heldin eines geistlichen Romans und durchlebt alle Leidenschaften und Ängste des Menschenherzens. Die geistlichen Dichter arbeiten mit den Begriffen der scholastischen Theologie, mit den esoterischen Bildern der Mystik und mit symbolischen Zahlengeheimnissen. Die lehrhafte Absicht läßt keine reine Schönheit aufkommen, oft gehen ihre Texte unvermittelt in Gebete oder in Kanzelrede über. Der bayrische Abt Williram mischt in seiner gelehrten Paraphrase des Hohen Liedes Deutsch und Latein, Prosa und Reim, Erzählung und Allegorese in echter Priestermanier, der die Moral das Höchste ist. Nur wo weltliche Dichter die heiligen Themen aufgriffen, wurde die Reflexion poetisch. Aber auch Walthers Lieder an die Gottesmutter oder über die Dreifaltigkeit wollen als Ausdruck echter Frömmigkeit nicht nur künstlerisch verstanden sein. Bei den Kirchenmännern umrankt die Spekulation alles und löst die schönsten Bilder in allegorische Erklärungen auf, die sich ins Endlose verzweigen. Nichts ist um seiner selbst willen da, alles hat übersinnliche Bedeutung, auch die Schriftworte werden mit zahllosen Parallelen behängt. Die Sehnsucht nach Vergeistigung kann nichts Wirklichem ruhig ins Auge sehen, nicht einmal der elementaren Gewalt der Natur. Sie steigert sich bei jeder Gelegenheit in einen Überschwang hinein, aus dem die Seele des aufgewühlten Zeitalters redet. Besonders heftig spricht sie aus dem Satiriker Heinrich von Melk, dessen zwei Gedichte «Vom Priesterleben» und «Vom gemeinen Leben» das Bild der Zeit aus der Zerrissenheit eines zum Moralisten gewordenen Weltkindes malen. In diesem Laienbruder schlägt die geistliche Schriftstellerei in bittere Kritik an der Geistlichkeit um. Der Ekel an der Welt und an der Verdorbenheit der Priesterschaft führt ihm die Feder. Er eifert leidenschaftlich, oft zynisch gegen das Lasterleben der Kleriker, tritt für die von ihnen betrogenen Armen ein und schildert kraß die Sündenpracht der Pfaffendirnen, die alle Schönheit zerstörende Verwesung. Denn am stärksten lebt auch in ihm die Gewißheit des allgegenwärtigen Todes, der dem Welttreiben das verdiente Ende mit Schrecken bringt.

In den Klöstern erweckte die gotische Unruhe unter dem Eindruck hinreißender Lehrer wie Bernhard von Clairvaux und Franziskus von Assisi die mystische Christus- und Marienminne. Die Franziskaner besaßen im Stifter ihres Ordens einen stigmatisierten verzückten Dichter, der in der Kutte ein Stück mythischer Naturseligkeit verkörperte. Der heilige Bernhard zog mit seiner glühenden geistlichen Erotik besonders die Frauen an; die Nonnen seines Ordens versenkten sich in die bräutlichen Geheimnisse von Christi Menschheit, seiner blumenhaften Kindheit und seines blutigen Leidens am Kreuz. Gertrud die Große, die «Nachtigall Christi» Mechthild von Hackeborn und andere zeichneten ihre Offenbarungen noch lateinisch auf, aber Mechthild von Magdeburg schrieb ihr Buch «Vom fließenden Licht der Gottheit» in niederdeutscher Sprache, aus der es bald ins Hochdeutsche übertragen wurde. Es zeigt den süß überströmenden, von adeliger Minne überglänzten Ton der bernhardinischen Mystik auf dem Gipfel. Mechthild durchwandert im geistlichen Liebesrausch alle Bezirke der Seligkeit und der Verdammnis. Sie will den Auftrag, ihre Gesichte aufzuschreiben, von Gott empfangen haben; aber ihre Sprache ist so gewagt und ihre Scham darüber so groß, daß sie die Verantwortung für das Buch auf ihren Beichtiger abwälzt. «Er hieß mich tun, wessen ich mich oft weinend schäme, denn meine große Unwürdigkeit steht mir offen vor Augen, diese, daß er ein geringes Weib aus Gottes Herzen und Mund dies Buch schreiben hieß. Also ist dies Buch minniglich von Gott hergekommen und ist nicht aus Menschensinn genommen.»

Im gelehrten Dominikanerorden vertieften sich diese sinnlichen Visionen zur mystischen Spekulation. Meister Eckhart lehrte als Vertreter der scholastischen und neuplatonischen Theologie eine Vergeistigung, die alle kultischen Symbole, alle Dämonie der Leidenschaft verschmähte. Er führte seine Zuhörer in das reine, ewige Nichts des Göttlichen, in dem das menschliche Ich erlischt. Seine Lehre schloß alles aus, was den Aufstieg der Seele ins Weiselose hinderte, auch für kirchliche Gemeinschaft war

in ihr kein Raum. Mit dem gefährlichen Satz vom verborgenen göttlichen Funken
in der Seele, der ihm von den Inquisitoren vorgehalten wurde, geriet der Meister vielmehr in einen Gegensatz zur Kirche, der erkennen ließ, wie weit die Dinge gediehen
waren. Seine Predigten wurden die Schatzkammer der Frömmigkeit, mit der sich
die weltmüden Menschen des Spätmittelalters über den schlimmen Lauf der Dinge
trösteten.

In dieser großen Krise zeigten sich auch Anfänge eines echten Dramas aus kultischem
Geist, auch sie zum Teil noch lateinisch. Ein Geistlicher aus Barbarossas Gefolge dichtete den «ludus de Antichristo», in dem der Antichrist und die Kirche, die Synagoge
und die Heidenschaft samt allen Königreichen als allegorische Figuren singend auftreten – ein erster monumentaler Ausdruck der Gefühle, von denen die Christenheit im
großen Kirchenkampf bewegt wurde. In Eisenach führte man 1321 vor dem Landgrafen
ein Spiel von den zehn Jungfrauen auf, das der Landesherr in höchster Erregung verließ,
weil Christus die törichten Jungfrauen trotz der Fürbitte Marias dem Luzifer überließ.
Er disputierte zwei Tage lang mit seinen Gelehrten darüber und verfiel in unheilbare
Krankheit. Aber das große religiöse Drama, das sich hier ankündigte, das christliche
Gegenstück zum mythologischen Theater der Griechen, wurde nicht geschaffen, es
entstand erst im Spanien der Gegenreformation. Schuld daran war der Niedergang der
Kirche, die sich immer ärger in die Welthändel verstrickte und ihren Kultbetrieb möglichst grell gestaltete, um das Volk nicht zu verlieren. Die kirchlichen Spiele wurden
bald überall beliebt, aber sie dienten vor allem der religiösen Propaganda. Man zog es
vor, die Neugier und Lachlust des großen Haufens zu befriedigen, verlegte sie auf die
Domplätze, auf die Märkte und verwässerte sie zu bunten, viele Tage dauernden Spek-
takeln mit Hunderten von Darstellern. Mit religiöser Erschütterung hatte dieses My-
sterientheater nicht mehr viel zu tun. Die Rollen wurden zwar nach wie vor von der
Kanzel aus vergeben, aber die Hauptfreude der Spieler und Zuschauer war, daß sie ihren
Stadtstolz zur Schau stellen konnten.

Die Kirche ließ nichts unversucht, um die Führung über die Geister zu behalten,
und ihre Schriftsteller paßten sich gewandt jeder neuen Geschmacksrichtung an. Doch
es kam dahin, daß sie nicht mehr Schritt halten konnten, weil die Welt den Geschmack
am Pfaffentum überhaupt verlor. Der hieratische Geist war reif zum Unterliegen, als
sich die höfische Kultur auch in Deutschland ausbreitete. Die um ihre Macht kämpfenden Geistlichen taten sich zuletzt mit Dichtwerken hervor, denen man ihre geweihten
Verfasser kaum mehr ansah. Das Rolandslied des Pfaffen Konrad, eine Nachdichtung
des berühmten französischen Heldenliedes, nimmt sich wie ein erstes deutsches Ritter-
epos aus. Die in Regensburg entstandene «Kaiserchronik» gibt sich immer noch als ein
Bollwerk gegen die lügenhafte Dichtung aus, ist aber selbst mit ritterlichem Geist getränkt und versucht ihn naiv mit der geistlichen Tendenz zu verbinden. In Frankreich
kam es wirklich zu einer Verschmelzung geistlicher Buchschriftstellerei und weltlicher
Spielmannspoesie. Dort sahen die Epiker schon in den Helden Homers und Vergils
die Einheit ritterlichen und frommen Wesens verwirklicht, und Chrétien de Troyes
sang:

Les livres nous l'ont appris
que la Grèce eut de chevalerie
d'abord le prix et de clergie.
Puis chevalerie vint à Rome
et de clergie la somme,
qui maintenant en France est venue.
Dieu donne qu'elle y soit retenue
et que le lieu lui plaise tant
que jamais de France elle ne sorte.

In Deutschland, dem Schauplatz des großen Kirchenkampfes, konnte von einer solchen Verschmelzung keine Rede sein. Aber auch eine Wiedergeburt des Mönchstums aus dem urchristlichen Ideal, wie sie einst von Cluny ausgegangen war, ereignete sich nicht mehr. Seit den Tagen Barbarossas führte die geistliche Dichtung nur noch ein Schattenleben. Erst in Luther brach sie noch einmal auf, mit ihr auch die Verneinung der weltlichen Kunst, die nur mit dem Priestertum selbst verschwinden kann. Wo alles Irdische einer jenseitigen Macht unterworfen ist, kann die Dichtung nicht den Nimbus der höchsten Vollendung haben. Im «Streitgespräch mit dem Tode» des Johannes von Tepl aus dem Jahr 1400 ist der Tod deshalb zum Gespräch mit dem Menschen bereit, weil dieser auf den Reim verzichtet: «Dein clage ist one reimen; da von wir prufen, du wellest durch donens und reimens willen deinem sinn nicht entweichen.»

KIRCHENSPALTUNG

Luther stellte die verlorene göttliche Autorität der Kirche und der Bibel wieder her. Er war kein Prophet, der sich ans Kreuz schlagen ließ, sondern ein Priester von revolutionärer Genialität. Die einzige Brücke zwischen Mensch und Gott war für ihn die im geschriebenen Wort Gottes geoffenbarte Gnade. Er ließ vom ganzen mittelalterlichen Dogmengebäude einzig die Autorität der Heiligen Schrift gelten, belastete dafür aber diese mit dem ungeheuren Gewicht, das der Grundstein zu tragen hat. Er zog aus dieser Überzeugung den letzten Schluß, als er das Gotteswort in seiner unmittelbaren Gestalt wieder herstellte. Er brach es aus der Isolierung der Sakralsprache heraus und übertrug es in seine deutsche Muttersprache, und er beharrte darauf, daß auch diese deutsche Bibel direkt von Gott eingegeben sei. Er ging noch weiter und behauptete, daß er auch seine Kommentare, ja die Streitschriften, mit denen er seine neue Kirche verteidigte, von Gott empfange, und es sind unheimliche Höhepunkte seines Glaubens, wenn er sogar seine oft unflätigen Beschimpfungen der Gegner als gottgewollt bezeichnet, die der andern aber als das Toben des Satans. Als Gottesstreiter stand er vollständig allein, nur gedeckt durch seine Berufung, gegen eine Welt voller Teufel und Irrlehren. Alle Wahrheit war ausschließlich auf seiner Seite und erfüllte ihn mit einer Kraft, mit der er die Welt aus den Angeln hob. Er konnte sagen, «daß, wer meine Lehre nicht annimmt, daß der nicht müge selig werden. Denn sie ist Gottes und nicht mein, darumb ist mein Gericht auch Gottes und nicht mein.»

Das war noch einmal die Gebundenheit des Geweihten gegenüber der Freiheit des Künstlers. Die Dichter der Renaissance brachten das autonome Kunstwerk hervor, der Reformator schrieb liturgische Gebrauchswerke und Kampfgesänge im Dienst seiner Kirche. Er begründete das neue geistliche Schrifttum, das von den Kirchenmännern des Protestantismus geschaffen wurde. Aber seine ungeheure Person wog diese Nachfolger nicht nur theologisch, sondern auch menschlich auf. Seit Luther war in Europa die kirchliche Herrschaft über die Dichtung gebrochen und der unpersönliche sakrale Stil untergraben. Nur seine volkstümliche, seelsorgerische Abart konnte sich noch behaupten, und auch in sie sickerte immer mehr weltliches Denken ein. Die religiöse Dichtung des Protestantismus war Dichtung einzelner Theologen, die literarische Begabung besaßen. Je mehr sich die Verfasser der Kirchenlieder und Erbauungsbücher damit begnügten, der Kirche zu dienen, desto unfruchtbarer wirkten sie, und je bedeutender sie waren, desto kühner gingen sie über den Rahmen der Kirche hinaus, der das Leben der Menschen jetzt nicht mehr vollständig umspannte. Die literarischen Verdienste der dichtenden Theologen, deren Zahl im siebzehnten Jahrhundert ins Unermeßliche zu steigen begann, ohne daß ihnen ein Werk von Rang zu verdanken wäre, konnten sich mit denen der weltlichen Schöngeister nicht messen.

Nur im katholisch gebliebenen Europa lebte etwas von der sakralen Einheit der mittelalterlichen Kirchendichtung weiter, am stärksten in Spanien, dessen klassische Dichtung zum Teil noch das Werk von Klerikern war. Gongora lebte von einer geistlichen Pfründe und wurde königlicher Kaplan, Tirso de Molina war Mönch und starb als Prior eines Klosters, Moreto lebte als Kaplan und Leiter des Armenspitals in Toledo. Auch Lope de Vega trat in einer frommen Anwandlung dem dritten Orden der Franziskaner bei und empfing etwas später die Priesterweihe, ohne freilich die Kupplerdienste für seinen herzoglichen Gönner einzustellen, so daß sich der Skandal an seine Kutte heftete. Calderon ließ sich in einer Krise seines Lebens zum Priester weihen und wurde Kaplan an der Kathedrale von Toledo, später königlicher Ehrenalmosenier und Vorsteher der Brüderschaft des heiligen Petrus. Seine Beziehung zur Kirche war keine Äußerlichkeit, er wurde ihr größter dramatischer Dichter. Sein Name bedeutet die Wiedergeburt des sakralen Dramas aus christlichem Geist, die Vollendung des mittelalterlichen Mysterientheaters, wie sie nur im barocken Spanien geschehen konnte. Die Ansicht von der Unmöglichkeit einer christlichen Tragödie, die auf dem Mißverständnis der antiken beruht, wird durch die Dramen Calderons ähnlich widerlegt wie durch die Malerei Grünewalds. Wie alles mystische Theater verbinden sie den Untergang des Menschen mit seiner Erlösung, wiederholen also den Grundriß der Orestie. Die Mächte der Erlösung triumphieren allerdings leichter als dort über die Mächte des Grauens, aber auch hier steht der Mensch in tödlicher Gefährdung zwischen den Einbrüchen der Oberwelt und der Unterwelt, und aus dem Höllenrachen gähnt noch das alte heidnische Entsetzen. Calderons größte Leistung sind die Autos sacramentales, die allegorischen Darstellungen und Verherrlichungen des Abendmahls, die am Fronleichnamstag aufgeführt wurden. Sie sind barockes Kirchentheater von überwältigender Pracht, ihr immer wiederholtes Thema ist die kultische Überwindung des Dämonischen. Im

«Orpheus», einem der schönsten dieser sakramentalen Spiele, verwandelt sich der heidnische Zaubersänger, einer alten christlichen Umdeutung seiner Sage gemäß, in den triumphierenden Christus, den Erlöser aller Kreatur. Der «Wundertätige Magus» behandelt das Thema von Goethes «Faust» in kirchlichem Geist. Auch hier mündet die dämonische Zauberei in den Sieg des Göttlichen, besitzt die mystische Sphäre die Überlegenheit, die ihr Goethe nicht zugestehen konnte.

Der durch die Reformation zerrissene Norden war weit von dieser großartigen Einheit von Kirche und Kunst entfernt. Auch die Schriftsteller des katholischen Klerus gelangten hier nie über eine konfessionell begrenzte Wirkung hinaus und zeigten regelmäßig eine künstlerische Rückständigkeit, die der gebildeten Leserschaft schwer genießbar war, weil sie noch den Geruch des Mittelalters an sich hatte. Schon der Franziskaner Thomas Murner, Luthers eifrigster literarischer Gegner, bewies seine geistige Unterlegenheit damit, daß er an der altmodischen Verssatire festhielt. Im Wien der Gegenreformation entfaltete der Augustinerpater Abraham a Sancta Clara noch einmal die Wucht des formlosen, plebejischen Stils, der die Predigt und Seelsorge der Bettelorden seit dem Mittelalter auszeichnete, aber er war kein Dichter, und als Moralist reicht er nicht an seine geistvoll und dunkel glühenden spanischen Zeitgenossen, an Guevara und Quevedo heran, weil er als naiv gläubiger Propagandist der Kirche vom tiefen Zwiespalt seiner Zeit unberührt blieb. Auch die Hausautoren des Münchner und Wiener Jesuitentheaters mit ihren im Auftrag des Ordens verfaßten Bekehrungsstükken waren, was man auch sagen mag, keine großen Dichter, weil sie die innere Unruhe des Jahrhunderts nicht kannten. So blendend die Pracht und so aufpeitschend die Wirkung dieser Bühnen war, der deutsche Calderon blieb auf ihnen aus. Ein so ergreifender Lyriker der Weltflucht und Askese wie der Jesuit Jakob Balde brachte sich durch das Festhalten am Latein um die öffentliche Wirkung und konnte auch durch das Eintreten Herders nicht für das literarische Deutschland gerettet werden. Aber auch die wackeren Protestanten fürstlichen und geistlichen Standes, die es unternahmen, den aus Frankreich eindringenden galanten Romanen mit christlichen «Liebs- und Heldengeschichten» das Wasser abzugraben, konnten eben deshalb nichts Großes leisten, weil sie nicht aus religiöser Erschütterung schrieben. Philipp von Zesen, der den lasziven ausländischen Machwerken einen Josef- und einen Simsonroman als fromme deutsche Werke entgegenstellte, tat sich viel darauf zugut, mit ihnen eine «heilige Dichtung» begründet zu haben; er verstand aber darunter nur den biblischen Stoff und war der Letzte, der das Zeug zum religiösen Dichter besaß. Selbst der alte Priesterhaß gegen die Verführerin Kunst fand jetzt nur noch selten den großen Ton. Gotthard Heideggers «Mythoscopia romantica oder Discours von den so benanten Romans» war ein geistreiches Pamphlet gegen die grassierende Romanlektüre und verhöhnte nicht nur den galanten Stil, sondern den Anspruch der Poeten, die Welt nachzuerschaffen, als eine phantastische Lüge. Aber der lustige Zürcher Pfarrer hatte selbst zu viel von diesem Blut geleckt und richtete deshalb so wenig aus wie die späteren Theologen, die Klopstocks «Messias» als eine Verballhornung der Bibel bekämpften.

Nur wo das abgrundtiefe Leiden der Zeit einen Ausdruck suchte, wurde die priesterliche Verkündigung vernommen, auch wenn sie nicht von geweihten Priestern kam.
Auch die weltlichen Dichter dieser Epoche waren ja so fromm, daß ihre Gedichtbücher
regelmäßig aus einer «geistlichen» und einer «weltlichen» Abteilung bestanden. Bei
Grimmelshausen, dem Genie volkstümlichen Fabulierens, gehen Weltlust und Erlösungssehnsucht so hintergründig durcheinander, daß er sich gegen den Vorwurf wehren mußte, er verführe seine Leser zum Bösen. Er wollte sie bekehren und wurde um
seiner heißblütigen Realistik willen verschlungen. Auch die bedeutenden geistlichen
Autoren beider Konfessionen zeigen dieses Doppelgesicht. Der Jesuitenpater Friedrich
von Spee geriet als Verfasser der ersten Kampfschrift gegen die Hexenprozesse in einen
Konflikt mit der Kirche, der ihn innerlich aufrieb. In den Liedern seiner «Trutznachti-
gall» verband er mystische Inbrunst mit schäferlicher Preziosität, und als Seelsorger
der Inquisitionsopfer ergraute er vorzeitig und verzehrte sich in der Hingabe an die
nachweislich unschuldig Verdammten. Auch sein Schüler Johann Scheffler, der sich
nach dem Übertritt zum Katholizismus Angelus Silesius nannte, ist nur scheinbar ein
in Gott ruhendes Gemüt. Die innere Unsicherheit des Konvertiten verrät sich ebenso
im Spiel des «Cherubinischen Wandersmanns» mit paradoxen Antithesen wie in der
maßlosen Heftigkeit seiner Streitschriften. Eben dieses innere Schwanken macht ihn
dichterisch interessant, so daß die Romantiker in ihm ein religiöses Genie wiederzuent-
decken glaubten. Wie hätte aber vollends ein protestantischer Kirchenmann zum sakramentalen Dichter werden können, wo seine Kirche so entsetzlich in Gefahr war? Der
volkstümliche Satiriker Balthasar Schupp, der zu Fuß die nordischen Länder durchzog
und beim Friedensschluß zu Osnabrück die Festpredigten hielt, bekam es wegen seiner
ungewaschenen Sprache mit der Geistlichkeit zu tun. Sogar der friedfertige, konserva-
tive Paul Gerhardt, die reinste Gestalt unter den damaligen Sängern der protestantischen Gemeinde, sah sich unversehens in einen Streit mit der Obrigkeit getrieben. Er
weigerte sich, das liberale Religionsedikt des Großen Kurfürsten anzuerkennen, und
zog sich aus seiner hohen Berliner Stellung in das freiwillige Exil einer Provinzpfarrei
zurück. Das war der schmerzliche, aber folgerichtige Schluß aus seiner inneren Verfassung. Denn seine Lieder sprechen in ihrer liebenswerten Fröhlichkeit des Herzens nicht
mehr die Majestät der Kirche, sondern das innerliche Gottvertrauen des Einzelnen aus,
der sich in seinen vier Wänden persönlich an der Güte Gottes erbaut. Andreas Gryphius,
das stärkste Talent unter den lutherischen Kunstdichtern, kämpft in seinen geistlichen Sonetten und Oden mit den Dämonen der Schwermut, des Weltüberdrusses und
der Todesangst; aber ein kostbares Naturbild kann bei ihm, wie im Sonett «Abend»,
noch unvermerkt in ein echtes Gebet übergehen:

> *Laß, höchster Gott, mich doch nicht auf dem Laufplatz gleiten!*
> *Laß mich nicht Ach, nicht Pracht, nicht Lust, nicht Angst verleiten!*
> *Dein ewig-heller Glanz sei vor und neben mir!*
> *Laß, wenn der müde Leib entschläft, die Seele wachen,*
> *Und wenn der letzte Tag wird mit mir Abend machen,*
> *So reiß mich aus dem Tal der Finsternis zu dir!*

In der protestantischen Welt gab es nur einen Bezirk, in dem sich die ursprüngliche Einheit von Dichter und Priester in naiver Selbstverständlichkeit erhielt. Seit der Kirchenspaltung rumorten die Schwarmgeister, die in keinem kirchlichen Dogma mehr Ruhe fanden. Sie machten Deutschland zur Heimat der Gottsucher auf eigene Faust, und aus diesen unterirdischen Kräften gingen die letzten heiligen Dichter protestantischen Geblüts hervor. Schon im sechzehnten Jahrhundert lebte die chiliastische Reichsgottesoffenbarung in vielen Sekten. Männer wie Trithemius, Faust, Paracelsus, Agrippa von Nettesheim, Valentin Weigel, Sebastian Frank schürten das Feuer der magischen Natursicht, das sich von altem Volksglauben, mittelalterlicher Alchemie und mystischmagischem Geheimwissen nährte. Dieser Strom geheimer Überlieferungen trat im Dreißigjährigen Krieg an vielen Stellen wie eine Lava an die Oberfläche. Das esoterische Gottsuchertum wuchs sich zu einer weitverzweigten geheimen Kirche aus, die in Jakob Böhme ihr verborgenes Oberhaupt besaß. Die Schriften dieses erleuchteten Schusters und seiner Anhänger standen unter dem Gesetz der Inspiration. Sie hatten ihre eigene legendäre Geschichte, die bis zum heutigen Tag ihr Geheimnis sichert, und erzeugten eine eigene priesterliche Terminologie von hoher Eigenart. Böhmes «Morgenröte» ist ein großes Zeugnis sakralen Schriftstils, seine ganze Wort- und Bilderwelt das Musterbeispiel einer priesterlichen Poesie von hermetischer Abgeschlossenheit, an welcher die Weltmenschen ahnungslos vorbeigehen. Verborgen wie der Gott, dessen Erkenntnis Böhme sein Leben weihte, lebt und wirkt er selbst durch die deutsche Geistesgeschichte. Auch seine Schüler – die Franckenberg, Gichtel, Czepko – sind mit ihrem «inwendigen Himmelreich» den Blicken der profanen Welt lange entzogen geblieben. Der in Zungen redende Quirinus Kuhlmann, der in Moskau verbrannt wurde, fiel ebenso in Vergessenheit wie der dämonisch bedrängte Grimmelshausen und wie Johannes Kepler, der zur Ehre Gottes die Planetenbahnen berechnete. Sie alle strebten über das Vielwissen ihrer Zeit hinaus nach dem Wissen um das Eine, sie alle lebten Goethes «Faust» voraus, bevor er gedichtet wurde.

Neben den magischen Geheimpriestern traten seit dem frühen achtzehnten Jahrhundert die mystischen auf. Im Deutschland der Aufklärung wurde der Pietismus geboren, der noch einmal eine Fülle ketzerischer Gestalten erzeugte. In den pietistischen Zirkeln entstand eine protestantische Mystik, die ebenso tief in die Goethezeit hineinwirkte. Hier lebte man der Andacht ohne Priester, Riten und pfäffische Buchstabenvergötzung, die als Kennzeichen der verhaßten Machtkirche galten, hier unternahm man sektiererische Übersetzungen der Heiligen Schrift und gründete halbkommunistische Mustersiedelungen, in denen die Urkirche wieder erstehen sollte. Wanderprediger trieben das Apostelamt an den zu Heiden gewordenen Christen. Zwar wurde in Deutschland kein so lebenskräftiger Keim gelegt, wie ihn der Engländer George Fox mit seiner «Gesellschaft der Freunde», den Quäkern, pflanzte. Aber die Sehnsucht nach Heiligung und die Bereitschaft zum Martyrium waren auch unter den deutschen Gottesfreunden vorhanden. Die friedliche Richtung, vertreten durch den milden Spener und den heiligmäßigen Bandweber und Wanderlehrer Tersteegen, wollte sich mit einer Verjüngung der Kirche begnügen und das allgemeine Priestertum ohne Bruch

mit ihr erreichen. Stärkere Naturen wie Francke und Gottfried Arnold drängten auf
gewaltsame Trennung, behandelten Staat und Kirche als eine Satansherrschaft, deren
Ende mit der Wiederkunft Christi bevorstehe, eroberten eine Machtstellung oder
gingen als weltflüchtige Einsiedler in die Wüste. Es tauchten mystische Aufrührer wie
Edelmann auf, der einen neuen Messias predigte, in offenem Kampf die «große Lügen-
burg» der Kirche zu schleifen versuchte und als erster Spinozist Deutschlands endete.
Auch die Ekstatiker fehlten nicht, die den religiösen Rausch predigten und ihm nach
uraltem Rezept im kultischen Exzeß frönten.

Wie welk hängen dagegen die letzten Blüten am sterbenden Baum des Kirchenliedes!
Die erhabene Monotonie der Tempelsprache ist in ihnen zur Langeweile geworden,
das Beharren auf einem ewigen Bildervorrat zur Phantasielosigkeit, die Anonymität
der liturgischen Kunst zu der Massenproduktion, durch die ein Benjamin Schmolcke
sprichwörtlich wurde. Hunderte von Pastoren wetteiferten darin, ihm den Rang ab-
zulaufen. Der berühmteste Kirchenliederdichter der Aufklärung, Gellert, erlangte sein
Ansehen nicht durch Stärke des religiösen Empfindens, sondern durch die nüchterne
Redlichkeit seines moralischen Dozierens, das er für die allein noch zeitgemäße geistliche Tonart hielt. Und doch ereigneten sich auch jetzt noch letzte Fälle jenes traditionellen Dichtens, das nur im Kirchenraum möglich ist. Matthias Claudius setzte
Gerhardts «Abendlied» so in das seine um, daß es nun schlechterdings von Beiden
stammt. Eichendorff dichtete das Lied an die Nachtigall im «Simplicissimus» in seinen
«Einsiedler» weiter. Die kirchenfromme protestantische Menschheit des achtzehnten
Jahrhunderts, die noch mit den Gesängen Luthers, Gerhardts und Gellerts aufwuchs
und alt wurde, kannte als letzte noch etwas vom Glück der Geborgenheit in der Kirche.
Selbst der Heide Winckelmann erbaute sich in Rom singend an seinem deutschen Kir-
chengesangbuch, um sein Heimweh zu stillen. Und als in der Kirche Luthers die dich-
terische Kraft längst erloschen war, erlebte sie noch einen Gipfel der sakralen Musik.
Vor allem Johann Sebastian Bachs Kirchenmusik ragt wie eine Pyramide in die moderne
Zeit und gibt ihr einen Begriff davon, welcher Art die Kunst ist, die für den Gottesdienst geschaffen wird.

SÄKULARISATION

Was die Kirchenspaltung auf die Dauer für die Dichtung bedeutete, zeigte sich zuerst
im freiheitlichen England. Dort verzichtete John Milton, der bedeutendste religiöse
Dichter des Protestantismus nach Luther, schon in der Jugend auf die ihm zugedachte
geistliche Laufbahn, weil sie seinem künstlerischen Ehrgeiz und seinem Unabhängig-
keitsbedürfnis nicht zusagte. Das Priestertum war ihm der Inbegriff geistiger Tyrannei,
die eigentliche Ursünde gegen die Religion. «Ich sah, daß der, der in den geistlichen
Stand eintreten wollte, sich der Sklaverei ausliefern und durch Eide binden mußte, die
ihn, wenn er sein Gewissen nicht vollständig erstickte, sofort unaufrichtig machten. Es
schien mir, ehrenhaftes Schweigen sei besser als das heilige Recht, gekauft und in der
Knechtschaft und im Meineid geübt zu reden.» Der Haß gegen alles Priestertum senkte
sich unauslöschlich in ihn; er eröffnete seine politische Tätigkeit mit jenen Pamphleten

gegen die englischen Bischöfe, die nach Luthers Streitschriften die glühendste Verneinung alles kirchlichen Machtstrebens darstellen. Jonathan Swift versuchte es zweimal mit einer ärmlichen irischen Landpfarrei, wurde aber von seiner politischen Leidenschaft immer wieder in die große Welt zurückgetrieben. Seine Sehnsucht nach Frieden lag mit seinem sarkastischen Verstand im Streit, der geistliche Beruf mit seinem Geltungshunger. Er verwand es nie, daß er das heimliche Ziel seines öffentlichen Wirkens, einen englischen Bischofssitz, nicht erreichte, und endete als kaltgestellter Dechant von St. Patrick in Dublin. Lawrence Sterne, eine wahrhaft harmonische Natur, versah gleichzeitig zwei Pfründen, wurde aber trotzdem vom geistlichen Amt nicht ausgefüllt und siedelte schließlich als arrivierter Schriftsteller nach London über. Edward Young, der Verfasser der «Nachtgedanken», lebte zwar noch als wohlbestallter Geistlicher, verriet aber in der tiefen Schwermut seiner Bücher, wie sehr auch ihm das Glück des geistlichen Dichtertums abhanden gekommen war.

Die Pfarrhausidylle wurde zur wehmütigen Reminiszenz, zum literarischen Motiv. Wie die künstlerische Darstellung des Magiers, des Sehers und des Sängers kam auch die des Priesters in dem Augenblick auf, als der wirkliche Priesterdichter auszusterben begann. Oliver Goldsmiths «Vicar of Wakefield», den der junge Goethe so sehr liebte, ist nur noch ein Wunschbild des Friedens im geistlichen Stand. Goldsmith, der Abkömmling eines alten Pfarrergeschlechts, hatte für diesen Stand nicht viel übrig. Er fiel im theologischen Examen durch und sattelte zur Medizin über. Als ein haltloser Mensch wanderte er zu Fuß unstet und kümmerlich durch halb Europa, fristete in London sein Leben erst als Apotheker, dann als Arzt und wechselte langsam zum Brotjournalismus hinüber. Im «Traveller» beschreibt er diese Wanderschaft als seine vergebliche Irrfahrt nach einem Beruf und nach dem irdischen Glück. Der «Vicar of Wakefield», dieses poetische Gemälde des ländlichen Pfarrhausfamilienlebens, wurde von einem darbenden, unordentlichen Junggesellen im Londoner Stadtlärm aus sehnsüchtiger Erinnerung an das Elternhaus geschrieben. Dieser Vorgang wiederholte sich nun immer wieder, er ist für das Aufklärungszeitalter charakteristisch. Die Theologen gingen scharenweise in das Lager der Kirchengegner über oder lieferten ihm doch wertvolle Waffen. Den klarsten Beweis für die Auflösung der Orthodoxie gab Klopstock mit seinem lyrischen Hohepriestertum. Er predigte die Heiligkeit des Wortes und schlug den hymnischen Ton mit einer Macht an, die den Weltmenschen die Feierlichkeit des Kirchenraums wieder zum Bewußtsein brachte, ohne sie doch in die Kirche zurückzuführen. In seiner Abhandlung «Von der heiligen Poesie» (1760) verkündete er, daß nur die sittliche, erlösende Kunst wahrhaft groß sein könne. «Der letzte Endzweck der höheren Poesie und zugleich das wahre Kennzeichen ihres Wertes ist die moralische Schönheit. Und auch diese allein verdient es, daß sie eine ganze Seele in Bewegung setze.» Gut mittelalterlich tat er auch den Reim als ein Merkmal unheiliger Gesinnung in Acht und Bann. So wurde der Abgrund zwischen heiliger und profaner Dichtung wieder geöffnet. Aber es stiegen neue Götter aus ihm hervor; man begann jetzt die Natur anzubeten und verlachte die Lehre vom himmlischen Ursprung der Dichtung als Gewächs von Stubengelehrten.

Die Krise des Kirchendichtertums hing damit zusammen, daß in der Aufklärung ein neuer Typus des Schriftstellers aufkam, der sich als legitimen Erben des Klerus betrachtete. Es war der literarische Volkserzieher und Moralist, der viele seit Jahrhunderten von der Kanzel besorgte Aufgaben übernahm: die sittliche Hebung der Laien, die philosophische und erbauliche Unterweisung aller Volksklassen, die Verbreitung der Wahrheit über Gott und die Welt, die Anleitung zur Erkenntnis der ewigen Gesetze, auf denen das Universum ruht. Diese Betreuung der Menschheit fiel jetzt den weltlichen Wortführern zu, nicht nur deshalb, weil die Kirchen sich zu leeren begannen und der literarische Verkehr ganz neue Wege der Mitteilung einschlug, sondern weil das neue Gedankengut über alles hinausging, was die Kirche gutheißen konnte. Eine nie gesehene Phalanx von Autoren begann die geistigen Fundamente des Absolutismus in Trümmer zu legen. Sie führte den großen Freiheitskampf der Vernunft mit einer Inbrunst, der mehr priesterlicher Ernst innewohnte, als die Kirche noch zu bieten hatte. Der Geist schien sich nun mit Vorliebe auf diese schreibenden Denker und Täter, auf die Astronomen, Philosophen, Entdecker und Politiker niederzulassen, die von der Vision einer besseren Welt erfüllt waren. Mit gerecht und exakt urteilender Kritik, mit kühlem Zweifel gegenüber allem Hergebrachten gingen sie zum Angriff auf alles Falsche, Schlechte, Häßliche über und stritten für den Sieg des Guten über das Böse. Die großen frühen Aufklärer waren tief religiöse Naturen. Sie kämpften mit wahrhaft prophetischem Mut gegen die Übermacht der Pfaffen, der schlechten Regenten und des trägen Volkes, sie opferten sich heroisch für die reine Wahrheit auf. Die alten Formen des polemischen Schrifttums erwachten in ihren Büchern zu neuem Leben: die negativen der Satire, der Parodie, der entlarvenden Mystifikation und die positiven des Lehrgedichts, des Gleichnisses, des Sendschreibens, der Utopie, dieses vernünftigen Gegenstücks zur Prophetie. In allen diesen Werken wurden Thesen verfochten wie im priesterlichen Schrifttum, sie bedienten sich wirkungsvoller dichterischer Einkleidung oder einer allgemein verständlichen philosophischen Sprache von oft hinreißendem Glanz. Es war die große Zeit des «homme de lettres», der auf erreichbare Ziele eingestellten Zweckschriftstellerei.

Auch dieses weltliche sacerdotium verlor den weihevollen Zug, als die literarische Fechtkunst ausgebildet war und nun auch Geister mindern Ranges mit dem vorhandenen Rüstzeug eine gute Figur machen konnten. Das achtzehnte Jahrhundert kannte bereits belletristische Gaukler, für die das Scheingefecht ein Vergnügen, ein Mittel der Effekthascherei war. Es wimmelte jetzt von eingebildeten Geisteshelden wie Fontenelle, der die Feder wie einen neuen Galanteriedegen führte. Wenn die Satiriker der Zeit das literarische Gelichter aufs Korn nahmen – wie Pope in der «Dunciade» –, spielten diese Wichtigtuer regelmäßig eine Hauptrolle. Was ihnen an Größe abging, machten sie aber durch ihre Menge wett. Sie unterminierten an hundert Stellen zugleich die bestehende Ordnung, kritisierten im Namen des gesunden Menschenverstandes alle Begriffe, propagierten ihre Vorschläge zur Verbesserung der Welt und der Menschen und trugen emsig die Bausteine für ein irdisches Himmelreich zusammen. Denn auf ein solches war es abgesehen; es sollte eine neue, weltliche Kirche entstehen, in welcher die reine Vernunft verehrt wurde. Die Ansätze dazu zeigten sich in den Geheimgesellschaften und ordensartigen Verbindungen, die im aufgeklärten Jahrhundert einen so günstigen Boden vorfanden. Es wurde auch das klassische Jahrhundert der Freimaurerei und ähnlicher Körperschaften. Ihre Riten und Symbole wurden aus dem alten Ägypten, dem Land der tiefsten Priesterweisheit, aus den griechischen Mysterien, aus den mittelalterlichen Bauhütten, aus allen Weltreligionen bezogen. Dieser Rahmen sollte die reine Wahrheit fassen, die man endlich gefunden zu haben glaubte, deren erleuchtete Priester die Schriftsteller waren. Das ganze Zeitalter verlor die reine Dichtung aus dem Auge, der Bereich der Literatur erweiterte sich unabsehbar. Der schreibende Verstandesmensch entwickelte Eigenschaften, die den Dichter beschämen und ihn oft verlockten, selbst in die Arena des Zeitgeistes hinabzusteigen. Dichtung und Literatur gingen so seltsame Kreuzungen ein, daß niemand mehr die Grenze zwischen ihnen erkannte.

Der Literat ist das letzte Glied in der Säkularisation der Dichtung. Er verliert den Ursprung der Wortkunst ganz aus den Augen; er kennt sie nicht mehr als magische Erschütterung oder mystische Inspiration oder apollinischen Enthusiasmus, sondern benützt die gehobene Sprache zu verständigen Zwecken. Schon bei den mittelalterlichen Klerikern hatte sich dieser Wandel angebahnt. Sie hatten die Kunst des Schreibens und Lesens unter die Laien hinausgetragen und damit den Siegeszug der weltlichen Bildung ermöglicht, der innerhalb weniger Generationen das geistige Antlitz Europas veränderte. Schon unter ihnen war die ganze Stufenleiter der nichtdichterischen Schriftstellerei ausgebildet, auf der im Zeitalter der Schrift die geistige Tradition beruht. Sie machten die Dichtung zum Besitz der Gebildeten, schufen eine zusammenhängende literarische Überlieferung und verfeinerten das geschriebene Wort zum unentbehrlichen Instrument der Kultur. Diese Aufgabe nahmen ihnen im Spätmittelalter die Humanisten aus der Hand, und in der Aufklärung setzte sich der Prozeß gesteigert in gleicher Richtung fort. Die persönlichen Schicksale der Autoren, die im Mittelpunkt des öffentlichen Interesses standen, taten ein Übriges, um den Unterschied zwischen Dichtung und Literatur zu verwischen.

Verbannung, Ächtung, Unterdrückung, diese alten Waffen gegen den Geist, wurden von den Mächtigen auch jetzt wieder gegen ihn aufgeboten, und in diesem Krieg schnitten die kämpfenden Literaten besser ab als die Dichter, die sich durch ihn in Einsamkeit und Verzweiflung treiben ließen. Für die Kampfgeister war Gegnerschaft der Stachel, der sie nicht erlahmen ließ. Sie nahmen alles auf sich, weil sie ihres kommenden Triumphs sicher waren. Die Unruhe war ihr Element, die Not machte sie erfinderisch, als Verfolgte machten sie das Exil zur Heimat des Geistes. Sie betrachteten keine Schlappe als endgültig, sondern benützten sie als Sprungbrett zu neuen Angriffen und schmiedeten in der Fremde oder im Gefängnis ergrimmt ihre Pläne. Der Henker zerriß und verbrannte ihre als gottlos verbotenen Bücher, Voltaires Briefe über England, Rousseaus «Emile» und Diderots «Pensées philosophiques», aber ihre Urheber zweifelten keinen Augenblick, daß sie schließlich Sieger bleiben würden. Defoe, der Verfasser des «Robinson Crusoe», liebte das Gefängnis beinahe, weil er dort seine besten Einfälle hatte. Als er einmal wegen einer Schmähschrift gegen die Kirche am Pranger stand, bekränzte ihn die Menge und sang die Hymne, die er für diesen Tag gedichtet hatte. Swift verscherzte mit dem gegen die Kirche gerichteten «Märchen von meiner Tonne» seine geistliche Laufbahn und verdarb sich mit dem Übertritt zu den Tories auch die politische. Nun war er in der richtigen Stimmung, um mit den «Tuchmacherbriefen» den unerhörten Kampf für seine geknechtete irische Heimat zu eröffnen, die er selbst als ein «dreckiges Hundeloch» verabscheute. Die englische Regierung verhaftete den Drucker und setzte für die Auslieferung des anonymen Verfassers eine hohe Belohnung aus, ohne seiner habhaft werden zu können. Swift wurde der irische Nationalheld, den man überall mit Glockengeläute empfing. Aber er erreichte nichts, weil er seine Landsleute nicht aus ihrer politischen Lethargie aufrütteln konnte. Dazu kam, daß er selbst ein friedloser Mensch war, der niemals gelacht haben soll. Er kämpfte nicht aus dichterischer Liebe, sondern aus Misanthropie, die ihm den Verkehr mit den Menschen zur Hölle machte. So wurde er der Klassiker des Pamphlets und der satirischen Utopie, dieser Lieblingsgattungen der rationalistisch erkälteten Dichtung.

Frankreich besaß die glänzendsten Thesendichter und in Voltaire die faszinierendste Verkörperung des Literatentums. Dieser König aller Schreibkünstler war auch der lächelnde Meister des bewußt gespielten Exils, der vorgetäuschten Einsamkeit. Für seinen durch und durch spöttischen Geist wurde die Verbannung der Weg zur literarischen Beherrschung seiner Zeit. Schon als junger Mensch mußte er wegen politischer Spottverse auf acht Monate in die Provinz gehen und ein Jahr in der Bastille zubringen. Das war die Feuertaufe; dem Zweiunddreißigjährigen zog die Beleidigung eines Edelmanns die Verbannung aus Frankreich zu. Nun wandte er sich nach England, studierte dort die freiheitlichen Einrichtungen und begann sogar englisch zu schreiben, um seine Opposition gegen das rückständige Frankreich zu betonen. Die Briefe über England schlugen dem Faß den Boden aus; sie wurden verbrannt, der Verleger in die Bastille geworfen, Voltaire für immer aus Frankreich fortgetrieben. Er folgte der Marquise du Châtelet auf ihr lothringisches Landgut. Sein Leben in der Fremde war schon bisher nichts weniger als asketisch gewesen, der Gedanke der Läuterung durch das Leiden kam für ihn nicht in Frage, alles drehte sich um seine schriftstellerische Macht. Als er nach dem Tod der Freundin die Einladung des Preußenkönigs annahm, konnte er ihm als unbezahlbarer Unterhalter ebenbürtig gegenübertreten. Er war sich über die Gefahren der Protektion klar und wachte auch in Potsdam als ein Meister der Intrige eifersüchtig über seine Unabhängigkeit. Das kriegerische Wesen Friedrichs behagte ihm nicht, aber der Gedanke an sein Prestige hielt ihn bei der Stange, bis die seltsame Freundschaft in der schlechten Komödie seiner Entlassung explodierte. Ein schmutziger Geldhandel, üble Nachreden und der Zank mit Maupertuis verstimmten den König zuletzt so sehr, daß er eine Schrift Voltaires in Berlin öffentlich verbrennen ließ, worauf ihm dieser seine Orden und den Kammerherrnschlüssel zustellte. Nach einer scheinbaren Versöhnung kam es wirklich zum Bruch, Voltaire reiste ab, wurde aber in Frankfurt von einem Beauftragten des Königs gestellt, der ihm Orden, Schlüssel, Kontrakt und einen handschriftlichen Band mit Gedichten Friedrichs abnahm, den er hatte mitlaufen lassen. Das verzieh er seinem hohen Gönner nie. Er konnte nun unmöglich nach Paris zurück und ließ sich am Genfersee nieder.

Als reicher, weltberühmter Herr von Ferney baute er seine Einsamkeit zur beispiellosen Machtstellung aus. Die Entfernung von Paris, der Gegensatz zum Hof und zur Kirche wurden dabei aufs raffinierteste als Hebel benützt. Eine gewaltige Korrespondenz, das Kommen und Gehen der Gästescharen und die Tätigkeit seiner Geschäftsträger sorgten neben seiner phantastischen literarischen Fruchtbarkeit dafür, daß das Interesse Europas an ihm nicht erlahmte. Als alter Mann hatte er sogar noch bei der Errichtung seines Denkmals in Paris die Hand im Spiel. Wie eine Spinne saß er inmitten eines weltumspannenden Netzes von Verbindungen und ergriff, ein Ungeheuer an Eitelkeit, Ehrgeiz, abgefeimter Zanklust und rachsüchtigem Intrigieren, begierig jeden Anlaß, um von sich reden zu machen. Seine Gedankenwelt war im Grund die eines Spießers, aber sein Ehrgeiz, sein Können und seine Unternehmungslust machten ihn, solange er lebte, zur geistigen Großmacht. Witz und Scharfsinn gingen bei ihm Hand in Hand mit einer Charakterlosigkeit, die sogar seine Bewunderer oft nur kopfschüttelnd zur Kenntnis nehmen konnten. Er spielte sich als heiliger Georg im Drachenkampf gegen den Aberglauben auf, fühlte sich aber zu keiner Tapferkeit verpflichtet und war jederzeit bereit, die Verfasserschaft eines Buches abzuleugnen, wenn sie ihm unbequem wurde. Er log schamlos und arbeitete mit gemeinen Verleumdungen, wenn es sein mußte. In seiner ganzen schillernden Wandelbarkeit und Produktivität verkörperte er nichts anderes als den Geist seiner Zeit. Da er aus der Zeit und für die Zeit schrieb, horchte er beständig darauf, was sie von ihm erwartete; auch seine Fehler und Laster waren nötig, damit er diese Funktion so blendend ausüben konnte. Aber mit alldem war er der absolute Antipode des verbannten Dichters. Es war nur ein Bonmot, wenn er den «Einsiedler von Sanssouci», mit dem er jetzt wieder versöhnt war, etwa als «vieil ermite des Alpes» zurückgrüßte.

Diderot saß wegen seiner Jugendschriften im Gefängnis, seine Enzyklopädie war offiziell verboten, seine Aufnahme in die Akademie wurde von den Gegnern vereitelt. Doch das alles wurde allein schon durch die Protektion der Zarin aufgewogen, die ihm seine Bibliothek abkaufte und ihn als Bibliothekar anstellte, indem sie ihm das Salär für fünfzig Jahre vorausbezahlte, und der er in Petersburg persönlich seinen Dank abstattete – eine vollendet gespielte Verbannungsszene! Derselbe Diderot war es auch, der Hand an das unheimlichste Erbstück der Dichtung, die Tragödie, legte und mit seinem «Père de famille», seinem «Fils naturel» ihren modernen Ersatz, das «bürgerliche Trauerspiel», ins Leben rief. Man weiß, wie er damit den Deutschen Lessing elektrisierte. Ein kühner, tief bezeichnender Gedanke, der nicht mehr zur Ruhe kam, lag diesem Experiment zugrunde. Die Überzeugung nämlich, daß Größe und Leiden eines Ödipus, einer Medea nicht an das aristokratische Kostüm gebunden sei, sondern sich auch in der Brust des Bürgers, ja hier vielleicht reiner und erschütternder abspiele. Es ist der Glaube des bürgerlichen Künstlers, daß das Ewigmenschliche sich in allen Zeiten und Zonen wiederhole, da es sonst nicht ewig wäre. Das bürgerliche Trauerspiel setzte den Menschen auf der Bühne in seine Naturrechte ein, entkleidete ihn des mythischen Gewandes, der erstarrten Begriffe von Edelmut und Ehre und ließ ihn im Werktagsrock, in der Familienstube über seine persönlichsten Dinge in Prosa lachen und weinen, vor einem bürgerlichen Publikum, das in diesem profanen Helden sich selbst erkannte. In Deutschland gingen Lessing, Goethe und Schiller auf diese Profanation ein. Sogleich schossen aber auch die Rührstücke Ifflands, Kotzebues aus dem Boden, vor denen sich die Meister des klassischen deutschen Dramas angewidert wieder der altadeligen Tragödie zuwandten.

Auch der Geist, der den Rationalismus in seinen Grundfesten erschütterte, Jean-Jacques Rousseau, trug das Doppelgesicht des Dichters und Kampfschriftstellers. Aber Rousseaus Flüchtlingsexistenz wirkte auf die Zeitgenossen nicht als spielend geleistetes Heldentum, sondern als erregendes Martyrium. Ihre Stationen standen seinen Anhängern wie die eines säkularen Heiligenlebens vor Augen: die Flucht in die Schweiz, der Unterschlupf in Môtiers, wo das Landvolk sein Haus mit einem Steinhagel bewarf und er auf sein Genfer Bürgerrecht verzichtete, das grüne Idyll der Petersinsel, der Englandaufenthalt, zuletzt die Eremitage von Montmorency. Diese Lebensbahn säumten die Scheiterhaufen, auf denen seine Schriften verbrannt wurden, am Ende aber lag der contrat social als heiliges Buch auf dem Tisch des Revolutionsparlaments. Das Außerordentliche war, daß der gehetzte Rousseau als der schlechthin moderne Schriftsteller erschien. Das auf die Dauer Enttäuschende aber war seine Unfähigkeit, dieses Schicksal als eine höhere Fügung aufzufassen und sich durch sie inspirieren zu lassen. Er erklärte sein Unglück vielmehr hartnäckig als die Machenschaft persönlicher Feinde, auf die er mit dem Finger wies, und verbohrte sich in einen grotesken Verfolgungswahn. Gleichzeitig brüstete er sich allerdings mit seinem Kainszeichen, weil er wohl wußte, wie es auf empfindsame Seelen wirkte. Er schüttete sein Herz vor ihnen aus, und ihr Mitleid ließ ihn für Stunden sein kindisch verzerrtes Schreckbild der Welt vergessen.

Unter den deutschen Dichterliteraten lassen sich nur Wieland und Lessing mit diesen Protagonisten vergleichen. Wieland war nichts weniger als ein Held oder ein Märtyrer. Seine Stärke lag in der nie versagenden Anpassung, mit der er dem Ideal des aufklärerischen Schöngeistes treu blieb. Sie befähigte ihn, jede literarische Aufgabe mit Bravour zu lösen, schlug aber auch leicht in Charakterlosigkeit um. Als ein reiches Formtalent war er imstande, Jahrzehnte hindurch ohne tragende Idee journalistisch zu wirken und Bildung zu verbreiten. Der von ihm fast vierzig Jahre lang herausgegebene «Teutsche Merkur» spekulierte bewußt auf den Durchschnittsleser. Sein Herausgeber konnte das Seichte rechtfertigen und das Geniale verstehen; hinter allen seinen Urteilen stand eine seltene Menschenkenntnis und überlegene Ironie. Er wußte, wenn es sein mußte, allem eine gute Seite abzugewinnen, und ergriff in schwierigen Lagen immer wieder für das Natürliche, Selbstverständliche Partei. Er war alles, nur kein geistiger Führer, wie ihn die Zeit verlangte.

In Lessing aber lebte der Wille zur geistigen Entscheidung, zur befreienden Tat. Er schrieb das einzige große Kapitel des weltlichen Priesteramts im Deutschland des ancien régime. Nachdem er zuerst mit den ästhetischen Irrtümern seiner Zeit aufgeräumt und sich dabei als ein Kritiker ohnegleichen erwiesen hatte, ging er schrittweise zum Angriff auf die moralischen und die theologischen Vorurteile über. Die literarische wie die theologische Kritik übte auch er zur Hälfte als Dichter aus, indem er mit seinen Dramen Musterbeispiele des Bessern gab, wofür er kämpfte. Im großen Streit mit der orthodoxen Geistlichkeit, der seine letzte Lebenszeit ausfüllte, erhielt seine Gestalt die große Weihe. Der Dichter der «Minna von Barnhelm» verwandelte sich im Sterbezimmer seiner Gattin in den Bahnbrecher der modernen kritischen Theologie und brachte mit seiner Polemik gegen den Hamburger Hauptpastor Goeze, den er als Prototyp dummen Priesterhochmuts behandelte, das ganze altgläubige protestantische Deutschland gegen sich auf. Unter Berufung auf Luther spielte er die Botschaft Christi gegen den toten Wortkram der Kirche aus und stellte die Theologen als Totengräber der Religion bloß. Seine Schriften – «Das Testament Johannis», «Ernst und Falk», die «Duplik», «Die Erziehung des Menschengeschlechts» – schälten das ewig Wahre des Christentums, der Religionen überhaupt so vorurteilslos heraus, daß man ihm die Fortführung des Kampfes untersagte. Es war ein hoher Augenblick, als er sich jetzt an sein Dichtertalent erinnerte und notgedrungen dazu überging, seine Wahrheit noch einmal in dramatischer Form auszusprechen. «Nathan der Weise» wurde die Krone aller bisherigen deutschen Lehrgedichte, weil sich der aufklärerische Geist hier zu seinem priesterlichen Auftrag bekannte, der natürlich schon in Lessings Streit mit den Theologen wirksam gewesen war. «Noch kenne ich keinen Ort in Deutschland, wo dieses Stück itzt aufgeführt werden könnte», steht im Entwurf zur Vorrede. «Aber Heil und Glück dem, wo es zuerst aufgeführt wird.»

Der «Nathan» kreist um die Frage «Was ist Religion?» wie Schillers «Wilhelm Tell» um die Frage «Was ist Freiheit?». Wie dieser gehört er zu den Werken, die von den Ästheten belächelt, aber in Stunden der Not immer wieder entdeckt werden. Beide sind Werke des säkularisierten priesterlichen Geistes, hilf- und trostreiche Exempel für einen ewig wahren Gedanken, dramatische Predigten, bei denen es sich nicht nur um künstlerische Probleme handelt. Von den Versen des «Nathan» sagte Lessing, die Kritiker entwaffnend: «Ich dächte, sie wären viel schlechter, wenn sie viel besser wären.» Trotzdem streitet die Nachwelt darüber, ob er ein Dichter gewesen sei. Sie hat vergessen oder nicht verstanden, wie er selbst am Schluß der «Hamburgischen Dramaturgie» diese Frage gestellt und beantwortet hat. «Ich bin weder Schauspieler noch Dichter. Man erweiset mir zwar manchmal die Ehre, mich für den letztern zu erkennen. Aber nur, weil man mich verkennt. Aus einigen dramatischen Versuchen, die ich gewagt habe, sollte man nicht so freigebig folgern. Nicht jeder, der den Pinsel in die Hand nimmt und Farben verquistet, ist ein Maler. Die ältesten von jenen Versuchen sind in den Jahren hingeschrieben, in welchen man Lust und Leichtigkeit so gern für Genie hält. Was in den neueren Erträgliches ist, davon bin ich mir sehr bewußt, daß ich es einzig und allein der Kritik zu verdanken habe. Ich fühle die lebendige Quelle nicht in mir, die durch eigene Kraft sich emporarbeitet, durch eigene Kraft in so reichen, so frischen, so reinen Strahlen aufschießt: ich muß alles durch Druckwerk und Röhren aus mir heraufpressen. Ich würde so arm, so kalt, so kurzsichtig sein, wenn ich nicht einigermaßen gelernt hätte, fremde Schätze bescheiden zu borgen, an fremdem Feuer mich zu wärmen und durch die Gläser der Kunst mein Auge zu stärken.»

Die ganze seltene Größe des Mannes spricht aus diesen Worten. Sie ehren den Literaten, wie ihn wenige Worte geehrt haben. Der Kritiker in Lessing spricht sich den Namen des Dichters ab und verneigt sich vor etwas Höherem, das ihm trotz allem Beifall des Publikums als unerreichbar erscheint. Dieses Nein wiegt schwerer als alle Begeisterungsausbrüche der Stürmer und Dränger, die dieses Höhere im Rausch zu erlangen glaubten, aber auch schwerer als alle Skepsis der Vernünftler, die im Literaten die letztmögliche Erfüllung zu sehen glauben. Es konnte vielleicht nur in Deutschland so gesprochen werden. Denn auf seine Art erklärt auch dieses Bekenntnis, warum in Deutschland das Höhere erschien, vor dem die Literatur noch einmal in ihre dienende Stellung herabsank.

WEIHE DES HUMANEN

Die deutsche Dichtung der Goethezeit fußte bewußt auf dem Bruch zwischen der Dichtung und der Kirche. Schon im Sturm und Drang zeigte es sich, daß der Gegensatz zwischen geistlichem und weltlichem Beruf unüberbrückbar geworden war. Matthias Claudius, der innigste religiöse Poet protestantischen Geistes, wurde der Theologie als Student abtrünnig. Der Zauber seiner frommen Lieder liegt darin, daß sich in ihnen ein von Zweifel, Schwermut und Todestrauer berührtes Weltkind noch einmal in der schlichten Sprache des Kirchenliedes seine Trübsal vom Herzen singt. Hölty mußte das Studium der Theologie wegen seiner unheilbaren Krankheit aufgeben, aber auch bei ihm waren tiefere Gründe im Spiel, daß er sie mit der Dichtung vertauschte. Auf seine alemannisch gemütvolle Art erlebte auch Johann Peter Hebel das Ende der hohen Tradition. Auch er studierte noch Theologie, wie es zum Leben nötig war, fand aber den Weg in die Kirche nicht mehr, weil er ihr durch die aufklärerische Naturfrömmigkeit entfremdet wurde. Er gründete als übermütiger Vikar mit gleichgesinnten Freunden auf dem Schwarzwälder Belchen eine eigene Religion, trieb als Priester dieser «Proteuserei» esoterischen Schabernack und orakelte sogar über die Wunder der Ekstase. Aber er wußte sich nicht zum Religionsstifter geboren, weil er ein Dichter war. Als ein ganz unkämpferischer und unfeierlicher Mann ließ er sich in die Laufbahn eines städtischen Beamten hineintreiben und trauerte sein Leben lang der Pfarre im geliebten Wiesental nach. Nur die spärlichen Zeugnisse jenes «Belchismus», seine Predigten und theologischen Aufsätze, die frommen Kalenderbetrachtungen und die aller kirchlichen Wunder entkleideten «Biblischen Geschichten» zeigen noch, auf welchem Weg er zu seiner herrlichen volkstümlichen Poesie, einer letzten Wiedergeburt heidnischen Natursängertums, gekommen ist.

Herder aber geriet als Mann der Kanzel in einen offenen Konflikt. Seine traurige Verdüsterung in Weimar hing unmittelbar mit dem quälenden Widerspruch zwischen seiner Stellung als Hofprediger und seiner revolutionären literarischen Tätigkeit zusammen. Das hohe Kirchendach vor den Fenstern seines lichtlosen Pfarrhauses lastete als ein Alpdruck auf ihm. Es war ihm das Sinnbild der Amtsbürde, die ihn erdrückte, die vom Schicksal errichtete Wand zwischen ihm und Goethe, die er nicht übersteigen konnte. Denn sein wahres Leiden lag darin, daß ihm die befreiende dichterische Leistung nicht gelang. Das hing wieder mit seinem Festhalten am priesterlichen Begriff der Inspiration zusammen, den er gegen Goethe auszuspielen versuchte, ohne daß er die Kraft besaß, eine heilige Dichtung zu schaffen. Er mußte sich mit der Rolle des Predigers von neuen Dingen begnügen, der wie kein anderer um die religiösen Quellen des Dichterischen Bescheid wußte, aber das gelobte Land nur von ferne sehen durfte. Sein größter Beitrag zum Verständnis der sakralen Dichtung ist sein Buch «Vom Geist der ebräischen Poesie», das die Größe des altjüdischen Schrifttums darin erblickt, daß es durchwegs auf göttliche Inspiration zurückgehe. Der Geist Gottes schillert aber auch hier gefährlich ins Profane hinüber, weil er zugleich Herders Name für den nationalen Volksgeist ist.

In den geringeren Köpfen glühte der Pantheismus der Rousseauzeit unangefochten weiter. Hamann hatte eine kosmogonische Mystik des Geschlechts gepredigt, Heinse machte daraus im «Ardinghello» die Verherrlichung der nackten Lust und bevölkerte ihren Tempel mit einer ketzerischen neuen Priesterschaft. Sein Paradies der Glückseligkeit auf den griechischen Inseln ist die Wunschphantasie einer ins Orgiastische gewendeten Genielehre. Es wird als Ort einer neuen Heiligkeit des Daseins geschildert, wo sich Dichter und Künstler, Hetären und Seeräuber zum bedenkenlosen Lebensgenuß verbünden. Heiliges und Unheiliges mischen sich frivol, aber der genießerische Aufwand kann, die seelische Armut und Schwäche dahinter nicht verbergen. «Demetri ward zum Hohenpriester der Natur von allen einmütig erwählt. Ardinghello zum Priester der Sonne und der Gestirne; Diagoras zum Priester des Meers. Fiordimona zur Priesterin der Erde; und Cäcilie zur Priesterin der Luft. Coimbra und ich pflegten und warteten das Labyrinth. Demetri und Ardinghello und Fiordimona setzten Gesänge auf aus dem Moses, Hiob, den Psalmen, dem Hohenlied und dem göttlichen Prediger; und aus dem Homer, dem Plato und den Chören der tragischen Dichter, und ihrer eigenen Begeisterung im Italiänischen für sie und die andern Priester und Priesterinnen und die Gemeinde; und erfanden heilige Gewänder in ächter alter Jonischer Grazie und Schönheit. Und die Feierlichkeiten ergriffen bei dem Reize für Aug und Ohr noch mit den starken Bildern aus wirklicher Natur den ganzen Menschen, daß alle Nerven harmonisch dröhnten wie Saiten, von Meistern gespielt, auf wohlklingenden Instrumenten. Alles leere Pöbelblendwerk ward verworfen, und wir wandelten in lauter Leben.» Hier wurde, bis in den Rhythmus der Sätze, das heidnische Evangelium der Erlösung durch die leibliche Schönheit vorgetragen, dessen Hohepriester im achtzehnten Jahrhundert Winckelmann, im zwanzigsten Stefan George hieß.

Auch Hölderlins «Hyperion» enthält den Traum eines neuen Priestertums. Er überragt den «Ardinghello» deshalb, weil er sich nicht an einer Wunschphantasie berauscht, sondern das Thema mit religiösem Ernst behandelt. Hölderlin ist der bedeutendste dieser abtrünnigen Theologen. Er war innerlich zum Priester geboren und konnte nur abgesondert leben, aber er weigerte sich, ähnlich wie Milton, die Kanzel zu betreten, «weil sie zu himmelschreiend entweiht wird», und zog es vor, als freier Schriftsteller in

Jena mit nur einer täglichen Mahlzeit die Geschichte seiner Berufung zum heiligen
Dichter zu schreiben. Man weiß aus seinen Briefen, wie er als bald Dreißigjähriger mit
dem geistlichen Beruf brach und wie schwer ihm das durch die Rücksicht auf seine
Mutter gemacht wurde. Mit diesem Schritt begab er sich nicht nur in bittere materielle,
sondern auch in geistige Not. Er wurde vom Heimweh nach einer unentweihten Kanzel
umgetrieben. Sein Unglück ist auch aus seinem Abfall von der schwäbischen Landes-
kirche zu verstehen, daraus nämlich, daß er von Natur kein in der Wüste hausender
Seher, sondern ein Mensch der heiligen Gemeinschaft war.

Die geistliche Weihe lag auch Goethe im Blut, sie bezauberte ihn an Herder und
Lavater, und er liebte es in der Jugend zeitweise, die priesterliche Sprache zu sprechen.
Es war das Besondere an ihm, daß er alle Gestalten des Dichtertums durchlief. Er war
nicht nur Magier, Seher und Sänger, sondern kannte auch die Existenz des Priesters,
des Poeten und des Gauklers, ja die des Literaten und Journalisten. Trotz der Enttäuschung durch die theologischen Jugendfreunde war seine Sehnsucht nach dem Heiligen
eine Zeitlang noch so stark, daß er eine tiefere Rechtfertigung für sie suchte. Er fand sie
in Spinoza, dem Schutzgeist seiner platonischen Liebe zu Charlotte von Stein. Im
Streben nach Reinheit, das ihn als Geliebten und Zögling dieser Frau beseelte, in seiner
Sehnsucht nach Läuterung des Körpers und der Seele lebte die Frömmigkeit weiter, die
schon den Studenten in die pietistischen Zirkel und zum Studium Swedenborgs gezogen hatte. Jetzt, an der Seite der stillen Freundin, kam es zu einer eigentlichen Bekehrung. Goethe schwor der Welt ab und unterwarf sich einer asketischen Buße, er ließ
sich durch eine reine Frau vom Wahnsinn seiner Leidenschaften heilen. Seine Natur
verleugnend, rang er um Spinozas Gelassenheit, um die spirituelle Gnade des «amor
intellectualis dei». Aus den zwei «Nachtliedern» des Wanderers und dem Gebet «An
den Mond» spricht die tiefe Sehnsucht nach innerem Frieden, aus den Liedern des
Harfners im «Wilhelm Meister» das Schuldbewußtsein, das ihn in diesen Jahren der
Reue und Umkehr erfüllte. Die großen Hymnen – «Harzreise im Winter», «Grenzen
der Menschheit», «Das Göttliche», Iphigeniens Parzenlied – nehmen die Feierlichkeit
von Klopstocks Psalmen auf. Prometheus beugt sich dem Zeus, aber man glaubt christliche, nicht griechische Demut zu hören, wenn Goethe den Saum am Kleid des «uralten,
heiligen Vaters» mit kindlichem Schauer küßt und gläubig vertrauend das übermäch-
tige «Schicksal», die nach Belieben waltenden «Götter» preist. Im «Urmeister» wird
der dramatische Dichter mit dem Prediger verglichen, und das durch Herders «Ideen»
angeregte Lehrgedicht «Die Geheimnisse» hat eine Tempelritterburg zum Schauplatz.
Priesterin ist ja auch Iphigenie, die reinste Verkörperung dieser Stufe in Goethes Leben.
Wie dieses im stillen Tempelbezirk spielende Drama rühmen die Hymnen die ewige
Ordnung, die der menschlichen Willkür entzogen ist, und verkünden die Botschaft des
reinen Herzens, des Gutseins als des einzigen wahren Glücks. Der Dichter des
«Faust» hat seine Ohnmacht erkannt und zieht sich in die Grenzen des Menschlichen
zurück. Er weiß sich durch ein Wunder dem Schicksal der Titanen entronnen und kennt
nur noch ein Ziel: die Rettung dauerhaft zu machen. Seine Gesänge sind Stoßgebete
eines Schiffbrüchigen, der am Ufer das Danklied an Gott und das Warnlied an die Ge-

fährdeten anstimmt. Die «Harzreise im Winter» strömt von Liebe zu den leidenden Menschen über. Die ersten Schriften über die Natur, so der Aufsatz über den Granit, zeigen dieselbe andächtige, demütig-weihevolle Sprache.

Es kam aber der Moment, wo Goethe sich wieder sicher fühlte und diese Stimmung als Unnatur empfand. Er floh in den Süden, wo er das priesterliche Kleid als unerträglich gewordene Zwangsjacke abwarf. Die römische Fassung der «Iphigenie» ist das Dokument seiner Befreiung von ihr. Der weiche Wohllaut der Verse, in den er sie jetzt umgoß, war erst in dem Augenblick möglich, wo er seine Rettung aus künstlerischer Distanz betrachtete. Er wurde in Rom zum Verächter alles Christlichen, als der er in der «Italienischen Reise», besonders in ihrer Urschrift, erscheint. Dem aus Rom Heimgekehrten war aller Spiritualismus ein Greuel, er fand die «Iphigenie» nun «ganz verteufelt human» und schrieb die «Bekenntnisse einer schönen Seele» nicht als persönliche Konfession, sondern mit dem ironischen Abstand des Erzählers von vergangenen Dingen. Als er im «West-östlichen Divan» das mystische Thema wieder aufgriff, war es ihm ganz zum dichterischen Motiv geworden. Schon die Lieder an Hafis spielen doppelzüngig mit ihm, und die «Noten und Abhandlungen» lehnen alle Mystik als «abstrus» ab. Goethe war bibelfest, wie Hafis korankundig war, und schöpfte hier noch einmal aus der herrlichen Fülle, die er dem heiligen Buch der Christenheit verdankte. Aber er spricht im «Divan» nicht als Christ, sondern als gläubiger Moslem, und auch das ist nur eine Maske; er kann auch als altgläubiger Parse oder als von allen Dogmen gelöster Freigeist reden. Diesem von Allah und Mohammed, vom Paradies und den Huris singenden Goethe ist auch die Schönheit der priesterlichen Lehrdichtung, der Sprüche und Orakel wieder aufgegangen, und er genießt sie mit einer Freude aus, die verrät, wie tief er im heiligen Schrifttum daheim ist. Doch das Credo, das er in diese gnomische und hymnische Lyrik kleidet, hat nichts mehr mit priesterlichem Denken zu tun und beweist, daß auch dieses für ihn zu einer Hülle geworden ist, die er nach Belieben wählt und wegwirft.

Nicht dieses sublime Spiel, sondern Lessings Heroismus hob die Priesterwürde des Dichters in götterloser Zeit noch einmal aus dem Staub. Diese Weihe leuchtet von Schillers Stirne. Er war ein priesterlicher Mensch vom Scheitel bis zur Sohle, außerstande, die Sprache des natürlichen Menschen zu sprechen, ganz auf Erhabenheit gestimmt. Nur wer in ihm den Kardinal ohne Purpur sieht, kann seine Größe verstehen, die heute so sehr verkannt und entbehrt wird, weil eine schlechte Zeit seine Botschaft zerschwatzt hat. Von den «Räubern» bis zum «Don Carlos» spricht er mit dem Pathos des prophetischen Aufrührers, aber schon im Erstling läßt er einen Pfarrer auftreten und einen teuflischen Bösewicht unter der Vision des Jüngsten Gerichts heulend niederstürzen. Die Reinheit und Macht dieses weltfremden Rhetorikers bezwang schließlich auch Goethe, der ihn ergriffen als seinen Antipoden ehrte und nach dem Tod des Freundes einen stillen Kult mit ihm trieb. Er sprach von seiner Christusähnlichkeit und behauptete, noch wenn Schiller sich die Nägel geschnitten habe, sei er größer gewesen als die forcierten neuesten Tragiker. Als priesterlicher Geist stand Schiller der griechischen Tragödie so nahe wie kein anderer neuzeitlicher Dramatiker außer Calderon. Auch Sophokles war Priester, er führte den Kult des Heilgottes Asklepios in Athen ein. Mit

Euripides teilt Schiller das Amt des Richters in einer aus den Fugen geratenen Zeit. Auch er steht einsam im Nichts. Er hätte seine Autorität äußerlich vortäuschen und den Laien hochmütig gegenübertreten können wie Klopstock, wäre aber dann nur ein feierlicher Epigone geworden wie dieser. Dessen hehre Pose hatte ja deutlich genug gezeigt, daß die sakrale Würde desto hohler tönt, je lauter man auf sie pocht. Schiller sprach erst von ihr, als er sie wirklich besaß.

Zum erstenmal tat er es in den «Künstlern», jener allzu langen Predigt in Versen, die noch vor dem Studium der kantischen Moralphilosophie geschrieben wurde und beweist, daß er seinen großen Gedanken nicht ihr verdankt. Schon dieses Gedicht verkündet den Glauben an die weltgeschichtliche Mission der Kunst, der in den «Briefen über die ästhetische Erziehung des Menschen» spekulativ begründet wird, schon in ihm ist die Kunst priesterlich als Mittel zu einem Zweck, die Schönheit als Durchgangsstufe zur Wahrheit aufgefaßt, und die Dichter werden als ein Orden Auserwählter angesprochen, die wie Gralsritter, «unter heilige Gewalt gegeben», dem Schicksal entrückt und durch nichts Niedriges versucht, die Flamme ihrer Göttin hüten:

> *Glückselige, die sie – aus Millionen*
> *Die Reinsten – ihrem Dienst geweiht,*
> *In deren Brust sie würdigte zu thronen,*
> *Durch deren Mund die Mächtige gebeut,*
> *Die sie auf ewig flammenden Altären*
> *Erkor, das heilge Feuer ihr zu nähren,*
> *Vor deren Aug allein sie hüllenlos erscheint,*
> *Die sie in sanftem Bund um sich vereint!*

Der neunte der «Ästhetischen Briefe» umschreibt dieses heilige Dichteramt in monumentalen Sätzen und senkt es als höchsten Auftrag beschwörend in die Herzen einer Jugend, der Hölderlin und Novalis angehörten. «Der Künstler ist zwar der Sohn seiner Zeit, aber schlimm für ihn, wenn er zugleich ihr Zögling oder gar ihr Günstling ist. Eine wohltätige Gottheit reiße den Säugling bei Zeiten von seiner Mutter Brust, nähre ihn mit der Milch eines bessern Alters und lasse ihn unter fernem griechischen Himmel zur Mündigkeit reifen. Wenn er dann Mann geworden ist, so kehre er, eine fremde Gestalt, in sein Jahrhundert zurück; aber nicht, um es mit seiner Erscheinung zu erfreuen, sondern furchtbar wie Agamemnons Sohn, um es zu reinigen. Den Stoff zwar wird er von der Gegenwart nehmen, aber die Form von einer edleren Zeit, ja jenseits aller Zeit, von der absoluten unwandelbaren Einheit seines Wesens entlehnen. Hier aus dem reinen Äther seiner dämonischen Natur rinnt die Quelle der Schönheit herab, unangesteckt von der Verderbnis der Geschlechter und Zeiten, welche tief unter ihr in trüben Strudeln sich wälzen.»

Auf diesem Glauben fußt der reife Schiller. Die Schönheit um ihrer selbst willen läßt ihn kalt, ihn rührt nur das moralisch Schöne, das Erhabene, das aus dem Kampf mit der Natur hervorgeht. «Ohne das Erhabene würde uns die Schönheit unsrer Würde vergessen machen.» Er ist blind für die angeborene Anmut der Geschöpfe, ihn beherrscht eine absolute Wahrheit, die er darstellt, indem er «vom Allgemeinen zum Individuellen» herabsteigt. Ebenso blind ist er für jede triebhaft-dämonische Kunst, sei es die Shakespeares oder die Gottfried August Bürgers, den er mit der Behauptung abtat, daß nur ein «moralisch vortrefflicher Charakter» ein vollkommenes Werk schaffen könne. «Kein noch so großes Talent kann dem einzelnen Kunstwerk verleihen, was dem Schöpfer desselben gebricht, und Mängel, die aus dieser Quelle entspringen, kann selbst die Feile nicht wegnehmen.» Das gilt in umgekehrtem Sinn auch für ihn selbst. So unerreichbar das priesterliche Pathos für Bürger, Goethe oder Shakespeare, so unerreichbar ist für Schiller der einfache Laut des Menschenherzens. Schon seinem Karl Moor mutet er den «Salto mortale in die moralische Welt» zu, und alle seine späteren Helden stehen in der sittlichen Entscheidung, im Kampf zwischen dem Guten und dem Bösen, dem Goethes Faust so erstaunlich ausweicht. Gut und Böse, Schuld und Sühne sind für ihn letzte Realitäten wie für alle priesterlichen Geister, das moralische Gesetz bildet in seiner Welt die oberste Instanz. Selbst wenn er die alte Metapher vom Zauber der Dichtung aufgreift, wird sie ihm unversehens zur «heiligen Magie»:

> *Der Menschheit Würde ist in eure Hand gegeben,*
> *Bewahret sie!*
> *Sie sinkt mit euch! Mit euch wird sie sich heben!*
> *Der Dichtung heilige Magie*
> *Dient einem weisen Weltenplane –*

In diesen Grenzen übt Schiller sein Amt mit einer Sicherheit aus, die ihn einzig macht. Sein ungeheures Pathos stammt aus dem bewußten Widerspruch zwischen innerer und äußerer Autorität. Er stützt sich auf nichts als seine innere Erfahrung der Freiheit, die ihm im Martyrium seiner Todeskrankheit aufging. Dennoch hat Dostojewskij in ihm einen durchaus christlichen Dichter gesehen, insofern mit Recht, als ihn die Gebrochenheit seiner Natur und der «theologische» Sinn seiner Kunst zum Verkünder einer Idee in sinnbildlicher Sprache machten. Der Inhalt seiner Predigt aber ist nicht christlich, auch wenn er sich – wie im «Lied von der Glocke» – eines christlichen Symbols bedient. Er ist der Priester der innermenschlichen Freiheitsidee, nicht des Erlösungsgedankens. Als sittliche Exempel wollen seine Werke die geistige Not der Menschheit überwinden und eine neue Gemeinschaft der Gläubigen stiften. Sie alle haben moralische Tendenz und liturgischen Charakter. Im Grund sind es lauter an eine unsichtbare Kirche gerichtete mahnende «Worte des Glaubens» und warnende «Worte des Wahns», so wie alle Dichtungen Goethes im Grund magische Bannsprüche sind. Die künstlerischen Schwächen von Schillers Werken hängen, wie bei Calderon oder Dostojewskij oder Gotthelf, mit dem besondern Charakter ihrer Größe zusammen. Den Dichter des «Wallenstein», der «Maria Stuart» zierte die «reine Priesterbinde», die er als höchstes Attribut des Künstlers auch Goethe zusprechen wollte. «Sie, mein Freund, haben die Gabe, auch lehrend wirksam zu sein, die mir ganz versagt ist», schrieb ihm dieser einmal. Goethe bewunderte ihn als den Wissenden, der imstande war, ihm seine «eignen Träume, als ein wahrer Prophet, zu erzählen und zu deuten».

Mit dieser Würde angetan stellte sich Schiller in die Kluft hinein, die durch den Zerfall der christlichen Weltordnung entstanden und durch den Ausbruch der Revolution für seinen Scharfblick zur Weltgefahr geworden war. Er lehrte ein ganzes Zeitalter noch einmal anders über den Dichter denken. Er machte sich anheischig, die weltgeschichtliche Sendung der Kunst in einer führerlosen Menschheit zu erneuern. Er sprach von einer weltlichen Kirche, einem ästhetischen Staat, die an die Stelle der entweihten Altäre und Throne treten müßten, weil die Menschheit für die politische Freiheit nicht reif sei. Der Glaube an die befreiende Kraft der Kunst wurde bei ihm zu einer profanen Religion, zur Lehre von der als Schönheit geoffenbarten Wahrheit, die von der Nachwelt zu Phrasen zerdroschen statt ernst genommen wurde. Um diese Lehre und sein verpflichtendes Bild des Menschen wirksam zu machen, schmiedete er seine Sprache zum Schwert, mit dem ein geistiges Reich gegründet werden konnte. Am größten tönt sie vielleicht in den allegorischen Gedichten, die das Thema der «Künstler» weiterführen: in der «Macht des Gesanges», den «Sängern der Vorwelt», den «Vier Weltaltern» und, ins Tragische gewendet, in der «Nänie», in den Balladen von Kassandra und Ibykus. Sie verwenden durcheinander hieratische und heroische Bilder und nennen den Dichter bald Seher, bald Sänger, bald Priester, weil alle diese Bilder und Namen nur noch als Gleichnisse für die von Schiller verkörperte Sendung des Dichters gemeint sind.

Die unerbittliche, männlich harte Kunst, die er schuf, beruht auf der leidenschaftlichen Antithese von Wahrheit und Lüge, Erhabenheit und Gemeinheit. Aber sie fließt nicht aus spontaner religiöser Erschütterung, sondern aus schneidend klarem Denken. Selbst in der «Jungfrau von Orleans», wo er eine katholische Heilige auf die Bühne bringt, fehlt jede Spur religiösen Erlebens; die Erscheinung des schwarzen Ritters ist keine Vision, sondern ein Theatereffekt. Es ist unverkennbar, daß dieser Hohepriester des Gedankens weniger zur volkstümlichen Seelsorge als zur strengen Repräsentation der Ideale geboren war. Daher der rhetorische, zelebrierende Charakter seiner Sprache, daher sein Geschmack an der theatralischen Verwertung kirchlich-kultischer Motive. Schiller ist ein Meister der Inszenierung. Die Pracht seiner allegorischen Bilder dominiert derart, daß man sich fragen muß, ob er ihren ursprünglichen Sinn noch empfunden habe. Die «Braut von Messina» ist wie Racines «Athalie» ein sakral gestimmtes Werk und wetteifert besonders in der Wucht ihrer Chöre mit der antiken Tragödie, aber das bloß Metaphorische ihrer religiösen Sprache beeinträchtigt, abgesehen von den Schwächen der Handlung, den Eindruck spürbar. Die «Malteser», ein dem «Don Carlos» nahestehender Entwurf, hätten einen Chor von sechzehn Ordensrittern erhalten sollen, aber sogar hier gedachte Schiller ausdrücklich auf das Christliche zu verzichten und «strenge Moral ohne Religionströstungen» zu bieten. Dafür streift er in seinen Gedichten und Dramen an vielen Stellen unbedenklich das Banale, wie es für alle sakrale Kunst charakteristisch ist. Die Häufung seiner Bilder erinnert mehr an den Prachtstil des barocken Dramas als an die steinerne Wucht des Altertums. Goethe fand, es sei ein Glück, daß sein Freund die Entdeckung Calderons nicht mehr erlebt habe, weil dieses Genie des sakralen Theaters ihn hätte blenden und in seinem geistigen Ernst irre machen können. Aber der Gedanke an Calderon läßt sich nicht abweisen. Er rückt einen Mangel an Schillers Kunst ins Licht, den er selbst genau kannte und der durch seine Annäherung an Goethe nicht behoben werden konnte. Schiller hatte keinen Kult, keinen echten Mythus hinter sich, wo doch alles in ihm nach diesem objektiven Rückhalt schrie. Er mußte seine verkündenden Dramen aus dem Nichts erschaffen. Seit dem «Wallenstein» glaubte er im Gerichtsspiel der Weltgeschichte den Ersatz für den Mythus gefunden zu haben. Aber mit der «Jungfrau von Orleans» verließ er diesen Boden wieder und suchte nun bald in der Heiligenlegende, bald im griechischen Chordrama, bald im volkstümlichen Festspiel, bald im Massentheater des «Demetrius» neue Anknüpfungspunkte. Sein Aufsichgestelltsein verschaffte ihm jedoch auch den Vorteil, daß er nicht wie die konfessionellen Barockdichter an einem kirchlichen Dogma haften blieb, sondern wirklich zur Menschheit sprach. Auf den Höhepunkten erhebt er sich zu einer Größe der Deklamation, die allen Widerspruch besiegt und in moderner Sprache noch einmal den sakralen Schauer weckt. So in der «Macht des Gesanges», wo er das Thema von Pindars erster pythischer Ode aufnimmt:

> *Wie wenn auf einmal in die Kreise*
> *Der Freude, mit Gigantenschritt,*
> *Geheimnisvoll nach Geisterweise*
> *Ein ungeheures Schicksal tritt –*
> *Da beugt sich jede Erdengröße*
> *Dem Fremdling aus der andern Welt,*
> *Des Jubels nichtiges Getöse*
> *Verstummt, und jede Larve fällt,*
> *Und vor der Wahrheit mächtgem Siege*
> *Verschwindet jedes Werk der Lüge.*

KIRCHENROMANTIK

Im romantischen Bild des Mittelalters war auch die Vorstellung eines idealen Priesterstandes, einer vollkommenen Hierarchie enthalten. Als die Revolution den Kult der Göttin Vernunft einführte, begannen Viele von Kathedralen, Heiligen und Wundern zu schwärmen und sich der Sehnsucht nach einer gotischen Märchenwelt zu überlassen, in der Europa noch fromm gewesen war. Die Phantasie bemächtigte sich des katholischen Kirchentums, seiner Mönchsorden und Konzilien, der ganzen malerischen Sakralwelt, und die moderne Sentimentalität schwelgte in ihr, wie sie in der Rousseauzeit in der Natur geschwelgt hatte. In dieser Perspektive wurde das Priestertum endgültig zum literarischen Motiv, zur schöngeistigen Mode. Priester und Mönche, Einsiedler und Kreuzritter erschienen nun als die reinsten Träger der Weihe, die dem Dichter abhanden gekommen war.

Tiecks und Wackenroders «Herzensergießungen eines kunstliebenden Klosterbruders» machten mit der Schwärmerei für das Heilige den Anfang. Daß diese Ergüsse Andacht mit Genie, Kunstgenuß mit Schöpfertum verwechselten, störte die Wenigsten. Gerade das Dilettantische und Treuherzige nahm für sie ein. Sie erfaßten die

Kunstwerke durch das Gemüt, mochten sie vom einfältigen Leben der alten Meister erzählen oder von den Geheimnissen der Peterskirche stammeln: «Wohl dem vergänglichen Menschen, daß er Unvergängliches zu schaffen vermag! Wohl dem Schwachen
und Unheiligen, daß es erhabene Heiligkeit gebären kann, wovor es selber niederkniet!
Die Menschen sind nur die Pforten, durch welche seit der Erschaffung der Welt die
göttlichen Kräfte zur Erde gelangen und in der Religion und dauernden Kunst uns
sichtbar erscheinen ... Darum schweige, menschlicher Witz, und laßt euch bezaubern,
ihr frommen Sinne, von der erhaben-übermütigen Pracht.» Mit diesem scheinheiligen Büchlein breitete sich der Glaube aus, daß die Kunst ein Wunder, der Künstler ein
durch unbefleckte Empfängnis Begnadeter sei. In «Franz Sternbalds Wanderungen»
ließ Tieck keinen Geringeren als Dürer diese Kunstfrömmelei von sich geben und einen
malenden Waldbruder dozieren, was nach seiner Meinung das Genie ausmachte: Beten
und sich Kasteien. In der «Zeitung für Einsiedler» konnte man einen Aufsatz über die
Nachahmung der Heiligen lesen, und Fouqué behauptete, nur wirklich fromme Dichter dürften die Legenden neu bearbeiten. Novalis träumte in der Phantasie «Die Christenheit oder Europa» ein betörendes Bild der frommen mittelalterlichen Menschheit
herauf und warf in seiner ahnungsvoll fragenden Art den Dichter ebenso oft mit dem
Priester zusammen wie mit dem Magier und dem Sänger. «Dichter und Priester waren
im Anfang eins, und nur spätere Zeiten haben sie getrennt. Der echte Dichter ist aber
immer Priester, so wie der echte Priester immer Dichter geblieben. Und sollte nicht die
Zukunft den alten Zustand der Dinge wieder herbeiführen?»

Vergeblich höhnte Kleist im «Brief eines Malers an seinen Sohn» und veröffentlichte
Goethe den Aufsatz «Neudeutsche religiös-patriotische Kunst» gegen diese poetische
Verhimmelung des Christlichen. Das «laxierende Klosterzeug» (Goethe) entsprach
einem Bedürfnis nach kultischen Formen, heiligen Gebräuchen und frommer Absonderung, das stärker war als alle Gegengründe. Görres entwarf im Nachwort zu den
«Teutschen Volksbüchern» ein Gemälde der mittelalterlichen Herrlichkeit, das den
Atem der Leser stocken machte: ein schöner, langer Mai über Europa, die Christenvölker in einer einzigen berauschten Wallfahrt nach dem Morgenland, diesem Chor der
Weltkirche, begriffen, in allen Ländern ein nie gesehenes Lebensfest mit unzählbaren
Dichtern und Künstlern, Helden und Heiligen, ein tausendfältiges Blumenmeer der
blühenden Herzen. «Und wo ist all dies freudige Leben hingekommen? Hat es in der
Erde Klüfte sich gezogen, um zum neuen Springquell sich zu sammeln, sind die Zeiten
alt geworden und senken sie kraftlos das graue Haupt der Erde zu? Nachdem jene hochpoetische Zeit vorüber war, da begann noch einmal jener glühende Feuer- und Farbenregen, in den die wieder auflebende Malerei in Italien und in Teutschland und den
Niederlanden sich aufgelöst; es waren die fallenden Sterne vor dem jüngsten Tage der
Kunst, und nachdem die großen Genien der neueren aufgestanden und wieder hingegangen waren, nachdem Shakespeare das offene Himmelstor geschlossen hatte, da erfolgte Todesstille und Verkehrtheit auf lange hin: der Antichrist war nun geboren.»

Das Heimweh nach dem Mittelalter wurde so mächtig, daß es aus der Kunst in die
Wirklichkeit übergriff. Die Dichter glaubten sich zur Religionsstiftung berufen. Za-

charias Werner hielt die Stunde der letzten Weltreligion für gekommen, die das Erbe
aller großen Kirchen vereinigen werde. Er machte sich selbst an dieses Werk, er wollte
die Freimaurerei reformieren und ihre gereinigte Lehre mit dem Kern der alten Religionen zu einem neuen Kult verschmelzen. Es ist bezeichnend, daß er von den Riten
ausging; er berauschte sich am Pomp der Machtkirche und ließ auch den Katholizismus
nur ästhetisch, als das größte Meisterstück künstlerischer Phantasie gelten, als das ihn
auch Chateaubriand soeben angepriesen hatte. Mit diesem Geschmack am betäubenden Zeremoniell braute er die Theaterstücke zusammen, mit denen er gleichzeitig
die von ihm erfundene neue Weltreligion und ihr neues sakrales Theater zu stiften
hoffte. In den schon im Titel esoterischen «Söhnen des Tals» stiftete er die Priesterschaft, die das Abendland retten sollte. Tempelritter und Kardinäle, Anachoreten und
Magier, Priester in den Farben der Elemente, rauschende Verspracht und maurerische
Allegorien bilden hier den Rahmen für eine gähnende seelische Leere, für ein unmögliches Unterfangen: Religion ohne Offenbarung, Kirchenzauber als Theater. Es war ein
Erstling vieler ähnlicher Mysterienspiele, in deren Reihe Wagners «Parsifal» nicht das
Ende bedeutet. Als der geistige Bankrott dieser Versuche nicht mehr zu verkennen
war, wallfahrtete Werner nach Rom und betrieb seine Aufnahme in die alte Kirche, die
ihm nach langem Warten und strenger Vorbereitung gewährt wurde. Die Bedingung
für die Erteilung der Priesterweihe war der öffentliche Widerruf seiner Werke und seiner orgiastischen Liebeslehre, den er fortan unermüdlich wiederholte. Er wirkt kläglich, weil Werners vor der Bekehrung geschriebene Stücke nicht nur sittlich, sondern
auch künstlerisch minderwertig, aber immer noch interessanter sind als die katholischen Erbauungswerke, die er seither verfaßte. Als Wiener Bußprediger war dieser zum
Kanzelredner gewordene berühmte Dichter eine Sensation, aber doch nur eine Karikatur des alten Abraham a Sancta Clara. Er hatte gewaltigen Zulauf; hier gab es etwas zu
sehen, was in der Luft lag.

Es war das «Bündische», das Bekenntnis zur geweihten Gemeinschaft der Kirche,
des Ordens, der religiösen oder patriotischen Kongregation. Die Turmgesellschaft im
«Wilhelm Meister» hatte das literarische Vorbild dafür gegeben. Der Gedanke einer Erneuerung der Freimaurerei beschäftigte auch den jungen Fichte, und Novalis kam von
der Vorstellung einer neuen Kirche nicht los. In den «Lehrlingen zu Sais» stand auch er
bei der Schilderung eines edlen Jüngerkreises um einen allwissenden Meister noch im
Bann der Freimaurerei. Später, als die pietistische Frömmigkeit in ihm durchschlug,
faßte er gemeinsam mit Tieck den Plan zu einem christlichen Andachtsbuch, das fromme Lieder und Predigten enthalten sollte. Daraus wurden seine «Geistlichen Lieder»,
der mystische Ausklang seiner orphischen Nachtlyrik. Sie sind halb protestantisch,
halb katholisch empfunden und in ihrem freien Schweben über den Konfessionen ein
charakteristisches Zeugnis dieser ganzen Strömung. Novalis ließ sich aber auch zu der
Behauptung verleiten, es sei ein großer Fehler des Staates, daß man ihn zu wenig sehe,
und fragte: «Ließen sich nicht Abzeichen und Uniformen durchaus einführen?» Das
fragten sich auch andere, und die Franzosenzeit gab dieser Frage mächtigen Auftrieb.
Die Burschenschafter, die von Kaiser und Reich schwärmten, schmückten sich mit alt-

deutschen Sammetröcken und Dürerlocken. Die fromm gewordenen Maler, die in der
Renaissance das große Unglück der Kunstgeschichte, in Raffael den Beginn eines großen Irrwegs sahen und auf Fra Angelico zurückgingen, um in Wackenroders Geist die
Weihe der mittelalterlichen Kunst wieder herzustellen, ließen sich im Kloster Sant
Isidoro zu Rom als eine neue Lukasbrüderschaft nieder und begründeten die nazarenische Schule, die bis zur Jahrhundertmitte viel von sich reden machte. Overbecks Gemälde «Der Triumph der Religion in den Künsten», das Overbeck selbst in einem sektiererischen Manifest gegen die falschen Götzen in der Kunst erläuterte, war der Höhepunkt dieser Bewegung. Goethe, der an ihr nicht ganz unschuldig war, spottete über
alle diese Frömmlinge:

> Gott grüß euch, Brüder,
> Sämtliche Oner und Aner!
> Ich bin Weltbewohner,
> Bin Weimaraner –

Die Welle von Übertritten zur römischen Kirche erzeugte auch in der Literatur
sichtbare Veränderungen. Brentanos Rückkehr zum Glauben seiner Kindheit spielte
sich nicht so marktschreierisch ab wie Werners Konversion, weil sie eine echte Wandlung war. Er brachte nach dem schlimmen Ende seines Jugendrausches fünf Jahre in der
Kammer des stigmatisierten Bauernmädchens Katharina Emmerich zu, um die Visionen und Erzählungen dieser seiner «geistlichen Mutter» nachzuschreiben. Nach ihrem
Tod schleppte er sein Manuskript als «ungeheuren Schatz» mit sich und publizierte es
in volkstümlichen Erbauungsbüchern, deren Erlös wohltätigen Zwecken diente. An
Hoffmann schrieb er jetzt, er habe «ein gewisses Grauen vor aller Poesie, die sich selbst
spiegelt und nicht Gott». Als Geretteter billigte er nur noch «die heilige Kunst, das
Kreuz zu schlagen», und äußerte wilden Haß gegen die «Schminkerin Poesie». Aber
der Preis für seine Rettung war der Verlust seiner dichterischen Genialität. Die katholischen Kirchenlieder, die er jetzt verfaßte, ergreifen nur an den seltenen Stellen, wo aus
der christlichen Schutzhülle noch die nackte Seelennot des Sünders hervorblickt. Auch
Brentano konnte nicht mehr Dichter und Priester sein, und es gelang ihm nicht immer,
den Schmerz über seine Selbstverleugnung zu unterdrücken.

Der fromme, aus innerer Bedrohung um Reinheit ringende Eichendorff setzt sich
schon in seinem jugendlichen Bekenntnisroman «Ahnung und Gegenwart» mit dem
Priesterideal auseinander. Auch er spottet über den romantischen Salonkatholizismus,
den er im Haus Loebens, des dilettantisch schwärmenden «Isidorus Orientalis», in
Heidelberg kennen gelernt hatte, und schildert eine dieser Teegesellschaften, in denen
über die Muttergottes und über die Göttlichkeit der Poesie gesalbadert wird. Von diesem Treiben trennte er sich früh, es war ihm ein Stück der verwüsteten Welt. Graf
Friedrich, der Held dieses Buches, ist davon durchdrungen, daß «alle Talente Tugenden werden» müssen, um etwas wert zu sein, und sagt zu einem gottlosen Schöngeist,
der auf den Tod des von ihm verführten Mädchens Sonette schreibt: «Ich möchte nicht
dichten, wenn es nur Spaß wäre, denn wo dürfen wir jetzt noch redlich und wahrhaft
sein, wenn es nicht im Gedichte ist? Haben Sie den rechten Mut, besser zu werden, so

gehn Sie in die Kirche und bitten Sie Gott inbrünstig um seine Kraft und Gnade. Ist aber das Beten und alle Ihre schönen Gedanken um des Reimes willen auf dem Papiere, so hol der Teufel auf ewig den Reim samt den Gedanken!» Friedrich durchschaut das Nichtige der Zeit und wächst über alle Formen der Selbsttäuschung hinaus. «Denn wo ist in dem Schwalle von Poesie, Andacht, Deutschheit, Tugend und Vaterländerei, die jetzt, wie bei der babylonischen Sprachverwirrung, schwankend hin und her summen, ein sicherer Mittelpunkt, aus welchem alles dieses zu einem klaren Verständnis, zu einem lebendigen Ganzen gelangen könnte?» Er vertieft sich in die Bibel und findet in ihr Trost über die allgemeine Verwirrung; das Kreuz strahlt vor ihm als das einzige Heil auf, und er faßt den Entschluß, ins Kloster zu gehen und in Deutschland für das Christentum zu kämpfen, statt seine Talentchen zu pflegen. «Er hatte endlich den phantastischen, tausendfarbigen Pilgermantel abgeworfen und stand nun in blanker Rüstung als Kämpfer Gottes gleichsam an der Grenze zweier Welten.» Das lyrische Gegenstück dazu sind die Strophen «An die Dichter», in denen Eichendorff wie Kleist den literarischen Frömmlern zuruft:

> O laßt unedle Mühe fahren,
> O klingelt, gleißt und spielet nicht
> Mit Licht und Gnad, so ihr erfahren,
> Zur Sünde macht ihr das Gedicht!
>
> Den lieben Gott laß in dir walten,
> Aus frischer Brust nur treulich sing!
> Was wahr in dir, wird sich gestalten,
> Das andre ist erbärmlich Ding.

Eichendorff ging nicht ins Kloster und brach nicht mit der Kunst. Er wählte den unscheinbarsten Weg, in der entweihten Welt zur Ehre Gottes zu leben und zu singen: den des bürgerlichen Beamten. Mit diesem Entschluß besaß er eine echtere Weihe als die Konvertiten mit ihrem Weihrauchduft. Die von allen falschen Tönen gereinigte Dichtung war ihm bis zuletzt das Mittel, seine Reinheit zu erhalten. Unter den Liedern, in denen der Alternde das geistliche Leben als Sinnbild für sein Dichtertum verwendet, befindet sich der herrliche «Einsiedler», die schönste Blüte der katholischen Kirchenpoesie:

> O Trost der Welt, du stille Nacht!
> Der Tag hat mich so müd gemacht,
> Das weite Meer schon dunkelt;
> Laß ausruhn mich von Lust und Not,
> Bis daß das ewge Morgenrot
> Den stillen Wald durchfunkelt.

Auch Mörikes «Alter Turmhahn», die Blume protestantischer Pfarrherrlichkeit, ist aus dem Heimweh nach dem geistlichen Leben entstanden. Auch sein Verfasser dachte nie daran, sich als Priester aufzuspielen oder eine Weltreligion zu gründen. Schon der leise Humor dieses Gedichts verrät, wie Mörike zu dem Thema stand. Er war Zufallstheologe, in keiner Faser eine priesterliche Natur wie Hölderlin oder Klopstock. Schon als Vikar hatte er innerlich so vollständig mit dem Christentum gebrochen, daß er einem Freund bekannte: «Ich sage Dir, der allein begeht die Sünde wider den heiligen Geist, der mit einem Herzen wie ich der Kirche dient.» Die heitere Idylle des «Turmhahns» ist eine Schöpfung seiner Phantasie und wie der «Vicar of Wakefield» mit dem Schmerz eines Lebens erkauft. Das Dörfchen im Unterland, das sie verklärt, war die letzte Station in der langen Reihe schwäbischer Pfarreien, in denen sich das Elend des Vikars Mörike abspielte. Er hat auch in Cleversulzbach mehr trübe als glückliche Stunden gekannt. Das Pfarrhaus war sommers und winters eine «Eisgrube», in der es um seine Gesundheit ebenso schlecht bestellt war wie um seinen Geldbeutel, was er in einem Gesuch um Versetzung betonte. Aber auch um Mörikes Theologie stand es nicht zum besten; der Hauptschmuck seiner Studierklause war ein altes Kruzifix von feiner Schnitzarbeit, das aus einer Schweizer Kirche stammte. Die Freuden und Späße, von denen er in seinen Briefen und Gelegenheitsversen spricht, die ganze bezaubernde Vergoldung dieses schwäbischen Erdenwinkels leuchten vor einem dunklen Hintergrund. Nach zehn Jahren, erst neununddreißigjährig, wurde Mörike zwangsweise pensioniert, weil er nicht imstande war, die kleine Pfarrei ordentlich zu versehen, und auf der Kanzel Angstzustände bekam. Er nahm die Erinnerungen an seine verunglückte Laufbahn in sein Wanderleben mit und dichtete sie in sein Traumbild eines glücklichen Lebens um. Denn wenn er auch kein brauchbarer Pfarrer war, so war er doch «eine Art von Mönch», wie er einmal schrieb. Erst jetzt, viele Jahre nach dem Rücktritt, gestaltete er die zwanzig Verse, die er einst in Cleversulzbach dem heruntergeholten alten Kirchengockel spaßeshalber gewidmet hatte, zur wehmütigen Pfarrhausidylle aus. Je weiter er sich von Cleversulzbach entfernte, desto liebevoller malte er sie aus. Der Gockel wurde zum Sinnbild seiner eigenen Fremdheit im Pfarrhaus, seiner eigenen Abdankung. Er schreibt an Storm darüber: «Tatsache ist an dem Spaß, daß ich als damaliger Pfarrer in Cleversulzbach aus Anlaß einer Kirchenreparatur das alte Inventarstück zu mir nahm, auch es noch jetzt besitze. Der Pfarrer wurde aber durch eine Verlegung in die frühere Zeit ehrwürdiger gemacht und ihm Weib und Kinder geschenkt. Das Ganze entstand unter Sehnsucht nach dem ländlich pfarrkirchlichen Leben.»

PRIESTER OHNE KIRCHE

Johann Peter Hebel und Mörike gingen mit ihrem unpathetischen Verzicht den Weg voraus, der allen priesterlich gesinnten modernen Dichtern vorgezeichnet war. Seitdem der romantische Kunstpietismus tot, der hohepriesterliche Anspruch Schillers verspießert war, schien die Einheit von Kunst und Kirche endgültig begraben. Sie existierte nur noch in der Phantasie derjenigen, die wußten, was mit ihr verloren war, und ohne sie nicht leben konnten. Nur noch als dichterische Vision konnte sie bestehen, und diese Vision verriet ein unheilbares Leiden an der Entheiligung der Welt.

Adalbert Stifter war kein Theologe. Er lernte aber als Schüler im Stift Kremsmünster die serene Geistigkeit des Benediktinerordens kennen und vernahm dort die Lehre, daß alle hohe Schönheit in ihrem Wesen sittlich sei. Sie blieb ihm unvergeßlich; als er seinen romantischen Rausch ausgetobt hatte, erwachte sie wieder in ihm und unterwarf ihn für sein ganzes Leben dem Gebot einer höheren Weihe. Seine Erzählungen streifen den kirchlichen Bezirk nur selten und brauchen ihn auch nicht, weil sie ohnehin in der Luft des Heiligen stehen. Wo er einen kirchlichen Gegenstand behandelt, wie in der Fahrt der Rosenhausbewohner zum vergessenen gotischen Altar, weht diese dichterische Weihe der Kunst in den Kirchenraum hinein. Der arme, einfältige Landpfarrer im Kar, den er im «Kalkstein» als einen modernen Heiligen zeichnet, ist in der ersten Fassung der Novelle ein protestantischer Pfarrer und in der zweiten mit sparsamen Andeutungen als katholischer Priester kenntlich gemacht. In seiner franziskanischen Demut, mit seiner Liebe zu den Kindern und Armen wirkt er wie ein ketzerisches Symbol. Er ist ein Seliger, weil er zu den Armen im Geist gehört, und steht im Grund außerhalb der Konfessionen.

Der «Nachsommer» hat sich ganz von ihnen gelöst. Er ist gegen eine Welt ohne Weihe geschrieben und lehrt die von Winckelmann, Goethe und Schiller geschaffene Religion der Schönheit in feierlich gesteigerter Form. Das Rosenhaus ist ein Tempel, seine rein ersonnenen Gemächer mit ihren erlesenen Möbeln sind Kapellen mit Altären, die man in Ehrfurcht betritt. Der Freiherr von Risach hat Kunstwerke aus aller Welt wie Heiligtümer darin zusammengetragen; auch seine Bücherei ist ein solches, denn es stehen in ihr alle großen Werke des Menschengeistes, selbst solche, die er nicht lesen kann. Die Andacht vor diesen Schränken, vor den blühenden Rosen und Kakteen, vor Bildern und Bäumen ist Gottesdienst, und vollends die langen unterweisenden Gespräche betonen den sakralen Charakter dieses Buches. «Die Kunst», wird hier gelehrt, «ist ein Zweig der Religion, und darum hat sie ihre schönsten Tage bei allen Völkern im Dienste der Religion zugebracht.» Das Rosenhaus ist nicht als eine neue Kirche, sondern als ein Ort der Erinnerung an die verlorene Einheit von Kunst und Religion gebaut worden. Stifter denkt nicht daran, das Schöne an die Stelle des Göttlichen zu setzen. Es ist ihm echt priesterlich der Weg zum Göttlichen, und nur die leidenschaftliche Ablehnung der falschen Kunst – die einzige Leidenschaft, die im «Nachsommer» spürbar ist – läßt ihn von der wahren Schönheit so hoch reden. Er hält die Kunst für etwas Höheres, als was die Zeitgenossen in ihr sehen, aber sie ist ihm nicht das Allerhöchste. «Darum ist auch die Kunst so groß, weil es noch unzählige Erhebungen zum Göttlichen gibt, ohne daß sie den Kunstausdruck finden, Ergebung, Pflichttreue, das Gebet, Reinheit des Wandels, woran wir uns auch erfreuen, ja woran die Freude den höchsten Gipfel erreichen kann, ohne daß sie doch Kunstgefühl wird. Sie kann etwas Höheres sein, sie wird als Höchstes dem Unendlichen gegenüber sogar Anbetung, und ist daher ernster und strenger als das Kunstgefühl, hat aber nicht das Holde des Reizes desselben.» So spricht in jeder Stunde vor den Schreinen des Bücherzimmers der Herr des Hauses auch über die Dichter: ihr Wort ist nicht in sich selbst vollkommen, sondern heilig als Vermittlung ewiger Gedanken. «Ich habe diese Bücher gesammelt, sagte er, nicht, als ob ich sie alle verstände; denn von manchen ist mir die Sprache vollkommen fremd; aber ich habe im Verlauf meines Lebens gelernt, daß die Dichter, wenn sie es im rechten Sinne sind, zu den größten Wohltätern der Menschheit zu rechnen sind. Sie sind die Priester des Schönen und vermitteln als solche bei dem steten Wechsel der Ansichten über Welt, über Menschenbestimmung, über Menschenschicksal und selbst über göttliche Dinge das ewig Dauernde in uns und das allzeit Beglückende. Sie geben es uns im Gewande des Reizes, der nicht altert, der sich einfach hinstellt und nicht richten und verurteilen will. Und wenn auch alle Künste dieses Göttliche in der holden Gestalt bringen, so sind sie an einen Stoff gebunden, der diese Gestalt vermitteln muß: die Musik an den Ton und Klang, die Malerei an die Linien und die Farbe, die Bildnerkunst an den Stein, das Metall und dergleichen, die Baukunst an die großen Massen irdischer Bestandteile, sie müssen mehr oder minder mit diesem Stoffe ringen; nur die Dichtkunst hat beinahe gar keinen Stoff mehr, ihr Stoff ist der Gedanke in seiner weitesten Bedeutung, das Wort ist nicht der Stoff, es ist nur der Träger des Gedankens, wie etwa die Luft den Klang an unser Ohr führt. Die Dichtkunst ist daher die reinste und höchste unter den Künsten.»

Der feierliche Ton dieser Prosa entspricht diesem feierlichen Glauben. Es ist aber nicht der Ton eherner Sicherheit, den noch Schiller besitzt. Man hört aus ihm das Ringen um diesen Glauben und um die innere Gelassenheit, das Stifters Leben ausfüllt. Er wußte, daß dieser Glaube mit seiner eigenen Würde stand und fiel, und da er kein Kirchenmann, noch weniger ein Heiliger war, nagte der Zweifel an seinem heiligen Amt zu Zeiten furchtbar an ihm. Der Tempel, den er hütete, war ein Zufluchtsort, keine Hochburg der geistigen Eroberung. In den weihevollen Räumen des Rosenhauses, deren kostbare Fußböden nur in Filzpantoffeln betreten werden dürfen, schwebt ein unsichtbarer Hauch von Angst, und nur wer auch ihn wahrnimmt, hat dieses Buch ganz verstanden. Es ist nicht der Tempel, den ein Glücklicher seiner heiteren Gottheit errichtet hat, sondern der Traum eines Einsamen, der an der Wunde seines Leidens am Gewöhnlichen zu verbluten fürchtet.

Das Priestertum im Dienst der Schönheit wurde im neunzehnten Jahrhundert ein letzter Hort der Dichterweihe. Wenige waren ihm so reinen Herzens ergeben wie Stifter, und die Gefahr des Epigonischen, die schon über dem «Nachsommer» schwebt, wurde selten so gebannt wie dort. Der Untergrund von Angst und Verzweiflung trat desto sichtbarer hervor, je prunkvoller ein Heiligtum gegen die Häßlichkeit der Gegenwart aufgetürmt wurde, und es geschah mehr als einmal, daß es schon zu Lebzeiten des Erbauers zusammenstürzte oder gefährliche Risse zeigte. Platen führte seinen Tempel zuerst im orientalischen, dann im griechischen Stil auf, ohne ihn vollenden zu können. Das viktorianische England bewunderte Tennyson als hohepriesterlichen Dichter, weil seine Hymnen von der Weisheit glänzten, aus denen dieses Zeitalter seine Gemeinplätze bezog. Seine salbungsvolle Wortmusik, seine christliche Moralität ließen ihn, wie in Deutschland Geibel, als Gralskönig erscheinen, und man wundert sich heute darüber ebenso wie über die Unbeirrtheit, mit der er diese Maske trug. Die französische Dichtung liebte seit Chateaubriand das Spiel mit sakralen Motiven, dem Lamartines «Méditations» und «Harmonies» in der Restaurationszeit einen alles bezaubernden Reichtum elegischer Stimmungen abgewannen. Auch Victor Hugo trieb es ausgiebig, und die Parnassiens waren vor allem durch das Bekenntnis zur priesterlichen Absonderung

des Künstlers verbunden. Selbst den Dichter der «Madame Bovary» faszinierte das
Heilige. Er fühlte in sich das ungeheure Erbe der antiken Priesterschaften und versenkte
sich in der «Tentation de Saint-Antoine», in «Saint-Julien l'Hospitalier», in «Hérodias»
in seine Rätsel. «Le vrai poète pour moi est un prêtre. Dès qu'il passe la soutane il doit
quitter sa famille», schrieb er an Louise Colet. Aber diese Gleichsetzung hatte weniger
die Heiligung des modernen Dichters als die Aufdeckung jenes Abgrundes in der Seele
der alten Heiligen zur Folge, den die «Versuchung des Heiligen Antonius» aufreißt.
Flaubert sieht die Größe der Auserwählten nicht in ihrer Seligkeit, sondern in ihrem
endlosen Kampf mit den Dämonen. So sah sie auch Conrad Ferdinand Meyer im «Heiligen», der den kirchlichen Nimbus Thomas Beckets als eine sublime Form verbrecheri-
schen Hasses und Machtwillens durchschaut. Auch diese Novelle ist das Selbstbildnis
eines tödlich Gefährdeten, den der Anblick priesterlicher Majestät nicht losließ, weil er
in ihr seinem eigenen Rätsel begegnete. Meyer wurde nicht müde, die cäsarischen Re-
naissancepäpste zu porträtieren, weil sie die ihm zugängliche Form des Heiligen verkörperten. Nur in sehnsüchtigen und lyrischen Stimmungsbildern konnte er es gläubig
gelten lassen. Die Erinnerung an Schillers «Künstler» verdichtete sich ihm im «Heiligen Feuer» zur schlaflosen, keuschen Vestalin, die das ergreifende und verräterische
Sinnbild seines Dichtertums wurde:

> *Eine Flamme zittert mir im Busen,*
> *Lodert warm zu jeder Zeit und Frist,*
> *Die, entzündet durch den Hauch der Musen,*
> *Ihnen ein beständig Opfer ist.*
>
> *Und ich hüte sie mit heilger Scheue,*
> *Daß sie brenne rein und ungekränkt;*
> *Denn ich weiß, es wird der ungetreue*
> *Wächter lebend in die Gruft versenkt.*

Annette von Droste-Hülshoffs Gedichtzyklus «Das geistliche Jahr» zeigt dieselbe
Gebrochenheit in einer katholischen Seele. Dieser Nachzügler der alten Kirchenjahrs-
poesie ist ebenso wenig ein Denkmal des Geborgenseins in der Kirche. Die alte Form
des Jahreszyklus ist nur der Rahmen, in dem eine einsame Frau verzweifelt um die
Gnade des Glaubenkönnens ringt. Dieses Manuskript entstand stückweise in den
großen Krisen von Annettes Leben, sie behandelte es als Geheimnis und wollte es erst
nach ihrem Tod veröffentlicht wissen. Die letzten 47 Gedichte standen in winziger,
hastiger, schwer zu entziffernder Schrift auf drei Bogen, die in ihrem Nachlaß gefunden
wurden, und besonders dieser letzte Teil, in der Nähe des Todes entstanden, enthüllt
ein inneres Drama. Die westfälische adelige Katholikin legt darin ihre letzte Beichte ab
und gibt das Rätsel ihrer Verschwiegenheit preis. Bald fromme Kirchenliedstrophen
variierend, bald alle Konvention zerreißend ergeht sie sich in einem Monolog, der sie
mehrmals an die Schwelle der Seligkeit führt, aber immer wieder in Anklage Gottes, in
das Bewußtsein der Verdammnis zurückwirft und im Entsetzen über sich selbst und
über den Schöpfer dieser Welt endet. Es ist dasselbe Aufundab zwischen Himmel und

Hölle wie in den mittelalterlichen Nonnenvisionen, aber weit außerhalb der schützenden Klostermauern.

Noch weiter entfernt von dem Zentrum, in dem einst das Herz der christlichen Dichtung geschlagen hatte, steht Dostojewskijs «Großinquisitor». Er ist das Gegenteil einer romantischen Verherrlichung der katholischen Kirche: ihre Entlarvung als Kirche des Baal, wie sie nur ein prophetischer Geist wagen konnte. Dieses visionäre Gleichnis verdichtet die Eindrücke, die Dostojewskij in Rom empfangen hatte. Sein Kardinal ist eine ketzerische Steigerung jenes Großinquisitors, der am Schluß von Schillers «Don Carlos» auftritt, das tragische Sinnbild für den Sieg des Priesters über den Erlöser. Aber hier berühren sich die Extreme. Dostojewskij schrieb die Novelle nicht als voltairischer Priesterhasser, noch weniger waren ihm Priester und Kirche bloß dankbare literarische Motive. Er machte sie zu Sinnbildern seines prophetischen Glaubens an das russische Christentum und seinen kommenden Triumph über die von Christus abgefallene westliche Zivilisation.

Auch der Westen erlebte es, daß im allgemeinen Zerfall des Kirchenlebens Dichter auftraten, in denen der priesterliche Wille zum Kampf gegen die Gottlosigkeit brannte und als ein Anachronismus Anstoß erregte. Ein solcher Autor war Jeremias Gotthelf. Er empfand es nie als Widerspruch, daß er den Talar des protestantischen Geistlichen trug. Es bot ihm im Gegenteil den Halt, den er in seinem Widerstand gegen den unheiligen Zeitgeist brauchte, und gab ihm die Kraft, trotz aller Anfeindung nicht in Verbitterung zu verfallen. Das war aber nur deshalb möglich, weil er die Kirche nicht von oben, sondern von unten sah und niemals ihren Glanz verkörperte, sondern ganz in den Pflichten der Seelsorge aufging. Schon der Priestername paßt nicht für ihn, weil er nur ein protestantischer Landpfarrer war und alles äußerliche Wesen grimmig haßte. Man täuscht sich auch, wenn man in ihm den naiven Repräsentanten der Bauernwelt sieht, die er als Dichter verklärt. Er war kein Bauer, sondern ein Theologe. Seine Bauern fürchteten ihn mehr, als daß sie ihn liebten, und er blieb in Lützelflüh innerlich immer ein Fremder. Daß er hier amtierte, kam daher, daß man ihn als unbequemen ältesten Vikar des Kantons Bern nach vielen Scherereien mit den Behörden in diese schwere Pfarrei abgeschoben hatte. Er vergaß es nie, daß es ihm nicht gelungen war, in der Hauptstadt Fuß zu fassen, und es waren diese Enttäuschungen in der amtlichen Laufbahn, die ihn endlich zur Feder greifen ließen. Als Pfarrer, als Politiker, als Schriftsteller stand er in einer Opposition, die ihm unerhörte Kränkungen und Schmähungen eintrug. Auch die kirchliche Mittelmäßigkeit um ihn herum ärgerte sich an seinem Draufgängertum und beschwor ihn, Maß zu halten; er ließ sich trotzdem immer wieder zu Zusammenstößen mit seinen geistlichen und weltlichen Vorgesetzten hinreißen, durch die er sich über seinen Tod hinaus verhaßt machte. In seinen dunklen Stunden glaubte er auf verlorenem Posten zu stehen, und die Pfarrergestalten seiner Erzählungen sprechen mehr davon als vom Glück ihres Berufs. Nicht die Macht, sondern die Ohnmacht der Kirche erregte ihn. Er war eine Ausnahme und starb als einer der meistgehaßten Männer seines Landes; es gibt Anzeichen dafür, daß er auch als Pfarrer von Lützelflüh unmöglich geworden wäre, wenn er länger gelebt hätte.

Dies alles brauchte es, damit sein einsames dichterisches Werk entstehen konnte. Es ist aus der Sorge um das Seelenheil seines Volkes entstanden, für das er Gott und niemandem sonst verantwortlich war. Der Erzähler Gotthelf will die göttliche Wahrheit verkünden, seine Menschenschilderung und Seelenmalerei ist Mittel zu diesem Zweck. Als Dichter weiß er sich dem Bauern verwandt, der den Acker umpflügt und als Sämann über ihn schreitet. Dieses Bild braucht er immer wieder, besonders in den ersten Büchern, in denen er als Schüler Pestalozzis himmelschreiende soziale Mißstände aufdeckt. Es steckte aber auch ein homerischer Sänger in ihm, der die ewige Schönheit des Bauernlebens sah und nun daran ging, ein episches Idealbild von ihr zu schaffen. In diesen Büchern der mittleren Zeit stellt er den vollkommenen Menschen im frommen, reichen, gesegneten Bauern dar, der noch in der Harmonie von Diesseits und Jenseits lebt und mit jedem Tag auf seiner Erde dem Himmel einen Schritt näher kommt. Der Gotthelf dieser Idyllen ist mit allen Arbeiten und Freuden des bäuerlichen Daseins, mit allen Abgründen der menschlichen Seele vertraut. Er kennt ihren Zusammenhang mit dem heidnischen Aberglauben und stellt ihn in der «Schwarzen Spinne», im «Anne Bäbi Jowäger» unvergleichlich dar. Er dichtet dem Bauern aber auch eine Sehnsucht nach dem Licht, ein heroisches Ringen um den Aufstieg aus der irdischen Trübsal in die christliche Vergeistigung an, wie es in «Geld und Geist» geschildert ist. Dieses Buch von der Heiligung des Lebens durch das Wort Gottes, durch das Gebet und die selbstüberwindende Liebe, gewiß die größte religiöse Dichtung der neueren deutschen Literatur, steht im Zentrum seines Schaffens und erklärt, weshalb der homerische Glanz seiner Kunst so bald wieder erlosch. Er konnte bei dieser Idealisierung nicht stehen bleiben, sondern mußte den widergöttlichen Mächten wieder Raum geben, weil er sie in der Wirklichkeit überhand nehmen sah. Der Seelsorger in ihm stand gegen den verklärenden Sänger auf und zerstörte den Einklang von Gott und Welt. Wer diese Zerstörung bedauert, verkennt die Voraussetzungen von Gotthelfs Kunst. Sie mußte in dieser Verdunkelung enden, und diese Wendung war größer, als wenn er bis zuletzt der Lobredner des Bauerntums geblieben wäre. Er kehrte zur leidenschaftlichen Kritik an der Wirklichkeit zurück und erhob sich in den politischen Zeitromanen zu einem prophetischen Kampf gegen sein Jahrhundert, in dem auch der wahre Charakter seiner Geistlichkeit erst ganz zum Vorschein kam. Was er zuletzt als endzeitlicher Seher und Richter sprach, fällt ebenso aus der deutschen Literatur seiner Zeit heraus wie die Idyllen des weltsatten Erzählers. Der sakrale Zug tritt in diesen Spätwerken am unmittelbarsten hervor, macht aber schon die Größe und die Schwächen der früheren Werke aus. Gotthelfs Bücher erleuchten und erwärmen ihre Leser, sie machen sie zu besseren Menschen. Davon sprach im neunzehnten Jahrhundert niemand mehr, wenn von Dichtung die Rede war. Aber einige große Dichter riefen ihm in Erinnerung, daß die Kunst auch so verstanden werden kann.

Vom Norden her drang Henrik Ibsen in Deutschland ein, auch er ein von Prophetenzorn erfüllter Moralist, der aber, anders als Gotthelf, mit seiner Heimat brach und im freiwilligen Exil seine Kanzel zu finden hoffte. Seitdem er seine ersten Schlachten gegen das norwegische Kleinstadtbürgertum verloren hatte, haßte er sein Land mit der Wut eines Berserkers und lebte wie ein befreiter Sklave auf, als es ihm gelungen war, ins Ausland zu entrinnen. Dieser Radikalismus entsprach seinem dramatischen Temperament, es zeichnete sich darin aber auch ein Fanatismus ab, der seinem Versuch, die verrottete Welt zu bekehren, Grenzen setzte. Nach einigen in Italien verbrachten Jahren wurde ihm Deutschland zur zweiten Heimat, von der aus er sein Gottesgericht über die Zeit ergehen ließ. Die Entschiedenheit, mit der er dem norwegischen Krämervolk absagte und Deutschland bewunderte, das seinen Dramen zu europäischem Ruhm verhalf, wirft auch ein Licht auf seine monomanische Einseitigkeit, die daran schuld ist, daß dieser Ruhm nicht standhielt. Noch 1888 bekannte er: «Für einen geistig einigermaßen entwickelten Menschen reicht der alte Vaterlandsbegriff heutzutage nicht mehr aus. Der Staatsverband, in den wir einsortiert sind, kann allein nicht mehr für uns maßgebend sein. Ich glaube, das nationale Bewußtsein ist im Begriff, auszusterben, und wird vom Stammesbewußtsein abgelöst werden. Ich habe damit angefangen, mich als Norweger zu fühlen, habe mich dann zum Skandinaven entwickelt und bin jetzt beim allgemein Germanischen gelandet.»

Tolstojs Entscheidung erwies sich als folgenschwerer. Dieser russische Graf begann seine Laufbahn als wilder Weltmensch und ehrgeiziger, tollkühner Offizier; dann wurde er ein berühmter Schriftsteller, der das große Leben der Aristokratie, den ausschweifenden Sinnengenuß und den Beifall der Gebildeten liebte. In der Tiefe zehrte aber die östliche Erlösungssehnsucht an ihm. Schon die großen Romane, die ihn als ein Genie der modernen realistischen Gesellschaftsepik bekannt machten, zeigten immer den Wurm im leuchtenden Fleisch dieser Welt: «Krieg und Frieden» die Glorie und die Nichtigkeit der Macht, «Anna Karenina» die Lust und das Verderben der Liebe. Im fünfzigjährigen Tolstoj brach der Glaube an dieses weltliche Künstlertum plötzlich zusammen, und er erkannte, daß er in all seinem Glanz «den Berg des Todes hinunterrolle». In seiner «Beichte» von 1879 erklärte er vor der Weltöffentlichkeit den Bankrott seiner bisherigen Ideale. Aus dieser Schrift tönte mit ungestümer Beredsamkeit das priesterliche Memento mori: «Heute, morgen kommen Krankheit, Tod über die Menschen, die ich liebe, über mich, und nichts bleibt von ihnen übrig als Gestank und Gewürm. Meine Taten, sie mögen sein, wie sie wollen, werden früher oder später vergessen sein, und auch ich werde nicht sein. Wozu also all die Mühsal? Wie der Mensch das nicht sehen kann und leben – das ist das Erstaunliche!» Der Überdruß an dieser Welt, die Weise und Narren zuletzt demselben sinnlosen Vergessen überliefert, hatte Tolstoj gepackt, und vor ihm erhob sich riesengroß die Frage: «Ist in meinem Leben ein Sinn, der nicht zunichte würde durch den unvermeidlichen, meiner harrenden Tod?» Die Antwort, die er nach qualvollem Suchen fand, ist im Kern dieselbe, auf die Gotthelf und Kierkegaard, Stifter und Schiller, auf die alle priesterlichen Geister hinweisen. «Wo Leben ist, da gibt der Glaube von Anbeginn der Menschheit an die Möglichkeit zu leben, und die Hauptzüge des Glaubens sind zu allen Zeiten und an allen Orten ein und dieselben. Welche Antworten auch der Glaube geben mag, wem er sie geben mag und welcher Glaube es sei: jede Antwort des Glaubens verleiht dem endlichen Dasein des Menschen den Sinn des Unendlichen – einen Sinn, der nicht durch Leiden, nicht durch Entbehrungen, nicht durch den Tod vernichtet wird. Das will sagen: im Glauben allein kann man den Sinn und die Möglichkeit des Lebens finden.»

Auf die «Beichte» folgten die Kampfschriften des Bekehrten, in denen er das Todesurteil über die neuzeitliche Kultur aussprach. Er deckte ihre Lügenhaftigkeit auf: die sittliche Korruption der Gesellschaft und ihres Kunstbetriebs, der um die Motive des Hochmuts, der Wollust und des Ekels kreise, den schreienden Kontrast zwischen der offiziell gepredigten Moral und der tatsächlichen schamlosen Verderbnis der modernen Menschheit. In schweren Kämpfen kam Tolstoj dazu, noch radikaler zu handeln. Er verschenkte sein Vermögen und verwarf jeden Gebrauch des Geldes; er lebte als Bauer auf seinem Gut Jasnaja Poljana, führte den Pflug, mähte das Gras, machte sich seine Stiefel selbst, setzte alten Weibern Öfen auf und schrieb neue revolutionäre Traktate, die polizeilich verboten wurden. Jegliche dichterische Arbeit, überhaupt alle «sensualistische» Kunst erklärte er nun als Sünde; aber er blieb nicht bei dieser Verneinung stehen, sondern begann nach langem Schweigen eine apostolische Schriftstellerei, die mit Gotthelfs letzten Werken verwandt ist. In Dramen und Erzählungen ohne allen weltlichen Glanz trieb er Seelsorge an den Verlorenen. Auf diesem Wege glaubte er der erste wirkliche Christ zu sein, und daraus entstand sein neuer Ruhm. Sein Haus wurde zum Wallfahrtsort Ungezählter, die ihn als Heiligen verehrten und als seine Jünger dem Evangelium der «Reform» anhingen. Sie diskutierten die Frage, die seit Hamann und Pestalozzi gestellt war: ob es überhaupt noch erlaubt sei, in dieser Welt ein Dichter zu sein.

Aber auch Tolstojs Nachfolge Christi war noch voll fataler Widersprüche. In seinem Empfangsraum standen befrackte Diener; er hatte sein Vermögen nicht an die Armen verschenkt, sondern nur der Familie zur Verwaltung übergeben, weil ihm diese mit Entmündigung und Irrenhaus gedroht hatte. Sein Urchristentum war nur eine neue Selbstgerechtigkeit, mit der er den Gottlosen imponieren wollte, sein bäuerliches Leben im Grund eine andere raffinierte Befriedigung seines Hungers nach Schönheit und Genuß, ein phantastischer Selbstbetrug. Auch darüber gingen ihm die Augen auf. Seine angebliche Heiligkeit war seine größte Schuld. Er hatte Tausende verführt und an sich irre gemacht, als Pharisäer in seinem eigenen Haus Mißtrauen und Heuchelei gezüchtet und seine Gattin in die Verzweiflung getrieben. Die erlösende Tat, das reine Opfer, von dem er sein Leben lang phantasierte, war immer noch nicht geschehen. Dreimal trug er sich ernstlich mit einem Fluchtversuch, aber erst als Zweiundachtzigjähriger machte er sich in einer Winternacht davon. Er mußte unterwegs fieberkrank aus dem Zug steigen und starb in einem kleinen Stationsgebäude, in der Verlassenheit der wahren Heiligen, die er erst als Sterbender kennen lernte.

In Deutschland gab es keinen solchen Eiferer. Das letzte Wort hatte hier nicht das christliche Erbe, sondern das ästhetische Priestertum der Romantik. Es regte sich im Schatten der Bismarckschen Reichsgründung wie noch nie. Ehrgeizige Träumer wollten vollenden, was Novalis und Werner begonnen hatten, und drängten sich der Welt mit ihren Plänen auf. Die Romantiker hatten noch von Einsiedeleien und Klosterruinen geschwärmt, jetzt wagte man sich an den Bau von Gralsritterburgen. Die bayrische

Walhalla Ludwigs I. wurde von Richard Wagners Bayreuther Tempel und dem
sakralen Theater seines «Parsifal» übertroffen, mit dem der «Meister» die Gebresten
des zweiten Reiches heilen zu können glaubte. Angesichts dieses Tempelbaues fühlte
sich Nietzsche aufgerufen, als Stifter seiner neuen Religion hervorzutreten. Nietzsche
erweckte Stefan George, der den Orden der Priesterliteraten stiftete. Seit den Gründer-
jahren grassierte auch das hierarchische Gründungsfieber. Die neuen Astarten und
Sonnensäulen erhoben sich aller Enden; je hoffnungsloser Deutschland innerlich zerfiel, desto stolzer stiegen diese Surrogate der Sehnsucht nach Gott aus dem Boden. Wer
hat die falschen Tempel und hochfahrenden neuen Religionen gezählt, die in der wil-
helminischen Epoche gebaut und gestiftet wurden! Wer nennt die Zarathustrasöhne,
die als heimliche Päpste thronten! Sie dachten nicht daran, ihrem Volk zu dienen, sie
wollten herrschen und hausten abgesondert jeder auf einem andern unzugänglichen
Gipfel. Am Ende dieser Priesterei stand nicht Schillers ästhetischer Staat, sondern der
blutgetränkte Ordensbetrieb des Dritten Reiches.

Im Getümmel dieser Zeit lebte verborgen Franz Kafka, der einzige wirklich geweihte
Dichter jener Untergangsjahre. Seine innere Hoheit war die Frucht seines Krankseins
an seiner Unreinheit. Als germanisierter Prager Jude, der sowohl der jüdischen wie der
tschechischen Kultur entfremdet war, fühlte er sich als Paria. Diese Erfahrung wurde
durch das Studium Pascals und Kierkegaards ergänzt, das ihm die Augen für die geistige
Lage des modernen Menschen öffnete. Er war ein tief gläubiger Mensch, der den Zerfall der Ordnungen hochempfindlich registrierte. So konnte er als Dichter nur streng
und klar den unendlichen Widerspruch zwischen Mensch und Gott gestalten. Seine
Erzählungen handeln eintönig von der Fragwürdigkeit der menschlichen Existenz. Er
ist ein lehrhafter, sittlicher Dichter von unerbittlichem Wahrheitsdrang. Sein Glaube
an ein absolut gültiges Gesetz, seine Furcht vor dem Gericht sind jüdisches Erbe, sein
unermüdliches und oft pedantisches Kommentieren erinnert an den Talmud. Schon
dank dieser dialektischen Form sind seine Dichtungen eigentliche Parabeln, und durch
ihre Motive werden sie zu asketischen Gleichnissen des Verlorenseins. Kafkas religiöses
Denken setzt dort ein, wo das Hölderlins endete: bei der Katastrophe des Geistes. Er
hört keine Engel singen wie Rilke und weiß nichts von Georges Führertum. Er wittert
die Wahrheit: er sieht Dämonen, ahnt die unendliche Schuld des Menschen und zittert
vor dem Urteil. Eine namenlose Trauer des Vergeblichen und Sinnlosen, ein aschfahles
Licht des Grauens liegt über seiner Welt. Der Weg ins Jenseits, in die Gewißheit der
Erlösung ist ihm verlegt. Gott thront unerreichbar fern, die Nachricht von ihm ist
fraglich und unverständlich («Eine kaiserliche Botschaft»). Auch nur an niedrigster
Stelle seinem Willen gehorchen zu dürfen, an der unendlichen Größe und Dauer seines
Reiches mitwirken zu können, wäre das seligste Glück («Beim Bau der chinesischen
Mauer»). Aber die vom Sündenfall herrührende apokalyptische Zweideutigkeit aller
Dinge läßt dieses Glück nicht zu. Der Glaube kann sich nur noch als Verzweiflung emp-
finden.

Hätte Kafka damit nur das über dem Judentum schwebende Verhängnis geahnt, so
wäre er schon als außerordentlicher Dichter legitimiert. Seine Vision gilt aber viel all-

gemeiner. Die Foltermaschine seiner «Strafkolonie», die Erniedrigung des Menschen zum Ungeziefer in der «Verwandlung» stellen das Schicksal der ganzen modernen Menschheit dar. Der «Prozeß» veranschaulicht ihre Schuld in einem Gerichtsverfahren, das an den «Michael Kohlhaas», an das Streitgespräch des Ackermanns aus Böhmen und an das Buch Hiob erinnert. Was den ersten Lesern Kafkas noch als der Alptraum eines Kranken erschien, ist heute Wirklichkeit geworden. Die Menschen, die Häuser, die Regierungen sehen im zerstörten Europa so aus, wie dieser gequälte Träumer sie sah.

DIE POETEN

Als die mittelalterliche Hierarchie zerfiel, fanden die Humanisten Italiens im klassischen Altertum Trost und ein neues Ideal. Es war das Ideal des weltlichen literarischen Künstlers, das ihnen im Studium der römischen Autoren aufging. Wenn sie Altertum sagten, meinten sie das kaiserliche Rom. In der politischen Zerfahrenheit ihrer Zeit klammerten sie sich an die imperiale Größe der lateinischen Poesie. Cicero, Vergil, Horaz, Seneca waren ihr Rückhalt im doppelten Krieg gegen die Scholastik der Hochschulen und gegen die Roheit der Volksbelustigungen.

Als größter aller Dichter galt ihnen Vergil, der den Lorbeer eines kaiserlichen Ruhmes trug. Die «Aeneis», das glänzendste aller Epigonenwerke, diente ihnen als Muster ihrer eigenen Hofpoesie, in Vergils ländlichen Gedichten fanden sie den klassischen Ausdruck ihrer eigenen Abgeschiedenheit. Seine Eklogen und sein Lehrgedicht über den Landbau verklären das bäuerliche Dasein aus der Sehnsucht des Städters nach dem Frieden des einfachen Lebens. Die Bauern sind ihm die letzten Zeugen des goldenen Zeitalters, das einst Rom entstehen sah. Vergil schildert die bäuerlichen Arbeiten und Freuden im Gegensatz zur verdorbenen städtischen Kultur; dieser Kontrast leitet ihn bei der liebevollen Beschreibung des Ackerbaus, der Baumpflege, der Vieh- und Bienenzucht und der unschuldigen ländlichen Spiele. Er leitete ihn auch beim unablässigen Ausfeilen dieser Idyllen zu schimmernden Kleinwerken, denen im Vergleich zu seinem Vorbild Theokrit alle sinnliche Leidenschaft fehlt. Von der Schwere und dem Schmutz der Bauernarbeit weiß Vergil nichts; er hat sie entweder nicht gesehen oder absichtlich übergangen, um seine Idealszenen ungetrübt malen zu können. Ihre Schönheit liegt in ihrer Milde und Windstille, sie gleichen duftenden Honigwaben und sind wie diese ein Erzeugnis emsigen Fleißes. Vergil ist trotz der «Aeneis» kein heroischer, sondern ein friedlicher Geist. Noch tiefer als der Gegensatz zur Großstadt ergreift ihn am Landleben sein Gegensatz zu den Schrecken des Krieges, die er als das größte aller Übel verabscheut. Die Arbeit des Bauern ist der Inbegriff friedlichen Tuns, und im Krieg ist es mit diesem Frieden vorbei:

> *Niemand ehrt noch den Pflug. Fort muß der Bauer, die Fluren*
> *Liegen verödet. Man glüht zum mordenden Schwerte die Sichel,*
> *Hier ruft der Euphrat, dort Germanien furchtbar zum Kriege,*
> *Nachbarstädte zertreten das Recht und heben die Waffen*
> *Wider einander –*

Der Haß gegen den Krieg steht auch hinter Vergils Verehrung für den Kaiser Augustus. Dieser Sänger hat die schweren Kämpfe um den Thron und die Bedrohung des Reiches miterlebt, er kennt die Hinfälligkeit aller Dinge und liebt im Bauern den eigentlichen Begründer und Erhalter der irdischen Ordnung, da er alljährlich den Kampf mit den zerstörenden Elementen bestehen muß:

Saatgut sah ich, erlesenster Art, mit Mühe geprüftes,
Dennoch entarten, sofern nicht menschliche Arbeit alljährlich
Immer das Beste auslas mit der Hand. So stürzt durch das Schicksal
Alles in steten Verfall und treibt absinkend nach rückwärts
Wie ein Ruderer, der stromauf mit Mühe den Nachen
Vorwärts zwingt : läßt flüchtig nur einmal die Arme er sinken,
Reißen ihn jäh die Fluten zurück in sausender Strömung.

Was der Bauer im Kleinen leistet, das vollbringt der Kaiser im Großen. Er unterwirft die ständig drohenden Feinde des Friedens, sichert die Reichsgrenzen gegen das Chaos und verteidigt wie eine allgegenwärtige Gottheit die Früchte seines Sieges. Aus diesem Grunde preist ihn Vergil so überschwenglich als Hüter der pax romana und erweist ihm göttliche Ehren. Er huldigt ihm als dem Friedenshelden und spricht sich das heilige Amt des ersten Friedensdichters zu:

Jetzt schon an Asiens fernstem Gestad vertreibst du als Sieger
Weit von den Burgen Roms die krieggebrochenen Inder.
Heil dir, hehre Mutter der Frucht, saturnische Erde,
Mutter der Helden! Ich wandle vor dir und wage des alten
Ruhmes, der alten Kunst geheiligten Quell zu erschließen,
Und askräischer Sang tönt neu durch römische Lande.

Das ist nicht mehr der Schicksalston der alten Heldenepik. So fern wie diesem steht Vergil dem echten Sehertum, mit dessen Stab er gern spielt. Die große Weissagung der cumäischen Sibylle an Äneas über die kommende Größe des römischen Reiches ist ja nur eine nachträgliche panegyrische Fiktion wie die Prophezeiung des kommenden goldenen Zeitalters in der vierten Ekloge. Weder seherische noch heldische noch magische Kraft lebte in Vergil, ihn erfüllte die Angst vor dem Umsturz, die Sorge um die Erhaltung der Kultur. In den «Georgica» blickt er aus seinem ländlichen Glück auf das gefährlich-sinnlose Weltgetriebe und all die Toren, die in ihm gefangen sind:

Selig, wer es vermochte, das Wesen der Welt zu ergründen,
Wer so all die Angst und das unerbittliche Schicksal
Unter die Füße sich zwang und des gierigen Acheron Tosen!
Selig auch jener, dem die ländlichen Götter vertraut sind,
Pan und der alte Silvanus, der Schwesternreigen der Nymphen!
Ihn beugt nicht des Volks Gewalt, nicht schreckt ihn des Herrschers
Purpurmantel, nicht Zwist, selbst Brüder in Heimtücke hetzend;
Ihn bekümmert kein Feind, der Aufruhr erregt an den Grenzen,
Nicht Roms innerer Krieg noch sinkende Staaten. Auch schmerzt ihn
Weder das Mitleid mit Armen, noch plagt ihn der Neid auf den Reichen.

Auch diese Flucht aus der Wirklichkeit in die Kunst ist eine typische Haltung. Die Lage, in der sie sich aufdrängt, kehrt immer wieder. Wenn die Heldentaten der Weltgeschichte überstanden sind, zieht sich der Geist in die Betrachtung zurück und formt aus den hohen Erinnerungen die anmutigen Gebilde, die ihm das Leben ersetzen. Auch hier herrscht apollinische Harmonie, auch hier wird die Schönheit geliebt und den Göttern gedient. Aber es geschieht in der Stimmung des Abschieds, im Abendrot des nahen Endes, aus dem Wissen, daß die Stunden dieses Glücks gezählt sind. Die Dichtung wandelt in «der Schönheit stillen Schattenlanden» und schmückt das Dasein aus, ohne die Welt zu verändern. Sie ist keine Offenbarung mehr, sondern eine tröstliche Überlieferung. Das Schöne dieser Endzeiten verhält sich zur heroischen Glanzwelt der Sänger wie das Wort der Priester zu dem der Propheten. Der tragische Schauder hat sich daraus verloren, es läßt sich lernen und lehren. Seine Hüter sind die Nachfahren der großen Sänger: die Homeriden, Skalden und Meistersänger, die in sinkenden Epochen dem adeligen Ideal treu bleiben, ohne ihm die alte Größe zurückgeben zu können. Als Schönheitsdichter spielen sie in der Literaturgeschichte eine ähnliche Rolle wie die Priester. Auch sie bewahren die Tradition, die auf profanem wie auf sakralem Boden vom Heer der Epigonen geschaffen wird.

Die Mehrheit der Schöngeister weiß nichts mehr vom ursprünglichen Sinn der Schönheit oder lächelt über ihn. Sie spinnt die musische Offenbarung zum Kult aus, redigiert und erklärt seine Regeln und Riten, und es entsteht daraus eine andere Art von Fanatismus: die bösartige Intoleranz derjenigen, die ihr ängstlich eingehegtes Bücherparadies gegen den «Sturm der Taten» in der großen Welt des Geistes verteidigen. Die Poeten weben die Decke der weltlichen Literatur, die schon im Altertum da ist und sich unabsehbar durch die Jahrhunderte hinzieht. Ihr verfeinertes Virtuosentum ist die literarische Spätform der hohen Kulturen. Wie im priesterlichen Schrifttum geht die Dichtung unter diesen Händen in die Artistik über, die nichts Großes mehr schafft, aber unter Umständen vollendet Schönes, weil sie die traditionellen Formen und Motive durch variierende Wiederholung bereichert. Es ist alles noch da, aber nur als Gegenstand des ästhetischen Spiels, in Büchern, die desto kostbarer verziert werden, je spielerischer sie gemeint sind.

Auch im Schönheitsdichtertum halten sich alle großen Erinnerungen versteckt. Seine Schwingweite reicht vom Heroismus der «Aeneis» bis zu den Tändeleien des Rokoko, vom bittern Prophetenernst des Lukrez bis zum Spott Voltaires. Die Poeten gebärden sich als allmächtige Magier, heldische Sänger, auserwählte Seher; sie treten als Hohepriester oder Bettler auf und können als epochemachende Genies bewundert oder als Lumpen verachtet werden. Ihr durchgehendes Merkmal ist das bewußte Artistentum. Sie gestalten den Mythus aus zweiter Hand und fühlen sich stolz oder resigniert als letzte Hüter des Schönen. Die von ihnen geschaffene «schöne Literatur» ist wie das sakrale Bücherwesen eine Arche, die Edles und Gewöhnliches beherbergt. Das Edle sind die Idyllen der Kleinmeister, die wie Vergils Hirtengedichte im bewundernden Aufblick zur großen Vergangenheit geschaffen werden. Sie schenken den sich verdunkelnden Zeiten Heiterkeit und Grazie, ein letztes geistiges Glück. Anakreon und Theokrit, Horaz und Poliziano, Lafontaine und Salomon Geßner, Cowper und Wieland, der nachrömische Goethe und der späte Mörike gehören zu ihren klassischen Vertretern. Das Gewöhnliche sind die Produkte der galanten Virtuosen, die eine zum Untergang reife Aristokratie mit lüsternen Schaumschlägereien oder frivoler Skepsis ergötzen, die Machwerke gelehrter Schulmeister, die ihr Apothekerwissen mit Phantasie verwechseln. In breiter, flacher Strömung fließt auch hier die Dichtung in die Lagunen der literarischen Betriebsamkeit über und versandet im Alexandrinertum. Die abendländischen Väter dieses l'art pour l'art sind die griechischen Sophisten. Sie entwickelten im Ausgang des Altertums eine rhetorische Virtuosität, die ihnen erlaubte, alle Wirklichkeit in Schönrednerei aufzulösen. Gorgias lehrte, schön gesetzte Worte seien das einzige Reale; sie gäben dem Redner die Möglichkeit, seine Zuhörer von jeder beliebigen Behauptung zu überzeugen. Schon bei ihm schlug der Ernst der Dichtung in den ästhetischen Nihilismus um. Hier wurde das Fundament der europäischen Literatur gelegt, die hellenistischen und römischen Rhetorenschulen und die alexandrinischen Gelehrtenkreise mauerten es noch dauerhafter, und die christlichen Kleriker bauten auf ihm weiter, soweit sie es brauchbar fanden.

Die großen Kämpfe der Literaturgeschichte spielen sich immer zwischen dem Genie und der Literatenkaste ab, die einen überlieferten Schönheitsbegriff verteidigt. Im kaiserlichen Rom höhnte der junge Persius über die Salonpoeten, die mit blassen Gesichtern und ringgeschmückten Händen von hohem Stuhl ihre hochtrabenden, mühsam zusammengestoppelten Verse vorläsen. Er meinte das unter Nero aufkommende preziöse, von allem Leben abgetrennte Literatentum, das in seinen Zusammenkünften ein nur noch für Eingeweihte verständliches Versteckspiel mit Worten und Metaphern trieb. Im Vorspruch seiner sechs Satiren rühmt er sich, kein solcher Musendiener, sondern ein halber Bauer zu sein, der sein eigenes Lied vortrage. Er täuscht sich allerdings, denn auch er ist von der Dekadenz angesteckt; daß er seinen bis zur Absurdität getriebenen Witz für Einfalt hält, gibt einen Begriff von dem Treibhausklima, in dem die römische Literatur der Kaiserzeit ihre Blüten trieb. Diese Luft entstand aufs neue in der Renaissance, als die Zirkel der klassizistischen Poeten den Ton angaben, und im Paris des siebzehnten Jahrhunderts, wo die beaux esprits die «querelle des anciens et des modernes» ausfochten. Es fehlte auch dort nicht an Spöttern. Der Italiener Alessandro Tassoni, der sich gegen die Vergötzung Petrarcas auflehnte, erfand noch einmal die Gattung des komischen Heldenepos, das wie der antike «Froschmäusekrieg» die Heldenwelt als Prahlhanserei persifliert. In Paris travestierte Scarron, der rechtmäßige Ehemann der Maintenon, den Vergil und parodierte den Heldenroman in seinem «roman comique». Shakespeare macht sich in «Troilus und Cressida» bissig über die Schöntuerei der Salonpoeten lustig. Er läßt in diesem Stück den Pandarus auftreten, dem die Schönheit wie Öl von den Lippen fließt, wenn er vor Paris und Helena katzbuckelt: «Alles Schöne für Euch, mein Prinz, und für Eure schöne Umgebung! Schöne Wünsche in schönem Maß begleiten Euch schönstens! Vor allen Euch, schönste Königin! Schöne Träume seien Euer schönes Kopfkissen!» Im «West-östlichen Divan» steht der Spruch:

Wisse, daß mir sehr mißfällt,
Wenn so viele singen und reden!
Wer treibt die Dichtkunst aus der Welt?
Die Poeten!

Als Bewunderer des Vergil und Horaz nannten sich die humanistischen Dichter-gelehrten «Poeten». Es war ihr höchster Ruhmestitel, den sie gern als allzu hoch von sich wiesen, um ihn desto schmeichelhafter wiederholt zu hören. Er wurde in fast allen europäischen Sprachen, mit Ausnahme der deutschen, zur neuzeitlichen Bezeichnung des Dichters. In der deutschen hat er seit den Tagen Klopstocks und Herders einen ironischen Nebenton. Er deutet auf das Unverantwortliche des Wortkünstlers, das der solide Bürger belächelt, oder wie in Goethes Spruch auf das Abgeleitete dieses Begriffs, von dem sich das Genie distanziert. Darin spiegelt sich das besondere Verhältnis des deutschen Geistes zum Klassizismus, seine Überwindung durch die am Griechentum und an der Bibel genährte deutsche Klassik. Vor dem Auftreten Winckelmanns, Ha-manns, Herders und Goethes war aber der Poetentitel auch in Deutschland der Stolz aller Dichter, die sich zur Kunstanschauung des Klassizismus bekannten. Auch die Großen gefielen sich in der römischen Dichterglorie, die seit der Renaissance den vor-nehmsten geistigen Rang bezeichnete. Poeten waren alle großen europäischen Dichter von Dante bis zu Shakespeare, Calderon und Racine. Auch Goethe trug diese Tracht wieder, seitdem er in Weimar zum Hofmann geworden war.

Das klassische Ideal des poeta vates bildete sich in den südlichen Ländern, wo Be-geisterung keine Theorie und kein bewußter Vorsatz, sondern Sache des heißeren Blutes, des funkelnden Temperaments, des leichten Schrittes, der hinreißenden Hei-terkeit und Sinnlichkeit ist. Was die Renaissance der Dichtung war, kann man nur am Mittelmeer und in den genialen Italienern, Spaniern und Franzosen verstehen. Dort wurden auch die Menschen des Nordens immer wieder vom Klassischen fasziniert. Die Humanisten träumten von einer Wiedergeburt des römischen Reichsglanzes in der Literatur, sie wollten wieder vollkommene Weltleute und vollkommene Dichter sein und suchten die Freundschaft der erstarkenden weltlichen Fürsten, um in ihrem Schutz eine geistige Existenz großen Stils führen zu können. Solche hochgestellten Kunstliebhaber – Fürsten, Päpste, Söldnerführer – wurden bald für die Sache der klassi-schen Studien gewonnen. So erhielt der Humanismus, das Werk von Männern bürger-licher Herkunft, sein bürgerlich-feudales Doppelgesicht. Es vererbte sich auf die große Renaissance der Künste, die im Ganzen eine von Bürgern für die Fürsten geschaffene Kultur wurde. Der neuklassische Dichter bemühte sich um die Gunst eines einfluß-reichen Potentaten, der ihn als seinen dispensator gloriae oder poeta historiographus beschäftigte. Um solcher Titel und Ehren willen wetteiferte er nun mit Horaz und Ver-gil in der Verherrlichung eines Herrscherhauses. Petrarca, Boccaccio, Poliziano, Pulci, Bojardo, Tasso, Ariost und zahllose andere bückten sich unter das Joch der Hofämter, reisten in diplomatischen Aufträgen ihrer Fürsten durch ganz Europa und wurden mit Gunstbeweisen entschädigt, die den strahlenden Sieg der humanistischen Bewegung bezeugten. Der Mittelpunkt der wiederhergestellten Latinität war das Florenz der Medici mit der neuen platonischen Akademie, wo sich in Lorenzo magnifico aufs neue das Wunschbild des Dichters auf dem Thron erfüllte.

Aber diese Wiedergeburt des Altertums war auch im Süden ein hoher Traum, der nur in genialen Köpfen fruchtbar wurde. Zwei große Täuschungen belasteten sie, die der klassizierenden Dichtung gefährlich wurden. Der römischen Dichtung fehlte bei allem Großartigen die Ursprünglichkeit, und ihre geschichtlichen Voraussetzungen bestanden in der Renaissance nicht mehr. Das zeigte sich nicht nur bei der Erneuerung des Seherberufs durch Dante, es zeigte sich auch bei der Rückkehr zum Hofdienst, die der Poetenname vor allem ausdrückte. Dieses neue Sängerwesen besaß nicht den Hintergrund der ungeheuer realen, einheitlichen Macht, es spielte sich an den Fürstenhöfen des zerrissenen Italien ab. Seine höchste Institution war die nach römischem Muster erneuerte Dichterkrönung, die weithin sichtbar die Rangerhöhung des Schriftstellers bestätigte. Zum erstenmal verlieh die Universität Padua die Auszeichnung an Albertino Mussato wegen seiner patriotischen Verdienste. Seine Krönung war noch ein spontanes Volksfest; es wurde beschlossen, daß fortan alljährlich am Weihnachtstag Mussatos Tragödie «Eccerinus» öffentlich vorgelesen und darnach dem Dichter vom Zug der Professoren und Studenten in seiner Wohnung ein Ziegenfell, das Symbol der Tragödie, überreicht werden sollte. Die Zeremonie fand aber nur einmal statt, schon 1314 mußte dieser erste Laureat seine Vaterstadt aus politischen Gründen verlassen, 1328 wurde er für immer verbannt, 1329 starb er in Not. Das war kein gutes Omen, und es brauchte das solenne Theater von Petrarcas Krönung, um der Einrichtung die nachhaltige Wirkung zu verschaffen. Sie wurde an Ostern 1341 auf dem römischen Kapitol gefeiert, für das sich Petrarca nach heftigen Überlegungen entschieden hatte, wie er überhaupt diesen glühend ersehnten Triumph hauptsächlich seinem eigenen unermüdlichen Drängen verdankte. Er wollte ihn an der gleichen Stelle erleben, wo alle großen römischen Dichter als unsterblich erklärt worden waren. Es war sein tiefster Trunk aus dem Becher der Ehre, und er trug dazu den Purpurmantel, den ihm der König von Neapel geschenkt hatte. Seine lateinische Prunkrede vor versammeltem Volk, die in schwülstigen Allegorien den Sinn des Lorbeerkranzes erklärte, ließ keinen Zweifel übrig, wie er die Sache auffaßte. Er hoffte wie Dante auf die Wiederherstellung des römischen Kaisertums, war aber bereit, einstweilen seine eigene Inthronisation als Abschlagszahlung entgegenzunehmen. Hier, im Mittelpunkt des einstigen Weltreichs, wurde, wie er meinte, in seiner Person der antike Weltruhm des Dichters wieder zur Tatsache, wenn nicht übertroffen. Wie übel er sich täuschte, geht schon daraus hervor, daß er sich bei dieser Gelegenheit ausschließlich seiner lateinischen Schriften rühmte und seine italienischen Gedichte, um deretwillen er weiterlebt, peinlich verschwieg. Werke in der Vulgärsprache, wie sie Dante geschaffen hatte, schienen ihm wegen der Minderwertigkeit des Publikums, an das sie sich wandten, eines solchen Anlasses nicht würdig.

So war es kein Wunder, daß die hochgedachte Neuerung rasch verkam. Dante wurde nicht gekrönt – schon dies allein war das Urteil über sie. Der Ehrgeiz der Humanisten bemächtigte sich ihrer, machte sie zum Spielball der Intrigen und beeinträchtigte ihr Ansehen durch die bedenkliche Häufung der Zeremonie, bis sie zum politischen Manöver ausartete. Die Fürsten erkannten bald, daß mit dem Krönungsakt Geschäfte zu machen waren. Karl IV. griff ihn als Propaganda für das deutsche Kaisertum auf, das als legitime Nachfolge der Cäsaren erscheinen sollte, unter Karl V. war er bereits bedeutungslos.

Die ganze Fragwürdigkeit der Lorbeerpoesie zeigte sich, als Maximilian die Dichterkrönung für seine politischen Zwecke auszuschlachten begann. Auch er hoffte auf die Wiederherstellung der Kaisermacht und benützte den Kranz als Köder, mit dem er die Humanisten an seine Hofhaltung zog. Alles, was dieser Kaiser unternahm, trug ja den Stempel eines sentimentalen Dilettantismus: die Riesenwerke der Kunst, die er in Auftrag gab, ohne daß sie vollendet wurden, die Gelehrten- und Künstlerakademie, mit der er sich nach italienischem und burgundischem Muster ausstaffierte, die epischen Totgeburten, in denen er sich als Idealmonarch und «letzten Ritter» porträtieren ließ. Diese Dichtungen sollten als Erstlinge einer deutschen Renaissance bewundert werden, während in Wahrheit die sterbende Gotik in ihnen die letzten Schnörkel trieb.

Ein Spiel war diese neulateinische Poesie aber auch in sich selbst. Noch ferner als der römische Geist dem griechischen stand der humanistische dem römischen. Anderthalb Jahrtausende christlicher Vergangenheit ließen sich nicht austilgen. Eine Rückkehr zur Antike konnte nur eine ästhetische Fiktion sein, Flucht aus einer unerfreulichen Gegenwart in ein Reich des schönen Scheins. Die große Mehrzahl der Humanisten wollte auch gar nichts anderes als diesen schönen Schein. Noch weniger als Vergil schwebte ihr ein kriegerisch-heroisches Leben vor. Sie wollte in Frieden die alten Autoren studieren, wünschte sich ein ungestörtes Dasein in der Bücherklause und betrachtete den Fürstendienst als den sichersten Weg zu diesem Ziel. Ruhe haben, selbst um den Preis der Armut, für die Feder und von ihr leben, ungestört studieren und für Gleichgesinnte in aller Welt die Schätze des Geistes vermehren: darnach strebte sie in der rauhen Luft der Bürgerzeit. Diesen musischen Büchermenschen verdankt man den neuerwachten Sinn für die Schönheit der Form, der sich in allen Künsten rasch entfaltete. In der reinen Morgenfrühe des Humanismus gelang dem Genie Dantes die Hochzeit von Gegenwart und Altertum, aus der das neue Leben entsprang. Er sah den Sinn seiner Kunst in der Verbindung der lateinischen mit der volkstümlichen Tradition, die Petrarca verachtete. Die stilisierte Muttersprache der «Göttlichen Komödie» ist das Organ und Spiegelbild dieser Verschmelzung. Aber nur einmal und um den Preis des schwersten Schicksals wurde die Spannung zwischen Aula und Vulgus so ausgehalten und in einer neuen Idealität überwunden. Dante war alles andere als ein schmeichelnder Höfling, er war ein Seher, dem die Tracht des Poeten rasch zu eng wurde. Neben ihm standen jedoch die verbindlichen Weltmenschen vom Schlag Boccaccios und Petrarcas. Sie schufen die Gesellschaftspoesie, die nun durch Generationen eine immer höhere Vollendung erreichte. Petrarca verkörpert neben dem Glanz bereits auch die Schattenseiten des Humanismus; für ihn war die Kunst des Schreibens Selbstzweck, er diente mit ihr nur scheinbar einer Idee. Niemals ging es ihm um eine Sache, immer nur um seine Person; in seiner Eitelkeit konnte er sich nicht vorstellen, daß jemand anders denke. Um seines Ruhmes willen leistete er sich Charakterlosigkeiten, die seine wärmsten Bewunderer kopfscheu machten. Er bildete sich besonders viel auf seinen politischen Einfluß ein, weil man ihn bei Staatsaktionen gern als Schaustück verwendete. Bei der großen Siegesfeier Venedigs nach der Unterwerfung Kretas saß er zur Rechten des Dogen in der Marmorloge; der Kaiser lud ihn dringend ein, an seinen Hof überzusiedeln. Aber er fand nirgends Ruhe, ein unsteter Wandertrieb und eine verzehrende Ruhmsucht zogen ihn immer wieder ins Weite. Er war ein Mensch ohne Mitte, ein Chamäleon, das Gegenteil des abgeklärten Weisen, der er zu sein vorgab. Er pries die Wunschlosigkeit und kroch vor den Fürsten, er gab sich als Stoiker aus und zuckte unter jedem kritischen Wort zusammen. Alles, was er sagte und tat, war Pose, es stand kein gelebtes Leben dahinter, und er wußte es und genoß den unlösbaren Widerspruch seines Wesens.

Dieser Mann, nicht Dante, wurde als das Ideal des Dichters im Exil bewundert, weil er es verstand, seinen angeblichen Abschied von der Welt mit einem Schwall schöner Worte zu verkünden. Das Buch « De vita solitaria », in dem er seine Zurückgezogenheit im Tal von Vaucluse bei Avignon schildert, ist ein einziger Beweis seines Unvermögens, das irdische Getriebe zu vergessen. Er begründet seine Vorliebe für die ländliche Stille mit lauter egoistischen Motiven: er will den sinnlichen Verführungen der Stadt ausweichen, vor den Menschen sicher sein, die ihm dort die Zeit zum Studium abstehlen, und überhaupt alle gesellschaftlichen Pflichten abschütteln. Besonders die Frauen sind ihm, dem Dichter des «Canzoniere», als Anstifterinnen alles Unfriedens verhaßt, der bloße Schatten ihrer Gegenwart schon ein Übel. Er kennt die Einsamkeit nur als negativen Wert, als Abwesenheit aller Störungen, wie alle abgehetzten Kulturmenschen. So rühmte sie viel später auch Zimmermann, der unstete Literat des achtzehnten Jahrhunderts.

In den Humanisten lebte verweltlicht die Bücherandacht und Schreibseligkeit der mittelalterlichen Kleriker weiter. Sie empfahlen sich den Fürsten- und Patrizierhäusern durch die Widmung ihrer Schriften und bauten das Reich der lateinischen Poesie und Gelehrsamkeit auf, das sie für die wahre neue Kirche hielten. Ihr größter Stolz waren die Geschenke vornehmer Mäzene und die schmeichelhaften hohen Verbindungen, die sie sich erschrieben. Sie strebten nach einer Stellung an den Hochschulen oder im Staatsdienst, bis ihnen die Erscheinung Luthers neue Wege wies. In Luther und Zwingli waren Kleriker und Humanist noch eine Person; diese schriftstellernden Priester machten von der Erfindung des Buchdrucks einen Gebrauch, der die weltliche Literatur revolutionierte. Im Jahr 1517, als Luther in Wittenberg seine Thesen anschlug, erschienen achtzig Schriften in deutscher Sprache; im Jahr 1523, als sein Kampf gegen Rom auf der Höhe stand, waren es mehr als neunhundert, und er hatte mehr als dreihundert von ihnen verfaßt und mit ihnen die Welt verändert. Es war jetzt möglich, durch die geistige Gewalt der Person, des Gedankens, des literarischen Talents zu europäischer Geltung zu gelangen, weil für Ungelehrte Bücher in der Volkssprache gedruckt wurden. Davon profitierten auch die Humanisten, die in diesen Sturmjahren ihre größte Machtstellung aufbauten und wieder verloren.

Die neulateinische Poesie der Renaissance war eine Provinz von Schöngeistern, in welcher Größe und Nichtigkeit, ergreifende Begeisterung für das Vollkommene und lächerlicher Schreiberdünkel, unermüdliche Zanksucht und kindischer Brotneid nebeneinander blühten. Den Ausschlag gaben eingebildete Streber und stolzierende Hähne, die den Hofdienst als Sprungbrett ihres hemmungslosen Ehrgeizes benützten und der

Sache des Humanismus mit ihren hochmütigen Allüren schweren Schaden zufügten. Sie machten aus ihm den Tummelplatz kriecherischer Berechnung, gegenseitiger Ehrabschneiderei und hysterischen Gezänks, in denen die hohen Ziele versanken. Die platonische Schönheitsphilosophie entartete zur unverbindlichen Belletristik. Als gelehriger Schüler der Sophisten behauptete Trapezuntius, Wahrheit sei «diejenige Eigenschaft der Rede, vermöge deren der Redner im Zuhörer den Eindruck erweckt, daß er selbst von dem überzeugt sei, was er den Hörer glauben machen will». Der Schutzpatron dieser Virtuosen, Stilisten und schwankenden Charaktere war Cicero, das römische Urbild des Eklektikers von glänzendem Stil und schwacher Moral. Schon im fünfzehnten Jahrhundert stellten Satiriker und Moralisten das Sündenregister der Humanisten auf; am vollständigsten tat es dann Gyraldus in seinem «Progymnasma adversus literas et literatos», das nach dem Sturz mit ihren Fehlern und Lastern abrechnete. Jeder dieser berufsmäßigen Schönschreiber konnte alles und wußte über alles Bescheid. Hier entstand der Jahrmarkt der Eitelkeit mit seinen Cliquen, auf dem fortan die literarischen Moden kreiert wurden. Die Menschheit verwandelte sich in den Augen der neuen Klerisei in ein Heerlager von Lesern, die auf ihre Bücher warteten.

Nach dem Ende der Humanistenherrlichkeit wurden die Akademien und Schäfergesellschaften Italiens, Spaniens und Frankreichs die Brutstätten des literarischen Kunsthandwerks. Dort spreizten sich nun die Scharen der eleganten Verseschmiede, für die alle Wirklichkeit nur da war, um aus ihr das Schaumgold der schönen Phrase zu schlagen. Viele faßten in den Palästen der Reichen, in den Residenzen der Barockfürsten Fuß, wo man sich an der Schäferpoesie ergötzte und die Sprachkunst zu immer erleseneren Spielen reizte. Dichtwerke aus Goldbrokat und Silberwirkerei wurden dort mit Kennerblicken aufgenommen, sie zierten die Gemächer der vornehmen Gönner und gehörten mit der Pracht kostbarer Musiken und wollüstiger Malereien zum unentbehrlichen Luxus der Schlösser. Die Poeten waren die Schönheitskundigen; sie verfügten über den Schatz der Formen und Motive, der «concetti» und «fiori», der Metaphern und Verzierungen, der ihnen von den antiken Meistern als ein Juwelenvorrat überliefert war und aus dem sie, eigene Perlen hinzufügend, ihre kunstreichen Gedichte zusammensetzten. Das wertvollste Abteil darin war die antike Mythologie, längst zur Puppenwelt verblaßt, aber verschwenderisch benützt. In diesem sublimen Handwerk kehrte das Sängertum der Antike und der Troubadours im Schatten der absolutistischen Throne wieder. Es herrschte nun die reine Konvention, die literarische Inzucht, die hochmütigste Abkehr vom Volkstümlichen. Man besaß gesuchte Meister der literarischen Pasteten- und Zuckerbäckerei, andere lieferten nach Wunsch geile Erotika oder pompöse Schlachtengemälde. Diesem Könnertum fehlte nicht nur der Hintergrund der römischen Weltmacht, es fehlte ihm der Ernst des gelebten Lebens. Die Salonpoeten waren wurzellose Scheinexistenzen, ihre rasche Degeneration unvermeidlich. Die Kunstgesetze wurden von Formtalenten diktiert, die Tinte statt Blut in den Adern hatten und auf Scaligers Poetik schworen. Statt einer neuen Einheit von Gegenwart und Altertum, Kunst und Wirklichkeit entstand ein Bruch zwischen ihnen, der sich zusehends vertiefte. In Italien erstarrte die Dichtung im Versprunk der Petrarkisten und Marinisten. In den Exzessen des spanischen Gongorismus und anderer barocker Modeströmungen verödete sie noch mehr. Die Hofpoeten machten, wie einst die mittelalterlichen Kleriker, getreulich alle modischen Verwandlungen mit, die das Ideal des Höflings durchlief. Den italienischen Typus des uomo universale verdrängte der spanische des kalten, skeptischen Menschenkenners und Weltverächters, diesen schließlich der französische, der die Maske des abgebrühten savoir vivre trug.

Das Höchste an weltlicher Schönheitsdichtung der Renaissance umschließt der Name Ariost. Der «Orlando furioso» greift noch einmal die Motive der mittelalterlichen Romane auf und steigert sie zum märchenhaft unwirklichen Spiel. Er schildert die mythische Welt des erfüllten Seins in den Bildern des kriegerischen Adelslebens, in den Abenteuern vollkommen schöner junger Männer und Frauen. Aber Heldentum und Liebe sind hier nicht mehr das selbstvergessene Glück des Kriegerlebens oder die ideale Forderung der Minne, sondern das bewußte Spiel eines heitern Geistes mit den Luftgebilden seiner Phantasie. Man tritt aus dem gelebten Leben in eine künstliche Wunschwelt von fürstlichem Glanz hinaus. Ihr Reiz besteht eben darin, daß sie nicht ernst genommen sein will, sondern märchenhaft in der Luft schwebt wie eine Seifenblase, von der man weiß, daß sie im nächsten Augenblick nicht mehr sein wird. Das Entzücken über diesen Meister der blühenden Fabelei spricht in Goethes «Tasso» der Diplomat Antonio aus:

Zufriedenheit, Erfahrung und Verstand
Und Geisteskraft, Geschmack und reiner Sinn
Fürs wahre Gute, geistig scheinen sie
In seinen Liedern und persönlich doch
Wie unter Blütenbäumen auszuruhn,
Bedeckt vom Schnee der leicht getragnen Blüten,
Umkränzt von Rosen, wunderlich umgaukelt
Vom losen Zauberspiel der Amoretten.
Der Quell des Überflusses rauscht darneben
Und läßt uns bunte Wunderfische sehn.
Von seltenem Geflügel ist die Luft,
Von fremden Herden Wies und Busch erfüllt;
Die Schalkheit lauscht im Grünen halb versteckt,
Die Weisheit läßt von einer goldnen Wolke
Von Zeit zu Zeit erhabne Sprüche tönen,
Indes auf wohlgestimmter Laute wild
Der Wahnsinn hin und her zu wühlen scheint
Und doch im schönsten Takt sich mäßig hält.

POETENTRAGIK

Über dem ganzen europäischen Klassizismus schwebt die Schicksalsfrage, wieweit Dichtung überhaupt aus der Nachahmung von Vorbildern statt aus der Hingabe an das Leben entstehen kann. Wo er schöpferisch war, wurde diese Frage gestellt. Der Beruf des Poeten war schon zur der Zeit, als noch das Licht jugendlicher Begeisterung über ihm lag, von innen her schwer. Unter den lorbeergeschmückten Klassikern Italiens erscheinen die ersten Dichter des modernen Leidens an der Welt. Je ernster sie sich bemühten, desto tiefer empfanden sie die Unerfüllbarkeit ihres Ideals. Es ist nicht die Empfindung einer späteren Zeit, sondern gilt wirklich schon für die Renaissance, was in Goethes «Tasso» Leonore sagt:

> *Der Lorbeerkranz ist, wo er dir erscheint,*
> *Ein Zeichen mehr des Leidens als des Glücks.*

Die innere Spannung zeigt sich schon in der Unruhe der Humanistenschicksale. Das friedlich-beschauliche Leben blieb für die Meisten eine Hoffnung. Die italienischen Poeten disputieren unablässig über die Vor- und Nachteile des Hoflebens, viele verwerfen es und ziehen ihm die schlichte bürgerliche Freiheit vor. Petrarca floh aus der verdorbenen Papstresidenz Avignon in das stille Tal von Vaucluse und gab damit den Anstoß zum neuen Lob der Einsamkeit. Aeneas Silvius verfaßte eine Schrift über die Leiden der Höflinge. Der heitere Ariost verachtete die höfischen und geistlichen Würden, sehnte sich nach einem unbehelligten bürgerlichen Leben und ruhte nicht, bis er es genießen konnte. Sein Verhältnis zu Ippolito d'Este war unbefriedigend und endete nach fünfzehn Jahren mit dem Zerwürfnis. Auch der Herzog von Ferrara entlöhnte ihn miserabel, so daß er glücklich war, wenigstens seine letzten Jahre in dem Häuschen verbringen zu dürfen, das er sich aus seinen Ersparnissen in der Stadt gebaut hatte. Am selben Hof von Ferrara litt der unglückliche Tasso, dessen Name zum Inbegriff des verkannten und mißhandelten Dichters geworden ist. Im sechsjährigen Kampf der Florentiner Akademie gegen ihn, die ihm den Platz neben Ariost verweigerte, in seinem Streit mit dem Herzog Alfonso, seiner Gefangenschaft und seinem angeblichen Wahnsinn steigerte sich das heimliche Leiden der Höflinge zur erschütternden Passion.

Mit der Pracht der Musenhöfe war die Ungerechtigkeit der Großen wieder erstanden. Sogar dem erlauchtesten Mäzen Italiens, Lorenzo magnifico, blieben die Vorwürfe nicht erspart, daß er Durchschnittstalente vorgezogen, einen Leonardo ins Ausland getrieben und andere unverzeihlich übersehen habe. Der von den Medici verwöhnte Poliziano starb aus Gram über eine Schandtat Pieros, den Savonarola vertrieb. Gerade in Florenz erlebte man ja den Ausbruch der Propheten- und Priesterfeindschaft gegen die Kunst und den alten Unbestand des Fürstenglanzes, als dieser Mönch der Herrlichkeit der Medici plötzlich ein Ende machte. Nach ihrer Rückkehr wurde Macchiavelli als Kanzler der Republik abgesetzt, der Teilnahme an einer Verschwörung beschuldigt, eingekerkert und gefoltert, aber als unschuldig wieder freigelassen. Er zog sich als Verfemter in die Einsamkeit eines Landhauses in den Florentiner Bergen zurück, wo er arm und vergessen seine Zeit zwischen der Landarbeit und dem Studium der antiken Geschichtschreiber teilte. Der Ruhm des klassischen Portugal, Camões, lebte in offenem Streit mit dem Hof von Lissabon. Camões war arm geboren, lernte aber als stolzer Günstling hoher Herren und Frauen alle Freuden und Leiden des Lorbeerpoeten kennen. Er kompromittierte seine vornehme Geliebte durch Verstöße gegen die Etikette, verlor wegen einer Majestätsbeleidigung die Gunst der Königin und wurde aus der Hauptstadt verbannt. Nachdem er seine Gönner vergeblich mit Elegien und Sonetten umzustimmen versucht hatte, ging er als Soldat nach Afrika. Nach der Rückkehr bekam er Streit mit einem Hofbeamten, wurde acht Monate eingesperrt und nur unter der Bedingung freigelassen, daß er zu den Truppen in Indien gehe. Nun folgten die sechzehn Jahre seines Abenteurerlebens in Asien, während deren die «Lusiaden» zur Hauptsache gedichtet wurden. Auch dieses Epos des Ozeans, des portugiesischen Weltreiches und seiner Seefahrernation hat ein Verbannter geschrieben. Unglück und Zank hefteten sich an seine Fersen und brachten ihn noch oft ins Gefängnis. Jener Schiffbruch, aus dem er schwimmend nur das Manuskript seines Gedichts davonbrachte, indem er es mit einer Hand über die Flut – das Meer seines Elends – emporhielt, ist das Sinnbild seines Schicksals. Nach dieser Odyssee kam er 1570 in die Heimat, wo er einen königlichen Gnadensold erhielt. Aber seine letzten Jahre waren trüb; er lebte arm und krank, starb an der Pest und wurde in aller Stille begraben.

Seitdem ein Luther lebte, war es um das idyllische Poetendasein geschehen. Die Kirche zeigte eine unversöhnliche Feindschaft gegen die humanistische Freigeisterei. Mit der Eroberung und Plünderung Roms im Jahr 1527 verflog sie in alle Winde, und die Inquisition machte in ihrem Feldzug gegen die Häresie auch vor hochgestellten Autoren nicht Halt. Das Schaffen des genialen Pico della Mirandola, der fürstlichen Geblüts war, wurde wie das Torquato Tassos durch sie getroffen. Giordano Bruno durchirrte ganz Europa und starb nach sieben Jahren Kerker in Rom den Feuertod als Ketzer. Am grausamsten räumte der Kirchenkampf in Deutschland mit der humanistischen Beschaulichkeit auf. Hier erlebte Ulrich von Hutten schon am Beginn des sechzehnten Jahrhunderts ein Schicksal, das ihn zum geschichtlichen Sinnbild des deutschen Poetentums prägte.

Hutten stand auf dem linken Flügel des humanistischen Lagers und ließ sich durch den Anblick Luthers dazu hinreißen, das klassische Ideal in den Tageskampf hineinzutragen. Er hatte nach einem langen, entbehrungsreichen Wanderleben die Freuden und Leiden des Hofpoeten im Dienst des Erzbischofs von Mainz kennen gelernt. In seinem Dialog «Aula» wog er die Vorzüge und Nachteile dieser Lebensform ab und fand mehr Schatten als Licht. Auch in dem Brief an Willibald Pirckheimer, der Goethe so sehr entzückte, handelt er ausführlich über die Entscheidung zwischen vita contemplativa und vita activa und erklärt, er sei zu der letzteren, also zum Hofdienst, gezwungen, um leben und sich auf ein öffentliches Wirken vorbereiten zu können. Er fand weder am Hof noch in der Einsamkeit Befriedigung und suchte ein besseres Verhältnis zwischen Literatur und Leben. Aber in welches Unglück rannte er damit hinein! Das Wormser Verdikt über Luther veranlaßte ihn zum Bruch mit dem Kaiser, er verzichtete auf seinen Dichtersold und machte sich damit vogelfrei. Doch sein «neues Lied» von der Poesie als Tat wurde sein letztes, niemand schlug in seine ausgestreckte Hand, auch nicht Luther. Als ein anderer Kohlhaas führte er auf eigene Faust ein Jahr lang Krieg gegen einzelne Bastionen des Pfaffentums, belagerte Klöster und papistische Städte, machte sich zum Schrecken der Straßen, proklamierte phantastische Drohungen und

Erlasse. Er war ohne wirkliche Macht und stand ganz allein. Alles rückte von ihm ab, niemand begriff, was er wollte: die Einigung des Adels und des Bürgertums als echte Wiedergeburt der deutschen Nation. In auswegloser Bedrängnis floh er nach Basel und verlor unterwegs seine Wagen und Leute; in Zürich hielt ihn Zwingli in seiner Wohnung versteckt, bis er das Asyl auf der Ufenau für ihn ausfindig gemacht hatte. Hier konnte der deutsche Ritter nur noch sterben, weil er die Kraft nicht mehr besaß, seine Vision in einer großen Dichtung für die Nachwelt zu retten, wie es Dante getan hatte. Eine deutsche Renaissance mußte offenbar durch noch viel größere Schmerzen erkauft werden als im Süden, durch ein nationales Unglück, das Hutten nur mit seiner Person, nicht mit seinem Werk darzustellen vermochte.

In Frankreich, England und den Niederlanden, wo sich nationale Großmächte herausbildeten, ging aus dem Poetenstand der Renaissance eine klassische Literatur auf den Höhen der Aristokratie hervor. Die Dichter der Plejade, die den Klassizismus in Frankreich einführten, waren davon überzeugt, daß die ganze mittelalterliche Kunst das Geheimnis der Schönheit nicht mehr gekannt habe. Ihre Häupter, Ronsard und Du Bellay, waren selbst von adeliger Geburt. Ronsard wurde als Spielgefährte Heinrichs II. erzogen und blieb ihm, wie auch seinem Nachfolger, in Freundschaft verbunden. Auch über seiner Gestalt liegt noch das Licht eines Tagesanbruchs. Seine Poesie hat den holden Reiz der Unschuld, die Kunst und Natur naiv zu verbinden vermag. Er liebte auch noch die volksliedhaften Töne der alten Zeit, obschon es sein Ehrgeiz war, der französische Pindar zu werden. Gleich Dante glaubte er sich von Gott zum Dichter seiner Nation erkoren, und auch er vertrat diesen Anspruch in politischen Schriften («Discours des misères de ce temps» 1562). Aber er büßte seine Äußerungen gegen die Hugenotten mit schlimmster Anfeindung von ihrer Seite, so daß sich der verwöhnte Günstling des Hofes im wachsenden Aufruhr zuletzt auf eine seiner ländlichen Pfründen zurückziehen mußte. Du Bellay war ein erklärter Verächter des Hoflebens und dichtete in seinem «poète courtisan» eine scharf geschliffene horazische Satire auf alle Windbeutelei der höfischen Literaten. Er blieb dieser Ansicht treu, verzichtete auf alle Komplimente und starb als früh gealterter Mann in der Not. Die Leidenschaft der Zeit griff nach allen. Marot, der sich «poète du roi» nannte und die Gedichte Villons herausgab, kam als Lutheraner ins Gefängnis, floh nach Italien, erlangte die Erlaubnis zur Rückkehr und mußte wegen seiner Psalmenübersetzung aufs neue aus Paris entweichen; auch in Genf durfte er nicht bleiben und starb im Elend in Turin. Montaigne schloß sich an seinem 38. Geburtstag, in feierlichem Gedenken der großen Humanisten, für den Rest seines Lebens in das Studierzimmer ein, um seine «Essais» niederzuschreiben, und verschmähte es auch später, da er länger lebte, als er vorausgesehen hatte, in den Dienst des Königs zu treten.

Erst im siebzehnten Jahrhundert erstieg die französische Literatur die imperiale Höhe, von der Ronsard geträumt hatte. Sie wurde zur Repräsentantin der Staatsgewalt, zur Säule und Zierde des Reiches, zur Mitschöpferin der nationalen Glorie. Corneille, Racine, Boileau sahen in ihr die «école des vertus», die Erzieherin zum hohen Leben. Die Nation wurde auf die heroischen Ideale verpflichtet, die Dichtung mußte gesellschaftlich sein. Die Autoren dieses Reiches standen in einem Glanz, der alles übertraf, was ihm in andern Ländern vorausgegangen war. Er ließ sich nur mit dem alten Rom vergleichen; mit diesem verglich man ihn auch und fand das Altertum überboten. Über die große Revolution hinaus erstrahlten die Häupter des französischen Klassizismus in einer Aureole des offiziellen Ruhms, wie sie nur Reichsdichtern zuteil wird. Die politische Hegemonie Frankreichs sorgte dafür, daß der Gegensatz zwischen hoher und volkstümlicher Literatur zum Abgrund erweitert wurde, jenseits dessen die Dichter der Aristokratie wie Götter thronten. Es war unmöglich, in dieser Lichtfülle einen Konflikt zwischen Geist und Macht zu erkennen. Die von Boileau formulierte Poetik machte das französische Stilideal für ganz Europa verbindlich. Es war das Ideal der schimmernden Glätte, der makellosen Form, die durch die Gesetze des «bon goût» festgelegt war. Der Geschmack war nicht Natur, er war gesellschaftliche Übereinkunft; der Ästhetiker Dubos behauptete sogar, er habe seinen Sitz in einem eigenen, sechsten Sinn. Die Autorität Boileaus bedeutete den endgültigen Sieg der Bildungspoesie.

Dieses Jahrhundert begründete die Vorherrschaft des Ästheten in der Literatur. Vergils Verzicht auf den lebendigen Zusammenhang zwischen Kunst und Wirklichkeit kleidete sich jetzt in die Theorie von der Unwirklichkeit des Schönen. Der französische Klassizismus beruhte wie der Humanismus auf schönen Fiktionen. Eine solche war vor allem das heroische Ideal dieser Gesellschaft, das nicht auf dem Schlachtfeld, sondern in den großen Pariser Salons entstand. So bewundernswert diese Poesie war, so gefährliche Möglichkeiten der Inzucht waren in ihr enthalten. Frankreich wurde das Mutterland der Literaten, denen das Papier an die Stelle des Lebens trat. Der Ästhetizismus wurde sein Verhängnis wie die Romantik das Verhängnis Deutschlands. Flaubert war nicht der einzige Franzose, der so urteilte; er sagte einmal, nach Ronsard habe es in Frankreich keine Dichter mehr gegeben.

Eine Fiktion war auch die Annahme, daß das klassische Frankreich und das von ihm beherrschte absolutistische Europa ausschließlich diesem Ästhetentum tributpflichtig seien. Schon am Beginn des absolutistischen Zeitalters hatten Ariost, Rabelais, Cervantes, Shakespeare die heroischen Ideale parodiert, die Corneille und Racine noch einmal verklärten. In Spanien, wo der Klassizismus nur oberflächlich wirkte, stiegen aus einem herrlichen Volkstum Dichter und Künstler auf, die Adel und Naivität so wunderbar verschmolzen, wie es außer Molière keinem Franzosen gelang. Theatralische Genies wie Lope und Calderon, prophetische Satiriker wie Quevedo, Spötter wie Cervantes und Aleman bewiesen, daß abseits vom Lorbeerprunk Großes, wenn nicht Größeres möglich war. In Paris selbst befand sich die Hochburg des Jansenismus, das von Racine und vielen andern geliebte Port-Royal, ein Asyl der Weltflüchtigen. In Paris forderte Molière Widerstände heraus, die nichts weniger als harmonisch tönten. Hier lebten ja auch immer noch volkstümliche Dichter wie Le Sage und der Krüppel Scarron, in denen der Geist Rabelais' weiterrumorte. Sie bekamen von der Glanzwelt des Sonnenkönigs nur die Schatten zu sehen, sie bildeten die literarische Fronde. Diese Spannung, die sich in Frankreich nicht mehr fruchtbar ausleben durfte, erzeugte in anderen Ländern ein geistiges Leben, von dem man in Paris nichts ahnte

Die europäischen Höfe übernahmen mit dem Gottesgnadentum die galante Kunst der Franzosen und überboten sich in der Pflege der Preziosität, aber die Völker wurden davon kaum berührt. Das grand siècle ist nur in französischer Sicht das siècle classique, in europäischer ist es die Epoche der Auseinandersetzung zwischen klassischem und antiklassischem Geist. Der letztere offenbarte sich in den niederländischen Freiheitskämpfen, in der Herrlichkeit der niederländischen Bürger- und Bauernmalerei, im Frühlicht der Aufklärungsphilosophie, im Glanz der spanischen Kunst. In diesem Gegensatz wetterleuchtete eine weltgeschichtliche Katastrophe. Je blendender der Klassizismus seinen Reichtum zur Schau stellte, desto drohender trat seine Kehrseite hervor, die geistige wie die politische und soziale. Denn das Glück, das die von der Wirklichkeit gelösten Poeten der feudalen Gesellschaft genossen, beruhte auf einem System der Unterdrückung, das Energien im Großen weckte und mit dem Untergang der Throne bezahlt wurde. Nun stellte sich heraus, daß die Lebensfrage des Klassizismus kein privates Leiden der Dichter, sondern ein europäischer Konflikt war. Der Gegensatz zwischen Aristokratie und Volkstümlichkeit, den Dante noch bezwungen, der französische Akademismus aber aus dem Auge verloren hatte, erweiterte sich zum Gegensatz zwischen ganzen Völkern und Kulturen.

DEUTSCHER KLASSIZISMUS

Im siebzehnten Jahrhundert wurde auch das in den Religionskämpfen verwilderte, vom Pfaffengezänk betäubte Deutschland endlich tiefer von der Renaissance ergriffen. Während des Dreißigjährigen Krieges stand eine stolze weltliche Poesie in deutscher Sprache auf. Ein Poet war im Land der Reformation eine ebenso fragwürdige Gestalt wie ein Seher in Frankreich, aber wie im Mittelalter konnte eine höhere literarische Kultur auch in Deutschland nur von Literaten geschaffen werden. Wie aus einer geologischen Verwerfung traten nun die deutschen Nachfahren der dichtenden Humanisten, der gotischen clercs, der augusteischen Lorbeerträger hervor, alles duckte sich eine Zeitlang unter den Poetentitel. Der Schwabe Weckherlin konnte sein angeborenes Naturell noch nicht ganz hinter ihm verstecken, und manches Volkskind warf ihn übermütig wieder weg. Aber Martin Opitz, der «Boberschwan», lehrte die klassischen Regeln mit solchem Erfolg, daß sich der Anblick der deutschen Literatur in wenigen Jahren veränderte.

Es gab nun auch für deutsche Autoren eine höfische Karriere. Die opitzierenden Dichter warben um die Aufmerksamkeit der deutschen Fürsten, und manchem gelang es, eine Residenz zu erobern. Diese Arrivierten machten eine große Diplomatenlaufbahn wie Weckherlin, wurden Lieblinge der Hofdamenkreise wie Zesen, gelangten in Hofämter wie Opitz oder in hohe Verwaltungsstellen wie Gryphius. Sie wurden in die literarischen Orden aufgenommen, wo sie sich unter Adeligen bewegten. Denn nun trat auch der deutsche Adel wieder in das literarische Leben ein und sicherte sich einen dauernden Einfluß. Er schätzte die Kunst als Lehrmeisterin des vornehmen Lebensstils und als luxuriösen Zeitvertreib. Regierende Fürsten und Fürstinnen machten sich als

Verfasser galanter Romane, als Liederdichterinnen, als Gönner der Theaterkunst einen Namen. Das Schriftstellern begann zum guten Ton zu gehören. In Nachahmung der ausländischen Akademien wurden Sprachgesellschaften gestiftet, die den Adel und die Fürsten als Wächter der nationalen Sprache und Dichtung einsetzten und eine ungeheure Vielschreiberei zur Folge hatten. Da die Herrschaften kaum je über Begabung verfügten, verlegten sie sich auf formale Kunststücke und fromme Kirchenlieder, deren einziges Verdienst es war, daß sie das gesellschaftliche Ansehen der Muttersprache vermehrten.

Wenn aber irgendwo die Schönheitspoesie ein tragisches Spiel war, so in Deutschland. Die Mauer zwischen Kunst und Wirklichkeit erhob sich hier so hoch wie nirgends. Die Fürstentümer hatten provinziellen Zuschnitt, ihr Kunsteifer war nicht die Frucht einer imperialen Machtentfaltung, sondern blühte inmitten eines unabsehbaren nationalen Unglücks. Alle klassische Formvollendung blieb ein vergeblicher Versuch, die furchtbaren Wunden zu heilen oder doch zu verdecken, an denen Deutschland zu verbluten drohte. Während es europäischer Kriegsschauplatz war und seine Länder und Menschen der Verwüstung anheimfielen, lernte es eine Kunst kennen, die das kanonisch Schöne im kühlen Glanz vollkommener Formen darstellte. Sie schwebte über dem Rauch und Getümmel unerreichbar im leeren Raum. Während die Poeten sich in dieser Vollendung übten, versank Deutschland immer tiefer in der Zerstörung. Bei den wirklichen Dichtern mußte das Ringen um die Schönheit ein Martyrium sein wie das Johannes Keplers, der die Planetenbahnen berechnete und dabei verhungerte. Es öffnete sich ein Graben zwischen Literatur und Wirklichkeit, der nie mehr geschlossen werden konnte. Luther hatte noch für die ganze Nation geschrieben, die Barockliteraten wollten und konnten nur von den Gebildeten gelesen werden. Den adeligen Liebhabern zu Gefallen erbauten sie den Parnaß, auf dem sich ein deutscher Vergil, ein deutscher Horaz, ein deutscher Pindar und andere «Herzöge deutscher Saiten» installierten – vergessene Größen und Cliquenfürsten wie Dietrich von dem Werder, die hochgepriesene Zierde des Palmenordens, oder dessen Erzschreinhalter Georg Neumark, den man von allen Seiten mit Preisliedern und Geschenken überhäufte.

Nur in seltenen Momenten streifte diese Poesie die Erfüllung, die in Cervantes, Lope de Vega, Molière eingetreten war. So in dem Doppellustspiel «Die geliebte Dornrose», das Andreas Gryphius 1660 für eine Fürstenhochzeit in Glogau verfaßte. Es besteht aus einer derben Bauernkomödie im schlesischen Dialekt und einem galanten Kavalierlustspiel, die aktweise miteinander abwechseln und deren Figuren am Schluß gemeinsam einen Reigen tanzen, die Hochzeit von Adel und Untertanen symbolisierend. In seinen Trauerspielen bleibt auch dieser bedeutendste Dichter aus Opitzens Gefolge im akademischen Klassizismus befangen. Seine tragischen Helden und Heldinnen zeigen in schrecklichen Versuchungen und Schicksalsschlägen eine Seelengröße, in der sich lutherisches Frommsein mit stoischer Gelassenheit verbindet. Sie kommt erst in diesen Momenten zum Vorschein, die sich deshalb wie bei Seneca in aller Gräßlichkeit auf der Bühne abspielen müssen. Wenn der Sturm der Klagen und Anklagen ausgetobt hat, beginnt der Jubel der Erlösungsgewißheit, die alles Leiden überstrahlt. Die leidenschaft-

liche Aufwühlung ist wilder und dunkler als bei den Franzosen, aber doch nicht stark genug, um zu der mystischen Tragik durchzubrechen, auf die sie abzielt. Das Gräßliche
schlägt unvermittelt in die Rettung um, der leidenschaftliche Ausbruch bedient sich
einer manierierten, hochpathetischen Sprache, die keine Unmittelbarkeit erlaubt. An
dieser Geschraubtheit krankten alle Poeten des deutschen Parnasses. Sie wußten wenig
oder nichts von dem, was in der Tiefe des Volkes vorging, hatten aber auch nicht die
Kraft, die volkstümlichen Überlieferungen auf die Dauer zu verdrängen, wie es in
Frankreich geschah. Die Dinge blieben in der Schwebe, und diese Unentschiedenheit
war die große Hoffnung. Im Dunkel des leidenden Volkes lebte Grimmelshausen, der
uns alle seine damaligen Verächter aufwiegt.

Die schöpferischen Kräfte brauchten ein Jahrhundert, um sich über dieses glänzende
Elend zu erheben. In der Zwischenzeit verblühte die Pracht der Adelskultur in der Zier
des Rokoko. Europa bewunderte den Gesang der italienischen Kastraten, deren Koloraturen den Arabeskenschmuck der Lustschlösser wiederholten. Diese Jahrzehnte gehören zu den vergessensten der deutschen Literaturgeschichte, weil das Entscheidende
damals nicht an der Oberfläche geschah. Der dichterische Geist sammelte sich in unterirdischen Kammern und tastete sich schweigend zu den Ursprüngen hinab. Dafür begann der Genius der Musik in Deutschland zu reden. Was Kepler und Galilei gedacht,
Fleming und Gryphius buchstabiert hatten, das tönte seit Heinrich Schütz und Samuel
Scheidt, seit Pachelbel und Buxtehude in den Meisterwerken, die noch heute herrlich
sind wie am ersten Tag. Die deutsche Dichtung stand auf lange hinaus im Schatten dieser anderen Kunst.

An der Oberfläche der Literatur trieben die letzten Nutznießer der Fürstenherrlich-
keit und die ersten Vorboten einer neuen Dichtung ihr Wesen. Den literarischen Ka-
stratengesang lieferten die letzten Hofpoeten, die den Geschmack Boileaus an den
deutschen Höfen einbürgerten. Neben diesen Parasiten traten die ersten Bürgerdichter
in Erscheinung. Der Hamburger Patrizier Hagedorn setzte den frivolen Stil der Pariser
Régence-Anakreontik in eine deutsche Trink- und Liebespoesie um. Im Berner Patrizier Albrecht von Haller kündigte sich die Erhabenheit einer neuen priesterlichen Dichtung an. Der als Wüstling verschriene und verfolgte Christian Günther bewarb sich
um die Stelle eines Pritschmeisters am Dresdener Hof und erlebte eine klägliche Abfuhr,
weil ihm die Nebenbuhler im Vorzimmer durch einen Diener vergifteten Wein geben
ließen. Es war nicht sein einziger mißlungener Versuch, die Aufmerksamkeit eines der
Erdengötter auf sich zu ziehen. Als der Friedensschluß von Passarowitz ungezählte
Federn zum Ruhm des Prinzen Eugen, des Türkensiegers, in Bewegung setzte, erhob
auch er seine Stimme in einer Ode von fünfzig Strophen. Hingerissen von der Größe
des Ereignisses, rief er die deutschen Stubendichter auf, mit den Helden zu gehen, deren
Taten alle ihre Erfindungen hoch überträfen. Die Ode wurde in Wien gedruckt und
dem Kaiserhof vorgelegt, sie machte ihren Verfasser mit einem Schlag in ganz Deutschland berühmt und wurde von Ungezählten nachgeahmt. Nur der Wiener Hof regte sich
nicht. Der bettelarme Günther sah seine letzte Hoffnung zerrinnen, er wollte sich er-
hängen, fiel aber vor Schwäche ohnmächtig auf sein Strohbett. Eine Geldsammlung

seiner Breslauer Verehrer rettete ihn für einmal. Vier Jahre später setzte er abermals sein ganzes Können ein, um bei einem andern Großen, dem Grafen von Sporck, Gnade zu finden. Die zweiundvierzigstrophige Ode, in der er ihn als Träger aller hohen Tugenden beweihräucherte, wurde auf feinstem Pergament überreicht, aber wieder trug irgendein Stümper den Preis davon. Eine ihrer Schlußstrophen lautet, wohl in Anlehnung an den 82. Psalm:

> *Ihr, die ihr Götter heißt und seid,*
> *Ihr Groß- und Starken dieser Erden,*
> *Auch ihr gehört zur Eitelkeit*
> *Und müßt wie wir zu Asche werden.*
> *Wißt, Unruh, Hohn und Fluch und Schmach*
> *Folgt endlich den Tyrannen nach*
> *Und bleibt an Sarg und Titel kleben.*
> *Herrscht, wie ihr wollt, wir folgen gern;*
> *In so weit macht euch Gott zu Herrn,*
> *Als wir durch euch im Frieden leben.*

Das war die Sprache der Bürger. Um die Mitte des achtzehnten Jahrhunderts besaß Deutschland schon ein Heer von Schriftstellern bürgerlichen Standes. Es war keine schlagkräftige Armee des freiheitlichen Denkens, sondern ein Volk zufriedener Genießer, das aus Freude am literarischen Zeitvertreib, aus gesellschaftlicher Streberei oder gelehrter Betriebsamkeit die Büchermessen belieferte. Die Hauptmasse der Neuerscheinungen bestand aus populärwissenschaftlichen Büchern, theologischen Streitigkeiten und journalistischen Erzeugnissen. Die Anakreontiker kopierten in unverwüstlicher Fröhlichkeit die antiken Kleinmeister und beriefen sich gern auf die eigene Harmlosigkeit. Liscows Schrift über die «Vortrefflichkeit und Notwendigkeit der elenden Skribenten» schildert dieses literarische Rokoko, das die großen Impulse der Aufklärung in nichtigen Spielen verzettelte. Sogar der fortschrittliche Bodmer machte sich darüber lustig, daß in Lessing der Schriftsteller und der Mensch eine und dieselbe Person sein sollten: in einer nichts als witzigen Schrift rede nur der Autor, nicht der Mensch, in Trinkliedern nur der Poet; die Weinflaschen und Küsse der Poeten seien nichts Wirkliches, sondern Hirngespinste.

Wieland ist das Muster des klassizistischen bürgerlichen Poeten. Von seiner frühreifen Jugend bis ins hohe Alter lebte er mehr mit Büchern als mit Menschen. Wie alle Humanisten liebte er die idyllische Einsamkeit der Bücherstube. Er lebte als ein völlig Freier in seiner Phantasie, die allen Dingen ihr Gewicht nahm und ihm erlaubte, mit ihnen zu spielen oder von ihnen zu träumen. Aus dieser ironischen Freiheit gingen seine schönsten Werke hervor: «Idris und Zenide», «Der neue Amadis», «Oberon» und die andern Spielereien seiner mittleren Zeit. Sie sind das erstaunlichste Rankenwerk, unvergleichliche Virtuosenstücke der Tagträumerei. Die Grenze zwischen Spiel und Ernst ist in ihnen unendlich anmutig aufgehoben. Für Wieland war diese erfabelte Phantasiewelt das Asyl, in dem er sich vor der sinnlosen, häßlichen Wirklichkeit barg.

Er liebte die «Poesie» als den beglückenden Gegensatz zur grauen Prosa des Lebens und stellte seine Bücher gern als «Spielwerke» vor. Ihre märchenhaften Stoffe, ihre Spottlust, ihre Obszönitäten, ihr artistischer Übermut, ihre luftigen Helden und Heldinnen sind ein einziger Protest gegen die nützliche, philiströse Alltäglichkeit. Als großer Erotiker wurde ihr Verfasser der ausgesprochene Frauenliebling; keiner hat in deutscher Sprache so bestrickend mit der «schönen Leserin» geliebäugelt wie er, und bei keinem fand sie einen so vollendet geschmackvollen, seidenrauschenden und lachenden Tanz der Grazien. Mit solchen Talenten wäre Wieland die Zierde jedes Hofes gewesen, aber selbst er mußte sich mit einem Schattenplatz begnügen.

Das hatte allerdings seinen Grund: er kam mit dieser Meisterschaft zu spät. Er fand sie erst, als die Glanzzeiten des amoralischen Virtuosentums vorbei waren, nämlich in den Jahren seines Biberacher Stadtschreiberamts, wo er im Schloß Warthausen Zutritt zur adeligen Welt erhielt und zum Vergnügen des Grafen Stadion die elegant-lasziven «Komischen Erzählungen» schrieb. Als Professor in Erfurt und vorzeitig pensionierter Weimarer Prinzenerzieher besaß er keine direkte Beziehung zur Gesellschaft des ancien régime mehr. Am Weimarer Hof war man von ihm bald enttäuscht, vor allem wegen seines Ehrgeizes und seines mangelnden Ernstes. «Er ist nichts als ein Poet», pflegte Anna Amalia achselzuckend zu sagen. Als das peinliche Intermezzo seines Erzieheramtes vorbei war, sprach Haller die Meinung aller Welt aus, als er schrieb: «Das war auch ein Einfall, einen Landesherrn durch Wieland erziehen zu lassen.» Der Schönheitsrausch des «Oberon» wollte keinen verwöhnten Mäzen mehr befriedigen, er war die Wunschphantasie eines Privatmannes. Die weiteren Wandlungen von Wielands Stil erklären sich aus der wechselnden Art, in der er sich mit seiner Isolierung abfand. Er blieb gegen das Versprechen des weiterlaufenden Gehalts in Weimar, streifte seinen Leichtsinn ab und verwandelte sich allmählich in den ironisch entsagenden weisen Moralisten, als der er sich in seinen Alterswerken gibt. Die Grundeigenschaften seiner Kunst änderten sich aber nicht: die Liebedienerei gegen ein imaginäres Publikum, die schwebende Leichtigkeit als Ausdruck der Skepsis, der spielerische Charakter des Produzierens, der äußere Glanz und die geringe seelische Tiefe. Wieland war ohne Schicksal, weil er sich von der Welt abkapselte. Er nannte sich einmal «eine forcierte Treibhauspflanze»; er selbst entbehrte die Schönheit, die er in seinen Büchern so verschwenderisch ausschüttete. Seine Kunst fließt nicht aus einer großen Seele oder einer großen Aufgabe, sie ist ein Ersatz für gelebtes Leben, eine schimmernde Membran vor dem Nichts. Zu Zeiten glitt er in eine Vielschreiberei hinab, in der sich blendendes Können mit geistiger oder moralischer Minderwertigkeit oder mit beidem verband, und brauchte dann den Rutenstreich des Schicksals oder eines Kritikers wie Lessing, um sein besseres Selbst wieder zu finden. Die für Klopstock begeisterte Jugend verachtete diesen launischen Alleskönner als einen Verräter an der Dichtung. Mit seinem schillernden Wesen war er das Gegenteil eines heilig Begeisterten: der geborene Übersetzer, Vermittler und Journalist. Wenn er in einem seiner schönsten Altersromane, dem «Agathodämon», in der Gestalt des spätantiken Magiers Apollonius von Tyana sich selbst als alt gewordenen, vereinsamten Zauberer porträtierte, so huldigte er damit nicht dem ekstatischen Sturm und Drang, sondern dem verspielten Künstlertum des Rokoko, das mit ihm in Deutschland zu Grabe ging. Er fand, neben der wilden Urzeit habe auch die arme Spätzeit ihr Gutes, wo es Künstler gebe, «die den Geist der heiligen Götter empfangen haben, um die Bilder der großen Menschen, die nicht mehr sind, aus Marmor und Elfenbein zu schnitzen und den Göttern, an die niemand mehr glaubt, schöne Tempel aufzubauen und die Taten der Helden, die niemand mehr tun kann oder, wenn er könnte, nicht tun darf, in schönen Schauspielen vorzustellen».

Der junge Goethe hatte dem Dichter der «Alceste» besonders übel mitgespielt, aber der weise gewordene Goethe stand Wieland wieder nahe. Der Beweis seiner Liebe ist das Denkmal, das er ihm in seiner Totenrede errichtete; als Gegenstück zum Denkmal für Winckelmann ist es ein neues Zeugnis für Goethes Vielnatur. Auch das Poetentum des Rokoko, von dem er als dichtender Student ausgegangen war, blieb in ihm lebendig. Daß im kleinen Weimar der erste und einzige Musenhof auf deutschem Boden entstand, war sein Werk, und er war auf Wielands Spuren in diese Residenz gekommen. Weimar war eine Insel, und als Herr dieser kleinen abseitigen Insel wußte Goethe die bezaubernde Schwäche Wielands zu ehren. Eine Dichtung wie die «Geschichte des weisen Danischmend», die lächelnd den Verzicht auf die Rolle des Menschheitsbeglückers und die Abkehr von der Welt lehrt, sprach etwas aus, dem Goethe zustimmte, wenn ihm seine Einsamkeit zum Bewußtsein kam. Es war mehr als ein hübscher Regieeinfall, als er bei der Uraufführung des «Torquato Tasso» die Hermen Vergils und Ariosts durch die Büsten seiner toten Freunde Schiller und Wieland ersetzte. Der Klassizismus des «Tasso» und der «Iphigenie» enthält etwas von Wielands Geist; er liegt näher bei Racine, als man lange zugeben wollte. Die edle Schönheit dieser Werke ist Glätte und Schimmer der großen Franzosen, nicht der Griechen. Ihr Übermaß an weichem Wohlklang wird in deutscher Zunge nur noch bei Wieland gefunden, so weit sie seelisch von ihm abliegen.

«Sie haben mir eine zweite Jugend verschafft und mich wieder zum Dichter gemacht, welches zu sein ich so gut als aufgehört hatte», schrieb Goethe 1798 zum Jahresbeginn an Schiller. Aber es war ein anderer Dichter, der jetzt für kurze Zeit in ihm erwachte. Es war der hochbewußt wägende und feilende Idylliker, der auf die Gebilde seiner Werkstatt nur einen Teil seiner Kraft verwendete. Er hatte auf dem verunglückten Feldzug der deutschen Fürsten gegen Frankreich, in den Strapazen und der chaotischen Auflösung der Armee am eigenen Leib erlebt, was Unordnung hieß, und sah seitdem die Schönheit des im Frieden geborgenen Lebens anders an. Die Schilderung der «Kampagne in Frankreich» schließt mit der Beschreibung der Liebhabereien, denen er sich nach der Heimkehr unter das sichere Dach ergab: des Kameenstudiums, der Beschäftigung mit dem Theater und mit seinen Manuskripten. Damals wurde der Dichter von «Hermann und Dorothea», der vergilische Lobredner des friedlichen, einfachen Daseins geboren. «Es liegt nun einmal in meiner Natur: ich will lieber eine Ungerechtigkeit begehen, als Unordnung ertragen», heißt es in der «Belagerung von Mainz». In diesem idyllischen Goethe der neunziger Jahre lebte der Rokokopoet wieder auf. Er begann liebevoll die schlichten Alltagsdinge zu verklären, weil am Horizont die

Gefahr der Zerstörung heraufzog, und vergrub sich in seine naturwissenschaftlichen Untersuchungen, mit denen nun die liebhaberisch betriebene Poesie Licht und Luft teilen mußte. Der Briefwechsel mit Schiller ist von dieser Stimmung erfüllt: in stiller Abgeschlossenheit das Bestmögliche zu leisten, solange es Tag ist, und dem Schicksal gelassen entgegenzusehen. Die dritte Reise in die Schweiz wurde mehrmals hinausgeschoben, weil Goethe sich nur schwer aus dieser Zurückgezogenheit mit ihren gewohnten Beschäftigungen losriß. Der bequem Gewordene verharrte auch unterwegs noch lange im mißtrauischen Abstand des unbeteiligten Zuschauers und fand wenig Geschmack am Treiben in der großen Stadt Frankfurt. «Ich fühle recht gut, daß meine Natur nur nach Sammlung und Stimmung strebt und in allem keinen Genuß hat, was diese hindert. Hätte ich nicht an meinem Hermann und Dorothea ein Beispiel, daß die modernen Gegenstände, in einem gewissen Sinne genommen, sich zum Epischen bequemten, so möchte ich von aller dieser empirischen Breite nichts mehr wissen. Auf dem Theater, so wie ich auch hier wieder sehe, wäre in dem gegenwärtigen Augenblick manches zu tun, aber man müßte es leicht nehmen und in der Gozzischen Manier traktieren, doch es ist in keinem Sinne der Mühe wert.» Die Begegnung mit dem Wichtigtuer Kosegarten entlockt ihm das Geständnis: «Indessen sind diese Menschen, die sich noch denken können, daß das Nichts unserer Kunst alles sei, noch besser dran als wir andern, die wir doch mehr oder weniger überzeugt sind: daß das Alles unserer Kunst nichts ist.» In diesen silbernen und kupfernen Jahren bastelte der Dichter des «Faust» an artigen kleinen Verserzählungen, an Xenien und Gelegenheitsspielen. Die großen Gesichte schlummerten, sein Instinkt sagte ihm, daß für ihn die Zeit der muschelhaften Abgeschlossenheit, der unbeweglichen Versteinerung gekommen sei. «Verzeihen Sie wenn ich ein Bischen stumpf bin. Manchmal komme ich mir vor wie eine magische Auster, über die seltsame Wellen weggehen», schrieb er noch 1808 an Frau von Stein. Auch diese Verwandlung lag in seiner Natur. Er war der große Liebhaber des Lebens, aber nicht seine Beute. Er hatte sich bis dahin nie um sein materielles Auskommen sorgen, nie den Kampf ums Dasein bestehen müssen, sondern die Welt im Grund immer mit den Augen des äußerlich Gesicherten betrachtet, der sich aus ihren Gefahren rechtzeitig zurückziehen konnte. Die Flucht nach Weimar mußte in dieser Windstille enden, aus der ihn erst der deutsche Zusammenbruch und die Begegnung mit Napoleon wieder aufscheuchten.

Aber der «West-östliche Divan», den er zum Gefäß seiner Erschütterung durch dieses Geschehen machte, wurde der größte Beweis dafür, wie tief auch der spielende Poet in ihm wurzelte. Er rettete sich vor der Wirklichkeit in die Vogelfreiheit des Sängers Hafis, der aus dem Becher des immer jungen Wanderers Chider die Gnade ewiger Jugend getrunken hat. Er ließ sich durch diesen «östlichen Horaz» und die andern persischen Dichter beglücken, in denen er seine musischen Brüder im Geist erkannte. Erst mit der Zeit ging ihm auf, daß er hier nichts weniger als patriarchalische Naivität, sondern einen Gipfel raffinierten, späten Künstlertums vor sich hatte. Was ihm als reine Natur erschien, war im Gegenteil geistreiche Spielerei mit feststehenden Themen und Motiven, und auch der vergötterte Hafis erwies sich bei näherer Bekanntschaft als

Sohn einer überreifen Kultur. In den «Noten und Abhandlungen» erkennt Goethe den wahren Sachverhalt und spricht seine Liebe schon bedeutend nüchterner aus. Aber sein Kommentar schwankt immer noch bezeichnend zwischen Bewunderung und Kritik und kann die Schönheit des Werkes nicht rückgängig machen, das aus dieser Begegnung mit dem orientalischen Virtuosentum entstand. Die Lieder des «Divan» schmükken sich mit der verspielten, beziehungsreich schillernden Metaphernpracht des Ostens, und sein liebender, trinkender, spottender Hafis bleibt das größte Selbstbildnis des Poeten Goethe. Die «Noten und Abhandlungen» beschreiben aus kongenialem Verstehen die Kunstmittel der östlichen Artistik und setzen sich im Hinblick auf Mohammed mit dem Widerspiel aller Poesie, dem Prophetismus, auseinander, wobei der Dichter immer mit dem Ehrennamen Poet bedacht wird. Die Charakteristik Mohammeds geht von dessen Beteuerung aus, «er sei Prophet und nicht Poet und daher auch sein Koran als göttliches Gesetz und nicht etwa als menschliches Buch zum Unterricht oder zum Vergnügen anzusehen». Goethe fährt fort: «Wollen wir nun den Unterschied zwischen Propheten und Poeten näher andeuten, so sagen wir: beide sind von *einem* Gott ergriffen und befeuert, der Poet aber vergeudet die ihm verliehene Gabe im Genuß, um Genuß hervorzubringen, Ehre durch das Hervorgebrachte zu erlangen, allenfalls ein bequemes Leben. Alle übrigen Zwecke versäumt er, sucht mannigfaltig zu sein, sich in Gesinnung und Darstellung grenzenlos zu zeigen. Der Prophet hingegen sieht nur auf einen einzigen bestimmten Zweck; solchen zu erlangen, bedient er sich der einfachsten Mittel. Irgendeine Lehre will er verkünden und, wie um eine Standarte, durch sie und um sie die Völker versammeln. Hiezu bedarf es nur, daß die Welt glaube; er muß also eintönig werden und bleiben, denn das Mannigfaltige glaubt man nicht, man erkennt es.»

Aus der Geringschätzung, mit der hier von «irgendeiner Lehre» des Propheten gesprochen wird, an welche die Welt «nur» zu glauben brauche, spricht eine unendliche Entfernung Goethes vom Seherwort. Jener heiligen Welt stellt der «Divan» ein unheiliges, freudiges Phantasiereich entgegen, das in demselben fabelhaften Morgenland liegt wie die schönsten Spielwerke Wielands und Voltaires. Auch er will die nüchterne Gegenwart an das Vorhandensein einer andern Welt erinnern, an «die Herrlichkeit der Poesie, in die sich reine Menschheit, edle Sitte, Heiterkeit und Liebe flüchtet, um uns über Kastenstreit, phantastische Religionsungeheuer und abstrusen Mystizismus zu trösten und zu überzeugen, daß doch zuletzt in ihr das Heil der Menschheit aufbewahrt bleibe». Goethes Hafis ist die Mythe des weltfremden Schönheitsdichters in einer verbürgerlichten Zeit. Sein morgenländisches Kostüm zeigt den innern Abstand an, der zwischen dieser Kunst und der Gegenwart liegt. Sogar die kalligraphischen Spiele der Orientalen sagten Goethe jetzt zu, es gefiel ihm, daß diese abgefeimten Könner ihre Lieder «durch Schreiben, nicht durch Singen verherrlichen». Aber er konnte nicht dauernd in dieser Ferne verharren, der Orkan des Zeitgeschehens hatte ihn so weit hinaus verscheucht. Als sich die Welt beruhigte, kehrte er in die deutsche Wirklichkeit zurück und lebte sein Poetentum weniger herausfordernd zu Ende. In der weltweit gewordenen Person des Greises hatte nun auch dieses seinen festen Platz. Er füllte die immer längeren Intervalle zwischen seinen visionären Augenblicken mit wissenschaftlichen und redaktionellen Unternehmungen aus und widmete sich dem geistigen Austausch mit Schriftstellern vieler Länder, der die «Weltliteratur», das Weltreich der schreibenden guten Geister in allen Völkern, begründen helfen sollte. Solche Geister zog er jetzt auch nach Weimar. Einer von ihnen war Eckermann, den er zum Beispiel dafür machte, was ein kleines Talent als Helfer eines Größeren leisten kann. Der Getreue opferte sein Lebensglück, um nur noch Spiegel seines geliebten, wenngleich nicht ganz verstandenen Meisters zu sein. Er hat nach dessen Zeugnis das Hauptverdienst daran, daß der «Faust» vollendet wurde.

Der schriftstellernde alte Goethe bewunderte Paris, das er nur aus der Literatur und aus mündlichen Berichten kannte. Dort fiel sein Gedanke der Weltliteratur zuerst auf fruchtbaren Boden, besonders bei den jungen Kritikern um den «Globe», die den werdenden Weltruhm des «Faust»-Dichters betreuten. Weltliteratur ist das höchste Ziel, zu dem das literarische Denken vorstoßen kann; der Literat in Goethe faßte dieses Ziel ins Auge, und er wurde durch seinen Verkehr mit den Leitern des «Globe» zum Schutzheiligen des modernen Literatenstandes, dessen Hauptquartier sich in Paris befand. Seit der Gründung der französischen Akademie war Paris die Hauptstadt der europäischen Literatur. Hier hatten die glänzendsten Federschlachten der Aufklärung stattgefunden, hier traten immer wieder Autoren auf, die den Schriftstellerberuf mit Ruhm bedeckten, indem sie ihn als vollendetes literarisches Handwerk oder als Kunst des geistigen Kampfes verstanden. Die französische Sprache war als literarisches Instrument allen andern um mindestens ein Jahrhundert voraus. Sie hatte sich zur biegsamsten, intelligentesten, blitzendsten aller Sprachen abgeschliffen, die auch dem durchschnittlichen Schriftsteller eine blendende poetische oder rhetorische Wirkung sicherte. Die romanische Freude am sinnlichen Spiel mit dem Wort, an der schönen Form um ihrer selbst willen, die schon aus den Werken Molières, Corneilles, Racines, Voltaires leuchtet, machte diese Sprache zum Organ geistreicher Konversation und diplomatischer Eleganz. Ihre Ausgeschliffenheit war schon zu Goethes Zeit der Vorzug und die Schwäche der französischen Literatur; sie gibt ihr den Nuancenreichtum, aber auch das Überzüchtete, das Nichtfranzosen leicht als phrasenhaft erscheint. Die neuesten Errungenschaften der Säkularisation traten deshalb immer in Paris ans Licht: das nationale Pathos, der Elan der revolutionären Opposition, das Spiel mit den magischen und visionären Elementen der Sprache, die Schätzung des guten Stils um seiner selbst willen.

Den mit der Weltliteratur sympathisierenden alten Goethe bestachen diese Eigenschaften eine Zeitlang ebenso, wie ihn das Raffinement der persischen Poeten bestochen hatte, und er vergalt die Bewunderung der jungen französischen Kollegen mit neiderfüllten Komplimenten. Es war aber weniger der Dichter Goethe, den sie weltberühmt machten, als der Schriftsteller, der Verfasser kritischer und biographischer Schriften, der Briefschreiber und Denker, der Partner geistvoller Gespräche. Wie bei den Persern war eine gewisse Ernüchterung unvermeidlich, als Goethe, der auch noch anderes geschrieben hatte, seine Freunde näher kennen lernte. So war es schon beim Besuch von Madame de Staël, deren brillante Konversation ihm bald auf die Nerven ging, da er sie als höhere Ahnungslosigkeit vor der Dichtung empfand. Schiller sprach damals schlagend aus, was auch er über die pure Schöngeisterei dachte. «In allem, was wir Philosophie nennen, folglich in allen letzten und höchsten Instanzen ist man mit ihr im Streit und bleibt es, trotz alles Redens. Aber ihr Naturell und Gefühl ist besser als ihre Metaphysik, und ihr schöner Verstand erhebt sich zu einem genialischen Vermögen. Sie will alles erklären, einsehen, ausmessen, sie statuiert nichts Dunkles, Unzugängliches, und wohin sie nicht mit ihrer Fackel leuchten kann, da ist nichts für sie vorhanden. Darum hat sie eine horrible Scheu vor der Idealphilosophie, welche nach ihrer Meinung zur Mystik und zum Aberglauben führt, und das ist die Stickluft, wo sie umkommt. Für das, was wir *Poesie* nennen, ist kein Sinn in ihr, sie kann sich von solchen Werken nur das Leidenschaftliche, Rednerische und Allgemeine zueignen, aber sie wird nichts Falsches schätzen, nur das Rechte nicht immer erkennen.» Der Gegensatz zwischen Dichtung und Literatur kann nicht besser festgestellt werden als in diesen Worten. Sie erklären auch, weshalb Goethe rasch gereizt wurde, gegen Frau von Staël den «Hyperboräer» herauszukehren, für den sie ihn zu halten schien. Er meinte: «Man begeht doch eigentlich eine Sünde wider den heiligen Geist, wenn man ihr auch nur im mindesten nach dem Maul red't.»

Wie mit dieser Französin erging es ihm auf die Dauer mit der zeitgenössischen französischen Literatur. Sie machte ihm bewußt, daß er trotz allem dem «heiligen Geist» verschrieben war. An Zelter meldete er 1828: «Sodann bemerke, daß die von mir angerufene Weltliteratur auf mich wie auf den Zauberlehrling zum Ersäufen zuströmt.» Im März 1830 sagte er zum Kanzler von Müller, Frankreich habe doch eigentlich seit Voltaire, Buffon und Diderot keinen genialen Schriftsteller mehr gehabt. «Wenn die Franzosen sich mausig machen, so will ich es ihnen noch vor meinem seligen Ende recht derb und deutlich vorsagen. Ach, wenn man so lange gelebt hat wie ich und über ein halbes Jahrhundert mit so klarem Bewußtsein zurückschaut, so wird einem das Zeug alles, was geschrieben wird, recht ekelhaft.»

STERBENDER ADEL

Auch die Romantiker schrieben dem Dichter das Spielerische, Verträumte, Weltfremde zu, meinten es aber noch grundsätzlicher als Goethe. In ihren Augen war der Dichter nicht in dieser Welt, sondern im Transzendenten zu Hause, ein Außenseiter der Menschheit, wie der musische Poet ein Außenseiter der bürgerlichen Gesellschaft gewesen war. Sie nannten ihn zärtlich oder ironisch mit diesem alten Namen, wenn sie seine Unbehaustheit im Diesseits betonen wollten.

Brentanos Godwi klagt: «Bin ich doch selbst ein Gedicht, wie meine ganze Poesie. Aber ich lebe in einer Zeit, wo die schöne Form verloren ging, und so fühle ich mich geängstet und unglücklich, weil ich nicht in meiner eigentlichen Gestalt lebe.» Das bezieht sich nicht auf die Zerstörung der Adelswelt durch die Revolution, es geht auf eine innere Krisis des dichterischen Menschen. Der romantische Poet ist der heimatlos gewordene Dichter schlechthin. Er ist jener bald sentimental bemitleidete, bald humoristisch apostrophierte unzeitgemäße Kauz, dem der Nachtwächter Bonaventura in seine Dachstube hinauf zuruft: «O Freund Poet, wer jetzt leben will, der darf nicht dichten!» Ihn quält die Angst vor einer unausdenkbaren Verwüstung der Welt, die den Grafen Friedrich in Eichendorffs «Ahnung und Gegenwart» verfolgt. «Eine unbeschreibliche Sehnsucht befiel ihn da, und Angst zugleich, daß die Sonne für immer in das Meer versinken werde.» Es ist der Angsttraum vom Untergang der Dichtung, von der Überlebtheit des Dichters, des lebensuntüchtigen «Poeten». Diese Ahnung überschattet alle Gestalten, die dem romantischen Geist in der zunehmenden Entzauberung der Welt die Treue hielten und den Adel der Phantasie zu retten versuchten.

Eichendorff empfand diese Entzauberung deshalb so tief, weil er als Aristokrat geboren war. Die Revolution hatte das Schicksal des Geburtsadels besiegelt, er wurde auch in Deutschland durch die politischen Ereignisse unmittelbar getroffen. Die Lehre von der Freiheit, Gleichheit und Brüderlichkeit aller Menschen setzte ihm ebenso schwer zu wie die Kontributionen der französischen Besatzungsarmee. So war es kein Zufall, daß die romantische Gegenrevolution in hohem Maß von adeligen Autoren angeführt wurde. Novalis, Arnim, Kleist, Fouqué, Eichendorff, Chamisso, Lenau, Platen, Annette von Droste-Hülshoff fühlten sich alle als Repräsentanten der Adelstradition. Diese Dichter gaben dem romantischen Programm die antirevolutionäre, feudale Farbe, die dann auch von bürgerlichen Geistern angenommen wurde. Alle Romantiker träumten von der Wiederherstellung der Adelswelt, aber nicht der klassizistischen, sondern der mittelalterlichen. Die Poeten von adeligem Geblüt unter ihnen genossen immerhin meist noch das Privileg, daß sie in der Jugend nicht zur Ausübung eines Brotberufs gezwungen waren. Sie wählten die standesgemäße militärische Laufbahn oder lebten von den Einkünften aus ihren Gütern. Aber gerade die Größten traf auch die wirtschaftliche Krise des Standes. Sie wurden in ihrer Lebensführung, noch mehr aber in ihrem Denken zum Bruch mit den Begriffen ihrer Kaste gezwungen. Das adelige Leben diente ihnen zur Darstellung einer dichterischen Vision, die weit über die bloße Verklärung eines historischen Ideals hinausging. Deshalb wurden Kleist, die Droste von ihrer Familie nicht mit Stolz, sondern als ein Schandfleck betrachtet. Es bildete sich ein Gefälle zwischen adeliger Tradition und Vision heraus, das einige in eine seltsame Doppelexistenz, andere in den Tod trieb. Dieses Aufblühen des Adels in der Dichtung war sein Sterbelied. Es zeigte aller Welt, daß die Herrlichkeit des Rittertums unterging.

Eichendorffs Familie verarmte infolge der napoleonischen Kriege und mußte ihre Güter veräußern, darunter das Schloß Lubowitz bei Ratibor, wo der Dichter seine überglückliche Kindheit verlebt hatte. Der Zwang zum Übertritt in die Beamtenlaufbahn war der Schicksalsschlag in seinem Leben, der ihn äußerlich unglücklich, innerlich zum großen Dichter machte. Das Heimweh nach dem verwilderten «alten Garten» des Glücks, nach dem Schloß der Väter über dem Wipfelmeer der heimatlichen Wälder ist der tiefste Ton, die «Weltmusik», in seinen Gedichten. Keiner hat die Schönheit des Adelslebens mit seinen Schlössern, Jagden und Festen so populär gemacht wie dieser schlesische Freiherr, der kein Landedelmann mehr sein durfte. Seine Schwermut ist aber mehr als Trauer über diesen persönlichen Verlust, sie weist über das Gewesene ins Ewige hinaus:

Denkst du des Schlosses noch auf stiller Höh?
Das Horn lockt nächtlich dort, als obs dich riefe,
Am Abgrund grast das Reh,
Es rauscht der Wald verwirrend aus der Tiefe –
O stille, wecke nicht, es war, als schliefe
Da drunten ein unnennbar Weh ...

Kleist wurde durch die geistige Unruhe der Revolutionszeit als junger Offizier aus der militärischen Familientradition geworfen und auf die abschüssige Bahn des Schrift-stellerberufs getrieben. Es gelang ihm nicht, auf ihr festen Fuß zu fassen, und er erschoß sich in dem Augenblick, als seine kümmerliche Rente versiegte – was nicht heißt, daß er nur seinen finanziellen Schwierigkeiten zum Opfer fiel. Eines seiner letzten Schreiben war ein Bettelbrief an den Staatskanzler von Hardenberg, in dem er, ohne eine Antwort zu erhalten, um einen Vorschuß von zwanzig Louisdor ersuchte, weil ihm «bei der be-trächtlichen Unordnung, in welche, durch eben jenen Verlust des Abendblatts, meine Casse geraten ist», die Anschaffung einer Offiziersausrüstung unmöglich sei. «Die Ge-währung dieser Bitte wird mir die meinem Herzen äußerst wohltuende Beruhigung geben, daß Ew. Excellenz Brust weiter von keinem Groll gegen mich erfüllt ist; und indem ich Ew. Excellenz die Versicherung anzunehmen bitte, daß ich unmittelbar nach Beendigung des Krieges Anstalten treffen werde, Höchstdenenselben diese Ehrenschuld, unter dem Vorbehalt meiner ewigen und unauslöschlichen Dankbarkeit, wieder zuzu-stellen, ersterbe ich Ew. Excellenz untertänigster H. v. Kleist.» Hinter dieser mühsam gewahrten standesgemäßen Höflichkeit war das furchtbare Ende bereits beschlossene Sache.

Der feudale Lebensboden der Kunst war zerstört. Im neunzehnten Jahrhundert führte ein Dichter, der sich auf ihn verließ, nur noch ein Scheindasein. Er war ein ähn-liches Kuriosum wie ein Dichter im geistlichen Ornat oder ein Dichter in der Wüste. Und doch trieb die absterbende Wurzel weiterhin ihre Blüten, und es sah zeitweise so aus, als ob sie noch einmal ein Wunder hervorbringe. Denn die Auseinandersetzung mit der Aristokratie zog sich durch das ganze neue Jahrhundert, und ihr Ergebnis war in der Literatur weniger eindeutig als in der Politik. Die moderne Literatur kreist um den Gegensatz zwischen romantischer und realistischer Kunstlehre, und dieser war im Grund nur eine neue Form des alten Gegensatzes zwischen aristokratischem und volks-tümlichem Denken. Überall, wo es zu einer Reaktion gegen den aufklärerischen Fort-schrittsglauben kam, der jetzt Liberalismus hieß, war der Adel an ihr beteiligt. Aller-dings gab es auch Aristokraten, die sich – wie einst Hutten, wie die Adeligen in Goethes «Wanderjahren» – zur Versöhnung der beiden Welten berufen fühlten, und sogar sol-che, die freiwillig mit den Privilegien ihrer Herkunft brachen und zum Volk, zu den Revolutionären übergingen. Die aufregendsten Beispiele dafür lieferte England, wo Shelley wie ein räudiger Hund ausgestoßen wurde und Lord Byron seine Kaste unerhört kompromittierte. Daß Byron dem Hochadel angehörte, trug nicht wenig zu der Faszination bei, die von ihm ausging. Der Familiensitz Newstead Abbey, den er erbte,

war allerdings so verwahrlost, daß er fast unbewohnbar war und schon dem Knaben
nur das Gefühl eines unermeßlichen Verlusts einflößte. Der gesellschaftliche Niedergang seiner Familie, der ihm bei der Übernahme des Sitzes im Oberhaus klar wurde,
schürte sein Ungenügen an der Welt zur Maßlosigkeit und trieb ihn auf die Irrfahrt, die
er in den Gesängen von «Child Harold» beschrieb. Der fahrende Sänger trat hier als
Ahasver auf, und seine bald pathetische, bald zynische Empörung griff auf die Dichtung
aller Länder über. Überall mischten sich seither einzelne abtrünnige Edelleute unter
die Kämpfer für eine bessere Welt. In Österreich machte sich der Graf Auersperg unter
dem Decknamen Anastasius Grün zum Wortführer der vormärzlichen Umsturzpoeten.
In Frankreich rühmte sich George Sand, die Anführerin des literarischen Sozialismus,
vornehmer Ahnen. Sie wuchs als Erbin eines großen Vermögens, aber auch als Tochter
eines auflüpfischen Vaters auf dem Landsitz Nohant in Berry auf, als dessen Herrin sie
später die ersten französischen Bauernnovellen schrieb. Diese Linie wurde noch vom
Vicomte de Maupassant fortgesetzt, der als Abkömmling eines alten Geschlechts auf
dem Schloß Miromesnil zur Welt kam, aber die Beamtenlaufbahn einschlug und sich
als Schriftsteller zum realistischen Lager bekannte. In England vertrat sie der aus älte-
stem anglodänischem Adel stammende Swinburne, der mit seiner politischen und religiösen Freigeisterei schweren Anstoß erregte.

In England trieb aber auch die reaktionäre Weltflüchtigkeit des Aristokraten die
merkwürdigsten Blüten. Dort hatte es schon im achtzehnten Jahrhundert feudale Käuze
gegeben, die in künstlichen gotischen Burgen und Abteien hausten und sich mit dem
malerischen Trödel des Mittelalters umgaben. Walter Scott, der Stammvater des bürgerlichen Geschichtsromans, ahmte sie nach, sobald er die Mittel dazu besaß. Er gehörte
von Vater- und Mutterseite zweien der vier großen schottischen Adelsgeschlechter
an, deren Glanz längst verblichen war, und blickte mit einem kindlichen Stolz auf diesen Stammbaum. Es war für ihn der Gipfel seines Ruhms, daß er wieder in den erblichen
Adel erhoben wurde, und mit der Beharrlichkeit eines spielenden Kindes machte er sich
daran, auf seinem Gut Abbotsford am Tweed ein Stück der alten Herrlichkeit zu re-
konstruieren. Es wurde eine Sehenswürdigkeit für seine Bewunderer, sah aber in Wahrheit wie eine Theaterdekoration aus dem «Götz von Berlichingen» aus.

Auf dem Festland drängte sich seit dem Wiener Kongreß der Mittelstand in den
Vordergrund und brachte ein Denken zur Herrschaft, vor dem sich die Aristokratie in
ihrer Gesamtheit voll Verachtung zurückzog. Ihr hoher Mut schlug in Pessimismus
um, sie sah sich im Tiefsten unverstanden und verneint. Der adelige Poet trat in ganz
Europa als der Sänger eines verlorenen Paradieses auf. Er trauerte als verarmter Edelmann schöneren Zeiten nach oder wurde als Verfechter überlebter Ideale zum Don
Quijote. Oft bewährte er unter dem Druck seiner mißlichen Lage die schönsten Tugenden der vornehmen Erziehung: die innerliche Noblesse und Überlegenheit, das groß-
zügige Handeln des wahrhaft freien Herzens. So fand sich Eichendorff mit seinem
Unstern ab. Aber das Unglück ließ an den Hochgeborenen oft auch die Schattenseiten
hervortreten: sterilen Hochmut, steife Gespreiztheit, den krankhaften Dünkel des
Décadent. Diese Beleidigten spannen sich verbittert oder borniert in ihre Wunschbil-

der ein; sie ließen sich in die ehrgeizigen Machenschaften verwickeln, die das unwiederbringlich Verlorene zurückbringen sollten. In Italien wußte der Graf Manzoni, der Freund Goethes, den alten seigneuralen Stil am schönsten zu wahren. Er wurde nach dem Übertritt zum Katholizismus das Haupt der italienischen romantischen Schule und erhielt im neuen Italien die Senatorenwürde. Aber moderner wirkte wegen seines Unglücks Leopardi, Platens gräflicher Freund. Er war so arm, daß er sich von Gönnern über Wasser halten lassen mußte, und darbte auch dann noch, als es ihm endlich gelang, seine Familie zur Ausrichtung einer kleinen Rente zu bewegen. Diese Spielart des melancholisch Zerrissenen stellte in Deutschland am wirkungsvollsten Lenau dar, der einer heruntergekommenen ungarischen, ursprünglich schlesischen Adelsfamilie angehörte und von ihr nicht viel mehr als die seelische Zerrüttung seiner Eltern geerbt hatte. Sein kleines Vermögen ging in Börsenspekulationen verloren, und mit der Amerikafahrt, die ihn sanieren sollte, wurde er das Opfer eines Schwindelunternehmens, was viel zu seinem geistigen Zusammenbruch beitrug. In seinen faulenzenden Zigeunern und traurig verkommenen Indianern besang er die letzten Geschöpfe von hoher Rasse, die wie er selbst schmählich verderben mußten.

Wie sich dieses Erlöschen des adeligen Wesens in einem romantischen Poeten bürgerlichen Geblütes abspielte, zeigt Eduard Mörike. Seitdem er den orphischen Gefahren seiner Jugend entronnen war, erlebte er das große Versinken ohne dämonische Pose, in stiller Wehmut mit. In Cleversulzbach, seiner ersten und einzigen eigenen Pfarrei, begann sein innerer Jubel zu verstummen, und er ergab sich einer biedermeierlichen Idyllenpoesie, mit der er die armselige Szenerie dieses Bauerndörfchens und die zweite, verzichtende Hälfte seines Lebens verschönte. Seine Seele sang ihm jetzt nicht mehr aus den Quellen und Frühlingen seiner Heimat entgegen, er stiftete dieser Vergangenheit zierliche Denkmäler und trauerte ihr untätig nach. Er schmückte und besang das Grab von Schillers Mutter, das er auf dem Friedhof fand, wie das Grab seines Genius; er entdeckte im Kreischen seines Gartentores Mozarts Arie «Ach, nur einmal noch im Leben» und weihte die schöne Buche in seinem Garten dem Andenken Höltys. Er übersetzte auch meisterlich Theokrit und Anakreon, die Vorbilder dieser musischen Kleinkunst. In großen Abständen formte er herrliche Gebilde wie jenes Gebet um holdes Bescheiden, die Verse auf die Marmorlampe im vergessenen Lustgemach, die «Idylle vom Bodensee», die wie Goethes antikisierende Kleinwerke einzelne Dinge im warmen Goldlicht des späten Nachmittags, aber aus dem Dunkel der Melancholie aufglänzen lassen. Zuweilen vermochte er für einen Augenblick wirklich die mythische Welt Apollons zu betreten. In der «Schönen Buche» feiert er das Heiligtum des Baumes:

> *Aber ich stand und rührte mich nicht; dämonischer Stille,*
> *Unergründlicher Ruh lauschte mein innerer Sinn.*
> *Eingeschlossen mit dir in diesem sonnigen Zauber-*
> *Gürtel, o Einsamkeit, fühlt ich und dachte nur dich!*

Diese Stille des Gemüts beruhigte sich bis zum verschmitzten Humor des «Stuttgarter Hutzelmännleins» und der schalkischen poetischen Episteln. Aber das Vollendetste, was dem Schwermütigen noch gelang, war die leuchtende Trauer der Mozartnovelle und der todesnahen Verse «Erinna an Sappho».

An der französischen Romantik hatten adelige Schriftsteller einen ebenso bedeutenden Anteil wie an der deutschen. Die Aristokratie Frankreichs gab ja ihr Spiel auch im Jahrhundert der Revolutionen nicht verloren, sondern blieb in der Opposition eine Macht. Immer wieder verschafften sich hier feudale Schriftsteller von der Art Chateaubriands und Lamartines, die sich durch keine Rückschläge von ihrem verschwenderischen Lebensstil abbringen ließen, mit zwingender Sprache Gehör. Aber eine trübe Vorahnung des Endes legte sich immer schwerer auch auf sie, und aus dieser Schwermut wuchsen schönste Blüten der französischen Dichtung. Der Haß gegen das Bürgerliche als das Plebejische, der Widerspruch gegen den demokratischen Geist in der Kunst waren besonders die Seele der französischen Lyrik, die dem Modernismus des Theaters und der Romane mit dem Evangelium der reinen Form in den Weg trat. Hier hausten die in sich versunkenen romantischen Poeten, von denen jeder wie ein kostbarer Schmetterling im Blumenkelch seiner Träume ruhte, bis der kalte Wind der Zeit sein Dasein zerstörte. So verharrte Alfred de Vigny, nur innerlich angefochten, in der Gelassenheit der adeligen Kultur. Er glaubte an das soldatische Ideal, an das Seltene und Erlesene, aber er wußte, daß er vergeblich glaubte, und verbarg hinter seinem Stolz eine Melancholie, für die es keinen Trost gab. Zuletzt vergrub er sich in seinem düsteren Schloß in der Touraine und trauerte um sein verfehltes Leben. Auch Alfred de Musset war im Herzen ein Edelmann des vergangenen Jahrhunderts. Seine wollüstig-triste Selbstbespiegelung, der morbide Klang seiner Liebespoesie waren leuchtende Formen des Untergehens in der Ausschweifung, die ihn trübselig verderben ließ.

Dieses Traumprinzentum wiederholte sich bei den Parnassiens, die auch mehr als einen Blutaristokraten zu ihrem Kreis zählten. Hier wurde mit allen hohen Erinnerungen der adeligen Sängerkunst, der antiken und mittelalterlichen, der südlichen und nordischen, ein blasierter Kult getrieben und die verlorene Fahne der «poésie pure» hochgehalten. Ihrem Führer Lecomte de l'Isle sagte man nach, daß er beabsichtigt habe, für den vakanten griechischen Thron zu kandidieren. Seine berühmte Forderung der «impassibilité» wiederholte nur das alte Ideal der höfischen Gelassenheit, das auch Goethes Tasso von allen Seiten empfohlen wird. Der Graf Villers de l'Isle-Adam erhielt als katholischer bretonischer Edelmann das romantische Erbe am unerbittlichsten wach; er fand erst am Ende seines Lebens in den Symbolisten die Gefährten, mit denen er sich verstehen konnte. Der Graf Gobineau faßte die Eindrücke seiner Diplomatenlaufbahn in seinem «Essai zur l'inégalité des races humaines» zusammen, mit dem er ein Wegbereiter der antisemitischen Rassentheorie wurde.

In der modernen Welt wirkt alles, was dazu dienen soll, den Glanz des Absolutismus zu erhalten, als überlebtes Requisit: die Akademien, Hofdichterämter und Zeremonien, die Titel und Orden als Auszeichnung für literarische Verdienste, und eben auch das verbriefte Adelsprädikat des Dichters oder gar der höfische Kunstbegriff. Die bürgerliche Menschheit betrachtet sie mit Argwohn und Spott, sie haben in ihren Augen mit der dichterischen Leistung nichts zu schaffen und werden nur gesellschaftlich oder geschäftlich ernst genommen. Wie Frankreich hielt aber auch das demokratische England an solchen Überbleibseln fest. Die Hofcharge des amtlich bestallten poeta laureatus wurde dort meisterhaft dazu benützt, Schriftsteller mit jakobinischen Gelüsten zur Staatsfrömmigkeit zu bekehren. Einem von diesen, dem Vielschreiber Southey, der aus einem Barden des Umsturzes zum bigotten Sänger Albions geworden war, hat Byron seinen «Don Juan» gewidmet und in der Zueignung höhnisch die Maske des Apostaten abgerissen. Keats schrieb einem Freund: «Hätte ich die Wahl, ich würde eine petrarkische Dichterkrönung ablehnen – wegen meiner Sterbestunde, und weil Frauen an Krebs leiden.» Aber auch der einstige Revolutionär Wordsworth verschmähte die Erhebung zum offiziellen Hofdichter nicht. Nach ihm rückte Tennyson, der mit seiner glatten Formvollendung für den Posten wie geschaffen war, in diese Sinekure ein und entwickelte sich in ihr zum Sprecher des englischen Imperialismus, zum eigentlichen Repräsentanten der viktorianischen Literatur. Der erfolgreichste Vertreter des literarischen Torytums war Lord Disraeli, dem die Schriftstellerei das Mittel war, um zur Macht zu gelangen. Er erreichte das Ziel seines Ehrgeizes, die Ministerpräsidentschaft, und wurde ein Klassiker des englischen Weltherrschaftsgedankens.

Auch in der deutschen Literatur kam es zu Reaktionen gegen den bürgerlichen Geist. Da aber schon das Weimar Goethes nicht die deutsche Hauptstadt gewesen war, konnten diese Nachahmungen keinen solchen Glanz entfalten. Die prächtigste höfische Sezession, die «Münchner Klassik», wirkt nur wie ein Satyrspiel auf die Klassik Weimars. Maximilian II. von Bayern, der den süddeutschen Musenhof organisierte, setzte die Träume seines Vaters fort, indem er den Plan des Maximilianeums verwirklichte, einer hohen Schule für die staatsmännische Ausbildung der begabtesten Jugend. Das Preisausschreiben sollte zugleich den gesuchten neuen Baustil, die monumentale Verschmelzung deutscher und klassischer Tradition, ergeben, und natürlich fehlte es nicht an solchen, die ihn vor sich zu haben glaubten, als das Werk gebaut war. Im «Sonnenschein fast unbegrenzter Hoffnungen», wie sich der Historiker Sybel ausdrückte, versammelten sich die von überallher berufenen Gelehrten an der Münchner Universität, um mit Unterstützung der königlichen Privatschatulle, die das alles finanzierte, das neue goldene Zeitalter heraufführen zu helfen. Wieder stand, wie einst beim kaiserlichen «letzten Ritter», ein politischer Plan im Hintergrund: die Absicht, den Föderalismus der deutschen Kleinstaaten zu einem Gegengewicht gegen Preußen aufzubauen, das nach der Kaiserkrone strebte.

Diesem Ziel sollten sich auch die Dichter weihen, die den Münchner Parnaß in Besitz nahmen. Ihr Haupt war Emanuel Geibel, der mit großer Macht versehen wurde und auch bei der Verleihung des neu gestifteten Maximiliansordens maßgebend war. Der Kreis der Auserwählten kam, nach platonischem Vorbild, in einem fürstlichen Rokokozimmer der Residenz zu den wöchentlichen «Symposien» zusammen, zu denen der König einlud. Von Geibel wurde erwartet, daß er die rein erkannten Gesetze der Schönheit wieder zur Geltung bringe und von Bayern aus auch eine neue idealistische Literatur begründe. Der feudale Nimbus des Kreises und das Reklametalent seines Präsidenten, der als Bonze die ganze Versammlung tyrannisierte, vermochten eine

Zeitlang ein Licht zu verbreiten, das weitherum Eindruck machte. Die Lieblingsgestalt der Münchner war der adelige Sänger, der unverstanden, in stolzer Hoffnungslosigkeit die Banalität eines gemeinen Zeitalters über sich ergehen läßt. Sie schufen eine ganze Phraseologie des Verkanntseins, die besonders in den Balladen Geibels, Leutholds, Linggs, des Grafen von Schack, auch Spittelers populär wurde. Ihr Glaube an die zeitlose Erhabenheit der Poesie war aber nur noch Pose, ihre Überlegenheit Einbildung. Denn was von diesen Halbgöttern an marmorner Form gedichtet und als Goldschnittlyrik mit dem Schimmer luxuriöser Vollendung verbreitet wurde, stellte sich als der tiefe Fall in eine falsche Größe und Feierlichkeit heraus. Der goldene Überzug ist längst davon abgebröckelt, der kalte Gips darunter sichtbar geworden. Die neue Blütezeit nahm auch kurz vor Bismarcks Triumph über Bayern ein jähes Ende. Die Mitglieder des Symposions waren fast lauter «Ausländer», nämlich Nichtbayern, dazu Protestanten, Liberale und Anhänger Preußens, die den politischen Hintergedanken des Königs ahnungslos ignorieren zu können glaubten. Geibel selbst verachtete die Stadt München, über deren Bierdunst er auf seinem Seidenpolster thronte. Ein allpreußisches Gedicht von seiner Hand veranlaßte 1868 seine sofortige Entlassung und die Sistierung seines Gehalts, worauf auch viele andere dem Musensitz erbost den Rücken kehrten.

Maximilians Nachfolger, Ludwig II., hing ähnlich hohen Träumen nach, aber er betete zu andern Göttern. Er ließ 1864 Richard Wagner nach München kommen und schloß mit ihm jenes hehre Bündnis des Königs mit dem Sänger, in dem, wie viele noch heute glauben, abermals eine nie dagewesene Höhe der Kultur erstiegen wurde. Aber das phantastische Schauspiel dauerte nur anderthalb Jahre, bis zu dem Moment, wo der götterschöne Königsknabe in einer schwachen Stunde vor den Ohrenbläsern kapitulierte und Wagner die Stadt seines ersten Triumphs bei Nacht und Nebel verlassen mußte.

Als um die Jahrhundertwende eine «Neuromantik» der naturalistischen Schmutz- und Rußliteratur entgegentrat, waren es wieder Aristokraten, die dieser Reaktion den Glanz verliehen. Die kriegerischen Allüren d'Annunzios, des «Fürsten von Montenevoso», hatten allerdings einen ebenso stechenden haut goût wie die Kloakenpoesie gewisser Naturalisten. Aber in Hugo von Hofmannsthal erschien edelmännischer Geist noch einmal in bestrickender Gestalt. Als literarisches Wunderkind stand auch er der Dekadenz gefährlich nahe. Seine Jugendlyrik schwelgte in der Zauberei der Klänge und Gesichte («Ein Traum von großer Magie»). Sein vom Leben ausgeschlossener Edelmann Claudio in «Der Tor und der Tod» strahlte dieselbe berückende Schwermut aus wie Rilkes Cornet, sein Requiem für Arnold Böcklin «Der Tod des Tizian» war ein berauschendes Konzert von Worten und Farben. Im «Bergwerk von Falun» versuchte er das Äußerste, den Eintritt in die echte Transzendenz. Aber an dieses Tor klopfte er vergebens. Er stieß an seine Grenze, in einer Krisis, die ihn sein Künstlertum zu kosten schien und für lange zum Verstummen brachte. Als Mann, der die Träume seiner Jugend überlebte, vermochte er seine Not zu einer Tugend zu machen. Er erkannte seinen Beruf in der Repräsentation der großen Vergangenheit und gab dem Schönheitskult des Ästheten die Weihe eines Glaubens. Keiner kannte sich wie er in den Schatzkam-

mern des alten Europa aus. Keiner verstand es wie er, den Duft jener Zeiten heraufzu-
zaubern, ihre Menschen und Dinge noch einmal für eine Stunde lebendig zu machen,
weil er selbst ein Überlebender war. Im eleganten Reichtum seiner Sprache, in der
schimmernden Anmut und Üppigkeit seiner Theaterspiele lebt die Grazie Metastasios,
des letzten Wiener Hofpoeten.

Auch Hofmannsthal war Epigone, arm an Ideen, aber von einem seltenen Sinn für das
Dekorative. Seine Dichtwerke sind lauter «Wiederholungen» hoher Vorlagen, sein
Bestes gab er in den Reden und Aufsätzen über die großen Gestalten der Weltliteratur.
Dichtung und Literatur verbünden sich in diesem Spätling noch einmal schöpferisch.
Sein Grundton ist die Trauer über den Untergang der Schönheit, sie macht den Adel
seiner erlesenen Sprache aus. Als Poet der hohen Erinnerungen verstand er es wie wenige, das Gefühl für vornehme Haltung und für die Schönheit der Form lebendig zu
halten. Seine Herkunft aus der Romantik verrät sich darin, daß ihm, wenn er von Kunst
spricht, sogleich das Wort «magisch» in die Feder fließt. In seinem Vortrag «Der Dichter und diese Zeit» weist er auf die immer noch wirksame «stumme Magie» der Dichter
hin, dieser «einsamen Seelen», und auf das «höchst zweideutige, entschlüpfende, gefährliche, magische Element» der Bücher. Aber der Abstand des Schönheitsdichters
von den mythischen Urbildern wird sichtbar, wenn er im Hinblick auf die Gegenwart
erklärt: «Der Dichter und der, für den Gedichtetes da ist, sie gleichen beide nicht mehr
denselben Figuren aus irgendwelcher vergangenen Epoche. Ich will nicht sagen, wie
weit sie mehr dem Priester und dem Gläubigen zu gleichen scheinen oder dem Geliebten und dem Liebenden nach dem Sinne Platons oder dem Zauberer und dem Bezauberten. Denn diese Vergleiche verdecken soviel als sie enthüllen von einem unfaßlichen
Verhältnis, in dem die so verschiedenen Magien aller dieser Verhältnisse sich mischen
mit noch anderen namenlosen Elementen, die dem heutigen Tag allein gehören.»

Die Armut

Hinter den Mauern der Städte wuchs seit dem Mittelalter die Macht des Bürgertums heran, dem die Zukunft gehörte. Sein Werk waren der Humanismus und die Reformation, diese Pfeiler der neuzeitlichen Kultur, aber auch die neue moralische und wirtschaftliche Ordnung, auf denen diese Kultur beruhte. Hier fanden die Künste ganz neue Bedingungen vor, von denen die Dichtung tief betroffen wurde.

In den Städten wohnen die Handwerker, Kaufleute und Beamten, die den Kern der bürgerlichen Gesellschaft, des Volkes, bilden. Da sie hinter ihren Mauern wie eine große Familie leben, ist die Gemeinschaft ihr höchster Begriff. Die stolze Erinnerung an die Vergangenheit der Stadt und die gemeinsamen Erlebnisse in der Gegenwart erzeugen das Bewußtsein der Zusammengehörigkeit. Die Städtebewohner leben und weben in der Verwaltung ihres Gemeinwesens, in Handel und Verkehr, Erwerb und Genuß, in beruflicher Tüchtigkeit und materiellem Gedeihen. Sie denken nüchtern und realistisch, tatkräftig und optimistisch; ihre größte Ehrfurcht gilt den Wissenschaften, die sich der Erforschung der sichtbaren Wirklichkeit widmen. Das sind die Quellen ihres politischen und wirtschaftlichen Wohlergehens, des technischen Fortschritts, des Patriotismus und des durch Generationen angehäuften Besitzes. Dieselben Eigenschaften, die schon die Städte des Altertums zur Blüte brachten, sprechen aus der Kraft und Lebenslust der spätmittelalterlichen Stadtrepubliken. Ihr geistiges Klima bildete sich aus heiterer Lebensfreude, sinnlichem Wohlgefallen am Nächstliegenden, Freude am ererbten und erworbenen Reichtum, herzlichem Wohlwollen gegen den Nachbarn. Nie fühlte sich der Mensch auf Erden so wohl wie im Schutz und Schirm dieser reich geschmückten Siedelungen. Man lese die Selbstbiographie des Augsburger Bürgers Burkard Zink, der, statt seine Kindheit zu schildern, die Stadtereignisse seiner Jugendjahre aus einer älteren Chronik abschreibt, oder den «Lobspruch der Stadt Nürnberg», in dem Hans Sachs die Sehenswürdigkeiten seiner geliebten Vaterstadt wie aus einer Spielzeugschachtel aufbaut:

> *Schau durch die Gassen überall,*
> *Wie ordentlich sie sein gesundert;*
> *Der sein achtundzwanzig fünfhundert,*
> *Gepflastert durchaus, wohl besunnen,*
> *Mit hundertsechszehen Schöpfbrunnen,*
> *Weliche stehn auf der Gemein,*
> *Und darzu zwölf Rohrbrunnen fein.*
> *Vier Schlagglocken und drei klein Uhr,*
> *Zwei Türlein und sechs große Tor*

Hat die Stadt und elf steinen Brucken,
Gehauen von großen Werkstucken –

Das schönste geistige Gut, das in dieser Geborgenheit gedeiht, ist die freie Menschlichkeit. Sie macht – gegenüber dem Stolz des Adels, der Feierlichkeit der Priester, dem Fanatismus der Seher, dem unheimlichen Treiben der Magier – den Ruhm des bürgerlichen Menschen aus. Es ist seine Stärke, daß er die Dinge der Wirklichkeit aufmerksam betrachtet, helläugig ihren Wert abschätzt und erfahren ihren Nutzen prüft. Den Maßstab ihres Nutzens gewinnt er aus seinen Bedürfnissen, die in erster Linie materieller Natur sind. Der Nerv der bürgerlichen Kultur ist das Geld. Sie wurde von den Kaufleuten geschaffen, die im Spätmittelalter als ein neuer Adel auftraten; ihre Träger waren die reichen Beamten und Handwerker, die ihnen die Handelsgüter abkauften und sich in behaglichem Luxus sonnten. Als das städtische Patriziat die Pflege der Kunst übernahm, wurden die Bürgertugenden und das Geld auch für den Künstler ausschlaggebend. Das brachte ihn in eine ganz neue Lage. Adel der Geburt ließ sich durch geistigen Adel aufwiegen und Frömmigkeit vortäuschen, wenn sie von den kirchlichen Auftraggebern verlangt wurde. Die Tugenden der Geborgenheit und besonders das Geld aber besaß man oder besaß man nicht.

In den großen Zeiten der Dichtung war der Geist nicht dem Geld untertan. In Athen sollen die zum Tragödienwettbewerb zugelassenen Dichter ursprünglich einen Bock, das Opfertier des Dionysos, als Ehrengabe erhalten haben. Hesiod trug als Preis im Sängerwettstreit einen Dreifuß davon, den er den Musen weihte. Die Propheten der Juden lebten als Asketen, Jahwe ernährte sie wunderbar, wie den Elias durch die Raben. Gelegentlich erfährt man, daß er ihnen befahl, während der Ausführung einer Botschaft nichts zu essen und zu trinken und nicht auf demselben Weg heimzukehren – so vollständig waren sie der profanen Lebensweise entrückt. Zur Askese gehörte, daß der Seher für seinen Spruch keinen Lohn entgegennahm. Belohnung mit Geld war undenkbar, wo Gott durch einen Menschen sprach; nur ein Geschenk durfte dieser Außerordentliche empfangen, ein Zeichen der Dankbarkeit. Von Geschenken haben die Seher zu allen Zeiten gelebt und sich dabei nicht schlecht befunden[1]. Die Gaben bestanden hauptsächlich aus Speisen und Kleidern und wurden aus überwallendem Herzen gegeben. Die falschen Propheten wußten diesen Brauch auszunützen, indem sie scheinbar verzichteten, um desto größeren Gewinn einzustreichen. Die echten aber konnten so unerbittlich sein, daß sie auch Geschenke von sich wiesen. So der Prophet Elisa gegenüber dem reichen Syrer Naeman, der mit zehn Talenten Silber, sechstausend Lot Gold und zehn Festkleidern zu ihm kam und vom Aussatz geheilt wurde. Als Elisas Diener dem Fremdling nachlief und ihm mit List doch etwas von den Schätzen abnahm, hängte der Meister zur Strafe ihm den Aussatz an.

Es ist aber ein großartiger Zug, daß sich die biblischen Propheten trotz dieser Entsagung durch ein brennendes soziales Empfinden auszeichnen. Hat ihnen die Enthalt-

---

[1] Noch Schiller war der Meinung: «Die Poeten sollten immer nur durch Geschenke belohnt, nicht besoldet werden; es ist eine Verwandtschaft zwischen den glücklichen Gedanken und den Gaben des Glücks, beide fallen vom Himmel» (an Goethe 12. Juli 1799).

samkeit die Augen für die Not der Armen geöffnet? Sie reden mit beispielloser Uner-
schrockenheit und Leidenschaft gegen die Reichen. Schon Amos verbindet seine Verkündigung des Gerichts mit schärfster sozialer Polemik, er geißelt die Betrügereien der
Kaufleute, die Verdrehung und Unterdrückung des Rechts. Auch Jesaia ergeht sich in
diesen revolutionären Anklagen. «Wehe denen, die Haus an Haus reihen und Acker an
Acker rücken, bis kein Platz mehr ist und ihr allein Besitzer seid mitten im Lande! Denn
vernehmen ließ sich in meinen Ohren der Herr der Heerscharen: Fürwahr, viele Häuser
sollen öde werden, große und schöne, daß niemand darin wohne; denn zehn Juchart
Reben werden einen Eimer bringen, und ein Malter Same einen Scheffel.» Die Klage
über die irdische Not wird hier noch Gott in den Mund gelegt. Das Unrecht der Reichen reizt seinen Zorn und ist ein Hauptgrund für die beschlossene Vernichtung. Gott
ist der einzige Hort der Schwachen in einer bösen Zeit, wo die Klugen schweigen. Da
Gott aber durch den Propheten spricht, erscheint dieser als der Wortführer der Unterdrückten. Diese gefährliche Unklugheit gehört zum echten Gottesknecht. Nie war
einer von ihnen groß, der nicht den Mut zu ihr besaß.

Die Priester hielten es wie die falschen Propheten: sie benützten die Askese als Hebel
zur Gewinnung irdischer Güter. Seit dem Hochmittelalter verweltlichte auch die
christliche Kirche; das war der Grund ihres Verfalls und der Anlaß zur Gründung der
Bettelorden, die zum Ideal der geistlichen Armut zurückkehrten. Es hatte in den Klöstern immer am reinsten gelebt, die Armut gehörte zu den mönchischen Gelübden.
Franz von Assisi vermählte sich mit ihr – so heilig war sie ihm. Die Dichter, Künstler
und Gelehrten in der Mönchskutte, von denen die Kultur des Mittelalters getragen
wurde, lebten alle als heilige Bettler. Die geistliche Weihe nahm ihrer persönlichen
Besitzlosigkeit das Drückende und machte sie zum Antrieb großartiger Leistungen.
Diese geniale Lösung der sozialen Frage ermöglichte Gestalten wie Urbano Valeriano,
den sein Neffe Pierio am Schluß des Traktats «De infelicitate litteratorum» als das Urbild eines glücklichen Gelehrten schildert. Er lebte als Lehrer des Griechischen in Venedig, bereiste Griechenland und den Orient und durchwanderte auch später als Bettel-
mönch in Sandalen noch manches Land, ohne je ein Tier zu besteigen oder einen Heller
zu besitzen, ohne auch jemals krank zu sein. Die klösterliche Entbehrung war ihm zur
zweiten Natur geworden, er lebte zufrieden, weil er bedürfnislos war, und wies alle
Ehren und Beförderungen zurück. Seine Schüler liebten ihn als einen pythagoräischen
Weisen, und er starb lächelnd nach einem langen, heitern Alter.

Die Humanisten kannten dieses Mönchsideal noch. Ihr Glück des ungestörten Stu-
diums in der Bücherzelle war im Grund die ins Weltliche übertragene klösterliche Lebensform. Die schönsten Szenen des Humanistenlebens muten wie ein Stück säkularisierten Mönchstums an, einer vita paupera et contemplativa außerhalb der Klausur,
aber fernab vom Weltgetriebe, wie Dürers «Hieronymus im Gehäus» sie darstellt. Bei
vielen Humanisten war dieser Zusammenhang noch sichtbar gewahrt. Petrarca war
wirklich noch Priester; er nahm die Tonsur, um den ihm vom Vater aufgezwungenen
verhaßten Juristenberuf aufgeben zu können – das war auch für ihn noch der einzige
Weg zur Unabhängigkeit. Ariost lebte in heimlicher Ehe, um seine geistlichen Pfründen

nicht zu verlieren. Erasmus von Rotterdam begann seine Laufbahn als Mönch, empfing die Priesterweihe und lebte in seinem Basler Refugium von den Einkünften einer geistlichen Sinekure, einer Domherrenpfründe in Deventer. Die Reformation machte dieser Beschaulichkeit ein Ende. Luther brach mit dem mönchischen Leben und ersetzte es durch das Ideal des treu geübten bürgerlichen Berufs. Seine öffentliche Anprangerung des Mönchslebens und die Einziehung der Kirchengüter zu weltlichen Zwecken waren die Sturmzeichen, die verrieten, daß sich auch der Dichter ein neues Auskommen suchen mußte.

Das tägliche Brot muß sich in der bürgerlichen Welt jeder durch Arbeit verdienen. Darüber, was Arbeit ist, kann sich jedoch der Bürger mit dem Künstler schwer verständigen. Zwar kommt im Leben fast jedes Mannes, auch des ungebundenen, der Augenblick, wo er die Schönheit der Berufspflicht einsieht. Der reife Mensch will nicht mehr Freiheit um jeden Preis, er sucht klare Abgrenzung, Beschränkung in einer geschlossenen Form. Darum haben auch große bürgerliche Dichter das Lob der Arbeit gesungen. Die Erziehungsromane der Neuzeit lieben es seit Goethes «Wilhelm Meister» sogar, ihre Helden im Verzicht auf den Künstlertraum, in der Hingabe an einen nützlichen Beruf das Glück finden zu lassen. Aber diese Gleichnisse wurden in eine Allerweltsweisheit umgesetzt, die ihren Sinn ins Gegenteil verkehrte. Der Lobgesang des Dichters auf die Seßhaftigkeit gilt für ihn selbst nur mit Vorbehalt. Der Brotberuf ist ihm bestenfalls das Gegengewicht zu seinen schöpferischen Erregungen, ein Mittel zur geistigen Erholung und Verjüngung. Als Künstler wie als Berufsmensch arbeitet er anders als die Handwerker und Kaufleute, die nur meßbare Leistungen mit unmittelbar sichtbaren Ergebnissen anerkennen. Sein Tun erscheint ihnen als Müßiggang, Spielerei oder Wahnsinn. So arbeiten, wie das Genie arbeitet, wenn es sich vergessen will, kann kein Geldverdiener, aber diese Raserei ist im Grund ebenso unbürgerlich wie das Nichtstun. Hinter ihr steht ein Wille zur Erlösung aus der Unruhe des geistigen Schaffens, der plötzlich in ein anderes Extrem umschlagen kann. Wenn die Zeit gekommen ist, wird die Bürde oft ebenso fanatisch wieder abgeworfen. Ist der Dichter aber gezwungen, dauernd den fleißigen Mitbürger zu spielen, so weiß er sich durch Hintertüren schadlos zu halten, sei es auch nur durch die Faulenzerei, deren Lob er ebenso häufig gesungen hat wie das der treuen Pflichterfüllung. Faulenzend flieht er, wie Eichendorffs Taugenichts, aus dem Werktag der Arbeit in den ewigen Sonntag der Phantasie. Hebel, Mörike und Gottfried Keller, diese Urbilder des Dichters im Bürgerrock, waren Meister des liederlichen Sichdrückens. Hebel hat sich über den nordischen «Unfug der Arbeit» lustig gemacht und das messianische Reich als das Gegenteil dieses Arbeitseifers erklärt. «Was den Jesaias betrifft, so behaupte ich nur so viel, daß wer ihn vom vierzigsten Kapitel an lesen kann und nie die Anwandlung des Wunsches fühlt, ein Jude zu sein, sei es auch mit der Einquartierung alles europäischen Ungeziefers, ein Betteljude, der versteht ihn nicht, und so lange der Mond noch an einen Israeliten scheint, der diese Kapitel liest, so lange stirbt auch der Glaube an den Messias nicht aus.»

Shakespeare war noch in der Welt des Adels zu Hause. Er sah im Bürgertum nur den Pöbel, das Handwerkervolk mit schmutzigem Schurzfell und trübem Hauch, widrig

von ekler Speise, und lästert gleich am Beginn des kapitalistischen Zeitalters das Gold
als den Götzen dieses Pöbels. Timon von Athen verhöhnt es als den Dämon, der die
Welt regiert:

Oh, welch ein Gott
Ist Gold, daß man ihm dient im schlechtern Tempel,
Als wo das Schwein haust! Du bists, der das Schiff
Auftakelt und den Schaum des Meers durchpflügt;
Machst, daß dem Knecht mit Ehrfurcht wird gehuldigt.
Anbetung dir! Den Heiligen zum Lohne,
Die dir allein gedient, die Pest als Krone!

Timon verliert seinen Reichtum leichtgläubig durch gute Freunde, die ihn nach dem
Bankrott im Stich lassen, beschimpft diese Brut in rasendem Haß und zieht sich von den
Menschen in die Wälder zurück. Dort findet er vergrabenes Gold, das er zur Vernich-
tung Athens zu verwenden beschließt:

Ja, dieser rote Sklave löst und bindet
Geweihte Bande, segnet den Verfluchten.
Er macht den Aussatz lieblich, ehrt den Dieb
Und gibt ihm Rang, gebeugtes Knie und Einfluß
Im Rat der Senatoren; dieser führt
Der überjährgen Witwe Freier zu;
Sie, von Spital und Wunden giftig eiternd,
Mit Ekel fortgeschickt, verjüngt balsamisch
Zu Maienjugend dies. Verdammt Metall,
Gemeine Hure du der Menschen, die
Die Völker tört. Komm, sei das, was du bist.

Wenn die Bürger den Dichter anerkannten, wollten sie von ihm das Gold nicht so
verflucht sehen. Wie die Fürsten erwarteten sie von ihm die Verherrlichung ihrer Tugenden und Ideale, vor allem ihres redlich erworbenen Wohlstands und ihrer Freude an
ihm. Sie betrachteten auch die Kunst mit nüchternen Augen. Sie verlangten von ihr
einen vernünftigen Zweck, die Ausschmückung des arbeitsfrohen Werktagslebens und
den Dienst am öffentlichen Wohl. Auch am Kunstwerk erfreute sie in erster Linie das
Handwerkliche, Nützliche und Patriotische; sie bevorzugten die imponierende Durch-
schnittsleistung, nicht das Außergewöhnliche. In den Schlössern und Kirchen war das
oft nicht anders, aber dort war es das Zeichen schlechten Geschmacks, in den Bürger-
häusern die Regel. Die städtische Kunst arbeitete im Dienst des Familienstolzes und
des Lokalpatriotismus, sie verzierte die Geräte der Wohnstuben, der Ämter, der Zünf-
te, die militärischen Waffen und verschönerte die festlichen Anlässe des Gemeinwesens.
Wo sie das tat, konnte das beste Einvernehmen zwischen Künstler und Bürgerschaft
entstehen. Die gotischen Wohnzimmer und Rathäuser, die Bildnisse und leckeren Still-
leben der niederländischen Malerei, die Bücher des Rokoko und des Biedermeier spiegeln diese Harmonie. Sie alle entzücken durch die Feinheit des Details, durch den idyl-

lischen Zug, durch die Meisterschaft im Kleinen. Sie können auf die Dauer Überdruß erregen, weil sie eine allzu genießerische Selbstzufriedenheit ausstrahlen, jene philiströse Beschränktheit, die auch aus den ewigen Kleinkriegen der Städte untereinander spricht. Diese köstlichen Dinge wurden als Besitztümer einer stolzen, satten Gesellschaft erzeugt; sie kennen kein geistiges Wagnis, nur die Werkstattroutine. Der Sinn für die großen Formprobleme, für das wahrhaft Schöpferische geht ihnen ab. Als Produkte eines kultivierten Geschmacks sind sie mehr kulturgeschichtliche als geistesgeschichtliche Dokumente. Dicht neben den mit Aufträgen überhäuften Kunsthandwerkern, die sie herstellten, erfuhr das Genie die schmählichste Verkennung. Rembrandt endete im Armenhaus, Schubert ging im singenden Wien zugrunde. Wo für die Mehrheit am besten gesorgt ist, geht es dem Außerordentlichen nicht gut.

Es entstand ein Typus des Dichters, der in den Forderungen des bürgerlichen Standes aufging und seine Eigenschaften freudig verkörperte: das soziale Gefühl, das Glück des Daheimseins auf beschränktem Raum, die berechnende Klugheit und Nüchternheit, das heitere Vertrauen auf die Welt. Er schuf den Mythus dieser städtischen Lebensform, bestätigte dem Bürgertum die Schönheit seines Daseins und machte gläubig seinen Fortschritt mit. Er redete dem Realismus das Wort, machte sich um die Moral seiner Mitbürger verdient und wurde selbst zum Repräsentanten bürgerlichen Wesens. Als Sänger dieser Welt konnte auch er Größe gewinnen, in neuartig prosaischem Stil. Schon die Meistersänger betrachteten sich als Nachfolger der mittelalterlichen dichtenden Ritter, wie die Handelsherren der Renaissance sich als Nachfolger der kriegerischen Eroberer fühlten. Der Gedanke eines neuen Sängertums durchzieht die ganze bürgerliche Literatur der Neuzeit, die aus sozialem und realistischem Denken geboren ist. Sie schuf die gesellige und politische Lyrik, das vaterländische Drama und den Gesellschaftsroman, die dichterische Prosa. Ihre originellste Leistung war der soziale Roman. In dieser Bürgerdichtung redete das Genie die Alltagssprache, adelte oder heiligte oder verzauberte sie. Es sprach nicht mehr von Göttern, Helden oder Dämonen, sondern von Menschen und Dingen, die es in Reichweite umstanden, weil es jetzt kein Jenseits, keine Wunder mehr gab. Aus dieser Säkularisation stammt alle große Dichtung bürgerlichen Geistes, ihre ungeheure Bereicherung an Weltkenntnis und gegenständlicher Treue, menschlicher Wärme und innerer Wahrhaftigkeit.

Aber für die höchsten Aufgaben der Dichtung gab es in dieser Umgebung kein unmittelbares Verständnis mehr. Das realistische Denken, die Stärke des Bürgertums, war auch die Grenze seiner Kunstfreudigkeit. Es hatte kein Bedürfnis nach visionärer Entrückung in kultischen Spielen, die gewohnheitsmäßige Kirchenfrömmigkeit genügte ihm vollauf. Noch ferner lag ihm die magische Reinigung der Seele im ekstatischen Gesang, weil es nicht mit den Elementen zusammenlebte. Nur die Heldenverehrung wurde noch erwartet, aber nicht die des alle überragenden Heros, sondern die Verherrlichung des Volkes und seiner gemeinsamen Kriegstaten. Selbst die Kathedrale der Vaterstadt war dem Bürger ja vor allem das Wahrzeichen seiner Geborgenheit in der lokalen Überlieferung, er wollte in ihrem Schatten neben den Vorfahren begraben sein. An diesen Mythus der Heimat knüpfte die bürgerliche Sängerdichtung an, er war das Neue, das sie brachte. Aber er bedeutete auch einen schwerwiegenden Verzicht. Es erregte nur Kopfschütteln oder Gelächter, wenn ein Genie sich an die ursprüngliche Weihe des Wortes erinnerte und mit ihr Ernst machte. Der Dichterberuf durfte kein grundsätzliches Anderssein mehr bedeuten. Man sah in ihm je nachdem ein glückbringendes oder nachteiliges Talent, für das der Einzelne die volle Verantwortung trug[1]. Auf keinen Fall konnte der Dichter daraus den Anspruch auf eine Sonderexistenz ableiten, es gab für ihn keine Einheit von Beruf und Berufung mehr. Dichtersein war kein heiliges Amt, nicht einmal ein anerkanntes Gewerbe, nur ein Zeitvertreib neben dem Gelderwerb. Das Mißtrauen gegen die Phantasie blickte aus hundert Augen lähmend auf den Begabten. Solange er seine Begeisterung zügelte, seinen Rausch verheimlichte, seine Inspiration unterdrückte, ließ man ihn gutmütig gewähren. Als Kind dieser Umgebung sah er selbst seine Aufgabe nüchtern an, der Trieb nach Sicherheit und Beifall arbeitete in ihm der Sehnsucht nach Adel, Reinheit und Tiefe entgegen. Er fügte sich den Ansichten und Aufträgen seiner Mitbürger, spielte den nützlichen Berufsmenschen und leistete, was man von ihm verlangte. Die Errungenschaften einer rationalistischen Wissenschaft trugen täglich dazu bei, sein Selbstbewußtsein zu dämpfen, ihn unsicher zu machen und seine Geltung zu vermindern[2].

Dieses Verhältnis konnte sich unversehens ändern, wenn der Dichter nicht bei der Verklärung des Vorhandenen stehen blieb. Im großen Talent schlummerten der kosmische Schauder, die mystische Erschütterung, die enthusiastische Trunkenheit als große Erinnerungen, und je besser es sich selbst verstand, desto nachdenklicher horchte es auf sie. Es ließ sich von ihnen ergreifen, und wenn es seiner sicher war, durchbrach es den dürftigen Rahmen und folgte seinem Stern. Dann wurde es als Ausnahme erkannt, das Mißtrauen der Umgebung schlug in Feindschaft um. Aber mancher Große wich dieser Entscheidung aus, weil der schlichte Bürgerrock in seinen Augen die einzige noch legitime Tracht des Dichters war. Er wahrte nach außen das Gesicht, litt grausam am Mißverhältnis zwischen seinem innern Rang und seiner äußern Lage und bewies sein Anderssein nur damit, daß er es gesellschaftlich auf keinen grünen Zweig brachte. Der bürgerliche Geist ist untragisch, unter seiner Herrschaft verkümmern nicht nur die hohen Gattungen der Dichtung, sondern auch die hohen Formen des Dichterlebens. Aus der tragischen Dichtung wird die Dichtertragik, jene bedrückende Abwandlung des Tragischen in der städtischen Atmosphäre, die Platon klassisch formulierte, indem er in seinem Musterstaat die Dichter als «heilige und wunderbare und anmutige Män-

---

[1] «Den heimlichen Einfluß des Himmels fühlen und durch ein Gestirn in der Geburt zum Poeten gemacht worden sein, das heißt außer der gebundenen Schreibart nichts anders, als ein gutes und zum Nachahmen geschicktes Naturell bekommen haben» (Gottsched, Critische Dichtkunst 1730, erster Teil, zweites Hauptstück).

[2] «Der Nutzen ist das große Idol der Zeit, dem alle Kräfte fronen und alle Talente huldigen sollen. Auf dieser groben Waage hat das geistige Verdienst der Kunst kein Gewicht, und, aller Aufmunterung beraubt, verschwindet sie von dem lärmenden Markt des Jahrhunderts. Selbst der philosophische Unternehmungsgeist entreißt der Einbildungskraft eine Provinz nach der andern, und die Grenzen der Kunst verengen sich, je mehr die Wissenschaft ihre Schranken erweitert» (Schiller im zweiten der «Briefe über die ästhetische Erziehung des Menschen»).

ner» geziemend ehren, aber dann höflich über die Grenze geleiten ließ. So ehrerbietig und eindeutig spielte sich die Trennung in der Neuzeit selten ab. Die genialen Bürger erlebten ihre Unerwünschtheit in anderer Form: als trauriges Erlöschen, als ohnmächtiges Verbluten, als Scheitern aus eigener Schwäche, als verspäteten Versuch, der Gefangenschaft zu entrinnen.

BÜRGERLICHES DICHTERTUM

Die neuzeitliche bürgerliche Dichtung beginnt mit Dantes Verstoßung aus Florenz. Der Bruch mit der über alles geliebten Vaterstadt zwang ihn zum Wanderleben des gelehrten Humanisten und zur Einkehr bei kunstfreundlichen Fürsten, erst bei Can Grande in Verona und dann, weil dieser ihn nicht hielt, beim Herrn von Ravenna. Am Hof der Scaliger mußte sich Dante mit Narren und Gauklern in die Gunst seiner Brotgeber teilen, auch in Ravenna, wo er als Lehrer der Dichtkunst sein Auskommen fand, war seine Lage nichts weniger als glänzend. Da diese Stadt welfisch war, befand er sich dort als Anhänger des Kaisers noch dazu auf feindlichem Boden. Es soll vorgekommen sein, daß er mit Steinen nach Weibern und Kindern warf, die über die Ghibellinen schimpften. Er taugte weder zu einem bürgerlichen Festdichter noch zu einem Hofpoeten nach Humanistenart, er blieb ein Fremdling im Mantel des Wanderers.

Im gleichen vierzehnten Jahrhundert lebte in England Geoffrey Chaucer, der das von Dante entbehrte Glück des Daheimseins behaglich genoß, weil er nichts weniger als eine heroische Natur war. Dieser Sohn eines Weinschenks und einer Wechslerstochter stieg zur Stellung eines hohen Hofbeamten auf; er war Oberaufseher über den Londoner Hafen und empfing, außer einem festen Jahresgehalt, reiche Beweise der Dankbarkeit für die gewissenhafte Besorgung seiner Geschäfte. Der König verlieh ihm das Recht, sich jeden Tag einen Krug Wein aus der Hofkellerei zu holen, die Gilden räumten ihm die Wohnung über einem Stadttor zu lebenslänglicher Benützung ein, sein Amt wurde ihm großzügig erleichtert, damit er sich seiner Dichtung widmen konnte. Aber auch dieser Friede wurde zerstört. In den Kämpfen um den Thron verlor der Stadtliebling sein Amt, zugleich starb seine Frau, er geriet in Not, und erst jetzt, nicht in den Jahren des Glücks, schrieb er die «Canterbury Tales», die ein so heiter-farbiges Bild des Bürgerlebens im mittelalterlichen England aufbewahren. Seine Lage besserte sich noch einmal, als er zum Aufseher über die königlichen Bauten ernannt wurde, aber kurz darauf verlor er auch diese Stellung und kam in finanzielle Schwierigkeiten, die den Rest seines Lebens trübten. Er lebte von Vorschüssen, wurde krank und verbittert und entging nur mit Mühe der Verhaftung wegen seiner wachsenden Schulden. Die Kraft zum dichterischen Schaffen war schon lange vorher in ihm erloschen. Sein letztes Gedicht, eine Bittschrift an den König, ist «an seinen leeren Beutel» gerichtet.

In Deutschland zeigte die Meistersängerei, was aus der Dichtung wird, wenn sie in die Hände der Gevatter Schuster und Schneider gerät. Sie wurde zur Sonntagsfreude der «Pfeffersäcke», die sich für die Erben der ritterlichen Sänger hielten. Ihre bizarr verzierten «Töne», der Inbegriff hölzerner Phantasielosigkeit, haben Shakespeare zum

Rüpelspiel des «Sommernachtstraums» gereizt. Hans Sachs, der Nürnberger Schuster und Poet dazu, der erste reine Stadtdichter auf deutschem Boden, zeigt diesen Zunftbetrieb auf seiner Höhe. Als vergnügter Sonntagsdichter, als das unverwüstlich gesunde Gegenteil des verhungernden Genies verkörpert er das, was sich der Bürger zu allen Zeiten unter einem Poeten vorgestellt hat. Sachs mißt die Schönheit mit dem Ellstecken und bewertet eine Tragödie nach der Zahl der Leichen, aber sein herzlicher Humor versöhnt mit seiner Harmlosigkeit. Er ist nur einmal mit Dürer zusammengekommen, obschon er in der gleichen Stadt lebte wie er. Dafür saß er als Meister mit seinen Gesellen wacker in der Werkstatt, besuchte fleißig die Messen und versparte sein Verseschmieden auf den Feierabend. Er brachte es zu zwei Häusern und einer Stube voller Kinder, verheiratete sich als Greis zum zweitenmal mit einem jungen Mädchen und begann in jugendlichem Schwung noch einmal seine uferlose Poeterei, über die er wie über seine Werkstatt sorgfältig Buch führte. Seine erste Bilanz von 1554 registriert 3844 Meisterlieder, 530 Spruchgedichte und 133 Schauspiele, die «Summa all meiner Gedicht» von 1567, in der er seiner Kunst endgültig Valet sagt, 4275 Meisterlieder, 1500 Spruchgedichte und über 200 Schauspiele, die alle zusammen 34 gewaltige, von ihm eigenhändig geschriebene Folianten füllten. In der Vorrede zur Druckausgabe versichert er stolz, er habe dies alles «neben meiner Handarbeit» gemacht.

Dieser Unverdrossene wurde nur einmal unsicher, beim Auftreten Luthers. Damals stockte seine Feder einige Jahre, um dann desto freudiger wieder anzuheben. Die Reformation nahm ihm seine Zuversicht nicht, sondern bestärkte sie. Man erkennt daran, wie befreiend sie auf das deutsche Bürgertum wirkte. Aber es brauchte noch andere Figuren, um sie zum welthistorischen Ereignis zu machen, und diese kannten Sachsens schildbürgerliche Gemütsruhe nicht. In den großen Krisen und Glaubenskriegen des sechzehnten Jahrhunderts wurde das Leben des Schriftstellers zum gefährlichen Abenteuer. Seitdem die Tore der Klöster geöffnet, die Bilder und Bücher der alten Zeit verbrannt, die Kirchengüter beschlagnahmt wurden, ging ein Orkan des Aufruhrs durch Europa, der maßlose Leidenschaften weckte. Der geistige Krieg wurde wie zur Zeit Dantes das Lebenselement der Literatur. Soldaten, entlaufene Mönche und entgleiste Ritter führten jetzt die Feder und legten mit ihrer tapfer getragenen Heimatlosigkeit überall den Grund zu einer glücklicheren Zeit. Der Weinbauernsohn Rabelais machte sich im Kloster durch humanistische Liebhabereien verdächtig und lief in die Welt hinaus, trat zu den Benediktinern über, tauchte aber schon kurz darauf als Weltgeistlicher, Student und Dozent der Medizin in Montpellier auf, dann als Arzt an einem Lyoner Krankenhaus. Da er sich zweimal ohne Urlaub entfernte, verlor er auch dieses Brot, folgte einem geistlichen Gönner nach Rom und promovierte in Montpellier zum Doktor der Medizin. Der «Pantagruel» trug ihm von Katholiken und Protestanten heftige Angriffe ein, und als die Sorbonne Miene machte, das Buch zu unterdrücken, entwich er nach Metz. Durch hohe Fürsprache wurde er Pfarrer von Meudon bei Paris, aber auch die Pfarrei ließ er schon nach zwei Jahren wieder fahren und starb kurz darauf.

Das siebzehnte Jahrhundert brachte einen glänzenden sozialen Aufstieg des Schriftstellers. Er stützte sich auf das Ansehen der Pariser Akademie, die Louis XIV. zur amtlichen Institution erhob und persönlich protegierte. Er ließ nach dem Vorbild der Renaissancefürsten auch eine Liste der schönen Geister aufstellen, die ein jährliches Gnadengehalt beziehen sollten. Trotzdem waren auch die Berühmtesten nicht gegen Not und Verkennung gefeit. Corneille, der Verherrlicher der heldischen Ideale, lebte in armseligen Verhältnissen; als bürgerlich geborener Beamter war er so schlecht gestellt, daß er für seine sechs Kinder betteln mußte. Besonders seit seiner Übersiedelung in die Hauptstadt kam er nicht aus der finanziellen Misère heraus, noch als alter Mann nannte er sich «saoûl de gloire et affamé d'argent». Er gehörte zwar zu den Privilegierten, die ein königliches Jahresgehalt empfingen, aber er erhielt es mit der Zeit unregelmäßig und schließlich überhaupt nicht mehr, obschon er sich dem Hof mit Gelegenheitsdichtungen in Erinnerung rief. Boileau intervenierte entrüstet, als er davon erfuhr, und erwirkte eine sofortige Geldsendung. Sie kam aber zu spät, weil der Darbende wenige Tage darauf die Augen schloß. Ähnlich war kurz vorher der greise Calderon in Madrid gestorben. Der König, den er wie eine Gottheit verherrlicht hatte, mußte ihm in Anbetracht seiner Krankheit und Armut eine Unterstützung aussetzen, weil keiner seiner angeblichen Mäzene für ihn sorgte; die 1500 Silberdukaten, die er ihm zuletzt noch überweisen ließ, erreichten ihn nicht mehr.

Wenn es den Halbgöttern so erging, wie mußte es da bei den Deklassierten oder innerlich Widerstrebenden aussehen! Molière gehörte dem damals noch unehrlichen Schauspielerstand an, es wurde ihm deshalb trotz der königlichen Gnade die kirchliche Bestattung verweigert, und man verscharrte ihn in aller Stille nachts in einem seither verschwundenen Friedhof; natürlich war dabei auch der Haß gegen den Verfasser des «Tartuffe» im Spiel. Cervantes, ein verarmter Adeliger wie Grimmelshausen, wurde sein Leben lang vom Unglück verfolgt. Als junger Mann mit ungenügender Schulbildung und ohne gesellschaftliches Ansehen begleitete er einen spanischen Kardinal nach Rom und hoffte dann im Kreuzzug gegen die Türken Lorbeeren zu ernten. Aber er wurde zum Krüppel geschossen, auf der Heimkehr fiel er Seeräubern in die Hände und arbeitete fünf Jahre lang in Algier als Sklave. Ein Missionar, der einen aragonesischen Edelmann befreien wollte, kaufte ihn los, weil sein Geld für den vornehmen Herrn nicht reichte. Nach zehnjähriger Abwesenheit kam er nach Spanien zurück, bewarb sich vergeblich um ein Amt und versuchte sein Glück als Schriftsteller. Die Spekulation mit einem Hirtenroman, der «Galatea», mißlang, auch auf dem Theater fielen ihm nicht die Erfolge zu, die er erhofft hatte. Er siedelte mit seiner Familie nach Sevilla über, wo er bei der großen Armada als Getreidekommissar angestellt wurde. Nun reiste er als Einkäufer und Steuereinnehmer durch das Land, doch selbst diese Fron schlug ihm zum Übel aus. Seine Buchhaltung ließ zu wünschen übrig, er saß zweimal wegen Schulden an die Krone in Haft. Im Gefängnis von Sevilla begann er die Niederschrift des «Don Quijote», der einen fast beispiellosen Erfolg hatte und sofort in Neuauflagen, Nachdrucken und Übersetzungen verbreitet wurde, aber seinem Verfasser wenig Profit einbrachte. Die Buchhändler bezahlten ihn schlecht, da die Druckprivilegien nur für ein begrenztes Gebiet auf zehn Jahre erteilt wurden. Der Hof und die Großen wollten nichts von dem Verfasser wissen, weil er sich mit seinen Ausfällen mächtige Feinde geschaffen hatte. Dazu erschien, während er an der Fortsetzung schrieb, ein gefälschter zweiter Teil, dessen Urheber ihn aufs gemeinste angriff, ihn wegen seiner Verstümmelung und seiner Armut verhöhnte und offen erklärte, er habe es darauf abgesehen, ihn um den Gewinn aus der Fortsetzung des Romans zu bringen. Cervantes starb einsam und in bitterer Not, sein Grab ist unbekannt.

Dieser Unstern stand über vielen unabhängigen Geistern jener Zeit, in der die Fundamente einer großen bürgerlichen Literatur und einer freien Wissenschaft gelegt wurden. Oft verfolgte sie nur der widrige Zufall, öfter die Mißgunst der weltlichen und kirchlichen Widersacher. In England starben John Dryden und Thomas Otway in Not; Samuel Butler, der Verfasser des «Hudibras», des Spottgedichts auf die Puritaner, verhungerte buchstäblich. Milton konnte für sein «Verlorenes Paradies» erst nach langem Suchen einen Verleger finden, der ihm das Manuskript für fünf Pfund abkaufte; der bloße Vertrag war später um ein Vielfaches dieser Summe im Handel. Vierzehn Jahre nach Miltons traurigem Tod wurde unter dem Patronat von Lord Somers eine Prachtausgabe seines Hauptwerks veranstaltet, auf die fünfhundert hochgestellte Persönlichkeiten Englands subskribierten. Der Meister der holländischen Poesie, Joost van den Vondel, verlor als alter Mann sein ganzes Vermögen und rieb sich damit auf, den Berg seiner Schulden abzutragen. Am heftigsten schwankte die Waage dort, wo die Inquisition in das Leben der Berühmten eingriff. Hugo Grotius, der Begründer des Natur- und Völkerrechts, der als Dichter und Übersetzer auch der Literaturgeschichte angehört, wurde als liberal gesinnter Arminianer verhaftet und zu lebenslänglichem Kerker verurteilt, aber in einer Kiste aus dem Gefängnis geschmuggelt; später trat er als Verbannter in schwedische Dienste. Galilei, ein glänzender Schriftsteller und Kenner der Dichtung – er wußte seinen Ariost auswendig und verfaßte Abhandlungen über Dante und Tasso –, fiel den Jesuiten in die Hände und verbrachte sein Alter als gebrochener Mann in der Nacht der Blindheit und Verfemung. Sein deutscher Freund Johannes Kepler war als kaiserlicher Hofmathematiker in Linz so schlecht bezahlt, daß er «nichtswürdige Kalender und Prognostica» drucken lassen mußte, um seine Familie durchzubringen. Die Jesuiten wollten ihn bekehren, die Lutheraner schlossen ihn wegen seiner Forschungen – der Entdeckung der Planetengesetze – vom Abendmahl aus, so daß er auf seine Stellung verzichtete, aber nirgends mehr Ruhe fand und am Ende verhungerte. Nur ein vollkommen weiser, kein vom Zeitgeschehen gepackter Dichter konnte in diesem Jahrhundert die reine Trennung von Beruf und Berufung ersinnen, wie sie Spinoza fand, indem er sich seinen Lebensunterhalt mit Linsenschleifen verdiente.

Das war die Lebensform des geistigen Menschen, die jetzt in ersten Beispielen sichtbar wurde. Grimmelshausens bürgerlicher Charakter gibt sich darin zu erkennen, wie er seit dem Ende des großen Krieges alles daran setzte, um seßhaft und ein Ehrenmann zu werden, wie er sich und die Seinen zäh und erfolglos als Gutsverwalter, Gastwirt und Bücherschreiber zu ernähren suchte und nicht ruhte, bis er als Schultheiß eines Städtchens das Zeitliche segnen konnte. Ein anderer Repräsentant dieses im Dunkel vegetierenden Dichtertums ist Simon Dach, die Seele des Königsberger Poetenkreises. Als Professor der Poesie an der dortigen Domschule erklärte er vor leeren Bänken die antiken Autoren und lieferte pflichtgemäß alljährlich drei lateinische Festpoeme; zur Verbesserung seiner Einkünfte verfaßte er daneben auf Bestellung Gedichte zu Hochzeiten, Begräbnissen und andern Anlässen in den Königsberger Familien. So hielt er sich notdürftig über Wasser und wurde ein gesuchter Gelegenheitspoet; aber er stöhnte unter dieser Bürde, die sein Talent erdrückte. Die Carmina mußten in kürzester Zeit auf Grund biographischer Angaben gedichtet, komponiert und gedruckt werden; es sind ihrer über zwölfhundert nachgewiesen, aber viele verloren, da sie nicht für die Nachwelt, sondern für die Besteller verfertigt wurden. Am steifsten fielen die in adelige Häuser gelieferten aus, am frischesten jene, die Dach aus eigenem Antrieb befreundeten und verwandten Familien spendete. Da wundert man sich oft über die guten Einfälle und den schelmischen Humor, die dem kränklichen und gedrückten Mann zu Gebote stehen. Diese Gedichte waren Gemeinschafts- und Gebrauchskunst zum Schmuck des Bürgerlebens, das in der Kriegsnot nah zusammenrückte, der Anfang einer ständischen Lyrik bürgerlichen Gepräges. Sie rühmen die friedlichen Tugenden, verschönern die Anlässe des bürgerlichen Daseins aus einem harmonischen, demütigen und dankbaren Gemüt. Die großen Zeitfragen und Glaubenskämpfe berühren Dach nicht, auch im Großen Kurfürsten, der ihn auszeichnete, sieht er nur den Familienvater. Er lebt wie ein Muscheltier in seiner kleinen Welt mit ihren konzentrischen Kreisen. Am nächsten stehen ihm seine Freunde, dann die Stadt Königsberg, am äußersten Rand liegen die Kirche und das Vaterland. In diesem kleinen Stück Welt ist er daheim, mit ihm ist seine Kunst vergangen, wohlgeraten wie ein bemalter Schrank, der auch nicht ewig dauert, aber seinen Besitzern Freude macht. Erst im Sterben war dieser Gesellige mit sich allein; damals schrieb er sein eigenes «Christliches Sterbslied», das als einziges von ihm weiterlebt:

> Tod, du aller Sorgen Ruh,
> Aller Arbeit Ende,
> Schleuß mir sanft die Augen zu,
> Schlag um mich die Hände,
> Nimm mich aus der Eitelkeit
> Dieser schnöden Erden,
> Ich will aus der bösen Zeit
> Abgefordert werden.

Als die Aufklärung ein bürgerliches und aristokratisches Publikum eroberte, schwangen sich erfolgreiche Autoren über diese Beschränktheit hinaus. Es waren die freien Schriftsteller, die durch die Macht ihrer Feder öffentliches Ansehen, gesellschaftlichen Rang und geistigen Einfluß erlangten. Das geistreiche, auf originelle Persönlichkeiten begierige achtzehnte Jahrhundert bewunderte den Bücherschreiber grenzenlos. Ihm standen die Tore zur großen Karriere offen, auch wenn er geringer Herkunft war. Bald gab es überall solche literarische Emporkömmlinge, die in bequemen, einträglichen Ämtern ihr Talent pflegen durften. Thomson, der Dichter der «Jahreszeiten», brachte es zum Oberaufseher auf den Kleinen Antillen. Noch glänzender entwickelte sich dieser Stil bei den Franzosen, die damals das glorreichste Kapitel des modernen Literatentums schrieben. Die gesellschaftlichen Schranken waren allerdings so hoch wie nur je. Auch berühmte Autoren mußten vor ihren Mäzenen Bücklinge tun, die nicht jedes freien Mannes Sache waren. Der Protest dagegen schwoll allmählich an, es entstand ein Pathos der Absonderung, ein Haß auf die Geistfeindschaft der Mächtigen. Rousseau schlug weithin hörbar die Pension aus, die ihm die Pompadour anbot, und zog es vor, sich mit Notenabschreiben durchzubringen. Voltaires Schwäche dagegen war es, daß er sich durchaus im Glanz der Höfe sonnen wollte. Dafür passierte es ihm einmal, daß er durch die Bedienten eines vornehmen Herrn von der Tafel des Herzogs von Sully auf die Straße gelockt und verprügelt wurde und daß sein Gastgeber die unerhörte Beschimpfung auf sich beruhen ließ, weil er es wegen eines Bürgerlichen mit keiner Person von Stand verderben wollte. Diderots «Neveu de Rameau» gibt ein Bild davon, wie der Schriftsteller damals bei Hoch und Niedrig umstritten war: die Vornehmen verfolgen ihn, weil ihnen die Wahrheit schadet, die Philister hassen ihn, weil er Unruhe in die Welt bringt, weshalb sie zeternd auf seine moralischen Defekte zeigen, um ihn unschädlich zu machen.

Wo man über die Literaten so dachte, mußte es dem Dichter übel ergehen. Auf ihn war der gesunde Menschenverstand am wenigsten gefaßt; wenn er trotzdem erschien, wurde er der Held einer Tragödie, die man als Posse verlachte. Dieses Jahrhundert glaubte so wenig an das Tragische wie an den Teufel. Es glaubte an das Glück für alle, an die gesellschaftliche Harmonie, an die Ausrottung aller Unvernunft durch Belehrung und Erziehung. Der Kaufmann betrachtete sich auch jetzt wieder als den wahren Edelmann, den Träger der freien Weltbildung. Aber nun erschienen auch die ersten Autoren, in denen der bürgerliche Geist über sich selbst hinausging, die ersten modernen bürgerlichen Genies. Sie vollzogen den Bruch zwischen Phantasie und Verstand und zeugten mit ihrem Schicksal für das Geheimnis der hohen Vision. In England, dem gelobten Land der Bürgerfreiheit, führte der Geisterseher Blake ein Hundeleben und wurde in einem verschollenen Armengrab beerdigt. In Bristol begann und in London endigte das Martyrium Thomas Chattertons, das gleich am Beginn der modernen Literatur das Los des bürgerlichen Genius niederschmetternd offenbarte. Chatterton besuchte als Kind einer Schulmeisterswitwe die Armenschule und wurde fünfzehnjährig einem Advokaten als Schreiberlein übergeben. Hier spann er sich zwischen langweiligen Akten in eine von ihm erfabelte Märchenwelt aus dem mittelalterlichen Bristol ein, deren Held der angebliche Dichtermönch Thomas Rowley ist. Alles, was dieser Knabe für sich erträumte und in der Schreibstube entbehrte, dichtete er seinem hehren Ebenbild an, dem er die versunkene Herrlichkeit der Vaterstadt zur Folie gab. Seine Manuskripte sollten Originalwerke Rowleys sein, die er aufgefunden haben wollte; er flunkerte einen ganzen Roman aus Wappen, Stammbäumen und Dichtwerken zusammen, mit dem er sich zwei biedere Bürger Bristols, einen Zinngießer und einen Arzt, als Gönner gewann, weil er ihre angeblichen Vorfahren darin auftreten ließ. Hier wurde die Vision des nationalen Sängers wiedergeboren und die geschichtliche Welt entdeckt, die der junge Goethe und Walter Scott endgültig eroberten. Es war das bürgerliche Gegenstück zu den mythischen Rhapsodien Ossians. Die beiden Mäzene glaubten

Chatterton nicht, als er ihnen den wahren Sachverhalt beichtete. Er reiste nach London, um dort sein Glück zu suchen, fand aber nur Elend. Seine letzten Dichtungen atmen todwunde Verzweiflung, glühenden Haß gegen die Reichen und Mächtigen. In der Ballade vom barmherzigen Samariter stellt er sich als den am Wege verderbenden Wanderer dar, dem niemand ein Almosen gibt. Eines Morgens wurde der Dichterknabe, noch nicht achtzehnjährig, inmitten seiner in Fetzen zerrissenen Manuskripte mit der Giftphiole gefunden.

Die deutsche Aufklärung läßt sich mit der englischen und französischen nicht vergleichen. Die kulturelle Rückständigkeit, die auf der deutschen Barockdichtung lastete, wurde zwar im philosophischen Jahrhundert ein Stück weit ausgeglichen. Aber der Autoritätsglaube blieb in Kirche und Staat, Verwaltung und Schulwesen ungebrochen, nur isolierte Zirkel ließen sich vom Glauben an die Freiheit durch die Vernunft ergreifen. Für freiheitliche Schriftsteller war ein Wirken und Emporkommen in ausländischem Stil ausgeschlossen. In London wurde ein Sheridan ins Parlament gewählt und als Redner der Opposition in eine große politische Karriere gezogen, der er seine literarischen Pläne schmerzlos aufopferte. In Leipzig zeigte Gellert, der Liebling des Bürgertums um die Jahrhundertmitte, wie weit es ein vielgelesener Deutscher bringen konnte. Seine volkstümliche Figur illustriert doch nur die Bescheidenheit und das Gottvertrauen, das es brauchte, um die Armut heiter zu ertragen. Die Anekdoten von den wunderbaren Fügungen Gottes, dessen Hilfe immer dann am nächsten war, wenn Gellerts Not am höchsten stieg, haben nicht wenig zu der bürgerlichen Vorstellung vom Dichter beigetragen. Es gibt keinen deutschen Schriftsteller dieser Zeit, der nicht an der Kümmerlichkeit der Verhältnisse gelitten hätte. Selbst ein Talent wie Lichtenberg blieb ein Göttinger Kuriosum, statt sich zu der öffentlichen Kritikerlaufbahn zu erheben, zu der es berufen war. Der Glanz seiner Aphorismen spiegelt ebenso sehr die verquälte Machtlosigkeit wie die Schärfe seines Geistes.

Das ganze deutsche Schrifttum der Aufklärungszeit ist mittelmäßig und enthält außer Günthers, Lichtenbergs und Lessings besten Sachen kaum etwas, was heute noch lebendig wäre. So mächtig die Buchproduktion anschwoll, so trostlos verharrte sie im selbstgefälligen Spießertum der «elenden Skribenten», über die der junge Lessing in den «Literaturbriefen» loszog. In diesem Jahrhundert wurde der Kampf zwischen Vernunft und Offenbarung ausgetragen und zugunsten der Vernunft entschieden. Die Dichtung mußte sich dem «Witz» der gelehrten Kritiker unterwerfen. Sie durfte nichts anderes sein als Beschreibung der Wirklichkeit, «Nachahmung der Natur»; man wies ihr die Aufgabe zu, wissenschaftliche Erkenntnisse oder moralische Lehrsätze in poetischer Einkleidung zu popularisieren. Die Gattungen der philosophischen und moralischen Vernunftpoesie gelangten zu Ehren: das Lehrgedicht, die Fabel, das Epigramm, die Satire, das epische und dramatische Sittenbild oder «Familiengemälde». Die Lyrik wurde zur Gedankenlyrik, von Haller bis zu Schiller wandelte sie die Gegenstände der aufgeklärten Philosophie, Theologie und Naturwissenschaft ab. Auch auf dem Theater galten nur noch die nützlich belehrenden Exempel, das sentimentale Rührstück verdrängte die hohe Tragödie. Selbst Lessing teilte die moralische Auffassung der Tragödie;

er schrieb ihr die Besserung des Zuschauers durch die Erweckung des Mitleids, die
«Verwandlung der Leidenschaften in tugendhafte Fertigkeiten» zu. Er selbst war ja das
Muster eines solchen nur denkenden Dichters, der für Leidenschaft und Tragik kein Or-
gan besaß und die Schrecken von «Richard III.» als künstlerischen Fehlgriff von sich wies:
«Weg mit ihnen von der Bühne! Weg, wenn es sein könnte, aus allen Büchern mit ihnen!»

Die Vorliebe für die nützliche Kunst, die Abneigung gegen die Extreme um des goldenen Mittelweges willen, das Streben nach weiser Mäßigung und Zufriedenheit des
Gemüts, die dieses ganze Zeitalter beherrschen, sind die aufklärerisch gefärbte Form
des ewigen bürgerlichen Wesens. Lessings Verachtung für Corneille ist der Haß des
Bürgers gegen den Aristokraten, wie das Mißverständnis der griechischen Tragödie
durch die Franzosen die höfische Verkennung des Sakralen war. Bürgerlich ist der behaglich redende und witzelnde Ton in Gellerts Fabeln, in den anakreontischen Liedern,
in Gessners Idyllen und Wielands Romanen, bürgerlich das gute Einvernehmen aller
dieser Schriftsteller mit ihrem Publikum, das sie so gutgelaunt unterhalten und belehren. Bürgerlich ist auch die Auflösung der strengen Formen, die Freude an den kleinen
Zwittergattungen, am «genre mêlé», der von den Franzosen erfundenen anmutigen
Mischung von Prosa und Versen, und an den ungeniert plaudernden «vers irréguliers»,
in denen Wieland Meister war. Und bürgerlich sind auch jene Charaktere, die mit ihrem
unbeugsamen Starrsinn das Schicksal dieser deutschen Literatur bestimmten, teils als
imposante Haustyrannen, teils als im Hintergrund nörgelnde Besserwisser: die Haller,
Bodmer, Gottsched, Voß und Nicolai samt allen vergessenen Bonzen der Zeit. Ein un-
besieglicher Optimismus war das schönste Merkmal auch dieser Epoche. Unzählige
Federn schrieben über die glücklich machende «Tugend», über die «Kunst, stets fröhlich zu sein», über den Frieden der Resignation. Die Dichtung war nur eines unter vielen Mitteln, zu ihnen zu gelangen. In den moralischen Wochenschriften lagen die literarischen Produkte kunterbunt mit allen erdenklichen Realien beisammen wie in einem
Krämerladen.

Brockes' «Irdisches Vergnügen in Gott» war das erste literarische Festmahl für den
bürgerlichen Gaumen. Die selbstzufriedene Kleinmalerei dieses Patriziers, der das
Weltall mit einem Insektenauge betrachtet, kam der Lust am Stofflichen aufs erfreu-
lichste entgegen. Hagedorn, der als erster freier Schriftsteller englischen Stils auf deutschem Boden berühmt wurde, war feiner organisiert, hatte aber um seinen Mund auch
den epikuräischen Zug, der verriet, daß er nicht ohne Erfahrung von Wein und Liebe
sang. Der dritte Patrizier der Frühzeit, der Berner Albrecht von Haller, nahm mit seinem monumentalen Ernst das Priestertum Klopstocks und Schillers voraus, aber wie
verleugnete er seine Berufung! Er gab sie in aller Form preis, indem er sich ganz den
Naturwissenschaften zuwandte. Er war nicht der einzige, der so handelte; Günthers
Beschützer Mencke, als Geschichtsprofessor und Herausgeber der «Acta eruditorum»
die Zierde der Leipziger Universität, schrieb über seine Jugendgedichte: «Hiernechst
praetendiere ich keines Weges den Namen eines Poeten, welcher ohnedem zu jetziger
Zeit so wenig Ehre als Geld bringet, und es reuet mich nicht, daß ich meine beste Zeit
auf etwas nützlichers angewendet und die Wahrheit leeren Gedichten, wie die Früchte

dem eitlen Blumenwerke, fürgezogen.» Gleich Haller in Bern erfuhr Wieland in dem
«Anti-Parnaß» Biberach, wie wenig ein Dichter bei den Abderiten galt. «Meine Landsleute», schrieb er, «sind von der Art, daß meine bisherigen Schriften mich, anstatt zu
empfehlen, um allen Kredit bringen. Einen Poeten hält man da für einen Zeitverderber
und unnützen Menschen.»

Die beiden maßgebenden Poetiker dieser Zeit, Gottsched und Bodmer, waren
Schulmeister, die mit ungehemmter Wut daran gingen, das Reich der Phantasie ihren
Hirngespinsten zu unterwerfen. Beide prahlten mit eigenen Dichtereien und leiteten
aus ihrem Dilettantismus die Gesetze der Dichtung ab, nicht ohne sich darüber in die
Haare zu geraten. Beide trieben nach ihrem Rezept unermüdlich die Züchtung mora-
lisch-vernünftiger Dichter und die Erziehung des Publikums, dem sie die Regeln ihrer
langweiligen Prosa beibrachten. Gottscheds «Critische Dichtkunst» (1730) ist wohl
das vollständigste und gründlichste System der Phantasielosigkeit, das jemals verfaßt
wurde. Sie enthält alle theoretischen und praktischen Vorschriften, deren Befolgung
den Dilettanten ausmacht, und hat mit ihrer borniertem Vernünftigkeit eine verhee-
rende Wirkung ausgeübt. Gottsched definiert die Phantasie als «Scharfsinnigkeit» im
Betrachten und Vergleichen der Dinge; er rät, sich im Abzeichnen von Vorlagen zu
üben, weil «dergleichen Übungen unvermerkt poetische Geister formieren», und sieht
im Dichter den Mann mit dem geübtesten Scharfsinn und der größten Kenntnis aller
Wissenschaften, besonders der Menschenkenntnis. Nur das Sichtbare, Handgreifliche
kommt nach Gottsched für die Dichtung in Frage. Daß bei Homer Hektor mit seinen
Pferden spricht, ist unvernünftig und darum unerlaubt. Dieser Grundsatz bestimmt
auch die Anforderungen an Form und Stil. Das Sonett wird als «poetischer Unrat» abgetan. Was dieser Reformator des deutschen Theaterlebens über das Drama äußert,
tönt wie ein schlechter Witz. Nach seiner Vorschrift wird eine Tragödie so gemacht,
daß man einen moralischen Lehrsatz wählt, der den Leuten sinnlich eingeprägt werden
soll, etwa den, daß Gott auch unwissend begangene Laster strafe, wie der «König
Ödipus» lehre. Zu diesem Satz ersinnt man eine Fabel, die ihn illustriert, und sucht
berühmte geschichtliche Personen, «denen etwas Ähnliches begegnet ist», um mit
ihren Namen dem Werk ein «Ansehen» zu geben. Diese Handlung teilt man in fünf
ungefähr gleich große Stücke, die miteinander natürlich zusammenhängen und im
Ganzen etwa drei Stunden dauern sollen, «eben die rechte Zeit, die sich ohne Überdruß
einem Schauspiele widmen läßt». Die Zeit auf der Bühne muß mit der wirklichen
Dauer der Vorgänge übereinstimmen, nächtliche Szenen sind unstatthaft, weil nachts
die Leute schlafen; der Schauplatz der Handlung darf nicht wechseln, weil die Zuschauer auch auf ihren Plätzen bleiben, und was des Beckmesserunsinns mehr ist.

WEIHE DER ARMUT

Ein Sänger von der Art Chattertons erschien auch in Deutschland. Er wurde das erste
deutsche Beispiel für die Tragik des Bürgerdichters, der nicht wie Haller resignierte.
Günther war einer der allerunglücklichsten deutschen Dichter, nicht wegen seiner

genialen Kraft, sondern wegen des Übermaßes an materieller Not und geistigem Mißverständnis, mit dem er sich herumzuschlagen hatte. Er erhielt sich wie Simon Dach
von Gelegenheitsgedichten aller Art, die er für die reichen Familien Schlesiens verfaßte.
Er war mit diesen durch ein weites Netz persönlicher Freundschaften und Empfehlun-
gen verbunden und besaß in ihnen treue Helfer, deren Geschenke ihm das Leben erträglich machten. Ihren Häusern wanderte er nach, dort war er wohlgelitten, oft hoch
verehrt. Man beschäftigte ihn mit Aufträgen, und es lag ihm viel an der Pflege dieser
Beziehungen. Das war sein Element, und man kann nicht sagen, daß ihn die Schlesier
im Stich gelassen hätten. Das Brot, das er sich so verdiente, schmeckte bitter genug, da
es auch in den besten Fällen mit drückenden Verpflichtungen, in den schlechtesten mit
empörender Herablassung verbunden war. Aber es war doch ein würdigerer Sänger-
dienst, als ihn Simon Dach in Königsberg ausgeübt hatte; es lag darüber die Schönheit
einer echten Mission. Seine Freunde müssen, wenn sie ihn auftauchen oder entschwinden sahen, etwas davon geahnt haben, und er selbst glaubte an diese Wirksamkeit. In
der Epistel an Herrn von Benckel sagt er:

> *Ich bitte nur zehn Jahr nebst einem Mäcenaten;*
> *Dich kommt es nicht schwer an, und mir ist viel geraten;*
> *Ich will gewiß davon den vierten Teil kaum ruhn,*
> *Ich will damit der Welt noch manche Dienste tun*
> *Und in der Poesie durch unermüdet Wachen*
> *Verdienter Männer Ruhm in Deutschland ewig machen;*
> *Denn was an Menschen lebt, ist Tugend und Verstand*
> *Und Kunst und Wissenschaft, das andre deckt der Sand.*

In diesen Versepisteln setzt er sich bald heftig, bald niedergeschlagen mit den Wider-
ständen auseinander, die ihn wie ein Fluch verfolgen. Sie waren ja nur die Fortsetzung
des Fluches, den sein Vater über ihn ausgesprochen hatte.

> *Zwar sollt es mir vergehn, die Saiten anzustimmen,*
> *Da mich des Unglücks Hand in Kummerlauge wäscht*
> *Und durch die scharfe Flut, wenn Kopf und Kiel entglimmen,*
> *Den Zunder, der kaum fängt, den Augenblick verlöscht.*

Einmal zählt er die Brotberufe auf, in denen er scheinbar hätte glücklich werden können, und die Gründe, weshalb er sie verwarf: die Theologie, die Medizin, die Jurispru-
denz, die höfische Karriere. Ein andermal betrachtet er die Laufbahn seiner Schulfreun-
de, die einst um seinen Beistand bettelten und nun spöttisch auf ihn, den Tagedieb und
Bettler, herunterblicken. In seinen Versen und Briefen findet er für die materielle Not
eine ganz neue Sprache. «Alle Geschicke verschwören sich auf mein Haupt, das Elend
der Eltern, die Klagen der Schwester, der Mangel hoher Gunst, die Schwäche des Körpers, der Hohn der Böswilligen und die Schwester des redlichen Herzens, die Armut.»
Aber er findet auch eine neue Religion der Entbehrung, ein bürgerliches Gegenstück
zur franziskanischen Armutsliebe. Wenn er krank, mit gramzerfressenem Herzen da-

liegt, der Nordwind ihn «mit Flocken durch das Dach» bedeckt und kein Mensch, kein Hund sein Ungemach erfährt, tröstet er sich mit dem «schweren Trost», daß dieses Elend notwendig, ein Teil der göttlichen Weltharmonie sei.

> *Gott lege, was er will und was mir zukommt, auf,*
> *Er wird und darf auch nicht den wohlbestellten Lauf*
> *Der großen Kreatur erst mir zu Liebe stören;*
> *Sein Zweck ist überhaupt des Weltgebäudes Heil,*
> *Wir, ich und auch mein Kreuz, sind davon nur ein Teil*
> *Und müssen auch den Schmuck der ganzen Ordnung mehren.*

Der nächstliegende Ausweg aus der kleinbürgerlichen Enge war die Anstellung als Hofmeister. Die meisten deutschen Schriftsteller des achtzehnten Jahrhunderts wählten ihn und kamen dadurch, wenn sie Glück hatten, in den Umgang mit der großen Welt. Sie unterrichteten junge Edelleute oder begüterte Bürgersöhne und begleiteten sie auf der großen Tour durch Europa. Auch das war aber ein Gnadenbrot, das junge Freigeister leicht als eine Schmach empfanden; in den Satiren und Sittenbildern der Zeit ist viel von dieser Sklaverei die Rede. Andere versuchten es mit der Herausgabe von Zeitschriften, mit der Fabrikation populärwissenschaftlicher Bücher oder wenigstens mit Rezensionen, die aber alle nur einen geringen Nebenverdienst einbrachten. Der erste deutsche Schriftsteller bürgerlichen Standes, der kein Hungerleider mehr war, Klopstock, verdankte seine Stellung einem ausländischen Fürsten.

Auch Lessing hatte wenig Talent zu einem sichern Broterwerb. Er setzte seine größte Hoffnung auf das Theater. Sein Klagelied bei der Schließung der Hamburger Nationalbühne gibt Auskunft darüber, wie es um diesen Weg zum Erfolg bestellt war. «Wie weit sind wir Deutsche in diesem Stücke» – der öffentlichen Anerkennung des Schriftstellers – «noch hinter den Franzosen! Es gerade herauszusagen: wir sind gegen sie noch die wahren Barbaren! Barbarischer als unsere barbarischten Voreltern, denen ein Liedersänger ein sehr schätzbarer Mann war und die, bei aller ihrer Gleichgültigkeit gegen Künste und Wissenschaften, die Frage: ob ein Barde oder einer, der mit Bärenfellen und Bernstein handelt, der nützlichere Bürger wäre? sicherlich für die Frage eines Narren gehalten hätten! Ich mag mich in Deutschland umsehen, wo ich will, die Stadt soll noch gebaut werden, von der sich erwarten ließe, daß sie nur den tausendsten Teil der Achtung und Erkenntlichkeit gegen einen deutschen Dichter haben würde, die Calais gegen du Bellay gehabt hat. Man erkenne es immer für französische Eitelkeit: wie weit haben wir noch hin, ehe wir zu so einer Eitelkeit fähig sein werden! Was Wunder auch? Unsere Gelehrte selbst sind klein genug, die Nation in der Geringschätzung alles dessen zu bestärken, was nicht geradezu den Beutel füllt. Man spreche von einem Werke des Genies, von welchem man will; man rede von der Aufmunterung der Künstler; man äußere den Wunsch, daß eine reiche blühende Stadt der anständigsten Erholung (das wird doch wenigstens das Theater sein?) durch ihre bloße Teilnehmung aufhelfen möge: und sehe und höre um sich ... Wehe dem jungen deutschen Genie, das diesen Weg einschlagen wollte! Verachtung und Bettelei würden sein gewissestes Lob sein!»

Mitten in der Liquidation des Hamburger Unternehmens vernahm Lessing die Kunde von der Ermordung Winckelmanns. Er schrieb an Nicolai: «Ich gehe künftigen Februar von Hamburg weg. Und wohin? Geraden Weges nach Rom. Sie lachen; aber Sie können gewiß glauben, daß es geschieht. Ob ich hier oder da bin, daran ist so Wenigen so wenig gelegen – und mir am allerwenigsten.» Sogleich kam das Gerücht auf, er beabsichtige, in Rom das Erbe Winckelmanns anzutreten, dem es dort geglückt war, den Anschluß an den großen Lebensstil der ausländischen Gelehrten zu finden, und seine Feinde schrien, er wolle auch katholisch werden. Aber es kam nicht so weit, denn er besaß nicht einmal das Geld, um nach Italien reisen zu können. Er verlobte sich mit Eva König, mußte aber wegen seiner Armut die Heirat immer wieder hinausschieben und Schulden machen, um seine Eltern unterstützen zu können. Über seinen Briefen aus jener Zeit liegt tiefe Schwermut. Sein «hundsföttisches Leben» im «verwünschten Schloß» von Wolfenbüttel erbittert ihn, im Winter 1774 schreibt er: «Ich sehe meinen Untergang hier vor Augen und ergebe mich endlich darein.» Damals begann seine eigentliche Tragödie, das Sterben des Dichters in ihm. Sein letzter Versuch, diesem Schicksal zu entrinnen, war die im Winter 1774 unternommene Reise nach Wien, wo er im Theater gefeiert und von Maria Theresia, der Erzfeindin Preußens, ehrenvoll empfangen wurde, sich aber vergeblich um eine Anstellung bemühte. Die Verhältnisse waren dort nicht besser. Mozart schrieb damals über den Plan, in Wien ein deutsches Operntheater ins Leben zu rufen: «Wäre nur ein einziger Patriot mit am Brette, es sollte ein andres Gesicht bekommen! Doch da würde vielleicht das so schön aufkeimende *Nationaltheater* zur Blüte gedeihen, und das wäre ja ein ewiger Schandfleck für Deutschland, wenn wir Deutsche einmal mit Ernst anfingen, deutsch zu denken – deutsch zu handeln – deutsch zu reden, und gar deutsch – zu singen!!!» Auch ihm, dem Katholiken aus Salzburg, gelang es ja nicht, in Wien eine seiner würdige Stellung zu erhalten, und er spricht davon in seinen Briefen mit Bitterkeit. Auch Mozart sah seine Erfolglosigkeit in einem grundsätzlichen Licht. «Keinem Monarchen in der Welt diene ich lieber als dem Kaiser», schrieb er 1782 dem Vater, «aber erbetteln will ich keinen Dienst. Ich glaube so viel im Stande zu sein, daß ich jedem Hofe Ehre machen werde. Will mich Deutschland, mein geliebtes Vaterland, worauf ich (wie Sie wissen) stolz bin, nicht aufnehmen, so muß in Gottes Namen Frankreich oder England wieder um einen geschickten Deutschen mehr reich werden; und das zur Schande der deutschen Nation.» Er sah seine Notlage aber nicht nur politisch, sondern als soziales Problem. «Die besten und wahrsten Freunde sind die Armen. Die Reichen wissen nichts von Freundschaft! Besonders die darinnen geboren werden; und auch diejenigen, die das Schicksal dazu macht, verlieren sich öfters in ihren Glücksumständen.»

Wieland hat sein Urteil über die deutsche Kultur, um die er als Schriftsteller und Herausgeber des «Teutschen Merkur» so nachhaltig bemüht war, in zahlreichen satirischen Schilderungen niedergelegt. Seit seiner Jugend suchte er die Bahn aus dem prosaischen Berufsleben in eine große, freie Schriftstellerexistenz. Er glaubte sie in den wechselvollen Schweizerjahren gefunden zu haben, war aber schließlich froh, als Stadtschreiber in Biberach unterzukommen. Nach kurzem brach offener Streit zwischen dem

Poeten und seiner Vaterstadt aus, der in einen jahrelangen Prozeß ausartete und durch eine Liebesaffäre noch ärger gemacht wurde. Dann verebbten Feindschaft und Klatsch, der Umstrittene ergab sich in den Gedanken, in Biberach zu sterben. «Es bleibt mir nichts anderes übrig, als den Versuch zu machen, ob es nicht möglich sei, mir trotz aller dieser Umstände eine Art von tragi-comico-farcicalischer Glückseligkeit zu verschaffen, für die ich niemand als mir selbst, oder richtiger zu reden, dem, der mich so, wie ich bin, gemacht hat, zu danken habe.» Als ein Weiser, der dem Wagnis auswich, behandelte er die Welt als ein Affenspiel, besonders seitdem er in seinem Weimarer «Schneckenhaus» ein sicheres Refugium gefunden hatte. Diese ironische Stimmung erfüllt den «Nachlaß des Diogenes von Sinope», in dem er dem Weisen die Rolle des Sonderlings zuweist und das Humanistenglück der heiteren Bedürfnislosigkeit darstellt. Dieselbe Stimmung spricht aus den schönen «Briefen an einen jungen Dichter», in denen er die Jünglinge davor warnt, leichtsinnig den Dichterberuf zu ergreifen, und ihnen rät, sich zu freiwilliger Armut zu entschließen, wenn sie ihn trotzdem wählen. Sie liegt vor allem den «Abderiten» zugrunde, in denen er die Stellung des geistigen Menschen in Deutschland schildert, insbesondre dem Buch «Euripides unter den Abderiten», das den Umgang der Schildbürger und Schildbürgerinnen mit dem Dichter persifliert.

Schiller kam nie aus der materiellen Bedrängnis heraus. Er suchte sein Leben lang hohe Protektion, ohne die ersehnte Sorgenfreiheit zu finden. Die Flucht aus Stuttgart wagte er in der Hoffnung auf eine Anstellung als Theaterdichter in Mannheim, die ihm schließlich auch zuteil wurde. Aber er entzog sich ihr ernüchtert und körperlich ruiniert durch abermalige Flucht. Von da an war ihm der Vorwurf auf den Fersen, er habe sein eigentliches «Handwerk», den Arztberuf, verraten – scheinbar mit Recht, denn die freie Schriftstellerei brachte ihn in eine grenzenlose Kalamität. Beim «Don Carlos» fehlte ihm das Geld für Papier und Tinte, die Geschichtsprofessur in Jena war eine finanzielle Katastrophe, noch im Winter 1788 mußte er sich «ohne Mantel behelfen». Mehr als einmal wurde er nur durch die wunderbare Hilfe bürgerlicher und adeliger Verehrer vor dem Schlimmsten bewahrt. Ohne das Refugium in Bauerbach, ohne das Anerbieten Körners in Sachsen und das Eingreifen der dänischen Freunde wäre sein Leben wohl noch kürzer ausgefallen. Er empfand aber die Last des Beschenktwerdens schwer; sogar die Gastlichkeit Körners ließ er verletzend fahren, sobald sie ihm verbraucht schien, und lieferte sich wieder dem Ungewissen aus. Mit immer neuen Projekten suchte er das Äußerste von sich und den Seinen fernzuhalten. Im Dankbrief an Baggesen von 1791 faßt er das Resultat in die Sätze zusammen: «Was hätte ich nicht um zwei oder drei stille Jahre gegeben, die ich frei von schriftstellerischer Arbeit bloß allein dem Studieren, bloß der Ausbildung meiner Begriffe, der Zeitigung meiner Ideale hätte widmen können! Zugleich die strengen Forderungen der Kunst zu befriedigen und seinem schriftstellerischen Fleiß auch nur die notwendige Unterstützung zu verschaffen, ist in unserer deutschen literarischen Welt, wie ich endlich weiß, unvereinbar. Zehen Jahre habe ich mich angestrengt, beides zu vereinigen, aber es nur einigermaßen möglich zu machen, kostete mir meine Gesundheit.» Vier Jahre später berichtet ein Verehrer, der ihn besuchte: «Eine Reise in das südliche Frankreich könnte ihn vielleicht retten, aber mit Ersparung kann der Mann nicht reisen, das leidet sein Zustand nicht mehr. Zugleich müßte er dann mindestens ein Jahr lang allen Erwerb aufgeben und mit sehr großem Aufwand leben. Wenn ihm ein großer Herr 10000 Taler schenkte, mit der Bedingung, sie zu verreisen, und mich zugleich zu seinem Schaffner machte, der ihn von Ort zu Ort fortschleppte und für seine Bequemlichkeit, sein Fortkommen, für jede Kleinigkeit sorgte, dann könnte ihm vielleicht geholfen werden. Bei seiner Lebensart wird er solange fortwirken, bis einmal am Schreibpult der letzte Tropfen Öl verzehrt ist, und dann auslöschen wie ein Licht.» Man muß Schiller in den Briefen über seine Plackerei mit dem im Selbstverlag herausgegebenen «Musenalmanach» und den «Horen» seufzen hören, um zu wissen, gegen welche Widrigkeiten er kämpfte. «Ich kann Ihnen nicht beschreiben», meldet er Goethe, «mit wie vielen kleinen fatalen Details mich die Besorgung des Almanachs in diesen Tagen plagt, und die zu späte Sendung der Melodien macht mir schon allein 63 neue Pakete notwendig. Es ist weder die Zeit noch die Gelegenheit, die Melodien noch zu binden, sie mögen so mitlaufen, ohnehin dankt niemand den Aufwand und die Mühe.» Noch den Dichter des «Wallenstein» bedrückte der Gedanke an seinen Schuldenberg, noch in Weimar arbeitete er sich buchstäblich zu Tode, um nicht zu verhungern. Auch er ging zuletzt mit dem Gedanken um, Deutschland zu verlassen. «Wenn Goethe noch einen Glauben an die Möglichkeit von etwas Gutem und eine Consequenz in seinem Tun hätte», schrieb er im Februar 1803 an Humboldt, «so könnte hier in Weimar noch manches realisiert werden, in der Kunst überhaupt und besonders im Dramatischen. Es entstünde doch etwas, und die unselige Stockung würde sich geben. Allein kann ich nichts machen, oft treibt es mich, mich in der Welt nach einem andern Wohnort und Wirkungskreis umzusehen; wenn es nur irgendwo leidlich wäre, ich ginge fort. Leider ist Italien und Rom besonders kein Land für mich.»

Der große Lebensstil wurde von allen Deutschen nur Goethe zuteil. Er fand ihn außerhalb des Bürgertums in seinem Weimarer Asyl, das er zuerst als ein «Parvenu» betrat, dann aber zur Heimat für sich ausbaute. Er habe hier seinen schriftstellerischen Erwerb und zwei Drittel seines väterlichen Vermögens zugesetzt, sagte er im Alter, und zuerst um zwölfhundert, dann bis 1815 um achtzehnhundert Taler gedient. Aber er bekannte damit eben doch seine Vorzugsstellung. Sie verschaffte ihm mit dem reichen Besitz, der ihn umgab, die Seelenruhe, die seither seine Religion war. «Mir ist der *Besitz* nötig, um den richtigen Begriff der Objekte zu bekommen», erklärte er 1812. «Frei von den Täuschungen, die die Begierde nach einem Gegenstand unterhält, läßt erst der Besitz mich ruhig und unbefangen urteilen. Und so liebe ich den Besitz, nicht der besessenen Sache, sondern meiner Bildung wegen und weil er mich *ruhiger* und dadurch glücklicher macht.» In dieser Ruhe schlug sein Herz so «erschütterlich» wie je fort, aber sie gab ihm die Freiheit, sein Leben ohne Rücksicht auf den bürgerlichen Moralkodex zu führen. Zu Riemer sagte er 1807: «Nur nichts als Profession getrieben! Das ist mir zuwider. Ich will alles, was ich kann, spielend treiben, was mir eben kommt und solange die Lust daran währt. So hab ich in meiner Jugend gespielt unbewußt; so will ichs bewußt fortsetzen durch mein übriges Leben. Nützlich – Nutzen, das ist eure

Sache. Ihr mögt mich benutzen; aber ich kann mich nicht auf den Kauf oder die Nachfrage einrichten. Was ich kann oder verstehe, das werdet ihr benutzen, sobald ihr wollt und Bedürfnis danach habt. Zu einem Instrument gebe ich mich nicht her, und jede Profession ist ein Instrument oder, wollt ihr es vornehmer ausgedrückt, ein Organ.»

Der Dichter ist der letzte Freie in einer Welt der Zwecke, eine soziale Unmöglichkeit. Aus dieser Erkenntnis bemühte sich Goethe als einer der ersten um die gesetzliche Sicherstellung der Autorenrechte, wies er immer wieder auf die unwürdige Lage der deutschen Schriftsteller hin, besonders seitdem er in Paris Anerkennung fand und Einblick in den französischen Literaturbetrieb besaß. Was er dort sah, übernahm ihn so, daß auch er sich dagegen wie ein Bettler vorkam. «Wir führen doch im Grunde alle ein isoliertes, armseliges Leben! Aus dem eigentlichen Volke kommt uns sehr wenige Kultur entgegen, und unsere sämtlichen Talente und guten Köpfe sind über ganz Deutschland ausgesäet. Da sitzt einer in Wien, ein anderer in Berlin, ein anderer in Königsberg, ein anderer in Bonn oder Düsseldorf, alle durch funfzig bis hundert Meilen voneinander getrennt, so daß persönliche Berührungen und ein persönlicher Austausch von Gedanken zu den Seltenheiten gehört. Nun aber denken Sie sich eine Stadt wie Paris ... In Deutschland soll einer es wohl bleiben lassen, so jung wie Mérimée etwas so Reifes hervorzubringen, als er in den Stücken seiner ‚Clara Gazul‘ getan. Es ist wahr, Schiller war recht jung, als er seine ‚Räuber‘, seine ‚Kabale und Liebe‘ und seinen ‚Fiesco‘ schrieb. Allein wenn wir aufrichtig sein wollen, so sind doch alle diese Stücke mehr Äußerungen eines außergewöhnlichen Talents, als daß sie von großer Bildungsreife des Autors zeugten. Daran ist aber nicht Schiller schuld, sondern der Kulturzustand seiner Nation und die große Schwierigkeit, die wir alle erfahren, uns auf einsamem Wege durchzuhelfen.»

Die Dichterschicksale von Günther bis zu Schiller bestätigen das. Sie waren kein Gewebe unglücklicher Zufälle, sondern im geistigen und sozialen Zustand Deutschlands begründet. Das bürgerliche Publikum war dem Aufstieg seiner Dichter nicht gewachsen. Jede geistige Existenz, die sich über seinen beschränkten Horizont erhob, geriet in einen leeren Raum und mußte notwendig materiell zugrunde gehen, wenn sie nicht von anderswoher Hilfe erhielt. Seitdem die Dichter der Poetik, die von ihnen Belehrung und Besserung der Menschen verlangte, entwachsen waren und an eine andere Sendung glaubten, verloren sie den Boden unter den Füßen. Denn jene Aufgabe hatte immerhin noch als nützlicher Beruf gegolten, die neue ging über alle bürgerlichen Begriffe hinaus[1].

SÄNGER DES VOLKES

I

Diese neue Aufgabe war die Rolle des Sängers in bürgerlicher Zeit, die schon Günther vorgeschwebt hatte. Sie war jetzt keine Selbstverständlichkeit mehr, sondern ein literarisches Ideal. So ging sie den Stürmern und Drängern wieder auf, als sie Herders

[1] Aus denselben Erwägungen kommt W. H. Bruford in seinem Buch «Die gesellschaftlichen Grundlagen der Goethezeit» (1936, 293) zum Schluß: «In Deutschland war eine klassische Literatur entstanden und zugleich damit etwas, das einem intellektuellen Proletariat sehr ähnlich sah.»

Schriften über die Volkspoesie, die Gesänge Ossians, der Edda und Homers kennen lernten. Das mythische Sängertum mußte aus den Büchern wieder ins Leben treten – nicht so zwiespältig wie Klopstock es versucht hatte, sondern durch eine Rückkehr zu den Quellen aller natürlichen Poesie, die in der Tiefe des Volkes rauschten. Herders «Volkslieder» machten den Blick auf den Chor der singenden Völker rings um den Erdball frei. In Liedern aus allen Zeiten und Zonen hörte man hier die unverstellte Menschennatur von den ewig gleichen Dingen und Gefühlen reden, und zwar in dem Augenblick, wo dieses Singen zu verstummen drohte. «Wir sind eben am äußersten Rande des Abhanges; ein halb Jahrhundert noch, und es ist zu spät!» rief Herder in der Vorrede aus. Er sprach abschätzig von den Künsten der heutigen Versemacher und zeigte die natürlichen Elemente alles Gesangs – Rhythmen, Klänge, Bilder, Sinnlichkeit, Tanz, Leidenschaft – mit einer sich überstürzenden Beredsamkeit auf, die den Schöngeistern das Spotten leicht machte, aber die Jugend ergriff. Kunst und Vernunft galten ihr nichts mehr, Natur und Volkstümlichkeit alles. So hatten die unbekannten Genies der Naturvölker gesungen, diese naive Kraft und Fülle lebte noch immer im einfachen Volk, sie mußte im wahren Dichter auferstehen.

Gottfried August Bürger war überzeugt, daß er berufen sei, aus diesem Erbe eine neue Volkspoesie für alle Stände zu schaffen. Er höhnte in seinem «Herzensausguß über Volks-Poesie» über die «Poetenknaben» und wünschte ihre «sogenannte höhere Lyrik» samt aller Kunstdichtung zum Teufel. «Mag sie doch für Götter und Göttersöhne den erhabensten Wert haben! Für das irdische Geschlecht hat sie nicht mehr als der letzte Fixstern, dessen Licht aus tiefer dunkler Ferne zu uns her flimmert. Dies Urteil würde ich aussprechen, wenn ich auch selbst ein solcher Göttersohn wäre; denn es ist mir hier mehr fürs liebe Menschenvolk als für Götter und Göttersöhne zu tun.» Das richtete sich auch gegen Klopstocks Erhabenheit, es war der Aufstand gegen alle Unnatur im Namen der Menschlichkeit. Bürger schätzte nur die einfachen Formen und verstand unter Gesang die schlichten Weisen des Landvolks und die unscheinbare Volksballade. Sein urwüchsiges Talent entzückte vor allem der Bänkelsang der Jahrmärkte, in dem er die verächtlich gewordene Herrlichkeit des Heldenlieds erkannte. In seinem «Lied vom braven Mann» spielt er sich burschikos als der wiedergekommene Rhapsode auf, der das Zeug hat, die hemdärmeligen Gestalten des Volkes als die wahren Helden des Lebens unsterblich zu machen.

> *Wer hohes Muts sich rühmen kann,*
> *Den lohnt nicht Gold, den lohnt Gesang.*
> *Gottlob! daß ich singen und preisen kann:*
> *Zu singen und preisen den braven Mann.*

Der «hohe Mut» erinnert an die ritterlichen Sänger des Mittelalters, das Ausspielen des Gesangs gegen das feile Gold an den Sänger in Goethes Ballade. Aber Bürger fehlte der innere Adel, der auch zu einem volkstümlichen Heldenlied gehört. Der rabiate Naturbursche übertrieb den einfältigen, treuherzigen Ton ins Geschmacklose, verließ sich zu naiv auf seine Kraftmanier, und Goeckingk hatte im Grund recht, als er ihm scherzhaft riet, den homerischen Ehrgeiz an den Nagel zu hängen und seine Botschaft zu leben, statt zu dichten:

> *Du würdest dennoch nach wie vor*
> *Amtmann zu Gleichen bleiben;*
> *Drum, trauter Bürger, sei kein Tor*
> *Und trinke, statt zu schreiben.*

So kam es auch, aber nicht aus freiem Entschluß. Der Begründer der Kunstballade verkam wie Chatterton und Günther «vor Hunger und Elend», doch fehlt seinem Ende die tragische Weihe. Er wurde ein Opfer seiner verfehlten Berufswahl; weder als Theologe noch als Beamter und Professor fand er sich mit seiner wilden Sinnlichkeit zurecht, so daß er, menschlich und literarisch geächtet, in Göttingen verhungerte und über seine Hinterlassenschaft der Konkurs verhängt wurde.

Hehrer träumte der junge Johann Heinrich Voß von der Wiederkunft der antiken Rhapsoden. In dem Gedicht «Die Weihe» erzählt er in Anlehnung an Ennius, wie er zum Dichter berufen wurde: der Geist Homers erschien ihm, zeigte ihm das deutsche Land und Leben im Schimmer der heiligen Vorzeit und ernannte ihn zu seinem Nachfolger auf deutschem Boden. Es war Voß ernst damit, und als musisch begabter Bauernsohn konnte er hoffen, in die Spuren Hesiods und Homers zu treten. Er unternahm einen Schritt beim Markgrafen von Baden, um als «öffentlich angestellter Volksdichter» für die Wiederbelebung des Volkslieds, die moralische Hebung des verachteten Bauernstandes wirken zu dürfen. In Stockholm lebte damals wirklich ein solcher Sänger, allerdings freier und originaler, als der biedere Norddeutsche es sich dachte. Der lustige Bellman zechte und liebte dort im Kreis seiner bacchantischen Kumpanei, die sogar den König ab und zu als Gast unter sich sah, und wurde mit seinen ausgelassenen Liedern ein Liebling des Volkes. Der König verschaffte ihm eine Sinekure in der Staatslotterie, machte ihn zum Hofsekretär und ernannte ihn zum «schwedischen Anakreon». Vossens Hoffnung erfüllte sich nicht. Er wurde ein Schulmeister und blieb in solcher Armut stecken, daß er als kranker Mann vorzeitig pensioniert werden mußte. Dem Schulrektor von Otterndorf verschimmelten die Bücher in der Luft des Marschlandes, als Rektor in Eutin mußte er den Kuhstall als Wohnraum mitbenützen und seinen Hungerlohn mit Bücherschreiben zu verbessern suchen. So entstand sein deutscher Homer. Ein halbes Jahrhundert zuvor hatte Pope seine englische Homer-Übertragung veröffentlicht und mit ihr so viel Ruhm und Geld eingeheimst, daß er sich eine Villa an der Themse kaufen konnte.

In das Fühlen und Singen des Volkes einzugehen, war nur den Auserwählten beschieden. Die andern machten daraus ein literarisches Programm und verrannten sich nur in ein neues Ästhetentum. So auch Heinse mit seinem Roman eines abenteuernden Künstlers; er ließ seinen Ardinghello mit der Laute im Arm durch das Volk Italiens schwärmen, singend streiten und lieben, sogar Pindar zur Laute vortragen und zuletzt in einem Inselparadies des zügellosen Genusses landen. Die echte Wiederkehr des Sängertums sah ganz anders aus. Die bürgerlichen Nachfahren Hesiods und Pindars blieben ihrem Erdenwinkel treu, und das scheinbar Leichte wurde ihnen schwer gemacht, weil sie es als Schicksal auf sich nahmen. Matthias Claudius wurde mit seinen Versen und seiner Prosa ein wirklicher Freund des Volkes. Soweit auch er absichtlich die treuherzig-populäre Tonart anschlug, sind seine Schriften wie alle Produkte dieser Art beinahe vergessen. Aber in einem Dutzend unvergänglicher Lieder war er imstande, aus einer stillen Lebenstrauer in den reinen Einklang mit der Schöpfung einzustimmen. Sie lassen nicht ahnen, daß sein Gemüt in den großen Streit zwischen Christentum und Aufklärung verstrickt war; in diesen wunderbaren Gebilden kam sein geängstigtes Herz zur Ruhe und wußte sich in einer Ordnung aufgehoben, die alles Grübeln überflüssig macht. Wahr und demütig ist auch sein Abscheu vor dem Krieg, den sein «Kriegslied» ausspricht:

> *'s ist Krieg! 's ist Krieg! O Engel Gottes, wehre*
> *Und rede du darein!*
> *'s ist leider Krieg – und ich begehre*
> *Nicht schuld daran zu sein!*

Dieser Schrecken vor der Kriegstrompete ist bürgerlich, aber man versteht ihn schlecht, wenn man ihn als kleinbürgerliche Ängstlichkeit abtut. Er ist menschlich und steht der tragischen Stimmung Homers näher als der Heroismus der Balladensänger am Schreibtisch. Auch Claudius' Lieder des häuslichen Glücks mit Weib und Kind sind nur scheinbar das Bekenntnis eines Philisters. Sie sind die Poesie, die er seinem armseligen Leben abgewann. Er hatte es auf keinen grünen Zweig gebracht, seine Laufbahn bestand darin, daß er seine Unfähigkeit zur Ausübung eines Brotberufs erkannte, und die literarisch berühmt gewordene Wandsbecker Familienidylle beruhte auf der Hilfsbereitschaft seiner Freunde.

Demütige Menschlichkeit erfüllt auch die mundartlichen Idyllen Johann Peter Hebels. Sie haften wie ein nicht zu verpflanzendes Naturgewächs am Boden des Schwarzwälder Wiesentals, und wer sie verstehen will, muß immer noch in das Land dieses Dichters gehen und seine Sprache lernen. Ein weltverlorenes Stück Erde wurde in das Licht des Mythus gehoben, weil es in Hebel seinen Schutzgeist erhielt. Auch ihm lag das Heroische fern. Er ließ in seinen Kalenderübersichten über die «Weltbegebenheiten» jeden Sinn für große Politik, für nationale Ehre vermissen und stellte sich nach dem Sturz Napoleons, den er mit geziemendem Respekt behandelt hatte, mit einem Witzwort auf die neuen Machtverhältnisse um. «Auf einen Kalendermacher schauen viele Augen. Deswegen muß er sich immer gleich bleiben, das heißt, er muß es immer mit der siegenden Partei halten. Es ist immer ein gutes Zeichen für eine kriegführende Macht, wenn die Kalendermacher des Landes auf ihrer Seite sind.» Das ist die Weisheit des an ewigen Ordnungen hängenden Sängergemüts. In der Erzählung vom «Unverhofften Wiedersehen» rollt die Weltgeschichte wie ein Schattenspiel zwischen Anfang und Ende eines schlichten Menschenlebens ab. Hebel kennt Ereignisse, die größer sind als die Taten der Könige und Diplomaten: den Lauf der Gestirne, den Gang der Jahreszeiten, das Rinnen der Gewässer und der Geschlechter. Die Naturerscheinungen sind bei ihm noch echt mythische Wesen, es umgibt sie die stille Heiterkeit der Götter-gegenwart. Goethe rühmte an Hebel, daß er das Universum durchaus verbauert habe; in Wahrheit hat er das Bauernleben noch kosmisch gesehen. In seinen Gedichten ist die Welt noch das Haus Gottes, bewohnt von Gottes Kindern. Alles hat lebendige, urver-traute Gestalt, alles liegt im Licht antiker Naturgöttlichkeit. Hier leuchtet in naiver Unschuld noch die Sonne Homers, wie in Mörikes und Gotthelfs mythischer Land-schaft[1]. Aber dieser Gottesfriede ist durch Schmerzen erkauft wie bei Claudius. Hebel sah sein Wiesental zum Kriegsschauplatz werden und die geliebten Dörfer der Heimat brennen. Seine «Vergänglichkeit» hält die Erinnerung daran fest und steigert sie zur apokalyptischen Vision. Vor diesem Hintergrund erhielten die Berge, Dörfer, Bäche und Sterne der Heimat für ihn den Ewigkeitsglanz.

2

In diesen bürgerlich-ländlichen Idyllen war die Sehnsucht nach einer neuen Sängerdich-tung am Ziel, überzeugender als in der Dörfchenpoesie der Göttinger Hainbündler, großartiger sogar als in Schillers «Spaziergang» und in Goethes Römischen Elegien. Das Werk der nationalen Erneuerung durch den Gesang, das Herder am Herzen lag, wurde durch sie freilich nicht vollbracht. Dieser Gedanke blieb als Forderung über der deutschen Literatur und ergriff noch einmal eine Jugend, als der Untergang des Reiches wieder das Gefühl für die öffentliche Verantwortung des Dichters weckte. Die Heidel-berger Romantik verkündete die Schönheit der volkstümlichen Überlieferung noch enthusiastischer als der Sturm und Drang, nun aber im Zeichen der nationalen Erhe-bung gegen Frankreich. Am Volkslied und Volksmärchen, am alten Brauchtum und an der mittelalterlichen Dichtung erlebten die Deutschen ihre politische Zusammen-gehörigkeit. Was Novalis noch auf dem geheimnisvollen Weg nach innen gesucht hatte, das trat ihnen jetzt in den altdeutschen Studien als sagenhaft verschönerte historische Wirklichkeit entgegen. Die Weltseele verdichtete sich zur Volksseele, der mythi-schen Mutter aller hohen Gesänge und Mären. Sie wurde der Leitgedanke eines ganzen Jahrhunderts, und einen Augenblick lang besaß sie die Kraft eines echten Mythus.

Der Glaube an die schöpferische Genialität des Volkes, den Herder und Goethe in dieser Form noch nicht besessen hatten, erhob sich mit der Gewalt einer religiösen Offenbarung. Creuzer sprach von der somnambulen Geistesart der gottnahen Urzeit, die Brüder Grimm entwickelten daraus ihre Lehre von der Volkspoesie. Der junge Schelling glaubte die tiefsten Kraftquellen eines Volkes im Mythus zu finden und ver-folgte dieses Thema bis in sein Alterswerk, die «Philosophie der Mythologie». Görres verschaffte den neuen Anschauungen mit seiner Oratorik den weiten öffentlichen Wi-derhall. In der Anzeige von «Des Knaben Wunderhorn» pries er die Natur als die Quelle

---

[1] «Ihm tönte und sprach noch die Natur. Er hörte und schaute die seligen Götter und elementari-schen Geistlein, er war, eigenem Wort nach, als ein Sonntagskind mit ihnen befreundet, er baute ihnen wirklich in seinen Gedichten solche Kirchlein: dem Puhuh, dem Dengelegeist, den Geistern in der Neujahrsnacht, den guten, engelgleichen und den bösen, in Wäldern und Feldern, in Wiesen und Flüssen, an Kreuzwegen und in Ruinen» (Walther Rehm, Goethe und Johann Peter Hebel 28, 1949).

aller wahren Dichtung und stellte den Zusammenhang mit diesem Ursprung wieder her. «Wir glauben ganz unumwunden an die Existenz einer eigenen Naturpoesie, die denen, die sie üben, wie im Traume anfliegt, die nicht gelernt und nicht erworben, auch nicht in der Schule erlangt wird, sondern gleich der ersten Liebe ist, die der Unwissendste in einem Augenblicke gleich ganz weiß und ohne alle Mühseligkeit gerade am besten dann übt, wenn er am wenigsten Studien gemacht, und gradweise um so schlechter, je mehr er sie ergründet hat. Wir achten die Kunst hoch, wie sich gebührt, nach der Natur aber ist stärkere Nachfrage ... Jedes exemplarische Kunstwerk wird ausgetragen und gezeitigt in der Verborgenheit des geistigen Fruchthalters und dann an den Tag gelassen, wie die Natur ihre Tiere und Pflanzen von sich gelassen, ohne peinliche Anstrengung, die erst Folge des späteren Fluches ist. Vor allem aber, in dem sich emsig des Menschen Tätigkeit versucht, ist Poesie aus dem höchsten Übermut des Lebens hervorgegangen; der Begeisterte hat im Rausche die Adern sich geöffnet und blutet mit Lust die Dichtung aus den warmen Quellen; was sie treibt, ist daher auch mehr als irgend anderswo jene geheime Wirkkraft des Lebens, fern von Überlegung abgewendet und keiner Zurechnung fähig und keiner äußerlichen Regel. Selbst des Menschen Ursprung ist in dieser Poesie und ihrer Liebe, und ihre Quellen brechen miteinander aus der Erde hervor. Am reichlichsten aber fließen diese Quellen in der Jugend der Völker, wo mehr noch des wilden Blutes tobt, das in späterer Sittsamkeit allmählich nach abwärts sich verwässert und nach aufwärts sich alkoholisiert.»

Auch den Herausgebern des «Wunderhorns» war es nicht nur um ein literarisches Unternehmen zu tun. Wie Voß und Herder arbeiteten sie auf die Erneuerung des Volksliedes in allen Gesellschaftsschichten hin, aus der die geistige Wiedergeburt Deutschlands hervorgehen sollte. Arnim entwarf auf seiner Schweizerreise von 1802 einen genauen Plan dafür, den er Brentano «unter dem dreifachen Siegel der Verschwiegenheit» mitteilte, «weil ich vor der Zeit nicht lächerlich werden will». Es war eine schwärmerische Utopie. Alles geschehe in der Welt der Poesie wegen, erklärte er darin, alle Menschen arbeiteten für den poetischen Genuß ihres Lebens; einzig der Dichter dürfe aus der Poesie seinen Beruf machen und sei daher verpflichtet, sich für die andern zu kasteien, damit sie das Leben hätten, als ein «demütiger Petrus, der die Himmelsschlüssel hat und an der Tür sitzt, um andre hineinzulassen, aber selbst nicht eintritt». Und nun der Plan: «Der erste Punkt unsrer Wirksamkeit ist die Anlage einer Druckerei für das Volk in einem Lande, wo der Nachdruck erlaubt und das Papier wohlfeil ist, Kaiser und Könige müssen uns Privilegien geben. Die einfachsten Melodien von Schulz, Reichardt, Mozart u. a. werden durch eine neuerfundene Notenbezeichnung mit den Liedern unter das Volk gebracht, allmählig bekömmt es Sinn und Stimme für höhere, wunderbare Melodien. Dies zu erreichen, wird von dem Gewinnst der Druckerei eine Schule für Bänkelsänger angelegt; man errichtet Sängerherbergen in den Städten und verbindet und lehrt ihnen die Schauspielkunst, es werden nun bessere musikalische, einfache Instrumente eingeführt. Wichtiger ist die Bearbeitung der deutschen Sprache für den Gesang in einer damit enge verbundenen Schule der Dichtkunst, die, wenn es möglich, in dem Schlosse Laufen beim Rheinfall eingerichtet wird. Hier wird die allgemeine deutsche Sprache erfunden, die jeder Deutsche versteht und bald von allen Völkern der Erde angenommen wird. Ich sehe schon manche fünf schöne neue Lieder, gedruckt in diesem Jahre, aus unsrer Druckerei kommen! Dies gibt den Deutschen einen Ton und eine enge Verbindung, jeder Streit zwischen ihren Fürsten muß sich selbst verzehren, weil der Deutsche gegen seine Brüder nicht zu Felde zieht, die Ausländer, ihrer Unterstützung gegen sie beraubt, müssen ihnen verbündet, Deutschland der Blitzableiter der Welt werden.» Brentano antwortete darauf: «Bei Deinem großen Plan ist die Handzeichnung des Terrains, der Rheinfall, recht nötig, ich höre sein Rauschen durchs Ganze, und er übertäubt das Luftige darin.»

Als einige Jahre später das «Wunderhorn» im Druck erschien, war Arnim das Utopische seines Vorhabens wohl schon bewußt. Wie Herders Volksliedersammlung trat ja auch diese in dem Augenblick hervor, wo in Deutschland das alte Volksleben unterging. Sie wurde ein großes Ereignis in der deutschen Literatur, aber nicht in der Geschichte des deutschen Volkes. Die Ahnung davon und die Trauer darüber schwingt im schwermütig-enthusiastischen Ton des Sendschreibens «Von Volksliedern» mit, das Arnim mit dem «Wunderhorn» veröffentlichte. Er beschwört darin den Glanz des festlich-hohen Lebens in Bildern herauf, die den ekstatischen Träumer verraten. Daß er nicht mehr die Gestalt des einzelnen heroischen Rhapsoden, sondern den anonymen singenden Volksmund aufruft, ist im Grund ein Zeichen dafür, wie weit seit dem Sturm und Drang die tatsächliche Verwirklichung der neuen Sängerpoesie hinausgerückt war. «Ja, wer nur einmal im Tanze sich verloren und vergessen, wer einen Luftball ruhig wie die Sonne emporziehen sah, den letzten Gruß des Menschleins darin empfing, der, jemals vom jubelnden Taktschlage der Janitscharen hingerissen, einen Feind gegen sich, den mutigen Freund neben sich glaubte, der die Reiter auf Wolken gegen sich ansprengen sah, unwiderstehlich, wie ein Trompetenstoß den mächtigen Strom hemmte; der etwa gar im Sonnenscheine einer Kriegsflotte Ankerlichten sah, wo wenige Augenblicke hinreichten voll Weben und Leben auf Masten und Stangen, diese goldenen Schlösser und Galerien alle wie Flossen eines Fisches ruhig in das luftbegrenzte Meer hinschwinden zu sehen, alles Dinge, die uns umgeben, uns begegnen, der muß an eine höhere Darstellung des Lebens, an eine höhere Kunst glauben, als die uns umgibt und begegnet, an einen Sonntag nach sieben Werktagen, den jeder fühlt, der jedem frommt.»

Dieser Traum vom hohen Leben im Gesang wurde nur in der Dichtung verwirklicht. Er erfüllte sich in der vom Volkslied inspirierten romantischen Lyrik. Abseits von allen literarischen Programmen, allen Schlagworten von Romantik und Volkstümlichkeit erschien dann der herrlichste Sänger, der je im Norden zu hören war. Auch Franz Schubert war ein Kind des Volkes, seine Melodien blühten fern vom Hofglanz aus der Naturtiefe auf, die Herder und Arnim meinten, aber der Gegensatz von Kunst und Natur ist in ihnen aufgehoben. Diesem Genius des Liedes genügten ein paar Freunde und eine unerfüllte Liebe, um die singende Menschenstimme durch alle Höhen des Glücks und alle Tiefen des Wehs zu führen. Wie im Volkslied und in aller Sprache der Natur fließen in seiner Musik Lust und Trauer ununterscheidbar zusammen. Sie bewegt sich am Rand des Abgrunds, ohne je in ihn hinabzustürzen. Wenn alle andern

Gesänge untergingen, wüßte man doch aus den seinen, was die Seele des Menschen zu empfinden vermag, und wenn auch sie vergessen sind, wird man nicht mehr ahnen, welche Schönheit über der Tiefe der Todestrauer schweben kann.

3

In der Dichtung kam trotz Eichendorff und Brentano, Uhland und Heine der Gedanke des neuen Sängertums nicht zur Ruhe, solange er nur ein literarisches Programm blieb. Die Sänger des deutschen Befreiungskriegs glaubten endlich seine Erfüllung zu erleben, aber der Wiener Kongreß machte ihre Hoffnungen zunichte. Die Pariser Julirevolution weckte sie von neuem auf, und es kam über Deutschland die dritte Welle volkstümlichen Gesangs, die noch weiter vom Idyllischen ins Politische hinüberschlug und das deutsche Volk zum Sieg zu tragen versprach.

Seit den Karlsbader Beschlüssen, mit denen die wieder sicher gewordenen Fürsten die freiheitliche Bewegung unterdrücken wollten, verschärfte sich die Spannung zwischen Volk und Obrigkeit, Dichter und Staatsgewalt zum offenen Konflikt. Die revolutionären Schriftsteller des Jungen Deutschland glaubten deshalb die Zeiten Dantes und Huttens wiedergekommen. Die europäische Ausdehnung des Völkeraufstands steigerte ihr Selbstbewußtsein gewaltig und ließ sie auch im Unglück den Mut nicht verlieren. In Herwegh, Gutzkow, Follen, Freiligrath glühte noch der romantische Burschenglaube an die deutsche Seele; sie fühlten diese Seele in sich und betrachteten sich als ihre Märtyrer, wenn sie im Gefängnis saßen oder in die Verbannung gingen. Herwegh berauschte sich an den Namen großer Vorgänger im Leiden für eine freie Menschheit, seine und der andern Lieder waren wieder voll von den Bildern der romantischen Spielmannspoesie. Der deutsche Sängerberuf schien doch noch Wirklichkeit zu werden. Hoffmann von Fallersleben trug den Mantel des heimatlosen Mannes so malerisch wie irgendein alter Balladensänger und wanderte in seiner selbsterfundenen altdeutschen Tracht viele Jahre lang als germanischer Rhapsode, als wieder aufgestandener Walther von der Vogelweide durch die deutschen Lande. Sie alle waren Romantiker des Reichsgedankens und hofften auf einen neuen Kaiser. Freiligrath, der feurigste deutsche Revolutionslyriker, schreckte in seinem Gedichtzyklus «Flottenträume» nicht davor zurück, die deutschen Klassiker als Gallionsfiguren einer künftigen deutschen Kriegsflotte zu preisen.

> *Ha, sieh den ‚Goethe' tief sein Bugspriet neigen!*
> *Ihm nach der ‚Schiller', auch mit tiefem Buge!*
> *‚Die freie Presse' läßt mit gutem Fuge*
> *Leuchtende Kugeln in die Lüfte steigen!*
> *Wir brauchen Namen wahrlich nicht zu kaufen!*
> *Wir haben Männer, haben Tage, Taten:*
> *Mehr Schiffe nur! Wir wollen sie schon taufen!*

Es war in diesem Freiheitspathos ein falscher Ton. Auch Heine, der gefährlichste literarische Gegner der deutschen Fürsten, vermochte niemals eine große dichterische Vision gegen sie auszuspielen. Er trumpfte mit dilettantischen Utopien auf, die er später selbst mit Lächeln las. Als vom Heimweh getriebener Emigrant reiste er 1843 in das Land seiner Väter zurück, und das Wintermärchen «Deutschland», das dieses Wiedersehen schildert, ist das schlimmste Pamphlet, das je gegen die Deutschen geschleudert wurde. Heine wütet gegen sich selbst, indem er alles Deutsche in den Schmutz tritt, und weiß, daß es so um ihn steht: dort, wo er im Kölner Dom seinen Dämon die Statuen der heiligen drei Könige erschlagen läßt und blutüberströmt erwacht. Er schließt das Buch mit einer Warnung an den preußischen König, die lebenden deutschen Dichter besser zu behandeln, da sie ihn sonst wie Dante in eine Hölle ohne Erlösung verdammen könnten. Aber er irrte sich. Nicht jeder Verbannte verfügt über Dantes bindende und lösende Gewalt. Ein Feuerwerk ist kein ewig brennendes Höllenfeuer, der Haß allein hat keine befreiende Kraft. Unbesiegbar macht einzig der Glaube und die Bereitschaft, ihm das höchste Opfer zu bringen. Die neuen Rhapsoden sangen mit Freiligrath: «Das Mal des Dichters ist ein Kainsstempel», aber die meisten von ihnen streckten mit der Zeit die Waffen. Freiligrath kehrte im Alter als heimwehkranker Mann aus London zurück, ließ sich als Nationalheld feiern und begleitete den deutsch-französischen Krieg mit hurrapatriotischen Liedern. Herweghs Siegeszug durch Deutschland, auf dem er mit Männerchören, Bankettreden und Leitartikeln begrüßt wurde, erwies sich gleichfalls als voreiliger Triumph. Erst später, als er dem Reich Bismarcks gegenüber auf seinem Nein beharrte und in der Fremde blieb, stählte der Schmerz seine Sprache. Aber er hatte sich als Matador der Parteilyrik ausgegeben.

Nur Georg Büchner, der einzige Geniale unter den deutschen Empörern, durchschaute dies alles als Pose. Er betätigte sich unter Lebensgefahr als Organisator des Umsturzes, hatte aber den Glauben an die politische Agitation bereits verloren, als er «Dantons Tod» niederschrieb. Diese Szenen entlarven das blutige Geschehen der Revolution als welthistorische Tragikomödie; Danton sagt: «Puppen sind wir, von unbekannten Gewalten am Draht gezogen; nichts, nichts wir selbst! die Schwerter, mit denen Geister kämpfen – man sieht nur die Hände nicht, wie im Märchen.» Das war ein neuer Mythus: der Mythus der Revolution. Büchners Freunde schüttelten die Köpfe und beschuldigten ihn des Verrats am revolutionären Programm. Aber die Schreckschüsse, mit denen sie selbst von sich reden machten, sind längst verhallt, nur Büchner wurde der Lage gerecht. Es war wie eine Wiederholung des Narrengelächters in Grimmelshausens Jupiterphantasie, was er dem Hegelianer Gutzkow schrieb: «Wenn man sich nur einbilden könnte, die Löcher in unsern Hosen seien Palastfenster, so könnte man schon wie ein König leben! So aber friert man erbärmlich.»

In der Schweiz verlief die Bürgerrevolution so glücklich wie nirgends, und sie erhielt im jungen Gottfried Keller einen Spielmann des Vaterlandes, der alle adeligen Tugenden auf das um seine Freiheit kämpfende Volk übertrug. Das redliche, tüchtige Volk war seine Geliebte, ja er verehrte es als eine heilige Person.

Mancherlei sind unsers Volkes Gaben,
Denn auch mancherlei hat es zu tun,
Und beim harten Ringen wie zum Ruhn

Muß es einen guten Spielmann haben,
Der, wenn Sichel, Schwert und Hammer klingt,
Stets dazu die rechte Weise singt.

Diese Liebe verstand sich für Keller nicht von selbst. Seine erste Erfahrung mit dem
Staat war die Verstoßung aus der Schule gewesen; dieselbe Vaterstadt, die er später
mit seinen «Zürcher Novellen» beschenkte, hatte ihm ein Unrecht angetan, das er lange
nicht verwand, weil es die Ursache seiner Jugendnöte war. In den Berliner Hungerjah-
ren schrieb er im «Grünen Heinrich» den schönsten Lobgesang auf die Schweiz als die
Geschichte seines eigenen Zugrundegehens. Dieser Roman ist ein Mythus der Heimat,
seine Reflexionen drehen sich um den Gedanken, daß auch die Kraft und Würde des
Künstlers auf seiner Harmonie mit der Gemeinschaft beruhe. «Mit großen Augen be-
schaut sich erst die Menge den Einzelnen, der ihr etwas vorsagen will, und dieser, mut-
voll ausharrend, kehrt sein bestes Wesen heraus, um zu siegen. Er denke aber nicht, ihr
Meister zu sein; denn vor ihm sind andere dagewesen, nach ihm werden andere kommen, und jeder wurde von der Menge geboren; er ist ein Teil von ihr, welchen sie sich
gegenüberstellt, um mit ihm, ihrem Kind und Eigentum, ein erbauliches Selbstgespräch
zu führen. Jede wahre Volksrede ist nur ein Monolog, den das Volk selber hält. Glücklich aber, wer in seinem Lande ein Spiegel seines Volkes sein kann, der nichts wider-
spiegelt als dies Volk, indessen dieses selbst nur ein kleiner heller Spiegel der weiten
lebendigen Welt ist!» Dieses Glück bleibt Heinrich in der ersten Fassung des Romans
versagt, die Schuld am Tod der Mutter bringt ihn darum.

Noch lange schien es, daß auch der als Maler und Dramatiker gescheiterte Keller
nicht imstande sei, den Weg zu einem gesicherten Erwerb und zum Ansehen vor den
Mitbürgern zu finden. Nach Jahren der Entbehrung, des einsamen Heulens und frucht-
losen Spintisierens machte die Wahl zum Zürcher Staatsschreiber seiner Not ein Ende.
Sie kam gerade zur rechten Zeit, um aus dem ungebärdigen, etwas verkommenen
Eigenbrödler doch noch einen gewissenhaften Beamten zu machen. Ohne diese Wendung wäre er vielleicht ganz verwahrlost und auf irgendeine dunkle Art zugrunde gegangen. Nun schloß sich der Abgrund hinter ihm, aber mit der Not versank auch der
dichterische Segen des abenteuerlichen Lebens. Die höchste Schönheit seiner Phantasie
erstarb; das Gedicht «Winternacht» stellt es im Bild der eingefrorenen Nixe dar, die
mit ersticktem Jammer an der Eisdecke herumtastet. Diese Nixe ist eine Verwandte
von Mörikes schöner Lau, dem Wasserweib im «Stuttgarter Hutzelmännlein», das
zur Strafe für seine Kinderlosigkeit im Weiher bei Blaubeuren leben muß, bis es fünfmal
gelacht hat. Der Staatsschreiber Keller wurde ein selbstbewußter Mann und stellte in
der wilden Unordnung seines innern und äußern Menschen die gelassene Ruhe her, die
aus seinen volkstümlichsten Werken spricht. Er lernte nun lachen, er wurde ein Meister des Humors, wie es seit Claudius und Hebel alle echten Sänger des Volkes waren.
Der Humor ist das umgekehrte Pathos, die bürgerliche Abart des hohen Sängermutes.
So hatte ihn Jean Paul erklärt, so verstand ihn die ganze bürgerliche Epoche: als das
Lächeln der weisen Resignation. Mit diesem Lächeln schildern die «Leute von Seldwyla»

das Tun und Treiben des schweizerischen Bürgertums. Keller wußte jetzt, daß er in seinem jugendlichen Patriotismus über die Wirklichkeit hinausgegangen war; wenn er sie weiterhin idealisierte, tat er es in klarer Erkenntnis des Abstands zwischen Dichtung und Realität. Vom «Fähnlein der sieben Aufrechten», seiner populärsten Novelle, sagte er: «Noch ist lange nicht alles Gold, was glänzt; dagegen halte ich es für Pflicht eines Poeten, nicht nur das Vergangene zu verklären, sondern das Gegenwärtige, die Keime der Zukunft so weit zu verstärken und zu verschönern, daß die Leute noch glauben können, ja, so seien sie, und so gehe es zu! Kurz, man muß, wie man schwangeren Frauen etwa schöne Bildwerke vorhält, dem allezeit trächtigen Nationalgrundstock stets etwas Besseres zeigen, als er schon ist; dafür kann man ihn auch um so kecker tadeln, wo er es verdient.» Das war auch Goethes Verfahren in «Hermann und Dorothea» gewesen. Goethe schrieb in der «Italienischen Reise» im Hinblick auf die Verschandelung von Palladios Bauwerken freilich auch: «Man verdient wenig Dank von den Menschen, wenn man ihr inneres Bedürfnis erhöhen, ihnen eine große Idee von ihnen selbst geben, ihnen das Herrliche eines wahren edlen Daseins zum Gefühl bringen will. Aber wenn man die Vögel belügt, Märchen erzählt, von Tag zu Tag ihnen forthelfend sie verschlechtert, da ist man ihr Mann, und darum gefällt sich die neuere Zeit in so viel Abgeschmacktem. Ich sage das nicht, um meine Freunde herunterzusetzen, ich sage nur, daß sie so sind und daß man sich nicht verwundern muß, wenn alles ist, wie es ist.»

Kellers Wahrhaftigkeit konnte sich dieser Einsicht nicht verschließen. Je älter die verjüngte Schweiz wurde und er mit ihr, desto ernsthafter tadelte er sie. Er sah vieles an ihr, was ihm nicht gefiel, und kritisierte sie offen. Sein Leben lang sah er in seinem Volk wie ein Vater zum Rechten, aber er verlor das Lachen seiner zufriedenen Jahre wieder. Schon die Lieder und Novellen, in denen er der jungen Eidgenossenschaft gehuldigt hatte und selbst «in Vaterlandes Saus und Brause» untergetaucht war, waren der Freudengesang eines Mannes gewesen, der für seine Person das Glück der Gemeinschaft entbehrte. Während der genießerisch vertrödelten Beamtenjahre erlosch sein mystischer Glaube an das Volk und mit ihm seine dichterische Vision. Er wußte, daß diese anderthalb Jahrzehnte äußerer Sorglosigkeit seine «ganz seltsame pathologische Arbeitsscheu in puncto litteris» verstärkten, und quittierte den Dienst in dem Augenblick, wo er sich finanziell gesichert wußte. Aber die Schönheit seiner Erstlinge fehlt den bis zur Nüchternheit abgeklärten Büchern seines Alters. In der zurückgewonnenen Freiheit versank sein Leben und Schaffen in einer tristen Einsamkeit. Nur seine Kneipnächte und Raufhändel verrieten den Bürgern, daß er eine Doppelexistenz führte. In seinem Nachtleben tobte das dämonische Wesen seiner Jugend weiter, dem er auch seine Ehelosigkeit zu verdanken hatte. Die «stille Grundtrauer», ohne die er nicht leben mochte, ging viel tiefer, als seine Umgebung ahnte. Sie war das Dichterische in ihm, der Taugenichts, die Nixe, die erst starb, als er in der grauen Verlassenheit seiner letzten Jahre die Augen schloß. Von seinem letzten Werk, dem «Martin Salander», ist alle Idealisierung abgefallen, ihn hat die schwere Sorge um die politische Entwicklung der Schweiz geboren. Den Glauben an sein Land verlor Keller allerdings nie, daher fehlt seiner Kritik die verletzende Schärfe. Das lag aber nicht an den schweizerischen Zuständen, es lag an seinem Vertrauen in die Menschen.

VERDUNKELUNG

I

Das neunzehnte Jahrhundert brachte nicht die Wiedergeburt, sondern die Zerstörung der volkstümlichen Traditionen. Das Schicksal der Menschheit ballte sich in den Städten zusammen und nahm dort Formen an, die das Ende des idyllischen Bürgerglücks bedeuteten. Die Städte galten jetzt als Mittelpunkte des Weltgeschehens, neuartige Reichtümer und ein riesig gesteigertes Selbstbewußtsein sammelten sich in ihnen an. Sie begannen ihr Antlitz bis zur Unkenntlichkeit zu verändern, die alten Mauerringe und Tore fielen, die Vorstädte wucherten weit ins Land hinaus. Die Metropolen wurden zu wimmelnden Ameisenhaufen, die Masse trat in Erscheinung. Die Künste, die den Rückhalt am feudalen Mäzenatentum verloren hatten, suchten die Verbindung mit diesem neuen Publikum. Die Musik verzog sich aus den Schlössern und Kirchen in die öffentlichen Konzertsäle, die Malerei in die Ausstellungen, die Literatur in die Journale. Sie unterwarfen sich dem freien Wettbewerb der Tüchtigen im modernen Stil, der kapitalistischen Marktordnung, sie begannen eine Ware zu werden. Das bürgerliche Gelddenken trat in das letzte Stadium seiner Entwicklung ein.

Die soziale Stellung des Dichters wurde so prekär, daß sein Führertum zum romantischen Märchen verblaßte. Auch als Ideal war es nicht mehr möglich, nur noch als Absage an die Wirklichkeit. Schubert hatte noch gesagt: «Mich soll der Staat erhalten. Ich bin für nichts als das Komponieren auf die Welt gekommen.» Ein solches Vertrauen war jetzt der sichere Untergang. Der lustige Krieg der Romantiker gegen den Philister wurde zur wirklichen Feindschaft, und es war schon bittere Ironie, wenn Keats feststellte: «Einer der Hauptgründe, weshalb England die größten Schriftsteller der Welt hat, liegt darin, daß man sie zu ihren Lebzeiten schlecht behandelt und nach ihrem Tode verehrt hat. Im allgemeinen wurden sie rücksichtslos auf die Seitenwege des Lebens gejagt und erfuhren an sich die ganze Niedertracht der Gesellschaft. Man behandelte sie nicht wie die italienischen Raphaele. Und wo ist der Engländer und Dichter, der bei der Taufe von seines Helden Lieblingspferd ein prachtvolles Festmahl gegeben hätte, wie es Bojardo tat? Der hatte ein Schloß in den Apenninen. Er war ein edler Barde – nicht ein selig-unseliger Dichter des Menschenherzens.» Jean Paul erkannte mit seinem starken sozialen Gefühl bereits die materielle Unmöglichkeit der Dichterexistenz. In seinem Aufsatz «Über die natürliche Magie der Phantasie» heißt es, allerdings noch romantisch verschnörkelt, über die Unfähigkeit des Dichters, zwischen Phantasie und Wirklichkeit zu unterscheiden: «Er kommt nie dahinter, wie bürgerlich-eng einem armen Archiv-Sekretär mit sechs Kindern – gesetzt er wäre das selber – zu Mute ist. Denn ist er selber bürgerlich unglücklich, z.B. ein Träger des Lazarus-Ordens: so kommt es ihm vor, als mach er eine Gastrolle in Gays Bettleroper; das Schicksal ist der Theaterdichter, und Frau und Kind sind die stehende Truppe. Und wahrlich, der Philosoph und der Mensch dürfen hier nicht anders denken als der Dichter; und der, für den das *äußere* (bürgerliche, physische) Leben mehr ist als eine Rolle: der ist ein Komödiantenkind, das seine Rolle mit seinem Leben verwirrt und das *auf dem Theater zu weinen anfängt*. Dieser Gesichtspunkt, der metaphorischer scheint, als er ist, erhebt zu einer Standhaftigkeit, die erhabener, seltener und süßer ist als die stoische Apathie und die uns an der Freude alles empfinden lässet, ausgenommen ihren Verlust.»

Zunächst schien es nur auf die politische Verfolgung der Außenseiter abgesehen. Aber der Fürstenhaß gegen sie zeigte jetzt ein neues Gesicht. Früher hatte er dem Ge-ächteten die Würde des heimatlosen Flüchtlings gelassen; in der Ära Metternichs wollte er seine Opfer geistig erdrosseln oder unauffällig verenden lassen, wie es schon Hölderlin seinen «klugen Ratgebern» vorwarf:

> *Sonst ward der Schwärmer doch ans Kreuz geschlagen,*
> *Jetzt mordet ihn der sanfte kluge Rat.*

Die Sieger über Napoleon handhabten diese Methode mit Meisterschaft. Sie erzeugten jenen Alpdruck von Unsicherheit und Mißtrauen, der Grillparzer lähmte. Der Geist selber wurde in Acht und Bann getan und drohte unter dem Fluch der Unzeitgemäß-heit zu erliegen. Chamissos Peter Schlemihl, der als Verfemter in Siebenmeilenstiefeln durch die Welt flieht und sich in einer Einsiedlerhöhle der thebaischen Wüste verbor-gen hält, wurde in Frankreich ebenso populär wie in Rußland; seine Schattenlosigkeit stellte das ahasverische Los des geistigen Menschen, sein Herausfallen aus der Welt in einem zwingenden Gleichnis dar. Die Zensur vergiftete das Leben der Schriftsteller, weil sie nicht einmal Widerspruch zuließ. Die öffentliche Meinung, die sich in Deutsch-land seit der Franzosenzeit gebildet hatte, verkümmerte wieder. Sogar Johann Peter Hebel erlebte es, daß sein Kalender wegen einer harmlosen Erzählung verboten wurde, und verlor die Lust, ihn weiter herauszugeben. Fritz Reuter wurde durch die Festungs-haft gebrochen und konnte nach der Entlassung in seinen gemütvollen Erinnerungs-büchern nur ahnen lassen, wozu er unter einem besseren Stern fähig gewesen wäre. Hermann Kurz erstickte in der Luft der schwäbischen Reaktion, der junge Hebbel kämpfte mit dem Verhungern.

Die Schwungräder des technischen Fortschritts setzten sich in Bewegung, das Geld wurde zur weltbeherrschenden Macht. Vor allem Paris war seit dem Verfliegen des napoleonischen Traums der Herd dieser unberechenbaren Entwicklung. Louis-Philippe gab mit seinem «Enrichissez-vous!» der Bourgeoisie die Losung, die Nationalökono-men sprachen den brutalen Egoismus mit dem Schlagwort von der «Harmonie der Interessen» heilig, die Sozialisten verbreiteten die frohe Botschaft von der Arbeit um der Arbeit willen, die schon Hegels «Phänomenologie» begründet hatte. Eine neue Führerschicht trat auf: der rücksichtslose Unternehmer, der kalte Realpolitiker, der skrupellose Spekulant. Und ein neues Publikum trat in Erscheinung: der Mittel-stand, das Volk, von dem Voltaire noch gesagt hatte, das seien Ochsen, die ein Joch, einen Stachel und Heu brauchten. Das Kleinbürgertum, das durch die Revolution be-freit worden war, lernte jetzt in den Volksschulen lesen und verschlang die Massenauflagen der Zeitungen. Sein politisches Erwachen war das Ereignis des Jahrhunderts, seinen Bildungshunger befriedigte eine ganz neue Literatur. Diese Masse war begeisterungsfähig und fortschrittsfroh, aber ohne Kultur und von philiströser Selbstzufriedenheit. Ihre Wortführer hatten dieselben Eigenschaften, und sie formulierten die Aufgaben des Schriftstellers im Zeitalter der Industrie. Er sollte sich als Bürger unter Bürgern, als Arbeiter unter Arbeitern betrachten, ein Mann des Volkes sein, der Freiheit und Gleichheit aller dienen. Der freudig geübte praktische Beruf sollte seine Zugehörigkeit zur Gemeinschaft beweisen. Man lag ihm mit dem Lied vom Segen der Pflichterfüllung in den Ohren und pries ihm die prosaische Arbeit des Kaufmanns, Technikers und Beamten als die hohe Schule des Lebens.

In Paris wurden auch die modernsten Gattungen der bürgerlichen Gebrauchsliteratur geboren, die nach der Überzeugung der maßgebenden Köpfe einzig noch aktuell waren: der Zeitroman, die politische und soziale Lyrik. Hier heizte der Schneiderssohn Béranger mit seinen Gassenhauern die Erregung, die in der Julirevolution zündete, und wurde mit den Ehren eines Marschalls von Frankreich begraben. In diesem Zentrum des Pressewesens formte sich der neue Typ des Berufsjournalisten und des berufsmäßigen literarischen Kritikers, überhaupt ein ganz neues, nervöses Verhältnis zwischen Kunst und Öffentlichkeit. Die kapitalistische Presse erzeugte neue Formen der literarischen Produktion, die der großstädtischen Sensationslust angepaßt waren, vor allem den Gesellschafts- und Unterhaltungsroman und das Feuilleton. Die Dichtung verlor abermals ganze Provinzen an den Journalismus, geschickte Macher drängten sich in die Gunst des Publikums und erhoben die Konjunkturdichterei zum Prinzip. In den vierziger Jahren gingen die Pariser Blätter dazu über, Romane in regelmäßigen Fortsetzungen zu bringen, und steigerten dadurch ihre Auflagen gewaltig. Autoren von erstem Namen schlossen mit ihnen Verträge ab, die ihnen unerhörte Honorare eintrugen. Diese Erfolge säten das gefährlichste Mißtrauen gegen den Dichter aus, sie widerlegten ihn scheinbar mit seinen eigenen Mitteln. Seine Armut erschien jetzt als sinnlos und selbstverschuldet. Wer im Geflimmer und Getöse dieser Stadt Anerkennung finden wollte, durfte kein Träumer sein, und tatsächlich kämpften hier berühmte Schriftsteller nicht nur um die literarische, sondern auch um die politische Karriere. Selbst ein Balzac politisierte leidenschaftlich und kandidierte mehrmals, allerdings erfolglos, für die Kammer. Chateaubriand, ein Meister des parlamentarischen Manövers, war unter der Restauration zweimal Minister und rühmte sich der kriegerischen Intervention gegen das freiheitliche Spanien, die von den Liberalen als eine nationale Schande angesehen wurde. Die Diplomatenlaufbahn des ehrgeizigen Lamartine nahm 1830 ihr Ende; nach der Februarrevolution wurde er der erste Außenminister der zweiten Republik, aber jäh wieder fallen gelassen, und nahm von seinem Gegner Napoleon III. ein kümmerliches Gnadenbrot an.

In Victor Hugo verbündete sich die Romantik mit der politischen Leidenschaft. Der junge Hugo beanspruchte mit dröhnendem Pathos für den Dichter die öffentliche Führerrolle, die Hölderlin und Novalis in Deutschland so leise gefordert hatten, und machte sich anheischig, als Mann über den Parteien «die politischen Ereignisse zur Würde historischer Ereignisse zu erheben». Anders, als er es sich gedacht hatte, wurde ihm Gelegenheit dazu gegeben, aber er stand großartig zu seinem Versprechen. Er ging, als die Republik 1851 dem Staatsstreich Napoleons III. zum Opfer fiel, zum Zeichen des Protests freiwillig in die Verbannung und lebte achtzehn Jahre lang auf den englischen Kanalinseln Jersey und Guernsey, von wo aus er seine Peitschenschläge gegen die Diktatur führte. Er wählte, wie einst Voltaire, das Exil bewußt und auf weite Sicht als Tribüne für seinen politischen Widerstand. Nach der Proklamation der dritten Republik kam für ihn tatsächlich die Stunde des Triumphs; als Siebzigjähriger zog er, von den Arbeitern und Studenten abgeholt, in Paris ein. Das war der Augenblick, den auch der alte Voltaire erlebte und der für Dante niemals kam. Hugos Beisetzung im Jahr 1885 war vielleicht das großartigste Schauspiel, das im modernen Frankreich zu Ehren eines Dichters stattfand. Der Leichnam unter dem umflorten Arc de triomphe aufgebahrt, flankiert von den Lorbeerkränzen des staatsoffiziellen Ruhms; auch die Regierungsgebäude schwarz verhüllt, der Leichenwagen auf dem Weg zum Panthéon von den Größen der französischen Literatur begleitet. Die ganze Stadt folgte dem Sarg in stundenlangem Zug, aber in der Stimmung eines Volksfestes. Der Leichenwagen selbst war nach dem Willen des Dichters, in gewolltem Kontrast zu diesem Gepränge, nur der schmucklose corbillard des pauvres.

Die Industrialisierung der Literatur half dem Literaten endgültig zum Übergewicht über den Dichter. In ihr vollendete sich die bürgerliche Säkularisation des Geistes, die im achtzehnten Jahrhundert zum erstenmal den Zweckschriftsteller an die Spitze des kulturellen Lebens gestellt hatte. Die Wiedergeburt der magischen und visionären Dichtung in der Romantik hatte diese Verweltlichung unterbrochen, nun setzte sie sich in beschleunigtem Tempo fort. Im deutschen Sprachgebiet stand man dieser Entwicklung noch lange ablehnend gegenüber. Dem alten Goethe waren schon die biedermeierlichen Anfänge des Journalismus zu viel gewesen, er verzichtete bald auf die Lektüre der Tagesblätter und fühlte sich seither wie befreit. «Bei dem Narrenlärm unserer Tagesblätter geht es mir wie einem, der in der Mühle einschlafen lernt: ich höre und weiß nichts davon», schrieb er an Zelter. Und zum Kanzler Müller sagte er: «Ein Volk, das ein Morgenblatt, eine elegante Zeitung, einen Freimütigen hat, und Leser dazu, ist schon rein verloren.» Der junge Hebbel allerdings bewunderte, als er, des Französischen unkundig, an der Seine hauste, den imponierenden Glanz des neuen Literaturbetriebs. Der junge Burckhardt aber durchschaute zur gleichen Zeit seine unheimlichen Voraussetzungen und Folgen. In einem Zeitungsaufsatz «Die französische Literatur und das Geld» schilderte er am Beispiel von Paris die verhängnisvolle Rolle der Großstadt im industrialisierten Staat und in der Literatur. Die größten deutschen Dichter hätten «in kleinen Städtchen am Rhein, in Schwaben, in Thüringen von mäßig bezahlten Ämtern und Geschäften gelebt und von ihren Werken nicht viel mehr gehabt als die Verehrung ihrer Nation und die Unsterblichkeit». Der französische Autor von heute lebe nicht mehr im Volk, er sei der Abgott des verwöhnten Pariser Publikums und werde zum hastigen Produzieren, zu Erfolgsstreberei und faulen Kompromissen verführt, aber auch zu einer Geltungssucht, die an die Kriecherei des aristokratischen

Zeitalters erinnere und merkwürdig zum demokratischen Lärm kontrastiere. «Es ist eine der furchtbarsten Folgen der französischen Zentralisation, daß sie auch den reinsten jugendlichen Genius mit Gewalt in diesen höllischen Strudel taucht. Ich glaube, Victor Hugo wäre ohne die Einwirkung von Paris lange nicht so rasch verblüht.» Burckhardt sah in diesem Zustand die Vorstufe zu einer neuen geschichtlichen Konstellation: die Verwandlung der Großstadt in die Kaserne, das Bündnis der Monarchie mit der Masse.

Der Gegensatz zwischen hoher Dichtung und Tagesliteratur vertiefte sich jetzt entscheidend. Die Dichter wurden in dieser Auseinandersetzung unsicher und ließen sich überzeugen, daß der treu erfüllte bürgerliche Beruf auch für sie die Goldprobe sei. Sie bemühten sich, nach außen wie ehrbare Geschäftsleute auszusehen, weil sie keine Parasiten sein wollten und Beruflosigkeit das Zeichen der verfehlten Existenz war. Vielen glückte es, sich in eine imposante gesellschaftliche Stellung aufzuschwingen, besonders durch journalistische Tätigkeit, die als der gegebene Beruf des Dichters erschien. Wer als Zeitungsmann der Forderung des Tages gewachsen war, konnte bedeutende Erfolge erleben. Die Vertreter des literarischen Fortschritts saßen fast ausnahmslos in einer Redaktionsstube, rühmten ihre Arbeit als den heiligen Beruf des mit der Zeit gehenden Schriftstellers und durchtränkten alle Gattungen der Literatur mit ihrer feuilletonistischen Beweglichkeit. Wirkliche Dichter hielten es im Zeitungsdienst allerdings selten lange aus. Sie bekreuzigten sich bald vor der Kommerzialisierung des Geistes und zogen einen der altmodischen Brotberufe vor. Zur Zeit, als sich die europäischen Fortschrittsliteraten noch in den Illusionen ihrer völkerbeglückenden Sendung wiegten, erlebte in Amerika Edgar Allan Poe bereits das Martyrium des vom Krämergeist ausgebeuteten Genies.

2

Die großzügigsten Verhältnisse bestanden für die bürgerlichen Autoren in England. Schon Walter Scott, seines Zeichens Advokat, hatte in kluger Überlegung die Beamtenlaufbahn gewählt und sich, da er viel Geld brauchte, als junger Mann einen leichten, einträglichen Posten zu verschaffen gewußt, der ihn nur sechs Monate im Jahr beanspruchte – also mühelos das erreicht, was Grillparzer zeitlebens vergeblich suchte[1]. Nun aber erschien in Dickens ein erster Dichter der modernen Großstadt mit ihrem Millionengewimmel, der einen neuen Maßstab für den literarischen Erfolg aufstellte. Dickens wurde der Liebling der Masse, weil er weltoffen, fortschrittlich und optimistisch, aber auch gemäßigt oppositionell und ein unermüdlich fordernder sozialer Reformer war: der typische Radikale, ein bewußter Demokrat. Mit seinem Familienblatt erlangte er einen nie erlebten Einfluß auf die Nation, sein Idealismus paarte sich seltsam mit Geschäftstüchtigkeit. Er war ein kühler Rechner, schrieb um des Geldes willen und verdiente in gerader Linie ein Vermögen, das ihm den Kauf eines Gutes in Rochester

---

[1] Goethe fand allerdings, er habe dafür sich selbst verkauft und sei im Grund um des Geldes willen zum Pfuscher geworden; «denn seine meisten Romane seien nicht viel wert, doch immer noch viel zu gut fürs Publikum» (zum Kanzler Müller am 25. November 1824).

gestattete. Um seinen luxuriösen Haushalt zu finanzieren, unternahm er auf eigene Rechnung alljährliche Vortragsreisen, die sich zu einträglichen Tourneen durch Amerika auswuchsen. Der kleinbürgerliche Zeitungsreporter wurde ein behäbiger Bourgeois, der nach Vornehmheit strebte und eine gewisse Ideenarmut hinter der behaglichen Fülle seiner Physiognomie zu verbergen wußte.

Die großen Romanciers waren zuerst bereit, den Pakt mit dem Zeitgeist zu schließen. Im großstädtischen Gesellschaftsroman brachte die verbürgerlichte Literatur ihre bezeichnendste Gattung hervor, der man eine unabsehbare Zukunft prophezeite. Die modernen Erzähler erschienen als die Erben der alten Epiker, und sie waren es tatsächlich. Als Söhne dieser Welt ließen sie sich vom Tumult des Lebens faszinieren und opferten seinen Göttern. Balzac war in das babylonisch glänzende Ungetüm Paris verliebt, das ihn mit dem Luxus und Reichtum seiner Gesellschaft blendete. Der Dämon Gold, der die von ihm geschilderte Welt beherrschte, hatte auch ihn in den Klauen. Er jagte mit phantastischen Projekten dem Trugbild der Millionen nach, die ihn unabhängig machen und aus der Fron der Schriftstellerei erlösen sollten. Bald reiste er nach Sardinien, um die Ausbeutung der Silberschlacken in den römischen Bergwerken zu studieren, bald suchte er den Schatz des Negergenerals Toussaint-Louverture, bald fabelte er von einer Ananasplantage bei Paris oder verrannte sich in buchhändlerische Spekulationen. Der «Gobseck» deckt den Abgrund der Machtgier auf, die ihn dazu trieb. Dostojewskij wollte das Schicksal in den Spielhöllen Westeuropas zwingen und ließ sich eine Zeitlang von der Spielerleidenschaft zerrütten. Er arbeitete zeitlebens unter dem Druck entsetzlicher Geldnot, die seine Gesundheit untergrub und sein Schaffen schädigte. Andere nahmen immer noch die Armut als ihr Fatum hin, wie der Belgier de Coster, der Jahrzehnte im Elend zubrachte, bevor man ihm mit einer Professur zu Hilfe kam.

Zu der Zeit, als Grillparzer in den Ruhestand trat, begann das Martyrium des Dichterbeamten Adalbert Stifter. Er stellte sich unter dem Eindruck der Revolution von 1848, die als der Anbruch einer neuen Ära für die Kunst ausposaunt wurde, den Behörden zur Verfügung und wurde zum Inspektor des oberösterreichischen Schulwesens mit Sitz in Linz ernannt. Nach einigen Jahren eifriger Kleinarbeit in seinem Ressort erwachten Kummer und Reue mit einer Macht, die ihn verzehrte. In den Briefen nennt er sich einen Verbannten, Linz ist ihm Böotien, ein Thule, eine Wüste, ein Hottentotien, ein Kerker. Er spricht von sündlicher Verschleuderung seiner Zeit, von Verrat der Dichtung aus mißverstandener Menschenliebe. Eine schwere berufliche Kränkung – man entzog ihm, ähnlich wie Gotthelf, die Aufsicht über die Linzer Oberrealschule – verschärfte seinen Schmerz noch. «Hätte ich nur Zeit, und hätte das Amt nicht!» ist sein Refrain gegenüber dem Verleger. «Durch das Heu den Häckerling die Schuhnägel die Glasscherben das Sohlenleder die Korkstöpsel und Besenstiele, die in meinem Kopfe sind, arbeitet sich oft ein leuchtender Strahl durch, der all das Wüste wegdrängen und einen klaren Tempel machen will, in welchem ruhige große Götter stehen; aber wenn ich dann in meine Amtsstube trete, stehen wieder Körbe voll von jenen Dingen für mich bereitet, die ich mir in das Haupt laden muß. Dies ist das Elend, nicht die wirkliche Zeit, die mir das Amt nimmt. Könnte ich diese Zeit verschlafen oder die Amtsdinge ohne Teilnahme des Herzens abtun, zu welch schönem Grad der Ruhe es viele Beamte bringen, so hätte meine Dichtkunst nichts verloren; aber das ists, wenn eine Kirche zur Scheune gemacht wird, so steht ihr das Predigen in ihr übel. Ich glaube, daß sich die Dinge an mir versündigen ... die kleinen Dinge schreien drein, ihnen muß von Amtswegen und auf Befehl der Menschen, die sie für wichtig halten, obgewartet werden, und das Große ist dahin. Glücklich die Menschen, die diesen Schmerz nicht kennen! und doch auch unglücklich, sie kennen das Höchste des Lebens nicht. Ich gebe den Schmerz nicht her, weil ich sonst auch das Göttliche hergeben müßte.»

Stifter führte die Krankheit, die ihn zu peinigen begann, auf diesen Schmerz zurück, von dem sein Arzt nichts ahne. Sein Gram wurde noch größer, als er einmal das Glück der Freiheit kosten durfte: während einiger Ferienwochen im Spätsommer 1855 am Fuß des Dreisesselsteins in Böhmen, in der Landschaft des «Witiko». «Ach Gott, könnte das so fortdauern!! Welche Werke dürften da entstehen?! Hätte ich hier ein Häuschen, meine Blumen, meine Zeichnungen bei mir, jährlich ein paar Monate bei Freunden in Wien – was wäre das für ein Himmel!!!! Ich glaube, es wäre ein bescheidener Himmel – oder ist der Wunsch doch so hoch, daß ihn der Himmel, der oberhalb uns ist, immer versagt?» Er konnte das Schaffensglück dieses Sommers nicht vergessen; ein eigenes Häuschen in jener ländlichen Stille mit Garten, Forellenteich, Kakteenhaus, mit Schreiben und Malen den ganzen Tag erschien ihm als die Seligkeit auf Erden. Aber sie blieb ihm versagt. Mit ähnlicher Inbrunst hoffte er lange auf einen zwei- bis dreijährigen Aufenthalt in Italien. Der Gedanke daran tröstete ihn bei der «gehirnzerstörenden» Amtsarbeit, bei der er «die goldenen Körner der Stunden unaufhaltsam dahinrinnen» lassen mußte. Die Italienreise, die er 1857 endlich unternehmen konnte, war nur ein karger Ersatz für das, was er erhofft hatte.

Er tat alles, um seinem Gefängnis zu entrinnen, nur einen radikalen Entschluß vermochte er nicht zu fassen. Der Gedanke an den Verzicht auf seine Bequemlichkeiten und Liebhabereien, der Schritt ins Ungewisse lag ihm wie Grillparzer seltsam fern. Erst wandte er sich der historischen Erzählung zu, die damals hoch im Kurs stand, und entwarf einen Zyklus von drei dreibändigen Romanen, von denen nur der erste – der «Witiko» – ausgeführt wurde. Als er einsehen mußte, daß seine schriftstellerischen Anstrengungen ihn nicht freimachen konnten, kaufte er sich ein Lotterielos. Aber sein felsenfester Glaube, daß er den Haupttreffer von 200000 Gulden gewinnen werde, erwies sich als eine Täuschung. Nun überredete er seinen Verleger zu einer Spekulation mit Eisenbahnaktien, die allmählich als Honorar in seinen Besitz übergehen sollten. Diese Manipulationen waren bitter ernst gemeint, ihr Fehlschlagen trieb ihn zu erschütternden Klagen. «Vielleicht wird man einmal diesen Brief lesen», schreibt er Heckenast zur Begründung der Aktienspekulation, «und die im Mutterleibe getöteten Kinder bedauern, dann wird es zu spät sein, wie es bei Kepler zu spät war, der auch in diesem unseligen Linz lebte, und wie es bei Mozart zu spät war. Ich bin kein Kepler und kein Mozart; aber wenn meine bisher veröffentlichten Arbeiten etwas wirkten, so bin ich doch etwas; denn ich weiß es, daß diese Arbeiten mein Mindestes sind und daß Tieferes in der Seele schlummert, das nur nicht erweckt werden kann, weil es mit holden Stimmen und göttlichen Klängen gerufen werden muß, jetzt aber nur mißtönige Fuhrmannslaute ihm in die Ohren kreischen. Sie werden mich nicht höhnen, wenn ich Ihnen sage: oft möchte ich bitterlich weinen.»

Aus diesen ungeweinten Tränen wurde der «Nachsommer» gebildet. Er entstand als die Wunschvision des Lebens in Freiheit und Schönheit, das der Beamte Stifter so bitter entbehrte. Das Rosenhaus ist eine letzte Insel der adeligen Glanzwelt, der Sehnsuchtstraum eines Erniedrigten. Sein Heiligtum ist das griechische Marmorbild im Treppenhaus, dessen göttliche Reinheit und Harmonie Stifters Glauben verkörpert, daß die Kunst die irdische Schwester der Religion sei. Das Neue an seinem Schönheitsglauben war, daß ihm die Verzweiflung über die Entweihung der Welt zugrunde lag. Sie erklärt die Handlung und den Stil des «Nachsommers». Er hält dem unaufhaltsamen Vordringen des Schlechten das Bild des geweihten Lebens entgegen, verweilt mit bewußt unmoderner Ruhe vor den Gegenständen eines heiligen Bezirks und zwingt auch den Leser, stille zu stehen und ruhig zu werden. Seine Langsamkeit ist priesterliche Kontemplation, seine heimliche Verzweiflung verrät sich im Weglassen aller Schatten, im Verneinen aller Leidenschaft. Stifter schrieb das herrliche Werk, um seine Lebenswunde zu verkleiden und sein tägliches Unglück zu ertragen; solange sein Geist an diesen Glücksbildern weben durfte, hielt er die Entbehrung aus. Noch lange nach dem Erscheinen des Romans hielt er an der Hoffnung fest, daß «sein Nachsommer» eines Tages kommen werde. Die Beschreibungen, die er von ihm entwirft, und das langsame Erlöschen dieses Glaubens gehören zum Ergreifendsten in seinen Briefen. Er nahm eine «Riesenlast unfertiger Pläne» ins Grab, die ihn noch tiefer beugte als der Schuldenberg, den er mit ihnen tilgen wollte.

Einem auf Biegen oder Brechen eingestellten Dramatiker wie Hebbel fiel es am schwersten, sich den bürgerlichen Anschauungen zu fügen. Dieser Sohn einer blutarmen norddeutschen Maurerswitwe, der von Kindheit an in schwarzer Not lebte, betrachtete sich als das Opfer einer schlechten Gesellschaftsordnung. Er sah die Verwüstungen, die in der Geschichte des Geistes durch die soziale Unfreiheit entstanden sind. Ein vergeblicher Gang auf eine Redaktion, die Rückkehr eines abgelehnten Manuskriptes, eine Mahlzeit an einem Freitisch waren für ihn lauter «Hinrichtungen seines inneren Menschen». Auf Klopstocks Spuren erbettelte er vom dänischen König ein Stipendium, das ihm erlaubte, sich in Paris und Rom zum «Hunger- und Frierkünstler» auszubilden. Den tiefsten Punkt seiner Erniedrigung erreichte er beim Tod seines ersten Kindes. Damals glaubte er sich zerschmettert und zog eine Bilanz, die wie mit Blut geschrieben ist. «Über mir wölbt sich ein Himmel wie von Backsteinen, den Sonne, Mond und Sterne mit ihren Strahlen nicht durchdringen; ich habe nicht so viele Aussichten wie der gemeinste Tagelöhner, denn seine Geschicklichkeiten besitze ich nicht und die meinigen helfen mir zu nichts; es ist kein Gedanke daran, daß ich, selbst wenn eine solche mir angetragen würde, jemals eine Professur übernehmen könnte, ich habe mich nun geprüft und gefunden, daß ich durchaus unfähig bin, noch irgend etwas zu lernen, mir bleibt also nichts, gar nichts als mein Dichtertalent, und damit werde ich mir, kein Hund wird zweifeln, die Unsterblichkeit, d. h. einen Platz am Kreuz neben meinen Vorgängern, erobern, aber auch nicht die unscheinbarste bürgerliche Existenz.»

Die Freiheit, dieses große Ideal der bürgerlichen Epoche, blieb für die meisten Dichter ein schöner Traum. Sie gehörten zu den Opfern des staunenswerten wirtschaftlichen Aufschwungs, die von den Baumeistern der neuen Zeit ohne Wimperzucken in Kauf genommen wurden. Unersetzliche Begabungen gingen am Widerspruch zwischen ihrer Berufung und dem Kampf ums Dasein zugrunde. Es war ein schlechter Trost, wenn Byron versicherte, die Undankbarkeit sei nicht nur das Laster der Republiken; für jeden schlecht behandelten Liebling des Volkes könne man leicht hundert gestürzte Hofgünstlinge nennen, und ein Volk bereue zuweilen doch seinen Undank, ein Monarch fast nie. Alfred de Vigny schrieb sein Chattertondrama, um die Gesellschaft aufzurütteln, damit sie dem weltungewohnten Genie mit Erbarmen und Geld zu Hilfe komme, und sagte in der Vorrede: «C'est au législateur de guérir cette plaie, l'une des plus vives et des plus profondes de notre corps social: c'est à lui qu'il appartient de réaliser dans le présent une partie des jugements meilleurs de l'avenir, en assurant quelques années d'existence seulement à tout homme qui aurait donné un seul gage de talent divin. Il ne lui faut que deux choses: la vie et la rêverie, le pain et le temps.»

Die Öffentlichkeit war für solche Aufrufe nicht unempfänglich. Als der allgemeine Optimismus in den Zenit stieg, fand sie es an der Zeit, auch die soziale Frage des Dichters zu lösen. Sie gab zu, daß hier eine Schuld gutzumachen sei, und ging daran, diese Schuld mit Geld abzutragen. Es wurden Organisationen ins Leben gerufen, die das dichterische Verdienst belohnen sollten. Selbst Stifter ließ sich von der Gründung der deutschen Schillerstiftung einen Augenblick begeistern; er nannte den Gedanken, die geistigen Väter des deutschen Volkes für ihr Alter sicherzustellen und überhaupt jede Not von ihnen fernzuhalten, eine der größten und schönsten Taten der Nation. Aber diese Worte schossen hoch über das Ziel hinaus, das eine solche Institution sich setzen konnte. Ihre Prämien mußten ehrenvolle Almosen bleiben, die im Grund nur zeigten, wie brotlos die Dichtung geworden war. Hebbel sah die Lage tragisch, nicht nur pessimistisch; er sagte, als ihm der erste deutsche Schillerpreis zugesprochen wurde: «Das ist Menschenlos; bald fehlt uns der Wein, bald fehlt uns der Becher.» Kurz darauf starb er an Knochenerweichung, einer Folge der Hungerjahre, die er in der Jugend durchgemacht hatte.

Seitdem die Revolution von 1848 in Frankreich von der Diktatur, in Deutschland von der feudalen Reaktion erwürgt worden war, senkten sich abendliche Schatten über die Dichtung herab. Sie erhielt das Odium von etwas Verbotenem und begann auch ihre innere Freiheit einzubüßen. In der Seele Europas war etwas gestorben, vielleicht diese Seele selbst. Im Deutschland Bismarcks begann, während es zur Großmacht aufstieg, die Stimme der Dichtung am auffälligsten zu schweigen. Es fehlte ihm zwar nicht an literarischen Würdenträgern, die vor der Öffentlichkeit als bürgerliche Klassiker paradierten. Es waren die monumentalen Philister von der Art Gustav Freytags, in denen wie einst in Hans Sachs das Spießertum poetisch wurde, und in der Opposition allenfalls Männer wie Gutzkow, die das Schreiben von Zeitungsartikeln mit Dichten verwechselten. In ihrem Ruhm triumphierte der Ungeist der Bourgeoisie, und der Dichter räumte schweigend das Feld.

Theodor Fontane, der prosaisch-nüchterne Sänger Berlins, war einer dieser Übersehenen. Es verbitterte ihn nicht, daß ihm der Erfolg versagt blieb, denn er hatte ein heiteres Herz und war so gründlich in seine Stadt verliebt, daß er auch die Brosamen genoß, die sie ihm gönnte. Ein Brief von 1884 gibt Auskunft darüber, wie ihm als Aschenbrödel der Gesellschaft zumute war. «Wirklicher Reichtum imponiert mir oder erfreut mich wenigstens, seine Erscheinungsformen sind mir im höchsten Maße sympathisch, und ich lebe gern inmitten von Menschen, die 5000 Grubenarbeiter beschäftigen, Fabrikstädte gründen und Expeditionen aussenden zur Kolonisierung von Afrika. Große Schiffsreeder, die Flotten bemannen, Tunnel- und Kanalbauer, die Weltteile verbinden, Zeitungsfürsten und Eisenbahnkönige sind meiner Huldigungen sicher. Ich will nichts von ihnen, aber sie schaffen und wirken zu sehn, tut mir wohl; alles Große hat von Jugend auf einen Zauber für mich gehabt, ich unterwerfe mich neidlos. Aber der ‚Bourgeois‘ ist nur die Karikatur davon; er ärgert mich in seiner Kleinstietzigkeit und seinem unausgesetzten Verlangen, auf nichts hin bewundert zu werden. Vater Bourgeois hat sich für 1000 Taler malen lassen und verlangt, daß ich das Geschmiere für einen Velasquez halte. Mutter Bourgeoise hat sich eine Spitzenmantille gekauft und behandelt diesen Kauf als ein Ereignis. Alles, was angeschafft oder wohl gar ‚vorgesetzt‘ wird, wird mit einem Blick begleitet, der etwa ausdrückt: ‚Beglückter du, der du von *diesem* Kuchen essen, von diesem Weine trinken durftest‘; alles ist kindische Überschätzung einer Wirtschafts- und Lebensform, die schließlich gerade so gut Sechserwirtschaft ist wie meine eigene. Ja, sie ist es mehr, ist es recht eigentlich. Ein Stück Brot ist nie Sechserwirtschaft, ein Stück Brot ist ein Höchstes, ist Leben und Poesie. Ein Gänsebratendiner aber mit Zeltinger und Baisertorte, wenn die Wirtin dabei strahlt und sich einbildet, mich der Alltäglichkeit meines Daseins auf zwei Stunden entrissen zu haben, ist sechserhaft in sich und doppelt durch die Gesinnung, die es begleitet. Der Bourgeois versteht nicht zu geben, weil er von der Nichtigkeit seiner Gabe keine Vorstellung hat. Er ‚rettet‘ immer, und man verschreibt sich ihm auf eine Schrippe hin für Zeit und Ewigkeit.»

Der Dichter brauchte mehr als Almosen, um existieren zu können. Am tiefsten litt er an seiner Nutzlosigkeit, an der heimlichen Einsicht, daß seine Verklärung der Gegenwart vergeblich war. Es gab ein Mittel, das ihm wirklich helfen konnte: daß man ihn ernst nahm. Wäre dies geschehen, der Mangel hätte für ihn den Stachel verloren und der Gegensatz zwischen seinem persönlichen Unglück und seiner postumen Vergötterung nicht solche Formen annehmen können. Der darbende Dichter war das Symbol für einen geistigen Zerfall der Zivilisation, der nichts Gutes verhieß. Die soziale Verfassung der Gesellschaft selbst war nicht glücklich, sondern ein brennendes Problem. Das wußten die Arbeiter, davon war in ihren Versammlungen die Rede. Die Armut, der Hunger, das lichtlose, furchtbare Vegetieren des Proletariats, die Trostlosigkeit der Fabriken und der Schrei nach Beseitigung dieser Zustände wurden zum Thema der Kunst. Viele Dichter erschütterte der apokalyptische Ausblick der Entwicklung, weil sie selbst zu den Enterbten gehörten. In den Diskussionen der Sozialisten und Kommunisten wurde zum erstenmal auf die soziale Dienstbarkeit der Kunst hingewiesen. Die soziologische Betrachtung enthüllte eine Nachtseite der Literaturgeschichte, die so dunkel war, daß die Geldfrage zur Hauptfrage der Kultur zu werden schien. Aus der materiellen Not so vieler Genies folgerte man, die Kunst sei überhaupt aus den wirtschaftlichen Bedingungen zu erklären, unter denen sie geschaffen werde, ja sie sei immer um des Geldes willen entstanden. Man versuchte zu beweisen, daß der Künstler nur in einer sozialistisch geordneten Gesellschaft eine sinnvolle Funktion ausüben könne; diese werde dem Dichter die «Aufträge» erteilen, die ihm bisher vom Kapitalisten, vom Fürsten, von der Kirche gegeben worden seien. Was war das aber anderes als die Kehrseite des Mammonismus?

3

Die letzten großen Dichter des Bürgertums hausten wie Stifter und Grillparzer verborgen abseits. Der seit langem angesammelte Schmerz über Europa wurde in ihnen zur Schwermut, die auf alle theatralischen Gebärden verzichtete, aber mit keinem Parteiprogramm mehr zu beschwichtigen war. Der Ekel, den die Romantiker oft nur gespielt hatten, saß diesen Unglücklichen wirklich in der Kehle. Ihr Verhältnis zur Gesellschaft war ganz negativ, statt des Einklangs mit ihr oder der romantischen Hoffnung auf eine Wiedergeburt der Nation kannten sie nur noch die verbitterte Opposition gegen ihre Zeit. Aber auch dieser Widerspruch bestimmte noch schicksalhaft ihre Kunst, da er sie als nicht abzuwerfende Fessel lähmte. Sie verfielen der «Krankheit zum Tode», der «Langeweile», dem Trübsinn und erstarrten bei lebendigem Leib. Die Erscheinung war so allgemein, daß sie als die Krankheit der Zeit selber erscheint. Bei Grillparzer, der in Lethargie versank, bei Mörike, der an Menschenscheu erkrankte und alles Leben um sich absterben ließ, bei Leopardi, der sich als lebenden Leichnam fühlte, kann man sie, wenn man will, als das unvermeidliche Ende der Romantik erklären. Bei dem Dänen Jacobsen scheint sie die Folge körperlicher Krankheit, bei dem Russen Gontscharow die Melancholie der slawischen Seele zu sein. Aber bei Stifter, Stendhal, Flaubert und vielen andern reicht diese Erklärung nicht aus. Ihre innere Verstimmung, ihr soziales Unglück war der zeitgemäße Ausdruck ihres Dichtertums. Sie standen auf der Seite der Verlierenden. Das demokratische Zeitalter mit seinen «gußeisernen Begriffen» lief auf die Herrschaft des Pöbels hinaus, und diejenigen, die man als die Hüter der Dichtung feierte, waren oft ihre eigentlichen Verräter.

In den Großstädten gab es jetzt eine flutende Masse, die in Zuchtlosigkeit und Barbarei dahinlebte, und eine herrschende Klasse, die dem Mißbrauch ihrer Macht und einer verlogenen Scheinkultur anheimfiel. Der Riß zwischen bürgerlicher und dichterischer Existenz wurde zum Abgrund. Der Dichter, der noch eine Vision der Welt in sich trug, verblutete wie an einer verborgenen Wunde. Er stand wie ein gefangener Adler, blutiggestoßen und mit traurigem Blick, im Käfig seines Alltagsdaseins; so hatte ihn schon der junge Goethe in «Adler und Taube» dargestellt. Vom «Kranken Aar» der Droste und Mussets «Geschichte einer weißen Amsel» bis zu Baudelaires

«Albatros» kehren solche Sinnbilder für seine Fremdheit in der spätbürgerlichen Welt immer wieder. Auch Meyers an einer heimlichen Wunde leidender Pescara und Jacobsens Marie Grubbe, die an der Versündigung gegen sich selbst zugrunde geht, gehören zu ihnen. Flaubert schrieb: «Les serins en cage sautillent, sont joyeux, mais les aigles ont l'air sombre, parce qu'ils brisent leurs plumes contre les barreaux; or nous sommes tous plus ou moins aigles ou serins, perroquets ou vantoms. La dimension d'une âme peut se mesurer à sa souffrance, comme on calcule la profondeur du fleuve à leur courant.» Die Schönheit, die von diesen Überflüssigen noch geschaffen wurde, hatte eine verborgene Bruchlinie. Sie wußten es selbst, Gedichte wie Baudelaires «Cloche fêlée» sprachen es aus. «Am unglücklichsten befindet sich in dieser Zeit Kunst und Poesie selber, innerlich ohne Stätte in dieser rastlosen Welt, in dieser häßlichen Umgebung, während alle Naivetät der Produktion ernstlich bedroht ist. Daß die Produktion (d.h. die echte, denn die unechte lebt leicht) dennoch fortdauert, ist nur durch den stärksten Trieb erklärbar» (Burckhardt).

Die Ahnung des Unheils und seiner Folgen machte Schopenhauer, den Philosophen des Weltschmerzes, zum Lieblingsdenker der Gebildeten im sterbenden Bürgertum. Nietzsche stellte ihn in der dritten «Unzeitgemäßen» vor den Hintergrund dieser Untergangsstimmung. «Niemals war die Welt mehr Welt, nie ärmer an Liebe und Güte. Die gelehrten Stände sind nicht mehr Leuchttürme oder Asyle, inmitten aller dieser Unruhe der Verweltlichung; sie selbst werden täglich unruhiger, gedanken- und liebeloser. Alles dient der kommenden Barbarei, die jetzige Kunst und Wissenschaft mit einbegriffen. Der Gebildete ist zum größten Feinde der Bildung abgeartet, denn er will die allgemeine Krankheit weglügen und ist den Ärzten hinderlich. Sie werden erbittert, diese abkräftigen armen Schelme, wenn man von ihrer Schwäche spricht und ihrem schädlichen Lügengeiste widerstrebt.» Schopenhauer selbst wurde von Nietzsche als einer der großen Unglücklichen und Verbitterten im Stil des Jahrhundertendes geschildert. «Daß das Scheinen Notwendigkeit ist, hassen solche Naturen mehr als den Tod; und eine solche andauernde Erbitterung darüber macht sie vulkanisch und bedrohlich. Von Zeit zu Zeit rächen sie sich für ihr gewaltsames Sichverbergen, für ihre erzwungene Zurückhaltung. Sie kommen aus ihrer Höhle heraus, mit schrecklichen Mienen; ihre Worte und Taten sind dann Explosionen, und es ist möglich, daß sie an sich selbst zugrunde gehen. So gefährlich lebte Schopenhauer. Gerade solche Einsame bedürfen Liebe, brauchen Genossen, vor denen sie wie vor sich selbst offen und einfach sein dürfen, in deren Gegenwart der Krampf des Verschweigens und der Verstellung aufhört.» Das war nicht Schopenhauer, das war Nietzsche, der schon mit dem Gedanken an seinen prophetischen Angriff spielte.

In Flaubert glühte die ohnmächtige Verachtung des Gemeinen vielleicht am tiefsten. Er verabscheute jedes Paktieren mit einer solchen Zeit. Ihre öffentlichen Ehren und Erfolge ließen ihn kalt; nicht einmal die Besuche, die für seine sichere Aufnahme in die Akademie nötig gewesen wären, brachte er über sich. Seine Einsiedelei in Croisset beruhte ökonomisch auf dem bedeutenden Vermögen, das er geerbt hatte (weshalb man heute seine Werke als Rentnerkunst abtun will), geistig wie bei Stifter auf der

Unterdrückung einer «tigerartigen» Sinnlichkeit durch asketische Schreibtischarbeit, moralisch auf der Verneinung der korrupten Gegenwart. «Beschäftige dich mit nichts als dir selbst», schrieb er 1852, «lassen wir das Empire marschieren, schließen wir unsere Tür, steigen wir zuoberst auf unsern Elfenbeinturm, auf die höchste Stufe zunächst dem Himmel. Es ist dort manchmal kalt, nicht wahr, aber was macht das! Man sieht die Sterne hell glänzen und hört die Puter nicht mehr.» So wurde er zum Chronisten der entweihten und entzauberten bürgerlichen Epoche. Mit fanatischer Ausdauer beobachtete er aus seinem Hinterhalt die Dummheit und Verlogenheit der Zeitgenossen. Die «Madame Bovary» entlarvte sie so grausam, daß ihn die Wächter der Moral vor Gericht zogen. In dem Sensationsprozeß, der 1857 ausgetragen wurde, beantragte der Staatsanwalt für ihn zwei Jahre Gefängnis; er wurde freigesprochen, galt aber fortan als verdächtig. Ein gelindes Grauen über den Abgrund, vor dem er gestanden hatte, erfüllte ihn seither, aber sein Ziel blieb unverrückt. In der «Education sentimentale» erweiterte er die Geschichte seiner Seele zu einem Gemälde des Niedergangs und der Katastrophe von 1848, in der die geistige Ohnmacht des romantischen Geschlechts und die Inferiorität des Bürgertums ans Licht gekommen waren. Sein letztes Werk, «Bouvard et Pécuchet», ist eine Parodie auf das im Nützlichkeitsrappel festgefahrene Spießertum, das sich wie eine gefangene Maus im Kreis bewegt und diese Bewegung für Freiheit hält. Daß Flaubert selbst kein Rentner war, bewies er, als er im Alter die Rache der von ihm porträtierten Klasse erlebte. Der Gatte seiner geliebten Nichte, ein Holzhändler, ruinierte sich mit verfehlten Spekulationen, und Flaubert opferte mit einem Federstrich sein Vermögen, um ihn zu retten. Er war nun auf den Ertrag seiner Bücher angewiesen; das Unterrichtsministerium ernannte ihn der Form halber zum Bibliothekar und setzte ihm eine kleine Pension aus, die ihn nicht vor Geldsorgen bewahrte. Sein Stolz war tödlich getroffen. «On me verra cocher de fiacre avant de me voir écrire pour de l'argent.» Sein früher Tod rettete ihn vor beidem.

Auch in der Schweiz blieb Gottfried Kellers Friedensschluß mit der bürgerlichen Gesellschaft eine Ausnahme. Conrad Ferdinand Meyer lebte als junger Mensch in einer krankhaften Entzweiung mit seiner Vaterstadt. Als Mann war er ein Künstler der Absonderung, der wie Flaubert in der kühlen Abgeschlossenheit eines wohlhabenden Privatmannes hauste. Er mußte alle Kraft aufbieten, um sein inneres Zerwürfnis mit der Umwelt zu ertragen und das Gesicht zu wahren. Seine Schwester erzählt, der berühmt gewordene Sonderling habe in seinen glücklichsten Momenten, wenn er sich unbeobachtet glaubte, leise vor sich hingesungen: «O wie gut, daß niemand weiß, daß ich Rumpelstilzchen heiß!» Wie hohl der Koloß war, den Bismarck aufrichtete, erkennt man daran, daß dieser ängstliche, unpolitische Zürcher Patrizier mit «Huttens letzten Tagen» zum gefeierten Sänger des zweiten Kaiserreiches werden konnte. Meyer stand zwischen der französischen und der deutschen Kultur, und es war reiner Opportunismus, daß er sich durch den deutschen Sieg über Frankreich nach langem Schwanken bestimmen ließ, ein deutscher Dichter zu werden und mit einem solchen Werk zu debutieren. «Es muß sein, in Gottes Namen ein Entschluß gefaßt sein, da voraussichtlich der deutsch-französische Gegensatz Jahrzehnte beherrschen und literarisch jede Mittelstellung völlig unhaltbar machen wird.» Diese Naivität erklärt das Pathos seiner Reichslyrik, aber auch den Umstand, daß er die politische Taste später nie mehr berührte. Er konnte sich nicht einmal entschließen, seine wenigen patriotischen Gelegenheitspoesien in seine gesammelten Gedichte aufzunehmen. Kurz nach dem Erscheinen des «Hutten» schrieb er einem Freund: «Für das Vaterland zu dichten, ist ein auch gar zu undankbares Geschäft.» Das Bekenntnis zur Schönheit war ihm wichtiger als das Bekenntnis zum Staat, und als Dichter war er nur dort bedeutend, wo er sein tödliches Leiden an sich und der Welt aufdeckte und die Musik des Todes vernahm. Das Versteckspiel schützte ihn nicht auf die Dauer vor dem Zusammenbruch. Er gehörte wie die andern Schweizer dieser Zeit zum Geschlecht der heimlich zu Tode getroffenen Poeten: wie Heinrich Leuthold, Karl Stauffer, Carl Spitteler. Diese trugen ihre Unbürgerlichkeit offen zur Schau; Spittelers Ehrgeiz war es, als «Tasso unter den Demokraten» zu gelten.

In der Schweiz hauste ja auch Jacob Burckhardt, der seine Zeit wie kein anderer durchschaute. Dieser Basler war ein apollinischer Geist, und sein Leben und Weben in der großen Kunst zeigt am schönsten, was die gläubig verehrte Schönheit den Edelsten des sinkenden Bürgertums bedeutete. Schon in seiner ersten kunstgeschichtlichen Vorlesung stellte er Raffael als die höchste denkbare Leistung in der Kunst hin: «Die erhöhte, über alle Zufälligkeiten, über alles kleinliche Beiwerk hinausgehobene Auffassung der Menschengestalt, nicht bloß als eines Charakters, eines Individuums, sondern als des Wohnsitzes und Ausdrucks einer hohen göttlichen Kraft. Das Typische wie das Porträtmäßige sind überwunden, und eine heiter ideale Wirklichkeit ist geschaffen, ein Ausdruck aller Erdengröße, beseelt von einem himmlischen Lebenshauch.» Das ist die vollendete Umschreibung des klassischen Sängerideals, aber nicht mehr als Dichtung, sondern als betrachtende Deutung vergangener Kunst. Es schwebte Burckhardt auch vor, wenn er einen jungen Dichter vor der interessanten Dämonie Byrons warnte und ihm sagte, er sei dazu da, die Harmonie der Welt zu schauen und sie in schönen Gestalten darzustellen. «Die Poesie darf nicht der Ausdruck inneren Jammers sein, ein Goldglanz der Versöhnung muß schon über den Dingen liegen, da sie diese behandelt.» Genau so hatte der alte Goethe zu Melchior Meyr gesprochen, ähnlich sagten es Keller und Stifter. Diese musische Klarheit erklärt Burckhardts Verständnislosigkeit vor Rembrandt, sie erklärt aber auch seinen Scharfblick für die Untergangstendenz der Epoche, die er am Sieg des Häßlichen und Gemeinen erkannte. Auch er war kein prophetischer Kämpfer, sondern ein priesterlicher Hüter des Heiligtums und ein unbestechlicher Verächter der falschen Größe. Er beugte sich keiner «Sklaverei unter der Brüllmasse, Volk genannt». Wenn ihm dieses Volk zu nahe auf den Leib rückte, erinnerte er sich der alten Humanistenfreiheit: «Vivat die Lumperei und das Durchbrennen! Gerade weil ich ein so besonnener und ordentlicher Mensch bin, habe ich ein Recht, so zu sprechen.» Er brannte aber nur im Geist durch, indem er als Bürger unter Bürgern seine Unabhängigkeit bewahrte und innerlich in Italien lebte.

Als einsamer, resignierter Zuschauer des Weltlaufs fand Burckhardt in der großen Kunst der Vergangenheit den letzten Trost einer armen Zeit, erkannte er die apokalyptischen Zeichen und benannte sie mit Worten, die erst nach seinem Tod verstanden wurden. Zu ihnen zählte er die zur Hydra gewordene Tagespresse. Er urteilte 1893: «Was uns seit hundert Jahren nervös und des Teufels gemacht hat, ist vor allem die Presse, nicht sowohl durch ihre beständigen Lügen, als durch die Über- und Unterschätzung, die falsche Beleuchtung, welche sie allen Dingen angedeihen läßt. Es könnten sich aber Kräfte erheben, welche mit dieser Potenz abfahren und ihr ein Ende mit Schrecken bereiten.» Das Ende mit Schrecken kam, aber vor ihm verwandelte sich der kulturelle Betrieb in einen Augiasstall, dem kein Herkules mehr gewachsen war. Die Presse beschäftigte eine Legion von Talenten und brachte den endgültigen Triumph des Literaten über den Dichter. Das Schreibtalent bewies nichts mehr. Es lag mißbraucht und besudelt auf der Straße oder erntete höchste Ehren – so oder so hatte es seine Weihe verloren. Es diente der Lesewut einer Menschheit, die vor lauter Neuigkeiten nicht mehr wußte, was mit ihr geschah. Die Inflation des geschriebenen Wortes ersäufte allen geistigen Ernst und machte den Beruf des Dichters scheinbar hoffnungslos. Er verlor seine Würde an den alten Doppelgänger, auf seinem Thron saß jetzt der gewandte Vielschreiber, der die «Literatur für die Literaten» erzeugte, wie Fontane es formulierte. Auch dieser Künstler des Verzichtens schrieb seine Meisterwerke nicht zuletzt um des Geldes willen, brachte es aber nie zu dem «bankierhaften Anstrich», der jetzt auch vom Bücherschreiber verlangt wurde. «Ich hinterlasse meiner Frau so wenig, daß ein paar tausend Taler schon ins Gewicht fallen.» Fontane stand im Schatten, Spielhagen in der Sonne. Der Literat galt als die zeitgemäße Verkörperung des Dichters. Alles war eitel, die Eitelkeit der Schriftsteller ertötete den letzten Rest der Verantwortung für das Geschriebene.

In der deutschen Literatur verkörperte Thomas Mann den geistigen Bankrott des Bürgertums unübertrefflich. In diesem Abkömmling einer Lübecker Senatorenfamilie endete die Linie, die mit dem Hamburger Patrizier Brockes begonnen hatte. Sie endete im ästhetischen Nihilismus, dem Mann unwiderstehlich entgegengetrieben wurde. Er wollte von Anfang an als ein Meister des geistvollen Nichternstnehmens, der «Ironie», genommen sein und sprach bezaubernd intelligent über alles, was die Lesermassen der letzten bürgerlichen Generation in Deutschland am liebsten hörten. Lächelnd gab er besonders allem Mißtrauen gegen die Dichtung recht und witzelte als Dichter über seine eigene Unzeitgemäßheit. «In der Tat wird mein Erstaunen über die Ehren, welche die Gesellschaft dieser Spezies erweist, niemals enden. Ich weiß, was ein Dichter ist, denn bestätigtermaßen bin ich selber einer. Ein Dichter ist, kurz gesagt, ein auf allen Gebieten ernsthafter Tätigkeit unbedingt unbrauchbarer, einzig auf Allotria bedachter, dem Staate nicht nur nicht nützlicher, sondern sogar aufsässig gesinnter Kumpan ... übrigens ein innerlich kindischer, zur Ausschweifung geneigter und in jedem Betracht anrüchiger Charlatan, der von der Gesellschaft nichts anderes sollte zu gewärtigen haben als stille Verachtung. Tatsache aber ist, daß die Gesellschaft diesem Menschenschlage die Möglichkeit gewährt, es in ihrer Mitte zu Ansehen und höchstem Wohlleben zu bringen. Mir kann es recht sein; ich habe den Nutzen davon. Aber es ist nicht in der Ordnung. Es muß das Laster ermutigen und der Tugend ein Ärger sein.» Darüber lächelte mit Thomas Mann ganz Deutschland, jenes Deutschland der Weimarer Republik, das er so elegant repräsentierte und aus dem sich so jäh die Barbarei erhob. Tatsache war nämlich auch, daß andere das gleichfalls nicht in der Ordnung fanden und Ernst machten mit dem, worüber er witzelte. Die Deutschen standen ihm über Nacht wirklich «mit dem äußersten Mißtrauen» gegenüber, sie hielten ihn tatsächlich für einen Charlatan, für einen «dem Staate nicht nur nicht nützlichen, sondern sogar aufsässig gesinnten Kumpan», und sein Erstaunen über die ihm erwiesenen Ehren nahm plötzlich ein Ende.

Seit dem Wegzug nach Übersee wollte dieser letzte «Repräsentant des bürgerlichen Zeitalters» nicht mehr als Deutscher, sondern als Amerikaner gelten. Die Auswanderung befreite ihn von den Bedenken, die seinen Hang zur Anarchie noch eingeengt hatten, und er fand seinen wahren Stil: die Parodie. Er parodierte alles, was dem Bürger heilig ist: zuerst die Bibel, dann Goethe, dann die deutsche Musik, dann die mittelalterliche Legende, dann die Moral. Die Parodie war die List, mit der er sein Unvermögen verdeckte, die Sprache des Dichters zu reden. Er glaubte mit seiner Doppelzüngigkeit alle bisherigen Begriffe von Dichtung hinter sich zu lassen und ergötzte eine verlorene Welt, die seinen Glauben teilte, ohne ihr die Spur eines rettenden Gedankens zu geben. Er machte ihr weis, daß er mit alldem das Erbe Goethes verwalte. Goethe war seine liebste Maske, er kannte ihn genau, aber nicht den Dichter, sondern den Literaten. Der alte, schwierige, skeptische Goethe wird in «Lotte in Weimar» mit allen Künsten virtuoser Vorspiegelung heraufbeschworen. Er ist das, was Mann an Goethe begriff, er hat «die leise schauerlichen Merkmale vollendeter Unglaubigkeit und der elbischen All-Ironie» und verbreitet sich in seniler Geschwätzigkeit über Thomas Manns Lieblingsthemen. Wie dieser ist er ein vollendeter Ironiker, wie diesem ist ihm Kultur «Parodie». Er erwacht schon frühmorgens mit dem «Augurenlächeln» über die «parodische Schalkheit der Kunst, die das Frechste gibt, gebunden an würdigste Form», und phantasiert über sein Seiltänzertum: «Ich – ein Balance-Kunststück genauer Not, knapp ausgewogener Glücksfall der Natur, ein Messertanz von Schwierigkeit und Liebe zur Facilität, ein Nurgerade-Möglich, das gleich auch noch Genie – mag sein, Genie ist immer ein nur-eben-Möglich. Sie würdigen, wenns hoch kommt, das Werk – das Leben würdigt keiner. Ich sag euch: Machs Einer nach und breche nicht den Hals!»

Ungefähr dasselbe sagt im «Doktor Faustus» der dem Teufel verfallene Musiker Adrian Leverkühn. Er fragt sich: «Warum müssen fast alle Dinge mir als ihre eigene Parodie erscheinen? Warum muß es mir vorkommen, als ob fast alle, nein, alle Mittel und Konvenienzen *heute nur noch zur Parodie taugten?*» Auch in diesem «hoch-prekären und sündigen» Künstler zeichnete Thomas Mann sich selbst. «In Wahrheit war hier das Parodische die stolze Auskunft vor der Sterilität, mit welcher Skepsis und geistige Schamhaftigkeit, der Sinn für die tödliche Ausdehnung des Bereichs des Banalen eine große Begabung bedrohten.» Die Verzweiflung über die drohende Sterilität treibt Leverkühn dem Teufel in die Arme, der Pakt mit ihm erlaubt ihm, sich eine Zeitlang über das eigene furchtbare Nichts hinwegzutäuschen. Am Ende soll es dann die Kunst selber, soll es die deutsche Musik und Beethoven sein, die mit diesem Gezeichneten in den Abgrund stürzen. Es ist aber nur der parodierende Literat, der seine Kälte mit Genialität verwechselt und im Grund immer noch Richard Wagner meint, wenn er Beethoven für das Verderben Deutschlands verantwortlich macht. In diesem Gauklertum entlarvte sich der bürgerliche Geist zuletzt selbst. Ein großer Erzähler ist ein Lebensstrom für sein Volk. Die Bücher Thomas Manns sind das letzte große Versäumnis der bürgerlichen deutschen Literatur. Künftige Leser werden an ihnen vor allem verstehen lernen, warum das Deutschland, das er repräsentierte, vom Teufel geholt wurde.

Das Leiden

Armut und Verfolgung sind äußere Bedrängnisse und deshalb nicht die gefährlichsten Feinde des Dichters. Es liegt auch an ihm selbst, daß er unglücklich wird. Wenn das Schicksal es gut mit ihm meint, steht er seinem Glück oft selbst im Wege. Er scheint das Unglück zu brauchen, um Dichter zu sein. Erst dadurch wird die Literaturgeschichte zum tragischen Schauspiel. Alle große Dichtung ist eine Frucht des Leidens.

Dieser Satz scheint paradox, denn es gibt in der Weltliteratur viele Beispiele, die scheinbar das Gegenteil beweisen. Im Altertum, in der Renaissance, bei den naiveren südlichen Völkern überhaupt diente die Kunst der höchsten Lebensfreude. Ariost dichtete den «Orlando furioso» nach seiner Aussage «in angestrengten Nachtwachen zur Belustigung und Erholung der Herren und edelgesinnten Leute und Damen», und zwar so, daß er seiner Geliebten zum Dank für ihre Gunst jeden Monat einen Gesang übergab. Läßt sich ein reineres Glück denken? Auch Boccaccio hatte die Liebe schöner Frauen genossen und sich so von ihnen übertölpeln lassen, daß man ihn öffentlich auslachte, bevor er im «Decamerone» das Treiben der Liebenden verherrlichte. Allerdings ließ er sich später von einem Mönch ins Gewissen reden, entsagte der volkstümlichen Kunst und verfluchte sein Meisterwerk. Ein besonderer Glanz liegt über der dramatischen Dichtung, die dank ihrer Beziehung zum Theater dem Dichter den Zugang zu unvergleichlichen Erfolgen öffnet, besonders wenn er selbst noch als Schauspieler auftritt, wie es im London Shakespeares, im Paris Molières, im Venedig Goldonis, im Wien Raimunds und Nestroys der Fall war. Am strahlendsten blühte dieser Übermut in der Zauberwelt der Komödie, deren Vorrecht es ist, die Wahrheit lachend zu sagen und die Menschen mit Freude zu überschütten.

Gerade für sie gilt aber die Norm, daß sie unter tragischem Vorzeichen entsteht. Alle großen Komödien der europäischen Bühne stammen von tragisch gestimmten Dichtern: die Shakespeares, Molières und Corneilles so gut wie die Calderons und Lopes und wie die Kleists, Grillparzers, Büchners. Humor ist nach Jean Pauls Definition überwundenes Leiden an der Welt. Goethe und Schiller schufen kein hohes Lustspiel, weil sie ihr ursprünglich tragisches Fühlen unterdrückten. Der herrliche Spaßmacher Raimund dagegen war ein tieftrauriger Mensch; seine Schwermut wuchs zuletzt derartig an, daß er sich wegen eines unbedeutenden Hundebisses eine Kugel in den Kopf jagte, weil er sich einredete, das Tier sei tollwütig gewesen. Der ausgelassene Nestroy litt wie Racine an krankhafter Todesfurcht und traf in seinem Testament Vorsichtsmaßregeln für den Fall seines Scheintodes. Der «Zerrissene», mit dem er Molière am nächsten kommt, läßt ahnen, welche Verzweiflung und Menschenfeindschaft in ihm ihr Wesen trieben.

Die dramatische Dichtung stellt das Dasein als Kampf und Leiden dar, und dieselbe Spannung tritt einem in der Person des Bühnendichters entgegen. Die Möglichkeiten der Enttäuschung und Verbitterung sind für ihn ebenso aufregend groß wie die des Triumphs. Der Gegensatz zwischen dichterischer Vision und Theaterbetrieb, der Wettstreit mit den Rivalen, die immer neue Kraftprobe mit den Schauspielern, dem launischen Publikum und der Kritik zehren an ihm desto schmerzlicher, je tiefer er dem Dämon des Theaters verfallen ist. Deshalb sind gerade unter den Königen dieser phantastischen Welt wenige, die sie nicht eines Tages als eine Welt des Trugs durchschauten und ihr den Rücken kehrten. Das größte Beispiel gab Shakespeare mit seinem Rückzug aus London. Racine wandte sich in einer religiösen Krise von der Bühne ab, der alte Corneille ging verbittert nach Rouen zurück, Molière schloß wegen des Sturms gegen den «Tartuffe» sein Theater. Sogar dem leichtlebigen Goldoni passierte es, daß Gozzi ihn überflügelte; er ging nach Paris und starb dort während der Revolution im Elend. Grillparzer brach nach dem Mißerfolg von «Weh dem, der lügt» in aller Form mit den Wienern und hielt seine Stücke im Schreibtisch zurück.

Wenn je ein Bühnendichter das Glück dieser Erde in vollen Zügen austrank, dann war es Grillparzers Liebling Lope de Vega. Man glaubt in ihm den Genius des Theaters und den des spanischen Volkes in Person zu erblicken. In seinen Gedanken und Gefühlen, Idealen und Vorurteilen ist er mit dem spanischen Wesen selber eins. Er kennt nur sein Land und seine Zeit und hat nur den Wunsch, sein sinnliches, freudiges Publikum hinzureißen. Aus der unbändigen Heiterkeit des bevorzugten Naturkindes gab er den Spaniern ihr nationales Theater. Er wurde zu Lebzeiten als ein Wunder verehrt; die Inquisition mußte eine Travestie des Glaubensbekenntnisses verbieten, die begann: «Ich glaube an den allmächtigen Lope de Vega, Dichter Himmels und der Erde.» Ebenso unfaßbar wie seine Fruchtbarkeit ist die triebhafte Naivität seines Lebenswandels. Aber selbst bei ihm kamen im Alter dunkle Stimmungen auf. Mißerfolge auf dem Theater kränkten ihn, der Tod seines Sohnes und die Flucht seiner Tochter mit einem Höfling verdüsterten zeitweise sein Gemüt. Er geißelte sich, um seine Sünden zu büßen, daß die Wände seines Zimmers mit Blut bespritzt waren. Selbst darin zeigt sich allerdings noch das Glück der Tradition, von dem er getragen war.

Auch Lyriker und Erzähler können von ihrem Publikum Zeichen der Dankbarkeit empfangen, die sie alle Entbehrungen vergessen lassen. Das reinste und dauerndste Verhältnis entsteht wohl dort, wo ein Dichter wirklich volkstümlich wird, wo ihn die Bevölkerung einer begrenzten Landschaft als Ausdruck ihres Wesens betrachtet. Da hängen ihm Generationen mit unverbrüchlicher Treue an, und er spürt schon zu Lebzeiten etwas davon. Es war eine Hoffnung der Romantik, daß die Dichtung wieder auf diese Weise populär werde. Wo immer sich diese Hoffnung erfüllte, zeigte sich aber, daß die Person des Dichters davon nur mittelbar betroffen wurde. Der Bauerndichter Robert Burns, den Goethe um seinen glücklichen Zusammenhang mit dem schottischen Volk beneidete, war so wenig ein Bauer wie Gotthelf oder Hebel, vielmehr der Sohn eines armen Gärtners und einer schwermütigen Mutter. Als Landwirt brachte er es auf keinen grünen Zweig; besser ging es ihm erst, als er mit seinen ländlichen Poesien zu den vornehmen Kreisen Edinburghs Zutritt erhielt. Mit dem dort verdienten Geld pachtete er ein neues Gut; nun hatte ihm aber das Stadtleben die Freude an der ländlichen Stille genommen, er wurde Steueraufseher und ging in kurzer Zeit zugrunde. Die Trunksucht und Weibergeschichten machten ihn trübsinnig und vor der Zeit alt, so daß er völlig verbraucht mit siebenunddreißig Jahren starb. Aus dieser vielfachen Not, zu der noch politische Verdächtigungen kamen, erwuchsen die Lieder, die ganz Schottland sang und die ihn als «Sänger des Hochlandes» zu einer legendären Figur machten. Das Volk seiner Heimat trug seine Leiche im Sommer 1796 in Dumfries zu Grabe, und eine Geldsammlung und eine Gesamtausgabe seiner Werke wurden veranstaltet, um seine Familie vor dem Elend zu schützen, in dem er versunken war.

Der Däne Hans Christian Andersen, ein anderer Volksliebling, war in seinem Leben tatsächlich ein Glückspilz sondergleichen. Nicht umsonst hat er seinen Aufstieg als das «Märchen meines Lebens» beschrieben. Mit vierzehn Jahren zog er als Kind eines armen Schusters in die Hauptstadt Kopenhagen, um ein berühmter Mann zu werden, überstand, in seinen Glückstraum wie in einen Zauberschleier gehüllt, die ersten Hungerjahre, fand einige Gönner, konnte verspätet die Schulen besuchen und machte sich als Schriftsteller einen Namen. Er hielt seine Person für den Mittelpunkt der Welt und verstand es in seltenem Maß – er war wegen seiner naiven Zudringlichkeit gefürchtet –, die Menschen für sich auszunützen. So stieg er wie ein Märchenheld immer höher empor, erlebte die seltensten Erfolge und Ehren, war mit Königen und allen Großen seiner Zeit befreundet und sättigte auf Reisen um die halbe Erde seinen Lebenshunger. Das Armeleutekind wurde ein Stammgast in den Hallen der internationalen Hotels und ließ sich in den dänischen Schlössern als Nationaldichter feiern und verwöhnen. Andersen hatte davon noch lange nicht genug, als er mit siebzig Jahren starb. Aber auch sein Glück hatte eine Kehrseite. Er verwand es nie, daß er nur als Erzähler anerkannt wurde, mit seinen dramatischen Sachen dagegen nur Achtungserfolge hatte. Er heulte wie ein ungezogenes Kind, wenn wieder eines seiner Stücke durchgefallen war. Noch schmerzhafter nagte an ihm das Ausbleiben des menschlichen Glücks. Er war unverheiratet, ohne Liebe und ohne Heimat, sein Globetrottertum im Grund eine Flucht vor dieser Verlassenheit. Trotz seiner Berühmtheit empfand er sich heimlich als Paria, die rauschenden Feste um seine Person brachten ihm zum Bewußtsein, daß er ein Ausgestoßener war. Das häßliche Entlein wurde nur im Märchen zum Schwan, in der Wirklichkeit blieb es die «lange, schlottrige, lemurenhaft eingeknickte Gestalt mit einem ausnehmend häßlichen Gesicht», als die Hebbel Andersen beschreibt. Die mit ihm befreundete Sängerin Jenny Lind ließ ihn wie einen Schuljungen stehen, als er ihr seine Liebe erklärte. In jungen Jahren hatte er eine schöne Kaufmannstochter begehrt, die schon verlobt war, aber ihn bewunderte und ihm zugefallen wäre, wenn er sich nicht plötzlich von ihr abgekehrt hätte. Er suchte damals noch den Ruhm, nicht das Glück. Der tote Andersen trug einen Lederbeutel auf der Brust, in dem sich ein Brief jener Jugendgeliebten befand und der nach seiner letztwilligen Verfügung ungelesen verbrannt werden mußte. Der einzige Liebesbrief, den er empfangen und falsch beantwortet hatte, war ihm mehr wert als alle Lorbeeren.

Als Repräsentanten ihrer Nation empfanden sich auch die russischen Dichter des neunzehnten Jahrhunderts. Das war aber vollends ein tragisches Bekenntnis, weil dieses Rußland sich in einer welthistorischen Krise befand. Puschkin, den Gogol «eine einzige Manifestation russischen Geistes» nannte, überließ sich zuerst einem hemmungslos sinnlichen Salonleben, dann dem Ekel davor, der Schwermut und Menschenfeindschaft. Die törichte Heirat mit einer berühmten Schönheit machte ihm das Leben zur Hölle. Eifersucht, Intrigen und Weltüberdruß trieben ihn in das Duell mit einem nichtswürdigen Lebemenschen, dessen Kugel den Achtunddreißigjährigen niederstreckte. Gogol strebte seinerseits bewußt nach dem Ruhm eines klassischen Nationaldichters. Die «Toten Seelen» sollten das russische Bauerntum als Hort des reinsten russischen Wesens verherrlichen. Aber ihre Vollendung scheiterte an seiner eigenen Zerrissenheit. Er war alles andere als ein in der Heimaterde ruhender Mensch, vielmehr der Prototyp des entwurzelten «Westlers», und sehnte sich in seiner Gehetztheit nach der Kutte, weil ihm der mönchische Stand als Inbegriff eines geistig geborgenen Lebens erschien. Er ließ sich von einem fanatischen Mönch überzeugen, daß Dichtung Sünde sei, pilgerte nach Jerusalem, rang mit dem Entschluß, ins Kloster zu gehen, und zitterte vor dem Jüngsten Gericht. Schließlich widerrief er, wie vor ihm Brentano und Zacharias Werner und nach ihm Tolstoj, vor aller Welt seine Kunst als Blendwerk; diese «Beichte des Dichters» zerstörte sein ganzes literarisches Ansehen und machte ihn zum Gespött. Nach zehnjährigem Ringen mit seinem Roman warf er kurz vor seinem Tod die fast vollendete Fortsetzung ins Feuer.

DICHTERKRANKHEIT

Daß ein Dichter leidet, ist am wenigsten zu bezweifeln, wenn ihn ein körperliches Gebrechen drückt. Dieser Fall ist so häufig, daß es Mode wurde, Dichtersein mit Kranksein gleichzusetzen. Man braucht aber nicht körperlich krank zu sein, um zu leiden; geistige Schmerzen können schwerer zu ertragen sein als leibliche, und gerade beim Dichter hat man es immer auch mit jenen zu tun. Nur als Symptom des unsichtbaren Leidens ist die Krankheit in der Literaturgeschichte bedeutsam.

Für die Ärzte ist der kranke Dichter ein Patient wie alle andern. Sie halten sein Dichtertum für einen Ausfluß seines Krankseins und behandeln es dementsprechend. Die Ästheten, die an die Autonomie des Kunstwerks glauben, wenden sich dagegen beleidigt von allem ab, was den Zusammenhang der Kunst mit dem Menschlichen aufdeckt. Wer die Dichtung für ein höchstes menschliches Phänomen hält, darf dem Problem der Dichterkrankheit nicht so begegnen. Er muß sie als Anzeichen eines geistigen Vorgangs ernst nehmen, sie gibt Aufschlüsse, die in den innersten Sinn der Dichtung weisen. Was körperliches Leiden im Leben des Künstlers bedeuten kann, sagt das «Heiligenstädter Testament», in dem Beethoven den Jammer seiner Taubheit hinausschreit: daß sie ihn zwinge, mitten unter den Menschen als Verbannter zu leben.

Bei den Sehern und Propheten versteht sich das Kranksein von selbst. Es ist die unheimliche Voraussetzung ihrer Heiligkeit, die sie nicht leugnen, sondern schweigend als ihren «Pfahl im Fleisch» ertragen. Moses hatte eine «schwere Zunge», so daß Jahwe ihm seinen Bruder Aaron als «Mund» mitgeben mußte. Im Buch Jesaia wird der leidende

Gottesknecht so geschildert: «Er hatte weder Gestalt noch Schönheit, daß wir nach ihm geschaut, kein Ansehen, daß er uns gefallen hätte. Verachtet war er und verlassen von Menschen, ein Mann der Schmerzen und vertraut mit Krankheit, wie einer, vor dem man das Antlitz verhüllt; so verachtet, daß er uns nichts galt. Doch wahrlich, unsre Krankheit hat er getragen und unsre Schmerzen auf sich geladen; wir aber wähnten, er sei gestraft, von Gott geschlagen und geplagt.» Das legendäre Beispiel dieses Geschlagenseins ist Jakobs Kampf mit Gott, bei dem ihm die Hüfte ausgerenkt wird. Der unbesiegt gebliebene Erzvater hinkt, und das bedeutet: «Ich habe Gott von Angesicht zu Angesicht geschaut und bin am Leben geblieben.»

Die schwere Zunge des größten aller Propheten spielt auch später immer wieder eine Rolle, besonders bei den heiligen Dichtern. Jener St. Galler Mönch, der den hohen lobpreisenden Hymnus erfand, heißt Notker Balbulus. Ein «Stammler» war auch Hamann, der Prophet des Sturms und Drangs, der sich auf den biblischen «Gesetzgeber von schwerer Sprache und schwerer Zunge» berief. Von Pindar, dem Meister des priesterlichen Chorliedes, ist ausdrücklich überliefert, daß er selbst von schwacher Stimme gewesen sei. Auch Gotthelf wird ein Sprachfehler nachgesagt; er war kein guter Kanzelredner und predigte mit hoher Stimme in einer halbleeren Dorfkirche. Aber auch weltliche Dichter hatten mit der Sprache zu kämpfen. Vergil bildete sich zum Redner aus, machte aber bei seinem ersten Auftreten vor Gericht eine so schlechte Figur, daß er für immer auf diese Laufbahn verzichtete. Das erinnert an Corneille, der den Advokatenberuf aufgab, weil er die Kunst des Plädierens nicht erlernen konnte – zu welcher Höhe steigerte er sie als Dichter! In seinen Dramen wird aufs großartigste disputiert, an seinen Tiraden entzündete sich die politische Rhetorik der Franzosen, während Corneille selbst ein schwerfälliger, nicht ganz salonfähiger Mann blieb, wie er wohl wußte:

> J'ai la plume féconde et la bouche stérile,
> Bon galant au théâtre et fort mauvais en ville,
> Et l'on peut rarement m'écouter sans ennui,
> Que quand je me produis par la bouche d'autrui.

Über den unnachahmlichen schriftlichen Plauderer Wieland berichtet Mozart seinem Vater: «Er hat einen Defekt in der Zunge, vermög er ganz sachte redet, und nicht sechs Worte sagen kann, ohne einzuhalten.» Der Ekstatiker Kleist stotterte, auch Grillparzer litt an einem Sprachfehler, und Raimund verzichtete als Schauspieler und Dichter auf die Laufbahn des hohen Tragöden, weil er mit der Zunge anstieß. Aber schon Molière war ein mittelmäßiger tragischer Schauspieler und nur als Komiker hervorragend. Seine Stimme war dumpf, er konnte zwar sehr schnell sprechen, litt aber unter einem krankhaften Schlucken, das er vergeblich loszuwerden suchte.

Ein körperlicher Mangel kann angeboren oder erworben sein. Wo er erst nachträglich auftritt, ist er oft der weckende Engel oder der peitschende Dämon, der einen Menschen aus dem handelnden Leben entfernt. Ronsard widmete sich den Studien, weil er mit achtzehn Jahren taub wurde und deshalb auf den Hofdienst verzichten mußte. Den zwanzigjährigen Hutten ergriff die Syphilis, die damals Europa verheerte,

und trieb ihn als Bettler auf die Landstraße; er hinkte zeitlebens und wurde unter dieser Geißel zum deutschen Urbild des literarischen Streiters. In aristokratischer Umgebung, wo körperliche Tugenden alles sind und das Nichtachten des Schmerzes Zeichen adeliger Gesinnung ist, hatte ein solcher Schlag grausame Folgen. Die einge-
fleischtesten Weltkinder wurden dort vom Schicksal zur Vernunft gebracht, indem
es sie zu Invaliden machte. Wer seine körperliche Unvollkommenheit nicht verbergen
konnte, zählte in der Elite nicht mehr. Ein Säbelhieb, ein Gewehrschuß, ein Sturz vom
Pferd schnitten die Laufbahn des glänzendsten Helden ab und zwangen ihn, seine Kraft
anders auszuleben. Es kam dann darauf an, was er aus seinem Unglück machte.

Im Barockzeitalter war es immer wieder der Unstern auf dem Schlachtfeld, der große
Gelehrte, Schriftsteller und Dichter entstehen ließ. Camõens wurde als Soldat, ähnlich
wie Cervantes, in einem Seegefecht durch einen Kanonenschuß verwundet und verlor
das rechte Auge. Der Herzog von La Rochefoucauld ließ sich um einer hohen Geliebten
willen in den Kampf gegen Mazarin verstricken, bis eine schwere Verletzung am linken
Auge seinem ehrgeizigen Streben plötzlich ein Ende machte. Er zog sich, zum Maje-
stätsverbrecher erklärt, auf seine Güter zurück und schrieb seine von pessimistischer
Skepsis gegenüber der großen Welt erfüllten Bücher. Der Offizier Vauvenargues kehrte
von einem Feldzug als unheilbar kranker Mann zurück und brachte den kurzen Rest
seines Lebens mit der Abfassung seiner Schriften zu. Noch Alfred de Vigny wurde auf
diese Weise aus einem Weltmann zum Schriftsteller; er mußte als adeliger Offizier wegen eines Unfalls seinen Abschied nehmen. Die bürgerliche Abwandlung davon findet
sich bei Walter Scott, der in früher Kindheit von einer Lähmung des rechten Beins befallen wurde, die trotz langer ärztlicher Behandlung unheilbar blieb und ihn mit seinem
starken Körper in einen harten Konflikt brachte. Um leben zu können, rettete er sich
in eine Phantasiewelt der ritterlichen Kämpfe und Heldenabenteuer; er war überglück-
lich, als er bei der drohenden Invasion Napoleons trotz seines Körperfehlers in ein Rei-
terregiment aufgenommen wurde.

Es gibt körperliche Mißbildungen, die lächerlich machen oder als Kainsmal emp-
funden werden, deren Fluch unüberwindlich ist. Die körperliche Mißgestalt hat etwas
Dämonisches und nähert den Menschen, wie Kierkegaard feststellte, furchtbar dem
Bösen. Der Krüppel trägt einen abgründigen Haß gegen den Gesunden in sich und
schwankt zwischen Grauen vor sich selbst, maßloser Empfindlichkeit und zynischem
Hochmut, mit dem er sich und die andern von seinem Gebrechen abzulenken sucht. In
Shakespeares Richard III. sind alle Register dieser Dämonie gezogen, die ohne Zweifel
auch in manchem Dichter- und Schriftstellerleben wirksam war. Viele große Satiriker
und Polemiker trugen einen solchen Makel. Aesop, Swift, Lichtenberg, Kierkegaard
waren Bucklige; Lichtenberg rang zeitlebens um den Sinn dieses Faktums und faßte
ihn einmal in die Worte: «Die gesundesten und schönsten, regelmäßigst gebauten
Leute sind die, die sich alles gefallen lassen. Sobald einer ein Gebrechen hat, so hat er
seine eigne Meinung.» Thomas Murner, der Feind Luthers, kam in solcher Mißgestalt
zur Welt, daß ihn seine Eltern für verhext hielten und eine Entzauberungsprozedur
an ihm vornahmen; er selbst war fest überzeugt, daß es bei seiner Geburt nicht mit

rechten Dingen zugegangen sei. Scarron, der Spötter im klassischen Paris, der Verfasser des «Vergile travesti» und des «Roman comique», war ein an allen Gliedern gelähmter Krüppel. Grimmelshausen muß an seinen roten Haaren gelitten haben, da er zur Verteidigung der Rothaarigen seinen «Bartkrieg» verfaßte. Shakespeare nennt sich in den Sonetten einen lahmen, häßlichen, verstoßenen Menschen; wenn dabei auch seine erregt vergrößernde Phantasie im Spiel ist, so bedeutet es doch, daß seine Person anders aussah, als man vermutet.

Schicksalhafte Entstellung ist auch der abnorme Körperwuchs, der schon das Kind von seinesgleichen absondert. Manches große literarische Lebenswerk geht auf einen mit körperlicher Ungestalt Gestraften zurück. Der Menschenhasser Pope, der den «Essay on man» verfaßte und Homer übersetzte, aber auch das burleske Epos vom «Lockenraub» schrieb, war ein bösartiger Zwerg von Kindergröße, den man auf den Sessel heben mußte. Ein kaum fünf Fuß hoher Zwerg war auch der stolze Keats, ein rothaariger, epileptischer Zwerg Swinburne, der aufrührerische Sänger gottloser Liebe und Freiheit. Auch Gottfried Kellers Rebellentum hing unverkennbar mit seinem im Wachstum zurückgebliebenen Körper zusammen, der ihm bei den Frauen zum Verhängnis wurde. Seine beste Freundin schrieb: «Wäre Keller einen Kopf höher gewachsen gewesen, so hätte sein Leben sich anders gestaltet.» Voltaire, Hoffmann, Leopardi, Andersen, Verlaine zeichneten sich durch abstoßende Häßlichkeit aus. Mozart wunderte sich darüber, daß der Graziendichter Wieland nichts weniger als ein Adonis war: «Das Gesicht ist von Herzen häßlich, mit Blattern angefüllt, und eine ziemlich lange Nase.» Leopardis Geist war in eine wahre Pygmäengestalt gebannt; wie verzweifelt er an ihr litt, verrät nicht nur seine Misanthropie, man erkennt es in seinen Satiren wie an seinem platonischen Schönheitskult. Hoffmann schrieb sich das Leiden an seiner Koboldfigur im «Klein Zaches» von der Seele, der Geschichte jenes Zwerges, der durch Feenzauber zu hohen Ehren gelangt, aber zuletzt entlarvt wird und eines skurrilen Todes stirbt. Das ist nicht nur eine politische Satire, es ist Hoffmanns Alptraum vom Mißverhältnis zwischen Phantasie und Wirklichkeit und von seiner Entdeckung. Conrad Ferdinand Meyers heroische Schönheitswelt steht in einem ähnlichen Widerspruch zu seiner formlos verquollenen Leiblichkeit, wie sie Karl Stauffer porträtierte.

Besonders schwer werden Frauen durch körperliche Fehler bedrückt. Sie können schon den Mangel an Schönheit als ein Unglück empfinden. Nach der Meinung des Altertums war Sappho deshalb zur Dichterin geworden. Ovid läßt sie sagen:

> *Si mihi difficilis formam natura negavit,*
> *Ingenio formae damna rependo meae.*

Annette von Droste war von Jugend auf kränklich und abnorm kurzsichtig. Elizabeth Barret-Browning wurde als Mädchen durch einen Unglücksfall auf ein langes Krankenlager geworfen. Die meisten deutschen Dichterinnen waren unverheiratet oder litten unter ihrer Kinderlosigkeit. Marie von Ebner-Eschenbach gesteht, daß ihre Bücher ihr das Mutterglück ersetzen müßten und daß sie als Mutter längst aufgehört hätte zu schreiben.

Ganz unauflöslich wird der Zusammenhang zwischen Leiden und Schaffen dort, wo eine organische Krankheit in das Dichterleben eingreift. Viele Dichter sind unheilbar krank gewesen, viele früh gestorben. Vergil, der cäsarische Poet, war ein kränklicher Mann, der häufig an Magen -und Halsschmerzen litt und Blut spuckte. Der Schwindsucht sind auch Bürger, Novalis, Keats, Jacobsen, Tschechow, Kafka zum Opfer gefallen, aber ohne daß deshalb eine geistige Verwandtschaft unter ihnen ersichtlich wäre. Lungenkrank war auch Molière, der Dichter des «Malade imaginaire». Er schrieb diese Verspottung des Krankseins und der Ärzte in der Qual eigenen Leidens und spielte als Todkranker die Rolle des Argan. In der vierten Vorstellung, die er aus Rücksicht auf die armen Theaterarbeiter nicht absagte, erlitt er auf offener Bühne einen Blutsturz, den er in einem Lachanfall zu ersticken versuchte. Er wurde im roten Doktortalar, den er im satirischen Nachspiel getragen hatte, nach Hause gebracht und starb noch am gleichen Abend.

Molière war kein Seher, aber sein Ende macht es begreiflich, daß man im Altertum die Dichterkrankheit als etwas Heiliges betrachtete. Nach antikem Glauben hing die Dichter- und Sehergabe mit bestimmten Arten heiligen Krankseins zusammen. «Wer ist blind, wenn nicht mein Knecht, und taub wie mein Bote, den ich sende? Wer ist blind wie der Gottgeweihte und taub wie der Knecht des Herrn?» sagt der zweite Jesaia. Die Blindheit galt auch den Griechen als auszeichnende Eigenschaft des Wahrsagers. Teiresias, der berühmte griechische Seher, war blind. Das wurde an den Natursehern wie an den jüdischen Propheten als die Gabe des innern Schauens ausgelegt. «Blinden will ich Führer sein auf dem Wege, auf Pfaden sie leiten, die sie nicht kannten, will die Finsternis vor ihnen her zum Lichte machen und holprigen Grund zum flachen Felde.» Die epischen Sänger, die sich des göttlichen Geführtseins rühmten, trugen dasselbe Leiden. Blinde Sänger sind in fast allen Völkern bekannt, schon bei den Ägyptern übten zahlreiche Blinde den Rhapsodenberuf aus. Demodokos, der in der Odyssee beim Festmahl der Phaiaken auftritt, ist blind; die Muse, heißt es, «nahm ihm die Augen und gab ihm süße Gesänge». Von einem alten blinden Sänger auf Chios ist ein Hymnus auf Apollon überliefert. Blind ist auch Ossin, das irische Urbild Ossians. Der heilige Liudger heilte, laut seiner Vita, am Ende des achten Jahrhunderts im Friesenland einen blinden Sänger Bernlef und bekehrte ihn. Die Blindheit Homers ist also nicht nur eine sinnreiche Legende, es liegt eine Welt von gelebtem Dichterunglück hinter ihr. Noch Thomas Murner ließ sein «Neu lied von dem Untergang des christlichen Glaubens, in Bruder Veiten Ton», eine 35 Strophen lange Klage im Volkston über das Zerstörungswerk der Reformatoren, durch einen blinden Bänkelsänger in ganz Deutschland kolportieren. Was für ein Schmerz gerade diesem Leiden innewohnt, lehrt ein Blick auf Milton, den letzten großen blinden Sänger. Er konnte sich nie mit dem Verlust seines Augenlichts abfinden, und dennoch war er eine Ursache seiner Dichtergröße. So dachten sich offenbar die Griechen den Zusammenhang. Wie man Nachtigallen blendete, damit sie schöner sangen, so blendete die epische Muse ihre Diener. Die moderne Forschung versucht umgekehrt die Vorliebe Homers und gewisser Skalden für ausführlich beschreibende Gleichnisse mit der Sehnsucht des Erblindeten nach der Schönheit der Welt zu erklären.

Eine andere heilige Krankheit war die Epilepsie. Das Heilige, Erschütternde an ihr war offenbar, daß sie ebensosehr seelischen wie körperlichen Ursprungs ist und an den Wahnsinn erinnert. Sie ist bis in die moderne Zeit hinein in auffallender Weise eine Dichterkrankheit geblieben. Byron, Swinburne, Flaubert, Dostojewskij waren ihr unterworfen. Dostojewskij schrieb seine Romane unter der Wirkung ihrer Anfälle, in denen er göttliche Heimsuchungen sah. Flaubert wurde in der Jugend durch eine epilepsieartige Attacke gezwungen, sein Studium abzubrechen und die literarische Laufbahn zu wählen. Die Anfälle traten bei ihm auch später in Abständen auf, und er rechnete mit ihnen, nicht als mit mystischen Verzückungen, aber als einem notwendigen Kreuz seines Künstlertums. Ohne sie wäre er nicht dazu gekommen, die Halluzinationen seines heiligen Antonius zu gestalten. Hier deutet alles auf höchst komplizierte Hintergründe, auf einen dunklen ursächlichen Zusammenhang des Leidens und der Kunst. Bei diesen Dichtern tritt man über die Schwelle, die von den sichtbaren Krankheiten zu den unsichtbaren des Geistes und der Seele führt.

Die Schwermut galt im Mittelalter als die eigentliche Mönchskrankheit. Sie peinigte die Anachoreten als Lebensüberdruß, unerklärliche Angst und Trauer; man sah in ihr eine Hauptsünde, weil sie bewies, daß der trübsinnige Mönch innerlich noch in den Stricken der Welt gefangen lag. Im sechzehnten Jahrhundert, als der Kampf zwischen roher Sinnlichkeit und Erlösungssehnsucht aus der Brust des Einzelnen heraustrat und zum offenen Krieg eines Zeitalters wurde, erhob sich die Melancholie als riesengroßer Schatten über der Kunst. Ronsard schreibt sie sich in der Elegie an Jacques Grévin zu:

> *Je suis opiniastre, indiscret, fantastique,*
> *Farouche, soupçonneux, triste et mélancolique.*

Albrecht Dürers «Melancholie» und Michelangelos Medicäergräber sind die größten Denkmäler davon. Der Figur der Nacht legte ihr Schöpfer selbst die Verse in den Mund:

> *Ich lieb den Schlaf; doch daß ich Stein bin, preise*
> *Ich höher, da nur Schmach und Leid bestehen.*
> *Glück ist es mir, nichts hören und nichts sehen;*
> *Drum wecke mich nicht auf, o sprich ganz leise.*

Als Sohn dieses Zeitalters gestaltete Shakespeare bereits den Wahnsinn dichterisch, vor allem im «Hamlet» und im «König Lear».

Auch das achtzehnte Jahrhundert kannte in seinem Vernunftstolz einen Unterstrom von «Traurigkeit dieser Welt», den die frommen Christen als Strafe Gottes für menschlichen Hochmut ansahen. Durch Rousseau wurde dann das Schwelgen in dieser Trauer, der romantische Weltschmerz, große Mode. Dafür zeugen die Gesänge Ossians, die Selbstmörderphantasien Werthers, die ganze tränenschwere empfindsame Literatur und die neue Ästhetik, die den Schmerz als Bestandteil des Dichterischen erklärte. Hamann ließ seine «Sokratischen Denkwürdigkeiten», um den Vorwurf der Verrücktheit von sich abzuwehren, in einen Lobpreis des heiligen Krankseins ausmünden, indem er aus der Bibel und den Griechen alle «bedenklichen Merkmale» großer Geister von der Invalidität bis zur Tollheit aufzählte und sie mit dem abgewandelten Bibelwort deutete: «Sucht keine Blonde also unter den Gespielinnen des Apolls. Urit enim fulgore suo – Jede von ihnen kann sagen: Seht mich nicht an, daß ich so schwarz bin, denn das Genie hat mich so verbrannt.» Mancher Dichter der Rousseauzeit trug pathologische Züge. Matthias Claudius vermochte seine Melancholie mannhaft zu verwinden, bei Lenz brach die Geisteskrankheit aus, und Goethe, den seine Freunde im Stillen mit Sorge betrachteten, ließ seinen Werther ausrufen: «Ach, ihr vernünftigen Leute! Leidenschaft! Trunkenheit! Wahnsinn! Ihr steht so gelassen, so ohne Teilnehmung da, ihr sittlichen Menschen! scheltet den Trinker, verabscheut den Unsinnigen, geht vorbei, wie der Priester, und dankt Gott, wie der Pharisäer, daß er euch nicht gemacht hat, wie einen von diesen. Ich bin mehr als einmal trunken gewesen, und meine Leidenschaften waren nie weit vom Wahnsinn, und beides reut mich nicht; denn ich habe in meinem Maße begreifen lernen, wie man alle außerordentlichen Menschen, die etwas Großes, etwas unmöglich Scheinendes wirkten, von jeher für Trunkene und Wahnsinnige ausschreien mußte.» Krankheit und Wahnsinn wurden seit dem Sturm und Drang zum literarischen Motiv. «Hamlet» und «König Lear» galten als Shakespeares größte Werke; der geistig verstörte Harfenspieler im «Wilhelm Meister» ist nur die berühmteste der Figuren, die diese Vorbilder in der deutschen Literatur hervorriefen. Die romantische Dichtung durchstieß die Scheidewand zur Nacht der Seele endgültig. Kleist ließ in seinem shakespearisierenden Erstlingswerk einen Verrückten als einzigen Sehenden auftreten. Hoffmann behandelte in den «Elixieren des Teufels» die Reden eines Wahnsinnigen als «schauerliche, entsetzliche Sprüche einer dunklen Macht, die über uns waltet». Er selbst wurde ein Urbild des mit dem Wahnsinn ringenden Künstlers und stellte sich in seinem verrückten Kapellmeister Kreisler so dar. In der Romantik umdunkelte sich der Geist der Künstler so sehr, daß es kaum mehr einen nach bürgerlichen Begriffen gesunden Künstler gab. Sie brachte die moderne, ins Neurotische gesteigerte Form der Melancholie, die durch Byron zur europäischen Zeitkrankheit wurde.

Die Dichter des neunzehnten Jahrhunderts trieben den Kult des Leidens auf die Spitze, aber etwas Niedagewesenes kann man ihn nicht nennen. Daß die Dichtung eine Ausgeburt des Schmerzes sei, ist keine Erfindung der modernen Zeit. Dasselbe sagt schon die Sage von Orpheus, dessen Gesang aus der untröstlichen Trauer um Eurydike seine neuartige Gewalt erhält. Im «Kalewala» weinen alle beim Gesang Wäinämöinens, auch der Sänger selbst bricht in Tränen aus.

> *Selbst dem alten Wäinämöinen*
> *Füllte sich der Blick mit Tränen,*
> *Aus den Augen fielen Tropfen,*
> *Wasserperlen rannen nieder*
> *Voller als des Sumpfes Beeren,*
> *Dicker als die Erbsenkörner,*
> *Runder als des Feldhuhns Eier,*
> *Größer als die Schwalbenköpfe –*

Die Tränen rinnen in die Meerestiefe, aber auf Befehl des Sängers holt sie die blaue Ente wieder herauf und legt sie in seine Hände: da haben sie sich in schöne Perlen verwandelt und schimmern nun «zu dem Schmucke manches Königs, zu der Mächtgen ewiger Freude». So wird im hemmungslosen Schamanenstil die Macht des Gesanges dargestellt. Aber noch Grillparzer vergleicht im «Abschied von Gastein» die Dichtung mit der Perle, dem Erzeugnis des kranken stillen Muscheltieres, und Flaubert schreibt an Louise Colet: «La perle est une maladie de l'huître et le style peut-être l'écoulement d'une douleur plus profonde.»

Auch abseits von Wahnsinn und Entartung stößt man bei vielen modernen Dichtern und Künstlern auf eine tiefe Verbundenheit mit dem körperlichen und geistigen Schmerz. Jean Paul war sein eigener Arzt und verfaßte vor seinem Tod einen «Vorbericht zum eigenen Sektionsbericht», ein pathologisch-anatomisches Gutachten über den Zustand seines Körpers – so nahe lag ihm der Gedanke an seine Auflösung. Der scheinbar so heitere Gottfried Keller tröstete einen zur Schwermut neigenden Freund mit dem Geständnis: «Mehr oder weniger traurig sind am Ende alle, die über die Brotfrage hinaus noch etwas kennen und sind; aber wer wollte am Ende ohne diese stille Grundtrauer leben, ohne die es keine rechte Freude gibt? Selbst wenn sie der Reflex eines körperlichen Leidens ist, kann sie eher vielleicht eine Wohltat als ein Übel sein, eine Schutzwehr gegen triviale Ruchlosigkeit.» Sogar Schubert schrieb in sein Tagebuch: «Meine Erzeugnisse sind durch den Verstand für Musik und durch meinen Schmerz vorhanden! Jene, welche der Schmerz allein erzeugt hat, scheinen am wenigsten die Welt zu erfreuen.» Dieses Kind der Sonne nannte sich «den unglücklichsten, elendesten Menschen auf der Welt» und schloß im Mai 1823 ein Gedicht «Mein Gebet» mit den Strophen:

> *Sieh, vernichtet liegt im Staube,*
> *Unerhörtem Gram zum Raube,*
> *Meines Lebens Martergang,*
> *Nahend ewgem Untergang.*
>
> *Töt es und mich selber töte,*
> *Stürz nun alles in die Lethe,*
> *Und ein reines, kräftges Sein*
> *Laß, o Großer, dann gedeihn.*

Das unterscheidet sich in nichts von den letzten Worten, die der Tragiker Georg Büchner vor seinem frühen Tod sprach: «Wir haben der Schmerzen nicht zu viel, wir haben ihrer zu wenig, denn durch den Schmerz gehen wir zu Gott ein. Wir sind Tod, Staub, Asche, wie dürften wir klagen?» Annette von Droste spricht in ihren späten Versen «Der Dichter» von blutigen Tränen und verzehrendem Feuer, mit denen der Dichter seine Schätze bezahle:

> *Ja, Perlen fischt er und Juwele,*
> *Die kosten nichts – als seine Seele.*

Die Frage nach dem Glück oder Unglück des Dichters ist falsch gestellt. Der Schmerz gehört zu ihm, und die Frage ist, wie er sich mit ihm abfindet. «Glücklich sein! mir ist, als hätt' ich Brei und laues Wasser auf der Zunge, wenn ihr mir sprecht von glücklich sein», heißt es in Hölderlins «Hyperion». Sein Held sucht das große Leben, nicht das Glück, und das Leiden wird ihm so lieb, daß er es sich «wie ein Kind an die Brust legt». Größe und Schönheit sind in seinen Augen nur möglich um diesen Preis: «Des Herzens Woge schäumte nicht so schön empor, und würde Geist, wenn nicht der alte stumme Fels, das Schicksal, ihr entgegenstände.» Nietzsche behauptete, das Gesetz «Je mehr Geist, desto mehr Leid» gelte am allermeisten auch für die Griechen. Burckhardt sagt zwar von Homer: «Man hat vor allem das Gefühl, daß ein solcher Dichter *glückselig* gewesen.» Er meint damit aber seine innere Verfassung. Auch in den «Weltgeschicht-lichen Betrachtungen» heißt es einmal vom Dichter, nur das Leiden wecke in ihm die hohen Eigenschaften, und von den großen Künstlern früherer Zeiten: «Wenn sich der gebildete Mensch bei Kunst und Poesie der Vergangenheit zum Mahle setzt, wird er die schöne Illusion, daß jene *glücklich* gewesen, als sie dies Große schufen, nie völlig von sich abwehren können und wollen. Jene freilich retteten nur mit großen Opfern das Ideal ihrer Zeiten und kämpften im täglichen Leben den Kampf, den wir alle kämpfen. Ihre Schöpfungen sehen nur für uns aus wie gerettete und aufgesparte Jugend.»

WAHNSINN

Auch der Wahnsinn galt den Griechen als Dichterkrankheit. Hier tut sich das tiefste Dunkel auf. Eine schreckliche Reihe von Namen scheint tatsächlich zu beweisen, daß dichterische Begabung nichts anderes ist als eine Form der Geisteskrankheit. Wahn-sinnig waren oder wurden Torquato Tasso, Lenz, Cowper, Hölderlin, Lenau, Nerval, Gogol, Maupassant, Meyer, Nietzsche, Ibsen, Strindberg und viele andere – die natio-nalen Grenzen verblassen hier ganz. Die Reihe wird unabsehbar, wenn man ihr auch die pathologisch veranlagten Autoren zuzählt, die oft nur wie zufällig vor der geistigen Umnachtung bewahrt blieben.

Die Zeiten sind längst vorbei, wo dieses Leiden Ehrfurcht weckte und das Ansehen des Dichters steigerte. Die Ärzte haben es klinisch untersucht, mit dem Ergebnis, daß die Literaturgeschichte sich in ein Tollhaus verwandelte. Seitdem sie im Künstler den Krankheitsfall und im Kunstwerk die «Ersatzleistung» eines minderwertigen Indi-viduums erkannten, ist es für den wissenschaftlich aufgeklärten Banausen ausgemacht, daß sich bei jedem schöpferischen Geist der Defekt nachweisen lasse, der sein Schaffen erklärt, und die geisteskranken Dichter dienen dafür als Paradebeispiele. Das Leiden, besonders das seelische und geistige, galt dem Spießbürger zu allen Zeiten als verdäch-tig oder lächerlich. Schon Hosea hörte die Leute hinter sich herrufen: «Ein Narr ist der Prophet, verrückt der Mann des Geistes.» Dieser Anschauung lieferte die moderne Psychiatrie das wissenschaftliche Rüstzeug. Seit dem Erscheinen von Lombrosos Buch über «Genie und Irrsinn» sind die Psychologen eifrig bemüht, die Menschheit von ihrer gefährlichsten Krankheit, der Phantasie, zu heilen. Wenn einmal festgestellt ist, daß schizophrene Buchhalter und Köchinnen gern in Versen sprechen, scheint der Gedanke nahe zu liegen, daß dies ein Licht auf Hölderlin werfe[1].

Der Wahnsinn bedeutet bei Hölderlin etwas anderes als bei Lenau, bei Schumann etwas anderes als bei Nietzsche. Die medizinischen Namen des Krankseins sind Wortfetische, die das Rätsel des Lebens nicht aufhellen und darüber hinwegtäuschen, daß es schöpferisches und zerstörendes Leiden gibt. Für den Wahnsinn hat Platon im «Phaidros» diese Unterscheidung vollzogen. Er trennt den aus menschlicher Krankheit entstandenen Wahnsinn von jenem, den die Götter senden. Nur dieser gottgewollte ist ihm heilig, und er teilt ihn wieder in vier Arten: den von Apollon kommenden Wahnsinn der Weissagung, den von Dionysos stammenden der mystischen Einweihung, den dichterischen der Musen und, die höchste, den Liebeswahnsinn, den Aphrodite schickt. Jede dieser Formen ist eine Art der göttlichen Begnadung, der Rückkehr in die Seligkeit des reinen Seins. Jede von ihnen ist der bloß menschlichen Verständigkeit hoch überlegen, ihnen verdankt man die größten Güter der Kultur. Von der Dichtung heißt es: «Wer ohne diesen Wahnsinn der Musen in die Vorhallen der Dichtung tritt in der Meinung, er könne durch Kunst allein ein Dichter werden, ist selbst ungeweiht, und seine verständige Dichtung wird von der des Wahnsinnigen verdunkelt.»

Sieht man vom erotischen Wahnsinn ab, so sind das die drei Urformen des magischen, mystischen und mythischen Schauens. Das heilige Irresein ist für Platon das Zeichen der geweihten Seher, Berauschten und Sänger. Sein Wissen geht tiefer als das der heutigen Dichterpsychiatrie. Wenn man es seiner mythologischen Ausdrucksweise entkleidet und auf die großen geisteskranken Dichter und Künstler anwendet – sie allein können auch hier den Maßstab liefern –, findet man es noch immer bestätigt. In den Tabellen der Ärzte figurieren Fälle von Dichterwahnsinn, die nichts weiter sind als medizinische Legenden und bei vorurteilsloser Betrachtung den Anschein des Unverständlichen verlieren. Zu ihnen gehört die Tobsucht Torquato Tassos, dessen Grab mit den mächtigen Eichen jahrhundertelang ein Lieblingsort der Rombesucher war. Seine Anfälle sind so gut begreiflich, daß ihre Bezeichnung als Irrsinn nur die bösartige Nachrede einflußreicher Gegner oder eben jener Philister zu sein scheint, die sich nicht vorstellen können, daß man unglücklich sein kann, daß eine edle Seele imstande ist, über die Schlechtigkeit der Menschen außer sich zu geraten. Denn Tasso war ein adeliger Mensch, sein Verfolgungswahn nichts anderes als das ewige Leiden des Sängers an der Disharmonie der Welt, das in der Neuzeit nicht mehr für heilig, sondern für krank gehalten wird. Seine große Unruhe brach aus, als er das «Befreite Jerusalem» abgeschlossen

---

[1] W. Lange-Eichbaum z. B. rechnet es sich bereits als Verdienst an, in seinem Buch «Genie, Irrsinn und Ruhm» (521, 1942) die Diagnose nicht mehr auf Irrsinn, sondern auf Psychopathie gestellt zu haben, und ist der Ansicht, gegenüber der älteren Anschauung sei das «eine ungeheure Abschwächung, ja fast eine Art Ehrenrettung und Gesunderklärung»! Der Dichterarzt Gottfried Benn stellt fest: «Es ist nachweislich klar, statistisch klar, der größte Teil der Kunst des vergangenen Halbjahrtausends ist Steigerungskunst von Psychopathen, von Alkoholikern, Abnormen, Vagabunden, Armenhäuslern, Neurotikern, Degenerierten, Henkelohren, Hustern –: das war ihr Leben, und in der Westminsterabtei und im Pantheon stehen ihre Büsten und über beidem stehen ihre Werke: makellos, ewig, Blüte und Schimmer der Welt» («Doppelleben» 52, 1950).

und die Handschrift den Freunden und geistlichen Zensoren vorgelegt hatte. Die Kritik, die er zu hören bekam, und die Furcht vor der Verurteilung des Werkes durch die
Inquisition brachten seine durch die Arbeit erregte Seele aus dem Gleichgewicht. Er
sah sich rings von Feinden umstellt; seine Furcht verdichtete sich zum Gedanken, er
könnte sich gegen die Religion versündigt haben, so daß er sich freiwillig zum Inquisitor
von Ferrara begab, der ihn als schuldlos entließ. Das alles ist wahrlich nicht unvernünftig. Die schlimme Wendung trat erst durch die Brutalität des Herzogs von Ferrara ein,
der seinen leicht verletzlichen, schäbig besoldeten Dichter aus allerlei diplomatischen
Rücksichten einsperren ließ. Tasso floh in bettelhaftem Aufzug in seine Heimat Sorrent
und führte nun das Leben eines durch Italien gehetzten Wildes, kehrte aber noch zweimal nach Ferrara zurück. Beim zweitenmal wurde er ergriffen, als er tobend an den Hof
kam, und im Irrenhaus in Ketten gelegt. Nach mehr als sieben Jahren, während deren er
alle ihm bekannten Fürsten mit Bittbriefen um seine Befreiung anging, wurde er entlassen und lebte noch neun Jahre eifrig schaffend, bis er in einem römischen Kloster starb.
Bezeichnend ist, daß seine Tobsucht nur zeitweise auftrat und seinem Geist nichts an-
haben konnte. Auch in der schlimmsten Zeit, im Irrenhaus, verfaßte er viele Gedichte
und philosophische Dialoge von ungetrübtem Glanz der Gedanken und der Sprache.

Hölderlin ist das größte neuere Beispiel eines geisteskranken Dichters. Auch seine
Verfinsterung scheint nicht ganz undurchdringlich, wenn man von seiner Dichtung,
nicht vom Irrenhaus her zu ihm kommt. Sein Wahnsinn war im Grund immer in ihm,
auch als er noch «gesund» dichtete. Schon damals nämlich dichtete er seherisch, tragisch, schon damals fühlte er sich schaudernd als «lebendig Toten», wußte aber auch:
«Wer auf sein Elend tritt, steht höher.» Schon in dem frühen Gedicht «An die Stille»
besingt er die Absonderung von den Menschen in einem Bild lebendigen Sterbens, das
seine Vereinsamung als Kranker vorwegnimmt:

> Keine Lauscher nahn der Schlummerstätte,
> Kühl und schattig ists im Leichentuch,
> Abgeschüttelt ist die Sclavenkette,
> Maigesäusel wird Gewitterfluch;
> Schöner rauscht die träge Flut der Zeiten,
> Rings umdüstert von der Sorgen Schwarm;
> Wie ein Traum verfliegen Ewigkeiten,
> Schläft der Jüngling seiner Braut im Arm.

Unmittelbar nach dem Ausbruch seiner Krankheit sagte Hölderlin von sich, wie ein
alttestamentlicher Gottesknecht: «Ich bin nun durch und durch gehärtet und geweiht,
wie Ihr es wollt. Ich denke, ich will so bleiben in der Hauptsache. Nichts fürchten und
sich viel gefallen lassen.» Das alles deutet auf den Sinn seiner Katastrophe. Er dachte an
Platon, als er sich «von Apollo geschlagen» nannte. Er ist ein Beispiel für den Wahnsinn
des Sehers.

In der späten Hymne «Wie wenn am Feiertage» sieht Hölderlin die Leistung des
Dichters darin, daß er den Blitz ins Lied zu hüllen, also dichtend sich vor dem Erschla-

genwerden zu retten vermöge. Die erste direkt nachweisbare Spur seiner Erkrankung ist eine Briefstelle aus dem Dezember 1798, in der er gesteht, daß ihn die Kraft zu dieser rettenden Handlung zeitweise verlasse. Er sagt dem Bruder, wie froh er sei, daß er ihn und einige Freunde besitze und sie rufen könne «zum Zeugnis gegen mein eigen zweifelnd Herz, das manchmal auf die Seite des ungläubigen Pöbels treten will und den Gott leugnen, der in den Menschen ist. Sag es ihnen nur, den Deinen und Meinen, daß ich manchmal an sie denke, wenn mirs sei, als gäb es außer mir und ein paar Einsamen, die ich im Herzen trage, nichts als meine vier Wände, und daß sie mir seien wie eine Melodie, zu der man seine Zuflucht nimmt, wenn einen der böse Dämon überwältigen will. Es ist die volle Wahrheit, was ich sage»... Da erscheint ihm also Apollon nicht mehr als guter, sondern als böser Dämon, wie der Kassandra des Aischylos. Die Worte liegen ganz auf der Linie des «Hyperion» und stimmen mit dem überein, was Hölderlin nach seiner Erkrankung sagte und tat. Da wollte er seinen Namen unter keinen Umständen mehr sagen und hören und konnte rasend werden, wenn man ihn aussprach, vermutlich deshalb, weil er sich ganz von seinem Gott getrennt wußte und seinen gnadenlosen Zustand nicht mit seiner Dichtung in Verbindung gebracht sehen wollte. Noch als Entweihter bekannte er sich zu Apollon, indem er sich scharf von seiner früheren Würde distanzierte. Als ihm die Buchausgabe seiner Gedichte übergeben wurde und er darin geblättert hatte, erklärte er: «Ja, die Gedichte sind echt, die sind von mir, aber (indem er das Titelblatt nochmals besah) der Titel ist falsch; ich habe in meinem Leben niemals Hölderlin geheißen, sondern Scardanelli, oder Scaliger Rosa, oder so was.» Wenn man den Häftling des Schreiners Zimmer in Tübingen seine Besucher empfangen, vor den Kindern auf der Straße die Mütze ziehen und sich gegen Zudringliche wehren sieht, wird man den Eindruck nicht los, daß in seinem Verhalten eine schreckliche Art von Bewußtheit und Konsequenz liege. Er ist derselbe wie in seinen großen Gedichten, nur noch rücksichtsloser, eindeutiger. Trotz seiner schmutzigen Nägel liegt ein hoher Adel über ihm. Der wahnsinnige Hölderlin trat den Besuchern, wenn er nicht gereizt war, mit übertriebener Demut entgegen und redete sie als «Herr Baron», «Gnädiger Herr Pater» oder «Eure Heiligkeit» an. Was war das anderes als der letztmögliche Stolz eines Gestürzten? Er beharrte auf dem ungeheuren Abstand zwischen sich und ihnen, gönnte aber den andern ihre Überlegenheit und hielt sich dadurch jede Diskussion vom Leibe. Als Dichter hatte er noch um sein Verhältnis zu den Menschen gerungen, jetzt interessierte es ihn nicht mehr. Er war auf alle Fälle der ganz andere. Der Abgrund zwischen ihm und den Menschen hatte sich ins Ungeheure erweitert, aber es war immer noch derselbe Abgrund wie früher. Er sang gern mit hohler Stimme zum Klavier oder griff stundenlang dieselbe einfältige Figur auf den Tasten, und die Nachbarn fanden das nicht zum Aushalten, aber ihm war umgekehrt sein schwäbischer Name unerträglich geworden. Auch seine Wut- und Tränenausbrüche hatten ihre Logik. Gegen die Studenten, die ihn anpöbelten, warf er mit Dreck und Steinen um sich – man denkt an Dante, der in Ravenna Weiber und Kinder mit Steinen bewarf, und an den betrunkenen Verlaine, der sich vor neckenden Gassenjungen in erschreckender Würde aufrichten konnte.

Die Irrenärzte müssen sich also sagen lassen, daß man Hölderlins Geisteskrankheit nur verstehen kann, wenn man seine Gedichte verstanden hat, die Ästheten dagegen, daß dieser Wahnsinnige kein Dichter mehr war, nur noch die Ruine des unermeßlichen Leidens, das Hölderlin als Dichter überwunden hatte. Der Schmerz hatte seinen Geist jetzt ganz in Besitz, glühte ihn aus und zerstörte ihn. Nicht der Rest geschmolzener Dichtersprache, der diese Schlacke noch durchsetzt, sondern das geisterhafte Dastehen der ausgebrannten Person ist das Denkwürdige. Man sieht, daß Kunst und Krankheit nicht dasselbe sind. Ihre Nachbarschaft tritt schaurig hervor, aber auch ihr Unterschied. Der Wahnsinn war das Ende von Hölderlins Kunst. Sie kann nicht aus seinem Irresein erklärt werden, aber sie war schicksalhaft mit diesem verbunden. Noch in der Verfinsterung zeichnen sich die Umrisse seines Sehertums ab.

Ganz anders sieht der Wahnsinn des Magiers aus. In seinem Schatten stehen der junge Goethe, Lenz, Jean Paul, Kleist, Brentano, Hoffmann, Mörike, die Droste, Lenau, jeder auf seine Art. Sie haben ihn gelebt oder in ihren Werken gestaltet und stimmen darin überein, daß sie sich selbst mit ihrer Kunst in Verbindung bringen. Dichtung ist ihnen eine Form der Entrückung, die ihren Träger verzehrt. Sie fürchten sich vor ihr, werden aber auch von ihr angezogen, weil ihr Schaffen in dieser Heimsuchung besteht. So stellen es die romantischen Wahnsinnsdichtungen dar, so schildert sich der junge Mörike im tausendjährigen König der Zauberinsel Orplid, der nicht sterben kann, aber einer Fee verfallen ist, die er haßt und liebt, weil er durch sie im «Gesang zu zweien in der Nacht» zum Dichter wird. Mörike kämpfte früh mit der Angst vor der Umnachtung und mit Selbstmordgedanken. Seine Abneigung gegen das Pfarramt wurde zur rätselhaften Scheu vor aller Arbeit, allen Menschen und äußerte sich in partiellen Lähmungen und krankhafter Empfindlichkeit. Er wußte, daß es ein seelisches Leiden war, und ließ sich einmal durch Blumhardt im Bad Boll behandeln, wurde aber nur vorübergehend geheilt. Wie sein König Ulmon siechte er am Rand des Dunkels dahin, ein von Frauen behüteter Neurastheniker, langsam und traurig erlöschend. Seine Kunst war sein Verderben, ein unendlich reines Erleiden der Einheit von Schönheit und Tod.

Das Ende des Dichtermusikers Robert Schumann zeigt diese Einheit so klar, daß es als Beispiel für viele andere sprechen kann. Schumanns Umnachtung, die Clara in ihrem Tagebuch beschreibt, geht unmittelbar aus seinem hohen Schaffen hervor. Die letzten Eingebungen sehen wie eine mittelalterliche Verzückung aus: die Kunst ist zur Todesqual gesteigert. «Freitag, den 10. (Februar 1854), in der Nacht auf Sonnabend, bekam Robert eine so heftige Gehörsaffektion die ganze Nacht hindurch, daß er kein Auge schloß. Er hörte immer ein und denselben Ton und dazu zuweilen noch ein anderes Intervall. Den Tag über legte es sich. Die Nacht auf Sonntag war wieder ebenso schlimm und der Tag auch, denn das Leiden blieb nur zwei Stunden am Morgen aus und stellte sich schon um zehn Uhr wieder ein. Mein armer Robert leidet schrecklich! alles Geräusch klingt ihm wie Musik! er sagt, es sei Musik so herrlich mit so wundervoll klingenden Instrumenten, wie man auf der Erde nie hörte! aber es greift ihn natürlich furchtbar an. Der Arzt sagt, er könne gar nichts tun. – Die nächstfolgenden Nächte waren sehr schlimm, wir schliefen fast gar nicht. – Den Tag über versuchte er zu arbeiten, doch es gelang ihm nur mit entsetzlicher Anstrengung. Er äußerte mehrmals, wenn das nicht aufhöre, müsse es seinen Geist zerstören. Die Gehörsaffektionen hatten sich so weit gesteigert, daß er ganze Stücke wie von einem vollen Orchester hörte, von Anfang bis zum Ende, und auf dem letzten Akkorde blieb der Klang, bis Robert die Gedanken auf ein anderes Stück lenkte. Ach, und nichts konnte man tun zu seiner Erleichterung!

«Freitag den 17., nachts, als wir nicht lange zu Bett waren, stand Robert wieder auf und schrieb ein Thema auf, welches, wie er sagte, ihm die Engel vorsangen; nachdem er es beendet, legte er sich nieder und phantasierte nun die ganze Nacht, immer mit offenen, zum Himmel aufgeschlagenen Blicken; er war des festen Glaubens, Engel umschweben ihn und machen ihm die herrlichsten Offenbarungen, alles das in wundervoller Musik; sie riefen uns Willkomm zu, und wir würden beide vereint, noch ehe das Jahr verflossen, bei ihnen sein. – Der Morgen kam und mit ihm eine furchtbare Änderung! Die Engelstimmen verwandelten sich in Dämonenstimmen mit gräßlicher Musik; sie sagten ihm, er sei ein Sünder und sie wollen ihn in die Hölle werfen, kurz, sein Zustand wuchs bis zu einem förmlichen Nervenparoxysmus; er schrie vor Schmerzen, und zwei Ärzte, die glücklicherweise schnell genug kamen, konnten ihn kaum halten. Nie will ich diesen Anblick vergessen, ich litt mit ihm wahre Folterqualen. Nach etwa einer halben Stunde wurde er ruhiger und meinte, es lassen sich wieder freundlichere Stimmen hören, die ihm Mut zusprechen. Die Ärzte brachten ihn zu Bett, und einige Stunden ließ er es sich auch gefallen, dann stand er aber wieder auf und machte Korrekturen von seinem Violoncellkonzert, er meinte dadurch etwas erleichtert zu werden von dem ewigen Klange der Stimmen.

«Montag, den 20., verbrachte Robert den ganzen Tag an seinem Schreibpult, Papier, Feder und Tinte vor sich, und horchte auf die Engelstimmen, schrieb dann wohl öfter einige Worte, aber wenig, und horchte immer wieder. Er hatte dabei einen Blick voll Seligkeit, den ich nie vergessen kann; und doch zerschnitt mir diese unnatürliche Seligkeit das Herz ebenso, als wenn er unter bösen Geistern litt. Ach es erfüllte ja dies alles mein Herz mit der furchtbarsten Sorge, welch ein Ende das nehmen solle; ich sah seinen Geist immer mehr gestört und hatte doch noch nicht die Idee von dem, was ihm und mir noch bevorstand. – Dienstag, den 21. Februar, schliefen wir wieder die ganze Nacht nicht; er sprach immer davon, er sei ein Verbrecher und solle eigentlich immer in der Bibel lesen» ...

Wenige Tage darauf sprang Schumann ins Wasser, wurde von Fischern gerettet und in eine Nervenheilanstalt gebracht, wo er nach zwei Jahren starb.

WEIHE DES LEIDENS

I

Als Frucht des Leidens ist die Kunst ein sittliches Phänomen. Es sind nicht ästhetische, sondern sittliche Fähigkeiten, die darüber entscheiden, ob und wie ein Mensch sich mit dem Schmerz abfindet. Ein großer Dichter ist nicht denkbar ohne moralische Größe. Aber seine Moral ist immer die produktive des Künstlers. Am Kunstwerk zeigt sich untrüglich, wie er seiner sittlichen Aufgabe gewachsen war: nicht nur wie gut oder schlecht, sondern auch in welcher typischen Form. Das Leiden ist seine Weihe, die ihn auch in Zeiten ohne Adel, ohne Zauber, ohne Gott von den Menschen absondert und in die Einsamkeit führt, wo er sich selbst findet.

Einsamkeit ist ein seelischer Zustand, in den viele Wege führen, am sichersten aber der Schmerz. Er entfernt den Menschen vom handelnden Leben und treibt ihn der Meditation in die Arme. Selten verzichtet er freiwillig auf das naive Mittun und Mitgenießen, meist erst nach einer Niederlage, die ihn verwundet. Bei den «geborenen» Zuschauern und Träumern hat dieser Schicksalsschlag in der Kindheit stattgefunden und den ganzen Menschen umgeformt. Bei den später Getroffenen vollzieht sich die Verwandlung sichtbarer und heftiger. Sie treten den Rückzug weniger leicht an, denn er wird ihnen als Schwäche ausgelegt, und ihre eigene Lebenslust läßt ihnen keine Ruhe. Sie wenden sich nur schrittweise von der vordergründigen Schönheit der Welt ab, um sie an die Betrachtung aus der Ferne einzutauschen. Diese Erhebung über die vergängliche Gegenwart hat etwas Seherisches. Der blinde Lebensdrang vergeistigt sich und wird zum Bedürfnis, schließlich zur Kraft, ein Sinnbild des Lebens zu schaffen.

Ein solcher Weg in die Einsamkeit ist auch die politische Verbannung, die als geistiger Schmerz in der Geschichte der Dichtung eine klassische Rolle spielt. Die großen weltlichen Staatsdichtungen stammen von Täternaturen, die wie Arjuna am naiven Handeln irre wurden. Sie lassen sich zuerst ehrgeizig in den Kampf um die Macht ein und lernen seine ganze Härte kennen, bis ihnen plötzlich die Binde von den Augen fällt und sie sehen, was kein leidenschaftlich Handelnder sieht. Nicht ein Gott, aber ein tyrannischer Machthaber tut ihnen diesen Dienst, indem er sie zur Auswanderung zwingt. Es gibt unzählige Formen der Verbannung: offene und verschleierte, äußere und innere, befohlene und freiwillige, ungerechte und verschuldete, vorübergehende und dauernde, nahe und ferne, sinnlose und heimlich gewünschte. Ein Beispiel unverstandenen und unfruchtbaren Exils ist Ovids Verbannung nach Tomi am Schwarzen Meer. Für den Höfling gab es dort kein Weiterleben mehr, die Entfernung von Rom brach ihn gänzlich; er konnte nur noch jammern und immer wieder vergeblich um die Erlaubnis zur Heimkehr betteln. Petrarca in Vaucluse, Voltaire in Ferney, Victor Hugo auf Jersey bewiesen der Welt, daß man verbannt sein kann, ohne ein anderer Mensch zu werden. Die Schriftsteller haben immer gewußt, daß vorübergehendes Verschwinden unter Umständen das sicherste Mittel ist, um die Aufmerksamkeit auf sich zu ziehen. Es gibt eine Strategie der Absonderung, auf die sich die Weltklugheit trefflich versteht. Das ist der schon im Altertum angewandte Kunstgriff der secessio in montem sacrum, des protestierenden Abtretens vom Schauplatz, auf den man triumphierend zurückzukehren gedenkt. Bei dieser Opposition können die Begleitumstände nicht effektvoll genug inszeniert werden. Aber sie hat mit der Verbannung des Dichters nur die Äußerlichkeiten gemeinsam. Dichterisch wird die Verbannung erst, wenn der Heimatlose seine Lage als eine Fügung des Schicksals begreift und annimmt. Der Verlust des Vaterlandes wird ihm dann zum geistigen Gewinn. Er überwindet sich selbst, er tritt aus seiner alten Existenz heraus, er streift allen falschen Hochmut ab und erlangt die Überlegenheit, die nur der Schmerz verleiht. Von einem gewissen Augenblick an denkt er nicht mehr an Rückkehr, sondern beginnt seiner Isolierung merkwürdig Vorschub zu leisten, weil er spürt, daß er sie braucht. Er weicht freiwillig an den Rand der Zeit hinaus, wo er sie wie Hesiod ganz durchschauen kann, oder auf einen Punkt außerhalb der Zeit, von dem aus er sie wie die Propheten aus den Angeln hebt. Seine Verbannung ist die List des Schicksals, durch welche das große Kunstwerk zur Reife kommt.

Ebenso verhält es sich mit der Krankheit. Sie ist eine Schule der Verinnerlichung für solche, denen das Leiden nicht angeboren ist, die hohe Schule der Schmerzüberwindung, aus der Dichtung entsteht. Glückliche dichten nichts Unvergängliches. Man hat die Kunst eine Krankheit der Kultur genannt, sicher mit Grund, wenn auch nicht für alle Kunst mit gleichem Recht. Im magischen und mystischen Kunstwerk versucht die kranke Welt zu genesen. Auch hier gibt es viele Grade der Überwindung; nicht jeder besitzt die gleiche Kraft, sie zu leisten. Der Rang, aber auch die Art eines Dichters gibt sich darin kund, wie er den Schmerz hinnimmt. Er kann sich gegen ihn als eine Bosheit des Schicksals, des Teufels auflehnen, er kann ihn verleugnen, weil er ihn für sinnlos hält. Er kann ihn als Zufall oder Notwendigkeit auffassen und der Notwendigkeit entweder hilflos klagend erliegen oder heroisch die Stirn bieten. Die Entscheidung ist jedem in die Hand gegeben, so oder so kann sie gut sein. Aber dichterisch ist sie nur, wenn sie den Schmerz gestaltet, wenn sie ihm einen Sinn, eine Form gibt. Die Entscheidung ist desto folgenschwerer, je größer der Schmerz ist, der durch sie besiegt wird. In allen Künsten gibt es hervorragende Talente, denen nichts fehlt als das Eine, daß sie wirklich gelitten haben. Der wunderbarste Glanz eines Meisterwerks ist der Schmerz, der nicht mehr schmerzt. Ein vollkommenes Werk darf keine Spur des Leidens mehr an sich haben. Flaubert sagt einmal: «L'art est un luxe; il veut des mains blanches et calmes», und er vergleicht den Künstler mit den römischen Gladiatoren: «Il amuse le public avec ses agonies.» Der größte Luxus der Kunst ist, daß ihr der Schmerz zum Opfer gebracht wird. Flaubert spielte bisweilen mit dem Gedanken, Mönch zu werden, nicht aus Sehnsucht nach Heilung, sondern um sich zu kasteien. «Il arrive un moment où *l'on a besoin de se faire souffrir*, de haïr sa chair, de lui jeter de la boue au visage tant elle vous semble hideuse. Sans l'amour de la forme, j'eusse été peut-être un grand mystique.» Auch der Krüppel Lichtenberg war sich über den Stachel des Schmerzes klar und prägte sein Wissen einmal in die halb spaßhaften Worte: «Vielleicht kömmt es noch dahin, daß man die Menschen verstümmelt, so wie die Bäume, um desto bessere Früchte des Geistes zu tragen. Das Kastrieren zum Singen gehört schon hieher. Die Frage ist, ob sich nicht Maler und Poeten ebenso schneiden ließen.»

Lichtenberg ließ dabei außer acht, daß der Schmerz an sich so wenig wie der Wahnsinn den Künstler ausmacht. Es gibt großes und kleines, geistiges und ungeistiges, reines und unreines Leiden. Diese Unterscheidung gilt auch für die Kunst, sie hat in ihr eine Bedeutung wie sonst nirgends. Rein ist hier das Leiden, das schöpferisch wird, das im Dienst der Gestaltung steht. Der Säufer und Dirnenknecht Verlaine steht als Dichter unendlich hoch über dem Apostel Lavater. Hier öffnet sich der Gegensatz von Dichtung und Literatur in seiner ganzen Tiefe. Die Literaturgeschichte ist auf weite Strekken ohne Zweifel nichts anderes als der Tummelplatz körperlich benachteiligter oder seelisch geschädigter Individuen, die das Bücherschreiben als Ersatz für das ihnen verwehrte Leben betreiben. Die medizinische Betrachtung der Literatur hat den Blick dafür geschärft. Es figurieren in ihr zahllose unersättliche Machtmenschen, verschlagene Intriganten und still resignierte Sonntagspoeten, die sich mit Versen über ihre Enttäuschung trösteten. Sie verschafften sich schreibend eine Macht oder einen Lebensgenuß, die sie auf anderem Weg nie erlangt hätten, oder rächten sich aus dem Hinterhalt des Schreibzimmers für ihre Minderwertigkeit. Zwerge schrieben dicke Bücher, um sich auf sie zu stellen, listige Schwächlinge spannen ein Netz literarischer Verbindungen, mit dem sie ihre Umgebung beherrschten, Krüppel spielten sich als Könige des Lebens auf.

Aber diese Feststellungen treffen zunächst nicht den Dichter, sondern den Literaten. Ihre Verallgemeinerung ist ein Stück der modernen Verständnislosigkeit für das Leben des Geistes. Die medizinische Betrachtung der Kunst schärft wie die soziologische den Blick für Tatsachen zweiter Ordnung und stumpft ihn für die Hauptsache ab. Die Hauptsache ist, ob aus dem körperlichen Schmerz ein seelisches, geistiges Leiden wird, welcher Art es ist und was daraus entsteht. Der Literat ist der Schriftsteller, der nicht leidet. Er schreibt, um nicht leiden zu müssen. Die Literatur ist die Hintertür, durch die er dem Elend seiner Minderwertigkeit entrinnt. Großes kann auch auf diese Weise entstehen, denn auch das Genie ist ein Mensch von Fleisch und Blut und oft bizarren Schwächen. Aber es ist nicht große Dichtung, was so entsteht, sondern vielleicht große Literatur. Erasmus von Rotterdam hatte von Kind auf ein «zerbrechliches Körperchen», litt an krankhaftem Ekel vor Fischen und Burgunderwein und einer Lebensangst, die ihn jeder geistigen Entscheidung ausweichen ließ. Er kompensierte diese Schwächen höchst erfolgreich, indem er mit ihnen kokettierte und sie zum raffinierten Mittel seiner Eitelkeit machte. Er gefiel sich in seiner nervösen Empfindlichkeit, sie war ihm der Beweis seines geistigen Rangs. Er liebte es, sich porträtieren zu lassen, wobei er dafür sorgte, daß das Barett seinen steil abfallenden Hinterkopf verdeckte und dafür die feinen Hände gebührend zur Geltung kamen. Dieser Typ des asthenischen Literaten trat dann in Boileau wieder höchst erfolgreich hervor. Von Kindheit auf kränklich, ein schüchterner und blutleerer Büchermensch, im Alter schwerhörig und mürrisch, blieb er immer streitsüchtig, empfindlich und nachträgerisch, als Mensch und Dichter ohne Größe, aber dank seiner wirkungsvoll formulierten Poetik die literarische Autorität eines ganzen Zeitalters. Auch Voltaire war wegen seiner ewigen Kränklichkeit und altweiberhaften Häßlichkeit nicht unglücklich. Sie gehörten zu seinem abenteuerlichen literarischen Haushalt, sie stachelten seinen Autorenehrgeiz auf.

Dichtung ist gestalteter, nicht nur gelebter Schmerz. Gestalten kann man ihn nur, wenn man ihn bejaht und überwindet. Er wird dann – wie die politische Verfolgung – eine positive Kraft, der Hebel zur seelischen Bezwingung der Widerstände. Der Dichter haßt oder verhehlt seinen Schmerz nicht, er braucht ihn und sucht ihn auf eine unerhörte Art. Erst dort, wo dies geschieht, steht man dem echten Künstlerleiden gegenüber.

2

Dem heroischen Tatmenschen ist passives Leiden ein unerträglicher Zwang zur Verleugnung seiner Natur. Er achtet den Schmerz gering, seine Narben sind Beweise seiner
Unbesiegbarkeit, sein stoischer Gleichmut in der Not macht den Schwächlingen seinen
Adel sichtbar. In der Welt der Krieger sucht man die Gefahr und rechnet sich eigene
und fremde Wunden zur Ehre an. Der Skalde Egil begeht an seinen Feinden Scheuß-
lichkeiten, die von der Sage zu seinem Ruhm berichtet werden. Sie hebt auch ausdrücklich seine Häßlichkeit hervor, über die er selber spottet. Im höfischen Rittertum ver-
feinert sich diese barbarische Wildheit zum Kodex der adeligen Tugenden, deren vornehmste die Ritterehre ist. Krieg und Abenteuer gelten hier als geistige Werte. Die
Aristokratie pflegt vor allem die seelischen Eigenschaften heroischen Stils und sieht im
Schmerz die Gelegenheit, diese zu bewähren. Für Hartmann von Aue ist Leiden das
Gegenteil von Ehre. Es wird seinen Helden von andern als eine Schande angetan, für
die sie sich rächen. Erst der Held des «Armen Heinrich» tauscht diese heidnische Ansicht an die christliche; er versteht sein Leiden als Strafe für seine Schuld und will diese
büßen, um Gottes Gnade zu erlangen. Dieser Gegensatz adeligen und christlichen Leidens steht auch im Zentrum von Wolframs «Parzival».

Man findet ihn auch in den barocken Märtyrerdramen. Sie kreisen um die Auseinandersetzung zwischen höfischem und christlichem Heroismus. Heroisch gebärdet
sich im siebzehnten Jahrhundert auch die christliche Leidensinbrunst. Die Helden und
Heldinnen der Jesuitendramen, der Trauerspiele von Gryphius und Lohenstein beweisen ihre Größe durch die Standhaftigkeit, mit der sie die haarsträubendsten Mar-
tern erdulden. Der weltliche Ehrbegriff der Barockzeit brennt in spanischer Leidenschaft bei Cervantes und Calderon. Cervantes focht als junger Mensch in der Schlacht
bei Lepanto mit, erhielt zwei Schüsse in die Brust und trug eine verstümmelte linke
Hand davon. Seither nannte er sich übertreibend den «Einarmigen von Lepanto». Er
rühmt sich als Schriftsteller, daß er seine entstellte Linke «zur größeren Ehre der Rechten trage». Als ihn sein Plagiator Avellanada als Einarm verhöhnte, brüstete er sich – in
der Vorrede zum zweiten Teil des «Don Quijote» –, er habe seine Hand nicht in der
erstbesten Schenke, sondern in der glänzendsten Schlacht aller Zeiten verloren; ließe
man ihm die Wahl, das Geschehene ungeschehen zu machen, so möchte er heute noch
lieber diese herrliche Schlacht mitgemacht haben, als jetzt unversehrt sein. Die Narben
eines Kriegers seien Sterne, die andern zum Himmel des Ruhms voranleuchteten. Diesen etwas prahlerischen Ton schlägt Cervantes zur Abfertigung eines gemeinen Geg-
ners an; das entsprach dem Denken seiner Zeit, in der man Kriegswunden heilte, indem
man sich ihrer rühmte. Trotzdem glaubt man aus seiner hochfahrenden Antwort auch
die Empfindlichkeit des Krüppels zu hören; der Verlust einer Hand war auch für einen
Soldaten ein schwerer Schlag, und für Cervantes war er ein Stück des Unglücks, das ihn
zum großen Dichter machte. Die Figur des Don Quijote, des Ritters von der traurigen
Gestalt, hat nicht strotzendes Kraftbewußtsein erfunden, sie spiegelt tiefen Gram über
das menschliche Elend. Adelig ist aber auch der Humor, zu dem sich der gescheiterte

Abenteurer erhob. Die Umrisse dieser Jammergestalt konnten nur im Barockjahrhundert entstehen, dessen ragenden Stolz sie parodieren.

Auch Milton schwankt schwer zwischen verletztem Stolz und willigem Hinnehmen des Schmerzes. Das Schicksal beugte ihn so tief, daß er die furchtbare Heimsuchung des Erblindens als eine göttliche Auszeichnung verstehen mußte und deshalb zum Stammvater einer neuen heiligen Dichtung wurde. Aber innerlich blieb er der heroische Aristokrat, der nicht dauernd in die mystische Bejahung des Leidens hineinzuwachsen vermochte. Er zeichnete sich als Knabe durch eine so ungewöhnliche Anmut aus, daß ihn seine Kameraden in Cambridge «das Fräulein» nannten, und mußte ins Elend geraten, um mehr zu werden als ein verwöhnter Modepoet, ein eleganter Kavalier und erfolgreicher Politiker. Dem jungen Milton war seine ausnehmende körperliche Schönheit der sichtbare Beweis seiner geistigen Größe, seines vollendeten Künstlertums. Er ließ sich in den literarischen Zirkeln Englands und Italiens als vollendeter Poet feiern, und keine Schmeichelei gegenüber seiner Person war ihm zu dick aufgetragen. Dann wurde ihm schrittweise alles genommen, das Schicksal strafte ihn mit der Blindheit, die sonst die Strafe für Ausschweifungen ist, und er empfand das scheinbar Unsittliche dieses Makels schwer. In der zweiten «Defensio» ruft er gegen seine Gegner, die sie so auslegen, Gott zum Zeugen an, daß ihm aus seiner Jugend und Manneszeit kein Vergehen bewußt sei, das gerechterweise ein solches Unglück auf ihn hätte herabziehen können. Auch daß es die Strafe für seine Kampfschriften sein soll, wie seine Feinde behaupten, läßt er nicht gelten, weil er nie etwas gegen die Wahrheit, die Gerechtigkeit und die Religion geschrieben habe. Er konnte sich aber mit der Abwehr solcher Verleumdungen nicht begnügen, sondern versuchte sein Unglück in eine Tugend umzudeuten. Er rühmte sich, daß er seine Augen im Kampf um die Herrschaft Gottes geopfert habe. In dem Sonett «On his blindness» sagt er: wer sein Joch am besten trägt, dient Gott am besten; er braucht Diener, die rastlos über Länder und Meere fahren, aber auch solche, die nur stehn und warten. Als ein auserwähltes Werkzeug der letztern Art beruft er sich im «Verlorenen Paradies» auf das innere Licht, das ihm an Stelle der Sehkraft zuteil geworden sei. Aber im «Samson Agonistes» bricht auch dieser geistliche Stolz zusammen. Samson faßt seine Blendung als Strafe für sein Versagen als Diener Gottes auf. Er hält sich für elender als die Tiere, «die kriechen, aber sehen», und stöhnt darüber, daß er, der heilige Mann, mit dem Übel der Wüstlinge geschlagen ist. Hier schreit Milton einen Schmerz über seine Blindheit hinaus, für den es keinen Trost mehr gibt, auch nicht die stumme Ergebung in Gottes Willen. Dieses Drama läßt auf eine furchtbare Erschütterung seiner Seele schließen. Indem er sie gestaltete, verzichtete er endgültig auf seinen Übermenschennimbus und erhob sich als Dichter zur Höhe der Tragödie.

Bei den Schönheitspoeten des Klassizismus sinkt der Adel zur Pose herab. Sie brüsten sich mit erfundenen Heldentaten und stehen verständnislos, wenn ihnen ein echter Schmerz begegnet. Wieland sagte: «Wenn der gute Schiller weniger Krämpfe hätte, würden auch seine Darstellungen weniger convulsivisch sein.» Er selbst war wie Boileau von kränklicher Konstitution, seine schwache Brust diente ihm als Vorwand, kein

Geistlicher zu werden, und war an der grazilen Verfeinerung seines Stils sicher nicht unbeteiligt. Er litt nie an dieser Mitgift, sie war ihm ein Mittel des Selbstgenusses mehr. In Hölderlin aber lebte der Sinn für geistiges Leiden wieder so stark, daß er es immer unter den Tugenden des Dichters nennt. Seine Ode «An die Heimat» schließt:

> *Denn sie, die uns das himmlische Feuer leihn,*
> *Die Götter, schenken heiliges Leid uns auch.*
> *Drum bleibe dies. Ein Sohn der Erde*
> *Schein ich: zu lieben gemacht, zu leiden.*

Es war auch in Hölderlins Seele zunächst der adelige Zug, der ihm sagte, daß zur Größe des Dichters der Sieg über das Leid gehöre. Dieser Sieg löst den Schmerz in Schönheit auf, wie es die Ode «Die Götter» ausspricht:

> *Du stiller Äther! immer bewahrst du schön*
> *Die Seele mir im Schmerz, und es adelt sich*
> *Zur Tapferkeit vor deinen Strahlen*
> *Helios! oft die empörte Brust mir.*

Diese Tapferkeit vor den Strahlen des Helios läßt sich mit Miltons frommer Auslegung seiner Blindheit als göttlicher Gnade vergleichen. Aber Hölderlin steht der mystischen Heiligung näher als jener gewaltsam Gebrochene. Er rühmt das Leiden schon als Gesunder mit einer Hartnäckigkeit, die beweist, daß aus ihm kein Weltmensch, sondern ein Seher spricht.

3

Es gibt ein mystisches Ideal des Leidens, das in Meister Eckharts Wort ausgedrückt ist: «Daz snelleste tier, daz iuch treit ze vollekomenheit, daz ist liden, wan es geniuzet nieman me ewiger selikeit wan die mit Kristo stent in der groesten bitterkeit.» Die Mystik lehrt eine unbedingte Bejahung des Leidens um des Leidens willen, die aber nicht zur diesseitigen Vollkommenheit des Kunstwerks, sondern zur ewigen Seligkeit führt. «Das Auge des Leidenden ist für die Wahrheit immer am meisten offen», sagt auch Pestalozzi. Auch er meinte damit die jenseitige Wahrheit des Propheten. Der Seherdichter bejaht den Schmerz so radikal um seiner selbst willen, wie es kein Kind dieser Welt tut. Das Leiden ist seine Religion, er sieht darin die eigentliche Quelle seiner Kraft, denn es ist die Brücke, auf der er mit Gott verkehrt und zum Märtyrer wird. Die mittelalterlichen Mönche und Nonnen betrieben eine erfinderische Kunst der Selbstmarterung, die auf alter klösterlicher Praxis beruhte. Sie fasteten, schwiegen, brachen den Schlaf, geißelten sich, trugen härene Hemden und darunter mit Nägeln beschlagene Kreuze auf der bloßen Haut, schnürten den Leib mit Ketten zusammen und gruben sich heilige Zeichen in die Brust. Diese blutige Abtötung des Fleisches, die oft an Wahnsinn grenzte, galt ihnen nur als äußerer Anfang der Nachfolge Christi auf der via dolorosa, als Vorschule des innern Absterbens, der «Gelassenheit». Heinrich Seuse «verwüstete» mit diesen Übungen seine Natur bis an den Rand des Selbstmords. Er lehrte seine geistlichen Zöglinge die unersättliche Lust an solchen Leiden und verglich sie mit der Begier eines Rosen pflückenden Mädchens, das beim Brechen einer Blume mit den Augen schon eine noch schönere sucht. Diese Wollust blühte in der barocken Mystik wieder auf und wirkte im protestantischen Pietismus nach.

Sie kehrt in Dostojewskij wieder, dem russischen Christen des neunzehnten Jahrhunderts. Die schaurige Leidensekstase zeichnet sein Antlitz so fremdartig, daß er ebenso als Verbrecher wie als Heiliger erscheint. Er kam als Epileptiker aus dem sibirischen Militärzuchthaus zurück und segnete dieses Leiden, obschon es sein Leben verheerte; es war ihm das sichtbare Unterpfand seiner prophetischen Berufung. Er segnete auch die Jahre in Sibirien, wo er den Launen eines sadistischen Kommandanten ausgeliefert gewesen war, wo er mit dem Auswurf der Menschheit als mit seinesgleichen gelebt und die Urmacht des Bösen kennen gelernt hatte. «Oh, ein großes Glück war es für mich, Sibirien und die Katorga! Nur dort lebte ich ein gesundes, glückliches Leben, dort begriff ich mich selbst – Christum begriff ich – den russischen Menschen begriff ich und empfand, daß ich selbst ein Russe, daß ich einer aus dem russischen Volke war. Alle meine besten Gedanken sind mir dort gekommen; heute kehren sie nur wieder, wenn auch nicht mit der gleichen Klarheit wie damals.» Er war überzeugt, daß er ohne jenes Martyrium wahnsinnig geworden wäre, daß er «in einem Sarge verscharrt» werden mußte, um zu sich selbst zu kommen. Er hatte sich, wie er jetzt glaubte, unbewußt nach jener Vernichtung gesehnt, und sie wiederholte sich seither unter der Geißel seiner heiligen Krankheit. Leiden wurde ihm zum Inbegriff des Lebens und Verstehens. Alles Böse, alle Verbrechen und Laster in der Welt waren in seinen Augen Leiden. Aber auch der Weg des Menschen durch die Sünde zur Erlösung war ein Weg des Leidens. Deshalb mußte jeder Schriftsteller «viel und unsäglich leiden», um das Leben zu begreifen und um gut schreiben zu können.

Im «Idioten» schildert Fürst Myschkin ausführlich seine epileptischen Anfälle und gibt ihnen diese mystische Erklärung. Ihr Nahen erfüllt ihn mit der Ahnung einer ungeheuren Seligkeit, ihr Eintritt bringt ihm überwältigende Erleuchtungen und Verzückungen, ihr Abklingen stürzt ihn in grauenhafte Kälte und Leere. In diesem Kreislauf vollzog sich Dostojewskijs Schaffen. Es war eine fortgesetzte Passion, durch die er zum großen Dulder unter den modernen Dichtern wurde. In die Zeit, wo er heimlich zitternd eine neue körperliche Heimsuchung erwartete, fielen die Momente seiner dichterischen Inspiration. Sie steigerten sich zu den Anfällen der Fallsucht selbst, wo die Begnadung in zermalmenden Schmerz überging, und wurden von Phasen gänzlicher Erschöpfung und Verzweiflung abgelöst. Das pathologische Bild stimmt scheinbar ganz mit dem eines mittelalterlichen Mystikers oder eines antiken Propheten überein. Aber die Leidenschaft des Gestaltens schafft einen beträchtlichen Unterschied. Dostojewskij hat ein dichterisches Interesse an seiner Krankheit. Sie ist ihm als Ganzes, in ihrer Licht- wie in ihrer Nachtseite, ein faszinierendes Phänomen. Er erlebt sie in ihrer furchtbaren Vielsinnigkeit, als Überwältigung durch die Vision und als ständig erneuertes Verlieren und Suchen Gottes. Der Sturz in die Hölle verdunkelt ihm wie Milton alles andere, weil er für ihn immer das Letzte ist. Er trägt auch den Teufel in sich, die Verworfenheit des Verbrechers, die «Anlage zum Henker». Als Dichter kann er das

Göttliche nur durch das Medium der Sünde darstellen; seine Werke sind ebenso eine Philosophie der Verdammnis wie der Gnade. Der Mensch ist ihm eine satanische Kreatur, in der ein Engel schläft. Swidrigailow in «Schuld und Sühne», Iwan Karamasow sind Dostojewskij selbst, vor allem dieser letztere, der Lästerer aus beleidigter Frömmigkeit, der Mörder, der Gott die ganze Schöpfung verzeihen will, nur nicht das Weinen eines Kindes.

«Was mich betrifft, so bin ich ein Kind des Zeitalters, ein Kind des Zweifels und Unglaubens auch heute noch und sogar (ich weiß es) bis zu meinem letzten Atemzug», schrieb Dostojewskij nach seiner Bekehrung. Deshalb war er auch imstande, in einem Aufsatz über den Byronismus den Weltschmerz «eine notwendige und heilige Erscheinung im Leben des europäischen Geistes oder sogar im Leben der ganzen Menschheit» zu nennen, nämlich den Ausbruch der Verzweiflung über den Zusammenbruch des Vernunftglaubens, über den Verlust der Unsterblichkeitshoffnung. Byrons Stimme war ihm der «mächtige Schrei, in dem sich alles Gestöhn der Menschheit sammelte». Als man ihm seinen religiösen Konservatismus vorwarf, höhnte er: diese Tölpel von Kritikern hätten sich eine solche Gotteslästerung, wie er sie im «Großinquisitor» ausspreche und beantworte, noch nicht einmal träumen lassen. Er stieß die Pfaffen und die Revolutionäre vor den Kopf; sie verfluchten oder verlachten ihn, wenn er behauptete, er lästere absichtlich, um die Notwendigkeit des Glaubens zu beweisen. Die Klügsten meinten, er halte die Welt für krank, weil er selber krank sei. Aber auch diese wurden ihm nicht gerecht. Dostojewskij war krank, weil er berufen war, als Dichter die Krankheit der Welt darzustellen. In seiner Fallsucht konzentrierte sich die Fallsucht der modernen Zivilisation. Nur ein Genie von seiner Art konnte sie erkennen und gestalten. «Was für eine wunderbare, wenn auch tragische Aufgabe ist es, dies den Menschen zu sagen!» erklärte er einmal leidenschaftlich, als vom Fortleben nach dem Tod die Rede war. «Wunderbar und tragisch zugleich, weil dazu viel Qual gehört – viel Qual, aber dafür auch viel Größe, die mit nichts zu vergleichen ist – aber auch mit gar nichts anderem! Mit keinem Glück in der Welt läßt es sich vergleichen!»

Auch die Tragödie gestaltet das Leiden als Mysterium. Der Schmerz versteinert ihren Helden und verklärt ihn, indem er ihn vernichtet. Der Dramatiker kämpft noch Jakobs Kampf mit dem Engel; er übersteht ihn nicht als Sieger wie der Prophet, auch nicht als lächelnder Held, sondern als sein Opfer. Er wird zum Priester des Leidens, er verkündet seine läuternde Kraft. Die griechische Tragödie stellt den leidenden Menschen in den Mittelpunkt der Welt und überhäuft ihn mit einer entsetzlichen Qual, die der moderne Mensch nicht mehr versteht. Nie wurde der schreiende Schmerz, das Grauenhafte des körperlichen und seelischen Leidens so dargestellt wie hier. Der Schmerz ist auch in der Tragödie der Weg zu Gott. Aber sie breitet eine solche Finsternis der Vernichtung aus, daß die christliche Menschheit das erlösende Licht in ihr nicht mehr sehen kann[1]. Auch Homers Odysseus ist ein «Dulder» und leidet mehr, als

[1] «Das Leid des sophokleischen Menschen hat nicht bloß eine nur mittelbare Bedeutung als Durchgang, Stufe. Es ist endgültig, ist Vernichtung. Aber eben als absolutes Leid ist es sozusagen der menschliche Ort, wo die hohen Gesinnungen und das heißt: das wahre Sein des Menschen zum Vor-

man es von einem Sängerhelden erwartet. Aber er kennt doch nicht dieses Leiden an sich, das als Leid der ganzen Menschheit gemeint ist und an die Auflehnung Hiobs gegen Gott erinnert.

In der deutschen Literatur ist der Gedanke des priesterlichen Leidens vor allem mit der Gestalt Schillers verbunden. Seine Werke zeigen nur den Triumph über den Schmerz, aber sein Leben zeigt, welcher Schmerz von ihm überwunden wurde. Der Grund zu seinem körperlichen Martyrium wurde in Mannheim gelegt, wohin er aus Stuttgart geflohen war. Gleich nach der Unterzeichnung des Kontrakts mit dem dortigen Theater ergriff ihn die grassierende Malaria, die er nicht nur mit den üblichen Brechmitteln und mit Hungerkuren, sondern auch damit bekämpfte, daß er Chinin «wie Brot» aß. Die zweite schwere Krise traf ihn kaum ein Jahr nach seiner Heirat. Er wurde bei einem festlichen Anlaß in Erfurt plötzlich vom Fieber ergriffen und auf ein Krankenlager geworfen, von dem er sich nie mehr ganz erholte. Lungenentzündung mit blutigem Auswurf, Atemnot und Unterleibsschmerzen peinigten ihn; während sechs Tagen konnte er nichts essen und wurde ohnmächtig, sobald er sich aufrichten wollte. Er mußte die Vorlesungen abbrechen, seine Publikationen hastig beenden oder durch andere abschließen lassen. Seine Studenten und Freunde hielten in Jena Nachtwache bei ihm. Kurz darauf trat ein zweiter, im Mai 1791 ein dritter Anfall ein, dem er erliegen zu müssen glaubte. Seine Hände blieben in heißem Wasser kalt, der Körper zuckte in stundenlangen Krämpfen. Er wollte sich von den Seinen verabschieden, vermochte aber nur zitternd einige Zeilen zu schreiben; für seine Familie notierte er: «Sorgt für Eure Gesundheit, ohne diese kann man nie gut sein.» Er hatte noch vierzehn Jahre zu leben, die aber im Bann der steten Todesgegenwart standen. Er gewöhnte sich an den Schmerz und an die oft Monate dauernde Schlaflosigkeit. Schaffend unterjochte er seinen Leib, fiel aber sofort in die Krankheit zurück, wenn die geistige Hochspannung nachließ. Seine liebste Hoffnung war lange, daß er fünfzig Jahre alt werden möchte. Dann fand er sich damit ab, daß ihm eine kürzere Frist gesetzt sei, und richtete sich darnach ein. «Da liege ich wieder», sagte er auf dem Sterbebett zu einem Besucher. Bei der Sektion zeigten sich seine Eingeweide auf Faustgröße zusammengeschrumpft; es war den Ärzten unbegreiflich, wie er so lange hatte leben können. Er selbst hinterließ als Arzt wissenschaftliche Beobachtungen über seine Krankheit.

Auch Schillers geistige Existenz stand so auf des Messers Schneide. Ein Jahr, nachdem ihn Körner aus dem Mannheimer Elend gezogen hatte, ertrug er das Asyl bei ihm nicht mehr. «Mein Herz ist zusammengezogen, und die Lichter meiner Phantasie sind ausgelöscht», gestand er. «Ich bedarf einer Krisis. Die Natur bereitet eine Zerstörung, um neu zu gebären. Kann wohl sein, daß Du mich nicht verstehst, aber ich verstehe mich schon.» In der Abhandlung «Über das Erhabene» sagt Schiller: «Fälle können ein-

schein kommen. Ich könnte auch sagen: hier im Leiden entscheidet der Mensch sich ganz zu dem, was Ewiges an ihm ist ... Was sich in Sophokles zum Erstaunen herrlich darstellt, ist die griechische Harmonie des Freudigen und der Trauer, des Festlichen und des namenlosen Leids» (Wolfgang Schadewaldt, «Sophokles und das Leid» 22, 30; 1947).

treten, wo das Schicksal alle Außenwerke ersteigt, auf die er (der Mensch) seine Sicherheit gründete, und ihm nichts weiter übrig bleibt, als sich in die heilige Freiheit der Geister zu flüchten – wo es kein andres Mittel gibt, den Lebenstrieb zu beruhigen, als es zu wollen – und kein andres Mittel, der Macht der Natur zu widerstehen, als ihr zuvorzukommen und durch eine freie Aufhebung alles sinnlichen Interesse, ehe noch eine physische Macht es tut, sich moralisch zu entleiben.» Die Tragödie sei nichts anderes als ein Akt dieser freiwilligen Selbstaufgabe, eine Einimpfung des Unvermeidlichen, durch die es seiner Bösartigkeit beraubt und der Mensch gegen das wirkliche Unglück immun werde. «Also hinweg mit der falsch verstandenen Schonung und dem schlaffen verzärtelten Geschmack, der über das ernste Angesicht der Notwendigkeit einen Schleier wirft und, um sich bei den Sinnen in Gunst zu setzen, eine Harmonie zwischen dem Wohlsein und Wohlverhalten *lügt*, wovon sich in der wirklichen Welt keine Spuren zeigen. Stirne gegen Stirn zeige sich uns das böse Verhängnis. Nicht in der Unwissenheit der uns umlagernden Gefahren – denn diese muß doch endlich aufhören –, nur in der *Bekanntschaft* mit denselben ist Heil für uns.»

So priesterlich dachte auch Stifter. Auch er machte den Schmerz zu seiner Kraftquelle, nur in der verhüllteren Art des Erzählers. Er sah in seiner Dichtergabe ein Geschenk, für das er nur Gott verantwortlich war, und kasteite sich, um seiner würdig zu bleiben. Es verlangte unermeßliche Opfer von ihm; er trug es als ein Atlas und brach zuletzt unter der Last zusammen. Der erste unheilbare Schmerz, der ihn zum Dichter weihte, war der Verzicht auf seine Jugendliebe. Der zweite war der Verlust seiner Künstlerfreiheit durch den bürgerlichen Beruf. Er fand immer wieder die Kraft, diese Schläge als etwas Gottgewolltes zu ertragen. «Der Schmerz ist ein heiliger Engel, und durch ihn sind Menschen größer geworden als durch alle Freuden der Welt.» Selbst jener verzweifelte Brief vom Mai 1854, in dem er Heckenast das Elend seines Berufs schildert, beruhigt sich in dem mystischen Wort: «Ich gebe den Schmerz nicht her, weil ich sonst auch das Göttliche hergeben müßte.» Das Göttliche an der Kunst war ihm, daß sie das Böse zu überwinden vermochte, daß sie ihm selber erlaubte, sich zu heiligen. Er war von Natur ein dämonischer, leidenschaftlicher Mensch. Die «tigerartige Anlage» in ihm schlummerte nur, er mußte sie durch die immer höhere Reinheit seines Schaffens zähmen. «Wir alle können nicht wissen, welche unbekannten Tiere durch die schreckliche Gewalt der Tatsachen in uns emporgerufen werden können, so wenig wie wir wissen, wie wir im Falle eines Nervenfiebers reden oder tun würden.» Das Böse lauerte in ihm selbst, er konnte es nur durch den eigenen Sieg über das Fleisch überwinden. Im Dezember 1863 brach dann die tödliche Krankheit aus, der er seine letzten Werke abringen mußte. Sie war ein Leberkrebs, der kolikartige Schmerzen mit sich brachte. Stifter sah in ihr hauptsächlich ein nervöses Übel, weil sie mit zerrüttenden Depressionen und hochgradiger Reizbarkeit verbunden war. Er registrierte ihren Verlauf mit allen peinlichen Einzelheiten in einem Tagebuch, das den Titel «Mein Befinden» trug. Neben den Unterleibsschmerzen quälten ihn Angstzustände, in denen er unsäglich Furchtbares auf sich zukommen sah. Ein «Sandkorn» konnte ihn aufs äußerste erregen, zornig machen oder niederschlagen. «Ich habe zu manchen Zeiten zu Gott

das heißeste Gebet getan, er möge mich nicht wahnsinnig werden lassen, oder daß ich
mir in Verwirrung das Leben nehme (wie es öfter geschieht)», schrieb er 1864 seinem
Verleger. Er magerte zum gelbhäutigen Skelett ab, so daß ihn Freunde nicht mehr erkannten, fürchtete sich vor Kleinigkeiten und konnte plötzlich in fassungsloses Schluchzen ausbrechen. Kuraufenthalte in Karlsbad brachten ihm im Frühling Erleichterung,
den Sommer verlebte er seit seiner Pensionierung in den geliebten Lackenhäusern am
Dreisesselberg, den Winter in der klaren Bergluft von Kirchschlag hoch über Linz.
Alle Dämonen schienen sich verschworen zu haben, um ihn zu zerstören. Österreich
wurde von Preußen überfallen, der Zusammenbruch von Königgrätz gab auch ihm den
Todesstoß. Er verfluchte Bismarck und wollte nichts mehr von diesem Europa wissen,
er vergrub sich in das unermeßliche Manuskript des «Witiko». Sein Ekel verdichtete
sich zu einer krankhaften Angst vor der Cholera, der er durch einen immer häufigeren
Wechsel des Aufenthaltsorts zu entrinnen suchte. Bald war er in Böhmen, dann wieder
in Linz oder Kirchschlag, immer in die Sisyphusarbeit des Schreibens verloren. Der
«Witiko» erschien und wurde abgelehnt oder totgeschwiegen, wie er es erwartet hatte.
Er war jetzt bettlägerig und arbeitete die «Mappe meines Urgroßvaters» um, indem er
besonders den bizarren Anfang, den Selbstmordversuch des Doktors Augustinus, auf
später verschob, um ihn harmonischer einzufügen. Noch einmal löste er dichtend die
Verzweiflung in Schönheit auf. Aber in einer Januarnacht des Jahres 1868 brachte er
sich mit dem Rasiermesser eine tiefe Halswunde bei. Er lebte besinnungslos noch zwei
Tage; mit den Sterbesakramenten versehen, wurde er kirchlich begraben, weil im To-
tenschein sein organisches Leiden als Todesursache angegeben war.

Der Widerspruch zwischen diesem Ende und der Haltung Stifters als Dichter ist so
furchtbar, daß die Meisten sich nicht mit ihm abfinden können. Sein Tod scheint seine
ganze Kunst zu entwerten, weil sie so ganz auf der Idee der Reinheit und Heiligung
beruht. Die Verächter Stifters sehen in seinem Tod den Beweis für die Unechtheit seines
Schaffens. Andere wollen die Tat nur als Ausdruck eines momentanen Versagens unter
dem körperlichen Schmerz gelten lassen, das Stifters Persönlichkeit nicht berühre.
Wieder andere gehen so weit, den ganzen Vorfall abzustreiten und als böswillige Er-
findung hinzustellen. Die Biographen versuchten dieses Dunkel zu lichten, indem sie
feststellten, daß die Wunde wahrscheinlich nicht lebensgefährlich gewesen und der
Dichter an seiner Leberkrankheit gestorben sei. Alle diese Erklärungen verfehlen das
Wesentliche, den tragischen Grund von Stifters Kunst, ihre Herkunft aus dem Schmerz.
Das Unbegreifliche ist nicht, daß Stifter so starb, sondern wie er lebte und dichtete.
Seine Seele ist erfüllt von Melancholie, nicht von Glück. Im Griff nach dem Messer blitzt
nicht seine unterdrückte Sinnlichkeit auf, wie manche meinen, sondern das Gesetz seiner Künstlerschaft. Er wirft sowenig einen Schatten auf ihn wie die Blindheit auf Milton
oder die Krämpfe auf Schiller. Die Schönheit seiner Werke stammt aus verborgenem
unermeßlichem Leiden. Ihr makellos reines Leuchten ist überwundener Schmerz. Stifter rettete sich vor dem schwarzen Dunkel dieses Schmerzes, indem er seine Bücher
schrieb. «Ich muß dichten, denn sonst müßte ich sterben», bekannte er 1860 der Schwester Eichendorffs.

Bei Ernst Barlach, dem modernen Mysteriendramatiker, gibt es keinen solchen Widerspruch zwischen gelebtem Schmerz und priesterlicher Schönheitskunst, weil seine Kunst nichts anderes als Darstellung des Leidens an der Gefangenschaft im Irdischen sein will. Er sieht im Menschen «das Verdammte, gleichsam Verhexte», den «armen Vetter», «eine Art mißlungene Seitenlinie des Höheren», und kann sich die Erde mit all ihrem Elend «nur als Strafanstalt, Verstoßung, Hölle, Degradierung usw.» erklären, wo «der Gesegnete und Gerettete nicht der Größte zu sein braucht». Mensch sein heißt ihm entstellt sein, künstlerisches Schaffen versteht er als sehnsüchtige Auflehnung gegen die Niedrigkeit und Gottferne aller Kreatur. «Die Sünder und Unseligen sind ebenso gute Heilige, wie die Heiligen selbst, da ist kein Unterschied, wir sind Verfluchte, Verbannte, Sträflinge im Leben.» Die Glorie der Vollendung ist daher, von Barlach mehrmals gestaltet, der Kranz von Schwertspitzen um den gequälten Menschen.

Auch Franz Kafka, der andere reine Mystiker der modernen deutschen Dichtung, kennt dieses Bild. Bei ihm, dem Lungenkranken, ist der Glaube an die Begnadung durch den Schmerz auch körperlich begründet, aber er weiß: «Ich bin geistig krank, die Lungenkrankheit ist nur ein Aus-den-Ufern-treten der geistigen Krankheit.» Als jemand ihm sagte, er müsse große Studien im Irrenhaus gemacht haben, antwortete er: «Nur im eigenen.» In seinen Augen sind die Mauern, die Gesunde und Kranke trennen, nur ein Sinnbild der Blindheit für die wahre Lage des Menschen, die dort und hier dieselbe ist. «Einer kämpft eben bei Marathon, der andere im Speisezimmer, der Kriegsgott und die Siegesgöttin sind überall.» Auch Kafka sieht im Menschen das zum Leiden fähige Geschöpf, menschlicher Adel beruht für ihn in der Kreuzigung des Geistes am Marterpfahl des leiblichen Daseins. Er hat Zeiten, wo er nicht versteht, woher die Menschen den Begriff «Lustigkeit» haben, «wahrscheinlich hat man ihn als Gegensatz der Traurigkeit nur errechnet». Mit dem entlarvenden Scharfblick des Mystikers sieht er im Gesunden den wahrhaft Gefährdeten, im strahlenden klassischen Goethe den Unfruchtbaren: «Goethes schöne Silhouette in ganzer Gestalt. Nebeneindruck des Widerlichen beim Anblick dieses vollkommenen menschlichen Körpers, da ein Übersteigen dieser Stufe außerhalb der Vorstellbarkeit ist und diese Stufe doch nur zusammengesetzt und zufällig aussieht. Die aufrechte Haltung, die hängenden Arme, der schmale Hals, die Kniebeugung.»

4

Die dämonische, um das menschliche Ich kreisende Bejahung des Leidens wurde in der Romantik des achtzehnten Jahrhunderts wiedergeboren, nicht ohne Einwirkung der pietistischen Innerlichkeit. Der Schmerzensmann Rousseau gab der europäischen Literatur eine neue Sprache für das Leiden an sich und an der Welt. Die Dichtung der Wertherzeit erschuf dazu die ersten großen Symbole: der Mensch ein heimatloser, verirrter Wanderer, ein verwundet sich Hinschleppender, ein Empörer gegen die falsche Weltordnung, und vollends der Dichter ein Hamlet, ein als Kain Gezeichneter, als Monstrum und Ankläger Gottes geboren, mißhandelt und verflucht. Dieses sentimentale Leben im Schmerz steigerte sich in der Romantik des neunzehnten Jahrhunderts zu einer bisher unerhörten Magie des Leidens. Der körperliche und seelische Schmerz wurde zum Instrument, mit dem die Kunst neue Tiefen der Menschenseele entblößte.

Dem kranken romantischen Künstler wurden Regionen des Gefühls und des Wortes zugänglich, die kein Gesunder betreten kann. Er faszinierte mit seiner erlittenen Sprache eine am Weltschmerz laborierende Zeit, mit seiner Person aber verkörperte er die Dämonie des Unglücks oft so, daß man vor ihm wie vor einem Unhold erschrak, wenn er seine tödliche Gefährdung nicht verbergen konnte. Jean Paul war in der Zeit des «Hesperus», wo er am unendlichsten schwärmte, vom Wahnsinn bedroht. Hoffmann schrieb seine genialen Spätwerke als an Rückenmarkschwindsucht Erkrankter. Kleist suchte schon als Knabe, dann als Jüngling und Mann den Partner zum gemeinsamen Selbstmord; sobald er ihn in Henriette Vogel gefunden hatte, führte er seinen Vorsatz aus. Grillparzer hatte seinen Trübsinn von der Mutter geerbt, die sich in einem Anfall religiösen Wahnsinns das Leben nahm. Er geriet immer wieder an den äußersten Rand des Abgrunds, und die Versuchung, ein Ende zu machen, quälte ihn oft. In seinem Tagebuch steht einmal: «Wenn ich je dazu kommen sollte – aber ich werde es nie tun –, die Geschichte der Folge meiner innern Zustände niederzuschreiben, so würde man glauben, die Krankheitsgeschichte eines Wahnsinnigen zu lesen. Das Unzusammenhängende, Widersprechende, Launenhafte, Stoßweise darin übersteigt alle Vorstellung. Heute Eis, morgen in Flammen.»

Die Häufigkeit des Selbstmords in der modernen Literaturgeschichte hängt mit dieser in der Romantik ausbrechenden Verdüsterung des Dichtergemüts zusammen. Gérard de Nerval, der Übersetzer von Goethes «Faust», erhängte sich in geistiger Umnachtung an einer schmutzigen Pariser Treppe. Rossetti wurde von Jugend auf von Selbstmordgedanken verfolgt und ruinierte sich mit Schlafmitteln, die seine innere Qual betäuben sollten. Das war Degeneration, Zeichen hysterischer Lebensschwäche und künstlerischen Epigonentums. Aber dieselben Symptome zeigten sich auch an Dichtern, die niemand zu den Kranken gezählt hätte. Der harmonische Manzoni war ein Psychopath und litt – wie auch Pascal – an krankhafter Platzangst. Annette von Drostes Geist war lange Zeit ernstlich gefährdet. Raimund erschoß sich, weil er die Nerven verlor, aber auch er war frei von den Süchten haltloser Literaten. Wenn er so enden konnte, wer bürgte da dafür, daß nicht auch Molières Tod ein verkappter Selbstmord war? Der «Misanthrope» zeugt von einem abgründigen Weltüberdruß, und auch mancher scheinbar gesunde Autor des nachromantischen Zeitalters täuschte sich oder die andern darüber hinweg, welche Nacht ihn bedrohte. Conrad Ferdinand Meyer war der Typus des gesicherten Bürgers, aber seine Entwicklung zum Dichter begann in der Nervenheilanstalt und endigte im Irrenhaus. Daß Flaubert, der blonde normannische Hüne mit den meergrünen Augen, seine äußere Haltung dauernd bewahren konnte, erscheint beinahe als Zufall. Maupassants Geist brach nach zwölfjährigem Schaffen plötzlich zusammen und wurde von der Paralyse zerstört.

Die Schwermut, das Übel der Wüstenväter und der mittelalterlichen Mönche, war auch das Leiden des romantischen Dichtergeschlechts und aller innerlich gebrochenen

Bürger des neunzehnten Jahrhunderts. Oden an die Melancholie standen seit der Romantik in vielen Gedichtbüchern. Eine der schönsten stammt von Keats. Seine Briefe reden offen von der bleiernen Lethargie, die ihn von Zeit zu Zeit, ähnlich wie Mörike oder Grillparzer, als schreckliche innere Abgestorbenheit befiel und für Wochen lähmte. Die Schwermut galt jetzt nicht mehr als eine Hauptsünde, sie war die Mutter der modernen Kunst und wurde wie in der Renaissance wieder zu ihrem großen Thema. Lord Byron verkörperte diese Kehrseite der romantischen Dämonie für ganz Europa vorbildlich. Er stammte, wie mancher Künstler dieser Zeit, von abnormen Eltern ab, sein Klumpfuß war das Symbol der in Satanismus umschlagenden Melancholie. Der Lord knirschte innerlich vor Wut über diesen Fehler, der seine Verführerschönheit entstellte. Anfänglich suchte er sich mit ihm vor der Welt interessant zu machen, indem er als Krüppel den Hellespont durchschwamm. Dann lernte er es meisterhaft, ihn zu verbergen, indem er in Gesellschaft die Blicke durch zynische Witze ablenkte, wenn er gezwungen war, ihn sehen zu lassen, und auch als Schriftsteller ein virtuoser Zyniker wurde. Als er zum Heldenkampf in Griechenland aufbrach, war es das Erste, daß er diesem teuflischen Attribut seiner Adonisgestalt die heroische Verherrlichung erteilte. Er begann das Drama «The transformed Deformed» – Goethe hat ein Stück daraus übersetzt –, dessen verwachsener Held von einem Dämon in Achilles verwandelt wird, Rom erobert und die Peterskirche plündern läßt: der Wunschtraum eines zur Tat unfähigen, von rachsüchtiger Zerstörungslust verwüsteten Geistes. Auch Leopardi, der andere Klassiker des modernen Weltschmerzes, blieb in dieser Egozentrie gefangen, mit der er sich um den höchsten Gewinn aus seinem Leiden brachte. In Strophen von betörendem Wohllaut wühlt auch er sich in den Marasmus seiner Trauer ein, deren Grund er im Weltall nachzuweisen versucht, während sie doch nur seinem Ressentiment entspringt. Er haßt die Glücklichen und sticht mit giftigen Worten gegen sie. Zur Rechtfertigung dieser Feindschaft gegen das Leben klügelt er eine verquälte «teoria del piacere» aus, deren Hauptthese lautet, daß das Glück niemals Gegenwart, sondern immer Vergangenheit oder Zukunft sei. Der gegenwärtige Augenblick sei immer Leiden; wer das nicht empfinde, sei nur so sehr an das Leiden gewöhnt, daß es ihm nicht mehr zum Bewußtsein komme. Diese Vorstellung wurde für Leopardi zur fixen Idee, zu einem Fluch, der ihn wie ein Aussatz überzog. Nicht daß er einmal so dachte, sondern daß er dabei stehen blieb und diese Gedanken so eintönig wiederholte, machte ihn unfruchtbar. Er büßte seine Verneinung aller Freude mit dem schrecklichen Stupor der Langeweile, dem er bei lebendigem Leib derart verfiel, daß er immer wieder für lange Zeiten leichenhaft erstarrte und wie geisteskrank wirkte.

Pessimismus ist nicht tragisches Denken, nur die Vorstufe zu ihm. Er bleibt in der persönlichen Verstimmung stecken und erschöpft sich in egoistischen Ausschweifungen der Phantasie. Er quält sich im Netz subjektiver Grübeleien ab, die ihn am genialen Aufflug hindern. Tragische Trauer ist mächtiger als alle Überlegung, braucht sich nicht mit Gründen zu beweisen; sie ist die «höhere, festgewurzelte und unheilbare Traurigkeit», die sich Kleist in einem seiner Abschiedsbriefe zuschreibt. «Du wirst begreifen, daß meine ganze jauchzende Sorge nur sein kann, einen Abgrund tief genug zu finden, um mit ihr (Henriette Vogel) hinab zu stürzen.» An diesen Ernst reichte das romantische Spiel mit dem Schmerz nicht heran, mochte es sich noch so satanisch oder kosmisch gebärden. Die meisten Romantiker waren Virtuosen im Ausbreiten ihrer Seelennöte, aber Anfänger in der dichterischen Gestaltung. Sogar der harmlose Justinus Kerner verfaßte den einst berühmten Vers: «Poesie ist tiefes Schmerzen», und Brentano schrieb allzu selbstgefällig: «Einer, der von der Poesie lebt, hat das Gleichgewicht verloren, und eine übergroße Gänseleber, sie mag noch so gut schmecken, setzt doch immer eine kranke Gans voraus.» Der größte Schauspieler des Pessimismus erschien in Richard Wagner. Hinter dem Weltschmerz seiner romantischen Musikdramen steht die zum Weltekel gewordene Hysterie eines hochgradig nervösen Künstlers, den nichts mehr interessiert als das zügellose Spiel seiner ehrgeizigen Träume. «Nur noch als ‚Künstler' kann ich leben, in ihm ist mein ganzer ‚Mensch' aufgegangen», lamentiert er Liszt 1852 sein Elend vor. Er lebe nur noch durch die Post; bringe sie nichts, so sei sein ganzer Tag eine Entsagungsöde. «Ich bin verflucht, in Leder und Dumpfheit zu Grunde zu gehen! ... Meine Nächte sind meist schlaflos – müd und elend steig ich aus dem Bett, um einen Tag vor mir zu sehen, der mir nicht *eine* Freude bringen soll! Ein Umgang, der mich nur peinigt und vor dem ich mich zurückziehe, um mich wieder nur selbst zu peinigen! Ekel faßt mich, was ich auch immer ergreife. – So kann das nicht fortgehen!! Ich mag das Leben nicht länger ertragen!» Er rät dem Freund, dem Menschenpack einen Fußtritt zu geben und mit ihm in die weite Welt zu gehen, sei es auch nur, um «in irgend einem Abgrund lustig zu zerschellen». Denn der Ekel folgte ihm überallhin, und Wagner wußte genau, warum. «Der eigentliche Grund meines Leidens liegt in der außerordentlichen Stellung zur Welt und zu meiner Umgebung, die mir nun einmal keine Freude mehr machen können: alles ist für mich Marter und Pein – Ungenügenheit. Was haben mich wieder auf dieser Reise, in der wunderbaren Natur die Kanaillen von Menschen geärgert: immer muß ich mich mit Ekel von ihnen zurückziehen, und doch sehne ich mich so nach Menschen!»

So sah es in Wagner aus, bevor er den Gedanken faßte, sich als Heiland der kranken Welt aufzuspielen. Er bot ihr als Heilmittel die in Musik gesetzte Philosophie Arthur Schopenhauers an, der die Schöpfung als ein Leiden Gottes erklärte und im Nichtmehrsein die Erlösung sah. Schopenhauer hatte in der indischen Weisheit die Lehre vom freiwilligen Verzicht auf das Dasein gefunden und predigte die Rückkehr in das Nichts. Das war nicht heroische oder heilige Erhabenheit über den Schmerz, nicht die Seligkeit des mystischen reinen Seins, es war der letzte trübe Zaubertrank der Romantik. Mitleid mit Gott war das Letzte, was dem innerlich ausgehöhlten Bürgertum des Jahrhunderts gepredigt wurde. Im «Parsifal» spendete ihm auch Wagner dieses lähmende Evangelium, und Nietzsche nannte dieses Werk einen Gipfel christlicher Verlogenheit. Denn er glaubte seinerseits im Christentum die Ursache des europäischen – und des eignen – Krankseins entdeckt zu haben und wollte in Bizets «Carmen» das Muster einer «gesunden» Oper, im Übermenschenmythus das Muster einer «gesunden» Religion gefunden haben. So kreiste nun alles Denken um die Begriffe Krankheit und Gesundheit. Aber der Arzt, der dieser Lage gewachsen war, zeigte sich nicht.

Für die Künstler dieses Zeitalters war die Kunst das Elixier, mit dem sie sich vor der Verzweiflung retteten. Ihr Rang hing davon ab, wie sie gestaltend mit ihrer desperaten Seelenverfassung fertig wurden. Auch die magische Kunst dringt ja in überpersönliche Bezirke vor, auch der geniale dämonische Dichter besitzt eine Disziplin der Selbstüberwindung, die ihn nicht an sich selbst umkommen läßt, sondern hohe Werke ermöglicht. Grillparzer war bis ins Mark vom Überdruß ergriffen, doch er schrieb in sein Tagebuch auch die Sätze: «Ich will aber sterben mit den Waffen in der Hand. Nur nicht den Gedanken aufgeben, das jederzeit Herrsein seiner selbst. Niemanden sich vertraut! Niemanden geklagt! Ich will sterben mit den Waffen in der Hand.» Dieser tief Gefährdete wußte, daß er alles durch seine Schmerzen war. «Ich brauche eine große Krankheit oder ein großes Unglück, die bis aufs Lebendige durchdringen und den Menschen wieder erwecken, sonst ist auch der Dichter verloren.» Solche Worte bezeichnen die Grenze, die in der magischen Kunst das Genie vom Stümper trennt. Der echte Dichter machte auch in dieser kranken Zeit von seinem Leiden einen höheren Gebrauch als der wehleidige Epigone.

Das zeigt sich an dem besonderen Leiden, dem die Dichter des bürgerlichen Niedergangs verfielen: der Tröstung im Alkohol. «Welche Krankheit läßt sich mit dem Alkohol vergleichen!» sagte Poe, der es wissen mußte. Auch er bedeutete nicht bei allen dasselbe. Die entlassenen politischen Sträflinge Schubart und Reuter suchten im Rausch die Zerstörung ihres Lebens zu vergessen, er war ihre letzte Ausflucht aus einem unheilbaren persönlichen Unglück. Die Romantik erfand aber eine ganz neue Poesie des Weins, die bald um ihrer selbst willen geliebt wurde oder sich mit der bürgerlichen Resignation verband. Jean Paul schrieb zur Rechtfertigung seines unmäßigen Konsums von Alkohol und andern Rauschmitteln sarkastisch: «Mit bloßem natürlichem Feuer ohne äußeres sind gewisse Kalzinier-Effekte gar nicht zu machen; Glas will ein anderes Feuer als etwa ein Braten.» Für ihn gehörten die Narkotika zum Handwerkszeug der Schriftstellerei, als Berückungsdichter konnte er dieses Hilfsmittel nicht entbehren. Auch Hoffmann brauchte den Alkohol für seine dichterischen Ekstasen, aber er war für ihn schon die einzige Brücke in sie. Bei Musset und Grabbe, Swinburne, Baudelaire, Verlaine wog immer mehr die Betäubung vor. In der Spätromantik griffen immer gefährlichere Gifte um sich, weil sich der Abstand zwischen Innen- und Außenwelt ständig vergrößerte. Coleridge zerrüttete sich während langer Jahre durch den Opiumgenuß, der auch Heines letzter Trost war. Baudelaire schätzte das Haschisch am höchsten, er genoß es zusammen mit Gautier in einem geheimen club des haschischins, trank aber auch Wein und Branntwein in Mengen, die den routinierten Alkoholiker verrieten.

Besonders unheimlich war der Fall Edgar Poes, der nicht wie Hoffmann, Grabbe, Keller oder Verlaine den Kummer über körperliche Mißgestalt ertränken mußte, denn er war ein Jüngling von seltener Schönheit und sportlicher Körperfreude. Erst die Entbehrungen des Schriftstellerlebens machten ihn zum schwermütigen Trinker. Baudelaire erklärte diese Trunksucht artistisch; er sagt in seiner Poebiographie, vieles verrate, daß der Alkohol im Leben dieses Dichters eine bestimmte, bewußt ausgenützte

Funktion besessen habe. Poe habe immer unmittelbar vor oder nach dem Schreiben getrunken, ohne je seine künstlerische Schaffenskraft zu beeinträchtigen; in vielen Fällen habe er es mit Vorbedacht getan und mit seinem barbarischen Saufen offenbar einen klaren Zweck verfolgt. «Je crois que, dans beaucoup de cas, non pas certainement dans tous, l'ivrognerie de Poe était un moyen mnémonique, une méthode de travail, méthode énergique et mortelle, mais appropriée à sa nature passionnée. Le poète avait appris à boire, comme un littérateur soigneux s'exerce à faire des cahiers de notes. Il ne pouvait résister au désir de retrouver les visions merveilleuses ou effrayantes, les conceptions subtiles qu'il avait rencontrées dans une tempête précédente; c'étaient de vieilles connaissances qui l'attiraient impérativement, et, pour renouer avec elles, il prenait le chemin le plus dangereux, mais le plus direct. Une partie de ce qui fait aujourd'hui notre jouissance est ce qui l'a tué.» Diese rein handwerkliche, den Leidenszug der Trunksucht verschweigende Erklärung gilt wohl weniger für Poe als für Baudelaire selbst, der mit ihr seine eigenen Exzesse künstlerisch rechtfertigte. Georg Trakl jedenfalls gebrauchte die Gifte in unheimlich vieldeutiger Absicht: zur Veränderung seiner Bewußtseinslage, zum Vergessen seiner qualvollen Gesichte und zur bewußten Selbstzerstörung. Er war nicht nur ein schwerer Trinker, sondern von Jugend auf auch an Morphium, Kokain, Veronal und andere Drogen gewöhnt, in denen er sich als Apotheker genau auskannte. Der naivere Josef Weinheber dagegen suchte im Trunk nur die festliche Enthemmung, erst zuletzt betäubte er im Wein die Verzweiflung über seine verpfuschte Dichterlaufbahn.

5

Goethe ist der eigentliche Wiederentdecker der aus dem Schmerz geborenen, den Schmerz heilenden magischen Dichtung. Er beherrschte diese Kunst so sehr, daß viele nicht sehen, wie sehr auch er leiden mußte, bevor er dichten konnte. Sie halten ihn für einen König des Lebens, der mit den Göttern tafelte. Der Mann Goethe erschreckt den Leser allerdings nicht mehr durch solche Katastrophen, wie sie der Jüngling überstand; ihm gelang es, Leben und Untergehen miteinander zu versöhnen. Er besaß eine außerordentliche Gabe, sich erschüttern zu lassen, ohne sich zu verlieren. Aber auch sein Dichtertum bestand in einer seltenen Fähigkeit, zu leiden. In seinen Bekenntnissen stellt er sich bis zuletzt als leidenden, tief gefährdeten Menschen dar. Er porträtiert sich nicht mehr wie im «Werther» als hingestreckten Selbstmörder; aber auch Tasso und Faust sind so beschaffen, daß sie den urteilsfähigen Zeitgenossen, besonders in Frankreich, unheimlich waren und Angst erregten. Musset nannte Goethes Faust «la plus sombre figure humaine qui eût jamais représenté le mal et le malheur», und andere teilten diese Meinung. Sie ist nicht die ganze Wahrheit, aber sie ist wahrer als die Maske des olympischen Glücksmenschen, mit der man in Deutschland das tiefere Verständnis Goethes verhinderte.

Seine Harmonisierung des Leidens ist nur scheinbar heroisch, in Wahrheit ganz magisch ichbezogen. Das zeigt sich schon darin, daß seine körperlichen Krankheiten immer Ausdruck seelischer Krisen waren. Die erste Liebe des Knaben endete in tage-

und nächtelangem Weinen und Toben, das seine Brust angriff, die Leipziger Studenten-
liebschaft in einem Blutsturz mit nachfolgender schwerer Erkrankung. In Straßburg
begann sich Goethe gegen das Todesgrauen abzuhärten, indem er auf dem Seziersaal
arbeitete, auf nächtliche Friedhöfe ging und sich darin übte, auf der Kreuzblume des
Münsters frei in der Luft zu stehen. Aber in der Zeit des «Werther» und des «Faust»
befand er sich in ständiger Nähe des Wahnsinns und Selbstmords. Er erzählt selbst, wie
er damals alle Todesarten erwog und sich für den Dolch entschieden habe, mit dem
er im Bett zu spielen pflegte; man fragt sich allerdings, wie ernst ein solches Wählen
und Spielen gemeint war. Schlaflose Nächte lang quälte ihn der Gedanke: «Mit mir
nimmts kein gut Ende.» Noch 1774 bezweifelt es Schlosser in einem Brief an Lavater,
daß Goethe seine Krisen überstehen werde. Erst in Weimar bekam er seine Natur als
Dichter in die Hand, aber ungewöhnlich häufige und gefährliche Krankheiten befielen
ihn nach wie vor. Wieland schrieb während der ersten Weimarer Zeit einem Freund,
er möchte Goethes Ruhm nicht um den Preis seiner Körperleiden erkaufen. Im Januar
1801 lag er lange bewußtlos und war von den Nächsten bereits aufgegeben. Während
der schweren Krankheit von 1804 bis zum Sommer 1806 verlor er Schiller; bei der gefährlichen Erkrankung Ende 1823 lag er weinend und fiebernd darnieder, phantasierte
betäubt und sah «den Tod in allen Ecken um mich herum» stehen. Noch der Achtzig-
jährige büßte die stoische Ruhe, mit der er die Nachricht vom Tod seines Sohnes zu
ertragen suchte, mit einem furchtbaren Blutsturz, der ihn das Leben zu kosten schien.
Magisch war auch Goethes körperliche Abhängigkeit vom kosmischen Geschehen.
Er wurde Schlag zwölf geboren, als die Sonne im Zeichen der Jungfrau kulminierte, und
starb einen Tag nach der Frühlingstag- und -nachtgleiche um die Mittagsstunde. Zur
Zeit der Wintersonnenwende verfiel seine lichthungrige Natur in untätige Schwermut,
er war im Dezember launisch, ungenießbar und außerstande, etwas Bedeutendes zu
leisten. In der schweren Krankheit von 1823 trat am 21. Dezember die Wendung zum
Bessern ein, und er begrüßte Soret mit dem frohen Ausruf: «Wir feiern heute die Auferstehung der Sonne!» Seine Sehnsucht nach dem Süden war in diesem sinnlichen Licht-
hunger begründet, sein Interesse an der Meteorologie in seiner ungewöhnlichen Empfindlichkeit für die Witterung und den Stand der Gestirne. Er durchforschte sich selbst,
wenn er die Gesetze der Wolkenbildung, der Gebirgsformation, der Lichttrübung
studierte.

Seit jenen Übungen auf dem Straßburger Münsterturm strebte Goethe darnach, das
Unheimliche seiner Natur harmonisch zu gestalten. Nur so konnte er weiterleben; es
war für ihn so lebenswichtig, daß er die Dichtung zu seiner Retterin machen und ihr
die Aufgabe übertragen mußte, ihn durch Gestaltung zu heilen. Er begann bewußt alle
seine Krisen in Kunstwerke abzukapseln, so daß seine Gefahren als Dichtungen hinter
ihm zurückblieben. Nur weil er sagen konnte, wie er litt, nahm es mit ihm kein schlimmes Ende; aber die Größe seiner Kunst lag ganz und gar darin, daß sie gelebte Schmerzen aussprach. Er war der erste, dem dieses Verhältnis von Kunst und Leiden so klar
aufging, und er machte es bewußt zum Gesetz seines Schaffens. Er wollte nicht mystisch,
nicht heroisch, sondern natürlich leiden. Sein Leben wurde zum großartigen Beispiel

des ganz und gar aufgelösten Schmerzes. Es bildete sich eine Ordnung von Untergang und Auferstehung, ein Zyklus von gesunden und kranken Tagen, ein heilsamer Kreislauf von Leiden und Produzieren. Jede seelische Krise griff auf seinen Körper über und wurde zur Lebensgefahr; aus dieser erwuchs ein neues Stück seiner Erschütterungspoesie, dessen Vollendung ihm sein inneres Gleichgewicht zurückgab. Die Biographen haben ihn wegen dieser erstaunlichen Einheit als ein Urbild der Gesundheit gepriesen, und Eckermann ging so weit, sogar Goethes Leichnam als eine Offenbarung ewiger Jugendschönheit zu beschreiben. Der alte Goethe liebte es allerdings selbst, die Gesundheit des Genies zu unterstreichen; in vielzitierten Aussprüchen nannte er das Romantische geradezu das Kranke, das Klassische das Gesunde. Das waren jedoch immer Seitenhiebe auf die romantische Leidensmystik, die er als Dilettantismus ablehnte; sogar von Shakespeare behauptete er, um ihn den Romantikern zu entwinden: «Indem wir ihn lesen, erhalten wir von ihm den Eindruck eines geistig wie körperlich durchaus und stets gesunden, kräftigen Menschen.»

Goethes Instinkt für den Schmerz war aber zu echt, als daß er ihn im Ernst hätte verleugnen können. Jenes Wort über Shakespeare sagt er in dem großen Gespräch mit Eckermann vom März 1828 über den genialen Menschen, das er mit einem antiromantischen Loblied auf die unbeugsame Schaffenskraft des Genies beginnt. «Es gab zwar eine Zeit, wo man in Deutschland sich ein Genie als klein, schwach, wohl gar bucklig dachte; allein ich lobe mir ein Genie, das den gehörigen Körper hat.» Sogleich rühmt er auch Napoleon wieder, diesen Menschen aus Granit, obschon dieser gar kein Dichter war. Aber plötzlich ändert er den Ton und beginnt eine wahre Katastrophentheorie zu entwickeln: das Genie werde in der ersten Lebenshälfte vom Schicksal auf jede Weise begünstigt und in der zweiten ebenso konsequent zerstört. «Wissen Sie aber, wie ich es mir denke? *Der Mensch muß wieder ruiniert werden!* Jeder außerordentliche Mensch hat eine gewisse Sendung, die er zu vollführen berufen ist. Hat er sie vollbracht, so ist er auf Erden in dieser Gestalt nicht weiter vonnöten, und die Vorsehung verwendet ihn wieder zu etwas anderem. Da aber hienieden alles auf natürlichem Weg geschieht, so stellen ihm die Dämonen ein Bein nach dem andern, bis er zuletzt unterliegt. So ging es Napoleon und vielen anderen. Mozart starb in seinem sechsunddreißigsten Jahre. Raphael in fast gleichem Alter. Byron nur um weniges älter. Alle aber hatten ihre Mission aufs vollkommenste erfüllt, und es war wohl Zeit, daß sie gingen, damit auch anderen Leuten in dieser auf eine lange Dauer berechneten Welt noch etwas zu tun übrigbliebe.»

Auch Goethe sah also den im höchsten Sinn produktiven Menschen tragisch. Er sagte diese Worte als Greis, denn er selbst war nicht jung gestorben. Seine Gabe, zu sagen, wie er litt, hatte ihn alle Gefahren überstehen lassen, und er konnte sich zuletzt nur sehnsuchtsvoll zu dem bekennen, was er nicht besaß. Er blickte zu den Genien auf – statt Byron hätte er Schubert nennen sollen –, die nicht ihr Leiden aussprechen, sondern die ewige Freude, die Unendlichkeit der ewigen Harmonie. Diese Auserwählten scheinen nicht nach menschlicher Art zu leben. Das Schwere ist ihnen leicht, selbst der Tod verliert etwas von seinem Grauen, weil auch sie gestorben sind.

Diese Weihe wird nicht den orphischen Künstlern zuteil. Auch die mystisch Vollendeten, die eines Tages der Kunst entwachsen und den Weg der büßenden Meditation einschlagen, besitzen sie nicht, weil sie nicht mehr das Leiden des Künstlers verkörpern. Sie ist jenen ganz Unbegreiflichen vorbehalten, die in ihrer Vollendung den Maßstab für das Verstehen alles Dichterleidens geben. Sie dulden auf Erden das Schlimmste und scheinen dennoch wie selige Geister dazusein, weil sich ihr Schmerz immerzu in Gesang verwandelt. Er ist der Flügel, der sie früh zu den Göttern entrückt. Mozart gehört zu ihnen. In seiner Musik, in seinen Briefen ist eine Einheit von Glück und Schmerz, die Goethe versagt war. Goethe floh den Schmerz und fürchtete den Tod, Mozart und Schubert sehen ihm unverwandt ins Auge. Mozart war einunddreißig Jahre alt, als er an seinen Vater schrieb: «Da der Tod (genau zu nehmen) der wahre Endzweck unsres Lebens ist, so habe ich mich seit ein paar Jahren mit diesem wahren, besten Freunde des Menschen so bekannt gemacht, daß sein Bild nicht alleine nichts Schreckendes mehr für mich hat, sondern recht viel Beruhigendes und Tröstendes! Und ich danke meinem Gott, daß er mir das Glück gegönnt hat, mir die Gelegenheit (Sie verstehen mich) zu verschaffen, ihn als den Schlüssel zu unserer wahren Glückseligkeit kennen zu lernen. Ich lege mich nie zu Bette, ohne zu bedenken, daß ich vielleicht (so jung als ich bin) den andern Tag nicht mehr sein werde. Und es wird doch kein Mensch von allen, die mich kennen, sagen können, daß ich im Umgange mürrisch oder traurig wäre. Und für diese Glückseligkeit danke ich alle Tage meinem Schöpfer, und wünsche sie von Herzen jedem meiner Mitmenschen.»

Die Liebe

Ein Schmerz ist feiner und verwundet tiefer als alle andern: der Schmerz der Liebe. Es ist das Geheimnis der Liebe, daß sie zugleich Glück und Schmerz ist. Zum Dichter scheint es zu gehören, daß er auch durch sie mehr leidet als glücklich wird.

Daß Dichter unglücklich lieben, ist seit dem Altertum sprichwörtlich. Sappho soll nach der Sage bald die Liebe des Alkaios unerhört gelassen, bald sich ins Meer gestürzt haben, weil ihre Leidenschaft für den schönen Jüngling Phaon unerwidert blieb. Allerdings gab es über die Dichterliebe auch immer böse Gerüchte, aber das verstärkte nur den Eindruck, daß es mit ihr eine besondere Bewandtnis habe. In der bürgerlichen Welt erregte es schon Verdacht, daß viele Dichter unbeweibt blieben. Seit der Romantik ist es ein sentimentaler Gemeinplatz, daß Dichter und Künstler nicht zur Ehe taugen. Gottfried Keller wurde als mißtrauischer, jähzorniger Junggeselle alt, obschon er in «Romeo und Julia auf dem Dorfe» eine der schönsten Liebesgeschichten geschrieben hatte, und er war darin keine Ausnahme.

Viele Dichter waren aber verheiratet und auch in der Ehe unglücklich. Am buntesten trieben es als Bräutigame und Ehemänner die Romantiker: Brentano, Kleist, Hoffmann, Mörike, Shelley, Coleridge. Um 1900 gaben die drei verunglückten Ehen Strindbergs viel zu reden. Aber auch ein so bürgerlicher Schriftsteller wie Dickens trennte sich in vorgerücktem Alter noch von seiner braven Frau und verehrte ihre Schwester als seine Muse. Daß Verlaines Ehe eine Farce war, ist kein Wunder, aber ihre Begleitumstände sind doch bemerkenswert. Ihm wurde trotz seiner abstoßenden Häßlichkeit das Glück zuteil, daß sich die schöne sechzehnjährige Mathilde Mauté in ihn verliebte und sich mit ihm trauen ließ; er brachte es mit seinen Ausschweifungen und Mißhandlungen in kürzester Zeit fertig, daß sie die Scheidung durchsetzte. Verlaine war ein Lump – wie soll man es aber verstehen, daß Shakespeare sich in seinem Testament den Witz leistete, seiner Frau nichts als «das zweitbeste Bett» zu vermachen?

Das erinnert an Goethes Familienleben, das seinen Biographen so schwer zu schaffen machte. Auch Schiller benahm sich als Bräutigam seltsam; er schwankte lange zwischen den zwei Schwestern Charlotte und Karoline von Lengefeld und erwog einmal im Ernst eine Ehe zu Dritt mit ihnen. Was im Norden Gedanke bleibt, das ereignet sich im Süden mit naiver Selbstverständlichkeit. Lope de Vega kostete die Liebe mit naiver Unbekümmertheit aus, er stellt ihr Erwachen ja auch in seinen Komödien als ewig neuen Zauber dar. Er war ein Don Juan, zeitweise der Zuhälter seines adeligen Herrn, des liederlichen Herzogs von Sessa. Nach dem Abgang von der Universität liebte er eine Schauspielerin, die ihn mit einem vornehmen Nebenbuhler betrog, worauf er sie und ihre Familie mit Schmähbriefen verfolgte, die ihm acht Jahre Verbannung eintrugen. Er kehrte schon nach zwei Monaten unter Lebensgefahr nach Madrid zurück, entführte eine Aristokratin und entfloh in den Kriegsdienst. Nach dem Tod seiner Frau hatte er in Madrid ein Liebesverhältnis, das ihn einen Strafprozeß kostete; dann verheiratete er sich ein zweites Mal mit der Tochter eines reichen Schlächters, die in seiner Dichtung keine Rolle spielt, ließ aber daneben auch seine wilde Ehe mit einer schönen Schauspielerin bestehen, so daß er zwei Familien besaß, mit denen er abwechselnd lebte.

Selbst die Ehe des Gottesstreiters Milton war eine Katastrophe. Er vermählte sich im Alter von fünfunddreißig Jahren als berühmter Dichter mit der blutjungen, rein gesellschaftlich erzogenen Mary Powell. Sie hatte ihm nur sinnlich gefallen und wurde von ihm, dem strengen Puritaner, wie jede Frau als tief untergeordnetes Wesen behandelt. Noch im Hochzeitsmonat verließ sie ihren Gatten; als sie trotz seinen Bitten nicht zurückkehrte, erklärte Milton die Ehe selbstherrlich als gelöst. Zur Rechtfertigung dieses Schrittes verfaßte er während der Flitterwochen seine zornige Schrift über die Ehescheidung, in der er behauptet, daß jede Ehe, die nicht auf der geistigen Harmonie der Gatten beruhe, auf Verlangen des Mannes getrennt werden müsse. Das gottgewollte Ideal sei die Einswerdung von Körper und Seele, bloß körperliche Verbindung sei unerlaubt. Freunde führten eine Versöhnung herbei, aber das Zusammenleben blieb weiter unglücklich. Mary starb jung, Milton heiratete zum zweitenmal und verlor die zweite Gattin schon bei der Geburt des ersten Kindes. Der Schatten der ersten verfolgte ihn dafür in Gestalt seiner Töchter, die ihn leidenschaftlich haßten, seine kostbaren Bücher als Plunder verkauften und die Dienstboten zum Betrug gegen ihn anstifteten. Sie handelten an dem Erblindeten wie die Töchter König Lears, besonders die zweite, die den Namen der Mutter trug, plagte ihn wie sein böser Geist. Sie hatten allen Grund dazu, da sie seine Gedanken kannten. Sein Stolz lag mit seiner Sinnlichkeit in einem unversöhnlichen Streit, und dieser Zwiespalt verzerrte ihm das Bild der toten Mary zum Ungeheuer. Bei der Darstellung der Versuchung und des Sündenfalls im «Verlorenen Paradies» führten ihm Haß und Verachtung des Weibes die Hand. Seine Eva verkörpert «das Schöne, das dem Bösen verwandt ist»; sie ist herrschsüchtig, eifersüchtig, selbstsüchtig, die Mutter alles Übels. Milton beklagt ihre Erschaffung und wünscht «this defect of Nature» aus der Schöpfung hinaus. Adams Sündenfall besteht bei ihm darin, daß er der sinnlichen Verführung durch die Schlange Weib erliegt; darin gleicht Milton den mittelalterlichen Klerikern, die vom Sündenfall nicht reden können, ohne auf die Weiber zu schimpfen. Noch weiter geht er im «Samson Agonistes», wo Dalila, die Simson verdirbt, offenbar ein Porträt seiner ersten Gattin ist. Schon Hesiod wird zwar nicht müde, die Schönheit der Göttinnen zu preisen, äußert aber auch eine starke Geringschätzung der Weiber. Sie sind nach seiner Meinung im besten Fall gute Hausfrauen, ein schlechtes Weib aber ist für einen Mann das größte Unglück. Er läßt Zeus zur Strafe für Prometheus Pandora, das Urbild des Weibes, das Gegenstück zu Miltons Eva, erschaffen. Alle Götter statten dieses liebreizende Trugbild mit Geschenken aus, damit die fleißigen Männer in ihm «lächelnd ihr Übel umarmen». Aphrodite gibt ihm Anmut und zehrende Sehnsucht, Hermes «hündischen Sinn und betörende Schalkheit». So bringt Pandora alles Unheil auf die Erde, nur die Hoffnung bleibt in ihrer Büchse zurück.

Bei Milton und Verlaine ist kein Zweifel möglich, daß sie ihre Ehe absichtlich zerstörten. So böse und kindisch haben sich aber viele Dichter in der Liebe und Ehe betragen. Sie versuchten die Schuld von sich abzuwälzen und als die Mißhandelten, Betrogenen dazustehen. Sie kapitulierten als Verlobte vor angeblich übermächtigen
äußern Hindernissen oder traten plötzlich vor einem Nebenbuhler zurück, wenn es
ernst galt. Heirateten sie, so ließen sie die Gattin achtlos neben sich verwelken oder
versuchten sie brutal loszuwerden. Brentano schildert der Schwester schon seine Verlobung mit Sophie Mereau in Farben, die für die Ehe mit ihr nichts Gutes verheißen.
«Ich versichere Dich, ich werde so glücklich mit ihr sein, als man es dans ces pays bas
auf dieser Erde sein kann, und das Schönste bei dem allen ist, daß wir uns gar nicht
störend sein werden, daß das Schwere, Plumpe der gewöhnlichen Ehe uns nicht berühren soll; wir werden leben, wie es Schneeflocken zusammenschneit, und wie die zerrinnen, wenn ein neuer Frühling kommen sollte, so werden auch wir zerrinnen, wenn
wir nicht beisammen bleiben sollten usw.» Unter den isländischen Skalden ist einer,
der den Namen «Kormak, der Liebesdichter» führt und von dem erzählt wird, wie er
seine Braut, die Geliebte seiner Jugend, im Stich läßt, nicht zur Hochzeit kommt, sie
der Schande und der Ehe mit einem andern überläßt, dann aber sein Leben lang den Gedanken an sie nicht los wird. Er bedrängt sie mit seiner Liebe und bringt es einmal
dahin, in ihrem Gemach neben ihr zu nächtigen, ohne sie zu berühren; noch sterbend
denkt er nur an sie. Sein Bruder sagt zu ihm: «Du führst sie nur immer im Munde, und
doch wolltest du sie nicht haben, als du es konntest.» Kormak aber behauptet, eine
Zauberin habe ihn damals verhindert, zur Hochzeit zu kommen, und schiebt die Schuld
an seinem Unglück bösen Geistern zu: «Daran war viel mehr der Zauber böser Wichte
schuld als mein Wankelmut.» Schon bei Deuterojesaia heißt es: «Das Weib der Jugendjahre, kann man es verstoßen? In kurzem Unmut habe ich dich verlassen, doch mit
großem Erbarmen werde ich dich sammeln.»

Es handelt sich bei alledem nur scheinbar um bloße biographische Anekdoten. Aus
diesen Konflikten wachsen die Themen der großen Liebesdichtung empor. Die persönlichen erotischen Erlebnisse als solche können allerdings nur insofern dichterisch heißen, als die Liebe – was ein Gemeinplatz ist – jeden Menschen zum Dichter macht.
Kein menschlicher Trieb ist ja so mit der Phantasie verbunden wie sie. Die Liebe weckt
sie auch im Philister, für Augenblicke wenigstens, und erfüllt ihn mit der Unruhe,
«wo eine Seele noch eine andere will». In der Liebe gehen alle Geschöpfe über sich
selbst hinaus und suchen ihre höchste Erfüllung. Sie täuschen sich nicht, denn das
Glück der Liebe ist unermeßlich. Sie ist der Abgrund des Lebens, der Himmel und die
Hölle. Ihre Lust ist so tief, daß sie tödlich werden kann und der Liebende sie trotzdem
besinnungslos begehrt. Sie ist mit dem Tod verwandt, sie treibt den von ihr Ergriffenen, sich auszulöschen und in einem andern Wesen aufzugehen. Dieser Trieb gibt dem
Menschen die paradiesische Einheit von Körper, Geist und Seele zurück, er weckt in
ihm alle Kräfte, den Engel und das Tier. Als Urgewalt handelt er über alle Wesen hinweg, sie gehorchen ihm blindlings und lassen sich von ihm zu Taten hinreißen, die sie
selbst nicht verstehen. Alle großen Werke der Aufopferung, alle teuflischen Verbrechen

geschehen aus Liebe. Sie berauscht alle Wesen, auch die Nüchternsten werden einmal durch sie verzückt. Schiller fand für ihren Zauber die Worte: «Ein Mensch, der liebt, tritt sozusagen aus allen übrigen Gerichtsbarkeiten heraus und steht bloß unter den Gesetzen der Liebe. Es ist ein höheres Sein, in welchem viele andere Pflichten, viele andere moralische Maßstäbe nicht mehr auf ihn anzuwenden sind.» Das Lied «An die Freude» feiert diesen Schöpfungsrausch. Seine Verse sind nur ein Tropfen aus dem Meer von Poesie, das diese Urmacht hervorgerufen hat. Sie ist das unerschöpfliche Thema der Kunst wie des Menschenlebens.

Aber sie ergreift nicht alle gleich tief und auf gleiche Art. Für den Dichter ist die erotische Erschütterung keine rasch überstandene Episode, sie ergreift ihn entscheidend und hinterläßt in ihm bleibende Spuren. Zwar weckt die Liebe auch in scheinbar alltäglichen Menschenkindern eine Genialität des Fühlens und Handelns, die als ein Wunder erscheint und die größte Dichtung beschämt; das Besondere am Dichter ist aber, daß auch diese Erfahrung bei ihm zu Dichtung wird. Das ist auch der Grund, weshalb er als Liebender nicht glücklich sein kann. Er will im Grund unglücklich sein und begeht die sonderbarsten Torheiten und Tollheiten, um es zu werden. Er folgt einem Zwang zum Verzicht, der so dunkel ist wie die Liebe selbst. Kein Stachel treibt ihn so sicher ins Unglück; wenn ihm Krankheit, Armut und Verfolgung erspart bleiben, kann ihn dieser Schmerz in ein Elend stürzen, das schlimmer ist als jedes andere.

In jedem Kinde bildet die Phantasie ein erotisches Idol, das der Inbegriff alles dessen ist, was es zu sein und zu besitzen wünscht. Diese Wunschgestalt nährt sich aus der Sehnsucht, die aus der Tiefe des Unbewußten aufsteigt, als ein Symbol des geahnten Ungeheuren, das Leben heißt. Im erwachsenden Kinde wächst dieses Wunschbild mit; es leuchtet desto märchenhafter auf, je erregender das Geschlecht erwacht, bis es zum Gefäß eines alle Begriffe übersteigenden Glücksverlangens geworden ist. Es kommt der magische Augenblick, wo der erwachsene Mensch dieses Urbild in einem wirklichen Menschen entdeckt. Phantasiegestalt und lebendige Wirklichkeit fallen zusammen, der Liebende sieht in der Geliebten seine Vision des Glücks. Das ist der Zauber der ersten Liebe, Fausts «jugenderstes, längstentbehrtes höchstes Gut».

> *Des tiefsten Herzens frühste Schätze quellen auf:*
> *Aurorens Liebe leichten Schwungs bezeichnets mir,*
> *Den schnellempfundnen, ersten, kaum verstandnen Blick,*
> *Der, festgehalten, überglänzte jeden Schatz.*

Für den so Bezauberten steht alles auf dem Spiel, er ist zu allem imstande. Der Besitz dieses Idols bedeutet ihm den Besitz der Welt, sein Verlust kostet ihn den Sinn seines Daseins. Er zittert vor beiden Möglichkeiten; gemeinsam mit der Geliebten zu sterben, scheint ihm immer noch besser, als ohne sie weiterzuleben. Seine Ergriffenheit ist reine Magie. Sie ist ihm «angetan» und verwandelt ihm die Welt, die Geliebte ist nicht eine Schöne unter andern, sondern die schlechthin Schönste. In diesem Zustand verdunkelt das magische Denken alle Vernunft. Liebende sind abergläubisch; sie sehen lauter gute und böse Vorzeichen und leben in heiliger Scheu vor den Mächten, die ihr Glück begünstigen oder bedrohen. Sie gehen zu Fuß, statt sich künstlich zu bewegen, brechen die Früchte entzwei, statt sie zu zerschneiden, um das über ihnen waltende Schicksal nicht zu verletzen. Sie sind zaubergläubig und treiben Abgötterei, nichtige Dinge werden ihnen zu Heiligtümern. Alles ist für sie magisch mit Verhängnis geladen: mit gutem wie der goldene Becher, aus dem Goethes König in Thule trinkt, mit bösem wie das Taschentuch in Shakespeares «Othello» oder mit beidem wie der Gürtel, den Kleists Jupiter bei Alkmene zurückläßt. Die Welt ist wieder das bald herrliche, bald furchtbare Spiegelbild der Seele, die Liebenden füllen das Universum mit ihrem Jubel und ihren Klagen aus. Innen und Außen, Körper und Seele sind ihnen eins. Ihre Liebe macht sie fromm und erfüllt sie mit heiliger Scheu vor den Ordnungen, denen sie sich unterworfen wissen. Wenn es längst keine Götter und Dämonen mehr gibt, herrscht das Geschlecht noch als eine höhere Macht über die Menschen, die Schönheit streift sie im Körper der Geliebten als dämonische Offenbarung.

Eros ist eine urheidnische Gottheit. Von seinem «sinnverstörenden Taumel» spricht schon die griechische Tragödie. Der Chor in Aischylos' «Sieben gegen Theben» preist seine Allmacht, Sophokles zeichnet in Dejaneira eine von diesem Dämon Ergriffene. Euripides übertrifft beide mit seinen erotisch besessenen Weibern, vor allem mit Phaidra. Auch Sappho erfährt Eros als ein «süßbitteres, rettungsloses Untier». Ihre berühmteste Ode schildert den jähen Ausbruch der Liebe als ein Kranksein, in welchem ihr die Sprache versagt, die Zunge erstarrt, ein feines Feuer durch die Glieder läuft, die Ohren sausen und die Augen sich verdunkeln, beim Lächeln der Geliebten zu einem andern ihr die Sinne schwinden. Sappho spricht als frommes Kind der unschuldigen Natur, und doch endet sie immer beim Weinen über das Entbehrenmüssen. Schon für sie gibt es keine Erfüllung ihrer Sehnsucht, sie spürt im Liebesschmerz die Nähe des Todes.

Von allen antiken Dämonen konnte das Christentum diesen am wenigsten unterdrücken. Schiller, der auch den erotischen Trieb in sich unterjochte, erkannte früh seine magische Natur. «Liebe, mein Freund, das große unfehlbare Band der empfindenden Schöpfung, ist zuletzt nur ein glücklicher Betrug. Erschrecken, entglühen, zerschmelzen wir für das fremde, uns ewig nie eigen werdende Geschöpf? Gewiß nicht. Wir leiden jenes alles nur für uns, für das Ich, dessen Spiegel jenes Geschöpf ist. Ich nehme selbst Gott nicht aus. Gott, wie ich mir denke, liebt den Seraph so wenig als den Wurm, der ihn unwissend lobet. Er erblickt sich, sein großes unendliches Selbst, in der unendlichen Natur umhergestreut. In der allgemeinen Summe der Kräfte berechnet er augenblicklich sich selbst – sein Bild sieht er aus der ganzen Ökonomie des Erschaffenen vollständig, wie aus einem Spiegel, zurückgeworfen, und liebt sich in dem Abriß, das Bezeichnete in dem Zeichen ... Wenn Freundschaft und platonische Liebe nur eine Verwechslung eines fremden Wesens mit dem unsrigen, nur eine heftige Begehrung seiner Eigenschaften sind, so sind beide gewissermaßen nur eine andre Wirkung der Dichterkraft – oder besser: das, was wir für einen Freund und was wir für einen Helden unsrer Dichtung empfinden, ist eben das. In beiden Fällen führen wir *uns* durch neue Lagen und Bahnen, wir brechen *uns* auf anderen Flächen, wir sehen *uns* unter andern Farben, wir leiden für *uns* unter andern Leibern.»

Die erotische Verzauberung dauert genau so lange, als es dem Liebenden gelingt, in der Geliebten das Urbild zu sehen. Das Ende dieses Glücks ist unvermeidlich, weil auch das schönste Weib als Besitz kein Geheimnis mehr ist. Nach der Entzauberung beginnt ein anderes Glück nicht mehr magischer Art, und hier trennen sich die Wege. In manchen lebt die erotische Phantasie weiter, so daß sie das Urbild nicht ohne weiteres vergessen und erst nach immer neuen Enttäuschungen seine Unwirklichkeit erkennen. Sie leiden an der Entzauberung und kommen schwer über sie hinweg, weil sie Wirklichkeit und Vision nicht trennen können. Zu diesen gehören die Dichter; sie sind in der Liebe nicht besser als andere, sie sind schlechter, weil ihre Phantasie sie zum Unmöglichen verleitet. Vielmehr: sie können unendlich besser und lasterhafter sein als Menschen ohne Phantasie. Im Konflikt zwischen Urbild und Wirklichkeit gibt es einen Augenblick, wo sie sich gegen die Wirklichkeit entscheiden. Oft fällt dieser Augenblick schon in die Kindheit. Die Biographen pflegen ihn, wenn sie ihn überhaupt bemerken, als ein einzigartiges Vorkommnis zu beschreiben; erst die vergleichende Dichterbiographie zeigt, daß er typisch ist und mit eherner Notwendigkeit in jedem Dichterleben wiederkehrt. Der dichterische Mensch sieht eines Tages die Unerfüllbarkeit seiner erotischen Hoffnung ein, und es bildet sich der Wille, das Urbild um keinen Preis zu verlieren. In dem Moment, wo die erste Geliebte stirbt oder auf andere Art unerreichbar wird, steigt sie ihm verklärt über alle Wirklichkeit empor, und er ist imstande, für sie gegen die Realität Partei zu nehmen. Sein Wille zum Verzicht bricht durch, und von da an handelt er nach seinem eigenen Gesetz. Was jeder will und kann – ein Weib nehmen und Kinder zeugen –, das will und kann er nun vielleicht nicht mehr. Statt dessen sucht er die Erfüllung seiner Vision durch die Kraft der Phantasie. Aus dieser Entscheidung geht die große erotische Dichtung hervor. Auch sie ist eine Frucht des Leidens. Die große Kunst gestaltet, was der Mensch entbehrt, nicht was er besitzt: sei es Schönheit, Freiheit, Religion, Natur oder das vollkommene Glück.

Die Romantiker waren sich dessen bewußt und bauten darauf ihre magische Philosophie der Künstlerliebe. Jean Paul, der Mann der überwuchernden Phantasie, schreibt einer seiner Jugendfreundinnen: «Eine einzige Seele stahl ich doch der Sonne – die schönste – die beste – die sanfteste; da sie aber nicht aus meinem Kopfe herauskann und nicht ein Stückgen Körper umhat: so kann ich sie keinem Menschen weisen; aber vor meiner Seele steht sie den ganzen Tag und jene schlägt die Arme um sie: alle verkörperten Frauenzimmer gefallen mir nur, insofern sie schwesterliche Ähnlichkeit mit meiner gestohlnen haben.» Der Nachtwächter Bonaventura sagt zum Tod über den «Traum der Liebe»: «Die Liebe ist nicht schön – es ist nur der Traum der Liebe, der entzückt. Höre mein Gebet, ernster Jüngling! Siehst du an meiner Brust die Geliebte, o so brich sie schnell, die Rose, und wirf den weißen Schleier über das blühende Gesicht. Die weiße Rose des Todes ist schöner als ihre Schwester, denn sie erinnert an das Leben und macht es wünschenswert und teuer. Über dem Grabhügel der Geliebten schwebt ihre Gestalt ewig jugendlich und bekränzt, und nimmer entstellt die Wirklichkeit ihre Züge ... Nur die Lebende stirbt, die Tote bleibt bei mir, und ewig ist unsre Liebe und unsre Umarmung!» Ähnlich reden Brentano, Novalis, Kleist, Hoffmann, Eichendorff. Überall, wo romantisch geliebt wird, greift die Phantasie bewußt über die Wirklichkeit hinaus. Dostojewskij hebt es in seiner Puschkinrede auch an Eugen Onegins Liebe zu Tatjana hervor. «Und das sieht doch Tatjana, sie hat ihn doch schon längst durchschaut?! Sie weiß doch ganz genau, daß er im Grunde nur seine neue Einbildung liebt und nicht sie, die ja dieselbe Tatjana geblieben ist, die sie früher war! Sie weiß, daß er sie für etwas ganz anderes hält als das, was sie ist, daß er sie nicht nur nicht liebt, sondern daß er überhaupt nicht fähig ist, gleichviel wen, zu lieben, wenn er auch noch so sehr leidet! Er liebt seinen Einfall, sein Trugbild, aber er selbst ist auch nur ein Trugbild. Würde er doch, wenn sie ihm folgte, schon am nächsten Tage wieder gleichgültig werden und an seinen Überschwang mit spöttischem Lächeln zurückdenken.»

Der Konflikt zwischen Vision und Wirklichkeit wurde nicht von den Romantikern erfunden. Goethe stellt ihn großartig in Fausts erster Beschwörung der Helena dar, wo das Urbild aller Schönheit sich greifbar verkörpert, der von rasendem Verlangen ergriffene Beschwörer die Hände nach ihm ausstreckt und es damit vernichtet. Faust fällt trotz Mephistos Warnung «aus der Rolle» («Machst dus doch selbst, das Fratzengeisterspiel»), faßt die Erscheinung an und führt ahnungslos den Kurzschluß herbei: «Explosion, Faust liegt am Boden. Die Geister gehen in Dunst auf.» Das ist die Tragödie des magischen Liebeszaubers. Aber auch der unsinnliche Platoniker Hölderlin weiß um den Abstand zwischen Urbild und Abbild. Er schließt seine Ode an eine Verlobte mit den Versen:

> Nein, ihr Geliebten! nein, ich beneid euch nicht!
> Unschädlich, wie vom Lichte die Blume lebt,
> So leben gern vom schönen Bilde
> Träumend und selig und arm die Dichter.

Noch körperloser als Hölderlins Diotima ist Klopstocks seraphische «künftige Geliebte», die er in einst vielbewunderten Versen besingt. Er formt sie sich aus dem Leeren, behängt sie mit seinen redseligen Wunschgedanken und gibt ihr den Namen, unter dem er später seine wirkliche Braut verherrlichte. Er liebt ein Phantom, «wie ein Schatten den Schatten» und zweifelnd, ob er je wirklich lieben werde.

> Oft um Mitternacht streckt sich mein zitternder Arm aus
> Und umfasset ein Bild, ach, das deine vielleicht!
> Wo, wo such ich dich auf? So werd ich endlich dich finden?
> Du, die meine Begier stark und unsterblich verlangt!

Rilkes «Aufzeichnungen des Malte Laurids Brigge» enden mit der Auslegung des Gleichnisses vom verlorenen Sohn als der Geschichte dessen, der sich vornimmt, «niemals zu lieben, um Keinen in die entsetzliche Lage zu bringen, geliebt zu sein», und von einer Liebe träumt, bei der «keine Gegenliebe zu fürchten» ist.

> Ach, in den Armen hab ich sie alle verloren,
> du nur, du wirst immer wieder geboren:
> weil ich niemals dich anhielt, halt ich dich fest.

Die Sehnsucht nach dem Urbild ist das Thema aller großen Liebespoesie. Dante, Goethe, Novalis, Baudelaire gestalten sie. Aber der Weg des Verzichts zugunsten der Vision sieht für jeden anders aus. Der eine geht ihn als Heiliger, der andere als Schwärmer, als Verzweifelnder oder als Wüstling. Einige scheuen schon vor der Entscheidung für eine wirkliche Frau zurück, andere vor der körperlichen Nähe der Geliebten, noch andere vor der Ehe mit ihr. Das Reich der Liebe ist grenzenlos. Das Weib kann schlechthin alles bedeuten: die Verführung zum Bösen, die höchste irdische Erfüllung oder die Erlösung von der Erde; das bezeugt in der christlichen Kirche der Mythus von Eva und Maria. So haben es vor allem die Dichter gesehen: als Inbegriff der Seligkeit, des Verderbens oder von beidem zugleich. Ihre verliebten Torheiten, Irrtümer und Gemeinheiten sind Formen des Festhaltens an einem Urbild, das sie nicht verraten wollen. Sie verschmähen das Glück, weil sie von ihm die Zerstörung des Geheimnisses befürchten, das ihnen höher steht als jede Erfüllung. Sie sind mit ihrer Phantasie vermählt und wenden immer neue Listen an, um ihr nicht abtrünnig zu werden. «Meine Phantasie ist ein Kloster, und ich bin der Mönch darin», schrieb Keats einmal; seine «Ode auf eine griechische Vase» preist die ungehörten Melodien als die süßesten und den ungeküßten Mund als den einzig nie verwelkenden. Bei Mörike heißt das: «Was aber schön ist, selig scheint es in ihm selbst.» Johann Peter Hebel schrieb an Gustave Fecht, die vergeblich auf das Geständnis seiner Liebe wartete: «Mein Gemüt ist Ihnen nie näher, als wenn ich weit von Ihnen bin, und ich habe immer etwas mit Ihnen zu plaudern, bis ich einmal hinaufkomme, alsdann hab ich nichts.» Von Hebel zu Robert Musil scheint kein Weg zu führen, und doch liest man auch bei diesem, echte Liebeskrankheit sei «kein Verlangen nach Besitz, sondern ein sanftes Sichentschleiern der Welt, um deswillen man gern auf den Besitz der Geliebten verzichtet», während das Besitzenwollen «aus der Sphäre des Sparens, Aneignens und der Freßsucht stammten». So konstant durchzieht kein anderes Thema die Literaturgeschichte wie der Rückzug des Dichters aus der Wirklichkeit der Liebe in den Traum von ihr.

Verzichten macht arm, aber es macht auch frei. Auch bei diesem Schmerz dreht sich alles darum, ob er eine Schwäche bleibt oder zu einer eigentümlichen Kraft wird. Wer rückhaltlos liebt, verliert sich; alle echte Liebe ist auch ein Sterben. Schwächlinge können sich nicht so aufgeben, Egoisten wollen es nicht tun. Ein Verzichtender kann der anspruchsvollste Genießer sein, wenn er sich absichtlich eine mögliche Enttäuschung erspart. Allen diesen Versagern gleichen die Dichter, wenn sie vor der Erfüllung ihrer Liebe zurückweichen. Es ist die volle Wahrheit, was Grillparzer nach der Lektüre eines ahnungslosen Buches über Goethe schrieb: «Was für eine Abgeschmacktheit, Goethen das Aufgeben seiner Liebesverhältnisse für *Entsagungen* anzurechnen. Der hat ihn nicht recht gekannt. Entsagen wäre ihm gewesen: sie heiraten.» Das bestätigen Goethes eigene Worte, in denen er die Kunst als Sieg über die vergängliche Schönheit der Körper erklärt: «Der Augenblick der Pubertät ist für beide Geschlechter der Augenblick, in welchem die Gestalt der höchsten Schönheit fähig ist; aber man darf wohl sagen, es ist nur ein Augenblick! die Begattung und Fortpflanzung kostet dem Schmetterlinge das Leben, dem Menschen die Schönheit; und hier liegt einer der größ-

ten Vorteile der Kunst, daß sie dasjenige dichterisch bilden darf, was der Natur unmöglich ist wirklich aufzustellen.» Noch lapidarer sagte er dasselbe zu Riemer: «Die
Begattung zerstört die Schönheit, und nichts ist schön als bis zu diesem Moment. In
der antiken Kunst allein ist die ewige Jugend festgehalten und dargestellt. Und was
heißt ewige Jugend anders als keinen Mann, keine Frau erkannt zu haben.»

Das Ziel des dichterischen Verzichts ist die Verewigung der Schönheit im Kunstwerk. In ihm zeigt sich untrüglich, ob es aus echtem erotischem Leiden und aus welchem Grad dieses Leidens es entstanden ist. Nur grausamer Druck erzeugt den Ton,
den Baudelaire an Poe bewunderte: «le ton le plus poétique de tous, le ton mélanco-
lique.» In jedem großen Schaffen ist etwas von diesem Ton; am reinsten wirkt er, wenn
er zum Schweigen über den Schmerz geworden ist. Die Arbeit am Werk ist für sich eine
Schule der Kasteiung und Vergeistigung; in ihr erweitert sich die Enthaltsamkeit über
das Erotische hinaus zum Gesetz des Dichterlebens. In dieser Kelter gewinnt die Sprache eines Menschen jene Reife, die jedes Wort von ihm kostbar macht. Solche Schönheit entsteht nur aus dem nicht genossenen Glück.

MAGIE DER LIEBE

I

Als sinnlich-seelische Erschütterung ist alle Liebe ein magischer Vorgang. Solange sie
sich nicht ganz vom Körper befreit – und wo vermöchte sie dies –, bleibt der Trieb zur
Verwandlung in ihr lebendig. Dieser Zauber bricht auch in den heiligen, adeligen und
bürgerlichen Bezirken aus. Wo er sich vergeistigt, wird er doch zuerst körperlich erfahren und färbt auch die mystische Glut, den mythischen Glanz bis in die sublimsten
Bilder.

Die magische Liebe verharrt in den Grenzen der ekstatischen Sinnlichkeit. Sie erfährt
in ihr das unverlöschliche Zauberfeuer des Lebens, das seine Opfer unwiderstehlich
ergreift. Magisch lieben heißt sich dem Geschlechtsrausch ohne Vorbehalt überlassen
und in jedem Weib einem Dämon begegnen, dem der Bezauberte verfällt. Er sucht die
Verwandlung und vergöttert sie in allen Formen. Die Entzauberung des Idols ernüchtert ihn nicht, er jagt sogleich einem neuen nach, um auch diesen Dämon wieder
zu verlassen. Sein Hunger sucht immer neue Abenteuer, er will zahllose andere Seelen
trinken und verirrt sich ins Grenzenlose.

> *Auf Weiber stellt ich nun mein Sach.*
> *Juchhe!*
> *Daher mir kam viel Ungemach.*
> *O weh!*
> *Die Falsche sucht' sich ein ander Teil,*
> *Die Treue macht' mir Langeweil,*
> *Die Beste war nicht feil,*

singt der Lump in Goethes «Vanitas! vanitatum vanitas!» Dem erotischen Landstreicher ist jedes Weib ein Werkzeug der Lust, die Wiederholung entschädigt ihm für die

ewige Enttäuschung. Nur wenn er es auf «die Beste» abgesehen hat und sie sich als unerreichbar erweist, kann es geschehen, daß er an ihrer Schwelle hängen bleibt. Der
Gaukler der erotischen Freiheit verliert sich in Ausschweifungen, dem echten Magier
kann eine einzige überwältigende Begegnung zum Verhängnis werden. So oder so aber
stirbt diese Liebe an sich selbst. Sie führt aus dem Paradies in die Wüste des Überdrusses
oder der Verzweiflung, der beiden magischen Formen des Verzichts.

Die deutsche Literatur besitzt in Gottfrieds von Straßburg «Tristan und Isold» eine
klassische Verherrlichung des Liebeszaubers. Wie viele große Liebesdichtungen erhebt
sich dieses Epos aus der magischen Sphäre in die einer adeligen Dämonie. Es gestaltet
die keltische Sage vom Liebeszaubertrank zum höfischen Roman um und zeichnet sich
durch die kühne Verherrlichung des körperlichen Genusses und die Weiterungen aus,
die sich aus ihr ergeben. Schon der Tristanroman des Trouvère Thomas, Gottfrieds
Vorlage, schildert die Liebe als einen verderblichen Wahnsinn, gemischt aus beseligen-
der Schönheit und verzehrendem Weh, der als Naturgewalt über alle Kreatur herein-
bricht. Diese Macht wohnt in dem Trank, den das Paar ahnungslos leert. Gottfried
übernimmt diesen heidnischen Zauber; die Liebe ist auch ihm eine unfaßbare Gewalt,
«liebes Leben und leider Tod», Glück und Untergang in einem. Im Eingang stehen die
berühmten Verse:

> *Wem niemals Leid von Liebe kam,*
> *Dem kam auch Lust von Liebe nie:*
> *Lust und Leid, wann ließen die*
> *Im Lieben je sich scheiden?*

Aus diesem Leitmotiv des Werkes erklärt Gottfried auch den Namen seines Helden:
«Denn Triste heißt die Traurigkeit.» Der Trank, der Tristan unselig macht, lockt «mit
kurzer Lust zu langem Leid» und hält nie, was er verspricht. Er raubt ihm sogleich die
Vernunft:

> *Er ward von Grund ein andrer Mann,*
> *Denn alles, was er jetzt begann,*
> *Da war viel blinde Träumerei*
> *Und wunderlicher Brauch dabei.*

Mit der verzauberten Isolde zusammen verzichtet er freudig «auf jedes andre Himmelreich», und nun geht die Flamme ihrer Leidenschaft den Gang, der keine andere Ehre
und Treue mehr kennt als das Verlodern. Das Menschenherz, heißt es einmal, ist ein
ankerloses Schiff im Meer, das Liebesverlangen treibt es führerlos durch das Ungewisse,
aber es stählt es auch im Zorn und läutert es wie das Gold im Feuer. Wenn ihm dieses
Feuer fehlt, ist es keine echte Liebe mehr. Gottfried macht in der Verherrlichung der
Liebe auch vor der Lästerung nicht Halt, an jener berüchtigten Stelle, wo er die mein-
eidige Isolde unversehrt aus dem Gottesurteil hervorgehen läßt:

> *Da wurde deutlich wohl und klar*
> *Vor aller Augen offenbar,*
> *Daß unsern lieben Herrgott man*
> *Wie einen Ärmel wenden kann:*

Er schmiegt sich an und fügt sich glatt,
Wie man es nur im Sinne hat,
So weich, so handsam und bequem,
Wies artig ist und angenehm,
Ist allen Herzen gleich bereit
Zum Trug wie zur Wahrhaftigkeit,
Zum Ernste wie zur Spielerei,
Wie mans begehrt, er ist dabei.

Die Ketzerei gipfelt in den Szenen der «Minnegrotte», wo im verwunschenen Felsensaal inmitten der Wildnis das Leben der Verzauberten zum allegorisch erhöhten Gleichnis jener Verwandlung wird, die Goethes «Selige Sehnsucht» besingt. Diesem Höhepunkt folgt mit der Entdeckung jäh das Erwachen und das dunkle Ende. Tristan geht in die weite Welt, die Verlassene stimmt die Abschiedsklage an, mit der das Werk abbricht: ihr Leben fährt mit dem Geliebten in die Ferne, das seine ist in ihr zurückgeblieben, denn sie sind eins und doch getrennt – wie sollen sie da weiterleben? Die Seligkeit der magischen Selbstaufgabe verwandelt sich in unheilbaren Schmerz.

Wo such ich mich? Wo ist mein Ort?
Nun bin ich hier und bin auch dort
Und bin doch weder dort noch hier.
Wer war in sich verirrt gleich mir,
So zwiegeteilt in Angst und Weh?
Ich seh mich draußen auf der See
Und steh doch wieder hier am Strand.
Ich zieh mit Tristan aus dem Land
Und sitze hier in Markes Haus ...[1]

Ein solches Lied auf die Liebe kann nur tragisch enden. Isoldes Niederlage in der Feuerprobe wäre ein Abschluß gewesen, sie hätte die persönliche Schuld von den Opfern des Zaubertranks genommen. Gottfried weicht dieser unheroischen Lösung aus und läßt Tristan einer Verirrung erliegen, aus der er zuletzt erwachen sollte, die aber als paradoxe Umkehrung das unvollendete Werk beschließt. Tristan begegnet in der Fremde einem andern Weib, das auch Isolde heißt. Diese zweite Isolde wird durch seine Sehnsuchtslieder an die erste entzündet, er selbst verstrickt sich in die Lockung des holden Namens und vermählt sich mit der Doppelgängerin, um die wahre Isolde zu vergessen und so vielleicht doch noch ein «Tristan ohne Trauer» zu werden. Er begeht Verrat an der hohen Minne, die zugleich Lust und Weh ist, und will endlich die unge-

---

[1] Diese Klage um das verlorene Ich stößt im 16. Gesang des «Befreiten Jerusalems» auch die von Rinaldo verlassene Armida wieder aus:

Oh, ruft sie, du, der mit betörtem Wähnen
Nimmt und zurückläßt einen Teil von mir,
Nimm diesen auch; wo nicht, so laß mir jenen,
Ach, oder töte beide! Bleibe hier – (Gries).

mischte reine Lust. Bezeichnend ist, wie er dabei sich selbst betrügt. Er findet als Ehemann den Ausweg, daß er Isolde Weißhand nicht berührt, und glaubt so der wahren Geliebten treu zu bleiben:

> *Kein härtrer Zwang ist zu ersinnen,*
> *Ob wir uns hassen oder minnen;*
> *Denn lockts mich nach dem süßen Leibe,*
> *So quälts mich, daß ich ferne bleibe,*
> *Und wenn ich sie verschmähe,*
> *So quält mich ihre Nähe.*

Dieser nicht mehr traurige Tristan hat den Sinn der hohen Liebe verloren und versinkt
in einem dämonischen Unglück, aus dem ihn Gottfried nicht mehr erlösen konnte. Die
tragische Ironie geht so weit, daß noch ein zweiter Liebeskranker mit Namen Tristan
auftritt, der den ersten um Hilfe in seiner Not anfleht und ihm, als er ihn auf morgen
vertröstet, ins Gesicht sagt, er könne nicht der berühmte Held dieses Namens sein. So
löst sich der Zauber in ein Trugspiel mit Masken auf und verläuft sich in eine Täuschung ohne Ende[1].

Das Trugspiel ohne Ende, die Tragödie des Liebeszaubers stellt Shakespeare dar.
Er bekennt sich wie kein anderer zur Ekstase der Lust bis zum bittern Ende. Auch er
sieht in der Liebe das Fatum des Geschlechts, dem alle Wesen unterworfen sind,
schweift aber mit schauerlicher Gewalt durch die ganze Skala der Leidenschaft, die von
der Zote bis zum Dithyrambus reicht. In den Komödien entfesselt Eros das närrisch-
selige Zauberspiel, dem Götter wie Menschen willenlos erliegen. In «Romeo und Julia»
geht der Liebesrausch in den Todesrausch über, im «Hamlet» schlägt er in Wahnsinn
um, im «Othello» wird aus dem herrlichsten Glück die Hölle der Eifersucht und der
Vernichtung. Der vom Argwohn gegen Desdemona gepackte Mohr steht in einer ver-
hexten Welt, aus den gewöhnlichsten Gegenständen flüstern böse Geister auf ihn ein.

> *Dinge, leicht wie Luft,*
> *Sind für die Eifersucht Beweise, stark*
> *Wie Bibelsprüche.*

Das verhängnisvolle Taschentuch stammt zum Überfluß wirklich von einer Zigeunerin, die es Othellos Mutter als Liebeszauber mit der Warnung gegeben hat, es nicht zu

---

[1] Die doppelte Geliebte kommt im französischen höfischen Roman noch wiederholt vor und hat
dort allegorische Bedeutung (vgl. R. R. Bezzola, «Les sens de l'aventure et de l'amour» 88 f., Paris
o. J.). Bei Gottfried reicht die allegorische Erklärung nicht aus. Für ihn ist auf die griechische Helena
zu verweisen, die gleichfalls doppelt existiert. Nach einer Sage soll sie nicht wirklich in Troja gewesen
sein, sondern nur ein Trugbild von ihr, das Proteus in Ägypten von ihr herstellte und dem Paris in
die Hände spielte. Diese Version behandelt die «Helena» des Euripides, sie spielt auch in Goethes
«Faust» hinein. Hier sagt Mephisto der Helena auf den Kopf zu, sie sei ein Phantom, das mit vielen
Männern, sogar mit dem toten Achill gebuhlt habe, und die Durchschaute sinkt mit den Worten in
Ohnmacht:

> *Ich als Idol ihm dem Idol verband ich mich.*
> *Es war ein Traum, so sagen ja die Worte selbst.*
> *Ich schwinde hin und werde selbst mir ein Idol.*

verlieren, da sich seine beseligende Kraft sonst ins Gegenteil verkehren werde. Seine magischen Eigenschaften hätte es auch ohnedies:

> *Jawohl, in dem Gewebe steckt Magie;*
> *Eine Sibylle, die den Sonnenlauf*
> *Zweihundertmal die Bahn vollenden sah,*
> *Hat im prophetschen Wahnsinn es gewebt.*
> *Geweihte Würmer spannen ihre Seide,*
> *Sie färbts in Mumiensaft, den sie mit Kunst*
> *Aus Jungfraunherzen zog.*

Mit Worten und Dingen wird dem Eifersüchtigen die Wirklichkeit in ihr Gegenteil verkehrt, die Seligkeit in Grauen verwandelt. Othello weiß, daß er verzaubert ist; er sehnt sich nur aus dem teuflischen Zauber nach dem zerstörten Glück:

> *Noch wär ich glücklich, wenn das ganze Lager,*
> *Troßbub und alles, ihren süßen Leib genoß*
> *Und ich erfuhr es nicht.*

Seine furchtbare Tat ist nichts anderes als ein letzter Versuch, den weißen Zauber seiner Liebe zu retten; er erdrosselt und ersticht Desdemona, um das geschändete Urbild wieder rein zu besitzen. Vorher küßt er die unschuldig Schlummernde:

> *Sei, wann du tot bist, so, dann töt ich dich*
> *Und liebe dich nachher – noch einen und den letzten!*
> *So süß war nie so tödlich. Ich muß weinen.*
> *Doch sinds grausame Tränen –*

Dieses schreckliche Werk ist eine Station im Kreislauf der erotischen Gefühle, der Shakespeares Dichtungen durchzieht: vom spielerischen Verlangen und den Ausbrüchen roher Gier bis zur engelhaften Reinheit Desdemonas, Ophelias, Cordelias. In der Mitte stehen die anmutig klugen und verliebten Mädchen Viola oder Rosalinde, die ihr Glück mit eigenen Händen zu flechten wissen, und die falschen vom Schlag Cressidas. Keine dieser Figuren verkörpert für sich allein Shakespeares Vision des Weibes, nur alle zusammen stellen sie dar. Jede ist vom Zauber des Wunschbildes umflossen und spiegelt die Seele des Dichters, wie Valentin in den «Beiden Veronesern» es von seiner Liebe sagt:

> *Und Sylvia ist ich selbst: verbannt von ihr,*
> *Ist Selbst von Selbst; o tödliche Verbannung!*

Wenn eine Gestalt dem Urbild Shakespeares nahekommt, dann ist es Kleopatra, die gekrönte Kurtisane, das kühnste erotische Wunschbild der Weltliteratur. Sie ist das vollkommenste Weib: zugleich unfaßbare Schönheit und ewige Jugend.

> *Nicht kann sie Alter*
> *Hinwelken, täglich Sehn an ihr nicht stumpfen*
> *Die immerneue Reizung; andre Weiber*
> *Sättgen, die Lust gewährend: sie macht hungrig,*
> *Je reichlicher sie schenkt.*

An der Seite dieser erfahrenen Zauberin, die lasterhaft und majestätisch, verschlagen und hingebend, verlogen und hinreißend, launisch und verschwenderisch ist, vergißt Antonius seinen Ruhm, sein Weib, sich selbst und verspielt seine Weltherrschaft. Nie wurde der Dämon der Lust mit solchen Bildern beschworen wie hier:

Die Bark, in der sie saß, ein Feuerthron,
Brannt auf dem Strom: getriebnes Gold der Spiegel,
Die Purpursegel duftend, daß der Wind
Entzückt nachzog; die Ruder waren Silber,
Die nach der Flöten Ton Takt hielten, daß
Das Wasser, wie sies trafen, schneller strömte,
Verliebt in ihren Schlag; doch sie nun selbst –
Zum Bettler wird Bezeichnung: sie lag da
In ihrem Zelt, das ganz aus Gold gewirkt,
Noch farbenstrahlender als jene Venus,
Wo die Natur der Malerei erliegt ...
Die Dienerinnen, wie die Nereiden,
Spannten Sirenen gleich nach ihr die Blicke,
Und Schmuck ward jede Beugung; eine Meerfrau
Lenkte das Steuer; seidnes Tauwerk schwoll
Dem Druck so blumenreicher Händ entgegen,
Die frisch den Dienst versahn –

Kleopatra ist die Sphinx der Liebe in Person, die «Schlange am alten Nil», das Blendwerk, um das die Herren der Welt werben, halb Göttin und halb Dirne. Sie schenkt die verderbliche Lust, das lustvolle Verderben. Nur magische Phantasie konnte diese kaiserliche Hure erfinden, nur sie steigert den Gegenstand ihrer Gier zu solcher Herrlichkeit.

Wie Shakespeare selbst den Sturm der Leidenschaft erlebte, zeigen seine Sonette, das Denkmal seiner Doppelliebe zu einer viel jüngeren faszinierenden Frau und einem schönen vornehmen Jüngling. Er schrieb sie, als er schon verheiratet und Vater von Kindern war, die er mit ihrer Mutter in Stratford zurückgelassen hatte. Die «schwarze Dame» verkörpert ihm die Wollust, die ihn mit ihrer Falschheit zugrunde richtet, der adelige junge Freund, dem die Mehrzahl der Sonette gilt, die erlösende hohe Liebe. Im 144. Sonett nennt er die beiden den guten und den bösen Geist, zwischen denen er ewig hin- und hergezogen werde. Das Drama, in das er mit ihnen verwickelt war, wurde erst viel später durchschaut, ist aber immer noch umstritten. Der Freund betrog ihn mit der Geliebten, der Dichter ging als Geschlagener aus dem Kampf hervor und fand sich verbittert mit dem Betrug der beiden ab. Das ist der Hintergrund der Eruptionen von Zärtlichkeit und Wut, Raserei und Erschöpfung, Bitten und Flüchen, Versöhnung und Verzweiflung, die sich in diesen Gedichten ablösen. Das ganze Register der in sich selbst kreisenden Verzauberung erklingt hier mit elementarer Gewalt, und alles übertönt ein Schmerz, aus dem es keine Rettung gibt.

Des Geistes Sturz in ungemeßne Schmach,
Das ist die Tat der Lust, und bis zur Tat
Ist Lust voll Mord, Blut, Meineid, Ungemach,
Wild, maßlos, grausam, roh und voll Verrat.

Verachtet schon, wenn eben erst begehrt;
Sinnlos gejagt und endlich, wenn erhetzt,
Sinnlos verflucht; ein Köder, der, verzehrt,
Wer ihn verschlang, in Raserei versetzt.

Toll im Verlangen, im Besitze toll,
Habend, gehabt in Habbegierde wild,
Süß im Genuß, genossen qualenvoll,
Vorher ein Glück, ein Traum nur, wenn gestillt.

Das weiß die Welt, doch keiner weiß zu fliehn
Die Himmelswonnen, die zur Hölle ziehn.

2

In der Rousseauzeit begann diese Flamme wieder auszuschlagen, nachdem lange nur die Kerzen der Galanterie gebrannt hatten. Wieder war es Goethe, der den Bürgern mit seiner Sinnlichkeit den größten Schrecken einjagte. Er stellte im «Götz» das Verderben der Männer in den Schlingen eines Weibteufels dar, in den er selbst verliebt war, im «Werther» das Kranksein an der Liebe bis zur Selbstzerstörung, in der «Stella» wagte er der Ehe eines Mannes mit zwei geliebten Frauen das Wort zu reden. Höchst gewagt war ja auch, wie er den Götz- und den Fauststoff erotisierte. Goethes ganzes Lebenswerk kreist um die Liebe als verzaubernde Macht. Auch als er dem Rauschwesen abschwor, änderte sich das nicht; diese Naturmacht bricht auch im «Tasso» zerstörend hervor und bestimmt Wilhelm Meisters Schicksal. Die lange Reihe verklärter Frauen in Goethes Dichtung verrät, welch breiten Raum die Liebe in seinem Leben einnahm. Seine Frauengestalten zeichnen sich durch einen herrlichen erotischen Schimmer, durch eine instinktive Sinnlichkeit und Anmut aus; ohne jemals lüstern zu wirken, folgen sie naiv ihrer Sehnsucht, den geliebten Mann zu besitzen.

Goethe beugte sich dem Dämon Eros so willig, daß er vielen – nicht erst Kierkegaard – als Wüstling verdächtig wurde. Seine wilde Ehe mit Christiane skandalisierte schon die Weimarer Gesellschaft, weil eine erklärt heidnische Gesinnung hinter ihr stand. Die Ehe war für ihn etwas im Grund Unnatürliches und nur als sittliche Forderung eine Notwendigkeit, aber auch ein Problem. Auch seine Behandlung dieses Problems in den «Wahlverwandtschaften» erregte schweres Ärgernis und ist bis heute umstritten. Noch als Greis nannte er die Ehe «eigentlich unnatürlich», aber ihre Heiligkeit eine «Kulturerrungenschaft des Christentums von unschätzbarem Wert». Unnatürlich nannte er sie, weil sie der Unersättlichkeit des Geschlechtstriebs entgegensteht, die er als Dichter und Mensch immer wieder bejahte. Der Mann Goethe hat von der Liebe nicht nur als einer göttlichen Macht gesprochen.

Dieses ist es, das Höchste, zu gleicher Zeit das Gemeinste;
Nun das Schönste, sogleich auch das Abscheulichste nun.
Nur im Schlürfen genieße du das und koste nicht tiefer:
Unter dem reizenden Schaum sinket die Neige zugrund.

Die Szenen der deutschen Walpurgisnacht und Mephistos Unverschämtheit gegenüber Helena und ihrem Mädchengefolge hat dieser andere Goethe gedichtet, der im Briefwechsel mit Carl August als der kundige Vertraute in den Weiberaffären seines Fürsten erscheint. In seinem Haus herrschte ein sehr freier Ton, der nicht allen Besuchern paßte, weil Goethe von aller Weiblichkeit heftig berührt wurde. Noch als Greis scherzte er mit den «schönen Kindern» in der zärtlichen Kameradschaft des Erotikers. «Nun, ihr Seidenhäschen, wie schleicht ihr so leise herbei», sagte der Kranke zu seinen Pflegerinnen. Der Greis bot ja auch den beispiellosen Anblick, daß ihn die Leidenschaft für ein neunzehnjähriges Mädchen erfaßte, um dessen Hand er in aller Form vergeblich anhielt. Den abgewiesenen vierundsiebzigjährigen Freier trösteten die Schönheit und die Kunst der polnischen Pianistin Szymanowska, an welche das Schlußgedicht der «Trilogie der Leidenschaft» gerichtet ist.

Diesem erotischen Fluidum entstammen die Figuren der «niederen» Liebe in Goethes Werk, die ihm am schönsten gelangen: Gretchen im «Faust», Klärchen im «Egmont», Mariane und Philine im «Wilhelm Meister», die Geliebte der Römischen Elegien, das Freudenmädchen in «Der Gott und die Bajadere», der Vampyr in der «Braut von Korinth», das Gauklermädchen in den Venetianischen Epigrammen. Die zwei großen erotischen Balladen leiten zu den Liebesdichtungen des alten Goethe über, in denen das Liebchen zur großen Hetäre wird. Der Vampyr von Korinth feiert mit dem Verlobten die Liebesnacht in wilder Auflehnung gegen das Christentum als Fest der «alten Götter», die indische Bajadere vergottet sich durch den sehnsüchtigen Sprung in den Scheiterhaufen. Die Ottilie der «Wahlverwandtschaften» verklärt sich im Durchgang durch das Mysterium des Geschlechts zur Heiligen, die Suleika des «West-östlichen Divans» wird zur heitern Führerin ins Paradies, wo sie zuletzt als selige Huri erscheint:

Ich wollt es beschwören, ich wollt es beweisen,
Du hast einmal Suleika geheißen.

Gretchen schwebt im zweiten Teil des «Faust» im Vorhof des Himmels und zieht den großen Unseligen zu sich empor. Fausts Erlösung geschieht dank dieser «von oben» wirkenden Kraft des von ihm zerstörten armen Kindes, wie ja seine Seele Mephisto nur deshalb entwischt, weil dieser sich an der Schönheit der Engelknaben begeilt. Bevor das einstige Liebchen zur Erlöserin wird, erlebt Faust im Abenteuer mit Helena den Gipfel heidnischer Sinnenlust. Seine Hochzeit mit dem schönsten Weib der Erde, ein altes Hauptstück der Faustsage, wurde Goethes kühnste erotische Dichtung. Er gestaltete sie als Vermählung mit dem Urbild und rückte sie in das Zwielicht eines ironischen Mysteriums. Faust buhlt an Helenas Seite mit dem Idol seiner vermessensten Wunschträume, das er durch Teufelslist ganz zu sich heranzieht. Sie tritt in archaischer **Größe** auf und läßt sich von ihm wie in einem wollüstigen Traum verführen, ihrer unnahbaren Gebärden, ihrer fremden Sprache entkleiden. Was das bedeutet, ermißt man nur, wenn man jene erste Beschwörung Helenas am Kaiserhof danebenhält, wo Faust die berük-kende Erscheinung wie Tasso die Prinzessin mit seinem Zugriff zerstört. Jetzt aber fügt sie sich ihm, die «Mütter» haben ihm seinen Abgott gewährt. Helena kommt nicht aus dem Himmel, sondern aus der Unterwelt, von den Hüterinnen der höchsten Seligkeit, nicht des höchsten geistigen Erkennens. Noch auf diesem Gipfel ist der «Faust» keine Tragödie der Erkenntnis, sondern die Tragödie des Lebenshungers. Auch die zweite Beschwörung Helenas erweist sich als Phantasmagorie. Der Lust-traum zerrinnt nach der Erfüllung in nichts und läßt Faust in der Einsamkeit zurück, in der seine Genußgier in Machtgier umschlägt.

Als Beschwörung höchsten Sinnenzaubers bleibt Goethes Helena weit hinter Shake-speares Kleopatra zurück. Sie ist von vornherein als magisches Blendwerk behandelt und löst sich seltsam wirkungslos in Spuk auf. In Goethe hielt ein übersinnlicher Zug der erotischen Dämonie die Waage. Auch als Liebender schwankt er zwischen verschie-denen Wegen. Von außen gesehen erscheint er als Don Juan, weil er treulos von Frau zu Frau geht. Er ist von fast allen seinen Geliebten geflohen: von Käthchen Schönkopf, Friederike Brion, Lotte Buff, der Braut Lili, Frau von Stein, Minna Herzlieb, Marianne Willemer, von den vielen Unberühmten nicht zu reden. Mit dieser Treulosigkeit hängt seine Abneigung gegen die Ehe zusammen, die er für sich persönlich nicht als «Kulturerrungenschaft von unschätzbarem Wert» ansah. Wie in seinen Freundschaften gab er sich auch in seinen Liebschaften nicht rückhaltlos aus; jeder Freund, jede Frau bekam nur die Seite seines Wesens zu sehen, die jeweils ihre Erfüllung suchte. Selbst in den Bräutigamsbriefen an Lili ging er nicht ganz aus sich heraus, gerade ihnen stehen die Briefe an Gustchen Stolberg, die ihm persönlich unbekannte Freundin, zur Seite, der er alles sagt, was er Lili nicht anvertraut. Der reiche Katalog seiner weiblichen Freundschaften spricht nicht für grenzenlose Genußgier, sondern für die Gebrochen-heit seines Liebesverlangens. Die «Stella» ist nicht das Bekenntnis eines Libertins, sondern das eines zwischen Erfüllung und Entsagung Schwankenden, der neben der Gattin auch die andere braucht, die ihn nicht erhört.

Goethe schreckte vor der Erhörung zurück, weil sie auch ihm den Verlust des Ur-bilds bedeutete. Schon Lotte im «Werther» durchschaut diesen Sachverhalt und sagt zu ihrem Liebhaber geradezu, wie zum Skalden Kormak der Bruder: «Warum denn mich, Werther? just mich, das Eigentum eines Andern? just das? Ich fürchte, ich fürchte, es ist nur die Unmöglichkeit, mich zu besitzen, die ihnen diesen Wunsch so reizend macht.» Auch Goethe will im Grund die Frau nicht, die er zu begehren scheint; er sucht in ihr das Idol und weiß zuinnerst, daß sie es nicht ist. Tatsächlich geht Werther auf Lottes Enthüllung ein. Er erkennt die Unvereinbarkeit von Urbild und Abbild und macht sich mit seinem Idol aus der Wirklichkeit davon. «Du bist von diesem Augen-blicke mein! mein, o Lotte! Ich gehe voran! gehe zu meinem Vater, zu deinem Vater. Dem will ichs klagen, und er wird mich trösten, bis du kommst, und ich fliege dir ent-gegen und fasse dich und bleibe bei dir vor dem Angesichte des Unendlichen in ewigen

Umarmungen.» Das ist die Himmelfahrt Fausts, nur noch in sentimentaler Umkehrung. Der aus Wetzlar nach Frankfurt zurückgekehrte Goethe beruhigte sich bei demselben «Gesetz der Antipathie»: daß wir «die Liebenden fliehen, die Fliehenden lieben». Männlich gewendet kehrt Lottes entscheidendes Wort dann im Ausspruch
Philines wieder: «Wenn ich dich liebe, was gehts dich an!» So spricht die Magie der
Liebe, die sich selbst verstanden hat.

3

Das Magische seiner Erotik nähert Goethe den Romantikern, aber die bewußte Auflösung des Liebeszaubers trennt ihn von ihnen. Dieses doppelsinnige Verhalten erklärt
seine auf den ersten Blick unbegreifliche Einstellung zum Dichter der «Penthesilea».
Auch Kleists Liebeskrieg zwischen der Amazone und Achill dreht sich um den körperlichen Besitz des Urbildes, um die unbedingte Verwirklichung der erotischen Vision.
Wie bei Shakespeare vergrößert sich in der «Penthesilea» das Idol aus dem Abstand
der rasenden Sehnsucht zum beseligenden und vernichtenden Dämon, scheitern die
Liebenden am Verhängnis ihrer sinnlichen Glut. Hier ist die Auflösung in die Phantasmagorie undenkbar. Die Gewalt des Eros ist ungebrochen und schlägt wie im
«Othello» ins Tragische, in den Mord an der Geliebten um, zu dem Goethe auch in
seinen leidenschaftlichsten Werken nicht imstande war. Nicht die Sinnlichkeit der
«Penthesilea», ihr tragischer Geist stieß ihn ab. Diesen Geist haßt niemand mehr als
der, der ihm bewußt ausweicht. Deshalb konnte Goethe nicht sehen, daß Kleist im
«Amphitryon» eine Deutung der erotischen Tragik gegeben hatte, die auch die «Penthesilea» erklärt. Die von Jupiter in Gestalt ihres Gatten betrogene Alkmene sieht den
Geliebten in doppelter Gestalt vor sich und wählt, vor die Entscheidung gestellt, den
«falschen» Amphitryon. Sie erlebt als gepeinigte Dulderin dasselbe Rätsel, an dem die
rasende Amazone zerbricht. Für Alkmene ist der Gatte der Stellvertreter Gottes,
die Liebe der Weg zur Vollendung. Aber ihr platonischer Glaube an die Liebe führt sie
in einen Konflikt, der nur durch ein Wunder entwirrt werden kann. Er liegt allen Werken Kleists zugrunde, namentlich auch den Novellen. Alkmene zwischen dem irdischen und dem göttlichen Gatten ist das Symbol seiner Kunst, mehr: das Symbol der
romantischen Liebesdichtung.

Eher hätte sich Goethe mit andern Romantikern befreunden können, die das Thema
der Liebe wie er ins Transzendentale vergeistigen, so daß die magische Inbrunst in die
mystische hinüberspielt. Aber an ihnen vermißte er umgekehrt die sinnliche Erfahrung.
Sie schienen ihm die erlösende Liebe mehr zu preisen, als daß sie sie kannten, und reflek-
tierten ihm zu geistreich oder zu geheimnisvoll über sie. Das Leiden am Abstand zwischen Vision und Wirklichkeit führte sie auf Wege, die aus dem Glanz der Sinnlichkeit
hinausführten. Friedrich Schlegels «Lucinde», diese Philosophie der Lust, war überhaupt nur das Machwerk eines impotenten Literaten, von dem Schiller mit Recht
sagte: «Da er fühlt, wie schlecht er im Poetischen fortkommt, so hat er sich ein Ideal
seiner selbst aus der Liebe und dem Witz zusammengesetzt. Er bildet sich ein, eine
heiße unendliche Liebesfähigkeit mit einem entsetzlichen Witz zu vereinigen, und

nachdem er sich so konstituiert hat, erlaubt er sich alles, und die Frechheit erklärt er selbst für seine Göttin.» Die Verbindung von Lust und Witz war nicht allzuweit von der Linie des alten Goethe entfernt, aber im Dichterischen gab es da keinen Vergleich. Novalis, Brentano, Eichendorff, Hoffmann kannten alle Goethes Leiden an der Unerreichbarkeit des Urbilds und waren auch darin seine Schüler, daß sie die Tragik dieses Schmerzes zu überwinden suchten. Aber sie litten anders an ihm als er.

Auch Eichendorff spielt mit dem Feuer der erotischen Ekstase. Er sagt wie Jean Paul, die wenigsten Weiber begriffen das Unermeßliche, das die Männer in ihnen suchen. Er träumt vom Todesrausch der Lust, der «wie ein Feuer alles verzehrt, um sich an dem freien Spiel der eigenen Flammen zu weiden und selbst zu verzehren, wo Lust und Entsetzen in wildem Wahnsinn einander berühren». So spricht in «Ahnung und Gegenwart» die Mänade Romana. Eichendorff bringt seine Helden immer wieder in die Nähe solcher Loreleien, die in schwülen Verführungsszenen ihre Künste spielen lassen. Aber das Spiel ist von vornherein entschieden. Die betörende Macht der Venus verblaßt, sobald die Zauberinnen zu sprechen beginnen, weil sie nicht der Erfahrung, nur dem Wunsch- und Angsttraum von der Magie der Liebe entstammen. Geheimnisvoll wirken sie nur in Eichendorffs Liedern, wo sie – wie im «Alten Garten» – traumhaft oder märchenhaft bleiben. Sie sehen sich auch alle zum Verwechseln gleich, weil sie ein Geheimnis verkörpern, an das Eichendorff kaum zu rühren wagt. In dieser scheuen Verhüllung kehrt das Urbildmotiv in allen seinen Novellen wieder. Im «Marmorbild» wird ein junger Dichter durch die Venusstatue eines nächtlichen italienischen Parks verhext. «Florio stand wie eingewurzelt im Schauen, denn ihm kam jenes Bild wie eine lange gesuchte, nun plötzlich erkannte Geliebte vor, wie eine Wunderblume, aus der Frühlingsdämmerung und träumerischen Stille seiner frühesten Jugend heraufgewachsen.» Die Marmorfigur fließt ihm ahnungsvoll mit der Herrin des Parks zusammen, in der er wieder eine urvertraute, in der Zerstreuung des Lebens vergessene Gestalt zu erkennen glaubt. Sie stellt sich wie Romana in der gefährlichen Nacht als Frau Venus heraus. Florio betet in ihren Armen: «Herr Gott, laß mich nicht verloren gehen in der Welt!» Am andern Morgen ist das Zauberschloß verschwunden, es liegt wieder als Ruine in grüner Wildnis da. Das unheimliche Gemäuer wird noch viele Sorglose verführen, «die dann vom Leben abgeschieden, und doch auch nicht aufgenommen in den Frieden der Toten, zwischen wilder Lust und schrecklicher Reue, an Leib und Seele verloren, umherirren und in der entsetzlichsten Täuschung sich selber verzehren». Florio lauscht befreit einem Lied, das zuerst den Zauber des noch halb heidnischen Italien, dann die Muttergottes preist, die die Menschen von ihren bösen Träumen erlöst. So enden bei Eichendorff alle Versuchungen. Die höchste Sinnenlust versinkt plötzlich wie ein höllischer Spuk vor dem Kreuz, und ein unschuldiges Mädchen nimmt den beinahe verlorenen Geliebten in seine Arme. In «Ahnung und Gegenwart» verbrennt sich Romana selbst zuletzt samt ihrem Schloß. Auch das Schloß Dürande geht nach dem Spiel der Leidenschaft zuletzt in Flammen auf. «Wie eine Opferflamme, schlank, mild und prächtig stieg das Feuer zum gestirnten Himmel auf, die Gründe und Wälder ringsum erleuchtend – den Renald sah man nimmer wieder. Das sind die

Trümmer des alten Schlosses Dürande, die weinumrankt in schönen Frühlingstagen von den waldigen Bergen schauen. Du aber hüte dich, das wilde Tier zu wecken in der Brust, daß es nicht plötzlich ausbricht und dich selbst zerreißt.»

Brentano wagte sich in seinem Übermut näher an die alten Götter heran, als er den «Godwi» schrieb. Sein erotischer Abenteurer irrt von Weib zu Weib, er sucht das Urbild seiner exaltierten Wünsche und glaubt es im Lusthaus einer tollen Gräfin am Rhein zu finden, die das Lied von der Zauberin zu Bacharach singt und ihn in die Orgien der bacchantischen Freigeisterei einweiht. Das Fest der Schönheit endet im Katzenjammer, die heidnische Dirne taumelt einem Ende mit Schrecken entgegen, während Godwi mit ihrer nicht besseren Tochter noch einmal einen Bund der ewigen Lust eingeht, der mit dem jähen Tod beider abbricht. «Streit mit der Liebe war sein Schicksal, Streit für die Liebe sein Beruf.» In Wahrheit sucht und verfehlt Godwi wie Eichendorffs Helden die tote Mutter, deren Bild ihn verfolgt und unter die Erde hinabzieht. Der zwanzigjährige Phantasiewüstling Brentano war sich über das Ziel seiner Gier noch nicht klar. Er arbeitete hier nach dem Rezept der «Lucinde» und schrieb sich seine Enttäuschung durch Sophie Mereau von der Seele. Auch in der Ehe mit dieser, seinem fiebrig überhöhten Idol, mit dem er sich entzweite und wieder versöhnte, um mit ihm in der Hölle zu leben, ging ihm der Grund seines Unglücks nicht auf. Erst später wurde ihm klar, daß er nicht den Teufel, sondern den Engel im Weib suchte. Aber er mußte zuerst ganz in die Kloake hinab, damit der Schrei nach Reinheit aus ihm hervorbrechen konnte.

Die romantischen Ehen waren Liebesbünde, die sich oft kaum von Romanabenteuern unterschieden. Nicht alle lebten vom Liebestaumel, manche im Gegenteil von der Einsicht in den absoluten Widerspruch zwischen Phantasie und Wirklichkeit. Auf dieser Einsicht beruhte Hoffmanns Ehe mit der hübschen, dummen Polin Mischa, die er gedankenlos geheiratet hatte. Sie war wie eine Karikatur seiner hohen Liebschaften, vor allem der Entzückung, in die er durch seine schöne Bamberger Schülerin Julia Marc versetzt wurde. Bei ihm hatte immer der Teufel die Hand im Spiel, alles mußte ihm ins Lächerliche ausschlagen. Hoffmann wußte es und baute darauf seine Philosophie der Künstlerliebe: der Liebe zum himmlischen Urbild, das sich im irdischen Weib verkörpert und dem von ihm Entflammten in die Urwelt voranleuchtet. Nachträglich war er überzeugt, daß auch Julia seiner Anbetung nicht würdig, daß auch sie das Werkzeug eines ihn narrenden feindlichen Dämons gewesen und nur sein Bild von ihr göttlich sei. Die Geschichte des wahnsinnigen Kapellmeisters Kreisler im «Kater Murr», Hoffmanns dichterische Deutung seiner Bamberger Leidenschaft, zieht daraus die Konsequenz, vor allem in Kreislers Gespräch mit seiner Schülerin über die «Liebe des Künstlers», das dieser die Worte entlockt: «So geliebt zu werden! – o es ist ein schöner herrlicher Traum des Himmels – nur ein Traum, ein leerer Traum.» Kreisler hat sich zur Überzeugung durchgerungen, daß der echte Künstler auch in der Liebe nichts anderes suche, als sich selbst zu unsterblichen Werken zu verbrennen. Die Geliebte ist nur der Anlaß zu diesem Flammentod; sie selbst wird von dem Feuer nicht ergriffen und geht ahnungslos an dem Unglück vorbei, das sie anrichtet. Sie hielt auch Hoffmann an seinem Bild von Julia fest, er verteidigte es gegen alle Feinde und Zweifler als die höhere

Wahrheit der Farce, die er aufgeführt hatte. In seinen weiblichen Idealfiguren stellt er diese aller Wirklichkeit hohnsprechende Liebe dar, indem er sie zu magischen Astralwesen verschönert. Die gewöhnlichen Weiber erniedrigt er zu Teufeln oder zu Gänsen. Aber er wird wie Kreisler ewig zwischen diesen Extremen hin- und hergerissen. Seine Offenbarung erlöst ihn nicht, sie macht ihn nur an aller Realität irre und verstrickt ihn in qualvolle Wirrnisse, aus denen er seine erdichteten Liebenden als singende Schwäne ins Jenseits hinüberziehen läßt.

Jean Paul lebte so schwärmerisch in seiner Vision des Glücks und war so von ihrer Unerfüllbarkeit durchdrungen, daß er als gefeierter junger Dichter wie ein Traumwandler an den Sirenenstimmen der großen Welt vorbeiging und nach wenigen leidenschaftlichen Erlebnissen einer braven Berliner Bürgerstochter die Hand reichte. Er sah in ihr nur seine Haushälterin. Einige Jahre nach der Heirat schrieb er einem Freund: «Wie schmacht' ich in meiner Sandwüste auf einer Sandbank nach dem frischen Grün eines solchen Beisammenlebens, wie Ihr alle habt, nach den Blüten solcher Abende, nach den Früchten solcher Geister! Aber ich dürrer Hund soll nichts haben; ich selber ergötze Welt und Nachwelt und mich selber keine Katze!» Er schwelgte wie Hoffmann in seinen erotischen Träumen, in den Ergüssen seiner Sehnsucht nach den Luftschlössern der Phantasie mit ihren ätherischen Idealgestalten, die vor keinem Tageslicht standhalten. Er ließ den Armenadvokaten Siebenkäs die ruchlose Posse des Scheintodes spielen, um der Ehe mit seiner ewig keifenden und scheuernden Lenette zu entrinnen und unter anderm Namen in einer schmachtenden Heroine sein besseres Ich zu umarmen. Lenette, die Jean Pauls Enttäuschung durch die Frau verkörpert, ist seine einzige glaubhafte weibliche Figur. Er war wie Walt in den «Flegeljahren» «in die Liebe verliebt» und deshalb unfähig, eine wirkliche Frau zu lieben. Aber auch er steht mit seinen Schwächen in einer großen Tradition. Das Motiv des Scheintods als Mittel zur Flucht aus der unwürdigen Ehe in die ideale Liebe kommt schon im «Cligès» des Chrétien de Troyes vor, den man einen «Antitristan» genannt hat.

Die ins Übersinnliche gerichtete romantische Liebespoesie bewegt sich zwischen den Extremen seraphischer Schwärmerei und angstvollem Ringen mit dem Dämon der Lust. In diesen Grenzen konnte sich bei den Romantikern der Glaube an die erlösende Macht der Liebe behaupten, wurde die Tragik des magischen Eros durch den Ausblick in eine jenseitige Erfüllung überwunden. Einen wunderbaren weiteren Ton brachte Eduard Mörike noch in dieses Konzert. Sein Herz war so rein wie das Eichendorffs, und auch er ließ sich von der Magie des Blutes erschüttern. Er verfiel ihr nicht, aber er konnte sie auch nicht vergessen, und so versiegelte ihm das unlösbare Dilemma zwischen Ja und Nein den Mund für immer. Dieser Stille und dann ganz Verstummte steht zwischen den tragischen und den erlösungsgläubigen Dichtern der romantischen Liebe in der Mitte. Er wurde nur einmal, in früher Jugend, von ihrem Zauber berührt, und es ist unvergleichlich, wie er ihm die Treue hielt.

Als neunzehnjähriger Tübinger Kandidat der Theologie lernte Mörike während der Ferien daheim in Ludwigsburg ein ungewöhnlich schönes Mädchen kennen, das von einem Wirt ohnmächtig auf der Straße gefunden worden war und von ihm als Kellnerin beschäftigt wurde. Die Gäste umschwärmten diesen Lockvogel, auch Mörike erlag der Behexung – das Glück stand verführerisch vor ihm. Seine Seele war damals dem Dämonischen weit offen: dem Wahnsinn Hölderlins, dem Übermut des genialischen Freundes Waiblinger, der orphischen Schönheit der Natur. Er war der Feuerreiter, der das verzehrende Element witterte und dunkel ahnte, daß es ihn eines Tages verschlingen werde, wie es Hölderlin verschlungen hatte. Es lockte ihn, sich in den Abgrund zu stürzen; er warb um die Unbekannte, er hielt sie im Arm und wechselte aus dem Tübinger Stift Briefe mit ihr. Plötzlich vernahm er, daß sie verschwunden sei, später, daß die Polizei sie als vagierende Dirne aufgegriffen habe. Er brach verzweifelt zusammen. Im Sommer darauf tauchte sie in Tübingen auf; sie war ihm nachgezogen und bat schriftlich um ein Wiedersehen. In schlaflosen Nächten entschied er sich dafür, sie abzuweisen und nie mehr zu sehen. Alle Dokumente wurden von ihm sorgfältig vernichtet – nicht nur aus Ängstlichkeit, sondern weil es zum Ritus des Opfers gehörte, das er brachte. Die verkommene Vagantin zog in die weite Welt, nur ihr Bild blieb bei ihm. Im Schmerz dieser Trennung wurde der Lyriker Mörike geboren. Die Unterwelt, in die Eurydike – er nannte sie Peregrina – versunken war, strahlte in den magischen Klängen und Bildern seiner Gedichte auf. Alle Schönheit seiner Kunst geht auf jene Jugendliebe und darauf zurück, daß er ihr nicht erlag. Die Zigeunerin Elisabeth im «Maler Nolten» ist nur eine der zauberhaften Gestalten, in denen er seinen Dämon beschwor. Sie holt den Geliebten, der ihr in das bürgerliche Leben entfliehen will, zuletzt in ihr Nachtreich hinab, in den Ursprung aller Dinge, aller Träume. Nolten bekennt ihr, er sei bei ihrem Anblick schwindelnd wie in einen Abgrund gestürzt, durch alle Zeiträume seines Lebens. «Ja ich kam bis an die Dunkelheit, wo meine Wiege stand, und sah Euch den Schleier halten, welcher mich bedeckte: da verging das Bewußtsein mir, ich habe vielleicht lange geschlafen, aber wie sich meine Augen aufhoben von selber, schaut' ich in die Eurigen, als in einen unendlichen Brunnen, darin das Rätsel meines Lebens lag.»

Peregrina hatte Mörike die Seele gestohlen, er kam von der Verschollenen nicht los. Wie eine Hexe regierte sie in sein späteres Leben hinein und vereitelte alle seine Versuche, ihren Zauber zu brechen. Schon seine Jugendgeliebte Klara Neuffer hatte ihn verlassen, als sie von seiner Leidenschaft für die Landstreicherin erfuhr. Nach dem Erscheinen des Romans löste sich auch die vierjährige Verlobung mit der braven Pfarrerstochter Luise Rau, weil das Verhältnis zur Qual geworden war. Im Pfarrhaus von Cleversulzbach führte statt einer Pfarrerin die Mutter mit der Schwester den Haushalt. Nach der vorzeitigen Pensionierung versuchte Mörike sein Glück noch einmal, aber es wurde eine Ehe, wie sie nur diesem Träumer einfallen konnte. Er verlobte sich mit einer katholischen Offizierstochter und erregte damit schweres Ärgernis. Noch bedenklicher war, daß er seine Briefe an die Braut von Anfang an auch an seine Schwester Klärle richtete und sie oft mit der Anrede «Geliebte Schwestern beide» begann. Das große Kind in ihm wollte diese Ehe zu Dritt, die nach einiger Zeit durch die Eifersucht seiner Gattin unhaltbar wurde. Mörike ließ es geschehen, daß die Gattin von ihm ging und die Schwester blieb. Peregrina duldete keine andere neben sich.

4

Neben der phantastischen romantischen Liebespoesie blühte die tragische der «Penthesilea» weiter. Im Drama steigerte sich der Sinnenzauber wie bei Kleist zum Kampf der Geschlechter, der das Grundmotiv von Grillparzers Liebestragödien bildet. In Grillparzer brannte eine maßlose, aber seltsam gebrochene Sinnlichkeit, die ihn zu zerstören drohte. Seine Tagebücher geben darüber offene Rechenschaft. «Wenn ich liebe, liebe ich so, wie vielleicht noch niemand, oder doch nur sehr wenige geliebt haben, mein Gefühl läßt sich nicht beschreiben, mit nichts vergleichen. Ich fühle wirklich körperliche Schmerzen dabei, mein Herz schmerzt, als ob es brechen wollte, und, sonderbar, nur so lange ich unglücklich liebe, steht meine Leidenschaft auf diesem hohen Grade, bin ich einmal erhört *(ich verstehe hierunter nicht soviel als: habe ich genossen; nein nur: habe ich Gegenliebe erhalten)*, dann nimmt meine Liebe ab, wie die Gegenliebe wächst, und allmählig erkalte ich. Wie mit der Liebe geht es auch mit meinem Hange zur Wollust; nur so lange ich Widerstand finde, ist er brennend, findet er Erhörung, so ist er vernichtet.» Noch stärker als Liebe und Wollust sei in ihm die Eifersucht, die ihn zum Tier machen könne. Er sei überzeugt, daß er eine Untreue der Geliebten blutig rächen würde, obschon Mut nicht zu seinen hervorstechenden Eigenschaften gehöre.

Eine solche Anlage konnte sich nicht im stillen Kult eines magischen Urbildes, nur im dramatischen Kampf zwischen Vision und Wirklichkeit ausleben. Die erotische Erschütterung mit dem Himmel des Aufloderns und der Hölle des Erkaltens war das Element, außerhalb dessen es für Grillparzer keine Kunst gab. In der Einleitung zum «Faust»-Fragment sagt er: «Ich hörte einmal von jemand sagen (oder war ich es selbst?), er sei verliebt, er wisse aber noch nicht in wen. Ich habe nie etwas gehört, was wahrer und den Jüngling charakterisierender wäre.» Diese Übermacht der Phantasie wurde Grillparzer zum Schicksal. Als umjubelten jungen Wiener Bühnenautor verwöhnten ihn die Frauen so, daß er darauf warten konnte, wie weit sie ihm entgegenkamen. Aber er verscherzte sein ganzes Glück und stand zuletzt mit leeren Händen da. Sein maßloses Begehren schlug, sobald er sich binden sollte, in philiströse Bedenklichkeit um, weil ihn sein Verstand im voraus von der Unzulänglichkeit der Erfüllung überzeugte. Er kannte nur eine Angst, die vor der Entzauberung. Sobald er aber innerlich verzichtete, trat die Phantasie wieder in ihre Rechte, und er schrieb dann so furchtbare Sätze wie diese: «Wie sie trotzig war den ganzen Abend und höhnisch fast und unhöflich, beim Fortgehen aber das Licht auf den Boden setzte und sprach: ich muß dich küssen, und mich nun umfing und an sich drückte mit all der verzehrenden Glut der Leidenschaft und des Verlangens. Studiere diesen Charakter genau. Dem Dichter kommt nicht leicht ein interessanterer vor.»

Von allen Frauen, die Grillparzer so an sich herankommen ließ und dann verschmähte, litt Kathi Fröhlich am meisten um ihn, so daß sie zur Schicksalsfigur seines Lebens wurde. Er lernte im Haus Fröhlich vier künstlerisch begabte Schwestern kennen, von denen zwei als Sängerinnen mit Schubert befreundet, alle aber so anmutig waren, daß er zuerst fand: «Ich muß alle vier lieben und kann keine wählen.» Dann entschied er sich für die vielumworbene schöne Kathi, die zum Theater wollte. Er verlobte sich mit ihr, untersagte ihr die Bühnenlaufbahn und veranlaßte sie, sich den Hausgeschäften zu widmen. Als aber zur Hochzeit gerüstet wurde – im Herbst 1823 soll alles vorbereitet gewesen sein –, schob er den Termin hinaus, und das wiederholte sich mehrmals. Er scheute die Ehe, weil er nicht imstande war, seine Phantasiegestalt gegen ein Wesen von Fleisch und Blut einzutauschen. Darüber war er sich selbst grausam klar. «Daß diese Liebe je abnehmen könnte, das ist mir ein so schrecklicher Gedanke, und daß dies sein müsse, hält mich vom Heiraten ab, denn daß man sich vor einander waschen soll ...» In der Selbstbiographie sucht er sein Junggesellentum mit den Worten zu erklären: «Ich hätte müssen allein sein können in einer Ehe, indem ich vergessen hätte, daß meine Frau ein Anderes sei. Aber eigentlich zu zweien zu sein, verbot mir das Einsame meines Wesens.» Kathi war ein viel zu lebendiger, leidenschaftlicher Mensch, als daß sie neben ihm ein Schattendasein hätte führen können. Das konnte er ihr bei aller ihrer Schönheit und Güte nicht verzeihen, obschon er selbst nicht imstande war, ihr die Treue zu halten. In Momenten der Entfremdung glaubte er sie als eine herrschsüchtige, berechnende Schlange zu durchschauen; es kam zu Auftritten heftiger Eifersucht und giftigen Streits und mehr als einmal zum scheinbar endgültigen Bruch, dem immer wieder eine Versöhnung folgte. Grillparzer war ebenso wenig zur Trennung imstande wie zur Heirat. Mit vollem Bewußtsein zerstörte er eigenhändig sein Glück, die Braut und in ihr sich selbst. Schon im allerersten Rausch über den Zauber, den er in ihr besaß, schrieb er einem Freund: «Wollte Gott, mein Wesen wäre fähig dieses rücksichtslosen Hingebens, dieses Selbstvergessens, dieses Anschließens, dieses Untergehens in einem geliebten Gegenstand! Aber – ich weiß nicht, soll ich es höchste Selbstheit nennen, wenn nicht noch schlimmer, oder ist es bloß die Folge eines unbegrenzten Strebens nach Kunst und was zur Kunst gehört, was mir alle anderen Dinge aus dem Auge rückt, daß ich sie wohl auf Augenblicke ergreifen, nie aber lange festhalten kann. Mit einem Worte: ich bin der Liebe nicht fähig ... Ich glaube bemerkt zu haben, daß ich in der Geliebten nur das Bild liebe, das sich meine Phantasie von ihr gemacht hat, so daß mir das Wirkliche zu einem Kunstgebilde wird, das mich durch seine Übereinstimmung mit meinen Gedanken entzückt, bei der kleinsten Abweichung aber nur um so heftiger zurückstößt.» Die endlos hinausgeschobene Verlobung entsprach genau dieser Sachlage. Sie war der vollkommene Ausdruck von Grillparzers Verhältnis zum Weibe, zur Welt überhaupt. In dieser verhinderten Ehe behielt er, wie Tristan in der Ehe mit Isolde Weißhand, die innere Freiheit, und der Schmerz über das versäumte Glück erneuerte sich täglich. Aus dem Bräutigam Kathis wurde der Hausfreund der Familie Fröhlich. Da war er wie daheim, Kathi besorgte seine Wäsche, und er machte nach Herzenslust seinen schlechten Launen Luft. Als Mann von achtundfünfzig Jahren siedelte er nach dem Tod der Eltern Fröhlich zu den Schwestern über und richtete sich bei ihnen für den Rest seines Lebens als Zimmerherr ein. Sein Verkehr mit der Umwelt war damals schon fast ganz abgestorben, er hatte auch mit dem Theater gebrochen. Seit seiner Pensionierung ließ er sich ganz von den alten Damen behüten. Nach mehr als zwanzig Jahren, während deren die Haare aller Beteiligten bleichten, starb er in diesem Hause und ließ Kathi als Erbin seines Nachlasses zurück. Sie bestimmte ihn ihrerseits für wohltätige Zwecke, bevor sie, sieben Jahre nach dem Dichter, die Augen schloß.

Grillparzers Verhalten als Verlobter war ein einziges menschliches Versagen. Er sah seine Schuld selbst ein und ging als Dichter mit sich ins Gericht, aber er änderte sein Verhalten nicht[1]. Kathi aber handelte als Mensch, der zur Liebe fähig war. Sie hing weiterhin mit aller Glut an ihm, schrieb sich die Schuld am traurigen Ausgang ihrer Verlobung zu, wies alle andern Anträge ab und wurde krank, wenn Grillparzer von Trennung sprach, so daß er sich sogar einreden konnte, er bleibe aus Mitleid bei ihr. In diesen späteren Jahren wurde er noch von andern Frauen angezogen und abgestoßen. Die letzte war Heloise Hoechner, eine schöne junge Schwärmerin, von der er sich umwerben und halbwegs nachgebend umgarnen ließ, um sich, als sie am Ziel zu sein glaubte, auf beleidigende Weise von ihr zurückzuziehen.

Diesem Versagen verdankt die deutsche Literatur einige ihrer schönsten Liebesdramen. Was im Leben ein diabolisches Schmollen war, ist in Grillparzers Dramen hinreißende Schönheit. Sie war nur möglich, weil er die dämonischen Tiefen der Liebe kannte und zu enthüllen wagte. Alle seine hehren Fürstinnen sind Metamorphosen seiner Geliebten, auch Medea, die als erotische Wunsch- und Schreckgestalt mit Kleists Penthesilea zu vergleichen ist. Schön und entsetzlich verkörpert sie die Unterwelt der Leidenschaft, mit der man nicht in Frieden leben kann. In der «Jüdin von Toledo» beschwört der gealterte Grillparzer den Dämon Eros noch einmal verführerischer als je und läßt dann die Trägerin dieses Zaubers ermorden, wie er seine Geliebten in Wirklichkeit opferte. Die Gründe, durch die sich König Alfons von der Notwendigkeit des Todesurteils über die schöne Rahel überzeugen läßt, sind Scheingründe. Er selbst müßte Rahel umbringen, wenn die Politiker es nicht täten, weil sein Rausch in Haß umgeschlagen ist. Das Gefäß des Glücks muß zerschlagen werden, damit das Idol nicht untergeht. Alfons sagt vor Rahels Leiche:

> *Als sie noch lebte, wollt ich sie verlassen,*
> *Nun, da sie tot, verläßt sie nimmer mich.*

Dieses Drama ist keine politische, sondern eine erotische Tragödie, ein hellsichtiges Selbstgespräch des Dichters. Rahel verkörpert die Wollust – so sagt er selbst –, die auf

---

[1] Im Mai 1826 schrieb er in sein Tagebuch: «Am Ende war es doch mein grillenhaft beobachteter Vorsatz, das Mädchen *nicht* zu genießen, was mich in diesen kläglichen Zustand versetzt hat. Grillenhaft beobachtet, sage ich, denn es war kein eigentlich tugendhafter Entschluß, er war erzeugt durch ein vielleicht ästhetisches, künstlerisches Wohlgefallen an des Mädchens Reinheit, was mich zurückhielt, das zu tun, wozu alle Gefühle und Gedanken mich beinahe unwiderstehlich hintrieben. So kämpfte ich mich ab gegen die fast immerwährende Aufregung, und der schwüle Odem, der aus meinem Wesen auf die Unschuldsvolle hinüberging, setzte auch sie, unbewußt, in Bewegung und brachte endlich alle Wirkungen der unbefriedigten Geschlechtsliebe hervor. Sie ward argwöhnisch, heftig, zänkisch sogar, und so ward dieses Verhältnis uns auch in seinen geistigen Bestandteilen gestört, die es so fabelhaft schön gemacht hatten. Meine Phantasie kann sich übrigens von jener Niederlage noch immer nicht erholen. Es ist, als ob mir die Darstellung aller innigen Gefühle unmöglich geworden wäre, nachdem ich ein selbstempfundenes, so überschönes in Kälte und Gemeinheit übergehen gesehen hatte.»

den Thron erhoben und dann verleugnet wird. Nach der «Jüdin von Toledo» erlosch Grillparzers Gestaltungskraft, weil er hier sein Geheimnis ausgesprochen hatte. Die Büchse der Pandora war leer, auch die Hoffnung war aus ihr verschwunden. Er besaß nichts mehr und war kein Dichter mehr.

Die romantische Phantasieliebe blieb als Bekenntnis zum Zauber der Lust, zum Abenteuer der magischen Verwandlung durch das ganze neunzehnte Jahrhundert lebendig. Aber wie alle Romantik wurde sie in die Verteidigung, in die Sackgasse des Protests gegen die ehrbare Phantasielosigkeit der bürgerlichen Moral gedrängt und sank unaufhaltsam ins Dekadente, Morbide hinab. In Mussets «Confession d'un enfant du siècle» ist der unheilbare Liebesschmerz zur Phrase im Mund eines abgelebten Lüstlings geworden. Octave findet in Brigitte Pierson die große Liebe seines Lebens, die ihn aus dem Schlamm seiner Ausschweifungen zu erlösen verspricht, genießt mit ihr alles sinnliche Glück, zerstört es aber mit seiner bösartigen Hypochondrie und tritt Brigitte einem andern ab, der sie wahrhaftig liebt. Es gibt keine dauernde Erfüllung, das einzige Glück ist die verklärte Erinnerung an den Genuß. Das Schlimmste an diesem Nihilismus war, daß Musset das alles erlebt hatte. Die «Confession» ist die Geschichte seiner Liebe zu George Sand, die nach der berühmten Italienfahrt so kläglich zerronnen war. Die Zigarren rauchende, in Mannskleidern herumstreifende George Sand wurde hernach eine Vorkämpferin der freien Liebe, die alles zwischen den Geschlechtern waltende Unheil der Gesellschaft in die Schuhe schob. Musset dagegen ließ sich im Sumpf seines Überdrusses versinken und suchte im Alkohol den Trost, den ihm der Liebesgenuß versagte. Dieselbe tristesse de l'amour zog dann auch Verlaine in die Tiefe. Er war zuletzt in den Händen zweier Straßendirnen, bei denen er ein Heim suchte, aber nur endlosen Streit fand. Auch seine Hurerei war nichts weniger als ein Glück, er war der Unglücklichste, der je in französischer Zunge von Liebe sang, und ein Dichter nur deshalb, weil er den Mut zum Weinen fand.

Baudelaires Sinn stand nicht mehr nach solchen melancholischen Exzessen, sondern nach göttlichem Rausch. Er wollte in der Wollust die verlorene Urwelt wiederfinden. Der reine Trieb, ins Obszöne gesteigert, sollte ihn in das verlorene Paradies zurückversetzen. Er vergötterte das Fleisch, die Sünde, das Böse und Verworfene. Aber er war alles andere als ein Heide mit heiterer Seele, er war ein Décadent mit verdorbenen Gelüsten, ein Schwächling mit ruinierten Nerven und schlechtem Gewissen, ein zitternder Sünder. Er nannte die Wollust die «Gewißheit, das Böse zu tun». Sie beherrschte ihn als ein höllischer Zwang. Er studierte und durchschaute sie und sah, daß sie nicht Wonne, sondern Grauen war, eine Tortur, eine finstere Qual. Die Partnerin seiner Ausschweifungen war die Mulattendirne Jeanne Duval, mit der er zusammenlebte, ein stumpfsinniges, dem Alkohol ergebenes Tier, das er als seine «schwarze Venus» adorierte. Sie saß nackt in seiner Wohnung herum, bald ein Gegenstand der Gier, dann des Abscheus. Die Gier machte sie zur Göttin, der Ekel zum Scheusal. Diese prostituierte Negerin verkörperte vollkommen, was Baudelaire als Dichter dachte und fühlte. Es war sein Fluch, daß die schwarze Göttin immer über den Engel siegte, auf den er hoffte. Er wußte, daß ein reines Herz alle Lust der Erde aufwiegt, und schrie aus der Tiefe nach diesem Licht. Einmal glaubte er seinen Engel in Madame Sabatier gefunden zu haben, einer stadtbekannten Pariser Hetäre, die er, ohne sie noch zu kennen, als Göttin der Schönheit und des Glücks besang. Fünf Jahre lang richtete er anonyme Briefe und Gedichte an sie, in denen er sie wie ein Gymnasiast in banalem Pathos und mit verstellter Schrift anhimmelte. Die Tragik der Lust ist die grausamste, hoffnungsloseste. Gegen das Ende seines Lebens begann Baudelaire wieder zu beten. Es war umsonst, nichts konnte ihn erlösen – der Schimmer, den er suchte, brach nicht an.

In diesem selben Frankreich erschien dann aber in Rimbaud auch der Dichter, der das Inferno der Lust mit wenigen Schritten durchmaß und ihm voll Grauen den Rükken kehrte. In seiner Beichte «Une saison en enfer» bricht er über alle solche Schönheit der Liebe wie der Dichtung den Stab. «Un soir, j'ai assis la Beauté sur mes genoux. Et je l'ai trouvée amère. Et je l'ai injuriée.»

HEILIGE LIEBE

I

Das Abendland kennt die Lehre von der heiligen Liebe in doppelter Gestalt, aus Platon und aus der Bibel. Diese beiden Ströme haben sich vielfach vermischt, aber der platonische ist in der Literatur der mächtigste, der biblisch-prophetische verläuft in ihr als esoterischer Unterstrom.

Platon spricht im «Phaidros», im «Symposion» und im «Phaidon» von Eros als einem der gewaltigen Götter, die den Menschen ihren Wahnsinn senden. Beim Wahnsinn der Liebe unterscheidet er eine niedere und eine höhere Art, die er mit zwei Pferden der Seele vergleicht. Die Pferde, heißt es im «Phaidros», vertragen sich nicht gut und müssen vom «Führer» der Seele gezügelt werden. Das eine ist der angeborene Trieb zum geschlechtlichen Genuß, den der Haufe einzig kennt und für die höchste Wonne des Daseins hält, der aber den wahrhaft Liebenden auf die Dauer nicht befriedigt. Das andere Pferd ist die Sehnsucht nach Vollkommenheit, die in jedem Menschen schlummert und die in einer höheren Liebe befriedigt werden muß. Platon preist die Knabenliebe als die Schule der geistigen Veredlung, in der sich der Liebende zur Scham vor dem Laster erzieht und alles Schöne begehren lernt. Körperlicher Genuß ist in ihr nicht ausgeschlossen, aber selten und nicht das Höchste. Das höchste Ziel des geistig Liebenden ist die eigene Vollkommenheit. Er sieht im Geliebten den Führer auf dem Weg zu dieser Vollendung. «Der Liebende trägt den Gott in sich, der Liebende ist göttlicher als der Geliebte.» Er läßt sich von seiner Sehnsucht über alle sichtbaren schönen Formen hinaus dorthin locken, wo er das Urschöne vor sich sieht: kein vergängliches Abbild mehr, keinen sterblichen Flitterkram, sondern das Schöne in seiner unverweslichen, göttlichen Gestalt.

Im «Gastmahl» erklärt Aristophanes die Sehnsucht der Liebenden mit einem Gleichnis von der Entstehung der Geschlechter. Das männliche stamme aus der Sonne, das weibliche aus der Erde; ursprünglich habe es aber zweigeschlechtige Wesen von riesiger Stärke und märchenhaften Fähigkeiten gegeben, die dem Mond zugehörten. Diese

Androgynen habe Zeus aus Furcht vor ihrer Kraft in zwei Hälften, in männliche und weibliche Menschen, zerschnitten. Die Liebe sei nichts anderes als die Sehnsucht der zerstückten Wesen nach ihrer verlorenen andern Hälfte. Nicht die Gier nach körperlichem Genuß treibe die Liebenden zusammen, sondern das unbewußte Verlangen der Seele nach der einstigen höheren Einheit. «Dieses Verlangen und Trachten nach dem Ganzen heißt Liebe.» Nur wenige fänden die ihnen fehlende Ergänzung, in einer vollkommenen Welt aber werde dieses Glück allen beschieden sein. Die letzten Redner des «Gastmahls» wenden sich dem Gott zu, der das Glück der Liebe wirkt. Sokrates enthüllt die Geheimnisse, in die er durch die weise Diotima von Mantinea eingeweiht wurde. Eros ist kein Gott, sondern ein großer Dämon, ein Mittler zwischen Göttern und Menschen. Er gibt den Menschen die Liebe zum Schönen ein, die der Zeugungskraft zu Hilfe kommt. Im Häßlichen können sie nicht zeugen, Zeugung ist etwas Göttliches, sie will Unsterblichkeit, sei es in körperlichen Nachkommen, sei es in geistigen Taten. Denn auch die Seele will zeugen. Sie geht über die Schönheit des geliebten Menschen hinaus und erkennt die Schönheit selbst, das allen schönen Gestalten Gemeinsame. Dann steigt sie noch höher und erkennt, daß nur das Gute schön ist. So gelangt sie zum Schauen des Göttlichen, das zugleich gut und schön ist, aber keinen menschlichen Leib mehr besitzt. Hoch über allen irdischen Abbildern thront es als ewige Wahrheit, in welcher der Erkennende seine Unsterblichkeit findet. Zu ihr verhilft Eros den Auserwählten. Diese mystische Deutung wird im «Phaidon» wiederholt. Er stellt die Schönheit als den göttlichen Lockruf dar, dem die Seele folgen muß. Die höchste Schönheit führt den von ihr Getroffenen aus der Körperwelt hinaus. Seine Seele reinigt sich von allen sinnlichen Regungen, sie löst sich von ihrer irdischen Hülle. Sie kommt zu sich selbst und befreit sich von aller Unruhe der irdischen Materie. In der Stille der Meditation sieht sie das Vollkommene und Unvergängliche.

Platonischer und christlicher Erlösungsglaube verbanden sich im hohen Mittelalter zur Inbrunst der gotischen Frömmigkeit, die den christlichen Dogmen und Bildern, aber auch den ritterlichen Idealen ein neues Leben einhauchte. In der Ritterwelt blühte der Platonismus als Minnedienst auf, in den Klöstern als Minne zu Christus und der Muttergottes. Von dieser Minnepoesie wurde Dante in seiner Jugend ergriffen. Aber was die Troubadours einander in schönen Strophen nachsangen und die Mönche in ihren Zellen seufzten, formte sich in ihm zum einzigartigen Schicksal. Seine vergötterte Geliebte blieb kein Gegenstand modischer Gefühle, sie trug ihn wie keinen andern über diese Welt empor. Er erzählt in der «Vita nuova», wie er als neunjähriger Knabe zum erstenmal die achtjährige Beatrice sah. Der Anblick des schönen Mädchens im blutroten Kleid habe ihn erzittern lassen, und es sei ihm sogleich bewußt geworden, daß ihn in dieser Erscheinung die Gottheit berühre, die sein ganzes Leben bestimmen werde. Die Seligkeit, die er empfand, war gänzlich frei vom Wunsch nach körperlichem Besitz; er begnügte sich damit, Beatrice ab und zu von ferne zu betrachten. Sie war der Engel, der ihn heiligte und vor den sinnlichen Lockungen der Jugend behütete. Nach ihrem frühen Tod weihte er ihr seine erste Dichtung, in der er von ihr sagte, «was noch von keiner sterblichen Frau gesagt wurde». Diese knabenhafte Liebe überstand viele Prüfungen und wurde der Mittelpunkt von Dantes Leben. Man vermählte ihn zwölfjährig nach damaliger Sitte mit einem Kind, aber das vermochte die Weihe nicht zu brechen; als dreißigjähriger Mann nahm er jene Braut zur Frau, aber seine bürgerliche Ehe blieb neben der geträumten wesenlos. Boccaccio deutet an, daß Dante mit seinem Hang zur Einsamkeit und Meditation von seiner verständnislosen, eifersüchtigen Frau manches auszustehen gehabt habe; daraus darf wohl geschlossen werden, daß auch er ein schlechter Ehemann war, der sein junges Weib neben sich vergaß. Die Verbannung trennte ihn für immer von ihr; sie blieb in Florenz, als er am Ende seines Lebens seine Familie nach Ravenna kommen ließ.

Das Bild Beatrices verdunkelte sich zunächst. Dante ging wie alle Männer leidenschaftlichen Liebesabenteuern nach und verschrieb sich dem politischen Ehrgeiz. Erst in der Verbannung stieg mit dem größten dichterischen Plan auch die Gestalt Beatrices wie der Schutzgeist der verlorenen Heimat wieder herauf und wurde aus einem Juwel seiner Jugend, seiner Vaterstadt zur kosmischen Gestalt. Die «Göttliche Komödie» ist das Epos der geistigen Liebe zu ihr. Es führt durch die Hölle der geschändeten und das Fegefeuer der mißverstandenen Liebe, es verherrlicht die Liebe als den Weg zu Gott, als Funken vom ewigen Licht. Dante sieht Beatrice im Himmel in ihrer «zweiten Schönheit», als Verkörperung der ewigen Freude, bei deren Anblick jedes andere Verlangen schweigt. Nicht Christus, sondern die göttlich verklärte Geliebte empfängt ihn als Erlöserin. Er fleht sie um Verzeihung für seine Liebesirrtümer an. Um ihretwillen, sieht er jetzt, hat er alles verlieren müssen, was ihm teuer war. Die Sehnsucht nach dieser Schönheit hat ihn aus der Knechtschaft in die Freiheit geführt und ihm die Geheimnisse des Universums erschlossen. Er dankt ihr am Schluß dafür und bittet sie um einen seligen Tod. Dieses Sternbild war es, das ihn im Elend der Heimatlosigkeit, im Haß auf Florenz aufrecht erhielt.

Dieses Schicksal war eine Ausnahme und nur in einer Zeit möglich, wo christlicher und weltlicher Geist im Abendland miteinander um die Entscheidung kämpften. Vergleichbares findet sich, wenigstens in Ansätzen, erst im Barock wieder. Das siebzehnte Jahrhundert erlebte nicht nur eine neue Pracht der höfischen Kultur, sondern auch eine neue Mystik, deren Sprache aus Spanien, Frankreich und Italien bis tief in das protestantische Deutschland hinein vernommen wurde. Die Dichter der Gegenreformation – Calderon und Lope, Racine und Corneille, Grimmelshausen und Gryphius – waren alle sowohl vom höfischen wie vom mystischen Geist ergriffen, und wo es zum großen Austrag zwischen diesen Geistern kam, wiederholte sich etwas von Dantes innerem Drama.

Racine, der Meister der galanten Liebestragödie, wurde am seltsamsten durch die mystische Stimme erschüttert. Er schien wie wenige für das sinnliche Glück geboren. Ludwig der Vierzehnte nannte ihn einen der schönsten Menschen an seinem Hof, er war der Geliebte einer umschwärmten Schauspielerin, die als verheiratete Frau ein halbes Dutzend vornehmer Galane vergnügte. Der Mißerfolg der «Phèdre», in der er nach dem Vorbild des Euripides die Raserei einer verworfenen Liebe faszinierend geschildert hatte, öffnete ihm plötzlich die Augen über diese Erfolge, er erkannte die

Nichtigkeit seines Glücks. Mit 38 Jahren legte er die Feder hin und wollte, um für seine Werke der Leidenschaft zu büßen, in ein Kartäuserkloster eintreten. Sein Beichtvater fand das übertrieben und riet ihm, statt dessen ein frommes Weib zu nehmen. So kam, mit Hilfe seiner «weisen Freunde», seine Heirat zustande, die für lange Jahre das Ende seiner Dichtung bedeutete. Seine Frau war eine Hausmutter ohne literarische Interessen und ohne weltliche Bildung; sie gebar ihm dafür sieben Kinder, wovon fünf Töchter, die alle den Schleier nahmen. Er wollte nur noch das Leben eines frommen Christen und treuen Untertanen führen; er hielt jeden Abend mit seiner Familie eine Hausandacht und zwang seinen ältesten Sohn, der literarische Neigungen zeigte, zur Laufbahn eines subalternen Beamten. Nach zwölf Jahren ließ er sich von der Maintenon überreden, sein Gelübde zu brechen und für die Mädchen ihres adeligen Stifts in Saint-Cyr ein frommes Theaterstück zu schreiben. Diese «Esther» durfte von den weltlichen Bühnen nicht gespielt werden, sie sollte ein Drama ohne Liebe, ohne Sünde sein, «pleine de grandes leçons d'amour de Dieu et de détachement du monde au milieu du monde même». Die öffentlichen Aufführungen in Saint-Cyr mußten aber abgebrochen werden, weil die Schülerinnen auch an diesem biblischen Theater Feuer fingen. Es fanden nur noch seltene Aufführungen vor Damen statt, und die «Athalie», die Racine folgen ließ, wurde aus Furcht vor neuen Skandalen nur ein- oder zweimal ohne Kostüme in den Privatgemächern der Maintenon gespielt. Den Ruhm dieses zweiten Stücks erlebte er nicht mehr, nur seine Bespöttelung durch die literarischen Feinschmecker in den Salons. Er bereute seine Nachgiebigkeit und entsagte der Kunst für immer. Seine letzte Dichtung sind die vier «Cantiques spirituels», das klassische Werk der französischen religiösen Lyrik.

2

Die im achtzehnten Jahrhundert aufsteigende romantische Bewegung war vom platonischen wie vom biblischen Ursprung des mystischen Eros weiter entfernt, höfische und christliche Überlieferung stießen nicht mehr so dramatisch zusammen wie noch in Racine, sondern begannen ineinanderzufließen und oft verfänglich doppelzüngig zu reden. Im deutschen Sturm und Drang lehrte Hamann eine halb katholische, halb kabbalistische Mystik der Zeugungskraft. Auch aus Lavater stammelte der heilige Geist der Liebe so zweideutig, daß sich Apostel und Hochstapler der erotischen Freigeisterei an seine Fersen hefteten. Schillers dithyrambische Jugendlyrik gibt einen guten Begriff von dem gedanklichen Hexenkessel, in dem damals aus pietistischen und pantheistischen Elementen eine neue Philosophie der Liebe gebraut wurde. Bald kamen noch die theosophischen Lehren Jakob Böhmes, der Rosenkreuzer, Swedenborgs und anderer okkultistischer Quellen dazu, die den Glauben an die Erlösung durch die Liebe ins Magische verfärbten. Dank dieser Vermischung mit esoterischen und heidnischen Anschauungen zeigt der christliche Spiritualismus in der deutschen Romantik ein ganz neues Gesicht.

Das Sinnbild der romantischen Liebessehnsucht ist die heimlich wieder alles beherrschende Gestalt des Orpheus, dem die geliebte Eurydike nur unter der Bedingung gehört, daß er sie nicht sieht. Erst führt er sie, von ihr wegblickend, aus der Unterwelt auf die Erde zurück; im Augenblick, wo er sich nach ihr umwendet, verliert er sie. Nun versinkt er für immer in die Erinnerung an die Entschwundene, die Mänaden zerreißen ihn aus Wut darüber, daß ihn die Trauer um die Tote für alle Lebenden unempfindlich macht. So beten alle romantisch Liebenden zu einer Verlorenen und durch die Sehnsucht Verklärten als dem Engel, der sie aus der irdischen Trugwelt hinausführt. Wie Dantes Beatrice wird sie zur überirdischen Mittlerin, die ihren Dichter im Jenseits erwartet. Aber ihre Göttlichkeit ist nicht mehr christlich, sondern magisch verstanden, diese Liebesmystik spielt wie die mittelalterliche Gottesminne im Grenzbezirk zwischen Sinnlichkeit und weltflüchtiger Askese. Hier wie dort erlischt die fleischliche Versuchung nie und stört den himmlischen Frieden der Seele, solange der Dichter noch zu seiner Seelenführerin unterwegs ist.

Novalis wird von keinem Dämon gepeinigt. Er geht leicht aus den irdischen Fesseln hinaus, aber er trägt sie doch auch. In seiner Verlobung mit der dreizehnjährigen Sophie von Kühn gab es trübende Schatten. Das konnte bei einem Bräutigam nicht anders sein, der schrieb: «Ich habe zu Söphchen Religion – nicht Liebe. Absolute Liebe, von Herzen unabhängige, auf Glauben gegründete, ist Religion.» Es muß auch Schuldgefühl im Spiel gewesen sein, als er der Toten gelobte, ihr binnen einem Jahr freiwillig, nur durch die Kraft seines Schmerzes, nachzusterben. An ihrem Grabhügel hatte er «aufblitzende Enthusiasmusmomente», Jahrhunderte waren ihm wie Augenblicke, er «blies das Grab wie Staub vor sich hin» und glaubte, Sophie könne jederzeit wieder hervortreten. Die dritte «Hymne an die Nacht» schildert den erschütternden Augenblick der «Nachtbegeisterung», der das Urbild «von den Höhen meiner alten Seligkeit» wiederbrachte. «Zur Staubwolke wurde der Hügel – durch die Wolke sah ich die verklärten Züge der Geliebten. In Ihren Augen ruhte die Ewigkeit – ich faßte Ihre Hände, und die Tränen wurden ein funkelndes, unzerreißliches Band. Jahrtausende zogen abwärts in die Ferne, wie Ungewitter. An Ihrem Hals weint ich dem neuen Leben entzückende Tränen. Es war der erste, einzige Traum –»

Auch diese Eurydike blieb aber tot, und die Hochzeit mit ihrem Schatten machte Novalis zum Dichter. Seine Liebesgesänge waren Hymnen an die Nacht, seine Schattenbraut verklärte sich ihm zur Muttergottes. Der Unterschied zwischen dieser himmlischen und aller irdischen Liebe war ihm so überklar, daß er sich ein Jahr nach Sophies Tod zum zweitenmal verlobte. Die tote und die lebende Braut gehörten schlechthin verschiedenen Sphären an. Aber er war mit dieser Doppelliebe nun beiden Welten verhaftet, er führte ein gewagtes Doppelleben und begleitete die Nachricht von seiner neuen Verlobung mit den erstaunlichen Worten: «Indes aufrichtig wär ich doch lieber tot.» Aus dieser Konstellation entstand die Liebeslehre des «Heinrich von Ofterdingen». Schon die Vorgeschichte von Heinrichs Verlobung mit Mathilde ist aufschlußreich; er verbindet sich mit ihr nach einem angstvollen Traum, in dem er die Geliebte ertrinken und sich aus Trauer darüber zum Dichter werden sieht. Schon vor ihrem Tod sieht er in ihr die übersinnliche Gefährtin seiner Phantasie. Er sagt zu ihr: «Was mich so unzertrennlich zu dir zieht, was ein ewiges Verlangen in mir geweckt hat, das ist nicht aus dieser Zeit. Könntest du nur sehen, wie du mir erscheinst, welches wunderbare Bild deine Gestalt durchdringt und mir überall entgegenleuchtet, du würdest kein Alter fürchten. Deine irdische Gestalt ist nur ein Schatten dieses Bildes. Die irdischen Kräfte ringen und quellen, um es festzuhalten, aber die Natur ist noch unreif; das Bild ist ein ewiges Urbild, ein Teil der unbekannten heiligen Welt.» Diese Religion der Liebe ist orphisch, so mystisch sie tönt. Aus dem ersten Kuß der beiden entspringt Astralis, das allegorische Wesen der magischen Poesie, das am Beginn des zweiten Teils sein Zauberlied singt. Das Jenseits, in das die tote Braut den Freund hinüberzieht, ist das Reich der Natur, dessen Herr er werden soll. Es schwebte Novalis, dem Schüler Böhmes, auch dann vor, wenn er geistliche Lieder schrieb. Er schrieb sie gleichzeitig protestantisch und katholisch, und auch Maria sah er «in tausend Bildern» ausgedrückt. Seine Abendmahlshymne trägt eine dionysische Ekstase in das christliche Sakrament hinein.

> *Wer hat des irdischen Leibes*
> *Hohen Sinn erraten?*
> *Wer kann sagen,*
> *Daß er das Blut versteht?*
> *Einst ist alles Leib,*
> *Ein Leib,*
> *In himmlischem Blute*
> *Schwimmt das selige Paar.*
> *Oh! daß das Weltmeer*
> *Schon errötete*
> *Und in duftiges Fleisch*
> *Aufquölle der Fels!*
> *Nie endet das süße Mahl,*
> *Nie sättigt die Liebe sich.*
> *Nicht innig, nicht eigen genug*
> *Kann sie haben den Geliebten –*

Das Zauberische dieses Nachsterbens enthüllte sich später noch deutlicher in der Handlungsweise Dante Gabriel Rossettis beim Tod seiner abgöttisch geliebten Gattin Elizabeth, der blumenhaft zarten Dichterin und Malerin mit den kupferroten Haaren. Seine Ehe mir ihr war nicht frei von schmerzlichen Spannungen, es traf ihn deshalb wie ein Blitz, als sie ihm nach kaum zwei Jahren genommen wurde. Im Gefühl einer unsühnbaren Schuld legte er ihr – es war im Jahr 1862 – die Sonette seiner Liebe in den Sarg. Das war etwas anderes, als wenn er ihr selber nachgefolgt wäre, und verriet, daß er ein Dichter war. Sieben Jahre später ließ er das Manuskript wieder ausgraben und desinfizieren, vermehrte es um die Sonette seiner schwermütigen, betäubend süßen Trauer um die Verlorene, in denen die Liebe «die Augen des Todes» hat, und veröffentlichte es unter dem Titel «The house of life». Unter den Entwürfen Gottfried Kellers für sein erstes Dichtwerk, den «Liebesspiegel», findet sich ein Gedichtschema, das denselben Gedanken skizziert. «Ich will alles Kostbare und Heilige zu dir ins Grab legen, und der Tod soll der Verwalter meines verborgenen Schatzes sein, und er soll mir alles am jüngsten Tag wieder zurückgeben.»

Hölderlins Diotima ist nicht katholisch-theosophisch gewandet wie Novalis' Sophie, sondern griechisch-pantheistisch. Der «Phaidros» war das Lieblingsbuch des jungen Hölderlin. Das sinnliche Begehren hatte aber bei ihm noch weniger Raum als bei Novalis. Auch für seine Liebe stand von Anfang an fest, daß sie auf Erden unerfüllbar war, so naturselig er sie sich ausmalte. Schon als Knabe wich er vor der Wirklichkeit in sich selbst zurück, um mit seinem Urbild allein zu sein; schon bevor er seiner Braut Luise Nast begegnete, beklagte er den Verlust seiner künftigen Geliebten. Tatsächlich löste er dann seine Verlobung überraschend und befremdlich mit Ausflüchten, die wenig überzeugten. Auch die Liebe zu Elise Lebret wurde bald von seinem Zweifel untergraben. Er weinte nächtelang in «zorniger Sehnsucht» über seine unerfüllbare Begier nach Liebe und Ruhm, über die trostlose Leere der Welt. Nur dichtend erlebte er Augenblicke überströmender Fülle und überwältigenden Glücks.

> *Ausgegossen ist des Lebens Schale,*
> *Bächlein, Sonnen treten in die Bahn,*
> *Liebetrunken schmiegen junge Tale*
> *Sich den liebetrunknen Hügeln an;*
> *Schön und stolz wie Göttersöhne hangen*
> *Felsen an der mütterlichen Brust,*
> *Von der Meere wildem Arm umfangen,*
> *Bebt das Land in niegefühlter Lust.*

In den Stunden der Hypochondrie fiel dieser Glanz in nichts zusammen; die griechische Götterlandschaft, die als die gesuchte schönere Welt vor ihm aufstieg, versank immer wieder in unerreichbare Fernen. Der Hymnus «Griechenland» endigt:

> *Laßt, o Parzen, laßt die Schere tönen,*
> *Denn mein Herz gehört den Toten an!*

Dieses Schwanken zwischen hypochondrischem Nihilismus und ekstatischer Sehnsucht nach einem unerreichbaren Land des Glücks war nicht griechisch, sondern eine in griechisch-pantheistische Symbole fliehende Abart jenes pietistischen Chiliasmus, der sich in den «Räubern» des Schwaben Schiller als politischer Anarchismus entladen hatte. Aus dieser mystischen Unruhe wurde der «Hyperion» geboren. Schon in dem Fragment, das Schiller in der «Thalia» abdruckte, kommt die hohe Geliebte vor, die hier noch Melite heißt. Hyperion ist ein haltlos schwankender, von schrecklichen Ängsten gepeinigter Schönheitssucher, der auch an seiner Liebe leidet und durch sie in eine Verwirrung der Gefühle getrieben wird, aus der ihn Melites endgültige Abreise erlöst. Schon hier entschwindet sie, und den Verlassenen tröstet die Liebe zur heiligen Natur. «Eins zu sein mit Allem, das ist Leben der Gottheit, das ist der Himmel des Menschen. Eins zu sein mit allem, was lebt, in seliger Selbstvergessenheit wiederzukehren ins All der Natur, das ist der Gipfel der Gedanken und Freuden ... das eherne

Schicksal entsagt der Herrschaft, und aus dem Bunde der Wesen schwindet der Tod, und Unzertrennlichkeit und ewige Jugend beseliget, verschönert die Welt.» Schon hier also ist die Trennung das eigentliche Hauptthema, verkörpert die Geliebte die Sehnsucht nach dem Pantheon der Natur. «Sie mußte ja über mich kommen, diese Verzweiflung», bekennt Hyperion. «Verzeih' es mir die Heilige! oft flucht' ich der Stunde, wo ich sie fand, und raste im Geiste gegen das himmlische Geschöpf, daß es mich nur darum ins Leben geweckt hätte, um mich wieder niederzudrücken mit seiner Hoheit. Kann so viel Unmenschliches in eines Menschen Seele kommen?»

Während der Arbeit an diesem schwärmerischen Roman trat Hölderlin dessen Heldin plötzlich leibhaftig entgegen. Das ewige Glück erschien ihm in der Gestalt der Frankfurter Bankiersgattin, die er zu Ehren Platons Diotima nannte. Einer wirklichen Verbindung mit ihr standen fast unübersteigbare äußere Hindernisse im Wege. Susette war Mutter mehrerer Kinder, eine verwöhnte, unglückliche Patrizierin, deren Liebe zu dem armen Hauslehrer gesellschaftlich verboten war und nur in einer Heimlichkeit blühen durfte, die Hölderlin als entwürdigend empfand. Aber den Ausschlag gab seine innere Haltung. Er liebte nicht die wirkliche Susette, sondern Diotima. Auch hier mußte der Moment kommen, wo er am Scheideweg zwischen Vision und Wirklichkeit stand und sich gegen die Wirklichkeit entschied. Er suchte im Grund die Katastrophe, die ihn aus Frankfurt vertrieb. Es ist erwiesen, daß er die Auseinandersetzung mit Gontard schroffer gestaltete, als sie von diesem gemeint war, und von sich aus alle Brücken abbrach. Der jähe Abschied war für ihn ein schwerer, aber kein tödlicher Schlag, er war der Anfang seiner großen Kunst. Sie verlangte diesen Preis, und er zahlte ihn. Nun konnte er sagen wie Hyperion: «Ich hab es Einmal gesehn, das Einzige, das meine Seele suchte, und die Vollendung, die wir über die Sterne hinauf entfernen, die wir hinausschieben bis ans Ende der Welt, die hab ich gegenwärtig gefühlt. Es war da, das Höchste, in diesem Kreise der Menschennatur und der Dinge war es da! Ich frage nicht mehr, wo es sei; es war in der Welt, es kann wiederkehren in ihr, es ist jetzt nur verborgner in ihr. Ich frage nicht mehr, was es sei; ich hab es gesehn, ich hab es kennen gelernt. O ihr, die ihr das Höchste und Beste sucht in der Tiefe des Wissens, im Getümmel des Handelns, im Dunkel der Vergangenheit, im Labyrinthe der Zukunft, in den Gräbern oder über den Sternen! wißt ihr seinen Namen? den Namen des, das Eins ist und Alles? Sein Name ist Schönheit.»

In der endgültigen Fassung des «Hyperion» tritt aus dem Überschwang elegischer Klagen schicksalhaft dieser Zwang zum Verzicht auf die Geliebte hervor. Er überschattet schon Hyperions erste Gespräche mit ihr, weil er in ihr das Urbild erkennt, von dem er seit seiner Kindheit träumt: «Schon damals kannt' ich dich, schon damals blicktest du, wie ein Genius, aus Wolken mich an.» Seine Schwermut wirft ihn «in Einem Tage siebzigmal» zwischen Entzücken und Hoffnungslosigkeit hin und her; sie wird ihn von Diotima trennen, wie sie ihn von seinem Freund getrennt hat. «Du wolltest keine Menschen, glaube mir, Du wolltest eine Welt», sagt Diotima zu ihm. «Den Verlust von allen goldenen Jahrhunderten, so wie Du sie, zusammengedrängt in Einen glücklichen Moment, empfandest, den Geist von allen Geistern beßrer Zeit, die

Kraft von allen Kräften der Heroen, die sollte Dir ein Einzelner, ein Mensch ersetzen!»
Die Geschichte von Hyperions Liebe ist tatsächlich die Geschichte eines einzigen Abschieds, der sich in dreifacher Steigerung bis zum endgültigen Verlust wiederholt. Zuerst reißt er sich von seinem Mädchen los, um am Freiheitskampf seines Volkes teilzu-
nehmen: «Ich wähle nicht, ich sinne nicht. Eine Macht ist in mir und ich weiß nicht,
ob ich es selbst bin, was zu dem Schritte mich treibt.» Diotima läßt ihn ziehen, sie steht
«wie ein Marmorbild und ihre Hand starb fühlbar in meiner», denn er hat mit dieser
Trennung «alles um sich her getötet» und ruft: «Wehe! das ist kein Abschied, wo man
wiederkehrt.» Dann sendet er ihr aus dem Krieg einen Brief, in dem er sie feierlich frei-
gibt, weil er nach dem Fehlschlagen des Feldzugs nicht weiterleben dürfe. «Ich bin für
dich nichts mehr, du holdes Wesen! Dies Herz ist dir versiegt, und meine Augen sehen
das Lebendige nicht mehr. O meine Lippen sind verdorrt; der Liebe süßer Hauch
quillt mir im Busen nicht mehr ... Ich muß hinab, ich muß im Totenreiche dich suchen.»
Er hofft als Leichnam ins Meer zu sinken und endlich in den Frieden der heiligen Natur
einzugehen. «Große Seele! du wirst dich finden können in diesen Abschied und so laß
mich wandern!» Die Geliebte antwortet ihm ebenbürtig; sie weiß, daß er «im Grunde
trostlos» ist, und erhebt sich mit ihm zum heroischen Verzicht auf alles irdische Glück.
«Ich wußte es bald; ich konnte dir nicht alles sein. Konnt’ ich die Bande der Sterblichkeit dir lösen? konnt’ ich die Flamme der Brust dir stillen, für die kein Quell fleußt und
kein Weinstock wächst? konnt’ ich die Freuden einer Welt in einer Schale dir reichen?
... Wem einmal, so wie dir, die ganze Seele beleidigt war, der ruht nicht mehr in einzelner Freude, wer so wie du das fade Nichts gefühlt, erheitert in höchstem Geiste sich
nur, wer so den Tod erfuhr wie du, erholt allein sich unter den Göttern. Glücklich sind
sie alle, die dich nicht verstehen! Wer dich versteht, muß deine Größe teilen und deine
Verzweiflung.» Diese Antwort bringt dem Trauernden jäh zum Bewußtsein, was er
verliert. Er versucht seinen Entschluß zu widerrufen und Diotima wieder an sich zu
ziehen, aber nun ist es zu spät, er hat es «bis aufs Äußerste getrieben». Sie stirbt, das
Feuer der Begeisterung hat sie verzehrt. Es ist der endgültige Abschied von ihr, der
Hyperion zum Dichter und Diotima zu seiner Muse macht.

Susette Gontard lebte noch, als Hölderlin diesen Ausgang seiner Liebe dichtete. Aus
dem Brief, mit dem er ihr das Buch schickte, geht hervor, daß er schon früher entschlossen war, Diotima sterben zu lassen, und daß ihn Susette vergeblich davon abzubringen
versucht hatte. Man muß das wissen, um die Ode «Der Abschied» zu verstehen, in der
er an der Trennung von ihr festhält, weil er den Gott der Liebe nicht verraten wolle:

> *Trennen wollten wir uns? wähnten es gut und klug?*
> *Da wirs taten, warum schröckte, wie Mord, die Tat?*
> *Ach! wir kennen uns wenig,*
> *Denn es waltet ein Gott in uns.*

Kurz darauf nahm das Schicksal Hölderlin zum zweitenmal beim Wort: auch die wirkliche Diotima starb. Dieser Tod lähmte ihn vollends nicht mehr, er wurde ihm zur be-
geisternden Offenbarung. Nun war er «wie in himmlische Gefangenschaft verkauft».

Die kurze Zeitspanne zwischen Susettes Tod und dem Ausbruch des Wahnsinns war seine reifste dichterische Zeit. Das Thema der hohen Trauergesänge, mit denen er den großen Verlust feiert, ist die Seligkeit des Entbehrens, die mystische Hochzeit mit der Toten. Die Harmonie, die diese Gedichte durchflutet, ist der Beweis, daß Hölderlin das Ende seiner irdischen Liebe als ihre reinste Erfüllung erlebte. Die Trauer um sein Glück brach jetzt in unvergleichlichem Wohllaut aus ihm hervor, am herrlichsten in «Menons Klagen um Diotima». Hier spricht auch er die Isoldenklage aus:

> *Aber das Haus ist öde mir nun, und sie haben mein Auge*
> *Mir genommen, auch mich hab ich verloren mit ihr.*

Der durch den Schmerz Geweihte verzweifelte nicht; sein Ich war nicht wie das Ich Tristans mit der Geliebten untergegangen, es war in die Unsterblichkeit entrückt. Hölderlin selbst hebt das Beglückende seines Schmerzes hervor:

> *Und lächeln muß ich und staunen,*
> *Wie so selig doch auch mitten im Leide mir ist.*

Die tote Diotima blieb aber auch nicht als rettender Stern über ihm stehen wie Beatrice über Dante, sie löste sich wieder in das Pantheon der Natur auf und verblaßte mehr und mehr. Sie teilte das Schicksal von Hölderlins Göttern, seine religiöse Tragik wiederholte sich im Versinken seiner Liebesvision. Er wurde von ihr nicht in den Himmel emporgeführt, sondern sank ihr in das orphische Dunkel nach, dem sie trotz ihrem platonischen Gewand entstiegen war.

3

Auch der alternde Goethe verherrlicht den mystischen Eros. Goethe hatte die mystische Denkweise zuerst als schwerkranker Student durch Susanna von Klettenberg und ihre pietistischen Freunde kennen gelernt; in der Liebe zu Charlotte von Stein und im Studium der persischen Mystik trat der Platonismus noch zweimal verwandelnd an ihn heran. Das Band, das diese mystischen Epochen seines Lebens verbindet, ist seine «erschütterliche» erotische Natur, die auch für die Mystik der Liebe empfänglich war. Die Treulosigkeit des liebenden Goethe, die, wie der «Werther» zeigt, Treue zum Urbild war, konnte sich zu Zeiten ins mystisch Paradoxe steigern. Er brachte den von ihm geliebten Frauen eine Hingabe entgegen, die manche seiner unwürdig fanden oder bespotteten. In Darmstadt und Ehrenbreitstein saß er schwärmend den schönen Seelen zu Füßen, die sich Lila und Psyche nannten. Die tränenreichen Briefe, mit denen er als Kraftgenie Gustchen Stolberg beglückte, zeigen wie Werthers Briefe an Lotte, welche Sehnsucht nach einem Wunder seinem Umgang mit den Frauen zugrunde lag. Seit der Kinderliebe zum Frankfurter Gretchen erlebte er immer wieder die Unerfüllbarkeit seines Liebesverlangens.

> *Ihn sättigt keine Lust, ihm gnügt kein Glück,*
> *So buhlt er fort nach wechselnden Gestalten,*

sagt Mephisto vom sterbenden Faust. Das deutet darauf, daß auch jenes Taumeln des jüngeren Faust von Begierde zu Genuß, von Genuß nach Begierde nicht bloß sinnliche Ausschweifung ist. Faust sagt ja auch: «Genießen macht gemein.»

Goethe selbst bekannte 1828: «Meine Idee von den Frauen ist nicht von den Erscheinungen der Wirklichkeit abstrahiert, sondern sie ist mir angeboren oder in mir entstanden, Gott weiß wie. Meine dargestellten Frauencharaktere sind daher auch alle gut weggekommen, sie sind alle besser, als sie in der Wirklichkeit anzutreffen sind.» Dieses Geständnis ist irreführend. Es gilt nicht für die lange Reihe der dämonisch gezeichneten Frauenbilder von Adelheid bis Helena, es gilt ohne Vorbehalt nur für die Reihe der heilig-reinen Figuren, die neben jener andern einhergeht und Goethes Neigung bezeugt, «sich das Ideal in weiblicher Gestalt vorzustellen». Die als Lida verewigte Charlotte von Stein war die erste Frau, der er ganz in diesem Zeichen begegnete. Die «Leibeigenschaft», in der er dieser Empfindsamen zugetan war, hatte den mystischen Umriß, der sie einzigartig und für nicht Eingeweihte unverständlich machte. Wie keine andere Frau zuvor stand ihm diese als Gegenstand seiner Erlösungssehnsucht vor Augen. Wie Hölderlins Diotima verkörperte sie einen Gedanken, der in Goethe längst vor der persönlichen Begegnung vorhanden war, weshalb er in ihr die Urvertraute, «in abgelebten Zeiten meine Schwester oder meine Frau», wiederzufinden glaubte. Die Briefe an sie sind lange Zeit voll von Andeutungen dafür, daß ihm an ihrem Besitz, wie dem todgeweihten Werther am Besitz Lottes, nichts gelegen war, daß er bewußt sein übersinnliches Idol in ihr liebte. «Denn mir ists genug, daß ich Sie so lieb haben kann, und das übrige mag seinen Weg gehen.» In der Zeit dieses platonischen Seelenbündnisses dichtete Goethe seine lichten weiblichen Idealgestalten: Iphigenie, Nathalie, die Prinzessin im «Tasso», die drei Verkörperungen der heiligenden Liebe. Es ist falsch, in ihnen bloß stilisierte Bildnisse Frau von Steins zu sehen. Sie stellen dichterisch dar, was diese menschlich darstellt: das leibhaft gewordene geistige Ideal.

«Der Greis wird sich immer zum Mystizismus bekennen.» Seit der schweren Krise zur Zeit von Schillers Tod bekannte sich auch Goethe wieder zu ihm. Die «Pandora» leitet die große Wendung seiner nachklassischen Liebesdichtung ein. Sie stimmt die Musik einer verzehrenden Sehnsucht nach dem verlorenen Urbild an. Dem titanischen Träumer Epimetheus ist aus der Ehe mit Pandora nur eine Tochter und das lähmende Heimweh nach der Verschwundenen übrig geblieben. In der nicht ausgeführten Fortsetzung sollte sich die Hoffnung auf ihre Wiederkehr erfüllen und der Trauernde mit ihr entrückt werden. In den ausgeführten Szenen bleibt die Hehre unsichtbar, und die schwere Schönheit des Werkes lebt ganz und gar aus dem Gram des unstillbaren Verlangens nach ihr.

> *Wer von der Schönen zu scheiden verdammt ist,*
> *Fliehe mit abegewendetem Blick!*
> *Wie er, sie schauend, im Tiefsten entflammt ist,*
> *Zieht sie, ach, reißt sie ihn ewig zurück.*
> *Frage dich nicht in der Nähe der Süßen:*
> *Scheidet sie? scheid ich? Ein grimmiger Schmerz*

> *Fasset im Krampf dich, du liegst ihr zu Füßen,*
> *Und die Verzweiflung zerreißt dir das Herz.*

Auch die «Wahlverwandtschaften», Goethes esoterisch gefärbter dritter Roman, sind dem Mysterium dieser Sehnsucht gewidmet, legen es aber ganz magisch aus. Sie erklären die Liebe als eine dämonische Kraft von mysteriöser und vernichtender Wirkung auf den Menschen. Wahlverwandtschaft, Affinität ist ein chemischer Begriff, der die unerklärliche Anziehung zwischen zwei Stoffen bezeichnet. Diese Naturkraft weiß nichts von Gut und Böse im Sinn der gesellschaftlichen Moral, aber auch im Sinn des Platonismus. Goethe entkleidet sie hier des Göttlichen, er sieht in ihr das unheimliche Urphänomen. Ihre Äußerungen beweisen ihm, daß «doch überall nur *eine* Natur ist und auch durch das Reich der heitern Vernunftfreiheit die Spuren trüber, leidenschaftlicher Notwendigkeit sich unaufhaltsam hindurchziehen, die nur durch eine höhere Hand und vielleicht auch nicht in diesem Leben völlig auszulöschen sind». Die Einzige, die er dieser furchtbaren Gewalt widerstehen läßt, zerbricht im Kampf mit ihr. Ottilie wird durch den Sieg über das Dämonische zur Heiligen, an deren Grab Wunder geschehen. Diese Lösung ist so romantisch wie die Fragestellung des ganzen Romans, der zum erstenmal die seltsame Stellung des alten Goethe zwischen Mystik und Magie sichtbar machte.

Sein letztes Bekenntnis zur Mystik war mit Ironie gemischt wie sein letztes Bekenntnis zur Magie. In der persischen Liebesdichtung trat ihm der Platonismus orientalisch gekleidet entgegen, und er folgte noch einmal der metaphysischen Bahn, aber in höchst freier Weise. Die Lieder des «Divans» spielen mit dem Mysterium der Erlösung durch die Liebe. Sie flügeln doppelsinnig auf der Grenze zwischen geistiger und sinnlicher Inbrunst; wo sie vom Göttlichen reden, meinen sie Küsse, und wo sie Lippen und Locken preisen, meinen sie die höhere Begattung der «Seligen Sehnsucht». Das Antlitz Suleikas verheißt ebensosehr Gewährung wie Entsagung. Es ist der göttliche Augenblick, in dem die Ewigkeit Gegenwart wird:

> *Der Spiegel sagt mir, ich bin schön!*
> *Ihr sagt: zu altern sei auch mein Geschick.*
> *Vor Gott muß alles ewig stehn,*
> *In mir liebt Ihn, für diesen Augenblick.*

Der «Augenblick» ist wirklich und unwirklich zugleich. Wohl dem, der ihn wahrnimmt, aber auch weh dem, der ihn mißversteht! Liebe ist gleichzeitig treu und treulos, da sie das Ewige im Gegenwärtigen meint. Der «Divan» ist das Hohelied dieser mystischen Treulosigkeit, der sich der alte Goethe bewußt verschreibt. «Hochbild» spricht sie als das Gesetz der Liebe aus, und das Schenkenbuch entsinnlicht sie noch mehr. In dessen herrlich gewagten Dialogen beginnt sich Goethe von der Körperwelt zu lösen und findet im beseligten Schauen der Schönheit sein vollkommenes Genügen. Aber selbst im «Buch des Paradieses» steigt er nicht über das Körperliche empor, sondern schwelgt in den Wonnen des Abschiednehmens von ihm. Suleika gewährt ihm zum letztenmal das höchste Glück der Erdenkinder, sich im Geliebten zu verlieren und reicher wiederzufinden. Das Isoldenmotiv klingt wieder auf:

Wie sie sich an mich verschwendet,
Bin ich mir ein wertes Ich;
Hätte sie sich weggewendet,
Augenblicks verlör ich mich.

«Hätte sie sich weggewendet» – diese tragische Möglichkeit erscheint nur flüchtig und wird sogleich vom Glauben an die Gegenwart des Glücks überstrahlt. Goethe fügte nachträglich noch zwei Strophen hinzu, die diesen Schatten ganz ins Spielerische auflösen:

Nun, mit Hatem wärs zu Ende;
Doch schon hab ich umgelost:
Ich verkörpre mich behende
In den Holden, den sie kost –

Selbst in dieser mystisch gefärbten Minnedichtung wehrt Goethe den Gedanken an den Verzicht von sich ab und erinnert sich seiner proteischen Verwandlungsgabe, die ihn vor dem Verlust seines Ich bewahrt. Doch es kam auch für ihn der Augenblick, wo die Geliebte sich wegwendete und seine Seele entführte. Das geschah in der Begegnung mit Ulrike von Levetzow, die sich weigerte, der Spiegel seines Allgefühls zu sein. Die im «Divan» überspielte Tragik erfüllt die «Marienbader Elegie», in welcher Goethe unter diesem Nein zusammenzubrechen droht. Die Geister Werthers, Orests, Tassos stehen wieder auf und wollen ihn doch noch in den Abgrund ziehen. Es gibt jetzt für die Isoldenklage keinen Trost mehr; erst die «Aussöhnung» fügt ihn nachträglich doch noch hinzu.

Mir ist das All, ich bin mir selbst verloren,
Der ich noch erst den Göttern Liebling war;
Sie prüften mich, verliehen mir Pandoren,
So reich an Gütern, reicher an Gefahr;
Sie drängten mich zum gabeseligen Munde,
Sie trennen mich und richten mich zu Grunde.

Entsagung war auch Goethes letztes Wort über die Liebe. Er hat dieses Wort literarisch eigentlich geschaffen, indem er «Wilhelm Meisters Wanderjahre» im Untertitel «Die Entsagenden» nannte. Aber es tönt bei ihm anders als bei Novalis, Hölderlin, Stifter oder Dante. Die Liebe war seine Retterin, doch sie sollte ihn nicht erlösen, weil er nicht bereit war, an ihrer Hand die Schwelle zum Übersinnlichen zu überschreiten. Dem greisen Goethe war Entsagung eine Grundtatsache des Lebens, aber eine sittliche, keine mystische – keine Forderung aus dem Mund eines göttlich verklärten Weibes. Er sprach ironisch, nicht gläubig vom Widerspruch zwischen Dichtung und Wirklichkeit der Liebe. Fausts Erlösung durch Gretchen verklingt in die Botschaft, daß das Ewig-Weibliche das Erlösende, alles Vergängliche nur ein Gleichnis sei. Das ist bei Dante undenkbar. Für ihn ist Beatrice kein Gattungsbegriff, sondern eine einzigartige Person, und kein Gleichnis, sondern mystische Wirklichkeit.

Goethe blieb bis zuletzt der sinnlichen Dämonie der Schönheit ausgesetzt. Als sich die Szymanowska, deren Schönheit ihn nach Ulrikes Nein in das «Doppelglück der

Töne wie der Liebe» gestürzt hatte, von Weimar verabschiedete und beim festlichen Mahl in seinem Haus die üblichen Toaste ausgebracht wurden, brach er in heftige Worte aus und leugnete die Notwendigkeit der Trennung. «Es gibt kein Vergangenes, das man zurücksehen dürfte, es gibt nur ein ewig Neues, das sich aus den erweiterten Elementen des Vergangenen gestaltet, und die echte Sehnsucht muß stets produktiv sein, ein neues Besseres erschaffen. Und haben wir dies nicht alle in diesen Tagen an uns selbst erfahren? Fühlen wir uns nicht alle insgesamt durch diese liebenswürdige, edle Erscheinung, die uns jetzt wieder verlassen will, im Innersten erfrischt, verbessert, erweitert? Nein, sie kann uns nicht entschwinden, sie ist in unser innerstes Selbst übergegangen, sie lebt in uns mit uns fort, und fange sie es auch an, wie sie wolle, mir zu entfliehen, ich halte sie immerdar fest in mir.» So sprach der Magier aus ihm. Erst als ihm die Freundin zum letztenmal die Hand reichte, wurde der Schmerz des Epimetheus um Pandoren Herr über ihn. «Alle Anstrengung des Humors half nicht aus, die hervorbrechenden Tränen zurückzuhalten, sprachlos schloß er sie und ihre Schwester in seine Arme und sein Blick begleitete sie noch lange, als sie durch die lange offene Reihe der Gemächer entschwand.» Ein halbes Jahr später klagte er untröstlich über Schillers Tod und andere Verluste seines Lebens und wehrte die Trostversuche des Kanzlers mit den Worten ab: «Ach, das sind lauter Scheingründe, so etwas ist rhetorisch recht hübsch und gut, aber es kann mir nichts helfen; verloren bleibt verloren; alle Einbildung kann mir die glückliche Vergangenheit nicht wiedergeben.»

Goethes Entsagung war bis zum letzten Atemzug Entbehrung, nicht erlösender Verzicht. Die Leidenschaft drohte ihn immer wieder zu zerstören. «Unser ganzes Kunststück besteht darin, daß wir unsere Existenz aufgeben, um zu existieren», sagte er zu Riemer. Und zu Eckermann: «Die Hauptsache ist, daß man lerne, sich selbst zu beherrschen. Wollte ich mich ungehindert gehen lassen, so läge es wohl in mir, mich selbst und meine Umgebung zugrunde zu richten.» Die Ergänzung zu diesen Aussprüchen bilden seine familiären Erlebnisse: der Tod aller seiner Kinder bis auf den einzigen erwachsenen Sohn, der dann vor seinen Augen auch noch ein trauriges Ende nahm. Riemer schildert den alten Goethe ganz als einsamen, resignierenden Überlebenden. «Er selbst war und erschien daher als der beste Trost, wenn man ihn nur ansah und bedachte, aus was für Betrübnissen er sich gerettet, worüber alles er sich zufrieden gegeben und fortwährend zu geben hatte und gab: denn auf *Entsagung* war er früh schon gefaßt und lernte sie täglich mehr ein. Daher sein paradox scheinendes: ,Wer nicht verzweifeln kann, der muß nicht leben', d.h. verzichten, entbehren muß einer können und zufrieden sein, wenn er leben will: denn darin liegt ,der Spaß des Lebens, daß man lustig sei, wo nicht – vergnügt!'» Erst im Sommer 1830 konnte Goethe zum Kanzler sagen: «Ich bin wohl spät vernünftig geworden, aber ich bin es nun doch.»

4

Neben der weltlichen Liebesmystik des Platonismus ging aber im Abendland die weltfeindliche des Christentums einher, jene grausame Verneinung des Fleisches, die der mönchischen Askese zugrunde liegt und die schon Jahwe dem Propheten Jeremia befiehlt: «Du sollst dir kein Weib nehmen und sollst keine Söhne haben und keine Töchter an diesem Orte. Denn so spricht der Herr über die Söhne und Töchter, die an diesem Orte geboren werden, und über ihre Mütter, die sie gebären, und über ihre Väter, die sie zeugen in diesem Lande: Den Seuchentod sollen sie sterben, unbeklagt und unbegraben; zum Dünger auf dem Felde sollen sie werden, umkommen durch Schwert und Hunger, und ihre Leichen werden zum Fraß für die Vögel des Himmels und die Tiere des Feldes.»

Das Christentum betet im gekreuzigten Gottessohn die göttliche Liebe an, die alle Sünde der Menschheit auf sich genommen hat und den Gläubigen von allem Erdenleid erlöst. Sie wirkt aus dem Jenseits in die irdische Verdammnis herein und zieht den Frommen durch die Pforte des Todes ins ewige Leben empor. Bei den altchristlichen Wüstenvätern und in den strengen Mönchsorden des Mittelalters entstand daraus die mystische Lehre des Absterbens bei lebendigem Leibe, durch die jener Befehl Jahwes an Jeremia zur Lebensform für ungezählte Mönche und Nonnen wurde. In den asketisch gerichteten Klöstern übte man sich darin, den Körper, diese tierische Hälfte des Menschen, wie einen «stinkenden Hund» in Schach zu halten, und viele brachten es dazu, ihn keines Blickes mehr zu würdigen. Wer ihn so rücksichtslos erniedrigte, schuf sich allerdings einen gefährlichen Gegner. Askese, behauptet Nietzsche, sei nur eine heilige Form der Ausschweifung, nur Asketen wüßten, was Wollust ist, und die Dokumente der Mystik geben ihm vielfach recht. Sie sind erfüllt vom Kampf mit den unterdrückten Dämonen des Fleisches, die sich für jede himmlische Verzückung mit umso ärgeren Versuchungen rächen, und viele sublime Visionen des Göttlichen verraten deutlich genug, daß auch an ihnen die Sehnsucht nach sinnlichem Glück mitgebildet hat. Die mystische Gottesminne des Hochmittelalters gipfelt seit Bernhard von Clairvaux in der geistlichen Hochzeit mit Christus, die als höchstes Ziel dieser Frömmigkeit besonders von den Nonnen glühend erlebt wurde, während der gotische Marienkult zur Hauptsache eine Erfindung der Priester und Mönche war. Sie gestalteten ihn zu einem Himmel von Gesängen, Gemälden und Bildwerken aus. Im Anblick der jungfräulichen Gottesmutter konnte alle menschliche Lust und Not Ruhe finden, Weltentsagung zur reinen Freude werden. Aber auch die allerreinste Frau wurde nicht immer gleich erhaben geliebt; es bildete sich eine manierierte geistliche Minne, die dem weltlichen Frauendienst zum Verwechseln ähnlich sah. Nur Auserwählte konnten dem mönchischen Ideal genügen und vollbrachten das Unmögliche.

Die rein übersinnliche Liebe ist die seltenste von allen, und vollends der Prophetenhaß gegen alles menschliche Glück wird immer als Ausnahme empfunden und zeigt sich nur als solche. Da gibt es nichts mehr von der verkappten Sinnlichkeit der Gottesminne, nur das harte Nein zu aller Freude. Ein Mensch, der durch Askese zum Heiligen wird, ist nach weltlicher Ansicht kein Mensch mehr und auch kein Dichter, mag er des Wortes noch so mächtig sein. Er geht mit seinem Radikalismus über alles Menschliche, über alle Kunst hinaus. Dem echten Propheten liegt das Glück der Liebe so fern wie das Reich Gottes, er kennt beide nur als Verheißung. Daher seine Feindschaft gegen die Weltkinder, die nicht wissen, daß sie in der Verdammnis leben, daher besonders seine

Verachtung des Weibes, in dem er nur den durch Eva in die Welt gekommenen Fluch zu sehen vermag. Diese Verachtung kann Formen annehmen, die sich äußerlich kaum von der Ruchlosigkeit des Wüstlings unterscheiden und als Unmenschlichkeit empören. Die Liebe des Asketen, die absichtlich über die Grenzen des Menschlichen hinausgeht, erscheint von außen als Versündigung am Menschen. Diese Schuld liegt auf allen visionär Liebenden, aber am schwersten auf den prophetischen Liebhabern. Nur sie sind imstande, diese Schuld zu tragen, und es scheint unmöglich, daß sie sie nicht eines Tages erkennen.

An der Schwelle der modernen Zeit, wo die ältesten Erinnerungen in der Literatur wieder erwachten und als vergessene Formen der Dichtung erneuert wurden, trat auch dieser mystische Radikalismus der Liebe wieder hervor, sei es als menschliche Gebärde oder als dichterisches Motiv. Als menschliche Gebärde findet man ihn in der sonderbaren Ehe Hamanns, die den Hintergrund seiner Erweckungsschriftstellerei bildet. Er lebte unvermählt mit einem Bauernmädchen zusammen, das er als Magd ins Haus genommen hatte und eine Zeitlang als seine Frau ausgab, obschon er es nicht berührte. Er sprach von einem heiligen Auftrag, der ihm mit dieser Scheinehe übertragen sei, und kasteite sich schwer kämpfend an der Seite der Gefährtin. Erst nach Jahren verband er sich wirklich mit ihr und wurde Vater, brachte es aber nie über sich, öffentlich zu diesem Kebsweib und seinen Kindern zu stehen. Er mutete ihnen zu, ohne ehrlichen Namen zu leben, und zwar deshalb, weil er eine Jugendgeliebte als die ihm von Gott zugedachte höhere Braut betrachtete. Sein Rabenvatertum war der Ausdruck seiner Treue zu jener andern, die er für seine eigentliche Gattin hielt.

Dieses paradoxe Verhalten erinnert an das nicht weniger schwierige Verhältnis Kierkegaards zu seiner Braut Regine Olsen, die er mit ausgesuchten Grausamkeiten von sich entfernte, um sein Leben lang innerlich mit ihr verbunden zu bleiben. Er stellte sich im «Tagebuch des Verführers» und andern Büchern als Wüstling und abgefeimten Heuchler dar und erreichte damit, daß Regine in die Auflösung der Verlobung einwilligte, sich ganz von ihm abwandte und die Frau eines andern wurde. Er trieb sie selbst zu dieser Heirat an, um den Bruch mit ihr unwiderruflich zu machen. Das geschah zur gleichen Zeit, wo er sich für die Schriftstellerei entschied. Sein Verzicht auf die Braut war ihm das Unterpfand seiner Berufung zum religiösen Dichter. Er sah in der imaginär gewordenen Verlobung eine für ihn selbst unauflösliche, nur ihm verständliche innere Verpflichtung. Das Vorbild seiner und der Hamannschen Ehe findet sich im Alten Testament. Zum Propheten Hosea spricht Gott: «Geh, nimm dir ein Dirnenweib und erzeuge Dirnenkinder. Denn zur Dirne ist das Land geworden, hat den Herrn verlassen.» Später erhält Hosea von Jahwe den Befehl, noch eine Ehebrecherin zum Nebenweib zu nehmen, und er tut es und bestraft sie, indem er ihr fernbleibt. Die Erste verkörpert ihm die schändliche Untreue seines Volkes gegen Gott, die Zweite das kommende Strafgericht. Er sieht als Geweihter des Herrn in seiner Ehe mit zwei Buhlerinnen das Gleichnis für den Abfall Israels von Gott. Mag es sich bei ihnen um ein und dieselbe Frau handeln, wie einige Erklärer vermuten, so steht doch fest, daß er sich sein häusliches Unglück als ein mystisches Sinnbild auslegte.

Unter den Dichtern unserer Zeit hat Paul Claudel durch die asketische Auffassung der Liebe Aufsehen und Widerspruch erregt. Er stellt in seinen Dramen das Weib als «Köder Gottes» dar, der aus dem Wahn dieser Welt zum Wunder der Gnade hinlockt. Im Mittelpunkt steht immer die Frau, die als Werkzeug dieser Gnade zur Märtyrerin wird und die Stadien der Läuterung bis zur Hysterie auskostet. Schon die an Calderon geschulte szenische Pracht dieser Mysterien beweist, daß sie die Askese im Dienst eines theologischen Dogmas verherrlichen. In ungebrochener Tragik hat dagegen Franz Kafka dasselbe Thema gestaltet. Für ihn ist wie für Trakl das Geschlecht schwarze Magie, schmutzige Gemeinheit des Fleisches, der Fallstrick, der am unfehlbarsten die Erlösung verhindert. Seine Tagebücher erinnern mit der Entblößung seines erotischen Versagens, seines zunehmenden Erkaltens und Verzweifelns über die sich öffnende Leere an Grillparzers und Baudelaires Aufzeichnungen. Aber er versagt nicht als enttäuschter Dichter der Lust, sondern als Geist von höchster Zucht, dem die Liebeserfahrung den Sündenfall bestätigt.

An einem Beispiel ist jetzt bekannt geworden, wie Kafka sich als Liebender verhielt. In seinen letzten Lebensjahren, schon unheilbar lungenkrank, erlag er der Leidenschaft einer tschechischen Verehrerin, die seine Frühwerke übersetzt hatte und ihn als Frau von hohem seelischem und geistigem Adel an sich zu ziehen versuchte. Der Ring der Einsamkeit um ihn schien doch noch zerbrechen zu können, er sah in Milena, deren Ehe in Auflösung war, ein erreichbares seltenes Glück vor sich und verlor sein gepeinigtes Ich entzückt an dieses andere Ich. Er schrieb ihr aus Meran: «Es ist die vollkommenste, schmerzhafteste Zauberei. Sie sind hier, genau wie ich und stärker; wo ich bin, sind Sie, wie ich und stärker. Es ist kein Scherz, manchmal denke ich mir aus, daß Sie, die Sie ja hier sind, *mich* hier vermissen und fragen: ‚Wo ist er denn? Schrieb er nicht, daß er in Meran ist?‘» Er verspricht ihr, sie in Wien zu besuchen, und sagt ihr das Bezauberndste, was eine Frau hören kann: «Ich sah heute einen Plan von Wien, einen Augenblick lang erschien es mir unverständlich, daß man eine so große Stadt aufgebaut hat, während Du doch nur ein Zimmer brauchst.» Sie kommen in Wien und Prag zusammen, die selige Torheit des Liebenden treibt ihn um, sein Dasein ist nur noch ein Warten auf ihre Briefe, die ihn glauben lassen, er werde am Leben bleiben, wenn ein zum Sterben Bestimmter durch Glück am Leben bleiben könne. Und leben bedeutet ihm nichts anderes mehr als «mein Gesicht in Deinen Schoß legen, Deine Hand auf meinem Kopf fühlen und so bleiben durch alle Ewigkeiten».

Dennoch ist in diesem Zauber von Anfang an etwas, was ihn zerstört. Kafka nennt es seine Angst, die an ihm einzig liebenswert und das Einzige sei, wofür er Liebe fordere. Die Angst um das Glück, das Milena ihm gab, war in seiner Krankheit begründet, aber durch diese allein nicht zu erklären. Schon früh schreibt er ihr: «Du gehörst zu mir, selbst wenn ich Dich nie mehr sehen würde». Bald darauf: «Und dabei liebe ich doch gar nicht Dich, sondern mehr, sondern mein durch Dich mir geschenktes Dasein.» Dieses «Mehr» ist der Stachel, der alle dichterische Liebe untergräbt, bei Kafka aber war es die schonungslose Einsicht in die Unhaltbarkeit aller Dinge. Auf Milenas Vorwürfe wegen dieser Angst erwidert er, es könne sein, daß sie jetzt beide verheiratet seien, «Du in Wien, ich mit der Angst in Prag und daß nicht nur Du, sondern auch ich vergeblich an unserer Ehe zerren». Immer deutlicher beginnt er die Freundin von sich abzuwehren; das Verhältnis verwirrt und trübt sich so sehr, daß schwer zu erkennen ist, ob er noch auf die Verbindung hofft oder die heftig Begehrende und oft Zornige mit raffinierten Künsten der Selbsterniedrigung und Quälerei von sich abschreckt. Eine erzwungene letzte Zusammenkunft bringt die innere Entscheidung, nach diesem unglücklichen Stelldichein schreibt er: «Kann man etwas noch einmal in Besitz nehmen? Heißt das nicht: es verlieren. Hier ist die Welt, die ich besitze, und ich soll hinüber, einer unheimlichen Zauberei zuliebe, einem Hokuspokus, einem Stein der Weisen, einer Alchymie, einem Wunschring zuliebe. Weg damit, ich fürchte mich schrecklich davor.»

Der Hokuspokus der körperlichen Vereinigung führt den Bruch herbei. Kafka wird grausam: «Du bist sehr unglücklich meinetwegen, sag es immer offener. Auf einmal geht es ja nicht, natürlich.» Mit einer Dialektik, der keine Frau gewachsen ist, hält er Milena vor: «Das Entweder-Oder ist zu groß. Entweder bist Du mein und dann ist es gut, oder aber Du gehst mir verloren, dann ist es nicht etwa schlecht, sondern dann ist gar nichts, dann bleibt keine Eifersucht, kein Leid, keine Bangigkeit, gar nichts. Und das ist ja gewiß etwas Lästerliches, so auf einen Menschen zu bauen, und darum schleicht ja auch dort die Angst um die Fundamente, aber es ist nicht die Angst um Dich, sondern die Angst, daß überhaupt so zu bauen gewagt wird.» Diese Angst schlägt wieder über ihm zusammen, vor ihr verfliegt die Illusion. «Das Nichts, von dem ich einmal schrieb, hat mich angeweht.» Die Unmöglichkeit der Ehe mit Milena ist ihm so klar, daß er sie in einem sakralen Bild ausdrückt: «Man ist eben als biblische Taube ausgeschickt worden, hat nichts Grünes gefunden und schlüpft nun wieder in die dunkle Arche.» Auch die Erinnerung an die einstige Seligkeit verdüstert sich zu einer kafkaschen Parabel, die bösartig übertreibend verrät, was in dem Mystiker der Gottesferne vorging, wenn die Geliebte ihn in ihren Armen für glücklich hielt. «Ich, Waldtier, war ja damals kaum im Wald, lag irgendwo in einer schmutzigen Grube (schmutzig nur infolge meiner Gegenwart, natürlich), da sah ich Dich draußen im Freien, das wunderbarste, was ich je gesehen hatte, ich vergaß alles, vergaß mich ganz und gar, stand auf, kam näher, ängstlich zwar in dieser neuen und doch heimatlichen Freiheit, kam aber doch näher, kam bis zu Dir, Du warst so gut, ich duckte mich bei Dir nieder, als ob ich es dürfte, ich legte das Gesicht in Deine Hand, ich war so glücklich, so stolz, so frei, so mächtig, so zuhause, immer wieder dieses: so zuhause – aber im Grunde war ich doch nur das Tier, gehörte doch nur in den Wald, lebte hier im Freien doch nur durch Deine Gnade, las, ohne es zu wissen (denn ich hatte ja alles vergessen), mein Schicksal von Deinen Augen ab. Das konnte nicht dauern. Du mußtest, und wenn Du auch mit der gütigsten Hand über mich hinstrichst, Sonderbarkeiten erkennen, die auf den Wald deuteten, auf diesen Ursprung und diese wirkliche Heimat, es kamen die notwendigen, notwendig sich wiederholenden Aussprachen über die ‚Angst‘, die mich (und Dich, aber Dich unschuldig) quälten bis auf den bloßen Nerv, es wuchs immer mehr vor mir auf, welche unsaubere Plage, überall störendes Hindernis ich für Dich war ... Ich erinnerte mich daran, wer ich bin, in Deinen Augen las ich keine Täuschung mehr, ich hatte den Traum-Schrecken (irgendwo, wo man nicht hingehört, sich aufzuführen, als ob man zuhause sei), diesen Schrecken hatte ich in Wirklichkeit, ich mußte zurück ins Dunkel, ich hielt die Sonne nicht aus, ich war verzweifelt, wirklich wie ein irregegangenes Tier, ich fing zu laufen an, wie ich nur konnte, und immerfort der Gedanke: ,wenn ich sie mitnehmen könnte!' und der Gegengedanke: ,gibt es Dunkel, wo sie ist?' Du fragst, wie ich lebe: so also lebe ich.»

Das Ende ist, daß Kafka die Freundin unerbittlich von sich stößt. Sein Ich, das einst durch das andere Ich ausgelöscht war, ist wieder zu sich gekommen und löscht nun umgekehrt jenes andere Ich aus. «Du schreibst, Du habest keine Hoffnung, aber Du hast die Hoffnung, vollständig von mir gehn zu können.» Briefe sind sinnlos geworden, da sie nicht an den Sinn dieser Begegnung rühren und nur «unvergängliche Schande» hervorbringen können. Alle Wünsche ändern daran nichts mehr. Kafka hört in Milenas Flehen jetzt eine «unwiderstehlich starke Stimme, förmlich Deine Stimme, die mich still zu sein auffordert». Seine Antworten bekommen einen schrecklichen Doppelsinn, nicht einmal die Trennung will er als solche gelten lassen, denn sie bedeutet ihm etwas anderes als ihr. «Ich nehme keinen Abschied. Es ist kein Abschied, es wäre denn, daß die Schwerkraft, die lauert, mich ganz hinabzieht. Aber wie könnte sie es, da Du lebst.»

Hier ist von keiner prophetischen Sendung, keinem Unterpfand einer dichterischen Berufung, keiner kirchlichen Botschaft mehr die Rede. Doch die Härte, mit der sich Kafka aus der Verstrickung in die Lust losreißt, zeigt unmißverständlich, daß er nicht aus Schwäche oder Zynismus so handelte. Ihm fehlte jeder Rückhalt an einer Tradition, er besaß nichts als die Erfahrung seiner Gottverlassenheit. Aber sein Ekel vor der körperlichen Liebe stimmte immer noch mit dem Grauen des Propheten überein, der sie als Hurerei verachtet, weil sie in seinen Augen Verrat an der geistigen Liebe ist. Das Geschlecht als Fluch der Verdammten: das ist nicht jüdisch, sondern asketisch gedacht, also auch nicht einfach dichterisch, sondern die Vision eines Mystikers. «Auch ist es vielleicht nicht eigentlich Liebe, wenn ich sage, daß Du mir das Liebste bist», schrieb Kafka einmal an Milena. «Liebe ist, daß Du mir das Messer bist, mit dem ich in mir wühle.»

ADELIGE LIEBE

I

Platons Erosphilosophie wurde im christlichen Abendland immer auch weltlich verstanden, weil sie so viel heidnische Sinnlichkeit enthielt. Sie verlangt keine asketische Abtötung, sondern spricht menschlich vom Menschlichen. Im platonisch Geliebten steht die Vollkommenheit leibhaftig da, und wenn seine göttliche Gestalt zeitweise von der Leidenschaft des Liebenden verdunkelt wird, verliert sie deshalb ihre Hoheit nicht. Daher kam es, daß diese Lehre im Hochmittelalter gleichzeitig eine geistliche und eine weltliche Erneuerung erlebte.

Die weltliche war der höfische Minnedienst, wie ihn des Andreas Capellanus Buch «De amore» lehrte und Dantes «Vita nuova» darstellte. Auf den Burgen begann man in den Tagen der Troubadours von einer hohen Liebe zu singen, die in vielem der my-stischen Gottesminne glich, aber die Frau als irdisches Wesen vergötterte und ihren Anbeter in einen irdischen Himmel erhob. Die Liebe galt auch den Troubadours als höchste im Menschen wirkende Kraft, die ihn seinem Ideal anglich; die Schönheit der unerreichbar hohen Frau war auch für sie das Ziel einer geistigen Sehnsucht, die mit alltäglicher Liebe und Ehe nichts zu schaffen hatte und wie die platonische Knabenliebe streng von dieser unterschieden wurde. Doch selbst für Jaufre Rudel, den Prinzen von Blaya, dessen legendäre Biographie dieses Ideal am reinsten spiegelt, wohnt die Dame der Traumliebe nur in räumlicher Ferne und ist nicht ganz unerreichbar. Er soll zuletzt als Kreuzfahrer zu seiner «princesse lointaine», die er liebte, ohne sie gesehen zu haben, ins Morgenland aufgebrochen und nach der Ankunft in ihren Armen gestorben sein, und sie soll aus Schmerz über seinen Tod den Schleier genommen haben. Diese berühmte Episode ist vielleicht nachträglich aus Jaufres Liedern an die unbekannte Geliebte ge-woben worden, denn solche Fernliebe entsprach der schwärmerischen Galanterie, die damals in den vornehmen Kreisen aufblühte und zu einem zarten Gesellschaftsspiel wurde. Es entstand aus ihr ein neuer Ton des Umgangs zwischen Herren und Damen, eine ritterliche Kultur. Die höfischen Romane schildern den Frauendienst als Einwei-hung in die Ritterschaft durch die Liebe, als Erziehung zum «hohen Mut», zur aus-dauernden Begeisterung für die adeligen Ideale. Der Ritter dient einer gesellschaftlich hoch über ihm stehenden, verheirateten Frau und erwirbt in ihrem Dienst die Tugen-den, die ihn würdig machen, in den Kreis der Erlesenen einzutreten. Er selbst ist häufig verheiratet, Gatte und Liebhaber in ihm sind zwei verschiedene Personen. Es gilt als Dogma, daß in der Ehe keine hohe Liebe möglich sei, weil in ihr die Schranke zwischen den Partnern fehlt. Die Liebe der Gatten steht tief unter der Sehnsucht der Liebenden und hat ihren tiefsten Sinn verloren. Nur der entbehrende, hoffende, kämpfende Ritter liebt vollkommen wie die großen vorbildlichen Paare: Dido und Aeneas, Tristan und Isolde. Er vergißt über diesem Dienst seine Ehefrau, die zu Hause seine Kinder aufzieht und seine Güter verwaltet. Die Prüfungen, die ihm auferlegt werden, lehren ihn alles opfern und nichts begehren, das Hohe um seiner selbst willen tun, dem reinsten Bild die reinste Treue bewahren.

Die Romane waren die Lehrbücher des Minnedienstes, die ritterliche Liebeslyrik seine praktische Anwendung. Auch das höfische Liebeslied ist sublimes Spiel und will die adelige Gebärde, die meisterliche Kunst der Idealisierung. In den schönsten Liedern Heinrichs von Morungen greift dieses Spiel noch einmal in die Traumsphäre hinüber, bei den meisten Deutschen aber hört man flehende Bitten um Erhörung, Jubel über die Gewährung oder Klage über den unfreiwilligen Verzicht. Nur bei den großen Trouba-dours konnte sich dieses Singen auf der platonischen Höhe erhalten; es wurde daraus sehr bald eine strahlend weltliche, dann eine preziöse erotische Sophisterei, zuletzt eine manierierte Liebespoesie ohne Liebe. Erst Petrarcas «Canzoniere» fand für die Minne wieder eine neue Tonart, indem er sie aus der ritterlichen in die humanistische Sphäre verpflanzte. Sein unerschöpfliches Thema ist immer noch das Verzichtenmüs-sen, die erzwungene Resignation, aber es ertönt hier in einer betörend neuen Melodie.

Auch Petrarcas Madonna Laura war eine verheiratete Dame, er hatte sie in einer Kirche von Avignon erblickt und fand bei ihr kein Gehör. Man hat allen Grund, zu vermuten, daß er deswegen nicht untröstlich war, sondern sich an der Gunst anderer Schöner und an der Pracht seiner Verse schadlos hielt. Als Laura durch die Pest weggerafft wurde, stieg ihr Bild noch einmal vor ihm auf, und nun schrieb er seine schönsten Sonette auf sie. Aber auch im zweiten Teil denkt er wahrscheinlich nicht immer an die tote Geliebte. Als ein Meister der Liebesklage weiß er, daß die Liebe auch in den Ohren der Weltkinder durch den sentimentalen Entsagungsschmerz erst den verführerischen Reiz erhält. Sein Schluchzen kommt ihm so wenig von Herzen wie das Bekenntnis zur Askese in den Gesprächen «De contemptu mundi».

Das Konzert der italienischen Liebespoesie und der durch sie geweckten Renaissance-lyrik ist eine tausendfache Variation dieser berauschenden Melodie. Sie schwelgt im ewigen Wechsel von Liebesjubel und Liebesgram, ihre Idealisierung der Frau kennt keine Grenzen. Die ganze Inbrunst des neuplatonischen Schönheitskults entlädt sich noch einmal in der Vergottung einer geliebten Person. Die Poeten überbieten sich im Prunk der Formen, in der Noblesse der Verse und in kostbaren Bildern, in denen sie die Schönheit der Umworbenen vergöttern, begehren und beweinen. Wie im Minnesang, wie in aller gesellschaftlichen Kunst bildete sich ein Vorrat stehender Motive, dessen Grundstock aus den antiken Autoren geschöpft war und von den lateinisch, italienisch und französisch dichtenden Lorbeerpoeten mit immer weiteren «concetti», «fiori», Metaphern und Emblemen bereichert wurde. Der Petrarkismus war eine literarische Tracht, die auch subalternen Schöngeistern äußerst vorteilhaft stand; aber man über-schätzt sie, wenn man die Schatzkammer nicht kennt, aus der sie sich bedienen. Die artistische Konvention schrieb ihnen nicht nur die Worte, sondern auch die Gefühle, die Themen vor: die Liebe als süße Bitternis, als Wonne der Hoffnung, als Qual der Hoffnungslosigkeit, als verzehrendes Gemisch aus Lust und Schmerz. Ungezählte Kränze von Sonetten, Kanzonen, Madrigalen wurden gewunden, um einem schönen Weib zu schmeicheln und es zu verführen. Sie sind vermodert bis auf die wenigen, in denen das Wort von der göttlichen Liebe keine Phrase war. Der alte Michelangelo ver-ehrt Vittoria Colonna als seinen Genius und weint, unerlösbar, über ihren Tod. Er preist die Liebe als die Schwinge, die die Seele aus den niedern Dingen zu Gott empor-trägt. Shakespeare läßt sich in seinem Sonettenzyklus aus dem süßen Himmel der Poetenliebe in den Kampf zwischen Wollust und Vernichtung fallen, und Ariosts «Ra-sender Roland» parodiert den Wahnsinn der verliebten Helden als Narretei.

Die galante Poesie des Barock treibt das zwischen Genuß und Verzicht schwankende Minnespiel der Modepoeten weiter. Sie weist keine solchen Gipfel mehr auf, denn alles ist jetzt vollends literarische Schablone, die Liebe der Tummelplatz ehrgeiziger Kava-liere. Auch die barocke Liebeslyrik berührt uns nur noch dann, wenn sie den Adel ech-ten Leidens streift. Ihr deutscher Meister Paul Fleming ist ein Don Juan, der als Frauen-liebling paradiert und viel tiefer in der Konvention steckt, als man auf den ersten Blick vermutet. Am echtesten wirkt auch er in den Strophen der Liebestrauer, die bei ihm keine metaphysische Sehnsucht, sondern die Melancholie eines Genießers ist. Der Reigen seiner vielen Freundinnen kreist um seine heißgeliebte Elsabe, die ihm versagt blieb und sich ihm in der Ehe mit ihrer Schwester zum Idol verklärte. Unter allen Namen meint er im Grunde sie, die Trauer um sie gibt seinen schönsten Versen den schmerzdurchzitterten Glanz. In dieser Form kennt auch die weltliche Erotik noch die visionäre Schwermut und Tiefe. Die nicht besessene und deshalb unvergeßliche Geliebte ist ihr höchster Gegenstand – keine Führerin zu Gott, aber doch ein über der Wirklichkeit schwebendes Ideal. Im Aufblick zu ihr bricht auch bei Fleming noch die Klage der verlassenen Isolde um ihr verlorenes Ich auf. Sie war in den Bildervorrat der Petrarkisten eingegangen und lag bei ihnen für die Verzweiflung des Genießers bereit.

> *Ich Unglückseliger! Mein Herze wird zerrissen,*
> *Mein Sinn ist ohne sich. Mein Geist zeucht von mir aus.*
> *Mein Alles wird nun nichts. Was wird doch endlich draus?*
> *Wär eins doch übrig noch, so wollt ich alles missen.*
> *Mein teuerster Verlust, der bin selbselbsten ich.*
> *Nun bin ich ohne sie. Nun bin ich ohne mich.*

Goethe war vor allem als Liebender ein Kind dieser Welt: nicht nur beschwörender oder mystischer Liebhaber eines unkörperlichen Urbilds, sondern den körperlichen Freuden der Liebe ergeben, die er früh erfuhr. Als Leipziger Student schlug er noch einmal den galant-frivolen Ton des Rokoko und bereits auch den der erotischen Enttäuschung an, die er als Liebhaber Käthchen Schönkopfs kennen lernte:

> *Das reinste Glück, das wir empfunden,*
> *Die Wollust mancher reichen Stunden*
> *Floh wie die Zeit mit dem Genuß.*
> *Was hilft es mir, daß ich genieße?*
> *Wie Träume fliehn die wärmsten Küsse*
> *Und alle Freude wie ein Kuß.*

Goethe war ein Kenner der Frauen, als er in Weimar einzog, und die Liebe zu Frau von Stein bedeutete ihm trotz aller Askese, die sie ihm auferlegte, keine mystische Initiation, sondern eine Schule der Verweltlichung. Er nahm aus der Hand dieser streng in englischer Etikette erzogenen Hofdame das aristokratische Wesen an. Nur eine Frau konnte ihn dazu bekehren. Sie verkörperte ihm nicht die christliche, sondern die heidnische Seite des Platonismus, der er als Liebhaber Charlottes ihren Adel zurückgab. «Möge die Idee des Reinen, die sich bis auf den Bissen erstreckt, den ich in den Mund nehme, immer lichter in mir werden», schrieb er ihr. Er ließ sich von ihr erziehen, Unarten abgewöhnen und «Haltung» beibringen, er rang an ihrer Seite um die Gelassenheit – den «unendlich reinen Mittelzustand ohne Freud und Schmerz» –, die nicht nur das Ideal der Mystiker, sondern auch der adeligen Geister ist. Sein Seelenbündnis mit dieser unglücklichen vornehmen Frau war der letzte höfische Minnedienst auf deutschem Boden, und die als «Lida» Verklärte trat in die Reihe der weiblichen Idole, die von Jaufre Rudels ferner Geliebter über Günthers Leonore und Hölderlins Diotima zu

Stifters fast körperlosen Frauenbildern führt. Die Hymnen der frommen Läuterung, die Goethe ihr zu Füßen legte, preisen nicht die mystische, sondern die adelige Überlegenheit über das Weltgetriebe: «Selig, wer sich vor der Welt ohne Haß verschließt.» Auch Iphigenie ist keine mystische, sondern eine adelige Gestalt. Wohl wird Lida in den an sie gerichteten Liedern platonisch als Sternbild gerühmt, das durch des Nordlichts bewegliche Strahlen schimmert. Aber schon das schönste, am Anfang dieser Freundschaft stehende – «Warum gabst du uns die tiefen Blicke» – enthüllt ein dunkles Leiden an dieser Liebe, das auf ihr Ende vorausdeutet.

Die elfjährige Treue zu Charlotte von Stein war für Goethe nur eine Episode. Er brach auch sie, als ihre Zeit erfüllt war. Indem er sie dichterisch gestaltete, befreite er sich von ihr – von diesem magischen Gesetz machte auch sie keine Ausnahme. Im «Tasso» revoltiert das sinnliche Begehren gegen die geistige Liebe und zerstört das weibliche Götterbild. Tasso findet in der still entbehrenden, im Schmerz gereiften Prinzessin das Urbild seiner Sehnsucht:

> *Mit meinen Augen hab ich es gesehn,*
> *Das Urbild jeder Tugend, jeder Schöne;*
> *Was ich nach ihm gebildet, das wird bleiben.*

Aber er mißversteht das Glück, das ihm die hohe Freundin lächelnd verheißt. In einer furchtbaren Szene wirft er sich ihr an den Hals, sie flieht entsetzt, er schimpft sie eine Buhlerin und fällt gebrochen an die Schulter seines Todfeindes. Als Goethe diese Szene schrieb, hatte er sich in Rom bereits zur sinnlichen Körperfreude bekehrt und bei Christiane das Glück gefunden, mit dem er die Weimarer vor den Kopf stieß. Die Römischen Elegien preisen die Nacktheit im Schatten der antiken Götter, an der Seite eines unschuldig und herrlich atmenden Liebchens, den göttlich erfüllten Augenblick, der Faust versagt bleibt.

Die orthodoxe platonische Liebe des klassizistischen Zeitalters war in der bürgerlichen Epoche nur noch ein Motiv der Salonpoeten und Literaten. Wieland wußte genau über sie Bescheid, er entlarvte sie als einen heiligen Schwindel oder trieb sein ironisches Spiel mit ihr. In einem kleinen Poem «Die erste Liebe» sagt er von dieser:

> *Was hat dies Leben, das Dir gleicht,*
> *Du schöner Irrtum schöner Seelen?*
> *Wo ist die Lust, die nicht der Erden Wonne weicht,*
> *Wenn von den göttlichen Clarissen und Pamelen,*
> *Von jedem Ideal, womit die Phantasie*
> *Geschäftig war, in Träumen uns zu laben,*
> *Wir nun das Urbild sehn, sie nun gefunden haben,*
> *Die Hälfte unser selbst, zu der die Sympathie*
> *Geheimnisvoll uns hinzog – sie,*
> *Im süßen Wahnsinn unsrer Augen*
> *Das Schönste der Natur!*

Im «Oberon» darf der Ritter Hüon die schöne Kalifentochter nicht berühren, damit das entzweite Geisterkönigspaar sich wieder versöhnen kann. Der Bruch des Gelübdes führt die Liebenden in Prüfungen, die erst auf dem Scheiterhaufen in Tunis enden, wo sie sich wiederfinden und mit ihrer Treue auch in der Feenwelt den Frieden wieder herstellen. Aber das alles ist nur ein witzig-wehmütiges Spiel. Der Grundgedanke – Treue als ein Naturgesetz der Liebe, als Glück durch die Vernunft – geht in frivolen Abenteuern und Arabesken unter; Geister und Feen springen helfend bei, sobald das Spiel Ernst zu werden droht. Erst als Greis schlug Wieland das Thema der Entsagung ernster an, nun stellte er die Liebe als die flüchtigste unter allen schönen Illusionen des Erdenlebens dar. Er wurde im Park von Oßmannstedt zwischen seiner guten Gattin und Sophie Brentano, der letzten seiner vielen Seelenfreundinnen, begraben. So friedlich hatte er sich immer zwischen irdischer und himmlischer Liebe zurechtgefunden.

Vollends die griechische Knabenliebe konnte im bürgerlichen Zeitalter nur noch durch ihre Tragik geadelt werden. Sie war ja das Verbotene schlechthin, kein Zeichen des Auserwählten mehr, der nach dem höchsten Gut der Erde ringt. Winckelmanns heroischer Schwung hing damit zusammen, daß er auch mit Platons Männerliebe Ernst machte, zu der er körperlich prädestiniert war. Sie nährte seine geistige Leidenschaft mit antiker Sinnlichkeit, stürzte ihn aber auch in schwere, nur mühsam verhehlte und nie verwundene Leiden. Der Lehrer der Schönheit entbrannte heimlich für die Schönheit seiner Schüler und feierte mit ihnen Feste wie jene nächtliche Besteigung des Vesuvs bei Fackelschein, wo die Enthusiasten nackt «wie die Zyklopen» und mit verbrannten Fußsohlen die ganze Nacht bei der glühenden Lava saßen, Tauben brieten und Südwein zechten. Aber auch Winckelmanns Ende durch den Dolchstoß eines Mörders hing mit dieser Männerliebe zusammen. Bei den Späteren war sie meist nur fatales Verhängnis, ein Naturzwang, der sie ächtete und unglücklich machte, das Kennzeichen des sterilen Ästhetentums. Wie schwer kämpft Platen in seinen Tagebüchern um die reine Schönheit, und wie unfruchtbar bleibt sein Kampf! Nur in den seltenen Versen, wo er die Unstillbarkeit seiner Sehnsucht nach ihr ausspricht, streift ihn die dichterische Gnade. Aber selbst in «Tristan» zittert etwas vom Fluch seiner Unfruchtbarkeit:

> *Wer die Schönheit angeschaut mit Augen,*
> *Ist dem Tode schon anheimgegeben,*
> *Wird für keinen Dienst auf Erden taugen,*
> *Und doch wird er vor dem Tode beben,*
> *Wer die Schönheit angeschaut mit Augen!*

Auch Leopardi bewies, daß der doktrinäre Platonismus jetzt die Sache der Epigonen war. Als vom Leben ausgeschlossener junger Mensch steigerte er sich in einen hochgestimmten Schönheitskult hinein, besang wie Klopstock die nirgends auf Erden existierende Geliebte seiner Seele und betete zu diesem körperlosen Ideal. Auch er sah eines Tages dieses Urbild greifbar vor sich. Es war die schöne Fanny Targioni, zu der er in Minne entbrannte. Er rühmte sie als «einen neuen Himmel, eine neue Erde» und verstieg sich bis zur Verherrlichung des Liebestodes. Aber diese Inbrunst hatte keinen

Bestand; es kam zum Zerwürfnis, vielleicht deshalb, weil der Liebhaber zurückgewiesen wurde. Nun tat Leopardi, was seine ganze Künstlerexistenz erklärt: er nahm an der Angebeteten eine perfide Rache, indem er sie in dem Gedicht «Aspasia» höhnisch als seine Geliebte bloßstellte und damit absichtsvoll ihre Ehre zerstörte. Der Liebende umarme immer nur sein Traumbild, sagt er darin hochfahrend und gut platonisch; es sei die ewige Beschränktheit der Weiber, daß sie die Schönheit des Ideals nicht ahnten, das ihnen unterschoben werde. So nehme auch er nun dieses Ideal wieder an sich und überlasse die unwürdig Verehrte sich selbst. Diese Handlungsweise zeigt, daß er auch seelisch ein Unterlegener des Lebens war[1].

2

Das bürgerliche Zeitalter besaß keinen Mythus der Liebe mehr, weder einen himmlischen noch einen irdischen. Ihre Heiligkeit wurde lächerlich, ihr Adel verdächtig, ihr Zauber verbrecherisch. Die hohen Formeln des Platonismus waren ausgeleiert, die Grenzen zwischen hoher und niederer Liebe nirgends mehr sichtbar gezogen, dichterische Liebe gewagter als je. Aber das Wunder der Liebe selbst war auch jetzt noch jeden Morgen neu. Wer von ihm ergriffen wurde, durfte und mußte dafür einen persönlichen Ausdruck seiner Gefühle finden, und vom Dichter war mit der großen Tradition auch die Last der gesellschaftlichen und literarischen Schablonen abgefallen. Nun zeigte sich grausam klar, daß die Liebe desto dichterischer ist, je mehr Schmerz sie überwindet, und wie haarfein in ihr die Grenze zwischen Verzicht aus Stärke und Verzicht aus Schwäche verläuft. Die Weihe der hohen Liebe offenbarte sich nicht mehr nach überlieferten Regeln, sondern von Fall zu Fall, im ungewöhnlichen Verhalten der Liebenden und besonders in der Art ihres Unglücks. Denn für den bürgerlichen Dichter blieb von Platons Lehre nur das Leiden an der Schönheit übrig.

Dem Schlesier Johann Christian Günther gab das Schicksal körperliche Schönheit und eine früh erwachte brennende Sinnlichkeit mit, und sie führten schon ihn, den ersten großen bürgerlichen Liebesdichter deutscher Zunge, in Not und Verzweiflung. Nach den ersten Liebesspielen stand ihm in Eleonore Jachmann, der sechs Jahre älteren schönen Schwester eines Freundes, die große Liebe seines Lebens gegenüber. Sie flößte dem Gymnasiasten eine Leidenschaft voll Glück und Qual ein; er zitterte wegen eines legitimen Freiers und mußte ständig die Entdeckung des Verhältnisses fürchten, die damals gefährliche Folgen hatte. Das Studium der Medizin entfernte ihn von Eleonore nach Wittenberg und Leipzig; hier dichtete er im Kreis lustiger Freunde ausgelassene kleine Trink- und Liebeslieder, wurde berühmt und tröstete sich bei einer leichtsinnigen Schönen über sein materielles Elend. Sie war mit einem Spießer verlobt, Günther

---

[1] Karl Voßler sagt in seiner Leopardi-Biographie 342 (1930): «Man sieht, um wieviel wichtiger diesem Künstler die Rundung seines Stils als das Wohlbefinden seines Gemütes und – leider – die weibliche Ehre seiner Geliebten war ... Die Konzeption des Gedichtes, auch seine Ausgestaltung kann selbstverständlich nur als Kunstwerk, nicht als sittliche oder unsittliche Handlung beurteilt werden.» So selbstverständlich ist das nicht, wenn man sieht, wie Größere in gleicher Lage handelten und was daraus entstand.

übernahm sie aus den Armen eines Freundes, indem er sie als Arzt kurierte. Er scheute sich, sie bei ihrem Namen zu nennen, denn sie hieß gleichfalls Leonore. Das aufreibende Zwischenspiel mit dieser Koketten, die ihn betrog und höhnisch sitzen ließ, leitete Günthers Tristanirrfahrt fern von seiner Seelenführerin ein. Seine Schönheit war jetzt durch die Blattern entstellt, aus seinen frechen Freudenliedern gellte heimliche Verzweiflung und Todesangst. Er erharrte und erzwang ein Wiedersehen mit Eleonore Jachmann, sie verziehen sich gegenseitig, und Günther schrieb Lieder des wiedergefundenen Glücks, die zum Schönsten in seiner Lyrik gehören. Aber das Glück hielt nicht stand, die beiden wurden sich wieder fremd. Die Hindernisse ihrer Vereinigung türmten sich immer höher, so daß er im Siechenhaus zu Lauban verhungernd die Geliebte in aller Form frei erklärte. Leonore wurde von ihren Verwandten zum Verlassen des Landes gezwungen; er vernahm, sie habe sich verheiratet, verlor den Glauben an sie und ließ sich zu der Verlobung mit einer bereits enttäuschten Pfarrerstochter verleiten, die ihm den Ersatz des Glücks bot: bürgerlichen Frieden und moralische Rehabilitierung. Er kroch zu Kreuz und unternahm den fünften vergeblichen Bittgang zu seinem Vater, er begann sich selbst zu verlieren. Im schlesischen Landshut begegnete er der dritten Leonore, einer unglücklich verheirateten Kaufmannsgattin und Mutter mehrerer Kinder. Seine Freundschaft mir ihr erregte ein so wüstes Geschwätz, daß er mitten im Winter ohne Abschied aus Landshut verschwand. Beim sechsten Besuch daheim verfluchte ihn der rasende Alte feierlich, und dazu kam der Fluch über seine große Liebe. Das Gerücht war falsch gewesen, Leonore Jachmann hatte nicht geheiratet, sondern blieb ihr Leben lang unvermählt. Günther erfuhr es nicht, er starb in einer Täuschung. Seine Trauer über die vermeintlich Verlorene ist der reinste Ausdruck seines Liebesschicksals.

In seinen Liedern fließen alle diese Erlebnisse zur einen großen Leonorenliebe zusammen, deren wechselnde Masken ihn zum großen Dichter erzogen. Sie durchläuft alle Stadien der Leidenschaft von der stürmischen Unruhe bis zum höchsten Glücksjubel, der sich im leuchtenden Genuß, im lässig tändelnden und frivolen Spiel vergißt und dann in Zweifel, Eifersucht, Verzicht und wilde Verzweiflung umschlägt. Am großartigsten sind auch hier die Stadien des Unglücks gestaltet, vor allem das letzte Verzagen und Zusammenbrechen beim endgültigen Verlust Leonore Jachmanns. Da fällt alles sinnliche Begehren von Günther ab, er starrt in sein schwarzes Schicksal, versteht es und nimmt es als die Erfüllung seiner Liebe hin. Er verzichtet auf das wirkliche Glück und erkennt im Schatten der Hochgeliebten den Traumbesitz, den er nicht verlieren kann. Hier, am Schluß des dritten Buches, löst sich auch seine Sprache zur adeligen Natürlichkeit einer neuen Poesie. Manche dieser Strophen fließen so frei und wahr, daß sie vom jungen Goethe zu stammen scheinen:

> *Mein Gott, wie ist die Zeit entronnen!*
> *Was hast du, Herz, von aller Lust?*
> *Dies, daß du Reu und Leid gewonnen*
> *Und wissen und entbehren mußt.*

Dieser letzte Günther ist völlig einsam und zu Tode betrübt. Sein Herz hat ausgeblutet, er blickt, mit der Welt und den Widersachern versöhnt, auf seinen Schmerzensweg zurück und gibt sich Rechenschaft vom Sinn seiner Leiden. Das Bild Leonores schwebt über ihm und schenkt ihm die endliche Ruhe. Der Sieg über alle Trübsal ist das Beste, was er ihr verdankt.

Echt war die Liebe in der Bürgerwelt nur dort, wo ein innerlich Erschütterter ohne große Worte seinem Idol die Treue hielt und für sich eine persönliche Form des Minnedienstes erfand. Ihre einzigen Kriterien waren jetzt das reine Herz und die Freiwilligkeit des Verzichts. Wo man sie findet, verblassen alle Unterschiede des Standes und der Sprache. Ein so Geweihter war der schlichte Johann Peter Hebel. Er liebte als Vikar die schöne, kluge Pfarrerstochter Gustave Fecht in Weil bei Lörrach und kannte keinen schöneren Traum als den, an ihrer Seite im heimatlichen Wiesental als Pfarrer alt zu werden. Aber er hatte immer neue Gründe zur Hand, um die Verbindung hinauszuzögern. Er meinte, sein Geld reiche nicht aus, und ließ Gustave sitzen. Er wurde Beamter in Karlsruhe, wo er nicht einmal mehr seine angeborene Mundart sprach und sich nie heimisch fühlte. Nach über zwanzig Jahren schrieb er noch: «Ich bilde mir etwas drauf ein und gelte etwas bei mir, daß ich mich nun bis ins dritte Decennium hinein als Fremdling hier ansehe und ein heimlich mutterndes und bruttlendes Heimweh in mir herumtrage und weinen kann, so oft ich den ärmsten Teufel auf der Welt, einen Oberländer Rekruten, sehe.» Einsam und hypochondrisch saß er in seiner städtischen Etagenwohnung, wo er nur einen Baum über der Hofmauer sah, und spielte etwa Karten mit der abwesenden Freundin, wobei er sie gewinnen ließ, indem er sich selbst betrog und ihr die Stiche zuschob. Er trauerte um sie, aber ein Schuldgefühl scheint er ihr gegenüber nicht gekannt zu haben. In dieser Abgeschiedenheit schrieb er die «Alemannischen Gedichte». Im Lauf der Jahre wurden seine Besuche in der Heimat seltener, später hörten sie ganz auf. Als er mitten in seinem schönsten Dichten, im Jahr 1801, wieder einmal nach Hertingen kam, waren dort viele Bekannte fort, und die Jungen kannten ihn nicht; darüber schrieb er an Gustave: «Ich hatte etwas von der Empfindung, wie wenn ein Verstorbener nach hundert Jahren wiederkäme und den Schauplatz seines verwehten Lebens wieder besuchte.» Das ist das Thema seiner schönsten Erzählung, des «Unverhofften Wiedersehens». Als lebendig Tote empfanden sich auch Grillparzer, Stifter, Mörike, Leopardi, Flaubert, aber bei Keinem von ihnen klärte sich die Lebenstrauer zu so durchsichtigem Glanz.

Hebels Einsiedleridylle war noch ein Stück vom Seelenfrieden einer untergehenden Welt. Die Dichter des neunzehnten Jahrhunderts erkauften ihre innere Treue mit größeren Opfern und wurden gefährlicher durch die Stimmen der Welt bedrängt. Auch Stifters große Liebe war ein Dienst am Göttlichen, aber das zweite Seelenpferd machte ihm schwer zu schaffen. Er liebte als armer Student die schöne, reiche Fanni Greipl in Friedberg, die ihn im Schwarm ihrer Verehrer bevorzugte und sich heimlich mit ihm verlobte. Das Glück selber, die Seele seiner geliebten böhmischen Heimat stand damals vor ihm, und auch er ließ das Glück fahren. Seine Verlobung mit Fanni machte ihn nicht glücklich; es kam zu Verstimmungen, Auseinandersetzungen, Quälereien, an denen meist er schuld war. Fannis Familie sah zum Rechten und brachte die Tochter dazu, auf diesen unsicheren Liebhaber zu verzichten und einen Beamten zu heiraten. Bis dahin wäre Stifter die Hand Fannis sicher gewesen, wenn er ihren geldstolzen Eltern gegenüber mit der Überzeugung des liebenden Mannes aufgetreten wäre. Den Ausschlag gegen ihn scheint ein «Experiment» gegeben zu haben, das er anstellte, indem er aus «gekränkter Eitelkeit» mit einer andern Freundin renommierte. Es war Amalie Mohaupt, eine Wiener Putzmacherin, die es ihm sinnlich angetan hatte. In einem unerhörten Brief bat er Fanni nach dem Bruch, seine Liebe wieder anzunehmen. Er habe Amalie nur aus Verzweiflung über ihren, Fannis, Verlust die Ehe versprochen und an diesem Tag unendlich um Fanni geweint, denn er liebe die andere nicht und könne sich an ihren Küssen nur freuen, wenn er sich Fannis Lippen dazu denke. «Sagst du aber, du liebest mich nicht mehr, so will ich es leiden, wie auch das Herz wehe tue, und will nur allein dich zur Braut meiner Ideen machen und dich fort lieben, bis an meinen Tod.»

Dieses Gelübde wurde gehalten. Fanni Greipl starb an der Geburt ihres ersten Kindes und wurde die «Braut seiner Ideen», Amalie Mohaupt aber wurde Stifters phantasielose Gattin mit den vielen schlechten Launen, die ihm immer unebenbürtig blieb. Zunächst versuchte Stifter sein Elend im Ton von Jean Pauls Galgenhumor loszuwerden. Er spottete über den Narren in sich, «der sich nur ein einzig Mal recht überschwenglich mit universumsgroßem Herzen werfen möchte an ein ebensolches unermeßliches Weiberherz, das fähig wäre, einen geistigen Abgrund aufzutun, in den man sich mit Lust und Grausen stürzte – und eine Trillion Engel singen hörte – Jesus Maria! ich könnte mich mit ihr Arm in Arm in den Niagarafall stürzen – aber sie sind Gänse, die derlei für Fantasterei ausgeben – und bei Ypsilanti nette Schmiseln kaufen.» Diesen Ton schlug er auch noch in seinen ersten Novellen an. In den «Feldblumen» trägt er eine tolle Philosophie der romantischen Phantasieliebe vor, die die hohe Minne im Hohlspiegel der Ironie reflektiert, aber im Grund tiefernst gemeint ist. «Da fällt mir ein närrischer Gedanke ein. Außerordentlich schwärmerische Menschen, Genies und Narren sollten gar nicht heiraten, aber die erste Liebe äußerst heiß, just bis zum ersten Kuß treiben – und dann auf und davon gehen. Warte nur mit dem Zorne, die Gründe kommen. Der Narr nämlich und das Genie, und der besagte schwärmerische Mensch, tragen so ein Himmelsbild der Geliebten für alle künftigen Zeiten davon, und es wird immer himmlischer, je länger es der Fantasie vermählt ist; denn bei dieser ist es unglaublich gut aufgehoben; die Unglückliche aber, der er so entflieht, ist eben auch nicht unglücklich, denn solche herrliche Menschen wie der Flüchtling werden meist spottschlechte Ehegemahle, weil sie über vierzig Jahre immer den ersten Kuß und die erste Liebe von ihrer Frau verlangen und die dazu gehörige Glut und Schwärmerei – und weil er ihr nicht durch die Flucht so zuwider wird, wie er es als Ehemann mit seinen Launen und Überschwenglichkeiten würde, sondern sie sieht auch durch alle Zukunft in ihm den liebenswürdigen, schönen, geistvollen, starken, göttergleichen Mann, der sie gewiß höchst beseligt hätte, wenn er nur nicht früher fortgegangen wäre. Und ist eine solche Fantasie-Ehe nicht besser und beglückender, als wenn sie beide im Schweiße des Angesichts an dem Joche der Ehe tragen und den verhaßten Wechselbalg der erloschenen

Liebe langsam und ärgerlich dem Grabe hätten entgegenschleifen müssen? – Bei Gott,
Titus, da ich auch so ein Stück eines Fantasten bin, so wäre ich im Stande, wenn ich die
Unbekannte je fände, mich immer tiefer hineinzuflammen, und wenn dann einmal
eine Stunde vom Himmel fällt, wo ihr Herz und mein Herz entzündet, selig ineinander
überstürzen – – – dann sag' ich ihr: ,Nun drücken wir auf diese Herrlichkeit noch das
Siegel des Trennungsschmerzes, daß sie vollendet werde, und sehen uns ewig nicht
mehr – sonst wird dieser Augenblick durch die folgende Alltäglichkeit abgenützt, und
wir fragen einst unser Herz vergeblich nach ihm; denn auch in der Erinnerung ist er
verfälscht und abgesiecht.'» Der Briefschreiber der «Feldblumen» lebt auf diese Weise
als «Kebsmann» mit dem Bild der von ihm getrennten Angela zusammen, dichtet ihm
nach Belieben seine Wünsche an und schwört ihm ewige Treue, als er erkennt, daß
Angela nicht sein werden kann. «So will ich ihr Bild bewahren als das schönste Geister-
kleinod, was mir in diesem Leben begegnete.» Er stößt aber die wirkliche Angela kna-
benhaft beleidigt von sich, als er sie auf einer vermeintlichen Untreue ertappt. In der
Urfassung fließt die Klage Isoldes aus seiner Feder: «Nicht *sie, mich* habe ich verloren –
oder ich bin irre an mir.» Hier stellte Stifter seinen eigenen Abfall von Fanni Greipl dar.

Er suchte sich von seiner Schuld an ihr zu befreien, indem er die Ehe mit Amalie zu
einem Hort des Friedens, seine Kunst immer mehr zu einem Werkzeug der Läuterung
machte. Alle Leidenschaft erschien ihm jetzt als unsittlich, seine unsittlich begonnene
Ehe wurde für ihn zur täglichen Schule des Verzichtens. Daß sie kinderlos blieb, empfand er als eine Strafe des Himmels, besonders als er auch seine zwei Ziehtöchter nacheinander schrecklich verlor. Diese Kinderlosigkeit wurde immer mehr das große Unglück seines Lebens, das er in seiner Kunst zu vergessen suchte. Der Abstand zwischen
seiner dichterischen und seiner bürgerlichen Existenz erweiterte sich unerträglich. Er
konnte ihn nur dichtend überbrücken, in der Wirklichkeit wiederholte sich an ihm
Tristans Ehe mit der falschen Isolde – so genau wie in Mörikes verfehlter Ehe. Er dachte
an die Verlorene und lebte mit der Ungeliebten. Dort die erlauchte Schönheit der
Werke, hier die philiströse Wirtschaft an der Seite Amaliens mit den statt der Kinder
verhätschelten Hunden, den üppigen Schmausereien, dem gewitterhaften Wechsel
von Zank und übertriebener Zärtlichkeit. Wie hätte er Amalie ihre Unfruchtbarkeit
nicht zum Vorwurf machen sollen, und wie wäre es möglich gewesen, daß nicht jeder
seiner Vorwürfe zur Selbstanklage wurde? Als Stifter, schon schwer krank, wenige
Jahre vor seinem Tod im Bayrischen Wald von einem tagelangen schweren Schnee-
sturm eingeschneit wurde und ihn eine panische Angst überfiel, brach das Schuldgefühl in seinen Briefen an Amalie erschütternd hervor. Er leistete ihr Abbitte für alles,
was sie seinetwegen gelitten habe, nahm für alle Verstimmungen ihrer Ehe die Schuld
auf sich und gelobte ihr heilig Besserung. Aber noch diese Worte schillern in furcht-
barer Zweideutigkeit. «Ich wäre ja ruhig, es wäre ja alles recht, wenn diese schreckliche
Liebe nicht wie eine Strafe Gottes auf mir läge. Es muß wirklich eine Strafe des Himmels
für begangene mir nicht mehr erinnerliche Sünden sein, daß ich dich gar so liebe. Welch
gutes Leben wäre es ohne diese Liebe. Ich könnte sein, wo ich wollte, ohne mich zu
sehnen und ohne mich abzuquälen. So aber denke ich immer an dich, möchte nur ein

Wort mit dir reden können, möchte nur einen Blick deiner lieben Augen sehen und möchte wissen, ob du gesund, ob du heiter bist.»

Bei Gottfried Keller liegt die Tragik unter dem brummigen Junggesellentum seines Alters verschüttet. Der «Grüne Heinrich», der die Geschichte von Kellers Unglück in der Liebe erzählt, gibt Aufschluß über die Gewalt der Leidenschaft, die ihn in der Jugend erschütterte. Ihre Dämonie ist selten so dargestellt worden wie in jenem Kapitel «Das eiserne Bild», das Heinrichs durch Dortchen Schönfund verursachte Liebeskrankheit beschreibt. Seine große Liebe ist die schöne junge Bäuerin Judith, die Erlebnisse mit dieser herrlich erfundenen Phantasiegestalt enthüllen Kellers Innerstes. Heinrich liebt gleichzeitig sie und die todgeweihte kindliche Anna; er läßt sich auf ein seltsames Doppelspiel mit den beiden Frauen ein, die ihm die geistige und die sinnliche Form der Liebe verkörpern, und wird von beiden verlassen, weil er sich nicht zwischen ihnen entscheiden kann. Seine Liebe zu Anna krankt an dem Eigensinn, mit dem er diese bald scheu umwirbt, bald verletzend von sich stößt. Die ersten Küsse, die er ihr gibt, sind der Tod seiner knabenhaften Verzauberung und rufen in ihm eine «sonderbare Verwandlung» hervor. «Die Küsse erloschen wie von selbst, es war mir, als ob ich einen urfremden, wesenlosen Gegenstand im Arme hielte, wir sahen uns fremd und erschreckt ins Gesicht, unentschlossen hielt ich meine Arme immer noch um sie geschlungen und wagte sie weder loszulassen noch fester an mich zu ziehen. Mich dünkte, ich müßte sie in eine grundlose Tiefe fallen lassen, wenn ich sie losließe, und töten, wenn ich sie ferner gefangen hielt; eine große Angst und Traurigkeit senkte sich auf unsere kindischen Herzen.» Dieses Zurückbeben wiederholt sich gegenüber Judith. In der schwülen Frühlingsnacht, wo Heinrich von der schönen Witwe in ihrem Haus bedrängt wird, durchkreuzt der Gedanke an Anna auch diese Verführungsszene. Er macht sich im verfänglichsten Augenblick aus Judiths Armen los, sie entläßt ihn lächelnd, «daß es mir schneidend weh tat, mich frei zu fühlen», und er forttaumelnd nicht weiß, ob er als Sieger oder als Narr heimgeht. «Ich fühlte mein Wesen in zwei Teile gespalten und hätte mich vor Anna bei der Judith und vor Judith bei der Anna verbergen mögen.» Dieser Riß ist die Wunde, an der Heinrich in der ersten Fassung des Romans zugrunde geht. Denn so wie seine Liebe ist sein Verhältnis zum Leben: er wagt es «weder loszulassen noch fester an sich zu ziehen». Der alte Keller ersann dafür das Gleichnis, daß er Judith wieder zurückkehren und zur mütterlichen Freundin Heinrichs werden ließ. Judith ist mehr als die «Verkörperung der Natur», sie ist das Urbild, mit dem der vereinsamte Keller gleich Hebel und Mörike hauste. Andersen stellte seine Glücklosigkeit ironisch im Märchen vom «Standhaften Zinnsoldaten» dar, Spitteler deklamierte in seiner heroisch-trivialen «Imago» noch einmal das Bekenntnis zur platonischen Liebe. Verglichen mit diesen, erscheint der «Grüne Heinrich» wie ein letzter, bürgerlich gekleideter Mythus der platonischen Liebe.

Bei Südländern verläuft die Grenze zwischen Sinnlichkeit und Verzicht anders als im Norden. Auch Asketen schließen sich in Frankreich oder Italien selten als Unschuldige in ihre Zelle ein. Aber auch hier lassen sich Arten und Grade der Entsagung unterscheiden. Stendhal gleicht als Hagestolz und großer Kenner der Liebe Grillparzer, aber er war kein ekstatischer Träumer wie dieser, sondern ein unersättlicher und von Melancholie geplagter Don Juan wie Fleming. Er lebte mit dreiundzwanzig Jahren in Marseille bereits mit einer Geliebten zusammen und besaß später in Frankreich, Italien, England, Deutschland zahllose Frauen, Gräfinnen wie Schauspielerinnen und Dirnen. Dennoch war er ein Dichter der Entsagung, der seine Romane als enttäuschter, früh gealterter, kranker und sehnsüchtiger Eigenbrödler schrieb. Seine große Liebe, die Mailänderin Mathilde Dembowska, die er als den lebenden Genius der Renaissance-malerei verehrte, blieb ihm versagt, und sie allein konnte er nicht vergessen. In Erinne-rung an die Begegnung mit ihr schrieb er sein graziöses Buch «De l'amour», das alle moralische Heuchelei verschmäht und eben deshalb tief unglücklich ist, wie nur ein mondäner Genießer unglücklich sein kann. Es gibt «la description circonstanciée de toutes les phases de la maladie de l'âme nommée amour». Für Stendhal ist die Liebe eine bezaubernde, lebensgefährliche seelische Krankheit, die aus der Melancholie erst ihre volle Schönheit gewinnt. Er kennt die Traurigkeit dieses Leidens, aber er nimmt sie nicht tragisch, sondern als einen Bestandteil des Naturphänomens Liebe. «L'amour est une fleur délicieuse, mais il faut avoir le courage d'aller le cueillir sur les bords d'un précipice affreux. Outre le ridicule, l'amour voit toujours à ses côtés le désespoir d'être quitté par ce qu'on aime, et il ne reste plus qu'un dead blank pour tout le reste de la vie.»

In Balzac ist der visionäre Zug stärker ausgeprägt, daher auch die Rolle des eroti-schen Idols deutlicher sichtbar. Er liebte das brausende Leben der Stadt Paris, die ihn als Spiegelbild des Universums berauschte. Diese Vision machte ihn zum «Galeeren-sklaven der Feder und der Tinte», weil er sie in das geschriebene Wort seiner zahllosen Bücher verwandeln mußte. Es gab Zeiten, wo er täglich achtzehn Stunden hinterein-ander arbeitete, dann stöhnte er: «Ich habe nur die Aussicht auf den Sarg, aber die Arbeit ist ein schönes Leichentuch.» Er lechzte wie Tantalus nach den Genüssen, die er als lebendig Begrabener verherrlichte, und kannte rasende Versuchungen, seine Ge-fangenschaft zu durchbrechen. Dann und wann gönnte er sich eine kurze Pause, wo er einige Tage in der Stadt verbummelte und sich an Mahlzeiten labte, bei denen er phantastische Mengen von Leckerbissen verzehrte. Wie mußte die Frau aussehen, die dem Hunger eines solchen Anbeters des Lebens gewachsen war? Nur die Königin von Saba konnte ihm genügen. Sie mußte zugleich fern und nah, erreichbar und unerbitt-lich, wirklich und geträumt sein. Genau so war sie beschaffen, als sie sich zeigte.

Als schon fast vierzigjähriger Mann erhielt Balzac die anonyme Zuschrift einer Ver-ehrerin, die sich als «L'Etrangère» unterzeichnete. Er entbrannte sofort für sie und be-stürmte die Unbekannte fast ein Jahr lang, ohne nur ihren Namen zu kennen, mit den Ausbrüchen seiner Sehnsucht, in denen er alle geniale Narrheit seines Herzens vor ihr ausschüttete. Dann wurde das Märchen Wirklichkeit; die Fremde kam aus Rußland nach Europa und stellte ihm ein Zusammentreffen in der Schweiz in Aussicht. Er mußte das Unmögliche möglich machen und in zehn Tagen mit blitzschnell geschriebenen Büchern hundert Louisdors verdienen, um reisen zu können. In Neuchâtel traf er sie, und sie gab sich ihm hin. Es war Eva von Hanska, die Gattin eines schwerreichen Grafen in der Ukraine, die schon mehrere Kinder geboren hatte, aber noch eine jugendliche

Rubensschönheit mit herrlich schwarzem Haar und einem sinnlichen, etwas grausamen Mund vorstellte. Die beiden gelobten sich, den Tod des Grafen abzuwarten, um sich zu heiraten. Balzac war außer sich; er sah sich als Herrn der ukrainischen Güter, in seinem Arbeitszimmer hing eine Ansicht des Schlosses zu Wierzchownia, wo die Hanskis wohnten. Er wollte selbst reich, berühmt, mächtig werden, um Eva zur Herrin von Paris machen zu können. Er grüßte sie: Ave, Eva! und schrieb ihr endlose Briefe, die von banalem Pathos triefen und in denen er sie völlig verblendet in den Himmel erhebt. «Ich liebe dich, wie man Gott liebt, wie man das Glück liebt», heißt es in einer seiner berauschten Litaneien.

In Wahrheit wartete seiner ein Martyrium. Er mußte ungeheure finanzielle Anstrengungen machen, um der Lage gewachsen zu sein. Das zweite Stelldichein in Genf finanzierte er mit einer geschäftlichen Transaktion, die ihn zur Lieferung von zwölf großenteils ungeschriebenen Büchern verpflichtete. Später brachte er oft trotz aller Fron das Geld für die Reise zu Eva nicht zusammen, weil er in den Händen der Gläubiger war und sich im Hinblick auf seine Heirat mit luxuriösen Anschaffungen in Schulden stürzte. Oft litt er Not, während seine Geliebte, ohne Verständnis für seine Lage, ihr feudales Leben weiterführte und ihn mit ihren hochmütigen Launen quälte. Er zehrte von den kargen Proben der Seligkeit, die ihm jetzt schon vergönnt waren. Nach herrlichen Tagen in Wien sah er Eva sieben Jahre nicht mehr, weil sie wieder in ihrer «Weizenwüste» lebte. Nach zehn Jahren solchen «seelischen Verheiratetseins» starb Graf Hanski, aber sie zögerte die Erfüllung des Versprechens unter immer neuen Vorwänden hinaus. Balzac mußte sich weitere sieben Jahre gedulden, bis er sie im Mai 1850 als seine Gattin in eine prunkvolle Pariser Wohnung führen konnte. Wenige Wochen darauf starb er. Das Trugbild hatte seinen Dienst getan.

Noch deutlicher zeigt sich der mystische Zug dieses verweltlichten Platonismus bei Flaubert. Sein Junggesellentum hatte eine ähnliche Vorgeschichte wie das Kellers, wenn er auch auf einem sinnlicheren Weg zu ihm kam. Auch er blickte zeitlebens zu einem Idol auf, das schwesterliche Züge trug, aber es existierte wirklich wie bei Balzac. Es war Marie Schlesinger, die elf Jahre ältere Gattin eines Musikverlegers, die er als Knabe am Strand von Trouville, wo seine Eltern jeden Sommer weilten, zum erstenmal gesehen hatte. Damals brachte er einmal ihren Mantel vor der Flut in Sicherheit, sie dankte ihm im Speisesaal des Hotels dafür, und er erzitterte vor ihrer marmornen Schönheit. Die Erinnerung daran senkte sich unverlierbar in ihn. Als er zwei Jahre darauf wieder in Trouville war, lebte er ganz in der verzehrenden Sehnsucht nach jener Gestalt, wanderte im Geist mit ihr durch Wälder und Felder, stand mit ihr am Meer, sprach mit ihr und hörte sie sprechen. Mancher junge Mensch erlebt das einmal, aber Flaubert kam nicht davon los. Seine Schattenliebe änderte im Lauf der Jahre ihr Antlitz, besonders als er Marie näher kennen lernte, aber sie blieb ihm der Inbegriff der Schönheit, Liebe und Güte, zu dem er in jeder Bedrängnis seine Zuflucht nahm. In Maries Ehe war ein Geheimnis, das er nicht ahnte. Sie war damals in Trouville noch gar nicht Schlesingers rechtmäßige Frau gewesen; es scheint, daß dieser vulgäre Mensch sie dort eben erst ihrem Mann, der in einem Ehrenhandel kompromittiert war, als Preis für seine moralische Rettung abgemarktet hatte. Die schmutzige Wirklichkeit wurde erst später von den Biographen Flauberts aufgedeckt, die sich nicht genug darüber wundern können, daß er eine solche Frau unberührt ließ. Marie wurde sein Schutzgeist, wie Judith der von Gottfried Kellers Grünem Heinrich und Gretchen der Fausts. Sie rettete ihn vor dem Versinken im Zynismus und lieh ihm die Farben zu aller Schönheit, die er schuf. Wenn er einmal sagte, er habe keine Frau wahrhaft besessen, alle seien für ihn Stellvertreterinnen einer erträumten Geliebten gewesen, so meinte auch er damit die Eine, deren Bild er sich rein erhalten hatte.

Flaubert war alles andere als unwissend, als er sich in seine Einsiedelei zu Croisset zurückzog, um als der «letzte Kirchenvater», der «père Cruchard von den Barnabiten» sein Leben der Kunst zu opfern. Fast zehn Jahre lang war die schöne Dichterin Louise Colet seine Mätresse; er traf sie von Zeit zu Zeit zwischen Rouen und Paris, bis ihr Verhältnis durch Louises Eifersucht zerstört wurde. In Ägypten ließ er sich zu den Hetären führen; die Erinnerung an die schönste von ihnen in der Nähe von Luxor, an ihren Tanz und die bei ihr verbrachte Nacht, ließ eine «tristesse infinie» in ihm zurück. Daraus formte sich die Gestalt der Salammbô, in der die alles ergreifende und zermalmende Urmacht der Geschlechterliebe dargestellt ist. In der «Madame Bovary» zeigt sich diese Macht in bürgerlichem Gewand, aber wieder durch Augen gesehen, für die es keine Illusionen mehr gibt. Nach dem Bruch mit Louise Colet suchte Flaubert keine körperliche Liebe mehr. Das Idol von Trouville trat seine Alleinherrschaft an und schwebte ihm in der Hölle und im Fegefeuer seiner Liebesdichtungen vor – in einen Himmel konnte es ihn nicht führen. Die Hölle glüht in der «Salammbô», das Fegefeuer in den Phantasien der «Tentation de Saint-Antoine», die durch den unauslöschlichen Eindruck von Breughels Bild in Genua angeregt und während eines Vierteljahrhunderts in drei Fassungen gedichtet wurde. Sie läßt ermessen, welche Stürme der Gier das Bild Maries beschwichtigen mußte. Ein Höhepunkt in der Flut ihrer Lust- und Angstträume ist das Auftreten der Königin von Saba, die als berückendes Phantom auf einem weißen Elefanten mit ihrem Hofstaat den Anachoreten besucht, wie wenn er Salomo wäre, und ihn, halb Königin, halb Dirne, mit atemraubenden Verheißungen verführen will: «Je ne suis pas une femme, je suis un monde.» Die Entzauberung dieses Zaubers schildert die «Education sentimentale», die Geschichte von Flauberts hoher Liebe. Madame Arnoux ist die in vielem porträtgetreue Verkörperung Marie Schlesingers. Der Schluß dieses Buches erzählt, wohl nach einer wirklichen Begebenheit, wie über die beiden Liebenden zuletzt doch noch die Leidenschaft hereinzubrechen droht und die gealterte Frau sich dem müde und skeptisch gewordenen Freund hingeben will, aber von diesem verschmäht wird.

Die Schuld

DER DICHTER ALS ANGEKLAGTER

Es gibt keine Tragik ohne Schuld. Sie kann verschieden verstanden werden, aber vorhanden ist ihr Schatten überall, wo Tragik ist. Nur wer die Anklage gegen den Dichter hört und gelten läßt, nimmt seine Tragik ernst und schreibt die Geschichte der Dichtung vollständig. Der Dichter ist schon immer für viele eine fragwürdige Erscheinung gewesen, und die gegen ihn erhobenen Vorwürfe haben ihn selbst nicht gleichgültig gelassen.

Im zwanzigsten Jahrhundert klagt man ihn von allen Seiten an, er scheint sein Lebensrecht endgültig zu verlieren. Wer ihn noch blindlings verteidigt, beweist nur, daß er die Lage der Dinge nicht ahnt. Der Dichter steht öffentlich unter Anklage, weil er unzweideutig fehlbar geworden ist. Am meisten wird heute von seiner politischen Schuld gesprochen. Man wirft ihm vor, er habe die Sache der Freiheit verraten und die im Stich gelassen, die für eine bessere politische Ordnung kämpften, als es noch Zeit war. Das heutige Geschlecht hat ein nie für möglich gehaltenes politisches Versagen seiner literarischen Größen erlebt. Berühmte Autoren stellten sich in der Stunde der Entscheidung als Feiglinge, schlaue Spekulanten, käufliche Dirnen heraus. Seither ist ein Mißtrauen gegen die Dichter erwacht, das lange Schatten in die Vergangenheit zurückwirft. Man glaubt zu sehen, daß sie auch früher allzuoft, aus Feigheit oder Gewinnsucht, ungerechten Herren folgten, die Taten verbrecherischer Machthaber beschönigten, mit den Feinden des Fortschritts paktierten. Homer war von Achill geblendet, Dante vom Kaiserthron, Goethe von Napoleon. Im neunzehnten Jahrhundert ließen sich viele Schriftsteller vom falschen Patriotismus benebeln, der den nationalen Hochmut züchtete und Europa zugrunde richtete. Nach allem, was daraus entstanden ist, wiegt dieser politische Verdacht schwer.

Nicht geringer erscheint vielen die soziale Schuld der Literatur, seitdem Pestalozzi und Tolstoj auf sie hingewiesen und versucht haben, sie gutzumachen. Dem Dichterberuf haftet heute das Odium des sozial Unverantwortlichen an. Er führt zur hochmütigen Absonderung von der Gemeinschaft, zum Schmarotzertum am Tisch der Besitzenden, besonders dort, wo dem Ideal des Sängers und Poeten nachgelebt wird. Die Last der sozialen Ungerechtigkeit, die man in der Geschichte sich häufen und lawinenartig anwachsen sieht, ruht zu einem guten Teil auf der Literatur. Sie hat dieses Unrecht verteidigt oder verschwiegen, sie hat viel schwer verzeihliche Gleichgültigkeit gegenüber der Not der Menschen und dem Treiben ihrer Bedrücker gezeigt. Dem einmal argwöhnisch Gewordenen scheint es, als sei die Schriftstellerei zu allen Zeiten auch ein Mittel gewesen, um bequem zu den Gütern zu kommen, die sich andere durch lebenslanges Arbeiten verdienen müssen. Wie mancher Autor wurde durch seine Feder ein reicher Mann und diente dem Mammon statt der Kunst! Die Marxisten sehen in der

Geistesgeschichte überhaupt nur diesen Sündenfall und im Ruin der bürgerlichen Welt eine wohlverdiente Strafe auch für ihre Dichter und Künstler.

Hinter dieser Ablehnung steht die These der modernen Philosophie, daß der Dichter einen durch die Entwicklung des menschlichen Geistes überholten Typus darstelle. Am folgenschwersten wurde dieser Gedanke von Hegel vertreten, der damit allen Feinden der Romantik, der Vision und Inspiration die geistigen Waffen lieferte. Er erklärt in seiner «Ästhetik»: «Die Kunst ist nach der Seite ihrer höchsten Bestimmung für uns ein Vergangenes» und sagt das Ende der Dichtung voraus. Nietzsche wiederholte diese Kritik und diese Prophezeiung. Er rief nicht nur: «Gott ist tot», sondern auch: «Die Kunst ist tot», und hielt ihr mehr als eine leidenschaftliche Grabrede. Seither verstummen diese Einwände nicht mehr. Sie sind ja schon in Platons Staatslehre ausgesprochen. Man kann sie als Hochmut der Philosophen gegenüber der Kunst abtun. Aber ebenso alt ist die Feindschaft der Priester und Propheten gegen sie.

Jesaias Haß gegen die Sänger in den Palästen und gegen die falschen Propheten, die nur den «Trug ihres Herzens» weissagen, lebte auch in der christlichen Kirche. Besonders erbittert regte er sich seit der Renaissance, seitdem die absolute Hoheit der Kunst verkündigt wurde und die italienischen Humanisten mit Vorliebe obszöne Motive behandelten, um ihre moralische Freiheit zu beweisen. Der Glanz des klassizistischen Zeitalters wurde durch das Wüten der Inquisition gegen diese Selbstherrlichkeit der Kunst und Wissenschaft verdunkelt. In den protestantischen Ländern wetteiferten Orthodoxe und Sektierer im Muckertum gegenüber der Kunst, in den katholischen stießen mittelalterliche Weltangst und neuzeitliche Weltlust mit ungeheurer Wucht zusammen. Im klassischen Paris lauerten nicht nur die Jesuiten, sondern auch die frommen Kreise um Port-Royal auf die moralischen Blößen der weltlichen Literatur, kein Geringerer als Pascal prangerte sie an. Racine mußte sich mit Gegnern streiten, in deren Augen Theaterstücke und Romane Teufelswerk waren und die ihn im Namen des Christentums einen «empoisonneur public» schimpften. «Ne semble-t-il pas que l'on sort du christianisme, quand on entre à la comédie?» fragte ihn Du Bois öffentlich. «On n'y voit que la morale des païens, et l'on n'y entend que le nom des faux dieux.» Man weiß heute nichts mehr von dieser erbitterten Gegnerschaft und von den Vorwürfen, die ein Racine von seinen religiösen Widersachern zu hören bekam. «Quoi! vous comparez l'église avec le théâtre!» donnerte ihn dieser Du Bois an, «les divins cantiques avec les cris des bacchantes! les saintes écritures avec des discours impudiques! les lumières des prophètes avec les imaginations des poètes! l'esprit de dieu avec le démon de la comédie! Ne rougissez-vous pas et ne tremblez-vous pas d'un excès si horrible?... Je vois bien que tout vous est égal, la vérité et le mensonge, la sagesse et la folie, et qu'il n'y a rien de si contraire que vous n'ajustiez dans vos comparaisons.» Die Weltkinder in den Salons hatten für solchen Eifer nur ein höhnisches Lächeln. Aber Racine wurde durch ihn an sich selber irre. Auch Calderon ließ sich als gefeierter Bühnendichter zum Priester weihen und zog sich seither immer mehr auf das geistliche Theater und den geistlichen Beruf zurück. Dem greisen kirchlichen Würdenträger sah niemand mehr den Dichter der «Dame Kobold» an, und das kam nicht nur davon her, daß er alt geworden war. Der Vorwurf, daß er mit der Wahrheit nur spiele, hat für jeden großen Dichter etwas Erschütterndes.

Goethe machte in seiner Jugend dieselbe Anfechtung durch, bevor er den Mut fand, sich zum Dämonischen zu bekennen. Seine Studentenfreundschaften mit Männern und Frauen aus pietistischen Kreisen trieben ihn in einen schweren Konflikt. Er war nahe daran, zu glauben, daß Dichtung Sünde sei und daß er zwischen ihr und dem Christentum zu wählen habe. Er verdankte den frommen Jugendfreunden die große religiöse Wendung seines Schaffens, insbesondere die Kenntnis der mittelalterlichen Theosophie und Magie, ohne die der «Faust» nicht denkbar gewesen wäre. Die Schönheit des pietistischen Lebensideals zog ihn bis ins Alter, bis zur Gestalt der Makarie in den «Wanderjahren», immer wieder an. Aber er ließ für seine Person das Christliche wie das Griechische nur als Gegenstand der dichterischen Gestaltung gelten, und Lavater und Herder waren nicht die einzigen, die ihm deshalb nicht folgen konnten. Das ganze orthodox-christliche Deutschland versagte ihm die Gefolgschaft und sah in ihm das Haupt der Gottlosigkeit. Unter den christlichen Kritikern Goethes ragt Kierkegaard hervor, der mit seiner abfälligen Einschätzung alles Ästhetischen und seiner Unterscheidung «zwischen einem Apostel und einem Genie» der modernen theologischen Kunstkritik das Rüstzeug geliefert hat. Er riß den Abgrund zwischen Kunst und Religion wieder auf, den das Zeitalter des Idealismus überbrückt hatte, und predigte den fundamentalen Unterschied zwischen den Kategorien des Ästhetischen, Ethischen und Religiösen. Der Künstler steht in Kierkegaards Augen auf der untersten Staffel zur Wahrheit, er gelangt nicht über die «Naseweisheit» des sündigen Menschen hinaus, weil seine Aussagen keine «Autorität» besitzen wie die des Apostels. Der Dichter ist ihm ein Schauspieler, ein Held der Phantasie, der vom Guten nur träumt und sich an der Tat berauscht, ohne je die Kraft zu ihr zu finden, ein «unglücklicher Liebhaber» der Wahrheit und des rechten Lebens. Die Läuterung durch die Kunst, an die Goethe und Schiller glauben, wird von diesem radikalen Christen als faule Ausflucht vor der sittlichen Entscheidung gebrandmarkt. Ästhetische Größe ist ihm moralische Unverantwortlichkeit. In den «Stadien auf dem Lebenswege» wirft er der Dichtung eine verächtliche Unfähigkeit vor, die Wirklichkeit des Lebens zu erkennen und den Menschen mit ihr zu versöhnen[1].

Kierkegaards Ausfälle haben einen bösartigen, kleinlichen Unterton, dem man anhört, daß dieser Kritiker aus seiner eigenen Not eine Tugend macht. Auch Nietzsches Einwände gegen die Dichtung (vor allem in «Menschliches, Allzumenschliches») sind nicht frei von diesem Ressentiment, da ihnen ja eigene Anläufe zur Dichtung vorangingen und nachfolgten. Er spielte die Kritik ins Psychologische hinüber, in die lächelnde Entlarvung des Genies. So rechnete er mit seinem Götzen Wagner ab und im Anschluß daran mit dem Künstlermenschen überhaupt. Er verband die moralische Verdächti-

---

[1] Die heutigen Schüler Kierkegaards führen diese Kritik weiter, so Ferdinand Ebner in «Das Wort und die geistigen Realitäten» (1921), C.-E. Magny in «Les sandales d'Empédocle» (1945), Ignaz Zangerle in «Die Bestimmung des Dichters» (1948). Für die deutsche Literaturwissenschaft ist sie durch Walther Rehms «Experimentum medietatis» (1947) aktuell geworden.

gung mit dem Hohn des Rationalisten, der im Namen der modernen Wissenschaft das Todesurteil über die Phantasie sprach, und vertrat damit eine Ansicht, die ihren Eindruck nicht verfehlte. «Die Dichter lügen zu viel», konstatierte er, sie täuschen Leidenschaften vor und erreichen es immer wieder, daß der «Aberglaube vom Genie» nicht ausstirbt, obschon er ein Atavismus ist. Denn die Dichter stecken noch in den Kinderschuhen der Menschheit und hindern den Fortschritt. Mit dem Ende der Religion ist auch das der Kunst gekommen. Die Wissenschaft allein kann der aufgeklärten Menschheit als Führerin dienen.

Ganz unzweideutig, gewaltig naiv und erschütternd sprach dann aber Tolstoj in seinen Bekehrungsschriften, besonders in «Was ist die Kunst?» von 1898, das Verdammungsurteil über die Dichtung aus. Er tat es aus wahrem religiösem Ernst, denn er tat als erfahrener großer Künstler. Er legte vor aller Welt die Maske des Dichters ab und zeigte ihr sein wirkliches Gesicht: das eines von allen Leidenschaften gehetzten, von Eitelkeit und Hochmut verwüsteten Menschen, der seinen geistigen und sittlichen Bankrott eingestand und behauptete, so schlecht wie er seien alle von der Kulturmenschheit bewunderten Genies gewesen. Seine ungeheure Selbstanklage erscheint heute wie das Vorspiel zu den niederschmetternden Enttäuschungen, die das zwanzigste Jahrhundert an so vielen Koryphäen der Literatur erlebte. Seither liegt die sittliche Anklage gegen die Dichtung in der Luft, mögen die Ästheten sie auch ignorieren.

Die Berechtigung der moralischen Anklage wurde von den Verteidigern des Dichters indirekt meist dadurch zugegeben, daß sie ihn sittlich reinzuwaschen versuchten. Riemer behauptet, um böswillige Gerüchte über Goethe zu entkräften, dieser sei «ein vollkommen sittlicher Mensch, da niemand ein guter Dichter, ein guter Autor sein kann, ohne zugleich ein guter Mensch zu sein», und erzählt zum Beweis, wie Goethe in allen Dingen Reinlichkeit, Ordnung und Anstand geliebt, alle Anarchie und Unreinheit aber gehaßt habe. Diese Antwort ist falsch. Zweifellos hat es große Dichter gegeben, die nach moralischen Begriffen nichts weniger als gute Menschen waren. Lope de Vega besitzt ein Sündenregister, das sich auch im barocken Spanien sehen lassen kann. In den Akten des Prozesses, den der Schauspieldirektor Velasquez wegen seiner Tochter gegen ihn führte, spielt er als Lügner, Verleumder und Weiberheld eine recht üble Rolle. Der vor Rachsucht gegen seine frühere Geliebte Tobende wurde damals unter Androhung der Todesstrafe auf acht Jahre aus Madrid verbannt. Das waren Jugendstreiche, aber später wurde es nicht besser mit ihm. Als Vertrauter des Herzogs von Sessa und Liebhaber berüchtigter Weibsbilder führte er trotz seinem geistlichen Habit ein Schandleben. Das Schlimmste leistete er sich als alter, stadtbekannter Liebhaber einer schönen jungen Kaufmannsgattin in Madrid, als er seiner Freude über den plötzlichen Tod ihres Mannes in einem gemeinen Spottgedicht auf den Toten Ausdruck gab. Er selbst sagte auf dem Sterbebett, er gäbe allen Beifall, den er geerntet habe, gern hin für eine einzige gute Handlung mehr in seinem Leben.

Das moralische Ärgernis wird dem Dichter in der bürgerlichen Welt am schwersten angerechnet, weil ihre Moral nur noch auf einer für jedermann gültigen gesellschaftlichen Übereinkunft beruht. Wer sich um diese nicht kümmert, stellt ihren Fortbestand in Frage, sei er ein noch so großer Mann. Bei den Bürgern haben auch Shakespeare, Goethe und Homer immer wieder moralischen Anstoß erregt. Nicht nur die geistlichen, auch die weltlichen Wächter der Moral haßten und bekämpften das Genie, weil es in seinen Werken den Leidenschaften und Lastern das Wort redete und oft selbst einen liederlichen Lebenswandel führte. Wo kein moralischer Verdacht möglich war, forderte doch die Person des Dichters im Ganzen oft genug die Kritik heraus. Sein Hang zur Absonderung, zum Verzicht auf das naive Leben, das die Mehrheit führt, weckte Mißtrauen und richtete sich gegen seine Menschlichkeit überhaupt. Die Einsamkeit wurde ihm als Abkehr von der Gemeinschaft, als Mangel an Menschenliebe ausgelegt. Dieser Vorwurf war der bitterste von allen und wog um so schwerer, als ihn die Dichter selbst gegeneinander erhoben. Petrarca nennt Dante eine «rücksichtslose Natur ohne Menschlichkeit» und gibt Beispiele dafür. Dante selber fürchtet im Jenseits besonders die Strafe für seinen Hochmut und zeiht sich auf dem Läuterungsberg des Stolzes. Goethe war seit der Übersiedelung nach Weimar, noch mehr seit der Rückkehr aus Italien wegen seiner Kälte und Diplomatie verschrien. Er wußte es, es beschäftigte ihn; er plante im Alter einen Roman «Die Egoisten», in dem er zeigen wollte, «daß die Meisterschaft oft für Egoismus gilt». Jean Paul zeichnete im «Titan» (der ursprünglich «Das Genie» heißen sollte) das ganze klassische Weimar als eine Hochburg dämonischen Machtstrebens und meinte sowohl Goethe als Schiller, wenn er eine Hauptgestalt des Romans «einen Cherub mit dem Keime des Abfalls» nannte, einen, «der nichts lieben konnte, nicht sein eignes Herz, kaum ein höheres, einen von jenen Fürchterlichen, denen es gleich gilt, welches Menschenblut sie hingießen, ob fremdes oder ihres». Von Schiller schrieb er nach der ersten persönlichen Begegnung: «Seine Gestalt ist verworren, hart, kräftig, voll Ecksteine, voll scharfer, schneidender Kräfte, aber ohne Liebe.» Der alte Stendhal war als böser, unheimlicher Mann gefürchtet. Balzac gab seinem Sekretär, als dieser ihn über die tödliche Krankheit seines Vaters unterrichtete, zur Antwort: «Das ist alles schön und gut, mein Lieber, aber kehren wir zur Wirklichkeit zurück, sprechen wir von Eugénie Grandet.» Von Tolstoj, dem Apostel der urchristlichen Nächstenliebe, der in der «Kreutzer-Sonate» alles körperliche Begehren radikal verurteilt, behauptete seine Frau, er habe das Gefühl der Liebe nicht gekannt, nur sinnliche Gier. Auch Turgenjew sagte von ihm: «Dieser Mensch hat niemanden geliebt.» Dostojewskij war eine Karamasow-Natur. Wenn sie durchbrach, konnte er zügellos sinnlich und eifersüchtig sein, brutal gehässig, maßlos jähzornig und bösartig bis zum Sadismus. Sein Biograph Strachow sah, wie er einen Diener derartig beschimpfte, daß dieser ausrief: «Ich bin doch auch ein Mensch!» Die Beispiele ließen sich endlos fortsetzen.

DICHTERISCHE SCHULD

Nicht nur die Welt klagt die Dichter an, sie selber tun es. Die Schuld an ihrem politischen, sozialen, menschlichen Unglück fällt nicht einfach auf ihre Zeit zurück, sie liegt auch auf ihnen. Die Großen wissen es, und ihre Selbstanklagen gehen oft über alles hinaus, was von außen gegen sie vorgebracht werden kann. Das Dichtersein selbst wird von ihnen als Schuld erkannt, mit einer Leidenschaft und Klarheit, die nur dem Schuldigen möglich ist.

Die tiefste Schuld des Dichters besteht darin, daß seine Liebe nicht auf die Menschen, sondern auf die Dichtung gerichtet ist. Das bedeutet scheinbar dasselbe wie: auf seine Person. Aber darin täuschen sich die Kritiker. Beim echten Dichter macht diese Versündigung auch vor der eigenen Person nicht halt. Wer dichterisch lebt, lebt nicht menschlich, er vergeht sich gegen die Ordnung der Natur und gegen die eigene Menschlichkeit. Die Schuld ist mit dem Kunstwerk verbunden; daß dieses vorhanden ist, beweist, daß auch sie existiert. Die Konzentration auf das Werk ist immer auch ein Akt der Selbstzerstörung. Sie verlangt die Unterdrückung persönlicher Wünsche, die Abkehr vom normalen Ausleben der Gefühle. Der Vernichtungstrieb ist ja ohnehin geheimnisvoll mit der Liebe verbunden. Dichter sind nicht nur imstande, ein Kunstwerk hervorzubringen, sondern auch, ihm alles zu opfern. Darauf beruht ihre Moral und ihre Politik, ihr Reichtum und ihr Glück. Sie wollen Frucht tragen, Werke produzieren – das ist ihre auszeichnende Eigenschaft, die allem andern vorangeht. Mit dieser Anlage müssen sie sich zwischen zwei Opfern entscheiden: dem ihres menschlichen Glücks und dem ihres Dichtertums. Sie entscheiden sich für das erste, kein Dichter kann sich anders entscheiden.

Schöpferisch zu leben – etwas zu schaffen, was von niemand sonst geschaffen werden kann –, ist ein ungeheures Glück. Aber dieses Glück sieht in der Nähe anders aus, als Riemer und seinesgleichen ahnen. Dichter sind nicht gut, sie können es nicht sein. Sie sind es nicht im moralischen, sondern im tragischen Sinn. Gut sind die Heiligen, sie überwinden das Böse und behalten den Schmerz. Die Dichter überwinden den Schmerz und behalten das Böse. Deshalb sind sie auch nicht glücklich, denn glücklich ist man nur, soweit man gut ist. Die Heiligen muß man darnach messen, ob sie glücklich sind, die Dichter darnach, wie sie an ihrer Lebensschuld leiden. Wer dem Schmerz entgeht, verfällt in das Böse, wer dem Bösen entgeht, verfällt dem Schmerz. So stehen der Heilige und der Dichter nebeneinander.

Die Hingabe an das Werk schließt den Dichter von der Umwelt aus und erzeugt Charakterschwächen, die notwendig auftreten, wo ein persönliches Interesse alles andere überwiegt. Mit Ehrgeiz, Herrschsucht, Machtgier quält der von seinem Werk Besessene oft die Menschen um sich oder richtet sie zugrunde, mit Eitelkeit, Neid, Schmähsucht macht er oft Gleichstrebenden das Leben schwer. Je mächtiger die schöpferische Kraft, desto rücksichtsloser bringt sie sich zur Geltung. Goethe hat mehr als ein unglückliches Dichterschicksal auf dem Gewissen. Er hätte auch Schiller auf dem Gewissen, wenn er bei diesem nicht auf einen ebenbürtigen Machtwillen gestoßen wäre. Ihrer Freundschaft ging ein langes Ringen zweier Gewaltnaturen voraus, und Schiller schrieb in dieser Zeit von der «ganz sonderbaren Mischung von Haß und Liebe», die Goethe in ihm erweckt habe. «Öfters um Goethe zu sein, würde mich unglücklich machen; er hat auch gegen seine nächsten Freunde kein Moment der Ergießung, er ist an nichts zu fassen; ich glaube in der Tat, er ist ein Egoist in ungewöhnlichem Grade ... Ich betrachte ihn wie eine stolze Prüde, der man ein Kind machen muß, um sie vor der Welt zu demütigen.»

Es ist sinnlos, dies alles zu beschönigen oder zu leugnen. Sinnvoll dagegen ist es, den Maßstab zu suchen, an dem diese Untugenden gemessen werden müssen. Gut und Böse haben hier nicht dieselbe Bedeutung wie anderswo. Aus diesem Unrechttun geht der Reichtum der Kunst hervor. Die moralischen Fanatiker haben die Skandalprozesse gegen Flaubert und Baudelaire angezettelt und Goethe der Ermordung Schillers geziehen, weil sie nicht imstande waren, den Sinn der Kunst und das Gesetz ihrer Entstehung zu begreifen. Sie denken in zu engen Begriffen. Shakespeare sagt im 121. Sonett über sie:

> *Falsch ist ihr Leben, rein vielleicht das meine,*
> *Ihr schnöder Sinn kann nicht mein Richter sein.*

Der Christ Gotthelf läßt einen Pfarrer sagen: «Und wie es mit den Wesen sei, so sei es auch mit den Kräften; wie bös die auch seien, Gott spanne sie in seinen Pflug und pflüge damit sein Ackerfeld, daß es grüne und Früchte trage. Wenn man alles wegtun wollte auf Erden, was der Geiz, der Neid, die Ehrsucht usw. getan, es würde armselig aussehen auf Erden.» Der Atheist Flaubert sagte im Hinblick auf Mussets moralische Verlotterung: «C'est que, hélas! le vice n'est pas plus fécondant que la vertu, il ne faut être ni l'un ni l'autre, ni vicieux, ni vertueux, mais au-dessus de tout cela.»

Erst wenn die falschen Begriffe abgewehrt sind, tritt das wahre Problem der dichterischen Schuld ans Licht. Sie bleibt ein Geheimnis und muß in ihrem Dunkel bleiben. Nur wo sie sich selbst enthüllt, darf sie betrachtet und als Zeichen dafür genommen werden, was sie im Ganzen bedeutet. Das Wissen um sie ist der tiefste Schmerz des Dichters. Sie ist nicht überall dieselbe und wird nicht von allen gleich verstanden und gleich getragen. Den gemeinsamen Grundton bildet die Versündigung gegen die Liebe, weil ohne Liebe kein Mensch leben kann und weil es für ihre Zerstörung am wenigsten Verzeihung und Trost gibt. Manches Lebenswerk wurde aus der nagenden Reue über eine Schuld geschaffen, die nicht gutzumachen war, die nur sinnbildlich gesühnt oder in besinnungsloser Arbeit vergessen werden konnte. Dieser Schmerz schmiedet den Dichter fester als alles andere an den Schreibtisch. Schaffend trägt er seine Schuld am Leben ab. Nur abtragen, nicht tilgen kann er sie, denn sie wächst im Schaffen immer neu.

FORMEN DER SCHULD

I

Am dunkelsten ist die menschliche Schuld mit dem magischen Dichtertum verbunden. Orpheus' Schuld an Eurydike ist die Voraussetzung seiner ganzen Kunst: er stört ihre Totenruhe und besitzt doch nicht die Kraft, sie ins Leben zurückzuführen. Wird ein solcher Zauberer überhaupt imstande sein, seine Verfehlung einzusehen? Er kennt ja nur den Kreislauf seiner Gefühle durch die Extreme von Verzückung, Ernüchterung und Verzweiflung. Da gibt es kein Gut und Böse, nur Rausch und Erwachen, Hoffnung und Angst. Der Magier müßte sich selbst von außen betrachten, oder ein anderer muß ihm von außen zusehen, wenn die sittliche Norm für ihn überhaupt Geltung erhalten soll. Er selbst bleibt ihr entzogen, solange seine magische Kraft spielt, weil er seine Schuld fortwährend in Dichtung verwandelt.

So stellt sich das Schuldproblem bei Goethe. Es ist bei ihm so unauflöslich mit dem dichterischen Schaffen verflochten, daß die wenigsten sein Vorhandensein ahnen oder anders als mit phrasenhaften Wendungen zugeben. Nur für den jungen Goethe läßt man gelten, daß er unter dem Druck übermächtiger Schuldgefühle stand, weil er es in «Dichtung und Wahrheit» selbst andeutet. Die Liebe zu Friederike Brion war ja nicht nur das Pfarrhausidyll, in das er sie später umstilisierte. Sie war «Willkommen und Abschied» und das wortlose Wegbleiben von Sesenheim, wo man mit der Heirat rechnete, ein schlimmerer Abschied als der im Liede. Acht Jahre später ritt der Untreue allein zu der Verlassenen, um ihre Verzeihung zu erlangen, weil er in der Zwischenzeit vergeblich um die innere Absolution gerungen hatte. In der Begegnung mit Lotte Buff, mit Maxe Brentano erneuerte sich seine Liebesschuld. Man verdankt ihr jene Szene im «Werther», wo der dem Selbstmord entgegenreifende Schwärmer sich zum Anwalt eines Mörders macht, der eben die Tat begangen hat, deren er selbst fähig wäre. Ein Bauernbursche hat aus Eifersucht den Knecht einer Witwe erschlagen, deren Hand er sich mit seiner Leidenschaft verscherzt hat, und Werther versucht vergeblich, den Unglücklichen zu retten, den er für unschuldig hält, weil er sich «so tief in seine Lage setzen» kann. Kurz darauf schreibt Werther selbst an Lotte, ihn zerreiße oft der Gedanke, «deinen Mann zu ermorden! – dich – mich!» Schließlich legt er Hand an sich selbst. Dieser Selbstmord war das krasseste Schuldbekenntnis des jungen Goethe.

Erst seit Italien fühlte sich Goethe als Künstler unantastbar. Er bekannte sich nun zur Moral der schaffenden Natur. Was ihn produktiv machte, war gut, was sein Schaffen hemmte, war falsch und schlecht. Er hielt sich nicht mehr für einen guten, sondern für einen schöpferischen Menschen, und je älter er wurde, desto entschiedener handelte er nach dieser Maxime. Riemer weiß von Goethes Idiosynkrasien gegen Knoblauch und «einige doldentragende Pflanzen wie Petersilie, Kümmel und dergleichen» zu berichten; dieselbe instinktive Zu- und Abneigung bestimmte auch sein Verhältnis zu den Menschen und machte ihn bald liebevoll, bald bösartig. Das kleine Weimar war ihm erträglich, weil es diesem amoralischen Instinkt genügend Nahrung bot. «Es lebten bedeutende Menschen hier, die sich nicht miteinander vertrugen; das war das belebendste aller Verhältnisse, regte an und erhielt jedem seine Freiheit.» Das galt aber nur für starke Naturen, nicht für so schwache wie Eckermann, dessen Lebensglück Goethe mit ruchlosem Egoismus zerstörte, um ihn seinen Absichten dienstbar zu machen. Sein Verhältnis zu diesem Getreusten, wie es aus den Tagebüchern Eckermanns bekannt geworden ist, läßt sich moralisch nicht verteidigen. Wie eine Spinne ihr Opfer garnte er diesen schüchternen Verehrer ein, als er sich bei ihm meldete, verlegte er ihm sorgfältig die Rückzugswege, ließ er ihn hinhaltend im Ungewissen, bis er ihm nicht mehr entrinnen konnte. Undank und Unaufrichtigkeit von seiner Seite haben Eckermanns Leben verbittert, das war der Preis, den der Kleinere für seinen Ruhm im Schatten Goethes zahlte. «O ich kann wohl auch bestialisch sein und verstehe mich gar sehr darauf», sagte Goethe zum Kanzler von Müller. Als dieser ihn fragte, ob er mit diesem Glauben glücklich sei, antwortete er: «Aufs Glück kommt es nicht an, es handelt sich nur um mein Dasein und um die wahre Beschaffenheit der Dinge. Ich will nicht hoffen und fürchten wie ein gemeiner Philister; daher ist das Geschwätz der Ärzte und ihr Trösten mir am allermeisten zuwider.» Noch deutlicher wurde er gegenüber Lord Bristol, als dieser ihm den Schaden vorwarf, den er mit dem «Werther» angerichtet habe; ihm entgegnete er: «Wie viel tausend Schlachtopfer fallen nicht dem englischen Handelssystem zu Gefallen; warum soll ich nicht auch einmal das Recht haben, *meinem* System einige Opfer zu weihen?»

Die Opfer dieses «Systems» waren nach wie vor besonders die von Goethe geliebten Frauen. Minna Herzlieb fiel dem magischen Verhängnis der «Wahlverwandtschaften» zum Opfer, dem er sie unter dem Namen Ottilie im Roman aussetzte. Dessen Handlung und Heldin waren bereits entworfen, als er in Jena das herangeblühte Mädchen wiedersah. Es war das erste weibliche Wesen, dem er als Verheirateter nahetrat, und Minnas Leben wurde durch seinen jähen Rückzug für immer zerrüttet. Ihre Ehe gestaltete sich unglücklich, sie verfiel wie ihr Ebenbild in Schwermut und schließlich in geistige Umnachtung. Dasselbe wiederholte sich in den persönlichen Begleitumständen des «Westöstlichen Divans». Seine Lieder wuchsen aus Entzückungen, wie Goethe sie kaum mehr für sich erhoffen durfte, als er im Sommer 1814 voll Sehnsucht nach einer Verjüngung in die rheinische Heimat aufbrach. Er ließ sich im Haus des Frankfurter Bankiers Willemer von dessen schöner, hochbegabter Frau bezaubern und bezauberte auch sie so sehr, daß sie ihm bald in hellen Flammen gegenüberstand. Aber die Stunde kam auch hier unweigerlich heran, wo das Spiel in Ernst überging und von Goethe die Entscheidung verlangte. Sie kam in Heidelberg, wo er sich in plötzlichem Entschluß von Marianne abwandte, weil er nicht sie, sondern Suleika in ihr liebte. Der Gedanke an die in Frankfurt Wartende ließ ihm jedoch keine Ruhe, und schon im folgenden Sommer, wenige Wochen nach dem traurigen Tod seiner Frau, erlag er der Versuchung. Aber der Reisewagen warf nach zwei Stunden um, und er kehrte tief betroffen nach Weimar zurück. Marianne verfiel in schwere Krankheit, die Jahrzehnte dauerte und zu ihrer völligen Zerrüttung führte. Willemers Versuche, sie durch ein Wiedersehen mit Goethe zu heilen, wurden von diesem mit Schweigen beantwortet. Statt die Sehnsuchtsrufe der Gebrochenen mit einem Brief zu erwidern, setzte er auch sie in Verse um:

> *Und warum sendet*
> *Der Reiterhauptmann*
> *Nicht seine Boten*
> *Von Tag zu Tage?*
> *Hat er doch Pferde,*
> *Versteht die Schrift —*

Das war nicht mehr angstvolle Flucht hinter ein rettendes Bild wie einst in der Jugend, nicht mehr sublimes Spiel wie am Beginn der Glückszeit in der Gerbermühle. Es war dämonische Spielerei, es war das Böse. Goethe übte es bewußt und ohne Reue.

Seine blinden Bewunderer haben auch dafür ihre Verteidigungsgründe zur Hand, die das Dunkelste in helles Licht verwandeln sollen und daran schuld sind, daß einige von Goethes Hauptwerken, vor allem die «Wahlverwandtschaften» und der zweite Teil des «Faust», noch immer zu seinen versiegelten Büchern gehören. Hier steht man dem unheimlichsten und unverstandensten Goethe gegenüber. Kierkegaard sah in seinem Verhalten als Liebender die Charakterlosigkeit des Epikuräers, der zu einer sittlichen Entscheidung nicht fähig sei, sondern ewig in die Phantasie ausweiche. Aber er täuschte sich ebenso wie die Ästheten, die Goethe gegen jedes moralische Urteil in Schutz nehmen. Goethe entschied sich in vollem Bewußtsein, und zwar gegen die lebende Geliebte, gegen das Gute, für die sittliche Schuld und für das Böse. Solange das geleugnet wird, kann der zweite «Faust» nicht verstanden werden. Einen Angelpunkt für dessen Verständnis und Mißverständnis bildet der Auftritt der Sorge im Herrscherpalast des hundertjährigen Faust. Vier graue Weiber umschleichen ihn, aber drei von ihnen finden keinen Zugang: der Mangel, die Schuld und die Not. Bei Faust, der soeben noch das friedliche Glück von Philemon und Baucis zerstört hat, findet die Schuld keinen Zutritt. Das ist nicht unverständlich, denn es entspricht Fausts Verblendung, aber es ist ungeheuerlich. Unverständlich ist nur, daß es die Kommentatoren in Ordnung finden. Der Magier Goethe kennt nicht Gut und Böse. Auch sein Teufel verkörpert nicht das Böse; Mephisto ist von vornherein ironisch genommen und viel zu geistreich, um als böses Prinzip gelten zu können. Der Gegensatz von Gut und Böse ist für Goethe im magisch-dunklen Begriff des Dämonischen aufgehoben, von dem er ausdrücklich sagt, es sei weder teuflisch noch engelhaft, da es wohltätig sei und oft Schadenfreude merken lasse. Daher kennt Goethe auch keine Schuld, schon im Lied des Harfners schiebt er alles menschliche Verschulden den Göttern zu. Er kennt nur die Sorge, diese magische Entsprechung der Schuld, ihre subjektiv abgeschwächte und relativierte Form[1]. Die Selbstherrlichkeit des Magiers ist außerstande, aus sich herauszutreten und etwas über die metaphysischen Ordnungen auszusagen. Ihr Herrschbereich sind die Elemente und die Urphänomene, er erstreckt sich bis zu den Müttern und andern Naturdämonen. Ein Wort über Gott aber erwarten wir von Goethe so wenig wie von Grillparzer oder Shakespeare. Dieses Wort sprechen Dante und Sophokles, die Priester und Propheten.

Die Behandlung der Schuldfrage ist die große Schwäche des «Faust». Sie durchzieht den ganzen zweiten Teil. Er beginnt mit einem Zauberschlaf Fausts, der sein Verbrechen an Gretchen auslöscht und die Sühne durch eine zweite Verjüngung im Bad des Vergessens ersetzt. Goethe sagte darüber, er habe sich nicht anders zu helfen gewußt, als daß er seinen Helden völlig paralysierte und als vernichtet betrachtete, um ihn mit Hilfe wohltätiger Geister aus solchem scheinbarem Tod zu neuem Leben zu erwecken. «Es ist alles Mitleid und tiefstes Erbarmen. Da wird kein Gericht gehalten, und da ist keine Frage, ob er es verdient oder nicht verdient habe, wie es etwa von Menschenrichtern geschehen könnte.» Faust steht nicht vor Menschenrichtern, sondern vor

---

[1] Auch W. Emrich hebt diesen Zusammenhang von Magie und Sorge hervor: «Magie, Sorge und naturferne Selbstverfremdung Fausts hängen aufs engste zusammen» («Die Symbolik von Faust II» 470, 1943). Aber auch dieser ernsthafteste Ausleger glaubt Fausts Erblinden durch die Sorge als «tiefste, beglückendste Gnade» (ebda. 473) auffassen zu dürfen und spricht ihn von aller Schuld los: «Da Faust nicht schuldig ist im Sinne einer einmaligen moralischen Verfehlung, sondern eines totalen Naturschicksals, kann er auch nur unter totalen Aspekten erlöst werden» (ebda. 480).

Gott – so scheint es wenigstens im himmlischen Prolog. Ursprünglich sollte das Werk mit einem großen göttlichen Gericht enden, in welchem Fausts Verdienst und Schuld zwischen Gottvater und Mephisto abgewogen wurden. Dieses notwendige Gegenstück zum Vorspiel im Himmel wurde fallen gelassen, so daß dieses nun in der Luft hängt. Das war die notwendige Voraussetzung für Fausts Erlösung. Das «Vergessen» der Frage nach seiner menschlichen Schuld erklärt, daß Goethe seinen mit dem Teufel verbündeten Verbrecher schließlich zum Himmel fahren lassen kann[1]. Darin unterscheidet er sich vom Magier Shakespeare. Auch dieser richtet nicht über das Böse. Aber er sieht in ihm eine Ausgeburt der Nacht, und wer mit dieser paktiert, fährt bei ihm zur Hölle. Auch Goethe versteht man erst ganz, wenn man erkennt, daß und wie er dichtend schuldig wurde.

Im Satanismus des «Faust» gipfelt der ästhetische Immoralismus der deutschen Romantik. Nur Goethe war imstande, ihn guten Gewissens bis zu diesen Konsequenzen zu treiben. Alle andern schreckten auf halbem Weg vor ihnen zurück, verloren den Mut oder die Sprache. Sie alle sahen sich eines Tages vor die Schuldfrage gestellt, und keiner wagte sie so zu lösen. Sie sagten dem dämonischen Dichtertum ab oder nahmen seine Schuld als ihr Verhängnis auf sich, das sie in Schwermut stürzte. Die magische Dichtung wurde zur «Blume des Bösen», sie dichtete ihre Schuld. «Der Schwermütige», sagt Kierkegaard, «will nichts vergessen, er will sich nicht daran erinnern, daß ihm vergeben ist; er will die Schuld denken, deshalb kann er nicht glauben.» Das Schuldgefühl wurde schon innerhalb der deutschen Romantik zu einer Hauptquelle der modernen Dichtung. Hoffmanns tiefstes Motiv ist die Schuld des Künstlers. Im «Fräulein von Scudéry» stellt er seine heimliche Identität mit dem Verbrecher dar. In den «Elixieren des Teufels» wird der vom höllischen Zaubertrank berauschte Mönch zum Wüstling und Mörder von satanischem Machtbewußtsein, der erst im Verhör zusammenbricht und alles bekennen will, aber freigelassen werden muß, weil ein anderer Mönch Medardus eingeliefert wird, der alle seine Schandtaten auf sich nimmt und dem Henker verfällt. Dieser Doppelgänger verfolgt ihn seitdem und treibt ihn in den Wahnsinn. Medardus genest in Italien, kehrt in sein Kloster zurück und wird zum Heiligen. Es ist der Angsttraum von der Lust, Schuld und Sühne des orphischen Dichtertums, den auch Grillparzer in seinen Dramen träumt.

Auch Eichendorff macht die Versündigung durch die Kunst schwer zu schaffen. Er weiß, daß es neben der reinen Dichtung eine unselige gibt. In seinen Jugendwerken, erzählenden wie lyrischen, setzt er sich fortwährend mit diesem Gegensatz auseinander, und seine zu Unrecht vergessenen literaturgeschichtlichen Bücher fußen auf ihm. Viele seiner schönsten Lieder reden von der Untergangsgefahr, von der er sich bedroht

---

[1] Emrich weist darauf hin, daß Goethe seit dem «Werther» die Schuld seiner Helden nie eigentlich gesühnt, sondern eine Versöhnung für sie gesucht habe. «Das Selbstüberwinden ist bei Goethe notwendig ein Selbstvergessen, ein Vergessen im Innern der Natur, vor allem der physisch-realen. Es erscheint nicht als ethischer Willensentschluß, sondern als physisch-kreatürliche Selbstüberwindung, die tief in der Seins- und Naturethik Goethes beheimatet ist» (ebda. 84). Das ist jedoch keine «äußerste Steigerung des Tragischen», es ist seine magische Auflösung.

sieht. In den Strophen «An meinen Bruder» von 1813 stellt er sich als den ewig Gefährdeten, beinahe Verlorenen dar, um dessen Seelenheil zu beten er den starken Bruder
anfleht. Als fünfzigjähriger Mann sagt er Gott für seine Bewahrung diesen «Dank»:

> *Mein Gott, dir sag ich Dank,*
> *Daß du die Jugend mir bis über alle Wipfel*
> *In Morgenrot getaucht und Klang*
> *Und auf des Lebens Gipfel,*
> *Bevor der Tag geendet,*
> *Vom Herzen unbewacht*
> *Den falschen Glanz gewendet,*
> *Daß ich nicht taumle ruhmgeblendet,*
> *Da nun herein die Nacht*
> *Dunkelt in ernster Pracht.*

Der bekehrte Brentano findet nie einen so reinen Ton. Nur solange er noch um sein
Seelenheil kämpft, wie im «Frühlingsschrei eines Knechtes aus der Tiefe», spricht er
ergreifend und überzeugend. Wo er seine Verzweiflung verleugnet und als Geretteter
zu singen vorgibt, hört man doch nur die durch keine Buße zu beschwichtigende Reue
und Angst seiner Seele. Zacharias Werner aber, der sich seinen Zeitgenossen als ge-
besserter großer Sünder vorstellt, bietet ein ebenso widerliches Schauspiel wie in den
Tagen seiner dichterischen Selbstüberschätzung. Seine berühmte Vorrede zur «Mutter der Makkabäer» ist gleich unlesbar durch ihre Eitelkeit wie durch die verbogenen
Sätze, mit denen er diejenigen, die von ihm die Einlösung seiner Dichterversprechen
erwarten, auf den Himmel vertröstet. «Was mich aber insbesondere über die wahr-
scheinliche Unvollendung alles dessen, was ich zweiten Teil nennen könnte, tröstet, ist
die Aussicht auf – unsern allerseitigen zweiten Teil, wo gleich in der ersten Scene *der*
Trost, daß dort alle unsere Werke werden bekannt werden, zwar nicht sonderlich sein
wird *für uns Alle*, aber doch, kraft des Einzigen, der eigentlich alle Werke vollbringt, es
den durch Sein Verdienst allein Geretteten vergönnt sein wird, nicht nur einander, sondern sogar Ihn zu erkennen, wie sie von Ihm erkannt werden! Auf Ihn, den ich noch
nicht gewonnen habe, hoffend, achte ich, mit dem Lehrer der Heiden, alles für Kot, auf
daß ich Ihn gewinne, und Ihm seid von mir herzlich und liebend, lebend und sterbend
empfohlen, Ihr all meine lieben Freunde und lieben Feinde!» Diese pfäffische Selbstgerechtigkeit hat mit Dichtung tatsächlich nichts mehr zu tun.

Von allen Dichtern romantischen Geblüts erlebte vielleicht Annette von Droste den
Kampf zwischen Kunst und Christentum am tiefsten. Die Urkunde dafür ist der Zyklus
«Das geistliche Jahr», den sie in den drei großen Krisen ihres Lebens niederschrieb. Die
erste war der Schmerz über den selbstverschuldeten Verlust ihrer zwei Jugendfreunde,
die sie liebten und deren einem sie leidenschaftlich zugetan war. Sie schrieben ihr eine
gemeinsam verfaßte Absage, die ihr den Ruf einer herzlosen Koketten und eine schwere
Krankheit eintrug. Die Verlassene hoffte lange auf eine verzeihende Zeile der Abgewiesenen und verlor in dieser Erschütterung ihre Dichtergabe. Zwanzig Jahre später

versenkte sie sich, einsam und verzweifelnd, in Angelus Silesius und setzte ihr Beicht-
werk in einer religiösen Raserei fort, bei der ihre Angehörigen um ihren Verstand
fürchteten. In vielen dieser Lieder ringt die Glühende und Kalte die Hände über ihre
Lieblosigkeit, über ihr Unvermögen, sich dem Leben hinzugeben. In den letzten Monaten ihres Einsiedlerinnendaseins vollendete sie das Manuskript unter dem Eindruck
ihrer Enttäuschung durch Levin Schücking. Nun steht ihr die Schuld ihres Lebens klar
vor Augen und läßt ihr nur die Hoffnung auf göttliches Verzeihen. Im Schlußgedicht,
in dem sie ihren nahen Tod voraussagt, nennt sie diese Schuld mit Namen.

> *Mir brüht der Schweiß*
> *Der tiefsten Angst*
> *Auf Stirn und Hand. Wie dämmert feucht*
> *Ein Stern dort durch die Wolken nicht!*
> *Wär es der Liebe Stern vielleicht,*
> *Dir zürnend mit dem trüben Licht,*
> *Daß du so bangst?*

In diesen Schuldbekenntnissen gab die romantische Ichpoesie sich selbst auf. Sprechen sie auch von keiner Erlösung, so sind sie doch eine tief menschliche Sühne. Ohne
diesen christlichen Widerruf gab es für die romantische Dichterschuld nur die tragische
Lösung, den Sturz ins Dunkel, wie ihn Kleist und Hoffmann, Shelley und Grillparzer
erlebten. Shelley betrachtete sich als Sendboten der reinen Liebe, die er heidnisch als
kosmische Kraft verstand, und grübelte sein Leben lang über das wahre, gottgewollte
Verhältnis der Geschlechter, das durch die herrschende Moral verdorben sei. Als Maßstab für die Sittlichkeit eines Verhältnisses galt ihm das volle körperliche und seelische
Glück der Liebenden. Wenn sie die Reinheit des Herzens besaßen, durften sie sich der
heiligen Satzung der Natur, dem «great secret of love», unterstellen und damit jedem
Urteil der bürgerlichen Moral entziehen. Solange sie vollkommen glücklich waren,
hieß er ihre Vereinigung gut; trübte sich die Freude, so war das natürliche Ende des
Liebesbundes gekommen. Genau so, nur mit christlicher Verbrämung, hatte schon
Milton den männlichen Egoismus zum Prinzip der Liebe erhoben und den närrischen
Versuch gemacht, die Ehe, diese dauernde Gemeinschaft der Geschlechter, der vergänglichen Leidenschaft unterzuordnen. Beiden schwebte dabei das platonische Ideal
vor, das einst in den Tagen der höfischen Minne zur strengen Unterscheidung zwischen Ehe und hoher Liebe geführt hatte. Die Troubadours dachten weiser darüber als
Shelley, der seine unmögliche Forderung rücksichtslos in die Tat umsetzte. Schon als
neunzehnjähriger Mensch ließ er sich von der schönen sechzehnjährigen Harriet West-
brook, der Tochter eines Kaffeehausbesitzers, bereden, sie aus ihrer Mädchenpension
zu entführen und zu heiraten. Es war die Ehe zweier Kinder, ein Abenteuer voll exaltierten Glücks, von dem er bald genug hatte. Er ließ Harriet mit zwei Kindern sitzen
und verderben, sie wurde zur Dirne und ertränkte sich zuletzt. Shelley fühlte sich daran
vollkommen unschuldig, da er immer nur ihr Bestes gewollt habe. Er hatte sie verlassen, um mit Mary Godwin zu fliehen, die ihn als geistig hochstehendes Geschöpf faszi-

nierte und mit ihm in wilder Ehe zusammenlebte. Nach Harriets Selbstmord ließ er sich mit ihr trauen, blieb aber auch dieser Zweiten nicht treu, sondern ließ sie um einer Dritten willen traurig neben sich verkümmern. Er blieb der ewig begeisterte, grausam ahnungslose Knabe, der mit aller Schönheit ein Phantasiespiel trieb, aber auf die Dauer von jeder Frau enttäuscht war, wenn sie als ein Stück Wirklichkeit neben ihm stand. Die Frauen fielen ihm zu, weil er sie vergötterte, und büßten es damit, daß er sie gefühllos zugrunde richtete, wie ein Kind eine Blume zerpflückt. Seine Theorie der Liebe trug ihn wie eine luftige Brücke über alles Unglück hinweg, das er auf diese Weise anstellte. Auch er wurde schuldig – nicht nur an der bürgerlichen Moral, sondern am Gesetz der Liebe, auf das er sich berief. Indem er ihr Glück, den Genuß, verabsolutierte, verfehlte er ihre tiefste Seite, den Schmerz. Sein Sturz aus dem Segelschiff im Golf von Spezia hat etwas vom rächenden Zugriff einer antiken Gottheit.

Auch Grillparzers Schuld war der Mangel an Liebe. Er steht als Dichter hoch über Shelley, weil er es wußte und dieses Wissen zur Achse seines Schaffens machte. Er dichtete schon wie Baudelaire seine eigene Verdammnis, deren Ursachen sich in seinem Schaffen ständig erneuerten. Fast jedes seiner Werke war mit einem persönlich erlebten erotischen Drama verknüpft, in dem er sich versündigte. Seine leidenschaftlichen Verhältnisse durchkreuzten sich derart, daß er oft am gleichen Tag mehrere Liebhaberrollen spielte. Am schlimmsten und gefährlichsten verstrickte er sich in der Zeit des «Goldenen Vließes». Zur «Medea» stand Charlotte von Paumgarten, die schöne Frau seines Vetters, Modell, der er drei Jahre lang verfallen war. Nach dem endgültigen Bruch mit ihr verlobte er sich mit Kathi Fröhlich und erlag gleichzeitig der verführerischen Gattin des Malers Daffinger. In dieser Zeit besuchte er die sterbende Charlotte noch einmal und empfing von ihr ein Abschiedswort, das ihn hätte vernichten müssen. Er selbst schildert diese Stunde so: «Ich war gestern Nachmittag bei Charlotten, die, beinahe rettungslos, krank ist und jetzt schon aussieht wie eine Tote. In einem Augenblick, wo sonst niemand im Zimmer war, wendete sie sich zu mir und sagte: ,Ich möchte lieber nicht leben, als der Verursacher eines solchen Zustandes sein.' Mich griff aber das Ganze nicht sonderlich an. Außer einem grimmigen Abscheu, den ich über meine eigene Teilnahmslosigkeit empfand, fühlte ich keine große Bewegung und ging bald wieder fort. Himmel! kann man dahin kommen, die Menschen nur als Figuren einer Komödie zu betrachten, die nur durch ihre Übereinstimmung oder Nichtübereinstimmung mit der Idee anziehen oder abstoßen, ohne Rücksicht darauf, daß sie ein lebendes Selbst sind, mit Leiden und Freuden, mit Willen und Gemüt? Kann man sein ganzes Wesen zur Passivität, zur Stumpfheit verdammen, weil man eigensinnig und auf *eine* Art tätig sein will und diese eine Art sich uns versagt? Ich brauche eine große Krankheit oder ein großes Unglück, die bis aufs Lebendige durchdringen und den Menschen wieder erwecken, sonst ist auch der Dichter verloren.»

Das Grauen, das Grillparzer hier packt, wird zum Grauen vor dem Dichter. Die sterbende Medea öffnet Grillparzer die Augen darüber, daß er ihre Liebe unterschätzt hat, und er erschrickt über seine Gleichgültigkeit bei dieser Eröffnung nur deshalb, weil er für seine Kunst fürchtet. Die Selbstanklage der Unfähigkeit zur Liebe, die seine

Tagebücher erfüllt, ist nur in diesem artistischen Sinn gemeint. An Charlottes Todes-tag notierte er: «Charlotte ist tot, 16. September 1827, 12½ Uhr Mittags. Hätte ich je ahnen können, daß diese scheinbar äußerliche, ja kokette Natur zugleich so stark, von so innerer Ausdauer wäre, manches wäre nicht geschehen, und manches stünde besser. Ich habe sie verlassen, mißhandelt. Ich war vielleicht Mit-Ursache ihres Todes. Aber weiß Gott, ich hatte keine Vorstellung davon, daß diese Leidenschaft so tiefe Wurzeln geschlagen hätte. Der einzige poetische Punkt in ihrem Leben war diese Liebe – und daran starb sie. Ich wollte was schuldig sein um einen Schmerz, ein Unglück, eine Verzweiflung, die – und wärs nur für eine Stunde – mein Wesen ganz aufgehen machte in eine Empfindung und mich – nur für eine Stunde – von dieser lauernden Verstandeskälte freimachte, die wie ein hohnlachender Narr hinter jedem Vorhang hervorguckt.» «Hätte ich je ahnen können», «ich hatte keine Vorstellung davon» – diese Worte richten den Menschen, aber auch den Dichter. Grillparzers wachsende Schwermut und das Erlöschen seiner dichterischen Kraft waren die Strafe, mit der er seine Lieblosigkeit büßte.

2

Auf den Sehern lastet das Schuldbewußtsein schwer und unverhüllt. Die Erkenntnis, daß die Welt in der Sünde gefangen liegt und vom Bösen beherrscht wird, steht am Beginn ihrer Laufbahn. Sie predigen die menschliche Verworfenheit und das kom-mende Gericht, und sie können es, weil sie keinen irdischen Richter fürchten, sondern sich selbst dem Richterspruch Gottes und des eigenen Gewissens unterstellen. Diese Instanzen richten schärfer als jede menschliche. Nur ein ganz Reiner kann der Ver-traute Gottes sein, und der Prophet selbst weiß am besten, ob er der furchtbaren For-derung genügt. Sie ist für die alttestamentlichen Propheten die Lebensfrage. Amos beruft sich feierlich auf seine Reinheit, Spätere wie Jeremia ringen kummervoll um sie oder verzagen an der übermenschlichen Bedingung ihres Berufs.

Dieser ungeheure Ernst umschattet auch Dante. Auch er faßt seine Schuld meta-physisch auf, als Sünde vor Gott, und geht den Weg der sittlichen Läuterung bis zum Thron des himmlischen Erbarmens empor. Der Panther der Sinnenlust, der Löwe des Hochmuts und die Wölfin der Habsucht versuchen ihm diesen Weg zu versperren. Die Erzählung Francesca da Riminis in der Hölle von ihrer sündigen Liebe zu Paolo Malatesta, die über der Lektüre eines Minneromans erwachte, erschüttert ihn so, daß er ohnmächtig umsinkt. Auf der Spitze des Läuterungsberges, beim ersten Anblick Beatrices, vergehen ihm noch einmal die Sinne, so sehr brennt ihn die «Nessel der Reue». Er bittet Beatrice weinend seine Untreue auf Erden ab und erfährt die Gnade, daß er seine Schuld vergessen darf.

Nichts spricht so sehr für die Echtheit von Hölderlins Sehertum wie die Tatsache, daß auch er sich noch durchaus unter die religiöse Schuldfrage gestellt weiß. Er trägt als Dichter eine Verantwortung, die ihn zerschmettern kann. Er spürt diese Last mit steigender Unruhe und bricht zuletzt unter ihr zusammen. Die Angst vor dem Ver-sagen im ungleichen Verhältnis von Gott und Mensch ist sein alles beherrschendes

Gefühl. Seit dem «Hyperion» beruft er sich auf das Gebot der Reinheit, das der geweihte Dichter im Gegensatz zum weltlichen erfüllen müsse. Aber schon in der Urfassung erkennt Hyperion mit «schauderndem Herzen», daß er aus sich allein nicht bestehen kann, daß nur die Liebe ihn aus seinem Nichts zu erlösen vermag, und zittert vor der Gefahr, die darin liegt. Die Stimmung des Verlorenseins erfüllt ihn auch in der Endfassung vor der Begegnung mit Diotima so sehr, daß ihm aller Glanz des Lebens erlischt und er nur noch ein «zerrissen Saitenspiel» ist. «Es gibt ein Verstummen, ein Vergessen alles Daseins, wo uns ist, als hätten wir alles verloren, eine Nacht unsrer Seele, wo kein Schimmer eines Sterns, wo nicht einmal ein faules Holz uns leuchtet.» Er hat Stunden, wo er «das Lachen eines Kindes fürchtet», wo er «durch und durch ergriffen ist vom Nichts» und erkennt, «daß wir geboren werden für Nichts, daß wir lieben ein Nichts, glauben ans Nichts, uns abarbeiten für Nichts, um mählich überzugehen in's Nichts – was kann ich dafür, daß euch die Kniee brechen, wenn ihr's ernstlich bedenkt?» Alles kniefällige Beten und Händeringen ist da vergeblich, es bleibt bei der «schreienden Wahrheit»: «Wenn ich hinsehe in's Leben, was ist das letzte von allem? Nichts. Wenn ich aufsteige im Geiste, was ist das Höchste von allem? Nichts.» Man kann Hölderlin nur verstehen, wenn man diese nihilistischen Anwandlungen ernst nimmt.

Nach Susette Gontards Tod brach diese Angst verstärkt in ihm aus. «Menons Klagen um Diotima» drehen sich darum, daß Diotima ihn «froher» von den Göttern singen lehrte, jetzt aber die Trauer um sie diese Freude erstickt habe.

> Dies ists, dies mein Gebrechen, ich weiß, es lähmet ein Fluch mir
> Darum die Sehnen und wirft, wo ich beginne, mich hin,
> Daß ich fühllos sitze den Tag und stumm, wie die Kinder,
> Nur vom Auge mir kalt öfters die Träne noch schleicht,
> Und die Pflanze des Felds und der Vögel Singen mich trüb macht,
> Weil mit Freuden auch sie Boten des Himmlischen sind,
> Aber mir in schaudernder Brust die beseelende Sonne
> Kühl und fruchtlos mir dämmert, wie Strahlen der Nacht,
> Ach! und nichtig und leer, wie Gefängniswände, der Himmel,
> Eine beugende Last, über dem Haupte mir hängt!

In dieser menschlichen Trauer, die ihn zum Seher untauglich macht, sieht Hölderlin seine Schuld. Im «Empedokles» behandelt er deshalb den Seheranspruch als ein religiöses Vergehen. Empedokles erkennt, daß er mit seinem Selbstvertrauen vor den Göttern schuldig geworden ist, und stürzt sich in den Ätna, um sie zu versöhnen. Die großen lyrischen Bekenntnisse dieser Zeit zeigen ebenso, wie die alte Prophetensorge um die Reinheit des Herzens Hölderlins Sicherheit untergräbt. Er kann das Göttliche nicht mehr rühmen, ohne zugleich das «Weh mir!» auszusprechen, das diese Botschaft bedeutet, wenn sie von einem Unreinen ausgesprochen wird und nur seine persönliche Botschaft ist. Besonders die vielzitierte Hymne «Wie wenn am Feiertage» mündet in einen solchen Angstausbruch, in dem ihm die Worte ersterben.

Doch weh mir! wenn von

Web mir!

Und sag ich gleich,
Ich sei genabt, die Himmlischen zu schauen,
Sie selbst, sie werfen mich tief unter die Lebenden,
Den falschen Priester, ins Dunkel, daß ich
Das warnende Lied den Gelehrigen singe.

Der Seher fühlt sich schuldig, wenn er das Bewußtsein der Gottesnähe verliert. Daß Gott sich ihm entzieht, ist ihm der Beweis seiner Unwürdigkeit und die schreckliche Strafe für sie. Dieses Drama erlebte auch Dostojewskij mit ungeheurer Gewalt. Als magischer Visionär durchlief er einen viel jäheren Wechsel seiner Stimmungen als der «heilignüchtern» begeisterte Hölderlin. Seine Verzückungen waren seliger, seine Ernüchterungen vernichtender. Seine epileptischen Anfälle ließen ihn regelmäßig in einer Depression zurück, wo er sich als Verworfener fühlte und unter der bleiernen Last einer unbekannten Schuld, eines ungeheuren Verbrechens stöhnte.

Das seherische Schuldbewußtsein lebt in der Neuzeit am stärksten im dramatischen Dichter fort. Vor allem das Drama ist ja Dichtung von Verbrechen und Strafe, und die Tragödie richtet die Schuld vor einem höheren als dem menschlichen Tribunal. Ohne Gut und Böse ist keine echte dramatische Gestaltung möglich. Die große dramatische Kunst beruht auf dem Erlebnis des Schuldigwerdens, das den Dramatiker tief persönlich angeht. Schiller war überzeugt, daß er die Anlagen zu einem Verbrecher besitze. Zur Zeit des «Don Carlos» und des «Verbrechers aus Infamie» schrieb er einer Freundin: «Fühlen Sie ihn ganz, den Gedanken, denjenigen zu einem guten Menschen gebildet zu haben und noch zu bilden, der, wenn er schlecht wäre, Gelegenheit hätte, Tausende zu verderben.» Er trieb die «Leichenöffnung des Lasters» aus einem schicksalhaften Interesse am Bösen und wäre nie imstande gewesen, so bewußt das Böse zu tun wie Grillparzer oder Goethe. Trotzdem sind seine Briefe eine einzige sittliche Rechenschaft über sich selbst, und sie kulminieren in seinen Werdejahren immer wieder in solchen Bilanzen wie jener von 1785, wo er aus seinem bisherigen Tun und Lassen die Summe zieht: «Ich fühlte die kühne Anlage meiner Kräfte, das mißlungene (vielleicht große) Vorhaben der Natur mit mir. *Eine* Hälfte wurde durch die wahnsinnige Methode meiner Erziehung und die Mißlaune meines Schicksals, die *zweite* und *größere* aber durch mich selber zernichtet. Tief, bester Freund, habe ich das empfunden, und in der allgemeinen feurigen Gärung meiner Gefühle haben sich Kopf und Herz zu einem herkulischen Gelübde vereinigt – die Vergangenheit nachzuholen und den edlen Wettlauf zum höchsten Ziele von vorn anzufangen.» Der Richter, vor dem er bestehen wollte, war sein eigenes Gewissen. Daß sein Leben und Schaffen in zwei kaum vereinbare Hälften auseinanderfällt, ist die Folge seiner unermüdlich betriebenen, schonungslosen Gewissenserforschung. Nach wie vor dem großen Bruch war es aber der Sinn seiner Kunst, daß er das Verbrechen vor das moralische Weltgericht zog. Die Maxime, nach der er seine Helden richtete und sein eigenes Leben führte, war jener Satz der «Braut von Messina»:

Das Leben ist der Güter höchstes nicht,
Der Übel größtes aber ist die Schuld.

Der Rang einer dramatischen Dichtung hängt weder von ihrem Stoff noch von ihrer Form, sondern von der Tiefe ab, in der sie das Problem der Schuld stellt. Die Epigonen der deutschen Klassik waren nicht mehr imstande, es elementar zu erleben und zu entscheiden. Friedrich Hebbel glaubte in seiner «Maria Magdalene» der Heldin «alle Mauselöcher verstopft» zu haben, durch die sie der Katastrophe entrinnen konnte, und übersah, daß der tragischen Falle der Boden fehlte. Warum er dafür blind war, das erfährt man aus dem menschlichen Drama, das sich gleichzeitig neben seinem bürgerlichen Trauerspiel abspielte. Er schrieb es unter dem Druck seiner schweren menschlichen Schuld gegenüber der Hamburger Nätherin Elise Lensing, die ihm alles geopfert hatte, was sie besaß, und der er, wie er in seinem Tagebuch wiederholt beteuert, seinen «äußern und innern Menschen» verdankte. Von den Kindern, die sie ihm gebar, sah er das zweite nie. Beim Tod des ersten schrieb er allzu wortreich: «O, wenn ich mir das denke, daß dies Kind, das Keiner – mich selbst, den Vater, den großen Dichter ausgenommen, es stehe auch hier! – ohne Freude und Entzücken betrachten konnte, so schön, so anmutig war es, daß dies Kind nun verwesen und sich von Würmern fressen lassen muß, so mögt' ich selbst ein Wurm werden, um mitzuessen, um als scheuseliges Tier meinen Anteil dahinzunehmen, den ich als Mensch, als Vater verschmähte. Ich könnte diese Locke hinunterschlingen, ich könnte etwas noch Ärgeres tun, ich könnte sie verbrennen, weil ich sie nicht verdiene. O mein Max, umschwebe mich nicht, auch keine Minute, bleibe bei deiner Mutter, tröste sie, lindere ihren Schmerz durch deine geisterhafte Nähe, wenn du es vermagst, nur nicht meinen, nicht meinen!» Und im Gedanken an die Mutter: «Allmächtiger Gott, Sie! Sie! Ginge Sie auch dahin, und ich könnte nicht wieder gut machen, was ich an ihr verbrochen habe, könnte ihr nicht wenigstens meinen Namen geben, wenn ich denn nichts anderes zu geben habe, dann wollt ich, der Schmerz um sie sengte mir den Geist bis auf den letzten Gedanken aus dem Gehirn und ich müßte Gras fressen wie ein Tier. Die Donner rollen über mir – mir ist, als ob ich schon getroffen bin, indem ich erst getroffen zu werden zittere.»

Aber sein fester Entschluß, Elise zu heiraten, fiel wieder dahin. Während sie ihn immer dringender um diese Rettung aus ihrer Not anflehte, schrieb er in sein Pariser Tagebuch: «Schüttle alles ab, was dich in deiner Entwicklung hemmt, und wenns auch ein Mensch wäre, der dich liebt; denn was dich vernichtet, kann keinen Andern fördern.» Er ließ Elise im Stich, um an der Seite der schönen, reichen Burgschauspielerin Christine Enghaus glücklich zu werden. Seine Untreue ist nicht zu rechtfertigen, was auch die Biographen sagen mögen, und die Begleitumstände seiner Heirat sind nicht dazu angetan, seine Schuld zu vermindern. Christine brachte einen illegitimen Sohn in die Ehe mit. Hebbel dachte zuerst nur an ein freies Zusammenleben mit ihr, weil er die Schatten der Vergangenheit so am ehesten bannen zu können hoffte. Dann entschloß er sich mit Rücksicht auf Christines gefährdeten Ruf, sich mit ihr trauen zu lassen. Es sprach auf beiden Seiten neben der Liebe viel nüchterne Berechnung mit, auf Hebbels Seite eine fatale Bewußtheit. Er hatte die Heldin seines bürgerlichen Trauerspiels «Maria Magdalene» mit den Worten ihres Liebhabers «Darüber kann kein Mann hinweg!» in den Tod getrieben. Nun war er selbst in der Lage jenes Liebhabers, aber er wählte für sich nicht die tragische Lösung, sondern fand sich damit ab, daß er bei Christine nicht der Erste war. Die Begründung, die er seinem Freund Bamberg dafür gab, ist eine Ungeheuerlichkeit. «Wissen Sie, warum ich nicht floh? Weil ich der Verfasser dieses Dramas bin, weil ich mich der Probe, die das Schicksal mir auferlegte, nicht entziehen konnte, ohne mein Stück, und also meine ganze Poesie, für eine schnöde Heuchelei zu erklären, weil ich mich schämte, in einem Lebensbild moralische Forderungen ausgesprochen zu haben, die zu erfüllen mir selbst zu schwer fiel.» Er wollte also Christine nur geheiratet haben, um seiner dramatischen These treu zu bleiben, daß auch eine Gefallene Liebe verdiene. So spitzfindig und edel wußte er seinen Egoismus zu verbrämen, während er gleichzeitig Elise ins Herz traf. Da die angeblich aus Großmut Geheiratete aber reich und schön war, mußte er auch dieses Mauseloch seiner Logik noch verstopfen und schrieb deshalb an Arnold Ruge: «Ich würde mich schämen, der objektiven Welt, die ich darstelle, meine Privatversöhnung als eine allgemeine aufzudringen; ich würde mich deshalb schämen, weil sie auf Resignation beruht und ich als Individuum wohl für mich resignieren darf, nicht aber für die Menschheit mit ihren ewigen Rechten und Interessen.» Vor dieser Rabulistik halten sich die Engel die Ohren zu. Sie genügt vollauf zur Erklärung, weshalb Hebbel keine echte Tragödie mehr zu schreiben vermochte.

Auch Adalbert Stifter stand einmal zwischen zwei Frauen und beging eine Untreue, die ihn verfolgte. Er war kein mit dem Weltgeist ringender Dramatiker, sondern ein priesterlich-demütiger Erzähler, aber doch auch ein religiöser Visionär. Daß sein Lebensroman so ganz anders verlief, lag vor allem an dem reinen Herzen, das er Hebbel voraus hatte. Der Abfall von seiner Jugendgeliebten Fanni Greipl blieb die unsühnbare, stets betrauerte Schuld seines Lebens, deren er durch immer reinere Werke Herr zu werden suchte. Er weist bei jeder Gelegenheit auf die sittliche Absicht seiner Bücher hin. Die Revolution von 1848 drängte ihn zu dem Bekenntnis, er gäbe gern sein Blut, um die Menschheit mit einem Ruck auf die Stufe sittlicher Schönheit zu heben, auf der er sie wünsche. Der dichterische Wert seiner Bücher sei vergänglich, aber «als sittliche Offenbarungen, als mit strengem Ernst bewahrte menschliche Würde» seien sie eine Wohltat der Zeit. In der Vorrede zu den «Bunten Steinen» spricht er sich geradezu den Namen eines Dichters ab. «Die Kunst ist mir ein so Hohes und Erhabenes, sie ist mir, wie ich schon einmal an einem anderen Orte gesagt habe, nach der Religion das Höchste auf Erden, sodaß ich meine Schriften nie für Dichtungen gehalten habe, noch mich je vermessen werde, sie für Dichtungen zu halten. Dichter gibt es sehr wenige auf der Welt, sie sind die hohen Priester, sie sind die Wohltäter des menschlichen Geschlechtes; falsche Propheten aber gibt es sehr viele.» Das «sanfte Gesetz», das er hier als Weltgesetz verkündigt, ist ihm vor allem auch eine sittliche Maxime. Alle Gestalten Stifters ringen um Reinheit, Wahrhaftigkeit, Ehre vor Gott und den guten Menschen. Jener Albumspruch von 1858, in dem er das reine Gewissen als das einzige höchste irdische Gut rühmt, das bleibe, wenn alle in der Jugend geträumten Glücksgüter in den Staub gesunken seien, enthält sein Glaubensbekenntnis. So konnte nur ein Mann sprechen, der wußte, was ein Leben ohne reines Gewissen ist. Sein ganzes Dichten war eine Sühne, die ihm dieses höchste Gut verschaffen sollte. Er erreichte es nie dauernd, es mußte immer neu errungen werden, und in der wachsenden Unruhe seines Alters rückte es immer weiter hinaus. Kurz vor dem Erscheinen des «Nachsommers» bekannte er Eichendorffs Schwester: «Sie haben oft gesagt, daß Sie nicht glauben, daß ich glücklich bin, und ich habe stets geantwortet, daß ich es aus voller Seele bin. Jetzt möchte ich sagen, ich bin es nicht, wenn ein solcher Ausspruch nicht doch im Grunde ein Frevel wäre.» In diesem scheuen Geständnis verriet sich die steigende Angst, die zuletzt im großen Schuldbekenntnis an Amalie ausbrach.

Stifters Sehnsucht nach Reinheit begann sich zuletzt auch körperlich zu äußern. Er entdeckte auf eigene Faust die Heilkraft der Gebirgsluft und wollte in die Schweiz reisen, wo damals die Ärzte, wie er gelesen hatte, die medizinische Bedeutung des Engadiner Höhenklimas propagierten. Schon immer hatte er das kalte Granitwasser über alles geliebt und es in seinen Erzählungen herrlich mitspielen lassen. Seitdem er nun die Wintersonne von Kirchschlag kannte, empfand er vor dem Linzer Leitungswasser einen solchen Ekel, daß er es wochenlang nur mit Wein vermischt trinken konnte. Das war das Zeichen, daß sein Leiden an der Unreinheit des Lebens zur Krankheit wurde. Seine Lebensschuld wuchs ins Riesengroße und brachte die Schwermut über ihn, die er nicht mehr meistern konnte.

3

Ein Dichter dieser Welt kann sich nur vor den Menschen schuldig fühlen. Die Rechnung seines Lebens enthält keine mystischen oder magischen Größen, doch die irdischen wiegen für ihn desto schwerer. Wo die Welt im Gleichgewicht schwebt, ist auch für den Einzelnen das gute Gewissen nur eine Frage des vernünftigen Handelns, des Gehorsams gegenüber den geltenden Gesetzen. Er hat es in der Hand, ob er mit sich und der Welt in Frieden lebt. Selbst im Fall des Mißlingens ist seine Schuld nicht tragisch, nur ein bedauerlicher Schönheitsfehler im Bild der irdischen Harmonie.

Günther war in seinem Herzen ein Bürger und bezeugte es noch in der Art, wie er unterging. In seinen Bekenntnisgedichten fleht er zuerst seinen Vater um Verzeihung an und wirft sich schließlich, als dieser ungerührt bleibt, dem himmlischen Vater zu Füßen, an dessen Erbarmen er nicht zweifelt. Der von ihm angerufene Gott ist der, zu dem auch sein unversöhnlicher Vater betet, der Gott des lutherischen Bürgertums. Zunächst betrachtet er seine schlimme Lage mit Ironie und verurteilt sich zum Schein, indem er in das Geschrei seiner Feinde einstimmt:

> *Bin ich allein zum Ärgernis erschaffen,*
> *Und steckt mein Wesen voller Schuld?*
> *Wie hat der Himmel noch Geduld!*

Und warum säumt sein Zorn, mich plötzlich hinzuraffen,
Nachdem die Erd an mir ein solch Geschöpfe nährt,
Das ihm zur Schande lebt und sonder Nutzen zehrt?

Auch die aus der letzten Zeit stammende Versepistel mit der Überschrift «Den Un-
willen eines redlichen und getreuen Vaters suchte durch diese Vorstellung bei dem
Abschiede aus seinem Vaterlande zu besänftigen ein gehorsamer Sohn» zählt seine
Sünden nur auf, um sie als verzeihlich hinzustellen. Sie sind jugendliche Dummheiten,
von Scheinheiligen aufgebauscht, die hinter ihrer frommen Miene weit ärgere Laster
verbergen. Diese Beichte gipfelt in der Bitte, ihn wieder in Gnaden aufzunehmen und
als einen Menschen wie andere gelten zu lassen: «Was ich dann und wann verbrach,
das geschieht von mir und allen.» Noch in den letzten «Bußgedanken» ist Günthers
Stolz nicht gebrochen. Er deutet an, daß er nicht allein die Schuld an seinem bösen Ende
trage, jedoch niemanden anklagen wolle, und tritt mannhaft vor den «gerechten Richter» hin.

Das Ärgste wäre noch, mich hier vor dir zu schämen;
Hier steh ich, großer Gott! Du magst die Rechnung nehmen.
Ich hör, obgleich bestürzt, das Urteil mit Geduld.
Wie hab ich nicht in mich so lang und grob gestürmet
Und Fluch auf Fluch gehäuft und Last auf Last getürmet!
Schlag, wirf mich, töte mich! Es ist verdiente Schuld.

Sie ist so verdient, wie jeder Sünder sie verdient, und wer ist kein Sünder? Der äußerlich Verkommene ist seiner ewigen Seligkeit sicher. «Oft ist ein guter Tod der beste
Lebenslauf.»

So seelenruhig starb selbst ein gescheiterter Sänger des Bürgertums. Das umgekehrte
Schauspiel bot der gefeierte Albrecht von Haller: er sagte sich von der Dichtung los,
ohne seiner Würde als Vernunftgröße etwas zu vergeben, ja um diese Würde ganz zu
beweisen. Als er die späteren Auflagen seiner Gedichte mit Fußnoten und Erläuterun-
gen versah, in denen er sie als eine Jugendtorheit behandelte und so moralisch unschädlich machte, stellte er der berühmten «Doris» die Sätze voran: «Bei diesem Gedichte
habe ich fast nicht mit mir einig werden können, was mir zu tun zukäme. Es ist ein Spiel
meiner Jugend. Was uns im zwanzigsten Jahr lebhaft und erlaubt vorkömmt, das scheint
uns im vierzigsten töricht und unanständig. Sollten wir uns nicht viel mehr der Eitelkeiten unsrer Jugend als der unschuldigen Zeitvertreibe unsrer Kindheit schämen?
Aber da einmal dieses Gedicht in so vielen Händen ist, da ich es aus denselben zu reißen
unvermögend bin, so muß ich dieses Angedenken einer herrschenden, und endlich in
einem gewissen Verstande unschuldigen Leidenschaft nur aufrecht lassen. Die Jahrzahl
selbst wird das übrige erklären.» Mit diesen spießigen Bemerkungen scheint sich der
große Gelehrte von allem Leiden an der Welt zu distanzieren. Und doch spielte sich in
seiner Brust ein gewaltiger Kampf um Schuld und Sühne ab, der aber nicht die Dichtung, sondern die Wissenschaft betraf. Sein durch vierzig Jahre geführtes Tagebuch
ist von Selbstanklagen erfüllt, in denen er seine Forschungen als Abfall von Gott be-

trauert, seine wissenschaftlichen Kämpfe «Possen», die Auseinandersetzungen mit den
Atheisten «Heuchelei» und sich selbst einen Gottlosen nennt. Alles, was ihn vor der
Welt groß macht, wird auf diesen Blättern von ihm als «gewaltiger Trieb des Bösen»
entlarvt. Seine vielbewunderte Trauer um die drei verlorenen Gattinnen erscheint ihm
als Leere des Herzens, sein Wissensdurst als Kälte gegen das Göttliche. Er bittet Gott
um Erlösung von allen diesen Lastern und unterwirft sich zitternd seinem furchtbaren
Gericht. Noch auf dem Sterbebett klagte er über seine Herzenskälte und Unverbesser-
lichkeit, über seine trostlose Ferne von Gott. Diese Seelennot war der letzte Ausdruck
seines erstickten Dichtertums, ein Dokument der Dichterschuld im Jahrhundert der
Vernunft.

Beim Bürgerdichter des neunzehnten Jahrhunderts fällt das kirchliche Sündenbe-
wußtsein dahin. Die christliche Ordnung der Werte ist für ihn durch die Ökonomie des
diesseitigen Daseins verdrängt, in der das Wohl und Weh der Nation die ausschlag-
gebende Rolle spielt. Die moralischen Gesetze ergeben sich aus dem Zusammenleben
der Menschen in der sozialen und staatlichen Gemeinschaft. Diese erkennt keine absoluten Gegensätze der Interessen an, keine katastrophalen Zusammenstöße unverein-
barer Standpunkte. Das liberale Bürgertum liebt das laisser aller, laisser faire, das un-
gezwungene Gewährenlassen der Individuen im Rahmen des Erlaubten, das gründliche
Wachsen, Reifen und sich Auflösen der moralischen Konflikte kraft der gesunden Menschennatur, die immer eine gute Lösung findet. So stellt Gottfried Keller die sittliche
Verschuldung dar. Als menschliche Erscheinung ist sie ihm ein wichtiges Problem,
aber sie hat für ihn die religiöse Tragweite verloren. Wie realistisch er über den Begriff
der Schuld denkt, zeigen die Reflexionen, die er im «Grünen Heinrich» über das Schuldenmachen, das ewige Übel seiner Jugendjahre, anstellt. Er verteidigt die Geldschulden
geradezu als eine Schule der Männlichkeit und hält es für das Zeichen eines «wesentlichen» Menschen, wie er materiell und moralisch mit ihnen fertig wird. Auch in der
sittlichen Motivierung seiner Novellen läßt er keine andere als eine rein menschliche
Schuld gelten, die auch rein menschlich gesühnt werden muß. Diese nimmt er allerdings ernst, ernster als seine meisten Leser, die sich oft an der Grausamkeit stoßen, mit
der er seine windigen Naturen verurteilt.

Sein erster Biograph, Bächtold, erregte deshalb lebhaften Widerspruch, als er auch
an Kellers Persönlichkeit den moralischen Maßstab legte. «Wenn man erwägt, daß es
ihm eigentlich die letzten dreißig Jahre seines Lebens auf dieser Welt so schlecht nicht
ging, daß es ihm weder an Ruhm noch Verehrung fehlte, daß Keller aber immer mehr
zu Unmut, Argwohn, Reizbarkeit neigte, wird man schon sagen dürfen: der sprichwörtlich gewordene Optimist konnte im Leben (wie in seiner Dichtung übrigens)
ebenso starker Pessimist sein. Damit wäre ein Anderes, tiefer Liegendes zu berühren.
Man könnte es mit einem volltönenden Worte beinahe die Tragik seines Lebens nennen.
Ein österreichischer Literaturhistoriker urteilte über Grillparzer nach dessen bitteren
postumen Selbstbekenntnissen, es habe ihm das tiefe Wohlwollen für seine Neben-
menschen, aber auch für sich selber gefehlt. Keller war betroffen, als er die Stelle las.
Er nannte den Spruch hart und wahr, wie ein gerechtes Urteil. Dasselbe besteht auch

für ihn. Es mangelte ihm das tiefe Wohlwollen. Dabei fügte er sich selber mehr Leid zu als den andern. Nirgends in seinem Leben eine dauernde Neigung (Junggeselle ist er zwar ohne seinen Willen, aber nicht ohne seine Schuld geblieben), nirgends eine ganz innige Freundschaft. Dem Menschen fehlt die Milde und Gütigkeit der Seele, die auch etwa das Geringere, das in der Welt vorhanden ist, neben sich duldet. Ich kann dieses scheinbar harte Wort ruhig vertreten. Es braucht sich niemand zu entrüsten noch sich in die Brust zu werfen.»

Wie zögernd und oberflächlich wird in dieser Abrechnung mit einem großen Dichter «beinahe die Tragik seines Lebens» festgestellt. Kellers Rang zeichnet sich eben darin ab, daß ihm die sittliche Verantwortung noch mehr als eine Redensart war und daß er sie, anders als Hebbel, auch für seine Person anerkannte. Bis tief in seine Manneszeit hinein quälte ihn die Schuld an Mutter und Schwester, die ihm ihr Leben opferten, aber auch seine Einsamkeit, die durch die Begleitumstände seiner späten Verlobung jeden romantischen Firnis vorlor. Er lernte als bald fünfzigjähriger Staatsschreiber noch die zweiundzwanzigjährige Arzttochter Louise Scheidegger kennen, deren Bedenken er zerstreuen konnte, so daß er das Jawort erhielt und sich in aller Form mit ihr verlobte. Politische und persönliche Gegner des Dichters und ängstliche Verwandte der Braut wußten diese aber mit Zuträgereien über Kellers Wirtshausleben unsicher zu machen, so daß sie einige Monate später ins Wasser ging. Von Kellers Erschütterung darüber sind nur wenige Spuren sichtbar geblieben. Diese Schmerzen meinte er, als er auf dem Sterbebett den Vers «Ich dulde, ich schulde» auf Meyers Karte schreiben wollte.

DAS SCHWEIGEN

Alles große dichterische Schaffen ist ein Widerspiel von Schuld und Sühne. Wie diese beiden Waagschalen jeweils zu einander stehen, weiß nur der Dichter selbst. Die Zuschauer sehen bloß die Unruhe der Waage, die das Gleichgewicht sucht, und die Ausschläge, die anzeigen, daß sie es nicht findet. Lange bevor sie am Dichter zu zweifeln beginnen, hat er die Fragwürdigkeit seiner Existenz erkannt. Er weiß am besten, was er der Wahrheit als Dichter schuldig bleibt, und zieht daraus seine eigenen Folgerungen. Er verstummt, um seine Worte zu sühnen.

Auch dieses Verstummen hat verschiedene Ursachen und verschiedene Formen. Es kann vorübergehend sein, Ausdruck einer seelischen Krise, die nicht die Lebensmitte des Gestaltungswillens ergreift. Das magische Dichten spielt sich ja ohnehin auf der Grenze der Überwältigung durch das Unsagbare, das des Sehers auf der Grenze des Erstarrens unter dem Anruf des Göttlichen ab; die Pausen sind da nur eine andere Form der schöpferischen Meditation. Es kann sich in ihnen eine Verwandlung abspielen, nach welcher der Dichter als wunderbar Verjüngter dasteht, der von vorn beginnt, zuweilen allerdings auch als Resignierender, der nur noch über die halbe Kraft verfügt. Der Unterbruch ist bald schroff und offenkundig, bald mit äußeren Vorwänden verschleiert. Kellers fünfzehn verlorene Amtsjahre waren zum Teil ein Bußetun für seinen monströsen autobiographischen Roman, an dem er vieles bereute, zum Teil ein Resignieren des Dichters in bürgerlich ehrenhafter Form. Sicher hinderten ihn nicht die Amtsgeschäfte am Schreiben; Stifter hat sich unter dem Druck schwererer Pflichten zu seinen größten Leistungen gezwungen. Schillers neunjähriges Studium der Geschichte und der kantischen Philosophie läßt dagegen keinen Zweifel offen, da er selbst es erklärt. Es war eine unzweideutige Buße für die bitter empfundene Unreife seiner Jugendwerke, ein großartiger Willensakt, aus dem er geistig verändert und zum Äußersten entschlossen hervorging. Goethes immer neues Zurücksinken in die Passivität ist mit Kellers langer Untätigkeit verwandt, durchläuft aber einen wiederholten Zyklus von höchster Produktivität und abwartendem Schweigen. Im Großen betrachtet, sinkt die Kurve seines Schaffens vom Gipfel der Jugendjahre unaufhaltsam in ein immer längeres Pausieren hinab.

Als zeitweilige Krisen sind auch die Krankheiten zu verstehen, die das Schaffen vorübergehend unterbrechen. Am klarsten ist dies bei den temporären Anfällen geistiger Umnachtung. Mit diesen sind die Verzweiflungsausbrüche verwandt, in denen Kleist den «Robert Guiscard» samt allen andern Papieren, Gogol die Fortsetzung der «Toten Seelen» ins Feuer warf. Nach jenem Autodafé in der Pariser Schreckensnacht hielt Kleist seine Dichterlaufbahn für gescheitert, wie seine maßlos erregten Worte beweisen: «Und so sei es denn genug. Das Schicksal, das den Völkern jeden Zuschuß zu ihrer Bildung zumißt, will, denke ich, die Kunst in diesem nördlichen Himmelsstrich noch nicht reifen lassen. Törigt wäre es wenigstens, wenn *ich* meine Kräfte länger an ein Werk setzen wollte, das, wie ich mich endlich überzeugen muß, für mich zu schwer ist. Ich trete vor Einem zurück, der noch nicht da ist, und beuge mich, ein Jahrtausend im Voraus, vor seinem Geiste. Denn in der Reihe der menschlichen Erfindungen ist diejenige, die ich gedacht habe, unfehlbar ein Glied, und es wächst irgendwo ein Stein schon für den, der sie einst ausspricht.»

Diese Sprache war eine Vorform des Selbstmords, mit dem Kleist seinem Kampf für immer ein Ende setzte. In der Rechnung, die er mit der furchtbaren Tat am Wannsee abschloß, figurierte eine ungeheure Schuld, der er nicht mehr gewachsen war und die er in einem verzweifelten Brief einst so formuliert hatte: «Ein großes Bedürfnis ist in mir rege geworden, ohne dessen Befriedigung ich niemals glücklich sein werde; es ist dieses, *etwas Gutes zu tun*. Ja, ich glaube fast, daß dieses Bedürfnis bis jetzt immer meiner Trauer dunkel zum Grunde lag, und daß ich mich jetzt seiner bloß deutlich bewußt geworden bin. Es liegt eine Schuld auf dem Menschen, die, wie eine Ehrenschuld, jeden, der Ehrgefühl hat, unaufhörlich mahnt. Vielleicht kannst Du Dir, wie dringend dieses Bedürfnis ist, nicht lebhaft vorstellen.» Der aus dem Heer ausgetretene preußische Junker sprach da noch von einer «Ehrenschuld». Aber die Wege, die er einschlug, um ein guter Mensch zu werden, führten ihn weit von allen gesellschaftlichen Forderungen ab. «Manches, was die Menschen ehrwürdig nennen, ist es mir nicht, vieles, was ihnen verächtlich scheint, ist es mir nicht. Ich trage eine innere Vorschrift in meiner Brust, gegen welche alle äußern, und wenn sie ein König unterschrieben hätte, nichtswürdig sind ... Ach, es ist so schwer, zu bestimmen, was gut ist, der Wirkung nach.» Auch Kleists Taten waren der Wirkung nach nicht gut. Seine innere Vorschrift trieb ihn vom

Bruch mit der adeligen Braut in die Kette jäher Erleuchtungen, die ihm bald einen radikalen Entschluß, bald ein geniales Werk, zuletzt die haargenau gezielten Schüsse auf
seine Freundin und sich selbst diktierten.

Kleists Selbstmord war dämonischer endgültiger Verzicht auf die Kunst. Das größte
Beispiel solchen Verstummens wird immer Shakespeare bleiben, weil seinem Innehal-
ten das größte Schaffen vorausging. Man darf sich sein Schweigen nicht als das lässige
Aufhören Goethes oder das müde Verzichten Grillparzers, aber auch nicht als die Ruhe
eines Vollendeten vorstellen. Es war die Stille nach dem Sturm. Diese Kapitulation ist
allen Romantikern wohlbekannt. Sie bedeutet bei allen das Eingeständnis einer Schuld,
die nicht mehr durch Dichtung gesühnt werden kann, weil das ekstatische Wort sich
erschöpft hat und an sich selbst irre geworden ist. Viele von ihnen spielen mit dem Gedanken des freiwilligen gewaltsamen Endes. Wenn sie ihn nicht ausführen, wählen sie
nur eine andere Form der Selbstverneinung, sei es den Widerruf ihres Schaffens als
Sünde wie Brentano, sei es das Versinken in Trübsinn wie Mörike und Grillparzer.
Auch Eichendorff empfand den Zwang zum Verstummen tief, vermochte ihn aber
noch dichterisch auszusprechen. Den Sänger treibt bei ihm das eigne Lied wie mit
Wahnsinnsklängen, bis ihm ein «wunderbar Erschüttern» das Herz wendet und ihn
aus seiner Verzweiflung erlöst:

> *Sein Saitenspiel zur Stunde*
> *Wirft er in tiefsten Schlund*
> *Und weint aus Herzensgrunde,*
> *Und ewig schweigt sein Mund.*

Da die Romantik, diese Kunst des orphischen Einklangs mit dem Universum, schon
bei Goethe und seinen Zeitgenossen ein bewußter Anachronismus war, muß das ihr
innewohnende Schuldgefühl auch bei ihren modernen Vertretern zutage treten, und es
ist ein Kennzeichen ihres Ranges, ob sie sich zu ihm bekennen. Das erste Beispiel dafür
gab Rimbaud, als er sich aus der Zauberei seiner jugendlichen Ekstasen losriß und in
der «Saison en enfer» ausrief: «O pureté! pureté! C'est cette minute d'éveil qui m'a
donné la vision de la pureté! – Je ne sais plus parler!» Ein anderes Beispiel gab Hofmannsthal, als er nach dem berauschenden Blühen seiner frühreifen Traumpoesie die
Sprache verlor. Es war der Schauder des orphischen Wunderkindes, das sich aus dem
Paradies seiner Träume verstoßen fühlte. Der Brief des Lord Chandos gibt darüber in
etwas allzu kunstvoller historischer Maske Aufschluß. Chandos hat vielbewunderte,
«unter dem Prunk ihrer Worte hintaumelnde Schäferspiele» geschrieben und sich dann
an der Bearbeitung antiker Mythen versucht: «Wie der gehetzte Hirsch ins Wasser,
sehnte ich mich hinein in diese nackten, glänzenden Leiber, in diese Sirenen und Drya-
den, diesen Narcissus und Proteus, Perseus und Aktäon: verschwinden wollte ich in
ihnen und aus ihnen heraus mit Zungen reden. Ich wollte. Ich wollte noch vielerlei.»
Statt dessen ist er einer rätselhaften Lähmung verfallen und vegetiert in den Qualen
des Tantalus dahin. Er ist außerstande, «über irgend etwas zusammenhängend zu
denken oder zu sprechen», die Worte zerfallen ihm im Mund «wie modrige Pilze», weil

ihm ihre Wesenlosigkeit bewußt geworden ist. Er lebt in einer tödlichen Leere, die es ihm gewiß macht, daß er nie mehr ein Buch schreiben wird – «nämlich weil die Sprache, in welcher nicht nur zu schreiben, sondern auch zu denken mir vielleicht gegeben wäre, weder die lateinische noch die englische noch die italienische und spanische ist, sondern eine Sprache, von deren Worten mir auch nicht eines bekannt ist, eine Sprache, in welcher die stummen Dinge zu mir sprechen und in welcher ich vielleicht einst im Grabe vor einem unbekannten Richter mich verantworten werde».

Diese Schilderung gibt wohl ungefähr auch den inneren Zustand Grillparzers oder Mörikes in ihrem verödeten Alter wieder. Bei ihnen war er wirklich das Ende, und sie hatten für ihn keine Worte mehr. Die modernen Magier finden auch für ihn noch eine Sprache und laufen Gefahr, das Schweigen zum Thema der Dichtung zu machen. So vor allem Rilke, dem nach dem «Stundenbuch», dann wieder nach den «Neuen Gedichten» und den ersten «Duineser Elegien» eine schuldhafte Lethargie die Zunge lähmte. Diese Krisen waren keine endgültigen Zusammenbrüche, sondern angstvolles Harren auf einen neuen Zustand der «Gnade» und darum nicht hoffnungslos. Sie waren Anfälle der «Langeweile», jener romantischen Krankheit, der seit Lenau und Leopardi die unzeitgemäß gewordenen Magier immer wehrloser zum Opfer fielen, und wirken unwahr neben der ausweglosen Verdammnis, in der Georg Trakl hauste. Aus diesem reinsten Magier der modernen deutschen Dichtung sang während weniger Jahre die Verzweiflung des wirklichen Verlorenseins. Verloren die abgefallene abendländische Menschheit, deren Untergang Trakl in seinen Verwesungs- und Feuervisionen voraussieht, verloren das eigene Haus der Väter, dessen Zerfall er als bleicher Engel mit silbernen Füßen im Kot miterlebt, verloren er selbst unter dem Fluch des Bösen. Der Alkohol, die Rauschgifte, die Geißel des Geschlechts, der Wahnsinn verwüsten ihn. Auch die Liebe ist für diesen Gezeichneten eine Form der Verwesung, die ihn seit der Blutschande mit der Schwester als Bewußtsein einer unentrinnbaren Schuld verfolgt. Aus diesem Abgrund der Verworfenheit und der Sehnsucht nach dem Reinen steigt die monotone Musik seiner Lyrik, die das Grauen noch einmal in Schönheit verwandelt, aber ihn nicht erlösen kann. Was Trakl zum großen Dichter machte, war die Echtheit seines Unterliegens. Geborensein heißt ihm schuldig werden, sich schuldig wissen aber auch geboren werden. «Erwachend fühlst du die Bitternis der Welt; darin ist alle deine ungelöste Schuld; dein Gedicht eine unvollkommene Sühne.»

Die Seher, die aus der Wüste kommen, kehren auch wieder in sie zurück. Ihr Verstummen ist kein Zerbrechen an sich selbst, sondern ein Zurücktreten vor dem, der sie gesandt hat. Es ist in einem mystischen Sinn die Krönung ihres Lehrens, hinter dem von Anfang an die Unaussprechlichkeit Gottes stand. Den Menschen erscheint ihre Rückkehr ins Schweigen als Beweis für die Vergeblichkeit des prophetischen Wortes, während sie in Wahrheit Überschattetwerden durch die jenseitige Herrlichkeit ist. Etwas von diesem Stummwerden liegt auch über dem Ende manches Künstlers, der sich als Erbe des Sehertums empfand. Michelangelo arbeitete zuletzt in der Stimmung solcher Weltentrücktheit. In der Überzeugung, daß es nun genug sei, legte er angesichts des Todes den Meißel weg, wie es sein Sonett ausspricht:

Nicht weiter
Malen noch bildhaun, eins nur will ich: Stille.
Die Seele heim zur ewigen Liebe schreitet,
Die ihr vom Kreuz die Arm entgegenbreitet.

In der heutigen Welt, die das Ende der Dichtung so eifrig beredet, hat auch Franz Kafka dieses Ende wirklich erlebt. Er erfuhr es nicht als Scheitern des Ich wie Trakl, sondern als mystische Niederlage vor Gott. Das Martyrium am Schreibtisch, in das seine Tagebücher Einblick geben, war ein täglich sich wiederholendes Verzweifeln über das Unvermögen, die Niedrigkeit der eigenen Person abzustreifen, über das Ausbleiben der Inspiration. Wie als Liebhaber erlebte er auch als Schriftsteller die Tatsache des Sündenfalls, und auch schreibend verstand er sein Versagen als Schuld. «Nur ich habe die Schuld, sie besteht in zu wenig Wahrheit auf meiner Seite, immer noch viel zu wenig Wahrheit, immer noch allermeistens Lüge, Lüge aus Angst vor mir und aus Menschenangst! Dieser Krug war schon zerbrochen, lange noch ehe er zum Brunnen ging.» Am Schreibtisch fehlte ihm alle Sicherheit, weil er wußte, daß ihm das, was er heute für gelungen hielt, schon morgen als nichtig vorkommen konnte. Die Hölle bestand für ihn darin, «daß man sein Leben nochmals mit dem Blick der Erkenntnis durchnehmen muß, wobei das Schlimmste nicht die Durchsicht der offenbaren Untaten ist, sondern jener Taten, die man einstmals für gut gehalten hat». Wer so denkt, sieht die Schönheit der Kunst als ein Märchen verfliegen; auch in den Augen dieses Mystikers ist sie kein Beweis für das Glück, sondern für die Unseligkeit derjenigen, die sie hervorbringen. «Niemand singt so rein als die, welche in der tiefsten Hölle sind; was wir für den Gesang der Engel halten, ist ihr Gesang.» In den Parabeln «Die Verwandlung», «Erstes Leid», «Der Hungerkünstler», «Josefine, die Sängerin» führt Kafka das Ideal des Künstlertums ironisch ad absurdum. Im «Hungerkünstler» erzählt er das ruhmlose Ende dieser artistischen Spezialität. Ihre Zeit ist vorbei, man interessiert sich nicht mehr für sie. Sie wird nicht mehr in großen Schaustellungen bewundert, höchstens noch von einem Zirkus nebenbei mitgeführt und vom Publikum kaum mehr beachtet. Deshalb hat der berühmteste aller Hungerkünstler endlich Gelegenheit, zu zeigen, daß seinem Können keine Grenzen gesetzt sind. Er hungert immer weiter, weil man ihn in seinem Käfig vergißt. Dem Wärter, der ihn endlich im verfaulten Stroh entdeckt, sagt er sterbend sein Geheimnis ins Ohr: er hungere, weil er nicht anders könne, «weil ich nicht die Speise finden konnte, die mir schmeckt». Seine Kunst ist der Ausdruck einer tödlichen Schwäche. Der Käfig wird ausgeräumt und ein junger Panther, das Gegenteil eines Hungerkünstlers, hineingetan.

Gibt es auch ein Schweigen der Vollendung? Am ehesten müßten es die Sänger kennen, wenn sie ihren Lobgesang auf die Welt geendet haben, auf das fertige Werk blicken und sehen, daß es gut ist. Es gibt solche klassischen Geister, die in sich selbst selig sind, aus deren Heiterkeit das gute Gewissen leuchtet. Theodor Fontane, der wie Günther zu ihrer Sippe gehörte, nannte es einen seiner Lieblingssätze, «daß es nur ganz wenige Menschen zu einem richtigen Schuldbewußtsein bringen», und fügte hinzu,

er wage nicht zu behaupten, daß er zu diesen Wenigen gehöre. Das sagte er als hell-
äugiger Kenner der Gesellschaft, deren Chronik er schrieb, und es ermöglichte ihm die
unbestechlich-wahrhaftige, allen Posen und Lügen abholde Schilderung seiner Zeitgenossen. Auch er hält aber offenbar echtes Schuldbewußtsein für ein Zeichen der
adeligen Ausnahmenaturen, zu denen er sich nicht zählen darf. Seine Worte erinnern
daran, daß die Frage der menschlichen Schuld unlösbar ist, weil sie in die Verschwiegenheit des Herzens hinüberleitet, vor der alle Maßstäbe und Unterscheidungen ihren
Wert verlieren. Als Schweigende sehen sich alle Dichter ähnlich, niemand weiß, was
für Stimmen in ihnen reden. Als Corneille sich vom Theater zurückzog, hatte er alles
gesagt, was er zu sagen hatte. Der abgeschlossene, beschränkte Kreis seiner erlesenen
Motive war von ihm durchschritten, und er hätte stolz auf seinem Ruhm ausruhen
können. Aber die Zeugnisse reden anders, erst die religiöse Einkehr brachte seinem
verbitterten Alter den Abendfrieden. Auch Racines und Calderons späte Abkehr von
der Welt war kein gesättigtes Zurückschauen auf ihre Erfolge, sondern Einsicht in die
Vergänglichkeit alles irdischen Tuns.

Den von Grund auf heiteren Sonntagskindern scheint auch Johann Peter Hebel, der
Sänger des Wiesentals, anzugehören. Vergilischer Glanz liegt über seinen Versidyllen,
in denen die Heimat noch von den Geistern der Heidenzeit bewohnt ist, eine uner-
gründliche Ruhe über seinen Kalendergeschichten, die an Beispielen zeigen, wie auch
das Kleinste nicht aus den ewigen Ordnungen herausfallen kann. Und doch besteht das
seltsame Faktum, daß die «Alemannischen Gedichte» zur Hauptsache innerhalb knapp
zweier Jahre entstanden sind, als ein unwiederholbarer Glücksfall in Hebels Leben. Er
schrieb sie auf der Scheitelhöhe zwischen Jugendlust und Einsamkeit, als das Glück
ihm noch nahe und die Vereinsamung schon unausbleiblich war. Sie waren ein Abschied, nicht nur von der Hoffnung auf häusliches Pfarrhausglück, sondern auch vom
übermütigen Naturkult seiner Vikariatsjahre, wo er auf dem Belchen zu den Göttern
der heimatlichen Landschaft gebetet und mit Freunden zusammen eine eigene Naturreligion gestiftet hatte. Ähnlich wie Mörike, nur noch verschwiegener, muß er eines
Tages vor dem Widerspruch zwischen diesem Heidentum und seinem protestantischen Christentum erschrocken sein. So dichten und dazu katechisieren war auf die
Dauer nicht möglich. Die Herausgabe des Kalenders war im Grund ein Ausdruck des
Verzichts auf die naturseligen Lieder, und auch den Kalender ließ er nach neun Jahren
trotz vieler Bitten merkwürdig ungerührt liegen. Es ist doch kein Zufall, daß sein
großartigstes Gedicht, die «Vergänglichkeit», das geliebte Wiesental schildert, wie es
nach dem Jüngsten Tag als Wüste daliegt: verkohlt und totenstill die Tannenwälder
der Berge, die Wiese ohne Wasser, die Luft ohne Vögel, der Himmel ohne Sonne. In
dieser Vision hat Hebel das Ende seines Dichterglücks vorausgeahnt. «Und möcht
jetzt nümme hi», schließt er sie, im Geist aus dem Weltall auf die zerstörte Gegend hin-
abblickend. Es ist eines der Worte, denen nur noch Schweigen folgen kann.

Der Dichter ist nicht nur des Wortes mächtig, sondern auch des Schweigens. Er
kann für kostbare Jahrzehnte rätselhaft verstummen, die Dichtung überhaupt kann
für Jahrhunderte aus der Welt verschwinden. Dieses Verstummen ist die Antwort der

Literaturgeschichte auf die Anklagen, die gegen den Dichter erhoben werden. Die gewaltsame Umkehr Schillers und Brentanos, das prophetische Eifern Pestalozzis und Kierkegaards gegen Goethe, das Erlöschen Grillparzers und Mörikes, die Umwälzungen im Leben Tolstojs und Ibsens sind Formen der Selbsterkenntnis des Dichters, deren Geschichte noch nicht geschrieben ist. Er hat immer wieder auch seine Schuld erkannt und deshalb sein Leben geändert, seine Kunst verworfen. Wie könnte er sich heute anders zu erkennen geben als durch das Bekenntnis einer unsühnbaren Schuld? Er rechtfertigt sich, indem er sie auf sich nimmt, nicht weil er für den heutigen Zustand der Menschheit verantwortlich ist, sondern weil er allein zu wissen scheint, welche Schuld auf ihr liegt.

Die Vollendung

DAS WERK

Kunst ist Wille zur Vollendung. Mit genialer Phantasie und Sprachkraft ist es in ihr nicht getan, sie müssen zur Meisterschaft gebracht werden. In der Kunst zählt nur das Vollendete, und vollendet heißt: unzerstörbar geformt. In jedem vollendeten Werk ist die Kunst am Ziel.

Es zeichnet alle künstlerischen Menschen aus, daß sie dem Trieb verfallen sind, vollkommene Gebilde zu gestalten. Daraus ergibt sich jene rücksichtslose, oft absurd scheinende Treue zu sich selbst, mit der Jean Paul einmal sein Ausharren am «Marterholz» des Schreibtisches begründet. «In der kältesten Stunde des Daseins, in der letzten, ihr Menschen, die ihr mich so oft mißverstandet, kann ich meine Hand aufheben und schwören, daß ich vor meinem Schreibtisch nie etwas anderes suchte als das Gute und Schöne, so weit, als meine Lage und Kräfte mich etwas davon erreichen ließen, und daß ich vielleicht oft geirrt, aber selten gesündigt habe. Habt ihr, wie ich, dem zehnjährigen Schmerz eines verarmten, verhüllten Daseins, eines ganz versagten Beifalls widerstanden, und seid ihr, bekriegt von der Vergessenheit und Hülflosigkeit, so wie ich der Schönheit, die ihr dafür erkanntet, treu geblieben?»

Das Werk ist so sehr Mittelpunkt des Künstlerlebens, daß der Mensch, der es hervorbringt, hinter ihm verschwindet. Johann Sebastian Bach lebt ausschließlich in seinen Werken, er selbst lebte schon so. Er ist als Person ohne Interesse, die wenigen von ihm erhaltenen privaten Dokumente enttäuschen jeden, der mehr als belanglos Alltägliches erwartet. Leben und Werk verhalten sich beim Künstler anders, als die Zuschauer und die meisten Biographen annehmen. Goethe sagte, seine Gedichte hätten ihn gemacht, nicht er sie. Der Schaffende wird mit der Zeit seiner Schöpfung ähnlich. Die Sehnsucht nach dieser Verwandlung ist ein Teil der Kraft, die ihn zu ihrer Vollendung anspornt. «Eigentlich sollte man mit uns Poeten verfahren wie die Herzoge von Sachsen mit Luthern», schrieb Goethe nur scheinbar scherzhaft an Schiller, «uns auf der Straße wegnehmen und auf ein Bergschloß sperren. Ich wünschte, man machte diese Operation gleich mit mir, und bis Michael sollte mein Tell fertig sein.» Die Nötigung, ein Werk zu schaffen, überfällt den Künstler wie ein höherer Zwang. Sie regiert unumschränkt über ihn, dient ihm als Maßstab für alles und gibt ihm sein geistiges Niveau. Nietzsche sagte: «Im Grunde wird man eine sehr anspruchsvolle Art Mensch, wenn man bei sich sein Leben durch Werke *sanktioniert*: namentlich verlernt man damit, den Menschen zu gefallen. Man ist zu *ernst*, sie spüren das: es ist ein teufelsmäßiger Ernst hinter einem Menschen, der vor seinem Werke *Respekt haben will*.»

Der dichterische Mensch flieht schon in seinen Jugendkrisen zur Gestaltung. Er versucht zu formen, was ihn bedrängt und was andere menschlich überstehen. Diese ersten Versuche sind fast immer wertlose Lernstücke, aber noch das eigentliche Erstlingswerk erhält sein stürmisches, unwiederholbares Aussehen von der dumpf erlebten Jugendnot. Hochpersönliches und Überpersönliches vermischen sich noch in ihm, die Form ist unrein, aber nachträglich schwer zu verbessern. Später läßt die fieberhafte Spannung nach, die schöpferischen Kämpfe sind nicht mehr unmittelbar lebensgefährlich, sondern verziehen sich in die Stille des Schreibzimmers und werden immer ausschließlicher zum Ringen um die gültige Form. Der Schreibende ist innerlich entschieden, sein Manuskript nimmt alle Spannungen zwischen Wirklichkeit und Phantasie auf. Nun steht alles unter einem andern Vorzeichen. Der lebensuntüchtige Sonderling verfügt über unerhörte Gaben, sobald er die Feder zur Hand nimmt. Der als Nichtstuer Verschriene erweist sich, wie das in sein Spiel vertiefte Kind, als beispiellos beharrlicher Arbeiter. Er hat einen unfehlbaren Instinkt für alles, was ihn hemmt und fördert. Er unterscheidet sinnvolle und sinnlose Freuden und Schmerzen; die sinnvollen sucht er, gegen die sinnlosen macht er sich unempfindlich. Was jeden andern zu Boden brächte, bewältigt er scheinbar mühelos, dafür werden ihm Kleinigkeiten zu unüberwindlichen Hindernissen. Das sich bildende Werk liegt wie ein Zauberbann um ihn, in dem er nach seinen eigenen Gesetzen lebt. Er vergißt Essen und Trinken, Schlaf und Liebe, er handelt abergläubisch wie ein Primitiver, um das Gelingen nicht zu stören. Die guten Geister versucht er gnädig zu stimmen, die bösen zu verscheuchen. Seine Hingabe an das werdende Gebilde ist wie die einer Schwangeren an ihr Kind. Er lebt mit ihm in einer innerlichen Zwiesprache und zittert um sein Gedeihen in unermeßlicher Angst und Freude. Er gibt alles hin, er ist bereit zu sterben – für ein Buch.

Kein Glück läßt sich mit diesem vergleichen. Die, denen es versagt ist, verlachen es als närrisch oder bestaunen es als übermenschliche Gnade. Bewunderer wie Spötter sehen es einseitig, weil es auch ein Leiden ist, solange es nicht zur Routine wird, und auch dann noch kann es reich an Schmerz sein. Das Gelingen bleibt bis zuletzt fraglich, Sicherheit und Zweifel lösen einander ab, dazu ist ja dieses Schaffen die Frucht des Verzichtens auf näherliegendes Glück. Am Schreibtisch versäumt der Dichter das Leben. Die Stimmen der Außenwelt dringen an sein Ohr und locken ihn, wenn er den Glauben an sich verliert, zu den Menschen zurück, die nur ihr eigenes Dasein leben und sinnlichen Erfüllungen nachjagen. Er erliegt von Zeit zu Zeit dieser Versuchung und begeht Torheiten ohnegleichen, tieftraurige Irrtümer und unverzeihliche Fehler, nur um einzusehen, daß es für ihn kein normales Leben mehr gibt. Die Absonderung, die ihm zuerst vielleicht schrecklich schien, wird ihm immer mehr zur rettenden Zuflucht. Der Schaffenstrieb schlägt seine menschlichen Regungen nieder; er tyrannisiert ihn, reitet ihn wie ein Dämon und läßt ihn alle Strapazen, die er mit sich bringt, willig ertragen.

Zuletzt beruhigt sich auch diese Unruhe und wird zum philiströsen Beruf. Der Zwang, Werk um Werk zu vollenden, umgibt den gealterten Dichter wie ein Gitter, hinter dem er als unheimliche Ausnahme gefangen sitzt. Er mißt seine Lebenszeit nach dem Wachstum seiner Bücher und führt außerhalb der Schreibstube nur noch eine Scheinexistenz. Mit pedantischer Regelmäßigkeit wird täglich eine bestimmte Zahl von Manuskriptseiten erledigt, wie bei Jean Paul oder Dickens, oder jährlich ein Drama gebaut, wie bei Schiller oder Ibsen. Das Schwerste ist scheinbar leicht geworden. Von außen gesehen, leidet der Gereifte nicht mehr, sondern genießt die Früchte seiner Erfahrungen. Er kann jetzt sagen, daß Genie Arbeit sei. Das gilt immer nur für den Meister, den seine Erfahrungen schöpferisch gemacht haben. Nach seinem Tod bleibt das Rüstzeug, das er so mühelos bewegte, am Boden liegen. Dante ging in seiner letzten Lebenszeit stumm in der Vollendung der «Divina Commedia» auf und starb, sobald sie abgeschlossen war. Auch Goethe und Stifter, Balzac und Gotthelf arbeiteten im Alter so, was man besonders bei Goethe gern übersieht. Schiller staunte über die ungeheure Schnelligkeit seines Produzierens, aber die Leichtigkeit war scheinbar, weil Goethe alles Drumunddran seines Schaffens verschwieg. Er erledigte täglich ein Riesenpensum, wozu auch gehörte, daß er «im Durchschnitt wenigstens einen Oktavband täglich» las. Für Schiller, Dostojewskij wurde auch der körperliche Schmerz ein Stück ihrer Arbeitstechnik; Dostojewskij erscheint in den Erinnerungen seiner Tochter als ein gutmütiger Familienvater, der seine Kleider selbst bügelt und die Jahre in Sibirien vergessen hat. Flaubert glaubte schon mit fünfundzwanzig Jahren soweit zu sein, er schrieb damals: «J'observe que je ne ris plus guère et que je ne suis plus triste. Je suis mûr. Malade, irrité, en proie mille fois par jour à des moments d'une angoisse atroce, sans femmes, sans vie, sans aucun des grelots d'ici-bas, je continue mon œuvre lente comme le bon ouvrier qui les bras retroussés et les cheveux en sueur tape sur son enclume sans s'inquiéter s'il pleut ou s'il vente, s'il grêle ou s'il tonne.»

Für die rückwärtsblickende Literaturgeschichte sind die Werke als etwas Selbstverständliches und Fertiges vorhanden. Alles an ihnen ist notwendig so, wie es ist. Es gab aber eine Zeit, wo die «Göttliche Komödie», der «Hamlet», der «Don Quijote», der «Faust» nur im Kopf ihrer Dichter existierten. Sie sahen ihr Werk von der andern Seite, als etwas zu Vollbringendes. In diese Vorgeschichte sieht keine Wissenschaft hinein, aber man muß an sie denken, wenn man verstehen will, was dichterisches Schaffen heißt. Es heißt das Unbekannte erschaffen, aus dem Nichts etwas Wirkliches hervorholen. Das echte Kunstwerk ist ein Gebilde mit eigener Seele, es löst sich von seinem Schöpfer ab und lebt selbständig weiter. Was sich in diesem «Steh auf und wandle» abspielt, ist dem Dichter selbst unbegreiflich. Es gibt Autoren, die sich im Schaffensrausch wie Wahnsinnige aufführen. Balzac war berühmt dafür; er stellt in der «Recherche de l'absolu» am Beispiel eines Alchemisten die Besessenheit des Genies dar, das um einer fixen Idee willen seine ganze Umgebung zugrunde richtet und verblendet in die Grube fährt. Immer wieder erschienen solche Ungeheuer der Phantasie und Schreibwut, die keine Zeit hatten, zu leben, sondern auf fast verbrecherische Art alles Lebendige ihrer Manie unterwarfen. Ein solches Monstrum war auch Jean Paul, der seit der Jugend mit der Feder in der Hand lebte und als Liebender, Freund, Gatte, Vater nur an seine Bücher dachte. Flaubert erinnerte bei der Arbeit an einen Verrückten. Er saß Tag und Nacht über dem Manuskript, trocknete bald Tränen, bald Schweiß ab und deklamierte wie Schiller laut, oft brüllend die Reden seiner Personen, wobei ihn ein einziger Satz oft Stunden kostete. Er haßte Madame Bovary wie einen Dämon, der ihn unterjochte, und spürte das Arsenik, mit dem sie sich vergiftet, so deutlich auf den

Lippen, daß er sich erbrechen mußte. Aber diese Raserei ist doch nicht allgemein. Sie ist weder Ausnahme noch Regel, sie ist ein typischer Fall unter andern. Das Schaffen kann das Gegenteil eines Rausches sein, nüchterne Disziplin oder heiteres Spiel. Auch im Schaffensprozeß spiegeln sich die Grundformen des Dichtertums[1].

FORMEN DES SCHAFFENS

I

In Entrückung arbeitet vor allem die magische Phantasie. Sie wird vom Schaffenstrieb überwältigt und hält die Eingebungen fest, die aus der unbewußten Tiefe der Seele kommen. Dieses Empfangen ist reines Geschenk und scheint ganz mühelos, weil auch die Arbeit des Gestaltens in fliegender Hast vor sich geht und sogleich vergessen wird. Es kennt die Sorge um das Gelingen kaum, kein zähes Planen, Überlegen und Komponieren. Der Einfall bringt die Form mit sich, er ist schon das Werk oder schließt sich mit andern Einfällen zum Werk zusammen. Die Vollkommenheit besteht im möglichst getreuen Notieren des «Einfallenden», im Vermeiden seiner Trübung durch Reflexion. Auch fragmentarische Aufzeichnung kann hier vollendet sein, wenn sie am ehesten dazu taugt, die spontanen Einfälle unverändert festzuhalten.

Das war die neue Auffassung des Dichtens, die der Sturm und Drang gegen die Aufklärung ins Feld führte: innere Wahrheit um jeden Preis, ohne Entstellung durch bewußtes Zurechtrücken, durch äußere Formvollendung ohne Seele. Der junge Goethe sagte, alle Form habe etwas Unwahres. Er schrieb seine Werke mit seinem Herzblut, wie man in der Vorzeit magische Runen mit Blut gefärbt hatte, um ihre Zauberkraft zu erhöhen. Seine Freunde ahmten ihn nach Kräften nach, sogar Wieland stimmte einen Hymnus auf den Genius dieses Produzierens an:

> *Er kommt! man fühlt in Mark und Adern*
> *Des Gottes Gegenwart, allein er kommt und geht,*
> *Sobald er will, und wer darf mit ihm hadern?*
> *Vergebens ruft Ihr ihm, kein stürmendes Gebet*
> *Hat jemals seine Gunst erfleht,*
> *Kein Kerker hat ihn je gebunden;*

---

[1] Auch das hat Herder bereits gesehen. In seiner Preisschrift über die «Ursachen des gesunknen Geschmacks» (1775) skizziert er folgende Typologie des künstlerischen Schaffens: «Das Kunstwerk kann a) so eingeschränkt, die Kräfte der Seele darauf so eingeschränkt sein, als der Instinkt der Biene auf die Zelle; die meisten höhern und tätigen Kräfte bleiben also ungeregelt und tot. b) Das Kunstwerk kann den Menschen so an sich ziehen, daß eben diese Leidenschaft die andern Kräfte und Neigungen aus der Fassung bringt, und so wird die Wut des Geschmacks, wie jede andre Wut, Fallstrick. c) Gewisse Werke können endlich würklich eine Leidenschaft der Art fordern, die denn künstlich – aber nicht moralisch – gut ist. Sie wollen Sturm, nicht aber eben Sonnenhelle ... Freilich kann der Dichter, Maler, Bildhauer, Tonkünstler von seinem Kunstgeschmack Anlaß, Gestalt, Erinnerung, Modell nehmen, seine ganze Seele, sein ganzes Leben zu dem Geschmack zu bilden, und das wäre freilich Tugend. Er kanns; ob ers aber auch will? auch bis zur Tat, Fertigkeit und täglichen Gewohnheit wolle? – welch andre Welt von Frage!» (Werke ed. Suphan 5, 610f.).

Wie die Gelegenheit, ist er auf einmal da,
Und wer sich sein am wenigsten versah,
Hat ihn sogar im Schlafe schon gefunden.

Man nannte diesen Genius auch gern den heiligen Geist, aber darin täuschte man sich,
er war der Schutzgeist der orphischen Poesie. Auch William Blake, der im Grenzbezirk von Magie und Mystik hausende Erleuchtete, drückte sich so verfänglich aus. Er
empfing in seinen Visionen nicht nur Dichtungen, sein toter Bruder offenbarte ihm auch,
wie er seine Werke unzerstörbar in Metallplatten ätzen könne, und er wurde dadurch
zum Erfinder eines neuen Druckverfahrens. Blake zeigt auch die Grenze des triebhaft-
unbewußten Schaffens: die Unfähigkeit, das Geoffenbarte von Schlacken zu reinigen,
das Hingeschriebene bewußt zu verbessern. Wie das einzelne Gebilde bleibt das ganze
Lebenswerk des Magiers Fragment. Blake versank im Alter in Passivität, sein Wille
zur Mitteilung seiner Gesichte erlosch; er begnügte sich damit, für die Geister zu
schreiben, und seine Frau mußte mehrmals verhindern, daß er seine Manuskripte verbrannte. Der größte aller magischen Fragmentisten ist Leonardo da Vinci.

Den Zauber des Bruchstücks priesen auch die Romantiker. Als Dichter des Unendlichen konnten oder wollten sie ihre Ahnungen nicht in geschlossene Formen pressen.
Sie erfanden eine eigene Kunst der Andeutung, des halben Wortes, Satzes und Werks.
Alle Werke von Novalis sind unvollendet und übrigens erst nach seinem Tod erschienen. Seine Sammlung von Fragmenten war nicht für den Druck bestimmt und ist in
privaten Notizheften nur unvollständig erhalten. Die Proben, die er selbst daraus
publizierte, bezeichnete er als «literarische Sämereien», aus denen die noch nicht erfundene Kunst, Bücher zu schreiben, aufgehen werde. Bei Hoffmann wird der Frag-
mentismus dämonisch. Als Ekstatiker sieht er im Schaffensrausch die Einwirkung einer
übersinnlichen Kraft, bald einer höllischen wie in den «Elixieren des Teufels», bald
eines beseligenden Zaubertranks wie im «Goldnen Topf». Hier ist der Tisch, an dem
Anselmus im Palmensaal des Geisterfürsten dessen Manuskripte kopieren muß, eigentlich eine auf drei bronzenen ägyptischen Löwen ruhende Porphyrplatte, die aber für
den verliebten Studenten in einen mit violettem Samt behangenen Schreibtisch umge-
wandelt wird. Der Zauberer warnt ihn: «Sie werden künftig hier arbeiten, aber ich muß
Ihnen die größte Vorsicht und Aufmerksamkeit empfehlen; ein falscher Strich oder,
was der Himmel verhüten möge, ein Tintenfleck, auf das Original gespritzt, stürzt Sie
ins Unglück.» In seinen überschwenglichen Erlebnissen verstößt Anselmus gegen
dieses heilige Gesetz, vergißt überhaupt das Kopieren, aber durch den Zauber der
Liebe sind die Blätter dann doch beschrieben, nur steht keine Abschrift, sondern die
Geschichte vom goldnen Topf darauf. Dieses Zaubermöbel ist das Sinnbild für Hoffmanns Schreibtisch, an dem er in Trance seine Geschichten erfand. Sie schrieben sich
von selbst auf, indem er sie verzaubert erlebte.

Ein so entstandenes Werk blickt den Dichter als ein ihm fremdes Traumgebilde an.
Er hat nichts mehr mit ihm zu schaffen, sobald es fertig dasteht, und vergißt es. Für
Arnim war alles Fertige tot, weil es keine Sehnsucht mehr weckte: «Was vollendet,

ist gestorben.» Das traumhaft Geformte bleibt Ausgeburt des Augenblicks. Wie der einzelne Satz oder Vers des orphischen Gedichts leuchtet das Dichtwerk als Ganzes seinem Schöpfer nur momenthaft auf. Vielmehr er selber läßt es treulos hinter sich zurück. Mörike nannte im Alter seinen «Maler Nolten» einen «abgelegten Balg». Die passive Meditation hat im magischen Schaffen den weitesten Spielraum. Aber natürlich ist der «Goldne Topf» ein märchenhaftes Gleichnis, in Wirklichkeit geht es auch hier nicht ohne überlegtes Planen und Formen ab. Nur kleine Lieder können die Frucht solcher Entrückungen sein, aber auch sie müssen ins Bewußtsein gehoben werden, wenn sie mehr als versunkenes Lallen oder berauschtes Stammeln sein sollen. Mörike berichtet über die Ballade «Schön-Rohtraut»: «Ich stieß einmal – es war in Cleversulzbach – zufällig in einem Fremdwörterbuch auf den mir bis dahin ganz unbekannten altdeutschen Frauennamen. Er leuchtete mich an als wie in einer Rosenglut, und schon war auch die Königstochter da. Von dieser Vorstellung erwärmt, trat ich aus dem Zimmer zu ebener Erde in den Garten hinaus, ging einmal den breiten Weg bis zur hintersten Laube hinunter und hatte das Gedicht erfunden, fast gleichzeitig damit das Versmaß und die ersten Zeilen, worauf die Ausführung auch wie von selbst erfolgte.» Die endgültige Gestalt scheint er indes der Ballade erst in der folgenden Nacht und frühmorgens im Bett gegeben zu haben, und dieser Fall war «das Stärkste dieser Art», was er erlebte.

Shelley sagt in der «Defence of Poetry», es könnten Teile eines Werkes, ein Satz oder ein Wort, dichterisch, nämlich inspiriert sein, ohne daß das Werk als Ganzes ein Gedicht sei. Das entsprach seiner eigenen Erfahrung, es trifft besonders auf die Romantik zu und hier wieder besonders auf die umfangreicher konzipierten Werke. Leopardi erzählt: «Ich habe in meinem Leben nur sehr wenige und kurze Gedichte geschrieben. Bei ihrer Abfassung bin ich immer nur einer Eingebung oder Raserei gefolgt. Wenn das über mich kam, gestaltete ich in wenigen Minuten den Plan und die Einteilung des Ganzen. Daraufhin pflege ich zu warten, ob eine ähnliche Anwandlung wiederkehrt, was gewöhnlich erst nach einigen Monaten eintritt. Ist sie da, so mache ich mich an die Ausarbeitung. Diese geht so langsam, daß ich selbst zum kürzesten Gedicht nicht weniger als zwei bis drei Wochen brauche. So ist meine Arbeitsweise, und wenn mir die Eingebung nicht von selbst kommt, könnte man eher Wasser aus einem Klotz schlagen als einen einzigen Vers aus meinem Gehirn.» Diese Abhängigkeit von der Eingebung erklärt auch Grillparzers manische Schaffensweise. Er entwarf und schrieb seine Stücke unbegreiflich schnell in Zuständen der Ekstase, die ihn alles um sich vergessen ließen und mit ungeheurem Glücksgefühl verbunden waren. «Wenn ich schrieb und dichtete, hatte ich immer es wie eine große Musik in mir.» Aber diese Zustände dauerten nur wenige Tage oder Wochen, sie gingen vorüber und ließen ihn in Verzweiflung zurück. Die Tagebücher aus den Jahren seiner höchsten Schaffenskraft sind voller Ausbrüche der Unzufriedenheit mit allem Vollbrachten. «Ich möchte eine Tragödie in Gedanken schreiben können. Es würde ein Meisterwerk werden», sagt dieser Träumer mit dem bohrenden Kunstverstand. «Sobald ich etwas nach außen hinstelle, wird es mir beinahe verhaßt, und ich mag nicht mehr daran denken, so widerlich ist mir die Unähnlichkeit des Ausgeführten mit dem Gedachten.» Auch in der Selbstbiographie kommt er auf diese Anfechtungen zu sprechen, deutet aber ihre krankhafte Maßlosigkeit nur noch an. «Die ruhige Freude am Schaffen ist mir versagt. Ich lebte immer in meinen Träumen und Entwürfen, ging aber schwer an die Ausführung, weil ich wußte, daß ich es mir nicht zu Dank machen würde.» Die Aufführung seines ersten Stücks, der «Ahnfrau», machte auf ihn einen so niederschmetternden Eindruck, daß er sich nie wieder entschließen konnte, eines seiner Dramen auf der Bühne zu sehen. Aber ebenso weit wie die Aufführung hinter dem Manuskript blieb dieses hinter seiner Phantasie zurück. Jedes abgeschlossene Werk enttäuschte ihn tief; daraus entstand die qualvolle Angst vor dem Nachlassen seiner Phantasie, unter der er in den toten Zwischenzeiten litt. Sie scheint grundlos, wurde aber durch Grillparzers späteres Verstummen auf andere Weise bestätigt. Die Pausen dehnten sich immer länger aus, er fühlte sich den Stimmungswechseln immer hilfloser ausgeliefert und versank wie Blake und Mörike in ein tristes Schweigen, das die furchtbare Verlassenheit jener toten Zeiten endgültig machte. Denn es war das Schweigen eines Vereisenden, nicht eines innerlich Verklärten. Bis in seine letzten Tage sprach er nur verächtlich von sich und seinen Werken. Er wußte, daß ihm das Höchste versagt geblieben war, und sah nur das, was er nicht vollendet hatte, die Unzahl liegengebliebener Pläne und Bruchstücke. Die drei ungedruckten Dramen, die er im Schreibtisch hinterließ, sollten nach seinem letzten Willen vernichtet werden. Er selbst verbrannte sie nicht, sondern ließ ihr Schicksal in der Schwebe – das war die letzte Form seines Zweifels an seiner Kunst.

Noch unwirklicher nehmen sich die Gebilde der magischen Lyrik in der Wirklichkeit aus. Sie sind als Werke fast gegenstandslos, mehr Seele als Leib, weil sie sich im wellenförmigen Kommen und Gehen der inneren Entrückungen gebildet haben. Der frühe Hölderlin spricht vom Wohlklang und Mißklang in der Tiefe seines Wesens, von «Ebb' und Flut des Herzens». Gottfried Keller, der auch um Entrückungen wußte, sagte von seinem «Abendlied»: «Wir können nicht mit fünf oder sechs dergleichen Lufttönen durchs Leben kommen, sondern brauchen noch etwas Ballast dazu, sonst verfliegen und verwehen uns jene sofort.» Der lyrische Magier lebt ohne diesen Ballast, seine Werke geben ihm keinen äußern Halt, weil sie eine Kette seelischer Erschütterungen in zart durchscheinenden Gestaltungen aufbewahren. Dieses Schaffen bewegt sich gleichsam an Ort. Nur die wachsende Stärke und Kühnheit des Ausdrucks verrät die Wandlungen, die in der tönenden Luftsäule des Ich vorgehen.

2

Gipfel und Depressionen des Schaffens kennt auch der mystische Visionär. Aber sie spielen sich nicht vor dem Hintergrund ekstatischer Überhebung und schwarzen Überdrusses ab, weil der inspirierte Seher nicht aus eigener Machtvollkommenheit handelt. Auch er weiß, daß alle Worte unzulänglich, alle Werke Stückwerk sind. Sie sind es aber nicht vor seinem Urteil, sondern vor dem Schicksal, vor Gott. Er kann nichts Vollkommenes schaffen, weil der Mensch unvollkommen ist. «Und wenn du alles getan hast, so bist du doch nur ein unnützer Knecht», sagt Salomo. Plotin lehrt, die höchste Schönheit sei im Geist des Künstlers vorhanden, könne aber von ihm nie im Stoff dieser Welt gestaltet werden.

Für den prophetischen Künstler ist Kunst Gottesdienst – nicht Selbstvergottung, sondern ein Weg der Reinigung, ein Martyrium. Es kommt vor, daß er sein Werk verächtlich macht, weil es zu tief unter der Herrlichkeit Gottes steht. Michelangelo sagte im Vollgefühl seiner Kraft: «Für die, welche es begreifen, macht nichts so fromm und rein wie die Mühe, etwas Vollendetes zu schaffen, denn Gott ist die Vollendung.» Im Alter aber wurde ihm immer mehr die Vermessenheit gottebenbürtigen Gestaltenwollens bewußt; er verzweifelte an diesem Unterfangen und bekannte sich zu seiner Resignation, indem er an seinen Skulpturen einzelne Teile unausgeführt ließ. Dostojewskij legte die Erzählung «Der Großinquisitor», die er für eines seiner besten Werke und sein Vermächtnis hielt, dem Iwan Karamasow in den Mund, der sie als ein «abgeschmacktes Gedicht», als nicht ernst zu nehmendes Elaborat eines «abgeschmackten Studenten» ausgibt. Das ist kein artistischer Kniff, sondern Ausdruck einer tragischen Spannung. Dostojewskij muß die Frage offen lassen, ob sein Bild des Göttlichen nicht doch eine Fratze sei. Dieselbe Denkweise veranlaßte Grimmelshausen, die kunstvolle Komposition seines «Simplicissimus» nachträglich wieder zu zerstören. Er hängte ihm in der zweiten Ausgabe ein sechstes Buch an und verunstaltete auch diesen zweiten Schluß durch immer neue «Continuationen», die aus dem Roman ein Monstrum machten. Dazu trieb ihn nicht nur seine unersättliche Fabulierlust, sondern auch seine Respektlosigkeit vor der reinen Form, dem Ideal der Ästheten. Er verachtete die «Erzphantasten, die sich überstudieret und sonderlich in der Poeterey gewaltig verstiegen» hatten, die geschraubten, geistig armseligen höfischen Formendrechsler. So tönt auch der Spruch, der dem sechsten Buch vorangestellt ist:

> O wunderbares Tun! O unbeständigs Stehen,
> Wann einer wähnt, er steh, so muß er fürter gehen,
> O schlipferigster Stand! dem vor vermeinte Ruh
> Schnell und zugleich der Fall sich nähert immer zu,
> Gleichwie der Tod selbst tut; was solch hinflüchtig Wesen
> Mir habe zugefügt, wird hierin auch gelesen;
> Woraus zu sehen ist, daß Unbeständigkeit
> Allein beständig sei sowohl in Freud als Leid.

Als der Rousseauzeit die Größe der «heiligen Poesie» wieder klar wurde, erkannte sie auch diese innere Spannung der religiösen Kunst. Hamann gründete auf sie seine paradoxe Sprache und die bizarr-unfertige Form seiner Schriften. Das Halbe, Häßliche wurde von ihm willentlich und nicht ohne Gaukelei zum Kennzeichen des inspirierten Werks gemacht. Es war kein Werk im Geschmack und Verstand dieser Welt – wie durfte es das sein für den, dem «Genie eine Dornenkrone» war! Es bildete in seiner Ungestalt die verborgene Wahrheit ebenso ab wie der zerquälte Leib des Märtyrers, es war die umgekehrte Allegorie der göttlichen Vollkommenheit. «Alle meine Unordnungen fließen zum Teil aus einem Ideal von Ordnung, die ich niemals erreichen und doch nicht aufgeben kann – aus der verderbten Maxime, die in meinen Fibern liegt: Lieber nichts als halb.» Aber im Sturm und Drang kamen dann die begeisterten Halbredner auf, die für die paradoxe Gebrochenheit des inspirierten Stils kein Organ besaßen. Stolberg pries in seinem Aufsatz «Über die Begeistrung» die Poesie als Werk des heiligen Geistes und glaubte damit die Werke Shakespeares, Homers, Dantes, Miltons, Ossians, Klopstocks zu erklären. «Selbst das göttlichste Gedicht ist nur ein Nachbild von den Zügen des Urbilds, welches die Begeistrung mit glühendem Pinsel in die Seele des Dichtenden hinwarf. Ihm schenkt sie das Original; er gibt nur die Übersetzung, eine Übersetzung, welche weniger als andre das Original erreicht!» So rechtfertigte man ebensogut den Dilettanten wie das visionäre Genie. So sprachen auch Tieck und Wackenroder in den «Herzensergießungen eines kunstliebenden Klosterbruders». In Eichendorffs «Ahnung und Gegenwart» sagt der verunglückte, verstörte Maler Rudolf: «Meine Skizzen waren immer besser als meine Gemälde, weil ihre Ausführung meistens unmöglich war. Gar oft in guten Stunden ist mir wohl eine solche Glorie von nie gesehenen Farben und unbeschreiblich himmlischer Schönheit vorgekommen, daß ich mich kaum zu fassen wußte. Aber dann wars auch wieder aus, und ich konnte sie niemals ausdrücken. So schmückt sich wohl jede tüchtige Seele einmal ihren Kerker mit Künsten aus, ohne deswegen zum Künstler berufen zu sein. Und überhaupt ist es am Ende doch nur Putz und eitel Spielerei.» Aber auch Hölderlin kämpfte schwer um die würdige Darstellung seiner Gesichte, um das «Lebendige in der Poesie». Während der Arbeit am «Empedokles» schrieb er über dieses Unerreichbare: «Ich fühle so tief, wie weit ich noch davon bin, es zu treffen, und dennoch ringt meine ganze Seele danach und es ergreift mich oft, daß ich weinen muß, wie ein Kind, wenn ich um und um fühle, wie es meinen Darstellungen an einem und dem andern fehlt, und ich doch aus den poetischen Irren, in denen ich herumwandele, mich nicht herauswinden kann.»

Als Dilettanten haben sich im Grund alle Visionäre gefühlt, und den wirklichen Dichtern war es damit ernst. Shelley, der tief unter seinem künstlerischen Unvermögen litt, behauptet in der «Defence of Poetry» gleichfalls, die herrlichste Dichtung sei wahrscheinlich nur ein schwacher Abglanz dessen, was dem Dichter ursprünglich vor Augen gestanden habe. Grillparzer stellte seinen Konflikt in einem Sinnbild dar, das man als die Summe dieser romantischen Bekenntnisse betrachten kann. Es ist der «Arme Spielmann», die Geschichte jenes Bettelmusikanten, der töricht das Glück seines Lebens verscherzt hat und sich mit den Werken der großen Meister tröstet, obschon er sie nicht spielen kann. Trotz seinem Unvermögen hält er sich für den letzten wahren Künstler und verachtet die Berufsmusiker. «Sie spielen den Wolfgang Amadeus Mozart und den Sebastian Bach, aber den lieben Gott spielt keiner.» Unter dem lieben Gott versteht er «die ewige Wohltat und Gnade des Tons und Klangs, seine wundertätige Übereinstimmung mit dem durstigen, zerlechzenden Ohr». Sein frommes Herz erscheint ihm zum Verständnis der Meister ebenso wichtig, ja wichtiger als das Können der Virtuosen. Dieser Straßengeiger, der seine primitive Kratzerei höher stellt als ein vollendet gespieltes Mozartkonzert, ist das Urbild des Dilettanten. Wie alle Stümper verwechselt er seine Andacht mit Vollkommenheit. Aber Grillparzer zeichnet ihn nicht als Karikatur, sondern als ergreifenden Vertreter des aussterbenden Glaubens an die Heiligkeit der Kunst.

Auf dem tragischen Dramatiker lastet diese Spannung am schwersten. Deshalb und wegen der technischen Schwierigkeit der szenischen Gestaltung spielt sich bei ihm der Schaffensprozeß in heller Bewußtheit ab, sobald einmal die Niederschrift begonnen wird. Ein Kampf ist die dramatische Konzeption, ein Kampf der Versuch ihrer Verwirklichung. Das werdende Werk steht seinem Schöpfer als ein Wesen gegenüber, das er liebend an sich reißt, dann wieder haßerfüllt von sich stößt und in Anfällen des Zerstörungstriebs mißhandelt. Schon der erste Entwurf entsteht oft unter atemraubendem Druck, als Entscheidung auf Leben und Tod. Bei der Ausarbeitung türmen sich die Hindernisse; der Dichter muß sich die klare Einsicht in den Bau des Ganzen immer neu erringen und gelangt nie zum gelassenen Formen. In den Schicksalen des fertigen Stükkes setzt sich diese Gewitterstimmung fort. Es fordert die Welt heraus und bleibt umstritten. Shakespeares Äußerungen über die Dichtkunst verraten ein ungeheuer gespanntes Verhältnis zum eigenen Schaffen wie zu dem seiner Zeitgenossen. In Racines heftigen Vorreden zittert dieselbe Erregung.

Kleist begann jedes Werk mit überschwenglichen Hoffnungen, als einen Wurf um alles oder nichts, und beendete fast jedes in einem fürchterlichen Zusammenbruch. Über den «Robert Guiscard» jubelt er zuerst: «O Jesus! Wenn ich es doch vollenden könnte! Diesen einzigen Wunsch soll mir der Himmel erfüllen; und dann, mag er tun, was er will!» Die lange Arbeit an diesem Werk endete damit, daß er es eigenhändig verbrannte. Nachher irrte er halb geisteskrank in Frankreich umher und suchte den Tod; er verzichtete auf die Dichterlaufbahn und wurde Beamter. Die Reihe der Meisterwerke, die dann Jahre später entstand, mündet in seinen Selbstmord aus. Nach der Vollendung der «Penthesilea», in die er «den ganzen Schmerz zugleich und Glanz meiner Seele» legen wollte, soll er leichenblaß und weinend in das Zimmer eines Freundes getreten sein mit den Worten: «Jetzt ist sie tot!» Als er schon dieses Drama, den «Amphitryon» und den «Zerbrochnen Krug» hinter sich hatte, schrieb er: «Meine Vorstellung von meiner Fähigkeit ist nur noch der Schatten von jener ehemaligen in Dresden. Die Wahrheit ist, daß ich das, was ich mir vorstelle, schön finde, nicht das, was ich leiste. Ich will mich jetzt durch meine dramatischen Arbeiten ernähren; und nur, wenn du meinst, daß sie auch dazu nicht taugen, würde mich dein Urteil schmerzen, und auch das nur bloß weil ich verhungern müßte.»

Büchner warf «Dantons Tod» unter einem vielfachen, unerträglichen Druck in fünf Wochen aufs Papier: als Einundzwanzigjähriger im Laboratorium seines Vaters, der ihn mißtrauisch überwachte, so daß er das Manuskript unter einer wissenschaftlichen Arbeit versteckt halten mußte, und unter den Augen der Polizei, die vor dem Hause patrouillierte. Das Werk sollte ihm das Geld zur Flucht ins Ausland verschaffen, für die schon die Leiter bereitstand. Er schickte es an Gutzkow mit der Erklärung: hier werde ihm ein Manuskript auf die Brust gesetzt und ein Almosen abgefordert; er solle es so schnell wie möglich lesen, allenfalls zum Druck empfehlen und sogleich antworten. Die Antwort kam aber bereits zu spät.

Ein außerordentlicher Blick in die Werkstatt öffnet sich bei Schiller. Für ihn ist Dichten eine Sache des Willens. Er kommandiert die Poesie und zwingt sich in jeder Lage zur Arbeit, solange sein Körper ihn nicht völlig im Stich läßt. Sein Arbeiten ist ein ständiges Sichmessen mit fast unbezwinglichen Schwierigkeiten. In einem Brief an Körner untersucht er den Grund davon und findet ihn darin, daß seine erste Intuition nachträglich immer von der Reflexion durchkreuzt und unkenntlich verändert werde. Das fertige Werk sei stets etwas ganz anderes und schlechteres, als was ihm ursprünglich vorschwebte, so daß er sich fragen müsse, wie «bei einem so unpoetischen Verfahren doch etwas Vortreffliches entstehen» könne. Die Antwort: er sehe sich gezwungen, aus der Reflexion seine Tugend zu machen. «Geschadet hat sie mir in der Tat, denn die Kühnheit, die lebendige Glut, die ich hatte, eh mir noch eine Regel bekannt war, vermisse ich schon seit mehreren Jahren. Ich *sehe* mich jetzt *erschaffen* und *bilden,* ich beobachte das Spiel der Begeisterung, und meine Einbildungskraft beträgt sich mit minder Freiheit, seitdem sie sich nicht mehr ohne Zeugen weiß. Bin ich aber erst so weit, daß mir *Kunstmäßigkeit* zur *Natur* wird, wie einem wohlgesitteten Menschen die Erziehung, so erhält auch die Phantasie ihre vorige Freiheit zurück und setzt sich keine andere als freiwillige Schranken.»

Der letzte Satz erinnert an den Grundgedanken von Kleists Aufsatz über das Marionettentheater: vollkommene Grazie hat nur eine Puppe oder ein Gott, dem Menschen ist sie durch Reflexion verloren gegangen, und er muß «wieder vom Baum der Erkenntnis essen, um in den Stand der Unschuld zurückzufallen». Aber dahin gelangten weder Schiller noch Kleist. Sie blieben als Dramatiker im Zwischenzustand der Spannung gefangen, und das bedeutete für beider Schaffen dasselbe. Es bedeutete für Schiller, daß er sich als ein verfehltes Werkzeug der Vorsehung und jedes Werk bis zum «Wallenstein» als mißlungen betrachten mußte. «Ich bin *nicht,* was ich gewiß hätte werden können. Ich hätte *vielleicht* groß werden können, aber das Schicksal stritte zu früh wider mich.» Mitten in jenem Brief an Körner steht der Satz: «Oft widerfährt mir, daß ich mich der *Entstehungsart* meiner Produkte, auch der gelungensten, schäme.» Er meint damit dieses unsichere Tasten, das Abkommen vom ersten Plan, die ständige Gefahr des Abgleitens in die Banalität, der er so oft erlag. Jedes seiner Dramen durchläuft während der Ausarbeitung grelle Stimmungsumschläge; er kann heute von einer frisch geschriebenen Szene begeistert sein und sie morgen angeekelt zerreißen. Vom «Don Carlos» heißt es zuerst: «Ich muß Ihnen gestehen, daß ich meinen Carlos gewissermaßen statt meines Mädchens habe. Ich trage ihn auf meinem Busen –». Dann beginnt das Martyrium dieses Stückes; die Hauptfigur wird brutal umgebogen, schließlich in den Hintergrund geschoben, und acht Jahre nach der Veröffentlichung ist das Ganze für den Verfasser ein «Machwerk», das ihn «anekelt». Dasselbe spielte sich schon bei den «Räubern» ab, die Schiller mitten im Begeisterungssturm, den sie auslösten, in anonymen Rezensionen derart zerpflückte, daß sich Proteste erhoben. Auch seinen ersten Gedichtband und den «Carlos» kritisierte er als Werke eines Andern, umgekehrt waren aber auch seine Besprechungen fremder Arbeiten schonungslose Selbstanalysen. Bei jedem Werk wuchs er sogleich über sich selbst hinaus; er lehrte ja als Philosoph, wie «unser kleines Selbst» überwunden werden kann, so daß wir «mit uns selbst wie mit Fremdlingen umzugehen» vermögen. «Diese erhabene Geistesstimmung ist das Los starker und philosophischer Gemüter, die durch fortgesetzte Arbeit an sich selbst den eigennützigen Trieb unterjochen gelernt haben.» Noch bei der Arbeit am «Wallenstein» hatte er «gegen Eine Stunde des Muts und Vertrauens immer zehen, wo ich kleinmütig bin und nicht weiß, was ich von mir denken soll». Er besaß keine Gewähr des Gelingens, sondern führte einen immer von vorn beginnenden Kampf um ein zu hohes Ziel, vor dem er nur durch das Bewußtsein bestehen konnte, sein Bestes getan zu haben. Seine Manuskripte sind wie die Hölderlins über und über mit Korrekturen bedeckt. Eine Besucherin erzählt von einer Handschrift des «Lieds von der Glocke»: «Da war jede Zeile zwei-, dreimal ausgestrichen, wieder punktiert, wieder ausgestrichen, es konnte niemand als er ein Wort davon lesen.» Er dachte wohl auch an sich, als er schrieb: «Nicht *der* mechanische Künstler nur, der den rohen Demant zum Brillanten schleift — auch der andre ist schätzbar, der gemeinere Steine bis zur scheinbaren Würde des Demants veredelt.»

Die Selbstunterjochung wiederholte sich im größeren Rahmen des Lebenswerks. Schillers Dramen folgten sich nach dem Gesetz des dialektischen Widerspruchs, eines rief das andere als seinen Gegensatz hervor. Das begann schon damit, daß er, wenn er in der Mitte eines Stückes war, in gewissen Stunden an ein neues mußte denken können, wie er bei der «Maria Stuart» schrieb, als der «Warbeck» auftauchte. Kaum hatte er den «Wallenstein» fertig, stürzte er sich in ein neues Unternehmen. «Ich habe mich schon lange vor dem Augenblick gefürchtet, den ich so sehr wünschte, meines Werks los zu sein; und in der Tat befinde ich mich bei meiner jetzigen Freiheit schlimmer als der bisherigen Sklaverei. Die Masse, die mich bisher anzog und festhielt, ist nun auf einmal weg, und mir dünkt, als wenn ich bestimmungslos im luftleeren Raum hinge. Zugleich ist mir, als wenn es absolut unmöglich wäre, daß ich wieder etwas hervorbringen könnte; ich werde nicht eher ruhig sein, bis ich meine Gedanken wieder auf einen bestimmten Stoff mit Hoffnung und Neigung gerichtet sehe.» Das neue Werk sollte das verwirklichen, was das alte schuldig blieb, als eine weitere Stufe im Aufstieg zur unerreichbaren Vollendung. Nicht zufällig lag auf dem Schreibtisch des Toten kein abgeschlossenes Manuskript, sondern der Torso des «Demetrius». Das letzte vollendete Werk, der «Tell», war der völlige Widerruf des ersten, der «Räuber», in denen gebrüllt wird: «Das Gesetz hat noch keinen großen Mann gebildet, aber die Freiheit brütet Kolosse und Extremitäten aus!» Das war die Losung, gegen die sich Schiller selbst wie ein Richtengel erhoben hatte, als er sie die Welt erobern sah. Sein Schaffen war auch ein Kampf gegen die eigenen Werke, die ihm als verfehlt erschienen.

3

Der Sänger dieser Welt genießt das reinste Schöpferglück. Besonders das Werk des mythischen Erzählers wächst langsam und stetig heran, seine Entstehung ist ein Naturvorgang wie die Geburt eines Kindes. Alles weltfreudige Erzählen braucht seine Zeit und seinen Ort, es gedeiht in ruhiger Überlegung, aus der Fülle, in pausenloser Kontinuität. Das Werk ballt sich aus dem Reichtum des gelebten Lebens zusammen, es wächst naturhaft nach dem Gesetz der «Schwellung», mit dem heute die Bildung der großen alten Epen erklärt wird. Ein Kern dehnt sich aus, umgreift immer reicheren Stoff und wächst sich schichtweise zu einem Weltganzen aus. Der «Don Quijote» entwickelte sich vermutlich aus einer Urform, die aus den ersten zwei Kapiteln bestand. Bei Grimmelshausen und Gotthelf sieht man die Werke wie Äste und Zweige auseinander hervorsprossen. Die Gewalt dieses Vorgangs ist unwiderstehlich; wie in einen Trichter fällt alles Leben weiterum in den epischen Plan hinein, was sich als untauglich erweist, wird ohne Reue beiseite geschoben. Am Ende liegt das Werk da wie die Welt am siebenten Schöpfungstag, in der Sabbatruhe, die alles nachträglich gut macht, auch die Mühe und das Mißlingen.

Ein solches Buch löst sich wie eine reife Frucht vom Dichter ab und wird ein Stück der Welt. So ist es von Anfang an gedacht, so trennt sich der Verfasser von ihm und den Gestalten, mit denen er eine lange Zeit in sinnlicher Gegenwart verbracht hat. Dickens ging mit seinen Personen wie mit wirklichen Menschen um, lachte und weinte mit ihnen und verfiel in Krisen, wenn er eine von ihnen sterben lassen mußte. War es geschehen, so war sie für ihn tot. In den Zeiten, wo ihn ein neuer Roman beschäftigte, war seine Unruhe am größten; sie trieb ihn auf weite Märsche, oft mitten in der Nacht, wo er dann wie ein Schlafwandler durch die Felder oder das Menschengewühl der Londoner Straßen irrte. Das war die Phase, wo eine neue Menschenwelt in ihm geboren wurde. Ramuz schrieb am Ende seines ersten Schaffensjahrzehnts eine Art lyrischen Monologs «L'Adieu», in dem er von den Gestalten seiner Jugendwerke Abschied nimmt und ihnen dankt, daß sie ihn bis hieher begleitet haben. Hinter einem so gereiften Werk drängt immer ein neues nach und stößt das fertige schmerzlos zur Seite. Seine Personen können später wieder auferstehen, wenn sich zeigt, daß sie ihr Leben noch nicht ausgelebt haben. Aber auch ohne diesen direkten Zusammenhang besitzt alle mythische Dichtung zyklischen Charakter. Balzac, Stifter, Gotthelf, Dickens, Grimmelshausen hatten immer viele Werke gleichzeitig in Arbeit, die sich gegenseitig ins Leben verhalfen, so daß ihr Gesamtwerk einen Organismus bildet. Die abgeschlossenen Werke umstehen den diesseitigen Dichter handgreiflich, er schichtet sie um sich her und läuft gelegentlich Gefahr, von ihnen erdrückt zu werden. Niemand spricht vom Geleisteten so zufrieden wie er. Sein Produzieren ist wie das Aufwachsen und Fruchtbringen eines Baumes, er vergleicht es gern mit dem Leben der Pflanzen, mit dem Rhythmus von Saat und Ernte. Dem Erzähler liegt das auch deshalb nahe, weil er der seßhafteste Dichter ist. Vielschreiben gehört zu seinem Beruf; es kommt vor, daß bedeutende Erzähler als ausgesprochene Sudler debütieren. Balzac veröffentlichte etwa dreißig Bände billiger Romanliteratur im romantischen Geschmack, bevor er sich selber fand. Jean Paul füllte als junger Mensch in drei Jahren zehn Bände mit Exzerpten, sein Register der gelesenen Bücher umfaßte für ein Jahr drei Quartanten. Gotthelf arbeitete so triebhaft, daß er gelegentlich nicht Zeit fand, im Manuskript zurückzublättern, und den Raum für einen ihm entfallenen Namen oder eine halbe Seite für einen ihm nicht mehr gegenwärtigen Zusammenhang leer ließ.

Da den Erzähler alles interessiert, studiert er auch sich selbst. Er sieht sich bei der Arbeit zu, aber nicht in gespannter Erregung wie Schiller, sondern mit gelassener Ruhe. Er spricht gern und ausführlich über die Fragen des Handwerks, insbesondre des eigenen, so daß sein Schaffen am besten verfolgt werden kann. Stifter gibt seinem Verleger einmal eine anschauliche Skizze seiner Arbeitsweise. «Die Arbeit meiner Bücher ist so: Zuerst Hauptidee im Gedanken, 2. Ausarbeitung von Einzelheiten im Gedanken 3. Abriß von Einzelheiten Sätzen Ausdrücken Scenen auf lauter einzelnen Zetteln mit Bleistift (Hiezu müssen die erlesensten Stunden benützt werden) 4. Textierung mit Tinte auf Papier. 5. Durchsicht dieser Textierung nach einiger Zeit mit viel Ausstreichungen Einschaltungen etc. 6. Durchsicht der Durchsicht nach geraumer Zeit. Verschmelzung mit dem Ganzen. Reinschrift.» Wohl jeder Erzähler diesseitiger Dinge bildet mit der Zeit eine solche Methode aus, die seiner Erfahrung und seinem Temperament entspricht. Das sorgfältig geordnete Tagewerk gehört zu seinem Beruf. Auch die magischen Erzähler kommen ohne das nicht aus, wenn sie ein zusammenhängendes großes Lebenswerk, nicht bloß vereinzelte Ergüsse hervorbringen. Jean Paul, der immer «Kettengebirge der Arbeit» vor sich sah, war ein Meister der Kraftregulierung, aber mit einem Hang zum Narkotischen, der bei Stifter oder Gotthelf nicht denkbar ist. Er gebrauchte Bier, Wein, Kaffee als sorgfältig dosierte Stimulantien in exakter täglicher Reihenfolge, probierte daneben immer neue Mittel aus, schaltete von Zeit zu Zeit eine kleine Tagereise im Wagen ein und hielt seinen Körper wie ein Werkzeug unter ständiger Kontrolle. Auch Balzac arbeitete nach einem meisterlich durchdachten und unerbittlich befolgten System. Gotthelf schrieb in den Morgenstunden und besorgte im Rest des Tages seine weitläufigen Amtsgeschäfte. Maupassant saß jeden Vormittag von sieben bis zwölf Uhr am Schreibtisch und erledigte sein Pensum von sechs Druckseiten. Für Fontane war das erste Niederschreiben einer Erzählung immer «ein Vergnügen», die Plage begann bei ihm mit der Überarbeitung des Manuskripts.

Auch für Stifter war das Schreiben ein ungeheures Glück, das einzige Glück. Er konnte seine Zeit nur schreibend aushalten, indem er das heilig-reine Leben immer neu gestaltete. Aber die mythische Ruhe ging bei ihm nicht bis zum Grund. Er litt unendlich am Widerspruch zwischen seiner Kunst und der Wirklichkeit, sein Schaffen behielt etwas qualvoll Gespanntes, so daß er das Vertrauen in sein Können immer wieder verlor. Schon 1852 meint er, es werde ihm vielleicht noch «manches kleine Schöne» gelingen, aber «nicht jenes Große und Begeisternde, mit dem ich mich einst im Übermute trug und das wohl nur eine Fata morgana gewesen ist». Auch er klagt, wie tief alles Ausgeführte unter dem Geplanten stehe, und ein Werk wie der «Nachsommer» befreite ihn nicht von seiner Unsicherheit. Einmal schreibt er mit grimmigem Humor: «Das Entwerfen, das Finden, das Zusammenrücken, das Meinen, man werde nun das Vollendetste aufbauen, hat sein Entzücken, es ist, als erschüfe man Menschen; aber wenn der Sack fertig ist und die Wichte dastehen, erbarmen sie einem, und man muß das Menschenerschaffen doch dem lieben Gott überlassen, dem ein Schuhknecht mehr gelingt als uns ein Held. Er kann gehen, stehen, liegen, laufen, saufen und fluchen, während der unsere froh sein muß, wenn er in der irdischen Welt nur ein bißchen Atem zu schöpfen vermag und nicht lediglich Papier ist. Das ist das Elend, daß man nicht kann, was man möchte.» Stifter hatte Stunden, wo ihm der Rang seiner Leistungen klar vor Augen stand und er wie Stendhal seinen Ruhm bei der Nachwelt voraussah, aber er bezahlte sie mit tiefem Verzagen. «Ich selber bin der unerbittlichste Richter meiner Arbeiten. Jede ist herrlich schimmernd und tadellos, solange sie im Entwurfe und noch nicht angefangen ist, darum hafte ich auch manchmal so lange im Entwurfe und trage ihn im Haupte herum: jede macht mich fast unglücklich, wenn sie fertig ist, weil sie gar so unzulänglich ist. Ich muß das Ideal, womit ich zum Werke gegangen bin, vergessen haben, und es muß eine gewisse Zeit verflossen sein, wenn ich wieder einige Freude an einer meiner Arbeiten haben soll. Ich war oft ernstlich daran, die Feder auf ewig wegzuwerfen» ... Im höhern Alter arbeitete Stifter mit einer religiösen Inbrunst. Er dankte Gott dafür, wenn ihm zu einem Manuskript noch rechtzeitig eine Verbesserung einfiel. Am «Witiko» arbeitete er lange Jahre «wie ein Pflugstier» und in Todesangst, er könnte vorzeitig sterben oder der Stoff ihm weggenommen werden. Noch die Probeabzüge versah er mit unendlichen Korrekturen, das Stocken des Romans kostete ihn bittere Tränen. Eher wolle er sich zerreißen lassen, als daß er an ihm hudle, beteuerte er. «Gott gebe seinen Segen dazu wie zu dem Wachsen der Getreide, dann wird es schon nicht zu schlecht sein.»

Goethe ist der königlichste Schöpfer in deutscher Sprache, und viele sehen in ihm einfach diesen. Er war es aber auf mehr als eine Art, in seiner Person scheinen sich alle Möglichkeiten des Schaffens zu begegnen. In der Jugend bot er das Schauspiel des naiv-genialen Produzierens, das ebenso hinreißend wie unheimlich wirkte. «Dichtung und Wahrheit» erzählt, wie er damals nachtwandlerisch seine Liedchen schrieb, die er wie eine Henne ihre Küchlein betrachtet habe. Das Bild ist irreführend, denn nicht nur kleine Liedchen traten so «piepsend» ins Leben, sondern auch der «Götz von Berlichingen» in seiner triebhaften Urform, die pantheistischen Gesänge, der Prometheustorso und die ersten Szenen des «Faust». Den jungen Goethe umgab der Zauber des begnadeten Improvisators. Überall, wo er hinkam, hatte er sogleich ein Publikum um sich, das er mit seinen Eingebungen entzückte; den Kindern erzählte er eigene und fremde Märchen, von denen er einen großen Vorrat besaß, den Freunden und Freundinnen sang oder rezitierte er Lieder und Balladen. Er verschwendete sich in dieser mündlichen Mitteilung und schwatzte von seinen Plänen, von denen viele nie ausgeführt wurden oder ihm sonstwie abhanden kamen. Nicht anders schrieb der junge Mozart seine Musiken und komponierte Schubert seine Lieder, von denen siebenhundert erhalten sind, abschon ganze Kisten voll verloren gingen. Solche Verluste sind für den Verlierer selbst kein Unglück. Er hat keine Zeit, auf sie zu achten, und würde durch sie auch nicht irre. Wäre Goethe nach dem «Werther» gestorben, er wäre die herrlichste Erscheinung der Weltliteratur – nicht der «größte Deutsche», sondern das reine Wunder. Darauf blickt noch der alte Goethe mit Wehmut zurück. «Schreiben ist ein Mißbrauch der Sprache, stille für sich lesen ein trauriges Surrogat der Rede. Der Mensch wirkt alles, was er vermag, auf den Menschen durch seine *Persönlichkeit*, die Jugend am stärksten auf die Jugend, und hier entspringen auch die reinsten Wirkungen ... Meine

Lust am Hervorbringen war grenzenlos; gegen mein Hervorgebrachtes verhielt ich mich gleichgültig, nur wenn ich es mir und andern in geselligem Kreise froh wieder vergegenwärtigte, erneute sich die Neigung daran. Auch nahmen viele gern an meinen größern und kleinern Arbeiten teil, weil ich einen jeden, der sich nur einigermaßen zum Hervorbringen geneigt und geschickt fühlte, etwas in seiner eignen Art unabhängig zu leisten, dringend nötigte und von allen gleichfalls wieder zu neuem Dichten und Schreiben aufgefordert wurde ... Nur mußte ich in der Sozietät, wie sie gewöhnlich ist, solche Übungen gar bald einstellen, und ich habe nur zu sehr an Lebensgenuß und freier Geistesförderung dadurch verloren.»

Zu diesem spontanen Dichten gehörte, daß der junge Goethe seine Kraft magisch verstand. Er konnte sie nicht unbefangen walten lassen, sondern ließ sich durch sie auf den Gipfel des Prometheischen, in den Abgrund des Faustischen treiben. Prometheus zeigt der Beschützerin Minerva stolz die von ihm gebildeten Geschöpfe, deren lebendige Schönheit ihn zum Abfall von Zeus ermutigt, weil sie ihm beweisen, daß er das Geheimnis des Lebens in seiner Gewalt hat. Faust aber verzweifelt an seiner Allmacht und verschreibt sich dem Teufel, um sie durch schwarze Magie zu erlangen. Das waren Sinnbilder für die zwei gefährlichsten Versuchungen, denen Goethes dämonisch schwankende Natur ausgesetzt war. Er schrieb damals an Salzmann: «Alles, was ich produktiv erobern soll, muß erst durch qualvolle Inkubationsfristen der Schwermut erkauft werden. In diesen Zwischenstadien ist mein seelischer Zustand wie die unheimliche Welt in Dürers ‚Melancholia‘. Dann gleiche ich der rätselhaften Gestalt, die im Vordergrund von Dürers Bild sitzt – brütend ohne den zeugenden Funken, wartend auf die Stunde, wo der Blitz wieder einschlägt und dann alles verwandelt. Das sind rasch vorübergehende Optima der Gnade – hinterher bin ich ein Häuflein abgebrannter Asche.» Erst die Romantiker erlebten ihr Schaffen wieder so, und als Ekstatiker entdeckte Goethe den magischen Grund des Dichtens, auf dem jene dann weiterbauten. Er beschwor die Mächte des Lebens, eroberte die Menschen und besprach das Schicksal. Seine Selbstbiographie ist trotz aller Dämpfung voll von Zeugnissen des Aberglaubens, der seinem Dichten anhaftete. Auf der Heimkehr von Wetzlar wollte er mit einem Orakel sogar sein Schwanken zwischen Dichtung und Malerei entscheiden: er schleuderte in einer plötzlichen «befehlshaberischen» Anwandlung sein Messer in die Lahn, um aus der Art seines Fallens zu erkennen, welchen Weg er zu gehen habe. Jedes seiner Werke war in gewissem Sinn ein solches Orakel. Weil er die magische Seite seiner Kunst so stark empfand, floh er zuletzt mit Grauen vor ihr – daran scheint sich der Verfasser von «Dichtung und Wahrheit» nicht mehr zu erinnern.

Auch als das heilige Reinheitsstreben dem Schaffen Goethes die faustische Spitze abbrach, war es nicht so, daß Magie ganz «von seinem Pfad entfernt» war. Er konnte seine Natur nicht ändern, er konnte nur versuchen, den schwarzen Zauber zum weißen zu machen – das ist der Sinn seines frühweimarischen Ringens um die geläuterte Form und eine harmonische Sprache. Auch die «Iphigenie» schrieb er «ziemlich unbewußt, einem Nachtwandler ähnlich». Auch als Mann konnte er nur dichten, wenn er etwas zu bekennen, zu beschwören hatte. Jedes seiner Werke trug, wenn auch nicht sichtbar wie die Handschrift von «Willkommen und Abschied», das Datum seiner Entstehung und entstand durch einen unvernünftigen Zwang. Als die Lust zum «Faust» wieder erwachte, schrieb er Schiller: «Es käme jetzt nur auf einen ruhigen Monat an, so sollte das Werk zu männiglicher Verwunderung und Entsetzen wie eine große Schwammfamilie aus der Erde wachsen.» Ein Werk war ihm wie für Prometheus immer noch ein eigenlebiges Wesen, das sich selbsttätig hervorarbeitete. Schiller sah staunend mit an, wie der «Wilhelm Meister» so ans Licht trat. «Mein Roman ruht nun nicht, bis er sich fertig macht, worüber ich sehr vergnügt bin, denn mitten unter allen Zerstreuungen treibt er sein Wesen immer fort» – solche Kunde war für Schiller das Gegenteil dessen, was er am Schreibtisch erlebte. Ein Jahr später vernahm er: «Vom Roman ist gar nichts zu sagen, er hält einen Mittagsschlaf, und ich hoffe, er soll gegen Abend desto frischer wieder aufstehn», und zwei Wochen später: «Der Roman gibt auch wieder Lebenszeichen von sich.» Bald darauf war er fertig, und es hieß: «Wenn man nur auch der lieben Ruhe zu genießen recht fähig wäre, denn man lädt sich, wie die entbundenen Weiber, doch bald wieder eine neue Last auf.»

Schiller empfand das Naturhafte dieses Produzierens so stark, daß er seinen Dank für den «Schatzgräber» mit den Worten schloß: «Ich wünsche Ihnen eine recht gute Nacht zu einem lustigen Abend, und möge die schöne Muse, die bei Tag und wachend Sie begleitet, sich gefallen lassen, Ihnen nachts in der nämlichen, aber körperlichen Schönheit sich zuzugesellen.» In Goethes Schaffen war eine erotische Lust, das war noch immer das Dämonische daran. Er liebte seine Werke und Gestalten, aber nicht mehr prometheisch, sondern wie Pygmalion, dem das Gebilde der eigenen Hand zur Geliebten aus Fleisch und Blut wird. Dies war seine Stimmung in der nachitalienischen Zeit, als er südlich-sinnlich die lebendige Gestalt haben wollte. «Sie wohnen gleichsam im Hause der Poesie, wo Sie von Göttern bedient werden», schrieb ihm der Freund dieser glücklichen Jahre. Noch die «Wahlverwandtschaften» entstanden so. Während ihrer Niederschrift berichtete Goethe an Frau von Stein: «Über die Hauptschwierigkeiten bin ich hinaus, und wenn ich noch vierzehn Tage weder rechts noch links hinsehe, so ist dieses wunderliche Unternehmen geborgen. Freilich gehört zum letzten Zusammenarbeiten, ich will es nicht Ausarbeiten nennen, noch die größte innere Harmonie, damit auch das Werk harmonisch würde.» Drei Monate später: «Ich befinde mich seit länger als sieben Wochen hier und komme mir vor wie jene Schwangere, die weiter nichts wünscht, als daß das Kind zur Welt komme, es sei übrigens und entstehe was will. Diese Geburt wird sich etwa in der Hälfte Octobers bei Ihnen präsentieren.» Nach der raschen Vollendung dieses Romans vernichtete er alle Notizen und Entwürfe. Das gehörte wie der Rückzug in die Einsamkeit zum Ritus des Gebärens. Auch Zelter erkannte das Naturhafte, Erotische von Goethes Arbeitsweise; er wünschte ihm noch zu den letzten Akten von «Faust II»: «Die Götter verleihen Dir leichte Wehen und kurze Entbindung!»

Aber auch dieses Bildnerglück war nicht von Dauer. Schiller erlebte enttäuscht, wie es ins Stocken geriet, von ihm neu angestachelt werden mußte und sich schließlich nicht mehr anspornen ließ. Goethe war kein Willensmensch, er ließ sich gehen und mußte die günstige Stunde abwarten, wo er dann auch nie wußte, wohinaus es gehen werde. Er war daher außerstande, etwas über eine werdende Dichtung zu sagen, und konnte «ohne absolute Einsamkeit nicht das Mindeste hervorbringen». In diesem Bedürfnis, sein Schaffen zu «sekretisieren», verriet sich immer noch das Nachtwandlerische seines Arbeitens. Schiller dachte an ihn, als er die naive Dichtung als eine «Gunst der Natur» beschrieb. «Ein glücklicher Wurf ist sie, keiner Verbesserung bedürftig, wenn er gelingt, aber auch keiner fähig, wenn er verfehlt wird. In der Empfindung ist das ganze Werk des naiven Genies absolviert; hier liegt seine Stärke und seine Grenze. Hat es also nicht gleich dichterisch, d. h. nicht gleich vollkommen menschlich *empfunden*, so kann dieser Mangel durch keine Kunst mehr nachgeholt werden. Die Kritik kann ihm nur zu einer Einsicht des Fehlers verhelfen, aber sie kann keine Schönheit an dessen Stelle setzen. Durch seine Natur muß das naive Genie alles tun, durch seine Freiheit vermag es wenig; und es wird seinen Begriff erfüllen, sobald nur die Natur in ihm nach einer innern Notwendigkeit wirkt.»

Seit Schillers Tod zogen sich Goethes Wartezeiten immer länger hinaus, die schöpferischen Momente traten desto wunderbarer ein, und das Bekenntnishafte, Beschwörende haftete ihnen wieder desto stärker an. Schiller hatte auch dieses immer klar gesehen, sogar in den Schriften des Naturforschers. Zum Plan der «Farbenlehre» beglückwünschte er ihn mit den Worten: «Möchten Sie einmal alle diese Schlacken aus Ihrem reinen Sonnenelement herausschleudern, wenn auch ein Planet daraus werden sollte, der sich dann ewig um Sie herum bewegt.» Die «Wahlverwandtschaften», die «Pandora», der «Divan», der zweite «Faust» sind solche Planeten, wie es die Werke vom «Götz» bis zum «Tasso» sind. Auch der alte Goethe blieb bei aller Werkfrömmigkeit als Künstler abergläubisch. Da ein Werk für ihn ein Lebewesen war, besaß es eine Seele, die geboren werden mußte, nicht wie ein Homunkulus gemacht werden konnte. An ihm als Künstler lag das bewußte Ausgestalten der Form, jene Entelechie dagegen hielt er für ein Geschenk von oben. Er benützte die Ereignisse, sagt Riemer, wann und wie sie ihm zupaß kamen, «ja er wartete öfters, wie ein römischer Augur auf Vogelflug und Omen, daß sich etwas ereigne, ihm aufgehen, ins Haus kommen werde, welches zum Abschluß seiner Arbeit dienen könne, und hatte seine Tage, wo er aufs Erfinden ausging. Meistens glückte es ihm ... Er sah seine herrlichsten Sachen nur als etwas ihm *Gelungenes* an, also wie einen Glückswurf, nicht wie andere stolzere Dichter als einen eingetroffenen Kalkül, dem eine arithmetische Notwendigkeit zugrunde läge: Da seine Gedichte *ihn* machten, nicht er *sie*, wie er gesteht, so war das Resultat kein logisches oder mathematisches Quod erat demonstrandum.» Was er einst im «Prometheus» hatte darstellen wollen, dazu bekannte er sich noch gegenüber Eckermann: daß die schöpferische Gabe das schlechthin Höchste, der einzige Maßstab für Gut und Böse, der absolute Wert in der Geschichte der Menschheit sei. Er wollte mit ihr nun nicht mehr die Götter herausfordern, aber er bejahte sie unbedingt mit allem, was sie in sich schloß.

Daraus erklären sich manche selten gewürdigte Äußerungen des Greises über sich und über die Kunst. Der verstimmt aus Marienbad Heimgekehrte warf den Weimarer

Freunden in heftigen Worten seine Sehnsucht nach Verwandlung durch die große «Gelegenheit» an den Kopf. «Die Staël hat einst ganz richtig zu mir gesagt: Il vous faut de la séduction. Ja, ich bin wohl und heiter heimgekommen, drei Monate lang habe ich mich glücklich gefühlt, von einem Interesse zum andern, von einem Magnet zum andern gezogen, fast wie ein Ball hin und her geschaukelt, aber nun – ruht der Ball wieder in der Ecke und ich muß mich den Winter durch in meiner Dachshöhle vergraben und zusehen, wie ich mich durchflicke.» Müller sagt dazu: «Wie schmerzlich ist es doch, solch eines Mannes innere Zerrissenheit zu gewahren, zu sehen, wie das verlorene Gleichgewicht seiner Seele sich durch keine Wissenschaft, keine Kunst wieder herstellen läßt, ohne die gewaltigsten Kämpfe, und wie die reichsten Lebenserfahrungen, die hellste Würdigung der Weltverhältnisse ihn davor nicht schützen konnten.» Das war der Goethe der Depressionen zwischen seinen schöpferischen Augenblicken, der seiner Unlust durch «bitter humoristische Stimmung und sophistische Widerspruchsart» Luft machte. Der Kanzler sah ihn in Stunden, wo er ihm den Eindruck «eines unbefriedigten, großartigen Strebens, einer gewissen inneren Desperation» machte und wegwerfend von sich sprach. «Die Perser hatten in fünf Jahrhunderten nur sieben Dichter, die sie gelten ließen, und unter den verworfenen waren mehrere Canaillen, die besser als ich waren.» In andern Stunden konnte er dafür sehr stolz reden.

Er wußte eben besser als seine blinden Bewunderer, wie uneinheitlich und trotz allem Reichtum fragmentarisch das Lebenswerk war, das er hinterließ. Er hatte ja nicht nur sein ganzes jugendliches Schaffen als einen Irrweg hinter sich gelassen; er hatte in Rom auch die fromme «Iphigenien»-Zeit, in den Jahren des «Divans» die klassische Gestaltvergötterung widerrufen. In «Dichtung und Wahrheit» sagt er, er habe in seiner Jugend keinen einheitlichen Stil besessen, sondern in jedem Werk die Form neu finden müssen. Aber war das später anders? Auch vom «Divan» erklärte er acht Jahre nach seinem Erscheinen, diese Lieder hätten gar kein Verhältnis mehr zu ihm. «Sowohl was darin orientalisch als was darin leidenschaftlich ist, hat aufgehört, in mir fortzuleben, es ist wie eine abgestreifte Schlangenhaut am Wege liegen geblieben.» Dazu stimmt, was Riemer berichtet: «Goethe war so entfernt von aller Ostentation, daß er im Gegenteil zu wenig auf seine Sachen gab und sie ihn nach einiger Zeit schon nicht mehr interessierten, ja ihm sogar aus dem Gedächtnis kamen und er, zufällig sie wiederlesend, verwundert war, daß er imstande gewesen, so etwas schreiben zu können. Denn es waren nach seinem Vergleich ebenso viele Häutungen seines Wesens, abgelegte Schlangenhäute, ‚Stücke seiner ehemaligen Garderobe‘» … Goethes Lebenswerk zeigt nicht die große Einheit und Harmonie, die er der Künstlerin Natur zuschreibt, sondern die wandlungsreiche Sprunghaftigkeit des magischen Produzierens. Es fehlt ihm der durchgehende Plan, es hat den Charakter der Improvisation, einer langen Kette genialer Ansätze und Aufschwünge. Hinter jeder seiner Stufen steht ein hohes Verantwortungsbewußtsein, ein disziplinierter Wille zur vollendeten Form, aber der Stufen und Formideale sind viele. Als er die zweite Gesamtausgabe seiner «Lebensspuren» vor sich hatte, «welche man, damit das Kind einen Namen habe, ‚Werke‘ zu nennen pflegt», mußte er Zelter gestehen: «Die Fragmente eines ganzen Lebens nehmen sich freilich wunderlich und inkohärent genug nebeneinander aus; deswegen die Rezensenten in einer gar eigenen Verlegenheit sind, wie sie mit gutem oder bösem Willen das Zusammengedruckte als ein Zusammengehöriges betrachten wollen. Der freundschaftliche Sinn weiß diese Bruchstücke am besten zu beleben.» Die Ausgabe letzter Hand mit ihren sechzig Bänden versetzte die vollendeten Dichtungen gegenüber den Fragmenten, Übersetzungen, Bearbeitungen und Forschungen noch stärker in Minderheit.

Die Aussagen des alten Goethe beweisen ferner, daß er sein Heil bis zuletzt im Walten des Dämonischen über sich sah. Bei aller bewußten Künstlerschaft war er außerstande, klar zu bauen und einheitlich auszuführen. «Nichts ist verderblicher, als sich immer feilen und bessern zu wollen, nie zum Abschluß kommen; das hindert alle Produktion.» Er bekannte, daß er keine seiner Arbeiten für fehlerlos gehalten, aber den Fehler immer in einem neuen Werk zu verbessern gesucht habe. Riemer schließt daraus, daß er auch als Künstler von der Unvollkommenheit alles menschlichen Tuns überzeugt gewesen sei. Wie fremdartig stehen die «Wanderjahre» neben den «Lehrjahren», der zweite «Faust» neben dem ersten! Es war im Sommer 1831, als sich der Alte gegenüber Eckermann über den Ausdruck «Komposition» ereiferte, den die Franzosen bei der Betrachtung von Naturerzeugnissen gebrauchten und den man jetzt auch auf Kunstwerke anwende. Komponiert sei eine stückweise zusammengesetzte Maschine, aber kein lebendiges, beseeltes, organisches Ganzes. «Es ist ein ganz niederträchtiges Wort, das wir den Franzosen zu danken haben und das wir so bald wie möglich wieder loszuwerden suchen sollten. Wie kann man sagen, Mozart habe seinen ‚Don Juan‘ *komponiert!* Komposition! Als ob es ein Stück Kuchen oder Biskuit wäre, das man aus Eiern, Mehl und Zucker zusammenrührt! Einige geistige Schöpfung ist es, das Einzelne wie das Ganze aus *einem* Geiste und Guß und von dem Hauche *eines* Lebens durchdrungen, wobei der Produzierende keineswegs versuchte und stückelte und nach Willkür verfuhr, sondern wobei der dämonische Geist seines Genies ihn in der Gewalt hatte, so daß er ausführen mußte, was jener gebot.» Unmißverständlicher kann man sich nicht zur magischen Auffassung der Kunst bekennen. Mozart war kaum das geeignetste Beispiel dafür, desto deutlicher zeichnet sich darin der tiefste Impuls von Goethes Schaffen ab. Noch am vierten Teil von «Dichtung und Wahrheit» schrieb er, um den tödlichen Schmerz über das Ende seines Sohnes überstehen zu können, was Zelter mit dem Ausruf beantwortete: «Dergleichen mußte also die Gelegenheit sein, den vierten Band Deines ‚Lebens‘ zu vollenden! der Tod selber mußte zu Leben werden!» Goethes Schaffen war bis zuletzt lebensgefährlich wie Fausts Beschwörungen. Deshalb hütete er sich auch, den «Faust» im Zusammenhang zu durchlesen; der Blick in diesen Zauberspiegel seines Innern hätte ihn zerstören können. «Der Dämon», sagt er im Kommentar zu den «Orphischen Urworten», «der Dämon freilich hält sich durch alles durch, und dieses ist denn die eigentliche Natur, der alte Adam und wie man es nennen mag, der, so oft auch ausgetrieben, immer wieder unbezwinglicher zurückkehrt.»

Dieser magische Grundzug seines Dichtens verhinderte, daß Goethe dauernd im Formalismus erstarrte. Zur Zeit der «Natürlichen Tochter» und der «Achilleis» lief er

Gefahr, sich im Alexandrinertum zu verlieren, auch die Künsteleien der Romantiker reizten den Virtuosen in ihm. Wieland sagte hinter seinem Rücken, so oft ein Charlatan wie Schlegel oder Tieck auftrete, habe Goethe «die Wut, in dem neuen Genre auch etwas zu machen, nur um zu zeigen, daß er alles könne». Aber der Formkünstler war nicht der wahre Goethe. Die Alterswerke seit der «Pandora» zeigen die umgekehrte Tendenz: eine Lockerung der Form bis zur extremen Formlosigkeit der «Wanderjahre». Auch der «Divan» ist ja unfertig, ein schlecht proportioniertes Mosaik bunt zusammengewürfelter Teile, von denen einige rudimentär, andere hypertroph ausgebildet sind – zu schweigen von seiner abgründig aufgeschlossenen Sprache. Man muß auf die großen Formkünstler und auf die Dichter der nachgoetheschen Zeit blicken, um zu sehen, wie Goethes magische Naturhaftigkeit immer wieder seinen Glauben an die vollkommene Form durchkreuzte. Er kannte Schillers Kampf um das Werk nicht, noch weniger Stifters Verzweifeln an der Vollendung oder gar Flauberts Stöhnen um das passende Wort.

DER SINN DES SCHAFFENS

I

Wie ist das vielgestaltige, bald erschütternde, bald unheimliche oder doch unbegreifliche Schauspiel der dichterischen Produktion zu verstehen? Wirkt in ihr ein blinder Naturtrieb, maßloser Ehrgeiz, ein höherer Wahnsinn, ist sie ein übernatürliches Phänomen? Die Frage nach ihren Gründen wird meist nur im Einzelfall gestellt und ganz verschieden beantwortet. Am tiefsten haben die Dichter über den Sinn ihres Tuns nachgedacht, soweit sie dazu in der Lage waren. Aber auch ihre Erklärungen weichen stark voneinander ab. Sie sind oft durch momentane Stimmungen beeinflußt und dürfen schon deshalb nicht verallgemeinert werden.

Goethe war im Stillen überzeugt, daß die Menschen einander schlecht verständen und sich im Grund wenig füreinander, am wenigsten für einen Dichter interessierten. Er schrieb an Schiller: «Es weiß sich kein Mensch weder in sich selbst noch in andere zu finden und muß sich eben sein Spinnengewebe selbst machen, aus dessen Mitte er wirkt. Das alles weist mich immer mehr auf meine poetische Natur zurück. Man befriedigt bei dichterischen Arbeiten sich selbst am meisten und hat noch dadurch den besten Zusammenhang mit andern.» Daß der Dichter im Grund für sich selbst arbeite, hat Goethe oft ausgesprochen; sein Tasso vergleicht sich mit dem Seidenwurm, der sich aus unerklärlichem Trieb zu Tode spinnt. Schon in der Jugend war ihm eine Dichtung in erster Linie der Ausdruck einer Individualität; er schrieb in einer seiner Rezensionen: «Alle die Herren irren sich, wenn sie glauben, sie beurteilen ein Buch – es ist eine *Menschenseele*.» Ebenso äußerte er sich zu allerletzt noch in jenem als Vermächtnis gemeinten «Wort für junge Dichter»: «Poetischer Gehalt aber ist Gehalt des eigenen Lebens; den kann uns niemand geben, vielleicht verdüstern, aber nicht verkümmern.» Auch gegenüber Eckermann betonte er, daß ein Dichter immer nur sich selbst gebe und im Grund nur durch seine «hohe Seele» wirksam sei. «Was helfen alle Künste des Talents, wenn aus einem Theaterstücke uns nicht eine liebenswürdige oder große Persönlichkeit des Autors entgegenkommt! dieses Einzige, was in die Kultur des Volkes übergeht.» Er führte die Konversation mit Eckermann, weil er durch diesen Mittelsmann das Bild seiner Persönlichkeit an die Nachwelt überliefern wollte. Über das Nachleben seiner Werke unterhielt er sich mit ihm kaum, höchstens ironisch.

In gewissen Grenzen gilt es für alle Dichter, daß sie für sich selbst arbeiten. Grimmelshausen wollte die Menschen bessern und bekehren; aber wie reimt sich damit das Maskenspiel, das er mit seinen immer neuen, durch Versetzung der Buchstaben seines Namens gewonnenen Pseudonymen treibt, seine Fabulierlust, sein Angezogenwerden vom Bösen? War das alles nicht auch ein dämonisches Spiel mit sich selbst? Der Leitspruch «Der Wahn betreugt», Grundtext aller seiner Bußpredigten, ist auch der Schlüssel zu seiner rätselhaften Seele. Er war ja auch der Schlüssel zu seiner philologischen Entdeckung; sein wirklicher Name wurde erst im neunzehnten Jahrhundert festgestellt, als man das Versteckspiel der Pseudonyme durchschaute, mit dem er seine Leser wie Merlin von allen Seiten zum besten hielt. Auch Stifter war ein frommer Mann, der die Menschen zur Heiligkeit des Lebens zurückführen wollte, und doch sagte auch er: «Die Tageskritik schwebt mir bei meinen Arbeiten nie vor Augen, und aufrichtig gesagt, ein Publicum wahrscheinlich überhaupt nicht, oder nur das eines einzigen strengen Mannes, der ich selbst bin.» Er schrieb einer schriftstellernden Bekannten: «Wenn Sie noch weiter sich der Dichterei widmen wollen, so gebe ich Ihnen einen Rat: Tun Sie wie ich, machen Sie die Sachen so, daß Sie selber leidlich zufrieden sind (selber ist man ja immer der strengste Richter), dann geben Sie sie den Lüften und fragen nicht, wo blasen sie sie hin. Freuen Sie sich an freundlicher Aufnahme von Seite manches Guten, und überlassen die Gründung oder Zerstäubung der Zeit.» Es ist unwiderleglich, daß alle großen Autoren, schon Hesiod und die alten Propheten, durch die Gewalt ihres Ich groß sind und dank ihr weiterleben. Hamann, selbst ein prophetischer Geist, sprach diese Tatsache in der «Aesthetica in nuce» an die Adresse eines kleinen Geschlechts von Bücherschreibern wieder aus: «Man kann allerdings ein Mensch sein, ohne daß man nötig hat, ein Autor zu werden. Wer aber guten Freunden zumutet, daß sie den Schriftsteller ohne den Menschen denken sollen, ist mehr zu dichterischen als zu philosophischen Abstractionen aufgelegt.»

Diese Worte hatte der junge Goethe im Ohr, und sie trugen Frucht bei den Romantikern, die das Kunstwerk als Offenbarung bisher unbekannter Regionen der Seele auffaßten. Es ist orphische Geborgenheit im Zauberkreis des eigenen Ich, wenn sogar Hölderlin in «Mein Eigentum» singt:

> *Sei du, Gesang, mein freundlich Asyl! sei du*
> *Beglückender! mit sorgender Liebe mir*
> *Gepflegt, du Garten, wo ich wandelnd*
> *Unter den Blüten, den immerjungen,*
>
> *In sichrer Einfalt wohne, wenn draußen mir*
> *Mit ihren Wellen allen die mächtge Zeit,*
> *Die wandelbare, fern rauscht —*

Die magische Dichtung braucht kein Publikum. Keats gestand: «Die Gunst des Publikums verdrießt mich genau so wie die Liebe einer Frau. Beide sind nur wie harziger Sirup auf den Schwingen der Unabhängigkeit.» Schon ein Vorwort zu seinen Gedichten zu schreiben, lehnte er als eine Erniedrigung ab: «Niemals schrieb ich eine einzige Zeile Poesie mit dem Schatten eines Gedankens ans Publikum.» Die einzige Wirkung, die der Orphiker allenfalls erhofft, ist die Verzauberung eines andern Ich, das er verlockt, mit ihm in seinem «Asyl» zu wohnen. Er lädt den Unbekannten ein, sich im Gehäuse des Dichtwerks niederzulassen und an ihm weiterzubauen, damit er es als sein Eigentum empfinden kann. Solche Aufforderungen sind in der romantischen Poesie nicht selten zu finden. Eichendorff sagt in «Ahnung und Gegenwart»: «Das sind die rechten Leser, die mit und über dem Buche dichten. Denn kein Dichter gibt einen fertigen Himmel; er stellt nur die Himmelsleiter auf von der schönen Erde. Wer, zu träge und unlustig, nicht den Mut verspürt, die goldenen, losen Sprossen zu besteigen, dem bleibt der geheimnisvolle Buchstab ewig tot, und er täte besser, zu graben oder zu pflügen, als so mit unnützem Lesen müssig zu gehn.» Dieses romantische Mitdichten, das Gegenteil der Bewunderung vor einem marmorkühl geschlossenen klassischen Werk, verkörpert unvergleichlich Jean Pauls Schulmeisterlein Wutz, das sich zu den verlockenden Titeln im Meßkatalog die Bücher selbst schreibt, weil es kein Geld hat, sie zu kaufen, und überzeugt ist, daß seine Exemplare den Originalen mindestens ebenbürtig seien. Jean Paul seinerseits treibt mit dem Publikum eine wahre Seelenfängerei; mit hundert Listen weiß er es in seine Netze zu locken und sich einzuverleiben, seine Bücher sind lauter endlose Briefe an seine Leser, und ihre Hauptgestalt ist im Grund immer er selbst, so daß sie gar keine Werke im klassisch-objektiven Sinn genannt werden können.

Die Kehrseite dieser Identität des dichtenden Ich mit dem Kunstwerk ist aber, daß auch der Dichter sein Gebilde als etwas Unfertiges, nie zu Vollendendes empfindet. Er kann es nicht von seiner Person ablösen, als etwas objektiv Vorhandenes sehen, er kann seiner nur überdrüssig werden oder es vergessen. Dieses allzu Persönliche des magischen Kunstwerks wurde von den großen Begabungen leidenschaftlich empfunden und war der tiefere Grund, weshalb ihnen die Dokumente ihrer Verzauberung, mit denen sie doch nur ihre eigenen Dämonen beschworen, über kurz oder lang als Mißwerke erschienen. In Hoffmanns verrücktem Kapellmeister Kreisler verzerrte sich die mitdichtende Andacht vor dem Kunstwerk zur verzweifelten Grimasse. Hoffmann porträtierte in diesem Dilettanten sich selbst. Er hielt seine Dichtungen für nichts gegen das große Musikwerk, das er schaffen wollte, und seit dem Mißgeschick seiner Oper «Undine» betrachtete er seine ganze Schreiberei vollends als verfehlt und überflüssig. Jean Paul setzte dem ewig um sich selbst kreisenden romantischen Geist im Tod Schoppes, der im wahnsinnigen Zweikampf mit seinem Doppelgänger im Spiegel verendet, ein furchtbares Denkmal. Grillparzer hielt sein «Goldenes Vließ», um das er jahrelang gerungen hatte, für unfertig und versuchte es vergeblich zu verbessern; er blieb unschlüssig, ob es ein Meisterwerk oder nur der Anlauf zu einem solchen sei. «Ich glaube doch, das Werk ist mißlungen.» Den Grund seines Versagens spricht er im Ge-

dicht «Incubus» aus, das – ein Seitenstück zu Schoppes Tod – den Fluch seiner Kunst
darin erblickt, daß sie nur das Spiegelbild seines eigenen Unfriedens sei, der ihm als
böser Geist aus jedem Werk entgegengrinse:

> *Und schaudernd seh ichs, entsetzenbetört,*
> *Wie mein eigenes Selbst gen mich sich empört,*
> *Verwünsche mein Werk und mich selber ins Grab –*
> *Dann folgt er auch dahin wohl quälend hinab?*

Was heißt aber für sich selbst schreiben? Bei Stifter bedeutet es einfach den Verzicht
auf momentanen Erfolg, es ist die Formel für seine Resignation und Verachtung der
Gegenwart. Der junge Goethe meinte es ganz anders. Er meinte es wie Hamann, der an
jener Stelle fortfährt: «Wagt euch also nicht in die Metaphysik der schönen Künste,
ohne in den Orgien und Eleusinischen Geheimnissen vollendet zu sein.» Ein großes Ich
sein und dieses zur letzten Instanz des Schaffens machen ist etwas anderes als Resignation. Es ist der Mut zur Versenkung in die Mysterien der Seele, der Mut zum weltschöpferischen Wort. So für sich selber schaffen die Dichter der magischen Art. Dieser
vermessene Anspruch offenbart sich in ihnen als eine letzte Möglichkeit der Menschenseele; er ist ein dunkler Trieb, das Rätsel des eigenen Daseins darzustellen. In solchen
Gebilden schaut das Ich sich selber an, vergewissert sich seiner Existenz, verewigt sich
in seiner Einmaligkeit und Unersetzlichkeit. Diese Selbstdarstellung kann von reiner
Daseinslust, aber auch von Angst vor der Einsamkeit des Ich eingegeben sein. Die
«Weltangst», die Dinge und Mächte in Bildern beschwört, um das Unfaßbare faßbar zu
machen, ist ein Grundzug des primitiven Menschen und spielt noch im magischen
Dichter entscheidend mit. Sie ist in seinem Trieb nach Selbstverewigung der unüber-
hörbare Grundton und gibt seinem Schaffen eine religiöse Bedeutung im magischen Sinn.

Ein Grundgedanke der magischen Frömmigkeit ist das Opfer. Es steht im Mittelpunkt aller Religionen. Das Opfer ist ein an die Gottheit gerichteter ritueller Akt, der
ein Gelöbnis unumstößlich machen, ein Orakel bekräftigen, eine Gefahr abwenden oder
den Dank für ihre Abwendung bezeugen soll. Als der Erzvater Jakob in Bethel den
Traum von der Himmelsleiter träumte, sagte er erwachend: «Wie furchtbar ist diese
Stätte», richtete den Stein, auf dem er geschlafen hatte, als Malstein auf und gelobte,
hier ein Heiligtum zu bauen, wenn er wohlbehalten aus der Fremde zurückkehre. In
diesem Menhir verewigte er seinen schicksalhaften Traum, das Gelöbnis war das Dank-
opfer, zu dem er sich bereit erklärte. Am Anfang der Kunst stehen diese Weihege-
schenke an die unbekannten Mächte. Die archaischen Votivgaben an die Götter –
Standbilder und Reliefs, Malereien in dunklen Grabkammern, die nicht für Menschen-
augen gemacht sind – haben keinen «vernünftigen» Zweck, aber ihre magische Absicht entspringt einem ewigen Bedürfnis. Der Opfergedanke spielt auch noch im Christentum eine Rolle. Obschon es dem Menschen durch das stellvertretende Opfer Christi
die Angst, damit auch den Zwang des Opfernmüssens abnahm, füllten sich die christlichen Kirchen weiterhin mit Votivgaben der Gläubigen. Um von bestimmten Heiligen
Hilfe zu erlangen oder ihnen für eine solche zu danken, hängten sie nach dem Brauch

des Analogiezaubers das Abbild des Gegenstandes, an dem das Wunder geschehen sollte, in der Kirche auf. Außerhalb der Kirche wurden durch das ganze Mittelalter auch die älteren Formen dieses magischen Brauches noch geübt, vor allem die Opferung lebender Tiere. Im Reformationszeitalter machten Paracelsus und andere magisch denkende Geister das heidnische Opfer- und Orakelwesen samt viel dunklem Aberglauben für die wissenschaftlichen und literarischen Kreise wieder aktuell[1].

Ein anderes Stück ritueller Magie ist das Gebet. Der Gläubige, der in ritueller Haltung mit der Gottheit spricht, schließt sich in den Kreislauf der geistigen Kräfte ein und tritt mit dem Übersinnlichen in Kontakt. Das Gebet ist eine Urform der Dichtung; es ist bald magisch, bald mystisch gemeint und wird als Gedicht bald so, bald so verstanden. Manche von Sapphos Oden sind echte Gebete an Aphrodite; wenn Solon eines ihrer Lieder auswendig lernte, um es in seiner Todesstunde zu wissen, faßte er es offenbar noch so auf. Alle religiöse Lyrik wahrt noch die Verwandtschaft mit dem Gebet, daher oft auch den Zusammenhang mit der Magie. Der angeblich von Notker stammenden Sequenz «Media vita» wurde im späten Mittelalter Zauberkraft zugeschrieben, weshalb die Kirche gegen ihr Absingen einschritt. Ähnliches kam auch im Protestantismus vor. Um eines der klassischen lutherischen Kirchenlieder, Nicolais «Wie schön leuchtet der Morgenstern», das mit Vorliebe zu Hochzeiten gesungen wurde, bildete sich mit der Zeit der Aberglaube, daß die Leute glaubten, «ohne den ‚Morgenstern‘ wären sie nicht recht copuliert, hätten auch kein Glück und Segen in der Ehe zu erwarten», so daß man diesem Mißbrauch, übrigens vergeblich, wiederholt mit kirchlichen Verboten entgegentreten mußte. So waren Sapphos Hochzeitslieder gemeint gewesen. In feinerer Form bildete sich noch um das ganze protestantische Kirchengesangbuch, wie um die deutsche Bibel, eine Aura magischer Verbundenheit der Gläubigen mit dem Wort.

Es konnte nicht anders sein, als daß in der magischen Dichtung der Neuzeit, dichterisch verhüllt, diese uralten Anschauungen wieder wirksam wurden. Gottfried Keller erzählt im «Grünen Heinrich» zweimal, wie Heinrich einen Brief nicht der Adressatin, sondern der freien Natur übergibt, also unbewußt jenen Rat Stifters befolgt, aber dabei offenbar noch tieferen Regungen gehorcht. Das einemal schreibt er «in den heftigsten Ausdrücken, mit Vorsetzung ihres vollen Namens und Unterschrift des meinigen», das Geständnis seiner Liebe zu Anna auf ein offenes Blatt Papier und wirft dieses in den Fluß, um es «vor aller Welt» im Wasser davontreiben zu lassen. «Ich kämpfte lange mit diesem Vorsatze, allein ich unterlag zuletzt; denn es war eine befreiende Tat für mich und ein Bekenntnis meines Geheimnisses, wobei ich freilich vor-

---

[1] Über den Bildzauber heißt es im «Liber de imaginibus» des Paracelsus: «Prozeß und Gebrauch der Homunkuli ist folgender. Willst du einen Menschen dadurch von einer Krankheit befreien und gesund machen, mußt du sein Bild arzneien, schmieren, salben usw. Willst du Liebe, Huld und Gunst erlangen, so mußt du zwei Homunkuli machen, so daß einer dem andern die Hand bietet, umarmt, küßt oder andere solche Zeichen der Freundschaft tut. Willst du sicher sein vor deiner Feinde Waffen, so sollst du dein Bild von Eisen oder Stahl schneiden und wie einen Amboß härten lassen. Willst du einen Feind binden, so binde sein Bild! Also hast du genügend Exempel, woraus du viel mehr entnehmen und verstehen kannst.»

aussetzte, daß es in nächster Nähe niemand finden würde. Ich sah, wie es gemächlich von Welle zu Welle schlüpfte, hier von einer überhängenden Staude aufgehalten wurde, dann lange an einer Blume hing, bis es sich nach langem Besinnen losriß; zuletzt kam es in Schuß und schwamm flott dahin, daß ich es aus den Augen verlor.» Das ist die, allerdings zwiespältige, magische Handlung eines Verliebten, der sich mit ihr einer höheren Macht übergibt. Das Blatt darf der Geliebten nicht zu Gesicht kommen, aber auch nicht verloren gehen, es soll in der Ferne von irgend jemandem gefunden werden und auf unausdenkbare Weise doch seinen Zweck erfüllen. Das geschieht auch, denn eine badende andere Frau findet es, und die leidenschaftlich erhoffte wunderbare Erfüllung stellt sich ein. Dieser Brief ist halb ein Opfer – ein Verzicht auf die Geliebte –, halb ein Orakel, mit dem Heinrich die Erfüllung seiner Liebe dem Schicksal anheimstellt. Er ist aber auch ein Sinnbild für die Dichtung des jungen Keller. Der «Grüne Heinrich» wurde nachträglich – und mühsam genug – in einen Bildungs- und Weltanschauungsroman umgeschrieben, in seinen ältesten und schönsten Bestandteilen war er nichts anderes als eine solche Frage an das Schicksal. Im Vorwort zur Erstausgabe heißt es auch, er sei entstanden wie «ein ausführlicher und langer Brief», der nunmehr «dem ungewissen Stern jedes ersten Versuches» anheimgestellt werde. Humoristisch abgewandelt kommt das Brieforakel auch in den «Drei gerechten Kammachern» vor, und etwas davon schimmert noch durch, wenn der Schmoller Pankraz seine Lebensbeichte weitererzählt, obschon er Mutter und Schwester schlafen sieht.

Dieser Orakel- und Opferkunst war Goethe seit seiner Jugend verschrieben. Er bildete seine Figuren als Stellvertreter des eigenen Ich, an denen er symbolisch das ihm drohende Schicksal vollzog. Noch «Tasso» und «Iphigenie» wurden ja aus diesem Grund geschaffen. Er verschleierte sich nur in der nachrömischen Zeit vorübergehend, als die Lust des Bildens überwog und Goethe wie Pygmalion – andere sagten: wie Narziß – in seinen Werken liebend sich selbst umarmte. Später aber stieg die Angst wieder auf, mit ihr auch die Neigung zu Orakeln und Sühnehandlungen. Seine Werke konnten nicht verleugnen, daß sie «Bruchstücke einer großen Konfession», Werke der erlösenden Selbstdarstellung waren. Deshalb greift der «West-östliche Divan» den uralten Glauben an die Orakelnatur des Wortes und der Schrift so lebhaft auf. Er trat Goethe in der östlichen Literatur als etwas ihm aus der bibelfrommen Kindheit Vertrautes wieder entgegen. Gleich im «Buch des Sängers» erneuert er spielerisch das Motiv der «Segenspfänder», der in Versen geformten «Talismane». An der Spitze des «Buchs der Sprüche» steht:

> *Talismane werd ich in dem Buch zerstreuen,*
> *Das bewirkt ein Gleichgewicht.*
> *Wer mit gläubger Nadel sticht,*
> *Überall soll gutes Wort ihn freuen.*

In den «Noten und Abhandlungen» spricht Goethe vom frommen Brauch, Bücher zum Zweck der Weissagung zu befragen, und wünscht, «daß seinem Büchlein gleiche Ehre widerfahren möge». Er konnte so sprechen, weil das Orakelhafte ein Grundzug seines Schaffens war. Wenn er seine Werke auch in den Händen anderer Menschen sehen wollte, so meinte er damit nur, daß sie auch diesen dazu dienten, sich selbst zu verstehen und sicher zu machen. So schrieb er an Zelter: «Ich möchte keinen Vers geschrieben haben, wenn nicht tausend und abertausend Menschen die Produktionen läsen und sich etwas dabei, dazu, heraus oder hinein dächten.»

2

Jeder Schaffende weiß, daß seine «Einfälle» – das Kostbarste, was er besitzt – nicht in seiner Gewalt stehen. Sie kommen von selbst. Nur wer sich als Organ einer unbekannten Kraft empfindet, ist imstande, seine Kräfte so rücksichtslos zu verbrauchen, wie der Künstler es tut. Der Unterschied liegt nur darin, woher die Einfälle kommen und was aus ihnen gemacht wird.

«Es ist eigen», bemerkte der alte Goethe zu Eckermann, «ich habe doch so mancherlei gemacht, und doch ist keins von allen meinen Gedichten, das im lutherischen Gesangbuch stehen könnte.» Eckermann lachte, mußte sich aber sagen, daß in dieser wunderlichen Äußerung mehr liege, als es den Anschein habe. Er hatte recht, es handelt sich dabei nicht um ein konfessionelles oder moralisches Hindernis, sondern um die Grenze zwischen magischer und mystischer Kunst. Der mystisch gebrochene Dichter hält seine «Einfälle» – Goethe sagt «Aperçus» – nicht für Gaben seines Dämons. Der Schwerpunkt seines Tuns liegt nicht im eigenen Werk, sondern in der absoluten Wahrheit jenseits des Ich, die allem Schaffen den Sinn gibt. Gut sind in den Augen des Propheten nur die Werke, die aus dieser Wahrheit stammen, böse sind die Werke der Magier, die im Gebilde ihrer Hand nur sich selbst, und die der Weltsänger, die darin die vom Tod gezeichnete Welt verherrlichen. Was der Magier in seinen dunklen Stunden weiß: daß seinen Bildern das überpersönliche Leben fehlt, das sagt ihm der Inspirierte auf den Kopf zu. Er glaubt nicht an das Gemächte von Menschenhand. Jesaia spottet: «Der Künstler gießt das Götterbild, und der Goldschmied beschlägt es mit Gold und schmelzt silberne Ketten daran. Wer nur ärmlich geben kann, wählt ein Holz, das nicht fault, und sucht sich einen geschickten Künstler, ein Bild zu fertigen, das nicht wackelt – aber der da thront über dem Erdkreis und die Welt erschaffen hat, macht alles Geschaffene in einem Augenblick zunichte.»

Der mystische Seher ist mit seinem Werk nicht auf Gedeih und Verderb verbunden, denn er identifiziert sich nicht mit ihm. Er steht neben ihm und erklärt es, als ein Beispiel für die Wahrheit, die er verkündet; ja er steht über ihm, weil er mit ihm eine Absicht verfolgt. Was er schreibt, ist keine Ausgeburt des Augenblicks und darf nicht untergehen. «Jetzt gehe hinein und schreibe es vor ihnen auf eine Tafel und verzeichne es in ein Buch, daß es für einen künftigen Tag zum Zeugen werde auf ewig», sagt Jahwe zu Jesaia. Das Werk des Mystikers ist sich nicht selbst genug, denn es will die Welt verändern, wozu übrigens auch die Ausrottung der unheiligen Kunst gehört. Was die jüdischen Propheten gegen die Bilder sagten, das wurde von der Priesterschaft aufs gründlichste in die Tat umgesetzt. «Lehrreich in höchstem Maße sind die heiligen Bücher nämlich nicht allein, sondern erst in Verbindung mit der Gegenrechnung dessen, was bei einem solchen Volke verhindert und unterdrückt worden ist» (Burckhardt).

Auch der dualistisch gespannte Dramatiker Schiller bekennt sich zur lehrhaften Absicht der Kunst. In der Vorrede zur «Braut von Messina» stehen die großartigen Worte: «Die wahre Kunst hat es nicht bloß auf ein vorübergehendes Spiel abgesehen; es ist ihr ernst damit, den Menschen nicht bloß in einen augenblicklichen Traum von Freiheit zu versetzen, sondern ihn wirklich und in der Tat frei zu *machen*, und dieses dadurch, daß sie eine Kraft in ihm erweckt, übt und ausbildet, die sinnliche Welt, die sonst nur als ein roher Stoff auf uns lastet, als eine blinde Macht auf uns drückt, in eine objektive Ferne zu rücken, in ein freies Werk unsers Geistes zu verwandeln und das Materielle durch Ideen zu beherrschen. Und eben darum, weil die wahre Kunst etwas Reelles und Objektives will, so kann sie sich nicht bloß mit dem Schein der Wahrheit begnügen; auf der Wahrheit selbst, auf dem festen und tiefen Grunde der Natur errichtet sie ihr ideales Gebäude.» Die «wahre» Kunst Schillers ist die moralische Kunst. Er steht mit ihr in der Tradition des prophetischen und sakralen Wortes. Auch Aischylos und Sophokles sind moralische Dichter, die ihren Glauben in monumentalen Sentenzen aussprechen; dieser Glaube steht in schroffem Gegensatz zur unbedingten Verherrlichung des Heroentums in den Heldenepen.

> *Wer fällte, fällt; wieder büßt der Mörder.*
> *Solange Zeus herrschet, gilt doch dies Gesetz,*
> *Daß, wer getan, leide; das ist rechtens.*

Sowenig wie die Bibel kann die griechische Tragödie nur ästhetisch gewertet werden. Beide sind große Fälle lehrhafter Dichtung, der auch die platonischen Dialoge – mit Kunstwerken wie dem «Symposion» – angehören. Als Schiller in seiner dunkelsten Mannheimer Zeit das Geschenk der unbekannten Leipziger Verehrer erhielt, schrieb er: «Wenn ich das nun weiter verfolge und mir denke, daß in der Welt vielleicht mehr solche Zirkel sind, die mich unbekannt lieben und sich freuen, mich zu kennen, daß vielleicht in hundert oder mehr Jahren, wenn auch mein Staub schon lange verweht ist, man mein Andenken segnet und mir noch im Grabe Tränen und Bewunderung zollt – dann meine Teuerste freue ich mich meines Dichterberufes und versöhne mich mit Gott und meinem oft harten Verhängnis.» Er meinte mit diesen Tränen und dieser Bewunderung nicht das Ergriffensein durch seine Person, sondern die Erschütterung durch seine Botschaft und durch seine Aufopferung für sie. Zu diesen durch ihn Ergriffenen gehörte der junge Stifter, dem in den Schuljahren zu Kremsmünster die große Erkenntnis seines Lebens aufging, daß nur sittliche Schönheit echte Schönheit, daß das Schöne ein Bild der Wahrheit sei, wie Schiller und Platon lehrten. Und es war immer noch ein Nachhall des antiken Prophetengeistes, wenn Nietzsche in einem seiner Spätbriefe hochfahrend erklärte: «Man soll sich fürderhin nie um mich bekümmern, sondern um die Dinge, derentwillen ich da bin.»

Das Werk des lehrenden, verkündenden Dichters strebt nach einer andern Vollendung als das des Magiers. Es ist Mittel zu einem Zweck, menschliches Bemühen im Dienst eines heiligen Auftrags. Eine solche Absicht verfolgt Grimmelshausen, auch wo er weltlich zu fabulieren oder nur Witze zu reißen scheint. Jene «Gaukeltasche», mit

der Simplicissimus die Gaffer auf dem Markt unterhält, ist eben doch ein höchst ernst-
haftes, sittliches Buch. Der Krüppel Springinsfeld, dem er sie schenkt, hat das auch
glänzend begriffen, wie er bei seinem ersten Probestück beweist. «Der zog alsobald das
Buch herfür und blättert den Studenten die weiße Blätter vor den Augen herum, sa-
gend: Also glatt und unbeschrieben wie diß weiße Papier seynd eure Seelen erschaffen
und in diese Welt kommen, und derowegen haben euch euere Eltern hieher getan (mit
solchen Worten wiese er ihnen die Schriften vor), die Schrift zu lernen und zu studieren;
aber ihr Kerl pflegt, anstatt löbliche Wissenschaften zu ergreiffen, das Geld vergeblich
(hie wiese er ihnen die Geldsorten) durchzujagen und zu verschwenden, dasselbe zu
versauffen (hie zeigte er die Trinckgeschirr), zu verspilen (und hie die Würffel und
Karten), zu verhuren (hie die Dames und Cavalliers) und zu verschlagen (hie das Ge-
wehr). Ich sage euch aber, daß alle die jenige, die solches tun, seyn lauter solche Kerl,
wie ihr hier vor Augen sehet, und damit zeigte er ihnen die Narren-, Hasen- und Esels-
köpffe, und damit wischte er wieder mit dem Buch in Schubsack. Dem alten Simpl.
gefiel dieses Stuck so wol, daß er zum Springinsfeld sagte, wann er gewust hätte, daß er
die Kunst so bald und so wol begreiffen würde, so wolt er ihm nicht halber so viel Lehr-
geld abgefordert haben.»

Mit der Kunst Grimmelshausens ist die Gotthelfs sinnverwandt. Auch er läßt keine
selbstgenugsame, nur durch ihre Schönheit gerechtfertigte Dichtung gelten. Wenn er
über die Wirkung eines Buches, das Ziel seines Schreibens nachsinnt, denkt er stets an
das lebendig wirkende Wort, das im Werk wie der Same in der Kapsel enthalten ist oder
wie das Schwert in der Scheide. «Das Wort ist unendlich mächtiger als das Schwert,
und wer es zu führen weiß in starker, weiser Hand, ist viel mächtiger als der mächtigste
der Könige. Wenn die Hand erstirbt, welche das Schwert geführt, wird das Schwert mit
der Hand begraben, und wie die Hand in Staub zerfällt, so wird vom Rost das Schwert
verzehrt. Aber wenn im Tode der Mund sich schließt, aus dem das Wort gegangen,
bleibt frei und lebendig das Wort; über dasselbe hat der Tod keine Macht, ins Grab
kann es nicht verschlossen werden, und wie man die Knechte Gottes schlagen mag in
Bande und Ketten, frei bleibt das Wort Gottes, welches aus ihrem Munde gegangen.»
Diese Überzeugung erklärt die Sorglosigkeit, mit der Gotthelf seine Bücher ihrem
Schicksal überließ. Da ihm ihre sittliche Wirkung wichtiger war als ihre künstlerische
Form, fand er nicht viel dabei, wenn sie durch fremde Hände verschandelt wurden. Er
nannte sich ja auch «einen Mystiker in gewisser Beziehung».

Es gibt eine mystische Lehre von den «Werken» und von der «Vollendung», in der
die spiritualistische Anschauung über das Schöpferische am reinsten ausgesprochen
ist. Unter den Werken versteht die christliche Mystik alles Handeln, mit dem der
Mensch die ewige Seligkeit erwerben will: die Erfüllung der kirchlichen Gebote, die
Taten der Nächstenliebe, freiwillige Gebete und Stiftungen, bei den Mönchen und
Nonnen die Befolgung der Ordensregeln, zusätzliche Kasteiungen und künstlerische
Arbeit zur Ehre der Klöster. Meister Eckhart lehnt diese Leistungen als Äußerlichkeiten ab und stellt ihnen die Taten der Verinnerlichung gegenüber, die einzig zur unmit-
telbaren Gotteserfahrung und damit zur Vollendung führen. Er weist seine Zuhörer

wiederholt darauf hin, daß man in diesem Leben keine guten Werke schaffen könne, die einem ins Jenseits nachfolgen, weil es gar keine dauernden Werke und Taten gebe. Dauer habe nur der menschliche Geist, der sich in guten oder bösen Taten äußern könne. Im Zustand der Gnade existierten die Taten und Werke nicht mehr. «Sie sint verlorn mit einander, werc unde zit, boese unde guot, werc als werc, zit als zit, sie sint verlorn mit einander eweclich ... wan der geist hat des werkes niht me ze tuonne.» In der Begnadung dringe der Mensch über den handelnden Gott hinaus, der die Welt erschaffen hat, zur Gottheit, die das reine ewige Sein ist. «Got wirket, diu gotheit wirket niht, si enhat niht ze wirkenne, in ir ist kein werc. Sie geluogete uf nie kein werc. Got unde gotheit hat underscheit an würken und an nihtwürken.» Auch der vollkommene Mensch, der das reine Sein der Gottheit erkennt, bedarf des Handelns nicht mehr; er ist dort, wo es keine Bilder und Taten mehr gibt. Eckharts 56. Predigt, in der diese Sätze stehen, schließt mit den Worten: «Wer diese Predigt verstanden hat, dem gönne ichs wohl. Wäre niemand hier gewesen, ich hätte sie diesem Opferstock halten müssen.» Im «Liber benedictus» verwirft Eckhart noch einmal alles fromme äußere Werk, das um seiner selbst willen getan wird, und stellt dagegen das «innere Werk», das rein geistige Handeln des vollkommenen Menschen, das er mit dem Ruhen eines Steines vergleicht. Das äußere Werk des Steins ist, daß er herabfällt, sein inneres ist der ihm eingeborene Drang, zu fallen, den ihm niemand nehmen kann. «Das werc würket der stein an underlas nacht unt tage. das er tusent jare do obnan lege, er neiget weder minre noch me denne in dem ersten tage.»

Dieses unbewegliche Verharren in der potentiellen Energie bezeichnet Meister Eckhart als den Zustand der höchsten Vollendung. Wer dieses rein innerlichen Tuns fähig ist, wird Gott gleich. Der so Erleuchtete ist Gottes Sohn und wirkt göttlich: «Er liebt und wirkt alle Dinge um ihrer selbst willen.» Diesem inneren Werk kann das äußere nichts hinzufügen, «es hat seine Güte in sich selbst». Das äußere kann nie klein sein, wenn das innere groß ist, und nie groß oder gut, wenn das innere klein oder nicht vorhanden ist. «Das innere Werk enthält in sich alle Größe, Weite und Länge des äußern Werkes.» Auch Lao-tse lehrt, daß der «heilige» Mensch, der «Herrscher», im Nichtstun verharrt, das zugleich das wahre Tun ist. Er wirkt durch sein Sein kosmisch, ohne einen Finger zu rühren. Angelus Silesius faßt diese «Ruh und Wirkung Gottes» in die Verse:

> *Gott hat sich nie bemüht, auch nie geruht, das merk;*
> *Sein Wirken ist sein Ruhn und seine Ruh sein Werk.*

Aus Meister Eckharts genialer Vergeistigung der Begriffe «Werk» und «Vollkommenheit» läßt sich eine Philosophie der Kunst, insbesondere der mystischen, ablesen. Auch das Tun des Künstlers ist zwar «äußeres» Werk, aber doch von der nützlichen Zweckarbeit verschieden. Es spielt sich schon auf einer höheren Ebene ab als diese und hat seine eigene «Mystik». Sie zeigt sich im künstlerischen Schaffensvorgang, der streckenweise Eckharts «innerem Werk» nahe steht. Alles, was an ihm Versunkenheit, Träumerei, innerliches Meditieren ist, gleicht ohne Zweifel jenem potentiellen Tun: die Zeit der Vorbereitung auf das einzelne Werk, die Kindheit als Vorbereitung auf das schaffende Leben. Da sind die Werke noch ungeboren, sie beginnen sich erst zu formen, die Möglichkeit des Schaffens ist noch größer als die Verwirklichung. Und am Ende, wo Shakespeare und Racine verstummen, wo Kleist, Hölderlin, Rimbaud jeder auf andere Art die Dichtung hinter sich lassen, mündet der Furor des Schaffens wieder in das große Schweigen der Mystik aus. Aber die Weisheit des ruhenden Steins ist nur der Anfang und das Ende der Kunst. Dazwischen liegen ihre großen Kämpfe, Siege und Niederlagen, die sich ausnahmslos darum drehen, daß das innere Werk ein äußeres wird. Die Leidenschaft und Meisterschaft des Gestaltens gehört unabdingbar zu ihr. Die geistige Konzentration gipfelt hier nicht in der unio mystica, sondern im dichterischen Wort, im bewußt gestalteten Werk, und seine Entstehung ist in den seltensten Fällen eine selige Wonne, sondern schwere Arbeit und oft eine Qual. Der größte Schmerz, den der Künstler kennt, ist der, daß er darauf verzichten muß, ein Werk aus dem potentiellen Zustand zu befreien. Erst die Gestaltung erbringt ihm den Beweis für die Wahrheit seiner Vision. Nur die prophetischen Dichter, die geschichtlichen Erben der mystischen Religiosität, bleiben darin dem mystischen Denken treu, daß sie ihre Leistungen nicht für vollkommen, sondern für «äußere» Werke halten, die auf dem Weg der sittlichen Läuterung zum reinen Sein der Gottheit emporführen. Die Schönheit ihrer Werke ist nur ein schwaches Abbild der göttlichen Glorie. Sie sind nicht das «Eigentum» ihrer Verfasser, sondern das der Gottheit.

Das gilt buchstäblich. Der Schriftsteller Luther bezog für alle seine Veröffentlichungen keinen Heller Honorar, obschon er der bei weitem gelesenste Autor seiner Zeit war und mit dem massenhaften Druck seiner Schriften eine neue Ära der literarischen Technik einleitete. Für Pestalozzi waren alle schriftstellerischen Einkünfte Mittel zur Finanzierung seines Erziehungsinstituts. Der Aufruf von 1817 an die «Freunde der Menschheit» zur Subskription seiner sämtlichen Schriften, in der er als Greis das letzte Mittel zur Rettung seines Unternehmens sah, schließt mit den Sätzen: «Das Werk meines Lebens steht schwankend und kraftlos in der Hand meines Alters. Es ist in Eurer Hand, dasselbe zu stärken. Ihr werdet es tun. Ihr schlagt mir es nicht ab, durch Teilnahme an der Beförderung meiner Subscription noch das Scherflein, das ich für das Wohl der Menschheit in meiner Hand zu haben glaube, mit Hoffnung eines segensvollen Erfolgs auf den Altar der Menschheit und des Vaterlands legen zu können.» Auch dieser Apostel sieht in seinem Werk ein nur durch die sittliche Absicht berechtigtes Tun, eine unzulängliche Darstellung der Wahrheit, der er dient. Er hat keine Zeit, es künstlerisch abzurunden, weil er in erster Linie wirken will. Sein Auftrag läßt kein ästhetisches Verweilen bei ihm zu, er hinterläßt es als Fragment. Es ist seine Tragik, daß er es so hinterlassen, der Zukunft und dem guten Willen der Menschen, vielmehr dem Walten Gottes anheimstellen muß. Aber das Bewußtsein, nach bestem Vermögen Gottes Willen getan und den Menschen geholfen zu haben, ist vielleicht doch das reinste Glück, das ein Autor erfahren kann.

Viele große Werke der religiösen Literatur sind so beschaffen. Ihre Bestandteile wurden als Weizenkörner ausgestreut und erst nachträglich durch Gläubige gesammelt und in eine literarische Form gebracht. Das größte Beispiel sind die «Bücher» der biblischen Propheten, die nicht authentisch, sondern als ein Wirrwarr fragwürdiger Bruchstücke überliefert sind. Die ältesten, Amos und Hosea, wurden von unbekannten Gewährsleuten unbeholfen zusammengestoppelt, aber noch Jesaia ist für die kritische Forschung ein halb legendärer Name geworden. Der ursprüngliche Kern seiner Botschaft (Kap. 6–9, 6) wurde im Lauf von mindestens vier Jahrhunderten zu der kanonischen Fassung erweitert; nach heutiger Ansicht sind ihr ein anonymer «zweiter» und «dritter» Jesaia nebst andern Zutaten eingeschmolzen. Die Bücher Jeremia und Ezechiel sollen überhaupt nur dank späteren Bearbeitern zustande gekommen sein und wenig Authentisches enthalten. Dieses Chaos spricht nur scheinbar gegen die prophetischen Texte, in Wahrheit eben für die sakrale Auffassung des geschriebenen Wortes. Es ging auf göttliche Offenbarungen zurück, Jahwe war sein wirklicher Verfasser. Die höhere Einheit und Echtheit der Texte lag in ihrem gemeinsamen göttlichen Ursprung. Derselbe Vorgang wiederholte sich bei der Redaktion der Evangelien und dann später immer wieder. Meister Eckharts Predigten existieren nur in der unkontrollierbaren Nachschrift seiner Verehrerinnen in den süddeutschen Nonnenklöstern. Ihr Text ist, wissenschaftlich gesprochen, durch und durch fragwürdig; trotzdem wurden sie ein Lebensbuch höchsten Ranges. Pascals «Pensées» haben dieselbe apokryphe Herkunft. Sie bestehen aus zahllosen ungeordneten und oft kaum leserlichen Zetteln, die Pascal bei seinem plötzlichen Tod als Vorarbeiten zu seiner großen Verteidigung des christlichen Glaubens gegen die Atheisten hinterließ. Seine frommen Freunde stellten aus ihnen das Buch zusammen, das trotz der anfechtbaren Auswahl zu einer Bibel der denkenden Gläubigen wurde, aber auch immer neue gelehrte Kontroversen hervorrief. Von Jakob Böhmes Büchern erschien zu seinen Lebzeiten nur ein einziges im Druck, alle andern zirkulierten in Abschriften von Hand zu Hand, die Originale waren jahrhundertelang verschollen. Auch manche Führer des Pietismus zeichnen sich dadurch aus, daß das Leben, das sie führten, ihre Hauptleistung war, von der ihre Schriften nur den Abglanz enthalten. Von Tersteegens Predigten sind nur die wenigen überliefert, die man durch Schreiber heimlich nachschreiben ließ. Hamanns gewaltige Wirkung beruhte vor allem auf dem Eindruck seiner geheimnisvollen Person auf die «Stillen im Lande»; seine unter wechselnden Decknamen veröffentlichten Flugschriften hatten ausgesprochen apokryphen Charakter. Rimbaud beseitigte seine Beichtschrift «Une saison en enfer» gleich nach dem Druck bis auf wenige Exemplare, und Franz Kafka wünschte, daß sein Nachlaß vernichtet werde. Sie alle können sich darauf berufen, daß von den größten Lehrern der Menschheit nichts Geschriebenes überliefert ist. Wenn es bei Sokrates noch denkbar wäre, so ist es doch bei Christus undenkbar. Er stiftete eine Religion und war als Mensch so groß, daß er mit seiner Lehre und seiner Person durch die Jahrhunderte weiterwirkte.

Der Verzicht auf weltlichen Schriftstellerruhm, auf weltlichen Glanz der Werke ist auch das Ideal der priesterlichen Autoren. Die Priesterweihe oder der Eintritt ins Kloster waren ja die geistigste Form des Opfers, durch sie gab sich ein Mensch als Opfer hin. Seine ganze Arbeit wurde dadurch zum Kult, zur Hingabe an ein scheinbar zweckloses, gewinnloses Tun im Dienst Gottes, das beim einen demütige Mitarbeit an un-

scheinbarer Stelle, beim andern großartiges künstlerisches oder wissenschaftliches
Schaffen zur Ehre Gottes war. Beide stifteten ihre Werke der Kirche. Hegel sagt von
dieser geweihten Lebensweise: «Alle diese Arbeiten fallen in die Sphäre des Opfers ...
die Tätigkeit überhaupt ist ein Aufgeben, aber nicht mehr eines nur äußerlichen Dinges, sondern der innerlichen Subjektivität.» Die katholischen Kirchen sind voll kultisch
geschenkter Bildwerke dieser Art, auch das geistliche Schrifttum des Mittelalters besteht zum größten Teil aus sakral gestifteten Werken. Ihre Urheber mußten sie nicht
bruchstückhaft und herrenlos hinterlassen; sie kannten den Ort, an dem sie sie zu hin-
terlegen hatten, um ihnen Dauer zu verschaffen. Petrus Lombardus schenkte sein berühmtes Sentenzenwerk der Kirche; er nennt es in der Vorrede das Scherflein der Witwe, das er ihr darbringe. Ein Widerschein davon liegt noch auf den demütigen Eingangsformeln der mittelalterlichen weltlichen Dichtwerke, die man als Abkömmlinge sakraler Votivsprüche erkannt hat.

Der Opfergedanke und die lehrhafte Absicht gingen vom Klerus auf den Schriftstel-
lerstand der Aufklärung über. Seine reinsten Vertreter bekannten sich auf ihre Art
noch zu ihnen und lebten sie auch persönlich vor. Sie opferten sich nicht immer für
Gott, oft für ein irdisches Ideal, aber auch sie ließen keine Kunst gelten, die nicht der
heiligen Sache der Menschenverbesserung diente. Die Autoren des achtzehnten Jahrhunderts unterwarfen sich ausnahmslos dem Grundsatz des «docere cum delectatione»,
den Horaz aufgestellt hatte. Sie vertraten eine moralische Tendenz, sie wollten christliche Gesinnung oder den Glauben an eine gerechte Weltordnung verbreiten. Auch
Lessing konnte sich keine zwecklose Kunst vorstellen; seine Auseinandersetzung mit
Aristoteles in der «Hamburger Dramaturgie» dreht sich um die präzise Umschreibung
des inneren und äußeren Zwecks der hohen Poesie. Man pflegt ihn wie Schiller deshalb
als rückständig zu belächeln, aber er gehört zu den Aufklärern, in denen noch etwas
von der Opferweihe lebte. Die Selbstverständlichkeit, mit der er im Kampf gegen die
schlechten Autoritäten den Dichter in sich erlöschen ließ, darf wohl in diesem Licht
gesehen werden. Von einem andern deutschen Aufklärer, dem Fragmentisten Lichtenberg, stammt das echt mystische Wort: «Die letzte Hand an sein Werk legen, das heißt
es verbrennen.»

In diesem höchsten prophetischen Sinn war Pestalozzi vom Gedanken an sein «Werk»
erfüllt. Er verstand darunter gar nicht seine uferlose Schriftstellerei, in der er es ja zu
keinem Meisterwerk brachte, sondern das Gelingen seiner Erziehungsreform, die er
für den einzigen aussichtsreichen Versuch zur Rettung Europas hielt. Man kann bei
ihm mit Händen greifen, was sich im seherischen Schaffen abspielt, wenn er in den
«Reden an mein Haus» mit stammelnder Zunge um die Verwirklichung dieses seines
Werkes ringt. Es ist für ihn das Grab aller persönlichen Wünsche, er verzehrt sich dafür,
fleht Gott an jedem Neujahrstag um seinen Segen an und beschwört alle freundlichen
und feindlichen Kräfte ringsumher. «Herr, ich glaube, komm zu Hülfe meinem Unglauben, mindere mein Vertrauen auf alles Vergängliche, Nichtige, stärke meinen Glauben an alles Unvergängliche und Ewige! Lehre mich täglich mehr unser Werk als das
erkennen, was es wirklich ist, und mein Vertrauen allein auf das setzen, was tief auf sein

Wesen hinwirkt. Vater, entledige mich von allem Glauben an seinen äußerlichen
Schein und von aller Furcht vor dem Schein seiner Entstellung. Gib mir, Vater im
Himmel, deine Kraft, daß ich das Göttliche, das Ewige immer mehr durch das Göttliche
und Ewige erziele; daß ich dem Nichtigen, dem Veränderlichen, dem Ungöttlichen
nicht mit meinem eigenen Nichtigen, Veränderlichen und Ungöttlichen, sondern allein
mit dem Göttlichen und Ewigen, das in mir liegt, widerstehe; daß ich das Menschliche
nicht mit dem Menschlichen, sondern mit dem Göttlichen bekämpfe.» Das ist ein
wahrhaft hohepriesterliches Gebet. Aber es ist nicht das Gebet eines Dichters im weltlichen Sinn, sondern eines geistigen Täters, der als Schriftsteller ein erhabener Dilettant
blieb, weil er auch die Sprache nur als Mittel zu seinem Zweck behandelte. Aus diesem
öffentlichen Bekennen geht kein literarisches Kunstwerk, sondern eine prophetische
Verkündigung und ein Prophetenschicksal hervor.

In den Dichtern aus diesem Stamm erzeugte das heilige Feuer literarische Gebilde,
die immer noch als Taten im Dienst des Göttlichen oder als Votivgeschenke in eine
unsichtbare Kirche verstanden werden müssen. Im unheiligen Lärm des neunzehnten
Jahrhunderts betrachtete sich Stifter als einen letzten Wächter am «größten irdischen
Heiligtum», der Kunst. Er lehnte eine besondere katholische Dichtung ab, hielt aber
am priesterlichen Begriff der Schönheit fest und blickte voll Abscheu auf das künstlerische Treiben seiner Zeit. Der «Nachsommer» ist ein weltliches Tempelwerk, das Hohe-
lied auf die Weihe der Kunst und auf die Heiligung durch sie. Seine breiten lehrhaften
Gespräche handeln von ihrer bildenden, läuternden, erlösenden Kraft, vom heiligen
Geist in ihr, vom Unterschied zwischen wahrer und falscher, reiner und unreiner
Kunst. Einmal wird darüber diskutiert, ob ein Künstler sein Werk auch dann schaffen
müsse, wenn er wisse, daß weder Mit- noch Nachwelt es je verstehen würden, und die
Frage wird – wie in Meister Eckharts 56. Predigt – ohne Zögern bejaht. «Der Künstler
macht sein Werk, wie die Blume blüht, sie blüht, wenn sie auch in der Wüste ist und nie
ein Auge auf sie fällt. Der wahre Künstler stellt sich die Frage gar nicht, ob sein Werk
verstanden werden wird oder nicht. Ihm ist klar und schön vor Augen, was er bildet,
wie sollte er meinen, daß reine, unbeschädigte Augen es nicht sehen? ... Wenn es einen
wahren Künstler gäbe, der zugleich wüßte, daß sein beabsichtigtes Werk nie verstanden würde, so würde er es doch machen, und wenn er es unterläßt, so ist er schon gar
kein Künstler mehr, sondern ein Mensch, der an Dingen hängt, die außer der Kunst
liegen.» Stifter spricht hier in eigener Sache, im Hinblick auf die Verkennung seiner
Kunst. Sie konnte ihn nicht beirren, der «Nachsommer» war nicht nur für menschliche
Augen geschrieben. Als Priester ohne Kirche war auch Stifter überzeugt, daß es ein
sinnloses, ja widergöttliches Kunstschaffen gebe, das als Blendwerk die Menschen verführe. Was bloß aus Ehrgeiz, Eitelkeit, Genußsucht hervorging, war in seinen strengen
Augen ein Greuel und schändete die Würde der Kunst, mochte es noch so festlich
glänzen, noch so interessant oder gekonnt sein. Darin stimmt er mit den Propheten
überein, und es gab in seinem Jahrhundert große Künstler, die durch diese Erkenntnis
an der Kunst irre wurden. Es standen Apostel wie Kierkegaard und Tolstoj auf, die sie
als eine Verführerin beschimpften und die Bibel gegen sie zu Hilfe holten: «Redete ich

in den Zungen der Menschen und der Engel, hätte aber die Liebe nicht, so wäre ich ein
tönendes Erz und eine klingende Schelle.» Diese Bußprediger verstiegen sich aber zu
Schlüssen, die Stifter nie gutgeheißen hätte. Daß die Kunst geschändet wurde, sprach
nach seiner Meinung nicht gegen sie.

Im Getöse des zwanzigsten Jahrhunderts war Ernst Barlach einer der Wenigen, für
welche die Kunst – Dichtung wie Bildhauerei – noch ein heiliges Müssen war, «dem
schuldigen Gehorsam zu leisten keine Wahl noch Zweifel geduldet werden». Er stellte
das «Ewigkeitswort, dessen Raunen nur aus der Stille vernehmbar wird», in stummem
Bemühen gegen «das Kauderwelsch zeitgenössischer Hast, den massenhaften Auftrieb
von halbgaren Vorstellungen», der «in lauter platzende Unfertigkeiten des Worts aus-
brechend, wie Fusel die Fähigkeiten der Köpfe lähmt». Unter seinen hinterlassenen,
halb zufällig erhaltenen Papieren findet sich ein Fragment, in dem er seine im Dritten
Reich aus den Kirchen entfernten Kriegerdenkmäler verteidigt. Sie seien, sagt er, aus
keinem verlogenen Siegesrausch, sondern aus der Tatsache der Niederlage entstanden
und stellten die Weihe des Todes dar, in der die Gefallenen ruhten. «Die höchste Weihe
ist dem gegeben, der zur Unvergänglichkeit im Unveränderlichen gelangte, und unvergänglich ist das Bild des Gewesenen, der in der hinrollenden Ewigkeit einen einmaligen Wert bewiesen und seine höchste Möglichkeit erschöpfte.» Die höchste Möglichkeit des Künstlers aber sieht Barlach darin, daß er ruhelos von Gestalt zu Gestalt
«über sich hinaus» greift und einen Abglanz des gestaltlosen Göttlichen einzufangen
versucht, wenn er damit auch immer ein im Irdischen gefangener «Zuchthäusler», ein
«armer Vetter» des Göttlichen bleiben muß. «Welche Jahre von welcher Verlorenheit
hat man gehabt, und doch: dies Alleinsein mit sich und jemand, der doch immer wieder
nur man selbst war, ist vielleicht gerade die Gnadenrechte gewesen. Das dunkle Tal,
der Aufblick aus der Verzweiflung zum fernen Stern ist so voll innern Trostes, man
darf nicht wünschen, daß irgend jemandem, der innerer Erlebnisse fähig ist, dies erspart
würde ... Wer kann die Grünewaldsche Passion empfinden, der nicht weiß, was Ver-
stoßensein heißt!»

3

Die dritte große Antwort, die sich die Dichter auf die Frage nach dem Sinn der Dichtung geben, spricht ein altenglischer Skop in den Worten aus:

> *Den bedrückt kein Sehnen, der einen Liedschatz hat*
> *Und mit Händen kann die Harfe grüßen,*
> *Dem Gott spendet die Gabe des Spiels.*

Die Dichtergabe ist ein Göttergeschenk, ein Wunder der Natur. Die Sänger lieben die
Kunst um der Kunst willen, weil sie die Menschen beglückt und die Dichter befähigt,
das Vollkommene zu erschaffen. Das Glück, das der Sänger den Menschen bringt, ist
das Glück der Schönheit, der vollkommen schönen Form. Dieser Glaube leuchtet aus
Hesiods Schilderung seiner Weihe durch die Musen.

Die weltliche Dichtung stellt und befriedigt einen Anspruch auf höchste formale
Vollendung, den nur eingeweihte und verwöhnte Kenner begreifen. Diesen Verstehen-

den «widmet» sie ihre Werke, ihrem Urteil unterwirft sie sich. Ihnen und seinem eigenen Schönheitshunger zuliebe feilte Vergil endlos an seinen Versen, unterdrückte er unerbittlich seine unvollkommenen Versuche. Ariosts «Orlando furioso» ist in über fünfzig abweichenden Fassungen überliefert. Diese Dichter verließen sich nicht einfach auf ihre Inspiration oder Ekstase, sie arbeiteten mit nie nachlassender Selbstkritik und studierten sorgfältig die Mittel der künstlerischen Wirkung. Die magische Form ist improvisiert, der Seher schätzt die Schönheit gering, der Sänger dieser Welt stellt sie sehr hoch. Der Wille zur schlackenlosen, festlichen Schönheit und das Experimentieren mit den Mitteln verführen ihn leicht zur Manier. Aber in den Meisterwerken der Begeisterung ist diese Gefahr gebannt. «Was aber schön ist, selig scheint es in ihm selbst»: dieses Wort Mörikes gilt in erster Linie für die Schönheit der mythischen Poesie. Ein solches Kunstwerk ist zugleich sinnlich und geistig, irdisch und ewig, ein Stück Himmel auf Erden.

Selig und beseligend scheint die schöne Form, weil sie eine Offenbarung der Natur ist. Diese Schönheit lernt der Mensch von der Natur, die in allen ihren Werken schön ist und alle ihre Geschöpfe begabt hat, schön zu sein und Schönes hervorzubringen. Die Tiere sind nicht nur vollkommen, sie sind oft auch Künstler; sie bilden triebhaft kunstvolle Organismen, bauen herrliche Gehäuse und spielen mit vollendeter Grazie. Jedes Lebewesen gehorcht einem Gesetz der Form. Es gestaltet seine Umwelt so, daß es ihr vollkommen eingefügt ist und die Dinge der Umwelt harmonisch zu ihm passen. So zu bilden und im Gebilde glücklich zu ruhen, ist der Wille und die Fähigkeit aller reinen Kreatur. Diesen Urvorgang meinte Herder, als er das Bildnerglück der Kinder pries: im Spiel etwas zu machen, was sie nicht gelernt haben, was ganz ihr ist, was mit «Tugenden und Fehlern aus ihrem Ich entspringt ... nun multa, sed multum». Der Schwerpunkt solchen Bildens liegt ganz und gar im Gebilde. Der Schaffende vergißt sich über ihm, wird in ihm eins mit der Welt. Er geht völlig aus sich heraus und in das Gebilde hinein, das ihm wie ein zweiter Körper anliegt. So charakterisiert Schiller das Werk des «naiven» Dichters: «Wie die Gottheit hinter dem Weltgebäude, so steht er hinter seinem Werk: *er* ist das Werk, und das Werk ist *er*; man muß des erstern schon nicht wert oder nicht mächtig oder schon satt sein, um nach *ihm* nur zu fragen.» So schaffen heißt nichts anderes als die reine Bestimmung der Natur erfüllen: blühen, Frucht bringen, absterben und in den Früchten weiterleben.

Dieser Naturtrieb muß zutiefst in allen großen Künstlern wirksam sein, auch in den Magiern und den Mystikern. Ein großes Kunstwerk ist eine geistige Nachkommenschaft, ein Sieg über den Tod. Nicht ganz sterben zu müssen, im Werk noch dazusein, wenn man im Grabe liegt – dieser Gedanke lebte sogar in Hölderlin, der bekennt: «Der Trieb, aus unserm Wesen etwas hervorzubringen, was zurückbleibt, wenn wir scheiden, hält uns doch eigentlich einzig am Leben fest.» Bilden an etwas Unvergänglichem als angeborener, nicht weiter zu erklärender Wille zur geistigen Zeugung, das meinte auch Keats mit den Worten: «Ich bin überzeugt, daß ich schon aus bloßer Sehnsucht und Liebe zum Schönen schriebe, selbst wenn meiner Nächte Arbeit allmorgendlich verbrannt und nie ein Auge sie erblicken würde.» Unter den Modernen hat sich der mythische Naturseher Oskar Loerke sein Schaffen auf diese Weise ausgelegt; in seinem Tagebuch steht: «Vielleicht ist das künstlerische Gestalten Furcht vor dem Tode. Der Wille, etwas zu schaffen, das länger dauert als wir. Wie lange? Wäre es nur ein Jahr, ein Monat, ein einziger Tag – es wäre schon ungeheuer. Der Versuch, dem absoluten Nichts zu entgehen. Ungeheurer noch, weil diese Tendenz unbewußt ist, triebhaft, notwendig.» Es gibt aber Genies, die dieses unbewußt Triebhafte ihrer Kunst nicht nur dunkel ahnen, sondern freudig erkennen und in ungebrochener Lust walten lassen, und ihr Produzieren erscheint als das reinste, göttergleiche Glück. Ein größtes Beispiel dafür ist Lope de Vega, dessen Schaffen das mühelose Spiel einer Naturkraft war. Da ihm seine Werke geschenkt wurden, verschenkte er sie wieder. Er schrieb seine Stücke nur für die eine Aufführung, wußte nichts von sorgfältiger Ausarbeitung und kümmerte sich nicht um ihren Druck, so daß sie oft verloren gingen oder entstellt und mit fremden Zutaten vermengt auf die Nachwelt kamen. Das war bei ihm nicht mystische Geringschätzung seines Könnens, sondern Ausdruck naiver Unbefangenheit; er verglich das Dichten mit dem Kartenspiel, wo alles auf das Glück ankomme. Daher sind seine unzähligen Dramen so ungleichwertig, vielleicht keines ganz makellos, aber auch keines ohne eine Spur von Genie. Solches Dichten aus strömendem Überfluß ist etwas so Seltenes, daß man seine Möglichkeit bestreiten würde, wenn es sich nicht dann und wann ereignet hätte. Shakespeare, Calderon, der junge Goethe zeigen es auch. Mit einer Seite ihres Wesens haben auch Luther, Grimmelshausen, Balzac, Gotthelf, selbst Nestroy an diesem Wunder teil.

Als Goethe den Fängen der Magie entronnen war, wurde dieser naturhafte Grund der Kunst auch seine Religion. Als Mann war er der meisterlich besonnene Bildner, der Freud und Leid des Formens wie wenige kannte und eine gelassene Sicherheit im Reifenlassen seiner Gebilde besaß. «Wer nicht wie jener unvernünftige Säemann im Evangelio den Samen umherwerfen mag ohne zu fragen, was davon und wo es aufgeht, der muß sich mit dem Publiko gar nicht abgeben.» Auch er meinte das nicht wie Christus und die Propheten, es war ihm nicht in erster Linie um die Nahrung für andere zu tun, sondern um das eigene Blühen und Reifen. Er meinte damit die andächtige Hingabe an das Werk um des Werkes willen, die er in der «Farbenlehre» an den frühen Kulturen rühmt. Dieser Goethe verfügte über eine seltene Erfahrung in allen Stadien des Werdenlassens. Wie man einen Einfall ruhig austrägt, oft durch Jahrzehnte, und ungestört Gestalt annehmen läßt, wie man ein einmal geformtes Werk umgestaltet, abrundet und dann im Lauf der Zeit sich von selbst vollenden läßt, darauf verstand er sich ganz herrlich. Das Reich der Kunst gehörte ihm zum größeren Reich der Natur. Er sah im Schaffenstrieb des Künstlers eine Form der Fruchtbarkeit, eine Sehnsucht nach Verwandlung und Auferstehung, für die es eine irdische Erfüllung gibt. Dieser Trieb war ihm eine Blüte der Jugendkraft, weshalb er dem Genie eine «wiederholte Pubertät» zuschrieb. «Jene göttliche Erleuchtung, wodurch das Außerordentliche entsteht, werden wir immer mit der Jugend und der Produktivität im Bunde finden.» Auf das Urphänomen des Schöpferischen weist das «Vermächtnis» hin: «Was fruchtbar ist, allein ist wahr.» Zu diesem letzten Sinn der Welt bekannte er sich noch wenige Tage vor seinem Tod. «Gott hat sich nach den bekannten imaginierten sechs Schöpfungstagen keineswegs zur Ruhe begeben, vielmehr ist er noch fortwährend wirksam, wie am ersten. Diese plumpe Welt aus einfachen Elementen zusammenzusetzen und sie jahraus jahrein in den Strahlen der Sonne rollen zu lassen, hätte ihm sicher wenig Spaß gemacht, wenn er nicht den Plan gehabt hätte, sich auf dieser materiellen Unterlage eine Pflanzschule für eine Welt von Geistern zu gründen. So ist er nun fortwährend in höheren Naturen wirksam, um die geringeren heranzuziehen.»

Wenn Goethe im Alter Farbe bekennen wollte, sprach er vom Urphänomen des Schöpferischen gelegentlich mit Worten, die in den Ohren der Ästheten ein Greuel sind. Als Naturdichter stellte er dann den Kunsttrieb herausfordernd neben alle andern Arten der Fruchtbarkeit. «Ja, ja, mein Guter», belehrte er den zahmen Eckermann (der hier doch schüchtern widersprach) einmal spöttisch, «man braucht nicht bloß Gedichte und Schauspiele zu machen, um produktiv zu sein, es gibt auch eine *Produktivität der Taten,* die in manchen Fällen noch um ein Bedeutendes höher steht ... Ob einer sich in der Wissenschaft genial erweiset, wie Oken und Humboldt, oder im Krieg und der Staatsverwaltung, wie Friedrich, Peter der Große und Napoleon, oder ob einer ein Lied macht, wie Béranger, es ist alles gleich und kommt bloß darauf an, ob der Gedanke, das Aperçu, die Tat lebendig sei und fortzuleben vermöge.» Das erinnert an Gotthelfs Behauptung, schöpferische Kraft sei in jedem Menschen, und er habe in manchem Gartenzaun mehr Geist gefunden als in manchem Buche. Aber für Gotthelf ist diese schöpferische Kraft ein Teil der christlichen Weltordnung mit ihrer Stufenleiter von Vergänglichkeit, Tod und Erlösung. Für den Heiden Goethe ist sie das auszeichnende Merkmal des Genies, in dem Gottes Lust an ewiger Verwandlung lebt. Faust will wie Gott ewig leben:

Es kann die Spur von meinen Erdentagen
Nicht in Äonen untergehn.

Um die Kühnheit dieses Lebenswillens zu ermessen, muß man wieder hören, was die Propheten über ihn sagen. Pestalozzi sieht gerade im Naturhaften der Kunst das Zeichen ihrer Fragwürdigkeit. «Der Mensch als Geschlecht strebt nur als Sinnenwesen nach ewiger Dauer. Darum ist auch der Wert seines diesfälligen Strebens nur der Schein und Schatten des menschlichen Wertes, und so ist auch die Ewigkeit, die er im Taumel seiner Sinnenkraft anspricht, und die Kunst, mit der er diesem taumelnden Anspruch dient und den Tod seiner Hülle mit dem Kleister der Farbe des Lebens bedeckt, nur ein nichtiges Streben seines irdischen Seins. Es ändert kein Haar an dem Fortgang der Fäulnis seines notwendigen Sterbens.» Die Unsterblichkeit des Individuums ist für Pestalozzi weder wahrscheinlich noch begehrenswert. Erlösung heißt ihm nicht ewiges Weiterleben als Person, sondern Vergehen im Schoß der Ewigkeit. Denn das menschliche Ich ist sündig, häßlich, gänzlicher Verwandlung bedürftig. Gotthelf empfand ein heimliches Grauen beim Gedanken an sein literarisches Weiterleben, weil er seine sittliche Verantwortung und die Schlechtigkeit der Menschen kannte. «Es liegt ein Schauer im Gedanken, welche Macht in einem Worte liegen kann, welches uns aus dem Munde gehet, und wie dieses Wort zurückbleiben kann als unserer Seele Kind, während

längst unser eigener Leib und unserer Kinder und Kindeskinder Leiber zu Asche geworden sind im kühlen, dunkeln Grabe.»

Hört man aber die Stimmen der großen Weltdichter, so erkennt man, daß Goethe
sich auch von ihnen in einem grundlegenden Punkt unterscheidet. Sie sind Dichter der
Gemeinschaft. Als Kinder der Natur leben sie in Harmonie mit ihrer Umwelt und sehen
den tieferen Sinn ihres Schaffens darin, daß sie ihr dienen und sie verklären. Schon die
Lieder der altarabischen Beduinen haben diesen sozialen Zug, ja einen klaren gesellschaftlichen Zweck. Man trieb mit ihnen die Kamele an, sang sie auf den Rastplätzen
zum Ausschütteln der Satteldecken, zum Lösen und Knüpfen der Seile, die Karawanen-
reiter vertrieben sich mit ihnen die Zeit auf der langen Wüstenreise. Vollends in der
adeligen Umgebung der Höfe lebte die Schönheitsdichtung nicht mehr bloß aus naivem
Instinkt, sie wurde bewußt gesellschaftlich und sah ihr Ziel in der heroischen Gestaltung des Lebens. Der Sinn der Hofpoesie war die Darstellung der adeligen Ideale in vorbildlichen Heroengestalten. Deshalb gehört auch die lehrhafte Spruchdichtung, wie
sie in der Edda überliefert ist, zu den ältesten Gattungen der weltlichen Literatur. Pindars Gesänge sind reich mit Sentenzen durchwoben. Die höfische Dichtung des Mittelalters erzog zum Ritteradel. Hinter ihren Idealfiguren stand ein gelebtes hohes Leben,
den dichtenden Rittern war Sinn für Schönheit und Verantwortung für «schildes
ambet» ein und dasselbe. Auch diese Kunst war alles andere als zwecklos; Wolfram von
Eschenbach weiß, daß künstlerische Meisterschaft ohne Bewährung im praktischen
Handeln Gefahr läuft, zur literarischen Schönrednerei herabzusinken. Der vollkommene Ritter aber repräsentierte seinen ganzen Stand, nur die Zugehörigkeit zur Elite
rechtfertigte ihn – davon handeln schon Chrétiens Romane.

Die Dichtung der Renaissance lenkte in diese Bahn zurück. Sie stellte Musterbilder
des neuen Adels auf, formte beispielhaft seine typischen Vertreter. An ihrem Ort war
sie ebenso ernstgemeinte Gebrauchskunst wie die Ritterpoesie und die geistliche Be-
kehrungsdichtung des Mittelalters. Sie wollte die Menschen ändern, indem sie ihnen
ein Ideal vor Augen stellte. Auch in der Renaissance blühte die didaktische Literatur,
in allen Lagern und in allen Gattungen. Scaligers Poetik nahm das horazische «docere
cum delectatione» wieder auf und machte es zum Prinzip der ganzen klassizistischen
Literatur. Bis zur Französischen Revolution durften die moralischen Lehrsätze in keinem Dichtwerk fehlen, war es unumstößliche Überzeugung aller Kenner, daß die Dichtung den Zweck habe, in genußreicher Weise zu belehren, erfreuend Gutes zu stiften
(«instruire en divertissant»). Die heiterste Blüte der Weltkunst, die Komödie, machte
keine Ausnahme von dieser Regel. Schon die Dramen des Aristophanes waren ja Werke
eines politischen Lehrers und oft nur heiter verkleidete tiefernste Predigten. Als der
Kampf um den «Tartuffe» entbrannte, berief sich auch Molière auf den sittlichen Zweck
seiner Komödien. Im «Premier Placet au roi sur la comédie du Tartuffe» umschreibt er
diesen Zweck mit den Worten «corriger les mœurs».

ZWEIFEL UND VERSAGEN

Erst im spätbürgerlichen Zeitalter kam die Lehre auf, daß die Kunst «zwecklos» sei. Kant gab ihr mit seiner Formel vom «interesselosen Wohlgefallen» am Schönen die zweischneidige philosophische Begründung. Sie war das Zeichen, daß die weltliche Kunst ihre sinnvolle Stellung in der Gemeinschaft verlor, und seither begannen die Dichter gegenüber ihrem Schaffen unsicher zu werden. In der höfischen Welt mußte sich ein Künstler schon aus Gründen des Takts hinter seinem Werk verborgen halten, auch wenn es ihm schwer fallen mochte, so anonym und objektiv zu bleiben wie der Dichter des Nibelungenliedes. Seit der Rousseauzeit trat er ungescheut im Werk selbst hervor, und man las «ihn» mit einem ganz neuartigen Interesse an seiner Person. Dieses Interesse steigerte sich seit der Revolution in einem Ausmaß, das die Selbstherrlichkeit des Kunstwerks in Frage stellte. Es war im Grund eine Form des Zweifels an ihm, zuerst des gläubigen, dann des ungläubigen.

Der gläubige Zweifel wurde zuerst in den Romantikern akut. In ihnen brach ein Schmerz über das Werk, über die Unmöglichkeit seiner Vollendung auf, der bis zur Selbstparodie und Selbstzerstörung ging. Ihr Wollen war größer als ihr Können, ihr äußerstes Bemühen zerrann auf halbem Weg in Nichts. Diese Dichterverzweiflung erzeugte einen neuen Stil, der das Ungenügen an aller Gestaltung ausdrückte. Literaten wie Friedrich Schlegel und Tieck glaubten der Krise damit begegnen zu können, daß sie den Dichter in aller Form von der Verpflichtung lossprachen, Vollkommenes zu schaffen. Sie ermächtigten ihn, sich mit Fragmenten, Andeutungen, Splittern zu begnügen, mit seinen Gestalten zu spielen und das eigene Werk nicht ernst zu nehmen. Er sollte ironisch über ihm schweben und so den unüberbrückbaren Abstand zwischen Werk und Vision aufdecken. Schlegels 116. Athenäumsfragment gab das Rezept für diese «reine», «absolute» Poesie: «Die romantische Dichtart ist noch im Werden; ja das ist ihr eigentliches Wesen, daß sie ewig nur werden, nie vollendet sein kann. Sie allein ist unendlich, weil sie allein frei ist und das als ihr erstes Gesetz erkennt, daß die Willkür des Dichters kein Gesetz über sich leide.» Aber dieses Rezept konnte nur Gaukler wie Tieck befriedigen. Ein Dichter beruhigte sich auch jetzt nur im vollendeten Kunstwerk und mußte das scheinbar Unmögliche versuchen, auch wenn ihm alles Glück des Schaffens verloren ging. Bei diesem Unglück handelte es sich nicht um jenen Überdruß am entstehenden Werk, der auch dem Größten in Stunden der Ermüdung nicht erspart bleibt, oder um Ausflüchte mittelmäßiger Talente, die ihr Unvermögen metaphysisch bemäntelten. Auch das kam vor, aber es war nicht das Wesentliche. Das Neue war das unheilbare Leiden großer Dichter an ihrem künstlerischen Versagen.

Dieser Schmerz ist ein Grundmotiv in Kleists Briefen. «Die Hölle gab mir meine halben Talente, der Himmel schenkt dem Menschen ein ganzes, oder gar keins.» Als Tragiker erkannte Kleist den Zusammenhang zwischen Schaffen und Zerstören, dem er einen Aufsatz widmete. Daß der schöpferische Trieb in sein Gegenteil umschlagen kann, zeigt ja auch Goethes «Faust», zeigt Grimmelshausens «Wunderbarliches Vogelnest» und schon die Sage vom Schmied Weland, der aus den Schädeln rachsüchtig gemordeter Königskinder kostbare Gefäße schafft. Ein Werk wie die «Penthesilea» war eher eine unheilbare Wunde als eine befreiende Konfession. Das Sinnbild von Kleists rasendem Wollen ist Herakles, von dem Jupiter im «Amphitryon» sagt:

> *Zwölf ungeheure Werke wälzt er türmend,*
> *Ein unvergänglich Denkmal, sich zusammen.*
> *Und wenn die Pyramide jetzt, vollendet,*
> *Den Scheitel bis zum Wolkensaum erhebt,*
> *Steigt er auf ihren Stufen himmelan,*
> *Und im Olymp empfang ich dann den Gott.*

Der Hexenmeister Hoffmann fürchtete sich vor den Geschöpfen seiner eigenen Phantasie und kämpfte darum, nicht zum Handlanger des Teufels herabzusinken. Seine stärksten Novellen spielen im unheimlichen Zwischenreich des Homunkulus und andern widergöttlichen Blendwerks; besonders hat es ihm die Puppe angetan, die das Lebendige vortäuscht und mit der die Menschen zum Narren gehalten werden können. In der Figur des Goldschmieds Cardillac – im «Fräulein von Scudéry» –, der tagsüber als braver Bürger Meisterwerke verfertigt und sie in einem nächtlichen Verbrecherleben wieder an sich bringt, deckte er den Satanismus des Künstlers mit beklemmender Hellsicht auf. Bei Novalis und Eichendorff, Jean Paul und Mörike wird dieses Thema bald tragisch, bald komisch abgewandelt. Das unerreichbare Göttliche und das teuflisch Verführende der Kunst, ihre Mystik und ihre Magie treten in der romantischen Dichtung vernichtend hervor. Georg Büchner stellt das Ringen um die Vollendung in jener Szene des «Lenz»-Fragments dar, wo Lenz um die Erweckung eines toten Kindes betet und das Ausbleiben des Wunders seinen geistigen Zusammenbruch besiegelt. Dieser Gedanke liegt auch Balzacs «Chef-d'œuvre inconnu» zugrunde. Sein Maler Frenhofer will in dem Bild, an dem er in jahrelanger Abgeschlossenheit arbeitet, das Leben selber erschaffen; aber das Wunderwerk erweist sich bei der Enthüllung als die nichtssagende Monstrosität eines Irren, und Frenhofer nimmt sich das Leben. Auch in Stifters «Nachkommenschaften» ringt ein Maler mit einem solchen Bildungeheuer, erkennt aber noch rechtzeitig die Unfruchtbarkeit seines Wahns und zerstört es, gibt die Kunst auf und findet das Glück in der Fortpflanzung seines Geschlechts.

Die romantische Epoche, die mit der Proklamation der Künstlerfreiheit und der ironischen Überlegenheit über das Werk begonnen hatte, endigte damit, daß selbst die größten Dichter ihr Talent wie einen Fluch mit sich schleppten. Manches Lebenswerk dieser Zeit war die Flaschenpost eines Gescheiterten, wie sie Vigny in einem Gedicht der «Destinées» besingt. Mörike stellte sich als letzten König von Orplid dar, der dazu verdammt ist, nicht sterben zu können. Das Sinnbild der resignierenden Kleinkunst, die er als Mann noch schuf, ist die von ihm verewigte schöne Lampe, die im «fast vergeßnen Lustgemach» in sich selber selig und unbeachtet an der Decke hängt. Wie diese Lampe vergaß Stifter schreibend die schönheitslose Welt um sich her und hielt unerschütterlich daran fest, daß er nichts anderes als die makellose Schönheit schaffen dürfe. Dieser Glaube hatte auch für ihn zuletzt nichts Erlösendes mehr, sondern wurde zu einer Forderung von zermalmendem Gewicht, zum Grab, in das er lebendigen Leibes hinabstieg.

Es gab jetzt Dichter von Rang, deren inneres Gleichgewicht durch die nagende Sorge um die Vollendung gestört war. Sie lebten nicht mehr wie Gotthelf in den «strömenden Offenbarungen Gottes», sondern im Zerwürfnis mit ihrer Zeit, weil diese Zeit ihr Formgefühl beleidigte. Das äußere Zerwürfnis wirkte auf ihren Formwillen zurück, der sich zum Alpdruck verkrampfte; die Form wurde diesen Einsamen in einer Weise zum Inbegriff und Selbstzweck, zu einer Angst und Not, wie sie kein aus der Fülle schöpfender Künstler kennt. Sie bildeten sie immer kunstvoller aus und überanstrengten sie, weil sie ihnen die Harmonie mit der Welt ersetzen mußte. Statt der Gnade von oben hatten sie nur noch ihren rastlosen Fleiß und seufzten unter einer unerfüllbaren Aufgabe. Stifter, Stendhal, Flaubert erinnern immer noch an jene Lebewesen, die aus Instinkt vollkommene Gehäuse erzeugen. Aber sie erzeugen sie aus tödlicher Einsamkeit, um sich durch die Schale des Vollkommenen gegen die häßliche Welt zu schützen. Ihr hoher Stil ist nicht mehr Abbild und Vorbild eines gelebten Lebens, sondern ein Wunschbild, das sie am Schreibtisch erschaffen müssen, weil sie als einzige noch wissen, was Schönheit ist.

Wie ängstlich feilte Conrad Ferdinand Meyer an seinen Novellen! Kein Satz blieb stehen, wie er ihn zuerst schrieb, immer neue Korrekturen überdeckten ihn. Die ersten Fassungen waren immer trivial und konnten nur durch endloses Verbessern zu etwas Brauchbarem werden. Auch seine Gedichte wurden nur durch jahrelanges Ändern aus verzweifelt belanglosen, oft dilettantischen Strophen zur kristallharten letzten Prägung gepreßt und zugeschliffen, und lange nicht alle machten diesen Prozeß durch. So arbeitete auch Schiller, aber ihn trug ein Sendungsbewußtsein, das Meyer fremd war. Seine Unsicherheit war die eines Artisten, sie schlug zuletzt in krankhafte Verbesserungssucht um. Bei den Gedichten war er schließlich oft nicht mehr imstande, sich für einen endgültigen Text zu entscheiden. Die Niederschrift der «Angela Borgia» war bereits die reine Qual. Er schrieb jeden Tag mindestens eine Karte an seinen Verleger mit der dringenden Bitte, den Setzer möglichst genau zu überwachen, und mit entsprechenden Versicherungen seinerseits. «Ich mache stets vorwärts, sehr sorgfältig. Bitte, harren Sie gleichfalls aus! Wir wollen eine ganz makellose Angela haben! Bella cosa!» Es war die dekadente Übersteigerung des kantischen Schönheitsbegriffs, in diesem Kampf um die Vollendung enthüllte sich die Krankheit einer ganzen Zeit. Der Formwille der Dichter erkrankte, weil die Zeit in Formlosigkeit versank, weil sie den Begriff der Vollendung verlor. Die Dichter klammerten sich als Letzte an die reine Form, wie der Ertrinkende an die rettende Planke.

Flaubert wußte genau, worin das Geheimnis des dauernden Kunstwerks liegt, was allen Zeitgenossen fehlte und worum er sich so fanatisch bemühte. «L'unité, l'unité, tout est là. L'ensemble, voilà ce qui manque à tous ceux d'aujourd'hui, aux grands comme aux petits. Mille beaux endroits, pas une œuvre. Serre ton style, fais-en un tissu souple comme la soie et fort comme une cotte de mailles.» Auch er rang am Rand der Verzweiflung um diese homerische, unzerstörbare Prägung seiner Vision. Wenn er wie-

der Tage über einem einzigen Satz zugebracht hatte, glaubte er sich zum ewigen Mißlingen verurteilt. Einmal braucht er dafür dasselbe Bild wie Grillparzer im «Armen
Spielmann»: es sei wie bei einem, der das rechte Musikgehör habe und falsch Geige
spiele; seine Finger weigerten sich, den Ton, der ihm bewußt sei, richtig wiederzugeben, dann liefen dem armen Kratzer die Tränen aus den Augen und der Bogen falle ihm
aus den Fingern. So arbeitete auch Flaubert. Er schrieb 1845 einem Freund: «Travaille,
travaille, écris, écris tant que tu pourras, tant que la muse t'emportera. C'est là le meilleur coursier, le meilleur carrosse pour se voiturer dans la vie. La lassitude de l'existence
ne nous pèse pas aux épaules quand nous composons. Il est vrai que les moments de
fatigue et de délaissement qui suivent n'en sont que plus terribles, mais tant pis, mieux
vaut deux verres de vinaigre et un verre de vin qu'un verre d'eau rougie ... Je te jure
que je ne pense pas à la gloire et pas beaucoup à l'art. Je cherche à passer le temps de la
manière la moins ennuyeuse et je l'ai trouvée.»

Dauernde Werke können nur dort entstehen, wo an dauernde Werte geglaubt wird.
Nach dem Untergang der Fürstentümer und der Machtkirche war die staatlich oder
sozial verstandene Gemeinschaft als einzige sichtbare Ordnung übrig geblieben. In ihr
entdeckte das antiromantische moderne Geschlecht den Boden, auf dem eine große
profane Kunst aufzubauen war. Der Streit um Realismus und Romantik ging nur
scheinbar um eine Stilfrage, in Wahrheit um den Sinn der Kunst. Als Cézanne diesen
Streit später auf die Formel brachte, ein gut gemalter Kehrichthaufe sei mehr wert als
eine schlecht gemalte Madonna, beschwieg er ja den Umstand, daß es auch gut gemalte
Madonnen gibt. Die jungdeutschen Realisten bekämpften weniger die nazarenische
Kunstfrömmelei als die romantische Gaukelmagie, in der sie mit Recht den Bankrott
des Ästhetentums, eine letzte Form des Aberglaubens sahen. Die Byron, Heine, Lenau,
Leopardi dichteten aus einer schrecklichen Eitelkeit und Unfähigkeit zu leben. Die un-
verbrauchte Jugend wollte nichts mehr von diesem Egoismus wissen, der nur Chimären erzeugte und das wirkliche Leben mit seinen blutleeren Händen nicht zu fassen
vermochte. Nicht metaphysisch, sondern demokratisch und sozialistisch mußte die
moderne Kunst begründet werden. Ihre Aufgabe war nicht die Verewigung der eigenen
Person oder überlebter Ideale, sondern die Hingabe an die Öffentlichkeit. Dem Tag mit
seinen begrenzten Zielen ergeben zu sein und dann ohne falschen Lärm zu verschwinden, schien ehrenhafter, als von den Tagessorgen unberührt das zeitlos Schöne schaffen
zu wollen. Unter den Rittern ohne Furcht, die damals auszogen, um die Dichtung aus
ihrer unfruchtbaren Isolierung zu befreien, war auch Gottfried Keller. Seine Begeisterung spiegelt den Optimismus, mit dem man auf des Frühlings froher Linken gegen
den Kunstbegriff des Idealismus und die andern Götzen der Väter marschierte. Dem
jungen Keller wurde bald klar – was nur wenige neben ihm begriffen –, daß mit dem
Glauben an ein Fortleben nach dem Tode im Grund auch der Glaube an die Unsterblichkeit des Künstlers, an die Unvergänglichkeit des Kunstwerks stand und fiel. Wer
jenen preisgab, konnte diesen nicht behalten; der großen Entgötterung der Welt mußte
auch dieses Opfer gebracht werden. Die Abkehr des grünen Heinrich vom Künstler-
beruf geht mit seiner Abkehr vom Christentum Hand in Hand.

Und nur du, mein armes Herz,
Du allein willst ewig schlagen,
Deine Lust und deinen Schmerz
Endlos durch die Himmel tragen?

Keller erwartete von der Hingabe an den Tageskampf eine neue Kunst und erlebte es am eigenen Leib, wie ihn die politische Leidenschaft aus dem romantischen Hindämmern erlöste. Im Kampf um die Befreiung des Volkes wurde er selbst neu geboren. Er wollte als Dichter wirklich nur der Erziehung des Volkes dienen, das er leidenschaftlich liebte, erst wie ein Sohn die Mutter, dann wie ein Vater den Sohn. Werke wie das «Sinngedicht», die «Sieben Legenden», der umgearbeitete «Grüne Heinrich» waren demokratische Gegenbeispiele zur einstigen höfischen Idealdichtung. Sie lehrten noch einmal ein Ethos: die Abkehr von feigen Illusionen, das männliche Sichabfinden mit der Endlichkeit aller Dinge, die Verantwortung des Einzelnen gegenüber der staatlichen Gemeinschaft, den Glauben an das Vaterland – all die nüchternen Tugenden des «wesentlichen» Lebens, die nach Kellers Überzeugung auch ein Kunstwerk erst gut und schön machen.

Aber dieser gesunde, zukunftsfrohe Sinn war neben der Phrasendrescherei der Achtundvierziger eine große Ausnahme. Unter den deutschen Autoren fand keiner diesen Weg in die Gemeinschaft, und auch was Victor Hugo und Dostojewskij als Glauben an ihr Volk predigten, hatte mit Kellers Vertrauen nichts gemein, da es ein neuer Mystizismus war. Und auch Kellers Werke blieben nicht dank ihrer Bejahung der Gegenwart über den Tag hinaus lebendig. Er selbst wurde ihr gegenüber mißtrauisch, weil er ein Dichter war. Sein vaterländischer Optimismus verlor mit der Zeit den Jugendglanz, nicht nur weil Keller älter wurde, sondern weil er erfuhr, daß die Wirklichkeit ihn Lügen strafte. In seinen letzten Gedichten verdunkelt sich der freudige Verzicht auf Unsterblichkeit um der Erde willen zu tiefer Sorge um die Zukunft, zur Trauer über die scheinbare Vergeblichkeit der Hingabe an die Nation.

Wir dürfen selbst das Korn nicht messen,
Das wir gesät aus toter Hand,
Wir gehn und werden bald vergessen,
Und unsre Asche fliegt im Land!

Die Achtundvierziger Kämpfer erlebten es, daß ihr Glaube an das Volk als ein letztes falsches Pathos verabschiedet wurde. Nach der Metaphysik der Kunst begrub man auch die Mystik der Nation. Die Naturalisten wollten in diesem Nimbus nur einen letzten Rest von Romantik sehen und zogen die Kunst ganz in die Niederung der alltäglichen Zwecke hinab. Sie war eine Kulturleistung wie andere, sie verfolgte mit ihren Mitteln dieselben Ziele wie die Wissenschaft und die Politik und mußte als rein diesseitiges Phänomen soziologisch, physiologisch, psychologisch erklärt werden. Man verwechselte, nach Kellers Wort, «die sogenannte Zwecklosigkeit der Kunst mit Grundlosigkeit». Der Aphoristiker Nietzsche lieferte für diese Entzauberung die aufregendsten Argumente und Schlagworte. In der vierten «Unzeitgemäßen» wählte er für die Eröffnung von Wagners Bayreuther Festspielhaus ein biologisches Bild: «Auf die Sicherstellung seines Werkes konzentrierte sein Streben sich ebenso entschieden wie das des Insekts, in seiner letzten Gestalt, auf die Sicherstellung seiner Eier und Vorsorge für die Brut, deren Dasein es nie erlebt: es deponiert die Eier da, wo sie, wie es sicher weiß, einst Leben und Nahrung finden werden, und stirbt getrost.»

Je krasser sich eine Zeit von der Überlieferung entfernt, desto gläubiger hält eine Minderheit an ihr fest. Die Verneinung der reinen Kunst rief die Epigonen auf den Plan, die sich anheischig machten, die Schönheit zu retten. Sie hielten sich an die Regel des Horaz, daß an jedes gute Gedicht neun Jahre lang die Feile gelegt werden müsse – «nonum prematur in annum». So hatte Vergil gearbeitet, der als Spätling noch Großes vollbrachte, so Salomon Geßner, der seine Idyllen die «Früchte meiner vergnügtesten Stunden» nannte, so auch Wieland, dessen bezaubernde Eleganz nichts weniger als ein Göttergeschenk, sondern die Frucht unermüdlicher Gewissenhaftigkeit war. Seine scheinbar leicht tänzelnden Verse beruhen auf einem exakten Wissen um die Formgesetze, durch das er entscheidend zur Bildung einer deutschen Formkultur beitrug. Er schrieb den «Oberon» im Lauf seines Lebens siebenmal ab, um ihn immer noch delikater zu glätten, und verfaßte mehr als einmal Virtuosenstücke, die moralisch nicht mehr zu rechtfertigen sind. Flaubert sagte, sogar ein Boileau habe sich durch ausdauernden Fleiß unsterblich zu machen gewußt. Er selbst war Anhänger einer «ästhetischen Mystik», einer von ihm ausgedachten Religion der Vollendung, hinter der er sich gegen die billigen modernen Begriffe von Glück und Nutzen verschanzte. Sie war eine Mystik des Leidens im Zeichen der reinen Form, und sie gab ihm ein, von einem «Buch über nichts» als dem Werk aller Werke zu träumen, das ihn seiner Marter für immer entheben sollte. «Ce qui me semble beau, ce que je voudrais faire, c'est un livre sur rien, un livre sans attache extérieure, qui se tiendrait de lui-même par la force interne de son style, comme la terre sans être soutenue se tient en l'air, un livre qui n'aurait presque pas de sujet ou du moins où le sujet serait presque invisible, si cela se peut. Les œuvres les plus belles sont celles où il y a le moins de matière; plus l'expression se rapproche de la pensée, plus le mot colle dessus et disparaît, plus c'est beau.»

Flaubert schrieb dieses Werk der Werke nicht, aber die Dichter des L'art pour l'art getrauten sich, es zu schaffen. Die klassizistischen Epigonen aus Geibels Schule erzeugten das Nichts der reinen Form noch unfreiwillig, die Leere ihrer Vollendung war ihnen nicht bewußt. Erst die neuromantische Dichtung der Jahrhundertwende faßte die Nichtigkeit des Schönen wieder so mystisch auf wie Flaubert. Sie wußte, daß sie keine schöne Menschenwelt, keine seiende Wirklichkeit mehr spiegelte, sie wollte nur Ruhepunkt in einem formlos gewordenen Dasein, Kunstgenuß für Eingeweihte sein. Diese Werke der Décadence wurden wieder ganz um ihrer selbst willen geschaffen, aber aus bitterem Zwang. Sie waren ein Ersatz für die verlorene Religion, die verlorene Gemeinschaft, das verlorene Paradies. Auch sie durften weder die Person des Dichters verraten noch sich direkt an den Leser wenden, weil ihr irrealer Glanz keine Berührung mit der Wirklichkeit vertrug. Es war ihre blendende Täuschung, daß sie glauben machten, vollkommene Schönheit könne aus innerer Schwäche hervorgehen, der Mangel an Leben lasse sich hinter der Form verhehlen. Die Gebilde der Artistik steigen nicht aus der Tiefe des gelebten Lebens und führen deshalb nicht in sie zurück. Sie sind Schein-schöpfungen von oft berückendem Schimmer, geschaffen von priesterlichen Poeten, die das Ansehen der Schreibkunst hochhalten, wenn die Quellen der Dichtung versiegt sind. In ihren Augen wird das schöne Werk zum Fetisch, es löst sich gespenstisch von der Wirklichkeit ab und schwebt beziehungslos im Leeren. Daß es den Ernst des Lebens spiegeln soll, wird von seinen Verehrern als Lästerung abgelehnt. Es ist der letzte Wert vor dem Nichts, der Talisman der Ästheten.

Die Besten unter diesen heimlich Verzweifelten wußten, daß hinter ihrem Kult der Form die Angst vor dem Dunkel stand. Der junge Hofmannsthal konnte sich den Schaffensdrang der Dichter nur noch so erklären. «Zu schaffen aus keinem andern An-trieb heraus als aus dem Grundtrieb ihres Wesens, zu schaffen den Zusammenhang des Erlebten, den erträglichen Einklang der Erscheinungen, zu schaffen wie die Ameisen, wieder verstört, wieder schaffend, zu schaffen wie die Spinne, aus dem eigenen Leib den Faden hervorspinnend, der über den Abgrund des Daseins sie trägt.» Er sagte im glei-chen Atemzug aber auch: «Es ist, als bauten sie alle an einer Pyramide, dem ungeheue-ren Wohnhaus eines toten Königs oder eines ungeborenen Gottes.» Ameise oder König oder Gott – «diesem Tun ist keine Formel zu finden». Es ist der Beweis der Ratlosig-keit, wie hier die drei Antworten auf die Frage nach dem Sinn der Dichtung vermengt sind. Auch Rilke redet in seinen «Briefen an einen jungen Dichter» so zweideutig. Er beruft sich jedoch mit Vorliebe auf den animalischen Instinkt, mit der schwülen Lüstern-heit eines Mystagogen: «Auch das geistige Schaffen stammt von dem physischen her, ist eines Wesens mit ihm und nur wie eine leisere, entzücktere und ewigere Wieder-holung leiblicher Wollust. In einem Schöpfergedanken leben tausend vergessene Lie-besnächte auf und erfüllen ihn mit Hoheit und Höhe. Und die in den Nächten zusam-menkommen und verflochten sind in wiegender Wollust, tun eine ernste Arbeit und sammeln Süßigkeiten an, Tiefe und Kraft für das Lied irgend eines kommenden Dich-ters, der aufstehn wird, um unsägliche Wonnen zu sagen ... Darum, lieber Herr, lieben Sie Ihre Einsamkeit, und tragen Sie den Schmerz, den sie Ihnen verursacht, mit schön-klingender Klage.» Stefan George dagegen glaubte als heroischer Sänger oder gar als gottgesandter Seher zu reden, wenn er verkündete: «In der dichtung – wie in aller kunst-betätigung – ist jeder der noch von der sucht ergriffen ist etwas ‚sagen‘ etwas ‚wirken‘ zu wollen nicht einmal wert in den vorhof der kunst einzutreten[1].»

Das zwanzigste Jahrhundert ist über diese verhüllten Eingeständnisse der Sinnlosig-keit hinweggeschritten. Sein Ideal ist nicht die Vollendung, sondern die Zweckmäßig-keit, die sich nach dem Gesetz von Angebot und Nachfrage und nach dem Stand der Technik richtet. Die technischen Erfindungen ermöglichen die Massenfabrikation

---

[1] Benedetto Croce übertrug das Dogma von der Beziehungslosigkeit des Werkes auf die Literatur-wissenschaft. Er ist der Meinung, «daß das Werk nicht der Person gehört, sondern dem schaffenden Weltgeist ... daß nicht die Person, sondern das Werk eine Geschichte hat, denn das Werk ist das einzig Reale, und die Person erweist sich, wenn sie kritisch durchleuchtet wird, als irreal, oder besser gesagt, als ohne eigentliche Wahrheit» («Goethe» 268, deutsch 1949).

zweckmäßiger Bedarfsartikel und kommen ausschließlich den reproduzierenden Künsten zugute. Die Menschheit ist mit Ersatzprodukten überschwemmt, die den Sinn für Material und Form der Originale zerstören. Die Kunst der Reproduktion hat eine Vollkommenheit erreicht, die der Fälschung gleichkommt und einen Tiefpunkt in der Geschichte der Kunst bezeichnet. Die Werke der Meister sind jetzt so populär, daß die Arbeiter über die Brauchbarkeit Beethovens als revolutionäre Marschmusik diskutieren. Bei den großen Stars der Literatur gehört es anderseits zum guten Ton, sich in keinem Werk ganz auszugeben – aus Snobismus, nicht aus gläubiger Verzweiflung. Thomas Manns «Doktor Faustus» umgaukelt die These, daß das fertige Werk heute unmöglich und unwahr geworden sei. «An einem Werk ist viel Schein, man könnte weiter gehen und sagen, daß es scheinhaft ist in sich selbst, als ‚Werk‘. Es hat den Ehrgeiz, glauben zu machen, daß es nicht gemacht, sondern entstanden und entsprungen sei, gleichwie Pallas Athene im vollen Schmuck ihrer ciselierten Waffen aus Jupiters Haupt entsprang. Doch das ist Vorspiegelung. Nie ist ein Werk so hervorgetreten. Es ist ja Arbeit, Kunstarbeit zum Zweck des Scheins – und nun fragt es sich, ob bei dem heutigen Stande unseres Bewußtseins, unserer Erkenntnis, unseres Wahrheitssinnes dieses Spiel noch erlaubt, noch geistig möglich, noch ernst zu nehmen ist, ob das Werk als solches, das selbstgenügsam und harmonisch in sich geschlossene Gebilde, noch in irgend einer legitimen Relation steht zu der völligen Unsicherheit, Problematik und Harmonielosigkeit unserer gesellschaftlichen Zustände, ob nicht aller Schein, auch der schönste, und gerade der schönste, heute zur Lüge geworden ist.» Kein Wunder, daß im Strahlenkegel dieser sich für Dichtung haltenden Skepsis der Teufel dann geradezu zum Musiker Leverkühn sagt: «Wo Werk sich nicht mehr mit Echtheit verträgt, wie will einer arbeiten? Aber so steht es, mein Freund, das Meisterwerk, das in sich ruhende Gebilde, gehört der traditionellen Kunst an, die emanzipierte verneint es.»

Es ist der Teufel, der so spricht. Er hat immer so gesprochen, weil ihm alles Heilige fremd ist. Auch die noch werkfrommen Künstler unserer Zeit haben allerdings den Glauben an die alten Formen verloren. Sie kennen einen horror perfectionis, der nichts mit romantischer Ironie zu tun hat. Noch mehr als vor dem Häßlichen und der Vernichtung fürchten sie sich vor der vorgetäuschten Schönheit, die der schlimmste Feind der künstlerischen Wahrheit ist. Auf dem Fußbreit Boden, der ihnen zwischen Kunstindustrie und Verfemung geblieben ist, schaffen sie scheinbar sinnlos weiter. Aber sie wissen, was sie tun, auch wenn sie keine Wirkungen sehen. Solange sie arbeiten, stirbt der Glaube nicht aus, daß es Menschen sind, die auf dieser Erde wohnen.

Der Ruhm

LITERARISCHER ERFOLG

Hinter der Frage nach dem Warum erhebt sich die Frage nach dem Wozu. Es ist im Grund dieselbe Frage, das einemal vom Leser, das anderemal vom Dichter aus gestellt. Zu welchem Ende, mit welchem Ergebnis schafft der Dichter, und wie verhält sich das Ergebnis zu seiner Intention? Die Antwort scheint einfach: er sucht den Ruhm. Der Ruhm ist sein Lohn für alle Opfer, und dieser Lohn wird ihm zuteil.

Berühmt zu werden, sich einen Namen zu machen, ist der Wunsch vieler Menschen und offenbar auch der Dichter. Es ist ein nicht geringer Trost für ihre Mühe und ihren Verzicht auf das Leben, wenn ihre Werke Bewunderung wecken und öffentlicher Erfolg sie für ihre Arbeit entschädigt. Der Erfolg schmeichelt der Eitelkeit, diesem Motor so vieler Leistungen. Auch die Dichter sind Menschen, der Ehrgeiz ist für sie ein mächtiger Antrieb. Er wirkt besonders im jungen Talent, das seine Geltung noch erobern muß, lebt aber auch im anerkannten Autor oft noch unersättlich.

Literarischer Erfolg ist ein Weg zu Ehre, Genuß und Macht. Er wächst auf dem Büchermarkt, den Ungezählte mit ihren Erzeugnissen beliefern. Auf dem Markt machen die Buchhändler die geistigen Leistungen zum Gegenstand geschäftlicher Spekulationen; hier ist das Buch eine Ware, die dem Gesetz von Angebot und Nachfrage unterliegt. Wer sich in dieser Konkurrenz behaupten will, muß ihre Bedingungen und die augenblickliche Konjunktur kennen. Jede Zeit hat ihre Koryphäen, die mit hohem Einsatz auf dieser Börse spielen und das Spiel gewinnen. Sie wissen sich interessant zu machen und das Interesse an ihrer Person sorgfältig berechnend für ihre Karriere auszuschlachten, bis sie international anerkannt sind und alle Ehrungen einheimsen, die ihre Zeit zu vergeben hat. Ihr «großer Name» kommt nach den Gesetzen der Massenpsychologie zustande. Er beruht nicht auf der weltändernden Kraft eines Gedankens oder einem erschütternden Schicksal, er ist ein Gerücht, das vom Hörensagen lebt und wächst. Da die Welt für neuen Gesprächsstoff immer dankbar ist, fällt es dem Ehrgeizigen nicht schwer, sie für einen Augenblick auf sich aufmerksam zu machen. Diesen Augenblick gilt es dann möglichst oft zu wiederholen und im Effekt zu steigern. Der Erfolgschriftsteller paßt sich diesen Marktregeln an, denn er schreibt seine Bücher in der Absicht, ein reicher Mann zu werden. Sie müssen den Anschein sensationeller Neuheit haben, aber trotzdem nur Bekanntes enthalten, weil der große Haufe sich langweilt und phantasielos ist. Sie sind die Netze und Fallen, die ihr Verfasser dem Publikum stellt, um viel Geld zu verdienen, Einfluß zu gewinnen oder sonstwie seine Eitelkeit zu befriedigen. Er zittert heimlich vor dem Vergessenwerden und sorgt vor allem dafür, daß sein Name nicht aus der Diskussion verschwindet. Eine überlegte Taktik des persönlichen Auftretens, eine nie aussetzende Produktion und eine fesselnde Mischung aus Eleganz und scheinbarem Tiefsinn sind dafür die sicherste Reklame.

Er muß ab und zu persönlich Aufsehen erregen, ohne unbequem zu werden, also jederzeit zum Erscheinen oder Verschwinden bereit sein. Als Baudelaire ein Jahr in Brüssel lebte, warnte ihn Sainte-Beuve bereits, es sei für einen Schriftsteller gefährlich, so lange von Paris fortzubleiben. Ebenso unentbehrlich ist die Zugehörigkeit zu einer Clique. Sie manifestiert sich in den Widmungen der Werke an einflußreiche Personen, mit denen schon die Barockliteraten ihr Ansehen untermauerten, und trägt ihre Früchte in der vorteilhaften Behandlung durch die literarischen Auguren. Jede Zeit kennt diese Gespinste persönlicher Beziehungen, mit denen sich die Literaten gegenseitig ihre Geltung beim Publikum garantieren. Sie sind unzerreißlich, solange die direkt Interessierten leben, und verschwinden mehr oder weniger rasch mit ihnen.

Voltaire war der König dieser Machenschaften. Für ihn bestand die Menschheit aus solchen, die ihn bewunderten, und denen, die er kalt ließ oder abstieß. Er wucherte mit seinem Namen wie mit seinem Vermögen; von Anfang an wollte er nicht nur berühmt, sondern auch mächtig und in der Gesellschaft angesehen werden. Deshalb begann er schon als junger Mensch auch seine väterliche Erbschaft durch geschickte Spekulationen zu vergrößern, die Günstlingsstellung in Berlin verführte ihn zu Gaunergeschäften. Seine Streitsucht, die Perfidie, die er in seinen ewigen Balgereien mit Kollegen von der Feder bewies, der Wille, seine Nebenbuhler zu verletzen und unschädlich zu machen, gehören zu ihm wie seine glänzenden Talente. Paris war die hohe Schule der literarischen Karriere. Als der junge Hugo mit seinen ehrgeizigen Manieren die Tribüne betrat, meinte Goethe: «Wie soll einer nicht schlechter werden und das schönste Talent zugrunde richten, wenn er die Verwegenheit hat, in einem einzigen Jahre zwei Tragödien und einen Roman zu schreiben, und ferner, wenn er nur zu arbeiten scheint, um ungeheure Geldsummen zusammenzuschlagen. Ich schelte ihn keineswegs, daß er reich zu werden, auch nicht, daß er den Ruhm des Tages zu ernten bemüht ist; allein wenn er lange in der Nachwelt zu leben gedenkt, so muß er anfangen, weniger zu schreiben und mehr zu arbeiten.»

Nicht allen, die sich zum großen Glücksspiel drängen, wird der Erfolg zuteil. Die meisten bleiben unbefriedigt, viele macht die Sucht nach Ruhm unglücklich, weil sie sich ewig übervorteilt sehen. Aber es sind auch nicht bloß Eintagsfliegen, die von der Gunst der Stunde in die Höhe getragen werden, sondern oft große Dichter. Der Hunger nach Ehre und Erfolg, der Wettstreit mit Gleichstrebenden und Gegnern, wie er in den Großstädten ausgetragen wird, reizen jedes junge Talent und erzeugen eine gewaltige Steigerung der Energien. Keiner kann sich diesem Messen der Kräfte ganz entziehen, ohne Schaden zu nehmen. Erst in der Art, wie er Erfolg und Mißerfolg hinnimmt, zeigt sich, ob und in welchem Sinn er ein Dichter ist. Am sichersten pflegen die Sänger dieser Welt ihren Weg zu machen. Der älteste, dauerhafteste Dichterruhm ist der Ruhm Homers. Die Erzähler der irdischen Dinge sind unter denen zu finden, die zu Lebzeiten in vollen Zügen das Glück des Tageserfolgs genießen, sich freudig auf dem Jahrmarkt der Eitelkeiten tummeln und es verstehen, sich an seinen Genüssen schadlos zu halten. Dickens war ein Mann von kindischer Eitelkeit, die seine kleinbürgerliche Herkunft verriet, und erlebte eine beispiellose Befriedigung seines von Jugend an in ihm brennenden Geltungsbedürfnisses. Die Post brachte ihm jeden Tag begeisterte Briefe aus allen Schichten der englischen Bevölkerung, er war Gegenstand ungeheurer Ovationen, wo immer er in überfüllten Sälen als Vorleser auftrat, New York empfing ihn als «Gast des amerikanischen Volkes». Auch Gotthelf stand kurze Zeit im Blendlicht des Tagesruhms, obschon er sein Emmental nie verließ, Dostojewskij starb in höchsten Ehren.

Auch der finanzielle Gewinn gehört legitim zum epischen Lebenswerk. Mit dem Geld, das sich ein Dichter erschreibt, hat es eine besondere Bewandtnis. Es ist ein Stück seines Dichtertums, und der Gebrauch, den er davon macht, hat oft noch einen dichterischen Zug. Der Menschenverächter Swift, der zuletzt schwachsinnig wurde, bestimmte sein Vermögen zum Bau eines Irrenhauses. Scott wurde stiller Teilhaber seines Verlegers, um seine gewaltigen Einkünfte noch zu steigern. Vor allem kaufte er aber ein Grundstück, das mitten im berühmt gewordenen Schauplatz seiner Romane lag und in vergangenen Glanzzeiten Besitz der Scotts gewesen war, wo diese eine Schlacht geschlagen hatten. Auf diesem unfruchtbaren Schlachtfeld, das er immer noch mit weiteren Landkäufen arrondierte, baute er im Lauf der Jahre sein romantisches Schloß Abbotsford. Er stattete es mit allen ihm erreichbaren Altertümern zum Museum aus und bewohnte es als mittelalterlich kostümierter Junker, verwendete also seine Honorare dazu, seine Bücher für sich in Wirklichkeit umzusetzen. Auf dem Scheitelpunkt seines Erfolgs, nach der Auszeichnung durch den König und der Triumphfahrt nach Irland, wandte sich aber das Glück. Sein Verleger fallierte und wälzte eine Millionenschuld auf ihn. Nun erklärte er sich bereit, die ganze Schuld abzutragen, denn es ging um die Ehre seines Namens und seiner Phantasiewelt. Sein weiteres Schaffen diente dieser Sanierung; die von überallher kommenden Hilfsanerbieten wurden ausgeschlagen, Abbotsford als Familiensitz behalten und nur mit einer Hypothek belastet. Es gelang ihm noch, die Schuld bis unter die Hälfte zu reduzieren, und seine dankbaren Gläubiger gaben ihm den Hausrat, die Bibliothek und die Waffensammlung zurück.

Der Dichter erlebt nicht nur den Erfolg, er erlebt auch die Fragwürdigkeit des Erfolgs. Er macht die Erfahrung, daß der lauteste Beifall nichts über Wert und Unwert einer Leistung aussagt, daß er ein bloßer Lärm ist, auf den sich nicht bauen läßt, ein Schaum, der nicht sättigt. Er sieht, daß er diesen Ruhm mit Leuten teilt, die keinerlei Verdienst besitzen und ihn trotzdem an Popularität übertreffen. Lope de Vega war zu seinen Lebzeiten so unermeßlich beliebt wie kaum je ein anderer Dichter und geriet trotzdem nach seinem Tod rasch in Vergessenheit. Er selbst dachte nicht hoch von seinem Ansehen, als alternder Mann stellte er sich seinem Sohn als Beispiel für die Nichtigkeit des Ruhmes hin. «Ich habe neunhundert Komödien und ein Dutzend Bücher über verschiedene Gegenstände geschrieben, Prosa und Verse und viele lose Blätter, und dabei ist das Gedruckte weniger, als was noch auf den Druck wartet. Feinde habe ich damit gewonnen, Kritiker, Auflauerung, Neid, Tadel und Sorgen, die köstliche Zeit vertan, und das unvorhergesehene Alter ist über mich gekommen, und ich habe Euch nichts zu hinterlassen als diese nutzlosen Warnungen.» Das war nicht nur barocke Einsicht in die Unbeständigkeit alles Irdischen. Jeder unbefangene, überlegene Geist erkennt eines Tages den Wurm in der glänzenden Frucht des Ruhms.

Goethe wandte sich nach seinen außerordentlichen Anfangserfolgen in einem bestimmten Moment schroff vom Publikum ab, als er dessen Enttäuschung darüber
spürte, daß er nicht im Stil seiner Erstlinge weiterfuhr. Seit der Übersiedelung nach
Weimar kümmerte er sich nicht mehr um das öffentliche Urteil und ging gelassen über
Lob und Tadel hinweg. Erst nach Schillers Tod begann er empfindlicher zu reagieren,
und sein Verhältnis zur literarischen Öffentlichkeit wurde jetzt ebenso schwierig und
hintergründig wie sein Verhältnis zur Welt überhaupt. Er äußerte sich nun doch gelegentlich voll Bitterkeit über seine Unpopularität und behauptete sogar, er hätte «ein
ganzes Dutzend Stücke wie die Iphigenie und den Tasso» geschrieben, wenn sich jemand dafür interessiert hätte, was sicher eine Täuschung war. Von der «Natürlichen
Tochter» sagte er, ihre Fortsetzung sei ihm durch eine niederträchtige Kritik verleidet
worden, und seinen vielgerügten Stolz erklärte er mit der barbarischen Ahnungslosigkeit seiner Landsleute über ihn. «Man war im Grunde nie mit mir zufrieden und wollte
mich immer anders, als es Gott gefallen hatte, mich zu machen. Auch war man selten
mit dem zufrieden, was ich hervorbrachte. Wenn ich mich Jahr und Tag mit ganzer
Seele abgemüht hatte, der Welt mit einem neuen Werke etwas zuliebe zu tun, so verlangte sie, daß ich mich noch obendrein bei ihr bedanken sollte, daß sie es nur erträglich
fand. Lobte man mich, so sollte ich das nicht in freudigem Selbstgefühl als einen schuldigen Tribut hinnehmen, sondern man erwartete von mir irgendeine ablehnende be-
scheidene Phrase, worin ich demütig den völligen Unwert meiner Person und meines
Werkes an den Tag lege. Das aber widerstrebte meiner Natur, und ich hätte müssen ein
elender Lump sein, wenn ich so hätte heucheln und lügen wollen. Da ich nun aber stark
genug war, mich in ganzer Wahrheit so zu zeigen, wie ich fühlte, so galt ich für stolz und
gelte noch so bis auf den heutigen Tag.»

Goethe empfand aufs stärkste jene Tatsache, die Lope de Vega unter den Argumenten gegen den Tagesruhm an erster Stelle nennt: die Feindschaft der Menschen gegen
den Schaffenden. Daß er sie als Naturforscher zu spüren bekam, ist nicht verwunder-
lich, hier hatte er sie mit seinem selbstherrlichen Vorgehen provoziert. Auffällig ist
höchstens, daß er «das radikale Böse in seiner häßlichsten Gestalt» am Werk sah, wenn
sogar Freunde die Geschenkexemplare der Schrift über die Pflanzenmetamorphose als
Zumutung behandelten. «Mehrere Schriftsteller, die ich befragte, waren mit diesem
Phänomen der unsittlichen Welt auch nicht unbekannt.» Die Erfahrungen mit der naturwissenschaftlichen Fachwelt färbten auf alle seine Äußerungen über die Kritik ab,
waren aber doch nur der Höhepunkt seines skeptischen Verhältnisses zum Publikum
überhaupt. Schon Werther schreibt: «O meine Freunde! warum der Strom des Genies
so selten ausbricht, so selten in hohen Fluten hereinbraust und eure staunende Seele
erschüttert? Lieben Freunde, da wohnen die gelassenen Herren auf beiden Seiten des
Ufers, denen ihre Gartenhäuschen, Tulpenbeete und Krautfelder zu Grunde gehen
würden und die daher in Zeiten mit Dämmen und Ableiten der künftig drohenden
Gefahr abzuwehren wissen.» Es ist noch dieselbe Verachtung, wenn der Freund Schillers sagt, viele widersetzten sich dem Echten nur deshalb, «weil sie zugrunde gehen
würden, wenn sie es anerkennten», oder die Aufregung über die neugegründete Je-

naische Literaturzeitung mit der Bemerkung abtut: «Nach meinem Nilmesser kann die Verwirrung nur um einige Grade höher steigen, nachher setzt sich der ganze Quark wieder nach und nach, und die Landleute mögen dann säen!»

Schiller teilte diese Geringschätzung des Publikums vorbehaltlos. «Es war nie anders und wird nie anders werden. Seien Sie versichert, wenn Sie einen Roman, eine Komödie geschrieben haben, so müssen Sie ewig einen Roman, eine Komödie schreiben. Weiter wird von Ihnen nichts erwartet, nichts anerkannt – und hätte der berühmte Herr Newton mit einer Komödie debütiert, so würde man ihm nicht nur seine Optik, sondern seine Astronomie selbst lange verkümmert haben.» Für den alten Goethe ist der Widerstand der Schlechten gegen das Gute eine feststehende Tatsache, auf die er bei jeder Gelegenheit hinweist. «Das ist die alte Erfahrung; sobald sich etwas Bedeutendes hervortut, alsobald erscheint als Gegensatz die Gemeinheit, die Opposition. Lassen wir sie gewähren, sie werden das Gute doch nicht unterdrücken.» Vor allem aus diesem Grund haßte er die Zeitungen und beklagte ihre Wirkung auf das kulturelle Leben; sie schienen ihm eigens dazu geschaffen, das Nichtige und Aktuelle auf Kosten des Bedeutenden und Bleibenden zu rühmen. «Es ist unglaublich, was die Deutschen sich durch das Journal- und Tagsblattverzetteln für Schaden tun: denn das Gute, was dadurch gefördert wird, muß gleich vom Mittelmäßigen und Schlechten verschlungen werden. Das edelste Ganggestein, das, wenn es vom Gebirge sich ablöst, gleich in Bächen und Flüssen fortgeschwemmt wird, muß wie das schlechteste abgerundet und zuletzt unter Sand und Schutt vergraben werden.»

Im neunzehnten Jahrhundert erzeugte der industrialisierte Literaturbetrieb bisher unbekannte Formen des geschäftlichen Erfolgs. Die berufsmäßige Buchkritik und die modernen Reklamemethoden arbeiteten sich in die Hände, wenn es galt, eine Null zur Größe aufzublasen und das Wertvolle mit Schlagworten zu überschreien. Nietzsche schildert in der zweiten «Unzeitgemäßen» die Wesenlosigkeit dieses literarischen Massengeschehens und des in ihm gezüchteten Scheinruhms. «Nirgends kommt es zu einer Wirkung, sondern immer nur wieder zu einer ‚Kritik‘; und die Kritik selbst macht wieder keine Wirkung, sondern erfährt nur wieder Kritik. Dabei ist man übereingekommen, viele Kritiken als Wirkung, wenige oder keine als Mißerfolg zu betrachten. Im Grunde aber bleibt, selbst bei sotaner ‚Wirkung‘, alles beim alten: man schwätzt zwar eine Zeitlang etwas Neues, dann aber wieder etwas Neues und tut inzwischen das, was man immer getan hat. Die historische Bildung unsrer Kritiker erlaubt gar nicht mehr, daß es zu einer Wirkung im eigentlichen Verstande, nämlich zu einer Wirkung auf Leben und Handeln komme: auf die schwärzeste Schrift drücken sie sogleich ihr Löschpapier, auf die anmutigste Zeichnung schmieren sie ihre dicken Pinselstriche, die als Korrekturen angesehen werden sollen: da wars wieder einmal vorbei. Nie aber hört ihre kritische Feder auf zu fließen, denn sie haben die Macht über sie verloren und werden mehr von ihr geführt, anstatt sie zu führen.» Der Geist ertrank in der Druckerschwärze, das Leben verwandelte sich zwangsläufig in Papier, und wer sich schreibend an diesem Kreislauf beteiligte, mußte ein heroischer Charakter sein, wenn der Erfolg ihn nicht verwirren und schlimmer schädigen sollte, als die Erfolglosigkeit es vermocht hätte. In diesem Zeitalter, das den «West-östlichen Divan» und den «Nachsommer» unverkauft in den Buchläden liegen ließ, dem Namen wie Kleist und Hölderlin nichts, Auerbach und Scheffel viel bedeuteten, tröstete sich Stifter mit dem Schicksal Mozarts und Keplers über seine Nichtbeachtung. Doch er blieb damit fast allein und wurde scheinbar Lügen gestraft, wenn ein Richard Wagner unersättlich und erfolgreich nach immer gigantischeren Siegen strebte. Hebbel schrieb über diesen: «Ich sehe den gierigen Mund und das verschlingende Auge des Mannes. Aber den Gottbegnadeten umspielt die Demut, und wen die Götter wirklich zu ihrem Gastmahl ziehen, der beugt das Haupt, wie es Goethe gebeugt hat.» Die Masse der Gebildeten erlag dem marktschreierischen Rummel und lauschte andächtig den Berühmtheiten, die sich mit Vortragsreisen und andern effektvollen neuen Methoden in Szene setzten. Gottfried Keller, auch ein grimmiger Feind alles Blendwerks, schrieb nach einer öffentlichen Vorlesung Wilhelm Jordans aus seinem Nibelungenepos: «Jordan ist gewiß ein großes Talent; aber es braucht eine hirschlederne Seele, das alte und einzige Nibelungenlied für abgeschafft zu erklären, um seinen modernen Wechselbalg an dessen Stelle zu schieben. Als man nach der besagten Vorlesung in Zürich aus dem Saale ging, hatte sich der Rhapsode unter der Türe aufgestellt, und jeder mußte an ihm vorbeigehen. Vor mir her ging Kinkel, auch ein Vortragsvirtuose und ‚schöner Mann‘, und nun sah ich, wie die beiden sich kurz zunickten und lächelten in einer Weise, wie nur zwei Frauen sich zulächeln können. Ich wunderte mich, wie zwei so lange Kerle und geriebene Luder sich gegenseitig so schofel behandeln mögen. Wahrscheinlich verdirbt das reisende Deklamierwesen etwas die Poeten!»

Er hatte recht, hinter dem anspruchsvollen Gebaren gähnte die Leere, und die vom Tagesruhm umrauschten Günstlinge der öffentlichen Meinung waren Vorboten eines Niedergangs, der auch die Stellung des Dichters unterhöhlte und ihn für die kommenden Dinge mitverantwortlich machte. Zu den wenigen, die sich nicht blenden ließen, gehörte auch Theodor Fontane. Er hatte als Berliner Journalist Einblick in die Quellen der Verderbnis, und als vom Publikum verschmähter epischer Chronist des Preußentums behielt er den klaren Blick für die wahren Tatsachen. In seinen Briefen macht er kein Hehl daraus, daß er das Treiben um ihn herum für lauter Schwindel, Clique, Mache hält. «Die Reputationen, die Lebenserfolge, Ruhm, Ansehn, Gewinn – alles wird durch eine Gruppe von Personen bestimmt, die sich durch verschwiegnen Händedruck ‚zusammengefunden‘ haben.» Nach einem abermaligen Mißerfolg zieht er einmal diese Bilanz: «Ich habe, ein paar über den Neid erhabene Kollegen abgerechnet, in meinem langen Leben nicht 50, vielleicht nicht 15 Personen kennen gelernt, denen gegenüber ich das Gefühl gehabt hätte: ihnen dichterisch und literarisch *wirklich* etwas gewesen zu sein. Im Kreise meiner Freunde hier (oder gar Verwandten) ist nicht einer; jeder hält sich die Dinge grundsätzlich und ängstlich vom Leibe, und vergegenwärtige ich mir das alles, so habe ich allerdings Ursach, über den Verkauf von lumpigen 1000 Exemplaren erstaunt zu sein, denn 100 ist eigentlich auch schon zu viel. Und mehr als 100 werden auch wirklich aus dem Herzen heraus *nicht* gekauft, das andre ist Zufall, Reklame, Schwindel.» Das natürliche Resultat solcher Feststellungen, meint er, «müßte Verzweiflung oder Vereinsamung oder unausgesetzte Fehde sein». Aber er zieht für seine Person einen andern Schluß, die Resignation stimmt ihn heiter und dankbar für das Wenige, was ihm an echtem Glück zuteil wird. Daher fährt er fort: «Wir ‚rechnen‘ immer noch mit der Menschheit; Beifall, Zustimmung, Ehren bedeuten uns immer noch was, als wäre damit was getan; das ist aber falsch und unklug, wir müssen vielmehr unsre Seele mit dem Glauben an die Nichtigkeit dieser Dinge ganz erfüllen und unser Glück einzig und allein in der Arbeit, in dem uns Betätigen unser selbst finden.» Das war nicht weit von Stifters Stimmung entfernt, nur freilich ohne dessen Glauben an einen heiligen Auftrag und an die zeitlose Geltung der reinen Kunst. Das Weltkind Fontane genoß die Almosen des Glücks ohne jede Bitterkeit und legte sie sich als gerechten Lohn für seine Arbeit aus; er schließt jene Bilanz: «Aber daß der Zufall einem über das eigentlich Richtige hinaus so wohl will, das ist doch so zu sagen etwas Schönes, wofür man sich in Heiterkeit bei eben diesem Zufall bedanken muß. Also noch einmal: das Lebens-Resultat, so schlecht es ist, ist immer noch besser, als es eigentlich sein dürfte. Manchen mag diese Betrachtung quälen, mich quält sie nicht, vielmehr freue ich mich, daß, nach einem unerforschlichen Ratschluß, schließlich noch so viel Gnade für Recht ergeht.» Sie quälte ihn aber zu Zeiten doch, und dann sprach er nicht mehr ironisch von dem Ruhm, der ihm versagt und etwa einem Spielhagen in fürstlicher Form vergönnt war. «Das Hohle von Ruhm und Ehre drückt mich mitunter tief nieder und ich höre nur noch gern von guten Dienstboten, die für ihre Herrschaft durchs Feuer gehn, und von guten Herrschaften, die ihrem Dienstmädchen einen Pfefferkuchen schenken mit 5 Zehnmarkstücken statt mit 5 Mandeln bepflastert.»

Im zwanzigsten Jahrhundert hat die Amerikanisierung der Literatur Zustände geschaffen, die den Tageserfolg ad absurdum führen und ihn für den Dichter nicht nur fragwürdig, sondern gefährlich machen. So berühmt zu werden, wie heute jeder berühmt werden kann, heißt mit Sicherheit auf tiefere Wirkung verzichten und ist das reine Unglück für den, der etwas Dauerndes stiften will. Der Reklameerfolg weist eine bestimmte Kurve auf und endigt automatisch im Geschäftsbetrieb, hinter dem die Gefahr des Bankrotts lauert. Die Frage, die heute jeden ernsthaften Autor bewegen muß, ist die, ob es überhaupt noch möglich ist, in diesen reißenden Strom von Produktion und Verschleiß etwas Bleibendes zu stellen. Dieses Zeitalter hat ja den Beweis erbracht, daß der Ruhm umjubelter Autoren über Nacht wie ein Kartenhaus verschwinden kann. Er schien für mindestens hundert Jahre auszureichen und dauerte nicht einmal das Leben derjenigen aus, die gestern noch als Repräsentanten ihrer Nation gefeiert wurden.

Die wahre Wirkung eines Buches hat mit diesem Treiben wenig zu schaffen. Es kann unverlierbar in den Menschen leben, ohne daß von ihm öffentlich die Rede ist. Daß es auf den Wellen der Tagespresse tanzt, spricht eher dagegen, daß es je in diese ruhige Tiefe sinken wird. Es ist das Zeichen des großen Schriftstellers, daß er bei allem Streben nach Anerkennung gegenüber dem Augenblickserfolg mißtrauisch wird und sich beizeiten auf eine andere Art der Bewährung besinnt. Er verliert das Vertrauen auf den sichtbaren Erfolg; er ist imstande, seiner Popularität selbst in den Weg zu treten und seinen guten Namen zu zerstören, um tiefer zu wirken und sich ganz als der zu zeigen, der er ist. Die Gleichgültigkeit der Menschen, die Zudringlichkeit der Bewunderer, die Feindschaft der literarischen Konkurrenten, die Enttäuschung in der Liebe und im Beruf tragen abwechselnd dazu bei, daß er den Rückzug antritt. Sein Verhältnis zum Publikum kann dann ganz ins Negative, in Haß und Verachtung umschlagen. Lichtenberg hielt die Ablehnung durch die Zeitgenossen geradezu für die Vorbedingung des Nachruhms, er schrieb: «Ich habe oft auf dem Punkt gestanden, mit so viel Überzeugung zu glauben, daß man, um der Nachwelt zu gefallen, von der jetzigen gehaßt werden müßte, daß ich alles anzufallen Neigung fühlte.» Auch der Einsiedler Flaubert erklärte, die Verkennung durch das Vaterland und die eigene Familie sei für den Dichter die schönste Bestätigung seines Wertes. «Il y a des outrages qui vous vengent de tous les triomphes, des sifflets qui sont plus doux pour l'orgueil que des bravos.»

Auch in der entweihten modernen Welt arbeitet kein wahrhaft großer Dichter nur für die Gegenwart. Er will ja nicht nur als Person bewundert werden, sondern seine Vision der Welt in die Seelen der Menschen senken, mit seinem Werk in ihnen auferstehen und ihr Dasein bestimmen. Dieses Fortleben ist durch keinen persönlichen Ehrgeiz zu erreichen, vielmehr lehrt ihn der Weltlauf, daß die Zeit ein grausamer Feind alles Personenkults ist, daß die Publikumslieblinge sich unaufhaltsam überleben und die «Galerie berühmter Zeitgenossen» innerhalb eines Menschenalters ausgewechselt wird. Hundert Jahre nach seinem Tod kann ein Autor nur noch durch sein Werk, ein Werk nur noch durch seine geistige Substanz lebendig sein. So weit reicht der Arm keiner Person und keiner Clique. Die Person des Verfassers muß verschwinden, damit die tiefe, dauernde Wirkung möglich wird. Das ist der wahre Ruhm, ihn erlangt man erst nach dem Tod. Kafka hatte ausschließlich dieses Stadium der Wirkung im Auge und sah in der persönlichen Ambition eines Buches ein Hindernis seiner geistigen Ausstrahlung, er schrieb einmal: «Das wirkliche selbständige Leben des Buches beginnt erst nach dem Tode des Mannes oder richtiger eine Zeitlang nach dem Tode, denn diese eifrigen Männer kämpfen noch ein Weilchen über ihren Tod hinaus für ihr Buch. Dann aber ist es vereinsamt und kann nur auf die Stärke des eigenen Herzschlags sich verlassen.» Auf irgendeine Weise sieht das auch der weniger asketische, weltfrohe Dichter ein und nimmt es in seinen Willen auf. Er strebt aus dem persönlichen Erfolg fort, nachdem er gesehen hat, wie man ihn macht, und nimmt seinen postumen Zustand voraus, wo er nur noch mit der geistigen Seite seines Wesens da ist. Die Gegenwart wird ihm schattenhaft, er lebt nicht mehr in ihr. Die Menschen, an die er sich wendet, sind überall und nirgends, er erreicht sie nur durch die äußerste Lauterkeit seines Wortes, auf dichterische Art. «Wie es die Welt jetzt treibt», schrieb Goethe 1831, «muß man sich immer und immerfort sagen und wiederholen, daß es tüchtige Menschen gegeben hat und geben wird, und solchen muß man ein schriftlich-gutes Wort gönnen, aussprechen und auf dem Papier hinterlassen. Das ist die ,Gemeinschaft der Heiligen', zu der wir uns bekennen. Mit den Lippen mag ich nur selten ein wahres grundgemeintes Wort aussprechen; gewöhnlich hören die Menschen etwas anderes, als was ich sage, und das mag denn auch gut sein.»

Auch dieses Hinaustreten aus der Zeit hat seine Gefahren. Es kann eine andere Form der persönlichen Eitelkeit sein, ein Ausdruck der Enttäuschung darüber, daß die Zeitgenossen nicht die Verehrung aufbringen, die der Eremit am Schreibtisch für sich verlangt. Der Rückzug auf den archimedischen Punkt außerhalb der Gegenwart ist oft genug nur der gewaltsamste Versuch, die Weltmeinung zu seinen eigenen Gunsten aus den Angeln zu heben. Nietzsche wollte sich mit seinem Todesurteil über die ganze Gegenwart im Grund doch nur die ungeheuerste Befriedigung seines Geltungswillens verschaffen: nicht das Martyrium des echten Propheten, sondern den selbsterlebten Ruhm, den Schopenhauer den «köstlichsten Bissen unserer Eigenliebe» nennt. Und wie viele falsche Größen maßten sich unter Berufung auf Nietzsche die Gebärde des verkannten Genies an, ohne daß sie mehr als der Größenwahn von Epigonen war. Sie hat mit echter Abkehr von der vergänglichen Zeit nichts zu schaffen und wird mit Recht vom Spott der Fortschrittsliteraten getroffen, die gegen solche falsche Überlegenheit protestieren und die Träumer zur Wirklichkeit zurückrufen[1]. Stichhaltig ist ihr Hohn aber nur gegenüber den eingebildeten Olympiern, und sie täuschen sich, wenn sie mit ihm den echten Dichter zu erledigen glauben. Wir lächeln heute, wenn wir lesen, daß David Friedrich Strauß einmal in einem langen Gespräch Mörike davon zu überzeugen versuchte, daß er sich dem modernen Roman zuwenden müsse, und das Lächeln gilt nicht dem weltfremden Dichter.

Auch ein Stifter, ein Flaubert litten allerdings schwer an ihrer Isolierung und bezahlten sie mit dem lautlosen jähen Zusammenbruch. Aber sie wiederholten mit ihrer Einsamkeit doch diese letzte Situation, der jeder große Dichter im Grunde zustrebt. Für ihn kann auch der Gedanke an das unsichtbare Publikum am Ende eine entbehrliche Arbeitshypothese werden. Der Ruhm ist ihm fad geworden; ob es wenige sind oder niemand, der auf sein Werk wartet, kümmert ihn eigentlich nicht mehr. Er lebt in der Zwiesprache mit seinem Werk, in einer Stille, deren Schmerzen und Freuden erst spätere Zeiten verstehen. Alle eigennützigen Hoffnungen sind von ihm abgefallen, und das Unzerstörbare, das Grundthema der Kunst, tritt in voller Herrlichkeit hervor. Das ist sein letzter Verzicht – in den Augen der Mitwelt eine Absurdität, in denen der Nachwelt vielleicht ein Höhepunkt des menschlichen Geistes.

DICHTERRUHM

I

Die Gleichgültigkeit gegen den Augenblickserfolg äußert sich in verschiedenen Formen und wird vom Einzelnen verschieden begründet. Bei Goethe sprach dabei unverkennbar seine magische Ichbezogenheit mit. «Ein Holz brennt, weil es Stoff dazu in

---

[1] So heute Jean-Paul Sartre: «Ils nous regardent sans nous voir: nous sommes déjà morts à leurs yeux – et ils retournent au roman qu'ils écrivent pour des hommes qu'ils ne verront jamais. Ils se sont laissé voler leur vie par l'immortalité. Nous écrivons pour nos contemporains, nous ne voulons pas regarder notre monde avec des yeux futurs, ce serait le plus sûr moyen de le tuer, mais avec nos yeux de chair, avec nos vrais yeux périssables» («Situations, II» 14, 1948).

sich hat», sagte er, «und ein Mensch wird berühmt, weil der Stoff dazu in ihm vorhanden. Suchen läßt sich der Ruhm nicht, und alles Jagen danach ist eitel. Es kann sich wohl jemand durch kluges Benehmen und allerlei künstliche Mittel eine Art von Namen machen. Fehlt aber dabei das innere Juwel, so ist es eitel und hält nicht auf den andern Tag.» Für ihn war der Ruhm ein Urphänomen, eine unerklärliche und zwangsläufige Begleiterscheinung der großen Persönlichkeit. Deshalb richtete er sich nach keinem Publikum und dachte von seiner augenblicklichen Geltung gering. Seit der Eingewöhnung in Weimar, vollends seit der Rückkehr aus Rom zog er eine «Mauer» um sich, die er in der Folge «noch ein paar Schuhe höher aufführte». So wenig er von der Meinung der lebenden Deutschen über ihn hielt, desto mehr hielt er aber von der des Auslands und der Nachwelt. Seine Gleichgültigkeit gegen die Gegenwart paarte sich mit dem Ehrgeiz, auf dieser andern Ebene zu gelten, und er begann planvoll seinen Welt- und Nachruhm zu pflegen. Er ging daran, das Fortleben seines Namens auf weite Sicht sicherzustellen, und er tat es auf Grund einer klaren Unterscheidung zwischen seiner persönlichen und seiner postumen Existenz. Je älter er wurde und je weniger er sich verstanden sah, desto abschätziger äußerte er sich über die Urteilsfähigkeit der Zeitgenossen, auch der Gebildeten und der Gelehrten. Er sprach oft vom ewigen Gegensatz zwischen den großen Einzelnen, die alles Wertvolle in die Welt gebracht hätten, und dem Stumpfsinn der Zeitalter, die ihre großen Männer hinrichteten. Wenn Riemer so bitter von Goethes Verkennung durch die Deutschen spricht und behauptet, man dürfe sich über sie nicht verwundern – «es gehört mit dazu, und Goethe selbst war darüber ruhig und im Klaren» –, wenn er seine Mitteilungen über ihn «eine Apologie des vielfach verkannten und vielfach verunglimpften Mannes» nennt, so sind das Reflexe von Goethes eigenen Gedanken über sein Ansehen als Lebender. Die «Zahmen Xenien» enthalten eine Menge schonungsloser Sprüche, die seine eigene Meinung wiedergeben.

> Sie täten gern große Männer verehren,
> Wenn diese nur auch zugleich Lumpe wären,

lautet einer von ihnen und nicht der höhnischste. Er rechnet es sich zur Ehre an, allein zu wandeln; wäre es ein Irrtum, so soll es «doch nicht eurer sein». «Hätten sie mich beurteilen können, so wär ich nicht, was ich bin.» Tiefer greifen und unheimlicher wirken die Verse:

> Wie mancher Mißwillige schnüffelt und wittert
> Um das von der Muse verliehne Gedicht;
> Sie haben Lessing das Ende verbittert,
> Mir sollen sies nicht!

Dazu muß man nehmen, was er 1813 zu Riemer sagte: «Die wenigsten Menschen lieben an dem andern das, was er ist, nur das, was sie ihm leihen. *Sich*, ihre Vorstellung von ihm lieben sie, und so hol sie der Teufel.» Das war das Fazit seiner Erfahrungen mit der zeitgenössischen Kritik, darnach richtete er sich bei der Niederschrift seiner Selbstbiographie, mit der er das Fundament zu seinem Nachruhm legte. Er kannte die Falschheit der Bilder, die von ihm kursierten, und nahm sich heraus, der Welt bewußt verändernd dasjenige aufzuzwingen, das er für das wahre hielt. Auch dieses stimmte nicht mit der Wirklichkeit überein, es war sein höheres Ich, wie er es jetzt sah, eine geniale Stilisierung. So handelte er auch, als er Eckermann das Bild seines Alters suggerierte, in dem er von der Nachwelt gesehen sein wollte. Sie glaubte es ihm, ohne die Lust zu spüren, mit der er sich für seine Verkennung durch die Zeitgenossen rächte. Er lenkte seinen Ruhm über sein Grab hinaus und erreichte, was er in den «Zahmen Xenien» als Gesetz des Berühmtseins formulierte:

> *Denn bist du nur erst hundert Jahr berühmt,*
> *So weiß kein Mensch mehr was von dir zu sagen.*

Die ganze ungeheure Einsamkeit des Magiers schwingt in diesen Worten. Goethe wußte, daß er einzigartig, von einem Zauberkreis umgeben und im Grund unverständlich war, daß er nur durch Mißverständnisse berühmt werden konnte.

So sieht der Magier das Geheimnis des Ruhms: als ein undurchsichtiges Gewebe aus Wahrheit und Trug. Er läßt es um sich entstehen, wie er das Werk in sich entstehen läßt. Er liebt diese zauberischen Spiegelungen, kennt aber auch ihre Nichtigkeit. Den orphischen Lyrikern ist das Unsichere ihres Ruhms schon deshalb bewußt, weil sie in ihrer Ichverzauberung die schwächsten Organe für den literarischen Kampf ums Dasein besitzen. Ihr Ruhm hat immer etwas Märchenhaftes, Unwahrscheinliches. Auch wenn sie in Mode kommen, spielt sich ihre Anerkennung mehr in der privaten Sphäre und in den weiblichen Kreisen ab. Auch ein magischer Erzähler wie Jean Paul muß damit rechnen, daß sein Ruhm so plötzlich verfliegt, wie er gekommen ist, und empfindet auf den Höhepunkten des Erfolgs seine Unberechenbarkeit. Am stärksten fühlt sie der magische Dramatiker. Den Zauberer der Bühne können Erfolge umrauschen, wie sie kein anderer erlebt, aber er sieht auch am schärfsten die ständig lauernde Gefahr des Vergessenwerdens. Diese abgründige Zweideutigkeit des Dämons Ruhm hat Shakespeare vor Augen. Er ist ihm verfallen und lästert ihn zugleich. Sein Ulysses sagt:

> *Natur macht hierin alle Menschen gleich:*
> *Einstimmig preist man neugebornen Tand,*
> *Ward er auch aus vergangnem nur geformt,*
> *Und schätzt den Staub, ein wenig übergoldet,*
> *Weit mehr als Gold, ein wenig überstäubt.*
> *Die Gegenwart rühmt Gegenwärtges nur.*

Auch Shakespeare hatte Grund, an der Stichhaltigkeit seines Ruhms zu zweifeln. Die Zeitgenossen bewunderten am meisten seine klassizistischen Versepen, von denen «Venus und Adonis» zu seinen Lebzeiten in sieben Auflagen erschien, während der «Othello» erst sechs Jahre nach seinem Tod gedruckt wurde. Sein Verfasser wußte nichts von dem Glanz, mit dem sein Name Jahrhunderte später aus der Vergessenheit emporstieg; er wußte nur, daß er im Jahr 1604, als «Hamlet» und «Macbeth» bereits existierten, mit andern Schauspielern im Festzug für den König mitgehen mußte und wie seine Kollegen dafür mit Scharlachtuch zu einem Mantel honoriert wurde.

Shakespeares Rückzug von der Bühne ist der Ausdruck einer grandiosen Skepsis gegen den Erfolg, aber er bleibt rätselhaft. Seine Beweggründe sind undurchsichtig, auf keinen Fall so eindeutig wie bei einem weltverachtenden Propheten. Dieses rätselhafte Verstummen ist das Äußerste, wozu der Weltüberdruß den Magier bewegen kann. Sein Verhältnis zum Ruhm ist zwiespältig und widerspruchsvoll, wie das Goethes. Grillparzer zog sich, nachdem er seinem Wiener Publikum eigenwillig den Sack vor die Füße geworfen hatte, in eine hypochondrische Lust am Verkanntsein zurück und löste wie Penelope fortwährend alles wieder auf, was er schaffend an seinem Ruhm wob. Er ließ sein Lebenswerk absichtlich vermodern und wies noch als alter Mann den Plan zu einer repräsentativen Gesamtausgabe seiner weiterzerstreuten, zum Teil ungedruckten Werke zurück. Er wollte seine Höhle nicht verlassen, wohl weil er dunkel darauf vertraute, daß der Schatz, den er hütete, sich von selbst entdecken werde.

2

Was sich die Magier nur in ihren dunklen Stunden sagen, das ist der Leitgedanke der Seher und Propheten. Sie müssen vor Gott, nicht vor den Menschen bestehen. Sie wollen nicht mit ihrem Namen, sondern in ihrer Vision weiterleben, handeln ihrem Ruhm vor den Menschen entgegen und beleidigen die Welt. Als Täter des Worts bedecken sie sich mit Verachtung und Schmach, setzen sich über ihre Zeit hinweg, achten die geltenden Größen für nichts und führen gegen sie einen Kampf, bei dem ihnen die Menge bald Hosianna, bald Kreuzige zuschreit. Der Kampf um sie ist ihr Lebenselement, sie werden angebetet oder gesteinigt. Der alttestamentliche Gottesknecht ist «tief verachtet, den Völkern ein Abscheu»; aber seine Niedrigkeit ist das Vorspiel seiner späteren Erhöhung, das Opfer, mit dem er seine dereinstige Macht begründet. «Siehe, mein Knecht wird Glück haben; er wird emporsteigen, wird hochragend und erhaben sein. Wie sich viele über ihn entsetzten – so entstellt, nicht mehr menschlich war sein Aussehen und seine Gestalt nicht wie die der Menschenkinder –, so wird er viele Völker in Erstaunen setzen, und Könige werden vor ihm ihren Mund verschließen.» Der sich Opfernde kann eine Geltung erlangen, an die kein persönlicher Ruhm heranreicht. Am Ende seines Lebens wird er, wie Moses und Elias, geheimnisvoll von der Erde weggenommen. So erzählt es seine Ruhmeslegende. Diese mystische Entrückung wurde bei allen Völkern den Sehern höchsten Ranges zugeschrieben, sie ist das Sinnbild ihrer andersartigen Größe. Von Lao-tse heißt es, er sei, nachdem er die Vergeblichkeit seines Lehrens erkannt hatte, nach Westen gezogen, habe an der großen Mauer einen einsamen Wächter gefunden, der ihn verstand, für diesen das Tao-Te-King niedergeschrieben und sei dann weitergegangen und nicht mehr gesehen worden.

Das Nein gegen die Welt glüht auch in manchem priesterlichen Geist, der den Ungläubigen die Wahrheit verkündigt. Luther griff das päpstliche Rom als den Sitz des Antichrist an und beschimpfte die Sorbonne, die Hochburg der herrschenden Theologie, im Stil Jesaias. «Die hohe Schule zu Paris an ihrem obersten Teil, das da heißt die Facultät Theologiä, ist von der Scheitel an bis auf die Versen eitel schneeweiß Aussatz der rechten, letzten endchristlichen Hauptketzerei; eine Mutter aller Irrtum in der

Christenheit; die größest Geisthure, die von der Sonnen beschienen ist, und das rechte Hintertor an der Höllen.» Wenn Grimmelshausen, Hamann, Kierkegaard ihre Schriften unter immer wechselnden Decknamen publizierten, war dies gegen Luthers ungeheure Aggressivität nur ein literarisches Spiel, aber doch noch so gemeint, daß auch sie ihre Person hinter die Sache zurückstellten, für die sie kämpften. Der offene Angriff auf die Welt im Namen einer Wahrheit war auch Schillers Sache. Er kostete jung die Freuden des Sensationserfolgs aus, war ihrer aber nach kurzer Zeit überdrüssig. Bald nach der Aufführung der «Räuber», die einen so ungeheuren Begeisterungssturm erregten, schrieb er: «Ich war noch nicht glücklich, denn Ruhm und Bewunderung und die ganze übrige Begleitung der Schriftstellerei wiegen auch nicht *einen* Moment auf, den Freundschaft und Liebe bereiten – das Herz darbt dabei.» Das war der Auftakt zu der neunjährigen Schaffenspause, in der er eine geistige Revolution in sich durchführte und über den eigenen Schatten sprang. Der Riesenerfolg des «Geistersehers» ekelte ihn an, so daß er die Fortsetzungen immer unwilliger schrieb und dem notdürftig abgeschlossenen ersten Teil trotz allem Drängen den zweiten nie folgen ließ. Schon der Räuber Karl Moor höhnt über die Nichtigkeit des Ruhms und apostrophiert bedauernd die klassischen Heroen: «Schöner Preis für euren Schweiß in der Feldschlacht, daß ihr jetzt in Gymnasien lebet und eure Unsterblichkeit in einem Bücherriemen mühsam fortgeschleppt wird. Kostbarer Ersatz eures verpraßten Blutes, von einem Nürnberger Krämer um Lebkuchen gewickelt – oder, wenns glücklich geht, von einem französischen Tragödienschreiber auf Stelzen geschraubt und mit Drahtfäden gezogen zu werden. Hahaha!»

Der reife Schiller dachte nicht anders. Wie Goethe verachtete er das Publikum, aber aus andern Gründen. «Ihnen wird man Ihre Wahrheit, Ihre tiefe Natur nie verzeihen, und mir wird der starke Gegensatz meiner Natur gegen die Zeit und gegen die Masse das Publikum nie zum Freund machen können. Es ist nur gut, daß dies auch so gar notwendig nicht ist, um mich in Tätigkeit zu setzen und zu erhalten.» Schillers Briefe lassen klar erkennen, daß er als Dramatiker dem Theater nur deswegen Konzessionen machte, weil er durch den Ruhm geistige Macht über die Menschen gewinnen wollte. Ihre Neugier sei das Einzige, worauf man bauen könne, sagt er geringschätzig; ein andermal, am sichersten fasse man sie bei ihrer Schadenfreude. «So viel ist auch mir bei meinen wenigen Erfahrungen klar geworden, daß man den Leuten, im ganzen genommen, durch die Poesie nicht wohl, hingegen recht übel machen kann, und mir däucht, wo das eine nicht zu erreichen ist, da muß man das andere einschlagen. Man muß sie inkommodieren, ihnen ihre Behaglichkeit verderben, sie in Unruhe und in Erstaunen setzen. Eins von beiden, entweder als ein Genius oder als ein Gespenst muß die Poesie ihnen gegenüberstehen. Dadurch allein lernen sie an die Existenz einer Poesie glauben und bekommen Respekt vor den Poeten.» Diese entschlossene Gegnerschaft gipfelt in dem Prophetenwort: «Da man einmal nicht viel hoffen kann zu bauen und zu pflanzen, so ist es doch etwas, wenn man auch nur überschwemmen und niederreißen kann. Das einzige Verhältnis gegen das Publikum, das einen nicht reuen kann, ist der Krieg.»

Diese Sicherheit beruhte auf keinem göttlichen Befehl, und wenn man Schiller darüber zur Rede stellte, fiel es ihm schwer, sein höheres Recht zu beweisen. Als Fichte 1795 im Streit mit ihm behauptete, in zehn Jahren werde das Publikum nicht im Zweifel sein, welcher von ihnen stichhaltiger philosophiere, schrieb er in einer dreimal entworfenen, schwer erkämpften Antwort: er werde in zehn Jahren nicht mehr leben, aber in hundert oder zweihundert Jahren noch gelesen werden, wenn man Fichtes Schriften nur noch respektvoll zitiere. «Und woher möchte dieses kommen? Daher, weil Schriften, deren Wert nur in den Resultaten liegt, die sie für den Verstand enthalten, auch wenn sie hierin noch so vorzüglich wären, in demselben Maße entbehrlich werden, als der Verstand entweder gegen die Resultate gleichgültiger wird oder auf einem leichteren Wege dazu gelangen kann; dahingegen Schriften, die einen von ihrem logischen Gehalt unabhängigen Effekt machen und in denen sich ein Individuum lebend abdrückt, nie entbehrlich werden und ein unvertilgbares Lebensprinzip in sich enthalten, eben weil jedes Individuum einzig und mithin auch unersetzlich ist.» In diesen Worten, mit denen Schiller übrigens genau seinen Tod voraussagte, scheint er wie Goethe die Persönlichkeit des großen Menschen als den höchsten Wert des Schaffens anzusehen. Er schrieb sie nicht im Hinblick auf seine Kunst, sondern im Hinblick auf sein Philosophieren, auf das er sich nicht viel zugute tat. Aber selbst auf seine Kunst bezogen, schließen sie eine Todesbereitschaft ein, die ihn von Goethe unterscheidet und die den Unterton seiner Dichtung bildet. Wenn er als todgeweihter Mann die Schönheit als das Tor zur Wahrheit pries, tat er es aus dem Glauben, daß sie das Tor, aber nicht die Wahrheit selbst sei. Was er als Dichter schuf, war nicht ewig, nicht erhaben über Schmerz und Tod, und der Künstler kein Gott, sondern ein Leidender. Er pries die Schönheit nur als das hellste Licht in der Nacht der Zeit; erst wer sie auch erlöschen sah, verstand sie nach seiner Meinung ganz. Es ist einer der Irrtümer über ihn, daß man ihn auf die klassizistische Schönheitslehre festlegt, die er unter dem Einfluß Kants und des nachrömischen Goethe formulierte. Seine letzte, tiefste Einsicht war, daß er auch das Schöne als ein vergängliches Geschenk der Natur erkannte. So sieht er es in dem späten Gedicht «Das Glück». In der herrlichen «Nänie» läßt er die Kinder und Götter dieser Welt die Klage über das Los alles Schönen anstimmen, die auch ihn bewegte, die aber nicht sein letztes Wort über den Sinn des Menschenlebens war.

> *Auch das Schöne muß sterben! Das Menschen und Götter bezwinget,*
> *Nicht die eherne Brust rührt es des stygischen Zeus ...*
> *Auch ein Klaglied zu sein im Mund der Geliebten, ist herrlich,*
> *Denn das Gemeine geht klanglos zum Orkus hinab.*

Der priesterliche Dichter ist der Hüter der Schwelle, der Wächter eines Reiches, das nicht von dieser Welt ist. In Stifter überwog die Demut des Dienstes an der heiligen Flamme das Kämpferische, aber auch er vergaß seine Person und wußte sich für das Heil der Menschheit verantwortlich. So begründete er einmal seine Hoffnung auf Ruhm, als ihn ein günstiges Urteil über den «Nachsommer» freudig bewegte. «Lob von niederen Menschen erschreckt mich, denn ich muß dann auf ihren Wegen gewandelt sein, von mittelmäßigen ist es mir langweilig, von höheren entzückt es mich. Nur den letzteren möchte ich es recht machen, nicht meinetwillen; denn nicht der Ruhm reizt mich (er wäre in äußerst großen Kreisen sehr wohlfeil zu haben), nicht der Gewinn (Sie wissen selber, ein welch ungeschickter Geldmensch ich bin), nicht Eitelkeit, in guter Gesellschaft glänzen zu wollen; denn wie kurz ist das Menschenleben, und im Grabe sind alle Flitter aus: sondern was mir das Höchste, Herrlichste, Wünschenswerteste dieses Lebens erscheint, die Vernunftwürde des Menschen, in seiner Sitte, in seiner Wissenschaft, in seiner Kunst, soll dauern, soll verehrt werden und soll die reinste Herrschaft führen. Dies stirbt nicht, dies gründen zu helfen, dies auszubreiten erscheint mir ein unsterbliches, ein glückseliges Leben, und dieses Leben möchte ich anstreben, und wenn mir Zeichen kommen, daß meine Worte bei solchen, die in diesem Leben wandeln, anklingen, oder daß andere durch mich einen Schritt weiter in diesem Leben geführt werden, freut es mich, die Vernunftwürde ist für uns Menschen das irdische Reich Gottes, die irdische Ewigkeit.»

Die falschen Propheten erkennt man daran, daß sie das Zerwürfnis mit der Zeit auf die Dauer nicht aushalten. Der Widerspruch macht sie unfruchtbar und verwüstet sie. Es war nur ehrgeizige Großsprecherei, als der junge Nietzsche den Ruhm Richard Wagners auf Kosten aller geltenden Größen ausposaunte. «Wenn irgend etwas seine Kunst gegen alle Kunst der neueren Zeiten abhebt, so ist es dies: sie redet nicht mehr die Sprache der Bildung einer Kaste und kennt überhaupt den Gegensatz von Gebildeten und Ungebildeten nicht mehr. Damit stellt sie sich in Gegensatz zu aller Kultur der Renaissance, welche bisher uns neuere Menschen in ihr Licht und ihren Schatten eingehüllt hatte. Indem die Kunst Wagners uns auf Augenblicke aus ihr hinausträgt, vermögen wir ihren gleichartigen Charakter überhaupt erst zu überschauen: da erscheinen uns Goethe und Leopardi als die letzten großen Nachzügler der italienischen Philologen-Poeten, der Faust als die Darstellung des unvolkstümlichsten Rätsels, welches sich die neueren Zeiten, in der Gestalt des nach Leben dürstenden theoretischen Menschen, aufgegeben haben; selbst das Goethische Lied ist dem Volksliede nachgesungen, nicht vorgesungen ... Im Geiste eines jeden, der es jetzt erfährt, muß es alle Begriffe über Erziehung und Kultur umwenden; ihm wird der Vorhang vor einer Zukunft aufgezogen scheinen, in welcher es keine höchsten Güter und Beglückungen mehr gibt, die nicht den Herzen aller gemein sind.» Den Gegenbeweis lieferte Nietzsche selbst, als er in dieser Tonart von seiner eigenen Person zu sprechen begann und in «Ecce homo» ein Denkmal der Selbstvergötzung aufstellte, wie es wenige gibt.

3

Mit dieser Selbstvergottung griff Nietzsche auf den heidnischen Ruhmbegriff der Antike zurück. Die Sänger dieser Welt haben den strahlenden Glauben an den Ruhm. Er besitzt für sie die Kraft eines Mythus und ist die Krone ihrer Verbundenheit mit einer adeligen Gemeinschaft, der sie dienen und in der sie auch nach dem Tod gegenwärtig zu sein hoffen. Zu Sappho sagte Aphrodite, daß sie sie liebe, und versprach ihr Ruhm überall, auch im Acheron. Was das heißt, sagt Sappho in den Versen, in denen sie ihrer

Gegnerin zuruft: «Gestorben wirst du liegen, und wird kein Gedächtnis von dir sein dereinst und nach dir kein Sehnen später.» Nicht vergessen werden und noch in Späteren Sehnsucht nach sich erregen: das ist der Lohn, den die Götter und die Musen verleihen. Er ist zugleich sinnlicher und geistiger Art: sinnlich als eine andere Form des Geliebtseins, geistig als Geliebtwerden in seinem edelsten, unvergänglichen Teil. Platon steigerte diese Vorstellung ins Mystische. Im «Gastmahl» spricht Diotima mit Sokrates über den gewaltigen Trieb der Menschen, berühmt zu werden und sich auf ewige Zeiten einen unsterblichen Namen zu erwerben, über die Gefahren und Opfer, die sie deshalb auf sich nehmen, und erklärt sie aus der Sehnsucht nach Unsterblichkeit, die sie durch die Erinnerung an ihre Tugend erlangen können. Diese geistige Ruhmgier sei eine höhere Form der Sehnsucht, in leiblichen Nachkommen fortzuleben. «Und jeder sollte lieber solche Kinder haben wollen als die menschlichen, wenn er auf Homeros sieht und Hesiodos und die andern trefflichen Dichter, nicht ohne Neid, was für Geburten sie zurücklassen, die ihnen unsterblichen Ruhm und Angedenken sichern, wie sie auch selbst unsterblich sind.»

Die antiken Epiker führten diesen Gedanken zur Vollendung. Sie machten ihre Helden unsterblich und gewannen dadurch selbst einen unvergänglichen Namen. Klassischer Ruhm ist die unzerstörbare Herrlichkeit des großen Individuums, seine ewige Glorie vor Göttern und Menschen. Er beruht nicht auf der Meinung des großen Haufens, sondern auf der Macht des einzigartigen Menschen, der sich die Bewunderung der Besten erworben hat. Diesen Glanz besitzt der Ruhm in Pindars Preisliedern und bei Horaz, der sich mit seinen Werken ein «monumentum aere perennius» erbaute. Vor allem liegt dieser Schimmer ja auf Homer, von dem noch Schiller sagte, wenn man auch nur gelebt hätte, um den dreiundzwanzigsten Gesang der Ilias zu lesen, so könnte man sich nicht über sein Dasein beschweren. Vergil bekennt sich offen zu seiner «unermeßlichen Gier nach Ruhm», zum Ehrgeiz, sich «im Mund der Menschheit als Sieger emporzuschwingen», und er wurde von den Jahrtausenden so gefeiert, wie er gefeiert sein wollte. Diese Siegesgewißheit gehört zum enthusiastischen Sänger, sie ist der Ausdruck seines freudigen Einverständnisses mit den Mächten dieser Welt. Nicht anders tönt es aus der nordischen Sängerkunst, aus den Liedern der Edda:

> *Besitz stirbt,*
> *Sippen sterben,*
> *Du selbst stirbst wie sie;*
> *Eins weiß ich,*
> *Das ewig lebt:*
> *Der Toten Tatenruhm.*

Aus demselben Glauben an die Ewigkeit des Ruhms sagt Firdusi im «Schâhnâme» von sich:

> *Ich habe aus Dichtung ein hohes Schloß aufgeführt,*
> *Das von Wind und Regen keinen Schaden leidet ...*
> *Wenn dies namhafte Buch vollendet ist,*
> *Wird der ganze Erdteil voll Reden über mich sein.*

Darnach sterb ich nicht mehr, denn ich bin lebend,
Da ich den Samen des Wortes ausgestreut habe.
Jeder, der Verstand, Einsicht und Glauben hat,
Wird nach meinem Tode über mich Segen sprechen.

Dieses heidnische Ideal entdeckten die Humanisten wieder in den antiken Autoren. Sie gaben damit dem Streben nach Ehre einen neuen Inhalt und neue Formen. An die alten Götter glaubten sie ja nicht mehr, nur der Gedanke ewigen Fortlebens im Gedächtnis der Menschheit begeisterte und blendete sie. Sie schmähten hochfahrend den kleinen Tagesruhm und sprachen in die Zukunft hinaus, nicht weil die Gegenwart sie nicht lobte, sondern weil dieses Lob ihnen nicht genügte. Der Hunger nach ewigem Beifall verdrängte die Sehnsucht nach ewiger Liebe. «Famae semper inimica praesentia est», sagt Petrarca in naiver Offenheit, dem Ruhm ist die Gegenwart immer feind. Wie sicher ist er im «Brief an die Nachwelt», daß sich noch die spätesten Enkel für seine Person interessieren werden, wie wirft er sich vor diesem imaginären Spiegel in Positur! Auch Boccaccio schriftstellerte «perpetuandi nominis desiderio». Dieser Ruhm wurde der Götze der Humanisten, und die Jagd nach ihm entartete bald zum «kolossalsten Ehrgeiz und Durst nach Größe, unabhängig von Gegenstand und Erfolg» (Burckhardt). Der junge Shakespeare teilte diese Hybris; er versichert in seinen Sonetten dem Freund, er werde ihm ewiges Leben verschaffen, weil seine Verse allen Marmor, alle goldenen Fürstenbilder überleben würden:

Solang noch Menschen atmen, Augen sehn,
So lang lebt dies, und du wirst fortbestehn.

So hielt auch Camõens im Schiffbruch mit der einen Hand sein Manuskript aus dem Meer empor: wenn dieses gerettet war, konnte er nicht untergehen.

Die Poeten des Klassizismus lebten und webten in diesem heidnischen Stolz, auch die Deutschen des Barockjahrhunderts bekannten sich zu ihm. Bei ihnen, den Augenzeugen des Dreißigjährigen Krieges, wirkt er am fragwürdigsten. Höchstens an Fleming kann er ergreifen, wenn er ihn auf dem Todbett in jenem Sonett ausspricht, mit dem er «drei Tage vor seinem seligen Absterben» von der Erde Abschied nahm:

Was frei dem Tode steht, das tu er seinem Feinde!
Was bin ich viel besorgt, den Othem aufzugeben?
An mir ist minder nichts, das lebet, als mein Leben.

Goethe war noch blutjung und drückte seinen Unsterblichkeitsglauben noch in einer längst konventionell gewordenen Wendung aus, als er seine Rede «Zum Schäkespears Tag» mit den Worten begann: «Mir kommt vor, das sei die edelste von unsern Empfindungen: die Hoffnung, auch dann zu bleiben, wenn das Schicksal uns zur allgemeinen Nonexistenz zurückgeführt zu haben scheint. Dieses Leben, meine Herren, ist für unsre Seele viel zu kurz; Zeuge, daß jeder Mensch, der geringste wie der höchste, der unfähigste wie der würdigste, eher alles müd wird, als zu leben» ... Wenn Petrarca sich auf dem Kapitol in seinem Purpurmantel spreizte, wenn der alte Voltaire sich mit der

Unsterblichkeit seines Namens über die Sterblichkeit seiner Seele tröstete und die Errichtung seines Pariser Standbildes betrieb, wenn Macpherson in seinem Testament 500 Pfund zu einem Denkmal für sich aussetzte, so war das kein antikes Schicksalsgefühl mehr. Der Glaube an die Unsterblichkeit lief bei den klassizistischen Schöngeistern auf die maßlose Überschätzung des beschriebenen und bedruckten Papiers hinaus, die das Merkmal des neuzeitlichen Literaturmarktes ist. Sie mußte jetzt Zweifel wecken und in die spöttische Absage an den Denkmalsruhm umschlagen. Ein geistreicher Franzose witzelte, er wolle lieber

> *Un buffet bien garni pendant cent ans de vie*
> *Que mille autels après ma mort.*

Auch Wieland machte sich gern über den Ruhm nach dem Tod lustig oder nannte ihn wehmütig einen Traum.

> *Die ganze Zunft der Helden und der Weisen,*
> *Der Virtuosen und – der Reimer,*
> *Wo sie am besten sind, was sind sie sonst, als Träumer?*
> *Traum ist der Wahn von ihrer Nützlichkeit!*
> *Die Hoffnung Traum, als ob noch in der spätsten Zeit*
> *Ihr Nam im Reihn der Götter unsrer Erde*
> *Auf allen Lippen schweben werde!*
> *Traum der Gedank, als ob ganz Paros Marmors kaum*
> *Genug besitze, drein zu graben,*
> *Durch welche Taten sie die Welt verpflichtet haben!*
> *Kurz, ihr Bemühn, ihr Stolz, ihr ganzes Glück – ein Traum!*

Der heidnische Ruhmglaube war schon bei seiner ersten Wiedererweckung auf Zweifel gestoßen. Das christliche Lebensgefühl stand ihm allzu hart entgegen und machte ihn schwankend. Dante zeichnete sich unter den ehrbegierigen Humanisten auch dadurch aus, wie er über diesen Begriff hinauswuchs. In der Verbannung beherrschte ihn zunächst über ein Jahrzehnt lang der rachsüchtige Gedanke, sich als gelehrter Schriftsteller einen großen Namen zu machen und so die Rückkehr nach Florenz zu erzwingen. Aber dieser Plan zerrann in Nichts, er verlor den Glauben an allen Ruhm vor der eigenen Zeit, dieses Gemächte des Hochmuts. In der «Göttlichen Komödie» zeigt er seine Nichtigkeit von immer neuen Seiten: der Ruhm steht nur scheinbar fest, er ist abhängig von Zeit und Ort, willkürlich, hinfällig und böse wie alles Irdische und nur in den blöden Augen der Menschen etwas Großes. Zwar hofft Dante noch im Paradies, dereinst in Florenz zum Dichter gekrönt zu werden. Aber der Kranz, von dem er träumte, wurde ihm erst nach Jahrhunderten zuteil. Seit der schroffen Absage an die Gegenwart machte er sich innerlich mit einer andern Auferstehung vertraut. Statt der irdischen Unsterblichkeit stand ihm die Ewigkeit vor Augen, zu ihr stieg er dichtend empor. Chaucer war kein Verbannter, sondern der Liebling Londons, aber auch er glaubte trotzdem nicht an das Ideal der Lorbeerpoeten. In der «House of Fame» schildert er den Ruhm als eine ungerechte Göttin, die bald riesengroß, bald winzig klein erscheint und bald Unwürdige erhebt, bald Würdige übersieht oder in schlechten Ruf bringt. Neben dem Haus des Ruhms steht das Haus der Gerüchte, das sich ringsum dreht, inwendig aber stillzustehen scheint und voller Menschen ist, die einen ohrenbetäubenden Lärm vollführen. Die Gerüchte fliegen in das Haus der Fama, die darüber entscheidet, welche von ihnen Bestand haben. In dieser noch ganz mittelalterlichen Allegorie gibt es also überhaupt keinen sicheren Ruhm.

Im klassizistischen Zeitalter aber ist der Zweifel an ihm, das Leiden um seinetwillen an vielen großen Dichtern wahrzunehmen. Shakespeares Abschied von der Bühne, Calderons, Racines, Corneilles religiöse Wandlung verraten diese Krise. Pascal, der Antipode der klassischen Weltlichkeit, stellt sie mit seiner Bekehrung am sichtbarsten dar. Der Bruch mit dem Heidentum in der Kunst wirft seinen Schatten auf die ganze neuzeitliche Literatur. Denn der Glaube an die Unsterblichkeit des Dichters wurzelt im Glauben an die Göttlichkeit der Dichtung. Göttlichkeit der Kunst aber gibt es nur da, wo es Göttliches gibt, wo das Göttliche mehr ist als eine Redensart. Im Mund der schönen Geister war sie nur eine elegante Phrase; keinem, der wirklich Unsterblichkeit suchte, konnte das entgehen. Der alte Goethe glaubte an eine andere Art ewiger Fortexistenz, er nannte deshalb den Appell an die Zukunft eine Illusion. «Auch das Provozieren auf die Nachwelt gewährt keinen Trost. Die Nachwelt urteilt nicht besser als die Mitwelt. Die jetzt Lebenden sind ja auch die Nachwelt einer Vorwelt, und nun frage sich ein jeder, wie er sich gegen diese verhalte? Wie viel, oder vielmehr wie wenig er von ihr weiß, wie richtig oder wie falsch er von ihr urteilt? Und so wird es ihm bei der Nachwelt auch ergehen. Lebe nun jeder so fort wie er kann, um das Gerede der Mit- und Nachwelt gleich unbekümmert: er wird es keiner zu Recht und zu Dank machen.» Für das Heer der naiv auf Unsterblichkeit spekulierenden Schriftsteller gilt dasselbe, was sie vom Ruhm vor Gott halten. Sie sind in einem Aberglauben befangen wie die Christenheit in den Augen Nietzsches, als er die ganze christliche Kunst Europas, die religiösen Werke Dantes, der Gotik, Raffaels, Michelangelos zu den vergangenen Dingen warf, um für seinen neuen heidnischen Unsterblichkeitsglauben Platz zu schaffen: «Es wird eine rührende Sage daraus werden, daß es eine solche Kunst, einen solchen Künstlerglauben gegeben habe.»

Auch im neunzehnten Jahrhundert geschah es noch, daß ein Dichter sich gelobte, nur noch für die Nachwelt zu schreiben und ihr gleichsam hinter dem Rücken der Zeitgenossen vollkommene Werke zu hinterlassen. Grillparzer, Platen, Stendhal taten dieses Gelübde. Aber es war der Ausdruck ihrer gänzlichen Vereinsamung; es wurde für sie nur ein Stachel des Leidens mehr, der sie aus aller Gemeinschaft hinaustrieb. Sie hatten dabei kein gutes Gewissen mehr, es war eine heroische Form der Verzweiflung. Woher sollte der bürgerliche Dichter den Glauben an die Ewigkeit seines Namens nehmen? In welche Zeitlosigkeit konnte er hinübertreten, wenn ihm der Tageserfolg nicht genügte oder ihm nicht einmal dieser zuteil wurde? Weder der magische noch der mystische noch der mythische Ruhm besaßen für ihn den Trost, den sie in andern Zeiten bedeutet hatten. Der neuzeitliche Geist verneinte alle diese Formen des Weiterlebens.

Grimmelshausen machte die barocke Ruhmreligion lächerlich, indem er sich selbst als Jahrmarktsgaukler parodierte. Eine Selbstparodie größten Stils ist auch jene Stelle, wo sich der nach Einsiedeln wallfahrende Simplicissimus im «heimlichen Gemach» die Lebensgeschichte eines Papierfetzens erzählen läßt. Es ist die Geschichte eines Hanfsamenkorns, die über die Leinwandfabrikation, die Tuch- und Papierindustrie durch das ganze Weltleben führt und im Kot endigt. Nicht zufällig ist dieses schauerliche Sinnbild des Ruhms, der an Papierfetzen haftet, in die Wallfahrt eingeflochten, auf der sich Simplicissimus bekehrt. Das Nichts des Ruhms ist nicht Grimmelshausens letztes Wort, seine Erkenntnis ist bei ihm der Anfang der wahren Seligkeit. Beim alten Jean Paul aber, der dieses Nichts im jähen Aufblühen und Verwelken seiner Beliebtheit erfahren hatte, scheint es das letzte Wort zu sein. Er parodiert den literarischen Ruhm im «Leben Fibels», dieser Leidensgeschichte und endlichen Verherrlichung des Verfassers einer Buchstabierfibel, den er als unsterblichen Autor behandelt. Der Kindskopf wird größenwahnsinnig und läßt eine vierzigbändige Biographie über sich schreiben, deren Reste dem Herausgeber als Haubenmuster, Pfefferdüte, Papierdrache, Abortpapier zugetragen werden. Jean Paul stöbert zuletzt Fibel selber auf, der inzwischen weise geworden ist, als uralter Einsiedler mit den Waldtieren lebt und die Drehorgel spielt.

Die meisten großen Dichter des neunzehnten Jahrhunderts sind vom Gedanken der Nichtigkeit alles Ruhms berührt. Sie kennen das Los des Vollkommenen und schreiben sich selbst keine Unsterblichkeit mehr zu. Sie distanzieren sich bloß vom Lärm des literarischen Markts und stellen ihre Werke schweigend in den Strom der Zeit. Der unverdrossen weitergehende Lärm der Zivilisation, der Hochbetrieb in Theatern, Konzertsälen und Vortragsauditorien begann den Denkenden verdächtig zu werden. Die Freiesten verdammten ihn oder lachten über ihn, bald mit den Worten der Propheten, bald mit denen der Magier oder auch nur denen der ernüchterten Poeten. Der Tragiker Hebbel faßte das Verhältnis des Dichters zum Publikum in das Bild: «Ein feuriger Jüngling einer abgelebten Hure gegenüber in einer Schäferstunde, wozu ihn ihre geschminkten Wangen verlockten.» Der gescheiterte Schönheitsdichter Leuthold rettete sich beim Wein in die Weisheit Wielands:

> *Und bei den Posaunenstößen,*
> *Die eitel Wind,*
> *Laßt uns lachen über Größen,*
> *Die keine sind!*

UNSTERBLICHKEIT

I

So dachten aber nur die Dichter. In den Augen des Publikums, auf dem Jahrmarkt der Öffentlichkeit wucherte der Ruhm üppiger als je. Die Gesellschaft hat zu allen Zeiten ihre eigenen Gründe, einen großen Mann zu verehren oder totzuschweigen. Solange er lebt und mit Überraschungen von seiner Seite gerechnet werden muß, wirken sie sich noch maßvoll aus. Ist er aber tot und seine Leistung überschaubar, dann treten sie in

Kraft, und es beginnt ein neues Kapitel seines Ruhms, das postume. Er ist jetzt – wenigstens scheinbar – nur noch Objekt, sei es der Bewunderung oder der Ablehnung.

Er ist es nur scheinbar, weil seine menschliche Person die Art seines Fortlebens beeinflußt. Gestalten, die so unvertraut gelebt haben wie Hölderlin oder Shelley oder so unheimlich verschwunden sind wie Shakespeare, Kleist oder Nerval, leben anders in der Erinnerung weiter als etwa Hans Sachs oder Dickens. Jene verharren in einer mysteriösen Verborgenheit, diese stehen deutlich und anekdotenreich im Vordergrund; andere – wie die höfischen Sänger des Mittelalters – bleiben anonym und ohne persönlichen Umriß hinter ihrem Werk vergessen. Der Nachruhm eines Dichters folgt im ganzen noch eine Zeitlang dem Gesetz seines persönlichen Daseins. Aber er vereinfacht das Bild des Toten und stattet es mit Zügen aus, die sein Wesen immer mehr verdecken, um es allgemein verständlich zu machen.

Der Menschenkreis, den der Lebende für sich gewonnen hat, erweitert sich zuerst ins Nationale. Er wird von den Landsleuten seiner engeren Heimat, dann seines größeren Vaterlandes als Verkörperung des Stammes, der Nation verehrt. Es gibt einen echten nationalen Ruhm, der sich im langen Zusammenleben eines Volkes mit seinen Dichtern bildet. Das Volk der Heimat hängt an ihnen ohne Aufhebens, naiv und innerlich, es empfindet sie als ein Stück seines Lebens. Vor der Erfindung des Buchdrucks waren viele Dichter und Dichtwerke solcher Gemeinbesitz ihres Volkes, und auch in der Neuzeit stellte sich diese lebendige Einheit in vereinzelten Fällen noch ein. Dantes Popularität in Italien, Luthers Nachwirkung durch die deutsche Bibel, Johann Peter Hebels Fortleben in der alemannischen Landschaft sind Beispiele dafür. Ihr Ruhm ist langsam gewachsen und hat tiefe Wurzeln, er ist unabhängig vom Wechsel der literarischen Moden und scheint erst mit dem Volkstum, in dem er aufgeblüht ist, vergehen zu wollen. Diese Dichter leben durch die Liebe der Menschen weiter, wie es Sappho für sich erhoffte. Mörike als Schutzgeist seiner schwäbischen Heimat, Tasso als Liebling italienischer Hirten und Fischer, Gotthelf als guter Genius der Schweiz besitzen eine Geltung, gegen die der offizielle Nationalruhm oder gar der literarische Weltruhm nicht aufkommt, wenn man auf das Fortleben in der Gemeinschaft sieht. Aber schon sie geht auf Kosten des Dichterischen, sie ist nur dadurch möglich, daß das Bild des Dichters verflacht wird, damit ihn auch die Einfältigen verstehen. Solche Volkstümlichkeit läuft immer auf Verfälschung ins Idyllische hinaus, und rührend ist an ihr vor allem die Naivität, mit der die einfachen Gemüter das ihnen Unverständliche ihrem eigenen Fassungsvermögen anpassen.

Der staatlich begründete und geförderte Nationalruhm ist die erste gewaltsame Störung dieses natürlichen Verhältnisses. Er wächst dort, wo ein Volk um seine staatliche Ordnung kämpft und nach dem Sieg Symbole seiner politischen Größe, nach der Niederlage Sinnbilder seiner Wesensart braucht, mit denen es sich brüsten oder trösten kann. Das älteste europäische Vorbild dafür sind die Griechen. Der Ruhm ihrer Dichter zeigt die Einseitigkeit des Staatsruhms in klassischer Weise. Man pflegt als Beweis für die glückliche Harmonie der griechischen Dichtung mit dem Staat die Siegesfeier von Salamis zu zitieren, an der Aischylos als Krieger, Sophokles als Chorsänger beteiligt waren und Euripides geboren wurde. Aischylos focht in den schweren Schlachten der Perserkriege mit, Sophokles soll nach der Aufführung der «Antigone» mit Perikles zum Feldherrn ernannt worden sein. Aber gerade die «Antigone» gestaltet den elementaren Zusammenstoß von Mensch und Staat wie kein anderes Werk der dramatischen Kunst. Auch im klassischen Athen existierte ein tragischer Gegensatz zwischen Geist und Macht, wovon das Schicksal der großen Männer in dieser Stadt beredtes Zeugnis gibt. Es wurde ihnen so übel mitgespielt, daß man sich fragen muß, worin eigentlich das Geheimnis der griechischen Kultur bestanden habe. Euripides lebte als einsamer Grübler auf Salamis; er sah sich bei den dramatischen Wettbewerben regelmäßig von minderwertigen Konkurrenten in den Schatten gestellt und ging aus Erbitterung darüber an den makedonischen Hof. Der greise Sophokles erlebte die Infamie, daß seine Söhne ihn als schwachsinnig entmündigen lassen wollten; er erreichte die Abweisung der Anklage, indem er das Chorlied auf seinen Heimatgau Kolonos rezitierte, das er eben gedichtet hatte. Pheidias starb im Gefängnis, weil er bei der Herstellung seines Standbildes der Pallas Athene Gold unterschlagen haben sollte. Sokrates wurde der Gottlosigkeit angeklagt und zum Giftbecher verurteilt. Auch Anaxagoras hatte man der Gottlosigkeit geziehen, er war in der Verbannung gestorben, Aristoteles wurde nach dem Tod Alexanders des Großen, seines Schülers, in Athen unmöglich und mußte für den Rest seines Lebens auf sein weit entferntes Landgut fliehen. Nicht besser behandelten die Athener ihre Staatsmänner. Sie verbannten Themistokles, der ihre Stadt gerettet und groß gemacht, und Xenophon, weil er auf spartanischer Seite gegen die mit ihnen verbündeten Thebaner gekämpft hatte. Sie verurteilten Thukydides wegen seines Mißerfolgs als Feldherr, er schrieb sein Geschichtswerk im Exil auf thrakischem Boden. Demosthenes mußte zweimal aus Athen fliehen, beim zweitenmal nahm er unterwegs Gift, um nicht verhaftet zu werden. Schon Thukydides stellt das Schicksal Griechenlands und Athens als ein Trauerspiel der Selbstzerstörung dar. Waren die Griechen ein geniales Volk? Sie waren ein Volk mit vielen Genies, und die Nachwelt schrieb dem Volk, das mit ihnen so verfuhr, die Genialität seiner Großen zu.

Der nationale Totenruhm wurzelt nicht in ästhetischen Einsichten, sondern in politischen Bedürfnissen und Ansprüchen der Nachwelt. Eine neue politische Lage verändert das Urteil über die Vergangenheit, sie will sich in historischen Gestalten vorgebildet sehen und findet die Dichter, die sie zu ihrer Rechtfertigung wählt, auch künstlerisch groß. So war es vollends im bürgerlichen Europa der Neuzeit, als der Nationalruhm zum höchsten Ehrentitel wurde. Der nationale Ruhmbegriff war noch intakt, wie es schien, und wenigstens die Sänger des Bürgertums konnten sich auf ihn verlassen, wenn sie eine schwerwiegende Einschränkung in Kauf nahmen. Die Sehnsucht, nicht vergessen zu werden, meint nämlich immer Unsterblichkeit in der Zeit: endloses Weiterleben durch die Jahrhunderte, Aufgehobensein in den kommenden Geschlechtern. An eine räumliche Begrenzung dieser Fortexistenz denkt der Dichter nie, wenn er überhaupt an Unsterblichkeit denkt. Der bürgerliche Nationalruhm aber zog gerade diese Grenze. Der große Mann sollte im dankbaren Gedächtnis der Nation weiterleben, deren Kräfte er angeblich repräsentierte. Wie einst Gott oder ein

Dämon, redete aus ihm nach moderner Lehre der Geist der Nation. Das war das Gegenteil dessen, was besonders in Deutschland alle Großen bis auf Goethes Zeit gesagt hatten. Herder wies in dem bitteren Gedicht «Der deutsche Nationalruhm» jeden nationalen Anspruch auf das Genie als eine Verlogenheit ab. Lichtenberg fragte: «Ich möchte wohl wissen, wie es um unsere deutsche Literatur in manchen Fächern stehen würde, wenn wir keine Engländer und Franzosen gehabt hätten.» Sogar Zimmermann, der Verfasser des Buches «Von dem Nationalstolze», konnte noch sagen, die Liebe zum Vaterland sei «in vielen Fällen mehr nichts als die Liebe eines Esels für seinen Stall». Im «Wilhelm Meister» wird davon gesprochen, ob es sich verlohne, sich mit deutscher Dichtung abzugeben. Diesem früheren deutschen Mangel an Selbstvertrauen hatte allerdings in Frankreich und England ein entsprechendes nationales Hochgefühl gegenübergestanden. Stendhal versuchte die Franzosen um 1820 mit seinem Buch «Racine et Shakespeare» von ihrem klassizistischen Bildungshochmut abzubringen und ihnen klarzumachen, daß man sowohl Racine wie Shakespeare lieben könne. Aber nach dem Sturz Napoleons setzte sich in allen Völkern der literarische Nationalismus mit der Kraft eines Naturereignisses durch.

Die neuzeitliche Literatur kennt allerdings Genies, die ihre Größe zum Teil aus ihrer angestammten Erde zogen und sich mit vordem unbekannter Entschiedenheit als Franzosen, Engländer, Deutsche, Italiener fühlten, die sich deshalb auch willig von ihrer Umgebung bestimmen, ja von ihrer nationalen Beliebtheit beeinflussen ließen. Aber dieses freie Geben und Nehmen blieb nun nicht mehr sich selbst überlassen. Der überall grassierende Nationalstolz mischte sich ein und bemächtigte sich seiner zu Zwecken, die mit den Absichten der toten Dichter nichts zu schaffen hatten. Er machte den Ruhm zur Fiktion, die das echte, stille Weiterleben der Toten verdunkelte. Dafür sorgte die jetzt aufkommende nationale Geschichtschreibung der Literatur, die den Dichter in erster Linie als Mittel zur Darstellung der nationalen Größe behandelte. Die Geschichte der Literatur wurde zu einem Teil der nationalen Ruhmesgeschichte, sie stellte die literarische Vergangenheit grundsätzlich in den glänzendsten Farben dar. Für die Einsamkeit und Selbstherrlichkeit des großen Einzelnen, für sein Leiden und allfälliges Versagen, für den Schmerz und Verzicht, für alles, woraus große Dichtung entsteht, fehlte ihr das Organ. Sie reihte den Dichter in das pompöse Panorama der Nationalgeschichte ein und beurteilte ihn nach den Begriffen des Großmachtbewußtseins. Sie rühmte die kleinen als «groß», die großen als «unsterblich», auch wenn sie erst fünfzig Jahre tot waren, nicht aus Ergriffenheit und Sorge um ihre Wirkung, sondern in der Absicht, die geistige Überlegenheit der Nation zu demonstrieren. Den Beweis für diese glaubte sie dadurch zu erbringen, daß sie eine unaufhaltsame «Entwicklung» von Dichter zu Dichter, von Epoche zu Epoche, von einer «Blütezeit» zur andern, vom Weltbürgertum zum Nationalbewußtsein konstruierte.

Goethe sagte: «Fast bei allen Urteilen waltet nur der gute oder böse Wille gegen die Poeten, und die Fratze des Parteigeistes ist mir mehr zuwider als irgend eine andere Karikatur.» Nun war es der nationalpolitische Parteigeist, der als öffentlicher Sachwalter der Dichtung auftrat. Er erwies sich als ein höchst unduldsamer Geist, der keine andern Götter neben sich duldete und die prinzipielle Hochschätzung der eigenen Größen mit der Verächtlichmachung aller fremden verband. Auserwählt und unsterblich waren in Wahrheit nicht die Dichter, sondern der Staat, der sie für sich beschlagnahmte. Die einsamsten und eigenwilligsten aller Menschen wurden vor seinen Triumphwagen gespannt, die Bigotterie des Nationalismus verdrängte die echte patriotische Liebe des Volkes zu seinen angestammten Dichtern. An ihre Stelle trat der Respekt der anonymen Masse vor einer Heerschar ungelesener Autoren. Das Bildungsinteresse dieses Publikums, um das sich kein Dichter kümmert, war der moderne Ersatz für den Widerhall, den der Sänger im Kreis seiner Hörer, der Prophet im Schüler findet, dem er seinen Mantel hinterläßt. Es ließ sich willig von der nationalen Eitelkeit lenken; daß und warum Deutschland keinen Shakespeare, Frankreich keinen Goethe, England keinen Dante besitzt, bemerkte niemand mehr. Das Gewesene war die Offenbarung, das Vorhandene war gut, das Nichtvorhandene durfte nicht sein. Die Priester dieses Ungeistes wollten nichts davon wissen, daß alle hohen Dinge der europäischen Kultur im geistigen Verkehr der Großen untereinander, der Völker miteinander entstanden waren. Sie verschwiegen, daß Vergil ein halber Kelte, Dürer ein halber Ungar, Lessing ein halber Slawe gewesen waren, daß der urdeutsche Eichendorff von der polnischen Grenze stammte und nicht vom selbstgefälligen Besitz, sondern vom Verlust seiner schlesischen Heimat singt:

> Das Reich des Glaubens ist geendet,
> Zerstört die alte Herrlichkeit,
> Die Schönheit weinend abgewendet,
> So gnadenlos ist unsre Zeit.

Der bürgerliche Nationalhistorismus war ein Religionsersatz mit eigenen Heiligtümern, Riten und Formeln. Er brauchte für seine Altäre Standbilder, als die sich die Dichter dank ihrem Bildungsnimbus am besten eigneten. Das hatte schon der alte Goethe kommen sehen. «Seit die Menschen einsehen lernen, wie viel dummes Zeug man ihnen angeheftet», sagte er 1830, «und seit sie anfangen zu glauben, daß die Apostel und Heiligen auch nicht bessere Kerls als solche Bursche wie Klopstock, Lessing und wir anderen armen Hundsfötter gewesen, muß es natürlich wunderlich in den Köpfen sich kreuzen.» Das unbefriedigte Andachtsbedürfnis der aufgeklärten Bürger bemächtigte sich der neuen Fetische, behängte sie mit den Gaben der eigenen Mittelmäßigkeit und ergab sich einem literarischen Reliquienkult, der die ganze innere Armut dieses Zeitalters enthüllte. Nur geistig armselige Epochen sind zu einer solchen Idolatrie vor den toten Künstlern imstande. Starke Zeiten ehren sie und nehmen sie ernst, solange sie schaffen und leben, schwache warten ihren Tod ab, ja beschleunigen ihn, um sich an ihren vergoldeten Knochen zu erbauen. Das Urbild dafür ist jene Begebenheit im Leben des Heiligen Romuald, des Stifters des Camaldolenserordens, der in einer italienischen Stadt beinahe totgeschlagen wurde, weil sich die Leute seiner Gliedmaßen als Reliquien bemächtigen wollten. Es interessierte sie nicht, was er ihnen zu sagen hatte, sie sahen in ihm nur ein Beutestück für ihren Aberglauben. So maßlos übertrieben war im nationalistischen Zeitalter der Gegensatz zwischen der Geltung des lebenden Dichters und der Beweihräucherung des toten. Darauf hatte sich schon Günther seinen Vers gemacht:

> *Die Unart eitler Welt lobt selten ein Gedichte,*
> *Wenn nicht die Hand schon fault, die es geschrieben hat,*
> *Der Tod gebiert uns erst ein grünendes Gerüchte,*
> *Die Ehrenwiege bleibt des Sarges Lagerstatt.*
> *Homer war seiner Zeit ein schändliches Gelächter,*
> *Nur Schäfer hörten zu, wenn der von Askra sang,*
> *Virgil erfuhr den Spott der giftigen Verächter,*
> *Eh er durch seine Gruft die bösen Mäuler zwang.*

Da im Nationalruhm des Dichters ein Totenkult zelebriert wurde, war es die wichtigste Voraussetzung für seinen Aufstieg, daß er gestorben war. Die Parade der bürgerlichen «Klassiker» war ein Zug der Toten. Für die zeitgenössischen Autoren wurde das offizielle Begräbnis der erste Akt im Prozeß ihrer Kanonisation. Diese Dichterleichenfeiern waren eine Spezialität des späteren neunzehnten Jahrhunderts. In Österreich verwandelte sich der einsiedlerische, vergrämte und als Dichter verstummte, mit der Welt zerfallene Grillparzer seit dem Jahr 1848, seit seinem Auftreten gegen die Demokratie und für das Kaiserhaus, in eine solche nationale Figur. Er nahm das als noch Lebender nicht ohne sarkastische Seitenbemerkungen hin. Als er am Morgen seines achtzigsten Geburtstags aufstand, um die Ehrungen eines österreichischen Nationaldichters über sich ergehen zu lassen, sagte er: «Der heutige Tag wird für mich die Wirkung eines Trunkes aus dem Strom Lethe haben; als achtzigjähriger Greis will ich vergessen, was mir im Mannesalter Schlimmes widerfahren.» Seine letzte Fahrt im Januar 1872 war ein für Wien beispielloses Schauspiel; trotz des schlechten Wetters säumten über hunderttausend Personen die Straßen, durch die sich der Leichenzug bewegte. Neun Jahre später fand in Moskau die Beisetzung Dostojewskijs unter ähnlichen Umständen statt, als eine scheinbar spontane, in Wahrheit staatlich dirigierte Volkskundgebung, mit der das zaristische Régime dem einstigen Verschwörer die höchsten Ehren erwies. Dostojewskijs Gattin schildert in ihren Lebenserinnerungen ausführlich, welcher Menschenstrom sich in den letzten Tagen durch ihr Haus wälzte, wie die Vertreter des Hofes und der Kirche, der Literatur und Kunst, die Deputationen zahlloser Institute und Organisationen bei ihr vorsprachen und zuletzt ein riesiger Zug den Sarg auf den Friedhof begleitete. So wurde 1892 auch Tennyson in der Ruhmeshalle von Westminster bestattet, so zog 1885 in Paris der tote Victor Hugo, der durch seinen Widerstand gegen Napoleon III. zum Symbol der Republik geworden war, in das Panthéon ein.

Die bewegte Geschichte des Pariser Panthéons zeigt anschaulich, wie es um die vom Staat garantierte Unsterblichkeit des Dichters bestellt ist. Dieser Tempel für alle Götter ist eine Einrichtung der Französischen Revolution; die Konstituante beschloß beim Tod Mirabeaus, die Kirche Sainte-Geneviève in eine nationale Ruhmeshalle

«pour les cendres des grands hommes de l'époque de la liberté française» umzuwan-
deln. Nach Mirabeau zogen die Gebeine Voltaires und Rousseaus unter die Kuppel ein,
aber Mirabeau wurde bald durch Marat ersetzt, der nach dem neunten Thermidor
gleichfalls wieder weichen mußte. Napoleon gab das Panthéon an die Kirche zurück,
Louis-Philippe machte es wieder zur nationalen Weihestätte, die Leichen Voltaires und
Rousseaus wurden unter der Restauration aus ihren Särgen gerissen und zerstreut.
Napoleon III. ließ das Gebäude noch einmal in ein Gotteshaus zurückverwandeln, erst
mit Hugos Beisetzung wurde es endgültig zum republikanischen Heiligtum. Das deutsche Pantheon, die von Ludwig I. bei Regensburg erbaute «Walhalla», kam nie zu
solchen Ehren, weil sie eigentlich als bayrisches Stammesheiligtum gedacht war. Stifter
schrieb 1865 über sie: «Die Walhalla mocht ich dieses Mal gar nicht besehen, ihr Besuch
hat mir vor Jahren Tränen gekostet, jetzt hätte ich Ingrimm gefühlt. Dieses Vergöttern
der Toten, die man im Leben gekreuzigt hat und noch immer kreuzigt, ist zu empörend
und ekelhaft.» Sein Ekel konnte nicht verhindern, daß auch seine Büste hundert Jahre
später in diesem Mausoleum aufgestellt wurde. In die nationale Ruhmesgeschichte gehört auch der Streit, der durch die Jahrhunderte um die Gebeine des toten Dante geführt wurde. Die Kirche hatte sie einst verbrennen, die Vaterstadt Florenz sie feierlich
zurückholen wollen. Als ihrer Bitte nach langen Verhandlungen 1520 stattgegeben
wurde, hatten die Franziskaner von Ravenna, bei denen Dante begraben worden war,
den Sarg längst geleert. Im Dantejubeljahr 1865 wurden dann seine Überreste zufällig
entdeckt und den staunenden Gläubigen in einem Glassarg gezeigt.

Nach der Zahl der Kränze und dem Preis literarischer Reliquien mußte man die bür-
gerliche Epoche für die reichste Blütezeit der Dichtung halten. Solche Fanfaren wurden
aber nur für eine Auswahl von Berühmtheiten geblasen. Gotthelf, Stifter, Mörike,
Hebbel, Flaubert, Baudelaire starben ohne sie. Hebbel rief: «Ruhm! Unsterblichkeit!
Der Riesenschatten eines großen Daseins macht gemeine Köpfe schwindeln, und dieser
Schwindel soll das Genie für ein unter diesem Volk vergeudetes Leben belohnen!» In
Nietzsche schlug der Abscheu vor dem bürgerlichen Klassikerkult in Argwohn gegen
das Genie um, das ihm offenbar eine Handhabe bot. Er nannte es das arme Opfertier der
anbetungssüchtigen Menge, eine Illusion des Pöbels, ein Gespenst, das nach Erfolg
dürste, der doch immer der größte Lügner sei. «Das ‚Werk‘, das des Künstlers, des
Philosophen, erfindet erst den, welcher es geschaffen hat, geschaffen haben soll; die
‚großen Männer‘, wie sie verehrt werden, sind kleine schlechte Dichtungen hinterdrein;
in der Welt der geschichtlichen Werte *herrscht* die Falschmünzerei. Diese großen Dichter zum Beispiel, diese Byron, Musset, Poe, Leopardi, Kleist, Gogol (ich wage es nicht,
größere Namen zu nennen, aber ich meine sie)» ...

Die deutsche Dichtung war für diese Vergötzung der Toten am wenigsten geeignet.
Sie hängt staatlich wie keine andere in der Luft, ihre nationale Glorifizierung und Ein-
balsamierung erforderte deshalb die gewaltsamsten Methoden. Es wurde eine deutsche
Klassik erfunden, die der absolute Höhepunkt der europäischen Kultur sein sollte, die
aber schon Figuren vom Rang Pestalozzis, Hölderlins, Grillparzers nicht mehr umfaßte, weil sie nicht deutsch genug waren. Was der nationalen Uniform widerstrebte,

wurde übersehen oder unkenntlich übermalt. Nur wenige erkannten, daß Deutschland keine zusammenhängende literarische Kultur besitzt, daß das Besondere seiner Überlieferung gerade in der Isoliertheit und Gefährdung seiner großen Dichter, in der Gipfeleinsamkeit seiner großen Dichtwerke liegt. Noch weniger gab man sich davon Rechenschaft, daß die deutsche Musik alles besitzt, was der Geschichte der deutschen Dichtung fehlt: die reichtragende Überlieferung, die Überfülle genialer Begabungen und ihren unmittelbaren persönlichen Zusammenhang, der allerdings auch weit über die nationalen Grenzen hinausweist. Nur Nietzsche hatte den Blick dafür, daß die deutsche Musik die deutsche Dichtung überragt: «Beethoven hat es besser gemacht als Schiller, Bach besser als Klopstock, Mozart besser als Wieland, Wagner besser als Kleist.»

Im Zeichen dieses nationalen Jahrhundertruhms formierte sich der Parnaß der «Geisteshelden», die das gebildete deutsche Bürgertum für unsterblich hielt. Als erster Dichter wurde Schiller der vaterländischen Glorifizierung teilhaft. Sein Kult begann in der Ära der Restauration, die vormärzlichen Liberalen nährten an ihm ihr Freiheitspathos und ihren idealistischen Schwung, er wurde ihr Herold und jede Aufführung des «Don Carlos» und des «Wilhelm Tell» zum Weiheakt der nationalen Einigung. Niemand gab sich davon Rechenschaft, daß diese Dramen anders gemeint und ihr Verfasser alles andere als ein Demokrat war. Seine Ansicht über die Demokratie ist im «Demetrius» ausgesprochen, wo der ganze polnische Reichstag dem falschen Prätendenten zujubelt und nur einer, der das Spiel durchschaut, in den Tumult ruft:

> *Was ist die Mehrheit? Mehrheit ist der Unsinn,*
> *Verstand ist stets bei wen' gen nur gewesen.*

Die vom demokratischen Freiheitsglauben ergriffene Generation erfand und liebte ihren eigenen Schiller, der zum Genius der Fortschrittsrhetorik wurde und bis zum heutigen Tag seine wirkliche Gestalt verdeckt. Seit 1848 erstrahlte das Haupt dieses andern Schiller im Siegesbewußtsein der werdenden deutschen Großmacht, sein hundertster Geburtstag wurde nicht nur in Deutschland, sondern von den deutschen Kolonien rings um den Erdball im Vorgefühl des Triumphs von 1870 gefeiert. Fontanes Festhymnus gipfelte in dem Vers: «Und Schiller kam, und Deutschland war geeinigt.» Gleichzeitig fand auf dem Rütli die schweizerische Feier mit der Einweihung des Schillersteins statt, die den «Sänger Tells» zum schweizerischen Nationaldichter erhob. Diesem Höhepunkt folgte kurz darauf der jähe Sturz. Schillers Werke waren wegen ihrer patriotisch mißverstandenen Sentenzen ungenießbar geworden, ihre Popularität verwandelte sich in den Fluch der Banalität. Die Naturalisten spielten den Dichter der «Räuber» gegen den bourgeoisen Klassiker aus, aber der Niedergang des Idols war unabwendbar. Goethe stieg über den priesterlichen Moralisten empor – nicht weil er größer war, sondern weil die Lage sich zu ändern begann.

In kleinerem Maßstab erlebte Grillparzer ein ähnliches Schicksal. Er plante als besoldeter Hoftheaterdichter einen Zyklus von Dramen aus der Geschichte des Habsburger Hauses, der gewiß nicht nur ein großartiges nationales Denkmal, sondern etwas in der deutschen Literatur Einzigartiges geworden wäre, da Schillers Dramen eben nicht national empfunden sind. Aber schon mit dem ersten Stück daraus, dem «König Ottokar», machte er so unerfreuliche Erfahrungen, daß ihm die Lust dazu verging; die Zensur ließ es zwei Jahre liegen, so daß man eine politische Sensation witterte, und die Enttäuschung darüber, daß sie ausblieb, war bei der Première so groß, daß der Glanz des Werkes nicht bemerkt wurde. Noch übler ging es beim «Treuen Diener seines Herrn». In der Verstimmung darüber begrub Grillparzer seinen Plan, und man darf es ihm glauben, wenn er im Alter sagte: «Der Ottokar, das war ein österreichisches Stück. Ich hätte wohl noch sechs solcher geschrieben, wenn man mir Lust gemacht hätte! Das hätte gewirkt in Böhmen und Ungarn! Der Kaiser Franz hatte dafür keinen Sinn.» Da er seit 1848 trotz allem als österreichischer Nationaldichter abgestempelt war, verhielten sich die Theater Deutschlands ihm gegenüber äußerst kühl, was für ihn eine weitere Quelle der Verbitterung wurde.

Denn nicht nur die Generationen, sondern auch die Nationen sind auf ihre Großen eifersüchtig. Sie halten einander ihre Dichter als Beweise ihrer nationalen Macht entgegen. Die hochgesteigerte nationale Empfindlichkeit der europäischen Völker vergröberte und vereinfachte die Vorstellung vom «Klassiker» immer mehr, so daß sie einander im Grund überall ähnlich sahen. Je berühmter sie wurden, desto mumienhafter wirkten sie, desto grellere politische Etiketten mußten ihnen aber auch aufgeklebt werden. Sie waren schließlich nur noch Gespenster ihrer selbst, Gegenstände der nationalen Selbstbespiegelung. Aber jedes Mißverständnis, das sich an sie heftete, trug dazu bei, ihre Namen sakrosankt zu machen, und nur wer ihre Werke noch unvoreingenommen lesen konnte, bereute diese Entwicklung. Der alte Fontane sah die ganze innere Öde dieser Abgötterei: wie beschränkt sie war, da sie sich doch immer nur in schäbigen politischen Grenzen abspielte, und von welchem Mangel an innerer Ergriffenheit sie zeugte. «Die Toten sind tot. Und die, die von Unsterblichkeit geträumt, meist doppelt! Man spricht von ihnen, aber die Akte einfach-menschlicher Pietät unterbleiben.» Der auf allen Schulen und in Festreden gepredigte Klassikerruhm war doch nur eine neue Form der Undankbarkeit gegenüber den Dichtern, über die sich diese selbst besonders in Deutschland seit alters beklagten. Jean Paul schrieb in der Vorrede zum «Quintus Fixlein»: «Überhaupt ist der Tempel des deutschen Ruhmes eine schöne Nachahmung des athenischen Tempels der Minerva, worin ein großer Altar für die Vergessenheit stand. Ja wie die Florentiner sich ihren Pandekten nur ehrerbietig in einem Staatkleide und mit Fackeln nähern, so nehmen wir aus derselben Ehrfurcht die Werke unserer Dichter nur in Bratenröcken in Gesellschaft zur Hand und nähern solche selber den Kerzen und fachen damit das Feuer in allen guten Köpfen aus – Meerschaum an.»

2

Der skeptisch gewordene Fontane machte sich auch über den nationalen Goethekult keine Illusionen. Er schrieb 1896: «Wir sind in einem Goethebann und müssen draus heraus. Sonst haben wir unser ‚Apostolikum' in der Literatur.» Dieses alleinseligmachende Credo war so wenig zu verhindern wie das Bekenntnis zu Schiller, aber hinter ihm stand nicht nur der Nationalstolz, sondern der Anspruch auf Weltgeltung. Goethe stieg nicht nur zum Ruhm des größten deutschen Dichters auf, sondern zu dem des «größten Deutschen», der mit Homer, Dante und Shakespeare die formelhafte Gruppe geistiger Majestät bildete. Dieser Aufstieg begann an seinem Begräbnistag, als die Weimarer Bevölkerung an seinem Leichnam vorbeizog, der mit dem Lorbeer um die Stirn, mit Juwelenketten um Hals und Arme im Erdgeschoß des Hauses am Frauenplan öffentlich aufgebahrt war. Daß Schillers Nimbus ihn zunächst überglänzte, kam ihm zustatten, als dieser nach der neuen Reichsgründung verblaßte. Das Schauspiel der Vergottung, das nun anhob, hatte wie bei Schiller seine Gründe im Dichter selbst und war zugleich eine fatale Verfälschung. Der große Magier hatte es teils begünstigt, teils verschmäht, wie es seinem Verhältnis zu den Deutschen und zum Ruhm überhaupt entsprach. «Die lieben Deutschen kenn ich schon: erst schweigen sie, dann mäkeln sie, dann beseitigen sie, dann bestehlen und verschweigen sie.» Das alles geschah nun auch mit ihm, seitdem er, der ein beispielloser Schutzgeist des deutschen Volkes hätte sein können, wenn man ihn dort gelassen hätte, wo er als Lebender hauste, aus seiner sibyllinischen Verborgenheit hervorgezogen und zum Sinnbild der deutschen Weltmacht verklärt wurde. Die Auseinandersetzung über ihn drehte sich darum, daß man bald den Dichter des «Götz» gegen den der «Iphigenie», bald den Verfasser der «Römischen Elegien» gegen den des «Werther», schließlich den Goethe des «West-östlichen Divans» gegen den des «Wilhelm Meister» ins Feld führte. Aber es gab und gibt auch eine Partei, die den Forscher dem Dichter gegenüberstellt, und wie der Goethe des «Faust» mit alldem zusammenzubringen ist, weiß noch immer niemand überzeugend zu sagen. Der alte Goethe lebte im Gedanken der Weltliteratur, weil er wie Schiller von der Unzulänglichkeit des nationalen Standpunkts in der Kunst durchdrungen war und ein Gegengewicht zu ihm schaffen wollte. Es war erstaunlich, wie er selbst damit die sich verhärtenden nationalen Grenzen noch einmal durchbrach und beinahe wie ein großer Mensch des Mittelalters in Europa daheim war. Aber er erlebte als Europäer die Ironie alles Ruhms nur in neuer Form; je mehr sein Name im Ausland bekannt wurde, desto deutlicher wurde sie ihm bewußt. Schon die erste Unterredung mit Napoleon, die seine europäische Laufbahn eröffnete, war durch sie gekennzeichnet. Der Kaiser sprach den sechzigjährigen Goethe auf «Werthers Leiden» an und unterhielt sich mit ihm des Langen und Breiten über dieses Jugendwerk. Goethes ganzer Weltruhm, wie er ihn noch selbst erlebte, krankte an dieser Verspätung. Er wurde in Frankreich, Italien, England noch als der Dichter des «Götz von Berlichingen» und des «Tasso» gefeiert, als er innerlich mit diesen Werken längst nichts mehr zu schaffen hatte, und rief Wirkungen hervor, die auf Mißverständnissen beruhten. Auch sein einzigartiges Ansehen war zum guten Teil ein Irrtum über ihn[1].

---

[1] Über seine Wirkung auf Byron sagt Fritz Strich: «Wieder einmal steht man vor jenem Phänomen, das schon so oft zu bemerken war: daß Goethes Wirkung, die er in die Welt ausstrahlte, so gar nicht mehr der Stufe entsprach, auf der er damals bereits stand. War dies das Feuer, das er selbst auf einem heiligen Altar, dem nämlich der europäischen Kultur, entfachen wollte und das nun Europa in Flammen zu setzen und zu zerstören drohte? An keinem Beispiel konnte ihm die eigene Tragödie – denn

Mit diesem Weltruhm ging Goethe in jene Unsterblichkeit ein, die nicht bloß über einer Nation, sondern über den Nationen leuchtet. Der Jahrhundertruhm ist nur die Vorstufe des Jahrtausendruhms, der die glänzendsten Namen der Literaturgeschichte umgibt. Die nationalen Klassiker müssen noch einmal ein Totengericht über sich ergehen lassen, bevor sie in diese Höhe emporgelangen. Sie bildet den Sternhimmel der Menschheit oder doch der Kontinente. Die nationalen Größen liegen tief unter ihr im Dunst von Raum und Zeit, wo staatliche und geographische Grenzen den Ausschlag geben und die Völker sich wenig darum kümmern, wen ihre Nachbarn schätzen oder lieben. Über den universalen Jahrtausendruhm hat niemand mehr Gewalt, er steigt und fällt nach eigenen Gesetzen. Große Namen, die durch ganze Zeitalter Gestirne ersten Ranges waren, sinken gegen den Horizont hinab, andere steigen nach langer Vergessenheit in den Zenit. Ihre Träger haben es nicht mehr nötig, verstanden zu werden. Die Namen strahlen geheimnisvoll aus sich selbst, viele unter ihnen sind längst erloschene Sterne und leben nur noch als Idole. Das kultische Verehrungsbedürfnis, das auf dem tiefsten Grund des Dichterruhms liegt, tritt hier unverstellt hervor. «Schließlich beginnen wir zu ahnen, daß das Ganze der Persönlichkeit, die uns groß erscheint, über Völker und Jahrhunderte hinaus *magisch* auf uns nachwirkt, weit über die Grenzen der bloßen Überlieferung hinaus» (Burckhardt). Die zivilisierte Welt bewundert in diesen Namen die verklärten großen Menschen, die sie vom Hörensagen und vom Besuch der Stätten kennt, wo ihr Andenken zelebriert wird. Die unsterblichen Großen schweben in einem weltlichen Heiligenhimmel, ihre Werke sind der Gnadenschatz derjenigen, die von ihrem Vorhandensein wissen und sie sich innerlich angeeignet haben. Die ziellos gewordene Sehnsucht nach einem Mythus, nach Anbetung und ewigem Leben findet im Umgang mit diesen Seligen ihre Ruhe. Den Wissenden sind sie Quellen geistigen Glücks, den Unwissenden Phantome.

Diese Verklärung geht weit über den Nimbus der nationalen Klassiker hinaus. Der Zusammenhang mit der Person des Dichters ist aufgehoben, sein Leben und Schaffen auf den einfachsten Umriß zusammengeschmolzen. Es bleiben nur abstrakte Zeichen der Wirklichkeit übrig. Oft lebt, wie in der Sage von Orpheus, ein Mythus der Person, oft, wie in der Odyssee oder im Nibelungenlied, der Mythus eines Werkes fort, und die Frage ist müßig, was das Bessere sei. Der Magier Goethe wollte als Entelechie fortleben, der weltfrohe Fontane fand, in einem einzigen Werk über den Tod hinaus geliebt zu werden, sei doch das Schönste, was einem Dichter zuteil werden könne. Auch Keats schrieb einmal: «Ehren, von Mensch zu Mensch erwiesen, sind ja nur Tand, ver-

es ist eine solche – so deutlich und so beängstigend zum Bewußtsein kommen wie an dem Beispiel Byrons, seines geistigen Sohnes, und des Einflusses, den er durch das Medium Byrons auf die europäischen Literaturen übte. Ja, wer in Goethe den gültigsten Repräsentanten des deutschen Geistes überhaupt erkennt, muß hier von der Tragödie dieses deutschen Geistes sprechen, der Europa in Flammen setzte, es des Maßes, der Schönheit, des Gesetzes, der Ordnung und der Form beraubte, und zwar zu einer Zeit, als er doch selbst sich dieses alles in Goethe bereits gewonnen und erobert hatte. Was in die Welt ausstrahlte, war der deutsche Sturm und Drang und die deutsche Romantik. Dem überdeutschen, europäischen Geiste Goethes blieb – mit wenigen Ausnahmen – die bildende Wirkung versagt» («Goethe und die Weltliteratur» 307f., 1946).

glichen mit dem Segen, den große Werke durch ihr bloßes Dasein für den Geist und den Willen zum Guten bedeuten.» Ob Werk oder Person oder bloßer Name: es bedeutet in jedem Fall, daß das Genie diesen Ruhm mit seinem Leben bezahlt. Nur endgültig Tote können ihn erhalten, nur aus den Gräbern kann eine solche Weihe kommen. Für die Dichter bedeutet das auch, daß ihre Werke mit der Sprache, in der sie geschrieben sind, unweigerlich veralten und unverständlich werden. Schiller sagte im Gedanken daran: «Wenn man überlegt, daß das Schicksal dichterischer Werke an das Schicksal der Sprache gebunden ist, die schwerlich auf dem jetzigen Punkte stehen bleibt, so ist ein unsterblicher Name in der Wissenschaft etwas sehr Wünschenswürdiges.» Der junge Herder schloß seinen Aufsatz über Shakespeare mit derselben Überlegung, dachte aber noch weiter. «Trauriger und wichtiger wird der Gedanke, daß auch dieser große Schöpfer von Geschichte und Weltseele immer mehr veralte! daß, da Worte und Sitten und Gattungen der Zeitalter wie ein Herbst von Blättern welken und absinken, wir schon jetzt aus diesen großen Trümmern der Ritternatur so weit heraus sind, daß selbst Garrik, der Wiedererwecker und Schutzengel auf seinem Grabe, so viel ändern, auslassen, verstümmeln muß und bald vielleicht, da sich alles so sehr verwischt und anders wohin neigt, auch sein Drama der lebendigen Vorstellung ganz unfähig werden und eine Trümmer von Kolossus, von Pyramide sein wird, die jeder anstaunet und keiner begreift. Glücklich, daß ich noch im Ablaufe der Zeit lebte, wo ich ihn begreifen konnte.»

Goethes Unsterblichkeit dauert erst hundert Jahre, seine Person ist auch deshalb noch greifbarer als die Shakespeares, der nur noch in seinen Werken lebt. Aber die Zeit wird kommen, wo beide nur noch solche zeichenhaften Namen sein werden wie Dante oder Vergil. Das ist die Unsterblichkeit durch die Tugend, von der Platon spricht. Hat der Dichter sie als Lebender begehrt? Sie geht über alles hinaus, was er als Mensch und Künstler wünschen kann. Sie vernichtet ihn, sie ist die Verewigung der Einsamkeit, in der er einst lebte. Dieser Ruhm ist der ungerechteste von allen; er läßt kein Urteil mehr darüber zu, wem er zu Recht, wem er unverdient zuteil wurde. Wer war Homer? Wer war Shakespeare? Daß eines Tages auch ihre Werke vergessen und bestenfalls ihre Namen übrig sein könnten, vor diesem Gedanken graut dem Gebildeten, aber die Betrachtung des Ruhms führt zu ihm hin. Burckhardt sagte: «Mozart und Beethoven können einer künftigen Welt so unverständlich werden, als uns jetzt die griechische, von den Zeitgenossen so hoch gepriesene Musik sein würde. Sie werden dann auf Kredit groß bleiben, auf die entzückten Aussagen unserer Zeit hin, etwa wie die Maler des Altertums, deren Werke verloren gegangen.»

3

Nicht nur die antiken Malereien sind verschwunden, sondern ganze Kulturen, die bestenfalls in einzelnen Resten erhalten blieben. Das griechische und römische Altertum ist ein Ruinenfeld, das von unersetzlichen Verlusten spricht. Von der griechischen Dichtung ist das Meiste verloren: fast alle Werke der Epiker, darunter das alte Argonautenepos und die drei Epen des thebanischen Sagenkreises, die Lyrik des Alkaios, die neun Bücher Gedichte der Sappho und drei Viertel von Pindars Werken mit seiner gesamten religiösen Lyrik. Auch das attische Theater ist fast ganz untergegangen; von den über achtzig Dramen des Aischylos und den etwa 110 des Sophokles blieben je sieben, von den 92 des Euripides durch einen glücklichen Zufall 18 erhalten. Nicht nur die Werke gingen unter, sondern auch die Namen einst hochgeliebter Dichter, dafür wurde von fleißigen Schulmeistern und müßigen Schreibern viel unnützer Wust gerettet. Die reiche, nur mündlich überlieferte keltische Dichtung ist bis auf einige irische Reste spurlos verschwunden. In Deutschland fiel die germanische Poesie der gewaltsamen Christianisierung zum Opfer. England erlebte zwei solche Katastrophen; dort wurde nach der angelsächsischen Invasion die keltische Dichtung, nach der normannischen Eroberung die angelsächsische ausgerottet. Am schlimmsten wüteten die Religionskriege, weil die Priesterschaft die Zerstörung der geistigen Güter absichtsvoll durchführte. Im Mittelalter, in der Renaissance, in der Gegenreformation gingen die Bilderstürme der Kirchenkämpfe über die Künste hin. Im zwanzigsten Jahrhundert fielen noch einmal ungezählte, in Museen und Kirchen gehütete Meisterwerke den Kriegszerstörungen zum Opfer, während gleichzeitig im bombardierten Deutschland ein von der Hand Goethes oder Hölderlins beschriebenes Blatt zeitweise als einzig sicheres Wertpapier galt. Dieser Börsenwert des Dichters war etwas Neues, die Vernichtung der Kunstwerke ist so alt wie die Kunst selbst. Ihr Untergang ist keine betrübliche Ausnahme, er ist die Regel. Ihre massenhafte Zerstörung im Krieg beschleunigt nur einen Prozeß, der sich weniger auffällig fortwährend abspielt. Auf ein vorhandenes Werk kommen tausend verlorene.

Haben die Dichter und Künstler also umsonst gelebt? Auch abgesehen von der gewaltsamen Beseitigung ihrer Werke scheint die Anerkennung, die sie fanden, und die Wirkung, die sie hatten, in keinem Verhältnis zu dem von ihnen Gewollten und Getanen zu stehen. Die Meisterwerke haben nicht das ausgerichtet, was sie hätten bewirken können, weil immer nur wenige sie beachteten und verstanden. Nietzsche sagt in der dritten «Unzeitgemäßen Betrachtung»: «Es ist traurig, die Kunst als Ursache und die Kunst als Wirkung so verschiedenartig abschätzen zu müssen: wie ungeheuer ist sie als Ursache, wie gelähmt, wie nachklingend ist sie als Wirkung. Der Künstler macht sein Werk nach dem Willen der Natur zum Wohle der anderen Menschen, darüber ist kein Zweifel: trotzdem weiß er, daß niemals wieder jemand von diesen andern Menschen sein Werk so verstehen und lieben wird, wie er es selbst versteht und liebt.» Aber solche Überlegungen vergröbern den Sinn des künstlerischen Schaffens. Es ist die Haupteigenschaft alles Vollkommenen, ohne zureichende Erklärung dazusein. Vergeblich blühen auch die Blumen, ragen die Berge, kreisen die Sterne. Schönheit ist nur ein anderer Name für diese scheinbare Vergeblichkeit, die den Menschen von seinem Denken erlöst. Den einen erschüttert sie, der andere geht achtlos an ihr vorbei wie an der Sonne. Aber es ist der Trost der Welt, daß die Sonne jeden Morgen aufgeht.

Wesentlich ist jedoch die Erkenntnis, daß das Kunstwerk nicht über die Vergänglichkeit des Irdischen hinausragt. Die Liebe zu ihm schließt, wenn sie eine wissende Liebe ist, die Trauer darüber ein. Wer imstande ist, Vollendetes zu schaffen, ist auch mit diesem Gedanken vertraut; er weiß, daß Vollendung auch Vernichtung bedeutet, und manchmal zerstört er das Vollendete selbst. Er erschafft es nicht um des toten Ruhmes willen, sondern weil er nicht anders kann, und auch als Ruine kann es noch ein Wunder sein. Der Ruhm ist das Echo des Vollkommenen bei den Armseligen, die sich an seinen Besitz klammern, weil sie es nicht hervorbringen können. Der echte Dichter hat das Vergehenmüssen vorausbedacht und verleibt es seinem Werk ein. Das ist die höchste Weihe, die er ihm geben kann. «Ach, was ist Menschengröße, Menschenruhm!» ruft Kleist in seinem letzten, auch nur zufällig erhaltenen Werk. Sie sind Larven; erst wenn sie fallen, kommt das wahre Geheimnis der Kunst zum Vorschein. Nicht allen Dichtern ist das in gleicher Weise bewußt. Noch in der Art, wie sie von der Nichtigkeit der Kunst und des Ruhms sprechen, zeigt sich ihre typische Verschiedenheit.

Für Mörike lag das Wunder der Kunst in ihrer mit dem Tod verschwisterten Vergänglichkeit. Er erlebte es als ein kurzes magisches Aufleuchten aus dem Dunkel, als verwehenden Harfenklang. So entstanden seine Gesänge, so legte er die Kunst Mozarts in der heiter-schwermütigen Mozart-Novelle aus, so erschauert in seinem letzten großen Gedicht die junge Erinna vor ihrem Spiegelbild: wie ein schwarzgefiederter tödlicher Pfeil streift sie der Gedanke, daß die Schönheit sterblich ist. Davon war auch Goethe jederzeit durchdrungen, nur daß er sich nicht immer gleich damit abfand. Der Weltschmerz seiner Jugend bricht in Fausts großem Fluch auf allen Glauben aus, der nur Chimären erzeuge, nicht zuletzt die Chimäre des Ruhms:

> *So fluch ich allem, was die Seele*
> *Mit Lock- und Gaukelwerk umspannt*
> *Und sie in diese Trauerhöhle*
> *Mit Blend- und Schmeichelkräften bannt!*
> *Verflucht voraus die hohe Meinung,*
> *Womit der Geist sich selbst umfängt!*
> *Verflucht das Blenden der Erscheinung,*
> *Die sich an unsre Sinne drängt!*
> *Verflucht, was uns in Träumen heuchelt,*
> *Des Ruhms, der Namensdauer Trug!*
> *Verflucht, was als Besitz uns schmeichelt,*
> *Als Weib und Kind, als Knecht und Pflug!*

Diese wilde Verneinung wich in Rom der hohen Bejahung des vollkommen Schönen. Aus den römischen Ruinen sprach den verwandelten Goethe nicht die Vergänglichkeit an, sondern die ewige Gegenwart des Großen, die ihn zu eigenem Gestalten ermutigte. «Daß das Größte und Herrlichste vergehe, liegt in der Natur der Zeit und der gegen einander wirkenden sittlichen und physischen Elemente. Wir konnten in allgemeinster Betrachtung nicht traurig an dem Zerstörten vorübergehen, vielmehr hatten wir uns zu freuen, daß so viel erhalten, so viel wieder hergestellt war, prächtiger und übermäßiger, als es je gestanden. Die Peterskirche ist gewiß so groß gedacht, und wohl größer und kühner als einer der alten Tempel ... Es darf uns nicht niederschlagen, wenn sich uns die Bemerkung aufdringt, das Große sei vergänglich; vielmehr wenn wir finden, das Vergangene sei groß gewesen, muß es uns aufmuntern, selbst etwas von Bedeutung zu leisten, das fortan unsre Nachfolger, und wär' es auch schon in Trümmer zerfallen, zu edler Tätigkeit aufrege, woran es unsre Vorvordern niemals haben ermangeln lassen.» Aber auch diese versöhnliche, am Werden und Vergehen der Natur geklärte Betrachtung der Dinge war nicht Goethes letztes Wort. Im Alter blickte er durch die schönen Gestalten und sah sie immer mystischer als fließende Erscheinungen der Urphänomene, hinter denen sich das Gestaltlose dehnt. Im großen Gespräch mit Eckermann über das Genie vertrat er die Überzeugung, daß der geniale Mensch nach Gottes Plan «wieder ruiniert» werden müsse; er war jetzt der Meinung, es sei sicherer, in Zelten als in Palästen zu wohnen, da man nie wisse, wie lange ein Stein auf dem andern bleibe. Als ihm einmal der Weimarer Baudirektor den Plan zu einem Grabmal für Wieland skizzierte, sagte er nachher halblaut zu Eckermann: «Da ich in Jahrtausenden lebe, so kommt es mir immer wunderlich vor, wenn ich von Statuen und Monumenten höre. Ich kann nicht an eine Bildsäule denken, die einem verdienten Manne gesetzt wird, ohne sie im Geiste schon von künftigen Kriegern umgeworfen und zerschlagen zu sehen. Coudrays Eisenstäbe um das Wielandische Grab sehe ich schon als Hufeisen unter den Pferdefüßen einer künftigen Kavallerie blinken, und ich kann noch dazu sagen, daß ich bereits einen ähnlichen Fall in Frankfurt erlebt habe. Das Wielandische Grab liegt überdies viel zu nahe an der Ilm; der Fluß braucht in seiner raschen Biegung kaum einhundert Jahre am Ufer fortzuzehren, und er wird die Toten erreicht haben.»

Der Mystiker, der in allem Irdischen eine Allegorie des Ewigen, in jeder Gestalt nur eine Maske sieht, erkennt in der Hinfälligkeit der Erdengröße den sichtbaren Beweis für die Größe Gottes, für die Macht des Schicksals. Hamann spürt in den Zerstörungsstürmen der Weltgeschichte am stärksten die Hand Gottes. «Wenn kein junger Sperling ohne unsern Gott auf die Erde fällt, so ist kein Denkmal alter Zeiten für uns verloren gegangen, das wir zu beklagen hätten.» Er sieht wie Ezechiel die Menschheit als ein Leichenfeld, das Gott nach seinem Willen beleben kann. «Das Feld der Geschichte ist mir daher wie jenes weite Feld vorgekommen, das voller Beine lag – und siehe! sie waren sehr verdorret. Niemand als ein Prophet kann von diesen Beinen weissagen, daß Adern und Fleisch darauf wachsen und Haut sie überziehe. Noch ist kein Odem in ihnen – bis der Prophet zum Winde weissagt und des Herrn Wort zum Winde spricht.» Dieses eschatologische Bild der Geschichte schwebt auch den barocken Dichtern vor. Auch sie reißen den Abgrund der Sinnlosigkeit auf, um die göttliche Wahrheit desto triumphierender erscheinen zu lassen. Grimmelshausen zeigt abwechselnd die verführerische und die grausige Larve der Welt, um seine Leser zu erschüttern. Gryphius läßt im Prolog zur «Catharina von Georgien» die Ewigkeit auftreten und ihr «Vanitas, vanitatum vanitas!» über allen Menschentand ausrufen. «Der Schauplatz lieget voll Leichen, Bilder, Cronen, Scepter, Schwerdter usw. Über dem Schauplatz öffnet sich der Himmel, unter dem Schauplatz die Hölle. Die Ewigkeit kommet von dem Himmel und bleibet auf dem Schauplatz stehen.» Sie spricht:

O die ihr auf der kummerreichen Welt,
Verschränkt mit Weh und Ach und dürren Totenbeinen,
Mich sucht, wo alles bricht und fällt,
Wo sich eur Ichts in Nichts verkehrt und eure Lust in herbes Weinen!
Ihr Blinden! Ach! wo denkt ihr mich zu finden?
Die ihr vor mich, was brechen muß und schwinden,
Die ihr vor Wahrheit nichts als falsche Träum erwischt
Und bei den Pfützen euch anstatt der Quell erfrischt! –
Schaut, Arme! schaut! was ist dieß Tränental?
Ein Folterhaus, da man mit Strang und Pfahl
Und Tode scherzt. Vor mir liegt Prinz und Crone,
Ich tret auf Scepter und auf Stab und steh auf Vater und dem Sohne.
Schmuck, Bild, Metall und ein gelehrt Papier
Ist nichts als Spreu und leichter Staub vor mir.
Hier über euch ist dieß, was ewig lacht;
Hier unter euch, was ewig brennt und kracht.
Dieß ist mein Reich. Wählt, was ihr wünschet zu besitzen!
Wer allhier fehlt, dem wird nichts auf der Erden nützen.

Auch der große Sänger dieser Welt sieht ihre Hinfälligkeit. Er hat von ihr die reichste Anschauung, aber noch wenn er sie ausspricht, schwingt seine Liebe zur Erde mit. Er klagt niemanden an, er trauert über das Unabänderliche und sucht nach einem Trost, der es ertragen hilft. Burckhardt nennt die Verluste in der Überlieferung der Kunst und Wissenschaft eine metaphysische Gefährdung des menschlichen Bewußtseins vom Zusammenhang der Geistesgeschichte, fährt aber im Sinn des klassischen Goethe fort: «Allein, unsere unerfüllte Sehnsucht nach dem Untergegangenen ist auch etwas wert; ihr allein verdankt man es, daß noch so viele Bruchstücke gerettet und durch eine rastlose Wissenschaft in Zusammenhang gesetzt worden sind; ja, Verehrung der Reste der Kunst und unermüdliche Kombination der Reste der Überlieferung machen einen Teil der heutigen Religion aus. Die verehrende Kraft in uns ist so wesentlich als das zu verehrende Objekt. Vielleicht auch mußten hohe Kunstwerke untergehen, damit eine neuere Kunst unbefangen schaffen könne. Wenn z.B. im XV. Jahrhundert plötzlich große Massen wohlerhaltener griechischer Skulpturen und Malereien wären gefunden worden, so hätten Lionardo, Michelangelo, Raffael, Tizian und Correggio nicht schaffen können, was sie geschaffen haben, während sie mit dem von den Römern Ererbten wohl in ihrer Weise wetteifern konnten.»

Auch Stifter sann viel und tief über die Vergänglichkeit der Kunst. Er verachtete den falschen Ruhm, aber er wußte, daß es auch um den echten anders bestellt ist, als die Legende behauptet. Im «Nachsommer» ist von der Unfähigkeit des Menschen die Rede, sich die wahre Ausdehnung der geschichtlichen Zeiträume vorzustellen: es scheine, als würden die früheren Epochen immer vergessen, wenn neue hinzukämen, und so werde vermutlich einst auch die jetzige für die Erinnerung versinken. «Wer wird dann

nach zehntausend Jahren noch von Hellenen oder von uns reden? Ganz andere Vorstellungen werden kommen, die Menschen werden ganz andere Worte haben, mit
ihnen in ganz anderen Sätzen reden, und wir würden sie gar nicht verstehen, wie wir
nicht verstehen würden, wenn etwas zehntausend Jahre vor uns gesagt worden wäre
und uns vorläge, selbst wenn wir der Sprache mächtig wären. Was ist dann jeder
Ruhm?» Auf den letzten Blättern, die Stifter beschrieb, in der zum drittenmal umge-
arbeiteten «Mappe meines Urgroßvaters», steht seine Antwort auf diese Frage. Sie ist
eine hohe mythische Vision des Schicksals. Sie gibt die tragische Harmonie der Geschichte in einem Bild wieder, das den Glauben an die Unsterblichkeit mit der Verzweiflung an ihr versöhnt, wie es nur dem tragischen Denken möglich ist.

«Das Geschick fährt in einem goldenen Wagen. Was durch die Räder niedergedrückt
wird, daran liegt nichts. Wenn auf einen Mann ein Felsen fällt oder der Blitz ihn tötet,
und wenn er nun das alles nicht mehr wirken kann, was er sonst gewirkt hätte, so wird
es ein Anderer tun. Wenn ein Volk dahingeht und zerstreut wird und das nicht erreichen
kann, was es sonst erreicht hätte, so wird ein anderes Volk ein Mehreres erreichen. Und
wenn ganze Ströme von Völkern dahingegangen sind, die Unsägliches und Unzähliges
getragen haben, so werden wieder neue Ströme kommen und Unsägliches und Unzähliges tragen, und wieder neue, und wieder neue, und kein sterblicher Mensch kann
sagen, wann das enden wird. Und wenn du deinem Herzen wehe getan hast, daß es
zucket und vergehen will oder daß es sich ermannt und größer wird, so kümmert sich
die Allheit nicht darum und dränget ihrem Ziele zu, das die Herrlichkeit ist. Du aber
hättest es vermeiden können oder kannst es ändern, und die Änderung wird dir ver-
golten; denn es entsteht nun das Außerordentliche daraus.»

ANMERKUNGEN

Die Quellennachweise beschränken sich auf die wörtlichen Zitate, für die im Text eine Stellenangabe fehlt. Indirekte Zitate sind nur in den wichtigeren Fällen belegt. Für geschichtliche und biographische Tatsachen, die in der einschlägigen Literatur ohne weiteres gefunden werden können, wurden die Belege weggelassen und aus der speziellen Literatur vorwiegend die Werke angeführt, denen der Verfasser verpflichtet ist. Die häufiger erwähnten Autoren werden nach folgenden Ausgaben zitiert, wobei jeweils die erste Ziffer den Band, die zweite die Seitenzahl bezeichnet:

BAUDELAIRE: Œuvres complètes ed. Crépet (Paris 1923 f.)
BRENTANO: Sämtliche Werke herausgegeben von Schüddekopf (München und Leipzig 1910f.)
BURCKHARDT: Jacob Burckhardt-Gesamtausgabe (Stuttgart und Basel 1929 f.)
DOSTOJEWSKIJ: Sämtliche Werke herausgegeben von Moeller van den Bruck (München 1907 f.)
EICHENDORFF: Sämtliche Werke herausgegeben von Kosch (Regensburg o. J.)
GOETHE: Werke herausgegeben im Auftrage der Großherzogin Sophie von Sachsen (Weimar 1887 f.)
– Maximen und Reflexionen ed. Hecker (Schriften der Goethe-Gesellschaft Bd. 21, 1907)
GOTTHELF: Sämtliche Werke herausgegeben von Hunziker und Bloesch (Erlenbach-Zürich 1911 f.)
GRILLPARZER: Werke herausgegeben von August Sauer u. a. (Wien 1909 f.)
HAMANN: Sämtliche Werke, historisch-kritische Ausgabe von J. Nadler (Wien 1949 f.)
HERDER: Sämtliche Werke herausgegeben von Suphan (Berlin 1877 f.)
HÖLDERLIN: Sämtliche Werke herausgegeben von v. Hellingrath, Seebaß und v. Pigenot (Berlin 1923)
HOFFMANN: Werke herausgegeben von Ellinger (Berlin-Leipzig o. J.)
KELLER: Sämtliche Werke herausgegeben von Fränkel und Helbling (Bern und Leipzig 1931 f.)
KLEIST: Werke herausgegeben von Minde-Pouet, zweite Auflage (Leipzig o. J.)
LESSING: Sämtliche Schriften herausgegeben von Lachmann-Muncker (Stuttgart 1886 f.)
MÖRIKE: Werke herausgegeben von Maync (Leipzig und Wien o. J.)
NIETZSCHE: Werke herausgegeben von Baeumler (Leipzig o. J.; der nicht numerierte Nachlaßband «Die Unschuld des Werdens» wird als «Nachlaß» zitiert)
NOVALIS: Schriften herausgegeben von Kluckhohn (Leipzig o. J.)
SCHILLER: Sämtliche Werke, Säkularausgabe herausgegeben von E. von der Hellen (Stuttgart und Berlin o. J.)
STIFTER: Sämtliche Werke herausgegeben von Sauer u. a. (Reichenberg 1929 f.)

SEITE

11 «Das Schicksal»: 7, 54. – «Maßlosigkeit scheint»: Geschichte der deutschen Literatur 20 (1915). – «Es handelt sich»: 19, 66.
12 «Das Höchste wäre»: Maximen und Reflexionen 575.
13 Valeriano: vgl. Burckhardt 5, 196f. – Tollius' Anhang: in seiner Neuausgabe der Schrift Valerianos (Amsterdam 1647), der später noch mehrere Drucke folgten. Lessing denkt wohl an einen von diesen, wenn er sich in der «Rettung des Lemnius» ironisch über einen Aufsatz «von den unglücklichen Dichtern» äußert.
14 «fortgesetzte Tierquälerei»: 1/II, 254. – Nietzsche über die Geschichte des griechischen Geistes: 1/I, 342, 355; 1/II, 533, 569, 573.
15 «Genie ist»: an Nicolai 3. Aug. 1762.
16 *Manche versuchten:* «Sophokles».

17 «Die wahre Philosophie»: Welt als Wille und Vorstellung 2. Teil, Kap. 38. – «überhistorischen Menschen»: I/II, 318. – «nämlich in aller»: ebda. 109. – Zur Geschichte der Typologie der Dichtung vgl. meinen Aufsatz «Dichtertypen» in Weltliteratur, Festgabe für Fritz Strich (1952).

19 *Wer nicht von:* 6, 110. – «Das wahrste Studium»: 7, 9.

21 Wortzauber: L. Lévy-Bruhl, L'âme primitive 186f. (Paris 1927); J. G. Frazer, Der goldene Zweig 15f. (deutsch 1928); A. Bertholet, Wortanklang und Volksetymologie in ihrer Wirkung auf religiösen Glauben und Brauch (Abh. der Preuß. Akademie Phil.-hist. Kl. 1940/6); ders., Die Macht der Schrift in Glauben und Aberglauben (ebda. 1948/1); F. Genzmer, Germanische Zaubersprüche (German.-Roman. Monatsschrift 1950); G. F. Hartlaub, Das Unerklärliche. Studien zum magischen Weltbild (1951).

22 Moses: G. Hölscher, Die Profeten 107f., 115f. (1914); alle Bibelzitate folgen dem Wortlaut der Zürcher Zwingli-Bibel von 1932. – Moses' Berufung und Wundertaten: 2. Mos. 3f. – Schlachtenwunder: ebda. 17, 8f. – Moses' Tod: 4. Mos. 20, 12; 5. Mos. 32, 48f.

23 Orpheus und das Schamanentum: K. Meuli in Hermes 70, 121f., bes. 137f. und 164f.; Mircea Eliade, Le chamanisme et les techniques archaïques de l'extase (Paris 1951); H. Pfrogner, Musik. Erster Teil: Die Vorzeit, Musik als Magie (1954); A. Friedrich und G. Buddruss, Schamanengeschichten aus Sibirien (1955).

24 «der Phantasie»: Grillparzer II 2, 202.

26 Jenseitsreise im Märchen: O. Huth, Märchen und Gnosis (1949). – *Erstlich:* IV. 456f. (Voß).

27 Odin: J. Grimm, Deutsche Mythologie 124 (1854). – «Ich bin gewesen»: San-Marte, Die Sagen von Merlin 258 (1853). – «Ich bin ein Wunder»: ebda. 257.

28 «Künde ich dir»: 12. Tafel. – Die orphische Lehre: E. Rohde, Psyche 395f. (1894).

29 Platon über Orpheus: E. M. Butler, Rilke 341f. (Cambridge 1946). – Sappho: W. Schadewaldt, Sappho 32f. (1950).

30 *Dich hat ein Gott:* Agamemnon 1140f. (Droysen). – Merlin: San-Marte, Die Sagen von Merlin (1853); P. Zumthor, Merlin le prophète (1943). – «immram»: F. Ranke, Tristan und Isold 6 (1925). – «Vita Merlini»: abgedruckt bei San-Marte 273f.

31 Kalewala: vgl. K. Meulis Einleitung zu seiner Auswahl (1940). – Die Reise zu Wipunen: Rune 17.

32 Runenzauber: de Boor in Germanische Altertumskunde ed. H. Schneider 354f. (1938); ebda. F. Genzmer 148f., 170f. – *Ich weiß, daß ich hing* als Zaubererweihe: z. B.: F. von der Leyen in Germanistische Abhandlungen f. H. Paul (1902). – *Nicht schwimme:* Übertragung v. Genzmer 1, 149.

33 «wundertätige Kraft»: 5, 164. – *Diu tier:* 6, 389.

34 videtur sane: Poetice I. 1.

37 Shakespeares Sprache: W. Clemen, Shakespeares Bilder (1936). – «Dolmetscher der Natur»: 5, 219. – «Er wetteiferte»: 37, 133f.

38 *Ich glaubte nie:* V. 1.

39 «erlebte Greuel»: I. 3.

40 *Aus, kleines Licht:* V. 5. – «der große Riß»: IV. 7. – *Was Fliegen sind:* IV. 1.

41 «Vielleicht bilden sich»: ebda. – «Sie schicken sich»: 2. Teil, 10. Hauptstück (1730). – «Der dramatische Dichter»: Aphorismen ed. Leitzmann 2, 185.

42 Die Theorien über das Wesen der Romantik sind mit kritischem Kommentar zusammengestellt bei J. Petersen, Die Wesensbestimmung der deutschen Romantik (1926).

43 «Unser eigen Dasein»: 2, 73. – «Wodurch sollen wir»: 2, 211. – «Wagt euch also»: 2, 201. – «Auch die Griechen»: 9, 534.

44 «heiligen Rhythmus»: 1, 176 Anm. 1. – «daß die Erstgeburt»: 2, 251. – «Ich beneide dir»: 5, 231.

45 «Mein Leben ist»: 4, 439, 446f. – «Oder scheuen»: Schriften ed. Lewy 4, 262 (1917). – «Der Charakter des Genies»: 1. Abschnitt, 10. Fragment.

46 «Die Prätension»: F. Sengle, Wieland 232 (1949). – «Ich gestehe Ihnen»: ebda. 250.

47 «Auch beim nächtlichen»: 29, 14f.

48 *Ein schöner Hexenmeister:* «An Psyche». – «Ich suchte mich»: 29, 174.

49 «dies Herz»: 19, 111. – «Ach, damals»: ebda. 75. – «Und so taumle»: ebda. 76. – «Ich leide viel»: ebda. 128.

50 «Also, lieber Goethe»: an Eschenburg 26. Okt. 1774.

51 Fausts Höllenfahrt als Triumphzug: dies im Gegensatz zur Interpretation K. Burdachs in «Vor-

spiel» 2, 324f. – «O meine Freundin»: IV 1, 199. – «Ich lebe sehr diät»: Schriften d. Goethe-Gesellschaft 2, 102. – «Ich mag nun»: Italienische Reise, Rom 13. Dez. 1786.

52 Wilhelm Meister kein Vorbild: vgl. G. Müller, Gestaltung-Umgestaltung in W. M.s Lehrjahren 18f., 23 (1948). – «Sie billigt nicht»: 28, 228. – das Versatile, Proteische des Typus: II 8, 18.

53 «daß der Verfasser»: an Frau von Stein 25. Juni 1786. – *Wer mit XXII:* 3, 271.

54 «zweiten Orpheus»: zweiter Entwurf zur Ankündigung der «Helena». – «Poesie deutet»: Maximen u. Refl. 1002. – «Ohne Poesie»: Kanzler Müller 15. Mai 1822. – «Sie mochte wohl»: ebda. 22. Jan. 1821. – *«Meine Sachen»:* Eckermann 11. Okt. 1828. – «Wer sie und»: Kanzler Müller 5. Jan. 1831.

56 «inneres Märchen»: an H. Meyer 20. Juli 1831 u. ö. – *Merlin, der Alte:* «Kophtisches Lied». – «Ich wenigstens»: Falk, Goethe 94 (1832).

57 Zum «Divan» vgl. G. Konrad, German.-Roman. Monatsschrift 1951, 178f.

58 Vielnatur des alten Goethe: vgl. H. Pyritz, Goethes Verwandlungen, Euphorion 1950, 7f.; M. Kommerell, Jean Paul 23 (1939).

59 «Im ganzen»: 24. April 1830. – «Hokuspokus»: 7. Juni 1820. – «wie ein Gewitter»: 6. März 1828. – «Ich will keine»: 17. Nov. 1824. – «Was ein anderer»: 1. Mai 1826. – «Ich habe Natur»: 28. März 1830. – «Mir ist in allen»: 31. März 1823. – «Und so war»: 8. Juni 1821. – «Daß wir sie»: 3, 278. – *Sollen dich:* 3, 319.

60 *Du trachte:* 3, 261. – *Komm her:* 3, 325. – *Nehmt nur:* 3, 305. – *Ich kann mich:* 5/I, 141. – *Lord Byron:* 5/I, 201.

61 Über das Dämonische: vgl. auch Eckermann 2. März 1831 und 29, 173f. – «In der Poesie»: Eckermann 8. März 1831.

62 «Ich kenne mich»: 9. Dez. 1797. – «die ganze tragische Gewalt»: an Goethe 12. Dez. 1797. Vgl. Chr. Janentzky, Goethe und das Tragische (Logos 16, 16f.). – «Jeder außerordentliche Mensch»: 11. März 1828. – *Doch daß ihrs wisset:* Choephoren 1021f.

63 «Sterben! Grab!»: 19, 179. – «Übrigens aber»: 10. April 1829; vgl. Franzens Wort im Ur-Götz 39, 112, ferner II 11, 59. – An Zelter: 20. Aug. 1831. – *Verweile nicht:* 2, 249.

64 *Erkenne dich:* 2, 248. – «Eins und alles» «dumm»: Eckermann 12. Febr. 1829. – «Ei, bin ich»: Kanzler Müller 24. April 1830.

65 *Im Namen dessen:* «Prooemion». – Übrigens imponiert»: Kanzler Müller 16. Febr. 1830. – «Fürchterlichste Angst»: Gespräche ed. Biedermann 4, 450 (1910). – «vor der Menge von Tieren»: 49/I, 75 (bezieht sich auf eine antike Darstellung, in der er einen «unschätzbaren Gedanken» erblickt). – «Es hat mich»: Kanzler Müller 23. Okt. 1812.

67 *Doch du ranntest:* Faust II. 9923f. – «So ist es»: Jugendschriften ed. Minor 2, 357.

68 «Der echte Buchstabe»: «Allegorie von der Frechheit». – «als sehr junges Kind»: W. Harich, Jean Paul 43 (1925). – «wichtigste Abend»: ebda. 198. – «Über die natürliche Magie der Phantasie»: im Anhang zum «Quintus Fixlein». Über Jean Pauls Magismus s. a. Kommerell, Jean Paul 67f., 133f. (1939).

69 Wackenroder: vgl. G. Fricke in der Festschrift für P. Kluckhohn und H. Schneider (1948). – «Wenn ich»: Werke und Briefe ed. von der Leyen 1, 193f. (1910).

70 «Das verwundende Schwert»: 1, 24*. – «Alle geistige»: 2, 352f. – «Es liegt»: 2, 352. – «Magie ist»: 2, 336. – «In der Periode»: ebda. – Ausbildung der «magischen Intelligenz»: vgl. 1, 34*f. – «Je größer»: 2, 335. – «So ist also»: 2, 37. – «Denken ist»: 3, 106.

71 «Glaube ist»: 2, 336. – «Gemeinschaftlicher Wahnsinn»: ebda. – «inneren Licht»: 1, 28. – «gingen die Gestirne»: ebda. – «Was brauchen wir»: 1, 22. – «aber mir scheinen»: 1, 32. – «Das ganze Schiff»: 1, 118. – «Er soll die blaue»: 1, 247.

72 «Die Welt wird»: 1, 223. «Der Traum belehrt»: 3, 117. – «Kinderunschuld»: 1, 131. – «Die Scheidewand»: 1, 258. – «Durch die Magie»: 1, 251. – *Wenn nicht mehr:* 1, 244.

73 «Teufelskomödiant», «Rattenfänger»: Schriften 8, 165 (1855). – «Das ist ja»: 5, 323. – «schon regen sich»: 5, 227. – «Es war ein herrliches»: 5, 401.

74 «heidnisches Fatum»: Eichendorff, Geschichte d. poet. Literatur Deutschlands 420 (1906). – *O wunderbarer:* «Nachts».

75 *Von üppig:* «Abend». – *Es wandelt:* «Der Umkehrende». – *Was heut müde:* «Zwielicht».

76 «Heimat hinter»: «In der Fremde». – «Hör nur»: 2, 169. – «Glaubt mir»: 2, 107. – «romanti-

schen, goldenen Zeit»: 3, 110. – «Wo ein Begeisterter»: 3, 197. – *Es schiffen:* 3, 96. – «Es gibt etwas»: 3, 247.

77 «Ich bin eine»: II 8, 291. – er sei sein Leben lang: II 9, 3.

78 *Von wo der Mensch:* 10, 56. – *Wie ist all:* 10, 45. – *Du wärst:* 11, 85.

79 «unbeschreiblich widerlichen»: II 7, 91. – Kunst als Heilmittel: Nadler, Grillparzer 407 (1948). – *Ich war ein Dichter:* 12/I, 338.

80 «Der Mysterienkram»: Die Unsterblichkeitslehre der orphischen Theologie 47 (1867). – «ein Trachten»: 1, 98. – «Bald war es»: 2, 40. – «Der stolze Prunk»: 2, 48.

81 «Ich kenne»: 8, 236 (1855). – «wahnsinnigen Detailhändler»: 10, 258. – «Jüngere Kinder»: 2, 287.

82 «der traurigste aller»: Unveröffentlichte Briefe ed. Seebaß 519 (1941). – «Verbannung»: ebda. 412. – «Wir jedoch»: Geschichte d. poet. Literatur Deutschlands 419 (1906).

83 «Bacchus ist»: Unsterblichkeitslehre d. orph. Theologie 23f. (1867). – Grillparzer über Novalis: II 8, 327.

88 «O Zarathustra»: Also sprach Zarathustra III, «Der Zauberer». – «wie sich ein stiller»: an Vischer 29. Juni 1875.

89 «J'inventai»: «Délires II». – «J'ai créé»: «Adieu». – «Le sang païen»: «Mauvais sang».

90 Rilkes Dinggedichte: vgl. H. Kunisch, R. M. Rilke und die Dinge (1946); W. Rehm, Orpheus 412, 459f. (1950).

91 Rebekka: 1. Mos. 25, 23. – Isaak: 1. Mos. 27, 27 und 39. – Jakobs Segensworte: 1. Mos. 49. – Kananäische Naturkulte: B. Duhm, Israels Propheten 61f. (1922). – «Malsteine und Ascheren»: 2. Kön. 17, 10f. – Ekstatische Propheten: vgl. G. Hölscher, Die Profeten 125f. (1914); Duhm 81f.; W. Jacobi, Die Ekstase der alttestamentlichen Propheten (1920).

92 Elias: 1. Kön. 17f., 2. Kön. 1f. – Biographie Elisas: 2. Kön. 2f. – *Der ganz:* Lyrische Gedichte ed. Palm 158 (1884).

95 «Rede du»: 2. Mos. 20, 19. – «nicht in Gesichten»: 4. Mos. 12, 8. – «Denn furchtbar»: 2. Mos. 34, 10. – «um Gott zu befragen»: ebda. 18, 15f. – «Hat denn»: 4. Mos. 12, 2.

96 «Die Sonne wird»: Micha 3, 6f. – «Höret nicht»: Jer. 23, 16f. – «wie ein scharfes»: Jes. 49, 2. – «blinde Augen»: Jes. 42, 7. – «Zu allen»: Jer. 1, 7f., 18f.

97 Entwicklung des prophetischen Stils: vgl. J. Hempel, Die althebräische Literatur 63f. (1930). – «Ja wohl»: Jes. 28, 11f. – «In dem Jahre»: ebda. 6, 1f.

100 «Abgründig ist»: 17, 9f. – «Ich mühe mich»: 20, 9. – «Wehe mir»: 15, 10. – «Nie saß ich»: 15, 17f. – einem vertrauten Schüler: Hempel 98.

101 «Sie hatte»: Richter 4, 5. – Deboralied: Richter 5. – Ahitophel: 2. Sam. 15, 12f.

103 Vgl. F. Weinrich, Der religiös-utopische Charakter der prophetischen Politik (1932). – «Dies ist»: 5. Mos. 34, 4. – «Verstocke das Herz»: 6, 10. – «Ein König»: Hosea 10, 3f. – *Weil du denn:* 19, 28f.

104 «Auf ihm wird»: Jes. 11, 2f.

105 «Und sie werden»: 2, 4.

106 «Das Schwert»: Jer. 46, 10. – Augustin: C. Erdmann, Die Entstehung des Kreuzzugsgedankens 5f. (1935). – Griechisches Priestertum: vgl. Burckhardt 9, 119, 270f.; Rohde, Psyche 327f., 348, 387f. (1894).

107 Völuspa: Edda, deutsch v. Genzmer 2, 34f.; vgl. Germanische Altertumskunde ed. H. Schneider 336f., über weitere solche Lieder ebda. 341f.

108 «des stolzen Sinnes»: Perser 830.

109 *Du hast von:* Agamemnon 254 (Droysen). – Verfluchung Meleagers: Ilias 9, 568f. – eine andere Wirklichkeit: ähnlich Alfred Weber, Das Tragische und die Geschichte 33 (1943), wo auch die magische Komponente der griechischen Tragödie hervorgehoben wird. – Für mehrere andere Trilogien: W. Schadewaldt, Sophokles und das Leid 10f. (1947).

110 Über Aischylos vgl. A. Weber 231f.; K. Reinhardt, Aischylos als Regisseur und Theologe (1949).

113 «Den überhimmlischen Ort»: nach Schleiermacher. – Seit Goethes Kritik: s. S. 131.

115 Begriff des Dichtertheologen: K. Voßler, Poetische Theorien in der italienischen Frührenaissance 3f. (1900); E. Zilsel, Die Entstehung des Geniebegriffs I (1926). – Dante: E. Auerbach, Dante als Dichter der irdischen Welt (1929); H. H. Glunz, Die Literarästhetik des europäischen Mittelalters 493f. (1937).

116 «wo der Mensch»: Convivio 4, 27. – *Minerva spira:* Paradiso 2, 8f. – *Ahi, serva:* Purgatorio 6, 76f.

117 Gebet an Apollon: Paradiso 1, 13f.

118 Seher und Sibyllen in der bildenden Kunst: C. Justi, Michelangelo 61f. (1900). – «Numine afflatur»: Aeneis 6, 50.

120 «Ich lache offtmals»: Lehrreicher Geschicht-Herold, Vorgespräche § 9 (1673). – Milton: vgl. D. Saurat, La pensée de Milton 89f., 117f. (1920).

121 «by the special direction»: Prose Works 1, 290 (1893). – «almost instructed»: ebda.

122 «nicht aus der Anrufung»: Saurat 39.

124 «La poésie demande»: Œuvres 2, 119 (1709). – «Unsere Theologen»: Aphorismen ed. Leitzmann 4, 52. – «Die Orakel»: ebda. 2, 201.

127 Blake: H. Richter, Geschichte der englischen Romantik 1/II, 483f. (1911); W Bagdasarianz, William Blake (1935).

128 «Ich sah keinen»: Bagdasarianz 26. – Hamann: J. Nadler, J. G. Hamann (1949).

129 «Laßt uns jetzt»: 2, 217. – «Nicht Leier»: 2, 197. – «Feuerwurzel»: Nadler 400f.

130 *Ich fuhr empor:* 6, 123.

131 «Glaube mir»: IV 5, 150. – Goethes Rezension: «Plato als Mitgenosse einer christlichen Offenbarung».

132 «Nach Anleitung»: 27. März 1784. – «Ich glaube»: Maximen u. Refl. 809. – «vor dem Geheimnisvollen»: II 6, 278. – «Naturschauer»: an Schiller 28. Juni 1798. – «Einfall, noch toller»: an dens. 27. Jan. 1798.

133 «die Gabe, auch lehrend»: an dens. 12. Aug. 1797.

135 «Ich sehe die Zeit»: 23. Okt. 1828. – «Es war, als ob»: 29. April 1818.

136 Merlin-Goethe: vgl. E. R. Curtius, Kritische Essays z. europ. Literatur 72f. (1950). – *Ich verstand:* «Da ich ein Knabe war». – «wo sich die Tiere»: an Schiller 28. Juni 1797. – die Stunde seiner höheren Berufung: W. Schadewaldt glaubt in der «Hymne an den Genius Griechenlands» die früheste Darstellung der Epiphanie zu erkennen; s. Hölderlin-Jahrbuch 1950, 16f.

137 «Der Mensch kanns»: 2, 228. – «eine Kraft im Geiste»: 2, 271.

138 «die ächten»: 2, 186. – «Der Mensch»: 2, 185.

139 «Es ist»: 2, 95. – «O du wirst»: 2, 170. – «Es ist doch»: 2, 132. – «niemals die Menschen»: 3, 468.

140 «daß mich Apollo geschlagen»: 5, 323.

141 «O Goethe»: Werke ed. Seyffarth 3, 327 (1899). – «Die Kraft seines»: Januar 1780. – Shakespeare und der Wanderprediger: F. Harris, Shakespeare der Mensch 367, 388 (deutsch 1928). – «Ich bin kein Prophet»: Amos 7, 14. – «Der Mensch als Masse»: H. Morf, Zur Biographie Pestalozzis 4, 189. – «Laßt uns»: Werke ed. Seyffarth 11, 27.

142 Kleists Spott: «Brief eines Malers an seinen Sohn».

145 «zu schreien»: Erg.-Bd. 6, 236. – «Sonnseite»: 1, 378.

146 «Es ist eine»: 15, 260. – «Man wundert sich»: 5, 314. – «Hatte was»: 8, 67.

147 «Menschen, welche»: 13, 265. – Kierkegaard: W. Rehm, Kierkegaard und der Verführer, bes. 324f., 346f. (1949); K. Jaspers, Rechenschaft und Ausblick 115f. (1951). – «Mohammed protestiert»: Rehm 381.

148 «Dadurch, daß du»: Gesammelte Werke ed. Schrempf 12, 100 (1923). – Dostojewskij: vgl. die in Bd. II 13 enthaltenen Reden und Aufsätze, bes. 55f., 178f., 225f., 400f., 445f.

149 «der Anfang vom Ende»: ebda. 63. – «Es scheint mir»: ebda. 275f.

150 «Was liegt daran»: II 12, 127f. – «Wir brauchen Krieg»: II 13, 404.

151 «die einzige Rettung»: ebda. 475. – «Welch eine Tat»: ebda. 411. – «am Vorabend»: ebda. 481. – «Auf jeden Fall»: ebda. 490.

152 «Hat jemand»: Ecce homo, Abschnitt über Also sprach Zarathustra.

154 Rilkes Beschreibung des Wunders von Duino: 11. Febr. 1922 an M. Thurn und Taxis; deren Erinnerungen an Rilke 41 (1937). – Nur in der englischen Rilkeliteratur ist bisher eine ernsthafte kritische Abkehr vom Geschwätz der Schwärmer zu finden; das Hauptverdienst gebührt den deutsch verfaßten Schriften von Eudo C. Mason: Lebenshaltung und Symbolik bei R. M. Rilke (1839) und Der Zopf des Münchhausen (1949), sowie Elsie M. Butlers Rilkebuch (Cambridge 1941). – Rilke-Korybanten: z. B. Dieter Bassermann, Der späte Rilke 66 (1947).

156 «Beim Streifen»: Ein selbsterzähltes Leben 18 (1928). – «Ich habe»: Dramen 571 (1956).

158 Vgl. E. Cassirer, Philosophie der symbolischen Formen II: Das mythische Denken (1925). – Arbeitslieder der Naturvölker: K. Bücher, Arbeit und Rhythmus (zuerst 1896).

159 Hesiods Berufung durch die Musen: Theogonie 22f. – «mit hellem Gesang»: Werke und Tage 655f.

160 *Nicht durchwate:* ebda. 737f. (Th. von Scheffer). – «Von der Lustigkeit an»: 3, 241. – «Das ist das Maß»: 3, 242.

161 «Wie unvermögend»: 2, 98.

162 «stellen das verlorene»: 12, 201. – «den Menschen»: ebda. 223. – Mythus der fünf Weltalter: Werke und Tage 109f. – «Mache dich auf»: Jes. 60, 1f.

163 «die ihr auf Elfenbeinbetten»: Amos 6, 4f. – «Da halten sie»: Jes. 5, 12f. – «Ins Totenreich»: Jes. 14, 11. – Sängerherrlichkeit: das hier skizzierte Bild wird durch die ausführliche Darstellung von C. M. Bowra, Heroic Poetry (London 1952) ergänzt; vgl. auch E. Wustmann, Klingende Wildnis. Erlebnisse in Lappland (1955). Aus der früheren Literatur ist namentlich der Aufsatz von Th. Frings «Europäische Heldendichtung» im Neophilologus 24, 1f. zu erwähnen.

164 Muallakâts: Noten und Abhandlungen zum West-östlichen Divan, Abschnitt «Araber»; Th. Nöldeke, Fünf Moallaqāt (1899); R. A. Nicholson, A literary history of the Arabs 71f. (Cambridge 1930); G. Jacob, Lâmîjat al-Arab, Das Wüstenlied Schanfaras des Verbannten (1913); A. Bloch, Qasīda (Asiatische Studien 1948, 106f.). – «Als sie nun»: 1. Sam. 18, 6f.

165 Judiths Triumphlied: Jud. 16, 1f. – «Barak sprach»; Richter 4, 8f.

168 Aoiden: vgl. Burckhardt 9, 18f. – «aller Dinge Gesetz»: Hesiod, Theog. 66. Der Vergleich Hesiods mit Amos schon bei Ed. Schwartz, Charakterköpfe der antiken Literatur 1, 5f. (1910).

169 Homer für Hölderlin ein Seher: «Hymne an den Genius Griechenlands». – Homers Menschlichkeit: vgl. W. Schadewaldt, Von Homers Welt und Werk 197f. (2. Aufl.).

170 Sappho: vgl. W. Schadewaldt, Sappho (1950), bes. 162f. – «In dieser organisch»: ebda. 190.

171 Totenklagen um Saul und Jonathan: 2. Sam. 1, 17f. – um Abner: ebda. 3, 33f. – *Der Herr tat:* Psalm 18, 21f., Übers. nach W. Baumgartner. – «Und wenn David»: 1. Sam. 27, 9f.

172 «Davids letzte Worte»: 2. Sam. 23, 1f. – «Wie würdig hat sich»: 2. Sam. 6, 20.

173 *Seggendo in piuma:* Inferno 24, 47. – «Es neidet»: Werke und Tage 26. – «Also kam David»: 1. Sam. 16, 21f.; 19, 10.

174 Pindar: Burckhardt 10, 180f.; Bethe, Die griechische Dichtung 129f. (1924); F. Dornseiff, Pindars Stil (1921); H. Gundert, Pindar und sein Dichterberuf (o. J.); W. Schadewaldt, Der Aufbau des Pindarischen Epinikion (1928). Die Zitate nach L. Woldes Verdeutschung (Sammlung Diete-rich, 1942).

175 *Pellana und Sikyon:* 13. Olymp. – *Von den Göttern:* 1. Olymp. – «zur Unzeit»: 9. Olymp. – «Die Dichtung lügt»: 7. Nem. – «als Sänger zu leuchten»: 1. Olymp. – *Ich wünsch mir:* 2. Pyth.

176 *Der Seher spürt:* 7. Nem.

177 Homer am Grab Achills: Burckhardt 10, 71 Anm.

178 Persien: P. Horn, Die neupersische Literatur (Kultur der Gegenwart I/VII, 1906). – Rûdakî: ebda. 246f.

179 Firdusi: vgl. die Vorrede E. A. Bayers zu Rückerts Übersetzung von «Firdosis Königsbuch» (1890); Th. Nöldeke, Das iranische Nationalepos (Grundriß der iranischen Philologie II, 1896).

180 Germanische Sänger: A. Heusler, Altgermanische Dichtung 109f. (1923). – Skalden: ebda. 112f.; de Boor in Germanische Altertumskunde ed. H. Schneider 306f. (1938). – «Klage des Sängers Deor»: vgl. de Boor 403. – «Haupteslösung»: Heusler 112.

181 *Den Lippen:* Die Geschichte vom Skalden Egil, übertr. von F. Niedner 229 (1911); die weitern Zitate ebda. 259, 242, 238, 125, 126; Thule IX 148, 237.

182 «Egil hatte»: Niedner 147. – *Der Ruhmeshügel:* ebda. 236. – Egils «Haupteslösung»: ebda. 179f. – Episode aus ihrer Entstehung: ebda. 178.

183 Lied auf den Tod seines Sohnes: ebda. 229f. – Entwicklung auf dem Festland: Th. Frings, Europäische Heldendichtung 13f. (Neophilologus 24); F. von der Leyen, Das Heldenliederbuch Karls des Großen (1954); K. Wais, Frühe Epik Westeuropas (1953). – Troubadours: Bartsch-Koschwitz, Chrestomathie provençale (1904); A. Lommatzsch, Provenzalisches Liederbuch (1917); Florilège des troubadours ed. Berry (1930).

184 *Sires, dist Taillefer:* Maistre Waces Roman de Rou ed. Andresen 2, 8035f. (1879). – Chrétien de Troyes: R. R. Bezzola, Le sens de l'aventure et de l'amour (Paris o. J.).

186 *Ouch kunde:* 3331f. – *Wirde unde nit:* 8399f.

187 Berufsleben der Ritterdichter: H. Schneider, Heldendichtung, Geistlichendichtung, Ritter-

dichtung 221 (1925). – Walthers Reichssprüche: «Ich saz uf eime steine», «Ich horte ein wazzer diezen», «Ich sach mit minen ougen».

188 «ich han gedrungen»: Nr. 99 («Der in den oren»). – «Sus kume ich»: Nr. 149 («Von Rome voget»).

189 «jeder italienischen Stadt»: De vulgari eloquentia 1, 16.

190 «fetten Mützen»: Julius Cäsar I. 2. – Abschied Richards II. von der Krone: IV. 1. – Taines Auslegung des französischen Trauerspiels: Philosophie de l'art II. 7.

191 *Qu'on parle mal:* Œuvres ed. Marty-Laveaux 10, 86 (1862).

192 «Tous les mots»: G. Larroumet, Racine 112 (1898). – «Ne croyez pas»: ebda. 114.

193 «Parce qu'il sait»: ebda. 128.

194 Grimmelshausens Jupiterepisode: die tragische Auslegung im Gegensatz zu Petersen, Grimmelshausens Teutscher Held (Erg.-Heft 17 des Euphorion, 1924), wo die Szene als ironisch eingekleidetes Glaubensbekenntnis mißverstanden ist. Dieselbe indirekte politische Satire findet sich schon in der «Verkehrten Welt». Gegensätzlich zu Petersen auch J. Scholte, Der Simplicissimus und sein Dichter 38f. (1950). M. Koschligs Nachweis eines literarischen Vorbildes für die Jupiterszene im Jahrbuch der deutschen Schillergesellschaft 1, 30f. widerlegt meine Auffassung nicht.

196 Begriff des Klassischen: E. R. Curtius, Europäische Literatur und lateinisches Mittelalter 251f. (1948); K. H. Halbach, Zu Begriff und Wesen der Klassik (Festschrift für P. Kluckhohn und H. Schneider 1948). – «der indirekte Beweis»: 7, 97.

197 «Wie ärmlich»: Eckermann 3. Mai 1827. – «des Patrioten nemlich»: 17, 156. – «Ich habe überhaupt»: ebda. 158.

198 «Ich habe oft»: Gespräche ed. Biedermann 2, 214 (1909). – «Ich habe diese Woche»: Briefe ed. Jonas 1, 291. – «Die Majestät»: 2, 386f.

199 *Kein Augustisch Alter:* 1, 204. – «niemals in aller Geschichte»: Deutsche Geschichte im 19. Jahrhundert 1, 86 (1897). – «Wohl ist es»: ebda. 90, 202, 204. – «Es war unmöglich»: ebda. 196.

200 «geistige und künstlerische»: Lukács, Deutsche Realisten des 19. Jahrhunderts 7f. (1951). – «Große und tragische»: 7, 146.

201 Brandenburgische Konzerte: Terry, J. S. Bach 154 (deutsch o. J.).

203 «Den kriegerischen»: F. Sengle, Wieland 302 (1949). – «All das»: ebda. 293. – Erfahrungen mit Stadion: ebda. 141f.

204 Berufung nach Weimar: ebda. 259f. – «germanisches Sibirien»: ebda. 437.

205 «Entschwäbung»: Briefe ed. Jonas 1, 62. – «Die Räuber kosteten»: 16, 137. – «Dort möchte ich»: R. Buchwald, Schiller 2, 19 (1937). – «Die schönsten Träume»: 16, 55. – Chiliasmus der «Räuber»: vgl. G. Storz, Das Drama Fr. Schillers (1938).

206 «ästhetischer Staat»: 12, 117f. – «Die Weltgeschichte ist»: «Resignation». – «Man hat lange»: 11, 271f.

207 «Hätte ich nur»: Kanzler Müller 30. Aug. 1827. – eine Erklärung: Zelter an Goethe 22. April 1830. – «das Herz blutete»: an Goethe 7. Febr. 1828. – Goethes Antwort: 29. April 1830.

208 Keltische Barden: San-Marte, Sagen von Merlin 252f.; J. Pokorny, Einleitung zu Altkeltische Dichtungen (1944).

209 «Lieder der Wilden»: 5, 168. – «dunkeln, einförmigen»: 5, 178. – «Der erste Anblick»: Geschichte der Kunst 273 (1934).

210 «Die Athaumasie»: Vorrede zu den Anmerkungen über die Geschichte der Kunst des Altertums.

211 «Was zum Charakter»: 17, 153. – «Oft beunruhigen»: 17, 64. – «In vielerlei Rücksicht»: 17, 66. – «Daß uns eine»: 17, 26. – «einen Altar»: 17, 27. – «Milden erquickenden»: 17, 68.

212 Goethes Abkehr von der germanischen Mythologie: 28, 142f. – Streit über den «Egmont»: Ch. Schrempf, Goethes Lebensanschauung 2 (1907); E. Zimmermann, Goethes Egmont (1909); B. v. Wiese, Das Dämonische in Goethes Weltbild und Dichtung (1949); G. Keferstein, Die Tragödie des Unpolitischen (Deutsche Vierteljahrsschrift f. Literaturwissenschaft 1937).

213 «in alle Hof-»: an Merck 22. Jan. 1776. – «Es war das ewige»: Eckermann 27. Jan. 1824. – «Ich sehe fast»: an Knebel 21. Nov. 1782.

214 «Sieh die Menschen»: Theatralische Sendung ed. Maync 87f. (1927). – «An die Könige»: ebda. 89f.

215 *So bindet:* I. 549f. – *Der Mensch:* II. 181f. – *Versteckt:* I. 192f.

216 *Es ist wohl:* II. 488f. – *O Leonore:* IV. 178f. – *So seh ich:* V. 482f.

217 «Ich bin ein Kind»: 32, 114. – «Ihr beobachtender»: an Goethe 23. Aug. 1794.

218 «Ruhig und tief»: an dens. 2. Juli 1796. – «den Unterschied»: 22, 331.

219 «Übrigens läßt sich»: 33, 269.

220 «Der Wahnsinn»: Kanzler Müller 5. Jan. 1831. – «In dem, was»: 25. Febr. 1824. – «wie Feuer und Wasser»: Gespräche ed. Biedermann 1, 475 (1909). – «Ihr Guten»: ebda. 2, 180 (1909); vgl. 3, 76 (1889).

221 *Nord und West:* «Hegire». – «Freiheit ist»: «Nachtrag» zum Abschnitt «Despotie». – «Hiebei ist so viel»: «Dschelâl-eddîn Rûmi».

222 «Deutschland ist *nichts*»: 14. Dez. 1808. – «Ich mag nicht»: 14. März 1830.

223 «Ich bin nicht»: Kanzler Müller 6. März 1828. – «Ach, die Menschen»: ebda. 11. Juni 1822. – «So sei aber»: ebda. 22. März 1824. – «Ich habe nie»: ebda. 3. Febr. 1823. – «Das Absolute»: ebda. 20. Juni 1827. – «Wer Indien»: ebda. 6. März 1828. – «Preußens frühere»: ebda. 1. Jan. 1832.

224 «gar zu einsamen»: an Goethe 3. März 1817. – «Man müßte sich»: Kanzler Müller 20. Sept. 1823. – «daß er sich schäme»: ebda. 23. Sept. 1823.

225 «Weil, wenn ich»: ebda. 25. Nov. 1823. – «Unterordnung unter»: ebda. 28. März 1819. – «Ich will Ihnen»: ebda. 11. April 1827.

228 «Die große Natur»: 5, 300.

229 «tatenarm und gedankenvoll»: «An die Deutschen». – «Barbaren von»: 2, 282f.

230 «Ich habe lange»: 5, 317f.

231 «Wohin das»: 2, 46. – «Die Wahrheit ist»: 2, 293. – Kleists Audienz bei Köckeritz: 2, 112f.

232 *Welch ein wahnsinnger:* I. 342f. – *Zu solchem Elend:* IV. 1167f.

234 «vereinzelte Stellung»: 16, 198. – «Beneidenswerter Nero»: B. Paumgartner, Schubert 210 (1943). – «Ein österreichischer Dichter»: II 8, 332. – «Meine Seele»: ebda. 240. – *Was je den Menschen:* 11, 74.

236 «Lektüre und»: Werke ed. M. Koch 1, 120. – *Mir, der ich:* Sonett 89.

237 *Lehrt mich:* «In der Neujahrsnacht».

238 «Wir müssen»: 5, 665 (1853). – «ein Mann wie Luther»: ebda. 667.

239 «Wenn nicht einzelne»: 19, 259. – «die gestorben sind»: 21, 309.

240 «Vornehm ist»: an Peter Gast 23. Juli 1885.

241 «Ich hab»: Briefe, Zweite Sammlung 2, 2 (1909). – Zum «Stechlin» vgl. W. Oberle, Der adelige Mensch in der Dichtung 95f. (1950).

242 «polizeiliche Unmöglichkeit»: 7, 190. – «Mächtige Regierungen»: 7, 190f.

243 «nicht zu seinem Volk»: Mein Verhältnis zu Stefan George 64 (1936).

245 Gaukler: H. Reich, Der Mimus (1903); M. Löpelmann, Himmel und Hölle der Fahrenden. Dichtungen der großen Vaganten aller Zeiten und Länder (1940); F. Usinger, Zur Metaphysik des Clowns (1952); C. G. Jung u. a., Der göttliche Schelm. Ein indianischer Mythen-Zyklus (1954).

246 Sekundäre Typen: der Ausdruck bedeutet hier etwas anderes als bei Croce, der mit ihm einen sachlich unklaren und unhaltbaren Typus des Dichterliteraten bezeichnet; vgl. z. B. seinen Schilleraufsatz in Poesie und Nichtpoesie (deutsch 1925).

247 Hermes' Worte über die Leier: 478f.

248 Glossen Hildegards von Bingen: H. Güntert, Von der Sprache der Götter und Geister 78f. (1921).

249 Homers legendärer Tod: Legende von Homer, dem fahrenden Sänger, deutsch von Schadewaldt 55f. (1942).

251 «großen Zauberschlangen»: 10, 93.

252 Guillem de Poitiers: R. R. Bezzola, Guillaume IX et les origines de l'amour courtois (Romania 66, 145f.). – Deutsche Spielleute: H. Schneider, Heldendichtung etc. 179f. (1925); H. H. Glunz, Die Literarästhetik des europäischen Mittelalters 78f. (1937). – Reineke Fuchs: E. Ebeling, Die babylon. Fabel (Mitt. d. Altoriental. Gesellschaft II 3, 1927); W. Baumgartner, Die israelitische Weisheitsliteratur (Theol. Rundschau N. F. 5, 259f.).

253 Archipoeta: H. Brinkmann i. d. German.-Roman. Monatsschrift 1925; H. Meyer-Benfey i. d. Zeitschrift f. deutsches Altertum 1934; E. R. Curtius in Roman. Forschungen 1940.

254 *Zißli müßli:* Nr. 36.

255 «geistiger Flügelmann»: 44, 350. – Jahrmarkttheater: R. Alewyn, Schauspieler und Stegreif-bühne des Barock, in: Mimus und Logos, Festgabe für C. Nießen (1952).

256 «Manoha»: Simplicissimus VI, 9. Kap.

257 Zauberbuch im Springinsfeld: 7. Kap. – «wie Quecksilber»: Schluß der «Zugab» zur 3. Conti-

nuatio des Simplicissimus. – Günther: Wilhelm Krämer, Das Leben des schlesischen Dichters Joh. Chr. Günther (1950); Sämtl. Werke ed. Wilh. Krämer, 6 Bde. (1930f.).

258 *Werft Blumen:* ebda. 1, 290. – *Himmel, schränkst:* ebda. 1, 263. – *Freilich braucht:* ebda. 2, 35f. – *Sollt auch:* 2, 38.

259 Narrenstimmungen: vgl. Krämer, Günther 174f.

260 «leicht auf das andere Ende»: 18, 340. – «inneren Ruf Gottes»: 31, 142.

261 «Ich gewöhnte mich»: 28, 119.

262 «Malepartus»: an Schiller 6. Jan. 1800. – «Dachshöhle»: Kanzler Müller 20. Sept. 1823. – *Eurer Götter:* 9681f.

263 «Wanderer» im «Divan»: z. B. «Wanderers Gemütsruhe» («Buch des Unmuts»). – *Trunken müssen:* Schenkenbuch. – den altgermanischen Brauch: z. B. Egilssaga, deutsch v. Niedner 239 (1911). – *Erlauchte Bettler:* 3, 306.

264 «Es sind die Dichter»: 1, 171f. – *O wähnend Lieben:* «Der Schiffer im Kahne».

265 «bis zur zerstörenden Flamme»: 1, 33.

266 «Musik!» 1, 56. – «wenn er sich»: Pros. Jugendschriften ed. Minor 2, 392. – «Noch sind wir»: ebda. 390. – «Sie enthält»: ebda. 391. – «Welche Götter»: ebda. 392. «Bald wird»: ebda. 394. – «Denn wahrlich»: ebda. 393.

268 *Vom schwersten Unrecht:* Childe Harold 4, 136 (Gildemeister).

275 «Scharlatan»: Doppelleben 203 (1950). – «Der Schwellungscharakter»: ebda. 44. – «Ich blicke nicht»: ebda. 205.

276 «Ich finde Gebet»: ebda. 197.

277 Priestertum: J. Lippert, Allgemeine Geschichte des Priestertums, 2 Bde. (1883/84); A. Horneffer, Der Priester, 2 Bde. (1912); Rudolf Otto, Das Heilige (1918); H. Oldenberg, Die Weltanschauung der Brahmana-Texte (1919).

281 Caedmon: Beda, Kirchengeschichte IV. 24. – Bibliothek Assurbanipals: C. Bezold, Die babylonisch-assyrische Literatur 44f. (Kultur der Gegenwart I/VII, 1906); O. Weber, Die Literatur der Babylonier und Assyrer 2, 120 (1907).

282 Veden: R. Pischel, Die indische Literatur 165f., 177f. (Kultur der Gegenwart I/VII). – «in Jerusalem Wohnung»: 1. Chron. 23, 25. – «in Byssus gekleidet»: 2. Chron. 5, 12.

284 Althochdeutsche Klerikerdichtung: H. Schneider, Heldendichtung etc. 71f. (1925); A. H. Kober, Geschichte der religiösen Dichtung in Deutschland 5f. (1919); H. H. Glunz, Die Literarästhetik des europäischen Mittelalters (1937). – Notker Balbulus: W. von den Steinen: Notker der Dichter und seine geistige Welt, 2 Bde. (1948).

285 Geistliche Hymnik: sie ist gesammelt in Dreves-Blume, Analecta hymnica medii aevi 1886f. – das Ideal des Kreuzritters: vgl. Th. Frings, Neophilologus 24, 18.

286 Wernhers Behauptung: H. Schneider, Heldendichtung etc. 141.

287 Christus- und Marienminne: vgl. W. Muschg, Die Mystik in der Schweiz 84f. (1935); Bezzola in Romania 66, 145f. – «Er hieß mich»: ed. Morel 95 (1869).

289 *Les livres:* nach Bezzola, Le sens de l'aventure 71f. – «Dein clage»: Kap. 2. – «daß, wer meine Lehre»: Werke 10/II, 107 (Weimar 1907).

293 Deutsches Ketzertum: W. E. Peuckert, Pansophie, ein Versuch zur Geschichte der weißen und schwarzen Magie (1937).

294 Edelmann: Joh. Christian Edelmanns von ihm selbst aufgesetzter Lebenslauf ed. Klose (1849). – «Ich sah, daß»: Works ed. Pickering 3, 150 (1867).

301 «Ich dächte, sie wären»: 18, 294. – «Ich bin weder»: 101.–104. Stück.

303 «Demetri ward»: Werke ed. Schüddekopf 4, 391. – «weil sie zu himmelschreiend»: 2, 445.

305 «ganz verteufelt human»: an Schiller 19. Jan. 1802; gegenüber Falk soll er die «Iphigenie» sogar verwünscht haben (Falk, Goethe 91, 1832). – Christusähnlichkeit: an Zelter 9. Nov. 1830. – Schiller, sich die Nägel schneidend: Eckermann 17. Jan. 1827.

306 «Der Künstler ist»: 12, 30. – «Ohne das Erhabene»: 12, 281.

307 «vom Allgemeinen»: an Goethe 18. Juni 1797. – «Kein noch so»: 16, 229. – «Der Menschheit Würde»: «Die Künstler». – «reine Priesterbinde»: «An Goethe». – «Sie, mein Freund»: 12. Aug. 1797. – «eignen Träume»: 22. Juni 1797.

308 «strenge Moral»: 8, 204.

310 «Wohl dem vergänglichen»: «Die Peterskirche». – «Dichter und Priester»: 2, 26. – «laxierende Klosterzeug»: an Zelter 24. Mai 1817.

311 «Ließen sich nicht»: 2, 51.

312 Overbecks Manifest: vgl. W. Kaegi, Jacob Burckhardt 2, 269f. (1947). – *Gott grüß euch:* 3, 314. –
     «ein gewisses Grauen»: 8, 236 (1855). – «alle Talente»: 3, 205. – «Ich möchte nicht»: 3, 214.

313 «Denn wo ist»: 3, 329. – «Er hatte endlich»: 3, 317.

314 «Ich sage dir»: Briefe ed. Fischer-Krauß 1, 106. – «Eisgrube»: Unveröffentl. Briefe ed. Seebaß 94
     (1941). – Gesuch um Versetzung: ebda. 101f. – Kruzifix: ebda. 117. – «eine Art von Mönch»:
     Briefe ed. Fischer-Krauß 2, 179. – «Tatsache ist»: ebda. 247f.

315 «Die Kunst»: 7, 153 (1916). – «Darum ist auch»: 7, 154. – «Ich habe diese»: 7, 34f.

317 «Le vrai poète»: Correspondance 2, 227 (1910).

320 «Für einen geistig»: J. Collin, Ibsen 478 (1910). – «Heute, morgen»: deutsche Ausgabe von
     R. Löwenfeld 35 (1921). – «Ist in meinem»: ebda. 43. – «Wo Leben ist»: ebda. 85.

324 *Niemand ehrt:* Georgica 2, 507f. (Übers. J. Götte 1949).

325 *Saatgut:* ebda. 1, 194f. – *Jetzt schon:* ebda. 2, 171f. – *Selig, wer:* 2, 113f.

326 «der Schönheit stillen»: Schiller, «Das Ideal und das Leben».

327 «Alles Schöne»: III. 1. – *Wisse, daß:* Schluß des «Buchs der Sprüche».

332 «diejenige Eigenschaft»: nach K. Voßler, Poetische Theorien in der ital. Frührenaissance 79
     (1900). – Gyraldus: Burckhardt 5, 196.

333 *Zufriedenheit, Erfahrung:* I. 716f.

334 Vorwürfe an Lorenzo magnifico: Burckhardt 5, 155. – Camõens: A. Rüegg, Luis de Camões
     (1925).

337 Flauberts Urteil: Correspondance 2, 186 (1910).

340 Günthers Bewerbung in Dresden: Krämer, Günther 189 (1950). – sein Selbstmordversuch:
     ebda. 170.

341 Ode an Sporck: ebda. 324f. – Bodmer über Lessing: Gervinus 4, 123 (1853). – Wieland: F. Sengle,
     Wieland (1949).

342 Wielands Stellung in Weimar: ebda. 274f. – «Das war auch»: ebda. – «Oberon»: ebda. 368. –
     «eine forcierte»: ebda. 437.

343 «die den Geist»: Werke 29, 346 (1857). – «Sie haben mir»: 6. Jan. 1798. – «Es liegt nun»:
     33, 315. – Diese Epoche Goethes ist dargestellt in P. Hankamer, Spiel der Mächte (1943).

344 «Ich fühle»: an Schiller 12. Aug. 1797. – «Indessen sind»: ebda. – «Verzeihen Sie»: 8. März 1808.

345 «die Herrlichkeit der Poesie»: im Abschnitt «Neuere und neuste Reisende». – «durch Schrei-
     ben»: an Zelter 11. März 1816.

347 «In allem, was»: an Goethe 21. Dez. 1803. – «Hyperboräer»: an Schiller 23. Jan. 1804. – «Man
     begeht»: an dens. 14. Jan. 1804. – «Sodann bemerke»: 21. Mai 1828. – «Wenn die Franzosen»:
     28. März 1830. – «Bin ich doch»: 5, 93.

348 «O Freund Poet»: erste Nachtwache. – «Eine unbeschreibliche»: 3, 181.

349 Kleists Brief an Hardenberg: 2, 279f.

353 Keats: an Bailey 10. Juni 1818. – Münchner Klassik: vgl. Allg. Deutsche Biographie 21, 39f.

355 «Der Dichter und diese Zeit»: Die Berührung der Sphären 42f. (1931).

356 Zur Soziologie der bürgerlichen Kultur: Dostojewskij, Ein Versuch über den Bourgeois (Werke II
     11, 244f.); G. Keferstein, Bürgertum und Bürgerlichkeit bei Goethe (1933); B. Groethuysen,
     Die Entstehung der bürgerlichen Welt- und Lebensanschauung in Frankreich, 2 Bde. (1927-30);
     R. Bäsken, Die Dichter des Göttinger Hains und die Bürgerlichkeit (1937); W. Ziegenfuß, Die
     bürgerliche Welt (1949); H. M. Wolff, Die Weltanschauung der deutschen Aufklärung (1949).

358 «Wehe denen»: 5, 8f.

359 «Was den Jesajas betrifft»: im Aufsatz «Die Juden». – Shakespeare über den Bürgerpöbel: Julius
     Cäsar I. 2.

360 *O, welch ein Gott:* V. 1. – *Ja, dieser:* IV. 3.

363 Dante Steine werfend: Boccaccio in der «Vita di Dante».

364 Sachs' Bilanzen: R. Genée, Hans Sachs 308, 440f. (1894).

367 Simon Dachs Gelegenheitscarmina: jetzt in den Gedichten ed. Ziesemer, 4 Bde. (1936f.).

368 Chatterton: H. Richter, Geschichte der englischen Romantik I/II, 316f. (1911); E. Penzoldt,
     Der arme Chatterton (1948).

370 «Verwandlung der Leidenschaften»: Hamb. Dramaturgie 78. Stück. – «Weg mit ihnen»:
     ebda. 79. Stück. – «Hiernechst»: Krämer, Günther 130 (1950).

371 «Anti-Parnaß»: Sengle, Wieland 155 (1949). – «Meine Landsleute»: ebda. 51.

372 *Zwar sollt es:* Werke ed. Krämer 3, 33.

373 *Gott lege:* ebda. 2, 93. – Zur Lage der deutschen Autoren im 18. Jahrhundert: W. H. Bruford, Die gesellschaftlichen Grundlagen der Goethezeit 273f. (deutsch 1936). – «Wie weit sind wir»: Hamb. Dramaturgie 18. Stück.

374 «Ich gehe künftigen»: 17, 261. – «Wäre nur ein einziger»: an Prof. A. Klein 21. März 1785. – «Keinem Monarchen»: 17. Aug. 1782. – «Die besten»: an Abbé Bullinger 7. Aug. 1778.

375 «Es bleibt mir»: Sengle, Wieland 154. – «ohne Mantel behelfen»: Briefe ed. Jonas 1, 434. – «Was hätte ich»: ebda. 3, 179. – «Eine Reise»: Schillers Gespräche ed. Biedermann 284f. (1913).

376 «Ich kann Ihnen»: 9. Okt. 1796. – «Wenn Goethe»: Briefe ed. Jonas 7, 15; Goethe kannte diesen Brief, s. Kanzler Müller 24. März 1824. – Goethe über seine Geldverhältnisse: Kanzler Müller 31. März 1823. – «Mir ist der *Besitz*»: ebda. 23. Okt. 1812. – «Nur nichts als»: Riemer ed. Pollmer 266f. (1921).

377 «Wir führen doch»: Eckermann 3. Mai 1827.

378 «Wir sind eben»: 25, 9. – «Mag sie doch»: Werke ed. v. Wurzbach 3, 10.

379 *Du würdest dennoch:* «Goeckingk an Bürger».

380 «Auf einen Kalendermacher»: «Weltbegebenheiten» von 1815.

382 Arnims Brief aus Zürich: R. Steig, Achim v. Arnim und Clemens Brentano 37f. (1894).

383 «Bei Deinem großen Plan»: ebda. 40.

385 «Das Mal des Dichters»: «Bei Grabbes Tod». – «Wenn man sich»: an Gutzkow, Straßburg 1835. – *Mancherlei sind:* «Gedächtnis an Wilhelm Baumgartner».

386 «Mit großen Augen»: 19, 318.

387 «Noch ist lange»: an Auerbach 25. Juni 1860. – «Man verdient»: Vicenza 19. Sept. 1786. – «in Vaterlandes Saus»: «Wegelied». – «ganz seltsame»: Ermatinger-Bächtold, Kellers Leben 652 (1920). – «stille Grundtrauer»: an Petersen 21. April 1881.

388 «Mich soll der Staat»: B. Paumgartner, Schubert 206 (1943). – «Einer der Hauptgründe»: an Miß Jeffrey 9. Juni 1819.

389 «Phänomenologie»: Abschnitt «Herrschaft und Knechtschaft»; vgl. Proudhons «Contradictions économiques».

390 «die politischen Ereignisse»: Vorrede zu den «Voix intérieures» (1837).

391 «Bei dem Narrenlärm»: 31. Dez. 1817. – «Ein Volk, das»: 14. Dez. 1808. – Burckhardts Aufsatz: W. Kaegi, Jacob Burckhardt 2, 283f. (1950).

393 «Hätte ich nur Zeit»: 18, 314. – «Durch das Heu»: 18, 223f.

394 «Ach Gott»: 18, 282. – «Vielleicht wird man»: 18, 314.

395 «Über mir wölbt sich»: Werke ed. Werner II 2, 282.

396 Stifter über die Schillerstiftung: 19, 190. – «Das ist Menschenlos»: E. Kuh, Hebbel 2, 720 (1877).

397 «Wirklicher Reichtum»: Briefe an seine Familie 2, 90f. (1924).

398 «Krankheit zum Tode»: vgl. W. Rehm, Experimentum medietatis 96f. (1947). – «gußeisernen Begriffen»: Dostojewskij II 12, 329.

399 «Les serins»: Correspondance 2, 217 (1910). – «Am unglücklichsten»: 7, 52. – «Niemals war»: I/II, 231. – «Daß das Scheinen»: ebda. 218. – Flauberts «Rentnerkunst»: J. P. Sartre, «Situations, II» 12 (1948).

400 «Beschäftige dich»: Correspondance 2, 176. – «On me verra»: ebda. 3, 212. – «O wie gut»: Betsy Meyer, C. F. Meyer in der Erinnerung seiner Schwester 183 (1903). – «Es muß sein»: Briefe ed. Frey 1, 33.

401 «Für das Vaterland»: an F. von Wyß 31. Aug. 1872. – «Die erhöhte»: Kaegi, Burckhardt 2, 488. – «Die Poesie darf»: an A. Brenner 2. Dez. 1855. – «Sklaverei unter»: Kaegi, Burckhardt 2, 574. – «Vivat»: ebda.

402 «Was uns seit»: an F. von Preen 1. April 1893. – «Literatur für die Literaten»: Briefe, zweite Sammlung 2, 268 (1909). – «bankierhafter Anstrich»: an Friedländer 22. April 1892. – «Ich hinterlasse»: an dens. 30. Jan. 1893. – Zur Beurteilung Th. Manns vgl. u. a. Theodor Haecker, Satire und Polemik (1921). – «In der Tat»: Rede und Antwort 386f. (1922).

403 «Ich – ein»: Lotte in Weimar 325 (1939). – «Warum müssen»: Doktor Faustus 209 (1948). – «In Wahrheit»: ebda. 235.

404 Beethoven für das Verderben Deutschlands verantwortlich: Die Entstehung des Doktor Faustus 189 (1949).

406 «Ich glaube an»: Fitzmaurice-Kelly, Geschichte der spanischen Literatur 293 (deutsch 1925). – Goethe über Burns: Eckermann 3. Mai 1827.

407 Andersen: F. Böök, Das Leben des Märchendichters H. C. Andersen (deutsch 1943). – Hebbels Beschreibung: Werke ed. Werner II 2, 218.

408 Moses' «schwere Zunge»: 2. Mos. 4, 10f.

409 «Er hatte weder»: 53, 2f. – «Ich habe Gott»: 1. Mos. 32, 30. – «Gesetzgeber von schwerer Sprache»: 2, 85. – *J'ai la plume:* Œuvres ed. Marty-Laveaux 10, 477. – «Er hat einen»: an den Vater 27. Dez. 1777.

410 wie Kierkegaard feststellte: Th. Haecker, Der Buckel Kierkegaards 69 (1947). – «Die gesundesten»: Aphorismen ed. Leitzmann 1, 191.

411 «Wäre Keller»: Ermatinger-Bächtold, Kellers Leben 651 (1920). – *Si mihi:* Epistel 15, 31f.

412 «Wer ist blind»: 42, 19. – «Blinden will ich»: ebda. 42, 16. – Blinde Sänger: J. Meier, Werden und Leben des Volksepos 12 (1909). – «nahm ihm die Augen»: Odyssee 8, 64. – Liudger und Bernlef: G. Eis, Drei deutsche Gedichte des 8. Jahrhunderts 10 (1936). – Moderne Erklärung der epischen Gleichnisse: F. Kluge, Deutsche Sprachgeschichte 201 (1920).

413 Schwermut: vgl. W. Rehm, Experimentum medietatis 187f. (1947); L. L. Schücking, Shakespeares Melancholie (Preuß. Jahrbücher 1907). – *Ich lieb:* Übertragung von Hinderberger 433 (1947). – «bedenkliche Merkmale»: 2, 104f.

414 «Sucht keine Blonde»: ebda. 107. – «Ach, ihr vernünftigen»: 19, 66f. – «schauerliche, entsetzliche Sprüche»: 2, 78. – *Selbst dem alten:* Kalewala übers. v. Schiefner 41, 185f. (1914).

415 «La perle»: Correspondance 2, 255 (1910). – «Mehr oder weniger»: an Petersen 21. April 1881. – «Meine Erzeugnisse»: B. Paumgartner, Schubert 207 (1943). – *Sieh, vernichtet:* ebda. 186. – «Wir haben der Schmerzen»: Werke und Briefe 442 (1922).

416 «Glücklich sein!»: 2, 118. – «wie ein Kind»: 2, 166. – «Des Herzens Woge»: 2, 135. – «Je mehr Geist»: Wir Philologen 118. – «Man hat vor allem»: 10, 70. – nur das Leiden wecke: 7, 170. – «Wenn sich der»: 7, 174. – «Ein Narr ist»: 9, 7.

417 Zum Fortleben von Platons Auffassung vgl. Curtius, Europäische Literatur und lat. Mittelalter 469f. (1948). – Tasso: vgl. L. Tonelli, Tasso 171f. (1935).

418 Hölderlin: vgl. K. Jaspers, Strindberg und van Gogh (1922). – «lebendig Toten»: 3, 445. – «Wer auf sein Elend»: 2, 238. – «Ich bin nun»: 5, 320. – «von Apollo geschlagen»: 5, 323.

419 «Ja, die Gedichte»: 6, 464. – Betragen gegenüber den Besuchern: 6, 403f. – Krankhafte Demut als letzte Form des Stolzes: vgl. Goethe an Frau von Stein 13. Mai 1782: «Die Seele aber wird immer tiefer in sich selbst zurückgeführt, je mehr man die Menschen nach ihrer und nicht nach seiner Art behandelt.»

420 «Freitag, den 10.»: B. Litzmann, Clara Schumann 2, 295f. (1910).

423 «L'art est un luxe»: Correspondance 3, 236 (1910). – «Il amuse»: ebda. 234. – «Il arrive»: ebda. 2, 192. – «Vielleicht kömmt»: Aphorismen ed. Leitzmann 4, 11f.

424 Erasmus: vgl. Briefe ed. Köhler XIf. (1938).

425 Egils Häßlichkeit: Übers. Niedner 92, 258 (1911). – Hartmann v. Aue: vgl. F. Maurer, Leid 39f. (1951). – Cervantes' Stolz auf seine verstümmelte Hand erinnert an Aischylos' eigene Grabschrift, in der er seine Tapferkeit vor dem Feind rühmt, «der es hat erfahren müssen»; vgl. Burckhardt 8, 78.

426 «Wenn der gute Schiller»: Sengle, Wieland 464. – Wielands schwache Brust: ebda. 16.

427 «Daz snelleste tier»: Eckhart ed. Pfeiffer 492. – «Das Auge des Leidenden»: H. Morf, Zur Biographie Pestalozzis 2, 211. – «verwüstete»: Seuse, Deutsche Schriften ed. Bihlmeyer 52, 8 (1907).

428 «O, ein großes Glück»: W. Astrow, Seelenwende 439 (1931). – Dostojewskijs Anfälle: vgl. auch Schriften II 12, 18.

429 «Was mich betrifft»: Astrow, Seelenwende 456. – über den Byronismus: II 12, 215f. – «Was für eine wunderbare»: Astrow 445.

430 «Sorgt für Eure»: K. Berger, Schiller 2, 67 (1924). – «Da liege ich wieder»: ebda. 743. – «Mein Herz ist»: Briefe ed. Jonas 1, 299.

431 «Der Schmerz ist»: 18, 148. – «tigerartige Anlage»: in der nachgelassenen Erzählung «Zuversicht». – «Wir alle können»: ebda. – «Ich habe zu manchen»: 20, 304.

432 Theorien über Stifters Tod: vgl. Mitteilungsblatt der Stifter-Gesellschaft München 1951, 74f. – «Ich muß dichten»: 19, 260.

433 Barlachzitate: Leben und Werk in seinen Briefen ed. F. Droß 59, 86, 82, 106, 125, 78 (1952). –

Bild des Schwertspitzenkranzes bei Kafka: Briefe an Milena 197; Zitate ebda. 50, 163, 174, 236 (1952). – «Goethes schöne Silhouette»: Tagebücher 1910–1923 ed. Brod 247 (1951).

434 «Wenn ich je»: II 8, 290f.

435 «Du wirst begreifen»: 2, 287.

436 «Einer, der von»: Werke ed. Amelung 1, 372. – «Nur noch als»: Briefwechsel zwischen Wagner und Liszt 1, 199 (1887). – «Ich bin verflucht»: ebda. 230. – «in irgend einem Abgrund»: ebda. 232. – «Der eigentliche Grund»: an Th. Uhlig 15. Juli 1852.

437 «Ich will aber»: II 8, 288. – «Ich brauche»: ebda. 289. – «Welche Krankheit»: «Die schwarze Katze». – «Mit bloßem»: Briefe ed. Berend 4, 231f.

438 «Je crois que»: 5, 27f. – «la plus sombre»: Confession d'un enfant du siècle 1. Teil, 2. Kap.

439 «Mit mir nimmts»: an Joh. Fahlmer März 1775. – Schlosser an Lavater: 10. Juni 1774. – «den Tod in allen»: Kanzler Müller 23. Febr. 1823.

440 «Indem wir ihn lesen»: Eckermann 11. März 1828.

441 «Da der Tod»: 4. April 1787.

442 Schillers Gedanke an eine Ehe zu Dritt: Briefe ed. Jonas 2, 363f.

443 «this defect»: Paradise lost 10, 888. – Pandora bei Hesiod: Theogonie 585f., Werke und Tage 58, 67.

444 «Ich versichere Dich»: Bettina v. Arnims Werke ed. Oehlke 1, 343f. (1920). – Kormak, der Liebesdichter: Thule IX, 143f. – «Du führst sie»: ebda. 186. – «Daran war»: ebda. – «Das Weib der»: 54, 6f. – «wo eine Seele»: Gotthelf 3, 82.

445 «Ein Mensch, der liebt»: Briefe ed. Jonas 2, 229. – Des tiefsten Herzens: Faust II. 10060f.

446 «sinnverstörenden Taumel»: Sieben gegen Theben 755. – «süßbitteres, rettungsloses»: nach Schadewaldt, Sappho 92. – Entbehrenmüssen: vgl. ebda. 77. – «Liebe, mein Freund»: Briefe ed. Jonas 1, 113f.

447 «Eine einzige Seele»: an Renate Wirth 17. Juli 1791. – «Die Liebe ist»: 10. Nachtwache.

448 «Und das sieht»: II 12, 140. – «Machst dus doch»: II. 6546. – Oft um Mitternacht: «Die künftige Geliebte». – «niemals zu lieben»: 2, 178 (1920). – «keine Gegenliebe»: ebda. 171. – Ach, in den: ebda.

449 «Meine Phantasie»: an Shelley 16. Aug. 1820. – «Was aber»: «Auf eine Lampe». – «Mein Gemüt»: Nov. 1796. – Musil: Der Mann ohne Eigenschaften 127, 129 (1952). – «Was für eine»: II 9, 225. – «Der Augenblick»: 45, 268.

450 «Die Begattung»: Riemer ed. Pollmer 347. – «le ton»: 6, 21.

451 Wem niemals: Übers. W. Hertz 6 (1912). – «Denn Triste»: ebda. 44. – «mit kurzer Lust»: ebda. 34. – Er ward: ebda. 23. – «auf jedes»: ebda. 33. – ein ankerloses Schiff: ebda. 157. – Da wurde deutlich: ebda. 351.

452 Wo such ich: ebda. 408. – «Tristan ohne Trauer»: ebda. 434.

453 Kein härterer Zwang: ebda. 444. – Dinge, leicht: III. 3. – Ich als Idol: 8879f.

454 Jawohl: III. 4. – Noch wär: III. 3. – Sei, wann: V. 2. – Und Sylvia: III. 1. – Nicht kann: II. 2.

455 Die Bark: II. 2. – Das Drama der Sonette: vgl. F. Harris, Shakespeare der Mensch 195f. (deutsch 1928).

456 Des Geistes Sturz: Nr. 129 (nach Wolff, Shakespeare 1, 290). – «eigentlich unnatürlich»: Kanzler Müller 7. April 1830; vgl. ebda. 19. Okt. 1823.

457 Dieses ist es: Weissagungen des Bakis Nr. 30. – «Nun, ihr»: Kanzler Müller 20.–22. Febr. 1823. – Ich wollt es: «Anklang».

458 «Warum denn mich»: 19, 157. – «Du bist von»: 19, 180.

459 «die Liebenden fliehen»: an Kestner 10. April 1773. – «Da er fühlt»: an Goethe 19. Juli 1799.

460 «wie ein Feuer»: 3, 184.

461 «Streit mit»: 5, 470. – «So geliebt zu werden»: 9, 145.

462 «Wie schmacht' ich»: an Schlichtegroll 29. Nov. 1807. – Scheintod im «Cligès»: Bezzola, Le sens de l'aventure 89f.; solche Urbildliebe ist auch Viktors Bekehrung im «Hesperus» (29. Hundsposttag).

463 «Ja ich kam»: Werke ed. Maync 2, 200. – Trennung von Klara Neuffer: Unveröffentl. Briefe ed. Seebaß 450, zu Nr. 12 (1941).

464 «Wenn ich liebe»: II 7, 9. – Eifersucht: ebda. 8. – «Wie sie trotzig»: II 7, 239.

465 «Daß diese Liebe»: Nadler, Grillparzer 116f. – «Ich hätte müssen»: 16, 138. – «Wollte Gott»: III 1, 255.

466 Heloise Hoechner: Nadler, Grillparzer 194f.

468 «Un soir, j'ai assis»: Einleitung.

471 «pleine de grandes leçons»: Vorrede zur «Esther».

472 «Ich habe zu Söpchen»: 2, 307. – «aufblitzende Enthusiasmusmomente»: 4, 385. – «Indes aufrichtig»: 4, 261. – «Was mich»: 1, 192.

473 *Wer hat:* 1, 75. – «die Augen des Todes»: «The streams secret». – «Ich will alles»: 14, 348.

474 «zorniger Sehnsucht»: «Einst und jetzt». – *Ausgegossen ist:* Hymne an die Göttin der Harmonie. – «Eins zu sein»: 2, 91f.

475 «Sie mußte ja»: 2, 63. – Auseinandersetzung mit Gontard: W. Michel, Das Leben Hölderlins 275 (1940). – «Ich hab es»: 2, 150f. – «Schon damals»: 2, 111. – «in Einem Tage»: 2, 170. – «Du wolltest»: 2, 169.

476 «Ich wähle nicht»: 2, 208. – «wie ein Marmorbild»: 2, 214. – «Wehe!»: ebda. – «Ich bin für dich»: 2, 237, 239. – «Große Seele!»: 2, 242. – «Im Grunde trostlos»: 2, 250. – «Ich wußte es bald»: ebda. – «bis aufs Äußerste»: 2, 254. – Begleitbrief an Susette: 3, 443. – «wie in himmlische»: 4, 186.

477 *Ihn sättigt:* 11587f.

478 «Genießen macht gemein»: 10259. – «Meine Idee»: Eckermann 22. Okt. 1828. – «Denn mir»: 20. März 1776. – «Der Greis wird»: Maximen u. Refl. 806.

479 «doch überall nur»: Gräf, Goethe über seine Dichtungen I/II, 389.

480 *Wie sie sich:* «Volk und Knecht und Überwinder» (Buch Suleika).

481 «Es gibt kein»: Kanzler Müller 4. Nov. 1823. – «Alle Anstrengung»: ebda. 5. Nov. 1823. – «Ach, das sind»: ebda. 13. Juni 1824. – «Unser ganzes Kunststück»: Riemer ed. Pollmer 328 (1921). – «Die Hauptsache ist»: 21. März 1830. – «Er selbst war»: Ausg. Pollmer 67. – «Ich bin wohl»: 8. Juni 1830.

482 «Du sollst dir»: Jer. 16, 1. – Nietzsche über die Askese: Nachlaß 1, 262.

483 Hamanns Ehe: Nadler, Hamann 154f. (1949). – Regine Olsen: M. Thust, Sören Kierkegaard 218f. (1931). – «Geh, nimm dir»: Hosea 1, 2.

484 Kafka: Briefe an Milena ed. Willy Haas (1952); der Vergleich mit Kierkegaard schon ebda. 280. – «Es ist die»: ebda. 26. – «Ich sah heute»: ebda. 74. – «mein Gesicht»: ebda. 114. – «Du gehörst»: ebda. 71. – «Und dabei»: ebda. 100f.

485 «Du in Wien»: ebda. 113. – «Kann man etwas»: ebda. 149. – «Du bist»: ebda. 156f. – «Das Entweder-Oder»: ebda. 218f. – «Das Nichts»: ebda. 221. – «Man ist eben»: ebda. 235. – «Ich, Waldtier»: ebda. 223f.

486 «Du schreibst»: ebda. 251. – «unvergängliche Schande»: ebda. 252. – «unwiderstehlich starke Stimme»: ebda. – «Ich nehme»: ebda. 255. – «Auch ist es»: ebda. 225. – Minnedienst: H. Naumann und G. Müller, Höfische Kultur (1929); Bezzola, Le sens de l'aventure et de l'amour (Paris o. J.).

488 Fleming: H. Pyritz, Paul Flemings Liebeslyrik (1932).

489 *Ich Unglückseliger:* Deutsche Gedichte ed. Lappenberg 1, 516 (1865). – *Das reinste Glück:* «Glück und Traum». – Frau von Stein: H. Fischer-Lamberg, Charlotte v. Stein, ein Bildungserlebnis Goethes (Deutsche Vierteljahrsschrift f. Literaturwissenschaft 1937). – «Möge die Idee»: III 1, 94. – «unendlich reinen»: an Frau v. Stein 16. Sept. 1776.

490 *Mit meinen Augen:* II. 348f.

491 Wieland und Sophie Brentano: Sengle, Wieland 500f., 571. – Winckelmanns Vesuvbesteigung: B. Valentin, Winckelmann 180 (1931).

492 Leipziger Leonore: W. Krämer, Günther 178f.

493 dritte Leonore: ebda. 285f. – *Mein Gott, wie ist:* «Die unwiederbringliche Zeit».

494 «Ich bilde mir»: Briefe ed. Zentner 498 (1939). – «Ich hatte etwas»: ebda. 111.

495 «Sagst du aber»: 17, 38. – «der sich nur»: 17, 72. – «Da fällt mir»: 1, 64f. (1940).

496 «So will ich»: ebda. 113. – «Nicht *sie, mich*»: Erzählungen in der Urfassung ed. Stefl 111 (1950). – «Ich wäre ja ruhig»: 22, 8f.

497 «Die Küsse erloschen»: 4, 204f. – «daß es mir»: 4, 232. – «Ich fühlte»: ebda. 234.

498 «la description circonstanciée»: Vorrede. – «L'amour est»: De l'amour Kap. 41 (De la France). – «Ich habe nur»: Curtius, Balzac 446 (1923).

499 «Ich liebe dich»: Bettelheim, Balzac 336 (1926). – Flaubert: A. Thibaudet, Gustave Flaubert (Paris 1922).

500 Flaubert in Ägypten: Œuvres complètes/Notes de voyage 1, 155f., 212 (1926).

502 «Die Kunst ist»: Werke ed. Glockner 12, 32 (1927). – «Ne semble-t-il»: Racine, Œuvres 6, 25 (1807).

503 Kierkegaards Kritik an Goethe und an der Dichtung: vgl. W. Rehm, Kierkegaard und der Verführer 34f., 324f. (1949).

504 «Die Dichter lügen zu viel»: Zarathustra II/Von den Dichtern. – «ein vollkommen sittlicher Mensch»: Ausg. Pollmer 63. – Lope: Voßler, Lope de Vega 8f., 61, 72 (1932).

505 «einen Cherub»: erste Jobelperiode, vierter Zykel. – «Seine Gestalt ist»: an G. Otto 25. Juni 1796. – «Das ist alles schön»: Curtius, Balzac 457 (1923). – «Dieser Mensch»: W. Astrow, Seelenwende 334 (1931). – «Ich bin doch»: ebda. 524.

506 «ganz sonderbaren Mischung»: Briefe ed. Jonas 2, 218.

507 «Und wie es mit»: 6, 279. – «C'est que, hélas»: Correspondance 2, 152.

508 Werther als Anwalt des Mörders: 19, 145f. – «deinen Mann zu ermorden»: ebda. 160. – «einige doldentragende Pflanzen»: Ausg. Pollmer 108. – «Es lebten bedeutende»: Kanzler Müller 6. Juni 1830. – «O ich kann wohl»: 3. April 1824. – «Aufs Glück kommt»: ebda.

509 «Wie viel tausend»: ebda. 30. Mai 1814. – Trennung von Marianne v. Willemer: vgl. H. Pyritz, Goethe und M. v. W. 63f. (1943).

510 «Es ist alles Mitleid»: Gespräche ed. Biedermann 4, 305f. (1910).

511 «Der Schwermütige»: Wahrheit, die aufbaut 281 (1941).

514 «Ich war gestern»: II 8, 289.

515 «Charlotte ist tot»: ebda. 290.

516 «zerrissen Saitenspiel»: 2, 149. – «Es gibt»: 2, 136. – «das Lachen»: 2, 139. – «durch und durch ergriffen»: 2, 140. – «Wenn ich hinsehe»: 2, 141.

517 Dostojewskij über seine Depressionen: II 12, 19. – «Fühlen Sie ihn ganz»: Briefe ed. Jonas 1, 148. – «Ich fühlte die kühne»: ebda. 249.

518 «O, wenn ich»: Werke ed. Werner II 2, 276f. – «Allmächtiger Gott»: ebda. 279. – «Schüttle alles ab»: ebda. 3, 47.

519 «Wissen Sie»: ebda. III 3, 340. – «Ich würde mich»: ebda. 4, 69. – «als sittliche Offenbarungen»: 18, 38.

520 Albumspruch: 19, 131. – «Sie haben oft»: 18, 339. – Heilkraft der Gebirgsluft: 21, 57, 60, 69f. – Ekel vor dem Linzer Wasser: 20, 275. – *Bin ich allein:* Werke ed. Krämer 2, 67.

521 Haller: Tagebuch seiner Beobachtungen über Schriftsteller und über sich selbst (1787).

522 Reflexionen über das Schuldenmachen im «Grünen Heinrich»: 6, 30f. – «Wenn man erwägt»: Ermatinger-Bächtold, Kellers Leben 659f. (1920).

523 «Ich dulde»: ebda. 676. – Vgl. G. Mensching, Das heilige Schweigen, eine religionsgeschichtl. Untersuchung (1926); J. Pieper, Über das Schweigen Goethes (1951) gibt im Wesentlichen nur eine Sammlung von Briefstellen.

524 «Und so sei»: 2, 110. – «Ein großes Bedürfnis»: 2, 59f.

525 *Sein Saitenspiel:* «Der Sänger». – «O pureté!»: Saison en enfer/«L'impossible», «Matin».

526 «Erwachend fühlst du»: Dichtungen ed. Horwitz 228 (1946).

527 *Nicht weiter:* Übers. von Zach. Werner, Werke 10, XIVf. (1842). – «Nur ich habe»: Briefe an Milena ed. Haas 249 (1952). – «daß man sein Leben»: ebda. 21. – «Niemand singt»: ebda. 208. – «daß es nur»: Briefe, Zweite Sammlung 2, 415 (1909).

528 Corneille: vgl. W. v. Wartburg, Von Sprache und Mensch 209f. (1956). – Hebels Verstummen: vgl. W. Rehm, Goethe und J. P. Hebel 27f. (1949).

530 «In der kältesten»: Konjektural-Biographie, 6. Epistel. – «Eigentlich sollte man»: 21. Juli 1798. – «Im Grunde»: an Peter Gast 7. April 1888.

532 «im Durchschnitt wenigstens»: Kanzler Müller 11. Jan. 1830. – «J'observe»: Correspondance 1, 173 (1910).

533 Blutgefärbte Runen: Edda, übertragen v. Genzmer 2, 175. – *Er kommt:* Einleitung zu «Clelia und Sinibald».

534 Blakes Erfindung des neuen Druckverfahrens: vgl. Vorwort von L. Binyon zu The engraved designs of W. Blake (London 1926). – Seine Alterspassivität: Bagdasarianz, Blake 113 (1935). – Leonardo als Fragmentist: J. Gantner, Lionardo da Vinci 21f. (1952). – «literarische Sämereien»: 2, 36. – «Sie werden künftig»: 1, 219. – «Was vollendet»: Werke ed. Jacobs 2, 93.

535 «abgelegten Balg»: Briefe ed. Fischer-Krauß 2, 345. – «Ich stieß einmal»: 1, 416. – «Ich habe»: Voßler, Leopardi 246f. (1930). – «Wenn ich schrieb»: Schriften d. Wiener Lit. Vereins 15, 116. – «Ich möchte»: II 7, 22. – «Sobald ich etwas»: II 8, 202.

536 «Die ruhige Freude»: 16, 214. – Grillparzers Geringschätzung seiner Werke: z. B. II 8, 293; Schriften d. Wiener Lit. Vereins 15, 219. – «Ebb' und Flut»: 2, 163. – «Wir können nicht»: Briefe ed. Ermatinger 3, 296.

537 «Für die, welche»: mitgeteilt in Francesco d'Ollandas «Gesprächen über die Malerei» (Gespräch mit Michelangelo von 1538). – Dostojewskij: vgl. Rehm, Experimentum medietatis 67. – «Erzphantasten»: Simplicissimus 3. Buch, 3. Kap. – «Alle meine Unordnungen»: an Herder 21. Febr. 1779.

538 «Selbst das göttlichste»: Ges. Werke 10, 405 (1827). – «Meine Skizzen»: 3, 299. – «Ich fühle»: an Neuffer 12. Nov. 1789.

539 «O Jesus»: 2, 100. – «Jetzt ist»: Gespräche ed. Biedermann 124f. – «Meine Vorstellung»: 2, 152.

540 Brief an Körner: 25. Mai 1792. – «Ich bin *nicht*»: Briefe ed. Jonas 1, 116. – «Ich muß Ihnen»: ebda. 115.

541 «Diese erhabene»: 11, 158. – «gegen Eine Stunde»: an Goethe 16. Okt. 1795. – «Da war jede Zeile»: Gespräche ed. Biedermann 287. – «Nicht *der* mechanische»: 11, 131. – Auftauchen des «Warbeck»: an Goethe 20. Aug. 1799. – «Ich habe mich»: an dens. 19. März 1799.

543 «Die Arbeit meiner Bücher»: 20, 45. – Fontane: an Friedländer 2. Dez. 1892. – «manches kleine Schöne»: 18, 117. – «Das Entwerfen»: 19, 284.

544 «Ich selber»: 19, 215. – «Gott gebe»: 20, 82. – «Schreiben ist»: 27, 373f.; 28, 116.

546 «Es käme jetzt»: 1. Juli 1797. – «Mein Roman»: an Schiller 23. Dez. 1795. – «Vom Roman»: an dens. 30. Juli 1796. – «Wenn man nur»: 12. Okt. 1796. – «Ich wünsche»: 23. Mai 1797. – «Sie wohnen»: 20. März 1799. – «Über die Hauptschwierigkeiten»: 6. Juni 1809. – «Ich befinde mich»: an Frau von Stein 13. Sept. 1809. – «Die Götter»: 21. Dez. 1829.

547 «ohne absolute»: an Schiller 7. Aug. 1799. – «Ein glücklicher Wurf»: 12, 231f. – «Möchten Sie einmal»: 24. Mai 1803. – «ja er wartete»: Ausg. Pollmer 95f., 139.

548 «Die Staël»: Kanzler Müller 23. Sept. 1823. – «bitter humoristische»: ebda. 24. März 1824. – «eines unbefriedigten»: 11. Okt. 1823. – «Die Perser»: 2. Okt. 1823. – «Sowohl was»: Eckermann 14. Jan. 1827. – «Goethe war»: Ausg. Pollmer 139 (1921). – «Lebensspuren»: an Zelter 23. Jan. 1815. – «Die Fragmente»: 22. Juni 1808.

549 «Nichts ist»: Kanzler Müller 31. März 1823. – «Es ist ein ganz»: 20. Juni 1831. – «Dergleichen mußte»: 18. Dez. 1830. – Furcht vor der «Faust»-Lektüre: an Zelter 4. Jan. 1831. – «Der Dämon freilich»: 41/I, 218.

550 Wielands Ausspruch: Kanzler Müller 6. Juni 1824. – «Es weiß sich»: 3. März 1799. – «Alle die Herren»: über die «Geschichte des Fräulein von Sternheim». – «Was helfen»: 28. März 1827.

551 «Die Tageskritik»: 19, 96. – «Wenn Sie noch»: 19, 280. – «Man kann allerdings»: 2, 201.

552 «Die Gunst»: an Taylor 24. Aug. 1819. – «Niemals schrieb ich»: an Reynolds 9. April 1818. – «Das sind die»: 3, 105. – Hoffmanns Geringschätzung seines Schaffens: W. Harich, Hoffmann I, 10. – «Ich glaube doch»: II 8, 97.

554 Sappho: Schadewaldt, Sappho 191. – «Media vita»: Bächtold, Geschichte der deutschen Literatur i. d. Schweiz 28 (1892). – «ohne den ,Morgenstern'»: A. F. W. Fischer, Kirchenliederlexikon 2, 380 (1878). – «in den heftigsten»: 4, 73; vgl. 4, 95. – «Prozeß und Gebrauch der Homunkuli»: Werke ed. Strebel 2, 367 (1945).

555 «Kammacher»: 7, 283. – «Pankraz»: 7, 39. – «daß seinem Büchlein»: «Buchorakel».

556 «Ich möchte»: 14. April 1816. – «Es ist eigen»: 4. Jan. 1827. – «Der Künstler gießt»: 40, 19f. – «Jetzt gehe»: Jes. 30, 8. – «Lehrreich in»: 7, 81f.

557 «Die wahre Kunst»: 16, 120. – *Wer fällte*: Agamemnon 1562f. – «Wenn ich das»: Briefe ed. Jonas 1, 196. – «Man soll sich»: an Carl Fuchs 27. Dez. 1888.

558 «Der zog»: Springinsfeld 9. Kap. – «Das Wort ist»: 11, 298f. – «einen Mystiker»: Erg.-Bd. 5, 90.

559 «Sie sint verlorn»: Pfeiffer 72. – «Got wirket»: ebda. 181. – «Das werc würket»: Buch der göttlichen Tröstung ed. Strauch 24f. (1933).

562 «Alle diese Arbeiten»: Werke ed. Glockner 15, 248. – Eingangsformeln mittelalterlicher Dichtwerke: J. Schwietering, Die Demutsformel mittelhochdeutscher Dichter (Abh. d. Königl. Gesellschaft d. Wiss. zu Göttingen Phil.-hist. Kl. N. F. 17/3). – «Die letzte Hand»: Aphorismen ed. Leitzmann 2, 165. – «Herr, ich glaube»: Rede am Neujahrstag 1811.

563 «Der Künstler macht»: 7, 354. – «Redete ich»: 1. Kor. 13, 1.

564 «dem schuldigen Gehorsam»: In eigener Sache 18 (4. Jahresgabe d. Ernst Barlach-Gesellschaft 1949). – «Ewigkeitswort»: ebda. 11 f. – «Die höchste Weihe»: ebda. 13. – «Welche Jahre»: Briefe ed. Droß 94 (1952). – *Den bedrückt:* Heusler, Altgermanische Dichtung 116 (1923).

565 «Was aber schön ist»: Mörike, Auf eine Lampe. – «Tugenden und Fehlern»: 8, 61. – «Wie die Gottheit»: 12, 183. – «Der Trieb»: 2, 369; ähnlich auch Gotthelf 21, 30. – «Ich bin überzeugt»: an Woodhouse 27. Okt. 1818.

566 «Vielleicht ist»: Tagebücher 213 (1955). – «Wer nicht wie»: an Schiller 7. Nov. 1798. – «Jene göttliche»: Eckermann 11. März 1828.

567 «Gott hat sich»: ebda. 11. März 1832. – «Ja, ja, mein Guter»: 11. März 1828. – «Der Mensch als Geschlecht»: Rede am Neujahrstag 1811. – «Es liegt ein Schauer»: 5, 90.

568 Zweck der altarabischen Lieder: A. Bloch in Asiatische Studien 1948, 121 f.

569 «Die Hölle gab»: 2, 111.

571 «strömenden Offenbarungen Gottes»: 11, 250. – «Ich mache stets»: Briefe ed. Frey 2, 204. – «L'unité»: Correspondance 1, 270.

572 Das Bild vom schlechten Geiger: ebda. 291. – «Travaille»: ebda. 173 f.

573 *Und nur du:* 1, 228. – *Wir dürfen selbst:* 1, 73. – «die sogenannte Zwecklosigkeit»: 5, 7.

574 «Auf die Sicherstellung»: 1/II, 376 f. – Wielands Arbeit am «Oberon»: Sengle, Wieland 368. – Flaubert: Correspondance 2, 202, 134 f. – «Ce qui me semble»: ebda. 86.

575 Hofmannsthal: Die Berührung der Sphären 65 (1931). – «Auch das geistige»: Insel-Bücherei Nr. 406, 25 f. – «In der dichtung»: Werke 17, 85.

576 «An einem Werk»: Doktor Faustus 280 (1947). – «Wo Werk sich»: ebda. 370.

577 Zur Problematik des Ruhms: Burckhardt 5, 103 f.; J. Hirsch, Die Genesis des Ruhmes (1914); F. Gundolf, Caesar. Geschichte seines Ruhms (1924); H.-E. Haack, Über den Nachruhm (1951).

578 «Wie soll einer»: Eckermann 1. Dez. 1831.

579 «Ich habe neunhundert»: Voßler, Lope de Vega 49 f. (1932).

580 «ein ganzes Dutzend»: Eckermann 27. März 1825. – «Man war im Grunde»: ebda. 4. Jan. 1824. – «das radikale Böse»: II 6, 144. – «Mehrere Schriftsteller»: ebda. – «O meine Freunde»: 19, 18 f. – «weil sie zugrunde»: an Schiller 11. März 1801.

581 «Nach meinem Nilmesser»: an dens. 6. Sept. 1803. – «Es war nie»: an Goethe 23. Nov. 1795. – «Das ist die alte»: Kanzler Müller 23. Nov. 1823. – «Es ist unglaublich»: Riemer ed. Pollmer 344.

582 «Ich sehe»: Kuh, Hebbel 2, 581 (1877). – «Jordan ist»: Briefe ed. Ermatinger 3, 274 f. – «Die Reputationen»: an Friedländer 24. Okt. 1890. – «Ich habe»: an dens. 11. Nov. 1889.

583 «Wir ,rechnen'»: ebda. – «Das Hohle»: an dens. 25. Dez. 1892.

584 «Ich habe oft»: Aphorismen ed. Leitzmann 2, 280. – «Il y a»: Correspondance 2, 87 (1910). – «Das wirkliche»: Briefe an Milena 264 (1952). – «Wie es die Welt»: an Zelter 18. Juni 1831.

585 Strauß und Mörike: Mörikes Briefe ed. Fischer-Krauß 2, 58 (1904). – «Ein Holz brennt»: Eckermann 23. Okt. 1828.

586 «noch ein paar»: an Schiller 27. Juli 1799. – «es gehört mit dazu»: Ausg. Pollmer 228. – «eine Apologie»: ebda. 35. – *Sie täten gern:* 3, 332. – «doch nicht eurer»: 5/I, 89. – «Hätten sie mich»: 3, 343. – *Wie mancher:* 5/I, 106. – «Die wenigsten Menschen»: Ausg. Pollmer 345.

587 *Denn bist du:* 3, 235. – *Natur macht:* Troilus und Cressida III. 3. – Shakespeare im Festzug von 1604: Harris, Shakespeare der Mensch 384 (deutsch 1928).

588 Grillparzers Ablehnung der Gesamtausgabe: Nadler, Grillparzer 356 (1948). – «tief verachtet»: Jes. 49, 7. – «Siehe, mein Knecht»: ebda. 52, 13 f. – «Die hohe Schule»: Werke 8, 292 (Weimar 1889).

589 «Ich war noch»: Briefe ed. Jonas 1, 230. – «Schöner Preis»: 3, 17. – «Ihnen wird man»: an Goethe 18. Nov. 1796. – Über das Theaterpublikum: an dens. 9. und 15. Juli 1799. – «So viel ist»: an dens. 17. Aug. 1797. – «Da man»: an dens. 25. Juni 1799.

590 «Und woher»: Briefe ed. Jonas 4, 230. – «Lob von niederen»: 19, 129.

591 «Wenn irgend etwas»: 1/II, 381 f. – Sappho: Schadewaldt, Sappho 154.

592 «Gestorben wirst du»: ebda. 153. – Schiller über Homer: Gespräche ed. Biedermann 456. – Vergil: Georgica 3, 9. – *Besitz stirbt:* Edda, übertr. v. Genzmer 2, 130. – *Ich habe aus:* Grundriß d. iran. Philologie 2, 159 (1896).

593 «Famae semper»: Voßler, Poet. Theorien i. d. ital. Frührenaissance 33 (1900). – «perpetuandi nominis»: Burckhardt 5, 104 Anm. 8. – «kolossalsten Ehrgeiz»: 5, 110. – *Solang noch:* 18. Sonett.

594 *Un buffet:* nach Liscow, Vorrede z. Sammlung satyrischer und ernsthafter Schriften 5 (1739).
– *Die ganze Zunft:* nach Sengle, Wieland 208f.

595 «Auch das Provozieren»: Riemer ed. Pollmer 34. – «Es wird eine»: 2/I, 175.

596 «Ein feuriger Jüngling»: Werke II 2, 19. – *Und bei den:* «Trinklieder» II.

599 Herder, «Der deutsche Nationalruhm»: 18, 208f. Auch Jean Paul äußert sich wiederholt sehr
bitter; im «Siebenkäs» sagt er einmal: «Es scheint, daß Schriftsteller nicht lebendig, sondern
abgeformt zu ihrer Nachwelt kommen sollen, wie man die zarten Forellen nur gesotten ver-
schickt; man steckt uns nicht eher den Lorbeerreis, wie den wilden Sauen die Zitrone, in den
Mund, als bis man uns gepürscht aufträgt» (10. Kap.). – «Fast bei allen»: Riemer ed. Pollmer
246.

600 *Das Reich:* «An die Dichter». – «Seit die Menschen»: Kanzler Müller 8. Juni 1830.

601 *Die Unart:* Werke ed. Krämer 3, 32. – «Der heutige Tag»: Nadler, Grillparzer 390f.

602 «Die Walhalla»: 21, 2. – Dantes Gebeine: K. Falke, Dante 461f. (1922). – «Ruhm! Unsterblichkeit!»: Werke ed. Werner II 2, 368. – «Das ‚Werk‘»: 4/II, 217.

603 «Beethoven hat»: Nachlaß 180. – «Und Schiller kam»: «Schiller, zum Schillerfest des ‚Tunnels‘
1859».

604 «Der Ottokar»: Nadler, Grillparzer 155. – «Die Toten sind»: Briefe an seine Familie 1, 144
(1924). – «Wir sind»: Briefe, Zweite Sammlung 2, 376 (1909).

605 «Die lieben Deutschen»: Riemer ed. Pollmer 353.

606 «Schließlich beginnen wir»: 7, 161. – Fontane: Werke, Jubiläumsausgabe II 2, 194 (1920). –
Keats: an Reynolds 19. Febr. 1818.

607 «Wenn man überlegt»: an Goethe 30. Nov. 1798. – «Trauriger und»: 5, 231. – «Mozart und
Beethoven»: 7, 174.

609 *So fluch ich:* Faust 1587f. – «Daß das Größte»: 32, 176.

610 «Da ich in Jahrtausenden»: Eckermann 5. Juli 1827. – «Wenn kein junger»: 2, 64. – «Das Feld
der Geschichte»: 2, 176.

611 «Allein, unsere»: 7, 206. – «Wer wird dann»: 7, 244.

612 «Das Geschick fährt»: 12, 248f.; vgl. Herder 14, 203.

REGISTER

Das Register enthält die Personennamen und die Titel anonymer Werke. Kursivschrift bezeichnet die Hauptstellen. Die Fußnoten sind nur gelegentlich berücksichtigt.